中国广播电视年鉴

ZHONGGUO GUANGBO DIANSHI NIANJIAN

1998

广播电影电视部

《中国广播电视年鉴》编辑委员会编

北京广播学院出版社

1998年·北京

封面设计　张慈中
版面设计　韩同慧

中国广播电视年鉴
1998
广播电影电视部
《中国广播电视年鉴》编辑委员会编

北京广播学院出版社出版
（北京市朝阳区定福庄东街1号　邮政编码100024）
各地新华书店经销
北京印刷一厂印刷
7-81004-707-8/G·403

开本787×1092毫米　1/16　正文42印张
彩页4印张　　字数1450千字
1998年10月第1版　1998年10月第1次印刷
印数5000册　　定价110元

1997年12月30日，江泽民同志通过中央人民广播电台、中国国际广播电台、中央电视台发表新年讲话后，同广电部部长孙家正(右二)、中央人民广播电台台长安景林(左一)、中国国际广播电台台长张振华(右一)、中央电视台台长杨伟光(左二)合影留念。

1998年2月11日(农历正月十五)，江泽民同志在元宵节联欢晚会上。左一为中央人民广播电台播音员方明。

1997年9月9日，江泽民同志在中南海与国际台参加中共十五大英语现场直播工作人员合影。

1997年，李鹏同志到大连视察，并接受大连人民广播电台记者采访。

1997年12月29日，李鹏同志到中央电视台视察工作。图为李鹏同志在新闻演播室。

周恩来同志

纪念周恩来同

●1946年周恩来、董必武
邓颖超同志在南京收
延安新华广播电台的
播。

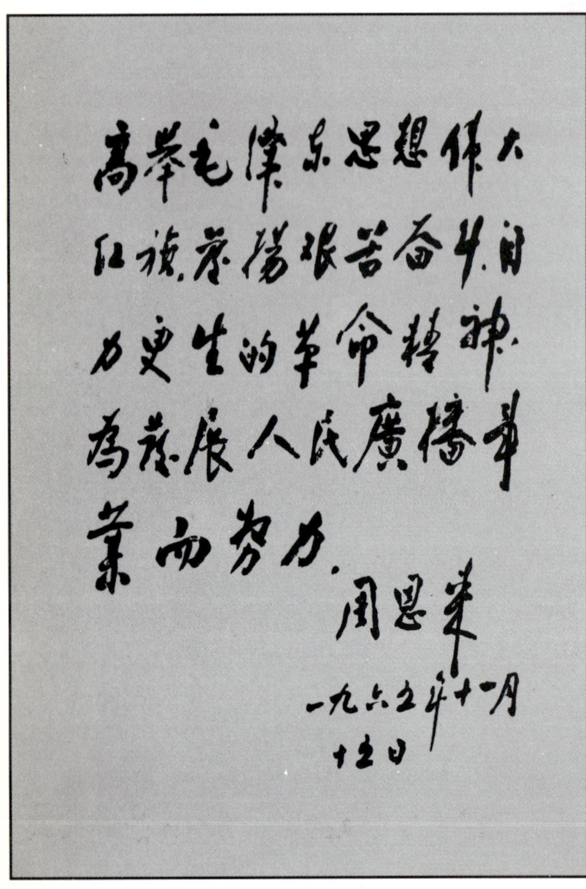

高举毛泽东思想伟大红旗，发扬艰苦奋斗自力更生的革命精神，为发展人民广播事业而努力。

周恩来

一九六五年十一月十五日

●1965年11月15日，周恩来同志为人民广播事业题词。

与广播电视

忘诞辰100周年

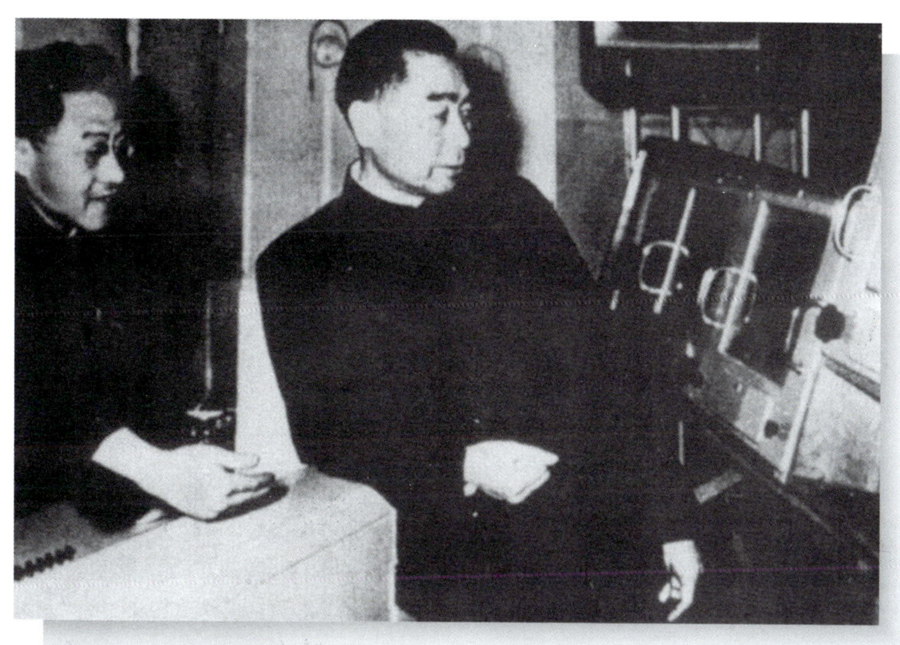

● 1958年，周恩来同志视察北京电视台(中央电视台前身)

● 1966年3月28日，周恩来同志视察北京人民广播电台，与电台工作人员在一起。

●1959年4月24日，周恩来同志和贺龙、陈毅同志出席为欢迎参加25届世乒赛的中国队胜利归来而举行的宴会。会后同首都部分体育记者合影。图中后排左一为中央人民广播电台体育播音员张之。

记录历史时刻

——香港回归报道现场纪实

①中央电视台现场直播香港政权交接仪式
②中央电视台现场直播香港特别行政区成立暨特区政府宣誓就职仪式
③中央电视台记者在现场转播
④中央电视台播音员在现场报道
⑤中央电视台记者在香港回归直播现场

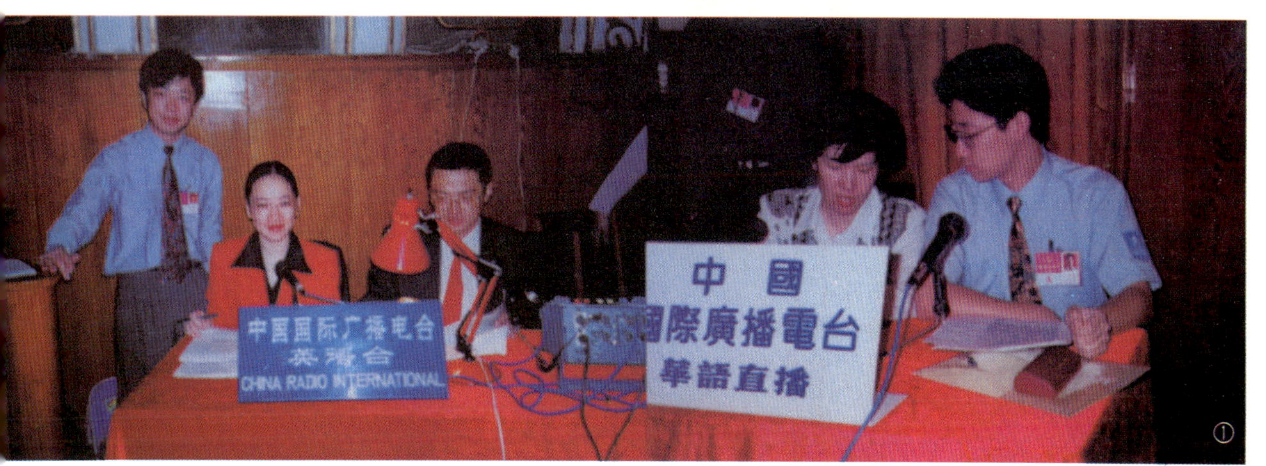

报道十五大盛况

① 中国国际广播电台英语台和华语台十五大开幕式直播人员。（国际台提供）

② 1997年9月12日，中央电视台记者在人民大会堂直播中国共产党第十五次全国代表大会。（中央电视台提供）

③ '97十月的阳光—浙江儿女欢庆十五大，走进新时代大型群众歌咏会在嘉兴南湖举行，浙江教育电视台等单位主办。（浙江厅提供）

大江截流壮举

——中央电视台现场直播三峡工程

1997年11月8日，中央电视台记者采访江泽民主席、李鹏总理在长江三峡截流合龙口看望工程建设者的新闻。

现场直播报道船

1997年11月8日，中央电视台记者在长江三峡截流合龙现场采访。

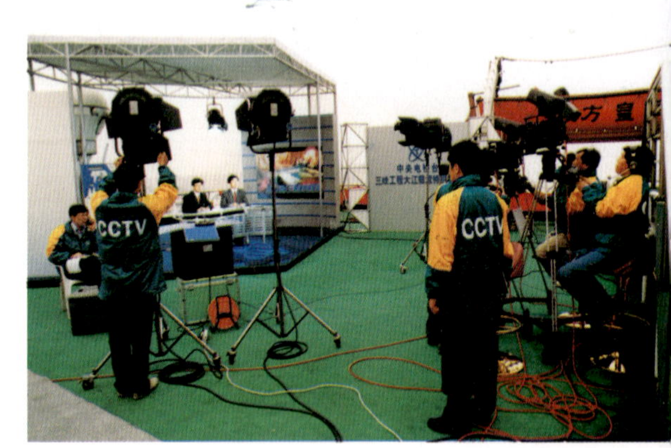

中央电视台现场直播工作人员在现场直播报道船上。

黄河小浪底截流电视现场直播

1997年10月28日，中央电视台对黄河上最大的水利枢纽工程——小浪底截流合龙盛况进行了长达两个半小时的现场直播。

1997年10月12日至24日，八运会在上海召开。在广电部领导的统筹下，八运会广电委邀请并组织的全国17家电视台通力合作，动用了22套转播设备，近千名工作人员参加了整个运动会28个大项的27项转播。广播电视中心(IBC)共传送了787小时的公用图像信号。广播电视报道量之大，超过历届全运会。其中，电视台的报道量更大，据不完全统计，参加报道的全国各电视台每天的播出总量合计超过100小时。此外，节目传输速度之快、质量之高，也堪称一流。

铁映视察
星设备

八运会在沪举行

• 广播联播，讨论热烈

• 上海电视转播者忙碌在开幕式上

• 广东台的转播车启运上海

• 闭幕式上，吊杆、滑道摄像和大屏幕纷纷登场

• 在赛场奔波的电视同行

国家广播电影电视总局正式运作

1998年4月8日上午9时，国家播电影电视总局举行了简短的挂仪式。右上图为总局局长田聪(中)，总局副局长李树文(左)、赵(右)在挂牌仪式上。

▲1997年11月，李铁映同志会见访的伊朗声像组织主席拉里贾一行，广电部副部长田聪明参了会见。(广电部外事司提供

◀1997年11月，广电部部长孙家率团访问美国。图为他在美国视广播博物馆发表演讲前，由长(右)带领参观。

(广电部外事司提供

1997年10月15日，中国国际广播电台与澳门新建业集团联合举办的“澳门杯·知识竞赛新闻发布会”在钓鱼台举行。图为全国人大副委员长王光英、全国政协副主席马万祺在张振华台长的陪同下走进会场。

(国际广播电台提供)

中共北京市委书记、市长贾庆林接受北京人民广播电台记者采访。

(北京人民广播电台提供)

1997年12月11日，国际台西班牙语部对拉美地区广播开播40周年庆祝活动，全国人大副委员长卢嘉锡到会祝贺。

（国际广播电台提供）

1997年3月4日，国际台"今夜星空"节目组邀请全国政协副主席、民革中央主席何鲁丽共同制作、播出有关"香港回归"的节目。

（国际广播电台提供）

中央人民广播电台副总编、中央台香港回归前方报道总指挥王宴青（左三）陪同国务院新闻办公室主任曾建徽（左）、新华社香港分社副社长张浚生（左四）考察中央人民广播电台新闻广播中心。

（中央人民广播电台提供）

①1997年12月23日，在创建中国影视节目信息网新闻发布会上，广电部广播影视信息网络中心主任陈晓宁（左）与到会代表交谈。

②1997年1月1日，青海卫星电视节目上星播出，省长田成平(左二)亲手开启播出电钮。

③在1997年元旦举行的湖南卫视上星晚会上，湖南省委书记王茂林(右)将湖南卫视的牌匾授与湖南省广播电视厅厅长、湖南电视台台长魏文彬。

④第八届全运会期间，上海有线电视台记者采访香港体育代表团团长霍震霆。

⑤1997年5月，中国广播艺术团赴革命老区江西省南昌市、乐平县慰问演出，图为5月24日在昌樟公路大桥为工地上的工人们演出。

⑥1997年1月16日，中国广播艺术团赴京郊延庆县慰问演出，这是艺术团在新的一年里实施文艺下乡的首场演出，中央电视台在新闻报道中赞扬这一举动“拉开了广电部1997年‘三下乡’的序幕”。

⑦内蒙古广播电台记者在准格尔煤田建设工地上采访工程技术人员。

⑧内蒙古电视台记者深入东部林区采伐第一线采访报道。

本版照片由广电部信
网络中心、中国广
艺术团、内蒙古广
厅、上海广电局、湖
广电厅、青海广电
等单位提供。)

《中国广播电视年鉴》第十三届年会

大会主席台

《中国广播电视年鉴》第十三届年会于1997年10月22日至25日在江西省井冈山市举行。广电部有关机关和直属单位，28个省、市、自治区、直辖市及3个计划单列市广电厅(局)及其他有关单位的编委、特约编辑等70多位同志参加了会议。

大会代表为井冈山老区人民捐款

与会代表认真聆听大会发言

全体代表合影

全国广播影视厅局长会议

(1998年1月15日至18日)

全国广播电视先进县(市)表彰大会

(1998年1月14日)

会场主席台

全国广播影视厅局长会议暨全国广播电视先进县(市)表彰大会于1998年1月14日至18日在北京举行。江泽民等中央领导接见了参加会议的全体代表并发表了重要讲话。李鹏同志专门给表彰大会写了贺信。表彰大会授予59个县(市)全国广播电视先进县(市)荣誉称号，9个先进县(市)的代表作了大会交流发言，孙家正部长发表了重要讲话，田聪明副部长作了大会总结。

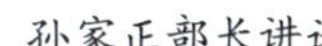

孙家正部长讲话

表彰大会

先进县(市)代表接受奖牌

静海县广播电视

天津市静海县有49万人，辖28个乡镇，总面积1414平方公里，全县有200人从事广播电视工作。目前，已具有有线广播、调频广播、无线电视和有线电视等多种传输覆盖手段，广播电视人口综合覆盖率达到95%。

县委、县政府、市局有关领导到静海县广播电视局研究工作

多年来，静海县的领导都十分重视广播电视工作，成立了以县委副书记为组长的广播电视事业发展领导小组，强化对全县广播电视事业发展的具体领导和推动工作。县政府每年都要拨专款用于事业建设，1996年投资400万元，兴建了近4千平方米的广播电视大楼投入使用，1997年投资300多万元，建筑面积3千多平方米的机房楼正在建设中。近年来投资150多万元更新了采编制作设备，投资近百万元对乡村广播网进行了改造。

静海电台、电视台在转播好中央和市台节目的基础上开办了新闻和专题节目，《农业科技》专题节目，面向农民群众大力推广科学种田，科技致富知识和典型经验，发布农业信息，深受全县农民和邻县农民的欢迎。

静海县广电局1996、1997两年被评为全县十佳文明机关、岗位责任制先进单位，并连续两年夺得“优质服务杯”。1997年，静海县被授予全国广播电视先进县(市)称号。

收听

编播人员制作静海新闻节目

任丘市广播电视

在全国获奖奖状

任丘局领导成员察看研究技术楼施工进度

有线电视台播控室

河北省任丘市广播电视局1985年5月成立后，陆续建起了电台、电视台和有线广播电视台。到1997年全局有干部职工133人。局长王文波，副局长赵月明、王建刚(兼电视台台长)、李万秋，总工程师王三兴。十多年来，干部职工团结一致，各项工作持续发展，成绩显著。利用国家拨款和自筹资金，兴建了多功能技术设施，建立了较完整的城乡有线广播电视传输网络，使全市广播电视人口覆盖率达到100%。坚持在转播好中央、省电台、电视台主要新闻节目的同时，努力办好自办节目，积极向上级台供稿，十年来被中央、省、市电台、电视台采用稿件2000余篇(条)，其中100余篇新闻作品在国家、省、市新闻评比中获奖。以创收养“三台”，广告收入连续六年名列全省县(市)级同行业之首。该局从1986年开始，连续12年被省、地(市)评为广播电视系统“先进集体”。1991年和1995年被广电部、人事部授予全国广播电视系统“先进集体”，1997年又被授予全国广播电视先进县(市)称号。

丰南市广播电视

河北省丰南市在1976年唐山大地震中被夷为平地。丰南人在废墟上重建有线广播站，1984建立丰南县广播电视局(1994年县改市)以后到1994年，先后建立了电视台、广播电台和有线广播电视台，实行局台合一、三台合一体制。全局现有90人，局长赵文恒，副局长刘刚、车云升、杨金龙。1984年以来，在建设三台的同时，兴建了2800平方米的广播电视技术楼，700平方米的广播电视发射中心和有线广播电视楼，在城乡建立了广播电视节目信号传输线路网络等基础设施，配置了相应先进的技术设备，使广播电台、电视台的人口覆盖率达到100%，已有23000户收看有线广播电视台节目。电台、电视台在准时收转好中央、省、市台重点节目的前提下，开设了固定的自办节目(栏目)，有线台转播中央和省、市台21套节目。该局在全省技术维护评比中连续4年荣获全省县(市)级第一名。从1991年开始，连续7年被评为河北省农村广播电视先进单位、先进集体，1997年被评为全国广播电视先进县(市)，局长赵文恒被评为全国广播电视系统先进工作者。

丰南电视台新闻中心

丰南有线广播电视台综合楼外景

丰南电视台发射台

张掖市广播电视

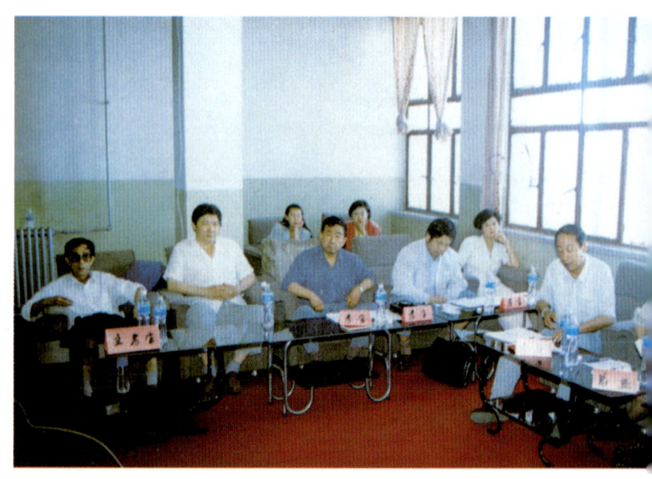

①出席全省多路微波张掖市现场会的代表参观机房设备。

②市委、市政府领导非常关心和重视广播电视宣传工作，1997年挤出10个专项编制指标，面向社会为市局属各台招聘记者、播音员和主持人。图为市领导亲临招考现场。左一为市长王开堂，左二为市委副书记周占宏，左三为市委常委、宣传部长汤继高。

③ 地处祁连山脚下的边远贫困乡安阳乡农民收听广播电台节目。

④ 地处边远的张掖市平山湖蒙古族乡牧民收看电视节目。

1 | 2
3 |
4 |

甘肃省张掖市位于河西走廊中部，是古丝绸路一颗耀眼的明珠，1992年江泽民总书记视察张掖时笔题写“金张掖”。

张掖市辖一区六镇十七乡，总人口46万，其中村人口34万。1996年被省委、省政府命名为“小市”。在中央、省、地和历届市委、政府的领导下，过近六年的艰苦奋斗和顽强拼搏，全市广播电视基实现了“以市台为中心，乡、村、社空中联网，多体传送节目，广播电视混合覆盖”的总体建设目标，市广播电视覆盖率达到100%。重点投资2600多万引进美国mmDS微波传输系统向农户传送有线电节目；投资730万元改造城区有线电视网。广播电年安全播出两千小时以上，自办节目播出时间占总出时间的64%。有线电视台节目昼夜播出，城区网送21套节目，农村网传送13套节目，两网自办节时间1900多小时，广播电视创优秀稿件(节目)62(组)。1995年张掖人民广播电台获全省新闻宣传十单位提名奖；1996年张掖市广播电视局被省人事局省广播电视厅评为先进单位；1997年被授予全国广电视先进县(市)的称号。

新落成的广播电视局

市委书记李铁等领导同志视察广电工作

吉林省舒兰市的广播电视工作，在市委、市政府确领导下，在各级广播电视部门的大力支持与精导下，广播电视系统职工开拓进取，使广播电视飞速发展。目前，已在全市基本形成了广播与电有线与无线相结合的综合网络，中央一套电视节覆盖率实现了97%，广播电视人口综合覆盖率实98%。先后被广电部评为农村有线广播建设先进、“二五”普法先进集体和全国广播电视先进市。连续4年获得中国广播电视奖。1994至1997年连续4年被省厅评为宣传管理、宣传质量优胜单位。市电台连续4年、市电视台连续5年被省厅评为安全优质播出先进单位。1996年被省厅评为微波建设先进单位。1997年在全省有线电视技术维护运行管理评比中，荣获第二名。此外还被吉林市委和舒兰市委评为宣传工作先进集体、建功立业先进单位和文明机关。1997年被授予全国广播电视先进县(市)称号。

电视新闻播音

中国广播电视奖的获奖证书与奖牌

虎林

局长刘庆常

领导班子成员：局长刘庆常、副局长刘仁礼、王明发

播音

资料库

中央电视台台长杨伟光(中）与虎林市委书记赵文波、市广播电视局局长刘庆常合影。

虎林市位于黑龙江省东部边陲，隔乌苏里江与俄罗斯毗邻，面积9334平方公里。

近年来，市委、市政府十分重视广播电视事业。仅“八五”期间就投入480万元，先后建起3000平方米的广播电视大楼和400平方米的高山转播台。如今设有无

电视新闻制作部

播电视

3000平方米的广播电视大楼

市委书记赵文波(左一)在全国广播电视先进县(市)表彰大会上介绍经验。

利用卫星讯号转播中央人民广播电台节目的九一三转播台。

矗立在高山上的电视转播台

线电视台、有线电视台、调频广播电台、广播转播台、微波站、卫星地面站等设备先进、功能齐全的广播电视基础设施。有线电视除完整转播中央1—8套和部分省的节目外,还有自办频道,全市14个乡镇、130个行政村全部通上有线电视。虎林市广播电视事业局先后被评为全国边境地区广播电视建设先进集体和全国影视系统先进集体,光荣地出席了全国广播电视先进县(市)表彰大会。

有线电视机房

电视发射机房

同江市广播电视

同江市委副书记姜钟晓(右二)、同江市广播电视事业局局长周宏(右一)参加全国广播电视先进县(市)表彰大会时，与广播电影电视部部长孙家正(中)合影。

同江市委副书记姜钟晓、同江市广播电视事业局局长周宏参加全国广播电视先进县(市)表彰大会时，与黑龙江省广播电视厅厅长张克忠合影。

一九九七年获得的荣誉证书

黑龙江省广播电视厅厅长张克忠为同江市城乡广播电视微波联网开通剪彩。

广播电视播控中心

录制新闻节目

同江市广播电视事业局领导班子成员在研究工作。右起：中波台副台长陈树民、电台副台长裴广富、副局长朱默屿、局长周宏、副局长李福喜、总支副书记吴淑琴、电视台副台长姜志军。

同江市广播电视中心大楼

局党总支书记、局长周宏接受黑龙江电视台《今日话题》节目记者采访。

编采人员审查节目

局领导班子成员检查播控中心的工作

制作人员编辑节目

潜江市广播电视

湖北省潜江市地处江汉平原腹地，1994年被评为“中国明星市”。市委、市政府非常重视广播电视工作，近几年来，全市已形成了广播、电视、无线、有线、微波等多种手段传输网络，广播人口覆盖率达100%，电视人口覆盖率达96%。广播电视宣传工作从1991年起连续四届在全省广播电视宣传竞赛中名列前茅。1997年被授予全国广播电视先进县(市)称号。

局长 熊子林

市广播电视局——团结战斗的领导集体

市委书记张卫东(前左)、副市长周开翼(前右)等市领导认真听取广播电视工作情况汇报，并审批广播电视事业在建项目。

广播电视中心外貌

获得全国广播电视先进县(市)的奖牌

平江县广播电视

平江县广播电视局领导班子研究全县广播电视“九·五”发展规划。右起第三人为局长冷望华。

湖南省平江县地处湘、鄂、赣革命根据地中心地带，是一个有着96万人口的山区大县。近五年来，在县委、县政府的支持下，县广播电视部门筹资1000多万元，建成了一个以县1000瓦电视转播台、300瓦调频广播电台为中心，以全县5个直属转播站为骨干，向周围乡村传递节目信号的“全县一网，三级传递”的广播电视覆盖网络，使全县的广播电视综合人口覆盖率达到95%以上。平江县在1997年被授予全国广播电视先进县(市)称号。

新建的平江人民广播电台

扩建改造的平江县梧桐山电视调频转播台

新建的平江县有线电视台机房前端

普宁市广播电视

广东省普宁市地处广东省东南部，是有名的侨乡、水果之乡，商贸活跃，人口有160万。普宁市的领导十分重视广播电视事业，“八·五”以来，市政府累计拨款近2000万元投入广播电视设备的购置和基本建设。一个占地72亩，建筑面积一万多平方米的广播电视中心正在建设中。普宁市广播电视局领导班子在局长李振天带领下，按照人、财、物、宣传、技术五统一的原则，积极发展事办好电台、电视台和有线台，重点放在把好舆论导向，严格执行宣传纪律、积极为地党政的中心工作服务，做好宣传报道作。电台、电视台发射功率为1KW，发塔高168米，建在市郊100米高的小山采编播设备基本达到广播级水平。有线播电视采用550MHZ、HFC系统，传送央台8套节目和其它省、市台总共25套目。各乡镇也相应建立了有线电视网1992年和1996年，普宁市广播电视局连被广东省广播电影电视厅评为“七·五划”、“八·五规划”建设先进单位。1997被评为全国广播电视先进县(市)。

广播电台播出机房

电视节目制作机房一角

有线电视机房

市委、市政府领导视察建设中的发射塔

陵水黎族自治县广播电视

县委书记黄栋国(右一)、县委常委、宣传部长吴泽
三)视察广播电视发射大楼时，听取黄学义局长
)汇报工作情况。

陵水黎族同胞聚精会神听本县广播电台节目

“花园式”的广播电视工作场所

广播电台发射机房

海南省陵水县是黎族同胞聚居的老少边穷地区，全县17个乡镇，总人口30.9万，年财政收入3200多万元。

1992年以来，在县委县政府领导高度重视下，全体广播电视工作者发扬艰苦创业精神，想方设法克服资金紧缺的困扰，通过多渠道筹集资金800多万元投入广播电视事业建设，加快广播电视事业健康有序发展。至今，已建起广播电台、电视转播台、有线电视台。

广播电台配备4部各1000W调频发射机，分别转播、发射中央、省台一套节目和县台节目，实现了三级覆盖。广播按地区与人口覆盖率从原来的5%提升到95%以上，入户喇叭从50只增加到3.71万只，入户率从0.017%上升到近80%；17个乡镇广播电视站更新设备，恢复正常播音；电视转播台更新配置1000W分米波，300W、100W分米波电视发射机各一部，完整转播中央一、二两套节目和省台节目。电视综合覆盖率从60%上升到85%；全县建起卫星地面接收站15个，发展有线电视用户8000多户。广播电视设施初具规模。县广播电视局多次被评为县先进党支部和精神文明建设先进单位。局长黄学义1996年被评为全国广播电视先进工作者。该县1997年荣获全国广播电视先进县(市)称号。

射洪县广播电视

四川省射洪县属川中丘陵地区，是四川省丘陵区经济发展试点县。近年来，县广播电视事业发展较快，先后建立了电台、电视台，尤其突出的是全县有线电视迅速发展，城乡共入网(1997年末)达11万多户，入户率达43%。乡镇广播电视站经济走出了困境，宣传工作得到发展，农村节目曾三次获四川省广播节目金杯奖。县广播电视局曾多次获省厅奖励。1996年被广电部、人事部评为先进单位；1997年被评为全国广播电视先进县(市)。

射洪县副县长赵金玲(左)、广电局局长王元成(右)在北京参加全国广播电视先进县(市)颁奖会与广电部部长孙家正合影留念。

射洪人民广播电台于1994年6月28日成立，调频无线发射，信号覆盖县城，每天播音16.5小时。图为电台节目主持人直播节目。

射洪县广播电视中心

有线电视机房。

达县广播电视

局长陈尚群(右二)在河市镇向农民宣传有线电视的优越性。

达县位于四川东北部、大巴山南麓，全县2700平方公里，辖76个乡(镇)，120万人口。全县广播电视系统共有工作人员280余人，县局、县广播电视台76人。该县是四川省第一个农村有线广播网按部颁丙级标准全面入网县，该县广播电台是四川省首批县级广播台、站考核达标先进单位。目前，全县建广播电视站和有线电视系统76个，建小功率差转台13座，电视覆盖率达91%，广播覆盖率达95%。两台共有60多个节目在上级台获奖，其中，县电台的对农节目曾获“中国广播奖”一、二、三等奖，电台的《乡村喇叭》被作为名牌栏目载入《中国广播电视年鉴》，1990年，县电台被四川省委、省政府授予“四川省先进新闻集体”称号。1991年，达县广播电视局被广电部、人事部评为“全国广播电视系统先进集体”，1997年，被评为全国广播电视先进县(市)。

县、局领导检查乡站广播宣传工作

工程技术人员在乡站测试有线电视信号

县、局近年获得的荣誉证书

黄陵县广播电视

陕西黄陵县广播电视局，1997年被授予全国广播电视先进县(市)称号。

全局共有职工117人，其中乡镇广播电视站50人，内设办公室、财务股、音像股、保卫股、电视摄像股，下属广播电台、有线电视台、卫星地面接收站和12个乡镇广播电视站。全县村办广播室158个，小功率卫星地面站和电视差转台58座。1997年事业建设又上新台阶，6月份贯通全县各乡镇广播电视覆盖网122公里光缆传输和部分树枝型电缆用户网，实现了全县村村都能看上电视节目的奋斗目标。目前全县广播电视发展已初具规模，广播覆盖率达到90%，电视覆盖率达到100%。

1997年7月29日，全省广播电视传输网建设现场会在黄陵召开，向全省推广黄陵县电视光纤联网先进经验，为加快全省广播电视事业的现代化建设产生了积极作用。图为会场现场。

1997年7月30日，黄陵县广播电视局局长王云岗向省委副书记刘荣惠、延安市委书记高宜新、黄陵县委书记薛光明，介绍黄陵县有线电视发展目标。

1997年7月29日，广电部副部长何栋材对黄陵广播电视光纤联网工程的建成给予了高度评价并题词："黄陵光纤连万家，两个文明绽新花。"

1996年6月25日，黄陵县举行"九五"广播电视技术方案论证会，会议邀请了省、市有关广播电视技术专家参加，并一致通过了黄陵县广播电视光缆联网方案。

安康市广播电视

广电部社管司副司长李克寒（右）考察安康人民广播电台立体声播出机房

陕西省安康市广播电视局在市委、市政府抓广电队伍建设中，把班子建设放在首位，广播电视局的班子是全市各部门中“政治过硬、业务精通、作风正派”的先进集体，党组书记、局长张培祥曾被评为“全国广播电视系统先进工作者”，1997年又被全国记协国内部、全国广播电视学会农村宣传研究等单位联合授予第二届中华大地之光“优秀主人公”荣誉称号。广播电视局从1992年以来连年分别被省广播电视厅、安康地委、行署和省委、省政府评为“最佳单位”。市委、市政府从1991年起，四年投资100万元发展农村广播和电视，广播电视人口覆盖率超过全国平均水平。从市到乡镇、村、组，已建成完整的传输网络，广播线路达1.6万杆公里，有线电视独立立杆建网，网路质量超过了邮电杆路。全市50个乡镇分别建有广播电视站，每站都有4—6名国家正式工作人员。广电局近年来取得了优异的成绩，分别被省委宣传部、省委组织部、安康地委、行署，省广电厅授予党建宣传先进单位、宣传思想工作先进集体、评优创优先进单位等一系列称号，仅1997年就在全国、全省、全区获新闻奖30多件。1997年安康市广播电视局被授予全国广播电视先进县（市）称号。

省台播音员在安康市有线电视台参观

安康市有线台'97春节晚会

发射塔

西安电视台

西安电视台是一家在国内具有一定规模和影响的省会电视台，现为全国城市电视台协作会会长台及陕西省分会会长台。西安电视台以“创全国一流城市电视台”作为自己的发展目标，在节目质量上、管理上、队伍建设上、设备上，正在向全国一流水平迈进。目前，西安电视台已有300余件作品在国家、省、市的评选中获奖。随着制片人制度等机构改革举措的实施，西安电视台将以更多更好的拳头产品而跻身于有全国影响的大台之列。

西安电视台台长 张光华

电视新闻播音

西安电视台主持人与中央台、北京台、广州台、长春台主持人共同主持《东西南北中》春节特辑。图为在南京夫子庙留影。

电视连续剧《毛泽东在陕北》获1996年度全国“五一工程”入选作品奖、第十七届电视剧飞天奖。

西安电视台新闻部向大家问好

广播电影电视部
《中国广播电视年鉴》第二届编辑委员会

顾　问　吴冷西　梅　益　郝平南　马庆雄　徐崇华
温济泽　金　照　卢克勤　周新武　左漢野

主　任　刘习良　广播电影电视部副部长、译审

副主任　杨伟光　广播电影电视部副部长兼中央电视台台长、高级编辑
张振华　中国国际广播电台台长、高级编辑
王健儒　中央人民广播电台副台长、高级编辑
赵水福　《中国广播电视学刊》副主编、高级编辑
李振水　中国广播电视学会常务理事、研究员
赵玉明　北京广播学院副院长、教授

委　员　黄　勇　广播电影电视部办公厅副主任、副教授
李春武　广播电影电视部总编室副主任、高级编辑
李克寒　广播电影电视部社会管理司副司长
雷元亮　广播电影电视部人事司司长
刘以纯　广播电影电视部计划财务司司长、高级经济师
江　澄　广播电影电视部科技司副司长、高级工程师
马元和　广播电影电视部外事司司长、译审
刘爱清　广播电影电视部教育司司长、高级经济师
邹新炎　广播电影电视部驻香港记者站站长
王　录　中央电视台研究室主任、高级编辑
王　甫　中央电视台研究室第一副主任、博士
仲呈祥　中国电视艺术委员会副主任、研究员
张金城　广播电影电视部无线电台管理局副局长、高级工程师
关崇恩　中国广播艺术团副团长、主任编辑
袁文博　广播电影电视部设计院院长、高级工程师
高凤吉　广播科学研究院副院长兼总工程师、高级工程师
王瑞英　广播电影电视部广播影视信息网络中心副主任、高级工程师
王　珏　北京广播学院教授
王克瑞　北京广播学院出版社社长、副教授
王桂花　《中国广播电视年鉴》编辑部主任、主任编辑
王福顺　中国广播电视出版社图书编辑部主任、高级编辑
孙以森　中国广播电视学会常务理事、高级编辑
胡荣泉　中国广播电视国际经济技术合作总公司副总经理、译审
李鼎祥　中国唱片总公司总经理、高级编辑
揭衍珍　海峡之声广播电台副台长、主任编辑
于云先　北京市广播电视学会会长、高级编辑
胡兴华　天津市广播电视局局长

王新友　　河北省广播电视厅副厅长、主任编辑
谢洪涛　　山西省广播电视厅厅长
白朝蓉　　内蒙古自治区广播电视厅厅长
白天明　　辽宁省广播电视学会副会长、高级编辑
姜兴坤　　吉林省广播电影电视厅厅长
张克忠　　黑龙江省广播电视厅厅长、高级编辑
李晓庚　　上海市广播电影电视局副局长、高级记者
韩同文　　江苏省广播电视厅副厅长、主任编辑
张桂芝　　浙江省广播电视厅副厅长、主任编辑
王季平　　安徽省广播电视厅副厅长、副研究员
张锦才　　福建省广播电视厅副厅长、高级编辑
俞向党　　江西省广播电视厅副厅长
于钦彦　　山东省广播电视厅副厅长
孙泉砀　　河南省广播电视厅副厅长、主任编辑
曹贤火　　湖北省广播电视厅副厅长、高级编辑
曾凡安　　湖南省广播电视厅副厅长、主任编辑
孙孔华　　广东省广播电视厅副厅长、高级编辑
郑久粲　　广西壮族自治区广播电视厅厅长、高级工程师
杨志杰　　海南省文化广播体育厅厅长
万　林　　重庆市广播电视局副局长、主任编辑
曹培俊　　四川省广播电视厅党组副书记
罗德成　　贵州省广播电视厅副厅长、主任编辑
文汉鼎　　云南省广播电视厅副厅长
李永发　　西藏自治区广播电影电视厅副厅长、主任编辑
饶一新　　陕西省广播电视厅副厅长、高级编辑
杨德儒　　甘肃省广播电视厅厅长
王贵如　　青海省广播电视厅厅长
金晓昀　　宁夏回族自治区广播电视厅厅长
何富麟　　新疆维吾尔自治区广播电影电视厅党组书记、高级编辑
董长海　　大连市广播电视局局长
李作民　　青岛市广播电视局副局长
陈学仁　　宁波市广播电视学会副会长
黄鸣洲　　厦门市广播电视局局长
周　军　　深圳市广播电视局副局长、高级记者
杨振华　　新疆生产建设兵团党委宣传部部长兼广播电视局局长、副研究员

主　编　赵玉明（兼）北京广播学院副院长、教授

副主编　王　录　　中央电视台研究室主任、高级编辑
王　珏（加框）　　北京广播学院教授
王　甫　　中央电视台研究室第一副主任、博士

《中国广播电视年鉴》特约编辑

陶世明　广播电影电视部办公厅综合处处长
陈龙城　广播电影电视部总编室国内宣传处处长
刘朝荣　广播电影电视部社会管理司综合处
王富强　广播电影电视部人事司干部管理处副处长
崔永康　广播电影电视部计划财务司办公室副主任、工程师
张德超　广播电影电视部科技司办公室主任
杨　杰　广播电影电视部外事司办公室主任
陈洪诚　广播电影电视部教育司综合处处长
张葭萍　中国国际广播电台驻香港记者
张连成　中央人民广播电台研究室主任科员、编辑
童拉格　中国国际广播电台总编室记者
朱　宁　中央电视台研究室副研究馆员
周红文　中国电视艺术委员会组联部主任编辑
郭发第　广播电影电视部无线电台管理局办公室主任、副研究员
杨小平　中国广播艺术团办公室
杨庆元　广播电影电视部设计院政工处副处长
龚庆桂　广播科学研究院科研管理处副处长、高级工程师
赵中强　广播电影电视部广播影视信息网络中心《广播电视信息》副主编、主任编辑
袁　军　北京广播学院院长办公室副主任
王福顺　中国广播电视出版社图书编辑部主任、高级编辑
陆静雪　中国广播电视学会秘书处秘书
贾凤琴　中国广播电视国际经济技术合作总公司办公室副主任
刘喜林　中国唱片总公司总编室副主任、编辑
黄秀根　中国教育电视台办公室副主任
毛寿斌　海峡之声广播电台总编室秘书
林仙元　中国华艺广播公司办公室
马家芳　北京市广播电视局总编室主任编辑
杨　斌　天津市广播电视局研究室编辑
李冀文　河北省广播电视厅史志办公室主任
杜玉芝　山西省广播电视厅调研员
李保国　内蒙古自治区广播电视厅广播电视科研所主任编辑
韦　冰　辽宁省广播电视厅总编室主任
刘希梅　吉林省广播电影电视厅史志办公室主任、主任编辑
于星海　黑龙江省广播电视厅史志办公室副主任、主任编辑
蒋坤赤　上海市广播电影电视局地方志办公室编辑
周新华　江苏省广播电视厅办公室副主任、主任编辑
陆维中　浙江省广播电视学会副秘书长、主任编辑
庄保斌　安徽省广播电视厅总编室主任、主任编辑
林克清　福建省广播电视厅广播电视学会
周晶星　江西省广播电视厅总编室主任
周　军　山东省广播电视厅新闻研究所《山东广播电视年鉴》副主编
党传聪　河南省广播电视厅总编室主任
严　峻　湖北省广播电视厅总编室主任科员、编辑
史可夫　湖南省广播电视厅广播电视学会副秘书长、主任编辑
李观湖　广东省广播电视厅总编室副主任、主任记者
郑成贵　广西壮族自治区广播电视厅史志编辑室主任、主任编辑
梁定均　海南省文化广播体育厅广播电视处主任科员
向成发　重庆市广播电视局总编室主任、主任记者
阎正浩　四川省广播电视厅新闻研究所副所长
张建先　贵州省广播电视厅新闻研究室主任
王心献　云南省广播电视厅办公室副主任
贡桑德吉　西藏自治区广播电影电视厅广播电视学会副秘书长、记者
杨晓娟　陕西省广播电视厅广播电视学会工程师
杨志宣　甘肃省广播电视厅总编室主任
辛光武　青海省广播电视厅史志办公室副编审
王淋己　宁夏回族自治区广播电视厅总编室主任、高级编辑
靳红莉　新疆维吾尔自治区广播电影电视厅办公室编辑
庄洪昌　大连市广播电视局宣传管理处处长
冷　松　青岛市广播电视局办公室副主任
李迪斐　宁波市广播电视局总编室主任
张飞舟　厦门市广播电视局总编室主任、主任记者
刘堤洪　深圳市广播电视局广播电视处副处长、编辑
俞向阳　新疆生产建设兵团广播电视局主任科员

国家广播电影电视总局
《中国广播电视年鉴》第三届编辑委员会领导机构

顾　　问　吴冷西　梅　益　郝平南　马庆雄　徐崇华　温济泽
金　照　卢克勤　周新武　孙家正　王　枫　谢文清
王寿仁　李哲夫　刘习良　杨伟光　何栋材

主任委员　同向荣　国家广播电影电视总局副局长
副主任委员　王健儒　中央人民广播电台副台长、高级编辑
丛英民　中国国际广播电台副台长、高级编辑
赵化勇　中央电视台副台长、高级编辑
赵建华　北京广播学院党委书记、高级编辑
赵玉明　《中国广播电视年鉴》主编、北京广播学院教授

主　　编　赵玉明（兼）
副 主 编　王　录　中央电视台研究处处长、高级编辑
雷跃捷　北京广播学院新闻传播学院副院长、副教授
王　甫　中央电视台研究处副处长、博士
曲宗生　《中国广播电视年鉴》编辑部副主任、主任编辑

（第三届编委会正在组建中）

《中国广播电视年鉴》编辑部

主　　任　王桂花
副 主 任　田景瑞
　　　　　　曲宗生
编　　辑　梁振远
　　　　　　朱　宁
　　　　　　罗建平
　　　　　　韩同慧
图片编辑　阮双庆
　　　　　　韩同慧

地　　址：北京市朝阳区定福庄东街 1 号
　　　　　北京广播学院院内

邮政编码：100024

电　　话：65766415　65779245　65779365

传　　真：65766415

编 辑 说 明

一、《中国广播电视年鉴》是反映我国广播电视事业基本情况和发展变化的资料工具书，内容主要是上一年全国广播电视系统各方面的新情况、新资料。

二、本年鉴从1986年起，每年编印一册（其中1992—1993年版合为一册），1998年版为第12册，只出版精装本。全书共有24部分：(1) 特载；(2) 特辑；(3) 概况；(4) 大事记；(5) 文献与法规；(6) 专论；(7) 会议；(8) 节目栏目；(9) 经验；(10) 听众观众调查；(11) 科技与工业；(12) 书报刊；(13) 音像出版与管理；(14) 文章篇目辑览；(15) 评奖；(16) 机构与社团；(17) 人物志；(18) 统计；(19) 香港、澳门、台湾的广播电视；(20) 对外交流；(21) 专辑；(22) 附录；(23) 索引；(24) 图片。

三、本年鉴1998年版主要发表1997年的资料。但在“特载”、“专辑”等栏目中也收入了1998年年初的有关重要资料。

四、有关广播电视宣传报道情况的介绍是本年鉴1998年版的主要内容，着重在以下各栏目中反映：

“特辑”——中央三台对香港回归和中共十五大的报道。

“概况”——全国广播电视宣传各方面和各地方的情况综述。

“会议”——主要是广播电视宣传方面的工作、研讨会议选介。

“节目栏目”——广播电台、电视台新开办的节目栏目选介。

“专论”——在报刊上发表或在学术会议上宣读的专业论文摘要、论点摘编。

“经验”——广播电视宣传改革等的经验选载。

“专辑”——周恩来同志与广播电视，部直单位和部分广播电台、电视台的周年庆祝活动等。

“评奖”——广播电视获奖节目及评奖活动选载。

“听众观众调查”——广播电视收听收视调查及群众来信情况分析选介。

五、本年鉴1998年版关于广播电视技术和事业建设的情况，主要在“概况”、“科技与工业”、“统计”等专栏中介绍。

六、香港特别行政区、澳门地区和台湾省的广播电视情况，在“香港、澳门、台湾的广播电视”栏目中介绍。全国性统计数据，均未包括香港、澳门和台湾省。

简　目

1　特载　(1)
2　特辑　(26)
3　概况　(45)
4　大事记　(130)
5　文献与法规　(148)
6　专论　(175)
7　会议　(202)
8　节目栏目　(223)
9　经验　(280)
10　听众观众调查　(297)
11　科技与工业　(327)
12　书报刊　(349)
13　音像出版与管理　(357)
14　文章篇目辑览　(382)
15　评奖　(398)
16　机构与社团　(464)
17　人物志　(477)
18　统计　(510)
19　香港、澳门、台湾的广播电视　(518)
20　对外交流　(530)
21　专辑　(549)
22　附录　(610)
23　索引　(647)
24　图片　(64 面)

分　类　目　录

1. 特　　载

迈向充满希望的新世纪
——一九九八年新年讲话 …………………………………………………… 江泽民　1
江泽民会见全国宣传部长会议代表时强调要紧紧围绕党的十五大主题扎实生动做好宣传思想工作 …………………………………………………………………… 2
李鹏总理致全国广播电视先进县（市）表彰大会的贺信 ………………………………… 3
新闻宣传要牢牢把握正确导向
——丁关根在全国省级广播电台、电视台台长研讨班上的讲话（摘要） ………… 4
全国广播影视厅局长会议暨全国广播电视先进县（市）表彰大会在京召开 ………… 4
高举邓小平理论伟大旗帜努力建设有中国特色社会主义的广播影视事业
——在全国广播影视厅局长会议上的报告 …………………………………… 孙家正　6
在全国广播电视先进县（市）表彰大会上的讲话 ……………………………… 孙家正　16
在全国广播影视厅局长会议上的总结讲话 ……………………………………… 田聪明　17
关于表彰全国广播电视先进县（市）的决定
附：全国广播电视先进县（市）名单 ……………………………………………… 20
1998年广播电影电视工作要点 ……………………………………………………… 21
国家广播电影电视总局正式运作 …………………………………………………… 25

2. 特　　辑

庆香港回归　雪百年国耻
展现世纪盛事　记录历史辉煌
——香港回归广播电视宣传概览 ………………………… 广播电影电视部总编室　26
充分发挥广播优势　全面报道香港回归 ……………………… 中央人民广播电台　28
圆满完成香港回归报道任务 ………………………………… 中国国际广播电台　29
香港回归电视报道综述 ……………………………………………… 中央电视台　30
北京广播电视　喜迎香港回归 ……………………………………… 北京市广电局　31
热烈　隆重　创新　争优
——上海市广电局香港回归祖国宣传综述 ……………………… 上海市广电局　32
香港回归宣传 ……………………………………………………… 广东人民广播电台　33
香港回归宣传报道综述 ……………………………………………… 广东电视台　34
迎接十五大召开　宣传十五大精神
十五大广播电视宣传工作综述 ………………………… 广播电影电视部总编室　34
十五大广播宣传报道概述 ………………………………………… 中央人民广播电台　36
十五大报道回眸 …………………………………………………… 中国国际广播电台　36
关于十五大宣传的综述 ……………………………………………… 中央电视台　38
北京市广电局十五大宣传综述 ……………………………………… 北京市广电局　39
上海市广电局十五大宣传报道综述 ………………………………… 上海市广电局　40
在改革中发展　在管理中提高
——我国广播电视事业五年回眸 …………………………………………… 孙家正　41
十四大以来广播电视成就显著（1992—1996） ……………………………………… 43

3. 概　　况

全国广播电视概况

全国广播电视概况 …………………………… 45
中央人民广播电台概况 ………………………… 47
　附：中央人民广播电台 1997 年十件大事…… 48
中国国际广播电台概况 ………………………… 49
　附：中国国际广播电台 1997 年十件大事…… 50
中央电视台概况 ………………………………… 51
　附：中央电视台 1997 年十件大事…………… 53
有线电视概况 …………………………………… 54
农村有线广播电视概况 ………………………… 55
文艺广播概况 …………………………………… 55
电视文艺概况 …………………………………… 57
电视剧创作概况 ………………………………… 57
少数民族语言广播概况 ………………………… 59
对台湾广播概况 ………………………………… 61
华语广播概况 …………………………………… 62
广播电视艺术团体概况 ………………………… 63
广播电视高等和中等教育概况 ………………… 65
无线电台管理局概况 …………………………… 67
广播科学研究院概况 …………………………… 68
广播电视工程设计概况 ………………………… 69
广播影视信息网络中心概况 …………………… 70
广播电视广告概况 ……………………………… 71
计划财务管理概况 ……………………………… 72
中国广播电视学会概况 ………………………… 73
中国教育电视台概况 …………………………… 74
中央广播电视大学概况 ………………………… 75

省、自治区、直辖市广播电视概况

北京市广播电视概况 …………………………… 77
天津市广播电视概况 …………………………… 79
河北省广播电视概况 …………………………… 81
山西省广播电视概况 …………………………… 83
内蒙古自治区广播电视概况 …………………… 85
辽宁省广播电视概况 …………………………… 86
吉林省广播电视概况 …………………………… 88
黑龙江省广播电视概况 ………………………… 90
上海市广播电视概况 …………………………… 91
江苏省广播电视概况 …………………………… 92
浙江省广播电视概况 …………………………… 95
安徽省广播电视概况 …………………………… 97
福建省广播电视概况 …………………………… 99
江西省广播电视概况…………………………… 101
山东省广播电视概况…………………………… 102
河南省广播电视概况…………………………… 103
湖北省广播电视概况…………………………… 104
湖南省广播电视概况…………………………… 106
广东省广播电视概况…………………………… 107
广西壮族自治区广播电视概况………………… 109
海南省广播电视概况…………………………… 110
重庆市广播电视概况…………………………… 111
四川省广播电视概况…………………………… 113
贵州省广播电视概况…………………………… 115
云南省广播电视概况…………………………… 116
西藏自治区广播电视概况……………………… 118
陕西省广播电视概况…………………………… 119
甘肃省广播电视概况…………………………… 122
青海省广播电视概况…………………………… 124
宁夏回族自治区广播电视概况………………… 126
新疆维吾尔自治区广播电视概况……………… 127
新疆生产建设兵团广播电视概况……………… 128

4. 大 事 记

一月……………………………………………… 130
二月……………………………………………… 131
三月……………………………………………… 132
四月……………………………………………… 133
五月……………………………………………… 135
六月……………………………………………… 136
七月……………………………………………… 138
八月……………………………………………… 139
九月……………………………………………… 141
十月……………………………………………… 142
十一月…………………………………………… 143
十二月…………………………………………… 145

5. 文献与法规

广播电视管理条例 …………………………………………………… 148
　附 1：关于认真学习、宣传、贯彻《广播电视管理条例》的通知 …………… 151
　附 2：我国广播电视法制工作迈上新台阶
　　　——广电部负责人就《广播电视管理条例》颁布施行答记者问 ………… 152

附 3：《广播电视管理条例》宣传提纲 …………………………………………………… 154
广播电影电视系统内部审计工作规定……………………………………………………………… 158
有线广播电视设备器材入网认定管理规定……………………………………………………… 161
关于进一步加强广播电视广告宣传管理的通知………………………………………………… 162
关于认真贯彻执行《中国新闻工作者职业道德准则》和《关于禁止有偿新闻的若干规定》的通知……… 163
附：中国新闻工作者职业道德准则……………………………………………………………… 164
关于签署涉外广播电影电视综合性合作协议管理工作的通知…………………………………… 165
播音员主持人上岗暂行规定……………………………………………………………………… 165
专业技术职务评聘管理暂行规定………………………………………………………………… 166
关于县（市）广播电视播出机构合并的意见……………………………………………………… 169
关于清理整顿电视剧生产单位和影视制作经营机构的通知……………………………………… 170
关于企事业有线台改为有线广播电视站的意见………………………………………………… 171
卫星传输广播电视节目管理办法………………………………………………………………… 171
关于进一步加强广播影视行政执法工作的通知………………………………………………… 172
关于广播电台、电视台、有线台、教育电视台重新申核登记的通知…………………………… 173
未选登的 1997 年广播电视法规目录 …………………………………………………………… 174

6. 专　论

论文摘要

加快广播电视网建设　推进国家信息化进程
（孙家正）………………………………………… 175
实施电视剧精品战略　推动电视剧精品生产
（刘习良）………………………………………… 176
建设具有中国特色社会主义电视理论（杨伟光）
………………………………………………… 177
关于对外宣传若干问题的思考（张振华）……… 178
对宣传工作规律性的几点认识（张振东）……… 179
高举邓小平理论伟大旗帜　建设有中国特色的
社会主义广播电视（于振华）………………… 180
正确舆论导向来自正确理论导向（王　珏）…… 181
关于中国少数民族广播电视的几个问题（张小平）
………………………………………………… 181
努力顺应影视一体化潮流（刘奇葆）…………… 182
论舆论引导中的情感引导（王小夫）…………… 183
深化广播改革的三个问题（罗佳陵）…………… 183
用大新闻的视野办社教节目（罗春雷）………… 184
论珠三角广播媒体的崛起（阙子民　黄志耕）
………………………………………………… 185
多点直播报道——电视新闻报道领域的新成员
（范　昀　李　勇　冯建平）………………… 186
有中国特色社会主义文化与电视文艺（仲呈祥）
………………………………………………… 186
着力创建精美的电视文化（骞国政）…………… 187
电视文化要做好文化的导向工作（唐　弦）…… 188
把握电视节目市场特征　优化频道资源节目资源
配置（胡瑞庭）……………………………… 189
试论卫星电视（应中迪）………………………… 189
现代广播与主持人节目优化（曹　璐）………… 190
关于广播谈话类主持人节目的思考（朱　砚）
………………………………………………… 191
广播电视节目主持人定位说（张书玷）………… 191
提高我国电视广告社会效益的对策研究（陈培爱）
………………………………………………… 192
关于广播电视网上业务的若干设想（马　德）
………………………………………………… 192

论点摘编

广播电视行业形象的确立与塑造（单运民）…… 193
广播电视也应实施名牌战略（黎瑞祥）………… 194
努力提高广播电视宣传的理论含量（苏简亚）
………………………………………………… 194
谈广播工作再上新台阶（张家昌）……………… 194
试论我国国际广播的目标定位（阎惠朝）……… 195
再造辉煌正当时（卢祥金　牛秀英）…………… 195
追索当代广播剧特有的音乐境界（喻权捷）…… 195
广播剧冷落之因（赵誉泳）……………………… 195
坚持改革树立观众欢迎的电视形象（董育中）
………………………………………………… 196
栏目制片人制——电视新闻管理的新机制
（夏伟荣）………………………………………… 196
电视新闻的真与美（詹铁坤）…………………… 196
经济报道的文化力视角（蒋克强）……………… 197
大众文化与主体文化——兼论电视的引导功能
（樊　浩）………………………………………… 197
电视社会学导论（胡妙德）……………………… 197
俯视·平视·仰视——纪录片视角的变化
（姜依文）………………………………………… 197
现代益智型游戏节目的探索（小　辰）………… 198
品位追求与市场运作——发展电视剧节目市场的
思考（程蔚东）……………………………… 198
谈电视文艺晚会的“电视化”（丁百之）……… 198
播音语言规范化三题（张　颂）………………… 198

试论广播播音的对象感（金重建） …………………… 199
试论“主编型”新闻节目主持人（刘雪弘） …… 199
重在交流感——电视节目主持人的语言追求
（敬一丹） ………………………………………… 199
试论大众传播的误导（夏　凡） ……………………… 200
21世纪的广播电视发展与新闻传播教育（胡正荣）
………………………………………………………… 200
采用光纤是中小城市有线电视网络升级改造的
必然趋势（张学权　谢俊臣） ……………… 200
从系统方法谈市场经济条件下广播电视报的运作
原则（彭国元） ……………………………………… 201
论教育电视台的地位（黄秀根） …………………… 201

7. 会　议

全国性广播电视工作会议

全国广播影视厅局长座谈会…………………………… 202
全国省级广播电台电视台台长研讨班……………… 203
全国电视剧题材规划会议…………………………… 203
全国电视对外宣传选题规则会……………………… 204
全国有线电视台台长会议…………………………… 204
全国省会城市电视台台长工作年会………………… 205
全国广播电视系统经营工作座谈会………………… 205
李铁映同志与香港回归广播电视报道人员座谈
………………………………………………………… 205
中央电视台经济宣传顾问委员会成立大会暨
第一次全体大会……………………………………… 205
全国’96广播新闻评选会 …………………………… 205
全国经济电视台协作体年会………………………… 206
中国广播电视学会常务理事座谈会………………… 206
全国第十五次藏族文艺广播会议…………………… 207
重大革命历史题材影视创作座谈会………………… 207
全国省级广播电视报专业委员会年会……………… 207
中央电视台特邀制片人联席会成立大会…………… 208
’97全国省级电视台广告年会 ……………………… 208
全国第二届省级有线广播电视台台长经验交流会
………………………………………………………… 208
全国电台经济信息协作网会议……………………… 208
全国电视艺术家协会秘书长会议…………………… 208
’97全国电视新闻年会 ……………………………… 208
全国戏曲广播工作会暨中国戏研年会……………… 209
全国省级、单列市广播电台第七届办公室
管理会议……………………………………………… 209
第八届全国电视教育节目评奖会…………………… 209
全军电视宣传工作会议……………………………… 209
《中国广播电视年鉴》第十三届年会 ……………… 209
电视军事节目委员会第一届理事会………………… 210
广电部科技委传输专业委员会’97年会 …………… 210
全国交通广播电台台长会议………………………… 211
全国广播影视系统干部培训工作经验交流会……… 211
全国广播电视中专教育工作会议…………………… 211
’97中国电视节目外销联合体第三届全体会议 …… 212
第四届全国有线电视台节目评选定评会议………… 212
《中国广播电视学刊》座谈会 ……………………… 212
中国广播电视学会团体会员秘书长工作会议……… 212
教育专项补助金管理委员会会议…………………… 213
’97全国电视经济宣传工作会议 …………………… 214
广电部播音员、主持人资格证书颁证会…………… 214

地区性广播电视工作会议

全国部分省级有线电视台联合制作播出系列片
《风景这边独好》首次联席会议 ………………… 214
’97中国西部地区第三届广播电视设备与新技术
展示会 ……………………………………………… 214
中国西部地区电视技术协会’97年会 ……………… 215
华东广播技术年会…………………………………… 215
中南六省区广播电视协作会议……………………… 215
西部广播电视技术协作会…………………………… 215

全国性广播电视研讨会

胡连翠导演作品研讨暨《春》剧看片会…………… 215
国际台“两会”报道研讨会………………………… 216
全国广播电视多功能高塔研讨会…………………… 216
全国部分省会城市广播电视事业建设研讨会……… 216
《金色海湾》研讨会 ………………………………… 216
第九届全国电视广告“印象奖”颁奖大会暨
第三届全国电视公益广告研讨会………………… 216
’97全国广播新闻年会暨技术研讨会 ……………… 216
十五省（区、市、单位）广播电视系统党建
工作研讨会…………………………………………… 217
《中国戏曲集锦》拍摄研讨会 ……………………… 217
《星期天文艺大篷车》和《心之桥》节目研讨会
………………………………………………………… 217
全国首届电视制片人研讨会………………………… 217
’97全国广播剧创作笔会 …………………………… 218
’97第二届全国省级电视台农村栏目交流研讨会
………………………………………………………… 218
中国广播受众研究会议……………………………… 218
全国地方电台新闻研讨会…………………………… 218
全国第七届科普广播研讨会………………………… 218
中国电视纪录片学术研讨会………………………… 218
首届全国电视生活服务节目专题研讨会…………… 218
国际台’97国际报道研讨会 ………………………… 219
有线电视光纤与光缆及数字同步传输干线网技术
研讨会………………………………………………… 219
’97北京电视技术研讨会 …………………………… 219
’97电视媒体应用计算机网络技术研讨会 ………… 220

广电部网络施工工程研讨会…………………………… 220
中文图文电视技术发展研讨会………………………… 220

地区性广播电视研讨会

’97东三省广播广告研讨会 …………………………… 221
第四届华东七省市广播电台新闻研讨会暨好新闻评选会…………………………………………… 221

国际性广播电视研讨会

中日’97实用数字音频应用技术交流会 ………… 221
第三届上海国际纪录片研讨会……………………… 221
第五届国际广播电视技术讨论会（ISBT ’97）…………………………………………… 222

8. 节目栏目

中央人民广播电台第一套节目播出时间表 ……… 223
中国国际广播电台播出时间表（部分） ………… 225
中央电视台第一套节目播出时间表 …………………… 233
中央人民广播电台节目……… 236
中国国际广播电台节目……… 236
中央电视台节目………………… 236
中国教育电视台节目………… 237

北京

北京人民广播电台节目……… 238
北京电视台节目………………… 239
海淀人民广播电台节目……… 239
怀柔人民广播电台节目……… 239
怀柔电视台节目………………… 239
延庆人民广播电台节目……… 239
延庆电视台节目………………… 239

天津

天津人民广播电台节目……… 240
天津电视台节目………………… 240

河北

河北人民广播电台节目……… 240
河北经济广播电台节目……… 241
河北电视台节目………………… 241
河北有线广播电视台节目…… 241
石家庄有线广播电视台节目………………………………… 241
唐山人民广播电台节目……… 241
唐山经济广播电台节目……… 242
秦皇岛有线广播电视台节目………………………………… 242
邯郸有线广播电视台节目…… 242
邢台人民广播电台节目……… 242
保定电视台节目………………… 242
张家口人民广播电台节目…… 242
衡水人民广播电台节目……… 242
承德电视台节目………………… 242

山西

山西人民广播电台节目……… 242
山西长城广播电台节目……… 243
太原人民广播电台节目……… 243
太原电视台节目………………… 243
太原有线广播电视台节目…… 243
大同人民广播电台节目……… 243
大同电视台节目………………… 243
阳泉电视台节目………………… 243
平定有线广播电视台节目…… 243
沁水县有线广播电视台节目………………………………… 243
朔州人民广播电台节目……… 243
忻州市人民广播电台节目…… 243
寿阳人民广播电台节目……… 244
襄汾有线广播电视台节目…… 244
翼城有线广播电视台节目…… 244
运城地区电视台节目………… 244
运城有线广播电视台节目…… 244

内蒙古

内蒙古人民广播电台节目…… 244
内蒙古电视台节目…………… 244
内蒙古经济电视台节目……… 245
呼和浩特人民广播电台节目………………………………… 245
赤峰人民广播电台节目……… 245
阿拉善电视台节目…………… 245

辽宁

辽宁人民广播电台节目……… 246
辽宁电视台节目………………… 246
葫芦岛人民广播电台节目…… 246
连山有线电视台节目………… 246
建昌人民广播电台节目……… 246
营口人民广播电台节目……… 246
盘锦电视台节目………………… 246
大连人民广播电台节目……… 247
大连电视台节目………………… 247
旅顺人民广播电台节目……… 247
瓦房店人民广播电台节目…… 247
普兰店人民广播电台节目…… 247

吉林

吉林人民广播电台节目……… 247
吉林电视台节目………………… 248
长春经济广播电台节目……… 248
长春有线电视台节目………… 248
吉林市经济广播电台节目…… 248
四平人民广播电台节目……… 248
四平电视台节目………………… 248
梨树人民广播电台节目……… 248
松原电视台节目………………… 248
白城人民广播电台节目……… 249
白城电视台节目………………… 249
延边电视台节目………………… 249

黑龙江

黑龙江人民广播电台节目…… 249
黑龙江电视台节目…………… 250
齐齐哈尔电视台节目………… 250
龙江电视台节目………………… 250
牡丹江电视台节目…………… 250
绥化电视台节目………………… 250

上海

上海人民广播电台节目……… 250
上海电视台节目………………… 251
上海东方广播电台节目……… 251
上海东方电视台节目………… 251
上海有线电视台节目………… 252

浙江

浙江人民广播电台节目……… 252
浙江经济广播电台节目……… 252
浙江电视台节目………………… 252
钱江电视台节目………………… 252

浙江有线电视台节目………… 253
浙江教育电视台节目………… 253
杭州人民广播电台节目……… 253
杭州电视台节目……………… 253
嘉兴电视台节目……………… 253
平湖人民广播电台节目……… 253
湖州电视台节目……………… 253
德清电视台节目……………… 253
绍兴有线广播电视台节目…… 253
金华人民广播电台节目……… 254
义乌电视台节目……………… 254
舟山人民广播电台节目……… 254
丽水人民广播电台节目……… 254
宁波人民广播电台节目……… 254
宁波经济广播电台节目……… 254
宁波电视台节目……………… 254
宁波有线电视台节目………… 255
慈溪电视台节目……………… 255

安徽

安徽人民广播电台节目……… 255
安徽电视台节目……………… 255
淮北人民广播电台节目……… 256
淮北电视台节目……………… 256
蚌埠人民广播电台节目……… 256
蚌埠经济广播电台节目……… 256
蚌埠电视台节目……………… 256
蚌埠有线电视台节目………… 256
阜阳人民广播电台节目……… 256
阜阳电视台节目……………… 256
蒙城人民广播电台节目……… 256
蒙城电视台节目……………… 256

福建

福建电视台节目……………… 256
福建东南电视台节目………… 257
福建有线电视台节目………… 257
厦门人民广播电台节目……… 257
厦门电视台节目……………… 257
海峡之声广播电台节目……… 258
中国华艺广播公司节目……… 258

江西

江西人民广播电台节目……… 258
江西经济广播电台节目……… 259
江西电视台节目……………… 259
江西有线电视台节目………… 259
南昌人民广播电台节目……… 259
南昌有线电视台节目………… 259
南昌市郊区人民广播电台节目……………… 259
安义县广播电视台节目……… 259
景德镇人民广播电台节目…… 259
萍乡人民广播电台节目……… 259
萍乡电视台节目……………… 259
新余人民广播电台节目……… 259
新余钢铁厂有线电视台节目……………………… 260
瑞金电视台节目……………… 260
会昌人民广播站节目………… 260
崇义人民广播电台节目……… 260
宜春人民广播电台节目……… 260
宜春电视台节目……………… 260
宜丰人民广播电台节目……… 260
吉安地区人民广播电台节目……………………… 260

山东

山东人民广播电台节目……… 260
山东电视台节目……………… 261
齐鲁电视台节目……………… 261
山东有线电视台节目………… 261
济南电视台节目……………… 261
淄博电视台节目……………… 261
枣庄人民广播电台节目……… 261
潍坊人民广播电台节目……… 261
龙口电视台节目……………… 261
威海人民广播电台节目……… 261
微山人民广播电台节目……… 262
泰安人民广播电台节目……… 262
日照人民广播电台节目……… 262
博兴人民广播电台节目……… 262
青岛人民广播电台节目……… 262
青岛电视台节目……………… 262
青岛有线电视台节目………… 263
城阳人民广播电台节目……… 263
城阳电视台节目……………… 263
青岛开发区人民广播电台节目……………………… 263
平度人民广播电台节目……… 263
平度电视台节目……………… 263
莱西人民广播电台节目……… 263
莱西电视台节目……………… 263
胶州电视台节目……………… 263
胶南人民广播电台节目……… 264
胶南电视台节目……………… 264

河南

河南人民广播电台节目……… 264
河南电视台节目……………… 264
许昌电视台节目……………… 265
新乡电视台节目……………… 265

湖北

湖北人民广播电台节目……… 265
楚天广播电台节目…………… 265
湖北电视台节目……………… 266
湖北经济电视台节目………… 266
湖北有线电视台节目………… 266

湖南

湖南人民广播电台节目……… 266
湖南电视台节目……………… 267
湖南经济电视台节目………… 267
长沙电视台节目……………… 267
湘潭人民广播电台节目……… 267
岳阳电视台节目……………… 267
临湘人民广播电台节目……… 267
汨罗市有线电视台节目……… 267
平江人民广播电台节目……… 268
衡阳电视台节目……………… 268
耒阳电视台节目……………… 268
张家界电视台节目…………… 268
郴州人民广播电台节目……… 268
娄底市人民广播电台节目…… 268

广东

广东人民广播电台节目……… 268
广东电视台节目……………… 268
广东有线广播电视台节目…… 269
珠海市有线电视台节目……… 269
梅州电视台节目……………… 269
湛江电视台节目……………… 269
廉江电视台节目……………… 269
徐闻人民广播电台节目……… 270
云浮人民广播电台节目……… 270
清远人民广播电台节目……… 270
潮州电视台节目……………… 270
揭阳人民广播电台节目……… 270
揭阳电视台节目……………… 270

广西

广西人民广播电台节目……… 270
广西电视台节目……………… 271
桂林人民广播电台节目……… 271
桂林电视台节目……………… 271
梧州电视台节目……………… 271
梧州有线电视台节目………… 271

贵州

贵州人民广播电台节目……… 271
贵州电视台节目……………… 272
贵阳人民广播电台节目……… 272

贵阳电视台节目………………… 272
六盘水人民广播电台节目…… 272
遵义地区电视台节目………… 272
大方县广播站节目…………… 272
安顺人民广播电台节目……… 272
安顺电视台节目……………… 272
黎平县广播电视站节目……… 272
都匀人民广播电台节目……… 272
都匀有线电视台节目………… 272

云南

云南人民广播电台节目……… 273
云南电视台节目……………… 273
云南有线电视台节目………… 273
昆明有线电视台节目………… 273
曲靖地区电视台节目………… 273
红河人民广播电台节目……… 274
红河电视台节目……………… 274
个旧电视台节目……………… 274
德宏人民广播电台节目……… 274

西藏

西藏电视台节目……………… 274

陕西

陕西人民广播电台节目……… 274
陕西电视台节目……………… 275
陕西有线电视台节目………… 275
西安电视台节目……………… 275
延安人民广播电台节目……… 275
延安电视台节目……………… 276
榆林人民广播电台节目……… 276
榆林电视台节目……………… 276

甘肃

甘肃人民广播电台节目……… 276
甘肃有线广播电视台节目…… 276
兰州市七里河区广播站节目
………………………… 277
嘉峪关人民广播电台节目…… 277
嘉峪关电视台节目…………… 277

青海

青海人民广播电台节目……… 277
青海经济广播电台节目……… 277
青海电视台节目……………… 277
青海有线广播电视台节目…… 278
西宁人民广播电台节目……… 278
湟源县广播站节目…………… 278

宁夏

宁夏人民广播电台节目……… 278
石嘴山人民广播电台节目…… 279
石嘴山电视台节目…………… 279

新疆

新疆电视台节目……………… 279
新疆经济电视台节目………… 279
乌鲁木齐人民广播电台节目
………………………… 279
哈密电视台节目……………… 279

9. 经验

浓墨重彩　报道香港回归……………………………… 中国国际广播电台　张振华　280
运用电视手段办好国际时事评论节目…………………… 中央电视台　李小萍　281
超越自我　再创佳绩——三峡工程大江截流特别报道总结…… 中央电视台新闻中心　283
黄河小浪底水利枢纽截流合龙现场直播的回顾与思考……… 中央电视台新闻中心　283
名牌节目如何保持生命力………………………………… 上海电视台　吴　琳　284
为了打开这道门——电视外宣片创作体会………………… 长春电视台　赵大为　285
纪录片《兄弟情》创作谈……………… 刘民朝　胡志远　于爱群　高　山　286
幸运节目缘何幸运………………………………………… 湖南经济电视台　蒋子云　287
狠抓节目创优　多出广播精品——乌鲁木齐人民广播电台创优经验谈
…………………………………………… 乌鲁木齐人民广播电台　刘卫东　289
重大题材对台宣传的一次尝试
——开设《庆祝香港回归特别节目——世纪归航》经验总结
…………………………………………………… 海峡之声广播电台　钟志刚　289
特别的历史时刻　特别的社会责任
——庆祝内蒙古自治区成立50周年外宣电视节目创作回顾
……………………………………………………… 内蒙古广电厅　万英奎　291
强化管理　深化改革　努力提高电视宣传水平…………… 吉林电视台　赵锋佩　291
树立精品意识　不断提高社教科普出版物的质量……………… 刘致成　郝晓江　292
明确定位　强化特色………………………………………… 泉城周报　郑庆华　294
努力开创音像文化市场管理的崭新局面………………… 北京市广电局　黄广泉　294
以史为鉴　促进发展——《青海广播电视志》编纂特点…… 青海省广电厅　辛光武　295

10. 听众观众调查

中央人民广播电台听众调查报告……………………… 297
中央电视台节目收视率年度报告……………………… 300
对香港回归直播报道的收视调查与引申思考
………………………………………………………… 304
中央电视台观众反映概述……………………………… 305
北京人民广播电台听众社会调查简析………………… 307

北京有线电视台收视率调查浅析…………………… 308
天津人民广播电台千户居民随机抽样问卷调查报告……………………………………… 308
天津电视台观众来信综述…………………………… 310
上海电视节目收视率调查概述……………………… 311
“我心中目的浙江电台”听众问卷调查报告 …… 312
江西大学生听众探析………………………………… 313
济南经济电视台经济类节目观众问卷调查报告……………………………………………… 314
河南电视观众抽样调查分析报告………………… 316
湖南卫视收视率阶段性分析报告………………… 318
广东广播听众调查简要报告……………………… 319
广西人民广播电台听众调查……………………… 320
广西人民广播电台听众来信综述………………… 321
贵州人民广播电台收听率抽样调查报告………… 322
陕西有线电视台观众调查简述…………………… 324
西安人民广播电台听众调查报告………………… 325

11. 科技与工业

1997 年广播电视科技工作概况 ……………… 327

科技奖励

1997 年度国家科学技术进步奖授奖项目（广播电视部分） …………………………………… 328
1997 年度国家技术发明奖授奖项目（广播电视部分） …………………………………… 328
1997 年度广播电影电视部电视节目技术质量奖 ………………………………………… 328
《演播室数字电视编码参数规范》获“国家技术监督局科学技术进步奖”，《微机控制的可校准频率标准器》获“中国专利优秀奖”………………………………………………… 336

科技和事业建设成果

广播电视信息网络技术标准体系概要……………… 336
广播影视部因特网接入系统………………………… 340
高清晰度电视（HDTV）项目研究情况 ………… 341
国家重点科技项目（部门专项）情况…………… 341
卫星电视概况………………………………………… 341
中央电台、国际电台短波广播技术规划基本实现……………………………………………… 342
标准化工作情况……………………………………… 342
厦门市广播电视中心基本建成…………………… 342
广东省有线广播电视传输网基本建成…………… 342
广东广播电视科技工作的发展情况……………… 343
“香港回归”转播建立节目调度和监看指挥中心 ………………………………………… 343

科技活动

参加 1997 年世界无线电通信大会的情况 ……… 344
部无线电管理委员会工作………………………… 345
国家社会发展综合实验区广播电视事业发展……………………………………………… 345
中俄边境地区电视和调频广播频率协调………… 346
上海市广播电视科技活动………………………… 346
浙江省广播电视科技活动………………………… 346
贵州省广播电视科技活动………………………… 346

工业生产

电子工业部广播电视设备产量与销量…………… 347
电子工业系统主要消费类电子产品的产销情况……………………………………………… 348

12. 书 报 刊

1997 年版广播电视书籍简目 ………………………………………………………………… 349
补遗：1992—1996 年版广播电视书籍简目 …………………………………………………… 353
1997 年版广播电视书籍选介 ………………………………………………………………… 354
新创办的广播电视报简介……………………………………………………………………… 356
获省级以上奖励及荣誉称号的期刊简介……………………………………………………… 356

13. 音像出版与管理

音像出版与管理概况

广播电影电视部社会管理司………………………… 357
中国唱片总公司……………………………………… 358
中国国际广播音像出版社…………………………… 359
山西省广播电视厅…………………………………… 359
上海市广播电影电视局……………………………… 360
福建省广播电视厅…………………………………… 361
甘肃省音像出版社…………………………………… 362

音像电子出版物简目

中央电视台…… 362
中国唱片总公司…… 363
中国唱片上海公司…… 365
山西音像出版社…… 369
内蒙古音像出版社…… 369
上海录像公司…… 370
上海少年儿童出版社…… 370
浙江音像出版社…… 371
江西音像出版社…… 372
齐鲁音像出版社…… 372
湖南金蜂音像出版发行总公司…… 373
贵州东方音像出版社…… 374
云南音像出版社…… 375
青海昆仑音像出版社…… 376
新疆音像出版社…… 376
厦门音像出版社…… 376

音像电子出版物选介

中央电视台…… 377
中国唱片总公司…… 378
中国唱片上海公司…… 380
山西音像出版社…… 380
上海录像公司…… 380
上海声像出版社…… 380
上海少年儿童出版社…… 380
齐鲁音像出版社…… 381
云南音像出版社…… 381

14. 文章篇目辑览

广播电视理论…… 382
广播电视业务…… 386
广播电视文艺…… 389
播音和节目主持艺术…… 391
受众研究…… 393
有线广播电视…… 394
广播电视技术…… 394
广播电视广告…… 396
广播电视管理…… 397
广播电视史…… 397
外国广播电视…… 397

15. 评　　奖

全国性评奖

文艺类

第十七届（1996 年度）全国电视剧“飞天奖”评选及获奖名单…… 398
第十一届（1996 年度）全国电视文艺“星光奖”评选及获奖名单…… 401
’96中国广播剧奖及获奖节目…… 406
第四届中国广播文艺奖及获奖节目目录…… 407
首届中国播音与主持作品奖评选及获奖作品目录…… 410

新闻类

中国广播电视新闻奖“民百杯”’96广播新闻暨社教节目奖评选及获奖名单…… 411
中国广播电视新闻奖’96电视新闻评选及获奖节目名单…… 417
中国广播电视新闻奖’96电视社教评奖及获奖节目名单…… 420
中国广播电视新闻’96报刊新闻奖、报刊专稿奖及获奖名单…… 423
第二届“中国国际新闻奖”评选及获奖名单（广播电视部分）…… 425
第七届中国新闻奖评选及获奖篇目（广播电视部分）…… 426
第七届中国新闻奖新闻论文评选及获奖篇目（广播电视论文及广播电视单位的论文）…… 430
第二届“全国百佳新闻工作者”评选及获奖名单…… 431

综合类

精神文明建设“五个一工程”第六届评奖及获奖名单（广播电视部分）…… 432
第四届“金桥奖”（影视）评选及获奖名单（广播电视部分）…… 433

文艺节

第六届上海国际广播音乐节“金编钟”奖评选及获奖名单…… 435

广播电影电视系统评奖

第五届全国广播电视学术论文评选及获奖作品篇目…… 435
广播电影电视部首届（1996 年度）高校部级科研和教学优秀成果奖评选及获奖名单…… 438

其它评奖

1997 年全国教育电视节目评奖及获奖名单…… 439

中央三台评奖

中央人民广播电台优秀节目评选及获奖名单…… 439
中国国际广播电台优秀广播节目评选及获奖名单
…… 441
中央电视台评奖…… 442
中央电视台 1997 年优秀栏目、优秀节目名单…… 442
1997 年度录制技术质量奖、优秀工程奖和安全播出班组奖名单 …… 443
1997 年中央电视台荣获国际奖节目名单 … 444

地方评奖

北京…… 444
河北…… 445
山西…… 445
内蒙古…… 448
吉林…… 449
上海…… 450
安徽…… 452
福建…… 452
山东…… 453
河南…… 454
湖南…… 454
广东…… 455
广西…… 456
四川…… 457
贵州…… 457
云南…… 460
陕西…… 460
青海…… 462
新疆…… 462
青岛…… 462
厦门…… 463

16. 机构与社团

中华人民共和国广播电影电视部 …… 464
中央人民广播电台…… 465
中国国际广播电台…… 466
中央电视台…… 466
广播影视信息网络中心…… 467
中国教育电视台…… 467

省、自治区、直辖市厅（局）管理机构

北京市广播电视局…… 468
山西省广播电视厅…… 468
内蒙古自治区广播电视厅…… 468
吉林省广播电影电视厅…… 468
福建省广播电视厅艺术委员会…… 468
山东省广播电视厅…… 468
湖南省广播电视厅…… 468
广东省广播电影电视厅…… 469
广西壮族自治区广播电视厅…… 469
贵州省广播电视厅…… 469
新疆维吾尔自治区广播电影电视厅…… 469
新疆生产建设兵团广播电视局…… 469
青岛市广播电视局…… 469

广播电台

北京人民广播电台…… 470
山西人民广播电台…… 470
吉林人民广播电台…… 470
黑龙江人民广播电台…… 470
山东人民广播电台…… 470
湖南人民广播电台…… 470
广西人民广播电台…… 470
广西对外广播电台…… 470
贵州人民广播电台…… 470
云南人民广播电台…… 470
新疆人民广播电台…… 471
青岛人民广播电台…… 471

电视台

北京电视台…… 471
山西电视台…… 471
吉林电视台…… 471
黑龙江电视台…… 471
山东电视台…… 471
湖南电视台…… 471
湖南经济电视台…… 471
广西电视台…… 471
云南电视台…… 472
贵州电视台…… 472
新疆电视台…… 472
青岛电视台…… 472

有线广播电视台

北京有线电视台…… 472
河北有线广播电视台…… 472
湖南有线广播电视台…… 472
广西有线广播电视台…… 472
云南有线电视台…… 472
青海有线广播电视台…… 472
青岛有线电视台…… 473

广播电视艺术团

中国广播艺术团…… 473
内蒙古广播电视艺术团…… 473

延边广播电视艺术团…………………… 473
上海电视台艺术团…………………… 473
上海广播交响乐团…………………… 473
上海东方广播民族乐团…………………… 473
湖南广播电视乐团…………………… 473
青岛广播电视艺术团…………………… 473

广播电视研究机构
内蒙古自治区广播电视科研所…………………… 473
上海市广播科学研究所…………………… 473
广西广播电视科研所…………………… 474
青岛广播电视科研所…………………… 474

广播电视音像出版机构
内蒙古音像出版社…………………… 474
吉林民族音像出版社…………………… 474
湖南金蜂音像出版发行总公司…………………… 474
广西音像出版社…………………… 474

广播电视社团
中国广播电视学会…………………… 474
吉林省广播电视学会…………………… 475
广西广播电视学会…………………… 475
中国电视艺术家协会…………………… 475
中国电视艺术家协会广西分会…………………… 476
中国教育电视协会…………………… 476

17. 人物志

广播电影电视部机关选出的参加中国共产党第十五次全国代表大会代表…………………… 477
广播电视界第九届全国人大代表…………………… 477
广播电视界第九届全国政协委员…………………… 477

广播电视界人物
广播电影电视部
刘洪玉…………………… 478
傅荣贤…………………… 478
江　汉…………………… 478
薛元恺…………………… 478
孔　迈…………………… 478
王殿举…………………… 478
何成富…………………… 478
张文胜…………………… 478
杨洪志…………………… 478
闫　玉…………………… 478
马映泉…………………… 478
程茂德…………………… 478
刘　忠…………………… 479
李凤池…………………… 479
聂丽兰…………………… 479
谷　林…………………… 479
陈贵民…………………… 479
张庆余…………………… 479
张绍季…………………… 479
栗发让…………………… 479
王　镇…………………… 479
何　光…………………… 479
贾章印…………………… 479
王永华…………………… 480
马增龄…………………… 480
徐秀芳…………………… 480
郭志恒…………………… 480
李佩纲…………………… 480
宋述君…………………… 480
贾德安…………………… 480
孙昌生…………………… 480
武俊礼…………………… 480
孙以森…………………… 480
严发祥…………………… 480
丁宝庭…………………… 480
崔　洪…………………… 480
张伟中…………………… 481
蒋振江…………………… 481
邹士明…………………… 481
郑集强…………………… 481
李国友…………………… 481
王清峰…………………… 481
王德新…………………… 481
岳　克…………………… 481
温治中…………………… 481
董建华…………………… 481
李志荣…………………… 481
颜国华…………………… 482
范光第…………………… 482
张振东…………………… 482
王保智…………………… 482
安　利…………………… 482
王甘文…………………… 482
曲桂兰…………………… 482
罗盛明…………………… 482
张立群…………………… 482
王伟国…………………… 482
方　源…………………… 483
赵立凡…………………… 483
李克寒…………………… 483
赵声鸿…………………… 483
李春武…………………… 483
刘　剑…………………… 483
夏一强…………………… 483
阮谷森…………………… 483
王玉军…………………… 483
李兰田…………………… 483
宋卫民…………………… 484
阎晓明…………………… 484
王云鹏…………………… 484
中央人民广播电台
王成玉…………………… 484
李家诚…………………… 484
金亨直…………………… 484
谢文芬…………………… 484
胡培奋…………………… 484
中国国际广播电台
赵成鸿…………………… 484
丁邦英…………………… 484
李　勤…………………… 484
夏吉宣…………………… 485
王京玲…………………… 485
林永光…………………… 485
中央电视台
南玉敏…………………… 485
李　丹…………………… 485
刘宝顺…………………… 485
胡　恩…………………… 485
广播科学研究院
董甫南…………………… 485
李英杰…………………… 486

胡立平…………………………… 486
文　靖…………………………… 486
郭炎生…………………………… 486
中国电视艺术委员会
矫广礼…………………………… 486
杨淑英…………………………… 486
广播电影电视部设计院
薛韵琴…………………………… 486
许鸿业…………………………… 486
杨从理…………………………… 487
陶亚东…………………………… 487
广播影视信息网络中心
马　明…………………………… 487
北京广播学院
罗一鸣…………………………… 487
高　鑫…………………………… 487
毛志伋…………………………… 487
李　栋…………………………… 488
蔡文美…………………………… 488
周华斌…………………………… 488
周鸿铎…………………………… 488
李鉴增…………………………… 488
柯惠新…………………………… 489
李焕生…………………………… 489
任金州…………………………… 489
高福安…………………………… 489
宋宜纯…………………………… 489
中国广播艺术团
郭启儒…………………………… 490
刘宝瑞…………………………… 490
陈　志…………………………… 490
陈佩斯…………………………… 490
朱时茂…………………………… 490
中广国际总公司
卢长振…………………………… 490
胡荣泉…………………………… 490
中国教育电视台
杨名甲…………………………… 490
孙保怡…………………………… 491
柴永广…………………………… 491
宋成栋…………………………… 491
北京市
王筱然…………………………… 491
殷雪妮…………………………… 491
武志荣…………………………… 491
马仕存…………………………… 491
杨淑琴…………………………… 492
天津市
杨旭才…………………………… 492
息国玲…………………………… 492
宋淑兰…………………………… 492
孙福第…………………………… 492
孟新茹…………………………… 492
河北省
陈忠善…………………………… 492
王锁成…………………………… 492
杨国钧…………………………… 492
内蒙古自治区
色拉哈扎布…………………………… 493
宝音巴达拉呼…………………………… 493
董庭玉…………………………… 493
刘永欣…………………………… 493
海　青…………………………… 493
辽宁省
于　光…………………………… 494
高连富…………………………… 494
吉林省
李洪泉…………………………… 494
赵　芳…………………………… 494
刘景山…………………………… 494
韩志晨…………………………… 494
沈竹音…………………………… 494
黑龙江省
侯喜才…………………………… 494
陈逸男…………………………… 495
吴学明…………………………… 495
王春莉…………………………… 495
上海市
盛重庆…………………………… 495
金闽珠…………………………… 495
穆端正…………………………… 495
陈圣来…………………………… 495
尹明华…………………………… 496
江苏省
章剑华…………………………… 496
福建省
许孙兴…………………………… 496
何群茂…………………………… 496
舒　展…………………………… 496
江西省
胡礼伦…………………………… 496
朱燕之…………………………… 496
李　明…………………………… 497
曾春生…………………………… 497
刘怀强…………………………… 497
山东省
尹祥吉…………………………… 497
李乃谦…………………………… 497
王溪畔…………………………… 497
刘学德…………………………… 497
王汉平…………………………… 497
孙　强…………………………… 498
于钦彦…………………………… 498
河南省
黄新根…………………………… 498
杨望金…………………………… 498
尚　华…………………………… 498
鲁心云…………………………… 498
顾琴芳…………………………… 498
湖北省
郑广发…………………………… 498
骆　地…………………………… 498
罗其伟…………………………… 498
沈汉明…………………………… 499
湖南省
路　英…………………………… 499
唐自强…………………………… 499
彭铁森…………………………… 499
广东省
黄添元…………………………… 499
王玉龙…………………………… 499
曾广星…………………………… 499
王泰兴…………………………… 499
周晓瑾…………………………… 499
广西壮族自治区
何裕畅…………………………… 500
赖能甫…………………………… 500
文衍修…………………………… 500
黄著诚…………………………… 500
四川省
吴高全…………………………… 500
贵州省
王振堂…………………………… 500
熊易农…………………………… 500
陈颂英…………………………… 501
黄震白…………………………… 501
李新民…………………………… 501
云南省
曲贵年…………………………… 501
刀承锦…………………………… 501
汪宣亮…………………………… 501
卢云伍…………………………… 501
杨连松…………………………… 501
西藏自治区
伦珠朗杰…………………………… 501
尼玛顿珠…………………………… 501
韩　辉…………………………… 502
陕西省
党彩兰…………………………… 502
王世彦…………………………… 502
甘肃省
乔明远…………………………… 502
高剑夫…………………………… 502

陈　兵………………………… 502
孙雪光………………………… 502
戴崇礼………………………… 503
青海省
吴寿坤………………………… 503
陈　宜………………………… 503
陈双全………………………… 503
刘宗辉………………………… 503
宁夏回族自治区
徐际琮………………………… 503
马全安………………………… 504
刘镇岳………………………… 504
赵福生………………………… 504
王继承………………………… 504
新疆维吾尔自治区
尼·罗塔………………………… 504
黎杰材………………………… 504
孟宪贵………………………… 504
傅友山………………………… 505
胡尔西丹·吾甫尔………… 505
王希科………………………… 505
1997年度广播电视系统评定正高职称人员名单（部直部分）………………………… 505
1997年度广播电视系统享受政府特殊津贴人员名单（部直部分）………………………… 507
广播电影电视部原部长、党组书记艾知生同志逝世………… 508
本刊副主编王珏同志逝世…… 509

18. 统　计

事业发展情况
无线广播………………………………………… 510
广播电视节目传送……………………………… 510
电视广播………………………………………… 511
有线广播………………………………………… 511
卫星地球站……………………………………… 511
业务建设情况
无线广播………………………………………… 512
无线广播每日自办节目构成比重……………… 512
电视广播………………………………………… 513
电视广播每周自办节目构成比重……………… 513
对国内广播使用语言情况……………………… 514
队伍构成情况
职工人数………………………………………… 515
固定职工和合同制职工年末构成情况………… 515
广播剧数量情况 ………………………………… 516
电视剧数量情况 ………………………………… 517

19. 香港、澳门、台湾的广播电视

香港广播电视概况 …………………………… 518
澳门广播电视概况 …………………………… 523
台湾广播电视概况 …………………………… 524
香港、澳门广播电视与内地的交流概况 ………………………………………… 526
对台广播电视交流概况 ……………………… 526

香港、澳门、台湾与内地的交流与合作
中央人民广播电台……………………………… 527
中央电视台……………………………………… 527
广播科学研究院………………………………… 527
中国教育电视台………………………………… 527
北京市…………………………………………… 527
天津市…………………………………………… 527
河北省…………………………………………… 527
山西省…………………………………………… 528
内蒙古自治区…………………………………… 528
辽宁省…………………………………………… 528
吉林省…………………………………………… 528
黑龙江省………………………………………… 528
上海市…………………………………………… 528
浙江省…………………………………………… 528
福建省…………………………………………… 528
山东省…………………………………………… 529
湖北省…………………………………………… 529
广西壮族自治区………………………………… 529

20. 对外交流

广播电视对外交流概况 ……………………… 530
广播电视对外交流与合作 …………………… 532
中央人民广播电台……………………………… 532
中国国际广播电台……………………………… 533
中央电视台……………………………………… 533
广电部设计院…………………………………… 535
广电部广播科学研究院………………………… 535
中国教育电视台………………………………… 536
北京广播学院…………………………………… 536
北京市…………………………………………… 536
天津市…………………………………………… 537
河北省…………………………………………… 538

山西省…………………………………………… 538
内蒙古自治区……………………………………… 538
辽宁省…………………………………………… 539
吉林省…………………………………………… 539
黑龙江省………………………………………… 540
上海市…………………………………………… 540
江苏省…………………………………………… 541
浙江省…………………………………………… 542
福建省…………………………………………… 543
江西省…………………………………………… 544
山东省…………………………………………… 544
湖北省…………………………………………… 545
湖南省…………………………………………… 545
广西壮族自治区…………………………………… 546
贵州省…………………………………………… 546
陕西省…………………………………………… 546
甘肃省…………………………………………… 547
新疆维吾尔自治区………………………………… 547
大连市…………………………………………… 547
青岛市…………………………………………… 547
厦门市…………………………………………… 548

21. 专 辑

纪念周恩来同志 100 周年诞辰

周恩来同志与广播电视…………………………………… 赵玉明 哈艳秋 袁 军 549

中国广播电视学会第三届理事会议

中国广播电视学会第三届理事会议纪要……………………………………………………… 563
中国广播电视学会第三届理事会议开幕词………………………………………… 吴冷西 564
在中国广播电视学会第三届理事会议开幕式上的讲话……………………………… 孙家正 565
关于学会工作的几点意见——在中国广播电视学会第三届理事会议闭幕式上的讲话………… 刘习良 566
中国广播电视学会第三届理事会议闭幕词………………………………………… 艾知生 568

广电部设计院创建 45 周年

回顾展望 开拓前进……………………………………………………………… 袁文博 568
广电部设计院概述……………………………………………………………………… 570
中发工程设计有限公司简介……………………………………………………………… 572
北京市广天广播电视通讯技术公司简介…………………………………………………… 572

中国教育电视台

中国教育电视台建台十周年………………………………………………………………… 573
江泽民等党和国家领导人题词祝贺中国教育电视台建台十周年…………………………… 573
国家教委召开面向 21 世纪卫星电视教育发展战略研讨会 ………………………………… 574
寄语中国教育电视台……………………………………………………………… 邹时炎 574
风物长宜放眼望…………………………………………………………………… 宋成栋 575
机遇难得………………………………………………………………………… 柴永广 575
中国教育电视台北京 35 频道正式开播 ……………………………………………………… 575

中国广播电视学会史学研究委员会第三届理事会第一次会议暨第四次中国广播电视史志研讨会

广播电影电视部办公厅关于转发第四次中国广播电视史志研讨会议纪要的通知…………… 576
第四次中国广播电视史志研讨会会议纪要
附：正式出版的省级广播电视志一览表………………………………………………… 576
中国广播电视学会史学研究委员会第三届理事会第一次会议纪要…………………………… 578
田聪明同志在中国广播电视学会史学研究委员会第三届理事会第一次会议暨第四次中国广播电视史志研讨会上的讲话（摘要） ……………………………………………………………… 579
首届编修广播电视志进展评述……………………………………………………… 赵玉明 580
中国广播电视学会史学研究委员会第三届理事会顾问、会长、副会长、秘书长、副秘书长名单………… 584

北京广播电视

深化新闻改革的尝试——北京人民广播电台《新闻，1997》……………………………………………… 584

河北广播电视

河北有线广播电视台概述…………………………………………………………………………………… 586

辽宁广播电视

在经济宣传领域寻找自我发展的空间——辽宁经济广播电台建台10周年回顾 ……………… 吕玉忠 589

黑龙江广播电视

异军突起的同江广播电视事业……………………………………………………………………………… 592

求精 创新 促发展……………………………………………………… 周 宏 李福喜 朱默屿 593

上海广播电视

回顾五年发展史 立志再创新辉煌——上海东方广播电台举办开播五周年系列庆祝活动………… 张德祥 594

雏凤清于老凤声——上海东方电视台开播五周年回顾……………………………………………… 刘卫华 595

第六届上海国际广播音乐节………………………………………………………………………… 音乐节办公室 598

湖南广播电视

建好一个网 走活全盘棋——全国广播电视先进县之一平江县经验简介………………… 冷望华 许排云 600

新闻专题文艺 四喜临门——记岳阳电视台……………………………………………… 王经文 蔡勋平 601

向“精品”的高峰攀登——岳阳人民广播电台广播剧《征母》获奖记…………………………… 王经文 601

把电视文艺宣传工作抓好管好——记岳阳市有线电视台……………………………………… 刘赞存 602

高山盛开文明花——记岳阳电视转播台………………………………………………………… 李资林 602

蓬勃发展的汨罗广播电视事业…………………………………………………………… 湛磊英 周江佑 603

为群众办实事 让微波入农户——岳阳市云溪区开通多路微波记实…………………… 颜跃飞 陈 焰 603

充分发挥企业广播电视宣传的舆论导向作用——记长岭炼油化工总厂有线广播电视台
……………………………………………………………………………………… 段国强 吴大兴 604

重庆广播电视

发挥广播优势，为经济建设和社会发展服务………………………………………………… 重庆人民广播电台 604

坚持改革，强化管理，向直辖市台目标迈进…………………………………………………… 重庆电视台 605

青海广播电视

敢为大漠群众添声屏——青海乌兰县广播电视简况………………………………………………… 辛光武 607

彩虹飘舞的地方——青海互助县广播电视简况……………………………………………………… 辛光武 608

22. 附　录

旧中国广播电台名录（五）

解放前江苏境内广播电台名录……………… 610

解放前江苏境内民营广播电台名录………… 619

解放前浙江境内广播电台名录……………… 623

解放前福建境内广播电台名录……………… 624

解放前安徽境内广播电台名录……………… 625

解放前江西境内广播电台名录……………… 625

解放前山东境内广播电台名录……………… 627

1928—1949年香港广播电台名录 …………… 628

1925—1949年台湾广播电台名录 …………… 629

外国（地区）接收工具统计年表（1997—1998）
……………………………………………… 630

北京广播学院1997年硕士学位研究生入学
考试试题选……………………………… 642

北京广播学院九七届新闻学硕士研究生毕业
论文篇目………………………………… 645

1997 年中国国际广播电台驻外及驻香港、澳门记者名单 …… 645
1997 年中央电视台驻外及驻香港、澳门记者名单 …… 646

23. 索　　引

索引 …… 647

24. 图　　片

江泽民同志发表新年讲话 …… 1
江泽民同志在元宵节晚会 …… 2
江泽民同志与国际台英语部工作人员合影 …… 2
李鹏同志在大连接受记者采访 …… 3
李鹏同志视察中央电视台 …… 3
周恩来同志与广播电视 …… 4—5
记录历史时刻（香港回归报道纪实） …… 6
报道十五大盛会 …… 7
大江截流壮举 …… 8
黄河小浪底截流成功 …… 8
八运会在沪举行 …… 9
国家广播电影电视总局正式运作 …… 10
各单位提供照片选登 …… 10—13
《中国广播电视年鉴》第十三届年会 …… 14
全国广播影视厅局长会议暨全国广播电视先进县（市）表彰会 …… 15
全国广播电视先进县（市）选登（一） …… 16—31
（以下顺序除因版面关系均按行政区划为序）
天津静海县广播电视 …… 16
河北任丘市广播电视 …… 17
河北丰南市广播电视 …… 17
甘肃张掖市广播电视 …… 18
吉林舒兰市广播电视 …… 19
黑龙江虎林市广播电视 …… 20—21
黑龙江同江市广播电视 …… 22—23
湖北潜江市广播电视 …… 24
湖南平江县广播电视 …… 25
广东普宁市广播电视 …… 26
海南陵水县广播电视 …… 27
四川射洪县广播电视 …… 28
四川达县广播电视 …… 29
陕西黄陵县广播电视 …… 30
陕西安康市广播电视 …… 31
西安电视台 …… 32
中广国际总公司 …… 33
中国国际广播电台 …… 34—37
广电部设计院成立 45 周年 …… 38—39
北京电视台 …… 40—41
北京广播学院 …… 42
北京广播学院新闻传播学院 …… 43
北京广播学院播音主持艺术学院 …… 44—45
中国教育电视台 …… 46
吉林六六一台 …… 47
吉林电视台评选首届十佳播音员、主持人 …… 48—49
西湖之声广播电台 …… 50
上海东方广播电台 …… 51
上海东方电视台开播五周年 …… 52—53
河南人民广播电台交通台 …… 54
河南鹤壁人民广播电台 …… 55
济南《泉城周报》创刊十周年 …… 56
武汉有线电视台 …… 57
湖北经济电视台建台十周年 …… 58—59
广东人民广播电台 …… 60
广东中山有线广播电视台 …… 61
广播电视机构标志（五） …… 62—64

迈向充满希望的新世纪

——一九九八年新年讲话

(1997年12月31日)

中共中央总书记、国家主席 江泽民

同胞们、朋友们、女士们、先生们：

在1998年来临之际，我十分高兴地通过中央人民广播电台、中国国际广播电台和中央电视台，向全国各族人民，向香港特别行政区同胞、澳门和台湾同胞、海外侨胞，向世界各国的朋友们，致以诚挚的问候和良好的祝愿！

1997年，是中国发展历史上非常重要的很不平凡的一年。中国人民决心继承邓小平同志的遗志，继续把建设有中国特色社会主义事业推向前进。中国政府顺利恢复对香港行使主权，并按照"一国两制"、"港人治港"、高度自治的方针保持香港的繁荣稳定。中国共产党成功地召开了第十五次全国代表大会，高举邓小平理论伟大旗帜，总结百年历史，展望新的世纪，制定了中国跨世纪发展的行动纲领。

在这一年中，中国的改革开放和现代化建设继续向前迈进。国民经济保持了"高增长、低通胀"的良好发展态势。农业生产再次获得好的收成，企业改革继续深化，人民生活进一步改善。对外经济技术合作与交流不断扩大。民主法制建设、精神文明建设和其他各项事业都有新的进展。我们十分关注最近一个时期一些国家和地区发生的金融风波，我们相信通过这些国家和地区的努力以及有关的国际合作，情况会逐步得到缓解。总的来说，中国改革和发展的全局继续保持了稳定。

在这一年中，中国的外交工作取得了重要成果。通过高层互访，中国与美国、俄罗斯、法国、日本等大国确定了双方关系未来发展的目标和指导方针。中国与周边国家和广大发展中国家的友好合作进一步加强。中国积极参与亚太经合组织的活动，参加了东盟—中日韩和中国—东盟首脑非正式会晤。这些外交活动，符合和平与发展的时代主题，顺应世界走向多极化的趋势，对于促进国际社会的友好合作和共同发展作出了积极的贡献。

1998年，中国人民将满怀信心地开创新的业绩。尽管我们在经济社会发展中还面临不少困难，但我们有邓小平理论的指引，有改革开放近20年来取得的伟大成就和积累的丰富经验，还有其他的各种有利条件，我们一定能够克服这些困难，继续稳步前进。只要我们进一步解放思想，实事求是，抓住机遇，开拓进取，建设有中国特色社会主义的道路就会越走越宽广。

实现祖国的完全统一，是海内外全体中国人的共同心愿。通过中葡双方的合作和努力，按照"一国两制"方针和澳门《基本法》，1999年12月澳门的回归一定能够顺利实现。

台湾是中国领土不可分割的一部分。完成祖国统一，是大势所趋，民心所向。任何企图制造"两个中国"、"一中一台"、"台湾独立"的图谋，都注定要失败。希望台湾当局以民族大义为重，拿出诚意，采取实际的行动，推动两岸经济文化交流和人员往来，促进两岸直接通邮、通航、通商的早日实现，并尽早回应我们发出的在一个中国的原则下两岸进行谈判的郑重呼吁。

环顾全球，日益密切的世界经济联系，日新月异的科技进步，正在为各国经济的发展提供历史机遇。但是，世界还不安宁。南北之间的贫富差距继续扩大；局部冲突时有发生；不公正不合理的旧的国际政治经济秩序还没有根本改变；发展中国家在激烈的国际经济竞争中仍处于弱势地位；人类的生存与发展还面临种种威胁和挑战。和平与发展的前景是光明的，21世纪将是充满希望的世纪。但前进的道路不会也不可能一帆风顺，关键是世界各国人民要进一步团结起来，共同推动早日建立公正合理的国际政治经济新秩序。

中国政府将继续坚持奉行独立自主的和平外交政策，在和平共处五项原则的基础上努力发展同世界各国的友好关系。中国愿意加强同联合国和其他国际组织的协调，促进在扩大经贸科技交流、保护环境、消除贫困、打击国际犯罪等方面的国际合作。中国永远是维护世界和平与稳定的重要力量。中国人民愿与世界各国人民一道，为开创持久和平、共同发展的新世纪而不懈努力！

在这辞旧迎新的美好时刻，我祝大家新年快乐，家庭幸福！

谢谢！

（1998年1月1日《新华每日电讯》）

江泽民会见全国宣传部长会议代表时强调

要紧紧围绕党的十五大主题　扎实生动做好宣传思想工作

中共中央总书记、国家主席江泽民在会见全国宣传部长会议代表时强调，今年是全面贯彻落实党的十五大提出的各项任务的第一年。宣传思想战线要紧紧围绕高举邓小平理论伟大旗帜，把建设有中国特色社会主义伟大事业全面推向21世纪这个十五大的主题，也是全党工作的主题，扎扎实实而又生动活泼地做好各项宣传思想工作。

江泽民总书记和中共中央政治局常委、国务院总理李鹏，中共中央政治局常委、国务院副总理朱镕基，中共中央政治局常委、中央书记处书记胡锦涛，中共中央政治局常委、中央书记处书记尉健行今天在北京人民大会堂会见了出席全国宣传部长会议的全体代表，和大家一起照了相。江泽民总书记作了重要讲话。

江泽民在讲话中首先向大家问好，向全国宣传思想战线的所有同志问好，并充分肯定了宣传思想工作取得的成绩。他说，在过去的一年中，宣传思想战线的同志紧密团结在党中央周围，高举邓小平理论伟大旗帜，坚持党的基本路线，围绕香港回归、召开党的十五大以及开创外交工作新局面等几件大事，做了大量的工作，取得了显著成绩，为促进全国的改革、发展、稳定，促进两个文明建设作出了重要贡献。

江泽民指出，今年宣传思想战线要在全党和全国人民中推动兴起学习邓小平理论的新高潮。要多宣传一些广大干部和群众学习贯彻邓小平理论和十五大精神的新经验；多宣传一些各地各部门把中央的路线方针政策同本地本部门的具体实际紧密结合，创造性地开展工作的新经验；多宣传一些广大干部和群众在改革和建设中不断解放思想、实事求是、抓住机遇、艰苦创业的新经验；多宣传一些广大干部和群众同心同德地发展好的形势，努力解决前进中遇到的矛盾、问题和困难的新经验；多宣传一些广大干部和群众在学习与实践中自我教育、自我提高的新经验。

江泽民强调，党的宣传思想工作，肩负着用先进的思想、科学的理论、高尚的精神和正确的舆论，去宣传群众、武装群众、教育群众、鼓舞群众为实现自己的根本利益而奋斗的崇高使命，因而在党的整个工作中始终处于极其重要的地位。宣传思想战线的同志们，要充分认识自己所从事的工作是无尚光荣的，又是十分艰巨的。因为光荣，就要特别珍惜热爱；因为艰巨，就要始终奋发进取。这次宣传部长会议开得很好，对今年的宣传思想工作进行了部署。希望同志们继续开创宣传思想工作的新局面。

江泽民最后祝大家新春快乐，在新的一年取得更大成绩。

丁关根、李铁映、张万年、罗干、温家宝、曾庆红等参加了会见。出席全国精神文明建设工作会议，全国文化厅局长会议，全国广播电视厅局长会议暨全国广播电视先进县（市）表彰大会，全国新闻出版、版权局长会议的代表也参加了会见。

（《人民日报》北京 1 月 15 日讯）

李鹏总理致全国广播电视先进县（市）表彰大会的贺信

全国广播电视先进县（市）表彰大会代表同志们：

值全国广播电视先进县（市）表彰大会召开之际，我谨向你们表示热烈祝贺。

发展和繁荣广播电视事业，更好地满足各族人民群众日益增长的精神文化需求，是广播电视工作者的光荣使命。改革开放以来，特别是党的十四大以来，我国广播电视事业获得了很大的发展，取得了显著的成绩，在促进改革、发展、稳定和社会主义精神文明建设中发挥了重要的作用。特别是 1997 年，在对邓小平同志逝世、香港回归祖国、党的十五大召开、江泽民主席访美、黄河小浪底截流和长江三峡截流等宣传报道中，广播电视发挥了重大的作用。县级广播电视是整个广播电视事业的基础。县级广播电视的发展，有效地扩大了中央和省级广播电视节目对广大农村地区的覆盖，有力地推动了当地的经济和社会发展，意义重大。广大广播电视工作者为发展我国广播电视事业，付出了辛勤的劳动，特别是广大基层广播电视工作者，默默无闻作出了无私的奉献。我向你们并通过你们向辛勤工作在广播电视战线上的同志们致以亲切的问候！

今年是全面落实党的十五大提出的各项任务的第一年。希望广播电视战线的同志们坚持以邓小平理论为指导，全面贯彻落实党的十五大精神，更好地为全党全国工作大局服务。把坚持正确的舆论导向放在首位，把提高质量、多出精品、扩大覆盖作为工作的重点，充分发挥广播电视在两个文明建设中的重要作用，为促进国民经济持续快速健康发展和社会全面进步创造良好的舆论环境，作出新的更大的贡献！

李　鹏

一九九八年一月十四日

新闻宣传要牢牢把握正确导向

——丁关根在全国省级广播电台、电视台台长研讨班上的讲话（摘要）

中宣部、广电部于1997年5月6日至9日在北京举办全国省级广播电台、电视台台长研讨班。中共中央政治局委员、书记处书记、中宣部部长丁关根在和研讨班的全体同志座谈中强调：

新闻宣传工作要坚定不移地贯彻团结、稳定、鼓劲和以正面宣传为主的方针，牢牢把握正确导向，努力提高节目质量，为两件大事创造良好氛围。

今年是我们党和国家历史发展上很重要的一年。恢复对香港行使主权、召开党的十五大，这两件大事关系全局，举世瞩目。为确保两件大事顺利完成创造良好的氛围，新闻宣传战线必须坚持以正确的舆论引导人，牢牢把握正确导向。一定要认真学习邓小平同志的光辉思想、革命风格、创造精神和崇高品质，高高举起邓小平建设有中国特色社会主义理论的伟大旗帜，坚持党的基本路线不动摇。一定要讲学习、讲政治、讲正气，思想敏锐，纪律严明，坚定自觉地在思想上政治上行动上同以江泽民同志为核心的党中央保持一致。一定要心系大局，更好地为改革开放和经济建设这个中心服务，促进社会全面进步。一定要以大局为重，维护社会稳定，多做团结工作，把群众的积极性引导好、保护好、发挥好。

要进一步深入宣传党的十四届六中全会精神，积极推动群众性精神文明建设创建活动，大力宣传先进典型，倡导全心全意为人民服务的思想和爱国主义、集体主义、社会主义精神，引导人们树立正确的世界观、人生观和价值观，歌颂真善美，弘扬社会正气。

广播电视节目必须提高质量，多出精品。要树立精品意识，精办频道，精办节目，努力创作出广大群众喜闻乐见的，思想性、艺术性、观赏性俱佳的优秀作品。广播电视工作者要有高尚的道德情操和良好的文明素养，恪守职业道德，坚决制止有偿新闻，加强行业自律，接受社会监督，树立良好形象。

今年工作任务很重，我们务必恪尽职守，严细深实，谦虚谨慎，做好工作。要把人民放在心上，把党的事业放在心上，尽力尽责，真干苦干。不计名利地位，不计荣辱进退，时刻以党和人民的利益为重。多学习、少应酬，多奉献、少计较，多实干、少空谈，兢兢业业、扎扎实实，积极完成国家交给我们的任务，迎接党的第十五次全国代表大会的胜利召开。

（摘自1997年5月12日《人民日报》）

全国广播影视厅局长会议暨全国广播电视先进县（市）表彰大会在京召开

全国广播影视厅局长会议暨全国广播电视先进县（市）表彰大会1月14日至18日在北京举行。江泽民等中央领导接见了参加厅局长会议暨表彰大会的全体同志并发表了重要讲话。李鹏同志专门给表彰大会写了贺信，对广播电视工作给予了充分肯定，提出了新的更高的要求。

表彰大会授予59个县（市）全国广播电视先进县（市）荣誉称号，9个先进县（市）的代表作了大会交流发言，孙家正同志发表了重要讲话。

全国广播影视厅局长会议全体代表列席全国宣传部长会议，听取了丁关根同志的报告。孙家正同志在厅局长会议上作了《高举邓小平理论伟大旗帜，努力建设有中国特色社会主义的广播影视事业》的工作报告，田聪明同志在大会结束时作了总结讲话，同向荣、赵实、张海涛、王德新等同志分别在小组讨论会上作了重点发言。与会代表认真学习了江泽民同志接见时的重要讲话和李鹏总理的贺信，围绕丁关根同志在全国宣传部长会议上的报告和孙家正同志的工作报告展开了热烈讨论。

会议分析了广播影视工作面临的新形势，研究确定了进一步推进广播影视改革和发展的思路、措施，部署了1998年的工作。会议认为，1997年广播影视工作紧紧围绕全党全国工作大局，保持和发展了积极、向上、健康的态势，各方面工作都取得了新的进展。圆满完成了邓小平同志悼念活动、香港回归、党的十五大召开和江泽民主席访美等重大活动的宣传报道，加大了经济建设宣传的力度，保持了精神文明建设宣传的良好态势，加强了对外宣传和交流，推出了一大批优秀作品，治理散滥工作成效显著，法制建设取得重要进展，事业建设迅速发展，改革进一步深化，队伍建设普遍加强，广播影视在促进改革、发展、稳定中发挥了重要作用。

会议指出，党的十五大是我国改革开放和社会主义现代化建设承前启后、继往开来的一次极为重要的会议，积极、全面、准确、深入地学习、宣传、贯彻好党的十五大精神，是广播影视工作的首要任务。贯彻落实党的十五大精神，最根本的就是要高举邓小平理论的伟大旗帜，用邓小平理论指导我们的整个事业和各项工作。要按照十五大的要求，在全系统掀起学习马克思列宁主义、毛泽东思想，特别是邓小平理论的新高潮。要以邓小平理论为指导，按照党的十五大提出的建设有中国特色社会主义文化基本纲领的要求，建立和完善有中国特色社会主义的广播影视理论体系，以增强工作的原则性、系统性、预见性和创造性。

会议提出，广播影视工作必须与国家整个现代化建设进程相适应，始终把坚持正确的舆论导向放在首位，把加强管理、优化结构、提高质量、扩大覆盖作为重点，重视科技进步和人才培养，力争在舆论引导水平、艺术水平、科技水平、管理水平、队伍素质和广播电视覆盖率等方面有较大幅度的提高，整体实力有较大幅度的增长，到本世纪末使我国广播影视事业进入世界的先进行列。为此，要大力推进六个方面的工作：

一是坚持党性原则，坚持实事求是，把握正确的舆论导向。

二是实施精品战略，逐步形成优秀作品不断涌现、异彩纷呈的局面。

三是依靠科技进步，加快广播影视事业发展的步伐。

四是加强法制建设，推进广播影视管理的规范化、法制化。

五是积极推进各项改革，努力增强广播影视事业自我发展的能力和活力。

六是加强队伍建设，努力建设一支政治强、业务精、纪律严、作风正的高素质队伍。

会议强调，1998年是全面贯彻落实党的十五大精神的第一年，也是完成“九五”计划的关键的一年。做好今年的工作具有十分重要的意义。各级广播影视部门要高举邓小平理论伟大旗帜，全面贯彻落实党的十五大精神，按照中央提出的“统揽全局、精心部署、狠抓落实、团结一致、艰苦奋斗、开拓前进”的总要求，始终坚持正确的舆论导向，大力提高广播影视节目质量，加快事业发展步伐，加大依法管理力度，推进广播影视各项改革，进一步提高队伍政治思想业务素质，为把建设有中国特色社会主义事业全面推向21世纪，提供更加有力的舆论支持和良好的文化环境。

各省、自治区、直辖市广播影视厅局和计划单列市、新疆生产建设兵团广播电视局的厅局长，部机关各司局、直属各单位的负责人，中央和国家机关有关部门的负责同志、首都主要新闻单位的记者参加了会议。

高举邓小平理论伟大旗帜
努力建设有中国特色社会主义的广播影视事业

——在全国广播影视厅局长会议上的报告

（1998年1月16日）

孙　家　正

这次会议是党的十五大胜利召开以来的第一次全国广播影视厅局长会议。会前，我们召开了首届全国广播电视先进县表彰大会，对获得荣誉称号的59个县（市）进行了表彰。江泽民同志等中央领导接见了参加厅局长会议暨表彰大会的全体同志，江泽民同志发表了重要讲话。李鹏同志专门给表彰大会写了贺信，对广播电视工作给予了充分肯定，提出了新的更高的要求。我们还列席全国宣传部长会议，听取了丁关根同志的报告。我们一定要认真学习江泽民同志的重要讲话、李鹏同志的贺信和丁关根同志的报告，并以此为指导，开好这次全国广播影视厅局长会议。

我们这次会议的主要任务是：以邓小平理论为指导，认真学习贯彻党的十五大精神，总结1997年的工作，分析广播影视工作面临的新形势，研究确定进一步推进广播影视改革和发展的思路、措施，部署1998年的工作。

一、1997年工作的回顾

1997年是我们党和国家历史上非常重要而又极不平凡的一年。敬爱的邓小平同志不幸逝世，全国各族人民化悲痛为力量，在以江泽民同志为核心的党中央领导下，坚定不移地把建设有中国特色社会主义的伟大事业推向前进。我国成功地恢复了对香港行使主权，在完成祖统一大业的道路上迈出了重要一步。我们党胜利召开了第十五次全国代表大会，对我国改革开放和现代化建设跨世纪发展作出了全面部署。一年来，广播影视工作紧紧围绕全党全国工作大局，保持和发展了积极、向上、健康的态势，各方面工作都取得了新的进展，事业面貌也发生了新的变化，在促进改革、发展、稳定中发挥了重要作用。

（一）圆满完成了各项重大宣传报道任务。1997年重大宣传报道政治要求之高、时间持续之长、规模之宏大、内容之丰富、报道形式之多样、覆盖面之广、影响之巨大都是历年少有的甚至是空前的。邓小平同志悼念活动、香港回归、党的十五大召开和江泽民主席访美等重大宣传报道，在国内外产生了深远而广泛的影响。在各重大宣传报道活动中，各级广播影视部门按照中央的有关方针和部署，从组织领导、技术传输、节目播出的各个环节全力以赴，精心组织，把握导向，确保完整、准确、安全播出。中央三台成功地完成了历史上次数最多、语种最多、时间最长的现场直播，地方电台、电视台在充分报道本地活动的同时，采取各种措施，确保了中央台节目的转播，体现了我们系统的整体优势，取得了很好的宣传效果，党中央和广大群众是相当满意的。从各方面反映看，在上述重大宣传报道中，广播电视的收听、收看率都达到了历史的最好水平。此外，广播电视还圆满完成了“两会”、“八运会”等重要会议、重要活动的宣传报道任务。

（二）加大了经济建设宣传的力度。继续坚持以经济建设为中心，突出宣传了党中央、国务院关于农业和农村工作、关于国有企业改革和发展、关于实施科教兴国和可持续发展战略、关于加强经济宏观调控等一系列方针、政策和部署，以及带来的一系列可喜变化，为这些工作的顺利推进提供了有力的舆论支持。农业报道得到加强并取得新成效，特别是中西部地区开发建设的宣传力度加大。十大国有企业典型和南昆铁路、黄河小浪底工程截流、长江三峡工程大江截流等一大批国家重点建设工程的宣传报道，极大地鼓舞了全国人民建设有中国特色社会主义的信心。

（三）保持了精神文明建设宣传的良好态势。进一步深化了邓小平理论的宣传，加强了党的建设的宣传，加大了弘扬爱国主义、集体主义、社会主义和艰苦创业精神的宣传，形成了新的高潮。“文明城市、文明村镇、文明行业”三大创建活动，南京、成都、太原、合肥等十城市开展文化科技卫生“三下乡”活动和邱娥国、王启明等一批先进人物集中宣传，产生了强烈的社会效果，有力地推动了精神文明建设的深入开展。舆论监督和热点引导进一步加强，内容把握准确，形式有所创新，较好地发挥了正确导向、释疑解惑、弘扬正气、振奋民心的作用。

(四)加强了对外宣传和交流。按照以我为主、以正面为主、以事实为主的方针，紧紧围绕经济建设中心和几件大事的宣传，积极配合国家的整体外交工作，加强了对西方主流社会的宣传，取得了良好的宣传效果。国际台已成为最具实力和影响的世界三大国际广播电台之一，听众来信已超过65万封，来自161个国家。中央电视台的国际频道实现了全天24小时播出，已有115个我驻外使领馆可以收看，特别是香港回归期间，有27个国家和地区的67个电视台转播我电视节目。中央电台和有关地方电台对香港特区与台湾、澳门的宣传有了加强。对外交流合作进一步扩大，一批优秀的国产影视作品走向世界。

(五)推出了一大批优秀作品。大型文献纪录片《邓小平》在新年伊始播出后，在国内外产生了巨大的政治和社会影响。电影认真实施“九五五〇”工程，总体质量有所提高，一批反映历史、贴近现实、弘扬民族精神的影片相继产出，《鸦片战争》、《挺立潮头》、《成吉思汗和他的母亲》、《爱情麻辣烫》、《灯塔世家》、《大进军》、《开心豆来咪》、《四喜临门》、《安居》、《黑眼睛》等影片在思想性、艺术性的结合和群众喜闻乐见方面有新的突破，同时有效杜绝了倾向有误的影片，较大幅度减少了粗制滥造、格调不高的影片。重大题材和现实题材电视剧的创作继续保持良好势头，少儿题材和戏曲题材的电视剧有新的起色，《车间主任》、《儿女情长》、《香港故事》、《和平年代》、《党员二楞妈》、《校园先锋》、《大漠丰碑》、《潘汉年》、《水浒传》等播出后，受到了普遍赞扬。“六个一百”制作计划的顺利实施，使少儿电视节目创作薄弱的状况大为改观，中央电视台播出的国产动画片已占主导地位。广播剧的创作生产呈现上升的趋势。送文艺、送电影下乡活动的开展受到群众的普遍欢迎。《香港沧桑》、《科教兴国》等专题片和《回归颂》等大型文艺晚会，以及一大批文艺栏目节目的播出，有力地配合了1997年几件大事的宣传。

(六)治理散滥工作成效显著。各级广播电视部门按照中央的总体部署和部的具体安排，普遍组织了对中办、国办37号文件的学习，统一思想，提高认识，并在广泛调查研究、抓好试点的基础上，制定了具体实施方案，以积极主动的姿态推进各项治理工作，有效地遏制了乱播滥放、乱设台网、乱开播出前端等散滥现象。目前，已基本完成县级播出机构的调整、企事业有线电视台改站、对系统外非法设台建网和乱开播出前端的处理、以及广播电视节目制作经营单位的清理和规范化工作，基本解决了乱称台、乱呼台的问题，广播电视播出机构和广播电视节目制作经营单位的重新审核登记工作也已全面展开。从全国范围来讲，治理工作的主要任务大头已经落地，广播电视新的发展格局已初步形成。

(七)法制建设取得重要进展。继《电影管理条例》之后，《广播电视管理条例》的颁布实施，基本改变了广播电视管理依据不足的局面。各级广播电视部门结合“三五”普法，通过各种形式广泛开展了学习条例、宣传条例、运用条例的活动，使法制意识有所增强。执法力度加大，依法行政、依法管理的水平有所提高。立法步伐加快，《卫星传输广播电视节目管理办法》、《电影审查规定》、《关于加强广播电视广告宣传管理的通知》等一批与条例配套的规章和规范性文件已颁布执行。《广播电视设施保护条例(修订稿)》已报送国务院审议。根据有关法律法规，对近百件广播影视规章和规范性文件进行了清理。地方广播影视法规建设步伐加快，截至去年底，已有15个省(区、市)出台广播影视地方性法规规章共16个。

(八)事业建设迅速发展。按照把事业建设的重点放在扩大覆盖上，覆盖的重点放在农村的要求，各级广播影视部门狠抓了扩大覆盖的工作，截止1997年底，我国广播电视的综合覆盖率预计已分别达到85.8%和87.4%。有线网络联网工程全面展开，并取得重大进展，目前已有16个省实现了全行政区域的微波联网和光纤联网，北京到石家庄、上海到杭州等跨区域的系统内联网工程基本完成。在原有7

个省（区）节目上星的基础上，又有15个省（区、市）的广播电视节目实现了卫星传送，基本形成了星网结合的广播电视传输体系。国际广播中心和新疆、云南等对外广播发射中心已投入使用，基本实现节目制作、播出和传输数字化，大大增强了对外广播的技术质量和发射功率。中央电台业务楼土建工程和骨干发射台技术改造、扩建工程基本完成。重大科研项目取得新进展，数字音频广播先导网的试验、高清晰度电视的研究取得阶段性的成果，深圳有线电视综合信息网的试验圆满完成。电影的生产技术和质量进一步提高。VCD光盘生产线正式投产。

（九）广播影视改革进一步深化。新闻改革取得新进展，一批具有广播电视特点的新栏目相继问世，频道特色更加鲜明。影视合流和制片、发行、放映经营一体化的改革不断深入，发行渠道逐步拓宽，国产影片发行放映取得良好成绩。经营性影视企业的现代企业制度改革取得可喜进展，无锡中视基地有限公司股票已经上市。在京六家电影直属企业组建集团公司的调研论证已经完成。多渠道融资加快广播影视基础设施建设有了新的突破。成功地举办了全国国产电视节目交易会。全国广播电视节目交易中心的筹建工作已经展开。全国农村电影拷贝常年交易形成规模。

（十）队伍建设普遍加强。各级广播影视部门以提高思想政治素质为重点，大力加强了领导班子建设，深入开展了“双学”、“三讲”活动，进一步增强了在政治上、思想上、行动上同以江泽民同志为核心的党中央保持一致的自觉性和坚定性。廉洁自律、查办案件和纠正行业不正之风工作取得了阶段性成果，党风廉政建设和反腐败斗争健康发展。五年干部培训规划顺利实施，按照分级培训的分工，全系统去年共培训各类人员29324名，其中由部直接培训的厅、局长87名，电影厂厂长37名，影视导演、播音员、主持人和工程技术干部等专业骨干408名。省级以上电台、电视台播音员、主持人普通话水平测试全面展开，为逐步建立各类专业人才持证上岗制度提供了经验。教育事业有了新的发展，投入增加，重点学科和教材建设、专业设置、科学研究以及教育改革都取得一定成效。

此外，1997年还圆满完成了首届全国广播电视先进县（市）的评选工作，对获得荣誉称号的59个县（市）进行了表彰。

回顾去年的工作，也要清醒地看到，在前进中还存在一些不足和困难，工作中还有诸多薄弱环节。主要是：我们的许多思想观念、工作方法还不适应社会主义市场经济的要求，改革和发展的力度仍然不够大；广播影视艺术生产还不适应人民群众日益增长的精神文化需求，优秀作品仍然偏少；事业建设还不适应科学技术迅猛发展的要求，扩大广播电视有效覆盖的任务仍然艰巨；管理工作还不适应事业迅速发展的要求，管理意识还比较淡薄，管理水平仍然亟待提高；队伍素质还不适应跨世纪广播影视事业发展的要求，人才培养、干部培训的任务仍然十分繁重。这些都需要引起我们的高度重视，采取切实有效的措施加以改进。

二、认真贯彻落实党的十五大精神，全面推进广播影视事业的改革和发展

党的十五大是我国改革开放和社会主义现代化建设承前启后、继往开来的一次极为重要的会议。江泽民同志在大会上的报告，高举邓小平理论伟大旗帜，站在跨世纪的高度，科学地总结历史，全面地规划未来，鲜明地把建设有中国特色社会主义文化作为基本目标，纳入党在社会主义初级阶段的基本纲领。江泽民同志强调，“有中国特色社会主义的文化，是凝聚和激励各族人民的重要力量，是综合国力的重要标志”，“只有经济、政治、文化协调发展，只有两个文明都搞好，才是有中国特色社会主义”。要求“全党必须从社会主义兴旺发达和民族振兴的高度，充分认识文化建设的重要性和紧迫性”。江泽民同志在报告中，还指出“发展文学艺术、新闻出版、广播影视事业，是社会主义文化建设的重要内容”，并提出了一系列具体要求。这对整个广播影视系统是一个巨大的鼓舞，各级广播影视部门和广大广播影视工作者一定要认清肩负的责任，认真贯彻落实党的十五大精神，并以此统揽广播影视工作的全局，为建设有中国特色社会主义的文化，为社会主义两个文明建设作出新的贡献。

贯彻落实党的十五大精神，最根本的就是要高举邓小平理论的伟大旗帜，用邓小平理论指导我们的整个事业和各项工作。要按照十五大的要求，在全系统掀起学习马克思列宁主义、毛泽东思想，特别是邓小平理论的新高潮，完整准确地把握理论的科学体系，从总体上领会理论的基本观点和基本精神，又从各自工作的领域对理论的有关内容进行系统钻研和理解，把对邓小平理论的认识提高到一个新高度。要以邓小平理论为指导，按照党的十五大提出的建设有中国特色社会主义文化基本纲领的要求，科学总结广播影视事业的历史与现状，探索广播影视自身的特点和规律，研究新形势下广播影视面临的实践问题和理论问题，逐步建立和完善有中国特色社会主义的广播影视理论体系，以增强工作的原则性、系统性、预见性和创造性，促进广播影视事业更大的发展。

广播影视作为社会主义文化建设的重要组成部分，不仅对综合国力的提高有巨大的促进作用，而且其发展水平也是综合国力的重要标志。我们必须与国家整个现代化建设进程相适应，始终把坚持正确的舆论导向放在首位，把加强管理、优化结构、提高质量、扩大覆盖作为重点，重视科技进步和人材培养，力争使广播影视在舆论引导水平、艺术水平、科技水平、管理水平、队伍素质和广播电视覆盖率等方面有较大幅度的提高，整体实力有较大幅度的增长，到本世纪末使我国广播影视事业进入世界的先进行列。为此，要大力推进以下六个方面的工作：

（一）坚持党性原则，坚持实事求是，把握正确的舆论导向

在广播影视的所有工作中，宣传工作是中心，是第一位的。广播影视宣传工作做得如何，是衡量我们工作水平高低、影响大小的重要标志，是广播影视为全党全国工作大局服务，为促进改革、发展、稳定服务最直接、最重要的体现。新闻宣传必须坚持党性原则，坚持实事求是，把握正确的舆论导向。要认真总结新闻宣传工作的经验，改进新闻宣传的方式方法，提高新闻宣传的质量，努力使广播电视宣传在掌握党的基本理论、基本路线、基本方针，紧密联系实际、密切联系群众方面有较大的进步；在把握导向、题目选择、分寸掌握、时机把握上更加成熟，舆论引导水平有较大提高。

大力加强和突出新闻节目。新闻节目是广播电视节目的龙头、骨干和支柱，导向性最鲜明、最及时、最广泛，社会影响力最直接、最深远。当前，广播电视节目套数多了，播出时间长了，节目量不断增长，在这种情况下，我们要更加重视新闻，把加强新闻节目摆在突出的位置。一是继续推进新闻节目的整点播出和重要新闻的滚动播出，提高时效性，增加信息量。要通过对现有频道和栏目的调整、改革，积极创造条件，在中央台开办新闻频道。二是加强和改进新闻性栏目的建设，名牌栏目要不断完善，不断充实，不断提高，不断创新，要注意开办深度报道性的新闻栏目。三是努力扩大新闻报道面，增加群众感兴趣的、有积极意义的社会新闻、文化科技新闻、体育新闻、国际新闻等。加强和改进对一些突发事件的报道，正确引导舆论。

遵循新闻规律，讲究宣传艺术，增强宣传效果。一是要正确理解和贯彻党的主张，同时增强群众观点，使新闻报道更加贴近群众，贴近实际，贴近生活。二是要体现广播电视的特点，尽可能采用广播电视语言来记录和表现新闻事实，给人以真实感、现场感和参与感，增强广播电视节目的可听性、可视性、可信性。

舆论监督是民主监督的重要形式之一。只要掌握得好，能够起到上下沟通、化解矛盾、平衡心态的作用，舆论监督的锋芒不能钝化。要认真总结近年来的经验，更好地发挥广播电视的舆论监督作用，表扬先进，批评落后，伸张正义。

继续按照以中央台为龙头、地方台为依托的广播电视大外宣的思路，推动中央台和地方台的合作，努力拓宽对外宣传的渠道。要进一步发挥中央和地方的两个积极性，创造条件，扩大我国广播电视节目的对外覆盖。利用对外广播的优势，推动广播电视在对外宣传中形成更大的合力。要加强对外宣传的新闻节目，增加新闻的自采率，提高时效性，逐步加大新闻的播出比例，在汉语普通话、英语新闻直播的基础上开播环球广播节目，创办以新闻为主的对外英语电视频道。配合和服务于国家整体外交工作，配合和服务于广播影视整体工作，积极开展广播影视的对外交流与合作，把更多的优秀国产广播影视作品推向世界。

（二）实施精品战略，逐步形成优秀作品不断涌现、异彩纷呈的局面。

随着我们国家全面进入小康社会，不仅人民群众的物质生活将发生巨大变化，人民群众对精神文化产品的需求也将会倍增。面对小康

社会这种日益增长的文化需求，大力提高广播影视节目的质量，努力创造更多思想性、艺术性相统一的优秀作品，是广播影视部门义不容辞的重大责任。要坚持为人民服务、为社会主义服务的方向，贯彻百花齐放、百家争鸣的方针，弘扬主旋律，提倡多样化。以规划和组织好迎接建国50周年优秀作品的创作生产为重点，大力推进精品战略，促进广播影视文艺的繁荣。

电视剧创作生产要强化精品意识，保持良好势头。近几年电视剧产量的增长速度很快。据不完全统计，目前年产量已达10000集左右，但优秀和比较优秀作品的比例，仍然偏小。要采取有效措施，加强宏观调控，把提高质量作为电视剧创作的中心任务，切实抓好，力争到本世纪末国产电视剧中，优秀和比较优秀的占三分之一左右，基本满足电视台择优播出的需要。从现在开始，就要抓紧规划向建国50周年献礼的电视剧创作，特别是重大题材、重点剧目的创作。要积极促进电视剧的规模化生产，规划建设电视剧重点生产基地，充分发挥中国电视剧制作中心、电视剧制作能力比较强的省市制作机构以及解放军的制作单位等的主力军作用，努力创作更多的优秀作品。

继续抓好儿童影片和少儿广播电视节目的创作生产与播映。儿童影片要保持数量，提高质量，在儿童喜闻乐见上下功夫。继续以“六个一百”工程为重点，加强和推动少儿电视节目的制作，努力提高节目质量，用一、两年时间使我国少儿电视节目创作生产达到一个新的水平，力争到本世纪末中央和省两级电视台播出的国产动画片占主导地位。少儿广播节目也要不断改革，增加播出时间，提高节目质量。

广播电视综艺类节目要强化精品意识，坚持走民族化、大众化、多样化的路子，重在精办栏目、精办节目、提高品位，力戒粗制滥造。要以生动活泼、丰富多彩的节目使人民群众得到高尚的审美享受，满足正当的娱乐需求，从中感到娱悦，受到启迪，得到休息，真正做到寓教于乐。

(三)依靠科技进步，加快广播影视事业发展的步伐

随着高新技术的迅速发展，特别是信息技术的加速开发和应用，广播影视技术正在发生深刻的变化。这不仅为广播影视事业提供了前所未有的发展机遇，为更好地发挥广播电视在国家信息化建设中的基础性作用，开辟了广阔的前景，也使我们面临更为严峻的挑战。能否抓住机遇，加快发展，壮大自己的实力，是关系到把一个什么样的广播影视事业带入21世纪的重大问题。对此，我们一定要有十分清醒的认识，增强责任感、紧迫感和危机感。

事业建设的重点要继续放在扩大广播电视人口有效覆盖上，覆盖的重点放在农村。积极采取有线接入、无线转播、多路微波等各种手段，加快地面接入网的建设。加强中央和省第一套广播电视节目的覆盖，特别是要通过技术改造和加强转播工作，扩大有效覆盖。继续扶持老少边穷地区广播电视事业，加大广播电视扶贫力度，逐步扫除广播电视收听收视盲区。到本世纪末，在巩固广播覆盖率的基础上，力争提前实现电视人口覆盖率的目标，基本实现村村通广播电视。

努力扩大广播电视对外覆盖，加强落地工作。充分利用节目上星、大功率发射机投产的有利条件，进一步发展租机点、互转点，积极研究开发卫星直接广播。同时积极利用国际互联网，使之成为对外广播电视又一落地、传输方式。

加快有线网络建设，大力发展本地接入网，边建边联，先建后联，努力扩大用户，积极推进联网。力争到本世纪末全国70%以上的省份实现联网，有线电视用户突破8000万户。

广播电视网作为国家信息化建设的支柱网，在为国家经济建设服务、为社会信息化服务方面具有独特的优势，要在确保政令畅通、确保完成宣传任务的前提下，根据部里的统一规划，积极开展广播电视网多功能综合业务，更好地为社会服务。大力开展交互技术及其标准的研究，开发适合中国国情的用户机顶盒，促进计算机和电视机的融合，发展新一代的用户终端。

加大技术更新改造的力度，提高广播电视节目制作、播出质量，保证安全、可靠、不间断。广播电视中心设备要加快由模拟向数字过渡。有线电视接入网要实现宽带、双向。发射设备要采用高效调制方式，逐步实现固态化。发送系统要逐步实现自动化。加快电影制作和

放映技术的更新改造。

加强广播影视高新技术的跟踪研究和开发，实现广播影视技术发展的跨越。重点加强对卫星直播、数字音频广播、高清晰度电视、电影数字制作技术、有线电视综合业务网技术、数字视频广播等的跟踪研究、开发，加大科技投入，大力促进科技成果向现实生产力的转化，兴办广播影视高新技术产业，创造新的经济增长点。

大力推进计算机在全系统的广泛应用，加快建设“全国广播影视卫星综合业务系统(VSAT)”，促进管理技术手段现代化，在本世纪末，实现全系统的节目回传、计算机联网、电视会议和业务通话。

(四)加强法制建设，推进广播影视管理的规范化、法制化

加强广播影视的法制建设，使广播影视各项工作纳入规范化、法制化轨道，是使我们的事业更加健康有序发展，以崭新的姿态、充沛的活力迈入21世纪的保证。特别是在科学技术迅猛发展和社会主义市场经济逐步建立的新形势下，广播影视发展过程中面临许多新情况、新问题，迫切需要研究和规范。我们一定要积极主动地加快法制建设的步伐，努力提高依法管理的水平。

进一步加快立法步伐。抓紧制定与《电影管理条例》、《广播电视管理条例》相配套的各项规章制度，争取修订后的《广播电视设施保护条例》尽早颁布实施，着手起草有关有线电视管理、卫星广播电视管理、电影进出口管理等方面的法规，力争到本世纪末，形成比较完备的广播影视法规体系。着手《广播电视法》、《电影法》的调研起草工作。继续加强普法工作，加大执法监督检查力度，努力提高全系统特别是各级领导干部的法律意识、法规观念和依法管理的水平。

加大治散治滥工作力度，全面完成治理任务。经过全系统的努力，治理工作在去年已经取得显著成效，但今后的任务难度更大、更艰巨。我们要坚决按照中央的要求，进一步统一思想、坚定信心，在各级党委、政府的领导下，巩固已有成果，坚持不懈地抓下去，全面完成各项治理任务。一是在控制总量的基础上，进一步调整广播电视播出机构的布局。在完成广播电视播出机构重新审核登记的基础上，对中央、省、市、县四级播出机构的设置要做好规划，分步实施，争取到本世纪末形成一个较完善、合理的布局。同时要加强乡镇和企事业单位广播电视转播站的建设和管理，争取在本世纪末，90%的乡镇建立起广播电视转播站。二是规范广播电视节目套数，合理配置节目频道，明确各级播出机构的主要任务和节目构成，使之各具特色。本世纪末以前，除对外宣传特殊需要外，不再增加无线电视节目套数；有线电视台的主要任务是转播好无线电视节目，自办节目频道要严格控制，必须履行严格的审批手续。有关有线电视节目套数如何设置的问题，部里将做专门的研究，提出意见。有条件的地方可以进行音频点播、视频点播的试点。三是进一步完善广播电视播出机构的年检制度，逐步实行考评分级管理。

切实加强播出管理。播出关是广播电视最后一道关口，特别是随着省级台广播电视节目陆续上星，把好播出关就显得尤为重要。节目上星后，覆盖扩大了，责任也增大了。要严格执行节目播出管理有关规定，加强播出审查，坚持重播重审。加强和完善接收、录播境外卫星电视节目的管理，严格录播节目的审批程序。着手实施对广播电视节目的监听、监看管理，逐步建立制度完备、手段先进、信息畅通、反馈及时、分级负责的广播电视节目监听、监看管理体系。适应高科技发展的要求，对广播影视管理工作中可能出现的新情况、新问题要早做研究，制定对策。

进一步做好对外交流合作的归口管理。严格进口影片和广播电视节目的审批，保持合理结构，注重社会效益。加强中外合拍协拍影视片的管理，更好地促进对外交流合作。

(五)积极推进各项改革，努力增强广播影视事业自我发展的能力和活力

适应跨世纪广播影视事业发展的需要，更好地解决我们工作面临的各种矛盾和问题，必须继续推进和深化广播影视的各项改革。改革必须坚持党的宣传方针和文艺方针，适应社会主义市场经济体制，遵循广播影视的自身规律，使之有利于加强党对广播影视工作的领导，有利于强化广播电视宣传的喉舌性质，有利于解放和提高广播影视艺术生产力，有利于增强广播影视事业自我发展的能力和活力，有利于发挥广播影视的整体优势和系统优势。

推进影视艺术生产体制的改革。实行电影故事片生产单片许可证制度，以广泛吸纳社会资金，充分调动各方面参与电影生产的积极性。继续坚持影、视、录、视盘一体化方向，加大电影后产品的开发，逐步提高电影资金投入的回报率。加强电视剧题材规划工作，把题材规划与影视剧制作许可证的管理结合起来，与广播电视节目制作经营单位的年检工作结合起来，促进电视剧的创作生产。在加强对广播电视节目制作经营单位的管理、加强题材规划的前提下，对电视剧的生产实行投拍备案制度、发行审批制度。积极推进影视合流，充分发挥电影厂特别是三大电视基地和电视剧制作基地的作用，同时鼓励和提倡电视台与电影厂各种形式的联合，进一步促进影视资源合理配置和优化，促进影视创作生产向规模化、集约化方向发展。

积极探索建立适应社会主义市场经济的影片和广播电视节目流通体制。一是进一步理顺电影发行放映体制，推进电影制片、发行、放映经营一条龙试点，扩大规模经营，拓宽发行渠道，建立规范有序的电影市场。积极发挥县级电影公司作为农村电影发行主渠道的作用，扶持各种形式的农村放映队，做好16mm影片的发行工作，巩固和发展全国性16mm影片销售机构，逐步由择期交易向经常性交易过渡，用三年左右时间，基本消灭农村电影放映空白点，有条件的地方实现乡乡有放映队（院）、一村一月一场。二是加强广播电视节目流通领域的改革。在完成对现有广播电视节目制作经营单位审核登记的基础上，着手对广播电视节目发行机构进行审核登记，实行资格认证，规范经营范围。积极采取措施，建立部、省两级国产电视剧审查机构，制定审查办法，今后，电视剧摄制完成后，应经部和省两级审查合格，方可进入节目市场交换买卖；举办跨省区、全国性、国际性节目交易会，应报部批准。继续办好全国广播电视节目交易会，加快筹建全国广播电视节目交易中心，进一步探索在宏观调控前提下对节目流通进行市场调节的有效途径，争取在本世纪末基本形成统一有序的全国广播电视节目市场。

按照现代企业制度的要求和集团化的思路，通过改革、改组、改造，以市场为导向，以资产为纽带，实行股份制等多种所有制形式，进一步深化广播影视企业的改革。推进广播影视集团化进程，着手组建中国电影集团公司。

深化人事制度改革，努力创造公开、平等、竞争、择优的用人环境，为优秀人才脱颖而出提供制度保证。

（六）加强队伍建设，培养跨世纪的高素质广播影视队伍

实现本世纪末广播影视的奋斗目标，把我们的事业全面推向21世纪，关键在于要有高素质的队伍。要继续按照江泽民同志“打好五个根底、发扬六种作风”的要求，大力加强广播影视队伍的思想、组织和作风建设，努力建设一支政治强、业务精、纪律严、作风正的高素质队伍。

加强思想建设是广播影视队伍建设的重点。要坚持用邓小平理论武装全体广播影视工作者，特别是广播影视部门的各级领导干部，进一步增强理论上、政治上的坚定性，坚定不移地坚持党性原则，坚持广播电视作为党和人民喉舌、广播影视作为社会主义精神文明建设重要阵地的性质；坚定不移地在思想上、政治上、行动上与以江泽民同志为核心的党中央保持高度一致；坚定不移地坚持以经济建设为中心，服从和服务于全党全国工作大局；坚定不移地落实“以科学的理论武装人，以正确的舆论引导人，以高尚的精神塑造人，以优秀的作品鼓舞人”的四项主要任务，确保广播影视事业沿着正确的政治方向发展。

认真贯彻落实十五大提出的领导班子建设的总要求，贯彻落实全国组织工作会议精神，大力加强各级领导班子的建设。各级领导干部，特别是新进班子的年轻干部要重视理论学习，带头讲学习、讲政治、讲正气，增强政治意识、大局意识和责任意识，坚持民主集中制的各项制度，保证党的路线和中央的决策顺利贯彻执行。要把那些群众公认是坚决执行党的路线、实绩突出、清正廉洁的同志选进领导班子。不拘一格地选拔人才，特别是大胆起用优秀年轻干部。县级广播电视是整个广播电视事业的基础，要重视和加强县级广播电视部门领导班子的建设，保持队伍的相对稳定。

加大专业人才培养和干部培训工作力度。进一步办好广播影视院校，优化教育结构，推进办学体制、管理体制的改革，全面实施素质教育，大力提高教学质量和办学效益。继续落

实干部培训的五年规划，重点加强管理干部和专业人才的培训。全面推行播音员、主持人普通话水平测试工作，力争用两到三年的时间实行所有电台、电视台的播音员、主持人持证上岗。其它广播影视关键性业务岗位的专业人员也要全面轮训，逐步实行持证上岗、竞争上岗制度。干部培训要加强针对性，注重实效，既要加强专业知识的培训，也要加强社会主义市场经济知识、法律知识、现代科学技术知识和管理知识的培训，全面提高干部队伍素质。力争在本世纪末广播影视队伍的整体素质有明显的提高，年龄结构、知识结构和专业结构更趋合理。

坚持从严治党的方针，按照中央确定的反腐败工作的指导思想、基本原则、领导体制、工作格局和工作重点，抓好党风廉政建设和反腐败工作。要把党风廉政建设渗透到广播影视工作的各个环节，统一部署，统一落实，统一检查，统一考核。要坚持标本兼治、着力治本的方针，从源头上防止、治理消极腐败现象。继续抓好领导干部廉洁自律，着重落实党政机关厉行节约等各项规定，坚决查办大案要案。切实加强队伍的作风建设和职业道德建设，纠正行业不正之风。加强广播影视系统党的建设，充分发挥党的基层组织的坚强战斗堡垒作用和共产党员的先锋模范作用。

三、努力做好1998年的工作

1998年是全面贯彻落实党的十五大精神的第一年，也是完成“九五”计划的关键的一年。做好今年的工作具有十分重要的意义。各级广播影视部门要高举邓小平理论伟大旗帜，全面贯彻落实党的十五大精神，按照中央提出的“统揽全局、精心部署、狠抓落实、团结一致、艰苦奋斗、开拓前进”的总要求，始终坚持正确的舆论导向，大力提高广播影视节目质量，加快事业发展步伐，加大依法管理力度，推进广播影视各项改革，进一步提高队伍政治思想业务素质，为把建设有中国特色社会主义事业全面推向21世纪，提供更加有力的舆论支持和良好的文化环境。

《1998年广播电影电视工作要点》已发给大家讨论，会后将根据大家的意见进一步修改，正式印发各地。希望大家按照要点的要求并结合各地实际，认真安排好今年的各项工作。下面我再着重强调几点。

（一）关于广播电视宣传。

今年广播电视宣传的任务十分繁重，我们要深刻领会和正确把握中央关于今年工作的总体要求，紧密配合党和国家的重要决策，牢牢把握正确的舆论导向，为改革开放和现代化建设营造良好的舆论氛围。

要按照积极、全面、准确、深入的要求，做好学习贯彻十五大精神的宣传报道，把全党的思想统一到十五大精神上来，把全国各族人民的力量凝聚到十五大确立的各项任务上来。要毫不放松地坚持把宣传邓小平理论放在重中之重的位置，推动理论武装工作掀起新高潮，加深对邓小平理论及其历史地位的认识，增强高举伟大旗帜不动摇的自觉性、坚定性。要组织编辑记者深入基层、深入群众、深入生活，了解情况，抓好典型，准确宣传十五大提出的一系列重大方针政策的客观必然性和正确性，充分反映十五大精神在改革和建设中产生的巨大影响和威力。要充分发挥广播电视的特点和优势，采取多种形式，拓宽报道领域，多层次多角度地搞好十五大精神的宣传。

加大经济宣传的力度。要深入宣传中央经济工作会议精神，使广大干部群众全面了解今年经济工作的形势、总体要求、主要任务、工作部署、关键环节，以及改革和发展的重大举措，进一步明确方向，增强信心。在继续加强农业和其它经济宣传的同时，要认真组织好国有企业改革的宣传。今年是国有企业改革关键的一年，要大力宣传国有企业改革和发展的有利条件，充分反映组建大型国有企业集团，放开搞活国有小型企业，实施鼓励兼并、规范破产、下岗分流、减员增效、再就业工程和坚持“三改一加强”取得的进展、经验和成效。注意总结推广困难企业扭亏增盈的好做法。批评向企业乱摊派、乱收费的行为。金融工作的宣传必须按照中央和国务院的统一部署进行，涉及重大金融事件和有关金融问题、金融体制改革的重要言论与报道，必须严格把关，有组织地进行，保证报道的准确性。

继续加强精神文明建设的宣传。要以“讲文明、树新风”为重点，搞好创建文明城市、文明村镇、文明行业和文化、科技、卫生“三下乡”活动的宣传。按照“少而精”的原则，加强和改进典型宣传。加强舆论监督。批评不文明思想和行为，对黄、赌、毒和腐败等丑恶现象要予以揭露。

认真做好今年重要会议、重大活动的宣传报道。今年将召开第九届全国人大一次会议和全国政协九届一次会议，进行换届选举和政府机构改革。县级以上各级人民代表大会也要进行换届选举。这是我国人民政治生活中的一件大事。要按照中央和各级党委的部署，认真做好会议的报道，进一步动员全国各族人民为胜利实现“九五”计划和2010年远景目标而奋斗。今年重大纪念活动很多，如改革开放20周年、邓小平同志逝世一周年、周恩来同志和刘少奇同志诞辰100周年等，要精心组织、精心安排，做好宣传报道。

（二）关于广播影视艺术生产。

发展艺术生产力，多出精品，大力促进广播影视艺术的全面繁荣，是我们工作的永恒主题。没有繁荣，精品的生产就没有可靠的基础；没有精品的不断涌现，也不可能有真正的繁荣。今年广播影视文艺工作的重点，一是要深化生产与流通体制的改革，有利于解放艺术生产力，调动各方面的力量，促进优秀作品的创作生产和播映；二是要以规划组织好迎接建国50周年优秀作品的创作为重点，集中精力抓好重大题材、重点剧目、重要晚会、重点专题片等的创作生产。这项工作从现在开始，就要抓紧进行。要配合改革开放20周年等重大纪念活动，推出一批思想性艺术性相统一、能在社会上产生较大影响的优秀广播影视作品。需要指出，电影的质量已有明显提高，但产量萎缩的问题要引起高度重视。要强调各省在扶持创作、组织生产，加强管理等方面的责任，主要应依靠地方电影厂、广电厅和党委宣传部门抓好电影故事片的创作生产，确保1998年生产任务的完成。针对电视剧生产中存在的题材撞车、重复、趋长，现实题材偏少等问题，要从今年开始改进题材规划工作，切实加强管理，支持和提倡现实题材和中短篇体裁电视剧的创作，特别要注意多拍一些充分表现工人、农民、知识分子的高尚品质和丰富的精神世界，反映他们从事改革开放和现代化建设的生动实践，赞美他们创造美好生活的聪明才智和精神风貌的优秀作品，促进电视剧创作更大的繁荣。

（三）关于扩大广播电视覆盖。

扩大广播电视覆盖始终是我们事业建设的一项重要任务，也是事业发展的一个难点。目前在城市已经能听到和看到几十套广播电视节目，但在相当一部分农村，至今仍听不到、听不好广播，看不到、看不好电视。对这个问题，我们一定要从全局的高度、从政治的高度来认识。我国农村人口占总人口的绝大多数，农村、农民、农业问题始终是我国经济和社会发展的战略性问题。尽快解决农村、老少边穷地区广大群众听广播、看电视的问题，关系到国家的稳定和发展，关系到党的十五大提出的经济发展和社会全面进步的奋斗目标的顺利实现。因此，部党组明确提出，要把事业发展的重点放在扩大覆盖上，把覆盖的重点放在农村，争取到本世纪末，基本消灭广播电视的收听收看盲点，基本实现村村通广播电视。要实现这个目标，1998年的工作至为关键。从全国来讲，今年至少要有三分之一以上的省区基本实现村村通广播电视。按照这个要求，首先，各地要在广泛调查摸底的基础上对本地区广播电视的覆盖情况做到心中有数，哪些地方尚未覆盖，尚未覆盖地方的自然、经济和人口状况如何，都要做到非常清楚，然后有针对性地制订扩大覆盖的规划。其次，要抓住当前的有利时机，特别是抓住各省节目上星的机会，从实际出发，采用有线接入、无线转播、多路微波等各种手段，加强地面接入网建设，加强转播工作，首先把中央和省的广播电视节目覆盖到村村户户。第三，各级广播影视部门要积极取得党委、政府的重视与支持，争取把这个目标纳入各地经济与社会发展规划，与各地实施的“扶贫攻坚”计划、“小康文化工程”等结合起来，广泛动员联合各方面的力量，推动我们事业的发展，确保“村村通广播电视”目标的实现。根据各地经济发展状况和广播电视覆盖情况，党组决定，从今年开始，部的广播电视扶贫资金将主要支持中西部地区用于国家级贫困县、边境县的广播电视覆盖。

（四）关于依法管理。

近年来，《电影管理条例》、《广播电视管理条例》以及一批配套规章制度的相继实施，为广播影视的依法管理提供了依据，全系统的法制意识也有了明显增强。现在面临的突出问题是如何真正做到有法必依、执法必严、违法必究。应当看到，按照分级负责的原则，部的职责主要是制定好政策法规，加强监督检查，而执法的责任则主要落在各级地方广播影视部门的肩上，两个《条例》对此做了十分明确的规定，它在赋予了我们执法权力的同时，也明确了相应的责任与义务。同时还要看到，治散治滥工作的力度加大，为我们创造了一个良好的依法管理的客观环境；而且广播电视有线网络的迅速发展，也为我们的管理工作提供了先进的物质手段。总之，健全的法规依据、良好的客观环境、先进的物质手段，这都为我们进一步加强管理提供了有利条件。希望大家要继续认真学习好、宣传好、贯彻好两个《条例》，切实履行自己的职责，提高依法管理的水平，开创广播影视管理工作的新局面。

（五）关于队伍建设。

广播影视队伍的精神状态如何、素质如何，不仅影响舆论导向水平、影片与节目质量，而且关系到整个事业健康发展。从总体上讲，我们这支队伍是好的，是一支忠于党、忠于祖国、忠于人民，能吃苦、能打硬仗的队伍。没有这样一支队伍，就不可能有我们广播影视事业的繁荣与发展。但是，也必须看到，在我们的队伍中还确实存在一些不容忽视的问题。特别需要强调的是，随着广播影视尤其是电视影响的日益扩大，有的人产生了骄傲自满的情绪，盛气凌人，自以为是；社会上一些人为了利用广播电视的影响，也不择手段腐蚀我们队伍中的意志薄弱者，极少数人因而贪污受贿、违法乱纪，影响极坏。对此必须引起高度重视，千万不可掉以轻心。应当看到，党和政府特别重视广播影视的作用，社会各方面也十分尊重支持我们。李鹏总理最近视察中央电视台时，对广播影视工作给予了高度的评价和肯定。我们应当十分珍惜这个荣誉，珍惜党和人民对我们的信任，谦虚谨慎，廉洁自律，自觉接受社会监督、群众监督，完成好党和人民交给我们的任务。

要把队伍建设作为今年的一项突出任务，抓紧抓好。要从加强内部管理入手，认真做好对工作人员的教育、管理和监督，严格各项聘用、考核、奖惩制度。要认真做好培训工作，重点加强对管理干部和专业人才的培训。按照规划，应由部里培训的厅局长、台长、厂长，要安排好工作，保证按时参加。播音员、主持人持证上岗工作要坚持抓下去，还没有开始的省今年一定要动起来，按部里的统一规定、标准和步骤切实抓出成效。要加强和改进对社会上的广播影视从业人员的引导和管理，注意发挥行业协会、学会在队伍建设中的自我监督、自我约束作用，支持、指导他们制定有关的行规，大力倡导良好的职业道德风尚。要经过今年的努力，力争使广播影视队伍的面貌有一个较大的改观。

最后，我再讲一下机构改革的问题。今年国务院和地方各级政府都将进行机构改革，这是一件大事。各级广播影视部门一定要充分认识这次机构改革的重要性，增强全局观念，自觉地服从国家机构改革的整体部署和要求，切实做好广播影视部门的机构改革工作，按照精简、统一、效能的原则，转变政府职能，调整内部结构，提高工作效率和工作水平。鉴于广播影视部门既是宣传机关，又是行业管理机关，还是技术密集性的行业，有其特殊性和重要性，我们一定要积极主动地向党委、政府和主管部门反映情况、通报工作，取得他们的了解、理解和支持，使广播影视机构改革顺利进行，保证我们事业获得更大发展。在机构改革中，要加强思想政治工作，做到思想不散，秩序不乱，工作正常运转，人员妥善安排。

同志们，21 世纪已经为期不远。这将是建设有中国特色社会主义事业取得新的辉煌胜利的世纪，也必将是我国广播影视事业获得更大发展，取得更大繁荣的世纪。我们一定要高举邓小平理论伟大旗帜，紧密团结在以江泽民同志为核心的党中央周围，统揽全局，精心部署，狠抓落实，团结一致，艰苦奋斗，开拓前进，努力把一个更加充满生机和活力的广播影视事业带入 21 世纪。

在全国广播电视先进县（市）表彰大会上的讲话

（1998年1月14日）

孙　家　正

全国广播电视先进县（市）表彰大会今天开幕了。我代表广播电影电视部，向出席表彰大会的各县（市）的领导同志和广播电视局长表示热烈欢迎！向多年来重视和支持广播电视工作的各级地方党委、政府表示衷心感谢！并借此机会向辛勤工作在广播电视战线上的全体同志致以亲切的问候！

这次表彰大会是继1996年全国广播影视系统“双先”表彰大会之后，广播电视系统的又一次盛会，是一次生动地展现三年来广播电视系统坚持党的基本理论、基本路线和基本方针，认真贯彻落实党的十四大精神，在坚持正确舆论导向，提高节目质量，加强依法管理，推进事业的改革和发展等方面所取得的巨大成就；生动地展现战斗在广播电视工作第一线的广大基层广播电视工作者无私奉献、开拓创新、奋发进取、团结向上的精神风貌的盛会。相信它在我国广播电视事业发展史上将会产生深远的影响。

部党组非常重视这次先进县（市）的评选表彰工作。在广泛征求各地意见的基础上，制订了切实可行的评选标准和办法。评选工作也自始至终得到了各地的重视和支持，做了大量的初选、推荐工作。部初评小组、评审领导小组根据各省推荐，认真审阅材料，深入调查研究，客观公正地进行了评选。这次受到表彰的59个先进县（市）的情况可以充分说明，尽管由于经济发展不平衡，省与省之间、县与县之间的广播电视事业发展水平也不平衡，甚至还有差距，但他们都有一个共同的特点，就是在长期的工作中，用自己辛勤的劳动、艰苦的努力，促进了当地的改革、发展、稳定，促进了我国广播电视事业的发展，是我国2400多个县（市）中涌现出来的先进典型。

认真总结和推广受表彰先进县（市）的经验，对于我们全面贯彻落实党的十五大精神，进一步推进广播电视事业的改革和发展，取得更大的繁荣，具有重要的意义。概括起来，他们的经验主要有以下几点：

一是始终坚持党的基本理论、基本路线、基本方针，充分发挥广播电视作为党和人民喉舌的作用，紧紧围绕党和政府的中心任务开展工作。特别是始终把转播中央台和省市自治区台节目作为首要任务扎实抓好，同时注意从县（市）工作的实际出发，把广播电视坚持导向、办好节目、扩大覆盖作为服务农业、农村和农民的一项重要措施，同“奔小康”、“扶贫攻坚”等工作紧密结合，取得了突出成绩，从而得到了党委、政府的重视和关心，赢得了人民群众的信任和支持。

二是县（市）的党政领导都十分重视广播电视事业的发展，重视广播电视在两个文明建设中的重要作用，重视广播电视队伍建设。他们把广播电视工作纳入重要的议事日程，切实加强领导，确保宣传任务的完成，始终注意加强广电部门的领导班子建设，注意随着当地经济的发展不断增加对广播电视事业的投入，为广播电视事业的稳步发展创造了有利条件、提供了重要保证。

三是广播电视部门有一个有力的领导班子。这些先进县（市）广播电视局的领导班子团结、务实、战斗力比较强，既有开拓进取的精神，又有扎实的工作作风，注意从实际出发，不断开拓事业发展的路子，增强自我发展的能力和活力，在坚持社会效益第一的同时，也取得了良好的经济效益，为事业的发展开辟了广阔的天地。

四是有一支思想、作风、业务都比较过硬的广播电视工作队伍。在长期的工作中，这些先进县（市）都始终注意把加强队伍建设摆在突出的位置，提倡讲理想、顾大局、比奉献，着力提高工作人员全心全意为人民服务特别是为农村、农民服务的自觉性和本领，加强职业技能的培训，涌现出了一批先进个人和业务能手，也创办了一批面向农村、服务农民的好节目。

五是重视发扬艰苦奋斗、开拓进取的精神。从这次受表彰县（市）的经验可以看到，无论是沿海发达地区还是中西部欠发达地区，他们有一个最大的共同点，就是发扬艰苦奋斗、开拓进取的精神，从自己的实际出发，不等不靠，积极做工作想办法，努力争取当地党委、政府及有关部门的关心和支持，从而逐步改善了条件，加快了发展，改变了当地广播电视事业的面貌，更好地发挥了广播电视在促进当地两个文明建设中的重要作用。

同志们，表彰会后，我们将召开全国广播影视厅局长会议，这次会议将根据党的十五大精神，进一步研究到本世纪末广播影视工作的目标、任务和具体措施，部署1998年和今后一个时期的工作。根据党的十五大确定的跨世纪经济和社会发展目标，与国家现代化进程的要求相适应，会议将根据党的十五大精神，确定我国广播影视的改革和发展思路，修订到本世纪末的奋斗目标。对这一目标的顺利实现，县（市）广播电视部门担负着重要的责任，起着关键的作用。希望这次受表彰的县（市）把荣誉当作新的动力，把这次大会作为向更高目标迈进的新的起点，认真总结经验，找出差距和不足，谦虚谨慎，戒骄戒躁，再接再厉，为实现到本世纪末我国广播电视的奋斗目标继续发挥模范带头作用，取得新的更大的成绩。

榜样的力量是无穷的。希望这次大会之后，在全国广播电视系统掀起一个广泛学先进、比先进，创建全国广播电视先进县（市）的热潮，使更多的县（市）跨入先进的行列。

同志们，21世纪已为期不远。这将是我国有中国特色社会主义事业取得更加辉煌胜利的世纪。我们一定要高举邓小平理论的伟大旗帜，全面贯彻落实党的十五大精神，在以江泽民同志为核心的党中央领导下，埋头苦干，持之以恒，务求实效，努力开创广播电视工作的新局面，在推动改革开放和经济发展、促进社会全面进步方面发挥更大的作用。

中国人民的传统佳节——春节就要到了，在这里向同志们拜个早年，同时通过你们向全国的广大广播影视工作者及其家属，向重视和支持广播影视工作的各级党委、政府的领导同志拜个早年，祝大家新春愉快、家庭幸福！

在全国广播影视厅局长会议上的总结讲话

（1998年1月18日）

田 聪 明

1998年全国广播影视厅局长会议暨广播电视先进县（市）表彰大会今天就全部结束了。党中央、国务院对这次会议十分重视，江泽民同志等中央领导亲切接见了参加会议的全体代表，江泽民同志发表了重要讲话。李鹏总理专门给表彰大会写了贺信，对广播电视工作给予充分肯定，并提出了新的更高的要求。参加这次会议的代表还列席了全国宣传部长会议，直接听取了丁关根同志的报告。

会议期间，大家以邓小平理论和党的十五大精神为指导，结合学习领会江泽民同志的重要讲话、李鹏同志的贺信和丁关根同志报告的精神，对孙家正部长代表部党组所作的工作报告进行了认真的讨论，认为这个报告实事求是地总结了1997年的工作，分析了当前形势，研究了今后一个时期广播影视改革和发展的思路，并对1998年的工作作了部署。会议期间，与会同志还通过各种形式广泛交流情况，介绍经验，特别是刚才几位同志的发言，结合本地的情况，讲得都很好，对大家都很有启发。根据党组同志和各组召集人讨论的意见，讲三个问题：

一、会议开得比较成功，达到了预期的目的。

会议期间，我参加了几个组的讨论，通过简报，也了解了其他组同志们的发言。在看望内蒙古、西藏受表彰的四个旗县的同志时，同他们也进行了一些交谈。总的感到大家对会议普遍感到比较满意，概括起来，主要有以下几点共识：

一是全国先进县表彰大会是我国广播电视史上头一次，开得很成功，特别是江总书记等中央领导的亲切接见、江总书记的重要讲话、李鹏总理的贺信，使大家受到很大鼓舞，进一步增强了做好广播电视工作的决心和信心。

二是听了关根同志报告，对党的十四大以来的宣传思想工作取得的成绩、经验，认识更全面、更深刻了，对当前的形势、今年的工作以及今后的规划与设想也更明确了，信心更足了。

三是感到孙部长的报告符合党的十五大精神，符合广播影视自身发展的规律，符合基层的实际，目标明确、重点突出、思路清晰、操作性强，既实在、可信，又使人鼓舞。

四是大家就广播影视事业在新形势下所面临的机遇和挑战等大家关心的问题进行了广泛的交流和探讨，起到了互相启发、互相借鉴的作用，特别是对当前广播影视工作中存在的老问题、出现的新问题、将来的走向进行了比较认真的讨论，提出了许多很好的意见和建议。

大家普遍反映，通过这次会议，进一步认清了形势，统一思想，明确了任务，增强了信心，为保证完成1998年的各项任务，为把广播影视事业顺利推向21世纪奠定了良好的基础。

二、对大家在讨论中提出的一些问题强调几点：

大家在讨论中，对孙部长的报告和《1998年广播电影电视工作要点》提出了一些很好的修改意见和建议，部里将根据大家的意见对报告和工作要点进行补充修改，尽快印发各地贯彻执行。大家在讨论中提出的一些问题，孙部长的报告也都讲到了，下面我再强调几点。

（一）关于贯彻37号文件问题。在讨论中，大家一方面认为去年贯彻37号文件是有成效的，要继续坚持进行下去，另一方面一些地方在一些问题上感到还有些困难和矛盾。党组认为，有矛盾和困难是可以理解的。但我们必须从有利于整个广播电视事业健康有序发展的高度，从事关广播电视工作全局的高度来认识和对待。这个问题从一定意义上说，如同国有企业改革一样，到了攻坚阶段。只要我们继续克服困难，协调一致，我们的工作就可以大大前进一步。因此，我们一定要按照中央的要求，按照37号文件的规定，进一步统一思想，坚定信心，加大治散治滥工作的力度，在去年已经取得显著成效的基础上，巩固已有成果，按原部署坚持不懈地完成好各项治理任务。一是对已经确定的调整播出机构等各项治理方案，要切实采取措施，保证落实。二是根据《广播电视管理条例》的规定，二月底将向社会正式公告调整后的播出机构名单。目前大多数省（区、市）已按规定报送了有关材料，希望尚未报送材料的省（区、市）抓紧上报。三是在治理工作中，各省及省会市的广播电视厅局一定要带头执行中央关于治理工作的各项规定，并认真抓好所辖区域内的治理工作，既要坚定不移，又要根据中央的精神过细做好工作，不能简单化。要认真按照《广播电视管理条例》和37号文件的规定，大胆管理，严格依法办事，如有同志反映系统外办有线电视的问题，就必须依法纠正，确保全面完成各项治理任务。

（二）关于扩大广播电视覆盖和节目落地问题。在“九五”计划新确定目标的基础上，这次会议提出争取到本世纪末，提前实现广播电视人口覆盖率的目标，同时基本消灭广播电视的收听收看盲点，基本实现村村通广播电视。大家在讨论中对此反响强烈，认为这充分体现了党的十五大精神，体现了广播电视全心全意为人民服务的宗旨，体现了从我国国情出发的务实的精神。目标是宏伟的，同时经过努力也是完全能够实现的。现在关键的问题是要抓好节目的落地。这里强调三点，一是希望大家回去后对本地区农村广播电视覆盖和实际接收情况，一定要摸清底数，有针对性地抓紧制定扩大覆盖、扩大实际接收、消灭收听收看盲点的具体措施。二是要从实际出发，不等不靠，积极做工作。特别要积极争取当地党委、政府和群众的支持，加快覆盖和接收的步伐。应当看到，随着各省（区、市）节目的陆续上星，现在的主要矛盾是要解决好节目落地问题，特别是要根据实际情况，尽可能发展农村卫星地面收转站，首先把中央和省的节目送到村村户户。同志们，这是由我们国家的国情所决定的，在中国，解决好农民听广播、看电视的问题，是关系国家改革、发展、稳定的大局，关系党的十五大提出的经济发展和社会全面进步的奋斗目标顺利实现的战略性问题，我们一定要从这个高度来认识。要象吉林、贵州等省那样，采取切实的措施，今年务必在解决农民听广播、看电视的问题上有新进展。三是必须重申，无线广播电视台要完整转播好中央和省的第一套广播电视节目，所有有线电视台要完整转播好中央和省的各套广播电视节目。

(三)关于队伍培训。队伍建设是今年的一项重点任务。干部培训是队伍建设的重要内容。总的要按五年规划的要求，分级负责，认真抓落实。干部培训的重点，是新进领导班子的年轻干部、各级管理干部和专业人才。今年的干部培训要着重抓好两个方面的工作，一是部里要继续抓好厅局长、台长、厂长的培训。凡是按照规划应参加培训的同志，请大家务必安排好工作，保证按时参加，没有特殊情况不要缺席。二是省厅也要按照规划分工，抓好干部培训。播音员、主持人持证上岗工作已经开始，要坚持抓下去，还没有开始的省（区、市）要尽快行动起来，要在省级台全面展开的基础上，逐步向地、市、县台推进。

(四)关于广播影视艺术创作。要按孙部长的报告全面地抓好这项工作。特别明年是建国50周年。广播影视文艺要以组织规划迎接建国50周年优秀作品的创作为重点，集中精力抓好一批重点影片、重点广播电视剧目、重点晚会、重点专题节目的创作生产。艺术生产特别是精品创作需要有一个过程。因此，这项工作从现在开始，就要高度重视，精心策划，抓紧进行。同时，今年还是改革开放20周年，广播影视要配合推出一批思想性、艺术性、观赏性相统一，能在社会上产生较大影响的优秀文艺作品和专题节目。

除此，还有一些比较具体的问题将个别解决。如重庆张小川同志提出的三峡库区建设中的对口援助问题，我去重庆时已经听到了，部里已经作了安排，今年将专门开会进行研究。

三、加强学习，以良好的精神面貌，扎扎实实地抓落实。

首先，要汇报好、传达好这次会议的精神。大家回去以后，要向省（区、市）党委和政府汇报。要汇报党中央、国务院对广播影视工作的重视和关心，汇报江泽民同志的重要讲话和李鹏同志贺信的精神，汇报关根同志的报告，汇报孙部长在会议上代表部党组提出的广播影视到本世纪末改革和发展的目标、思路和措施，从而使各级党委、政府在思想上、工作上能更加重视广播影视工作，使广播影视工作列入党委、政府工作的重要日程。在汇报时，大家要注意结合各地的实际情况，提出贯彻意见，特别要分轻重缓急确定98年，乃至到本世纪末的重点任务、重点措施，以便得到党委、政府的理解和支持。在向下传达时，也要掌握这样一个基本原则。要通过这次会议精神的传达贯彻，进一步动员、组织全体广播影视工作者为实现会议提出的任务而努力奋斗。

第二，要扎实工作，狠抓落实。目前，全党、全国工作的大政方针已经明确了，中央有关广播影视工作的方针、政策也是十分明确的，包括目标、任务、措施等。可以说，大政方针已定，关键是抓好落实。为此，一是部党组的同志将有计划地结合学习宣传贯彻落实十五大精神，结合贯彻落实《电影管理条例》和《广播电视管理条例》，分头到各地调查研究，并和各地广电部门的同志共同抓好会议精神的落实工作。同时，尽可能帮助做些协调的工作。二是将在今年内召开一些座谈会，对这次会议提出的涉及事业发展和管理体制中的一些重大问题，如有线电视管理体制问题、节目频道设置问题、广播电视高新技术的应用及多功能开发问题等，专门进行研究论证，提出意见。希望各地也要对这些问题加强研究，及时反映意见和建议。三是中央电台、电视台将加大对地市以下宣传的份量，包括地、县广播电视方面的发展。如哪个省实现了村村通广播电视，要实现一个报道一个。各省（区、市）电台、电视台也要这样做。再就是要加大优秀广播影视作品的宣传和评介，以扩大优秀作品的影响，电台、电视台在评介、推荐优秀国产影视片时，可不作为商业广告进行收费。

第三，全系统上下要协调一致地开展工作，以保证各项任务的完成。我们正处在一个大变革的关键时期，面临许多新情况、新问题，如世界范围的各种思想文化相互激荡，高新技术的迅猛发展；如国内国有企业改革攻坚，反腐倡廉，政府机构改革和管理体制改革等，对广播影视工作，确实是既有挑战，又有发展机遇。具体来说，既有一个搞好宣传报道，把握好导向的问题，又有我们自身改革适应的问题。为此，全系统的广大干部职工，特别是领导干部，要坚持讲学习，讲政治，讲正气，一定要放在全局中、大局中来审视我们的工作，摆正自己的位置，做一个清醒的广播电影电视工作者。这方面一是要始终坚持舆论宣传的喉舌功能。二是坚持宣传、技术、管理一起抓，保证传达政令畅通。三是要抓住机遇，加快自身的发展。四是注意少说多做，扎实工作。

目前，部里对许多地方情况的了解，还不够及时，有时甚至晚于其他部门。希望从部机关到各地方厅局，一定要重视信息的沟通，互通情况。对当地广播影视工作的重大进展、重要举措以及出现的问题、事故，都应及时向部里通报，以便部里及时了解情况，帮助做好服务、协调的工作，有的还可转发各厅局参考。

总之，希望同志们扎实工作，把这次会议贯彻好。各地传达贯彻的情况请于 3 月底报部办公厅。

中纪委、中办、国办、中宣部等部委的同志，新闻单位的同志在过去的工作中一直给了我们很大的支持，这次又放弃休息时间来参加会议，在此表示由衷的感谢！

春节快要到了，在这里代表部党组、代表孙部长向大家拜个早年，同时通过你们向各级广播影视部门的同志及其家属拜年，向各级党委、政府的领导同志拜年，祝大家新春愉快，家庭幸福！

关于表彰全国广播电视先进县(市)的决定

各省、自治区、直辖市广播影视厅（局），新疆生产建设兵团广播电视局：

在党中央、国务院的正确领导下，在各级党委、政府的领导与关怀下，经过广大广播电视工作者的共同努力，我国广播电视事业取得了很大发展。特别是近年来，基层广播电视事业发生了巨大变化，在推动全国广播电视事业发展过程中，县（市）广播电视工作发挥了重要作用。各地县（市）委、县（市）政府十分重视广播电视工作，把广播电视工作纳入重要的议事日程，根据事业发展的需要，不断加大投入，重视管理，加强队伍建设，有力促进了广播电视事业在农村的发展。广播电视对宣传党的路线、方针、政策，提高农民思想政治素质，活跃农民文化生活，促进经济发展和社会的全面进步方面发挥着越来越重要的作用。为深入贯彻党的十五大精神，进一步取得各级党委、政府对广播电视事业的支持，鼓励对广播电视事业发展作出突出成绩的县(市)，广播电影电视部决定授予北京市怀柔县等 59 个县(市)“全国广播电视先进县（市)”荣誉称号。

希望受到表彰的先进县(市)，继续发挥模范带头作用，谦虚谨慎，戒骄戒躁，锐意进取，再立新功。全国县（市）要以他们为榜样，学习他们在广播电视宣传、事业发展、行业管理和队伍建设等方面的好做法、好经验，高举邓小平理论伟大旗帜，在以江泽民同志为核心的党中央领导下，努力推进广播电视事业的繁荣和发展，把我国广播电视工作提高到新水平，更好地为社会主义物质文明和精神文明建设服务。

广播电影电视部

一九九七年十二月三十日

附：

全国广播电视先进县（市）名单

北京市

怀柔县

天津市

静海县

河北省

丰南市（唐山市）　任丘市（沧州市）

山西省

侯马市（临汾地区）

临猗县（运城地区）

内蒙古自治区

敖汉旗（赤峰市）

化德县（乌兰察布盟）

辽宁省

旅顺口区（大连市）

东港市（丹东市）

吉林省

舒兰市（吉林市）

公主岭市（四平市）

黑龙江省

同江市（佳木斯市）

虎林市（鸡西市）

上海市

松江县

江苏省

宜兴市（无锡市）　金湖县（淮阴市）

浙江省

诸暨市（绍兴市）　余姚市（宁波市）

安徽省

宁国市（宣城地区）

太和县（阜阳市）

福建省

漳浦县（漳州市）　闽侯县（福州市）

江西省

宜丰县（宜春地区）

信丰县（赣州地区）

山东省

文登市（威海市）　龙口市（烟台市）

河南省

镇平县（南阳市）

汝州市（平顶山市）

湖北省

麻城市（黄冈市）　潜江市

湖南省

平江县（岳阳市）　嘉禾县（郴州市）

广东省

普宁市（揭阳市）　三水市（佛山市）

广西壮族自治区

合浦县（北海市）

荔浦县（桂林地区）

海南省

儋州市　陵水黎族自治县

重庆市

永川市

四川省

射洪县（遂宁市）　达县（达川地区）

贵州省

都匀市（黔南布依族苗族自治州）

赤水市（遵义地区）

云南省

景谷傣族彝族自治县（思茅地区）

宣威市（曲靖地区）

西藏自治区

曲水县（拉萨市）

亚东县（日喀则地区）

陕西省

安康市（安康地区）

黄陵县（延安市）

甘肃省

张掖市（张掖地区）

武威市（武威地区）

青海省

互助土族自治县（海东地区）

乌兰县（海西蒙古族藏族自治州）

宁夏回族自治区

永宁县（银川市）

平罗县（石嘴山市）

新疆维吾尔自治区

米泉市（昌吉回族自治州）

墨玉县（和田地区）

新疆生产建设兵团

农一师一团

1998年广播电影电视工作要点

1998年是全面贯彻落实党的十五大精神的第一年，也是完成“九五”计划关键的一年。做好今年的工作具有十分重要的意义。今年广播影视工作总的要求是：高举邓小平理论伟大旗帜，全面贯彻落实党的十五大精神，按照中央提出的“统揽全局、精心部署、狠抓落实、团结一致、艰苦奋斗、开拓前进”的总要求，始终坚持正确的舆论导向，大力提高广播影视节目质量，加快事业发展步伐，加大依法管理力度，推进广播影视各项改革，进一步提高队伍政治思想业务素质，为把建设有中国特色社会主义事业全面推向21世纪，提供更加有力的舆论支持和良好的文化环境。

在今年的工作中，要按照十五大的要求，在全系统掀起学习马克思列宁主义、毛泽东思想，特别是邓小平理论的新高潮，完整准确地把握理论的科学体系，从总体上领会理论的基本观点和基本精神，又从各自工作的领域对理论的有关内容进行系统钻研和理解，把对邓小平理论的认识提高到一个新高度。要以邓小平理论为指导，按照党的十五大提出的建设有中国特色社会主义基本纲领的要求，科学总结广播影视事业的历史与现状，探索广播影视自身的特点和规律，研究新形势下广播影视面临的实践问题和理论问题，逐步建立和完善有中国特色社会主义的广播影视理论体系，以增强工作中的原则性、系统性、预见性和创造性，促进广播影视事业更大的发展。

1998年要着重做好以下几方面的工作：

一、牢牢把握正确的舆论导向，为全面贯彻落实党的十五大精神提供良好的舆论环境。

深入做好学习贯彻十五大精神的宣传报道，是广播电视宣传的一项长期的重要任务。要按照积极、全面、准确、深入的要求，采取多种形式，宣传十五大确定的推进社会主义现代化建设一系列方针政策和重大措施的客观必然性与正确性，反映各地各部门贯彻落实十五大精神的具体部署和实际行动，报道政治、经济、社会在十五大以后的新发展新气象，把全党的思想统一到十五大精神上来，把全国各族人民的力量凝聚到实现十五大确定的各项任务上来。要毫不放松地坚持把宣传邓小平理论放在重中之重的位置，推动理论武装工作掀起新高潮。要善于从群众生活、群众利益、群众关心的话题入手，使宣传更加贴近群众。要拓宽报道领域，继续开辟专栏，多层次多角度地搞好十五大精神的宣传。

认真贯彻落实中央经济工作会议精神，加强经济建设和经济体制改革的宣传。要宣传好我国良好的经济形势和特点，宣传好今年经济工作的总体要求、主要任务、工作部署、关键环节，以及改革和发展的重大举措。要进一步做好稳定农业，加强农业基础地位，全面发展农村经济的宣传。认真组织好经济体制改革特别是国有企业宣传，宣传国有企业改革和发展的有利条件，反映国有企业改革所取得的进展、经验和成效。继续搞好加强和改善宏观调控的宣传。宣传进一步提高对外开放水平，完善全方位、多层次、宽领域的对外开放格局，宣传国家重点工程建设取得的新进展。按照全国金融工作会议的精神，认真做好金融宣传。

以“讲文明、树新风”为重点，继续搞好精神文明的宣传。要紧紧围绕为人民服务，为群众办好事、办实事这一核心，报道各地各部门在治理环境卫生、整顿交通秩序、提倡文明言行、提高服务质量四个方面取得的新进展，新成效。继续宣传创建文明城市、文明村镇、文明行业和文化、科技、卫生“三下乡”活动。继续做好先进典型的宣传，提高宣传水平。要加强舆论监督，批评不文明思想和行为，对黄、赌、毒和腐败等丑恶现象要予以揭露。

切实做好关心群众生活、维护社会稳定的宣传。要积极宣传我国在加强法制建设、完善民主监督机制、维护安定团结等方面取得的巨大成就，充分反映各级党委政府和领导干部深入实际，关心群众疾苦，为群众办实事、办好事的做法和经验，对一些情况复杂、矛盾较多和涉及群众切实利益的热点问题，要慎重处理，正面引导，化解矛盾，不要“炒”热。

按照中央的部署，认真做好第九届全国人大一次会议和全国政协九届一次会议的宣传报道，做好改革开放20周年、邓小平同志逝世一周年、周恩来同志和刘少奇同志诞辰100周年等重大活动的宣传报道。精心组织好《伟大的旗帜》、《丰碑》、《改革开放20年》、《周恩来的外交风云》等专题片、纪录片的制作播映。

加强对外宣传的针对性、主动性、有效性，不断拓宽渠道。坚持以我为主、以正面为主、以事实为主，配合和服务国家的整体外交工作，搞好对外宣传。继续按照以中央台为龙头、地方台为依托的广播电视大外宣的思路，巩固和加强中央台与地方台在对外宣传方面的合作。国际台对43种语言广播进行改版，重点加强新闻节目，提高时效性；汉语普通话、英语在已有新闻直播的基础上，启动环球广播计划。中央电视台国际频道要突出外宣特点，增加新闻播出次数，并积极创造条件，正式开播英语频道。进一步提高广播影视对外交流的水平，加大科技对外交流的力度，扩大对外交流合作的范围。举办上海电视节、长春电影节。精心组织好由我国承办的“亚广联”第35届大会。

继续推进新闻节目的整点播出和重要新闻的滚动播出，增加信息量。新闻性栏目要不断完善、不断充实，增加重播次数，特别注意办好深度报道性的新闻栏目。

二、实施精品战略，精心规划组织迎接建国50周年文艺作品的创作。

坚持为人民服务、为社会主义服务的方向，贯彻百花齐放、百家争鸣的方针，弘扬主旋律，提倡多样化，以规划组织迎接建国50周年广播影视文艺作品的创作为重点，大力推进精品战略，促进广播影视文艺的更大繁荣。

认真实施电影“九五五〇工程”，集中精力抓好重点题材影片的创作规划，对拟定的重点选题进行专家论证，努力提高质量。加大对优秀影片创作的投入，集中优秀人才、筹集资金保证影片的拍摄，抓好各个拍摄环节的质量管理。确保100部故事片创作生产任务的完成，其中质量较好的要在30部以上，优秀的要有10至15部。做好第二届“夏衍电影文学奖”的征集评选工作。召开全国电影制片厂厂长会议和全国电影文学座谈会。

电视剧创作生产要强化精品意识，保持良好势头，努力创作更多的优秀作品。抓紧组织向建国五十周年献礼剧目的筹划、拍摄工作，开好1998年全国电视剧题材规划会，集中精力抓好重大题材、重点剧目的创作生产。积极促进电视剧的规模化生产，力争在今年有新的突破。

精心组织实施少儿电视节目“六个一百”工程，推出更多深受少年儿童欢迎的节目。儿童影片要保持数量，提高质量，在儿童喜闻乐见上下功夫。努力提高广播电视综艺节目和广播剧的质量和品位，办好元旦、春节等重点综艺晚会。

积极开展广播影视文艺评论，正确引导创作，努力扩大优秀作品的社会影响。精心组织好各类广播影视奖的评奖工作。

认真总结近年来送文艺、送电影下乡的经验，继续组织好中央电台艺术团、中央电视台“心连心”艺术团、中国广播艺术团下基层慰问演出和送电影下乡活动。

三、依靠科技进步，加快广播影视事业发展的步伐。

继续把事业建设的重点放在扩大广播电视的有效覆盖上，把覆盖的重点放在农村。积极采取有线接入、多路微波、无线差转等各种手段，加快地面接入网建设，加强转播工作，扩大广播电视有效覆盖，争取今年有三分之一以上的省（区、市）基本消灭收听收视盲点，基本实现村村通广播电视。同时在解决农民看电影难的问题上取得新的进展。

加强中央和省第一套广播电视节目的覆盖，增强覆盖效果。加快部直属发射台（站）的更新改造，重点解决转播中一广播节目骨干发射台的发射机改造，进一步扩大中央台广播电视节目对全国的直接覆盖；加快地方台转播中一广播节目发射机的更新改造进度，巩固和提高中一广播节目的覆盖水平。

继续支持边境地区和西藏、新疆、内蒙古、青海等省区，加快发展广播电视事业。认真开展广播电视扶贫，从今年开始，部的广播电视扶贫资金将主要支持中西部地区用于扩大国家级贫困县、边境县的广播电视覆盖。要积极采取措施，制定扶持政策，鼓励有条件的制片、发行或放映单位联合企业，共同拍摄直接供农村放映的16mm故事片和科教片各10部以上，扶持农村电影放映队100个左右。

大力发展有线广播电视本地接入网，抓紧农村、乡镇有线网的建设，努力扩大用户。基本完成省级有线网总体规划和技术方案的论证，并以省级区域范围的联网为重点，积极推进联网工作，在东部地区形成一定规模。总结推广上海、深圳等城市开展广播电视网络综合业务的经验，努力开发广播电视网的多功能，更好地为经济建设服务，为国家信息化服务。抓紧制定“全国广播影视卫星综合业务系统(VSAT)”总体方案并组织实施，争取在今年内投入使用。

加强对国家重大科技项目的研究开发，推进广播影视的数字化进程。抓紧“数字视频地面广播实验系统”的研究，今年完成在北京地区的开路试验任务，为全国地面数字电视的发展提供政策和决策依据。争取上半年完成数字音频广播在北京、天津、广州、佛山、中山等地的先导网试验。逐步有计划地采用适用于演播室、节目制作编辑、播控室的数字技术，并选择几个不同类型不同级别的台进行内部网络化节目共享试点。

认真总结已上星省区的经验，继续做好拟上星省区的可行性方案论证、审批和上星组织工作。研究提出我国直播卫星的技术体制、总体规划方案，做好试点的准备工作。

加快广播影视重点设施建设和设备的技术改造。完成中央台业务楼的搬迁工作，着手对部办公大楼进行维修改造。开始部音像资料馆等工程的建设。抓紧城市有线广播电视网的技术改造，加强网络的维护管理。

四、加强法制建设，推进管理的规范化、法制化。

继续加强立法工作。抓紧制定与《电影管理条例》、《广播电视管理条例》相配套的各项规章制度，争取修订后的《广播电视设施保护条例》尽早颁布实施，着手起草《有线电视管理条例》，尽快制定电视剧制作播放、参加中外电影节和电影展、中外合拍电影、制作广播电视节目付酬标准等方面的管理规定，启动《广播电视法》、《电影法》的调研起草工作。认真做好普法工作，加强执法监督检查，完善对广播影视执法人员和执法工作的管理制度。

认真贯彻《中央办公厅、国务院办公厅关于加强新闻出版广播电视业管理的通知》，加大治散治滥工作的力度，全面完成治理任务。上半年完成广播电视播出机构和广播电视节目制作经营单位重新审核登记的工作，并向社会公告。下半年重点是巩固成果，并在控制总量的基础上，着手研究提出中央、省、市、县四级播出机构的设置规划和节目频道配置使用的方案。认真做好播出机构的年检工作，逐步实施考评分级管理。

加强广播电视节目的播出管理，严格执行播出管理的有关规定，加强节目播出审查，坚持重播重审。加强和完善接收、录播境外卫星电视节目的管理。研究提出建立广播电视监听、监看管理制度的具体方案，分步实施。要研究高新技术条件下广播影视面临的新情况新问题，采取措施，加强管理。

切实加强广播电视无线电的管理，依法核发频率执照，重点查处私自设台、改变技术参数、无呼号等问题，力争今年内广播电视无线电秩序有根本好转。认真做好技术维护管理工作，严格各项规章制度，防止发生重大责任事故。今年内初步建立广播电视技术维护规范化管理体系。

进一步做好广播影视对外交流合作的归口管理。严格进口影片和广播电视节目的审批，保持合理结构，注重社会效益。加强中外合拍协拍影视片的管理，更好地促进对外交流合作。

五、积极推进各项改革，努力增强自我发展的能力和活力

广播影视改革必须坚持党的宣传方针和文艺方针，适应社会主义市场经济体制，遵循广播影视的自身规律，使之有利于加强党对广播影视工作的领导，有利于强化广播电视宣传的喉舌性质，有利于解放和发展广播影视艺术生产力，有利于增强广播影视事业自我发展的能力和活力，有利于发挥广播影视的整体优势和系统优势。

推进影视艺术生产体制的改革。实行电影故事片生产单片许可证制度，允许省会市以上电视台、电视剧制作单位和电影发行放映单位拍摄影片，以广泛吸纳资金，充分调动参与电影生产的积极性。继续坚持影、视、录、视盘一体化的方向，加大电影后产品的开发。加强电视剧题材规划工作，把电视剧题材规划与影视剧制作许可证的管理和广播电视节目制作经营单位的年检工作结合起来，以促进优秀作品的创作生产。在加强对广播电视节目制作经营单位的管理、加强题材规划的前提下，着手对电视剧的生产实行投拍备案制度、发行审批制度。积极推动电视台与电影厂各种形式的联合，进一步促进影视资源合理配置和优化，促进影视创作生产向规模化、集约化方向发展。

积极探索建立适应社会主义市场经济的影视节目流通体制。进一步理顺电影发行放映体制，推进电影制片、发行、放映经营一条龙试点。认真总结推广“院线制”的经验，扩大经营范围，开拓电影市场。巩固和发展全国性16mm影片销售机构，逐步由择期交易向经常性交易过渡。在完成对现有影视剧制作经营机构审核登记的基础上，开始对广播电视节目发行机构进行审核登记，实行资格认证，规范经营范围。积极采取措施，着手建立部、省两级国产电视剧审查机构，制定审查办法。加快筹建全国广播电视节目交易中心，争取年内试运行。认真办好1998年全国广播电视节目交易会。

按照现代企业制度的要求和集团化的思路，对企业进行改革、改组、改造，扩大股份制试点。推进广播影视集团化进程，着手组建中国电影集团公司。继续扩大利用社会资金包括外资改造影院的试点。

认真按照中央有关部署，切实做好广播影视部门机构改革工作。深化人事制度改革，努力创造公开、平等、竞争、择优的用人环境，为优秀人才脱颖而出提供制度保证。

六、按照政治强、业务精、纪律严、作风正的要求，加强队伍建设

继续把建设一支高素质的队伍作为今年的一项突出任务，抓紧抓好。加强思想建设是队伍建设的重点，是始终不渝地坚持用邓小平理论武装全体广播影视工作者，特别是广播影视部门的各级领导干部。要通过学习，弄清基本原理，掌握科学体系，进一步增强贯彻执行党的基本理论和基本路线的坚定性，确保广播影视事业沿着正确的政治方向发展。

按照十五大提出的领导班子建设的总要求和全国组织工作会议的精神，加强广播影视部门各级领导班子的建设。各级领导干部特别是新进班子的年轻干部，要带头讲学习、讲政治、讲正气，坚持民主集中制的各项规定，在思想上、政治上同中央保持高度一致，保证党的路线和中央的决策顺利贯彻执行。要把那些群众公认是坚决执行党的路线，实绩突出、清正廉洁的同志选进领导班子。不拘一格地选拔人才，特别是大胆起用优秀年轻干部。

继续落实干部培训的五年规划。干部培训要加强针对性，注重实效，着眼于提高干部的理论水平、工作水平和解决实际问题的能力。在加强广播影视专业知识培训的同时，还要加强社会主义市场经济知识、法律知识、现代科学技术知识和管理知识的培训。全面推行播音员、节目主持人普通话水平测试、持证上岗工作。

坚持从严治党的方针，搞好党风廉政建设，深入持久地开展反腐败斗争。继续抓好领导干部廉洁自律，着重落实党政机关厉行节约等各项规定，坚决查办大案要案。切实加强广播影视队伍的作风建设和职业道德建设，纠正行业不正之风，大力倡导良好的职业道德风尚。

围绕提高队伍素质和实现优美环境、优良秩序、优质服务，积极开展精神文明创建活动，改进工作作风，提高工作效率。关心干部职工的生活，特别注意解决好特困职工和离退休干部的实际困难，多办实事，办好事。

加强广播影视系统党的建设，充分发挥基层党组织的战斗堡垒作用和共产党员的先锋模范作用，进一步动员和组织广播影视系统，埋头苦干，务求实效，开拓前进，确保1998年广播影视各项任务的圆满完成，为广播影视事业全面迈入21世纪奠定良好的思想基础和工作基础。

国家广播电影电视总局正式运作

1998年3月10日全国人民代表大会第九届一次会议审议通过《国务院机构改革方案》，将原广播电影电视部改组为国家广播电影电视总局列入国务院直属机构序列。在这之后，中共中央、国务院又任命了国家广播电影电视总局党组成员及总局局长、副局长。党组书记、局长：田聪明；党组成员、副局长：李树文、同向荣、赵实、张海涛；党组其他成员还有：王德新、杨伟光、安景林、张振华、王甘文、张振东。

1998年4月8日上午9时，国家广播电影电视总局举行了简短的挂牌仪式。田聪明、李树文、赵实、张海涛、王德新、安景林等参加了仪式。同一天，总局印章正式启用。

国家广播电影电视总局对外英译名称为：The State Administration of Radio Film and Telewivsion，缩写为：SARFT。国家广播电影电视总局的英文缩写（SARFT）与原广播电影电视部部徽图案组合成国家广播电影电视总局局徽图案。

庆香港回归 雪百年国耻

展现世纪盛事 记录历史辉煌

——香港回归广播电视宣传概览

广电部总编室 高长力 朱敬阳

香港回归是1997年我国两件大事之一，也是广播电视1997年重大宣传任务之一。这次宣传时间跨度长，规模宏大，各种情况和技术要求也特别复杂，广播电视宣传充分发挥了自己的优势，实现了多点穿插直播的报道方式，取得了较好的宣传效果。受到中央领导和群众的广泛好评。

一、香港回归宣传的基本情况

广播电视香港回归的宣传，可以说十多年前《中英联合声明》签署前后就已开始。随着回归日子的临近，广播电视宣传力度也一步步加大。1997年，广播电视对香港回归进入大规模宣传阶段。从倒计时一百天起到6月19日，主要围绕“一国两制”和《香港基本法》，对香港的历史、文化，经济和发展前景以及香港特区政府与中央政府的关系进行系列报道。

中央电台播出了60集大型系列专题节目《再话基本法》、《香港驻军法》讲座等专题节目、还播出了大型系列广播特写《香港百年》。国际台在港又租用每天两小时时段，播出综合节目《今夜星空》，使国际台在香港的广播节目增至每周29小时。中央电视台制作播出了11集大型系列片《香港沧桑》及“香港百题”等。

伴随香港回归的进程，广播电视节目也逐渐进入倒计时。中央电视台从倒计时一年起在每晚黄金时间播出介绍香港历史和今天的366集系列短片《香港百年》，一直持续到回归之时。中央电台和中央电视台从1997年3月23日起，在《新闻报摘》和《新闻联播》节目开始播出最后百天的倒计时天数。中央电台从1997年4月23日在《新闻和报纸摘要》节目中开办了《香港回归之声》栏目，国际台43中语言广播从1997年6月1日开始播报倒计时，并挂牌开办了《香港回归特别节目》，中央电视台也在《新闻联播》节目中开设了《97回归倒计时》专栏。

广播电视文艺节目通过艺术的形式展示了香港历史、现状以及与内地的血肉联系。中央电台播出了长篇小说《补天裂》。中央和地方一些电视台播出了电视剧《香港的故事》、《林则徐》、《大命运》、《香江风云》、《中英街》、《千年等一回》等，受到了各方面的肯定和好评。

从6月20日至7月3日，是香港回归宣传的重点，尤其是回归前后几天，是宣传的重中之重。

按照中央批准的《香港回归重要活动宣传报道安排意见》的要求，中央三台精心编排了这几天的节目。中央电台制订了48小时播出计划，回归之夜进行了长达7个小时的大型直播《百年长梦今宵圆》。国际电台同时用英语、汉语普通话和广州话三种语言进行了长达3.5小时的现场直播。中央电视台第一、第四套节目打破原有格局，按照新闻频道设计，实现了72小时连续播出，同时还加开了41小时的英语临时频道。广播电视派出了由383人组成的赴港新闻采访团，采用时空交叉的大规模多点直播报道方式，全方位、立体化地全面报道了香港回归的重大事件。

中央三台对在香港和北京的几场活动，尤其是8场重要活动（即中英两国政府共同主办香港政权交换仪式、中央政府举行香港特别行政区成立暨特区政府宣誓就职仪式、特区政府举行香港回归祖国和特区成立庆典、特区政府举行招待酒会、北京市人民迎接香港回归祖国联欢晚会、国务院在人民大会堂举行庆祝香港回归祖国招待会、首都各界庆祝香港回归祖国大会、在人民大会堂举行《回归颂》文艺晚会），进行了现场直播(其中对大会堂的文艺晚会，中央电台因广播特点限制、国际台因技术条件限制未进行直播)，使全国和全球广大听众、观众及时收听、收看到了香港回归的盛况。

中央电视台还直播了中央领导及代表团抵达香港、彭定康离开港督府、英方撤离香港仪式、特区临时立法会会议、外交部驻香港特派员公署开署仪式、中央政府向特区政府赠送雕塑揭幕仪式、特区政府举行大紫荆勋章颁授仪式等，直播次数达到25次。中央电台、国际台也对此进行了多场直播和及时报道。

中央三台共有2500多人参与了这次报道，中央电视台还派出由近百人组成的22个采访小组，前往全国各大城市及世界各主要国家和地区，报道当地与香港回归有关的最新消息。广播电视技术系统全面采用了卫星传输手段和数字压缩技术，并准备了多种紧急备份手段，以便确保广播电视传播准确、及时和万无一失。中央三台安装在香港的技术设备，足够装备一个省级电台和电视台。

这次报道，中央三台基本上都是在第一时间报道，不落后于其它媒体，报道量之大也是前所未有的。中央电台从6月20日—7月2日，新闻节目播发香港回归的报道合计17万字。国际台从6月1日到7月2日，43种语言共播发有关香港回归的稿件32240条（篇)，其中新闻26750条，专稿5490篇，全台首播时间累计达514小时。中央电视台在72小时中，通过5个卫星的6个转发器向全世界播出，9套节目共播出相关内容221小时。其中第一、第四、第九套节目共播发各种新闻687条，播出各类专题115部（集)。

国际广播电台还分别向设在美国纽约的“美加华语广播网”传送了普通话和广州话各3.5小时的现场直播实况，向加拿大“温哥华电台”传送了3.5小时的广州话直播实况。中央电视台向各国提供了电视转播的公共信号，许多重要新闻节目被CNN等国外电视机构采用。

为使8场重大活动的直播形成规模，广电部发出通知，要求中央三台各套节目并机直播这几场重要活动，全国各地电台、电视台的各套节目完整转播好中央台对这几次活动的直播。

地方电台、电视台还结合当地实际情况，报道了当地庆祝香港回归的活动，安排了与庆祝回归气氛协调的文艺节目，节目体现了地方特色。尤其是北京、天津、上海、重庆、广州、深圳等6大庆回归重点城市，分别举行了各具特色的庆祝活动，当地省市的电台、电视台都作了比较详细的报道。北京电视台播出了《跨世纪的辉煌》等5台文艺晚会。在上海，广播电视广泛吸引群众参与，东广举行了万名水兵签名活动，东视承办了《百支歌队万人唱》活动；同时这次上海的报道规模浩大，电视连续播出72小时，广播40小时，多点切换总数为8路，直播时间78小时，传送节目1008小时，是空前的。在天津，电视播出了百集系列片《天津与香港》特别节目，直播了“海河儿女欢庆回归大联欢”活动。在广东，广州、深圳、东莞等地的广播电视，根据自身的地理特点，将香港和内地的活动、历史与现实的内容、中央台和本台的节目交叉编排，有机融合，使这次宣传既规模宏大，又符合当地受众的心理。在江苏，广播电视以《南京条约》议约地遗址——静海寺为切入点，拍摄播出了电视纪录片《静海寺的钟声》、《警世钟》等，以历史折射了现实。

二、香港回归宣传的特点

（一）领导重视，动手较早，准备充分。

早在1994年，广电部就举办了为期一年的对港宣传学习班。1996年11月，广电部还举办了全国省级电台电视台主管外宣台长培训班，部总编室还组织编写了《香港广播电视发展史》。

1996年初，广电部成立了以孙家正为组长的香港回归接收仪式及庆祝活动宣传领导小组，1997年6月又成立了宣传总指挥部和北京、香港分指挥部。中央三台也各自成立了领导小组和指挥部。

在九七年的省级电台、电视台台长会上，孙家正部长在讲话中专门部署了香港回归的宣传。

这次报道工作准备充分。各台都及早地在宣传上、技术上作出准备，提出报道方案和预案。

（二）紧紧围绕爱国主义教育，基调鲜明。

整个香港回归的宣传始终贯穿了爱国主义的基调。中央电台的大型系列专题节目《香港百年》、中央电视台的系列专题片《香港沧桑》等已被人们誉为爱国主义教育的好教材。电视剧《林则徐》、电影《鸦片战争》等感染、震撼了大批观众。

（三）重点突出，确保几项重大活动的直播。

有关香港回归的八场重大活动是这次宣传的重点，中央三台在制订报道计划、安排节目时，都突出了这八场活动的直播，将最精干的人员、最精良的设备投入到这八场活动的直播中。事实证明，这八场活动是受众最关心，收听、收视率最高的，也是印象最深的。

（四）在安全、准确的基础上，充分发挥了广播电视的特点，做到有节奏、有层次，丰富多彩。

这次宣传以现场直播为骨干，穿插了大量录音报道、现场报道、专题片和音乐电视等文艺节目。尤其是中央电视台以专门制作的庆回归音乐电视作为每次大直播的过渡和铺垫，既气氛和谐，又推出了很多洋溢着爱国主义激情的好歌，受到丁关根同志的肯定。

中央电视台还第一次采用4位总主持人串联、评论，北京和香港演播室交叉主持的方式，既机动灵活地掌握了报道的时机，又衔接紧密、具有深度。

国际台结合对外宣传的特点，注意反复介绍香港问题的由来等背景资料，针对国外舆论对香港回归后人权、民主和稳定问题的疑虑，播发了一系列有深度的稿件。同时尽可能地采用录音报道方式，使报道生动、感人。

（五）规模宏大、情况复杂，点面结合，报道全面、充分。

这次宣传报道持续时间最长，直播次数最多，而且有些活动时间重合，播出需要穿插安排。各台制订了很好的方案，形成了以北京为中心、以香港为重点，以全国各大城市及世界各主要国家和地区为报道点的全方位、立体式报道网。各台加强了新闻的密度，及时进行动态消息的报道，既有香港举行的几场交接活动，又有北京举行的盛大庆祝活动，既有重点地区（6大城市）的报道，又有全国普天同庆的报道，还有国际上反映的综合报道。这次报道做到了点面结合，有张有弛。

（六）广播电视发挥系统整体优势，广播与电视、中央和地方、宣传和技术，互相配合、协同作战、形成合力，取得了最大的宣传效益。

这次报道，广播与电视取长补短，互相配合，做到了优势互补。国际台再度与中央电视台合作，将英语解说信号给电视台，与电视现场直播图像信号和国际声信号合成后，在中央电视台第四、第七套节目中播出。中央电视台送一路现场直播国际声信号给中央电台和国际台，供他们采写和制作新闻报道用，同时也作为广播声音信号的备份之一。国际台驻外记者站先后有15个站次为中央人民广播电台的直播节目提供了约40分钟的世界各地对香港回归的反映。

各台还进行合作，发挥了整体优势。全国11家广播电台联合举办了大型直播文艺节目《电波连南北，同心庆回归》，广州、上海、深圳、重庆等地电台还为国际台的直播提供了现场口头报道，丰富了国际台的节目。

广播电视系统编播、技术、后勤等各工种整体配合好，保证了宣传任务的顺利完成。卫星传输手段、数字压缩技术等现代化技术手段的运用，为编播人员提供了更广阔的驰骋天地。技术、后勤保障工作的科学、高效，保证了宣传的安全、准确。

充分发挥广播优势
全面报道香港回归

中央人民广播电台　王宴青

香港回归，举世瞩目。1997年7月1日，我国政府对香港恢复行使主权，这不但是中华民族历史上的盛事，也是本世纪世界上有深远影响的重大事件。为全面、准确、及时、充分报道这一重大历史事件，中央人民广播电台组成规模空前的报道队伍，其中由编辑、记者、播音员和技术人员组成的赴港报道组就有40人。可以说，这是中央台建台以来新闻事件报道中规模最大的一次。

中央台香港报道组6月11日和20日分两批先后抵港后，随即投入采访工作。截止7月2日，中央台香港报道组圆满完成了“香港政权交接仪式”、“香港特别行政区成立暨宣誓就职仪式”、“香港特别行政区政府庆典”和“香港特别行政区招待酒会”等5场重要的现场直播任务。除此以外，据不完全统计，中央台香港报道组还在香港采写稿件近百篇，在《全国新闻联播》、《新闻和报纸摘要》以及《午间半小时》、《华夏之声》、《对台湾广播》等节目中播出后，在听众中引起强烈反响。听众在来信中认为：中央台在这次宣传大战中，调动了所有的广播形式和手段，新闻消息不计其数，录音访谈清晰生动，随笔特写短小活泼。特别是6月30日～7月1日，打破常规连续播音，并在香港现场直播，充分展示了中央台广播的特色和魅力。

此次中央人民广播电台的香港回归报道主要体现了以下特色。

一是思想上高度重视，准备工作充分

早在去年即根据中央和广电部党组的指示精神，着手制订宣传计划，并先后派出三批人员赴港考察，为大批人员抵港做好宣传、技术和后勤等各方面的准备工作。赴港之前，印发了《香港回归报道工作手册》，并对赴港人员进行了全面培训。在设备上，也作了充分的准备，提前购置了大批先进设备装备前方报道组。在技术上，提供了有线、无线、天上、地下相结合的全方位直播保障系统。这在中央台历史上还是首次。

二是报道充分、及时，发挥了广播“快”的优势

中央台赴港报道组在港期间，对所有同回归有关的活动都进行了充分的报道，做到了重大新闻无遗漏。从临近回归香港各界迎回归的气氛，到回归各项重要活动，直到回归后的各界反映，均进行了大量的报道。总发稿量大、集中，在短时间内进行如此密集的宣传报道，收到了明显的宣传效果，扩大了中央台在香港的影响力。

中央台赴港报道组一到香港，就被香港各界群众喜迎回归的气氛所感染。先期到港的记者随即投入紧张的采访工作，并及时向台内传送《香港欢庆回归气氛越来越浓》的综合消息。之后在整个香港回归报道期间，每天都有来自香港的综合报道和消息、专稿等，如《香港会展中心素描》、《香港股市采风》、《驻港部队完成进驻香港一切准备》、《回归前夕走访特区政府》、《香港回归庆典活动准备就绪》等。从而保证了中央台对香港回归的前方报道充分，重点突出，信息量大。在香港发生的新闻，基本上做到了及时赶发当晚的《全国新闻联播》，有时发生在夜间的新闻，如香港回归后，7月1日凌晨2点45分召开的香港特别行政区“临立会”首次会议，就是记者连夜采访赶发，在当日《新闻和报纸摘要》节目中播出的。《香港政权交接仪式》后，江泽民、李鹏等党和国家领导人在港会见外国政要的消息，以及驻港部队开进、到达香港和执行防务任务的消息，在后方报道组的密切合作下，都是抢在第一时间进行了插播。特别是6月30日午夜的“香港政权交接仪式”、7月1日凌晨的“香港特别行政区成立暨宣誓就职仪式”，以及7月1日10点的“香港特别行政区政府庆典”、16点20分“香港特别行政区招待酒会”等重大庆典活动都进行了现场直播，使新闻事件与新闻报道之间的时间差减少为零，实现了同步报道，体现了广播时效快的特点。实践证明，同国际上同类传媒相比，中央台在新闻发布的时效、新闻信息量和听众的认可度等方面处于领先地位。

三是人员整齐，队伍素质较高

中央台赴港报道组之所以能比较圆满地完成香港回归宣传报道任务，是与中央台香港宣传总指挥部坚强有力的指导和各级领导的重视，特别是北京总部和赴港报道组的密切合作，前后方配合默契协调，技术和后勤方面提供的有力保障以及香港、广东、深圳地方记者站的大力支持分不开的。此外，赴港报道组在整个报道期间，充分发挥了老同志的主心骨作用和年轻同志的骨干作用。在香港期间，这支队伍表现出服从指挥、相互配合、协调作战的良好精神风貌。

如6月30日上午10点在深圳举行的驻港部队欢送大会，军事记者在10点零7分即播发了快讯。6月30日晚上9点驻港部队进驻香港，中央台几乎同步播报了新闻。7月1号凌晨，军事记者随部队冒雨兼程进入香港后，又投入了驻港部队的采访工作。7月1日晨6点驻港主力部队进驻香港，中央台当天6点30分的《新闻和报纸摘要》节目即播出了军事记者在文锦渡口岸采写的现场报道，比报纸媒体早报了整整一天。担任五场直播工作的张红力、刘磊、黄维群等同志和总工办主任欧阳铭带领下的技术部门的同志也是连续作战，出色地完成了任务。

总之，香港回归报道堪称本世纪末最壮观的新闻报道，中央人民广播电台在激烈的竞争中，以前所未有的魄力，精心组织，团结协作，圆满完成了具有重要历史意义的香港回归报道，在中国广播史上写下了光辉的篇章，并为广播宣传提供了丰富的经验。相信在此基础上，今后中央人民广播电台会给广大的听众提供更加多姿多彩的高质量的广播节目。

圆满完成香港回归报道任务

中国国际广播电台　总编室

中国国际广播电台在1997年香港回归对外宣传报道当中，圆满地完成了任务，受到了海外听众的肯定和赞扬，反响较大。

国际台有关香港回归的宣传自始至终严格遵循中央确定的方针、政策，把握“庄严、隆重、热烈、欢庆、节俭”的基调，贯彻“一国两制、港人治港、高度自治、繁荣稳定”的宣传指导思想，并在报道中坚持“以我为主，正面宣传为主”的原则，确保国际台有关香港回归的对外报道做到导向正确、内容充实、信息量大、时效快、有对外特点。在节目安排上，根据不同阶段的宣传重点，做到了有节奏，有规模，有声势，逐步形成高潮。

据统计，除去年开始的大量前期报道外，仅1997年6月1日到7月2日，国际台43种语言节目共播有关香港回归的稿件32240条（篇），其中新闻26750条，专稿5490篇；全台首播时间累计达514小时（不包括重播时间）。此外，本台英语、汉语普通话和广州话对香港回归5场重大庆典活动现场直播的播出时间达137.5频率/小时；英语、西班牙语、葡萄牙语和普通话、广州话还累计向5个国家和香港共9个电台、电视台传送了22个小时的节目。同时，向中央电视台提供了5场英语转播信号；向中央电视台提供了15个驻外记者站次的报道，供该台转播时插播。

启动早　跨时长　针对性强

国际台从1996年7月1日开始，便把加强香港回归的报道作为对外广播宣传的重点。全台43种语言广播均在每日的新闻和专题节目中紧跟香港回归的步伐，及时向国外听众介绍香港回归的进程。一些语言广播部纷纷开办《香港今昔》等专题节目。

1997年，随着香港回归日期的临近，国际台有计划地编发了《香港回归系列报道》和《香港回归国际新闻特辑》通稿，反复地向国外听众系统介绍香港问题的由来，邓小平关于“一国两制”的伟大构想，中英关于香港问题谈判的过程，中国政府对香港的政策，香港的现状和未来的发展前景，以及世界各国舆论对香港回归中国的反映；在香港回归倒计时100天、50天、30天时，国际台逐步将香港回归的宣传推向高潮。根据指挥部统一部署，全台43种语言广播从6月1日开始播报倒计时，并挂牌开办了《香港回归特别节目》。6月25日至6月30日，半小时和一小时节目按规定每天分别安排20或30多分钟关于香港回归的内容。7月1日前后，全台更全力以赴投入到对香港回归重大庆典活动的全方位、多角度的报道中。

三种语言直播香港回归盛况
基本覆盖全球

为使国外听众能同步收听到香港回归重大庆典活动的盛况，1997年6月30日夜至7月1日晚，国际台分别用英语、普通话、广州话三种语言，成功地对在香港和北京举行的重大庆典活动进行了5场现场直播。此次直播，三种语言均采用时空交叉的方式，在突出反映香港庆典盛况的同时，还同步插播了北京、上海、广州、重庆、深圳等地群众的庆祝活动，以及海外华侨、华人和联合国秘书长安南、菲律宾总统拉莫斯、英国前首相希思、美国前总统布什、美国前国务卿基辛格、前香港总督爱德华·尤德、新加坡资政李光耀等外国政要和知名人士对香港回归的祝贺，从而增强了直播的权威性和立体感。为使更多地区的国外听众了解这一历史事件，英语、普通话、广州话的现场直播除原有的对亚洲、非洲的节目外，临时增加了对美洲、欧洲、大洋洲等地的广播频率。进一步扩大了直播的覆盖面。此外，我台还分别向设在美国纽约的“美加华语广播网”（覆盖美国和加拿大10多个城市）传送了普通话和广州话的现场直播实况，向加拿大温哥华“华侨之声”传送了广州话直播实况。播出后，对方反映直播信号质量很好。此外，国际台还向中央电视台的英语频道提供了英语直播信号；美国有线广播网（CNN）转播李鹏总理和董建华先生在香港特区政府宣誓就职仪式上的讲话、江泽民主席在首都人民庆祝香港回归大会上的讲话时，也临时使用了国际台的英语直播信号。据了解，共有26个国家、44个电视台采用了国际台英语转播信号。通过上述各种途径，国际台三种语言的现场直播基本覆盖了全球，世界五大洲绝大部分地区的听众都可从国际台的直播中及时收听到香港回归重大庆典的实况。

43种语言滚动播出
电波遍及近200个国家和地区

7月1日前后，8000多名各国记者云集香港，各国传媒围绕香港回归报道进行着激烈的角逐。为使我对外广播在新闻竞争中赢得主动，提高新闻时效，国际台决定，临时改变一直沿用的新闻录播方式，采用所有语言广播在6月30日深夜至7月1日凌晨，全部实行新闻滚动播出，随时插播最新消息。

6月30日晚至7月1日凌晨，国际台英语、普通话、广州话广播除现场直播外，还在7月1日零点开始的其他节目中，随时更新重要新闻。零点至两点三十分有节目播出的俄语、土耳其语、越南语、阿拉伯语、印地语、乌尔都语、斯瓦希里语、豪萨语、匈牙利语、波斯语广播都及时播发了《中华人民共和国已对香港恢复行使主权》等重要新闻。有的语言部在短短几个小时中就多次更换新闻，赶制了4套全新的节目。

“借船出海”多渠道落地
扩大香港回归宣传的影响

由于香港回归中国是世界关注的热点，加之国际台的国际声誉日益提高，美国、加拿大、墨西哥、巴西、罗马尼亚等国的多家电台、电视台事先都要求国际台为该台提供中英香港交接仪式等重大庆典活动的报道。国际台也不失时机地主动开辟新的渠道，“借船出海”，力求使我广播在更多的国家落地。

6月30日至7月1日，国际台英语部分别向美国首都华盛顿“新世界电台”和洛杉矶“洛城电台”传送了1小时和30分钟有关香港回归的重要新闻及专题报道，传送的信号质量和报道内容均受到对方好评；西班牙语部分别向墨西哥“特莱维萨广播电视网”和“中心电台”传送了近40条重要的电视和口播新闻。这两家电视台和电台都在该台黄金时间不加删节地播出了国际台提供的报道；葡萄牙语部也向巴西首都“巴西利亚超级调频电台”传送了近20条新闻。6月30日22点～23点，罗马尼亚语部通过国际电话线路，与罗马尼亚国家电台共同举办了《香港——历史时刻》热线直播节目。

此外，国际台还每天向香港新城电台传送专门为香港听众制作的英语、普通话、广州话各1小时的《你好，香港》节目，以及两小时的普通话《今夜星空》节目。

为加强对欧美等西方国家的宣传，国际台还向国外听众寄送了本台主办的英文《信使报》和其它外文刊物。通过多种渠道，使国际台对香港回归的宣传趋于全方位、立体化。

加强与兄弟单位配合
发挥广播电视总体优势

在部党组的统一领导和指挥下，广播电视系统相互配合，发挥整体优势，是此次国际台香港回归宣传取得圆满成功的保证。

部计财司专门给国际台调拨了专项经费，用于前后方租用直播线路、购置录播、通讯设备和支付赴港人员食宿、交通费等；部科技司、无线局和各发射台为扩大对外直播的覆盖面，专门为国际台临时增加了新的频率，并提前启用了500千瓦大功率的发射机；中央电视台在直播首都人民庆祝香港回归大会期间为国际台提供了现场国际声的信号；上海、广州、重庆、深圳等地电台也热情地为国际台直播时插播当地庆祝活动的盛况提供了采制的现场口头报道，从而丰富了国际台直播的内容。

与此同时，国际台也将现场直播的信号提供给中央电视台的英语频道对海外播出；将广州话的直播信号提供给广东一些电台和电视台；国际台驻外记者站还先后有15个站次为中央人民广播电台的直播提供了约40分钟世界各国政要和知名人士祝贺香港回归的口头报道。

正由于广播电视系统密切配合、通力协作，发挥广播电视的整体优势，才使中央三台乃至一些地方电台此次有关香港回归的报道做到了互为补充，丰富多彩。

国外听众祝贺香港回归

香港回归报道结束之后，遍布世界各地的国际台听众纷纷写信或打越洋电话，热烈祝贺我国恢复对香港行使主权，高度赞扬国际台在香港回归期间的报道。

国际台对香港回归的报道，是在刚刚完成历史性的搬迁的情况下进行的。全体人员发扬兢兢业业、默默奉献的精神和连续作战的作风，以高度的政治责任感和饱满的爱国激情，全力以赴地投入到香港回归的报道工作中，并出色地完成了这一重大宣传任务。

香港回归电视报道综述

中央电视台　研究处

中央电视台香港回归电视直播报道从1997年6月30日6点始，至7月30日6点结束，一套、四套节目连续72小时播出，并加开41小时临时英语频道。

香港回归祖国，是本世纪末重大的政治事件，全国关心，世界瞩目。在香港集中了700多个新闻媒介的记者8400多人，200多个电视台派记者团到香港采访。实际上，香港成了以我方为代表的东方传媒与以英方为代表的两方传媒进行新闻大战的一个战场。

中央电视台在香港回归报道中，根据中央宣传精神，全面实施报道计划。参加香港回归报道的近1800人，赴港人员289人，派往全国八个重点城市和海外15个大城市采访的记者近百人，技术系统投入了有史以来数量最多、性能最先进的设备，圆满完成了香港回归电视直播报道的重大任务。

历时72小时的直播报道，形式新颖，内容丰富。其中包括：

重大活动直播。

新闻背景介绍。

新闻滚动播出。

庆回归音乐电视系列。

可以说，香港回归直播报道，创造了中央电视台报道同一节目的9项纪录——

1. 连续播出时间最长
2. 报道规模最大
3. 新闻时效最快
4. 收视率最高

5. 覆盖面最广。第四套节目和临时英语频道在欧洲和非洲的落地工作出现突破。收看中央电视台国际频道的我驻外使领馆从69个增加到92个，增加了三分之一；转播中央电视台国际频道的海外电视台从14个增加到64个；转播中央电视台临时英语频道的海外电视台达58家。

6. 在香港建成最大的报道中心。中心占地495平方米，是集演播室、控制室、后期制作和信息服务为一体的综合性报道中心。

7. 节目包装最成功。专门制作了《展现辉煌》等不同长度、不同版本的宣传片，在各套节目中播出。同时，第一套节目设总主持人，香港演播室设分主持人，第四套节目和临时英语频道均设立了自己的主持人，使节目更加连贯、通畅。《中国电视报》也在6月29日至7月3日出版了《香港回归电视快报》(日报)，在北京天津发行。

8. 三套节目特色最鲜明。第一套节目以确保重大活动报道为主；第四套节目和临时英语频道在依托一套的基础上，充分体现对外宣传的特点，广泛而有效地引导和影响着国内外舆论。

9. 在世界重大事件的报道中，中央电视台首次成为向世界提供主信号的电视媒体。

这次成功的报道，海内外观众反映强烈，得到中央领导和全国人民的肯定。在中央电视台的历史上，写下了光辉的一页。

经过分布在全国33个城市的4000余户家庭的电话调查，有93%的家庭收看了天安门广场的庆典活动；94%的家庭收看了香港政权交接仪式；91%的家庭收看了香港特别行政区政府成立庆祝大会；83%的家庭收看了在北京工人体育场进行的首都人民庆祝香港回归祖国大会。重要活动的收看人数达到9亿以上，这一收视率在世界上也是少有的。

在国务院新闻办召开的香港回归报道庆祝大会上，国务院新闻办主任曾建徽转达了江泽民总书记对电视报道的评价：“每天打开电视都能看到香港回归的报道，使大家有深刻的印象”。

7月1日，江泽民总书记在从香港飞往北京的专机上对中央电视台记者说：“这次中央电视台报道香港回归的新闻很及时，报道面很广，有的新闻很有深度，总的说来搞得很好”。当听说很多同志为了这次72小时直播连续两夜都没睡觉了，江总书记关切地说：“大家辛苦了”。

中央领导同志还称赞庆祝香港回归大型文艺晚会——回归颂。江泽民总书记看了晚会后连声说好，他说：“人逢喜事精神爽，看了这样的好节目，我感到很有精神”；李鹏总理说：“晚会很有新意”；乔石委员长说：“晚会很有气势”；全国政协主席李瑞环认为“这台晚会很有层次，值得好好总结。”

丁关根同志在1997年的全国宣传部长会议上对香港回归电视报道作出指示：“安全、准确、及时”；并多次打电话指示：“安全第一，防止出现差错”；7月2日在电话中对中央电视台报道给予肯定：“中央电视台香港回归报道工作做得不错，是一次很好的爱国主义教育。从电视上看，中央电视台工作人员的精神状态很好”。

北京广播电视喜迎香港回归

北京市广电局 总编室

关于香港回归祖国的宣传是今年宣传任务的重中之重。北京人民广播电台、北京电视台、北京有线电视台都按照中共中央、广电部和中共北京市委的宣传精神和布署，精心组织和安排了各类广播电视节目，并在香港回归倒计时50天、40天、20天、10天和6月30日到7月3日不断形成宣传高潮，宣传规模大，持续时间长，宣传效果好。

自香港回归倒计时50天起，北京电台7个专业台都按照各自特点安排了节目。新闻台的《京城人家》、《老年之友》、《人生热线》节目联合举办了“百姓诗会”活动，征集喜迎回归的诗词歌赋，还推出了《名人后代话回归》专题节目和《香港基本法100问》节目。教育台制作的20集系列专题《沧桑百年，落叶归根》系统介绍香港的历史文化发展情况；教育台在圆明园遗址公园举办现场直播节目《我们拥抱香港》；交通台推出了反映“两航起义”的特别专题节目《归航》；音乐台播出了《情深系香江》特别节目，并到首都各高校举办文艺演出，请大学生一起讴歌祖国的未来和香港美好的明天。文艺台制作了《香港，你好》特别文艺节目，在《每周一歌》里播出组歌《北京的祝福》，此外还播出了中篇小说《尊严》；为了让少年儿童能了解历史、牢记历史，儿童台举办了喜迎香港回归历史知识竞赛活动。

北京电视台在各个频道推出了形式多样、内容丰富的节目，新闻部、新闻评论部、早间新闻部统一策划、统一调配人力，在《北京新闻》、《北京您早》等节目中及时播出了迎香港回归的消息和专题报道。《今日话题》节目结合回归陆续制作播出了十多个话题。《北京您早》还推出了喜迎香港回归摄影作品展播等。

北京电视台还先后播出了一批反映香港经济、文化、自然风光、人文景观以及各界人士企盼回归的系列片和专题片。其中有20集系列片《星光伴我心》、《方寸国土万千情》、31集系列片《江山如此多娇》以及《心愿——香港回归倒计时50天》、《香港1997》、《香港的昨天、今天与明天》、《香港孩子的歌》、《童心绘香港》等专题片和专题节目。与此同时，《香港写真》、《世界你好》、《京郊大地》、《金色时光》、《什刹海》、《今日女性》、《今日做父母》等栏目也围绕回归主题，制作了各具特色的节目。从香港回归倒计时50天起，北京电视台还推出了《人间正道是沧桑——神州百年爱国主义影片展播》，其中有《东方红》、《甲午风云》、《开国大典》等50部优秀国产影片。

北京有线电视台从4月4日起，在影视频道播出50集电视系列片《话说香港基本法》，并从1996年10月起播出了60集系列片《今日香港》，还播出了反映香港回归题材的电视剧《大命运》。

在6月30日到7月3日，三台形成庆祝香港回归的宣传高潮。北京电台、北京电视台、北京有线电视台的各套节目都并机转播了中央电台、中央电视台直播的“北京市人民迎接香港回归祖国联欢晚会”、“香港政权交接仪式”、“香港特别行政区成立暨特区政府宣誓就职仪式”、“首都各界庆祝香港回归祖国大会”等8场重要活动。北京电视台6频道从6月30日凌晨6点至7月3日凌晨2点30分连续播出不停机；27频道从6月30日8点58分到7月3日凌晨6点连续播出了不停机，除转播中央电视台节目外，还制作播出了喜迎香港回归文艺晚会《世纪的辉煌》、《共创美好明天》和《迎回归 颂祖国》万人歌咏大会、音乐舞蹈交响诗《北京祝福你——香港》、“七一”文艺晚会《七月红绸舞起来》等重头节目。此外，有十几个栏目推出了庆祝香港回归特别节目、特别报道。

北京有线电视台自办的三个频道从6月30日到7月1日完整转播了中央电视台的节目。

热烈 隆重 创新 争优

——上海市广电局香港回归祖国宣传综述

上海市广电局 陈乾年

香港回归祖国是中华民族永载史册的盛事，是世界和平正义事业的胜利。上海广电局广大职工以高昂饱满的政治热情，投入了这一战役性的宣传工作。其规模之大，形式之新，影响之广，在上海广电史上实属罕见。

回顾这次战役性宣传的过程，总体来讲有这样五个特点。

一、持续时间长

从我局各台自办的节目来看，1996年五月中旬，上广和东视就参与京、沪、港百首金曲联播，上广开设《金曲爱心唱祖国》专栏，到上视1997年六月动土兴建的《香港回归纪念壁》建成，大体经历一年半左右的时间。在这期间，上广、东广、上视、东视和有视有关香港回归祖国的宣传持续不断。

二、宣传密度高

从香港回归祖国倒计时一周年以来，各台逐步加大宣传力度。进入倒计时50天以后，每10天都有一个小高潮，并且都围绕主题展开，直至“七一”前后推至最高潮。

据不完全统计，光是6月一个月，上视报道的上海各界人民喜迎香港回归活动的新闻片就有300多条，平均每天超过10条。

从6月15日到7月4日，全局所属各台光是组织的综艺晚会类节目就有20台之多。

三、全方位的立体宣传

除了新闻和综艺节目以外，几乎所有的广播电视节目都根据各自的特点，加强迎接庆祝香港回归祖国的宣传，各台广播电视宣传达到有机配合的整体效果。

各台还抓住契机，举办《爱我中华电影展》、《迎回归爱国名人系列影视展》，对受众进行了一次很好的爱国主义教育。各台还选择与香港回归主题有关的电视剧播放，如《归航》、《千年等一回》、《中英街》等。

就连各台的宣传片，除介绍香港回归节目外，也紧扣主题，播放《今日香港》、《香港百年》、《百年沧桑》等。

上海局所属的《上海电视》杂志、《每周广播电视》报等也都出特刊、增刊，着力加以配合。

四、群众的广泛参与

这几年，上海的广播电视宣传越来越注意接近群众，接近生活，越来越加大与受众的联系。这次香港回归祖国的宣传更不例外。象有线台的《小小看新闻》在全市少儿中开展香港知识竞赛，光来信就收到6400多封。东广举行的万名水兵签名活动，也受到广大指战员的欢迎。东视承办的《迎香港回归，颂伟大祖国——浦江两岸百支歌队万人唱》活动，在黄浦江上用登陆舰搭舞台，浦江两岸万人同声歌唱，更是人多势众热气高。各台通过热线电话、征文、知识竞赛等活动，加大了群众参与的力度。

五、准确、安全、优质的宣传

这次战役性宣传政策性强，要求高，内容多，变化大，手段新。

最集中体现这五个特点的是香港回归祖国宣传的最高潮——6月30至7月2日，这是这一战役性宣传的重中之重。

上海地区有38频道、26频道和540千赫完整地转播中央电视台和中央电台的第一套节目，让上海市民在任何时候都能看到中央台关于庆典活动的重要内容。

我局各台都用一套主要频道开设特别节目，采取活排的方式，转播好中央电视台的8次和中央电台的7次重要活动，并及时组织本市的反应。

这次广播电视播出持续时间之长是上海广播电视史上少有的。其中电视连续播出72小时，广播40小时，多点切换总数为8路，直播时间78小时，传送节目1008小时，都是超范围、超时间、超常规的。为了随时保证中央台重要节目的播出，技术人员积极主动配合局台总编室及时调整各台节目的播出，实现了停播率0秒的目标，安全优质地播出。

上广以三组人马按照“喜迎回归”、“回归庆典”、“欢庆回归”三个主题，组成三大板块，以北京和香港的重大活动为重中之重，以充分反映上海各界欢庆回归为中心，及时报道天津、重庆、南京、广州、深圳、东莞等城市和加拿大、美国、英国、日本、新西兰、澳大利亚、以及台湾、澳门等国家和地区的反映，形成全方位立体化报道网。在36小时直播中，共采制播出录音报道、现场报道98个，其中2个录音报道被中央电台的《新闻和报纸摘要》节目采用。

东广也举办了40小时的特别节目，他们注重发挥节目编排活，主持人随机能力强的优势，在7月1日早新闻中制作了长达4小时的特别板块节目。其中有从正在京广线上飞驰的沪港列车，从在台湾海峡航行去香港的上海远洋公司静安城轮上打来的电话，动态地报道了上海人欣喜之情，别具一格。

从6月30日深夜到7月1日凌晨，上视派出强有力的10多路采访队伍，深入到本市各基层，编辑成特别节目，及时反映了市民的欢庆情景。其中经他们精心制作的“沪上画家书法家绘长卷，抒发香港回归喜悦”、“中外专家学者谈回归后沪港合作前景”两条新闻被CNN在全球报道中完整播出。纪录片“97回归话沪港”特别节目、“上海的祝福”分别在日本NHK、韩国KBS、新加坡广播局和香港凤凰卫视中播出，外宣节目进入主渠道有新的突破。

这次，东视成了中央电视台在上海及周边地区合作的主要伙伴。6月30日到7月2日，东视向中央台传送的动态报道达19次共5个小时。

有线电视台也“汇天下之精华，扬独家之优势”，及时串编庆典活动的重要新闻。

特别值得一提的是这次重大活动举办频率高，特别集中。6月下半月的十多天里上视的重大活动有“离香港回归只有365小时文艺晚会”，“纪念邓小平诗歌音乐朗诵会”、“沪港越苑共欢庆大汇演”、“二龙抱珠——11家电视台喜迎香港回归文艺晚会”等共10台，在市民中引起轰动效应。而在后几天里，晚会的重头戏则在东视。其中他们承办的“浦江两岸百支歌队万人唱”和“上海市庆祝香港回归祖国文艺晚会”则是上海市三项重要庆祝活动中的两项。“浦江两岸百支歌队万人唱”活动的创意独具匠心：在黄浦江上5000吨的登陆舰上搭建舞台，浦东浦西两岸分舞台联动，两岸歌声此起彼伏，乐声震天，把“三年大变样”的上海1300万市民的精神风貌与喜迎香港回归的豪迈激情紧紧地揉合在一起。上海市庆祝香港回归祖国文艺晚会汇集了全国各地5000名演员，把歌唱伟大祖国，庆祝香港回归的歌舞、戏曲以及技巧、时装表演与燃放的缤纷烟火礼花交汇在一起，气势磅礴，场面恢宏，构成火树银花不夜天，雪洗国耻庆回归的盛大图景。市领导高度赞扬晚会搞得好，把上海人民欢庆香港回归祖国的热情和喜悦心情充分反映出来了。

综上所述，这次庆香港回归祖国的战役性宣传，上海广电局做到了“热而有度，忙而有序，稳中求快，变中求新，好中争优”，完成了党和人民交给的任务。

香港回归宣传综述

广东人民广播电台

1997香港回归中国，是本世纪全球的一大盛事，更是中华民族为之振奋的大事。

从1996年7月份开始，广东电台关于香港回归宣传就已陆续开始，以开办栏目的形式展开。如“香港回归倒计时”、“跨越九七倒计时”、“风雨兼程回归路”、“基本法知多少”等，使内容更为集中，主题更加鲜明。到1997年4月，宣传全方位铺开。在广东卫星广播、珠江经济台、城市之声、音乐台、羊城交通台5个系列台，共同推出《香港回归》特别栏目。除此之外，各系列台自行设计的有关迎回归栏目也顺利推出。如专访类节目，《百年回归，百人访谈》，音乐、文艺戏曲专题《一方水土一个家》、《回归风景线》、广播剧《东方缘》、长篇小说《鸦片战争演义》等。1997年7月1日，广东电台策划了两套特别节目，一套以卫星广播为主体，主要转播中央台节目，兼办一些视觉独到有思想内涵的节目，同时穿插本台记者、特约记者发自香港、北京、深圳直至美国、加拿大、英国等地的新闻报道。另一套以珠江台和城市之声台为主体，自办一套名为《百年盛典、世界同庆》的特别节目。同时转播香港、北京、广东等地7场重大庆典活动。节目从6月30日19时开始至7月2日零点，中间仅休台两个半小时，节目跨度26个钟头。这期间，另一个影响较大的系列台音乐台播出了中央台和广东等11个省级电台共同制作的《香港，你好!》专题音乐系列节目，转播了中央三台的两台庆回归大型文艺晚会实况，就连专业特色很强的羊城交通台和健康之声台也在这一天安排播出3次新闻特辑加以配合。香港回归的宣传活动，无论是规模还是在内容上均超过了以往任何一次。据不完全统计，仅6月30日和7月1日短短两天时间内，光是来自广东电台记者采写的新闻稿件就有130多条，其中远程传输制作、监收国内外信息渠道合成制作的录音报道就有67个。

广东电台香港回归宣传战役的成功，有两点经验值得总结。

一是发挥了广播集团的优势。

广东电台含有9个系列台，平时各自为战，这次香港回归宣传，台里成立了以台长为组长的宣传领导小组，对广东电台9台两报香港回归宣传实行统一部署，统一指挥。由于有了总体的策划，形成广东台的总体优势。真正发挥了全台的合力。

二是充分发挥了广播的优势。

广东电台作为一个地方电台，参与世界媒体大战，对比之下可谓势单力薄，加上地方台办不到记者证，跻身不了内围采访，火线上的镜头无法接触，真是举步维艰。然而，广东电台另辟蹊径，从广播这个特殊工具考虑自己的宣传计划，又从广东这个特殊地理位置部署不同于他人的战役。走出了香港回归宣传的新天地。

香港回归宣传报道综述

广东电视台　总编室

香港回归祖国是中华民族百年盛事，从1996年6月份开始，我台就围绕邓小平同志“一国两制”、“香港回归”及与香港有关的内容进行宣传；在珠江台黄金时段推出48集系列专题片《话说香港》，陆续举办《全国香港知识竞赛（广东赛区）》、《粤港明天更美好——学习〈基本法〉大型知识竞赛电视晚会》等，为大规模的宣传奠定了基础。1997年3月至6月，全台近20个栏目播出了近50个宣传“一国两制”和“迎回归”的新闻、专题和文艺晚会节目，在6月份推出“广东省迎回归影视剧展播月”活动，安排了包括《鸦片战争演义》、《九七方队》等在内的142部（集）电影、电视剧和电视片，形成了强大的宣传阵势。从倒计时100天起在《广东卫视新闻》中开辟《共迎回归》专栏，反映我省和全国各地及海外迎回归的各类活动，编发了有关报道330条，每天播出3条以上，产生了较好的影响。其间，我台先后5次派出采访组到香港成功地采访了新华社香港分社社长周南、香港特区首任行政长官董建华等重要人物。从倒计时30天开始，我台还联合国内12家省级电视台制作推出了12辑系列报道《华夏迎回归》，将回归宣传从省内扩大到全国各地。6月30日到7月3日，迎回归宣传进入最后冲刺阶段。两台从6月30日早上6点至7月3日早上6点连续72小时播出，安全优质转播了中央电视台对香港回归重大活动、仪式的现场直播，同时现场直播了《广州地区各界迎回归联欢夜大型游园活动》、《广州地区各界庆祝香港回归大会》，录播了《东莞虎门庆祝回归大会》、《深圳庆回归综艺晚会》以及珠海《圆明园对世界说》和《西关神韵》、《百年梦圆》等综艺、音乐舞蹈晚会，协助中央电视台顺利完成了驻港海军、空军启程及进驻香港仪式的现场直播，并在两台配以短小精悍的时效性强的动态报道。同时，派出近20人的赴港采访报道团，以独特的视角，展现了香港各界迎回归的心情和盛况。在这场被称为世纪新闻大战的迎回归宣传报道战役中，我台全体人员以出色的成绩，见证和记录了这一辉煌的历史时刻。

迎接十五大召开
宣传十五大精神

十五大广播电视宣传工作综述

广电部总编室　陈龙城

中国共产党第十五次全国代表大会是一次承前启后、继往开来的重要会议。广播电视按照中央的部署和要求，以江泽民同志“五·二九”讲话和十五大报告为宣传指导思想，在中宣部和大会新闻组的领导和支持下，进行了充分及时的报道，体现了大会隆重、热烈、团结和民主的气氛，受到各方的好评。

一、十五大宣传的基本情况

广播电视对十五大的宣传分为三个阶段，即迎接十五大的宣传和对会议的报道以及十五大的后续报道。

十五大期间，中央人民广播电台第一套节目、对台湾广播节目和华夏之声节目现场直播了十五大开幕式和新当选政治局常委会见记者的实况，开设了《十五大专题》栏目，每天一个主题，共播出10个专题节目，85篇。除新闻节目外，经济类节目、评论性节目和社教类节目也都做了大量配合性报道。《经济生活》节目播发6篇《世纪的礼赞》，反映十四大以来我国经济建设的成就。《新闻纵横》编发了10篇《党代表的故事》。文艺节目也安排了庆祝十五大特别节目。截至9月19日上午，中央电台一共播发十五大报道，包括消息、专访、述评、特写、通讯、侧记等，共950多篇，100多万字。播放庆十五大专题文艺节目共1920分钟。

中央电视台第一套节目、第四套节目现场直播了十五大开幕式和新当选政治局常委会见记者的实况。从9月12日起，《新闻联播》节目延长为55分钟，同时开办“十五大专题节目”，在《新闻联播》后的黄金时段播出。这种大容量、集中播放新闻和新闻专题的情况，在中央电视台是从未有过的。会议期间，中央电视台第一套节目首播十五大新闻93条，记者招待会专题节目7个，新闻专题8个。经济类、文艺类节目也做了大量配合宣传。《经济半小时》、《生活》、《金土地》、《中国财经报道》等节目分别推出《跨世纪的转变》(10集)、《软着陆》(5集)、《百姓关心的十五大经济话题》、《十五大农民代表风采录》、《1997：中国城市改革》(30集)等系列专题片。文艺类节目安排了多场(集)歌颂党、歌颂祖国的特辑，现场直播了欢庆十五大的《继往开来》大型文艺晚会。中央电视台还开办了第九套英语频道。对外宣传节目播出总量，中、英文现场直播共4场，首播新闻306条，专题节目39个，向海外寄送节目187个。

中国国际广播电台用英语和汉语普通话对十五大和十五届中常委会见记者进行了现场直播。此外，全台43种语言广播以最快的时效播发了江泽民报告的录音新闻专题和详细摘要，针对国外舆论普遍关注的问题，分专题播发江泽民报告系列新闻15篇(涵盖报告的全部内容)。从12日至19日，全台43种语言广播共播发十五大新闻3397条(次)，专题报道3225篇(次)，向海外5家电台和电视台传送十五大新闻、专稿210条(篇)。

二、十五大广播电视宣传的主要特点

(一)导向正确，重点突出。

十五大的广播电视宣传，始终按照中央的精神，按照大会新闻组的安排进行。特别是9月9日江泽民总书记接见国际台英语直播人员时，就如何深刻理解、准确把握十五大报告精神，做好宣传工作所作的具体指导，不仅是对广播电视工作者进行一次最直接、最深刻的思想动员，而且也是搞好十五大宣传的根本原则和指导思想。

广播电视对十五大的宣传报道，紧紧围绕江泽民同志的报告强调的重点内容展开。中央电台根据报告精神拟定了重点选题，每天围绕一个主题组织报道和评述；中央电视台的8个新闻专题节目，较深入地阐述了8个重要问题，又具有较强的可视性，国际广播电台有针对性地分专题播发江泽民报告系列新闻15篇，帮助国外听众全面、正确了解报告的精神和内容。

与一些新闻媒体比较，广播电视对“股份制”的宣传把握比较有度，不刮风。既宣传“股份制”对国有企业改革和公有制实现形式所起的积极作用，又指出“股份制”只是公有制的一种实现形式，从而帮助人们走出股份制认识的误区。

在整个报道工作中，中央三台均严守宣传纪律。对中央政治局常委活动的报道，做到及时、充分、突出，对政治局委员活动的报道，严格按要求发稿。

(二)报道广泛，内容丰富。

广播电视对十五大的宣传，以新闻节目为龙头，专题、文艺节目密切配合，形成一个统一整体，有力地烘托了大会隆重、热烈的气氛，全面反映了十五大的盛况。

中央电视台在十五大开幕后的三天内，就一个不漏地报道了36个代表团分组讨论的情况。不仅注意报道了各地党委主要负责人的发言，也注意报道普通代表的发言；不仅报道会场内讨论的情况，也走出会场，在不同场合分别采访报道许多代表各有特色的发言，拓宽了报道领域，丰富了节目内容，活跃了报道气氛。

国际电台在报道中力求做到会内会外相呼应，采访对象的权威性和广泛性相结合。会议期间，国际台分别邀请了13位部级十五大代表到台里录制专访节目，此外，对25位省部级代表进行了专访。这些报道具有很强的权威性和针对性。与此同时，还采访了几十位来自基层的代表和普通群众，从不同侧面反映人民群众对十五大的关注和信心。

(三)发挥优势，时效性强。

十五大的广播电视宣传，较好地发挥了广播电视的优势，在时效上明显优于其它新闻媒体。对世人瞩目的十五大开幕式和中共中央新的领导同志会见记者的情况，中央三台均进行了现场直播，其它重要新闻也都在各台第一时间报道。9月18日下午1点15分，十五大闭幕。中央电台1点19分中断正常播音，插播大会闭幕消息，在各新闻单位中是最快的。中央电视台在1点21分，国际电台在1点36分也赶播闭幕消息。

为了争取时效，中央三台经常打破常规，采取非常做法。中央电台《全国新闻联播》节目多次让播音员不分男女声备全稿，以便随时调整发稿次序；或者从节目中部开始录音，再录前部要闻和提要，最后核定时间，以保证节目准时、顺利播出。

(四)内外并重，影响空前。

为扩大十五大在世界上的影响，广播电视采取多种手段，加强十五大的对外宣传，取得了很好的效果。

国际电台覆盖五大洲200多个国家和地区的43种语言广播，通过新闻和各类专题节目，全方位地报道了十五大的盛况，在国外产生了深远的影响。国际台对十五大开幕式现场直播的英语信号，提供给中央电视台国际频道上星传送到世界各地，据了解，美国有线电视网(CNN)直接使用国际台英语声音信号和中央电视台直播画面，播出我党十五大开幕式盛况达一个多小时。同时，美国C-SPAN有线电视网、美国之音、英国广播公司(BBC)等都采用了国际台英语直播声音信号，从而使全球范围内的听众观众都能听到看到我十五大的情况。国际台还采取“借船出海”的方式，积极向海外电台电视台传送十五大重要新闻。如英语向美国的“新世界电台”、日本的NHK电台，西班牙语向墨西哥的特莱维萨电视公司，葡萄牙语向巴西的“巴西利亚超级调频电台，华语向美国"美加华语广播网"，传送江泽民报告的详细摘要和十五大其它重要新闻。

中央电视台从9月11日21点起，正式开播英语传送频道，每日24小时连续播出。播出信号通过亚洲一、二号和泛美二、三、四号共5颗卫星7个转发器传送，覆盖全球98%的国家和地区。据不完全统计，共有48个国家和地区的76家电视台，转播中央电视台第四套节目和英语传送频道对十五大开幕式和新中央领导人会见记者的现场直播。

由于采取了多种措施，广播电视有关十五大的宣传报道实现了全球覆盖，并有效地进入了西方主体社会，从而扩大了十五大在全世界的影响。

十五大广播宣传报道概述

中央人民广播电台研究室　张连城

党的十五大是在世纪之交召开的。在我党的历史上具有承前启后继往开来的重要意义。中央人民广播电台对十五大的宣传报道工作，在大会秘书处，新闻中心和广电部宣传领导小组的关心领导下，在全台同志的共同努力和大力协作下，已经圆满完成任务。回顾这一段的宣传报道工作，我们感到有如下几个特点：

一、十五大会议报道是在热烈的气氛中开始的，会前的准备比较充分。例如在大会开幕前，《新闻和报纸摘要》节目开辟了《展示新成就，迎接十五大》和《十五大代表专访》专栏，《对农村广播》也采写了农村党代表系列报道，对台湾广播组织了16篇大型报道《迈向21世纪的中国》，文艺节目也安排了《庆十五大歌曲展播》等大量烘托气氛的节目。纵观中央台所有7套节目的十五大报道，一直保持了浓厚的热度，为大会的胜利召开，创造了良好的舆论氛围。

二、会议时间虽短，但发稿量很大。从9月9日到19日上午，中央电台在各套节目中一共播发十五大报道各类文章950多篇，总字数超过100万字。

三、舆论导向正确，并作到了迅速及时准确。在整个十五大的宣传报道中，我们始终把坚持正确导向放在首位，严守宣传纪律。对"股份制"等内容的宣传把握有度；对常委参加讨论的报道，做到了在每月《全国联播》，《新闻报摘》节目中以突出位置充分报道。对政治局委员的报道，严格按照中央的要求发稿，没有出现失误。同时，对大会活动，代表讨论，常委，政治局委员的活动准确报道并及时滚动播出。基本上做到上午的活动赶发12点新闻节目，并且能插播的尽可能插播。另外，报道中还充分发挥了广播的优势，大量采用音响作素材，在专稿、特色类稿件中，带音响的就占了80%以上。

十五大报道从台领导到全台干部职工，从编播、技术到行政后勤，大家思想重视，组织落实，人员到位。中央电台成立了十五大宣传报道领导小组，文艺、台播、港澳部也成立了相应的机构，并且制定了本部门的宣传报道计划，工作很规范。在宣传报道上，大会报道组内的新闻组、专题组，剪辑组之间密切配合，编辑记者分工协作，在完成本组的工作之外，还承担了报道组统一指派的采访任务。台内各部门之间相互支持，新闻部除了编发本台的消息外，还注意选用新华社、国际台有关十五大的消息。地方部先后组织了全国各地对十五大召开的反映。技术部门的同志也为十五大的宣传报道及扩声工作提供了良好的技术保障。这次十五大报道圆满完成，技术部门的同志，功不可没。

十五大报道回眸

中国国际广播电台总编室

举世瞩目的中国共产党第十五次全国代表大会已胜利闭幕。这是一次承前启后、继往开来的大会。十五大产生了跨世纪的新一届党的领导集体，并就中国政治、经济体制改革和社会发展做出了重大战略决策。这不仅是我国政治生活中的大事，也是世界舆论关注的焦点。鉴此，国际台十分重视十五大的对外宣传，多次召开全台干部会，及时传达中央的有关指示，特别是江泽民总书记5月29日在中央党校的讲话，以及在十五大前夕（9月9日）接见我台英语直播人员时的指示。江总书记就如何深刻理解、准确把握十五大报告的精神，做好英语直播和对外传播工作给予的具体指导，是对我们进行的一次最直接、最深刻的思想动员。台领导要求全台工作人员把江总书记的指示作为十五大报道的准则和动力，以高度的政治热情和责任感，投入到十五大宣传工作中，遵照江总书记的指示，国际台在做好十五大前期报道的基础上，进一步对十五大会中的报道做了周密的部署。从12日至19日，除英语和汉语普通话对十五大开幕式及十五届中常委会见中外记者成功地进行了现场直播外，全台43种语言广播共播发十五大的新闻3397条（次），专题报道3225篇（次）。此外，还向海外5家电台和电视台传送十五大新闻、专稿210条（篇）。

在十五大期间，国际台严格遵循中央的有关指示精神，以江泽民同志报告为对外宣传的指导思想，坚持"以我为主、正面宣传为主"的原则，做到导向正确、重点突出、报道充分、及时，很好地体现出大会隆重、庄严、热烈、民主、团结和开放的气氛，圆满地完成了党中央交给我们的对外宣传任务。

有关十五大的对外报道具有如下特点：

覆盖全球　影响空前

为加强十五大宣传的覆盖，尽量扩大十五大在海外的影响，国际台通过多种手段对外传播，实现了多种渠道在海外"落地"。

（一）国际台覆盖五大洲200多个国家和地区的

43 种语言广播通过新闻和各类专题节目，全方位地及时报道了十五大的全部重要活动。从目前已收到的国外听众反馈看，国际台有关十五大的报道在国外产生了深远的影响。

（二）国际台英语、汉语普通话对十五大开幕式和第十五届中常委会见中外记者进行了现场直播，并将英语直播信号提供给中央电视台国际频道上星传送到世界各地。通过监听、监看了解，在世界上影响很大的美国有线电视网（CNN）直接使用国际台英语直播声音信号和中央电视台直播画面，播出我党十五大开幕式和江泽民同志报告实况达一个多小时(据了解，全世界很多国家的电视台都采用 CNN 的信号)。与此同时，美国的 C-SPAN 有线电视网、美国之音以及英国 BBC 等都采用了国际台英语直播的声音信号，从而使全球范围内的听众、观众都可听到或看到国际台和中央电视台直播的十五大开幕式的盛况。

（三）十五大期间，国际台以“借船出海”的形式，积极向海外电台、电视台传送十五大的重要新闻。如英语向美国的“新世界电台”(可覆盖美国首都华盛顿地区及临近的弗吉尼亚、马里兰州和巴尔的摩市)、日本的 NHK 电台；西班牙语向墨西哥的“特莱维萨”电视公司（可覆盖整个拉丁美洲及美国南部和欧洲部分地区的 20 个西语国家）；葡萄牙语向巴西“巴西利亚”超级调频电台；华语向美国“美加华语广播网”(可覆盖美国和加拿大的 11 个城市)，传送了江泽民同志报告的详细摘要和十五大的其他重要新闻。

通过采取以上措施，我广播电视有关十五大和江泽民同志报告的报道实现了全球覆盖。由于采用本台英语直播信号的 CNN、C—SPAN 和“美国之音”、英国 BBC 等均在西方乃至全世界都有较大的影响，加之接收本台传送节目的国外电台大都用中波或调频在当地播出，使对十五大的报道有效地进入了西方主体社会，从而扩大了党的十五大在全世界的影响。

时效快　针对性强

鉴于国外舆论十分关注我党十五大，国际台报道中非常重视选好对外角度，加强宣传的时效性和针对性。

首先，国际台在及时报道十五大各项议程的同时，始终将江泽民同志的报告作为宣传的重点。十五大开幕当天，除英语、汉语普通话现场直播江泽民同志报告的全文外，全台 43 种语言广播还以最快的时效播发了报告的录音新闻和详细摘要。此外，根据国外舆论普遍关注的问题，有针对性地分专题播发了江泽民同志报告的系列新闻 15 篇。这组系列稿件涵盖了江泽民同志报告的全部重要内容。9 月 18 日 13 点 15 分十五大闭幕，13 点 36 分就赶播出十五大闭幕的新闻和江泽民同志闭幕词的录音；19 日 11 点 42 分又同步直播了十五届中常委会见中外记者的实况。通过多种形式反复地突出介绍江泽民同志报告和讲话的做法，可加深国外听众的印象，有助于增进外国人对江泽民同志报告精神和重点的理解。

其次，国际台充分发挥 25 个驻国外记者站和在香港以及澳门派有常驻记者的优势，广泛采访了 30 多位各国政要、知名人士和华人华侨代表人物，及时播发了 13 组专题报道《海外人士和舆论关注中共十五大》。其中一些报道还为人民日报等传媒采用。此外，国际台还采访了墨西哥、智利、古巴、厄瓜多尔、柬埔寨等国驻华大使，播发了《驻京外国人士谈中共十五大》、《中共十五大将为中国进入 21 世纪制定新的路线》、《十五大将为中国的继续发展做出重要决定》、《柬埔寨驻华大使赞扬中共十四大以来取得的成就》等录音报道。这些报道通过外国人之口，用事实说话，客观、真实、可信，具有很强的针对性和说服力。

此外，国际台外台信息部在十五大期间，每天都加班加点，收录、整理、编辑几万字的《外台收听快报》，并及时将国外电台对我党十五大的反应传给有关领导和十五大新闻组，为研究国外舆情动态，加强十五大宣传的针对性提供了有益的参考。

有声势　有广度　有深度

为配合十五大宣传，国际台力求做到会内和会外报道相呼应，采访对象的权威性与广泛性相结合。先后邀请了 13 位省部级十五大代表到台内就十五大录制专访节目。其中包括辽宁省委书记闻世震、安徽省委书记卢荣景、陕西省省长程安东、青海省省长白恩培、国家体改委副主任洪虎、中央党校副校长邢贲思等。此外，还对全国政协副主席叶选平、新疆维吾尔自治区党委书记王乐泉、广东省委书记谢非、重庆市市长蒲海清等 25 位省部级代表进行了专访。访谈和专访的内容紧密围绕江泽民同志报告，涉及邓小平理论、经济体制改革、社会主义初级阶段、民主法制建设、中西部发展战略、裁军 50 万、精神文明建设、党的宗教及民族政策等一系列国外听众关注的问题。

与此同时，鉴于国外，特别是西方听众非常重视来自基层的反应，国际台在专访具有一定权威性的知名人士的同时，也注意采访对象的广泛性和群众性。如《历史盛会，反应热烈》、《中国革命老区将以新的面貌迈向二十一世纪》、《中国百姓谈十五大》等专题报道，从多侧面、多角度表达了来自基层的代表和广大群众关注十五大，高度评价江泽民同志的报告，对党的建设和国家的前景满怀信心的心声。

注重会内、会外报道，采访对象的权威性和广泛性相结合，使有关十五大的宣传更加全面、充实，既有声势，又有广度和深度，并从正面驳斥了某些西方传媒散布的我国群众对十五大反应冷漠的谣言，起到了“正视听”的作用。

国外听众的反应

十五大期间，一些国家的听众纷纷给国际台来信或打越洋电话，热烈祝贺中国共产党第十五次全国代表大会的召开，并高度评价本台有关十五大的报道，意大利听众乔万尼在来信中说："中共召开十五大是一个具有历史意义的事件，当然引起广泛的关注。十五大一定会促进中国经济继续快速发展，对外开放更加广泛，使中国加快成为一个现代化、强盛、民主和文明的社会主义国家。"

美国加利福尼亚的听众安东尼·奥兰通过电子信箱发来贺词说："我热烈祝贺你们党十五大的召开！"俄罗斯萨乌拉市"中国之友"听众俱乐部主席卡涅夫寄来了自绘的邓小平画像，并在来信中说："邓小平是中国改革开放的总设计师，现在他虽然不在了，但我相信中国将会沿着他的理论指明的方向继续前进。所以，我们俱乐部全体成员决定将自绘的邓小平画像寄给你们，作为对中共十五大的祝贺。"

菲律宾听众坎迪多·卡斯特罗在来信中说道："中共十五大是继香港回归后中国的又一件大事。贵台的近期报道对我了解中国共产党有很大帮助"。他在信中说他已经把我台关于十五大的报道都录了音，并输入电脑，作为重要资料保存。

关于十五大宣传的综述

中央电视台研究处

对中共十五大的宣传，是中央电视台1997年的重大宣传战役之一。台分党组对此非常重视，投入大量人力物力，组成了实力雄厚的报道班子，在台长扬伟光的亲自指挥下，分工协作。除在会议期间以各种形式同时向海内外进行全面报道外，还在大会前后进行了充分准备和有力配合。在大会期间，对内节目播出总量为1103分钟；对外节目播出总量为1630分钟；向海外寄送节目187个，2655分钟。参加报道的工作人员达几百人次。

一

为了充分报道十五大，中央电视台早在7月份就开始在《新闻联播》中增设了《讲文明、树新风》专栏，大力倡导社会文明，批评各种不文明的行为，以创造良好的社会氛围，为十五大的召开作舆论准备。随着十五大召开日期的临近，不断加大宣传力度。8月份又先后开设了《展示新成就，迎接十五大》、《十五大代表风采录》和《优秀基层党组织》等专栏，展示十四大以来党的重大决策和各项方针，以及各地区、各行业所取得的巨大成就，介绍优秀共产党员和基层党组织在改革开放的实践中所发挥的先锋模范作用与战斗堡垒作用。新闻评论部通过《东方时空》、《焦点访谈》等栏目，制作播出了"优秀共产党员系列"、"先进基层党组织系列"和"中国之路"等专题节目，系统介绍好人好事和邓小平建设有中国特色社会主义理论，配合十五大宣传。社教中心纪录片室还制作播出了展示党的光辉业绩的3集纪录片《风展红旗》，科教节目部制作了24集系列专题片《辉煌科技》，形象地展示了自十四大以后5年来，我国在科技战线取得的伟大成就。此外，还配合十五大制作播出了一些经济节目和文艺节目。

中共十五大的召开，为全世界所瞩目，让世界各国了解十五大，进一步认识中国，是中央电视台的一项重要宣传任务。因此，对外宣传也抓得比较早。8月20日《英语新闻》开始播出党史系列25集；8月30日，《中国报道》推出《十五大报道特别系列节目》；9月2日—9日，《中国新闻》、《奥语新闻》制作播出25集系列节目《聚焦十五大》。此外，每天还转播第一套节目《新闻联播》中的《展示新成就，迎接十五大》系列报道39集。在十五大召开之前，对外宣传中、英文总播出量为1570分钟，计26小时。

二

1997年9月12日，中国共产党第十五次全国代表大会在北京开幕。自此至19日，是中央电视台对内、对外宣传报道最紧张的时期。中央电视台十五大报道组，分为新闻直播组、专题组、记者招待会组、后期制作编播组、海外报道组和会外报道组。参加报道工作的记者、编辑及其他有关人员全力以赴，以饱满的热情、高昂的士气和一丝不苟的工作作风，在包括地方电视台在内的各有关部门的支持下，积极工作，圆满地完成了任务。

在整个大会期间，第一套节目共播出，(一)新闻：首播86条，时长6小时36分钟左右；重播17小时15分钟。(二)专题：播出记者招待会专题7个，约100分钟；新闻专题8个，104分钟；14集《中国之路》210分钟；《东方时空·东方之子》采访了耿昭杰、毛雨时等6位代表，48分钟。等等。(三)现场直播9月12日十五大开幕式，时长2小时30分钟；9月19日新当选的中央政治局常委与中外记者见面，20分钟左右。这两次现场直播都很成功，尤其是开幕式那天的电视直播和各次新闻，台领导感到很满意，杨伟光台长在谈到大会第一天报道时指出："今天十五大开幕式现场直播很成功，各岗位工作人员表现很好，整个转播工作严谨有序。新闻节目组织拍摄得很好，很生动。"

在对外宣传方面，节目播出总量为：(一)中、英文现场直播4场，时长350分钟。(二)中、英文新闻首播286条，时长399分钟。(三)播出中、英文专题39个，时长581分钟。(四)向海外寄送节目187个，时长2655分钟。(五)播出文艺节目3个，时长300分钟。针对海外观众的特点，海外报道组调动了数十位记者分赴北京、上海、广东等地，采访群众对十五大的反应，并对开幕式、记者招待会等实况录像进行精编，形成了全方位、立体的报道方式。

此外，据统计在十五大期间，共有48个国家和地区的76家电视台转播了中央电视台第四套节目、英语传送频道关于十五大开幕式和政治局常委会见中外记者的现场直播。

三

十五大宣传报道的内容，概括起来主要有：(一)宣传了党的十四大确立的邓小平建设有中国特色社会主义理论在全党的指导地位，以及以江泽民为核心的党中央高举这面旗帜，创造性地开展工作，将中国的改革开放和社会主义现代化建设推进到了新的历史阶段；(二)宣传了在以社会主义市场经济体制为改革目标的指引下，社会经济全面发展，特别是国营企业在改革中的发展壮大和农业基础地位的加强；(三)宣传了在市场经济体制建立后，我国社会主义精神文明建设的重大发展和取得的可喜成果；(四)宣传了我国实行的对外开放政策给各方面带来的巨大变化。

四

9月20日，中央电视台召开会议，对十五大宣传报道工作进行了全面总结。杨伟光代表台分党组充分肯定对十五大的宣传报道工作。他说，十五大宣传报道的特点是：(一)重点突出，导向正确，围绕江泽民总书记报告中的多个问题进行了全方位的宣传报道。(二)报道时效迅速，形象生动，充分发挥了电视的优势。(三)注意内外结合，不仅充分反映会内情况，也注重反映全国各族人民关心、世界关注十五大的情况，报道面广，内容充实。(四)深度报道做得好，15个大会专题节目各具特色，理论评述精辟入理。(五)充分发挥主观能动性，配合性报道丰富多彩，为会议召开创造了和谐氛围。会前播出了多个新闻系列报道和专题节目；会议期间文艺中心、社教中心、经济部都制作了大量专题、专辑节目，收到很好的宣传效果。(六)对外宣传影响广泛。会议期间，共有48个国家和地区的76家电视机构转播了第四套节目和英语传送频道的现场直播信号。

杨伟光台长认为，十五大宣传报道取得圆满成功的原因主要有以下几点：(一)中央关心，广电部重视，指导思想明确具体。为做好十五大电视宣传报道创造了条件。(二)思想动员深入，准备工作充分，认真学习、领会宣传报道精神，把握宣传重点。(三)全台同志精心组织，加强协调，分工负责，互相支持，确保各项报道方案顺利实施。(四)各报道组以高度的政治责任感，发扬无私奉献和连续作战的精神，服从指挥，遵守纪律，机动灵活，完成多项临时任务，确保整个报道工作取得成功。(五)报道队伍精神状态良好。各报道组积极、主动克服困难，圆满完成各项报道任务，说明这是一支忠于党的事业，在政治和业务上都具有相当水平、能够完成党交付的各项任务的队伍，是一支能打硬仗的队伍。

杨伟光同志说，台分党组将对全台同志和参加报道工作的同志进行表彰和奖励。他要求各部门要认真组织好对十五大文件的学习，并再接再厉，继续做好会后的各项宣传报道工作。

北京市广电局十五大宣传综述

北京市广电局

为了做好迎接、学习、宣传、贯彻十五大的宣传报道工作，在市委宣传部和我局的统一部署下，三台以高度的政治责任感和旺盛的工作精力积极投入到宣传中去，在十五大召开前全面宣传十四大以来北京市各条战线的成就，积极营造全市人民迎接十五大的气氛，为十五大的召开作正确的舆论铺垫。在十五大召开期间，报道十五大盛况以及各界群众对十五大召开的关注和热烈的反响。十五大闭幕以后，反映干部群众学习十五大的情况，宣传全市贯彻落实十五大精神的情况。

在迎接十五大的宣传中，三台分别开办了“展示新成就，迎接十五大”专栏节目。以宣传北京两个文明建设成就为重点，多侧面、多角度，全面系统地报道我市十四大以来在改革开放中发生的变化。既考虑到重大题材、重大成就的宣传，同时又着眼人民群众的切身感受；既反映国家的昌盛，又反映人民的富足，做到综合报道与典型报道相结合，自采报道与转发报道相结合，努力使报道有高潮、有起伏、有变化、有新意。三台以各专业频道、专栏、专题为阵地，围绕共同的重大主题，从讲求宣传实效，突出广播和电视特色为切入点，全面开花，形成合力烘托营造气氛，形成舆论声势，增强宣传感染力，把人民群众引导到迎接十五大，进而学习十五大、宣传十五大、贯彻十五大的氛围中去。

北京电台新闻台在《北京新闻》中播出了36个选题，其中30个选题展示十四大以来北京市社会经济发展的综合成就，其余6个选题回顾十四大以来党的建设成就。教育台则侧重从教育、理论和法制等方面展示成就，宣传江泽民总书记“5.29”讲话。经济台从几个大的方面报道首都经济建设成就；其他各专业台也都突出各自特色，报道各行各业的新成就。

北京电视台为搞好迎接十五大的宣传报道，各栏目都组织了专门班子，精心策划选题，组织制作节目。《北京新闻》在“展示新成就，迎接十五大”专栏中从8个方面精心策划了全面反映北京市十四大以来两个文明建设成就的100个选题，并且在9月上旬播出了一批优秀共产党员和先进党支部的事迹，并开设《党建巡礼》、《优秀党员风采》等栏目。按照市委宣传部的部署，逐步推出了《京郊农业迈向产业化》、《辉煌的五年成就展》和天坛医院名誉院长王忠诚的先进事迹的系列报道，《北京您早》从8月初到十五大召开前，分不同阶段以专栏的形式播出了《京郊新貌》，《感受新生活》等专题，反映精神文明建设的《身边你我他》专题。《北京特快》节目迎接十五大的报道特点是系列化、规模化，大小专题相结合，以小见大，侧面切入，追求独特的表现形式，深刻反映十四大以来北京市各方面发生的巨大变化。

北京有线电视台报道的重点放在宣传江泽民总书记“5.29”讲话，报道十四大以来本市各条战线、各方面取得的成绩，报道讲文明、树新风的情况，重点是文明言行、环境卫生、服务质量和交通秩序四个方面取得的成绩，播出了70个选题。

十五大召开以后，三台将宣传的重点转移到报道十五大召开至闭幕的盛况，学习十五大文件，贯彻十五大精神上来。

北京电台新闻台作为主体台，在十五大召开期间，以十五大会上报道，会外反响和成就宣传为三条主线，齐头并进，多侧面、全方位地宣传十五大。经济台《1026午间报道》节目组的记者在十五大开幕的当天全体出动，采制了重头新闻组合节目——“十五大今天开幕”，共播发了9个录音报道。交通台着重报道了北京市公交战线迎接、欢庆十五大，确保十五大行车安全的情况。教育台比较集中地报道了首都教育战线欢庆和学习十五大的情况，同时播出了反映我市高教体制改革不断深入的系列专题。

音乐台、文艺台在《文化新闻》节目中以专题的形式集中报道了十四大以来我市文化界所取得的成就。在《每周一歌》等节目中播出了“五个一工程”获奖的歌曲和广播剧。另外这两个台还选播了一些气氛热烈的节目，以配合十五大期间的祥和气氛。

据不完全统计，截止到9月22日，各专业台共播发有关迎接、庆祝和宣传十五大的录音、文字消息和专题430多篇。其中新闻台播发了140多篇，经济台和交通台各播发了100多篇，教育台播发了30多篇。

在十五大胜利召开的七天中，北京电视台“北京新闻”、“今日话题”、“北京您早”、“北京特快”等新闻节目开设了“十五大代表访谈”、“展示新成就，欢庆十五大”、“十五大的回声”、十五大代表风采录”、“百姓访谈录”、“专家学者访谈录”等10个专栏，共播出新闻、特别报道和“话题”180多条（集），播出时间超过700分钟。《北京新闻》、《北京您早》在宣传报道中突出了十五大高举邓小平理论伟大旗帜和国企改革、公有制的多种实现形式的必要性与迫切性等，加深了学习、宣传十五大的效果；《今日话题》播出了精心赶制的反映建党以来光辉业绩的7集特别报道——《生生不息》，《北京特快》在十五大召开的第二天，播出了长达20分钟特别报道《十五大报告的回声》，新闻部克服上会记者少等困难，既保证了会议重大新闻决不遗漏，又加强了会议外围的立体报道，每天平均采发十五大专稿10条。

为了庆祝十五大胜利闭幕，北京市委宣传部和北京电视台于9月18日晚举行大型文艺晚会——《跨世纪的旗帜》，并在6频道现场直播。晚会突出展现改革开放以来，我国政治、经济、文化等各个领域所取得的辉煌成就。十五大的北京代表和市委、市政府的主要领导到晚会现场与观众朋友进行了面对面的交流。此外，晚会还通过大屏幕，现场报道了首都各界群众对十五大召开的喜悦心情。

十五大闭幕后，北京电视台新闻部学习十五大、贯彻十五大的宣传声势力度不减，仍然保持每天10分钟左右的总播出量，而且在形式和手法上有新的变化。一是在宣传内容上逐步深入，分别组织采访、播出了工业、农业、文化、教育、科技、医疗卫生等各方面的成就，邓小平理论的意义和公有制实现形式、国有企业改革、政法工作、金融改革等28个专题节目。二是宣传报道形式活泼多样，有消息、有专题、有人物访谈，理论联系实际。

上海市广电局十五大宣传报道综述

上海市广电局总编室　沈　莉

党的十五大是在我国改革开放和社会主义现代化建设承前启后、继往开来的重要时期召开的具有重大意义的会议，是我们党领导全国各族人民把建设有中国特色社会主义的伟大事业向二十一世纪全面推进的历史性会议。因此，在十五大召开前夕和十五大会议期间，上海市广播电影电视局所属各台和技术部门在市委宣传部的有关部署和局领导的直接指挥下，坚持“团结、稳定、鼓劲”和以正面宣传为主的方针，进行了隆重、热烈、准确、充分的宣传。

一、会议召开前夕以“展示新成就，迎接十五大”为主题，连续、集中地报道党的十四大以来上海乃至全国各条战线取得的新成就，为十五大召开营造了良好的舆论氛围。

各台的新闻部门作为这次报道任务的主力军，动员全部力量到各条线上捕捉新闻线索，自8月4日各台挂牌“展示新成就，迎接十五大”报道以来，反映五年成就的报道在各台新闻栏目中以显著位置播出。这些报道，既有从宏观角度展示各方面成就，以五年来的各种统计数据、以令人信服的事实展示上海两个文明建设所取得的巨大进展，也有从微观角度从一个侧面展示新成就。比如，从一个个十五大代表和他们所在的行业的变化来展示上海某一方面的成就，从老百姓在衣食住行方面的切身感受来展示社会的巨大进步，等等。各台的新闻节目中还大量转发了新华社、人民日报的重要专稿，全面宣传十四大以来党中央对各条战线的部署和各行各业取得的成就。

总的来说，这次成就报道数量多，体裁丰富，产生了广泛的社会影响。仅东方电台一家从8月4日至9月12日就播出成就报道100篇，其中包括消息、综述、述评、新闻分析等多种体裁，录音报道占到30%以上。由于各台的精心组织，这次的成就报道在内容和形式上有新的突破。比如，东方电视台《百姓话成就》把镜头直接对准来信投稿的观众，上海电台的《历届党代表访谈录》把话筒伸向历届党代表，取得了很好的效果。另外，新闻栏目之间相互的配合，大大增强了宣传力度。上海电视台新闻中心除了在新闻头档连续播出五年成就，《新闻透视》、《新闻观察》、《财经报道》等栏目全面配合，使有关的报道内容更丰富、更扎实。

为了迎接十五大，各台的社教节目中也增设了以“展示新成就，迎接十五大”为主题的专栏。其中还包括一批理论专题节目，有上海电台的《理论经纬》、东方电台的《跨世纪的对话》、上海电视台的《时代》、东方电视台的《发展》等，形成了很强的宣传声势。各台全方位的努力，为十五大的召开创造了良好的舆论氛围。

二、十五大会议期间，全局所属各台和技术部门通力合作，准确、及时、充分地完成了对会议进程的报道，广泛、有力地宣传了十五大精神。

每次转播中央电视台的现场直播内容，从局领导到台的各级领导都亲自坐镇播控中心，确保转播工作的准确无误。同时，各台及时地录下转播的内容，保证在之后的新闻节目中及时播出。整个会议期间，全局所属的三家电视台、两家电台不仅毫无差错地完成了所有的转播任务，还在各自的新闻节目中及时地重播，扩大了宣传规模，增强了宣传效果。

三、会议期间，各台在非程序性报道和反应报道上动脑筋、创特色，加大信息量，增强接近性，进一步加强了宣传效果。

非程序性报道方面，向北京派出经验丰富的记者，从北京现场采访第一线的新闻，采访上海代表团的小组讨论，采访上海参加十五大的代表。上海电视台的赴京记者在北京十余天，发回现场报道42条，并赶制了两集“新闻透视”，每天用卫星传送上海，使北京的新闻得以在当天与上海观众见面。

十五大开、闭幕的当天，上海电台、东方电台、上海电视台、东方电视台和有线电视台信息频道都精心组织了有影响、有深度的报道，内容涉及各个方面，其中有国内外的反映、新老党员的反映、有纪念意义的地方和闹市区普通市民的反映。这些报道涉及的地域广，所取的角度新，播出后在听众观众中反响强烈。东视的速度快，开幕式当天，十点半钟就完成了向中央台传送节目的任务。上视抓拍的人物被中央台联播节目采用并在显著位置播出。为使报道形成规模，有线台的信息频道还首次将综合报道的首播与国内报道的重播两个时间段打通，并在会议开幕第一天就播出新闻34条。

会议期间，根据江泽民总书记报告的精神，各台还采制了大量的学习大会精神的动态报道。许多记者深入到全市各行各业采访，对于宣传十五大精神，都起到了很好的作用。

四、十五大召开前夕和十五大期间，全局上下团结一心，各类节目互相配合，形成了“迎接十五大，欢庆十五大”的喜庆氛围。

上海电台除新闻频率外，其它频率也各具特色。文艺频率先后推出“欢庆十五大，迎接国庆节”广场文艺晚会，推出“上海文化艺术巡礼”系列专题，经济频率从9月6日起开办“展示上海新成就”专栏，浦江之声电台从8月15日到10月20日举办“祖国在前进”专题。

东方电台则在《上海潮》、《阿拉上海人》、《东方大世界》、《蔚兰夜话》等一大批综合性节目中，开设了宣传十五大的专题。

上海电视台除新闻中心外，社教中心、文艺中心都为宣传工作作出了很多贡献。在十五大期间，上视制作了两档庆贺节目，还组织力量赶排欢庆十五大的大型文艺晚会。

东方电视台节目中心为配合十五大宣传，搞了8期特别节目，累计4个小时；社教部则从8月底开始，陆续播出了280分钟的“迎十五大”特别节目。

有线电视台信息频道的《说股论金》、《智慧之光》等专栏节目也发挥各自特色，多侧面、多角度地对十五大作出了反映。

在改革中发展 在管理中提高

——我国广播影视事业五年回眸

孙 家 正

党的十四大以来，我国广播影视事业坚持以邓小平建设有中国特色社会主义理论为根本指针，紧紧围绕江泽民同志提出的“以科学的理论武装人，以正确的舆论引导人，以高尚的精神塑造人，以优秀的作品鼓舞人”的四项基本任务，全面加强和推进广播影视各个方面的工作，在改革中发展，在管理中提高，整个事业进入了一个新的发展阶段，取得了新的成就。主要进展表现在以下几个方面：

一、广播电视宣传的整体水平不断提高。

导向正确，把握平稳。围绕党的中心工作，始终坚持正确的宣传导向，深入宣传党的路线、方针、政策，全面宣传改革开放和经济建设的新进展、新成就、新变化；加大精神文明建设宣传的力度，反映各条战线的新人、新事、新风貌；加强社会主义民主法制建设和党风廉政建设的宣传，促进依法治国和反腐倡廉的进程；配合各项改革措施的出台，针对社会和群众普遍关心的热点问题，进行多种形式、深入浅出的宣传引导。新闻、文艺、社教、服务等各类节目的导向性明显增强。香港回归等重大事件的宣传报道圆满成功。所有这些宣传，对正确引导舆论，密切党和政府与人民群众的联系和沟通，团结、教育、鼓舞人民投身改革开放和现代化建设，激发人民群众的爱国热情，丰富人民群众的精神文化生活，都产生了广泛、积极的影响，为改革、发展、稳定创造了良好的思想舆论环境。

以节目为重点的宣传改革不断深化。调整节目结构，精办已有名牌栏目节目；适应社会需求，开办受听众观众欢迎的新栏目、节目；发挥广播电视的特点和优势，增强节目的可听性和可视性；实行新闻的整点播出和重要新闻的滚动播出，扩大要闻的传播面，增加信息量，提高时效性，加强评论工作，搞好深度报道；电视节目设置栏目化，增加具有广播电视特点的节目形式。以中央电台、中央电视台为代表的节目整体改革也获得可喜的进展，初步形成若干套节目和频道各具特色、各有侧重、各有其服务对象的新格局。节目制作方面的改革也作了有益的尝试，系统的整体优势得到了较好的发挥。

对外宣传打开了新的局面。广播电视对外宣传工作，以国家台为龙头、地方台为依托，联合起来走大外宣的道路。国际台开办了有全国31个地方电台参加的对外节目，并在香港新城电台开办节目，实现广播节目在香港直接播出。目前国际台使用43种语言对外广播，成为世界级大台之一。中央电台和有关地方台对台、港、澳的宣传也得到不同程度的加强和改善。电视对外宣传开始冲出亚洲、走向世界。中央电视台第四套节目实现全天不间断播出，信号已传到亚洲、澳洲、独联体、东欧、北非、北美等地区，在节目的落地上也取得新的进展。对外广播电视节目的内容形式都有一定改进，针对性增强，宣传效果明显提高。对外宣传的加强，为树立我国的国际形象、为创造有利于我国改革开放和现代化建设的国际舆论环境发挥了重要的作用。

二、电影和广播电视文艺日益繁荣。

在党中央的亲切关怀下，电影工作者努力贯彻党的文艺方针，全面落实全国电影工作会议精神，在创作生产和市场经营方面都呈现振兴、发展的好势头。特别是实施“九五五O工程”精品战略，带动了整个电影事业的繁荣。一批思想性、艺术性、观赏性俱佳的优秀故事片，在广大观众中引起较强烈的反响。电影体制改革迈出了较大的步伐。影视合流大格局已初步形成，并开始显示它的优势。影视录一体化已在进行有益的探索。制片和发行机制的改革，形成了竞争局面，促进了国产电影发行放映。

各级广播电视部门增强了精品意识，加大了精品创作力度。电视剧创作整体质量水平逐步有所提高。表现重大革命历史事件、反映现实社会生活、弘扬爱国主义和民族优秀传统文化的电视剧佳作迭出，产生了良好的社会影响。综艺节目更加注意思想性与艺术性的结合，注意提高节目的品位和观赏性。举办了一系列质量较高、主题鲜明的文艺晚会。少儿节目内容更加丰富，形式更加突出少儿的特点。“黄金时段”节目播出的结构进一步优化，国产优秀节目特别是国产优秀电视剧播出比例明显加大。广播剧也转移到“以质取胜”的精品战略上来，焕发了新的生机，涌现出一批优秀作品。

三、技术基础设施建设取得新的进展。

全国各级广播影视部门，在当地党委和政府的领导、支持下，按照统一规划，加强和加快广播电视传输覆盖网的建设，大力发展有线电视，扩大了广播电视人口覆盖，改善了收听收看效果。中央骨干发射台、转播台的技术更新改造按计划顺利进行。50万以上人口城镇的调频布点已经完成。中央电视台的8套节目和18个省、自治区的电视节目已经上星。国家向老、少、边、穷地区投入巨额专项资金，有效改善了这些地区的广播电视技术条件。被列为国家重点工程的中央广播电视塔和中国国际广播中心大楼先后交付使用。国际台43种语言节目的录制、播出、交换和传输系统全部采用数字化技术。沙河卫星地球站建成并承担中央广播电视各套节目信号上行的任务。中央人民广播电台业务大楼主体工程即将竣工。全国各地各级广播电视部门相继建成一大批广播电视节目制作、播出、传输设施和综合性主体工程。新技术、新设备在电影生产和影院改造上得到应用，促进了电影的现代化生产和经营。电影三大制片基地建设已经迈出可喜一步。

四、法制建设和行业管理的力度加大。

为保证广播影视事业的健康、有序发展，这几年加强了法制建设和行业管理。国务院、广电部先后发布了20多个有关广播影视方面的法规、规章和规范性文件。其中由国务院发布实施《电视管理条例》和《广播电视管理条例》，标志着广播影视行业进入依法管理的新阶段。各省、自治区、直辖市人民政府也发布了一批有关广播电视管理的地方性法规、规章和规范性文件。各级广播影视行政部门依照上述法规，规章和规范性文件，贯彻中央关于加强广播电视业管理的指示，采取有力措施，重点加强了批台建网管理、节目制作播出管理、卫星电视接收管理和音像市场管理，建立健全或完善了设台执照制度、节目制作许可证制度、节目审查制度、视听评议制度、岗位培训和持证上岗制度，探索并逐步建立集中供片制度和节目交流交易市场。整个广播电视行业管理正在逐步纳入法制化、规范化、制度化的轨道。

当前和今后一个时期，广播电影电视工作的努力方向是：坚持一个根本指针，努力推进六个方面的建设。一个根本指针，就是要努力学习和掌握邓小平建设有中国特色社会主义理论，并以这一理论武装广播影视工作者头脑，指导广播影视全部工作。六个方面的建设，一是理论建设，要在邓小平建设有中国特色社会主义理论指导下，逐步探索和建立具有中国特色的社会主义广播影视理论体系；二是精品建设，要努力创办、办好一批广播电视的精品栏目，推出一批思想精深、艺术精湛、制作精良、思想性艺术性完美统一的广播影视优秀作品；三是技术基础建设，要努力建设一批适应信息社会需要的技术先进、装备精良、安全畅通的广播影视技术基础设施；四是法制建设，要努力制定和完善一套科学、完备、规范的广播影视法规体系，实行依法管理；五是队伍建设，要重视科研教育，加强后备人才的培养，放开视野，大胆选用和引进各类人才，努力造就一支政治强、业务精、纪律严、作风正，适应未来广播影视事业发展需要的队伍；六是思想作风建设，要努力在全系统形成讲政治、讲大局、讲团结、讲奉献、讲风格的职业道德风尚和敬业守责、严谨务实、清正廉洁、艰苦创业的思想作风。

十四大以来广播电视成就显著（1992—1996）

党的十四大以来，广播电视工作在党中央、国务院的领导下，在中央宣传思想工作领导小组的具体指导下，认真贯彻江泽民总书记提出的“以科学的理论武装人，以正确的舆论引导人，以高尚的精神塑造人，以优秀的作品鼓舞人”的四项任务，始终把坚持正确舆论导向放在工作首位，大力提高节目质量，狠抓精品创作，积极推进事业建设，全面提高队伍的政治业务素质，为促进全国的经济建设和精神文明建设提供了强有力的舆论支持和良好的文化环境，取得了十一个方面的显著成就。

全国广播电视节目日益繁荣 播出时间大大增加

全国广播电视事业发展迅速。广播电台平均每日播音时间从1992年的8111小时增加到14677小时，增长81%，全年听众来信从1992年的754万封提高到812万封，广播人口覆盖率从1992年的75.6%提高到84.2%。

电视台平均每周播出时间从1992年的26432小时增加到55518小时。全年观众来信从1992年的148万封增加到238万封，电视人口覆盖率从81.3%，提高到86.2%。

中央三台影响日益扩大

中央人民广播电台、中国国际广播电台、中央电视台是国家的主干台。1992年以来，中央人民广播电台平均每日播音时间128小时，全年听众来信从1992年的34万封增加到186万封。

中国国际广播电台平均每日播音时间从1992年的159小时30分增加到167小时30分，听众遍布200多个国家和地区，全年听众来信从1992年的32万封增加到56万封。听众俱乐部、听众之会等收听组织增加到2000个，收听人数约3亿人。

中央电视台电视节目套数从1992年的4套增加到8套，平均每周播出时间从1992年345小时增加到977小时。

电视剧生产数量逐年上升

1992年以后，电视剧生产数量逐年上升，精品不断增加，1992年生产了5363部、集，1996年生产了8503部、集，增加了3140部、集，制作能力提高了58.5%。其中，如《三国演义》、《英雄无悔》等288部2227集电视剧获政论颁发的“飞天奖”。获“飞天奖”的电视剧1996年比1992年增加了46部、集，增加11.2%。

边境地区广播电视覆盖率提高

我国145个边境县（旗、市），共2400多万人，是少数民族聚居地区。党的十四大以后，加强了对边境广播电视建设的管理和扶持力度，使广播电视覆盖率分别由1992年的68%和65.5%提高到1996年的74.5%和74%。

有线电视发展规模居世界第二位

全国有线电视用户从1992年2050万户，提高到1996年5000万户，覆盖人口约2亿，占全国人口的17%。目前，我国有线电视的发展规模仅次于美国，居世界第二位。

全国卫生广播电视蓬勃发展

我国从1985年开始租用国际卫星传送电视节目，到目前利用6颗卫星传送中央、地方30套电视节目，32路中央对内、对外数字声广播节目（40种语言），20套省台广播节目。不但使广播电视人口覆盖率有较大提高，而且中央电视台三·四套和国际广播节目已送到世界各地。

建立30个海外广播电视记者站

1992年我部在国外建有19个记者站（广播记者站17个、电视记者站2个），到1996年底已在25个国家和地区建有30个记者站（广播记者站26个、电视记者站4个），记者站增加了11个。

广播电视微波网及光缆传输网络建设日趋完善

截至1996年底，共建广播电视专用微波电路70787公里，微波站1734座，担负着传输中央、省（区）及各地市广播电视节目的任务。江苏、吉林、湖南、陕西等省已完成了省内70多个微波站的数字化改造工作，建成了3000多公里的SDH广播电视专用数字微波电路，使广播电视节目传输容量和传输质量大大提高，同时为各级政府和社会提供了电视会议和信息传输等多种业务；山东、浙江、江苏、河北、河南等省根据本省事业发展的需要，将在1997年底建成5000多公里的光缆传输网络；部级干线网北京至哈尔滨、北京至呼和浩特的SDH数字微波工程也已启动，预计1998年开通。

行业管理和法制建设日益强化

1992年以来出台了行政法规3项，他们是：《卫星电视广播地面接收设施管理规定》、《电影管理条例》、《广播电视管理条例》。

同时，颁布了部门规章和规范性文件91项，拟定了广播影视法规体系。地方性法规方面，有8个省、自治区出台了本地区的《广播电视管理条例》。广播电影电视建设初步纳入了科学、有序的发展轨道。

无线传播发射工作优质连续

广播影视部无线电台管理局担负着中央人民广播电台、中国国际广播电台、中央电视台、北京电视台、北京人民广播电台共19套节目、43种语言的对内、对外节目传播发射任务。局属基层单位遍布全国16个省、市、自治区。1992年以来，总播出时间3080584.2小时，其中，香港回归期间播出6732.5小时，均实现了优质播出，保证了将党中央和国务院的声音及时、不间断地传送到全国和世界各地。

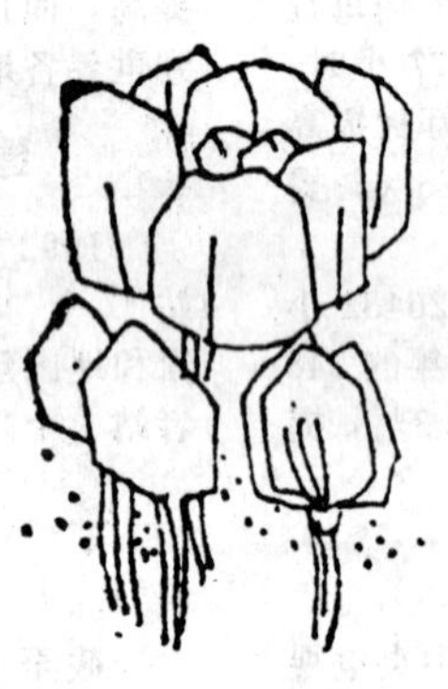

全国广播电视概况

广电部办公厅

1997年，广播电视工作紧紧围绕全党全国工作大局，保持和发展了积极、向上、健康的态势，各方面工作都取得了新的进展，在促进改革、发展、稳定中发挥了重要作用。

一、广播电视宣传

1997年重大宣传报道政治要求之高、时间持续之长、规模之宏大、内容之丰富、报道形式之多样、覆盖面之广、影响之巨大都是历年少有的甚至是空前的。各级广播电视部门在邓小平同志悼念活动、香港回归、党的十五大召开和江泽民主席访美等重大宣传报道中，按照中央的有关方针和部署，从组织领导、技术传输、节目播出的各个环节全力以赴，精心组织，把握导向，确保完整、准确、安全播出。中央三台成功地完成了历史上次数最多、语种最多、时间最长的现场直播，地方电台、电视台在充分报道本地活动的同时，采取各种措施，确保了中央台节目的转播，取得了很好的宣传效果。从各方面反映看，在上述重大宣传报道中，广播电视的收听、收视率都达到了历史的最高水平。此外，广播电视还圆满完成了"两会"、"八运会"等重要会议、重要活动的宣传报道任务。

广播电视以经济建设为中心，突出宣传了党中央、国务院关于农业和农村工作、关于国有企业改革和发展、关于实施科教兴国和可持续发展战略、关于加强经济宏观调控等一系列方针、政策和部署；加强了农业报道特别是有关中西部地区建设开发的宣传报道工作；重点报道了十大国有企业典型和南昆铁路、黄河小浪底工程截流、长江三峡工程大江截流等一大批国家重点建设工程。

进一步深化了邓小平理论的宣传，加强了党的建设的宣传，加大了弘扬爱国主义、集体主义、社会主义和艰苦创业精神的宣传，形成了新的高潮。"文明城市、文明村镇、文明行业"三大创建活动，南京、成都、太原、合肥等十城市开展文化科技卫生"三下乡"活动和邱娥国、王启明等一批先进人物的集中宣传，产生了强烈的社会效果。舆论监督和热点引导进一步加强，内容把握准确，形式有所创新，较好地发挥了正确导向、释疑解惑、弘扬正气、振奋民心的作用。

1997年电视剧总产量8000多集，重大题材和现实题材的创作继续保持了1996年的良好势头，少儿题材和戏曲题材有新的起色。《和平年代》、《车间主任》、《党员二愣妈》、《大漠丰碑》、《午夜有轨电车》、《校园先锋》、《太阳小队》、《春》、《布衣毛润之》等69部电视剧在第17届"飞天奖"评选中获奖。广播剧在1996年产生一些好作品的基础上，创作生产继续呈上升趋势。"六个一百"制作计划的顺利实施，使少儿电视节目创作薄弱的状况大为改观，中央电视台播出的国产动画片已占有主导地位。配合几件大事的宣传，组织了大型文艺晚会《回归颂》等，制作播出了一大批各种形式的综合文艺节目和《香港沧桑》、《科教兴国》等专题片。送文艺下乡活动深入开展，中国广播艺术团和中央电视台“心连心”艺术团到革命老区、边疆、农村和条件艰苦的发射台慰问演出共达34场，受到群众的普遍欢迎。

二、对外宣传与交流

按照以我为主、以正面为主、以事实为主的方针，广播电视紧紧围绕经济建设中心和几件大事的宣传，积极配合国家的整体外交工作，加强了对外宣传，取得了良好的宣传效果。国际台不仅用43种语言对几件大事进行了准确、及时、充分的报道，而且使用英语、普通话、广州话进行了19场次的现场直播，是历年来直播次数最多的一年。1997年国际台听众来信超过65万封，来自161个国家，创造了最新纪录。中央电视台的国际频道实现了全天24小时播出，已有115个中国驻外使领馆可以收看，特别是香港回归期间，有27个国家和地区的67个电视台转播中国电视节目。1997年，中央电台和有关地方电台对香港特区与台湾、澳门的宣传也得到了加强。

对外交流合作进一步扩大。1997年接待境外广播影视代表团近30个、电视摄影队近50个、香港广播影视界人士1309人次、台湾广播影视界人士665人次，为1319位外国人发放了来访签证；广播影视部及直属单位共派出出访团组830个、4217人次；广播影视部及所属单位与墨西哥、乌拉圭、巴西、古巴、印度、伊朗、叙利亚、蒙古、印度尼西亚、马里和联合国新闻部等共签订了11个协议或其它合作文件。我国广播电视节目参加嘎纳电视节目交易市场、亚洲电视节目交易市场共销售节目90万美元。中央电视台《黄河的故事》等节目获第34届“亚广联”奖。成功地举办了四川国际电视节、北京国际电视周、北京国际广播电视设备展和交流会等。

三、事业建设

按照广播影视部党组把广播电视事业建设的重点放在扩大覆盖上，覆盖的重点放在农村的要求，各级广播电视部门狠抓了扩大覆盖的工作。吉林省开展电视扶贫、消灭收视盲点，实现了村村通电视；四川省实施“电视千乡”工程；辽宁省政府采取与各市政府签订责任书的办法以扩大广播电视覆盖。截至1997年底，我国广播电视的综合覆盖率已分别达到85.8%和87.4%。有线网络联网工程全面展开，并取得重大进展，到1997年底已有16个省实现了全行政区域的微波联网和光纤联网，北京到石家庄、上海到杭州等跨区域的系统内联网工程基本完成。在原有7个省（区）节目上星的基础上，1997年又有15个省（区、市）的广播电视节目实现了卫星传送，基本形成了星网结合的广播电视传输体系。国际广播中心和新疆、云南等对外广播发射中心已投入使用，基本实现节目制作、播出和传输数字化，大大增强了对外广播的技术质量和发射功率，使国际台已成为最具实力和影响的世界三大国际广播电台之一。中央电台业务楼土建工程和骨干发射台技术改造、扩建工程基本完成。经营性影视企业的现代企业制度改革取得了可喜进展，无锡中视基地有限公司股票已经上市。重大科研项目取得新进展，数字音频广播先导网的试验、高清晰度电视的研究取得阶段性的成果，深圳有线电视综合信息网的试验圆满完成。截至1997年底，全国共有中、短波发射台和转播台747座、电视发射台和转播台41205座、调频台2134座、广播电视专用卫星转发器22个、微波站1886座、微波线路70136公里、卫星地球站149962座、有线电视用户数近7000万户。

四、行业管理和法制建设

1997年，各级广播电视部门按照中央的总体部署和广电部的具体安排，普遍组织了对中办、国办37号文件的学习，统一思想，提高认识，并在广泛调查研究、抓好试点的基础上，制定了具体实施方案，积极主动地推进各项治理工作，有效地遏制了乱播滥放、乱设台网、乱开播出前端等散滥现象。基本完成了县级播出机构的调整、企事业有线电视台改站、对系统外非法设台建网和乱开播出前端的处理，以及广播电视节目制作经营单位的清理和规范化工作，基本解决了乱称台、乱呼台的问题。广播电视播出机构和重新审核登记工作也已全面展开。从全国范围来讲，治理工作的主要任务大头已经落地，广播电视新的发展格局已初步形成。

1997年8月1日国务院常务会议通过《广播电视管理条例》，11日李鹏总理签署国务院令发布并于同年9月1日起施行，基本改变了广播电视管理依据不足的状况。各级广播电视部门结合“三五”普法，通过各种形式广泛开展了学习《条例》、宣传《条例》、运用《条例》的活动，使法制意识有所增强，执法力度加大，依法行政、依法管理的水平有所提高。与此同时，《卫星传输广播电视节目管理办法》、《关于加强广播电视广告宣传管理的通知》等一批与《条例》配套的规章和规范性文件相继制定并颁布执行。根据有关法律法规，对近百件广播影视规章和规范性文件进行了清理。地方广播影视法规建设步伐加快，截至1997年底，已有15个省（区、市）出台广播影视地方性法规规章共16个。

五、队伍建设

各级广播影视部门以提高思想政治素质为重点，大力加强了领导班子建设，深入开展了“双学”、“三讲”活动，进一步增强了在政治上、思想上、行动上同以江泽民同志为核心的党中央保持一致的自觉性和坚定性。廉洁自律、查办案件和纠正行业不正之风工作取得了阶段性成果，党风廉政建设和反腐败斗争健康发展。广播影视五年干部培训规划顺利实施，按照分级培训的分工，全系统1997年共培训各类人员29324名，其中由部直接培训的厅、局长87名，电影厂厂长37名，影视导演、播音员、主持人和工程技术干部等专业骨干408名。省级以上电台、电视台播音员、主持人普通话水平测试全面展开，已有22个省、自治区、直辖市广播影视厅局成立了普通话测试领导小组及播音员、主持人持证上岗考核领导小组，其中14个厅局已开始测试工作。中央三台首批180名播音员、主持人已获得上岗资格证书。这些都为逐步建立各类专业人才持证上岗制度提供了经验。

1997年圆满完成了首届全国广播电视先进县（市）的评选工作，1998年1月，广电部召开表彰大会对获得荣誉称号的59个县（市）进行了表彰。江泽民总书记等党和国家领导人接见了与会代表，李鹏总理向大会发来了贺信，给全国广播电视系统干部职工以极大的鼓舞。（陶世明）

中央人民广播电台概况

中央人民广播电台

1997年中央人民广播电台的宣传工作突出抓了四项内容：一、圆满完成各项重大宣传报道任务；二、把握正确舆论导向；三、下大力创精品；四、继续深化节目改革。

1997年是历年来重大宣传报道任务最多的一年。香港顺利回归祖国，党的十五大胜利召开，我国改革开放总设计师邓小平同志逝世，功在千秋的三峡大江截流，黄河小浪底截流，江泽民主席对美国进行国事访问，可以说，都是本世纪的重大事件。

对于这些重大事件的宣传报道工作，中央台都忠实地遵照中央的部署和中央制订的宣传报道方针来安排宣传工作，圆满完成了宣传任务。特别值得一提的是，关于邓小平同志逝世的宣传报道、关于香港回归的宣传报道、关于党的十五大的宣传报道、关于三峡大江截流的宣传报道，是1997年宣传力度最大的四项重大宣传报道活动，中央台各部门通力协作，编播部门、技术部门集中了精兵强将和最好的设备，打了四场漂亮的宣传战役，既出色完成了宣传报道任务，又积累了丰富、宝贵的经验。

邓小平同志2月19日晚上逝世。从20日早晨6点半《新闻和报纸摘要》节目播出《告全党、全军、全国各族人民书》开始，到26日晚《全国新闻联播》节目播出《全国各地继续深切悼念敬爱的邓小平》为止，中央台七套节目中一共播出悼念邓小平同志的新闻、专题稿件3240多件（包括重播），总字数超过170万字，大约142小时。文艺节目中经过精心编排制作的特别节目——广播特写《留给世纪的永恒遗产——献给邓小平》、传记《我的父亲邓小平》，以及大量严肃、庄重的音乐共计播出大约280小时。

关于香港回归，中央台在1996年就制订了周密的宣传报道方案，从1997年3月23日距香港回归倒计时第100天开始，中央台新闻节目、专题节目、文艺节目和对象性节目，纷纷播出了配合香港回归的内容。在倒计时进入第50天、第40天、第30天、第20天、第10天，香港回归宣传报道依次推进，声势一浪高过一浪，直到现场直播香港回归庆典活动的最高潮。

从6月20日到7月2日，中央台新闻节目以及《华夏之声》节目、对台湾广播、对少数民族广播共播出有关香港回归的消息2300多条，专稿260多篇，重点文艺节目播出有关庆祝香港回归的文艺节目3900分钟。在这一期间，《新闻和报纸摘要》节目开办了《香港回归》专栏，《九州巡礼》节目开办了《罗湖桥头话九七》专栏，《午间半小时》节目开办了《香港回归访谈录》专栏，对台湾广播开办了《中国统一大家谈》专栏。

从6月30日22点到7月1日5点，中央台各套节目并机播出连续7个小时的大型现场直播节目《百年长梦今宵圆》，其中含现场直播《香港政权交接仪式》、《香港特别行政区成立暨特别行政区政府宣誓就职仪式》。在此之后，中央台还现场直播了北京市人民政府迎接香港回归祖国联欢会、香港回归祖国和香港特别行政区成立庆典、香港特别行政区政府举行庆祝香港回归祖国酒会、首都各界庆祝香港回归祖国大会等5场庆典活动。

关于党的十五大的宣传报道，是中央台宣传工作的又一“重头戏”。

第一个阶段是会前充分报道我国在党的十四大以来的各项成就，为十五大的召开营造浓厚、热烈、喜庆的气氛。

第二阶段是对大会的报道充分体现了“及时，准确，突出，庄重”的宣传报道方针。中央台以重点新闻节目《新闻和报纸摘要》和《中国共产党第十五次全国代表大会专题节目》为主，全台各新闻节目、专题节目、对象性节目密切配合，使全台的宣传报道紧紧围绕党的十五大进行了多角度的深入、有序的宣传报道。从9月9日到19日，各套节目一共播发有关十五大的消息、专访、特写、通讯、侧记950多篇，总字数超过100万字。中央台除对大会开幕式和新当选的政治局常委会见中外记者进行现场直播外，其它重要消息都以最快的速度及时插播。许多重要消息都是在各新闻单位中传播最快的。多角度、多侧面地报道十五大的实况。中央台最大限度地拓宽报道面，既注重报道中央高层领导的发言和活动，也注意报道基层代表的发言和活动，同时注意所报道地区代表的平衡，并注意报道会内会外对十五大的反映。充分发挥广播特点，大量采用音响作报道素材。在新闻节目中，有深度的述评基本采用了录音素材，《十五大专题节目》也基本都采用录音报道的方式。

第三个阶段是十五大的后续报道。《新闻和报纸摘要》节目开辟了《学习贯彻十五大精神，省部领导访谈》专栏，这个节目持续到10月底。与此同时，《新闻纵横》、《午间半小时》、《对农村广播》、《439播音室》、《军事生活》、《法制园地》、《科技大世界》等节目围绕国有企业改革、加强农业基础地位、科教兴国、下岗职工再就业、反腐倡廉、社会治安综合治理等问题，结合十五大精神进行解疑释惑的宣传报道。

关于三峡大江截流的宣传报道，开创了中央台在野外进行长时间现场直播的先例。11 月 8 日进行三峡工程大江截流。中央台前方报道组克服现场噪声大、活动范围受限等困难，从上午 8 点 45 分到下午 3 点 45 分，分 7 次对大江截流的全过程进行了全方位的现场直播。从全台的宣传来看，从三峡大江截流前到 11 月 12 日，《新闻和报纸摘要》、《全国新闻联播》、《新闻纵横》、《午间半小时》、《经济生活》、《科技大世界》、《百姓人家》、《华夏之声》、《对少数民族广播》和对台湾广播等节目，总共播出有关三峡大江截流的报道 201 篇，对三峡工程的意义及有关知识进行了充分的宣传报道。

把握正确舆论导向。1997 年年初中央台制订宣传工作方针时，首先就是强调坚持正确的舆论导向。

在常规问题的宣传中，我们把握正确舆论导向做得是好的，在遇到新的事物、新的问题时，由于我们遵循了中央的有关指示，舆论导向把握得也是很好的。最突出的事例是关于"股份制"的宣传，中央台在宣传上没有刮风，做到了准确而全面地把握十五大报告的精神。

新闻节目和《经济生活》节目报道一些实行股份制的企业时，强调它们是根据本企业具体情况，实事求是地实行股份制改造。重点新闻节目《新闻和报纸摘要》还注意选播报刊登载的有关批评"一股就灵"的文章。

由于中央台在这一问题上进行了多角度的正确报道，防止了"一股就灵"、"一股就化"、"一股就了"的错误宣传倾向，发挥了正确导向作用，没有出现偏差。

抓精品见成效。中央台近几年来以全面提高节目质量为中心，不断强调加强精品意识、创优意识。年初，我们强调 1997 年要下功夫巩固和提高几个仍富有活力的名牌栏目，改造、调整几个热度下降的名牌栏目，精心创办几个新的名牌栏目，争取比往年有更多的新闻、社教、文艺类节目获奖。

截至 1997 年底，据不完全统计，中央台在国内、外以及台内获奖的作品总共有 368 件。

其中，获得全国性大奖的有 45 件，包括：获得第七届中国新闻奖 4 件，获得 1996 年度中国广播电视新闻奖（新闻、社教类）21 件，获得第七届人大好新闻奖 5 件，获得第七届政协好新闻奖 1 件。获得全国"五个一工程"奖 1 件。

获得林业、环保等行业性和部门奖的 46 件。另外还获得第 34 届亚广联信息节目特别推荐奖 1 件。

获得台内奖的有 277 件，包括：获得 1996 年度中央台优秀节目奖 175 件，获得 1996 度中央台广播业务论文奖 102 件。

1997 年，中央台在深化节目改革上迈出了稳健而扎实的步伐。

为深化节目改革，中央台进行广泛的调查研究，征求各方人士的意见，制定计划，分步骤实施。

作为调查研究的第一步，继 1996 年中央台举行了第一次大规模"听评周"活动后，1997 年举行了第二次"听评周"活动，进一步摸清了中央台广播节目的优势和不足；1997 年中央台还在全国范围内组织了大规模抽样调查，对中央台的听众规模及结构、节目收听率和喜爱度等项内容做了初步的调查。截至 1997 年底中央台共收到国内外听众来信 172 万多封。

附：

中央人民广播电台 1997 年十件大事

1. 顺利完成邓小平同志治丧的宣传报道任务

邓小平同志 2 月 19 日晚上逝世，面对这一重大突发事件，全台同志怀着强烈的政治责任感，迅速投入治丧报道，大家密切配合、协同作战，圆满完成报道任务。从 20 日早晨《新闻和报纸摘要》节目播出《告全党、全军、全国各族人民书》开始，至 26 日晚《全国新闻联播》节目播出《全国各地继续深切悼念敬爱的邓小平》为止，中央台七套节目中一共播出悼念邓小平同志的新闻、专题稿件 3200 多件，总时间 140 小时，没有出现任何差错，为日后搞好重大突发性报道积累了宝贵的经验。

2. 圆满完成香港回归宣传报道任务

从 1997 年 3 月 23 日距离香港回归倒计时 100 天开始，中央台新闻、专题、文艺节目一齐开动，进入全面宣传香港回归阶段。在香港回归倒计时进入 50 天、40 天、30 天、20 天、10 天，香港回归宣传报道依次推进，一浪高过一浪，直到大型现场直播《百年长梦今宵圆》播出，回归报道进入高潮。香港回归宣传报道时间长、规模大、内容多，在中央台历史上少见，为中央台搞好大型报道积累了成功的经验。

3. 出色完成十五大的宣传报道任务

会前，中央台充分报道我国在党的十四大以来的各项成就，为十五大的召开营造浓厚、热烈、喜庆的气氛。会中，我们坚持"及时、准确、突出、庄重"的宣传报道方针，新闻、专题紧密配合，对十五大作深入、有序的报道，从 9 月 9 日至 19 日，各套节目共播发有关十五大的消息、专访、特写、通讯、侧记 950 多篇。会后，为深入宣传十五大精神，新闻节目开设专栏，专题节目紧密配合，使十五大精神不断深入人心。

4. 举办听评周活动并对部分节目作微调

继 1996 年中央台举行了第一次大规模"听评周"活动后，1997 年上半年又成功地举办了第二次全国性的"听评周"活动，进一步摸清了中央台广播节目的优势和不足。下半年我们本着解放思想办好节目的原则，对部分节目进行一次"微调"，制定节目微调方案，并于 1998 年元旦实施。

5. 精品工程建设取得显著成效

在重大宣传报道任务极为繁重的情况下，坚持狠抓节目质量不放松，精品工程建设取得显著成效，全台各套节目的质量明显提高。据不完全统计，1997 年中央台共有350多件作品在国际国内台内获奖，其中获得全国性大奖共有31件。

6. 积极做好中央台定位内设机构调整及干部配备工作

中央台1996年被批准确定为副部级单位后，1997年台内的一项重要工作就是根据新的定位调整内设机构，配备干部。根据广电部的有关文件精神，起草了《中央人民广播电台内设机构配置及职责编制方案》，对中央台现有中层机构进行了调整归口，确定了台内设机构的基本框架，在编制机构方案的同时，进行十四个中心机构的干部配备工作（已经部党组批准9个），确定了大部分中心机构的正职，对中心机构副主任的配备工作也开始着手进行。

7. 新业务楼土建工程基本完工初步具备搬迁条件

1997年是中央台业务楼工程建设关键性的一年，在资金到位十分困难的情况下，完成了土建工程的收尾工作。目前，新业务楼广播工艺正在紧张的安装调试之中，原定甩项的音乐厅、多功能厅、少儿广播合唱团排练厅即将装修。

8. 江泽民总书记接见方明，接受中央台的采访

党的十五大召开前夕，中共中央总书记江泽民单独接见中央台著名播音员、十五大代表方明，与他亲切交谈并合影留念。1998年元旦前夕，安景林台长带领时政部主任刘振英采访江总书记。江总书记通过中央台和中国国际广播电台、中央电视台，向全国各族人民、香港特别行政区同胞、澳门和台湾同胞、海外侨胞、世界各国的朋友们作了题为《迈向充满希望的新世纪》的新年讲话。

9. 成功地举办双安全月活动

为确保香港回归、党的十五大等重大新闻事件报道的安全播出，中央台技术部门先后在香港回归前后和十五大前后成功地举行了两个安全播出月活动，进一步增强大家的安全播音意识，播出质量大大提高。安全播出月期间，没有出现大的播出事故，为香港回归、十五大的宣传报道安全播出提供了保障。

10. 创收工作克服重重困难取得好成绩

1997年，客观形势对我们的创收工作很不利，但是，由于全台上下积极努力，结果还是比较令人满意的。全年创收总额超过去年，圆满完成年初提出的任务。

中国国际广播电台概况

中国国际广播电台

1997年无论是在我国历史发展进程中，还是在我国对外广播史上都是十分重要的一年。国际台以邓小平理论为指针，严格遵循党和国家的对外宣传方针、政策，坚持正确的舆论导向，在出色地完成了本年度各项重大宣传任务的同时，积极配合国际舆论斗争，进一步加强了对西方主流社会的宣传，为准确、及时、全面地宣传中国，增进世界各国人民对我国的了解和友谊做出了不懈的努力，收到了良好的宣传效果。

1997年，国际台听众来信达65万多封，大大超过1996年的58万多封，说明国际台在世界各国的影响正日益扩大。

一、重大宣传任务完成得有声有色

1. 多场次、多语种直播覆盖广、影响大

1997年，国际台进一步发扬积极主动、开拓进取的精神，对邓小平逝世、“两会”、香港回归、十五大、第五届中国艺术节、长江三峡工程大江截流等重大事件进行了19场直播。这在我国对外广播史上是前所未有的。由于每次直播事先策划周密、准备充分，工作人员具有较强的临场应变能力，因而直播均获得圆满成功，并在国外产生了较大反响。

2. 突出对外特点，发挥广播优势

在搞好重大事件现场直播的同时，国际台还对43种语言节目做了统筹安排，力求使世界各国听众都能从我们的广播中及时了解到我国政治、经济生活和对外关系中的重大事件。

邓小平同志逝世期间，国际台共播发有关新闻77条，专稿30篇。从6月1日开始，全台各语言广播均开办了《香港回归特别节目》。仅从6月1日至7月2日，国际台43种语言广播就播发了有关香港回归的新闻26750条（次），各类专稿5490篇（次）。十五大期间，国际台除及时报道大会的动态新闻外，还有针对性地分专题播发了江泽民同志报告的系列新闻15篇。仅从9月12日至19日，就播发了有关十五大的新闻3397条（次），专题报道498篇（次），并向海外广播电视机构传送了新闻、专稿210条（篇）。

国际台对重大新闻事件的报道以时效快、信息量大、针对性强等特点，在海外引起了较为强烈的反响。许多听众在收听国际台广播后纷纷来信，表达对邓小平的崇敬和悼念之情，祝贺我国恢复对香港行使主权和我十五大的召开，并高度赞扬国际台对这些重大事件所做的出色报道。

3. “借船出海”以高落地率扩大我对外广播的影响

近年来，为加强对世界各国，特别是西方主流社会的宣传，国际台一直在努力解决短波长距离广播收听效果不佳的难题。1997年，国际台在充分利用现有的短波和中波从本土广播外，还利用多种手段，“借船出海”，使国际台节目多渠道地在海外直接“落地”，从而扩大了我对外广播在西方乃至全世界的影响。如邓小平同志逝世时，国际台将直播追悼大会实况的预告通知给美国“中国广播网”，该广播网将此预告刊登在纽约《世界日报》和《侨报》上；美国和香港的三家电台均全部转播了国际台对“邓小平同志追悼大会”的现场直播；国际台还将英语直播的信号提供给中央电视台的英语频道，从而使英语直播覆盖了更多的地区。由于海外传媒转播国际台直播信号、转载国际台的报道，以及国际台向海外广播电视机构传送我重要新闻，扩大了我对外广播在全球的覆盖面，加之这些电台、电视台、报纸或通过中波或调频在当地播出，或在当地拥有大量读者，这就使国际台的广播得以更加直接地、有效地进入了这些国家的主流社会。

二、配合国际舆论斗争，加强西藏问题的对外报道

1997年，国际台根据中央有关西藏问题的外宣部署，专门组织记者组赴藏采访，针对国外听众关心的话题，编发了系列报道《走入西藏》，内容涉及西藏政治、经济、文化、教育、卫生、宗教、人民生活等方面的真实情况。这组系列报道以充分的事实，对达赖分裂主义集团及国外敌对势力对西藏的历史和现实散布的欺骗性言论，进行了正面批驳，有力地配合了我围绕西藏问题开展的国际舆论斗争。

此外，国际台印地、尼泊尔、匈牙利等语言广播部也在专题节目《今日西藏》中加大了西藏问题对外宣传的力度，先后播出了《西藏的民主法制建设和人权状况》、《印度摄影家看西藏》等报道。国际台电视中心还用四种语言配音译制了国务院新闻办和中央电视台联合摄制的电视片《达赖》。这部电视片送到国外后，在许多国家引起了强烈的反响，对国外观众认清达赖妄图搞乱西藏、分裂祖国的真实面目起到了很好的作用。

三、成功地举办知识竞赛活动，增进各国听众对我国的了解

举办吸引听众参与的知识竞赛活动，是帮助国外听众深入了解中国的一种有效形式。1997年，国际台先后与陕西、甘肃、内蒙古有关部门联合举办了“陕西旅游与投资知识竞赛”、甘肃宣传月、“内蒙古知识竞赛”活动。其中，通过国际台43种语言广播举办的陕西知识竞赛共从155个国家和地区收到了听众答卷近26万份；为庆祝内蒙古自治区成立50周年，在国际台6种语言广播中举办的内蒙古知识竞赛共收到来自74个国家和地区的听众答卷13万多份；甘肃宣传月也取得了很好的宣传效果。很多国家的听众在来信中纷纷反映，国际台举办知识竞赛活动的形式非常好。过去他们对中国中西部地区知之甚少，通过收听广播和回答问题，增进了他们对这些地区的了解。不少听众还表示，有机会一定要到这些地区参观、旅游，一些企业界人士则希望到这些省市考察、投资。

此外，1997年底，为配合澳门1999年回归祖国，正在全球听众中举办《澳门知识竞赛》。

四、发挥优势，拓展对外电视业务

为进一步推动对外广播、电视形成合力，1997年，在继续提高国际台摄制的电视专题片《外国人看中国》质量的同时，进一步开拓了对外电视业务。继1995年开辟电视剧英文字幕译制工作后，国际台电视中心于1997年初又投资建立了电视片译配工作室。1997年，国际台电视中心共完成了近200个小时的译制任务，在向国外介绍我国政治、经济生活中的重大事件，配合国际舆论斗争、促进中外文化交流等方面都发挥了积极的作用。

五、加强业务研讨与交流，及时总结经验

国际台十分重视业务交流与研讨，深入地总结经验，对行之有效的做法予以推广，对工作中的不足及时予以纠正。1997年，先后组织召开了‘两会’、香港回归和十五大报道等全台性的研讨会。10月份，还邀请来自中央和地方41家新闻单位的代表参加了由国际台主办的“’97国际报道研讨会”，就学习邓小平理论，贯彻十五大精神，改进和加强国际问题报道进行了深入探讨。

附：

中国国际广播电台1997年十件大事

1. 党的十五大开幕前夕，江泽民总书记9月9日在中南海亲切接见了中国国际广播电台参加十五大开幕式英语现场直播的三位工作人员，详细询问了中国国际广播电台英语现场直播工作的准备情况，并对三位直播人员如何把握好政治报告进行了具体指导。此外，江总书记还就对资本主义和社会主义的认识问题、对外广播的作用以及新闻工作的素养等话题与三位直播人员进行了广泛而亲切的交谈，给三位同志及全台职工以很大的教育和鼓舞。

2. 国家主席江泽民向中国国际广播电台和中央电视台外国听众、观众、港澳台同胞和海外侨胞发表1997年新年广播电视讲话《为创造美好的未来而共同努力》。国内外新闻媒介纷纷报道，外国听众反应热烈。这是我国国家主席连续第七次对中国国际广播电台听众发表新年广播讲话，也是首次通过两台向海外听众、观众发表新年讲话。

3. 中国国际广播电台圆满完成党和国家一系列重大活动对外报道任务，并成功地用英语、汉语普通话和广州话三种语言对邓小平同志追悼会、“两会”、香港回归、十五大、中国艺术节、长江三峡截流六项重大事件进行了19场次现场直播，是历年来进行现场直播次数最多的一年。其中，十五大等英语直播信号为中央电视台英语频道共享，并为CNN、C-SPAN转播，扩大了传播范围。

4. 中国国际广播电台成功地举办了有关陕西省、内蒙古自治区、甘肃省、澳门等6次全球性或区域性的系列报道和听众知识竞赛活动，是历年来举办知识竞赛活动最多和收到外国听众反馈最多的一年。事实证明，在外国听众中举办系列报道和知识竞赛活动已成为中国国际广播电台对外宣传中国某一地区、某一行业的有效形式。

5. 8月，日本业余无线电联盟举办“日本’97业余无线电爱好者博览会”，并对25家国际电台进行评比，中国国际广播电台日语广播被评为“最受欢迎的国际广播”，名列第一。这是中国国际电台日语广播第二次获此殊荣。同年，中国国际广播电台的国际报道连续三年荣获中国新闻奖、中国广播奖一等奖。

6. 中国国际广播电台努力提高节目质量，改进听众工作，使发展中国家听众来信稳步增长，西方发达国家听众来信有较大幅度增加。1997年，中国国际广播电台共收到世界161个国家和地区的来信650634封，创历史新纪录。

7. 1997年5月27日，中国国际广播电台顺利实现了搬迁，并开始在新楼播音，标志着中国对外广播事业的发展新阶段的开始。作为国家“八五”重点工程的中国国际广播电台新楼位于北京市石景山区，是一座集广播编辑、语言录制、节目传送和播出为一体的现代化广播中心。

8. 7月29日，中国国际广播电台启用具有90年代世界先进水平的全数字音频广播设备，节目传送、播出及绝大部分语言广播节目录制告别磁带等模拟技术，使中国国际广播电台的技术水平进入了世界各国电台的先进行列。

9. 8月，中国国际广播电台开始使用卫星传送通过互转和租机形式在国外直接播出的节目，大大提高了广播讯号传输和播出质量。10月底，中国国际广播电台的稿件进入了国际互联网，开辟了对外广播另外一种传输渠道。

10. 8月、11月，新疆及云南两个对外广播发射中心的10部500千瓦短波发射机、4部600千瓦中波发射机正式启用。14部大功率中、短波发射机的投入，使中国对外广播的发射功率大大加强，从而改善了覆盖效果。

中央电视台概况

中央电视台

1997年，是中国历史上极其重要的一年。

这一年，中央电视台按照党中央的统一部署，宣传工作把握一条主线：高举邓小平理论的伟大旗帜，紧紧围绕经济建设这个中心，大力加强精神文明建设的宣传力度，牢牢把握正确舆论导向，为香港回归和十五大召开两件大事创造了良好的舆论氛围。正如李鹏总理1997年12月29日来中央电视台视察时所说的那样：“前台、后台的同志们都做出了贡献，你们功不可没！”

中央电视台各部门严格执行各项宣传管理制度，抓重点、出精品，节目数量和质量都有很大提高。截至12月底，全台八套节目总播出量52441小时，第九套节目全年播出3256小时，平均每天播出152.6小时。全台八套节目的栏目设置已经发展到305个。

一、重大宣传“战役”取得圆满成功

中央电视台1997年的宣传工作是紧紧围绕新年和春节、邓小平同志治丧活动、“两会”、香港回归、十五大、八运会、黄河小浪底工程、三峡工程、江泽民主席出访等重大活动展开的。

1. 邓小平同志治丧活动的报道隆重、庄严、深情、有序

2月19日，邓小平同志逝世。中央电视台反映迅速，表现出良好的政治素质和较强的应变能力。在整个事件的报道中，自始至终遵循了中央提出的“隆重、庄严、深情、有序”的方针。从20日起停播一切娱乐性节目和一些不合时宜的栏目，全面调整播出节目，增加新闻播出时间，仅20日当天即播出新闻497分钟，为正常状态（170分钟）的三倍。中央电视台派出十几个摄制组连夜深入北京各界，分赴四川广安、广西百色、上海、深圳采制全国各族人民深切悼念小平同志的新闻和专题，同时组织我驻美、驻港等地记者站及各地方台进行采访，深入、广泛地反映了全国人民及世界华人、华侨、国际友人对小平同志的哀思。邓小平同志追悼大会的直播过程中，参加工作的近两百名同志密切配合，忙而不乱，顺利地完成了任务。

2. 香港回归报道世人瞩目

中央电视台在中宣部及广电部领导下，团结鼓劲，克服各种困难，实现72小时连续播出。在这期间，中央电视台八套节目都投入香港回归报道，还新开了第九套节目，专门向海外播出外语节目。九套节目共播出221小时。重大活动现场直播25次，英语临时频道直播9次。

整个报道达到中央领导同志提出的“安全、准确、及时”的要求，除直播原定的八场重大活动（香港政权交接仪式、中国人民解放军驻港部队进驻香港、香港特区政府成立庆典、香港特区政府庆祝回归招待酒会、首都人民庆祝香港回归大型焰火晚会、国务院庆祝香港回归招待会、首都各界庆祝香港回归祖国大会、香港回归大型文艺晚会——《回归颂》）外，还实现了江总书记到达香港、外交部驻香港特派员公署开署仪式等活动的独家直播。

除了香港回归本身的宣传外，在香港回归之前中央电视台还做了大量前期配合性宣传。从年初起就在《新闻联播》节目中每日播报倒计时日期；在距回归百日之时开辟《香港回归倒计时》栏目，进行了《香港知识大赛》的总决赛；在距回归50天时播出了大型专题片《香港沧桑》的下部5集。此外，中央电视台还播出了反映香港历史、文化、风情的专题节目、文艺节目和电视剧。新影厂还拍摄了大量影片资料，计划编辑制作大型纪录片《世纪大典》。

3. 十五大报道隆重、热烈、准确、充分、生动

党的十五大是党的历史上具有里程碑意义的重要会议，不仅全国人民关心，而且世界瞩目。中央电视台精心部署，严密组织，圆满报道和宣传了这次会议。

中央电视台对十五大的报道有如下特点：

(1) 宣传规模大、报道时间长

会前、会中、会后三个阶段时间跨度约为4个月。

(2) 时效迅速，充分发挥电视优势

凡是会议的重要活动均采取现场直播的方式进行报道,如大会开幕式、新选出的中央政治局常委会见中外记者。而其他重要新闻，中央电视台也是最快播出的。

(3) 内外结合，报道充实

此次报道过程中,不仅充分重视会议的各项活动,也对会场外的种种反应给予关注,扩展了报道面,形成了内外结合的格局。

(4) 深度报道，精辟入理，收到很好的效果

会议期间，中央电视台制作播出了大量深层次报道的专题节目,其中会议专题节目8个,记者招待会专题节目7个。

(5) 精心策划，周密组织，配合性宣传丰富多彩

理论宣传、人物宣传、成就宣传,无不对会议本身起到了极好的气氛烘托作用。经济节目、科教节目和文艺节目也围绕十五大这一中心任务展开，形成和谐的环境，为会议宣传创造良好氛围。

(6) 积极拓展节目落地，对外宣传影响广泛

此次共有48个国家和地区的76家电视机构转播了中央电视台第四套节目和英语传送频道的信号，尤其值得指出的是，美国CNN、C-SPAN转播了中央电视台英语传送频道的直播信号，使中央电视台播出的重要新闻直接进入美国主流社会，同时传播到世界各个角落。这是1997年中央电视台继香港回归电视报道之后,成功取得的又一次对外宣传的重大进展,扩大了中央电视台在世界公众和媒体中的影响。

(7) 利用互联网络，拓宽宣传手段

从9月11日起,中央电视台国际互联网站开始发布中、英文版“十五大专辑”,共制作新闻近500页,图片100多幅以及部分活动画面和声音等。

4. 八运会报道及时、丰富、有新意

八运会是我国在本世纪举办的最后一次体育盛会。为生动地报道八运会盛况,展现中华民族满怀信心迈向新世纪的精神风貌，满足广大电视观众的收视需求,中央电视台的八运会报道采用“杂志”式的节目形式,在六个主要场馆设立单边注入点,由记者在第一时间为观众作现场报道和评论。这六个单边注入点所凸现的强烈现场感令观众耳目一新。

5. 黄河小浪底截流报道圆满成功

10月28日8点40开始，中央电视台第一套节目和第四套节目并机现场直播小浪底大坝合龙，英语频道也进行同步英语现场直播3小时，向观众展示了小浪底工程的宏伟、雄险,使观众目睹了龙口合龙的壮观情景,了解了小浪底工程在抗御洪水、减少黄河下流泥沙、蓄水发电、灌溉、防止凌汛、减少断流方面的重要作用。

小浪底大坝合龙的现场报道方式受到李鹏总理的高度评价。

6. 三峡工程大江截流报道圆满成功

三峡工程大江截流是人类工程建设史上的伟大壮举。为了让海内外电视观众亲眼目睹大江截流的壮观场面，中央电视台从11月8日上午8点开始，通过第一套、第四套节目连续14小时现场直播这一举世瞩目的人类征服自然的伟大壮举。

现场直播生动地反映了江泽民、李鹏等党和国家领导人对这一世纪工程的关注和重视。整个报道全方位、多角度地反映了三峡工程的重要作用，既有声势，也有科学的论证，通俗易懂，现场感强。

7. 江泽民主席出访美国的报道规模大

10月26日至11月2日，江泽民主席应美国总统克林顿的邀请对美国进行国事访问。中央电视台提出“准确、及时、充分、生动”的报道原则，多角度地展示了美国总统克林顿欢迎江主席的隆重场面，成功地报道了江主席访美期间的42场活动，30多个讲话。这次报道在保证准确的前提下注重时效，采取多点现场报道，突出电视的现场感。这次新闻播出创下两个“最”：其一是10月30日《新闻联播》播出的江主席在美国访问的新闻长达25分钟，为历次领导人出访新闻中最长的一次；10月31日《新闻联播》中播出13条江主席访美新闻，为领导人出访新闻条数最多的一次。

二、“两个文明”建设的宣传向深度、广度发展

1. 认真贯彻中央经济工作会议精神，切实做好经济工作宣传报道

1997年，中央电视台认真贯彻中央经济工作会议精神，切实做好经济工作的宣传报道，经济报道较有特色。在新闻和经济节目中播出的《九五头年话开局》、《现代企业制度试点为国企改革增添活力》，广告经济信息中心经济部在9月推出的《跨世纪的转变》、《软着陆》、《难点突破》等系列节目分别对经济改革中的热点问题进行分析，受到各方面关注。

中央电视台在加强农业报道方面也卓有成效。着重报道了农业丰收、农业强化科技、农村精神文明建设、冬季农田水利基本建设等方面的消息。

1997年的“3.15”晚会，在继续发挥新闻曝光、权威部门抽验结果发布等内容优势的同时，注重观众的参与效果。

2. 精神文明建设宣传形成系列

党的十四届六中全会以后，中央电视台进一步加大精神文明宣传力度。以推出先进典型和先进集体为重点，在《新闻联播》中开办《精神文明建设巡礼》系列报道，先后推出张金垠、王启民等典型。大型系列报道《边疆行》受到西藏、云南、广西等地广大边防战士的好评。

1997年，中央电视台“心连心”艺术团共组织了五次演出。所到之处引起强烈反响，受到各界赞扬。

此外，弘扬中华民族优秀传统文化的大型系列节目《中华文明之光》继续播出。

1997年中央电视台科教宣传声势浩大。3月9日，中央电视台首次动用卫星地面站、微波多系统配合成功地完成了对日全食——波普彗星同现的天象奇观现

场直播，这是一次成功的科普宣传教育活动。为宣传中央、国务院“科教兴国”的战略，中央电视台摄制的14集大型系列专题片《科教兴国》从3月3日至11日在一套黄金时间播出。该片受到舆论界、科技教育界和知识分子的普遍关注。5月还开办了新的《科技博览》栏目，在原《九州神韵》时段播出。

新影厂把深化管理体制改革作为全年工作重点，提出“调整、改革、提高”的工作方针，继续制作大型系列片《中华文明之光》，《纪录片之窗》由每周一期扩展为二期，《世纪回眸》在总结去年经验的基础上，由5分钟扩展为15分钟，并为《名段欣赏》栏目制作了一批节目。新影厂还生产了大型纪录电影《周恩来外交风云》、《丰碑》。

科影厂制作了动画片《灰豆儿》，并投产《小贝流浪记》，完成《科技博览》44集，还改版农村科教系列节目。科影厂生产的《种子正传》、《长城》、《羌塘》分别在日本须贺川国际短片电影节、罗马尼亚第四届国际旅游电影节上获奖。

三、强化精品意识，实施精品战略，进一步提高日常栏目和节目质量，制作一批思想性、艺术性都好的精品节目

1. 新闻节目进一步提高质量

精心组织，周密策划，圆满完成了’97香港回归、十五大、江泽民主席出访、八运会等报道，实现了长江三峡水利枢纽工程大江截流合龙、黄河小浪底水利工程截流合龙、漠河地区日全食——彗星同现天象奇观、南昆铁路全线铺通等大型现场直播。

2. 制作了一批既有思想性、又有艺术性的专题节目

推出《邓小平》、《香港沧桑》、《科教兴国》、《大三峡》、《达赖喇嘛》、《孙子兵法》等大型纪录片。

3. 文艺节目精彩纷呈

春节四台晚会取得成功。出色完成配合香港回归、十五大宣传的文艺节目，如《回归颂》、《首都人民庆祝香港回归联欢会》、《九七恋曲》、《继往开来》等大型文艺晚会。在第一套节目黄金时间播出了电视剧《和平年代》、《校园先锋》、《香港的故事》、《车间主任》、《大漠丰碑》、《潘汉年》、《红十字方队》等。

4. 一批优秀节目在国内外获奖

在中宣部举办的“五个一工程”评奖活动中，《邓小平》、《香港回归》获“五个一工程”纪录片奖；《喜马拉雅》获“五个一工程”歌曲奖；《人与自然》丛书获“五个一工程”图书奖；《鹤童》获“五个一工程”电影奖；《香港的故事》、《车间主任》、《和平年代》、《校园先锋》等十七部电视剧获“五个一工程”电视剧奖。

中央电视台香港回归报道获亚广联电视新闻交换丹尼斯纪念奖。

由文艺部制作的电视艺术片《黄河的故事》获亚广联文化放送亚广联娱乐节目奖。另外，还有一些专题片在国际上获奖。

四、加大宣传改革力度，明确规章制度，进一步调整栏目结构

从5月5日开始，中央电视台五套节目都有不同程度的调整。第一套节目更加突出新闻特色，增加一次新闻播出，即在早6点增加一档15分钟的《早间新闻》。《晚间新闻报道》由35分钟延长到45分钟，成为颇具特色的一个新闻节目。第二套节目调整相对较大，目的是强化经济特色。经济栏目《经济半小时》、《生活》、《财经报道》进入了二套晚上黄金时间，新开办《商桥》栏目。此外，二套9点以后增加了精品电视剧的播出量。第三套、第八套节目适当增减一些栏目，增加了晚间娱乐节目的总量。较受观众欢迎的《音乐电视城》、《东西南北中》、《中国音乐电视》等栏目也以新的面目出现。第四套国际频道根据“加强重点栏目、合并同类栏目、改造一般栏目、停办较差栏目”的原则进行较大调整，以突出外宣特色，增加对外报道的针对性、时效性及主动性。

附：

中央电视台1997年十件大事

1. 1月1日，中央电视台推出12集大型电视文献纪录片《邓小平》。该片记录了邓小平同志光辉业绩和伟人风采，艺术地表现了邓小平理论的形成和发展过程。该片播出后，在海内外引起强烈反响。2月19日，邓小平同志逝世，中央电视台及时、隆重、深情、有序地报道了邓小平同志的治丧活动，感人至深地反映了全国人民对邓小平同志的缅怀之情。

2. 按照中央统一部署，圆满完成香港回归、党的十五大等重大历史事件的宣传报道。中央电视台对党的十五大的进程、内容、精神和人物作了及时、充分、全方位的报道。会议前后，播出了《展示新成就，迎接十五大》、《中国之路》、《十五大精神与实践》等系列报道和专题节目，有力地配合了十五大宣传，受到广泛好评。为及时、充分地报道香港回归的盛况，中央电视台精心组织，精心实施，打破常规，自6月30日凌晨至7月3日凌晨第一、四套节目连续播出72小时，开办英语传送频道连续41小时现场直播报道香港回归的盛况，完成了中央电视台有史以来时间最长的大型直播报道。此外，成功进行了江泽民主席访美、长江三峡截流、黄河小浪底截流、南昆铁路全线铺通等国家重点建设项目和漠河地区日全食——彗星天象奇观的现场直播报道。这些重大新闻事件均拍摄了电影资料。

3. 深化宣传改革，八个频道的特色更加鲜明。第一套节目提前一小时开播，开办六点早新闻，以新闻为主的综合性频道特点更为突出；第二套经济节目进行全面改版，调整播出时段，经济栏目从两个增加到九个，首播时间从一小时增加到三个半小时，内容针对性加强，表现形式更加生动，经济宣传得到很大加强；试办了英语卫星传送频道，在党的十五大、香港回归等重大宣传报道工作中收到较好效果。

4. 实施精品战略，收效显著。电视剧创作空前繁荣，制作播出了《香港的故事》、《和平年代》、《车间主任》、《潘汉年》、《水浒传》等优秀电视剧作品；青少年精品节目制作又上新台阶，完成了第二个"六个一百工程"；"心连心"艺术团在遵义、大庆油田、韶山、三峡工地和香港举行了五场慰问演出，受到群众热烈欢迎。文艺栏目、专题栏目质量均有提高。

5. 节目获得国内国际奖项数量增加。在中宣部举办的"五个一工程"奖评选活动中，中央电视台制作和参与制作的16部电视剧获奖，占获奖总数的57%；同时音乐电视作品《喜玛拉雅》和丛书《人与自然》也分获"五个一工程"歌曲奖和图书奖。香港回归特别报道获得亚太广播联盟第24届新闻工作会议颁发的特别奖；《旋转舞台·江河湖海系列篇(一)黄河的故事》在第34届亚太广播联盟大会上获得娱乐节目最高奖——文化放送亚广联娱乐奖；纪录片《我们西藏·八廓南街16号》获法国真实电影节大奖。此外，中央电视台合作拍摄的儿童影片《鹤童》，科影厂拍摄的《种子正传》、《长城》、《羌塘》、《大脑潜能》均在国际电影节上获奖；中央电视台设计的片头《精品库》、《动物世界》分获国际片头大赛银奖、铜奖。1997年，是中央电视台节目在国际获奖最多的一年。

6. 国际频道和英语传送频道在海外落地取得突破性进展。中央电视台通过租用泛美4号、泛美5号、热鸟2号和银河4号卫星的Ku波段转发器，使节目实现了对欧洲、北美洲、澳洲、拉丁美洲和非洲的覆盖，这些地区的电视机构和家庭用户可用小型天线高质量地直接接收我台节目。目前，中央电视台节目在全球覆盖率已达98%；并逐步进入外国主流社会。

7. 数字电视技术的采用给电视宣传带来革命性的进步。中央电视台在国内率先采用数字技术，大规模进行技术系统工程建设，建成了9个数字演播室、22个数字后期制作系统、3辆数字转播车、4套数字移动地面站、30套数字非线性编辑系统等多套数字编辑制作系统，扩大了生产能力，优化了制作工艺，加快了模拟技术向数字技术过渡的步伐。技术进步为重大新闻事件现场直播创造了条件。

8. 全台规章制度的修订工作基本完成。此次由台办室牵头，全台各部门参加，经过充分讨论，集思广益，全面修订了全台规章制度。这是中央电视台管理年的一项重大举措，将对全台规范管理起到十分重要的作用。修订后的中央电视台规章制度共分五册，即《中央电视台行政管理规章制度》、《中央电视台人事管理规章制度》、《中央电视台宣传管理规章制度》、《中央电视台技术管理规章制度》、《中央电视台财务物资管理规章制度》。

9. 基本建设取得较大成绩，工作环境和职工居住条件得到较大改善。全年调整、分配职工住房430套(间)，为400多名职工改善住房条件。同时，彩电中心业务楼和空调改造工程年底基本竣工，初步具备使用条件，将改善全台的办公环境；一号演播厅建设工程完成，有效缓解演播室紧张的状况，并为1998年春节联欢晚会现场直播提供了场地。

10. 中国国际电视总公司重组完成，中视股份上市成功，集资3.9亿。全台全年广告收入达41.7亿元，创历史最高水平。上缴上级部门8.1亿元，上缴国家财政3.8亿元，均创历史最高水平。

有线电视概况

广电部社会管理司

在中央的正确领导及各级党委和政府的大力支持下，各级广播电视行政部门高度重视和全面推进有线电视的发展；有线电视台作为党和政府的舆论喉舌和宣传工具，坚持正确导向，坚持精品战略，日益成为社会主义精神文明建设的重要阵地；有线电视专业化、对象化、服务化的总体发展方针已经逐步确立并得到贯彻实施；国家级及省级、地市级、县级有线电视联网全面稳步推进。

在事业建设上，各地大力推进现代化、多层次、区域互联及多功能的有线电视传输覆盖网络建设。据不完全统计，截至1997年底，全国共有县级以上有线电视系统2000多个，专用光缆干线10万公里，电缆干线40余万公里，用户网络150万公里，入户终端6000多万户。北京、上海、山东、浙江、江苏、广东、吉林(数字微波)等省已经基本实现行政区域大联网。

有线电视宣传始终坚持正确的舆论导向，重点加强节目播出管理，并与之配套逐步完善有线电视节目制作、引进、发行、供片等环节的管理，有效地遏制了散滥现象的蔓延。首先，根据"控制总量"的方针，广电部对全国所有广播电视播出机构进行了全面的清理和重新审核登记。其次，为了"增进效益"，严格控制有线电视引进节目的数量，加强了引进单位、节目质量等方面的管理，加大执法力度，对有违规违纪行为的有线电视台坚决查处；并制定了一系列有关加强播出管理、提高播出质量的规定。

广播电视行政部门不断健全和强化有线电视管理，引导有线电视健康有序发展。1997年4月，广电部首次召开全国有线电视台长会议，会议进一步明确了我国有线电视的性质、地位、功能和作用，提出了我国有线电视跨世纪战略发展的任务、步骤和重点。下半年，根据党中央国务院的要求和统一部署，在开展广播电视行业治理整顿和广播电视播出机构重新登记工作的同时，广电部对全国有线电视播出机构的总量、布局和结构进行了建国以来最大的一次清理和调整，基本完成了全国县级播出机构的合并工作，基本完成了全国企事业有线台撤台改站工作，基本完成了全国各有线台节目频道及其呼号的清理规范工作，大力引导有线电视节目及频道播出朝专业化、对象化、服务化方向发展。通过落实以上行业管理任务，为下一步提高有线电视节目质量、增进有线电视宣传社会效益打下了坚实的基础。

各级广播电视行政部门在坚持有线电视政治和公益特性的前提下，适应现代新技术新应用迅猛发展形势的需要，积极利用社会主义市场体制下的资源基础配置机制，激活有线电视潜蕴的社会、经济和文化资源，开展社会化、专业化、对象化服务，丰富和强化了“喉舌和工具”功能，扩大和开拓了“精神文明宣传阵地”，推动和促进了我国信息业分工协作、公平竞争、快速发展的战略格局的形成。如浙江绍兴县广播电视局在实现全部20多个乡镇有线电视光缆联网的基础上，根据县委及政府要求，拟开通全县党务政务会议电视系统，将直接有利于加强党的基层组织建设，提高政府行政效率，大幅度缩减该县办公、会议及通讯等多项支出；又如深圳市有线电视台开展有线电视综合信息网建设和应用开发，与电子、电信等单位互利协作，并形成友好竞争、共同发展的良好格局。目前，在北京、上海、江苏、浙江、广东等发达地区的有线电视业务的扩展已渐成大势。

随着全国及各级有线电视区域性互联互通，各项宽带技术的日益成熟和推广应用，有线电视服务必将向专业化、社会化、多功能化、对象化、服务化全面、迅速地推进。我国的有线电视必将在两个文明建设中做出更大的贡献。　　（董　虹　彭文胜）

农村有线广播电视概况

广电部社会管理司

截至1997年底，全国已建成农村有线广播专用线316万杆公里，广播喇叭7891.2万只。全国有线广播喇叭入户率为33.3%，其中不少地区的有线广播入户率达80%～90%以上。全国已建成乡镇广播站4.2万个，从业人员20多万，现代化广播电视线路20万公里。已有1万多个乡镇开办了有线电视，农村有线广播用户达8000万，有线电视用户约2000万左右。农村有线广播网正逐步发展为音频广播与调频广播相结合，有线电视与有线广播相结合的多功能网络。

为落实广电部党组提出的要把事业建设的重点放在覆盖上，覆盖的重点放在农村的要求，1996年11月广电部在浙江召开了全国农村有线广播电视建设和管理座谈会，会议明确提出了今后一段时间内农村有线广播电视事业建设和管理方针：巩固有线广播，发展有线电视，实行有线广播和有线电视共缆传输，重点抓好乡镇、村级基层网的建设。

一、1997年农村广播电视工作的主要特点是：

继续巩固现有的农村有线广播网；在有条件的地方积极发展有线电视，实行广播电视共缆传输、协调发展、共同繁荣；在基础较好的地方，积极创造条件，开展多功能服务，增强农村广播电视的发展后劲，充分发挥广播电视的内在潜力。其建设原则是：统一标准，按章建设，起点要高。如山东龙口市广播入户90%，电视覆盖80%；河南邓州市广播覆盖95%，电视覆盖96%；安徽当涂县60%乡镇通有线电视，广播覆盖95%，电视覆盖96%；四川达县96%的乡镇建立有线电视。

强化农村广播电视在社会主义精神文明建设中的宣传阵地的作用，加强队伍建设，提高政治业务素质，为全面推动农村经济发展发挥作用。

不少地方将乡、镇广播电视站归县广播电视局统一领导、管理。重点落实对农村广播电视事业建设和宣传管理工作的科学化、规范化、法制化工作，加快立法步伐，加大执法力度，使农村广播电视健康有序的发展。

二、各省在执行广电部党组的指示精神和落实会议确定的目标时，结合本省的实际情况，采取有效措施，加快发展农村广播电视。如，江西省县以下调频转播台由177个增至549个，855个乡镇建起有线电视网，70%的乡镇建起调频广播，30%的村建起有线电视，50%的村通广播；吉林省县级全部建立有线电视，920个乡镇中520个通有线电视，实现了村村通广播；陕西省正抓紧全省县到乡、村的有线广播电视传输覆盖网的工作；贵州省提出有线无线结合、广播电视并重、小功率、多布点、多种形式的混合覆盖网的事业建设方针，在“八五”期间建设1400座收转站的基础上，“九五”期间再增加1500座；宁夏区厅确定乡镇有线电视建设工作的思路，提出“解放思想，加快建设，适应形势的发展”方针；黑龙江省政府强调，加强广播电视部门的政府职能作用，办好农村广播电视；湖南省领导要求努力提高农村广播电视覆盖率。　　（董　虹）

文艺广播概况

北京广播学院文编系

1997年文艺广播围绕香港回归、党的十五大以及开创外交工作新局面等几件大事，从中央人民广播电台到地方广播电台，狠抓节目质量，使精品战略真正落到实处。

中央人民广播电台文艺部于1997年1月1日开办第3套“文艺调频”节目，从一年来的运行情况来看，在贯彻台领导“强化民族音乐，活化严肃音乐，净化通俗音乐”的指导思想方面，作了一些较成功的努力，坚持高品位、雅俗共赏，在强调主旋律、坚持多样化、重视听众参与方面，有一定力度和深度。至1997年底，收到听众来信203918件，参与节目的热线电话88942个，来信来电涉及全国733个县市，其中省会29个，地级市165个，县级市517个。覆盖面和收听率均大有提高，成为听众日益喜爱的节目。

1997年春节期间，中央电台制作了25台大、中型的综艺、音乐、戏曲、曲艺、文学等特别节目。其中，除夕大型文艺晚会《春回千万家》长达5个半小时，在春节期间多次重播，还在对台、对港澳地区广播中播出。

中央电台音乐1组从3月到7月推出《同声高唱“回归”曲》等专题节目近20个，并于“七一”晚上推出直播节目《普天同庆颂回归》。为庆十五大推出10集专题《辉煌歌坛》、5集专题《动人的旋律、时代的强音》；在“八一”之夜推出了100分钟的大型音乐专题节目《70年风雨历程，70载军旅之声》；配合“’97中国国际歌剧舞剧年”播出作品20多部。该组的《音乐大世界》和《名曲欣赏》节目，在全台文艺类节目排名中分获第5和第6。音乐2组在完成“全国听众喜爱的歌手”等宣传任务的同时，承担了中央电台香港回归7小时大型直播节目中文艺部分的策划和制作，并与后方报道组一道受到广电部嘉奖；与铁路文工团合作制作了铁道部通令全路收听的音乐专题节目《南昆组歌》；策划组织了30个电台出席的《’97听众喜爱的歌手》工作年会，并联合11家广播电台播出了“全国听众喜爱的歌手”评选中的“提名歌手展播”节目，进一步扩大影响。戏曲组在香港回归宣传中举办了《迎七一盼回归戏曲曲艺联欢会》，还为第3套节目提供了40小时“京剧流派欣赏节目”；在邓小平逝世的宣传中，《空中大舞台》节目打破常规，集中播出了长篇传记文学《我的父亲邓小平》；推出了大型系列节目《戏曲百家》，集中展示戏曲名家巨匠的艺术成就。《广播剧和小说连播》节目，一年来实行了定额管理，积极性进一步提高，1996、1997两年参评“五个一工程”，两年获奖。同时，通过全国获奖新节目展播，由中央台帮助地方台录制的新节目的精品选播，做到了天天有新节目播出。全年播出了新录制的长篇小说6部(246讲)，播出或展播新广播剧28部(119集)。大型节目组在邓小平逝世宣传期间制作了配乐诗《伟大的船长》；组织了“迎回归歌曲展播月”和3台合办的《梦圆’97—优秀歌曲演唱会》；制作了大型广播特写节目《梦圆’97》和大型系列文艺专题节目《香港，你好》；组织了“迎接新世纪—庆祝十五大征歌活动”，并在十五大闭幕当天制作了特别节目《风展红旗如画》。采录工作全年录制各类配合重大宣传节目近百个，同时全力抓好国际音乐交流节目的录制和“五个一工程”歌曲的参评准备。录音资料室全年借出磁带五千多盘，入库光盘、磁带两千多个，入库节目两千多个，发节目一万多个。

贵州人民广播电台文艺部广开节目来源。音乐采录方面，录制了广播新歌应征歌曲《邓小平之歌》、《走进春天》等54首。录制了喜迎香港回归的歌曲15首，戏曲联唱1首，其它15首，全年总计录歌曲85首；转录了第十届全国广播新歌金奖歌曲13首，第六届“五个一工程”获奖歌曲27首，转录其它歌曲25首；录制了广播剧《挡道》、《下岗》、《老师》；录制了配乐诗朗诵《迎接香港回归祖国》、《长征颂》、《一个民族的盛大节日》和配乐散文《金黄色的星座》、《旗帜颂》、《东方明珠踏浪而来》等15组节目。还制作了电影录音剪辑《鸦片战争》、《红河谷》等。

甘肃省人民广播电台举办大型广播晚会，如1997年6月28日播出《礼赞回归》大型广播文艺晚会，1997年9月23日播出庆祝中国共产党第十五次全国代表大会胜利召开大型广播文艺晚会《为九月的节日歌唱》。

北京人民广播电台的音乐、文艺广播，本着“以节目为本，全面提高节目质量”的宗旨，下了很大功夫，收到了良好的效果。社会调查机构97听众调查的数据表明：①收听率大幅度上升。音乐台(97.4兆赫)的收听率，由1996年的23.16%上升到52%；文艺台(87.6兆赫)的收听率，由1996年的14.55%上升到44%。②众多栏目备受听众喜爱。北京人民广播电台收听率居前50位的栏目中，有将近一半是音乐台和文艺台的节目。它们是音乐台的《中国歌曲排行榜》、《音乐礼品卡》、《雀巢咖啡音乐》、《每周一歌》等18个栏目，文艺台的《空中笑林》、《空中书场》、《中国歌曲排行榜》、《名歌名曲》、《空中曲苑》等5个栏目。

北京音乐台的《中国歌曲排行榜》、《世界歌曲排行榜》、《每周一歌》，文艺台的《空中笑林》、《黄金大戏院》，被北京广播电视局评定为1997优秀栏目。1997年获得了全国精神文明建设“五个一工程”奖(即歌曲《青藏高原》、广播剧《爱的奇迹》)，广东国际广播音乐博览会金奖，第六届国际广播音乐节目优秀节目主持人金奖等3项大奖。

为了最大限度地调动人的积极性，北京音乐台改革了分配制度，根据60多个栏目的不同社会效益，分为四个级别发给节目小时工资，最高一级和最低一级的工资差额是2/3，相应建立了一套播出系统细致、便于操作的规章制度，较好地处理了节目质量与数量、社会效益与经济效益之间的辩证关系，使之步入了良性循环的轨道。

目前，广播事业建设已步入高科技发展的前沿，为实现“系统数字化、制作网络化、播出自动化”——世界一流现代化电台这一目标，做了大量基础性工作。北京音乐台告别了传统的工作方式，为每一位编辑配备一套电脑制作系统，共设置40个数字音频工作站，实现了网络化，即编辑在自己办公桌上制作好节目，通过网络直接输入播出机房，由电脑调控自动播出。文艺台也已设置了13个数字音频工作站。

名牌是一个电台整体实力的具体体现，也代表着一个电台的自身形象、权威性、信誉度、品位及规格。创名牌是一个系统工程，需要发挥整体优势进行多方面的努力。从中央人民广播电台到各地的综合台或专业台，都在增强精品意识，改革创新，大力发展名牌节目。

(张凤铸)

电视文艺概况

北京广播学院文编系

大题材、大手笔，鲜明的时代感与广泛的参与性，构成了1997年中国电视文艺的总体潮流。

香港回归祖国，一雪百年国耻。以迎接香港回归为主题，全国电视文艺界纷纷推出各种综艺、专题节目，仅以晚会为例，在收视率排行榜前十名的就有4台以“回归”为主题，其中“北京人民迎回归”收视率高达47%。荣获“五个一工程”大奖的两部大型电视系列片《邓小平》与《香港沧桑》，首先体现出了极高的历史文献价值，在艺术上同样以其宏大的规模、气势与精致的构思、表现，值得在电视文艺史册上大书特书一笔。

本年度中国电视文艺最高奖“星光奖”(第11届)，共评出了34个优秀栏目和149个优秀节目。在综艺类节目中，《七彩虹——'97文化部春节晚会》、《'97春节联欢晚会》获特别奖；《星光灿烂——中国电视文艺十周年大型晚会》、《综艺大观》第133期获一等奖；在专题类节目中，《文化视点——漫话艺德》、《六龄童》获一等奖；获音乐节目一等奖的是《'97新年音乐会——咏雪赞春》、《歌从这方来——第三届外国人演唱中国歌大赛》；获歌舞节目一等奖的是《我是一个兵——心连心艺术团“八一”慰问演出》、《月涌大江流——'96中秋晚会》；获戏曲节目特别奖的是《中国京剧音配像精萃》、《菊苑颂春——'97春节戏曲晚会》，获戏曲节目一等奖的为《'97新年京剧晚会》；获曲艺杂技类节目一等奖的是《曲苑杂坛》第54期；获戏剧节目一等奖的是《鲜花和芹菜》；音乐电视作品《好日子》、《辣妹子》获小型音乐节目一等奖。本届“星光奖”的单项奖分别颁发给了《星光灿烂——中国电视文艺十周年大型晚会》(优秀撰稿、优秀导演、优秀音乐)、《'97春节联欢晚会》(优秀摄像)、《天地之间》(优秀编辑)、《'97辽宁春节晚会》(优秀美术)、《星河千帆舞——第三届中国长春电影节开幕式晚会》(优秀照明)。

1997年中国电视文艺栏目在1996年基础上继续加大了改版力度。以中央电视台为例，《综艺大观》以“近、快、新”为追求目标，推出“系列小品”、“综艺传真”与“新起点”等小板块；《正大综艺》以更新的调度方式加强了嘉宾与观众之间的联系；《曲苑杂坛》新增赏析节目《小品小品》；《东西南北中》推出“中国民族时装”等系列节目，《文化视点》选题更为广泛，制作更趋规范；《旋转舞台》则推出清新、大气的“江河湖海系列”节目。这些有代表性的名牌电视文艺栏目的改版、改造，无一不是为了更贴近时代、贴近百姓，加强与社会的交流，加强观众多方面、多层次的参与。值得一提的是，在戏剧艺术很长一段时间的落寞之中，中央电视台推出了一个以戏剧史、戏剧人、戏剧潮为板块内容的新栏目——《戏剧天地》，其主打板块“梦幻剧场”以戏剧表演迷的摹拟表演为主要形式，令人耳目一新。各地方台文艺栏目也在内容与形式各个方面不断进行着探索与创新。一些年轻的栏目在改版中力求有所突破，其努力也得到广泛好评。

“1997中国音乐电视大赛”在规模、策划、组织、制作上又有了进一步拓展与提高，共有147部音乐电视作品获奖，其中《乡里乡亲》、《冰糖葫芦》等25部作品获金奖；《太阳的故事》、《天骄》等获银奖；《九妹》等80部作品获铜奖。除最佳歌词奖空缺外，各单项奖包括荧屏奖、集体荣誉奖、特别荣誉奖也各有得主。从中我们可以看到，未来音乐电视要在创作上特别是歌词创作上作出较大努力。

1997年还举办了“首届全国儿童音乐电视大赛”，《小船》等10部作品获金奖，《柳桥的故事》等21部作品获银奖，《奶奶戴上小黄帽》等32部作品获铜奖。中央电视台、河北电视台、深圳电视台等5家单位获得组织奖。为孩子们送去他们喜闻乐见的、表达他们生活和情感的音乐电视，应当是电视文艺工作者义不容辞的责任。

集中展现音乐电视作品、成就及音乐电视生活的《音乐电视城》、《中国音乐电视60'》等栏目，加强了演播室内的观众与嘉宾参与，交流、表述方式更为灵活、生动，成为推出音乐电视最重要的渠道。

1997年中央电视台“心连心”艺术团先后赴大庆、三峡、韶山、香港等地进行慰问演出，电视转播后在全国产生了极大反响。“心连心”艺术团的组织、筹划与表演、传播，不论是其政治意义还是其文化意义，都不容低估，其重大的题材内容、强烈的时代特点、大写意的创作风格、大规模的群众参与，都成为中国电视文艺领域中一道亮丽的风景线。

纵观1997年中国电视文艺，我们也看到存在着一些问题。其一，创作力量较为薄弱。构成电视文艺主体内容的音乐、歌舞、相声、小品等，优秀创作匮乏，影响了电视文艺整体水平；其二，主持人出现青黄不接局面。一些功成名就的老牌主持人或淡出或改行，而新生代主持人要走向成熟，还需相当一段积累与努力；其三，电视文艺格局还需做很大调整。目前综艺类节目套路逐渐老化，专题类节目还在逐渐摸索中，信息类节目则极为稀少，这种格局显然大大降低了电视观众对电视文艺的渴盼与期待。电视文艺要有更大作为，必须清醒地看到这些问题并以得力的措施予以解决。

(胡智锋、郑冬梅)

电视剧创作概况

中国电视艺术委员会

据中国电视艺术委员会统计，1997年，全国电视剧题材规划数为859部12684集，而实际完成生产数为832部8272集。整个创作，继续保持着健康发展的良好势头。

第17届“飞天奖”共收到参评作品123部892集，获奖69部509集。这届“飞天奖”的获奖作品，基本上代表了本年度全国电视剧创作的较高思想、艺术水平，体现了“弘扬主旋律、坚持多样化”的总体风貌。透过这些获奖作品，我们可以看出，当前全国电视剧创作呈现出令人欣喜的繁荣局面，基调健康，题材丰富，风格多样，成绩显著，在社会主义精神文明建设和“以优秀作品鼓舞人”方面，做出了应有的贡献，并逐渐显现出作为中国特色社会主义文化重要组成部分的电视剧在思想内涵及美学风格上的一些特质，值得认真探讨和科学总结。

1. 努力奏响时代的主旋律，展现人物精神世界的崇高美。努力奏响时代的主旋律，讴歌人民大众的创造精神与高尚情操，以“凝聚和激励全国各族人民”，“营造良好的文化环境”，是电视剧创作者义不容辞的光荣使命。

第17届“飞天奖”名列榜首的两部长篇电视剧《和平年代》与《车间主任》，都是反映当前现实生活的作品。《和平年代》通过对一批当代军人形象的塑造，尤其是通过秦子雄这个人物形象的塑造，既表现了新的历史环境中军人所遇到的价值观念的冲突，又表现了他们作为军人在平凡中对不平凡的精神价值的坚守。这部作品不仅纵情讴歌了当代中国军人的军魂，而且实际上也讴歌了当代中国的国魂和中华民族的民族魂。这对于凝聚和激励全国各族人民，无疑具有重要的现实意义。《车间主任》切入了当前国有大中型企业改革的现实及面临的阵痛，塑造了以段启明为代表的一批工人群象，表现了他们在历史前进中承受重负，努力克服困难，以无私奉献的精神支撑着历史变革的行进，并在这场史无前例的历史变革中自觉不断调整自身的精神格局。另外，象《问鼎长天》、《大漠丰碑》、《燃烧的烛光》、《党员二愣妈》、《吴天祥的故事》、《民警程广泉》、《法官谭彦》、《红十字方队》等等作品，描写了普通人在平凡岗位上默默无闻地工作，克服这样那样的困难，心灵深处都迸发出一种朴素的、崇高的美，表现出了一种可贵的社会责任感。这一点，在一批历史题材的作品中也得到了充分体现。如《弘一大师》、《林则徐》、《司马迁》、《血战万源》、《长征岁月》、《遵义会议》、《大渡桥横铁索寒》、《潘汉年》等，焦点都普遍集中在揭示人物的精神世界与人格境界上，表现了历史人物在当时历史环境中对正义、对真理的追求，表现了他们高尚的精神境界和人格魅力。

2. 努力实现思想性艺术性的统一，增加作品的吸引力和感染力。

1997年电视剧创作水平的提高，不仅表现在思想内容的健康向上和深入开掘，而且表现于对电视剧语言与艺术规律认识的不断自觉，从而使作品的思想性真正通过艺术性表现出来，使作品的艺术性承载着尽可能深广的历史内容。《和平年代》与《车间主任》这两部作品在艺术处理上有一个共同特征，这就是大量地运用了人物“讲演式”的对话，以强化作品的思想性和思辨色彩。这样做并没有给观众以概念化、说教化的感觉，相反，这种对话成为艺术感染力的重要因素。究其原因，就在于这种对话本身已经艺术化、审美化了，成为艺术有机组成部分之一。我们从这两部作品中，更多地感受到的是有思想的艺术与有艺术的思想。

努力实现思想性与艺术性的统一，增强作品的吸引力感染力，还体现在历史剧创作中。比如《林则徐》、《司马迁》、《弘一大师》、《遵义会议》以及根据名著改编的《子夜》等作品。这些作品的题材与人物，都有相当深厚的文化意蕴与历史内涵，不是为历史写“心”，就是传文化之“神”，或是展示人的精神世界。这些作品的成功或基本成功的经验表明，电视剧这种艺术形式也是可以攀登思想与文化的高峰的，是可以容纳博大、融化精深的，关键在于坚持唯物史观，充分发挥电视语言的艺术潜力，掌握电视剧的艺术规律。

3. 努力实现题材资源的最佳配置和创作生产力诸因素的优化组合，为多出精品、多出人才提供有力保证。

在这方面，广东的经验具有普遍意义，值得在全国推广。近几年来，从《外来妹》到《情满珠江》，到《英雄无悔》，再到《和平年代》，广东持续多年推出了思想性艺术性俱佳的优秀作品，为全国观众喜闻乐见。他们的经验，集中到两点：一是善于发挥地方优势，实现题材资源的最佳配置，选择最具有南国特色的题材并深入开掘；二是善于调集各方面的优秀创作人才加以优化组合，形成审美合力，从而保证思想上艺术上的高质量。中央电视台影视部和中国电视剧制作中心，近几年来也佳作迭出，取得了引人瞩目的成绩。他们的经验，同样也证明了实现题材资源的最佳配置与创作生产力诸因素的优化组合对于多出精品、多出人才的重要意义。

此外，在1997年，历来成为弱项的少儿题材电视剧创作取得了明显的进步，薄弱状况有所改观。这首先是全国电视工作者响应党中央和江泽民总书记号召结出的硕果。第17届“飞天奖”参评的少儿题材电视剧共有22部108集，比上届增加了45%。其中获奖作品如《校园先锋》、《太阳小队》、《贾里的故事》、《小小生命树》、《嘟嘟的故事》、《金豌豆》、《红剪花》、《第三军团》等，都得到了广大观众、尤其是少年儿童观众的好评。尤其值得一提的是，《校园先锋》这部长篇电视剧通过生动的艺术形象，敏锐地提出了素质教育的课题，引起了有关方面及全社会的关注。

当我们实事求是地、客观地评估了当前全国电视剧创作的成绩与进步后，还须看到，电视剧创作离党和人民的要求还有较大差距。主要表现在：一是佳作不多、精品尚少，还有大量的平庸之作存在；二是少数民族题材电视剧创作仍然十分薄弱。这须引起我们注重。

（仲呈祥）

少数民族语言广播概况

中央人民广播电台等

中央人民广播电台的少数民族语言广播

1997年，中央人民广播电台蒙古、藏、维吾尔、哈萨克、朝鲜5种少数民族语言广播和用汉语普通话进行民族宣传的《民族大家庭》专题节目，圆满完成了一系列重大宣传任务，采写制作了一批有深度、有新意的稿件和节目。在这同时，中央台的少数民族语言广播在深化节目改革，增强针对性，提高收听率方面继续进行了探索，并取得一定成效。

准确及时地报道了一系列重大事件

在1997年的重大事件中，既有一年一度的“两会”，又有邓小平逝世、香港回归、党的十五大、内蒙古自治区成立50周年、长江三峡大江截流等重大事件。中央台从事少数民族广播的近百名各民族同胞，同心协力，克服困难，创造性地工作，圆满完成了上述重大事件的宣传任务。

加大了扶贫宣传的力度

贫困人口大多集中在中西部、荒漠地区、黄土高原地区、边疆地区，而这些地区大都是中央台少数民族广播的对象地区，扶贫攻坚宣传也就理所当然地成为中央台在本世纪末民族宣传中一个经常性的需要着重抓好的重要话题。正是基于这一认识，中央台从年初就明确提出，把扶贫攻坚的宣传作为本世纪末特别是今年民族宣传的重要宣传任务来抓，组织了如下宣传活动：

1. 在全国人大八届五次会议和全国政协八届五次会议期间，中央台把“加快民族地区经济发展，逐步缩小东西部差距”作为民族广播的报道重点。

2. 同国家民委联合举办了系列广播谈话：扶贫经验谈。向听众介绍了近几年来我国一些贫困地区在实施扶贫开发工作的实践中探索出的10种扶贫到户的模式。

3. 采写制作了5集连续报道：《来自雪域高原的报告》。介绍了62项援藏工程的建设情况以及这些工程建设对西藏经济和社会发展所产生的重大促进作用。

4. 参与云南省组织的扶贫采访团，采写制作了7集系列报道。

在增强针对性、深化节目改革方面取得成效

各少数民族语言节目以增强针对性为突破口，以提高收听率为目的，在深化节目改革方面取得了一定成效。

香港回归宣传报道中，考虑到有些少数民族听众听不懂汉语广播、看不懂汉语电视和报纸，中央台就编辑制作了6集广播谈话：《回归前夕话香港》，于回归前夕在5种少数民族语言节目中广播。

蒙语广播抓住内蒙古自治区成立50周年这一时机，充分报道了中央代表团同内蒙古各族人民庆祝自治区成立50周年的活动和中央台记者组采写的《庆祝内蒙古自治区成立50周年专题报道》，还同内蒙古人民广播电台联合采制了20集系列报道《突飞猛进的50年》，充分反映了我国成立最早的省级民族自治区50年来特别是改革开放以来各条战线取得的成就。

藏语广播开办的《空中信箱》栏目，去年一年共播出内地西藏中学同学的藏语家信录音1100多封，收到听众来信来电近千封(个)。为了密切同听众的联系，扩大藏语广播的宣传效果，《空中信箱》栏目的编辑还将栏目主持人和同学们一起录制家信的情景一一拍成照片，将照片寄给每位家长，使家长们不仅能从广播中听到自己孩子的声音，还能通过照片看到孩子录音时的音容笑貌。这种声像并举的宣传方式弥补了广播的短处，受到听众的普遍欢迎。

朝语广播为了加强广播的针对性，在1997年对部分栏目进行了调整，新开办了《今日话题》栏目，先后播出了《正确引导朝鲜族农村人口的流动》等34篇稿件。这些稿件谈论的都是朝鲜族听众普遍关心的话题，具有较强的针对性，播出后受到听众好评。（王连西）

地方台的少数民族语言广播

内蒙古蒙语广播　1. 内蒙古人民广播电台蒙古语新闻部为做好迎庆自治区成立50周年的宣传报道，在保留《全区联播》中原有的《’96回顾》和《以实际行动迎接自治区成立50周年大庆》栏目的同时，在《午间新闻》节目中开辟了《半个世纪的内蒙古》特别节目，在《农牧民之友》节目中开设了《迎接自治区成立50周年大庆》专栏，取得了较好的宣传效应。一年中共播发各类体裁的新闻近500条，其中，重点报道120余条，专栏、特别节目64组。

1997年5月初在中央人民广播电台蒙古语新闻节目中开设了《美丽富饶的内蒙古、飞速发展的五十年》专栏，共播发21篇新闻专稿和人物专访。

1997年在中央人民广播电台和国际台播发了18篇各类体裁的稿件，较全面地宣传了内蒙古自治区成立五十年来在党的民族区域自治政策的指引下取得的成就和发生的巨大变化。

1997年，先后有16名编辑、记者赴锡盟、巴盟、伊盟、赤峰、哲盟采写出系列通讯《改革大潮中的锡林郭勒人》（共三篇），系列报道《党员三结合致富链》（共五篇）等一批重点稿件。

为做好迎接党的十五大的宣传，蒙古语广播新闻分四路人马，赴自治区9个盟市采写十四大以来自治区各地的巨大变化，连续播发了四十多篇专稿或系列报道，为自治区迎接十五大营造了良好的舆论氛围。

在自治区党委六届六次全委扩大会议期间和会后播发了"旗县长访谈"系列专访，对于广大牧区如何调整思路，深入落实十五大精神，加快经济发展步伐，在舆论方面起到了有力的引导和配合。

在迎香港回归的宣传中，为了让广大边远地区的蒙古语听众及时、准确收听到这一具有重大历史意义的盛事，蒙古语广播新闻组织了精干的报道组，连续工作38小时，报道了交接仪式等主要活动和呼市地区以及边远牧区牧民的反响，形成了很大的宣传声势。

2. 内蒙古人民广播电台在蒙古语专题节目中开展了《半个世纪的内蒙古》、《我与内蒙古》征文活动和《香港回归之声》、《十五大专题》等系列专题节目。自采节目150多组，被采访者达300多人次，下乡采访13人次。其中《半个世纪的内蒙古》荣获自治区党委宣传部颁发的五十年大庆好新闻奖，五组节目被纳入《五十春秋的辉煌》一书。

3. 1997年7月5日，内蒙古蒙古语文艺广播举办了《五十春秋颂》大型蒙古语广播晚会。中央电视台7月19日、24日、27日、28日、8月9日在第二、四套节目中分别在海外版、中华艺苑节目中播出，并在内蒙古电视台连续播出。

内蒙古台蒙文艺广播以迎香港回归庆自治区成立五十周年为主要内容，有计划、有步骤地采、编、录播了各类文艺专题节目130多组，组织展播各盟市电台文艺专题节目12组，剪辑制作播出电影15部。

内蒙古台蒙文艺广播音乐节目全年编排播出了216组文艺节目。

广播文学节目全年新录制蒙古语说书200小时、好来宝20首、诗歌40首、散文35篇，全年文学专题共播出160组（每组30分钟）。　　（李保国）

黑龙江朝鲜语广播　1997年，黑龙江省的朝鲜语广播积极宣传香港回归祖国、党的十五大等重大事件和朝鲜族人民的经济、文化建设成果。

黑龙江人民广播电台设有全国唯一的省级朝鲜语广播，编制36人。每天播出5个小时。从1997年10月16日起其中一个小时节目通过亚洲2号卫星的转发扩大了广播覆盖面。五常、阿城、延寿、海林、宁安、穆棱、鸡东、密山、汤原、勃利等10个市、县的广播电视台设有朝鲜语广播。

1997年，省台朝鲜语广播举办了"电话新闻传稿比赛"、"精神文明建设报道"比赛、朝鲜族卡拉OK演唱比赛、全省朝鲜族农村村级经济协作及村级班子建设研讨会等大型活动。全年共向韩国放送公社（KBS）传稿540余件，向国外宣传了黑龙江省的改革开放情况、投资环境及朝鲜族的经济、文化、教育事业发展状况。

中国广播电视学会少数民族广播电视研究会举办的第三届全国朝鲜语广播电视系统优秀节目（稿件）评奖中，黑龙江人民广播电台及各市、县朝鲜语广播机构选送的节目（稿件）共有15篇入选，分获一、二、三等奖；入选作品数量居各省市之首。省台的一篇评论获"中国广播奖"二等奖。中国广播电视学会少数民族广播电视研究会举办的第一届全国朝鲜语广播歌曲评奖中，省台编采人员创作的1首歌曲获一等奖，3首歌曲获二等奖。在黑龙江省举办的省级广播电视各类评奖中，省台和市、县台朝鲜语广播机构共获一等奖7件，二等奖11件，三等奖10件。　　（南炳华）

四川藏语广播　1997年，四川人民广播电台藏语部办有康巴语《藏语新闻》节目，每日20分钟；安多语《对牧区广播》节目，每日20分钟；康巴语专题节目《雪山草地》，每周播出三次，每次10分钟；另外，还办有汉语《雪域金桥》节目，每周播出6次，每次10分钟。

认真办好《藏语新闻》节目，这是四川台藏语广播的中心工作。节目以"发布新闻，传达政令，把握导向，维护稳定，促进民族团结"为指导思想和节目宗旨，在1997年，围绕迎接香港回归和党的十五大召开两件大事，有计划、有步骤地完成了一系列宣传报道任务。全年播出新闻节目636组，约165万余字。

藏语专题《雪山草地》，全面宣传了藏区两个文明建设的成就和经验，讴歌民族团结、社会进步的新人、新事、新气象。

为贯彻"依法治省"的精神，针对四川省民族地区实际，藏语部与团省委联办了《青少年法制之声》广播讲座，讲座共98组，用汉、藏、彝三种语言同时播出，受到了广大听众的欢迎。

汉语《雪域金桥》节目，围绕"向藏区多方面、全方位介绍内地发达地区，提供信息，并向内地介绍藏区的民族风情、自然资源和旅游资源"的节目宗旨，全年共播出156组节目。

1997年10月，第二届全国藏语广播电视优秀节目评选在西藏拉萨举行。四川台有5件作品分别荣获一、二、三等奖。

藏语部记者采写的消息《石渠县4000多户牧民告别帐篷走进定居房》，荣获四川台1997年度好稿评选一等奖，并荣获1997年度四川省广播新闻奖二等奖。
（益西彭措）

云南少数民族语言广播　云南人民广播电台办有西双版纳傣语、德宏傣语、傈僳语、景颇语、拉祜语等五种少数民族语言广播，每种语言广播分别办了《新闻节目》、《学习节目》、《科技与卫生》、《民族天地》、《周末节目》、《文艺节目》。此外还办有汉语《民族天地》和《边地艺苑》节目。每种语言广播节目时间为45分钟，重播一次。其中新闻15分钟、专题10分钟、文艺20分钟。各种语言广播每天安排上星节目一次，每次45分钟。

1997年，民族部坚持正确舆论导向，坚持抓好广播宣传质量，严格把关，精办栏目，保证安全播出，使民族语广播宣传取得了较好的成绩。邓小平同志逝世、香港回归、十五大召开是1997年的三件大事。按厅台的部署,民族部在三大战役的宣传中做到有计划、有动员,全体编译播人员以高度的政治责任心、极大的热情投入到宣传工作中。先后开办了《迎香港回归》、《展示新成就,迎接十五大》、《十五大精神在边疆》等栏目。邓小平逝世共播出40多篇重要文章和报道,香港回归播出60多篇,十五大宣传播出80多篇。

1997年民族部与省民委联合举办了《民族天地》栏目,省民委主任、副主任和各处室领导亲自撰写文章,发表广播讲话。全省各地州市县民族宗教部门也把《民族天地》栏目做为宣传工作的重要阵地,积极提供稿件。全年播出录音讲话、专访、文章、通讯等55篇稿件。

一年来在各类节目中及时播出中央和省委有关扶贫攻坚的方针政策,播出各地扶贫攻坚取得的成绩和经验,派出记者到八个地州十多个贫困地区采访,共播出扶贫攻坚专稿50多篇,消息70多条,有力推动了全省扶贫攻坚战略。

1997年民族语新闻节目共播出260组2300多条,专题播出165组270条(篇),周末节目播出260组1200多条(篇)。 (云南人民广播电台民族部)

新疆少数民族语言广播 1997年,新疆人民广播电台维吾尔、哈萨克、蒙古、柯尔克孜四种少数民族语言广播在抓好日常各类宣传报道的同时,突出抓了以下两方面工作:

一、全力搞好三大宣传战役。1.邓小平同志悼念活动的宣传。在邓小平同志治丧期间,维、哈、蒙、柯语广播因大量压缩文艺节目,翻译量成倍增长,维语每天除转中央台节目1.5小时外,自办有关邓小平同志的专题节目11个小时,哈、蒙语分别译稿近20万字。2.庆祝香港回归宣传报道成绩斐然。维语新闻部在翻译汉语稿件的同时,自采自编68篇稿件,维语专题部开辟了专栏节目《迎香港回归》;哈语共发稿168篇,开辟了《香港百年》专栏;蒙语发稿188篇;柯语发稿20多篇。6月30日、7月1日整个宣传达到高潮,维、哈、蒙语播出了大型录音特写《天山欢歌庆回归》。为及时播出香港回归的重大消息,各民族语言编辑部连夜作战,维、哈语播出时间比中央台的维、哈语广播早6至7小时,蒙语比中央台蒙语节目早11小时;在新疆各民族语言媒体中,播出香港回归重要消息也是最快最早的。3.圆满完成十五大宣传报道。为迎接党的十五大胜利召开,各民族语言节目统一行动,形成合力。新闻节目开辟了专栏《天山展新姿,喜迎十五大》,专题节目开辟了《十五大代表风采录》、《展示新成就、迎接十五大》等栏目,共发稿780多件。

二、少数民族新歌录制工作再上新台阶。维、哈、蒙、柯四种语言广播一年共录制609首新歌曲,这是近10年来新疆台民族语言广播录制新歌最多的一年。审听专家们反映,这批新歌曲内容丰富,体裁多样,品位较高,录音质量上了一个档次。

对台湾广播概况

中央人民广播电台等

中央人民广播电台 1997年,中央人民广播电台对台湾广播以香港回归和党的十五大宣传为主线,出色地完成了任务。

把握两岸关系的变化,注意研究台湾情况,发挥积极舆论引导作用,是中央人民广播电台对台湾广播的一项重要任务。1997年,编辑部自己撰写播发的评论、新闻述评近60篇,并在新闻和有关专题节目及时播发新华社、人民日报等有关台湾问题的社评和议论性文章。在把握好对台宣传方针政策的前提下,配合重大宣传战役,追踪台湾情况,对台湾当局的分裂行径和某些社会现象及时、适度地发表评论。如香港回归,举国共庆,海外华人华侨无不欢欣鼓舞,唯独台湾当局反映冷淡。为此,对台湾广播编辑部撰写了《请看台湾当局的狭隘心理》、《从香港回归看"一国两制"的可行性》等多篇评论。

抓住机遇,突出香港回归的宣传重点。根据中央人民广播电台对台湾广播特殊的宣传任务与对象,宣传"和平统一、一国两制"一直是对台广播宣传的根本方针和主要内容。"一国两制"在香港的成功实践,对祖国统一大业具有率先垂范的作用。因此,如实、充分地报道这一历史性的进程和伟大时刻便成为1997年对台广播报道的一条主线。新年伊始,特别是进入4月份以后,对台湾广播的各专题节目相继推出《相逢在九七》、《中国统一大家谈》、《香港基本法讲座》、《香港明天会更美好》等大型系列专题报道。《新闻》、《新闻广场》也辟出《九七回归话香港》、《香港回归》等专栏。全年播出约60万字。仅倒计时10天,就播出有关消息650多条,专稿120多篇,有力配合了中央对外对台宣传部署。

6月30日至7月1日,中央人民广播电台对台湾广播成功地并机实况转播了香港政权交接仪式等几场直播节目。在这期间,对新闻节目相应作了调整,增加发稿次数,重要消息随时插播,以增加时效性和加大信息量。在回归之夜电话采访台湾、香港、澳门等地同胞和海外华人华侨,赶制特别节目,于实况直播并机结束后的第一时间顺利播出。7月上旬以后,对台湾广播仍然抓住机遇,做好香港回归后的后续报道。

党的十五大的报道,是1997年中央人民广播电台对台湾广播宣传的另一条主线。十五大期间,对台湾广播的两套节目成功地并机转播大会各项活动的实况,并及时播发新闻稿150多篇(含新闻、方言节目)。在十五大前后,《空中之友》、《四海金桥》、《闽南话广播》等专题节目分别推出《巨变中的中国》、《迈向21世纪的中国》、《国有企业系列谈》等大型系列专题,约20万字，集中向台湾同胞展示我国五年来的巨大成就。

江泽民主席访美，是中美关系乃至世界政治舞台上的一件大事，对台湾广播以此为契机，通过及时、准确、充分的报道，配合了中央对台宣传的部署。

发挥广播合力，加强入岛宣传。中央人民广播电台对台湾广播、海峡之声广播电台、东南广播公司、金陵之声广播电台、浦江之声广播电台、华艺广播公司、福州人民广播电台对台湾广播、厦门人民广播电台对台湾广播等八家对台广播媒体联合举办《中国统一大家谈》专题系列节目，自1996年7月1日开播至1997年7月30日结束，共制作播出专题节目106个，收到来自台湾岛内来信800多封，其他地区来信近两万封，节目获得了超出预想的成功。该系列节目调动全国八家对台广播的资源，统一行动，集中主题，发挥合力，因而形成了空前的规模与声势，在岛内外引起了广泛的关注。（陈国雄）

海峡之声广播电台　**1. 重大宣传任务完成出色。**1997年的重大宣传是历年来最多、最集中的一年。邓小平同志逝世、香港回归、十五大召开、建军七十周年、江主席访美等重大事件，都给海峡台宣传提供了契机。邓小平同志逝世后，海峡台及时播出了各种公告以及全国各族人民和台港澳同胞、海外侨胞沉痛悼念的消息。还用普通话、闽南话反复播出《邓小平伟大光辉的一生》和江主席所致的悼词。评论节目迅速推出以《邓小平与一国两制》、《邓小平与中国统一》等评论文章组成的纪念特辑。香港回归的宣传是海峡台近年来宣传规模最大、播出时间最长、投入采编力量最多的一次，从6月1日至7月30日专门设立了庆祝香港回归特别节目《世纪归航》。在7月1日交接仪式前后，连续32个小时不间断地播出"庆祝香港回归特别报道"节目，是海峡台有史以来连续播音时间最长的一次。

2. 海峡台优势得到较好发挥。军事、言论、文艺宣传是海峡台多年来形成的优势，1997年海峡台军事宣传更明确地以遏制"台独"分裂势力为目标，充分展示我军的综合实力，以《辉煌七十年——纪念中国人民解放军建军七十周年》大型系列报道为主线，树立了我军威武之师、文明之师、正义之师的形象。同时以军事言论介入台湾岛内发生的政治和军事事件，给岛内分裂势力施加一定的军事舆论压力，针对台湾"汉光13号军事演习"和"黄岩岛事件"、"美日安全防卫合作指针"出笼等问题及时播发了军事评论。言论节目继续把深化宣传江主席对台重要讲话作为重点，并根据党的十五大精神和江主席访美的新形势，大胆就台湾岛内新近发生的事件发表评论，显示了较好的"介入"效果。1997年海峡台文艺节目继续突出主旋律，取得明显成效。一是体现了对台文艺宣传特色，宣传的针对性明显增强；二是较好地配合了宣传中心，成为整体宣传布局不可缺少的重要内容和形式；三是参加全国各类评奖的节目全面丰收，使海峡台文艺广播的优势地位进一步巩固。

3. 成就宣传形成规模效应。1997年海峡台在继续全面报道两个文明建设成就的同时，调整了宣传策略，采取集中优势、选取最能体现我国强大综合国力的重大项目进行系统报道，先后组织播出了《十大农村共同富裕的典型》、《十大港口建设回顾》、《十大重点工程建设巡礼》、《十大支柱产业纵横谈》、《迈向新世纪——中国沿海21城市青年访谈录》等较大规模的系列专题，在听众和同行中受到好评。（毛寿斌）

中国华艺广播公司　1997年的对台广播宣传工作，以邓小平同志"一国两制"的伟大构想和江泽民总书记《为促进祖国统一大业的完成而继续奋斗》的重要讲话及党的十五大精神为指导，认真贯彻执行党中央的对台工作方针，自觉加强政治建设，强化精品意识，节目创优成效显著。1997年4月华广参加第十届全国对台广播优秀节目评比，有两个节目获一等奖，三个节目获二等奖，五个节目获三等奖。同时还有三个节目获中国广播奖二等奖，一个节目获中国广播奖三等奖，一个节目参加全国广播戏曲优秀节目评比获特等奖。1997年对台广播宣传工作主要有以下特点。

一、注重广播整体宣传效果，适时对广播节目进行调整

本着缩短战线，精办节目，注重提高节目质量的指导思想，对广播节目和播出时间（主要是对播出时段和文字、文艺节目所占总播出时间的比例）进行了适当调整，收到了比较好的效果。

二、狠抓重点、热点问题的宣传报道

第一，加强了对香港回归的宣传。

第二，加强了对热点问题和突发事件的报道。

第三，加强了对"两会"、党的十五大和祖国大陆建设成就的宣传报道。

第四，加强了对台文化、文艺宣传。

三、加强业务制度建设，严格编播队伍管理，强化创优意识和精品意识

1997年，按照公司党委提出的"学理论、讲政治、创优质、出精品"的要求，不断充实完善业务工作制度，严格实行每月评选优质稿、优秀值机员、优秀工作者和每季度评选优秀节目、优秀安全工作单位和开展节目听评周等业务工作管理制度。强化全体编播人员的制度意识、创优意识和精品意识。同时，为加强对编播队伍的管理，我们制定了《关于严禁从事第二职业的规定》。（林仙元）

华语广播概况

中国国际广播电台

1997年，是不平常的一年，国家大事多，宣传任务重。华语广播在保证完成日常宣传任务的同时，圆满地完成了各项重大宣传报道任务，尤其在重大新闻事件现场直播的时间、内容、形式上，取得了新的突破，锻炼和培养了一批能打硬仗的对外宣传报道的队伍。全年直播场次达到9场，其中，《回归之夜》——香港政权交接仪式现场直播时间达到三小时。这场直播信号覆盖面之广，外台合作互转之多，都是前所未有的。可以说，1997年，是华语广播的直播年。这一年，伴随着国际电台新大楼的启用，华语广播全体人员在完成大楼搬迁任务的同时，在短短几个月的时间里，掌握了数字音频录音的技术，从而实现了华语广播从模拟录音到数字音频录音的飞跃。

一、1997年一系列重大的宣传报道任务始于2月19日邓小平同志逝世。华语广播于20日凌晨及时向全球华侨、华人赶播了中央向全国人民发出的讣告。在全国人民哀悼邓小平的一星期里，华语广播播发了大量追悼邓小平同志的文章和唁电。25日邓小平追悼大会的现场直播是近年来现场直播难度较大的一次，直播小组克服了重重困难，顺利地将直播信号传送给美国和香港三家电台。其中，向美国“中国广播网”（覆盖纽约、旧金山、洛杉矶等地）传送的华语普通话直播信号，在北美等地十分清晰，吸引了许多听众。我驻墨西哥、圭亚那、巴巴多斯、委内瑞拉、特多使馆也收听了华语普通话的现场直播。

二、香港回归祖国，是中国的大事，也是世界大事、世纪大事。华语广播始终严格遵守中央确定的方针政策，把握“庄严、隆重、热烈、节俭”的基调。经过精心安排，克服种种困难，使华语广播在香港回归的报道中，做到了内容充实、信息量大、时效快，具有广度、深度、权威性和可听性，出色地完成了任务。

华语广播开办于1996年9月的《香港今昔》栏目，1997年进入“现在篇”。“现在篇”侧重介绍在香港回归祖国的后过渡期，我国政府为保证香港的平稳过渡和政权的顺利交接所做的努力及中英之间的斗争。该栏目于1997年6月结束。在为期10个月的播出中，总计发稿64篇，用五种语言向全球播出1800多次。《香港今昔》还被国际台日语、泰米尔语等10多个语言部采用，受到海外听众的广泛欢迎。该栏目获1997年国际台优秀系列报道一等奖。

从6月16日开始，华语广播每天播发有关香港的新闻平均8条左右，到7月2日止，总计编发136条，五种语言向全球一共播出3800多次。同时，在《时事报道》节目中，开办了《庆祝香港回归》特别节目，在短短的半个月中，共编发专稿80篇，五种语言累计播出2240篇。

香港回归宣传报道到7月1日前后达到高潮。为使海外华侨、华人能同步收听到香港回归重大庆典活动的盛况，从6月30日23时起直至7月1日晚上，华语广播用普通话、广州话两种语言，对在香港和北京举行的中英香港交接仪式、香港特区政府成立暨特区政府宣誓就职仪式、香港特区政府成立庆典、首都庆祝香港回归招待酒会、首都人民庆祝香港回归大会进行了现场直播。这五场直播信号清晰，内容丰富，主持人播讲充满激情，很好地体现出现场欢庆、热烈气氛。《回归之夜》——香港政权交接仪式现场直播节目，创下了华语广播直播时间最长、难度最大的纪录，受到海内外听众的热烈欢迎。在国际台1997年度好稿评选中，《回归之夜》和首都各界庆祝香港回归现场直播节目都获得了1997年国际台优秀特别节目奖。

三、中国共产党第十五次全国代表大会是一次承前启后、继往开来的重要会议。华语广播紧紧围绕十五大报告展开，五种语言全方位地向全球及时报道了十五大的全部重要活动。现场直播了大会开幕式和新当选的政治局常委会见记者的实况。普通话现场直播新当选的政治局常委会见中外记者的信号还同步传送给美国“美加华语广播网”，并向他们传送了十五大报告的摘要。

1997年华语广播还圆满地完成了“两会”、“江泽民主席出访美国”和“长江三峡截流成功”等重要会议、重大事件的宣传报道任务。

广播电视艺术团体概况

中国广播艺术团等

中国广播艺术团　1997年，中国广播艺术团在部党组的领导下，继续按照1996年总团团长办公会提出的“改革要深化、管理要加强、经济要上去、艺术要繁荣”的指导思想和“坚持以艺术生产为中心”的工作思路，各方面工作全面展开，通过全体演职员的辛勤工作，取得了可喜的成绩。

一、庆回归，迎十五大创作演出活动

1997年7月1日，我国恢复对香港行使主权。中国广播艺术团为庆祝这一伟大历史事件，经过较长时间的酝酿、策划，创作排演了交响大合唱《香港》，并于6月26日、27日和29日分别在杭州、南京两地演出三场，均获圆满成功，得到了社会各界和专家的广泛好评。

交响大合唱《香港》是由广播电影电视部中国广播艺术团和浙江省委宣传部、浙江省广播电视厅、浙江省文化厅联合主办的《庆回归颂祖国》专题音乐晚会的一部分。交响大合唱《香港》，总时间长度为100分钟。中国广播艺术团交响乐团、中国广播艺术团合唱团、中央歌剧芭蕾舞剧院合唱团以及浙江、江苏两省的演员组成强大阵容演出。

此外，在喜迎香港回归的日子里，艺术团所属各分团还参加了一些其它庆祝活动。如广播合唱团于5月24日参加了由中宣部、共青团中央、中直工委、国家机关工委和解放军总政治部等单位共同举办的“迎回归　爱祖国”万人大型演唱会，还参加了由中国国际广播电台听众文化交流中心、共青团淄博市委共同主办的"迎回归　庆五一"中外优秀歌曲演唱会；广播民乐团参加了由中共中央、国务院、全国人大、中央军委、全国政协举办的首都庆祝香港回归大会的千人交响合唱演出等活动；艺术团部分离、退休干部参加了6月24日广电部举办的"广电部迎回归老干部文艺汇演"。

为庆祝党的十五大胜利召开，1997年9月11日晚，中国广播艺术团在广播剧场推出一台极富激情和欣赏价值的音乐会《情系金秋》，并录制专题文艺节目在广播艺术团主办的中央电视台栏目《音乐厅》中播出。音乐会取得了成功，达到了预期的效果，特别是新创作的几首曲目，具有较高的艺术水准。

二、日常演出活动

1997年，广播艺术团全年演出160场，这是艺术团十多年来演出场次最多的一年，而且演出布局也较为合理，其中交响乐团演出51场，合唱团28场，说唱团、电声乐团联合演出41场，民乐团40场（主要是对外文化交流）。

（一）慰问演出取得成绩

广播艺术团全年组织文艺下乡慰问基层演出30场，参加演出的演职人员上千人次。演出队伍辗转北京、天津、甘肃、陕西、江西、山东、福建、浙江、新疆、江苏、河北等11个省市的18个市县，观众人数超过30万人次。艺术团所属5个分团都参加了演出，艺术团的主要演员也均参加了演出。1997年，艺术团所组织的各类慰问演出场次之多，演出地域之广，参加人数之多，演出阵容之强大，为广播艺术团多年来所罕见。广播艺术团所到之处，均受到了当地领导和广大群众的高度重视和热烈欢迎。同时，广播艺术团被中宣部等十部委评为全国"三下乡"先进集体。

（二）商业演出赢得市场

1997年，各分团积极开拓演出市场，取得了很好的成绩，形成了一套行之有效的方法。

1. 交响乐团演出市场的开拓

第一、广泛与国内外高水平指挥家、演奏家合作，赢得了北京市场。

广播交响乐团相继邀请了旅外指挥家汤沐海、邵恩、杨力、刘建，德国指挥家帕特里克、施特鲁普，美国指挥家菲利普，香港指挥家叶咏诗，演奏家、指挥家马友友、水兰、朱彤、张堤等合作，使乐团水平有很大提高，在北京演出了十余台有影响的音乐会，赢得了北京市场。

第二、推出'97全国广播交响行，赢得了外地市场

以普及和活跃地方人民精神文化生活为主旨的广播交响行，是1996年的继续，但比1996年取得了更大的成就。广播交响乐团共赴兰州、西安、厦门、桂林、大连、鞍山、沈阳等地巡回演出19场，尤其是在西北的演出获得极大成功。这预示着即使在文化较为落后的地区，广播交响乐团也能占领相当大的市场。

2. 说唱团、电声乐团演出市场的开拓

为更有利于建设社会主义精神文明、弘扬民族文化、使文艺与企业相结合，广播说唱团与哈尔滨三九龙滨酒厂达成长期合作协议，并于2月28日举办了新闻发布会。

此外，说唱团、电声乐团在1997年组织的演出中，有意识地将慰问演出和商业演出结合起来，在多场慰问演出中联系一场商业演出，取得了很好的效益。

3. 广播合唱团实施"精品战略"赢得市场

合唱团利用优势，推行"精品战略"。近几年广播合唱团积累了大量的声乐作品，今年又陆续精选了一批新作品，推出了一台专题音乐会，得到了社会各界和广大观众的称赞。1997年共上演了十台计28场不同题材、不同风格的音乐会。

三、为广播电视录音录像情况

为广播电视服务是艺术团的办团宗旨，在新的形势下，团长办公会重新制订了为广播电视服务的战略，即在为中央三台服务的同时，强调与地方电视系统的合作。以艺术产品为基础，推行"精品战略"，更好地和广播电视合作。

各团的主要活动是：

（一）广播交响乐团1997年为广播电视录音录像1350分钟，主要有1月1日为中央电视台录制的"新年音乐会"。

（二）广播民乐团1997年为广播电视录音录像约400分钟，主要活动有：

参加了北京电视台在国安剧院录制的首届'97新春民族音乐会等。

（三）广播合唱团1997年为广播电视录音录像141分钟，主要节目有在中央电视台录制十五大专场晚会《旗帜颂》等。

此外，广播说唱团和电声乐团的一些主要演员还为中央三台和一些地方台录制了丰富多彩的节目。

四、电视栏目制作情况

由艺术团制作部编辑制作的在中央电视台播出的《艺苑风景线》和《音乐厅》两个栏目，精品意识得到了加强，栏目的质量有了提高，办出了应有的特色。

1997年《音乐厅》和《艺苑风景线》两个栏目分别完成了全国交响音乐展播开幕式和改版工作。

五、交流活动

1997年，广播艺术团共30次242人次出访了亚洲、欧洲、美洲的17个国家和地区，为国际和地区文化交流做出了应有的贡献。重要的出访活动有：

3月10日～4月19日，广播民族乐团一行20人由总团党委书记、副团长关崇恩带队，为纪念中日邦交正常化二十五周年出访日本，40天访问了日本的30多个城市，共演出30场。所到之处受到热烈欢迎和高度赞誉。

4月24日～27日，广播民族乐团一行75人，由总团团长熊生民带队，在香港文化中心音乐厅演出三场。演出获得极大成功。

此外，广播交响乐团在总团副团长马永生带领下，于4月16日～4月19日赴台湾演出取得成功。广播之友合唱团于5月5日参加了法国南锡国际合唱节。

这两次出访，为弘扬中华文化，促进海峡两岸和中法的文化交流、人民之间的相互了解起到了积极作用，得到了各地音乐界专家和观众的好评。6月份，广播民乐团一行35人还应邀访问了瑞士，也引起强烈反响，受到当地观众的一致好评。

六、获奖情况

1. 广播合唱团演员周小曼于1997年7月份在意大利举办的《罗马'97世界声乐大赛》中荣获优秀奖。

2.《艺苑风景线》栏目1997年获得全国电视最高奖“星光奖”二等奖；《音乐厅》栏目获得三等奖。

3.《艺苑风景线》MTV《好战友、亲兄弟》、《甘巴拉》分获中央电视台“军旅杯”MTV大赛银奖和铜奖；小号曲《回到从前》、五胡联奏《北风吹》分获全国百家电视作品大赛金奖和银奖。

内蒙古广播电视艺术团　1. 为广播电视录制歌曲及歌曲伴奏等1306分钟。

2. 参加演出27场。其中举办《心中的祝福》专场音乐会三场；部分演员参加文化厅组织的大型晚会14场；合唱队演员随蒙古族青年合唱团赴西班牙演出6场，人民大会堂演出1场；艺术团演员随歌手腾格尔参加义演3场。

3. 一级演员阿拉坦其其格录制《金色圣山》、《母亲的爱》两盘个人专辑录音带。

4. 作曲家阿拉腾奥勒完成创作《第一交响乐》，并有10首歌曲获奖。其中歌曲《纳文江边的思恋》获全国广播新歌奖，《绣满云朵的马靴》获自治区“五个一工程”奖。

5. 合唱队为庆祝自治区成立五十周年创作歌曲30多首，受到自治区有关部门表扬。　（李保国）

延边广播电视艺术团　1997年，艺术团分别为电台、电视台录制了大量优秀节目，受到有关方面和观众、听众的好评。

广播电视艺术团乐队共录制了120多首歌曲，时间约348分钟。其中自创歌曲《延边赞歌》等7首，舞曲1首。歌曲《妈妈呀，爸爸呀》荣获州人民政府颁发的金达莱奖。同时积极参与了舞台剧《长白情》等三组大型晚会的演出工作。

广播电视艺术团剧队1997年参与制作电台、电视台的节目400多个，并完成了8集广播剧、33集电视剧的译制演出工作。录音、录像时间约2283分钟。其中自创、自演的小品有《妈妈的生日》、《稿费》等6部作品。小品《深夜的电话铃声》在全国朝鲜语广播节目评奖中获优秀节目二等奖。

广播电视高等和中等教育概况

广电部教育司

1997年，广播电视教育坚持以邓小平理论、党的十四届五中、六中全会和党的十五大精神为指导，紧紧围绕教学为中心，以全面提高教学质量为突破口，从严治校，加强管理，进一步深化内部改革，在精神文明建设、重点学科建设、科研立项、申报博士授予权和增报硕士点等工作中都取得了可喜的成绩。

一

教育司根据国家教委和部党组的工作部署，积极贯彻落实《广播电影电视教育事业“九五”计划和2010年发展规划》，主动为部属学校办实事。司领导首先要求全司人员增强公仆意识，全心全意为基层服务。在教育专项补助金的立项、审批，教师住宅基金的争取，学位授予单位的申报，招生计划的调整等各方面都给予了很大支持。

全面提高教学质量的关键是加强师资队伍建设。为了鼓励广大教师积极投身教学、科研工作，年初组织进行了首届部级文科科研和教学优秀成果评奖工作。沈嵩生任部级高校文科科研优秀成果评奖组组长，刘爱清任部级高校优秀教学成果评奖组组长。首先制定了《评奖条例》，经各校申报，两个专家组认真评审，并经部领导批准，共评出著作类一等奖4项，二等奖7项，三等奖6项；论文类一等奖3项，二等奖3项，三等奖3项；优秀教学成果奖一等奖1项，二等奖2项，三等奖3项。根据评奖条例规定，在部召开的教师节庆祝大会上，由田聪明副部长及部机关、部直属单位的有关方面负责人，向获奖者颁发了证书和奖金。经积极申报和争取，从广电部推荐的新闻学等5个一级学科的13名专家、学者中，批准王伟国、仲呈祥为艺术家，赵玉明为新闻学的国务院学位委员会学科评议组成员。

根据国家教委的统一部署，对部属高校的文科本科艺术部分专业目录进行了修订。对现设本科专业归属类别不尽合理、专业名称不够贴切、尤其对口径过窄的专业进行了合理归并。对浙江广播电视高等专科学校也进行了招生并轨改革，使部属高校全部实行了招生并轨。广播学院和电影学院首次联合招收动画专业新生15名。提出了关于增加部级重点学科建设的初步意见，为搞好学科建设打下了基础。10月底在北京广播学院召开了部属高校招生和毕业生就业工作座谈会。

根据全国广播影视系统援藏会议精神，1997年为西藏广播电视厅录取定向生90名，其中广播学院10名，浙江广播电视高等专科学校20名，郑州广播电视学校30名，四川广播电视学校30名。

1997年是对部属高校投入力度最大的一年，为了尽快改善办学条件，批准投入设备项目37项，总金额7324万元。根据《教育专项补助金管理办法》，加大了对部属高校科研、图书、师资培养、教材建设的投入，单独划出了540.6万元。其中，科研经费320万元，图书经费100万元，师资培养经费70万元，教材经费50.6万元。

二

部属三所广播电视高等学校认真贯彻部党组有关教育的指示精神，积极深化内部改革，努力改善办学条件，大力提高教育质量，各项工作都取得了积极的成果。

北京广播学院党委在党的十五大召开后，及时制定了《北京广播学院关于学习党的十五大精神的意见》，举办了两期处级干部学习班，请专家给党员作了学习辅导。坚持开展廉洁自律教育，举办了“党性、党风、党纪”教育培训班。为庆祝香港回归，举办了香港基本法知识竞赛、“香港明天更美好”签名、“庆‘七一’迎回归”系列活动，《北京日报》、《光明日报》、《中国教育报》等多家新闻单位进行了报道。学院思想政治教育研究会召开了成立十周年纪念大会，产生了新一届领导机构。增加了对校园文化的投入，校园电视开播一年，制作了36期新闻节目。

加强重点学科建设，严格教学管理，努力提高人才培养质量。围绕重点学科审定和申报博士点等工作，加大了重点学科的建设力度，制定了“集中有限财力，突出重点，分层次规划，分阶段实施，以重点学科建设带动相关学科发展”的学科建设基本方针。新闻学、广播电视艺术学、语言学及应用语言学、通讯与信息系统、电磁场与微波技术等五个重点学科的建设规划和实施方案通过了专家的审定。在此基础上进一步优化专业结构，修订了部分教学计划、教学大纲。97级本科已执行新的教学计划。

加强教学管理，对161位教师的授课情况进行打分测评。重视教师队伍建设，接收毕业生40人，同时公开招聘京外高层次人才。为教师深造、进修创造条件，举办了教师英语培训班，有42人在职攻读硕士学位。在提高教师业务素质的同时，注重师德教育，召开了“教书育人表彰大会”，为新入校的年轻教师举办了岗前培训班。

教材的编写、出版工作取得了新进展，正式出版教材24本，在国家教委立项重点教材7项。图书资料比去年增加了19%，图书馆部分实现了电脑管理，建立了“科技文献检索二级工作站”，“电子阅览室”、“音像阅览室”已基本建成。

为改善办学条件，投入教育专项补助金3500多万元，新建、改建了一批实验室，其中广播节目制作和播出系统实验室、普通话水平测试实验室、声频测量实验室等，在国内高校独具特色。“空中课堂”在全国25个省、自治区、直辖市共招收25000多名学员，卫星电教出现了可喜的局面。全面修订了函授、夜大8个专业的93门课程的教学大纲，录制了几百小时的教学辅导片。召开了全国广播电视系统第九次函授教育工作会议，举办了两期全国省厅高级专业干部及高级业务人员培训班。重视科研规划和管理，努力提高科研水平。1997年完成科研项目325项，其中论（译）文225篇，论（译）著62部，教材12部，工具书1部，研究项目19项；获省部级以上奖励30项，其中《中国应用电视学》获国家教委普通高校国家级教学成果二等奖，电视系刘恩御老师的“染料三基色系统”获国家发明四等奖和联合国技术信息促进系统“发明创新科技之星奖”。全院各级各类在研项目200余项，其中国家级、省部级以上项目71项，项目经费272.58万元。独立制作完成了《音乐电视赏析》（52集）、《京华长廊》（12集）、《院士的风采》（10集）等，部分电视片在中央电视台、北京电视台播出，获得较高的评价。

广泛开展学术交流，成功地召开了“中国——加拿大高新技术对广播电视传播的影响”国际学术研讨会，华北地区第六届电子线路教学研讨会，北京市电子学会研究生教育分会学术报告会，召开了高教学会年会，活跃了学术气氛，促进了科研活动的开展。对外交流进一步扩大，1997年派出讲学、学术交流和进修考察47人次。接待交流来访团组28批，140余人次。又同五个国家的四所大学和一个广播电视机构签订了合作协议或意向书。留学生教育稳步发展，共有6个国家长期留学生187人。

深化内部体制改革，继续组建二级学院，1997年相继成立了录音艺术学院和成人教育学院；为了加强教务处的教学管理和教学研究，将招生办、师资科分别划属到学生处和人事处，进一步理顺了管理职能。

联合办学渠道进一步扩大，又与一些单位开展了多种形式的联合办学、合作办学，与学院联合办学、合作办学的广播电视机构、企事业单位和高等院校已达30余家。

浙江广播电视高等专科学校充分发挥党委核心作用，抓好领导班子自身建设，坚持每年两次的校系两级领导班子民主生活会，遇到重大问题，集体讨论决定，充分体现党委集体领导原则。

庆祝香港回归，加强了与香港学校的校际交流。1997年香港大学和香港理工大学学生两批40余人来校参观访问，并与师生交流座谈，同台献艺，增进了香港同学与内地的沟通和了解。

加强了教学基础建设和教学管理，通过科研促教学，推动教学工作顺利开展。继续完成教学计划的修订工作，开展教材编写工作，有5本教材交浙江省教育出版社编辑出版。组织开展教学观摩活动，促进教学交流；组织广电技术知识和教育、教学理论与教学艺术讲座，开阔眼界。1997年有三项科研申报项目首次通过部级认证立项。在广电部举行的首届高校部级科研和优秀教学成果评奖中，有8人获奖。加强实践性教学管理，推行实习指导书、实习汇报制度，为规范实验教学活动打下了基础。为改善基本办学条件，学校从教育专项补助金获得400多万元，用于购买设备。顺利完成了校园北面30亩土地征用工作。

1997年共有230名学生毕业，又招收290名学生入学。

管理干部学院进行了机构调整，完成了“三定”工作，加强了教职工队伍建设。配备了处级干部15人、科级干部18人。在分配上坚持多劳多得原则，较好的解决了以前存在的干与不干一个样、干多干少一个样的问题。师资队伍薄弱是制约学院发展的主要因素。为加强师资队伍建设，一是接收优秀毕业生、选调高水平骨干教师；二是发挥现有教师的作用并注重水平的提高；三是加强外聘教师队伍的建设。一年来，优选了3名应届大学毕业生到校工作，选送了9名青年教师分别到北京对口院校学习；有18名教师参加了山西省举办的教育理论培训班的学习；利用暑假还举办了外语辅导班。初步建立了一支水平较高，知名度较大的客座教师队伍。

学院成立了由院长主持的教学指导委员会，负责定期测评各个专业的教学水平。鼓励教师刻苦钻研业务，并配套出台了学院学术成果奖励规定。建立了三级听课制度，对15名教师进行了课堂教学评议，并提出了改进意见。为新疆广播电视厅举办了3期、为西藏广播电视厅举办了1期处级管理干部培训班，共培训86人，其中少数民族干部24人。

根据广播影视事业发展的需要，经国家教委批准，电视摄像、电视节目制作、录音艺术、影视动画、电视美术（广告方向）、计算机应用等6个专业招收高职班。

健全完善规章制度，建立良好的运行机制，加大管理工作力度。先后召开各类人员座谈会，并将职工意见整理成96个问题，然后分类解决。先后制定了《关于加强干部监督，建立谈话制度的若干规定》等20多个规章制度。为提高干部职工队伍素质，坚持每周半天开办素质教育讲座，共举办21期。获得教育专项补助金624万元，使实践课的教学有了保障。1997年在校生350人，毕业生173人，招生180人。

三

广播电视中专学校积极深化改革，不断探索办学新路子，调整专业结构，适应广播电视事业发展需要，向职业教育延伸，办学规模和效益都取得了显著的成绩。

各校积极贯彻《职业教育法》，突出广播电视中专办学特色，根据广播电视事业发展需要开办新专业，多数学校招生数量稳步上升，在校生总数在万人以上。其中，千人左右的学校已有5所，最多的湖北省广播电视学校，在校生达1418人，达到了一定的办学规模和效益。当年毕业2437人，招生3786人。郑州广播电视学校是唯一的一所部属中专学校，办学条件是全系统最好的。前几年由于办学观念没有根本转变，思想不够解放，开办的专业是工科单打一，致使规模和效益上不去，办学处于困难境地。该校近几年经过转变观念，深化教育改革，引入竞争机制，发挥自身优势，面向社会开办需要的新专业，初步尝到了甜头，1997年在校生已达950人。浙江省广播电视学校扩大征地面积47亩，为从根本上改变办学条件奠定了基础。1997年在校生达961人。

为规范教学，年初下发了《电工基础》、《无线电技术基础》、《电子线路》、《数字通讯》、《脉冲与数字电路》、《无线电测量》、《微机原理与应用》、《电视原理》、《电视接收技术》、《电波与天线》、《广播．电视．调频发送技术》、《微波与卫星接收技术》、《录音与录像技术》、《电视播控与制作技术》、《广播播控与电声技术》等十五门课程的教学大纲。第二轮广播电视中专工科规划的15本教材都已出版。为了保证电视节目制作专业教学的需要，组织出版了10本专业用教材，总字数约200万字。

各校为适应社会主义市场经济对人才的需求，积极调整只为部门办学的思路，在“立足本系统，面向全社会”的办学思想指导下，办学规模和办学质量都上了一个新台阶。

无线电台管理局概况

广电部无线电台管理局

一、广播和电视的安全播出工作

1. 1997年是不平凡的一年，在党的十四届六中全会和十五大精神的指引下，无线电台管理局坚持“不间断、高质量、既经济、又安全”的维护总纲，完成了各个阶段重要播出保证期的任务。全年广播和电视共播出483171.2小时，在全面完成各项技术指标的前提下，每百小时停播率为21.1秒，优于计划71.9%。

1997年，是无线局安全播出任务最重的一年。元旦刚过，无线局就向各播出单位发出了开展第一次双月劳动竞赛的通知，要求做好思想动员和设备预检工作，加强值班纪律，确保春节和“两会”期间的安全播出。4月至7月是香港回归重要播出保证期，在这长达三个多月的时间里，台内停播率为每百小时20.3秒，优于计划指标72.9%。之后，无线局把9月、10月定为开展第二次双月劳动竞赛时间，要求严格执行各项规章制度，及时处理设备异态，杜绝人为停播事故，以保证十五大和国庆期间的安全播出。在宣传十五大的一个月内，台内停播率为每百小时8秒，优于计划90%，取得了安全播出的优异成绩。

2. 关于与国外租机互转工作

1997年，无线局与法国、巴西等七个国家的租机互转工作也取得了较好的成绩。在节目传送工作中，及时解决了跨国家、跨地域接收过程中所出现的邮电线路中断而造成的停播问题。年初，在与法国互转时，采用卫星直接传送手段，大大改善了传输效果。从8月份开始，我租用马里的转播台也利用卫星直接传送节目。

二、设备更新改造工作

1997年，是无线局设备更新改造取得大丰收的一年。经过全局工程技术人员夜以继日的协同奋战，572、654、501三大发射中心的更新改造工程分别于元月17日、8月30日和11月28日竣工并投入运行，大大增加了我国对内对外广播的覆盖面积。值得提出的是：1997年8月，无线局北京地球站在时间紧、不停机的情况下，完成了C波段扩容工程，保证了中央电视台第七套节目按时上星；同时，也为中央人民广播电台和中国国际广播电台在香港回归期间开辟了一条由香港至北京的节目传送备用通路。

三、教育工作

1. 加强了岗位培训力度

1997年，无线局岗位培训工作成绩显著。1月份，下达了广播和电视值机员年度岗位培训工作计划，内容包括：专业理论、故障处理、机器测试和管理制度。要求每个值机员都要安排36学时的基础理论学习，掌握专业知识，熟悉广播电视设备的线路。机房要把常见定型故障汇编成册，并强化定型故障演练。11月份，值机员分八个专业、四个等级进行了统考，全局有29个基层台站953名值机员参加了考试，其中129人获85分以上，被评为优秀值机员；42人考试不及格；及格率为95.6%，统考平均分为80.1分。

由于实行了全局统考、外台监考、奖优罚劣等新的举措，全局岗位培训工作出现了新局面：有的台采取了封闭式集中培训，有的台加强了岗位练兵，广大值机员进一步提高了学理论、学技术和参加故障演练的积极性，有力地保证了广播和电视的安全播出。

2. 建立了成人教育培训中心

1997年，无线局在部属491台建立了培训中心，97届新生已按时入学，这标志着以无线局系统为主要生源的成人大专教育走上了正轨，从此，无线局有了培养专业高级人才的基地。

四、科技开发与学术活动

1. 为配合大规模设备更新改造工作，1997年，无线局研制开发了PSM大功率短波发射机调制器系统，其中调制变压器通过了部级鉴定；开发生产了“调幅度指示仪”、“节目调度桌”、“大功率发射机控制桌”。上述设备的开发和生产，完善了更新改造的配套项目。

2. 无线局科学技术委员会于7月召开会议，对全国高塔发射台送来的27篇技术论文进行年度评奖工作。评出一等奖2篇，二等奖12篇，三等奖12篇。促进了全国高塔的安全播出工作。

回顾1997年，我们应该清醒地看到，无线局在前进的道路上还有不少矛盾和困难，工作中也有缺点和不足。主要是：从国外进口的发射机体现了90年代的新技术，而值机员中具有大学文化程度的较少，因此，学习新技术、掌握新设备较困难；另外，老设备技术故障多，影响了安全播出工作。　（郭发第）

广播科学研究院概况

广电部广播科学研究院

1997年广科院在继续实行“改革科研体制，发展科研产业，改善科研环境，培养科技人才”工作方针的同时，全面加大管理工作力度，使各项管理工作在规范化和可操作性方面，得到了进一步改善，推动了科研工作的进行。

广科院是广电部的直属科研机构，是国家科委“九五”科技体制改革的试点单位之一。当前，在我国广播电视技术逐步实现数字化、网络化和信息化的进程中，肩负着重要使命。

1997年广科院共承担89项科研项目，其中国家级项目11项、部级项目40项和院级项目38项。业已完成26项，其中已经通过鉴定的有22项。

“九五”国家重大科技产业工程项目《高清晰度电视（HDTV）功能样机系统研究开发工程》进入了关键时期。在其七个专题项目中，广科院承担的“HDTV复用器”和与上海交大合作承担的“HDTV信源编码器”两个专题项目均已完成，与北广厂合作承担的“HDTV发射机”专题项目正按预定计划进行，为在1998年进行我国全数字化HDTV总系统的联调，奠定了坚实的基础。此外，“HDTV复用器”的派生项目“码流分析仪”也已研制成功。广科院是国家自然科学基金重点项目《HDTV广播高技术研究》的负责单位。该项目共设三项大课题，广科院承担两项共三个专题。现“HDTV演播室主要参数研究”、“HDTV图像质量主观评价和客观测试方法的研究”及“HDTV传输覆盖方法的研究”等专题，已全部完成，各项文件、资料和总结报告准备齐全，等候国家验收。

广科院是“九五”国家重点项目《数字音频广播（DAB）重大科技产业工程》总体组的负责单位和主要实施单位。自1996年12月国家科委批准了由广科院编制的《DAB重大科技产业工程项目实施方案》之后，该项目的总体研究、制式标准研究、试验试播台建设和产业开发研究等全面启动。“DAB复用器”、“DAB正交调制器”已研制完成，经鉴定均被确认已达国际先进水平。“DAB信源编码器”和“DAB信道编码器”已近完成，这表明，DAB系统特别是发端系统的研究与开发已经取得了重大进展。接收机的开发也已开始。

“数字视频广播（DVB）”是广电部与中欧共同进行的《DAB/DVB合作项目》的一部分。广科院继续积极推动DVB技术的研究与开发。在1997年，进一步完善了主观评价室和测试系统。完成了广电部数字卫星广播标准的制定和入网设备的检测。积极开展关键技术和设备的研究与开发。有条件接收系统也已在研。“地面数字电视广播系统方案研究”项目，已完成传输方案评估。参与了中央电视台“北京地区数字电视试验系统”项目的研究工作。

数字技术的进步，为广播电视事业的发展提供了新的机遇。广科院努力把握这一新的契机。目前，在广播电视领域的数字技术方面，广科院已经具备了国内一流的科技队伍和一流的科研基础条件。

“九五”国家重点科技项目《宽带有线电视综合信息业务网技术的研究》进入了第二年。在网络体制规范、频率配置、数字有线电视、有线网数据传输和多功能机顶盒等方面，均取得了突破性进展和成果。

广科院在广播电视领域标准规划和计量检测方面的行业作用逐渐加强，活动范围不断扩展，运作方式更加灵活，社会和经济效益全面提高。1997 年已被确认 IEC TC100 中国第二归口单位，参与了国际标准的研究制定工作，在与国际接轨方面取得了进展。在科技信息工作方面，广科院紧紧把握为广播电视事业发展和科技进步服务的宗旨，做出了新的扎实的成绩。

1997 年广科院在加大科研成果转化工作力度，发展科技产业和促进产学研相结合等方面，继续取得进展。图文电视采用与英国 PHILIPS 联合研制成功的图文电视专用 SAA5700 芯片，大幅度提高了图文电视解码器产品的性能价格比，使图文电视真正走进百姓家庭成为可能；在数字式可寻址加解扰系统方面，现已开发出具有自主知识产权达到国际先进水平的 ASIC 芯片，多功能机顶盒产品已经投放市场；MMDS 精密偏置设备也已交付生产；完成了卫星数字电视综合接收机（IRD）系统 SCPC 方式生产样机的全部软硬件开发，并已投产，MCPC 方式样机正在开发；广科院所有的国家专利产品，卫星节目传送设备 NICAM—728 接收机现已批量生产。

1997 年广科院共组织并进行了 75 项重大的学术交流和外事活动，其中学术交流活动 28 项，参加人数达 2300 余人次，接待外国来访团组 22 个，组织出访团组 25 个。在广电部有关领导和部门的大力支持下，在全国范围内，进行了第二次科研带头人的招聘工作，旨在加速科技队伍的建设，有力地推动科研工作的进行。与广电部人事司、科技委共同举办了三期全国广播电视系统“数字技术培训班”，以适应我国广播电视技术从模拟向数字转化的大趋势。协助广电部人事司、科技司组织并参加了首次“广电部中青年科技论文交流活动”，促进了科技学术交流，鼓励了中青年科技人员进一步提高科技业务水平。

1997 年广科院领导班子进行了调整，郭炎生同志被任命为广科院院长。

广播电视工程设计概况

广电部设计院

1997 年部设计院工作总的目标是：认真开展建设部部署的“转机制、练内功、抓管理、上水平”的活动，落实功效挂钩和承包经营的各项指标；按照党的十四届六中全会的精神，加强精神文明建设，加强党的建设，提高全院职工队伍的整体素质；努力改善服务，提高设计水平和质量；认真加强各项管理，严格要求，从严治院，全院同志共同努力，以优异成绩迎接党的十五大的召开和建院 45 周年。

一、完成的工作量及总收入

1997 年我们计划完成收入 1100 万元，院内下达产值指标 1200 万元。年初我们召开了年度经济计划工作会议，公布了新的“设计院生产单位承包经营管理办法”，各生产单位的负责人（也是承包人）按每标准生产人员年产值 8 万元的指标签订了承包协议。按照新的办法，院和各生产单位进一步扩大自主经营，努力完成设计任务。预计到年底全院共签订各类合同 56 项（其中单项 35 项），合同金额 1200 万元以上。财务收入 1150 万元。设计业务中完成前期方案 14 项；完成初步设计 8.286 万平方米，投资约 4.59 亿元（1996 年完成 19.4 万平方米，投资约 7.8 亿元）；完成施工图设计 7.6 万平方米，投资约 3.75 亿元（1996 年完成 7.8 万平方米、投资约 6.5 亿元）。全年共出新图 5600 张、晒图 27.45 万张（1996 年出新图 7300 张、晒图 34.57 万张）。各项指标均比 1996 年有所降低。

二、完成的设计及承包业务

1. 完成广播电视中心工程

前期工作、投标方案：河南广播大厦投标方案、广东省广播中心投标方案、西藏昌都广播电视播出楼方案、杭州广播电视中心可行性研究、青海省广播电视中心可行性研究报告、西安广播电视中心可行性研究报告、江苏省电视台二期工程可行性研究报告、江苏盐城广播电视中心投标方案、山东临沂广播电视中心方案、宜昌广播电视中心投标方案等。

初步设计：绵阳广播电视中心（规模 2 万平方米、投资约 6500 万元）、漳州广播电视中心（规模 2.13 万平方米，投资约 9900 万元）、南京广播电视大厦（规模 3.2 万平方米、投资约 9500 万元）等。

施工图：福州电视中心（规模 2.2 万平方米、投资约 9500 万元）、山东省电视台扩建工程（规模 1 万平方米、投资约 5000 万元）、甘肃省广播电视中心（规模 3.3 万平方米、投资约 10000 万元）等。

2. 完成广播电视塔及网络、卫星工程

前期工作：黑龙江广播电视卫星地球站方案、西藏广播电视卫星地球站方案、深圳电视塔调整方案。

初步设计：深圳电视塔（298米高、规模0.956万平方米、投资约2亿元），河南省、浙江省、湖北省、江苏省、河北省的有线广播电视SDH主干传输网。

施工图：丹阳广播电视塔（投资约500万元），另有单项钢塔20项，天线6项。

3. 完成其他民用及国外工程

缅甸广播电视中心及塔项目建议书；秦皇岛海底世界生物博物馆施工设计（规模1.1万平方米，投资约1.2亿元）。其他单项工程3项。

4. 工程承包业务

厦门广播电视中心除声学装修预计1998年1季度完成外，其余1997年底前完成全部施工；保定有线电视台完成主体结构及部分建筑施工；燕山石化电视台完成声学装修工程；其他完成的还有萧山电视中心工程监理和煤炭文工团演播室工程监理；公安大学有线电视系统安装；吉林广播电视中心声学装修工程完成40%。

完成工程测量的工作有：部六二三台、五九四台、五五四台、七二四台、七二五台、五〇一台等。

三、技术管理

1. 编制、完成了院"九五"科技发展规划，在6月份召开的年度技术工作会上讨论、通过，并开始执行。

2. 对贯彻ISO9000系列标准工作，进行了组织动员，并培训了科以上各级干部。

3. 组织了一级注册建筑师（14人参加，通过7人）和监理工程师（20人参加，通过6人）参加全国统一考试。

4. 进行电磁波干扰实验工作，得出了定性结论作为设计依据参考。

5. 计算机应用进一步加强，1997年又新购微机40台，全院设计业务90%以上（1996年为80%）用计算机出图，工作站绘制建筑方案彩色渲染图4张。电子档案系统光盘存贮图纸又有约1万张。

6. 组织对哈尔滨广电中心、中央电视塔的工程回访，到现场听取意见、解决问题、总结经验，以利进一步提高。

7. 院评选优秀设计共6项，其中一等奖3项：上海电视塔天馈线系统、831台转动天线电气设计、天津电视塔发射监控系统；二等奖2项；三等奖1项。评科技进步奖6项，一等奖2项：省级广播中心建设标准、电视和调频广播发射天馈线系统技术指标；二等奖4项。

8. 修订技术管理规章制度，加强设计业务质量检查。对石家庄广播电视塔，濮阳广播电视中心工程设计中发生的问题，及时发现，妥善解决，减少损失。

四、队伍建设

5月份经院党委推荐、部人事司考核并报部党组批准，许家奇、孟宪礼两同志为副院长。新领导到任后对新老院领导的分工进行了调整，使院领导年轻化前进了一步，增强了领导班子的活力。

根据1997年发布的"广播电影电视部专业技术职务评聘管理暂行规定"，调整组织了各级专业推荐和评审委员会，推荐了6名提高待遇高工。新评审了21名高级工程师，2名工程师，并推荐了其他专业人员5名。从而使设计院工程技术系列高级工程师达104名，工程师75名。（耿穗）

广播影视信息网络中心概况

广电部广播影视信息网络中心

1997年4月30日经国家编制委员会批准，广电部决定在信息资料中心和中国数据广播中心的基础上成立广播影视信息网络中心，围绕广播电视系统的系统优势和资源优势，全面开展信息服务业务。主要职责是负责全国有线广播电视网络的建设和运营，负责各类信息和计算机业务的开发和服务。信息网络中心的成立是适应世界和国家信息化建设的大趋势，发掘广播影视系统的潜能，寻找自身新的增长点所作的一项重要决定。陈晓宁任主任，马明任副主任。

信息网络中心成立以后，设置了主要职能和业务部门，任命各部门的领导干部，抓住时机，快速运转，许多工作取得显著成绩。

一、完成了全国有线电视网络工程的可行性研究报告。为完成该报告，总共动员了系统内14个省、市广播电视厅局、50多个市县的广播电视机构的300多人，勘察线路9000公里，走访群众3000多户，形成了十几万字的研究报告，为网络建设作了初步的基础性工作。

二、至1997年底广电部已为网络建设自筹资金2.72亿元，与各省市广播电视厅局联合建设国家广播电视光缆干线工程。贯通14个省市的第一期工程已经启动，在建干线工程达8000公里，上海到杭州、北京到石家庄等跨区的光缆已经联通。

三、为了保证系统网络的先进性、规范性和可持续发展，完成了网络体制和标准的框架研究。该网络体制和标准规模巨大，初步研究包含了300多个子项。该项目已经部科技司正式批准为重点科研项目，并报国家技术监督局由国家立项。

四、为了保证系统网络能够有效地运行，中心调集20多名研究人员，集资1000多万元，开始设计网络管理软件。网管系统是网络的灵魂，只有建设一个高水平的网，才能立足于社会。

五、中心确定陕西杨凌国家农业高科技示范区为用户接入网实验区，集资2000万元用于实验区的研究工作。将研究和确定有关的网络体制和标准、实验网络管理软件、实验新产品、确定我国有线电视综合业务网的推荐模型和业务类别。

六、根据部长指示，完成了与国家教委、公安部等部委的合作谈判工作，围绕网络业务的开发工作已经开始。12月20日广电部和国家教委已经联合下文共同面向社会开发远程教育。

七、中心根据部领导的指示，积极参加了国家信息化规划的制定，与兄弟部委共同确定了国家信息基础设施的基本政策——“一个平台三个网”，为发挥广播电视系统的优势作出了贡献。

八、数据广播业务上了一个新的台阶，为广播电视系统在国家信息业界树了一面旗帜，其中信息扶贫、交通诱导、金融服务等业务都得到国务院领导的表扬和认可。

九、先后与总参通信部、铁道部签署了共同建设有线电视网络工程的协议，依据广播电视管理条例和中央领导的指示精神开创了联合建设的局面；先后完成了与十个省市的互联互通协议；完成了三期共300多人次的网络技术研究班；完成了若干个省的有线电视网络工程共同设计和施工管理工作，开始了系统性合作的新局面；作了大量的融资谈判工作。

十、为加速办公自动化进程，继续推进部机关计算机网络的建设和应用。整个系统采用共享10M以太网，根据站点分布情况采取总线和星型相结合的拓朴结构，过去选用主流局域网操作系统NetWare3.11。对网络进行了局部升级扩充，主楼内部采用10M交换以太网，扩建后的站点数达到了40个，网络操作系统也升级为Novell公司的NetWare4.1。同时为部总编室建成全国电子邮件传输广域网，迄今已正式运行9个月，全国已有26个省市的广播电视厅局连接入网。

十一、开发了“中国影视节目信息网”。该信息网的宗旨是收集、整理、传播各类与影视节目相关的信息，为我国影视节目市场步入正轨提供全面的信息服务。服务对象主要为节目制作方、销售方和购买方，包括各级电视台、有线电视台、各地供片站、影视片制作部门、影视片代理公司、广告公司和投资商等。传播手段有：(1)国际互联网(Internet)：广播影视信息网络中心负责广电部站点的开发和建设，并作为ISP(Internet服务提供商)为系统内外用户提供接入服务及信息服务。通过这个站点可发布各类影视信息和其他信息，影视信息以中英文两个版本发布，国内外上网用户均可进行信息浏览和检索查询。(2)网刊：凡加入该信息网者，每月均可得到发布各类影视信息的网刊。(3)数据广播：利用图文电视的方式，只需在计算机内插一块PC卡即可收到影视信息和其他一些如股市类的专门信息等。目前已有许多单位加入了节目信息网。

十二、技术图书室认真完成日常业务，及时将新的科技期刊目录和新书内容提要用微机录入，送到部机关计算机网上。经过认真清理报废了破损、陈旧图书和期刊23546册，完成了以前期刊的整理、装订工作。《广播电视科技文摘》1997年出版了三期，因发行量过少而停刊。

十三、1997年是月刊《广播电视信息》创刊的第四年，在编辑、发行和广告业务等方面继续提高和发展，取得了较好的社会效益和经济效益。　(赵中强)

广播电视广告概况

北京广播学院广告学系

一、发展现状

据统计，1997年全国广告经营额462亿元人民币，较上年增长26.2%，增长速度比上年有所下降(1996年经营额366亿，增长率为34.2%)，但高于当年GDP9.5%的涨幅。总的来说广告业仍然是国民经济中增长较快的行业，但是超速发展的时期已经结束，逐步进入优胜劣汰、结构调整的阶段。广播电视是广告发布的主要媒体。1997年电视广告经营额114亿元，占全国广告经营额的24.7%，据各大媒体之首；广播广告的经营额低于电视和报纸广告位居第三。

1997年全国城镇电视覆盖率达到90%以上，广播覆盖率为85%，巨大的受众资源使广播电视广告成为沟通生产与消费的主要桥梁和培育民族品牌的重要阵地。广播和电视利用声、光、电等综合的技术手段，为广告表现提供了较大的发挥的空间，较报纸、杂志更能形象直观地传达广告诉求。目前广播电视广告的主要播出形式有插播、贴片、节目赞助、供求热线等等。商品广告以消费品为主，集中于家用电器、日用品、药品和食品类产品。商品广告和企业形象广告一起为繁荣市场经济、扶植民族工业、丰富大众生活作出重要贡献。公益广告涉及道德规范、行为规范、价值取向。中央电视台自1987年开办《广而告之》以来，已经播出千余条公益广告，并于1997年又开设“扶贫广告”。1997年由工商管理局组织的“自强创辉煌”公益广告活动中有125件电视广告和72件广播广告参加评比。

广告业务是广播电台、电视台经营活动的主要组成部分，广告费收入是广播电台、电视台的主要经费来源。据统计截至1997年底全国有无线电视台站900多个，上星台23个，有线台超过1100座。在广告时间激增的情况下，媒体资源紧张状况有所缓解，媒体竞争激烈，出现了弱势媒体吃不饱，而强势媒体供不应求的局面。以电视媒介为例，1997年的114亿元的经营额中有41亿元来自中央电视台，其中中央电视台第一套节目又占了40%。强势媒体的垄断造成了价格非理性膨胀，以至于出现了“竞标”的方式。在1997年底进行的中央电视台“1998年黄金段位招标”活动中，中央电视台一套节目4分钟的黄金时间收入28.4亿元人民币，“爱多”VCD以2.1亿元的高昂代价取代“秦池”，成为1998年的标王。

我国从1994年开始推行代理制试点，目的在于理顺广告主、广告公司、媒介的关系，明晰客户代理和媒介代理的分工，规范广告代理收费标准。截至1997年底已有80%的省级电视台实行代理制。中央电视台实行代理资格制。1997年主要的代理公司为海润国际广告公司、红叶广告公司、北京未来广告公司等。

1997年是广告管理日趋完善的一年，工商管理部门以广告法为基础颁布了一系列管理办法，主要涉及文化道德、特别权利主体行为规范、收费标准等，特别加大了对违规广告的惩处力度。各级广播电台、电视台严格播出前审核，与广告公司共同承担保证广告内容真实健康的责任。

二、主要问题

在广播电视广告繁荣的大背景之下仍然存在着一些急待解决的问题。中央媒体垄断和地方媒体直接掌握客户造成了广告时间定价随意性大、缺乏管理、无序竞争的局面。缺少独立的媒介评估机构，媒介监测数据不足，使广告公司的媒介购买计划缺乏科学公正的数据支持。仍有相当数量制作粗糙、缺乏创意的广告。1997年中国广告界组团赴戛纳，带去的44件作品竟无一入围，在一定程度上反映了我们的差距。最为消费者和管理机构深恶痛绝的虚假广告和内容不健康的广告仍时有出现。

三、发展趋势

总的来说，1997年是中国广播电视广告稳步发展、重在调整的一年，随着经济的发展，广播电视在广告业中仍将扮演重要的角色。在今后的工作中应当进一步完善代理制；优化媒体竞争环境，走以节目质量促广告经营的良性循环道路；建立媒介评估机构、健全媒介监测职能；严格执行播出前审核制度；同时着力培养专业人员。　（康　瑾）

计划财务管理概况

广电部计划财务司

1997年计划财务管理工作紧紧围绕部党组确定的"广播电影电视部1997年重点工作"，继续多渠道筹措资金，集中财力办大事，加强资金管理和工程管理，努力增收节支，深化财务改革，完善各项制度，保证各项工作的顺利进行。

一、巩固、扩大"中央一套"节目覆盖工作

按照部党组确定的"事业建设的重点要继续放在扩大广播电视人口有效覆盖上，覆盖的重点放在农村"的指导思想，1997年共协调、下达了各类专项补助投资计划18340万元，对扩大广播电视的人口覆盖，促进地方尤其是老少边穷地区广播电视事业发展起到了积极的推动作用。

1. 边境计划管理工作

根据部确定的"九五"边境广播电视建设的奋斗目标和主要建设任务，编制上报并下达了1997年边境广播电视建设计划2200万元。边境计划安排的主要建设任务仍以加强边境地区广播电视覆盖网建设为重点，并适当考虑了少数民族语言译制设备和部分老发送设备的技术改造。

2. "三区"计划管理工作

根据国家计委确定的中央补助投资15000万元，分五年下达的安排，1997年是最后一年。计划下达3000万元，主要安排了三个自治区3座短波中心建设、卫星上行设备，安排了7座中波台扩建和48座调频台的建设。

3. 关于1997年全国贫困县广播设施建设计划的落实情况

1997年与国家计委落实贫困县广播设施建设1000万元，比1996年增加了300万元。主要安排的项目是：集中解决63个贫困县的63座地面卫星接收站和77部调频广播发射机。

4. 更新改造工程按计划顺利实施

1997年安排老发射台更新改造资金8525.71万元。经过几年的努力，无线局老发射台长期存在的一些亟待解决的影响安全播出和播出效果的问题得到了缓解，一些骨干台实际发射效果大大提高。

二、广播电视传输覆盖网的规划、建设

根据部领导确定的网络建设任务，全国光纤联网工作在东南沿海14个省已全面展开。为保证联网工作的顺利进行，先后对京津冀豫、湘粤、湘鄂、湘赣、赣皖浙线路光缆工程的可行性研究报告进行了批复，共安排了资金2亿元。

三、完成部属重点工程项目

1997年广电部基本建设投资计划是根据部确定的"保证重点工程建设，优先安排在建项目和当年竣工、投资效益好的项目，严格控制新开工的项目"的原则进行安排的。广电部直属预算内投资计划重点安排了国际广播中心工程和中央人民广播电台业务楼工程的建设。

中央电台业务楼工程1997年完成投资4956万元，到年底累计完成投资40536万元。1997年中央台工程的工作重点是：完成调整概算批复、深入工程结算以控制投资，完成建筑安装工程验收，为年底实现奥贷设备安装、行政系统搬迁提供条件。

国际广播中心工程于1997年完成全部建设投资，累计完成投资36805万元。1997年，重点督促国际台抓紧完成工艺设备安装调试与切割播出工作。国际台于7月29日完成节目播出系统老大楼至新台址的转换切割。至此，国际台全部业务已安全迁至国际广播中心，按期、圆满的完成了国家计委下达的建设任务。

四、计划管理工作

预算内建设资金：1997年初，国家计委按基数下达的广电部直属预算内投资计划20100万元，专项投资计划12200万元。经过努力，国家计委、国家教委共增加广电部预算内投资计划950万元，解决了个别项目投资的供需矛盾。

自筹资金建设指标的落实：1997年初，国家计委下达广电部基建自筹计划40000万元。在下半年执行过程中，根据工程建设的实际情况，我们又向国家计委申请追加了15582万元自筹投资计划，保证了工程项目的需要。1997年广电部自有资金基本建设总规模达55582万元，与1996年基本持平。

五、财务管理工作

1997年底，广电部部级预算收入完成情况：广播电影电视事业费财政补助收入61512.8万元、教育事业费财政补助收入3160万元、科研事业费财政补助收入3168万元、科研三项费用财政补助收入851万元、住房公积金财政补助收入861万元、国际组织会费财政补助收入20.7万元、外交支出经费财政补助收入420万元、副食品价格补助收入340万元、附属单位上缴收入60000万元。非贸易非经营性人民币外汇限额27618万元，有力地支持和促进了广电部的对外宣传工作和外事业务工作。

六、基本建设管理

1.中央电视塔工程：根据国家计委委托广电部审批中央塔工程调整概算、组织工程总体验收的通知，我们对中央塔工程投资情况进行了调研审核，完成调整概算的审查批复；组织完成了中央塔工程预验收工作。

2.基建法规、标准定额工作：目前已完成《部属建设工程项目管理办法》等4个法规文件的初稿和12个标准定额管理办法。

七、企业管理工作

1997年按照部党组年初确定的“稳步推进广播影视企业的改革、改造、改制和加强管理”，“加大对特困企业的扶持力度”，“推动企业机制的转变”的工作重点，从督促企业加强财务管理入手，促进企业建立健全和完善企业内部管理制度，改进和加强企业的基础管理工作，提高企业素质和强化企业自我约束机制。

1.积极配合中央电视台完成了无锡中视股份公司改制工作。中视股份公司改造成功，成为广电部第一家上市公司。

2.组织、协调组建激光制作公司，目前已经投产。

八、物资管理工作

物资信息库在经过方案的论证、资料信息的收集、设备的安装、资料信息的输入后已基本建成，不久将投入使用。

九、统计工作

召开了1996年度广播电影电视事业统计年报会审汇总会议。完成了1996年度广播电影电视事业统计提要本及综合资料本初稿的审核汇总编印工作。

十、国有资产管理工作

1997年国有资产管理工作的重点，是加强建立正常国有资产产权登记年检工作，把开办、变动、注销产权登记工作纳入系统化、规范化、法制化的轨道。完成有关企业、事业单位的国有资产产权登记年检工作，国有资产统计报表的编制、汇总和分析工作，并作好产权纠纷的协调、调处和有关资产的处置工作。

（崔永康）

中国广播电视学会概况

中国广播电视学会

1997年是中国广播电视学会经过换届后走上跨世纪的五年的第一年。这一年，在广播电影电视部党组的领导下，召开了第三届理事会议，顺利完成了新老领导班子的过渡；学习贯彻党的十五大精神，以学术研究为中心，全面推进学会工作，较好地完成了各项任务，并为1998年的学会工作做好各项准备；在理论学习、内部管理和培养良好的工作作风上，加强了学会的自身建设。

一、召开第三届理事会议

1997年4月，中国广播电视学会第三届理事会议在北京召开。会议总结了第二届理事会的工作，修改了学会章程，选举产生第三届常务理事会。三届一次常务理事会议选举艾知生为会长，刘习良为常务副会长，马庆雄等15人为副会长，确定郭宝新副会长兼任秘书长。

广播电影电视部部长孙家正在会上讲话指出，要充分认识学会工作在广播电视事业中的重要作用，对学会的工作要给了大力的支持。广播电视事业的发展要迎接新世纪的挑战，要加强思想理论建设。学会在理论研究中要注重联系广播电视工作实际，重视决策研究和理论成果的运用，为广播电视多出精品，多出人才，实现广播电视事业跨世纪的奋斗目标服务。他还希望加强广播电视学会的自身建设，强调把思想政治建设放在突出的位置，把坚定正确的政治方向放在学会工作的首位，努力建设一支政治强、业务精、纪律严、作风正的可以依赖的广播电视理论研究骨干队伍。

学会常务副会长刘习良在会上提出，以学术研究为中心全面推进学会工作，按照民主集中制原则抓紧作好组织工作。

1997年7月，艾知生会长病逝，这是广播影视战线及中国广播电视学会的重大损失。

二、换届过渡期间的工作

学会换届以后，把4月至7月作为新老班子交替的过渡期。

在此期间，学会起草了第三届理事会议纪要，报广电部批准后，由部办公厅转发各省（区、市）厅局，使各厅局领导、有关部门和各地学会了解会议精神；报部转发了学会1997年的工作要点；就学会经费问题，特别是承办部里四项政府奖的经费，向部党组写了专题报告，经部党组批准，评奖经费已部分到位。此外，学会还布置了1997年评奖工作，讨论了学术研究的重点课题，着手落实民政部有关整顿社会团体的要求。

1997年7月，学会利用全国广播电影电视厅局长座谈会的机会，召开了常务理事座谈会。30位常务理事参加了会议，部分省、区、市广播电视厅局的负责同志代表本单位的常务理事列席了会议。刘习良同志汇报了过渡期间的工作。常务理事们对学会3个月来所做的工作表示赞同，并认为下工夫抓重点课题是完全正确的。

1997年9月，部党组任命江欧利、王锋担任学会副秘书长，在常务副会长刘习良领导下，协助秘书长郭宝新做学会工作。

三、学会的几项重点工作

1997年10月至12月，刘习良同志主持召开了多次学会办公会议，分专题讨论落实学会的几项重点工作，主要有：

1. 组织重点课题的学术研究。确定了学术研究“抓大、抓实、抓组织工作”的原则，也就是，抓重大题目，抓现实课题，抓学术研究的组织工作。以“什么是具有中国特色的社会主义广播电视”为中心课题，制定了重点课题的研究计划。

2. 加强《中国广播电视学刊》工作。调整了学刊编委会，刘习良任主编，李向明任常务副主编，王锋、李彩英任副主编。进一步明确办刊方针和编辑思想。11月，学刊召开了编辑、发行工作座谈会。12月，学刊新的编委会召开会议，研究了学刊编辑方针和编委的职责。

3. 根据中共中央宣传部和广播电影电视部关于整顿评奖工作和设项的通知精神，修改、制定了新的评奖规则和办法。现已制定出《中国广播电视学会全国性奖项评奖章程(草案)》，提交常务理事会议审议，修改后报部批准执行。同时，将根据这个章程，制定各项评奖的实施细则。

除了政府奖，还有十几个学会奖和各专业委员会的20个评奖活动。1998年将进行排队、调整。

4. 根据民政部关于整顿社会团体的精神，学会对下属办事处、公司及其他挂靠单位进行了清理整顿。以“能否管理”、“有无效益”作为标准，撤销或脱钩12个单位，保留少数有实效的单位。学会指定专人负责联系这些单位，要求加强管理，取得切实的社会效益和经济效益。

5. 关于整顿专业委员会工作，已按照民政部的要求，向广电部社会管理司和民政部报送了方案。原则上基本保留现有专委会，撤销、合并或改组个别专委会。1998年将进一步进行清理整顿，并加强管理。

6. 加强学会的自身建设。学会要求全体工作人员深入学习邓小平理论和党的十五大精神，努力提高政策理论水平和业务素质，形成“严谨、奉献、勤俭、团结”的工作作风，扎扎实实地做好学会的各项工作。

为加强学会的财务管理工作和评奖工作，学会办公会议决定成立财务领导小组和评奖工作专家小组。财务领导小组由秘书长郭宝新担任组长。学会将严格遵守国家有关规定，本着开源节流、勤俭节约的精神，做好财务管理工作，为学会的各项工作服务。成立评奖专家小组，是为了更好地贯彻中宣部、广电部有关评奖的通知精神，实施《中国广播电视学会全国性奖项评奖章程》，开展政府奖、学会奖和各专业委员会评奖工作。这个小组聘请广播电视战线的一些老同志和专家组成，协助学会推动评奖工作的科学化、规范化。

学会办事机构的设置，已根据学会的实际工作需要拿出了一个方案报广电部批准。学会还将建立岗位责任制及相应的考核、监督、奖惩制度。

7. 12月，召开了'97中国广播电视学会团体会员秘书长工作会议。在会上汇报了学会1997年工作，讨论了《中国广播电视学会全国性奖项评奖章程(草案)》和《中国广播电视学会1998年工作要点》。与会代表对中国广播电视学会换届以来的工作给予认同，并就两个文件提了很好的意见和建议。刘习良同志在会上就做好学会工作的三个关键问题发表讲话，指出今后五年学会的工作，定位要准，规划要实，干劲要足。强调学会第三届理事会的基本任务是以马克思列宁主义、毛泽东思想和邓小平理论为指针，在广播电影电视部党组的统一领导下，努力推进广播电视理论建设，其他各项工作都要为完成这项基本任务服务。

8. 根据部党组的总体部署和学会1998年的工作任务，学会召开多次办公会议并征求意见，制定了1998年工作要点。

中国教育电视台概况

中国教育电视台

1997年中国教育电视台的各项工作取得重大进展，基本实现了年初提出的“以扩大覆盖为重点，带动节目质量的提高和编排方式的改进，推动产业化进程，以鲜明的教育特色，全方位的优质服务，推进各项工作再上新台阶，以实际行动迎接香港回归和党的十五大的召开”这一指导思想，完成了预定的各项任务。

一、配合国家教委的中心工作，做好新闻报道和舆论导向工作

1997年，为了迎接香港回归和党的十五大的胜利召开，按照中宣部和国家教委的有关指示精神，配合国家教委的中心工作，开展一系列活动。重点做好新闻报道和舆论导向工作，提高新闻联播的影响和作用，使教育新闻真正办成教育电视台第一栏目。

1. 完成了邓小平同志去世、香港回归、党的十五大召开的宣传活动，得到了国家教委宣传领导小组的肯定。为加强宣传活动的领导，成立了宣传活动领导小组，制定了“中国教育电视台配合1997年两件大事宣传活动安排”，顺利完成了宣传任务。

2. 完整转播中央规定的香港回归六个时段的八场活动，制作完成了反映深圳教育界庆回归现场盛况的特别节目、《今日香港教育》、文艺晚会《辉煌九七》、特别节目《百年回归的思索》、《翰墨丹青迎回归》，以及

"庆回归赴老区文化艺术慰问团"在福建连城、龙岩等地的慰问演出等，都取得圆满成功。

3. 全力完成党的十五大的宣传报道任务

根据中央的统一部署，中国教育电视台以饱满的政治热情和高昂的精神状态，全力以赴完成党的十五大的宣传报道任务。《教育新闻联播》开辟了《献上群英谱，迎接十五大》和《辉煌的五年》专栏。重点报道中宣部、国家教委推出的优秀党员教师刘让贤同志的先进事迹。与全国教育工会联合开展全国10名"师德标兵"的评比活动。与中国科协合作拍摄了52集大型系列片《科教兴国华夏行》，同时在各个栏目中主动配合十五大成就宣传。采访报道了"辉煌的五年"大型展览。配合国家教委"烟台素质教育会"，制作了五集专题片《素质教育在烟台》。十五大召开之时，教育电视台所有频道同步转播CCTV十五大开幕式。播出了中国教育电视台组织制作的40集大型党史片《开国之路》、30集大型军史片《军魂国威》和4集电视政论片《世纪前瞻》。

二、坚持正确的办台方向，努力提高节目质量

根据稳定、调整、提高的总原则，采取自制、合作、引进、收购、委托等多种方式，1997年中国教育电视台卫星一套和35频道共完成2462小时的首播节目。其中自制738小时，合作1500小时，引进223小时。全年播出15344小时节目，其中中央电大教学课程4701小时，占30%。

推出了一批较有影响的系列节目。《INTERNET改变世界》、《让老师满意》等系列节目受到了中央领导和国家教委领导的重视和关心；《趣味数学世界》、《OFFICE专家》等电视专题系列节目，质量有明显提高，受到了社会各界的好评。

栏（节）目数量显著增加，基本解决了教育电视台节目的紧缺状况。完善了栏（节）目立项、审查制度，实行全程监督和评议制度。

合作交流进一步拓展。与国外有关组织以及与人事部、劳动部、国家经贸委、中宣部、中组部、公安部等部委进行合作。《商务英语》、《日语，你好》、《趣味数学世界》、《会计员、助理会计师、会计师培训》、《职称外语考试培训》、《复习时间现场咨询直播系列》、《成人高考辅导系列》等节目，取得了很好的效益。

三、继续扩大覆盖，加强技术保障

继续扩大覆盖是1997年工作的重点，为此成立了卫星传播工作委员会，扩大覆盖工作取得成效。到1997年底，省会城市、计划单列市、直辖市的覆盖面由69%上升到80%，卫星一套节目进入全国地级城市有线台的比例为72.15%，35频道在北京地区的有效覆盖面达到60%，达到了年初预定的目标。顺利地通过了广电部、国家教委的年度检查。

加强技术保障工作，完成了中国教育电视台卫星节目由亚太1号卫星到亚太1A的换星工作。现场直播取得成功。至1997年底先后播出《CETV复习时间》、《健康你我他》、《万婴跟踪》等现场咨询活动12次。通过采用现场直播、电话反馈的形式，开辟了中国教育电视台服务观众的新手段，为解决电视教育缺少反馈的问题迈出了可喜的一步。成功地直播了国家教委"抓考试管理、促学风建设"全国电视会议实况。这是中国教育电视台第一次现场直播国家教委召开的全国电视会议。传送了规模盛大的'97中美心脏病学空中学术研讨会。60个收视会场的6000多名中国心内科医生参加了本次会议，首次将美国心脏病学会的一次盛会通过卫星集中、及时地传送到我国各地，在中美医生交流史上写下了划时代的一页。1996年9月开始，中国教育电视台设计开发了CETV—2计算机自动播出软件，试验运行半自动播出系统，至1997年6月，CETV—2实现了全天自动播出，结束了十年手动播出的历史，确保了中央电大课程的安全准点播出。

四、深化改革，加强管理

1997年，中国教育电视台学习贯彻十五大精神，加强队伍的思想政治工作，按照中宣部和国家教委的要求，树立良好的台风；同时，加强管理，加大奖罚力度，调动职工积极性，完善、修订了自制节目、合作节目、经费管理、设备管理、节目送播流程、广告经营与管理、财务管理等管理办法，从而保证全年工作上了一个新的台阶。

中央广播电视大学概况

中央广播电视大学

1997年广播电视大学的工作重心是高举邓小平理论伟大旗帜，深入贯彻党的十五大精神，认真学习邓小平教育思想，主动参与建立具有中国特色的现代化教育体系。继续落实《关于广播电视大学贯彻〈中国教育改革和发展纲要〉的意见》以及根据《意见》确定的广播电视大学教育面向21世纪改革和发展的基本思路，坚持以教学为中心、教材建设为重点，进一步深化教学改革，做好"注册视听生"、"专升本"和高等职业教育两项改革试点，加快电大开放办学和教学现代化进程，加强教育教学管理，建立和完善教学支持服务系统和教育质量保障体系，提高教学质量和办学效益，把充满生机和活力的广播电视大学教育带入21世纪。基本思路是：着重抓好"注册视听生"和"专升本"两项改革试点，重点抓好系统建设和教材建设两项基本建设，做好开放性和教学现代化两个电大改革和发展中的重大命题，使学历教育和非学历教育协调发展，坚持面向地方、面向基层、面向农村和边远民族地区，多层次、多规格、多功能、多种形式的办学方向，努力建设成具有中国特色的现代远距离教育开放大学。

截至1997年底，全国共有44所省级广播电视大学，485所由省校直接管理的地（市）级电大分校，2104个县级电大工作站，13176个基层教学班（点）。1997

年全国电大高等专科学历教育毕业生18.17万人，招生20.03万人，在校生51.64万人。非学历教育结业生数为75.68万人，招生数为79.48万人。电大非学历教育包括证书教育、岗位培训、大学后继续教育等。非学历教育中的岗位培训结业生数为67.89万人，占非学历教育结业生总数的89.71%，招生数为71.25万人，占非学历教育招生总数的89.65%。

1997年全国电大教职工总数为5.54万人，其中专任教师2.63万人，教学辅助人员0.7万人，行政人员1.4万人，科研机构人员0.02万人。专任教师中具有高级职称的有4681人，中级职称12283人，分别占全体专任教师数的17.77%和46.63%。1997年全国电大共聘任兼任教师1.93万人，兼任教师中具有高级职称的6278人。

1997年全国电大固定资产44.03亿元，其中教学科研仪器设备10.06亿元，图书资料2269.8万册，录像带167.9万盘，录音带198.7万盒。与1996年相比，全国电大固定资产增加1.2亿元，图书资料增加162.13万册。1997年全国电大办学条件改善幅度较大。按本年度大专学历教育（不包括“专升本”和“注册视听生”）在校生数计算，生均值分别为：固定资产0.85万元，教学仪器设备0.21万元，图书资料44册。与1996年全国电大此三项的生均值相比，分别高出21.8%、14.1%和21.8%。

广播电视大学1997年“专升本”教育试点，按国家教委批准的1500人招生规模，在北京、天津、河北、上海、江苏、浙江、湖北、广东、广西、云南、新疆等11个省级电大进行“专升本”教育试点，开办法学、英语教育、计算机及应用3个专业，计1404人；加上1996年3个专业招收的1440人，全国电大“专升本”在校学生数累计为2844人。

1997年全国电大“注册视听生”试点学校扩大到34个省级电大，并在1995和1996年开设的3个专业基础上新增4个专业。1997年新注册的学生数计111229人。

1997年经国家教委批准，在中央广播电视大学内设立中央广播电视中等专业学校。在全国37所省级广播电视大学中设立了广播电视中等专业学校，在5所省级广播电视大学中设立了中专处（部），负责电大的中等专业学历教育。

1997年全国电大成人中等专业学历教育毕业生12.24万人，招生14.89万人，在校生39.36万人，与1995、1996年比，电大的中等专业学历教育规模发展迅速。

国家教委电教办和中央广播电视大学于1997年3月22日～26日在上海电视大学召开了1997年全国广播电视大学教育工作会议，会议深入贯彻《关于广播电视大学贯彻〈中国教育改革和发展纲要〉的意见》以及《广播电视大学教育面向21世纪改革和发展的基本思路》，树立典型，学习上海电大改革和发展的基本经验，研究电大改革和发展中的若干重要问题，部署1997年的重点工作，推动全国电大系统为实现电大发展总目标迈出更大步伐。

（张瑞麟）

省、自治区、直辖市广播电视概况

北京市广播电视概况

北京市广播电视局

一、宣传工作

1. 关于香港回归祖国的宣传

香港回归祖国的宣传是1997年宣传任务的重中之重。北京人民广播电台、北京电视台、北京有线电视台精心组织和安排了各类广播电视节目，并在香港回归倒计时100天以后和6月30日到7月3日不断形成宣传高潮，宣传规模大，持续时间长，宣传效果好。

北京电台新闻台举办了“百姓诗会”活动，征集喜迎回归的诗词歌赋，还推出了《名人后代话回归》专题节目和《香港基本法100问》节目；教育台播出了20集系列专题《沧桑百年，落叶归根》和《我们拥抱香港》；交通台推出了反映“两航起义”的特别节目《归航》；音乐台播出了《情深系香江》特别节目；文艺台制作了《香港，你好》特别文艺节目，并播出了组歌《北京的祝福》、中篇小说《尊严》。

北京电视台在《北京新闻》、《北京您早》等节目中及时播出了迎香港回归的消息和专题报道。《今日话题》节目结合回归陆续制作播出了十多期专题。《北京您早》推出了喜迎香港回归摄影作品展播等。还先后播出了一批反映香港经济、文化、自然风光、人文景观以及各界人士企盼回归的系列片和专题片。其中有20集系列片《星光伴我心》、《方寸国土万千情》、31集系列片《江山如此多娇》以及《心愿——香港回归倒计时50天》、《香港1997》、《香港的昨天、今天与明天》，《香港孩子的歌》、《童心绘香港》等专题片和专题节目。推出了《人间正道是沧桑——神州百年爱国主义影片展播》。

北京有线电视台播出了50集电视系列片《话说香港基本法》，60集系列片《今日香港》，还播出了反映香港回归题材的电视剧《大命运》。

在6月30日到7月3日，三台形成庆祝香港回归的宣传高潮，各套节目都并机转播了中央电台、中央电视台直播的关于香港回归祖国的8场重要活动。北京电视台还制作播出了喜迎香港回归文艺晚会《世纪的辉煌》、《共创美好明天》和万人歌咏大会《迎回归颂祖国》、音乐舞蹈交响诗《北京祝福你——香港》等重头节目。此外，有十几个栏目推出了庆祝香港回归特别节目、特别报道。

2. 关于迎接、学习、宣传、贯彻“十五大”的宣传报道

在迎接十五大的宣传中，三台分别开办了《展示新成就，迎接十五大》专栏节目，以宣传北京两个文明建设成就为重点，多侧面、多角度，全面系统地报道北京市十四大以来在改革开放中发生的变化。

北京电台新闻台在《北京新闻》中播出了36个选题，展示北京市社会发展的综合成就和党的建设成就；教育台则侧重从教育、理论和法制等方面展示成就；经济台集中报道首都经济建设成就；文艺台集中报道了首都文化界的成就。

北京电视台《北京新闻》从8个方面精心策划了全面反映北京市十四大以来两个文明建设成就的100个选题，并且播出了一批优秀共产党员和先进党支部的事迹，并开设《党建巡礼》、《优秀党员风采》等栏目。逐步推出了《京郊农业迈向产业化》、《辉煌的五年成就展》和天坛医院名誉院长王忠诚先进事迹的系列报道。《北京您早》播出了反映成就的《京郊新貌》，《感受新生活》等专题，反映精神文明建设的《身边你我他》专题。《北京特快》节目系列化，大小专题相结合，深刻反映十四大以来北京市各方面发生的巨人变化。

北京有线电视台报道的重点放在宣传江泽民总书记“5.29”讲话，报道十四大以来本市各条战线取得的成就，报道讲文明、树新风的情况，重点是文明言行、环境卫生、服务质量和交通秩序四个方面取得的成绩，播出了70个选题。

在十五大召开期间，北京电台新闻台以十五大会上报道、会外反响和成就宣传为三条主线，齐头并进，多侧面、全方位地宣传十五大；经济台《1026午间报道》节目组的记者在十五大开幕的当天全体出动，采制了重头新闻组合节目《十五大今天开幕》，共播发了9个录音报道；交通台着重报道了北京市公交战线欢庆十五大，确保十五大行车安全的情况；教育台比较集中地报道了首都教育战线欢庆和学习十五大精神的情况，同时播出了反映我市高教体制改革不断深入的系列专题，据不完全统计，截止到9月22日，北京电台各专业台共播发有关迎接、庆祝和宣传十五大的录音、文字消息和专题430多篇。其中新闻台播发了140多篇，经济台和交通台各播发了100多篇，教育台播发了30多篇。

在十五大召开期间，北京电视台的各类新闻节目开设了《十五大代表访谈》、《展示新成就，欢庆十五大》、《十五大的回声》、《十五大代表风采录》、《百姓访谈录》、《专家学者访谈录》等10个专栏，共播出新闻、特别报道和“话题”180多条（集），播出时间超过700分钟。《北京新闻》、《北京您早》在宣传报道中突出了十五大高举邓小平理论伟大旗帜和国企改革、公有制

的多种实现形式的必要性与迫切性等，加深了学习、宣传十五大的效果；《今日话题》播出了精心赶制的反映建党以来光辉业绩的七集特别报道《生生不息》。《北京特快》在十五大召开的第二天，播出了特别报道《十五大报告的回声》。为庆祝十五大胜利闭幕，北京电视台于9月18日晚现场直播了大型文艺晚会《跨世纪的旗帜》。

十五大闭幕后，北京电视台新闻部学习十五大、贯彻十五大的宣传声势不减，仍然保持每天10分钟左右的播出量，宣传邓小平理论的意义和公有制实现形式、国有企业改革、政法工作、金融改革等28个专题。

为迎接和贯彻党的十五大，市局策划组织全市18个区县制作和拍摄了《十八区县话改革》广播专题节目和电视专题片，分别在郊区广播电视台展播。

3. 关于悼念邓小平同志的宣传报道

在悼念邓小平同志的宣传报道中，三台既保证了中央要求宣传报道的内容，又有自己的特色。在悼念活动期间，三台及时调整节目，停播了娱乐性的文艺节目，在新闻节目和专题节目中，集中宣传邓小平同志的丰功伟绩和报道首都人民以实际行动悼念邓小平同志的活动。北京电台在8天中播出悼念邓小平同志的消息227篇，其中自采稿件64篇，录音报道23篇。三台转播了中央电台、中央电视台直播的邓小平同志追悼大会实况、邓小平同志遗体告别仪式等，反复播出了大型文献纪录片《邓小平》，并安排播出了《开国大典》、《大决战》、《百色起义》、《浴血太行》等电影。

4. 加强对国有企业和名牌产品的宣传，以实际行动支持国有企业的振兴

北京电台充分发挥广播媒体的优势，综合运用了访谈、录音报道、热线交流等形式对北京市的名牌产品及相关企业进行了集中报道，形式多样，反应良好，还对名牌产品在广告费上给予20%至50%的优惠。北京电视台于1996年就制定了对国有企业广告播出的具体优惠，规定给予20%至30%优惠。1997年，又把宣传国有企业作为1997年北京电视台十件实事之首，重点组织实施，并选取了燕京啤酒集团、北京日化二厂、北京制药厂、北京酿造厂、西单商场、蓝岛大厦、双安商场和城乡贸易中心等十家经营状况、市场信誉较好的国有企业进行重点宣传。《北京新闻》节目专门开办了《国有企业振兴之路》专题栏目，播出国有企业改革新闻316条。北京有线电视台制作播出两期《国企风采》专题新闻，并在信息频道播出《北京名牌之路》专题节目。在广告标版上除对北京市国有企业实行20%至50%的优惠外，还在自办的新闻节目后每天无偿为北京市国有企业做一个免费标版广告。

5. 继续加强精神文明建设的宣传

三台以香港回归祖国为契机，加强了爱国主义教育。集中报道了北京市治理环境的三个战役的成果，反映全市人民以创造优美环境迎接香港回归和党的十五大召开的强烈愿望和实际行动。宣传报道了呼家楼液化气站和尚秀云、王忠诚等先进单位和典型人物。市局策划组织14个郊区电视单位拍摄展播了13集专题片《京郊绿野文明花》。

6. 对外宣传和交流

1997年，北京市广电局继续成功地举办了第六届北京国际电视周、美国"北京电视周"、澳门"北京电视节"、"中日友好25周年长崎和平音乐会"等活动。有24个国家和地区近400家电视台、影视制作单位、销售公司、设备公司的1800名代表参加了1997年北京国际电视周活动，外销节目近5000小时，是1996年的两倍；北京电视台全年输出到境外的电视节目已达500小时。

二、实施精品战略，抓精品工程，全面提高广播电视节目质量

北京市广播电视局以贯彻实施"五个一工程"为龙头，对重点节目、栏目采取重点研究、重点投入、重点扶持、重点审查、重点奖励等有效措施，推动节目质量的全面提高。

1. 北京紫禁城影业公司拍摄的电影《离开雷锋的日子》公映后产生强烈反响，获得"五个一工程"奖、电影"华表奖"、"金鸡奖"、"百花奖"；剧本获夏衍电影文学奖，被市委、市政府授予"北京市文学艺术奖"。

2. 在中宣部1996年度"五个一工程"奖评选中，有4件作品入选：北京中北电视艺术中心摄制的电视剧《李润五》，北京市紫禁城影业公司拍摄的电影《离开雷锋的日子》，北京电台制作的广播剧《爱的奇迹》和音乐作品《青藏高原》。

3. 根据市局的统一部署，经过评选，北京电台、北京电视台、北京有线电视台各有17个、18个、9个作品获得北京市广播电视系统优秀节目奖，奖金各一万元。电影《离开雷锋的日子》、《甲方乙方》，电视剧《北平和谈》、《大命运》和《龙珠》获北京市电视系统优秀电视剧奖，奖金各两万元。

三、广播电视业治理工作基本完成

1. 按照中办、国办《关于加强新闻出版、广播电视业管理的通知》精神，对北京市广播电视系统内外的46个广播电视台、站进行了年检，圆满完成了首次广播电视台、站年检工作。成功地组织参加了首次全国广播电视先进县的评选，怀柔县被评为全国广播电视先进县。北京电台7个专业台改变呼号、区县广播电视局实行"三台合一"、"局台合一"体制和企事业有线电视台改为有线电视站的任务基本完成。在此基础上，按照国务院颁发的《广播电视管理条例》的要求，年底前基本完成了北京市广播电视台、站的重新审核登记工作。北京电视节目供片中心全年向区县台、企事业台和一、二星级宾馆饭店提供影视剧、专题片共1700多部(集)，基本保证了各用片单位的播出需要。对全市924家卫星节目接收单位进行了全面清理整顿和重新审核登记，规范了解码器的合法经营渠道，进一步理顺了卫星地面站的管理秩序。

2. 采取堵源与截流并举和治标与治本相结合的办法，不断加大音像市场管理的力度。各级音像管理部

门全年共出动检查人员 10749 人次，检查市场 2283 次，检查音像经营点 6571 家，取缔非法经营单位 581 家，纠正违章 759 次，收缴非法音像制品 298372 盘（张），淫秽音像制品 29786 盘（张），并对一些地区进行了重点治理。根据中央关于在北京要建设国家级音像批发市场的要求，我市目前已有两家大型音像专卖店营业，经营面积达 7500 平方米的国家级音像批发市场也将投入使用。

四、加快发展速度，广播电视技术、事业又有新成果

1. 广播电视节目上星播出，标志着我市广播电视事业发展进入新阶段。

为彻底解决北京山区 80 万人看不到北京电视台节目，37.6 万人收听不到或收听不好北京人民广播电台节目的问题，经广电部批准北京广播电视节目于 1998 年元旦上亚洲二号卫星播出。在时间紧、任务重的情况下，全局统一协调、齐心协力，完成了北京人民广播电台和北京电视台第一套节目上星播出前的各项准备工作，确保了 1998 年元旦正式上星播出。

2. 北京有线广播电视光缆网，按照“六统一”的原则，已完成了城近郊 8 个区的光缆网设计和 2400 多个光接点路由勘探工作；专用数字平台已建成；敷设光缆 800 多公里，其中已验收 270 公里；接入光缆网 6 万多户，还有 80 多万户即将并入光缆网。

3. 北京电台建成了无线微波、有线光缆互为备份的全数字化的节目传输系统；建立了直播机房、主控、发射台等技术岗位的工业电视监视系统，加强了安全播出的监督；建立了计算机办公自动化网络；97.4 兆赫和 87.6 兆赫采用数字音频工作站，为全台全数字化广播开辟了新途径。北京电视台研制的“硬盘多通道新闻广告自动播出系统”，已通过初步鉴定并投入试运行，被列入 1997 年国家重点科技项目；在 6 频道正式试播立体声伴音，标志着中国电视伴音由传统的模拟单声广播跨入数字立体声广播时代。

天津市广播电视概况

天津市广播电视局

一、宣传工作

始终坚持团结、稳定、鼓劲和正面宣传为主的方针，坚持党性原则，坚持实事求是，把握正确的舆论导向，出色地完成了宣传报道任务，实现了两项“力保”，深化了名牌带动战略，广播电视节目质量有了新的提高。有些工作受到了市委、市政府的表彰。

——三个战役性宣传胜利完成

1997 年，广播电视宣传任务十分繁重，特别是邓小平同志逝世、香港回归和党的十五大召开三件大事的宣传报道，政治要求高，口径要求严，时间持久，事情敏感，普遍关心。面对严峻考验，局党委确定了“高度重视、精心组织、周密安排、万无一失”的指导思想，成立了局、台领导参加的领导小组，制定下发了确保宣传安全的十条措施，落实了宣传责任。局、台和各节目部，分别签定了宣传安全责任书，强化了宣传纪律和宣传制度。局、台领导对重点节目逐一审查把关，发现疑点和偏差，及时纠正，做到了思想落实、责任落实和制度、措施落实。

当邓小平同志逝世的噩耗传来，局党委果断决定“三台”自办节目改为全部转播中央台节目，这一紧急应变措施，保证了宣传报道口径与党中央的高度一致。

天津市是迎庆香港回归全国八大重点城市之一，为把中华民族这一百年盛事宣传报道好，局党委明确提出了“把中央台的节目转播好，把天津的迎庆活动报道好，把给中央台的节目传送好”的具体要求，积极组织，充分发挥电台、电视台、有线电视台和节目报的综合优势，新闻、专题、文艺互相配合，形成了全方位宣传的态势。经过紧张工作，电视台制作播发了百集系列片《天津与香港》等一批反响大、效果好的节目。广播电视局和电台、电视台的三个部，被天津市评为迎庆香港回归的先进单位和先进集体，16 名同志受到市委、市政府的表彰。

香港回归战役性宣传任务完成后，局党委迅速将主要精力集中在搞好迎庆党的十五大的宣传上，号召大家：人不解甲，马不停蹄，再接再厉，以更旺盛的斗志，完成好这一重大的政治任务。全局上下按照中央和市委部署，发扬连续作战的精神，以更加饱满的政治热情投入到这一战役的宣传中。党的十五大召开前，三台分别开专栏，发言论，播消息，作专题，集中报道天津市自党的十四大以来取得的辉煌成就。十五大召开后，大力度地集中宣传报道了一批以党的十五大精神为指导，深化改革，加速发展的先进典型，受到了市委、市政府和社会各界的好评。

——名牌带动战略取得了新进展

1997 年，是天津市广播电视局实施名牌带动战略的第二年，全局认识更加统一，行动更加自觉，争创名牌节目的积极性更加高涨。

春节刚过，局名牌评选领导小组组织了 96 年度名牌节目的评选，电台的《新闻 909》、《天津早晨》、《红绿灯》、《悄悄话》、《曲苑大观》和电视台的《天津新闻》、《今晨相会》、《中国・天津》、《月亮船》、《中华戏曲》等十个节目被评为 1996 年度天津广播电视十大名牌节目。局党委随即召开了名牌节目发布和表彰大会，并进行了颇有力度的宣传，在社会上和全国同行中引起了一定反响。8 月份局名牌节目评选办公室又对十个名牌节目进行了中期抽评，组织评委逐一评审，开诚布公地挑毛病，使各名牌节目单位受到了很大震动，感到了压力，电台、电视台对各自名牌节目逐个制定了改进提高措施。电视台由台长带队两下上海，学习经验，激励自己，不少节目组还专门召开了提高质量研讨会。

名牌节目的评选起到了较好的带动作用。不少节目奋起直追，精心制作，使广播电视节目整体水平有了新的提高。据统计，电台、电视台多数节目收听、收视率较上一年都有所提高。在全国广播电视各类节目评比中，一大批节目在不同奖项中获奖。与往年比，是获得奖项较多、奖级较高的一年。其中，电台的评论《市场不相信"出身"》在中国记协举办的中国新闻奖评比中荣获一等奖，电视台的《久病榻前母爱歌》在全国电视专题评比中获一等奖。在中国广播奖广播剧评比中，电台荣获两个一等奖。电台李英华同志被授予第二届全国"百佳新闻工作者"称号。

——两项"力保"圆满实现

广播剧、电视剧（片）再度入选"五个一工程"，是市委、市政府和宣传部给的硬任务，也是广播电视局党委力保的工作目标。经过艰苦卓绝的努力，终于将力保变成了现实。电视专题片《中华魂》和广播剧《劳模和他的影子》双双荣获"五个一工程"奖。电视剧（片）连续五年入选，广播剧在仅有的两届评选中梅开二度，受到了中宣部和市委、市政府的表彰和奖励。

第二个"力保"形势也是非常严峻的，电视一度出现了位居十名之后的局面。局里及时提出了"认识上坚信不移，行动上坚定不移"的要求，并敦促两台及时采取措施。经过努力，到年底，电视新闻上中央电视台《新闻联播》条数为100条，跃居全国第六，比1996年多6条，上《新闻联播》头条和提要比1996年有所增加。从内容上看，反映两个文明建设的占57%，会议新闻明显减少。电台上中央台早《报摘》、晚《联播》也稳居全国前十位。

此外，还分别召开了天津市广播电视学会第二届理事会议和第二次电视艺术家协会会员代表大会。总结了两会十年来的工作，对今后五年的工作进行了部署，选举产生了两会各自的领导机构。

广播电视报社在报业竞争激烈、发行量下降的情况下，不仅完成了创收任务，还以总分96分的成绩在市级报类评比中获一类报第三名。

二、技术工作和事业建设

一年来，广播电视局按照从实际出发，"统筹规划，稳中求进，协调发展"的工作思路，狠抓质量，确保安全，适度投入，稳步发展，使技术事业有了新发展，设备水平有了新提高。

一是从建章立制做起，狠抓基础建设，有效地保证了安全优质播出。针对1997年重大活动多、播出任务重的特点，先后开展了三次安全播出月和四次安全播出大检查活动，安全意识进一步增强，措施进一步落实。据统计，全年广播共播出41139小时，中心停播率为每百小时0.6秒，发射停播率为每百小时1秒；电视共播出27895小时，中心停播率为每百小时11.1秒，发射停播率为每百小时0.4秒。广播电视安全播出指标均优于广播影视部全国先进台（站）考核指标。此外，天塔在香港回归期间的播出中创造了连续播出90多个小时的历史最高纪录。电台杨柳青发射台在全国广播技术维护工作评比中，被授予"九六年度全国广播电视技术维护先进台"的称号。

二是加大投入，技术设备更新发挥了规模效益。局里在资金非常紧张的情况下，抽出4850多万元进行了技术设备的更新改造。其中，电台引进一套音频工作站，开展了数字化制作播出系统的应用；电视台引进了非线性编辑系统，在编辑工作中开始使用数字化设备；有线电视台建成了自动播出系统；天塔引进了技术先进的30千瓦IOT发射机，实现了规划功率，扩大了电视第三套节目的覆盖。

为普及高新技术知识，提高应用水平，技术系统还先后举办了两期技术培训班和多次技术交流活动，收到了良好效果。

此外，在科技周期间，还举办了天津广播电视事业科技图片展，向社会各界展示了广播电视技术事业发展历史和近年来取得的成就。

在市委、市政府的关心支持下，天津广播电视节目上卫星播出已获广电部正式批准，待技术方案论证通过后即可实施。

电视5频道改频工作顺利完成，实现了中央电视台第一套节目顺利调整，正式启用了新27频道，使播出质量有了新的提高。

局计算机网络的一期工程和财务电算化以及电台计算机网络已经建设完毕，正在着手试运行。完成了2360局电话的局内全部切割工作，现已全面启动。杨柳青广播发射台馈线道改造和馈线架高工程基本完成。有线电视台完成了华苑小区一期近万户的有线电视系统建设任务。新闻中心工程建设完成B、D、E三个区的扫尾工程，正式通过验收。新闻中心C区的内部装修工程也即将完成。

另外，经过半年时间的紧张施工，天津电视城1200平方米的摄影棚于年底竣工剪彩。这个大棚，棚高18米，净高12米，宽24米，长50米，可同时搭设三个场景，大棚采用吸音砖建筑，为同期录音提供了条件，无论从外观造型，还是内部结构，都达到了国内同类摄影棚领先水平。

座落在新闻中心大楼的天宇大酒店，试开业一年来，经过不懈努力，提高了知名度和吸引力，被国家旅游局批准为三星级酒店。

1997年天津市广播电视局创收突破2亿5千万元大关，比1996年增加18.23%（不含节目带广告），上交局款比1996年增加5.14%。

三、管理工作

一年来，各单位、各部门进一步强化管理意识，结合工作实际，采取有力措施，以管理促发展，向管理要效益，管理水平有了一定的提高。

为进一步整顿系统工作，规范行业管理，年初对天津市49家广播电视台（站）进行了年检，对查出的问题提出限期整改的要求，并切实督促落实。紧密结合中办、国办（1996）37号文件精神，认真贯彻执行《广播电视管理条例》，在充分调研基础上，先后起草完成了《天津市关于贯彻落实中办、国办〈关于加强新闻出版广播电视业管理的通知〉的实施方案》、《天津市音像出版复制业管理实施方案》，并上报市委、市政府。为保证上述方案的切实落实，局成立了治散治滥工作领导小组，深入到各区县和企事业单位广泛调研，结合实际制定了《天津市关于企事业有线电视台改为有线广播电视站的实施意见》等三个意见，并上报市委宣传思想工作领导小组。根据中央和市委要求完成的1997年广播电视治散治滥任务，已经完成和基本完成三项工作，另两项亦已拿出了可行方案，为下一步实施做好了准备工作。此外，还会同有关单位查处了在居民楼非法建有线电视接收系统的团伙。组织参与了战役性“扫黄打非”集中行动21次，收缴非法音像制品15万盘(张)。还依据国家音像管理有关规定，审批了323个品种的音像制品，核发了音像、录像零售经营许可证共693份，既严格了管理，又促进了市场繁荣。

《广播电视管理条例》颁布实施后，积极组织系列活动，广泛宣传，深入学习贯彻，并举办两期执法人员的培训考核，在全系统进行多层培训教育，使全系统法制观念进一步增强，依法管理广播电视行业的意识更加浓厚。

河北省广播电视概况

河北省广播电视厅

一、坚持正确舆论导向，弘扬时代主旋律，努力提高舆论引导水平和节目质量

1997年，全省各级广播电视部门按照把握一个指针，即服务大局、把握导向、提高水平、维护稳定、促进发展，围绕两件大事，即香港回归和党的十五大召开，抓住三个重点，即改革开放和现代化建设宣传、精神文明建设宣传、维护政治经济社会稳定宣传，打好五个战役，即精神文明创建活动宣传战役、推进“两个根本性转变”宣传战役、迎接和庆祝香港回归宣传战役、迎接党的十五大召开宣传战役和贯彻十五大精神宣传战役的总体思路，精心组织，周密部署，上下配合，协同作战，圆满完成了各项宣传任务。为举世瞩目的“两件大事”，为河北省改革开放和现代化建设创造了良好的舆论环境。

(一)香港回归、党的十五大宣传报道体现了河北特色，形成了强大的舆论氛围。香港回归宣传从倒计时100天开始进行。省电台、电视台分别从五个方面展开宣传：一是3月23日开始播出倒计时；二是分别开设栏目《河北与香港》，推出《河北人在香港》、《香港回归话河北》等专栏和专题；三是及时报道全国和省内各界庆回归重大活动；四是开办知识性专题节目，介绍香港有关情况；五是围绕香港回归组织了一批影视剧、文艺节目展播和大型文艺晚会等。充分反映了全省人民的企盼和喜悦之情，形成了爱国主义宣传教育的高潮。

十五大宣传共分三个阶段进行。第一阶段从8月初开始，以“展示新成就、迎接十五大”为主题，省电台、电视台全面宣传了十四大以来，河北省在改革开放、经济建设、精神文明建设和人民生活等领域取得的新成就。在第二阶段即十五大召开期间，省电台、电视台充分报道了十五大盛况及河北代表团活动情况。第三阶段，以学习贯彻十五大精神为宣传重点，充分报道了省委对学习贯彻十五大精神的工作部署和各地各界学习贯彻十五大精神的动态，及时、深入地报道了全省各地、各行业贯彻落实十五大精神的成绩和经验。整个宣传活动主题突出、声势宏大，有力地配合了全省学习贯彻十五大精神活动的深入开展。

2月19日邓小平同志逝世后，从2月20日至28日，全省广播电视系统按照中央、省委和广电部的指示，紧急行动，周密组织，团结协作，圆满完成了悼念邓小平这一突发性宣传任务。

(二)围绕省委、省政府中心工作，深入开展了经济建设、精神文明建设的宣传。经济建设宣传突出抓了国有企业改革宣传和农业产业化宣传。(1)深入宣传了全省工业企业学邯钢、抓管理、促转变的做法和经验；报道了各地抓大放小、转机建制、资产重组的工作成果；就国企改革中的一些难点、热点问题进行了正确引导。(2)围绕省委、省政府提出的“增、转、化”农村工作思路，省电台、电视台分别推出系列报道《迈向农业产业化》和《方兴未艾的河北农业产业化》，电视台《经济观察》栏目播出8集系列片《大地春潮——河北省加快农业产业化发展纪实》，为推动全省农业产业化进程发挥了积极作用。

精神文明建设宣传着重宣传了群众性精神文明创建活动、文化科技卫生“三下乡”和扶贫帮困送温暖工程等内容，广播电视累计发稿600多篇，取得了较好的社会效果。

此外，广播电视还圆满完成了全国和省“两会”、“鱼水工程”、“形象工程”、“安宁工程”、“党建工程”和维护社会稳定、农村纠风减负、环境保护等重要宣传任务。

(三)广播电视精品生产取得丰硕成果。1997年，在中国新闻奖、中国广播奖、中国电视奖“三大奖”评比中，我省共有7件作品获一等奖，25件作品获二、三等奖，获奖数量和档次继续保持了全国省级前列。其中，电视系列报道《燕赵儿女抗洪歌》获第七届中国新闻奖一等奖，这是河北新闻界多年来首次获得全国新闻最高奖。在全国电视文艺“星光奖”评比中，也再次创出优异成绩，有3个节目获一等奖，3个节目获二、三等奖，河北电视台综艺栏目《万花丛》连续三年获“优秀栏目奖”。除此之外，河北电视台的《中国·河北》栏目被中央外宣办、广电部评为“全国优秀外宣栏目”(政府奖)；公益广告《大抗洪》获国家公益广告政府奖。

1997年，全省共制作电视剧23部221集、广播剧29部38集。在电视剧创作上，省厅突出抓了《黑脸》、

《新岁烛光》和《百戏人传奇》等重点剧目的生产和宣传。由省、市共同组织的“鱼水工程”系列短剧，共拍摄完成11部23集，其中有9部19集在省台首批展播，程维高、卢展工等省委领导对这项创作活动给予了充分肯定。在全国“五个一工程奖”评选中，电视剧《沃土》和广播剧《唐山孤儿的故事》获奖。电视剧《金豌豆》获全国电视剧“飞天奖”三等奖。

（四）广播电视对外宣传进一步加强。省电台、电视台通过向中央台和国外媒体提供节目积极宣传河北。广播电视圆满完成了在中央台上稿的目标任务。省电台全年为中国国际广播电台《中国之窗》提供专题节目12套。省电视台为“美洲东方卫视”及“斯克拉电视台”提供节目近40小时，并与省外宣局一起，在美国熊猫电视台举办了“河北电视周”，播出介绍河北省情况的专题片7集。

为了进一步做好广播电视宣传工作，省厅切实加强了宣传的宏观管理和指导，制定了节目事故报告制度、突发事件报道报告制度、严格按程序邀请省以上领导同志出席宣传活动的规定等文件，进一步规范了广播电视宣传行为。完善了厅宣传例会、两台编前会议制度。建立了节目、报纸评议制度，加强了收听、收视调查工作。河北电视台内部试行设备租赁制，技术设备实行内部计价，有偿使用，取得初步效果。

二、自我加压，开拓奋进，加快事业发展步伐

（一）建成河北有线电视台。经过近一年的紧张筹备，河北有线电视台于10月28日建成开播，同时开办综合和体育两个频道。综合频道每天播出20小时，体育频道每天播出12小时。综合频道初期利用省微波备份波道传输，覆盖范围达10市的200多万用户。体育频道目前主要覆盖石家庄市。

（二）全省有线广播电视网络建设工程全面铺开。9月28日，全省有线广播电视网络建设一期工程正式开工，到年底前，已完成主干线光缆敷设800余公里，占总工程量的70%。

（三）装备河北电视中心。利用省财政拨款2800万元和本厅自筹1000万元资金，补充、更新了三个小演播室的部分设备，基本完成了800和400平方米大演播室视频机房建设一期工程，购置了一批数字化采录设备，节目制作能力由原来的每天2.5小时提高到3.5小时。图文电视试播成功，现已有受众40多万户。

（四）筹备广播电视节目上星。《河北广播电视地球站技术规划方案》已通过广电部组织的专家论证，省计委批准了该项目立项报告，筹备工作进入资金筹措、土地征用、工程设计阶段。

（五）巩固、扩大中央一套广播节目覆盖。筹资140多万元，插建、扩建沧州、邯郸等10座调频转播台，并已试机播出，全省中央一套广播节目覆盖率提高了10.2%。

（六）市、县广播电视事业建设取得新进展。石家庄市“四心一塔”工程进展顺利，有线广播电视中心、中波发射中心已建成投入使用，山区电视覆盖工程已提前完成，基本解决了山区群众看电视难问题；张家口市完成了桦皮岭广播电视微波覆盖工程，解决了赤城、张北、沽源、康保4县看不到或看不好省台电视节目问题。

三、进一步加强行业系统管理，治散治滥工作取得明显成效

（一）切实加大了行业治散治滥工作力度。根据中办37号文件精神，结合本省实际，起草并经省两办转发了《关于加强全省广播电视业管理，做好治散治滥工作的意见》，制定了《县市级播出机构合并的补充意见》和《企事业有线电视台改站的补充意见》。在省、市、县广播电视部门的共同努力下，基本完成了县（市）广播电视播出机构的调整；基本完成了企业有线电视台改站工作；基本完成了对专业台、系列台名称和呼号的变更。具体方案已报广电部待批。

（二）加强音像市场的管理和培育。在全省组织开展了冬季“扫黄打非”集中行动和6至9月份音像市场集中治理，打击了“制黄”、“贩黄”和盗版等非法经营活动。一年来，全省音像管理部门共取缔非法音像经营单位320家，收缴非法音像制品31万多盘（张）；落实了全省营业性录像厅节目专供制度，对全省350家录像厅实行了节目专供；推行了音像经营单位承诺制和市场监督员制度，音像市场规范化管理水平有了新提高。

（三）技术维护管理工作继续保持了良好水平。确保了悼念邓小平、香港回归和十五大召开等重大政治活动的播出安全。完成了307发射台电视机房搬迁和发电机房建设。在全国广播电视技术维护管理省际竞赛评比中获得第二名。

四、进一步深化改革，优化广播电视节目结构，建立和完善科学的管理体制和机制

（一）对广播电视节目进行调整、改革。1997年春节后，河北电视台一套节目改为全天播出，每天播出时间比过去延长3个多小时。4月21日，河北电视台一套节目进行全面调改。10月20日，又对部分栏目进行微调，新上和撤换了个别栏目。河北电视台二套节目总监产生后，经过一段时间筹备，于7月28日推出了新版。改版后的电视节目受到了观众好评。

（二）推进了人事制度改革。河北电视台实行了制片人制，进一步调动了从业人员的积极性和创造性。河北电视台二套节目通过面向全台公开竞争，产生了节目总监，实行了总监负责制，在财务管理上，实行了自主经营、自负盈亏的运行方式。为了进一步增强广播的整体优势，10月18日，河北交通信息台正式纳入到了河北电台系列台管理体制，规范为第二套节目，即河北人民广播电台交通音乐频道。合并河北电视中心管理处、行政处和厅基建办，组建了后勤管理服务中心，中心主任、副主任经公开竞争上岗产生，初步理顺了厅行政后勤管理体制，同时，研究制定了后勤物业化管理方案。

五、广播电视队伍建设继续加强，队伍政治业务素

质进一步提高

全省各级广播电视部门按照省委要求，以创建“三讲”文明机关活动为主体，进一步加强了广播电视队伍建设。以深入学习邓小平理论和党的十五大精神为重点，继续推进了队伍的思想政治建设。省厅于7月和10月先后举办处以上干部理论培训班8期，培训处以上干部140多名，撰写心得体会文章270多篇。党风廉政建设和反腐败斗争健康发展，狠刹用公款吃喝玩乐、制止奢侈浪费、清理公费电话等重点工作取得明显成效。据统计，省厅全年招待费比上年下降20.9%，公费电话费用比上年下降10%。广播电视业务建设取得新的成效。系统函授教育稳步发展，五年干部培训规划正在顺利实施，先后举办市县局长培训班2期，培训市县局长154人；举办省3台播音员、主持人专业培训班3期，培训播音员、主持人94人；完成了全省广播电视发射台、微波站值机员岗位培训，共培训各级值机员500名。组织开展了“青年职工技术比武”活动，全系统1200多名青年职工参加了电视节目制作、技术维护管理两大系列7个专业的技术竞赛，评出了一批技术尖子。

（王剑挺）

山西省广播电视概况

山西省广播电视厅

一、把握导向，维护稳定，宣传工作迈上新台阶

1997年是我国历史上极不平凡的一年，也是广播电视宣传任务十分繁重的一年。宣传工作以三件大事为重点，紧紧围绕省委、省政府中心工作，突出政治意识，大局意识，牢牢把握正确的舆论导向，把维护稳定放在更为重要的位置，收到了良好的社会效果。

1．圆满完成三件大事的宣传报道和转播任务。

邓小平同志逝世悼念活动的宣传是一项紧急、突发性政治宣传任务。山西省广播电视厅连夜召开紧急会议进行安排部署，及时拿出节目调整方案。在悼念活动期间，厅领导坚守岗位，严格把关，电台、电视台领导和各部室主要负责同志始终坚守在第一线，使宣传报道工作井然有序，保证了安全播出。采编人员深入煤矿、部队、革命老区，采制了《万众悼念邓小平》、《老区人民的哀思》等，反映了全省人民对邓小平同志逝世的哀悼之情，讴歌了小平同志的丰功伟绩。在此期间，两台共发稿1153件，无论是自办节目还是转播节目，都准确无误地按照计划优质播出，做到了“隆重、庄严、深情、有序”，省委书记胡富国批示表扬了此次宣传报道工作。

为做好“迎接香港回归、庆祝党的生日”的宣传报道工作，全省广播电视系统各级台、站，对报道重点、现场直播和转播、安全传输等工作做了周密的计划和安排。从6月初开始，围绕香港回归，省电台、电视台组织了各具特色的专栏、专题、文艺节目，套套节目异采纷呈，相映成辉，全方位、多角度反映了全省上下喜庆热烈的气氛，广泛深入地进行了爱国主义宣传教育，激发了群众爱国、爱党的热情，增强了民族自豪感，收到明显的宣传效果。

在举世瞩目的中国共产党第十五次全国代表大会召开前后和召开期间，全省广播电视系统认真贯彻有关宣传报道精神，制定了十五大宣传报道总体方案。会前报道突出理论宣传、成就宣传、精神文明建设宣传，省电台、电视台开设了《展示新成就、迎接十五大》、《身边的变化》、《党在我心中》等大型专栏，大力宣传党的十四大以来的五年中全省各行各业取得的成就，宣传基层党组织和模范党员做出的贡献，宣传和报道全省人民团结奋斗，迎接党的十五大召开的喜悦心情。会议召开期间和闭幕后，从省电台、电视台、技术中心到全省广电系统，安全优质地完成了中央两台的现场直播节目、重点专题节目和新闻节目的转播工作。同时，及时宣传报道了全省各界收听、收看十五大开幕式、座谈学习江总书记的报告及贯彻十五大精神的情况，制作了《学习十五大，迈向新世纪》和《乘十五大东风，绘三晋宏图》等节目。各套节目积极开拓宣传思路，丰富宣传形式和内容，按照积极、全面、准确、深入的宣传方针，在深度、力度和广度方面取得了突破性进展，浓墨重彩地反映出全省上下庆贺十五大召开的热烈气氛。

2．围绕省委、省政府的中心工作，加强改革开放和经济建设的宣传。

一年来，宣传工作围绕全省工作大局，积极配合省委、省政府各项重点工作，推出一批有分量的系列追踪报道、评论评述性报道。诸如《对外开放看山西》、《农业产业化》、《三晋涌动开放潮》、《把今天写进历史》等大型报道，都在社会上产生了广泛的影响。十五大召开后，又联系山西实际，为大力推进国有企业“抓大放小”的中心工作，加强了对国有企业的改造、改制、改组的宣传，仅半个月时间，省两台即播发新闻200余条，并对放开、放活中小企业搞的好的地、市和典型做了深入报道，从而推动了全省国有企业改革步伐。

3．加大精神文明建设的宣传力度。

一是积极发挥广播电视在精神文明建设中的作用，年初配合全省开展的以“沐六中全会春风，过文明祥和春节”为主题的97文明之春系列活动，掀起深入宣传六中全会精神和精神文明建设的高潮，开辟了《精神文明建设礼赞》、《从我做起讲文明》、《三晋文明新风》等专栏，推出了“话题系列”、“集体系列”、“模范系列”、“爱心系列”等贴近群众、贴近生活的节目，多侧面地反映了全省精神文明建设方面取得的成绩和经验，引导全省精神文明建设不断深入、发展和提高。

二是不断引深邓小平理论的宣传，力求从理论与实践相结合的角度开辟理论宣传工作的新局面。12集电视专题片《在伟大的旗帜下——邓小平理论在山西的实践巡礼》，反映了十四大以来全省广大干部群众认真学习和实践邓小平理论所取得的丰硕成果，是各级领导和广大群众自觉实践科学理论的经验总结，播出后受到广泛好评。电台推出的《深入学习邓小平理论系列讲座》(12讲）和《高举伟大旗帜、引深党员学习》等，都较好地发挥了广播电视在引深理论学习中的作用。

4．对外宣传取得新进展。

省电台、电视台组织力量深入采访，积极向中央台供稿，对外宣传山西，继续保持了良好的态势。据逐月统计，电台在全国31家省级电台的发搞排名始终保持在前五位。电台、电视台与各省市联合成功地进行了柯受良“飞黄”现场直播活动。中国黄河电视台努力提高工作质量，积极为中国的经济建设和改革开放创造良好的外部舆论环境，尤其是在“让世界了解山西，使山西走向世界”的宣传中，起到了桥梁和窗口的作用。1997年，中国黄河电视台在美国斯科拉卫星电视网播出节目时数共计10860小时，比上年增加7620小时，其中播出新闻5000余条，各类专题、教学、综合节目内容丰富，形式多样，宣传了山西经济建设和对外开放取得的新成绩，展示了山西多彩的民间文化。

5．强化精品意识，着力提高节目质量。

1997年，以广播电视节目上星为契机，适应上星后全国节目竞争和人民群众日益增长的精神文化生活需要，加大了节目改革的力度，加强新闻、精办专题，使全省广播电视节目整体质量有了新的突破和进展。省电视台年初成立了上星节目策划组，开展了“我为上星献计策”活动，制定出《山西电视台上星栏目方案》。方案突出时代特色和地方特色，设置了33个栏目，一周制作量1950分钟。根据群众需要，电台不断进行节目调整和改革，各系列台更加突出专业特色，丰富了人民群众的精神文化生活。在中国新闻奖评选中，省厅的论文《面向二十一世纪的广播——裂变与聚变》、消息《西沟村贴出“安官告示”》、新闻专题《兄弟情》等四件作品榜上有名。山西文艺广播电台选送的五件作品全部获奖。

以“五个一工程”为龙头，认真贯彻落实全国、全省多出优秀作品座谈会精神，加强领导，搞好策划，使影视作品的创作生产呈现较好的势头。在全国“五个一工程”评选中，省厅报送的广播剧《村里来了个新乡长》、电视剧《我的奶奶》均入选国家项“五个一工程奖”；在全省“五个一工程”评奖中，省厅获组织工作奖，电视剧《我的奶奶》、《魁星楼》，广播剧《村里来了个新乡长》、《姐姐我错了》获优秀作品奖。

总之，1997年广播节目获中国新闻奖等国家级奖22项，电视节目获国家级奖29项。

二、把握机遇，开拓进取，事业建设取得突破性进展

继续以扩大广播电视覆盖率特别是农村覆盖率为目标，紧紧抓住上星、联网、设备更新改造三个环节，大力发展有线电视，切实推进全省的广播电视事业建设发展。一年来，卫星地球站建设工作初步完成，省级干线网开始筹建，各地市联网建设进展顺利，设备更新改造也进入准备阶段，从而为山西的广播电视事业开拓了一个广阔的发展空间。

1．卫星地球站工程建设成绩显著。

自1997年3月23日奠基，8月开工以来，一直受到省委、省政府的高度重视。省厅在时间紧、任务重的情况下，克服困难，齐心协力，抢工期、保质量，经过几个月的努力，卫星地球站已完成投资2961万元，设备已基本到位并安装完毕，工程主体技术楼已经完工。

2．全省有线广播电视传输干线网建设初步展开。

山西省干线网作为全国有线广播电视专用网的组成部分，其作用是上联国家部级超干线网，下联省内各地、市网，它将为全省广播电视事业实现数字化、网络化提供必不可少的基础条件。为此，省厅成立了“全省干线网建设领导组”和办公室，制定了《山西省有线广播电视传输网工程建设总体规划》和《山西省有线广播电视传输网工程建设技术方案》。鉴于资金不足，省厅成立了山西省有线广播电视有限责任公司，采用股份制等多种方式，筹集资金，并负责干线网的建设和运营。通过这种方式大大加快了筹资步伐，目前投资对象已基本落实，并已开始办理有关手续。

经过积极争取，石家庄——太原、太原——呼和浩特的超干线光缆网已被列入全国有线电视网络建设的第一期工程，太原——西安段也有望成为部级超干线。

3．全省各地、市联网工作进展顺利。

全年新增有线用户40万户，使全省有线用户总数达到240万户。晋城、长治两市联网工作起点高、动作快，走在全省前头。长治市已实现了市区内光纤联网。晋城市则计划建设一个集广播电视、计算机、综合信息网于一体的宽带综合覆盖网，实现市、县、乡、村四级有线电视光缆联网。经过一年的加紧建设，第一期工程已基本完成，计划联网15万户。

4．技术设备更新改造工作着手准备。为配合节目上星，对老化、陈旧的技术设备进行数字化改造已成为当务之急。为此，省厅已向省财政提出了设备更新改造投资报告。全省微波线路数字化改造工作已进入前期调研阶段。

5．传输和维护管理工作取得优异成绩。

1997年的传输转播工作任务重、要求高。各技术部门按照“高质量、不间断、既经济、又安全”的维护方针，在邓小平同志逝世、香港回归、十五大召开、国庆、八运会等“重要安全播出保证期”期间，做了大量的工作，取得了显著成绩。省厅技术中心要求各转播台站在“重要安全播出保证期”之前，不仅要对发射、传输设备进行认真检修，还要制定出切合实际的应急方案。进入保证期后，正副台长亲自带班，技术人员昼夜不离岗，确保出现问题及时处理。在保证期结束后，认真总结安全播出经验，为下一次重要保证期做好准备。由于领导到位、工作到位，各高山台站干部职工以高度的政治责任感，高效优质地完成了这几次重要播出、转播任务。在播出时间超过往年的情况下，总停播率明显

下降，创造了历年来最好的成绩。　　　　　（杜玉芝）

内蒙古自治区广播电视概况

内蒙古自治区广播电视厅

一、广播电视宣传坚持团结、稳定、鼓劲和正面宣传为主的方针，牢牢把握正确的舆论导向

1. 播发系列言论，进行连续报道，组织理论文章，加强典型宣传，改进宣传报道方式，宣传工作成效显著。

——2月19日，当邓小平同志逝世的噩耗传来，内蒙古广播电台、电视台，以高度的政治责任感，隆重、庄严、深情、有序地进行邓小平同志悼念活动的宣传报道工作。在短短的7天时间里，内蒙古广播电台汉语新闻播发稿件100余条，蒙语新闻40余条；内蒙古电视台播出电视新闻33条，时间达93分多钟，充分表达了自治区各族人民对邓小平同志的无限崇敬和爱戴之情，以及紧紧地团结在以江泽民同志为核心的党中央周围，化悲痛为力量，坚持党的基本路线、基本理论、基本方针的坚强决心。

——以高度的政治责任感，认真组织、精心安排，迎香港回归报道高潮迭起。内蒙古广播电台、电视台在保证转播好中央电台、电视台节目的前提下，认真组织了回归前、中、后各项活动的宣传工作。内蒙古广播电台采制了90分钟的迎回归现场口头报道，开设了《学习香港特别行政区基本法知识讲座》专栏；邀请有关权威人士畅谈香港回归的伟大意义和"一国两制"的历史贡献；编排了庆香港回归、歌颂祖国统一的文艺节目。内蒙古电视台为使蒙古族观众及时了解庆回归盛况，组织人员突击听抄、翻译、制作了现场直播节目。同时在各类节目中及时反映了内蒙古各地庆回归的活动。呼和浩特广播电台、电视台先后播发了《今日香港》、《花帜》等系列专题片和电视连续剧200多集，并开办了《'97回归访谈录》等12个栏目，编发各类稿件400多条。

——加强领导，认真策划，自治区成立五十周年大庆报道好戏连台，异彩纷呈。内蒙古电台、电视台为迎接自治区成立五十周年，先后开设了《五十年的辉煌》、《奔向21世纪的内蒙古》等三十多个专栏、专题和特别节目，完成了蒙古语广播文艺晚会《五十春秋颂》、汉语广播文艺晚会《辉煌的乐章》、电视文艺晚会《草原颂》、《正大综艺·内蒙古专辑》，成功地完成了"庆祝大会"、"那达慕开幕式"两次现场直播；在中央电台、电视台、国际台播发新闻稿件近百篇，专题50组和《内蒙古杯知识竞赛》节目，在美国斯科拉卫星电视网和中央电视台播出9集外宣片《今日内蒙古》，与中央电视台海外中心合制播出《阳光洒满草原》等4集电视片和多期《中国报道》；内蒙古经济电视台与呼和浩特政府合办了大型焰火文艺晚会《各族人民心连心》，为庆典宣传锦上添花。

——党的十五大的宣传动手早、行动快、效果好。在迎接党的十五大召开和落实大会精神的宣传报道中，内蒙古的广播电视坚持了以团结、稳定、鼓劲、正面宣传为主的指导思想。内蒙古广播电台先后制定了三个报道计划，列出了一百多个重点报道选题，开辟了《迎接十五大，再创新辉煌》等六个专栏，在新闻节目中播出了三百多篇重点稿件，蒙汉语理论节目分别组织开设了《学习邓小平理论》等讲座节目，文艺节目编排了十多组讴歌共产党、歌唱社会主义的文艺节目。内蒙古电视台新闻中开辟了《迎接十五大，再上新台阶》、《金秋春潮》等系列报道，其他栏目也都从不同的视角，反映了改革开放以来自治区发生的变化。全区十二个盟市广播电台、电视台在十五大的宣传中，充分发挥自己的特点和长处，点面结合、典型引路、形成合力，使宣传力度逐步加大。仅呼和浩特电台、电视台截止到十二月上旬，先后开设栏目18个之多，共播发各类搞件982篇（组）。

2. 节目改革再见成效，宣传效果明显提高，涌现出一批导向正确、制作精细、知名度高的精品节目。

1997年，内蒙古的广播电视宣传以改革为动力，以强化正确的舆论导向为宗旨，以贴近生活、贴近群众、贴近实际、突出地方特色、民族特点和广播电视的优势为出发点，以提高节目质量为重点，深化节目改革，宣传效果取得明显提高。内蒙古电台、电视台在宣传工作中突出新闻的龙头地位和主导作用，加大新闻改革力度，新闻的时效性、评论性、系列性增强，典型宣传和基层报道增多，减少了一般性会议报道，增强新闻监督突出了重点，完善了向中央电台、电视台供稿工作。特别是在庆祝自治区成立五十周年活动的宣传中两台加强了与中央电台、中央电视台和国际台的合作，在中央三台播发了大量的新闻稿件，创了历史最高水平。内蒙古电视台新增办了15分钟的《午间新闻》，全年蒙汉语新闻共播出14050条；增加对蒙古语译制节目的投入，每天译制电视剧、专题节目100分钟。为丰富屏幕，丰富广大观众的精神生活和科技知识，内蒙古电视台在开办和精办栏目上下功夫，全年蒙古语电视开办、精办栏目8个，27400分钟；汉语电视开办、精办栏目13个，28230分钟。内蒙古电台为了体现新闻节目的龙头与骨干作用，1997年1月1日开始增加汉语60分钟的新闻版块节目，使新闻和评论性节目合为一体，收到良好效果。蒙古语新闻和社教节目加大了播出时间，深化了播出内容，创办了《全区联播》、《时轮》等名牌节目，全年共播出蒙古语节目6326小时。呼和浩特电视台以提高节目质量为基点，大胆进行全方位的节目改革。对各个自办节目从栏目设计到内容、形式都进行了精心策划，一批创意新颖、内容丰实、手法别致、制作精良的节目在8月27日出台。改革后的节目实现了短、新、快和直播、录播相结合，分段播出和滚动播出相结合，扩大了节目的信息量，增强了节目的

时效性。

节目改革使内蒙古的广播电视宣传效果取得明显提高，各级广播电台、电视台不断推出名牌节目。1997年，内蒙古广播电台有6个节目被广播电视厅评为精品节目，全年获国家级奖励的节目29个，获自治区奖励的节目50多个。其中广播剧《画童与神马》获全国“五个一工程”奖。内蒙古电视台的《走出草原、走进市场》获第七届中国新闻奖、《母亲》获全国音乐电视大赛银奖，《金色圣山》等三个专题片被评为自治区“五个一工程”奖。

二、完善制度，加大管理力度，保证广播电视事业健康发展

1. 加大宏观调控力度，积极稳妥地开展广播电视行业治散治滥工作。

1997年，内蒙古广播电视厅从自治区实际出发，全面开展了广播电视行业治理工作，重点解决了擅自建台设网、重复建设、乱播滥放等问题。突出抓了中央广播电视第一套节目和自治区广播电视节目在全区的有效覆盖。年底前，全区有70%的旗县市级广播电台、电视台、有线电视台开始组织实施“三台合一”或“局台合一”体制，基本上实现了广播电视局对宣传、事业、人员、财务和行业管理实行统一领导，广播电视部门的整体优势和内部活力明显增强。对全区各地开展的广播电视年检工作进行了复查，对存在问题进行了有针对性的整改，同时全面完成了各级广播电台、电视台、有线电视台、教育电视台的重新审核登记申报工作，提出了在全区广播电视系统学习、贯彻落实《广播电视管理条例》的具体意见和进一步加强全区广播电影电视法制工作的具体措施。举办了全区广播电视行政执法培训班，使全区广播电视行业管理工作进一步法制化和规范化。

2. 整章建制，进一步健全和完善各项规章制度，促进“机关良好形象工程”活动的开展

1997年，内蒙古广播电视厅以树立廉洁、高效、务实、文明的机关形象和建设政治强、业务精、纪律严、作风正的队伍为主旨，开展了广泛深入的创建活动。为保证和促进广播电视“强化舆论导向、提高节目质量、加强内部管理、扩大视听覆盖”方针的顺利实施，组织制定了《厅领导班子工作制度》、《理论学习制度》、《干部下基层制度》和内部管理、安全保卫等方面的十几项制度，使多方面的工作走上制度化轨道，促进了“机关良好形象工程”活动的开展，为自治区广播电视事业健康发展提供了有利的保证。

三、加强维护、注重科技，搞好建设，推进广播电视事业发展

1997年，内蒙古广播电视厅在抓好宣传工作的同时，狠抓技术管理工作，不断提高技术人员的政治和业务素质，加强了设备的更新、维护和检修工作，进一步保证了安全优质播出，推进了广播电视事业发展。

1. 事业建设成绩显著。1997年1月1日，自治区的蒙汉语四套广播电视节目，采用先进的数字压缩技术送上“亚洲2号”卫星，信号源可覆盖全区、全国及周边53个国家和地区，并为各地配备了300部数字技术接收机。目前上星节目已在全区各盟市、旗县及部分乡镇所在地落地，电视节目在区外25个省区市的106家有线网落地，自治区广播电视覆盖率由去年的77.5%提高到78%。随着广播电视节目上卫星，自治区的蒙、汉语广播节目各增加4小时，每天分别播出节目17小时25分；蒙汉语电视节目各增加11小时40分和9小时30分，每天分别播出15小时40分和16小时30分。这一切标志着自治区广播电视节目传输和覆盖步入了应用高新技术的发展阶段。

1997年，内蒙古广播电视厅对中波发射中心的2部200千瓦发射机进行了技术改造，将短波发射中心的原8部发射机改造为6部50千瓦短波发射机，并安装架设宽波段幕型天线12付，新建广播电视卫星地面收转站100座，为盟市、旗县配备调频发射机12部。同时采取各种措施，加大投资和管理力度，购置必需的仪器、设备和备品备件，确保技术工作安全优质完成，提高了广播电视传输发送设备的稳定性、可靠性、改善了播出质量。

2. 微波传输强化维护管理，确保电路安全优质高效传输。

1997年，全区微波系统强化了技术维护管理工作，坚持规范化、科学化、目标化管理，圆满地完成了广播电视传输任务。全年广播电视停传率为1.43秒/百小时，优于指标71.4%。召开电视会议66次，向中央电视台回传新闻52条，区内各盟市回传新闻815条。

3. 强化技术管理工作力度，保证广播电视节目安全优质播出。

1997年，自治区广播电视厅对厅属各发射台下达了“技术维护任务书”，做到维护管理工作有章可循。各台的停播率大幅度降低，播出设备的运行技术指标测试率和入级率均达100%。全年广播电视总播出时间为124490.40小时，总停播率为1.87秒/百小时，优于任务指标95.3%。

（李保国）

辽宁省广播电视概况

辽宁省广播电视厅

一、坚持新闻宣传的党性原则，牢牢把握正确舆论导向，提高引导水平，为改革开放和社会全面进步提供良好的舆论环境

1997年，以香港回归和党的十五大召开两件大事为宣传主线，结合全省中心工作，全省广播电视系统成功地组织了多次战役性宣传报道，体现出较强的政治意识、责任意识、大局意识，舆论引导水平有明显的提高。

在深情悼念邓小平同志期间，以宣传邓小平理论为重点，精心组织，调整节目，把握口径，推动了邓小平理论的学习和运用。在迎接香港回归期间，以迎香港回归为重点，加大了爱国主义教育的宣传。全省广播电视迎接香港回归宣传持续上百天，仅省台播发的节目就达500小时，是辽宁广播电视历史上规模最大的宣传报道活动。为做好香港回归这一百年盛事的全面报道，厅局党组从宏观上作了部署，各级台站在微观上做了具体的安排。以迎接十五大，宣传十五大，学习落实十五大精神为重点，深入开展了党的十五大的宣传。在党的十五大召开之前，全省各级电台、电视台就开辟了“展示新成就、迎接十五大”、“向十五大献厚礼”等专栏，全面系统地宣传了在省委、省政府的领导下，我省各条战线在经济建设、精神文明建设、党的建设、民主与法制建设等方面取得的重大成就。十五大期间，省级台在保证转播好大会盛况的同时，派记者到基层采制社会各界收听收看十五大、学习十五大的动态报道。十五大闭幕之后，在完整准确宣传十五大精神的同时，又加强了各地区、各行业贯彻落实十五大精神的宣传，如省电视台播发的《市委书记访谈录》，系统地介绍了辽宁省各市、省直各厅（局）贯彻落实十五大精神的实际行动，为宣传十五大提供了良好的舆论氛围。以两件大事为宣传主线的同时，注意与日常宣传工作的有机结合，以朱镕基副总理视察辽宁为重点，围绕辽宁省委提出的“两个根本转变”和“三大战略”，加强了对搞活国有大中型企业的宣传。省三台分别开设《十二面红旗风采》、《希望之光》、《坚实的第一步》、《名牌战略在辽宁》、《高举伟大旗帜，推进思想解放》等专栏，重点报道全省在搞好国有大中型企业方面取得的成就，宣传了鞍钢、本钢、大连冷冻机厂等国有大中型企业在盘活资金、强化技改、调整结构、优化组合、资产重组、造船出海、创立名牌等方面改革的成功经验，产生了一批有深度、有声势的报道，为辽宁深化国有企业改革提供了舆论支持。突出了加强农业基础地位、促进农村产业化经营、引导农民依靠科技致富的宣传。省三台派出采访组奔赴全省各地走村进户、深入采访，并设专栏加大农村改革和农业产业化的报道。省电台在“走百个村、进百家门、走进乡村”的大型采访中和省电视台“秋访农家”、“冬访农家”报道组，走了近百个乡镇，150多个村屯，采访了几百个农民，播发各类新闻专题60多篇。深入开展了精神文明建设宣传，进一步推进了我省精神文明建设。全省各级电台、电视台在各类节目中加大精神文明建设的宣传，省三台开办了《精神文明赞》、《精神文明建设》、《劳动者之歌》、《先锋颂》、《共产党员的风采》等专栏，集中宣传了文明城市、文明村镇、文明行业三大创建活动，宣传了服务承诺制、科技文化卫生三下乡、青年自愿者行动、百城万店无假货等精神文明建设活动。

辽宁卫视的上星，为外宣工作提供更广阔的前景。1997年，辽宁卫视通过《中国辽宁》《中国纪录片》《东北风》《纵横》等栏目，一方面让世界了解辽宁，另一方面让辽宁了解世界，全方位、多角度、深层次地反映发展中的辽宁，介绍国外的政治、经济、科技文化的发展状况，为辽宁的改革开放服务。先后拍摄了《开放的大连》、《台商辛樵》、《建好商贸区，发展中心城市功能》、《托起明天的太阳》等专题片，以及纪录片《北极光》、《大道存高远》、《我们眼中的日内瓦》等。在节目选题、策划及摄制包装等方面，突出了对外宣传的特点，收到了预期的宣传效果。专题片《第八届大连国际服装节》播出后，外国的一些服装经商者表示明年的服装节将前往参加。专题片《三峡人家》播出后，美国观众称赞中国农民的集体主义高尚思想。大连电视台与加拿大驻华使馆、大连对外交流协会联合推出了’97中国大连·加拿大电视周，在国际社会产生了良好的影响。

1997年辽宁省广播电视厅努力提高广播电视的舆论引导水平，广播电视节目质量得到很大提高，省电视台在中央电视台上稿近300条，其中被《新闻联播》采用近100条，在全国省级台名列前茅。中国新闻奖共评了七届，省电台获得三届一等奖；全国广播电视金话筒评选已搞了三届，省电台获两届金话筒奖；全国播音和主持人评奖进行8届，省电台已获八连冠，获奖的档次与水平位于全国省级台之首。电视台社教节目获全国两个一等奖，位于省级台之首，其它新闻奖节目质量位居省级台前列。辽宁电视台国际部拍摄的记录片《游牧》在美国芝加哥冈城国际纪录片评选中入选并在中央电视台播出，《雪山·牧人和野生动物的家园》入选日本野生动物电影节，《流光异彩杨柳青》获中国广播电视外宣三等奖；沈阳电视台拍摄的《丹顶鹤》获中国广播电视新闻社教节目一等奖后，在日本第三届世界野生物电视节上荣获“最终作品优秀奖”

1997年，全省广播电视文艺宣传继续坚持“二为方向”和“双百方针”，大力弘扬主旋律，坚持多样化，继续落实精品战略，加快实施广播剧、电视剧生产的“渤海潮”计划，使全省广播电视文艺宣传又获大面积丰收。在全国的“星光奖”评比中，辽宁电视台制作的《’97春节晚会》获得一等奖，被专家和群众公认是近几年来辽宁电视台最成功的一次晚会；辽宁电视台《三原色》栏目中的《鲜花与芹菜》、《没妈的孩子》均在“星光奖”评比中获一等奖。在北京举办的专题研讨会上，广播电影电视部副部长刘习良对这个栏目给予很高的评价，人民日报也为此发表了评论。

1997年，全省共生产电视剧479集，产生了《选择》、《雷锋的死与我有关》、《雪太阳》、《三个姑娘三个兵》、《深山有远亲》、《追寻绿洲》等一批优秀的广播剧、电视剧。辽宁电视剧制作中心全年拍摄电视剧11部116集，在中央电视台播出超过100集，其中电视剧《雪太阳》在中央台黄金时段中播出。大连电视台的电视剧《午夜有轨电车》和锦州电台的广播剧《追寻绿洲》获全国“五个一工程”奖。

1997年辽宁一些市级台在中央台上稿和国际国内获奖方面也有突破性进展。

二、努力扩大覆盖，加速广播电视网络建设，全省各级广播电视基础建设有了新发展

1997年元月1日，辽宁一套广播电视节目通过亚洲2号卫星传送，辽宁有线广播电视台通过微波，实现了与全省14个市的联网播出，为省委省政府传达政令又开辟了新渠道；省政府与各市长签订落实省台一套节目落地覆盖责任书，全省广播电视工作者狠抓落实，在各级政府的大力支持下全省新建卫星地面接收站422座，同时，扩大转播台发射功率，新建大功率转播台，大力发展农村有线电视网等方式，使辽宁一套广播电视节目的覆盖率达到85%以上，比上一年提高7个百分点；农村有线广播电视网得到快速发展，目前已在470个乡镇建网，极大地改善了农村的收视效果。省彩电中心工程有很大进展，广播大厦筹建提上议事日程。

各市广播电视局也加快了基础设施和网络建设的步伐。大连、营口、葫芦岛、阜新、锦州、盘锦各市为制作节目、办公所建的中心，有的已建成，有的正在紧张施工。朝阳市克服资金紧张等困难，建成凤凰山转播台综合楼及二级提水改造工程；鞍山市投资700多万元开始建设的岫岩第二广播电视转播台已建成试播，解决了岫岩北部20多万群众听广播、看电视难的问题；本溪市投资550万元对市有线电视光缆传输网进行重新改造；抚顺市新建成MMDS全向电视微波，解决了市有线电视台与各企业站联网问题；总投资900万元，预计工期为4年的丹东东港市中、东部地区有线电视光缆联网工程已开始动工。

三、扎实稳妥地开展了广播电视业的治散治滥工作，促进了全省广播电视事业健康发展

辽宁省广播电视事业得到迅速发展中，散滥现象不同程度地存在，未经批准自行建台，盲目增加节目套数，县级广播电视管理机构不健全不规范，一市多网，非广播电视部门擅自向社会扩网发展用户等。中办、国办［1996］37号文件下发后，辽宁省厅根据文件的要求，一是积极向省委省政府主管领导汇报广电部治理整顿精神，使省领导了解广播电视大的工作布局和政策调整；二是多次召开全省广播电视局长会议进行认真传达贯彻，使各市局掌握全国广播电视的重点工作和要求，按照广电部的精神一步一步地贯彻落实；三是在充分调查研究基础上，制定了符合辽宁省实际的、具体的治散治滥实施方案，并专题向省委常委办公会议做了汇报，经省委常委办公会议同意后，以省委、省政府两办的文件下发至各县；四是结合辽宁省的实际，确定了治散治滥的试点单位，以点带面，推动全局工作的开展；五是深入调查、具体指导全省的治理工作；六是对各市的治理工作逐项验收，总结经验，树立典型，全面推动了治散治滥工作的开展。按照广电部提出在1997年做到四个基本完成和一个基本解决的要求，截止到年末，全省广电系统完成了县级广播电视播出机构合并工作；除辽河油田、东电等特大型企业外，全省基本完成了企业台改站的工作；完成了对系统外非法改台建网、乱开播出前端的治理，遏止了系统外非法建网、擅自向社会扩网发展用户的势头；完成了对全省104家影视剧制作机构的清理和规范化管理工作；全省各电台、电视台根据37号文件的要求，从1998年开始将启用规范的播出呼号。全省已压缩、合并、撤消广播电视播出机构128个（原有222个），压缩面达58%，保证了广播电视事业沿着健康的轨道发展。

（韦　冰）

吉林省广播电视概况

吉林省广播电影电视厅

一、宣传工作

1997年，全省广播电视宣传工作，坚持正确的舆论导向，不断提高舆论引导水平，紧紧围绕全党、全国、全省工作大局，当好党和政府的喉舌，为促进吉林省深化改革，经济发展和社会稳定创造良好的舆论环境。

（一）精心组织全国重大事件的宣传报道工作。

年初，邓小平同志不幸逝世，全国人民沉浸在巨大的悲痛之中。消息传来后，全系统干部职工怀着悲痛的心情投入到悼念邓小平同志的宣传报道中。各台除完整转播中央台的节目外，并对所有的广播电视节目都作了调整，着力报道全省人民的怀念之情，展示邓小平同志开创的特色理论给吉林大地带来的变化，全面反映全省人民化悲痛为力量，建设社会主义的决心。

为了配合我国政府对香港恢复行使主权这一重大历史事件的宣传，在及时、准确、万无一失地转播好中央台的一系列重要报道的同时，报道好我省庆祝香港回归的有关活动。吉林电视台从回归倒计时50天起就开始加大宣传力度，播出两档吉林新闻特别节目，使我省各地当日当夜的喜庆活动得到了最具时效性的反映。与此同时，还安排播出了《六千里路看归帆》、《吉林与香港》等专题节目。其中由谢荣、刘彦采制的《吉林与香港——吉林省委书记张德江访谈》在中央电视台香港回归报道中被评为特等奖。吉林电视台共播发宣传香港回归新闻484条。共播出宣传香港回归文艺晚会8台（部）、电视剧、专题片282部（集）。吉林人民广播电台也制作了迎接香港回归特别节目，很好地配合了香港回归的宣传。我厅还录制了省广播电影电视系统第二次职工文艺汇演《白山松水庆回归》文艺晚会，并由中央台向全国播出。

十五大召开前，全省广播电视系统以江泽民同志在中央党校的讲话为指导，开辟专栏进行宣传，十五大召开期间和闭幕后，电台、电视台、视听导报都开辟专栏、专题，反映十五大召开之后广大党员、人民群众的喜悦之情。及时报道了各地各部门学习、贯彻、落实十五大精神的有关情况。吉林人民广播电台开办了《展示新成就，迎接十五大》、《十五大代表风采》、《学习十五大精神》、《市县委书记访谈》等专题广播。吉林电视台分别在新闻、社教、经济等节目中开办《迎接党的十五大》、《庆盛会看未来》、《我们身边的十大变化》等专题节目。四平电台、电视台等也分别开设了《党旗飘飘》、《学习十五大，迈向新世纪》等专题和专栏，积极宣传十五大，营造喜庆、向上的氛围。

（二）围绕省委、省政府中心工作，做好常规性宣传。

以经济建设为中心，营造良好的舆论氛围。吉林人民广播电台重点播出了几个战役性报道，如《97 吉林工业效益攻坚战》、《企业效益启示录》、《加强发展农业产业化》专题广播；开设《吉林名牌之窗》栏目。吉林电视台在《吉林新闻联播》中开办了《打好工业效益攻坚战》等专栏。延边局属三台通过《九七观潮》、《经济超常规跳跃式发展》、《国有企业巡礼》等节目，重点组织了对深化国有大中型企业和企业集团内部配套改革、加快招商引资步伐，发展非国有制经济、加大科技兴企力度等方面的报道，为推动经济超常规、跳跃式发展营造良好的舆论氛围。吉林人民广播电台在加强精神文明建设方面，先后播出三个专题报道：即《加强精神文明建设广播征文大赛》、《文明城建设巡礼》、《文明村镇建设巡礼》。《夕阳情》节目，同省委宣传部、省委老干部局、省老龄委、省民政厅等八个单位联合举办了“龙凤杯”评选十佳孝顺好儿女活动。吉林电视新闻上中央电视台《新闻联播》133 条，吉林广播新闻上中央人民广播电台《新闻联播》85 条，有力地宣传了吉林。1997 年，我省共有 20 件广播电视作品分别获中国新闻奖、中国广播奖、中国电视奖。

（三）广播电视文艺丰富多彩，精品迭出。

广播电视文艺坚持“二为”方向、“双百”方针，坚持弘扬主旋律，提倡多样化，热情讴歌改革开放大好形势。成立了吉林省影视文学创作中心，加强了对影视文学创作的指导。1997 年吉林省的影视剧创作又取得可喜成绩。录制广播剧 14 部 22 集，拍摄电视剧 13 部 140 集，译制电视剧 6 部 134 集。长春电影制片厂拍摄的故事片《喜莲》、《青年刘伯承》、长春电视台拍摄的 16 集电视连续剧《问鼎苍天》、吉林人民广播电台录制的广播剧《洪水前后》、选送的歌曲《大漠之夜》分别获“五个一工程”奖。吉林省广播电影电视厅获省委宣传部“五个一工程”组织工作奖。

吉林电视台《农村俱乐部》栏目，坚持送戏下乡活动，与省民间艺术团举办《沃野金秋唱新歌》文艺下乡活动。该栏目在荣获全国第九届、第十届“星光奖”之后，再度荣获第十一届“星光奖”优秀栏目奖，实现了三连冠。吉林人民广播电台，1997 年共制作长篇小说连播、文学节目以及精品工程 400 小时；直播各类各档文艺节目每天 17 小时，共计 6100 多小时；采录戏剧 7 台，抢救挖掘民间艺术遗产东北大鼓四部大书，共 318 讲；为《精神文明之光征歌》活动录制歌曲 50 首。

二、事业建设

吉林省广播电视塔于 1994 年 11 月 15 日正式破土动工，至 1997 年 10 月 1 日全面建成投入使用。广播电视塔可以传输 8 套广播节目，四套电视节目，为广大群众看到清晰的电视节目奠定了基础。此塔正在发挥多功能作用。

1995 年初，引进外资，对原有广播电视微波传输系统进行数字化改造，整个工程历时两年。1997 年年初，工程竣工并通过了由广电部和省政府组成的联合验收组的验收。该系统是世界上第一个采用国际标准传输广播电视节目的地面数字微波系统，它的建成使用，彻底改变了因传输电路容量小而阻碍我省广播电视事业发展的局面。微波网工程竣工后，信息网部的同志们积极进行多功能开发。目前已与中国联通公司、省人大、省教委、省无委等多家单位签订了合同，微波网已初见经济效益。

有线电视得到进一步发展，到 1997 年年底，全省 913 个乡镇中有 733 个乡镇建成了有线广播电视网，即 80%的乡镇建成了有线广播电视网。全省 15 个市、县建成了多路微波系统，传输 12～16 套电视节目，扩大了中央、省、市、县电视节目的优质覆盖。

至此，通过无线和有线及 MMDS 等手段已基本建成了吉林省广播电视大的传输网络，这对把一个比较完善的广播电视事业带入 21 世纪，对促进吉林省广播电视事业的快速发展。必将起到巨大的作用。

吉林电视台完成业务大楼扩建改造工程，建筑面积净增 3500 平方米，建立适合现代化的宣传需要的新型新闻中心、资料阅览室、候播厅、看片室、活动室。

1997 年，安全优质播出工作再次得到了很好落实。特别是在香港回归、党的十五大等重大事件的播出期间，能够及时、准确、安全、优质地完成广播电视节目的播出及传输工作，收到了很好的社会效益。

治散治滥工作也取得了一定的成绩。全省各县（市）的“三台合一”工作完成；企业有线电视台已全部改为有线广播电视站；系统外建台问题已得到解决；电视剧制作机构的清理也已完成并加强对电视剧制作机构的规范化管理。

三、管理工作

队伍建设是做好广播电视工作的保证。厅党组在抓好自身建设的同时，注意抓好队伍建设。

党组一班人认真学习邓小平理论，坚持党的基本路线，在政治上同党中央保持一致。特别是党的十五大以后，努力学习、深刻领会党的十五大精神，坚定地执行省委的各项决策。坚持民主集中制原则，重大问题集体讨论决定。坚持勤政廉政、以身作则并多次获省政府表扬。

在队伍建设中着重抓了三项工作。一是加强班子建设，精心选配干部。1997 年共调整处级干部 57 人，其中提拔使用的 26 人，调整科级干部 35 人。二是抓队伍素质建设。年初制定了《全省广播电视系统干部培训方案及 1997 年培训计划》，加大了对广大管理干部和专业人员的培训力度。举办了全省负责技术的局长培训班和全省播音员主持人培训班，共有 106 人参加了培训。同时对机关公务员进行了写作和行为规范培训，参加培训人达120人次，通过各类培训，使接受培训人员的业务素质得到了进一步提高。全省有5名广播电视工作者荣获省第二届“十佳”新闻工作者称号。两名获全国第二届“百佳”新闻工作者称号。三是加强廉政建设。认真抓了处以上干部廉洁自律工作，大力开展了纠风专项治理和执法监察工作，加大行风建设力度，使行风有了进一步改观，深入开展了党性党风党纪教育工作。使全厅干部队伍政治上更坚定，业务上更过硬。

吉林省广播电视技术中心台在全国广播电视维护运行省际评比竞赛中，再一次获得好成绩。通化市广播电视局获“全国技术维护先进局”、白山市临江电视转播台获“全国广播电视维护技术先进台”、通化驮道岭微波中心站获“全国技术维护先进站”光荣称号。

（刘希梅）

黑龙江省广播电视概况

黑龙江省广播电视厅

一、突出宣传重点

宣传党的十五大。十五大召开前，黑龙江人民广播电台、黑龙江电视台分别在《全省新闻联播》节目中开辟《展示新成就，迎接十五大》专栏，从物质文明和精神文明建设两方面反映十四大以来，全省各条战线取得的喜人成果。十五大召开期间，省电台、电视台紧紧围绕大会进程，全方位报道会议和全省对大会的反应。十五大闭幕后，省电台、电视台分别在《全省新闻联播》和其他重点节目中开辟《十五大精神在黑龙江》、《落实十五大精神，改善经济环境》、《发展才是硬道理》等栏目，集中报道各地、各部门、各行业学习、贯彻、落实十五大精神，解放思想，抓住机遇，振奋精神，加快经济发展的情况。着重报道了省委、省政府带领全省人民深入理解公有制经济含义，结合全省实际，进一步解放思想，理顺经济发展思路，加快经济改革和经济发展的情况。整个报道省电台共发新闻稿1000多篇，省电视台发稿400多篇。牡丹江有线电视台推出了《再辉煌的前奏》、《希望的田野》等大型系列报道，佳木斯电视台创办了《迎十五大专栏》，鹤岗、龙江、宁安等市县电台、电视台也播出了形式灵活、体裁多样的报道，发挥了广播电视的优势。

邓小平逝世和香港回归的宣传。黑龙江人民广播电台和黑龙江电视台对邓小平逝世和香港回归的报道，严格按中央和有关部门要求，在宣传口径、节目安排、报道形式等方面进行全面、准确的把握。邓小平逝世消息公布后，省电视台及时调整节目，在转播好中央电视台节目的同时，查找资料，赶制了《春天的故事》在全国率先播出。同时播出自制专题片《在小平身边的八个日日夜夜》。悼念小平期间，省电视台播发新闻200多条，并在《今日话题》中播发了《永远的怀念》、《继承遗志，共创伟业》等专题片。

对香港回归的宣传，省电台从6月24日起，在重点新闻中设立《香港回归祖国》专栏。7月1日又精心组织了《龙江人民庆回归》、《台湾客商盼回归》、《香港同胞喜迎回归》、《百岁老人话今昔》等不同角度、各具特色的报道。省电视台除及时播出消息和专题片外，还播出电视片《香港沧桑》、《中英街》，形象地再现了那段悲壮历史和洗雪百年国耻的艰辛历程。从6月30日起，省电视台连续72小时转播中央电视台节目，省电台连续26小时转播中央电台节目，把回归盛况及时传到全省各地。牡丹江电台制作了长达90集的广播系列专题《香港你好》，同江市广播电视局还将赫哲族欢庆香港回归的场面用微波传到省电视台播出，表达少数民族庆回归的心情。

强化经济宣传。广播电视紧紧围绕省委、省政府中心工作和经济发展总体思路，把对国有企业改革作为报道重点。省电台、电视台都在新闻节目设立《深化改革，振兴国有企业》专栏，先后播出通北林业局、一面坡啤酒厂、东北轻合金加工厂、东安汽车发动机公司等15家国有大中企业改革的成功经验。同时对热点、难点，如减人增效、下岗再就业、职工自谋出路等给予了极大的关注。齐齐哈尔电台、电视台对北满特钢推行股份制的经验、对优化资本结构和现代企业制度试点改革作了跟踪报道。牡丹江电台、电视台、双鸭山电台、电视台都播出了振兴国有企业和扶贫解困等多篇重点报道。

农业宣传上，围绕农业强省战略，突出农业基础地位及科教兴农、农业走产业化道路等典型。对全省粮食再次大丰收，省电台开办《金秋行》栏目，省电视台报道了《重灾之年再夺300亿》，并以《沧桑巨变50年》为题，对黑龙江垦区建设50年的成就进行报道。省朝鲜语台开办了《咱村里的领头雁》栏目，报道了20多个先进党支部书记。肇州电视台摄制了《沃野春潮》，肇源、汤原、林甸县广播电视局也都加强了对经济宣传的力度。

二、节目创优成效显著

“五个一工程”奖喜获丰收。黑龙江电影电视剧制作中心拍摄的电影《燃烧的雪花》获全国政府大奖和全国“五个一工程”奖；电影《鹤童》获莫斯科电影节“浪漫影片奖”和“最佳音乐奖”后，又获“五个一工程”奖，还被广播电影电视部推荐参加第十届印度国际儿童电影节评选；电视连续剧《年轮》和《燃烧的烛光》分获“五个一工程”奖，实现了“五个一工程”奖三连冠。此外，黑龙江人民广播电台和大庆人民广播电台联合录制的广播剧《地质师》、黑龙江电台与齐齐哈尔电台合作的儿童广播剧《萨日娜》也获得“五个一工程”奖。

《人情猛于虎》获中国新闻奖一等奖。在有报刊、通讯社、广播电视共同参加的全国新闻最高奖——中国新闻奖的评比中，黑龙江省广播电视参评作品全部获奖。其中，黑龙江电视台的新闻专题《人情猛于虎》获一等奖。这是省广播电视系统第二次获得全国新闻奖最高奖。黑龙江电台的广播专题《一次紧急的跨国救援》获二等奖、黑龙江电视台的电视新闻评论《扶不起来的一把刀》、黑龙江电台的广播消息《拉林村请专家上门当家生产机器人》分获三等奖。这是黑龙江省在中国新闻奖评奖中，获奖最多的一次。

《福到千万家》获“星光奖”一等奖。在被誉为全国电视文艺最高奖的“星光奖”评奖中，黑龙江电视台的晚会节目《福到千万家》获一等奖，《当代舞台》再获最佳栏目奖。全国广播文艺评奖中，省电台的综合节目《眷恋北大荒》、文艺专题《永远的风景线》、曲艺专题《一条道跑到“亮”的牛》获国家政府奖一等奖；戏曲故事《大森林》获二等奖；广播新歌《民心顺和国强大》获银奖。

三、事业建设进人新阶段

一是省广播电视节目上星播出。黑龙江省广播电视厅根据省政府原则同意卫星上行站准备工作启动的精神，投资4500万元，于6月5日开工建设，9月底竣工。10月16日，黑龙江人民广播电台、黑龙江电视台的第一套节目开始通过亚洲2号通讯卫星传送到东至日本、南至澳大利亚、西到埃及、北至俄罗斯的55个国家和地区，可覆盖40亿人口。

二是有线电视网建设成效显著。全省13个市(地)都建成了有线广播电视网，并已将工作重点转移到农村有线电视网的建设上。省厅制定了因地制宜以MMDS（全向多路微波）为主，加速建设农村有线广播电视网的技术政策，召开了MMDS技术研讨会，并在龙江、东宁、同江、富锦4个县进行试点。随后，通过对鸡西、虎林、密山的MMDS系统实地考查，将农村有线广播电视网建设推向高潮。到年底，有40个市(县)建成农村广播电视网，入网总户数达215万，占全省总户数的21%。

三是巩固扩大广播电视覆盖网卓有成效。针对广播电视覆盖的薄弱环节，重点抓了乡镇小调频规划建设，审批了70多座调频广播站，使全省广播覆盖增加了1%。

四是建设了方正——高楞——依兰微波电路。至此，全省东部地区微波传输网形成双路，保证了广播电视信号畅通。

五是省广播电视中心建设有较大发展。省电台技术区总控系统投入使用，还实现了对全省市（地）电台新闻微波联网。省电视台建成了340平方米的新闻演播室等一批基础设施。广播电视安全播出取得好成绩。省电台停播率达每百小时零秒，省电视台达每百小时0.208秒，同获东北三省安全播出一等奖。

（刘继红　于星海）

上海市广播电视概况

上海市广播电影电视局

1997年上海市广播电影电视局在以宣传为中心，影视创作为重点的工作中，牢牢把握正确的舆论导向，花大力气抓精品生产，较出色地完成了各项重大活动的宣传任务，完成了年前部署的各项工作。

宣传工作导向正确，基调鲜明，把握平稳，反响良好。第一，重大活动的宣传报道圆满成功。一是悼念邓小平同志活动的宣传，做到安全、稳妥、得体；二是庆祝香港回归祖国的宣传热烈、隆重、有序；三是八运会的报道在全国14家兄弟电视台的大力支持下，宣传规格、技术指标创历届全运会之最；四是迎接和欢庆党的十五大召开的宣传做到了全面、深刻、准确；五是进一步加大党的十五大精神的宣传力度，为上海市第七次党代会的召开创造了良好的舆论环境。第二，经济工作的宣传突出重点，加大了力度。各台加强了对国有企业改革、公有制实现的多种形式、社会主义市场经济框架的建立等问题的报道；对党、政府和人民关心的再就业工程、社会保障体系的建立和完善以及金融市场防范风险等作了较深刻的宣传。第三，广播电视理论的宣传持久，扎实。上视的《时代》、东视的《发展》等理论电视宣传专栏有了新的发展，并拍摄制作了《人间正道——“发展才是硬道理”纵横谈》（上视）、《历史的选择——中国社会主义的现代化道路》（东视）等电视政论片。政论片的质量也有了一定的提高。上海电台、东方电台精心组织了邓小平理论系列广播专题，获得了较好的收听效果。第四，外宣工作有了新的拓展。截止到年底，上视海外中心、新闻中心和东视新闻中心已在CNN《世界报道》栏目中播出新闻50多条，这些新闻在CNN每天向全球播出多次，进入了西方主流社会和世界各国，反映了上海近几年各方面工作取得的成就。上海电台英语节目从中波改至调频，改善了收听条件也增大了信息量，并开设了中、英双语节目，受到中外听众的欢迎。第五，广播电视节目各类评选奖项成绩可观。在第七届中国新闻奖的评选中，我局东广的《爱心创奇迹》获一等奖；上广的《乐靖宜勇夺金牌》获二等奖；上视的《穿越时空的崇高》、上视的《刘京海与成功教育》及东视的《十年沉睡生产线走向市场出效应》等获三等奖。在今年中国广播电视奖的评选中，我局分别获得4个一等奖；2个二等奖和2个三等奖，在第六届“上海新闻奖”的评选中，我局还获得6个一等奖；8个二等奖；6个三等奖。与1996年相比，广播电视节目的获奖有了新的突破。

广播电视技术全力保障了宣传上的优质安全播出，为提高节目质量创造了物质条件。据统计，全年广播播出总时间为94989小时，停播率为1.8秒/百小时；电视转播822次，电视播出总时间为130039小时，停播率0.1秒/百小时，与1996年相比下降了81%。1997年全国电视节目技术质量评比中我局技术中心荣获3个一等奖，2个二等奖，1个三等奖，总分第二。

影视创作端正了创作思想，强化了精品意识，丰富了银幕荧屏。全年已拍摄完成的故事片11部，电视剧54部986集，美术片生产1102分钟，动画片800分钟，广播剧729集。

1996年中国电影华表奖揭晓，我局的《红河谷》获优秀故事片奖和优秀电影技术奖及优秀导演奖；《我也有爸爸》获优秀儿童片奖，并获柏林电影节特别奖；《东北虎野化训练》获优秀纪录片奖；《毒品的危害》获优秀科教片奖；《百鸟衣》和《大森林里的小故事—春天里的歌》获优秀美术片奖。

电影《红河谷》和电视剧《儿女情长》获1996年“五个一工程”奖。

广播剧《热血男儿》和《留守支部》获1996年“五个一工程”奖，《凝聚》获1997年全国广播剧评比连续剧一等奖第一名，《尊严》获单本剧一等奖第一名，《手心手背》获单本剧二等奖第一名。

成功地举办了第三届上海国际电影节和第六届上海国际音乐节。

事业建设是任务明确，管理规范，进展顺利。今年我局施工项目共计9项，其中接转项目6项，新开工项目3项。

有线电视联网工作已提前一个月完成年前制定的计划，即220万用户，有线电视收费率达97%以上。

通过努力全年的经营创收完成年前核定的指标，并略有增长。

明确职能，认真执法，加大了管理工作力度。1997年全局加强社会及行业管理职能，抓实内部管理，各方面工作有了新的进展。

社会管理方面。按《上海市音像制品管理条例》的规定，开展了几次大规模的清理整顿音像制品的行动。全年共收缴非法音像制品42.3万盒。按规定做好审核发放音像制品经营《许可证》的工作；完成了上海22家音像出版社的年检工作。加强了对有线电视和卫星电视的管理工作。电影市场的管理主要抓了影院行业规范服务达标工作；资助电影下乡工作；完成500余家电影放映单位的年检换证工作。

行业管理工作方面。主要抓了中央37号文件的贯彻落实，坚持定期召开宣传工作例会，统一思想，把握导向；抓好统一供片工作，抓紧宣传业务的培训工作，按规定做好年检审核工作等，加强了区（县）广播电视业的规范化管理。

内部管理工作方面。上半年组建成立的局国有资产管理处着手清产核资、理清家底的工作；开展了企业产权登记，事业单位年检和境外国有企业的调查；建立了局属两级国资监管网络，并配备了管理人员，为有效开展国有资产监管试点打下了基础。加强了财务审计工作，年内开展各类审计项267次，其中财务审计196项，基建工程审计71项，提出建议并被采纳的共180余条。

立法工作情况。由我局负责起草的《上海市音像制品管理条例》《上海市电影发行放映管理办法》，已分别经市人大、市人民政府颁布并已施行。

在抓队伍建设方面，更注重了领导班子的思想建设，建立了考核制度，坚持了民主生活会制度，加强了干部培训工作，开展了“廉政勤政，艰苦创业，拒腐防变”的教育活动，重视做好在一线人员和青年中，在主要部门、关键岗位上入党积极分子的工作，全年共发展新党员99名；全局创建文明单位的活动广泛开展，管理工作更趋规范化。 （汤 瑶）

江苏省广播电视概况

江苏省广播电视厅

（一）全力以赴完成了各项重大宣传报道任务

1997年重大宣传报道政治要求高，持续时间长，社会影响大。围绕邓小平同志逝世的悼念活动、香港回归和党的十五大召开等重大报道任务，省厅加强领导，省电台、电视台、有线电视台、发射传输总台从节目制作、播出和技术传输等各个环节全力以赴，精心组织，终于胜利完成任务，既受到上级领导的充分肯定，也得到社会各界的广泛赞赏。

重大宣传有三个显著特色。一是报道的计划性、节奏感及体现媒体特色比较好。香港回归报道从回归半年前就开始策划，倒计时100天、50天、30天、10天都有安排，回归前夕各方面的宣传更是紧锣密鼓。如省电台开辟的《喜迎香港回归》专题报道及对《江苏万人歌咏颂回归》等十多场重大活动的现场转播和录音报道，省电视台在新闻节目中开设的《话回归——香港和我们》专栏及推出的《静海寺的钟声》等一批专题片，省有线电视台推出的系列报道《苏港合作共发展》，都受到了全省广大干部群众的好评。整个宣传导向正确，基调鲜明，声势浩大，形成规模。在有关十五大的宣传中，省电台采制的《三位女劳模代表的心声》，省电视台摄制的《江苏两个文明建设比翼齐飞》，省有线电视台摄制的《从家庭看文明》等经过细心策划，适时推出，影响较大。二是从本地实际出发，挖掘本地独特的新闻资源，努力使宣传报道本地化、个性化、多角度、立体化。在悼念邓小平同志的报道中，省电台录制的《不尽的哀思，深切的怀念》，省电视台专访《省委书记陈焕友深情回忆邓小平同志》、《胡福明同志谈〈实践是检验真理的唯一标准〉论断》以及省有线电视台录制的《春天的记忆》等专题节目，都充分表达了江苏人民对邓小平同志的尊敬、爱戴与绵绵哀思。在香港回归的报道中，三台抓住南京条约签约地静海寺，抓住鸦片战争中的镇江保卫战，做出了一批在全国很有影响的报道。在有关十五大的报道中,围绕江苏的第三次思想解放,围绕所有制结构的调整和完善,做出了一批有声有色的报道。三是出色地完成了历史上次数最多、时间最长的中央台节目的转播。特别是香港回归的报道,中央电视台是72小时转播,中央人民广播电台是38小时转播。尽管我们遇到了技术和设备上的许多难题,但都一一克服,转播保质保量,从未间断。

(二)改革开放经济建设和精神文明建设宣传保持良好发展态势

全省广播电视在1997年的宣传中,继续坚持以经济建设为中心,紧紧围绕陈焕友书记提出的结构调整是江苏经济发展的第三次机遇这一主题,组织力量,深入采访,在宣传中注意抓重大举措、重大典型和重大工程,用重点支撑全局,用典型支撑重点。对小天鹅、春兰集团,徐工集团开拓市场和改组改制;对龙山鳗业,如意集团农业结构调整和农业产业化等一批典型的报道都有声有色,很有力度。经济报道中还突出了南京禄口国际新机场、扬柴、亚星、水冲港乡等一批新成就、新典型,浓墨重彩地宣传了江苏的改革开放和现代化建设。

农业宣传着重对科技兴农、加大对农业投入以及淮北地区脱贫奔小康作了大量报道,并取得了显著的效果。

精神文明建设的宣传形成了新的高潮。省三台发挥系统优势,形成合力,加强了对十四届六中全会决议精神的宣传,使创建活动深入人心。各台对徐州下水道四班和射阳农业科技推广战线上的模范姜德明先进事迹进行报道,影响广泛。各台还通过对全省公安、交通、金融、供电等窗口行业先进典型的宣传,全方位地讴歌我省改革开放安定团结的大好形势,有力地推动了我省精神文明建设的深入开展。

舆论监督和热点引导进一步加强,各类纪实性访谈节目,导向把握正确,形式有所创新,较好地发挥了弘扬正气,维护社会稳定的作用。省电视台《大写真》栏目还被授予"省级青年文明号"光荣称号。

(三)推出了一批较好的广播影视作品

1997年我省广播影视文艺作品生产形势较好。南京电影制片厂拍摄完成了故事片《下辈子再做母子》;省电视台摄制了电视剧《人间正道》、《梅园往事》、《满城风雨都是情》、《新乱世佳人》、《兄弟情缘》等;省有线电视台摄制了建台以来的第一部电视剧《水色如梦》;省电台生产的广播剧《校园风云》、《旱舟》、《迷人的海湾》等也受到好评;由省电台编审的歌曲《黎明中的红星》获中宣部颁发的"五个一工程奖",实现了江苏省在"五个一工程歌曲奖"中零的突破。

省三台还精心策划选题,组织深度采访报道。省电台的《建设文化大省系列访谈》,省电视台的《铁的新四军》、《拉贝日记》,省有线电视台的《抉择》、《西藏纪行》、《运河人家》等专题、系列片的播出,都有力地配合了各项重大宣传报道。省电视台的《星光灿烂》卫视开播晚会和省电台组织的'98新年音乐会也在社会上引起强烈反响,获得广泛好评。

1997年,省电视台还加强了通联工作,提高发片质量,全年被中央电视台《新闻联播》用稿174条,由去年的第三名上升为并列第一名,连续8年名列前茅。省电视台的新闻宣传受到陈焕友书记的高度赞扬和充分肯定。

(四)如期完成了广播电视节目上星工作

实现江苏广播电视节目上卫星,是省政府1997年年初确定的25件实事之一,是1997年我省广播电视工作的重中之重,时间紧、标准高、要求严、任务重。广大广播电视工作者迎难而上、保质保量地完成了卫星地球站的建设和设备的安装调试工作,并通过了亚洲卫星公司的入网验证。江苏卫视节目经多次论证和广泛征求意见,既争取紧扣省委、省政府提出的把江苏建设成为与经济大省相适应的文化大省的要求,又力求体现编排构思巧妙,贴近生活实际的特色。江苏卫星广播电视节目于12月28日正式开播后,以其丰富多彩的内容和浓郁的地域特色以及较强的可视性、可听性,受到了各方好评。目前,卫视节目在省内落地工作已经完成,省外落地工作正在紧张地进行之中。

省有线电视台二套节目也已于12月30日试播,全天播出19个小时,办有12个影视专栏,让观众足不出户就能欣赏中外影视、戏剧精品,是目前全国为数不多的影视专业频道。开播以来已拥有一定的观众群。

(五)全省广播电视光缆传输网建设取得较大进展

建设江苏广播电视光缆传输网是我省"九五"计划社会事业发展的主要任务和重点项目。1997年4月召开的全省广播电视工作会议作出部署,要求在1997年年底前基本建成江苏广播电视光缆传输网省干线。1997年5月份,省委办公厅、省政府办公厅又转发了省厅关于建设江苏广播电视光缆传输网的意见。在省委省政府的正确领导下,厅党组主要从三个方面抓这项工作。一是用股份制的办法,把省厅和13个市局变成利益共享风险共担的共同体,这种新的机制,既解决了筹资和建网过程中的许多重大问题,也为今后的运行和开发创造了良好的前提。二是充分发扬民主,重大问题一定反复讨论,重大决策一定先民主后集中。三是边建网边考虑开发。就网络的多功能开发问题,已同省的几个部门进行了较长时间的接触,并且与香港航科的中国公司签订了合资开发的协议。网络办的同志做了大量艰苦细致工作,各市局对网络建设工作也十分重视,大多数市局主要领导在网建工作中亲自挂帅,同时抽调业务骨干参加建网工作。现在,全省省干线杆路施工已全部完成,省中心及各市分中心机房建设、省干线光缆敷设也已基本完成。我们建的光缆传输网是宽带综合业务网,采用的2.5GSDH传输技术在当今世界处于领先水平,是我省信息高速公路重要的基础设施之一,也是我省广电系统的新的经济增长点。

(六)提高经营创收,促进事业发展

1997年全厅上下充分发挥自身优势,并克服种种困难，抓住机遇，锐意进取，全年实现收入达20174万元，比去年增长60%。其中，省电视台首次突破亿元大关。经营创收的大幅度提高，极大地缓解了事业经费的不足，有力地促进了广播电视各项事业的发展。

彩电二期工程是我省精神文明建设六大标志工程之一。1997年完成了二期工程的可行性研究报告，对其总规模进行了调整，同时对规模设计方案进行了竞标，并基本完成了对工厂、学校、居民的拆迁安置和调整规模两项工作。江苏科学宫的建设是我厅"九五"期间的又一件大事，省政府已成立了以金忠青副省长为组长的江苏科学宫建设领导小组，经过一年的努力，科学宫项目建议书已于12月获得批准。省监测台的筹备工作也已在抓紧进行，科学管理的进程有所推进。

1997年我们还完成了省电台发射台及南影厂部分设备的改造任务。省电台更新了经济台10千瓦调频发射机和人民台100千瓦中波发射机，南影厂更新了电影摄录，灯光设备并引进了电影电视工作站。

按照广电部关于各省市对口扶持的任务分配，1997年我厅提供对口援助西藏拉萨地区广播电视建设资金80万元。

（七）治散治滥工作富有成效

根据广播电影电视部的统一部署，省厅在采取多种形式进行调查研究的基础上，形成了我省广播电视系统贯彻37号文件的意见，并报请省委、省政府，将《关于加强新闻出版广播电视业管理的通知》发至全省各市、县。目前，各项工作进展顺利，全省25个企业台已在年底前完成了改站工作，26个系列台和有关台的乱呼台、乱称台问题也已基本得到解决，电视剧制作机构已经清理审核上报。治理工作的重点是县级广播电视播出机构的调整，各市县在加强学习37号文件，提高思想认识的基础上，也已制定了治理方案，在上报广播电影电视部批准后实施。调整后的江苏广播电视业，从237个台变为114个台，压缩了123个台，占总台数的51.9%。

（八）认真学习和贯彻《广播电视管理条例》，系统管理和社会管理取得新成绩

《广播电视管理条例》的颁布实施为积极引导、有效保障广电事业健康有序发展提供了法律依据。省厅在要求全系统各级行政管理人员结合管理工作，行政执法人员结合岗前培训，编辑、记者等要结合工作实际认真学习贯彻《条例》，还举办培训班，对全省市、县局长分期分批进行法制培训，并将《条例》以问答形式编印成辅导材料，为全省广播电视系统提供了学法参考资料。

1997年，省厅宣传管理部门始终坚持舆论导向，努力推进新闻改革，提高新闻报道水平；通过强化质量、精品意识，抓好广播电视节目的创新创优；通过抓新闻节目抽查和热点问题研讨，促进宣传整体水平的提高；通过正确开展视听评议，提高引导、监督水平。

事业管理部门充分发挥业务指导作用，协调各台做好发射传输设备的更新换代工作，推进了发射设备固态化进程，并在经费极为紧缺的情况下，对宿迁、兴化进行了补点建设，巩固、提高了全省的广播电视人口覆盖率；还认真抓好运行维护管理，确保安全优质播出，使我省的安全优质播出工作在广电部评比中名列省际第一名。

省厅还切实履行音像市场归口管理职能，在1997年春季"扫黄打非"集中行动期间，对音像市场各个环节进行全面的清理整顿，有效地遏制了非法音像制品泛滥的势头，全年共收缴各类非法音像制品52万盘（盒、张），净化并繁荣了我省音像市场。在全国第九次"扫黄"工作会议上，我厅音像处作为20个先进单位和个人之一被中宣部等七部委通报表扬。

（九）广播影视改革进一步深化

随着江苏卫视和省有线电视台二套节目的相继开播，一批具有广播电视特点的新栏目相继问世，频道特色更加鲜明。以股份制的形式组建江苏广播电视传输网络总公司，既保证了省、市、县干线网的投资建设，更建立起了一个科学的富有活力的网络经营、管理机制；卫星地球站的建设和设备引进、省干线光缆及传输设备的引进都实行公开招标，增加了透明度，节约了资金，保证了质量。省电视台在台内公开招聘制片人，省有线电视台在广告经营中引进竞争机制，都充分调动从业人员的积极性。广视宾馆也实现改制，由厅各单位参股建立股份制的厅培训中心，并公开招聘了总经理。在用人机制上，对全厅新进人员全面推行了人才市场招聘的形式。

（十）党风和廉政建设全面加强

一年来，全厅干部、职工认真学习了党的十四届六中全会和十五大精神，进一步提高了对高举邓小平理论伟大旗帜重要意义的认识。省厅还举办了7期处级干部和党员学习班，并认真开展了以"三优、三满意"为内容的创建文明单位活动。作为全国新闻界"精神文明示范单位"的省电台，开展了"创建文明单位，树立行业新风"的十好百分达标活动，受到中宣部好评。党的思想建设组织建设得到了加强，党的组织生活进一步做到经常化、制度化，组织生活质量有了明显提高。机关党组织还加强党员发展工作的力度，全年共发展新党员30名。

省厅还切实做好领导干部廉洁自律工作，建立了"处以上干部廉政档案"制度，谈话提醒制度，努力纠正行业不正之风，加强新闻工作者的职业道德建设，禁止有偿新闻，使反腐倡廉工作进一步落到实处。

通过加强党风、政风建设，深入开展"三优、三满意"创建活动，使机关面貌和精神状态有了较大变化，促进了全厅干部职工素质的提高。

（周新华　孙　芃）

浙江省广播电视概况

浙江省广播电视厅

一、新闻宣传坚持正确的舆论导向，紧紧围绕中心工作，组织重大战役性报道和典型报道，为浙江省的两个文明建设，为提高全省人民的凝聚力作出贡献

1997年，全省各级广播电台（站）、电视台、有线电视台、广播电视报刊，宣传工作的显著特色，是对重大事件的报道，都能根据本地实际，充分发挥地方特色，精心组织，形成系统优势。

——喜迎香港回归　庆祝香港回归的报道，时间长，数量多，效果好。浙江电台从倒计时60天开始，就开辟了喜迎香港回归的专题栏目，策划了18个富有特色的专访，其中有省委书记李泽民、代省长柴松岳、葛云飞后人葛永兴等。7月1日凌晨的《浙江早新闻》，破纪录地集中推出14个录音报道。浙江电视台在香港回归前的一段时间里，先后播发"迎香港回归，促浙港合作"为主题的新闻、专题300多条，全面、生动地反映了浙江人民和香港同胞，喜迎香港回归时的欣喜之情和民族自豪感。省厅和浙江电台、浙江电视台、浙江教育电视台、浙江有线电视台、浙江经济广播电台等单位还组织了《颂祖国，迎回归》大型交响音乐晚会和《拥抱明珠——庆香港回归百架钢琴大演奏》活动，并分别开展了《全省中小学生香港知识竞赛决赛暨颁奖晚会》和《手拉手——浙港少儿是一家征文绘画大奖赛》等活动。

——庆祝十五大胜利召开　省电台、省电视台、浙江有线电视台、浙江教育电视台在十五大召开前，共同开办了《迎接十五大，展示新成就》专栏，详尽报道了浙江省五年来各条战线所取得的成就，采访了十五大代表、各行各业的优秀党员及离退休老同志。十五大召开期间，各台除转播好中央台的节目，还及时报道了全省各地和社会各界关注会议情况的新闻。大会闭幕后，各台又共同推出了《贯彻十五大，走进新时代》专栏，反映全省各地学习、宣传、贯彻十五大精神的新思路、新举措。省电台与萧山等省内8家全国百强县电台，联合举办《奔向新世纪》特别报道，以群众身边发生的新事，宣传贯彻十五大精神。省电视台推出《看新闻、说新闻》《代表回来之后》等专栏和系列报道，还请全省11个市（地）委书记，联系实际畅谈学习十五大精神的体会。

——悼念邓小平同志　邓小平同志逝世的消息传来，厅台领导连夜赶到单位迅速调整节目安排，派出记者及时报道浙江人民痛悼伟人的悲痛之情。省厅向全省各级广播电视部门发出紧急电报，指导宣传工作，省电视台在短时间内还剪辑播出了纪录片《小平同志在浙江》。

——抗台救灾报道　8月18日，11号台风在温岭登陆，给全省人民的生命财产和工农业生产造成重大损失和破坏。省电台在台风期间，采编播人员通宵达旦连续工作，随时播报最新台风动态和省领导的重要决策。省电视台派出8路记者，冒着生命危险报道各地抗台救灾的情况，10多天时间，播出《浙江百万群众大转移》等新闻100多条，鼓舞了全省人民的斗志，得到省委、省政府的多次表扬。

——经济报道加强了国有企业改革和农业基础地位的宣传　各台都着力提高经济新闻的质量和报道效果，针对经济活动中的热点和难点，组织具有一定深度和新意的系列报道。除了强化《种粮千里行》等农业报道，省电台精心组织了《世纪之交话市场》的专题节目，历时3个月，对浙江的市场建设和发展思路作了比较深入的报道，90多篇播出稿编印成书，为新闻媒体改进经济报道提供了新鲜经验。省电视台对国有企业改制转轨、再就业工程等都作了重点报道，特别是系统地报道了全国国有企业改革的先进典型镇海炼化。这组报道通过中央台向全国人民展示了被誉为九十年代中国工人阶级主人翁精神的"镇海炼化精神"。

——精神文明建设突出典型宣传　省电视台开设了《文明示范点采风》专栏，突出宣传了奉化滕头村等30个在全国、全省受到表彰的文明窗口、文明社区和文明乡镇。省教育电视台推出了100集《精神文明校园行》。省电台的《精神文明在浙江》、省有线电视台的《庆祝建军70周年》、钱江电视台的《三德建设系列》等也都各具特色。在宣传典型人物方面，省级各台通过《浙江儿女》栏目，先后推出各行各业的先进人物120多位，其中有优秀企业家傅国定、出色的教育工作者赵加启、金温铁路优秀建设者曹子亮、公交战线模范马玉青等，典型人物有血有肉，事迹真实可信，收到了很好的社会效果。

——专题、文艺节目更加贴近群众，更富地方特色

省电台庆祝香港回归特别节目《归航》，省电视台的6集纪录片《傻子沉浮录》，政论片《反腐倡廉警示录》，纪录片《春风大妈》、《远望那曲》、省教育台的《世纪之梦》及宁波电视台的《最后的航程》、金华电视台的《向北方》、浙江有线电视台的《爷爷盖叫天》、金华电视台38频道的《诸葛村古建筑》、余姚电视台的《山里男儿去当兵》等，都是内容真实，思想有深度而又具有强烈感染力的作品。文艺节目也有新进步，省电台当年采制录播的节目数量超过1990年以来各年产量的总和，使节目面貌焕然一新。省电视台举办的《我们有个共同的家》、《公祭抗英'三总兵'》、《庆回归、颂祖国》、《庆浙江八运健儿凯旋》、浙江有线电视台的《'97携手跨世纪》、浙江教育电视台与嘉兴电视台、省电视台周末版联合主办的《十月的阳光》等文艺晚会，具有浓厚的地方特色，寓教于乐，丰富了观众的精神文化生活。浙江电视台新推出的《人生AB剧》，社会反响很好。

——广播影视剧创作以"五个一工程"为龙头，取

得丰硕成果　1997年是我省广播影视剧获国家级大奖最多的一年，全省制作广播剧10部22集，省电台和杭州电台合作的《高原赤子》获中宣部“五个一工程”奖。全省拍摄电视剧29部324集，仅省厅就完成148部（集），达到了历史最高水平。省电视剧制作中心拍摄的《亭亭咸青花》、《东方港人》，浙江电视台拍摄的《马寅初》、《江南第一家》，浙江教育电视台与温州教育经济电视台等合作的25集连续剧《走入欧洲》等，都是思想性、艺术性较好的作品。

——对外宣传有了开拓性进展　省电台与美国洛杉矶双语电台建立合作关系，从8月3日起在该台开设固定窗口栏目，每周播出一小时宣传浙江的节目《今日浙江》。进一步办好与日本栃木放送社的交流节目《来自浙江的问候》。8月中下旬还与日本静冈放送社联合制作《无线电波传友谊》双向传送特别节目。浙江电视台与韩国光州文化放送社正式建立友好台社关系，并在美国、澳大利亚、日本福井成功举办了电视周，在美国组织了《浙江潮》在美播出五周年纪念活动。全年有21个团组被派往17个国家和地区进行采访拍片，与台湾同行的交往也比往年明显加强。宁波电视台3月在美国洛杉矶熊猫电视台，成功举办首届宁波电视周，播出了介绍宁波的专题片《风从东方来》。

省广电厅为鼓励全省采编播人员提高节目质量，多出精品，举办了浙江省首届广播电视宣传精品工程评选，县级电视台新闻节目、县级电台（站）对农村广播节目的“双十佳”评选。省广电厅与学会联合主办了浙江省第三届广播电视“双十佳”节目主持人评选和业务研讨会。四季度，全省广播电视播音员、节目主持人普通话水平测试、上岗考核工作，首先在省级各台展开，浙江电视台作为试点单位先行一步并取得初步经验。

——热情参与社会公益活动　1997年，全省许多电台、电视台积极组织和参与各种社会公益活动，得到社会各界的肯定和赞扬。省电台先后与省技术监督局和司法厅在杭州、宁波、温州等地，举办《家电质量行》接受消费者投诉、咨询和义务法律咨询活动。省经济电台举办“春天的希望”活动，为淳安县小学募集图书，使这个县在全国贫困县中首先实现所有小学图书馆图书拥有量达标的要求。文艺电台举办了“春天般的温暖——雷锋精神再现杭州”活动。钱江电视台先后组织了“钱江情——情系下岗女工”、“你丢我捡——全省爱我家园电视大行动”和“费翔等中外歌手义演捐建希望小学”等活动，为洞头县建了一所希望小学。省有线电视台与省关心下一代工作委员会，开展了为期一个月的全省寻找和资助97名特困学生的活动。省教育电视台2月份举办“绿荫工程——浙江省师资扶贫肩并肩百校结对”活动。9月份又与省教委共同组织“绿荫特级（优秀）教师讲师团”下乡扶贫活动。

——举办、承办多项大型活动，不断扩大广播电视的社会影响　1997年，先后承办全国国产电视节目交易会，’97国际有线电视技术研讨会，成功地举办了“浙江广播电视发展成果展”系列活动，成功地举办了第十五届“中国电视金鹰奖”评奖和颁奖活动。

二、以省主干网建设为突破口，加强基础设施建设，加强技术改造和技术管理，确保广播电视事业健康、持续发展

在省委、省政府和各级党委、政府及有关方面的大力支持下，省主干网建设，经过全系统职工通力合作，艰苦奋斗，仅用9个月时间就建成了1千多公里的光缆干线。省广电中心至10个市的有线广播电视主干传输实现了大联网，剩下的丽水地区也可望在1998年上半年开通。实现了“天上一颗星，地下一张网”的发展战略目标。省主干网投资1亿多，全部采用数字技术，设备先进，传输容量大，不仅能高质量地传输广播电视节目，还能进行多功能开发。各市（地）也化大力气，加快区域性有线电视联网建设，改善传输质量。嘉兴市投资近5千万元完成全市光缆联网工程，新架和改造原有有线广播线路超过1千公里。湖州市精心策划和组织，投入2100多万元，春节前完成了市与三个区的光缆联网，新发展用户5千多户，入户率达到85%以上。绍兴市区全年新增有线电视8700户，还开发了逆程图文电视传输业务。宁波市建成由市到各县（市）区有线电视四芯光缆联网，已架光缆传输线路3644线公里，新增联网乡镇25个，金华市顺利实现全市光缆联网，丽水地区在边远山区新建卫地接收前端144座，新增用户5.6万户。

为提高播出质量，改善收听效果，许多单位增加投入，更新、添置设备，进行技术改造，加强技术管理。省电台对调频发射机作了稳定调整工作，加强电脑功能的研究和开发，完成了台网络中心设备安装工作。省电视台加强技术开发，研制了新型新闻采访车，提高了对重大、突发新闻的现场采拍能力。台每季进行一次技术质量评审会，加强对节目技术质量的把关，实行播前技审一票否决制。在全国第四届电视节目技术质量评奖中，获一个一等奖、五个二等奖，总分名列第三。全年停播率为0.84秒/百小时，实现了安全优质播出。省有线电视台拿出7百万元购买了数字化电视设备和非线性编辑系统，结束了长期来画面不透、信号不好的状况；通过微波继续扩大全省联网，到年底娱乐台覆盖面已突破350万户。省教育电视台技术部门，努力提高业务水平，继续保持全年安全播出无事故。杭州广电局在统一规划安排下，投入3千多万元对各单位现有播控、摄录等设备进行技术改造、更新和添购了设备。衢州市广电局也挤出资金，为局属三台添置了一批仪器设备，充实了自身的硬件实力。

浙江省广播电视国际新闻交流中心工程，建筑面积22000平方米，在有关各方的努力下，实现当年开工，当年封顶。

全省广播电视系统广大技术人员认真贯彻“高质量、不间断、既经济、又安全”的十二字技术维护工作方针，加大了技术维护力度，确保了广播电视节目的优质、安全播出。在7月1日香港回归72小时中央广播电视节目的连续转播中，在党的十五大召开期间，在7、8月台风、水灾等自然灾害恶劣环境下，都没有发生任何重大事故，受到了省委、省政府及各级党委、政府领导的表扬。浙江电视台、杭州电视台、宁波电视台在接受广电部下达的八运会转播任务中，共安全播出47场，137小时，受到八运会组委会及广电部的表彰。

科技研究也有新成果，顺利完成"有线电视计算机综合管理系统"和"有线电视网双向多功能技术"两个科研项目，前一个项目已提供用户试用，后一个项目参加北京国际电信展览会展出，效果良好。省广播电视科研所研制的智能化多功能电平监测仪，获省政府颁发的科技进步三等奖。ZBL8810TV/FM 电平监测仪和ZBL818 解扰型机上变换器二个项目被列为国家重点新产品。

为加强科技发展战略规划，做好重大科技问题的决策、咨询工作，省厅正式成立了科学技术委员会。

三、强化依法管理，认真实施行业的治理调整工作

针对全省广电事业发展快，法规建设相对滞后的实际情况，省广电厅在调查研究和广泛征求意见的基础上，起草了《浙江省广播电视管理条例》，报省人大审议通过后，于8月1日起正式施行。国务院《广播电视管理条例》发布后，省厅又在学习、宣传和贯彻方面做了大量工作，使浙江省广播电视管理更加法制化、规范化。为积极配合省人大对省厅的行政执法评议，在听取省人大代表的意见和建议后，厅领导又及时落实整改措施，加大了执法力度。

根据中办、国办（1996）37号文件和广电部的有关部署，省厅集中精力对全省广播电视现状作了细致的调查摸底，起草制定了《浙江省广播电视业治理工作实施方案》，在广泛征求意见，反复修改论证并在桐庐、龙游两地试点成功后，经省委、省政府批准下发。年底，省委、省政府办公厅和省委宣传部联合召开全省广播电视工作电视电话会议，部署落实了治理方案，使浙江省广播电视业的治理调整工作进入实质性阶段。同时，针对新情况、新问题，进一步加强对全省广播电视播出机构的年检年审工作，并适时调整了全省电视节目统一供片的对象、内容和数量。省电视节目交流中心全年向县有线台供片1511集，无线台1628集，市（地）有线台98集，并完成了向全省宾馆饭店闭路电视的供片任务。

音像影视管理取得很大成绩，全省春、秋两季"扫黄打非"集中行动，查缴非法音像制品37万多张(盒)，查处违章经营户571家，捣毁4个非法音像制品的批发窝点。并对全省音像制品批发、零售、出租、放映单位的5千多名经营户实行了持证上岗制度，在对音像经营单位、影视制作机构、宾馆饭店闭路电视，公共场所大型显示屏以及地面卫星接收设施的日常管理上，也做了大量的工作。

在抓管理的同时，还通过各种手段，促进音像市场的健康有序发展。浙江音像出版社出版越剧、歌曲等新节目76个，创造了历年来的最高纪录。香港回归和十五大召开前夕，省厅在杭州举办"迎香港回归正版音像制品大联展"活动，有近20个市、县也同时在当地开展了这一活动。1997年，浙江省正版录像节目发放量居全国首位，受到文化部的通报表扬。

深化人事制度改革，建立竞争激励机制。省广电厅对全厅中层干部进行考核聘任，调整充实了新一届直属单位领导班子，浙江电视台、浙江有线电视台还对部分科级干部和职工实行双向选择，竞争上岗。根据急需，全厅通过公开招聘、商调等途径引进人员140人，学历层次高，使人员总体素质比往年又有提高。

（陆维中）

安徽省广播电视概况

安徽省广播电视厅

一、精心组织圆满完成各项重大宣传报道任务

1997年重大宣传报道任务政治要求之高、时间持续之长、内容之丰富都是历史上少有的。在邓小平同志悼念活动、香港回归、党的十五大召开等重大宣传报道活动中，各级广播电视部门全力以赴、精心组织、把握导向，确保准确、安全播出，使全省人民及时了解党和国家的重大历史事件。在宣传中，除了按要求保证转播好上级台节目外，还积极配合做好宣传，发挥了广播电视整体优势。这几次重大宣传报道活动的成功，说明我们这支队伍的政治素质和业务素质是能经受住考验的。此外，还圆满完成了省八届人大五次会议和省政协七届五次会议的宣传报道任务。

二、加大两个文明建设的宣传力度

1997年是全省实施跨世纪赶超战略的重要一年，为此，各级广播电视部门始终把经济宣传放在宣传工作的突出位置。一是围绕全省1997年经济工作任务加强对经济形势和任务的宣传；二是做好加强农业基础地位、促进农业持续稳定增长的宣传；三是集中宣传报道了15个大型企业集团深化改革、提高经济效益的经验和做法。并对芜湖长江大桥、京九铁路等重点工程以及各级政府实施再就业工程、关心下岗工人的做法和成果进行了宣传报道。同时深入宣传报道了全省水利兴修、林业二次创业、科教兴农、小康工程、发展乡镇企业和"两高一优"农业、减轻农民负担等工作。

为了切实加大精神文明建设宣传的力度，全省各级广播电视部门牢牢抓住贯彻十四届六中全会和十五大精神的大好时机，通过多种形式加强理论宣传、典型宣传和精神文明宣传。深入宣传邓小平理论，引导广大干部群众深刻领会和把握这一理论的科学体系。继续宣传各地开展的精神文明创建活动，通过消息、述评、专题、访谈等多种形式，报道全省各地创建文明城市活动的做法和经验。大力宣传报道各地加强社会公德、职业道德、家庭美德建设的举措和成果。

三、精品工程建设初见成效，对外宣传保持良好势头

抓创优、出精品是提高广播电视宣传水平的重要手段之一，厅编委会提出以“五个一工程”为龙头，抓创优、出精品的战略方针。要求各台的台、部领导深入到采编播第一线采访、编辑、审稿把关，抓一个示范节目（栏目），从而带动其他节目质量提高。在1997年第六届全国精神文明建设“五个一工程”评选中，省电台制作的广播剧《红枫树》、安徽电影制片厂与省委宣传部、安徽电视台联合摄制的黄梅戏戏曲故事片《徽商情缘》和省电视台摄制的黄梅戏音乐电视剧《春》全部获奖。其中，广播剧《红枫树》被中宣部的领导同志称为“代表中国当前广播剧制作水平的作品”，电影《徽商情缘》还荣获’96中国电影“华表奖”，并被列为1996年度全国重点影片，电视剧《春》还获得“飞天奖”戏剧一等奖。省委副书记方兆祥同志称赞电影《徽商情缘》和广播剧《红枫树》是实现了6年来我省电影、广播剧“五个一工程”奖零的突破。1997年，在一年一度的“安徽广播电视奖”评比中，全省有400多件作品获奖；在“中国广播电视新闻奖”评选中，我省共有14件作品获“中国广播电视新闻奖”，其中省电视台系列片《走向未来》获一等奖。

1997年，全省各级广播电视部门加大外宣力度，拓宽外宣渠道，对外宣传工作呈现出蓬勃向上的势头。省电台在中央电台用稿166条，播出专稿8组，上稿量列全国第五；省电视台在中央电视台《新闻联播》节目中用稿120多条，其中头条30件，为该台历史最高水平，在全国位居前列。此外，阜阳、黄山等地市台在中央台上稿率也有所增加。在向中央台发稿的同时，省台还积极加强省际间的联系，广泛开展省际间的外宣活动。省电视台通过广东电视台的“省级新闻节目交流中心”交换节目，在外省台播出有关安徽的新闻1000多条，16集电视片《安徽人在特区》播出后受到卢荣景书记等领导的表扬。省电台积极加强全国广播系统的合作，被评为’96、’97全国广播系统“合作办台、联合发展”工作先进集体。去年还成功地在英国、澳大利亚和新西兰举办了“安徽电视周”，受到了中宣部领导的表扬。

四、事业建设快速发展，经营创收取得好成绩

1997年，以省台广播电视节目上星为标志，我省广播电视事业发展又上新台阶。广播电视节目上星工程是我省社会主义精神文明建设十大重点工程，省委、省政府高度重视，全省人民热切关注。1997年3月1日通过了广电部组织的专家论证后，厅党组正确决策，超前准备，仅三个月完成了卫星地球站土建工程，十个月完成全部筹备工作，经过艰苦努力，我省广播电视节目在第三批批准的几个省（市）中于10月6日率先上星，使省电台、省电视台的节目覆盖面从原来的覆盖本省约80%的面积，一下子跨跃到不仅覆盖中国本土，而且还覆盖东欧、西亚、南太平洋包括澳大利亚在内的54个国家和地区，揭开了我省广播电视发展史上新的一页。广播电视专用传输网工程开始全面启动，该项目1997年1月8日在北京通过了以广电部何栋材副部长任主任委员的专家委员会论证，省计委批复同意立项，又下达了关于该传输网可行性研究报告的批复。省政府成立了以省委常委、常务副省长汪洋任组长的省广播电视三项工程建设领导小组。传输网的建设资金采取系统集资、引资合作等多种渠道筹措，目前，用于建网的有线电视收费规定已得到省财政厅、省物价局的批准。1997年11月，汪洋同志主持召开了省广播电视三项工程领导小组第一次会议，明确了建设省广播电视传输网的有关政策，至1997年2月份，已完成了长达2500公里的光缆路经的初步勘查和主干线机房的初步勘查。广播电视周边覆盖工程已见成效，一年来，我厅积极鼓励、支持和引导一些有积极性、有条件的地方解决覆盖问题，扩大有效覆盖面。目前完成淮北704台机房设备改造，使省台电视节目覆盖半径由原来十几公里扩大到60～70公里，彻底解决了淮北市周边一些县（市）收看省台节目的问题；广德笄照山增设1千瓦分米波，解决了当地群众长期看不到省台节目的问题。合肥市、阜阳市、宿州市、和县、巢湖市、宣州市、郎溪县等地建设MMDS系统，顺利解决了广大农民高质量收看多套电视节目的问题。

在抓好三项工程建设的同时，还积极加强农村广播电视网建设。省厅与省委宣传部共同进行了农网调查，各地农网建设的积极性较为高涨，至1997年底，全省村村通广播率已近97%，完成了村村通广播的目标。在农网建设中，六安地区、宣城地区成绩突出。省广播电视科研所科研成果《自适应相位制中波同步广播单频覆盖》获1997年国家科技进步三等奖，这是该所自1988年以来第二次获此殊荣，也是全国广播电视系统第三次获得国家科技进步奖。

淮南、芜湖、马鞍山等地广播电视中心建设已全面完成，滁州等地中心建设正在完善之中，含山县基本完成乡镇光缆网建设，宁国、太和、蒙城等县（市）的事业基础建设快速发展，1997年全系统事业建设呈现出蓬勃发展的好势头。

1997年，全省广播电视系统经营创收工作稳步前进，全系统预算外收入比上年有较大幅度的增长。年底，省厅完成了与省财政厅签订第四轮财务收支计划协议的任务。

五、注重法制建设，全面加强广播电视行业管理

全系统期盼已久的《广播电视管理条例》和《安徽省有线电视管理条例》终于出台，使广播电视法制建设迈上新台阶。全系统在两个条例颁布后，积极开展了多种形式的学习、贯彻、落实。在抓好贯彻两个条例的同时，重视系统的法制宣传教育工作，抓法制工作机构和行政执法队伍建设，抓集中执法检查和大要案查处工作。省厅召开首次法制工作会议，成立法制建设领导小组，制定了全系统“三五”普法规划，举办了多期执法人员培训班，为系统600多人办理了行政执法证件。

1997年，中办、国办（1996）37号文件开始全面贯彻落实，初见成效。现已基本完成县级广播电视播出机构的调整，广播电视台站重新审核登记工作，企事业有线电视台改站工作，及对非法设台建网，乱播滥放的处理，电视剧和影视机构的清理工作初步走上规范化轨道，乱呼台、乱称台的问题基本得到解决。1997年9月10日，新闻出版署、中宣部出版局、中国音像协会联合验收组对安徽音像出版社、安徽文化音像出版社整顿工作进行了验收，10月4日两社正式恢复了音像出版业务。在音像管理方面开展“扫黄打非”斗争和音像放映节目专供工作，同时抓好有线电视和县级无线电视台文艺节目统一供片工作，制止乱播滥放，在卫星地面接收设施管理中，建立了《接收许可证》每年换证制度这一新措施。

六、进一步加强党风廉政建设，重视加强队伍建设

省厅首次召开了全省广播电视系统纪检监察工作会议。年底，召开了全省广播电视系统南北片反腐倡廉工作座谈会，加强对全系统工作的指导。省厅成立了廉政建设协调小组，制定了《厅党组关于健全民主集中制，加强集体领导的若干规定》、《省广播电视厅关于厉行节约、反对奢侈浪费行为的若干具体规定》、《厅党组关于党内廉政建设领导责任制实施细则》等有关规章制度；狠抓党风廉政教育，组织党员干部学习《廉政准则》和《中国共产党纪律处分条例》，学习江泽民同志在中纪委第八次全会上的讲话；抓民主集中制建设，抓“三重一大”（重大决策、重要干部任免、重要项目安排和大额度资金使用）工作；坚决禁止“有偿新闻”，纠正行业不正之风；重视加强纪检监察机构网络建设。

1997年度省厅公开招考选拔了一批专业人才，并对新进人员进行了岗前培训；全面实施了1996年到2000年全省广电系统干部培训计划；举办了4期地市县局长培训班，4期播音员主持人学习班；建立了普通话测试站，对播音员、主持人开展测试。

福建省广播电视概况

福建省广播电视厅

一、高举邓小平理论伟大旗帜，坚持党的基本路线，牢牢把握正确的舆论导向

1997年，我省广播电视系统认真贯彻中央、省委有关宣传工作的指示精神，采取多种形式，主动持久地宣传邓小平理论，应用广播、电视、广电报等媒介优势，积极报道我省学理论、运用理论指导各项工作的典型经验和取得的丰硕成果。

厅党组多次召开学习会，学习贯彻党的十五大精神和省委六届七次会议精神，分析广播电视工作一系列重大问题，探讨我省广播电视事业发展方向。充分发挥厅台编委会、局台编委会的职能，学习领会中央、省委精神，贯彻部署各项重大宣传活动，主动把握正确的导向问题。还举行全省广电系统局台长培训班，学习理论，研究工作，使邓小平理论和以江泽民为核心的党中央保持一致落到实处。

福建人民广播电台、福建电视台（含东南台、有线电视台）等新闻宣传媒介紧紧围绕经济建设这一中心，突出宣传了我省企业改革、农村工作和农业发展、科教兴国等一系列方针政策和取得的实践成果。

在重大宣传方面，二月份，敬爱的邓小平同志逝世，全省广播电视系统做好转播中央台节目工作，引导全省人民与全国人民一样，化悲痛为力量，继承遗志，共创伟业。七月，我国顺利地恢复对香港行使主权。九月，党的十五大胜利召开，全省广电系统周密部署，及时做好转播和我省庆回归大型活动的宣传报道以及开辟专栏迎接党的十五大召开及其后续报道工作。今年八一建军节，福建电视台连续18小时直播，创下省级台直播新纪录。同时，还认真做好厦门“9.8”贸洽会、全国八运会、泉厦高速公路等大型活动的宣传报道，充分展示了我省广电系统宣传工作的新形象，得到广泛好评。今年，东南电视台还与台湾华夏卫视台签订了东南台两个小时节目在台湾落地进入有线电视网的协议，这是全国首家省级电视台节目在台湾落地传送，为推进海峡两岸和平统一做出新贡献。

二、坚持精办节目，全面提高节目质量

——改革新闻报道，推行新闻直播。新闻节目是广播电视的龙头节目，最能体现广播电视的形象。元旦开播了《福建有线新闻》，通过全省有线电视网络覆盖全省200多万户；3月份，福建电视台开播大型新闻杂志型综合板块《新闻纵横》；8月又开播《早间新闻》，使电视台的新闻宣传园地更加丰富。与此同时，投资近千万元，实现了《福建新闻联播》、《早间新闻》、《午间新闻》和《新闻纵横》的直播，从而突出了福建电视台的主频道地位和作用。省电台《新闻访谈》、东南电视台《记者行动》和福建有线电视台《视点》等新闻评论栏目的节目质量得到进一步提高，充分发挥了广播电视热点引导和社会舆论监督的作用。

省电台正以新闻改革为突破口，办好《今日新闻》、《今日要闻》等节目，并逐步实现整点新闻和精选新闻的滚动播出。各地市县广播电视台也积极推动新闻宣传改革，使新闻报道的节目质量有了显著提高。

——推行节目制作管理新机制，打破节目部门自制节目的状况。一年来，福建电视台不断完善制片人制度，在《周末版》基础上，开辟了“少儿电视台”。年初，对黄金时段栏目实行招标，共有九个栏目中标，节目形象焕然一新。省电台逐步实现栏目监制制度，拟实现人才的优化组合，达到精办节目的目的。目前，省电视台《福建新闻联播》、《新闻纵横》、《闽海观剧》和东南电视台的《记者行动》、省电台的《夜半心声》等节目和栏目已成为我省广播电视的名牌节目和栏目。

——深化影视创作改革，实施精品战略。今年是福建省影视艺术创作的一个丰收年，福建电影制片厂的

《男孩女孩》获得了"五个一工程"儿童故事片第一名，树立了小厂拍精品的良好形象。福建电视台推出的《林则徐》、《林祥谦》、《飘出大山的云》等电视剧均获国家级大奖，提高了福建电视台的对外形象。

目前，深化影视生产制作改革的思路更加明晰，措施进一步到位。福建电视剧制作中心确定改革思路，拟用三年时间逐步走向市场。福建电影制片厂新一轮创业思路已经确定，并以改革求生存，扩大故事片生产规模，拓展电视剧生产新领域。

——建立工作制度，加强宣传宏观管理。为加强厅属广播电视台节目质量的日常监督，我厅建立了比较健全的厅、台两级节目评议制度。专门聘请富有经验的离退休老同志为评议员，对省电台、电视台和福州台广播电视节目的优劣进行评议，不定期印发《节目评议通报》，加强了节目评议和监督力度，保证了各类节目的舆论导向，不断提高广播电视节目质量。与此同时，加强了厅属影视单位艺术创作和生产的指导、协调与监督，成立了福建省广播电视厅艺术委员会，对各单位制作重大题材电视剧、电影、文艺专题、文艺晚会等由厅艺委会审核，这是实施精品战略的重要措施之一。

三、积极投入全省广播电视传输覆盖网建设

1997年以来，我厅继续坚持科学规划，合理布局，统一协调的方针，加快我省广播电视基础设施建设和改造步伐。

——扩大省电台广播节目的覆盖是全省广播事业新一轮创业的重要工程。今年以来，已决定投入30万元左右资金解决省电台第一套节目卫星传送的落地问题；完成了104、324国道沿线的省电台音乐交通信息频道（第二套节目）的调频覆盖规划，并开始东起福鼎南至诏安分水关的调频布点工作；解决了省电台经济台节目在厦门地区的覆盖；认真进行全省中波发射台技术设备的调查工作，拟投资改造；将利用全省微波共网传输省电台广播节目问题列为研究课题；开始规划用三至五年时间，省电台播出设备逐步实现数字化。

——应用新技术，丰富电视频道。在沿海福鼎、霞浦、莆田、云霄等四个高山台添置新的电视发射机，实现福建电视台第一套节目的全天转播；投入近千万元资金，应用数字压缩技术，利用全省有线电视微波网的一个通道，实现四套节目的传输，解决了福建有线电视公共频道和福建电视台等电视节目高质量的传送。

——兼顾系统利益，推行新规划。1997年已安排82个乡（镇）和297个行政村的扶持对象，下达了扶贫资金200万元，解决我省老少边穷岛地区群众收听收看广播电视难的问题；在1992年至1996年调频广播网的基础上，已完成我省253座小功率调频规划。同时，制定了全省"中一"广播设备更新计划及广播电视覆盖盲区的补点规划。制定了《全省广播电视光纤网规划方案》并已经广电部论证通过。

四、加强管理，增强系统观念和系统凝聚力

——规范全省广播电视台设台建网管理。年初完成了广电部要求在全省广播电视台站的年检工作，通过年检，各地增强了科学管理意识，建立健全了宣传和事业技术维护等各方面的规章制度。基本完成了全省广播电视业的治理，解决了乡镇站收归县级广电部门统一管理问题，理顺了管理体制；解决了私人经营或承包有线电视网络收归广电部门统一管理，克服了滥播乱放现象；进行了我省广播电视台重新登记工作，系统力量得到一次重新整合；经广电部批准，我厅筹办了福建省有线电视公共频道，并于12月15日试播成功，拟于1998年元旦正式播出，为我省广播电视网络发展开创了一条新路，也将为全国广电系统提供新鲜经验。

——行业管理迈出新步伐。全省各级广电部门组织学习，认真贯彻《广播电视管理条例》。重组了厅法制工作领导小组，对照《行政处罚法》和《广播电视管理条例》，清理了我省广播电视管理的立法规章和规范化文件，废止了与广播电视事业发展不相适应的规章和规范性文件15件，拟修订的5件，并规划了今后五年的立法计划。进一步发挥福建省广播电视行政稽查队（其中设有音像市场稽查科和广电设施稽查科）的行政执法职能，有效地依法保护广播电视事业的发展。

——建立健全全省维护工作制度，使这项工作逐步走上规范化管理的道路。今年以来，我厅制定了《广播电视技术维护管理工作的若干规定》、《广播电视事故报告制度》、《广播电视安全优质播出月例会制度》等规定和全省广播电视技术维护工作竞赛评比等活动，促进了我省广播电视播出质量的提高。

——加强资金管理，改善资本运营。为加强资金管理，我厅加强了审计工作，对若干年来的资金运作情况进行审计，制定了资金调拨审批等有关规定；并开始重组厅经营管理中心，对厅属企业则加强宏观管理，着手进行省电台印刷厂企业的改制工作；开始对厅属企业进行调查摸底，拟成立统一管理厅属企业的公司；关停了严重亏损的音像出版社下属的影视公司。

五、坚持重在建设的方针，积极开展精神文明创建活动

今年以来，全省广播电视系统继续深入贯彻"精神文明重在建设"的方针，积极开展精神文明创建活动。一是深入开展"讲学习、讲政治、讲正气"活动。年初，厅党组将"三讲"教育摆上重要议事日程，专题研究部署，并建立层层负责落实的工作机制。通过举办培训班，深入开展"三讲"活动。二是认真学习贯彻十五大精神，通过深入的学习贯彻，总结了五年来我省广播电视工作的经验，探讨了发展中的一系列重大问题，提出了我省广播电视系统新一轮创业的思路。三是积极开展歌咏比赛和全省广电系统文艺调演、知识竞赛等活动，在盛迎香港回归的同时，深入地进行了爱国主义教育。四是开展"创文明行业，建满意窗口"活动，进一步树立正确的人生观、价值观和新形势下良好的职业道德观念，培养一支敬业爱岗、政治强、作风正、业务精、纪律严的业务骨干队伍。五是根据省委的要求，还认真清理移动电话、住宅电话和清房等专项治理工作；取消了一些庆典活动，严格控制各种会议，节约了开支;重申和制定了关于禁止有偿新闻的各项规定,有效地规范了新闻工作者行为,受到社会各界的好评。六是加大教育投入,增强培训教育力度,顺利完成了培养我厅第一个成人中专班,举办了多期全省县级局台长培训和微波站、有线电视值机员、播音员,调频发射技术人员等培训班。同时,还对全省千余名职工进行集中分期分批统一培训和考试,大大提高了一线技术工人的业务素质。

一年来,我厅各项工作都取得了较好的成绩。同时,我省广播电视工作还存在不少薄弱环节和诸多困难,主要表现在:一是舆论引导艺术和水平还有待提高,新闻报道改革还需进一步深化;二是必须加快广播电视传输覆盖网的建设,特别是要加快县乡村联网步伐;三是管理的薄弱环节还很多,需加强资金管理,努力探索出一条网络建设、管理、经营、开发的新路;四是管理人才较缺乏,科学管理意识还没有全面提高,系统观念还较为脆弱,整个队伍建设还要进一步加强。

（林克清）

江西省广播电视概况

江西省广播电视厅

一、服务于全党工作大局,舆论导向正确,节目质量进一步提高

1. 迎接香港回归和党的十五大的宣传,主题明确,有江西特色。对于迎接香港回归的宣传,我们按照中央《关于香港回归宣传报道口径及需要注意的问题的通知》要求,除了及时完整转播中央台的重要报道外,还以江西与香港一水相连为主线,采制了一批节目。省电台播出了《赣港相依共发展》的系列述评,省电视台开辟《迎回归·赣港情》专栏,播发了《东江源》、《香港回归江西游》、《南行列车》等专题片,省有线电视台播出了《港资企业在江西》专题报道,省经济台播发了《血脉相连》五集系列录音报道,赣州电视台还主办了《东江源流远,赣港一家亲》大型晚会。对于党的十五大宣传,各级广播电视台站按照中央和中共江西省委的部署,进行了及时充分的报道。会前深入宣传江泽民总书记5月29日在中央党校的重要讲话精神,报道我省在邓小平理论指导下,解放思想、实事求是所取得的巨大成就。十五大召开时,及时完整转播了十五大召开的盛况,报道了各条战线欢庆十五大、学习十五大的情景。十五大以后,充分地报道了各地学习、贯彻、落实十五大精神的情况。整个宣传,系统上下通力合作,新闻、专题、文艺交相辉映,真正做到了隆重、热烈、准确、充分。

2. 统一部署,集中力量,打了几个漂亮的宣传战役。第一个是解放思想、搞活经济的宣传战役,各台播出了关于进一步解放思想的12篇特约评论员文章,宣传了30多个在解放思想、搞活经济方面的国有企业典型。第二个是全省为人民服务十大典型的宣传战役,各级台站从4月中旬到6月中旬,对邱娥国等10位全省“为人民服务先进典型”进行了集中、深入的宣传。第三个是纪念八一起义、秋收起义和井冈山革命根据地创建七十周年的宣传战役,除及时报道了我省各界纪念三个七十周年活动外,还摄制了专题片《共和国之魂》、《井冈山》和电视剧《朱德上井冈》。第四个是江西名牌产品宣传战役,新闻节目开办了“企业之星”、“江西名优产品”专栏,各台都大力宣传了一批江西省的先进企业和名优产品。

3. 重大事件的宣传,基调平稳,把握有度。年初,各台全面、及时、准确地报道了全国、全省人大、政协“两会”的盛况,圆满完成了报道任务。邓小平同志逝世后,全省各级台站立即停播了自己的节目,一律转播中央台节目。随后,各台站都相继播出了歌颂邓小平同志丰功伟绩的电视剧、专题片,大量报道了全省各界干群认真学习江泽民总书记在邓小平同志追悼会上致的悼词,缅怀邓小平功绩,化悲痛为力量,搞好两个文明建设的情况。

4. 我省广播电视新闻上中央台播出保持了良好的势头。1997年,我省广播电视系统同志通力合作,特别是省电台、省电视台的同志,动脑筋、想办法,积极向中央台输送稿件,江西的广播电视新闻上中央台联播节目的数量增加,质量明显提高。全年,广播新闻在中央人民广播电台《新闻和报纸摘要》节目播出120条,其中上头条3个,上提要13个;电视新闻在中央电视台《新闻联播》节目播出190条,其中上头条11个,上提要24个。

5. 实施精品战略,节目质量进一步提高。一是省电台、省电视台以节目上卫星为契机,对节目进行了改版,增加新闻播出档次,开办了一些对象性节目,收听、收视率都有了提高。二是以“五个一工程”为龙头,全省共摄制了10部85集电视剧,播出了电视剧《蔷薇雨》(28集)、《上饶集中营》,重点电视剧《朱德上井冈》、《远湖》,电影故事片《爱枪如命》,广播剧《荒山恋》等已经制作完成。此外,在全国“五个一工程”奖的评选中,江西省的电影《夫唱妻和》、电视剧《黑天鹅》、广播剧《袁庭钰的故事》,获得全国“五个一工程”奖。三是地市台的自办节目质量有所提高,1997年在全国各类优秀广播电视节目评比中,全省共有22件作品获奖,其中地市台获一等奖1个,二等奖3个,三等奖3个。

二、抓住三个重点,广播电视事业建设有新的进展

1. 以扩大中央台和省台节目的有效覆盖为重点,努力改善广播电视传输覆盖手段。一是我省广播电视节目于1997年元旦正式通过卫星传送,为各级广播电视台站提供了优质可靠的节目信号源,全省人民收听收看省台节目的效果明显改善,铜鼓、莲花、婺源等边远县结束了建国以来听不好看不到省台广播电视节目的历史。二是完成了现有微波网的改造，在701、702、703、705、708台分别安装了全向微波，传送省电视台第二套和有线电视台第一套节目。三是在萍乡市兴建长丰广播电视发射台，在吉安地区兴建大东山微波发射台，扩大了中央、省、市（地）广播电视节目的覆盖。四是江西信息广播电台正式开播了图文电视，江西人民广播电台恢复了调频立体声广播，开办了第二套节目。

2. 以现有有线网络升级改造工程为重点，抓紧进行全省有线电视联网工作。抚州地区100%的县市、赣州地区、宜春地区80%的县市，吉安地区62%的县市进行了网络改造，上饶地区75%的县市进行了前端改造。全省的广播电视光缆传输网《总体规划》与《工程技术方案》已通过广电部论证，景德镇至上饶干线光纤已经铺设完毕。

3. 以农村为重点，加快发展农村广播电视事业。5月份召开全省第二次农村广播电视工作会以后，各地积极行动，又涌现出了一批新典型。弋阳县投入近百万元，实现了乡乡镇镇通广播，有线电视和调频广播双入户；宜丰县投入300万元兴建全县光纤有线电视网；抚州地区抓紧农村广播网建设，乡镇广播通播率达到90%，自然村通播率达83.5%；赣州地区96%的乡镇、30%的村通了有线电视。

三、认真贯彻《广播电视管理条例》，行业管理得到加强

1. 强化了宣传管理和安全播出管理机制。全面推行"三三二二"工程，即三级审稿、三级例会、二级评优、二级评议制度，切实加强了广播电视节目播出管理。同时，坚持了全省有线电视和县级无线电视统一供片制度，完善了中央加扰电视节目管理制度和接收境外加扰卫星电视节目许可证制度，实施播音员、主持人持证上岗制度，坚持了安全播出例会制度，加强了广播电视播出情况的监测和设备设施的日常维护管理。一年来，各级广播电视台站没有发生重大政治事故，乱播乱放现象得到控制，确保了广播电视安全播出。

2. 加强调查研究，全面开展治散治滥工作。按照中央关于治理工作总的安排，年初江西省厅结合各级各类广播电视台站年检工作，由厅党组8个成员分别带队到11个地市调查摸底，之后提出了全省广播电视行业治理工作方案，经省委常委会讨论通过，正在各地实施。

3. 按照中央和省的统一部署。加强了音像市场的管理。根据江西省社会文化市场管理委员会的分工，江西省厅会同有关部门，重点加强了南昌市、赣州地区、吉安地区、抚州地区的音像市场管理。通过几次集中治理行动，严厉打击了非法出版、复制、销售行为，以及走私、盗版活动，无证经营被取缔，国有主渠道已建立，正版音像制品占领了市场。

4. 积极向全社会广泛宣传《广播电视管理条例》，为依法开展广播电视工作创造了良好的环境。国务院颁布《广播电视管理条例》之后，省厅立即召开全省地市广播电视局长会议进行部署，在全系统掀起了学习、宣传、贯彻《条例》的热潮。各地方政府也把《广播电视管理条例》列入了当地"三五"普法的重要内容。

1997年，我省广播电视工作存在薄弱环节是：经济报道中，工业方面处弱势；各类栏目中，文艺栏目处弱势；新闻节目中，言论和评述性节目处弱势。主要问题是：精品力作不多，行业管理力度不够，事业建设投入偏少，特殊岗位的特殊人才缺乏。　（饶冬泉）

山东省广播电视概况

山东省广播电视厅

一、1997年，全省广播电视系统开展"宣传质量年"活动，进一步制订和完善了抓宣传质量的制度和措施，对广播电视新闻、专题节目进行了4次抽评和研讨，加强了监听、监看，加大了宣传改革的力度，使广播电视宣传舆论导向正确，整体质量有了提高。全省有一批广播影视作品在国家政府级评奖中获奖。其中，获"中国广播奖"一等奖3件；"中国电视奖"一等奖2件，二等奖7件；"中国新闻奖"二等奖1件。省电台录制的广播剧《山东有个王廷江》获"五个一工程奖"；影视中心拍摄的电影《孔繁森》获中国电影百花奖。

二、拓宽渠道，加强对外宣传，突出抓好向中央三台的发稿。1997年，省电台向中国国际广播电台发新闻稿40多件，发专栏节目12组，120分钟；向中央广播电台发稿量也大幅度增加。省电视台向中央电视台供稿693件，为国际频道《中国风》拍摄制作了10期专栏节目，还为美国斯考拉电视台制作播发《中国山东》栏目15期。

三、影视剧创作取得丰收。1997年，影视剧制作中心共生产电视剧13部138集，比上一年增加2部24集。创作的主要剧目有《鲁氏兄弟》、《孙子》、《大路歌》、系列片《中华美德》等。

四、到1997年底，建成联通全省17个市地、总长2200公里的以环形传输为主的数字光纤主干线。济南、青岛等13个市、地已基本建成联接市、地到县的二级光纤干线，总长3590公里，入网用户达到300多万户。全省光纤网的综合开发已开始启动。

五、广播电视基础设施建设增强。1997年，省电台300平米的广播多功能演播厅基本建成；省电视台完成了90平米录音棚的建设和600平米演播室的内装修任务，还正筹建1200平米的演播室；影视中心800平米摄影棚建成竣工。

六、依法加强对广播电视的管理。根据中办、国办《关于加强新闻出版广播电视业管理的通知》要求，结合山东实际，提出了全省广播电视业治理整顿的意见，以省委、省政府两办的名义，下发各市、地党委、政府执行。省人大科教文卫委员会于1997年3月份组织检查组到7个市、地重点检查《山东省电视管理暂行条例》执行情况，及时发现问题，解决问题，推动全省电视业健康发展。

七、1997年，完成了“山东省广播电视新闻专业人才规划及对策的研究”软科学课题项目，厅里制订下发了《全省广电系统加强干部培训和开展业余自学的决定》。通过举办学习班，共培训专业技术人员400多人次。年底，又组织全省4973人报名参加广电部新闻宣传业务培训电视教学学习。省广播电视学校中专生在校人数已达501人，北京广播学院山东函授站在读人数达455人，为发展广播电视事业不断输送人才。

（尹祥吉）

河南省广播电视概况

河南省广播电视厅

一、以宣传为中心，以提高节目质量为目标，正确引导舆论，为全省改革开放和现代化建设营造良好的舆论环境

1997年初，一代伟人邓小平同志逝世。我们及时报道了全省社会各界悼念邓小平同志的活动。集中播发了纪念文章、讲话录音，重播大型文献纪录片《邓小平》，充分宣传了邓小平同志在中国革命和建设中的丰功伟绩，宣传了他的崇高人格。

在举世瞩目的香港回归的宣传中，广播电视以弘扬爱国主义和民族精神为主题，开辟专栏，调整时段，集中播发了一系列新闻、专题、评论等节目。组织编采人员赴港采访，制作了大型广播系列节目《河南与香港》、电视系列片《黄河香江一脉牵》。

围绕迎接十五大和宣传十五大，广播电视密切配合，发挥整体优势，形成了强大的舆论声势。认真组织了“邓小平理论在河南的实践”重点宣传。省电台、电视台分别录制、摄制了广播电视大型系列专题节目《邓小平理论在河南的实践》。精心组织了“展示新成就，迎接十五大”的宣传报道。十五大召开后，厅党组、编委会及时研究制订《关于认真做好党的十五大精神广播电视宣传报道工作的意见》。省电台、电视台集中宣传了各地、各条战线结合河南实际，贯彻落实十五大精神的新举措，深入宣传了我省各行各业认真学习贯彻落实十五大精神，推动我省改革开放和现代化建设的典型和经验。

集中力量搞好黄河小浪底枢纽工程截流的报道。在截流工程前，中央台、省台天天都有小浪底工程的报道。与中央电视台合作，顺利完成了小浪底工程截流现场直播任务。与广东电视台合作，在卫视节目中同时进行了小浪底截流的现场新闻报道。

坚持以经济建设为中心，继续加大国有企业改革和农业基础地位的宣传力度。对国家体改委推荐的十大企业改革典型中原油田、洛拖集团及省委推荐的新密耐火材料厂、淇县棉麻纺织厂等10家企业进行了强密度宣传，推广了先进经验。同时，对部分国有企业开工不足，下岗职工再就业等问题，进行了积极正确的舆论引导。围绕强化农业基础地位，实行农业产业化，加快脱贫致富奔小康步伐进行了系列宣传。还认真组织进行了中原环保世纪行，淮河治理和加大科技投入的宣传。

在精神文明建设宣传中，重点宣传了我省精神文明建设专项治理、开展多种群众性精神文明创建活动和各类先进典型人物，如：郑祥义、强自喜等。

文艺宣传以高扬主旋律，提倡多样化，满足人们精神文化生活为目标，进一步加强策划，力求丰富多彩、生动活泼，提高思想性和艺术性。特别是积极配合庆香港回归和党的十五大召开，电视台举办了庆“七一”迎香港回归《百年梦圆》文艺晚会，省电台录制了欢庆十五大《光辉前程——庆祝党的十五大胜利召开文艺晚会》。各类综艺节目有所增加，内容和形式都有改进提高。广播剧和电视剧生产数量和质量明显提高，生产出了一批如广播剧《山野的风》、电视剧《校园先锋》、电影《挺立潮头》等精品和力作。

二、以提高广播电视覆盖率和节目制作能力为重点，推进广播电视事业建设的发展

加快了全省有线广播电视传输覆盖网络建设步伐。省到市的光缆传输干线建设已全面铺开。

进行了河南广播大厦工程的前期筹备工作和方案设计等有关工作。加强了全省“九五”科技、事业发展计划的实施工作，加强了对各市地改善节目制作能力、设备购置选型及广播电视安全播出的指导工作。

加强技术改造，进一步扩大广播电视有效覆盖。认真做好了河南广播电视卫星转播改为数字压缩后信号的落地工作。建成了郑州976中波发射台，增大了河南交通台、文艺台的发射功率，扩大了广播系列台的覆盖。

三、依法加强行业管理，搞好治散治滥工作

1997年5月23日，《河南省广播电视管理条例》经省八届人大常委会第二十六次会议审议通过，于7月1日在全省施行。这是全省颁布的第一个综合性的广播电视管理地方性法规，为全省广播电视管理提供了法律保障。国务院《广播电视管理条例》发布后，研究部署了在全省学习、宣传、贯彻、执行工作，为全省广播电视管理工作走上法制化的轨道创造了条件。

对全省18个市地的电台、电视台、有线电视台、教育电视台进行了年检，对个别不合格的台下发了整改通知，限期整改。对存在的“三乱”问题，依据《条例》，加大治理力度，共撤销了13个违纪台，有8个市地台的二套电视节目被撤销。举办了全省广播影视行政执法骨干培训班，提高了执法部门依法行政、依法管理业务水平。

1997年全省广播电视工作有了长足的进步。但还存在一些问题和不足，如行业管理还需下大力抓好治

理；广播电视覆盖需进一步扩大，重点是解决好边远贫困地区听不好广播、看不好电视节目问题。（党传聪）

湖北省广播电视概况

湖北省广播电视厅

一、广播电视宣传导向正确，宣传质量和舆论引导水平进一步提高

1997年，广播电视宣传紧紧围绕全党全国工作大局和省委省政府中心工作，始终坚持团结、稳定、鼓劲和以正面宣传为主的方针，不断强化精品意识，宣传导向正确，重点突出，广播电视宣传质量和舆论引导水平进一步提高，为我省两个文明建设创造了良好的舆论环境。

高举邓小平理论伟大旗帜，深入宣传了邓小平理论和党的十五大精神，用邓小平理论武装全党，教育干部和人民。全省各级广播电视台站把宣传邓小平理论作为宣传工作的首要任务，按照江泽民同志5.29重要讲话精神，组织文章和报道，引导人民全面、准确地理解和把握邓小平理论的重要内容和精神实质，采用多种形式，充分宣传了全省各级党和政府、全体人民群众深入学习邓小平理论，结合各地实际，用邓小平理论指导改革开放和经济建设实践，以及取得的丰硕成果。党的十五大是我们党和国家处在世纪之交，承前启后，继往开来的重要时期召开的历史性会议，为了完整、准确地搞好十五大宣传，全省各级广播电视台站开办了《展示新成就，迎接十五大》、《为党旗添光彩》、《迈向新世纪》、《我们的旗帜》等栏目，深入宣传报道了改革开放以来我省取得的辉煌成就，宣传了全省各条战线的先进人物和先进典型。十五大召开后，全省各级广播电视部门又把学习好、宣传好、贯彻好十五大精神作为一项长期而重要的工作来抓紧抓好。

圆满完成了一系列重大宣传报道任务。1997年重大活动宣传比较多，全省各级广播电视台站上下联手，统一行动，开办专题专栏，推出系列报道、连续报道，形成强大的声势，取得了极好的宣传效果。1997年我们完成了以下几个重大宣传战役：悼念邓小平同志活动宣传“隆重、庄严、深情、有序”；香港回归宣传“庄严、隆重、喜庆、热烈”；“展示新成就，迎接十五大”宣传导向正确，重点突出，声势大，有特色，有时效；十五大会议报道隆重、热烈、准确、充分；三峡工程大江截流宣传与中央台联手现场直播，时间跨度大，播出内容丰富，有广度有深度。此外，还圆满完成了中山舰打捞、八运会在鄂比赛场次的现场直播及有关宣传报道任务。

围绕省委省政府中心工作，加强对改革开放和经济建设的宣传。全省各级广播电视台站大力弘扬二十字湖北精神，深入宣传了我省“稳中求进、紧中求活、好中求快”的经济工作指导方针和实现“两高五超”的奋斗目标，及时反映我省深化改革，扩大开放的各项重大举措。各台站集中宣传报道了我省各地加强农业，推进农业产业化，深化国有企业改革，加快完成集团战略，大力发展民营企业，推进股份制和股份合作制，培植国民经济新增长点，完成科教兴鄂战略，以及反映我省重大建设成就的新鄂工程建设的进展情况和先进经验，组织了一系列极有影响的宣传报道活动。如“农业产业化千里行”、“希望之路”、“深化企业改革百家行”、“来自国有企业的报道”、“春耕生产”、“农业开发式扶贫”、“97质量楚天行”、“环保世纪行”、“安全生产周”等，还宣传报道了三峡移民、大冶特钢、长江三桥等重点工程建设和发展情况。

进一步加大了精神文明建设宣传的力度。为了认真宣传贯彻落实党的十四届六中全会和十五大精神，全省各级广播电视台站把精神文明建设宣传摆到更加突出的位置，做到“主题突出，位置突出，重点突出”。一是抓好文明城市、文明村镇和文明社区的宣传报道，二是加强了社会主义人生观、价值观和道德观的宣传教育，三是宣传报道了各条战线涌现出的先进典型的事迹，四是搞好“讲文明、树新风”的宣传报道。各台开办了精神文明建设宣传专栏，推出了“窗口风采”、“新风赞”、“昔日劳模今安在”、“奉献者之歌”、“闪光的青春”等系列报道，推出了胡忠诚、易以斌等近百位先进模范人物的典型事迹。还组织了“依法治省”、“扫黄打非”、“六百两万”工程等宣传报道活动。

深化宣传改革，增强精品意识，推出了一批优秀作品。全省各级广播电视台站以改革为动力，强化管理，努力提高舆论引导水平和宣传质量。各台按照贴近实际、贴近生活、贴近群众和接近性、参与性、服务性原则，加强新闻，调整栏目，办出了一批深受人民群众喜爱的节目。1997年，全省有38个节目在全国性评比中获大奖。广播影视文艺坚持“二为”方向和“双百”方针，文艺节目办得丰富多彩，优秀作品不断增多。1997年全省生产电视剧165集，其中比较好的有《三峡的孩子》、《移民县长》、《吴天祥》、《车间主任》等。1997年上报的8集电视剧《总督张之洞》、广播剧《三峡移民第一村》、歌曲《三峡，我的家乡》获中宣部“五个一工程”奖。湖北电影制片厂完成了电影故事片《世纪之梦》的三峡工程大江截流部分的拍摄工作，拍摄完成了电影纪录片《三峡工程》、《中国杂技》、《三峡梦正圆》第四集、《打捞中山舰》等。

对外宣传和交流进一步扩大。全省各级广播电视台站充分利用中央台外宣主渠道，大力宣传我省改革开放和经济建设的成就，增进海内外对湖北的了解，扩大湖北的影响。1997年，全省仅电视新闻上中央电视台就达731条，其中联播187条。向中央电视台国际频道提供了5小时节目，为《中国风》栏目制作了4期湖北专版节目，向美国斯科拉电视网提供了26小时节目。参加了“美国旧金山湖北文化周”活动，制作了5个半小时的节目在当地播出。1997年共接待日本、美

国、德国、新西兰等国记者5批17人次来鄂采访，派出记者17批50余人次赴国外采访和交流，还采访了奥地利、瑞典、挪威、丹麦、墨西哥等17国大使馆。

二、全省广播电视事业得到稳步发展

一年来，全省各级广播电视部门坚持“实事求是，量力而行，注重效益，协调发展”的方针，以扩大广播电视人口覆盖率为重点，依靠科技进步，加快技术改造和基础设施建设，提高广播电视节目质量和节目制作能力，使全省广播电视事业得到持续、稳定、协调发展。

广播电视事业稳步发展，广播电视节目有效覆盖率逐渐提高。到1997年底，全省广播人口混合覆盖率为87%，电视为87.4%。

全省广播电视传输网络工程建设进展顺利。一是成立了由副省长王少阶为组长的湖北省广播电视传输网建设领导小组；二是制定了《全省广播电视传输网总体规划和技术方案》；三是组织专家小组进行了技术论证；四是传输网一期工程总投资1.6亿元，已基本解决。筹资方式主要有争取省政府投资，采取股份制集资，银行贷款等。我们已与深圳声广实业有限公司合作成立了“湖北有线电视有限责任公司”，注册资金1.2亿元。目前，网络工程施工已经开始，光缆铺设工作即将完成。

实现了我省广播电视节目卫星传送并在卫视落地工作上有了一定进展。1997年1月1日，湖北电视台卫视节目正式通过亚洲二号卫星播出，目前已有北京等20多个省市70个有线电视台收转湖北卫视节目，湖北卫视节目已在全省地市州县城区普及，37%的乡镇转播了湖北卫视节目。

湖北省贫困地区广播电视覆盖工程正式实施。1997年9月24日，省政府以鄂政办发［1997］111号文件转发了省计委、省财政厅、省广播电视厅《关于湖北省贫困地区广播电视覆盖工程实施意见》。目前，以每个乡镇3万元的标准，已下达完成了1997年度200个乡镇广播电视站建设的补助投资。

湖北有线电视台以提高传输质量和服务质量为突破口，进一步加快网络发展步伐，目前累计发展用户近30万户。

全省广播电视系统一批县市广播电视播出中心、新闻中心相继建成投入使用，使县市广播电视节目制作能力、传输和播出质量得到进一步提高。

三、行业管理进一步加强，治散治滥工作成效显著

1997年，全省各级广播电视部门坚持一手抓繁荣，一手抓管理的方针，加强对广播电视行业的统一归口管理，把治散治滥工作作为行业管理的首要任务。认真贯彻落实中办、国办（1996）37号文件精神，省厅制定了《湖北省广播电视业治理工作方案》，并和省委宣传部联合下发。根据广电部关于治理工作的部署，开展了对全省广播电视播出机构的重新审核登记工作，到目前为止，治理工作取得明显成效：县级台按“三台合一”的模式进行了重新审核登记；地市级播出机构按要求进行了调整，经宜昌市委市政府慎重研究，宜昌电视台和三峡电视台也按期合并为宜昌三峡电视台；市辖区治理取得突破，孝南区的播出机构并入孝感市局，运作良好，春节前夕，荆州区的播出机构也有序合并到荆州广播电视台；教育电视台的治理工作，已与省教委提出具体评估条件，正在抓紧进行。

认真抓管理，我们在年初完成了对播出机构的首次年检，在完成自查、普查工作后，省厅组织三个组，对地级台、部分县级台和少数乡镇站进行了抽查，对存在问题较为严重的台，作出了限期整改的决定。日常管理我们严把播出关，管好统一供片的“源头”。为了提高地县办台水平，我们继续开展了地县广播电视宣传量化管理检查，评出优胜，准备进行表彰。

积极主动地抓好音像管理工作。一是进一步明确了音像管理体制。二是加强了对音像制品出版复制工作的管理，完成了全省音像制品出版、复制单位的达标检测、重新审验和登记上报工作，完成了对出版单位引进资格的初审上报工作。三是音像制品经营许可证的统一发 放工作已全面展开，对录像放映场所的专供工作已经启动，地市州县音像稽查队伍已逐步建立。四是各地扫黄打非的统一行动取得突破性成果。

卫星地面接收设施管理有了新突破。完成了对全省卫星地面接收设施的清理工作，认真贯彻落实《湖北省卫星地面接收设施管理办法》，下发了《关于贯彻落实湖北省卫星地面接收设施管理办法的通知》，提出了七条可供操作的具体意见。

有线电视管理进一步加强。查处制止了少数地方系统外欲建有线电视网的行为，重申国务院有关规定。积极做好企事业有线广播电视台改站工作，发出了《企事业有线电视台改站的意见》。认真抓了有线电视供片工作和录像放映专供工作。

加强了广播电视技术事业管理，促进了广播电视事业健康发展。一是加强了频率、频道规划管理，严格建台标准，换发了全省无线电台频率执照。二是加强农网管理，制定了全省覆盖工程实施办法，举办了技术规划培训班，并先期做好了覆盖工程的试点工作。三是加强了无线台和有线电视台的维护管理，抽查了地市级台的维护管理工作，指导审核了十多个县市有线电视系统总体规划和技术方案。四是为基层服务，做好科技情报工作。

全省各级广播电视播出、发射、传输、转播单位，坚持“不间断、高质量、既经济、又安全”的方针，增强安全意识，加强设备维护检修，确保了全省各级广播电视节目的安全播出，圆满完成了日常宣传和各项重大宣传的播出任务。

四、队伍建设得到加强，队伍素质逐步提高

全省各级广播电视部门普遍加强了队伍建设，使干部职工队伍的政治业务素质不断提高。一是进一步完善干部选拔任用和管理工作，加强各级领导班子建设，加大了干部轮岗交流力度。二是推动干部人事工作的改革和发展，在全系统推广了楚天台的改革经验，向社会公开招考编辑记者，公开招聘了部分节目总监和副总监。三是抓好干部培训工作，举办了全厅处级干部培训班，选派41名科处级干部参加了理论培训，组织了全省1100名新闻宣传人员参加了全国卫星电视新闻培训班学习。四是组织评选了全国广播电视先进县市，麻城、潜江被评为全国广播电视先进县市。五是完成了全省乡镇站招工招干工作，完成了批准738人考试、招工200人、聘干100人的工作。

党风和廉政建设工作进一步加强。深入开展了“两学”、“三讲”活动，用邓小平理论武装全体党员和干部职工，进一步增强干部职工在政治上与党中央保持高度一致的自觉性和坚定性。经常性地开展廉洁自律教育和反腐败斗争，严肃查办案件，切实纠正行业不正之风。

广播电视学校教育事业有了新发展。湖北省广播电视学校继新教学楼投入使用后，去年省计委和省厅投入200万元，为学校征地21亩，扩大了校园规模，学校的教学环境进一步得到改善。　（彭砚芳）

湖南省广播电视概况

湖南省广播电视厅

一、宣传工作面目一新，基本形成大宣传格局

1997年元旦，湖南广播电视节目上了卫星。省厅以节目上星为契机，首先抓了湖南卫视节目整体质量的提高，加强栏目的特色和个性，重视文艺节目的品位，搞好整体频道的策划和包装，使湖南卫视面目一新，不仅受到省内观众的喜爱，而且在全国产生了较大影响。通过抓卫视这个“龙头”，带动各家广播电视媒体开展一场你追我赶、不甘落后的宣传质量竞赛。1997年的宣传主要有以下几个特点：

一是重大战役报道有声有色。香港回归的宣传时间长、任务重、要求高。各宣传单位始终把握“庄严、隆重、热烈、喜庆”的基调，整个报道筹划有方，疏密有致。省电台从回归前50天起，就在新闻节目中开辟《喜迎香港回归，兴我伟大中华》专栏，播出32期，发稿132条。湖南电视台将庆回归的宣传按“回归前”、“回归时”、“回归后”分期，每个阶段各有侧重，各具特色。省有线台的《湖南人在香港》、《香港纪行》和经视台的《你好，香港》等专栏，广播电视报的《香港回归夜，长沙不眠时》等专稿，多角度、多层次地介绍了香港的有关情况，展示了湖南人民的企盼、欣喜、兴奋之情。党的十五大召开前，省厅两次召开新闻例会专题研究。各台、报都制订了详细的报道计划，突出抓了“展示新成就，迎接十五大”和“讲文明，树新风”两个方面的宣传。省电台的《喜迎党的十五大》、湖南电视台的《今日潇湘巡礼》、省有线台的《迈向新世纪》、湖南经济电视台的《湖南建设长卷》等系列报道，都做到了有声势、有深度、有特色、有影响。大会后，各宣传单位采用消息、特写、专题、专稿、专访等多种体裁形式，及时转入学习、贯彻十五大精神的宣传。各台和省电视节目制作中心还组织、制作了大量有关十五大精神的宣传片和文艺节目，与新闻宣传相呼应，相映衬。

二是经济宣传摆上了突出位置。为加强经济宣传，各台都调整力量部署，采取得力措施，抓住我省经济带倾向性和方向性的问题，围绕两个根本性转变和开放带动战略，突出宣传省委、省政府经济工作的基本思路和重大决策。省电视台3月份推出大型政论片《湖南大趋势》，立意高远，视角恢宏，论述得当，制作精良，堪称湖南电视人的大手笔。为宣传好全省五年发展总体思路，省电视台围绕“调整经济结构、深化国企改革、扩大对外开放、广筹建设资金”四大问题，推出15集系列报道。既有典型经验，又有专家访谈和领导讲话，内容丰富，形式新颖活泼，在全省产生了较大反响。为了“炒热”湘交会，省经济电视台每天增加了两档特别节目，并就“湘交会给我们带来什么”这一主题展开深度报道。省有线台的系列报道《国企之路》也有一定的社会影响。在新闻节目加强经济宣传的同时，各台相继开办了有份量的经济栏目。省电台的《经济大视野》、省电视台的《经济视点》都形成了自己的个性和风格。省经济电视台在继续办好《经视卷宗》、《经视商业街》的基础上，创办了主要着眼于宏观经济的新栏目《经济环线》，并从10月份起上星播出。总之，经济宣传不集中，重点不突出，经济报道比较分散，比较零碎的现象已经有所改观。

三是典型宣传继续保持强势。全省先后集中宣传了白求恩式的好医生邓威特、人民的忠诚卫士吴宏权、全心全意为农民办实事的基层干部刘光明等一批先进个人，宣传了衡阳火车站、长沙望月湖小区、益阳金银山村等一批双文明建设先进集体，对青年知识分子的楷模李常水、扶贫司令彭楚政作了大量后续报道。省电台与省委宣传部联合发文，开展“湖南农村精神文明之星”大型系列宣传活动，共推介了87个先进典型，评选出“十佳明星”。这次宣传活动历时近一年，宣传人物多，舆论声势大，社会影响广，受到省委、省政府领导的高度评价。

四是文艺宣传成绩斐然。省电视台完成了大型历史连续剧《汉武帝》的制作，录制了15台质量较高的文艺晚会。潇湘电视制片厂拍摄了3部电影、54集电视剧，电影《埋伏》获“金鸡”、“百花”奖特别奖，全省“五个一工程”一等奖。金蜂公司出版音像制品72个版号，拍摄电视剧8集，译制境外影视剧21集。省电台录制的歌曲《晒秋》获全国广播新歌评比二等奖，歌曲《最美的圆月》获全省“五个一工程”一等奖。特别是在全国率先实行制片人制的光前影视制作社成绩突出，全年完成了《风雨梅家楼》、《无花的夹竹桃》、《大都市小税官》等56集电视剧的拍摄制作，这些电视剧不仅产生了良好的社会效益，而且经济效益好，只赚不亏。1997年，光前影视制作社向湖南电视台上交了17.8万元，给国家交税30多万元。光前制作社为电视

剧生产乃至整个广播电视文艺节目的生产走向社会化、市场化，开辟了一条新路。光前社的经验引起了中宣部的重视。1997年，在湖南的电视屏幕上还出现了一个独特景观，就是综艺性娱乐性节目火爆。省电视台的《快乐大本营》、省经济电视台的《幸运1997》、长沙电视台的《周末大轮盘》等，都深受观众喜爱，其收视率一般都在30%以上，最高的达到50%以上。

从整个宣传格局来看，到年底，厅直广播电视共有10个频道。其中省电台分为新闻、经济、文艺、交通四个系列台；省电视台有卫视和文体频道；省有线台办了综合频道和影视频道，还有省经济电视台、信息台等，加上广播电视报，一个结构优化、功能互补的整体宣传架构已经形成。

二、事业建设好戏连台，初步夯实了大产业基础

网络建设。从省到8个地市全长700公里的数字微波改造工程胜利完工，于6月18日举行了开通庆典。接着，省厅又着手建设全省数字微波光纤网，指导、扶持地市县进行城区有线网的光缆改造。到年底，全省光纤干线传输网的可行性研究报告、总体规划及技术方案，已在部里的论证会上获得通过；地市县城区有线网光缆改造已完成近千公里；29个地市县开通了多路微波分配系统。通过网络建设，扩大了覆盖。数字微波工程峻工后，传送了省电视台文体频道、省有线台、省经济电视台三套节目，还可回传新闻。省有线台摘除了“省会台”的帽子，节目覆盖到全省大部分地市。省经济电视台覆盖到除自治州以外的所有地市，覆盖面在全国同类台中首屈一指。湖南卫视的覆盖也在不断扩大，而且信号质量好。年末，湖南卫视有线覆盖用户数达1140多万，覆盖人口6500多万。

长沙世界之窗。由湖南广播电视发展中心、香港中旅（集团）有限公司、深圳华侨城经济发展总公司共同投资兴建的多功能人文景区——长沙世界之窗于1997年10月1日建成开园，这项投资3亿元的工程从动工到开园只花了14个月。此外，同属长沙新世纪文化城的国际山庄和海底世界博览馆也正在建设之中。

广播电视中心。到1997年底，投资近3亿元的省重点工程——湖南广播电视中心内外装修已经基本完成，水、电、路等基础设施基本配套，300多套住宅正在施工，湖南电视台1998年春节文艺晚会，已如期在1260平方米的新演播厅举行。

三、经营创收取得突破性进展

1997年，全厅经营创收突破2亿元大关，达到2.1亿元，比上年增长了5000多万元。其中湖南电视台达到1.02亿元，比上年增长41.6%。增长幅度最大的是省经济电视台，达到6300万元，比上年翻了一番。在全国同类台中遥遥领先。省电台、有线台、信息台、广播电视报等单位也有不同程度的增长。经营创收的高增长一方面跟几大媒体宣传质量全面提高紧密相关，另一方面也得益于湖南省广播电视广告总公司的建立。广告总公司在媒体的广告管理和创造整体效益上起了重大作用。通过这一“龙头”，发挥了集团优势，保住了广告价格，从根本上消除了内部互相拆台的隐患。同时，有利于提高广告宣传的策划、制作水平，有利于从松散型向紧密型转变，从而树立湖南广播电视统一的良好的外部形象，使“湖南广播电视”这块招牌的无形资产，在重新组合和优化配置中得以扩张、壮大。

四、管理工作得到进一步加强

宣传管理。1997年主要抓了机构的建立、健全和制度的完善、落实。厅编委会负责研究、部署全省广播电视宣传，厅监评委员会对“五台一报”实行全天候监听监看。在完善新闻日报制度、头条上报制度、新闻例会制度、季度评议制度的同时，根据宣传管理的需要，出台了《湖南卫星广播电视节目播出管理办法》、《厅直新闻单位审稿审片的规定》、《关于严格会议采访纪律的规定》、《做好公益广告宣传的规定》。从执行情况看，效果良好。

社会管理和行业管理。一是“治理工程”全面展开。对系统内外各级台、站的情况进行了普查，全部登记在册。在充分调查研究的基础上，向省里报送了全省广播电视治散治滥实施方案，并在省委常委会上顺利通过。3月和9月，省厅两次派出工作组，分赴各地指导、实施播出机构年检和撤并、重新登记工作。通过治理，结构逐渐优化，关系逐步理顺。原有的412个播出机构，撤并为202个，其中，53个县级教育台改为收转台，32个企业台改为站。二是音像管理、卫视管理工作抓得很紧。积极参与“扫黄打非”集中治理行动，对长沙市晓园电器城等重点区域多次检查整顿。认真做好录像节目专供工作，规范录像放映市场；严格审核录像制品，鉴定非法音像制品800多张（盒）。制订实施了卫视设施联保责任制度，清理整顿了境外解码器市场。三是查处了一批违法违纪的典型。先后对隆回县转播台、邵阳市教育台、株洲玻璃厂有线电视站等单位的违法违纪行为作出了严肃处理。四是采取多种形式，进行了一系列声势浩大的《广播电视管理条例》宣传活动。

1997年工作中也还存在不少问题：一是宣传上：“差、小、散、乱、脏”的现象还没有得到根本遏制、彻底消除。二是管理上依然存在粗放、粗疏的问题。三是思想政治工作如何虚功实做，尚未找到窍门，摸准方法，常常流于形式。“人才工程”成效不大。四是科技工作成了事业的一条“短腿”，科技队伍尤其是科研尖子有待充实，现有人员的知识结构、年龄结构有待更新。

（湘　广）

广东省广播电视概况

广东省广播电视厅

一、舆论导向正确，节目水平有新的提高

（一）精心组织、精心实施了三大宣传战役。

1. 悼念邓小平同志逝世的报道内容丰富、形式多样。省电台在短短的7天中，制作了悼念邓小平同志的特别专题节目17辑。省电视台播出新闻200多条，每天13次新闻时段滚动式播出，产生了很好的社会效果。

2. 香港回归的宣传策划周密，条多面广，信息量大。各台除转播好中央人民广播电台和中央电视台节目外，全力以赴进行迎回归的宣传报道。省电台组织了《迎接回归》、《百年盛典，世界同庆》等特别节目。省电视台抓好省内各种大型活动和项目的宣传报道，协助中央电视台顺利地完成了驻港海军、空军启程以及进驻香港仪式的现场直播。省有线台开辟了"迎回归访谈"等新闻专栏。省经济电视台组织了系列访谈《话说粤港经济》等。同时，省电台和电视台都派出赴港采访报道组，以独特的视角，全方位地报道了香港各界迎回归的心情和盛况。

3. 积极、全面、准确地宣传党的十五大。十五大召开前，各台都推出了一批有力度、有深度的系列报道。如省电视台的《走向富裕走向文明的广东人》，省电台的《顺德产权制度改革启示录》等，省有线台开设了"迎十五大"、"从数字看发展"、"学习十五大，迈向新纪元"等新闻专栏。十五大召开期间，厅属四台和各地电台、电视台都安全、优质地转播了中央台有关报道；省电台、省电视台赴京采访的记者和本部记者编辑密切配合，多侧面、多角度地报道十五大，及时采访广东省与会代表和广东代表团的有关活动，及时反映了全省各地对十五大的积极反响和热切期盼。十五大闭幕后，厅属四台又及时地报道全省各级党政机关、各行各业深入学习十五大文件，落实十五大精神的情况。厅属四台通过开辟专栏、介绍典型、开办讲座、组织座谈等具有广播电视特点的形式，深入宣传邓小平理论的历史地位、科学体系、理论创新、指导意义，宣传把用邓小平理论武装全党、教育干部和人民、指导工作的任务进一步落到实处。省电台率先推出了顺德市经济体制和政治体制改革的系列报道；省电视台对肇庆市实现公有制的多种形式进行了全方位宣传，对深圳市国有企业改革以及相关的配套改革作了连续报道；省有线广播电视台有关广东加快民主和法制建设步伐，依法治省的连续报道受到了全国人大有关部门的表扬；广东经济电视台抓住群众关心的问题如物价、再就业等进行释疑解惑，并着力宣传解决这些问题的新思想、新办法。

（二）节目改版工作顺利进行，节目质量进一步提高。改版后的广东电视珠江台突出了导向性、大众性、接近性、娱乐性的特色，并与卫星台形成互补之势，节目收视率有较大的提高。节目改版工作顺利进行，节目质量进一步提高。与此同时，省电视台确定了珠江台13个制片人栏目和13个正、副制片人。省有线广播电视都市频道将《都市面面观》等节目以较科学的方法进行了版面的安排和调整。体育频道扩大了版面，延长了播出时间。省经济电视台根据收视情况不断进行节目版面调整。如在《社区新闻》里增加了《特殊采访》小栏目，就社会公德问题进行隐蔽采访，公开曝光，收到了群众自己教育自己的宣传效果。电视剧等精品制作，继续保持好的势头。省电视台、珠影和中央电视台等联合拍摄的电视连续剧《和平年代》和电影《军嫂》都荣获全国第六届精神文明建设"五个一工程"奖。《和平年代》分别荣获"飞天奖"、"金鹰奖"一等奖。《军嫂》荣获中国电影最高奖项——中国电影"华表奖"优秀故事片。由省厅扶持资助，由珠影拍摄的电影《安居》，获第三届上海国际电影节"金爵奖"评委会特别奖和女主角奖。

二、事业建设稳步发展，科技工作取得新的成绩

（一）广东广播中心工程建设顺利进行。省政府拨款2.5亿元建设的广东广播中心，已确定了外型设计方案，并于10月21日举行了奠基仪式。

（二）加快全省有线广播电视光纤网络建设的步伐。一是调整、加强厅有线电视网络建设领导小组。二是抓紧珠江三角洲地区和全省有线广播电视光纤联网工作。目前，已开通广州至东莞和深圳线路，全省联网计划1998年完成。三是继续抓紧广州市的光纤改网建设。省有线台继续按750MHz双向传输的高标准改造用户分配网，重新布线，建设先进的HFC系统，同时进行了多功能开发。全年已完成50个施工小区的工作，进一步改善了有线广播电视收视质量。

（三）进一步加强覆盖网建设。重点提高农村和老少边穷地区人口的广播电视覆盖率。制定了"九五"期间《三套广播、三套电视节目覆盖全省90%人口规划》；继续认真抓好骨干台站的设备更新改造，用118万元改造了两部50KW中波机和一部1KW中波机。成立了广东省广播电视无线电管理委员会，加强对无线电管理工作；大力加强技术维护工作的规范化管理，顺利完成了重要节日和重大宣传任务的安全优质播出任务。

（四）为加强广播影视科技工作，厅召开了全省广播影视科技工作会议，并成立了厅科技委员会。数字音频广播（DAB）广东先导网的广州、佛山、中山三个试验台于7月1日正式试验播出DAB节目。制定电视双伴音标准、卫星地球站设备由模拟到数字化的转换、研制境外电视节目的延时设备等科研工作顺利完成。调频同步广播试验、MPEG2-DVB数字卫星解码器、厅计算机网络建设等正按计划研制开发。

三、认真贯彻中央精神，做好治散治滥工作

广东厅成立了治理工作领导小组，领导小组下设办公室负责治理整顿的具体工作。制订了《关于贯彻落实中办、国办［1996］37号文加强广播电视业管理的实施方案》，并组织实施。重申设立各级各类广播电视播出、转播机构，统一由广电部审批，非广播电视行政部门未经批准自行开办的这类机构一律撤销；严禁各级电视播出、转播机构擅自购买解码器、播出未经广电部批准引进的境外卫星电视加扰或开路节目；按"有效控制，加强管理"的原则，对珠江三角洲及部分沿海地

区转播香港电视节目进行监控，对不宜播出的内容进行过滤、遮盖；凡是香港电视不能自然覆盖的地方，不得把香港电视节目的信号输入有线电视网；加强对境外广播电视节目的引进和播出的管理，用于电视播出的境外影视剧、动画片等，由广电部统一引进和审查，对违反规定乱播滥放的播出机构进行严肃查处。

四、社会管理工作继续向法制化轨道迈进

国务院颁发实施《广播电视管理条例》后，广东厅认真做好对《条例》的学习、宣传、贯彻工作。为进一步加强卫星电视的管理工作，制定了广东省关于《接收境外加扰卫星电视及解码器的配置使用管理办法》。厅还进一步加强了对各级电视台(站)转播境外卫星电视节目的监督检查，严格禁止违章转播境外卫星电视节目，查处了一批违规案件。严格贯彻落实广电部《关于清理整顿电视剧生产单位和影视制作经营机构的通知》精神，对全省电视剧生产单位和影视制作经营机构全面开展清理整工作。对一些申办手续不完备或经营业务不规范及有违规行为的影视制作机构进行处理，取消了一批影视制作经营机构的经营许可证。同时，认真抓好电视剧制作许可证的审批和管理工作及全省1997年度电视剧题材规划工作。加强对宾馆、饭店闭路电视系统的管理。要求全省各宾馆、饭店有线网与当地行政有线电视网联网，以确保完整转播中央和省台电视节目。 (许国宏)

广西壮族自治区广播电视概况

广西壮族自治区广播电视厅

一、广播电视宣传有声有色

1997年全区广播电视系统突出抓了邓小平同志逝世的悼念活动、香港回归和党的十五大等重大活动的宣传，精心策划，严密组织，重点突出，内容丰富，规模宏大，效果显著。

邓小平同志的逝世，全区各级广播电视台、站都以最快的速度和最好的质量，同步转播中央两台节目；还及时调整节目，集中力量采访编发我区各行各业广大干部群众沉痛悼念邓小平同志逝世的稿件。整个悼念活动的宣传报道，始终抓住宣传邓小平同志的思想理论、丰功伟绩、英名风范；始终抓住引导各族人民团结在以江泽民同志为核心的党中央周围，高举邓小平理论伟大旗帜，同心同德，开拓前进；始终抓住邓小平同志早年在广西的革命活动史实，及时组织采访革命老区人民对小平同志的怀念，送中央台播发了六条消息。宣传基调准确，舆论导向平稳。

香港回归是中华民族的盛典。全区各级各类台、站突出爱国主义这一主题，对回归进行了全方位的宣传报道。回归前，普遍开辟专栏，宣传了香港回归的伟大历史意义，宣传了邓小平同志“一国两制”的伟大构想，介绍了有关香港的基本知识。在香港回归庆典三天活动里，广西人民广播电台连续60小时、广西电视台连续90小时播出，各级台、站也都延长了播出时间，完整转播了中央两台节目，让全区各族人民听到看到了香港回归庆典的盛况。与此同时，各台、站还采访报道各地欢庆香港回归的各种活动，充分反映了中华民族洗雪百年耻辱，举国上下欢庆回归的喜悦心情、欢乐气氛和爱国主义热情。

宣传党的十五大，是全年宣传工作重中之重。厅编委会对十五大的宣传报道作出了周密安排。厅直属各台开展了广西建设成就百题报道活动。先后以“展示新成就，迎接十五大”、“展示新成就，欢庆十五大”、“展示新成就，迈向新世纪”专栏播出。集中地反映了党的十四大以来在以江泽民同志为核心的党中央领导下，广西各条战线的巨大成就。前后播了两个多月，得到了社会各界的普遍好评。十五大召开期间，各台、站同步完整转播中央两台的节目，让广大群众了解大会召开的盛况；并采访报道了全区各地欢庆十五大隆重召开的情况。十五大闭幕后，各级台、站又把宣传重点转到学习贯彻落实大会精神、努力开创各行各业工作的新局面上来，及时报道十五大代表传达会议精神和各地学习贯彻十五大精神的情况。厅直属各台开辟“访谈录”专栏，连续采访报道了40名各级领导干部学习贯彻十五大精神的体会和思路；组织理论工作者撰稿，分旗帜篇、国情篇、发展篇、保证篇四个专题共18个题目，宣传十五大精神的理论观点。

在突出抓好上述三件大事的宣传报道的同时，厅组织直属台、报集中进行了几次大的采访报道活动：一是配合地级贵港市建市一周年，采访报道该市的经济建设和精神文明建设成就；二是采访报道南宁市精神文明建设成就；三是采访报道桂林市“讲文明、树新风”和改革与发展新突破的思路和举措；四是采访报道南昆铁路全线贯通庆典活动等。

全区各级广播电视部门还围绕党和政府的中心工作，进行了广泛深入的宣传报道，坚持了正确的舆论导向。各台、站继续加大宣传改革的力度，调整栏目，增加节目制作，进一步增强了节目的可听性和可视性。广西两台一套节目上星后，大刀阔斧地调整了栏目，节目呈现出崭新面貌。广西人民广播电台卫星广播共设30个大板块、130个栏目，全天播出18小时。广西电视台卫星电视共设26个栏目，每天自制节目3小时，全天播出18小时。广西有线广播电视台增加了自办节目。广西对外广播电台增强了对外宣传的针对性，受到了国外听众的好评。广西广播电视报全年期发行量稳定在30～40万份。广西音像出版社全年共出版82个编号、12万张（盒）音像制品。广西有线电视供片中心全年购买影视剧1300多集，每天供片3小时。

二、广播影视精品生产有了新的进展

厅对广播影视精品生产加大了力度。厅编委会每次研究部署宣传工作，都同时对精品生产提出要求。厅艺术指导委员会对全区投拍的重点影视剧，都认真进行审查论证。全年全区共拍摄电视剧14部201集、电影3部。在去年各项评奖中，全区广播影视作品有2个获全国“五个一工程”奖；有4个获全区“桂花工程”奖，有21个获全区第三届“铜鼓奖”；有1个获中国新闻奖，有9个获中国广播奖，有8个获中国电视奖，有6个获中国对外影视作品奖，有4个获中国广播文艺奖，有7个获全国广播电视播音作品、论文奖。广西音像出版社有5个音像制品获首届桂版优秀音像、电子出版物奖。

三、广播电视事业有了新的发展

全年事业建设重点放在扩大覆盖上，到年底先后完成了几个主要工程项目：一是广西人民广播电台和广西电视台一套节目正式上星播出，解决了区台节目覆盖信号源问题；二是广西有线广播电视台正式与地、市有线电视联网；三是由省厅承建的广电部大型短波发射台——954工程正式开播，扩大了中央台对我国南部海域的覆盖；四是扩大中央广播一套在百色、河池、梧州等地市调频发射功率，扩大了中央广播对我区的覆盖；五是整治了北线（南宁至桂林）微波一波道线路；六是增建了南宁市至一分台的微波线路；七是在全区（主要是乡村）新建了1200多座广播电视卫星地面接收站，新建了一批农村有线电视网络；八是广西电视演播制作中心正式动工兴建。随着设施的增加，全区广播电视覆盖进一步扩大。到年底，广播人口混合覆盖率由70%提高到76.2%，电视人口混合覆盖率由80%提高到82.7%。

四、广播电视行业管理迈上新的台阶

上半年在上年整治基础上，对全区各级台、站实行年检。厅根据广电部关于年检的要求，将年检项目细化量化，实行千分制考核办法，措施得力，抓得具体，收到了很好效果，得到了广电部的好评。下半年在年检基础上，认真贯彻落实中办、国办（1996）37号《关于加强新闻出版广播电视业管理的通知》和广电部实施意见，对全区广播电视业进行全面治理，在落实各项有关规定的同时，基本完成县级广播电视三台合并为一个播出实体，企业有线电视台改为有线电视站，地区与地区机关所在县（市）不分设广播电视播出机构，广播电视节目制作经营单位整顿和电台、电视台重新登记等项工作。

在抓好年检、全面治理的同时，全系统进一步深入学习贯彻广播电视各项法律和规章。国务院颁布《广播电视管理条例》后，厅及时组织学习、宣传、贯彻，将《条例》及有关材料编印成册，发至全系统人手一册和各有关部门；并将《条例》印成大幅布告，分发城乡各地张贴，广为宣传。经过这一系列的工作，广播电视行业管理的力度明显增大，全区广播电视业步入了依法管理轨道。

五、广播影视队伍整体素质有了新的提高

认真学习邓小平理论。厅理论学习中心组集中深入研讨了“两个文明都搞好才是有中国特色社会主义”等七个专题。十五大召开后，又认真学习了大会的文件。为了帮助全系统干部职工全面领会十五大精神，编印了《十五大精神百题问答》，发至全系统人手一册。在厅中心组的带领下，各单位、部门的干部职工坚持了学习制度。经过学习，进一步理解了邓小平理论的精神实质，更加坚定了高举邓小平理论伟大旗帜，建设有中国特色社会主义的信心和决心。

在抓好理论学习的同时，加强了领导班子建设。厅举办了两期1995年以来新任地、市、县广电局领导培训班，共有138人参加学习。同时，厅还举办了一期中短波PSM（脉冲阶梯调制）技术培训班和一期播音员培训班。

继续实施“三严四自”工程，重点抓了改进干部的思想作风和工作作风，加强职业道德建设。厅党组认真抓好广西电视台精神文明示范单位的试点工作，总结推广了该台的经验，推动了全系统的精神文明建设。厅党组从广播影视工作性质和要求出发，提出培育“求是、敬业、自律、奉献”的行业新风，得到了大家的积极响应；厅直属的高山台提出了“辛苦我一人，欢乐千万家”、“在岗一分钟，负责六十秒”的响亮口号。全系统逐步形成坚持实事求是、爱岗敬业、廉洁自律、勇于奉献的良好风气。（莫珍英）

海南省广播电视概况

海南省文化广播体育厅

一、把握正确的舆论导向，围绕党和政府的工作中心，圆满完成了各项宣传任务

全年共播出广播新闻48000篇，送中央台播出107篇；播出电视新闻21500篇，送中央电视台播出356篇。

全省各级电台、电视台满怀深情地组织好邓小平悼念活动的宣传报道，编排播出了宣传邓小平同志功绩、品德和思想理论的节目。香港回归宣传报道形式多样，内容丰富，导向正确，基调鲜明，声势浩大，气氛热烈。党的十五大宣传报道，做到精心组织，计划周密，发稿量大，力度大，及时报道全省各地各条战线学习贯彻十五大精神的具体部署和行动。

继续加大经济体制改革和经济宣传报道的力度，特别是围绕“一省两地”这一新的经济格局和发展思路，努力报道经济结构调整和经济建设的新成就，收到良好的宣传效果。

精神文明建设宣传进一步深入。生动报道了全省各条战线涌现的先进典型，加强了社会治安综合治理和禁毒斗争的宣传。海南人民广播电台的《儋州盛开文明花》等系列报道，海南电视台对25个精神文明先进典型的报道，琼山电视台《十佳风采》，琼海电视台《十佳文明户、文明小区》的报道，有力推动了全省精神文明建设的开展。

广播电视对外宣传取得了新的成绩。海南人民广播电台、海口人民广播电台共有15组（篇）150分钟的外宣节目在国际广播电台播出。海南电视台共有195分钟的外宣节目在中央台国际频道播出，并向美国斯科拉电视网提供了1750分钟的外宣节目，海口电视台有5个外宣专题节目在美国黄河电视台播出。三亚电视台有2个专题片在新加坡华语电视台和韩国济州道电视台播出。

实施精品生产规划，促进了广播电视节目质量的提高。全省有48个广播节目获全国优秀节目奖。海南电视台、海口电视台创作的少儿电视剧《河这边、河那边的孩子》、电视剧《赴任》被列为参加全国“五个一工程”评选的剧目。

海南声屏报社坚持正确的办报宗旨，拓宽发行渠道，积极为广播电视宣传服务，取得了良好的社会效益和经济效益。

二、广播电视事业建设有了新的发展

1997年，全省各级广播电视部门把扩大广播电视覆盖作为工作重点，在各级党委、政府的支持下，继续加强广播电视基础设施建设。

海南电视台在省委、省政府的大力支持下，筹集资金2000多万元，投入广播电视中心的建设，完成了主楼、广播区和电视区技术房间的土建工程。

省政府批准立项的省卫星地球站的各项筹备工作也在1997年初开始实施，完成了可行性研究报告，经省政府同意并已上报广播电影电视部审批。

省直属通什广播电视中心转播台、海口广播电视发射台的设备改造、更新工作进行顺利。新建黄流中波转播台的设计工作已全部完成。

市县广播电视事业建设也有新进展。全省19个市县共投资近千万元的资金用于事业建设、设备的更新、改造。农村广播事业继续发展，全省新增调频广播喇叭入户8000多户。1997年，儋州市、陵水黎族自治县荣获全国广播电视先进县（市）称号。

有线电视事业稳定发展。市县级网入户率达80%；部分边远的乡镇、农场、企业单位也建起了卫星接收系统，与中央台加扰电视传播中心联网。万宁市广播电视局在全省首先采用微波传送方式把11套电视节目送到10个边远的乡镇、35个居民区，解决了这些地区近十万人口收看电视难的问题。

广播电视安全播出和技术维护工作迈上了新的台阶。各台站在设备老化、维护经费短缺、技术力量薄弱等不利条件下，发扬艰苦奋斗、自力更生的精神，加大设备维修维护和管理力度，采取行之有效的措施，完善各种规章制度，加强队伍的思想建设，保证了广播电视播出的高质量、不间断，圆满地完成了悼念邓小平同志活动、香港回归、党的十五大及各个重大节庆的安全播出任务。

三、以“四个基本完成，一个基本解决”为主要任务，广播电视行业管理进一步加强

1997年，全省认真贯彻落实中办、国办（1996）37号文件和《广播电视管理条例》，把加强行业管理作为一项重要工作来抓，拟定方案，组织实施，基本实现了“四个基本完成，一个基本解决”。具体做了以下几方面的工作。

一是开展对全省各级广播电视台（站）进行年检的工作。接受这次年检的广播电台有20个，电视台6个，广播发射台4个，电视发射（转播）台16个，有线站20个。参加年检的台站，全部达到合格标准。通过年检工作，全省乱播乱放和乱呼号的问题得到了很好的解决。

二是抓好全省乡镇有线电视的整顿工作。结合本省的实际情况，重点解决少数乡镇乱设前端和私人经营有线电视网问题。

三是抓好全省县级广播电视机构的“三台合一”、“局台合一”工作，并进一步理顺县级广播电视管理机构。海口等六个市、县先后设立了广播电视局。

四是加强了对涉外宾馆、饭店闭路电视的管理。涉外宾馆、饭店相对集中的三亚、万宁、琼海等市广播电视管理部门，坚持以有关法规为依据，坚持经常性检查。对全省影视机构的审核登记工作也按时完成。

四、广播电视队伍素质有明显提高

为适应形势和事业发展的需要，1997年全省各级广播电视行政管理部门、各台站认真抓好队伍素质建设，加强政治理论学习和思想教育，加强业务学习和培训，使队伍的政治素质和业务水平有了明显的提高。

坚持不懈地抓好从业人员的理论学习和思想教育工作。一是抓好理论学习，组织学习邓小平理论，学习十五大精神，提高干部职工的理论水平；二是抓宣传导向教育，组织学习江泽民总书记及中央其他领导对新闻工作的一列系指示精神，增强采编人员的大局意识、导向意识和责任意识；三是抓职业道德教育，组织学习《中国新闻工作者职业道德准则》、《关于禁止有偿新闻的若干规定》等，实行监督制度，杜绝有偿新闻，使采编人员的工作作风有所改观；四是组织学习国务院颁布的《广播电视管理条例》，增强法制观念，提高依法管理水平。

实施业务学习和培训计划。组织业务人员参加广电部在我省举办的加扰电视技术培训学习和新闻业务干部“卫星电视教学”培训，共有420多人参加学习。各台站采取自学、岗位练兵、组织研讨、技术交流等形式，认真抓好业务人员的在岗培训，使一批专业人员迅速成为业务骨干。

（梁定均）

重庆市广播电视概况

重庆市广播电视局

一、把握舆论导向，提高宣传质量，为建设新重庆创造良好的舆论环境

1. 集中力量抓好重大宣传报道。

1997年是我国历史上极不寻常的一年，发生了在国际上具有重大影响的多件大事，全市各级电台、电视台按照市委、市府的要求，在市广电局的组织领导下，对这些重大事件进行了全面准确地报道，收到了良好的社会效果。

在邓小平同志治丧期间，按照中央提出的"隆重、庄严、深情、有序"的治丧方针和有关指示精神，我局成立了专门的宣传领导小组，组织各台通过形式多样的节目，充分宣传了小平同志光辉的一生，反映了全市人民对小平同志的爱戴、崇敬之情，以及化悲痛为力量、以实际行动悼念小平同志的情况。

中央批准重庆为直辖市，是我市历史上的一件大事。在广电局的领导下，各台通过新闻、专题、文艺等节目形式，大造舆论声势，制作出了一批高质量的节目。电台推出了京、津、沪、渝热线大联播《话说新重庆》特别节目；重庆电视台推出了大型系列报道《渝疆万里行》；有线台制作了特别报道《东西南北中　同贺新重庆》。广电局与有关单位联合举办了直辖后重庆第一次大型文艺演出《重庆之光》，并成功向全市人民现场直播，得到了市领导和全市人民的肯定。

在迎香港回归宣传报道中，重庆市被广电部和中央电视台列为全国八大重点宣传城市之一。重庆电视台精心组织拍摄，将我市庆祝活动通过中央电视台向全球进行了现场直播。

为了全面、准确、及时地宣传党的十五大精神，宣传全市人民学习贯彻落实情况，各台、报先后组织百多名记者深入各地各行业采访，共播放和刊出消息、专题、录音报道共600余篇，其中电台、电视台派往北京的记者发回报道近30篇，在中央电视台发稿10多件。广电局还成立了广播特别报道组和电视特别报道组，播出了广播系列报道《突破与发展》17篇，电视系列片《突破》20集，收到了良好的社会效果。

三峡工程大江截流举世瞩目，电台、电视台除直接参与中央台现场直播外，还组织记者分赴宜昌、巫山、云阳、秭归、三峡大坝等地对三峡工程的建设、库区移民开发等进行了全面报道，发回现场报道稿件近百条。

不断加大两个文明建设的宣传力度，在经济报道中，突出宣传了"抓大放小"，发展区域经济，国企改组、改制，发展非公有制经济以及库区经济发展。如广播的《嘉化厂改制》，电视的《潮涌两江——来自企业改制第一线的报道》、《为实现经济体制改革的新突破》等。精神文明宣传继续以弘扬红岩精神为主线，有线台组织中央歌剧舞剧院来渝演出《红岩魂》、大型音乐会歌剧《江姐》、系列报道《高歌颂红梅》，电视台参与组织了上海交响乐团来渝演出《交响音乐诗歌朗诵会》。各台还加强了舆论监督的职能，加大了对"讲文明、树新风"活动的报道。

为了如实对外宣传直辖后重庆的新形象，电台、电视台积极组织稿件向中央台传送。重庆电视台和中央电视台一起参与组织了有全国22家省级电视台参加的"今日重庆"大型异地采访活动。从6月1日起，电台向中央台发稿400多篇，到9月份，用稿率在31家省级电台中由原来的第11位跃居第2位。电视除向北美卫视提供11期节目外，还向香港凤凰卫视提供了迎回归特别节目《双喜临门》。

2. 加强节目改革，不断提高宣传质量

局属各台、报以深化节目改革为突破口，加强精品创作和节目创优工作，彻底丢掉了"小家子"气。

围绕节目上星，电视台于6月16日推出全面改版节目。新闻除对"重庆新闻联播"改扩版，还增开了"午间报道"、"晚间报道"、"经济报道"和"特别报道"，并实现滚动播出。增设了"纪录片之窗"、"法制经纬"、"生活快讯"等一批新栏目。重庆电视台自制节目量每天达7小时。电视二台自制量达3小时，每天延长播出一个半小时。

电台、有线台在筹备节目改版的同时，精办名牌栏目，如"有线报道"、"市政热线"、"重庆早晨"、"EBS公开电话"等深得市民喜爱。

节目改革有力地带动和促进了节目质量的提高，创优工作成绩斐然。在原四川省广播电视节目各类评比中，我市共有104件作品获奖，获奖率达92%。其中，广播《我们爱国旗》、《魂流沃土》、《早间新闻视点》获中国广播奖。电视的《红岩魂轰动京城展期延长》、《心愿》获中国新闻奖，《红岩在呼唤》、《红岩魂展览在京展期延长》获中国电视奖，还有一批节目获其它全国性单项奖。电视剧《山城棒棒军》获全国"五个一工程"奖，有五件作品获市"五个一工程"奖、广播电视局"五个一工程"获组织工作奖。

二、加快基础设施建设，提高节目覆盖率，推进事业快速发展

1. 集中有限资金完善了彩电中心必要的配套设施，重庆电视台、电视二台、有线台、广播电视技术中心全部进入中心办公，使电视节目的制作、播出条件得到了明显改善。技术中心各发射台实现了全年台内停播率零秒。

2. 进一步完善广播电视节目对"两市一地"的覆盖率和传输质量，提前完成了"两市一地"广播电视节目应急覆盖工程，使广播的覆盖率提高到64.4%、电视提高到61%，受到了市委、市府和全市人民的好评。

3. 抓紧为实现1998年节目上星传送作准备。节目上星领导小组和上星办公室完成了该项目的考察、审批、计划、立项和建设用地的选址定点工作，并结合重庆实际，提出了重庆广播电视节目上星方案，写出了《重庆市广播电视上星工程可行性研究报告》，力争1998年内完成节目上星工作。

三、强化管理职能，完善管理制度，促进事业健康发展

今年，我局在理顺与万县市、涪陵市、黔江地区广电部门的行业管理关系的基础上，从直辖后区域扩大和管理职能加强的实际出发，一手抓社会管理，一手抓内部管理，收到了好的效果。

1. 加大治散治滥力度

积极贯彻落实《广播电视管理条例》和中办国办(1996) 37 号文件，坚决查处了非法设立的“高新区火炬有线电视台”，选择基础较好的南川市作试点，开展了广播电视播出机构调整、合并工作，清查了全市影视制作经营机构，使系统内外广播电视台(站)逐步规范。

对音像市场坚持日常检查与重点检查相结合，取缔无证和非法经营户 167 家，收缴淫秽和盗版音像制品 3.5 万多张，加大了“扫黄打非”力度。

加强了卫星地面接收设施特别是接收境外节目的管理，与公安、国安部门联合对全市接收境外卫视节目的单位进行了清查，对非法购、销境外电视节目解码器的单位进行了查处。

加强了有线电视节目供片和播出管理，实行集中统一供片，保证了片源质量。音像出版社向各区（市）县提供有线节目版权 100 多个，提供播出节目 970 余部（集）、2.7 万多个小时。

2. 内部管理推行目标责任制

局编委会继续加强对全局各台、报宣传工作的组织领导和协调，局属各台相继完善了编委会制度，并制定了“三级审稿”、“重播重审”、“监听监看”等一系列宣传管理制度，保证了宣传工作的顺利实施。局、台还对人事、财务和安全保卫等方面制定出了相应的管理措施，使各项工作都步入了规范化管理的轨道。

四川省广播电视概况

四川省广播电影电视厅

一、宣传工作：导向明确、重点突出，引导有力，宣传质量和社会效果好

1. 大事宣传有声势，有力度。1997 年围绕邓小平同志逝世，香港回归和党的十五大召开以及川渝分置等大事，四川省各级广播电视局、台以高度的责任感，政治使命感，全力以赴，确保了这些重大活动的及时、全面反映和完整、安全播出。

悼念邓小平同志逝世的宣传，四川广播电台从 2 月 20 日至 3 月 15 日，除及时转播转发中央电台、新华社、人民日报的重大节目、稿件外，播出四川各地各族人民悼念邓小平同志的消息专稿，录音报道和其他稿件 50 多件。在 2 月 25 日《沉痛悼念邓小平同志》特别节目中，该台录制的节目长达 15 小时；四川电视台，迅速对节目播出进行及时全面的重大调整，并在全国率先与中央台节目并机播出。同时，组织编辑、记者分赴全省各地，采制、播出了大量全省人民怀念和追悼邓小平同志的新闻和专题节目。其中，邓小平同志家乡人民悼念活动的报道，受到中央电视台新闻中心的表扬。独家播出的专题报道《小平故里行》产生了良好的社会反映。

香港回归宣传。四川电台开设了《迎香港回归》、《’97 回归之声》、《走近香港》、《香港漫话》等栏目。6 月 30 日和 7 月 1 日，该台又安排了“庆祝香港回归特别节目”，既保证转播好中央电台的重点节目，又有自身的特点；四川电视台播出了系列报道“爱国主义巡礼”，组织播出了一台全省中学生迎香港回归知识竞赛和演讲比赛。从 6 月 30 日至 7 月 2 日，该台卫视频道和黄金 10 频道连续 72 小时并机转播中央电视台播出的我国政府恢复对香港行使主权的一系列重大活动，以及台里组织的十多个采访组深入工厂、农村、机关、学校、部队拍摄的大量新闻；四川有线电视台（筹）也先后播出了《话说香港基本法》、《今日香港》等系列片，举办了《今日香港》有奖竞猜活动，开辟了“迎香港回归专栏”。

党的十五大的宣传，四川人民广播电台，从党的十五大开幕到 9 月 22 日，除转播中央台实况外，10 天内播出反映全省各地欢庆十五大的稿件 119 篇。9 月下旬以后，推出了《迈向新世纪》大型系列报道。开展理论宣传，播出学习江泽民同志报告专题 11 个。在新闻专题节目中，开展“十五大精神与四川实践”的宣传，播出了对省、市、地、州及有关厅局领导和工业，农业、教育战线代表的专访；四川电视台调兵遣将奋战 100 天，重点制作展示十四大以来，反映四川改革开放 5 年取得的丰硕成果的 5 集系列片《巴蜀华章》，受到省委领导及社会各界的好评；四川有线电视台（筹）开辟了《学习十五大，迈向新世纪》的专栏，重点报道全省社会各界和各行业学习贯彻十五大精神的情况。

川渝分置的宣传。四川电台开设了《看今日四川》、《区划调整后的四川》、《巴蜀新貌》、《四川省情介绍》等专栏；四川电视台在《四川新闻联播》节目里，开辟了《今日四川》栏目，对行政区划调整后的四川面积、人口、资源、经济、科技等基本省情作了详细报道。

2. 工农业和精神文明宣传深入、扎实。

四川电台，先后开设了《攀西新事录》、《迎新春话九七》、《治水兴蜀》、《蜀乡春潮急》、《深化改革搞好国企》等栏目。集中宣传四川 1996 年经济建设成就和 1997 年的计划、措施、成效、经验等。该台还加大了精神文明建设宣传的力度，开设了《文明窗口巡礼》、《文明新风》、《精神文明之风吹四川》、《百年风采》等 9 个栏目，重点宣传报道了全省各地群众创建活动和各种共建活动。四川电视台组织采编人员深入攀西地区，进行了为期半月的采访，制作了《开发攀西》的系列报道。突出了农村科普和科技兴农的宣传。还先后推出了《泸州为国有企业诊脉开方》、《不信东风唤不回》（介绍长虹集团经验）、《深化小企业改革》、《攀钢的启示》等系列报道，对全省国有企业改革起到了指导和推动作用；四川有线电视台（筹）还摄制并播出了 10 集《挑战贫困》，15 集《国企改革与住房改革》等，引起了好的社会反响。

由于四川电台、电视台在农业宣传上的突出成绩，省厅及两台均被省委、省政府表彰为 1996 年农业抗灾夺丰收先进单位。四川电台和电视台还被省委、省政府表彰为第三届民族团结先进集体。

3. 节目调整改革收到好成效。四川人民广播电台和系列台在作好日常宣传报道的同时，继续抓好重点节目、栏目的调整改革，目前已有20多个名牌节目、栏目，继续保持好的势头。人民台名牌节目《城乡立交桥》新近通过建小康联系点方式，把《农村科技点播台》搬到联系点上，专家当场为农民传授农业技术，解答问题，为对农宣传更有针对性探索了新路子。系列台更有专业特色，妇女儿童台从2月上旬到6月中旬，开展《献给母亲的爱》征文活动，从九岁儿童到八旬老人纷纷参与，收到听众来稿3万多件，在社会上引起强烈反响。经济电台，12月1日又推出了《健康之声》节目，每天播出10小时，受到社会各界的好评。

四川电视台，为了适应电视节目生产的发展规律，增强节目的可视性和竞争力，对第一套节目全面推行了栏目制片招标和栏目组内的双向选择。改版后的栏目和节目，逐渐形成了各自的风格。《道德与法》、《科技大观园》、《体育走廊》等已形成了固定的收视群众。《四川新闻联播》栏目，以系列化报道为龙头，积极配合了省委各个阶段的重点工作，对省里党政军领导活动的报道，减少了一般会议和一般应酬性活动的宣传，增加了对领导现场办公、到基层考察活动的报道。同时，为合理调整节目格局，从12月1日起，四川电视台第三套节目正式开播，每天播出16小时。至此，四川电视台以新闻为主体的一套节目，用卫星频道播出，覆盖全省、全国；第二套节目以经济宣传为主，用10频道播出，重点覆盖成都地区；第三套节目以新闻为龙头，侧重文艺、体育，在成都用21频道播出，并通过微波覆盖全省。

四川有线电视台（筹）坚持以新闻立台的思想，现已形成三大类：以《全天报道》为主的新闻消息类；以《全天视角》、《社会、家庭、女人》为主的新闻评论类；以“地方版”、“卫星版”、“报刊版”、“国际版”组成的新闻杂志类。

4. 对外宣传力度加大。1996年11月四川电视台完成了与日本NHK合作的“悠悠长江三峡”长距离移动式卫星实况转播，是世界实况转播史上的首创，有130多个国家和地区的电视观众收看了节目。在三峡截流前，四川电视台完成了长江三峡人文景观系列片，为向世界人民宣传长江三峡水利枢纽工程，作出了积极贡献，受到中央领导和中央外宣办的好评。此外，1997年10月28日至10月31日举办的’97四川国际电视节，在总结前几届电视节经验的基础上，本着务实，高效的原则，按照市场规律办事，与国际影视接轨，逐步向国际化，专业化、市场化的方向发展，探索出了一条具有中国特色的办节之路。这届电视节没有花政府一分钱，所用经费为上届的三分之一，而各方面的效果却大大超过往届。这届电视节共有16个国家，中国807家影视机构、港台地区131家携片参加节目交易会，成交额1.5亿人民币。国内电视剧、电视片有956部（集）为海内外影视机构购买，成交额75万美元，是上届的1.5倍。广播电视设备展和音响展成交额达到2亿元，较上届增加了54%。

5. 创优取得新成果。1997年我省电影《鸦片战争》，广播剧《星期四真好》，歌曲《熊猫的摇篮》获全国“五个一工程”优秀作品奖。在省“五个一工程”评比中，我厅电影《鸦片战争》、《桃园镇》，电视剧《绿荫与小鸟》，广播剧《星期四真好》、《让英》，歌曲《熊猫的摇篮》、《喜马拉雅的祝福》、《山海颂》同时在电影、电视剧、广播剧、歌曲四个项目中获奖。省广电厅连续三年获省委宣传部“五个一工程”组织奖。1997年四川省广播电视厅机关及三台进行了首届“五个一工程”奖评比活动，有31件作品获奖。

二、事业建设：坚持广播与电视，有线与无线，城市与农村并重，不断提高节目制作能力和广播电视覆盖率

1. 广播电视宣传阵地扩大，节目套数增加。到1996年底全省广播电台自办节目86套，平均每月播音时间802小时25分，平均每月自办节目时间587小时32分。全省共办电视节目42套，平均每周播出时间2898小时58分，平均每周自办节目时间1937小时48分。其中，四川人民广播电台平均每月播音时间88小时10分，自办节目85小时40分。四川电视台平均每周播出时间185小时30分，自办节目182小时（四川一套上星节目和二套节目内容相同的只算一套时间）。

2. 农村广播电视稳步发展。全省已拥有发射台和转播台4175座，卫星地面站18763座，有线广播线路42.58杆公里，有线广播喇叭1360.36万只。

3. 有线电视发展迅速，遍布城市并逐步转向农村。自九十年代初以来，四川省建立了有线电视台30座，用户近370万户。许多地方的广播电视共缆传输，广播电视“双入户”试点取得好效果。

4. 实施“千乡电视工程”解决甘孜、阿坝和凉山州等民族地区农牧民收看电视问题。从1996年开始实施的“千乡电视工程”，总投入三千万元，现已建成592个乡镇卫星电视地面接受站。到1997年底，全省广播节目综合覆盖率为84.7%，电视节目综合覆盖率为85.11%。

三、管理工作：围绕治散治滥工作，建立建全规章制度，强化依法管理

1. 1997年，省广电厅下发了《四川省市、地州广播电视局目标管理工作试行办法》使厅对地市州局的目标管理工作更趋规范化、科学化、制度化，便于操作，利于考核。

2. 1997年3月，厅成立了治散治滥工作领导小组，重点解决擅自建台、重复设台和乱播滥放问题。8月，召开地市州局长会议结合《广播电视管理条例》的颁布，对治理工作进行了部署。并对现有的广播电视播出机构按照“控制总量，调整结构”的精神进行调整。

3. 厅制订了《全省广播电视行政部门执法责任制实施方案》，对广播电视行政执法责任制的指导思想，目标、内容，措施等作了全面规范；12月7日至12日，举办了第一期培训班，全省广电系统参加人数129名，参加培训人员全部获得广电部广播电影电视执法证资格。

4. 加强对有线电视的管理。继续坚持实施统一供片制度，省供片总站全年向各级有线电视台，供应电视连续剧27部，单本剧40部，依法查处乐至县佛星镇差转台乱播节目等违纪违规事件11起。　（阎正浩）

贵州省广播电视概况

贵州省广播电视厅

一、宣传工作

1997年，贵州的广播电视宣传，以邓小平理论为指导，坚持党的基本路线和基本方针，紧紧围绕香港回归和党的十五大召开两件大事，牢牢把握大局，维护政治、经济、社会稳定，为贵州改革开放创造良好的舆论环境。

1. 加强新闻报道，精心编排新闻节目。

贵州人民广播电台本着突出新闻宣传的原则，1997年5月，把运行了40年的《全省各地广播电台广播站联播》节目更名为《全省新闻联播》节目。播出时间由每天19点改为早上7点。为体现联播节目联办的特点，《新闻联播》节日中专设了一个“各地州市的报道”的栏目，播出各地电台、广播站的报道，省地报纸要闻摘要。原编排的《新闻透视》栏目，有机地纳入《全省新闻联播》节目中，加强对党和政府重大举措的宣传，透视分析人民群众关注的热点、焦点。使《全省新闻联播》节目信息量加大，综合性增强。考虑到各地广播电台、广播站长期转播省台“联播”节目的习惯，省电台在每天的19：00开设了一档10分钟的新闻节目，全天有10次正点新闻节目滚动播出。

贵州电视台1997年，经中共贵州省委办公厅、省政府办公厅批准，将《贵州新闻》改版为《贵州新闻联播》，播出长度由原来的15分钟延长为20分钟。联播节目，在内容上、形式上、信息量上都比原《贵州新闻》有所提高。1997年，贵州电视台播出《贵州新闻联播》365期，计7300分钟；播出《今晚十点半》313期，计3130分钟；播出《午间新闻》313期，计1565分钟；播出《星期天报道》52期，计780分钟；播出气象节目365期，计730分钟。播出特别新闻专题15期，计300分钟。到年底，共播出新闻稿6788条，被中央电视台采用215条，超额完成了上级规定的任务。

贵州电视台经济频道10个栏目共播出751小时，其中，新闻报道性节目334小时，文体性节目417小时。这些节目，从各个不同的侧面，反映了全省各条战线社会主义建设和改革开放的成就起到了鼓舞人心，振奋精神的效果。

2. 大力宣传香港回归和党的十五大胜利召开。

香港回归，这是举世瞩目的大事，也是全中华儿女扬眉吐气的时刻。为了宣传这次重大活动，贵州人民广播电台在《联播》节目中，开辟了《庆党建，迎回归》专栏，在6月至7月间，共发稿35组，报道全省各族各界群众喜迎香港回归和庆祝建党76周年的盛况。这期间，还制作了10多组录音访谈播出。在《生活空间》直播版块节目中，增设了《迎回归》栏目，系统地介绍了香港的地理、文化、风俗、经济等。通过对历史学家、优秀教师以及市民等的访问，连续推出了《拥抱香港》、《香港回归的足迹》、《期待回归的心声》的报道，从6月30日22时开始，到7月1日，贵州人民广播电台转播中央电台直播香港回归的庆典活动实况计780分钟。

贵州电视台为宣传香港回归，提前安排播出了《拥抱明珠》、《话说香港》等100多部集电视片和电视剧。制作播出了一部专题片《同是一个梦——香港老人与内地老人联欢》（上、中、下集）计77分钟；制作了贵州迎回归活动节目——《省委书记刘方仁访谈录》，中央电视台于7月2日上午播出。贵州电视台组织采编人员，分3个小组，在贵阳、都匀等地拍摄基层人士对政权交接的现场反映，制成了专题片《历史瞬间》，于7月3日晚播出。

积极宣传党的十五大胜利召开，是电台、电视台1997年的重要宣传任务之一，贵州人民广播电台在八九月间，在《全省新闻联播》节目中开设了《展示新成就，迎接十五大》专栏，着力报道贵州工业、农业、乡镇企业、商业、交通、电力、铁路、旅游、城建、个体工商业的成就。10月至11月开设了《落实十五大精神》专栏，派记者采访制作了地、州、市、县10多位领导同志的录音访谈。这两个专栏共发稿60多篇（组），省电台又在《理论与学习》节目中，增设了《学习十五大报告》栏目，组织专家、学者、干部学习十五大报告的体会文章在节目中播出，这个栏目一直办到年底。

贵州电视台在党的十五大前夕，制作和播出了我省两名十五大代表人物专题片，四集宣传我省十四大以来教育和党建成就的专题片，两集《贵阳市精神文明建设巡礼》专题片，派出两名记者到北京报道贵州两个文明建设成就展的情况，发回12条新闻。

3. 积极宣传中共贵州省委、省政府“扶贫攻坚”、“国企改革攻坚”的工作部署。

为彻底改变贵州老、少、边、穷的面貌，贵州省委、省政府部署开展“扶贫攻坚”战。省电台紧密配合，和贵州省扶贫办公室共同举办了《走出贫困》专栏，宣传党中央、国务院对贵州扶贫工作的指示，宣传省委、省政府的举措，宣传全国人民和各行各业对贵州的支持。从1996年12月20日至1997年5月，《走出贫困》在半年时间里，播出消息、通讯、评论、录音报道两百多篇（组）。

贵州电视台以改变山村贫困面貌的典型——大关

村为重点，推出了特别节目《大关的春天》，编制5条消息，每条消息后边配发一篇评论。制作了两集专题片《大关魂》，在中央电视台播出。

为搞好国企改革攻坚的宣传，贵州人民广播电台于1997年5月至8月，开设了《抓好国企，振兴国企》栏目，集中宣传国企改革经验。同时对抓大放小，减员增效，科学管理，再就业工程等等，也进行了大力宣传报道，共发稿50多篇（组）。宣传了35名下岗职工，下岗不失志，自谋职业，走上富裕路的先进典型。贵州电视台在7月份，开设《打好国有企业改革攻坚战》专栏，派记者到水城钢铁厂采访，进行7天的连续报道，并配有评论。10月份，又到贵阳车辆厂进行了为期一周的采访，重点推出车辆厂搞活企业的报道。

4. 以贵阳市新机场通航为契机，向海内外宣传贵州。

5月28日贵阳新机场通航，贵州开展“5.28”活动及其投资经贸洽谈会，大张旗鼓宣传贵州，树立贵州新形象。贵州人民广播电台根据省委、省政府的宣传报道安排，成立了20人的报道组，3月初省电台在《全省新闻联播》节目开设《来自“5.28”的报道》栏目，报道各地各行各业筹备“5.28”活动的情况，到5月中旬，发稿108篇。“5.28”期间，电台在搞好两台大型“5.28”活动实况直播的同时，先后采制了反映“5.28”活动的新闻稿96篇。其中比较突出的有：《贵阳新机场通航庆典》、《97贵州投资贸易洽谈会开幕》，既有文字特写，也有录音报道。

贵州电视台为宣传“5.28”活动，拍摄了《贵州高原新空港》三集专题片《通途》、50集电视系列片《中国贵州》，录制了《青年志愿者5.28知识竞赛》和《贵州旅游服务知识竞赛》等。

5. 积极开展对外宣传

1997年，贵州人民广播电台每月向中国国际广播电台《中国之窗》节目提供10分钟的节目。1997年，省电台向中央台新闻中心发稿448篇，被采用约60篇；向全国30个省（市区）广播电台发稿1700多篇，被采用1300多篇。

贵州电视台1997年发给中国黄河电视台在美国SCCLA电视网播出《今日中国贵州》12期，每期30分钟；为中央四频道制作播出4期英语版节目，每期30分钟。

二、事业建设

中波广播，1997年全省共有广播电台8座，其中省级台1座，地市级台2座，县级台5座。中波发射台、转播台11座。广播人口覆盖率为66.07%，较上年增加近6个百分点。

电视广播，1997年全省共有电视台9座，其中，省级台1座，地市级台5座，县级台3座。系统内外大中小功率电视发射台、转播台2580座，较上年增加407座，增长18.73%。其中，千瓦以上（含千瓦）发射台、转播台25座，电视发射总功率较上年增加1.942千瓦。

有线电视，全省共有共用天线系统3743个，用户114.95万个，共架设电缆10432公里，光缆864公里，定向微波162公里（开放式微波未包括在内）。

全省有卫星地面站7525座，较上年增加2428座，增长47.63%，其中系统内6384座，系统外1141座。电视人口覆盖率为76.18%，较上年增加3个百分点。

调频广播，1997年全省有调频发射台、转播台13座，其中，千瓦以上（含千瓦）的台9座。

农村有线广播，1997年全省有市县广播站71个，乡镇广播站940个，通广播的村5442个，村通播率21.04%。

市、县广播站共建小功率调频发射台148座，较上年增加70座。有有线广播专线（杆公里）4449公里。

省广播电视厅下发了《关于1997年农村卫星广播电视站建设计划的实施意见》，到年底，全省共建成广播电视卫星地面收转站389座，超额完成了任务。

技术维护管理工作，1997年组织3个检查组对全省广播电视系统三十多个播出单位进行了检查。检查结果，总的情况比上一年有所前进。（张建先）

云南省广播电视概况

云南省广播电视厅

一、宣传导向正确，舆论支持有力

（一）新闻宣传在改革中发展提高

各级广播电台、电视台重视舆论导向作用，深化对邓小平理论的宣传，为全国、全省重大活动以及“两个文明”建设提供了强有力的舆论支持。全年，省电台共播出新闻24250条，被中央台采用188条，采用稿件比上年增加3倍；省电视台共播出新闻8078条，被中央电视台采用300多条，自办栏目20多个。云南电视台第一套节目从10月1日起每天播出20小时以上，实现了节目播出正点化、栏目标准化、管理规范化。经济电视台起色明显，每日播出时间由6小时增至16小时。云南有线电视台改版新闻，将隔天新闻改为每天新闻，增强了时效性，办出了自身风格和特点。《云南广播电视报》改革版面，将一、八版拉通，推出大一版，在原12个地州版的基础上新增昆明版，向报业集团化方向迈进了一步。云南民族电影制片厂克服经济困难，在逆境中求发展，完成了《太阳鸟》和《我的爱对你说》两部故事片的拍摄，故事片《一夜富贵》已进入后期制作阶段。

（二）经济建设宣传突出

厅属各电台、电视台以及各地州市广电局，把深入全面地宣传经济建设作为中心工作，通过开办专门栏目，加大了经济宣传的信息量。特别对两个根本性转变、国有企业改革、经济结构调整、农业基础地位、扶贫攻坚、科教兴滇和可持续发展战略等，进行了卓有成效的宣传。省经济广播电台，于9月对节目进行改版，减少非经济类节目，节目自采量有明显上升，8件作品获全国经济台好新闻奖，被评为云南省助残先进单位。省电视台经济台在节目外包装和栏目设置上突出经济服务功能，延长播出时间，增加科技节目，推动了科教兴滇战略的实施。

（三）重大活动宣传得力

对邓小平同志悼念活动、香港回归和十五大召开等重大宣传报道，各媒体按照厅党组提出的“隆重、热烈、充分、及时、统一、安全”的宣传要求，准备充分，安排得当，既完整、及时、准确地转播好中央台节目，又结合实际，制作了适应形势的省内的地方节目。

精神文明建设宣传保持了良好态势。对和贵华、马秀英等省内的先进人物和先进单位事迹进行了系统报道，加大了“讲文明，树新风”系列精神文明活动、文化精品、千里边疆文化长廊等重点工程以及“世博会”筹备宣传的力度，对树立良好社会风尚起到了积极作用。各地州市电台、电视台结合当地的环境整治、交通秩序职业道德等进行了强化宣传，批评不良现象，弘扬了社会正气。由省、州两级台共同协作，进行的迪庆和红河两州州庆宣传效果较好。对省里的重大决策、重要工作、重大活动特别是党代会、人代会、政协会以及昆交会等报道的广泛性、时效性都有加强。

（四）优秀节目不断增多

全省广电系统按照广电部“精办频道、精办栏日、精办节目”的要求，积极探索创优路子，努力推出反映时代主旋律、思想性和艺术性统一的优秀作品，精品生产形势好于往年。省广电系统有18件作品获国家级政府奖（一等奖1个，二等奖3个，三等奖14个），其中，中国广播奖11个，中国电视奖7个。在云南广播电视奖评选中，全省共有212件作品获奖，有24篇论文获奖，由厅史志办编撰的《云南省志·广播电视志》，获1997年全国地方志一等奖。由云南民族电影制片厂拍摄的电影《彝海结盟》，获’96中国电影“华表奖”和全国精神文明建设“五个一工程”奖。省电台录制的单本广播剧《及格保险公司》，获全国精神文明建设“五个一工程”奖。省广播电台音乐台录制的专题《乐海万里觅乡音》，获第四届中国广播文艺奖一等奖。省电视台与大理州委宣传部合作摄制的戏曲电视剧《白月亮，白姐姐》和省电视台录制的电视纪录片《关肃霜》，在第十届中国电视金鹰奖评选中，分获最佳短篇戏曲电视剧奖和最佳单本戏曲电视剧一等奖特别奖。1997年是全省广电系统获奖数量较多、获奖档次最高的一年。

二、扩大覆盖，推进事业发展

一年来，全厅继续把扩大覆盖率当作主要工作来抓，重点向老、少、边、穷地区倾斜，通过实施“211”工程和边疆文化长廊建设，加速有线电视步伐，发展光缆传输联网，使全省广播和电视的人口覆盖率已分别达79%和82.5%，均比上年度增加二个百分点。

全系统突出抓了8件有影响的工作：一是按省政府指示，于8月17日前已将五华山六分台顺利搬迁至眠山，投入发射运行；二是根据广电部的决定，省于5月15日正式由亚洲一号卫星转到亚太1号卫星传送；三是继续推进“211”工程建设，完成全年1500座“211”建设任务，使全省卫星地面收转站的总数已达20279座，继续位居全国第一；四是在边境广电建设中投资200万元，建设调频广播22座，配置电视发射机22部；五是在千里边疆文化长廊建设中投资128万元，建设调频广播3座，配置电视发射机9部；六是县级小中波建设115万元，建设调频广播27座；七是协助有关地、州、市广电局对新建广电中心进行论证、验收，帮助调试维修设备，搞好事业发展规划；八是各地州抓紧传输网络联网建设，红河州广电局在州委、州政府的重视下，投资800万元，于11月18日州庆40周年时实现全州各县市微波联网，玉溪地区在实现模拟微波联网基础上，为扩大容量，又开始了光纤联网建设。

三、加强管理，促进广电事业发展

一是行业管理上认真贯彻落实中办、国办[1996]37号文件，实现了治理散滥的阶段性目标。三月份草拟了全省贯彻37号文件的实施方案，在充分调查的基础上，稳妥地、有步骤、有重点地逐步推开。先在玉溪和昆明进行试点，取得经验，以点带面。昆明市经过试点，治散治滥工作取得明显进展，从1998年1月1日起，所辖四区有线电视分台已全部撤销。目前全省治理工作已取得阶段性进展，各县（市）三台合一工作、企业台改站工作、系统外台站清理、电视剧经营机构重新审核登记等工作于12月底基本完成，乱称台呼台的问题已基本得到解决。坚持治理与疏导并重，查处了3家擅自接收境外卫星电视节目的大酒店，办理了12家涉外宾馆接收境外节目的许可证，审查电视剧320部集，发放有线电视准播证4343张，加强了全省统一供片的日常管理，使行业管理逐步迈入了正轨。

二是在宣传管理上形成了制度化、规范化格局。厅党组对重大宣传活动加强领导和指导。厅编委会既有阶段性指导意见又有近期工作安排，宣传重点明确，制度、措施严格，通过每周的编前会和两月一次的编委会以及用《宣传通讯》、《云岭声屏》等刊物，传达宣传信息，加强了宏观指导。

三是在队伍管理上，加强培训，进一步提高了政治业务素质。

有计划、分层次、多形式地组织政治学习，开展业务培训。在抓厅党组理论学习中心组定期学习的同时，选派处以上干部30人参加了省委党校学习，15人次参加了省组织的十五大学习培训，33名党务干部参加了党务培训，完成了733名党员民主评议工作，较好提高了队伍的政治素质。

按照“九五”培训规划，分4期对各地、州、市、县广电局领导及所属台长232人进行了培训。组织了一期162人参加的有线电视值机人员培训班。选送25

人到广电部参加业务培训。还举办了5期采编播人员培训班，为全省培训采编播人员700多名。厅办公室、厅保卫处、机关党委等机关处室以及各地州广电局结合自身工作，不同程度地组织基层单位开展政治业务培训。

广播电视学校不断深化教学改革，提高教学质量，圆满完成了教学任务。

干部队伍建设按照“四化”标准，年初进行了处级干部的换届工作。全系统还健全竞争激励机制，开展各类评比竞赛活动，推动事业向前发展。景谷县和宣威市广电局被评为全国广播电视工作先进县（市），并和宜良、通海、路南、西畴、绥江、耿马、牟定、澜江、腾冲、鹤庆、维西、梁河、个旧等县市的广电局一起被评为全省广播电视先进县市。大理苍山等17个台（站）被评为先进艰苦台（站）。在职称评定中，对贡献大、在艰苦台站工作的人员敢于破格晋升，为全系统树立了良好的风气。

纪检和审计部门全年审计项目6个，审计金额1325万元，及时发现和堵塞了漏洞。

五是在行政后勤管理上，突出环境规划整治，狠抓经营创收。机关努力改进工作，提高工作效率，发挥了管理职能作用。后勤保障单位大胆探索，为基层和群众办了大量实事。加快住房制度改革，把建房与购安居工程房结合，为职工解决住房247套；以实现市级文明单位为目标，注重了环境规划整治，拆除危房，修建单车棚，美化中心大楼工作区，为广播电视宣传创造了一个舒适的环境。

经营创收单位在市场不景气的条件下，在抓节目创优的前提下，努力搞好创收，想方设法节流挖潜，取得了一定的经济效益。 （王心献）

西藏自治区广播电视概况

西藏自治区广播影视厅

1997年，西藏广播影视厅坚持团结、稳定、鼓励和正面宣传为主的方针，紧紧围绕自治区党委、政府的中心工作，把正确引导舆论放在工作首位，狠抓节目、栏目质量，扩大有效覆盖，加强治散、治滥和队伍建设，使广播影视宣传、事业建设、行业管理等各项工作都得到新的发展。

一、宣传工作呈现新特色

1. 加大新闻改革力度，进一步发挥新闻宣传的龙头作用。

1997年西藏广播影视厅紧紧围绕党委、政府的中心工作和重大决策，组织了一系列具有重大社会影响的战役性报道和典型报道。一年来，广播电视宣传精心组织并出色完成了邓小平同志逝世、香港回归、党的十五大、区党委五届三次全委扩大会议以及那曲、阿里等地抗灾救灾等重大宣传活动。这些报道有深度、有广度、有声势，充分发挥了广播电视的优势，形成了一定的规模效益。其中最有影响的是香港回归宣传，广播电视和有线电视都增加了播出时间，实行滚动播出。广播电台先后播出专题节目198组，制作特别节目31组，记者采写稿件200多条，并进行了录音电话采访，调频广播成功地组织了“迎回归、爱中华、爱西藏征文活动”。电视台在《西藏新闻联播》中开设《香港回归倒计时》、《香港百年》、《雪域儿女庆回归》等栏目。举办了《香港回归征文颁奖文艺晚会》和《回归颂》大型文艺晚会，《在西藏》、《七色风》、《每周报道》、《信息窗口》、《雪域地平线》等栏目都推出了迎香港回归的特别节目。二是“十五大”宣传有声有色，家喻户晓。广播电台在十五大召开之前推出了《迎接十五大展示新成就》专栏，不仅全方位报道了西藏改革开放以来所取得的新成就，而且详实地报道了会议盛况及各族各界的反映，十五大闭幕后又推出了《学习贯彻十五大精神》和《十五大精神在西藏》等栏目，制作播出了《吉祥哈达献给十五大》等12组特别节目。以藏语对话形式推出了“十五大精神百题问答”专栏；西藏电视台派出随团记者前往北京，及时传回十五大盛况和西藏代表团活动的图像和新闻稿，制作出专题片《西藏代表团在十五大》，受到区党委和广大观众的好评。三是抗灾救灾的报道。1997年9月至1998年3月间，那曲、阿里、日喀则等地遭受了特大雪灾。自治区党委、政府把抗灾救灾工作做为压倒一切的中心工作，西藏广播影视厅精心组织所属各台全力投入宣传，准确、快速地报道了灾情和灾区人民在各级党组织领导下奋力抗灾救灾的动人场面和全国、全区各族军民心系灾区和“一方有难八方支援”的无私奉献精神，为党中央和区党委指导抗灾救灾工作提供了决策依据，为抗灾救灾工作做出了积极贡献。

1997年，广播电台、电视台以新闻改革为龙头，以“强化新闻、精办专题、搞好文艺、优化服务”为宗旨，对节目、栏目进行了较大的调整，使节目内容更加丰富，形式更加活泼，广播、电视收听收视率明显上升。各台节目播出时间有所增加。据统计，1997年，西藏人民广播电台收转中央一套节目5880小时，中央二套节目5748小时，收转中央台藏语节目365小时；全天节目播出时间增加4小时；藏汉语节目和调频节目共播出14151小时。西藏电视台两个频道共播出节目6600小时；全天播出节目时间增加2小时，译制电视剧100多小时。有线电视台每天自办节目4小时，每天播出15个小时，全年总播出129000小时，传送西藏及全国各地的电视节目达30套。电影公司完成农村16毫米影片25部、500个拷贝的译制任务；购买了《鸦片战争》、《大转折》等35部35毫米影片拷贝。

2. 加大精神文明、经济建设的宣传力度。

为配合区党委、政府的重大部署，重点抓了精神文明建设专项治理和开展多种形式的群众性精神文明创造活动的宣传。同时有计划、有重点地开展了对各类英雄人物的宣传。经济宣传，突出成就。重点宣传报道了国企改革、科技兴藏、更新观念、“三下乡”、扶贫脱贫等内容围绕区党委、政府的中心工作，组织开展了多项大型宣传活动，如109国道系列报道、格尔木至拉萨输油管线开通20周年、羊湖精神、62项工程、对皮革厂困难职工患病求助的社会报道等。深入宣传报道了党的民族、宗教、统战政策，报道了陈奎元书记视察桑耶寺、扎什伦布寺的情况以及甘丹寺修复竣工验收等，有力地反击了达赖集团的造谣污蔑。

3.对外宣传力度进一步加大。

1997年，西藏人民广播电台“对国外藏胞广播”又有新的起色，向中央电台提供和采用的西藏新闻实现了零的突破，向国际广播电台提供了12篇专稿，获得好评。西藏电视台向中央电视台提供的新闻100多条，有60多条被采用。两台还接待了中央三台的记者组10多批。厅总编室和监测室编发了86期《外台对西藏报道动态》，西藏电台根据广播播出节目编辑的《走向二十一世纪的西藏》一书由中国藏学出版社正式出版，受到好评。

二、事业建设取得新成绩

1997年，西藏广播影视事业建设取得了令人鼓舞的成绩。在中央、自治区党委、政府的关怀和全厅干部职工的努力下，在广电部和兄弟省市区的大力援助下，贯彻落实全国广播电影电视援藏工作会议确定的援藏项目进展顺利。中央电视台援助的五个项目已全部完成，其余许多项目已经或正在落实。

“三区”建设、“边境”建设进展顺利。1997年，西藏全区新建了121个乡级广播电视收转站、单收站，使全区996个乡镇都建起了广播电视站；完成了全区55个非边境县及部分边境县所在地(除个别县外)的电视塔及调频广播建设任务；投资250万元，为江孜县新建了一座中波台（1KW功率等级发射机5台）和一座电视转播台，新建90米高的电视铁塔（其中地县配套70万元）；完成了日喀则、林芝、那曲等地区所在地有线电视台建设任务，并验收投入播出；配合自治区工作组对贡嘎县克西乡的村级广播电视进行规划，建设投资10万元；完成了林芝、日喀则、山南地区17个县（口岸)，85台中波机的设备维修、调试；对日喀则地区中波转播台进行了改扩建；完成了山南地区中波台搬迁征地等前期工作；完成了昌都人民广播电台建设和中波台搬迁，选址及设计工作；完成了西藏广播电视卫星上行站的前期工作，602台中、短波天线改造工程开始启动；完成了广播电视中心600平方米和300平方米的设备安装、调试并提前投入使用；增加西藏电视台发射机，并安装、调试，提前投入使用；加强了厅监测台的工作，建立了图文数据中心，并提供了大量信息；对林芝、日喀则、山南地区17个县（口岸）中、短波台、站设备双频共塔网络系统进行维修和调试。这些项目的完成，进一步改善了我区部分地区收听广播和收看电视的效果，使广播电视覆盖率分别比1996年提高6%和5%。西藏有线电视台进一步提高了播出、传输质量，用户发展到2.6万户左右。电影公司投资50万元专款，更新了部分区乡放映队的设施，从而提高了放映质量。

三、加强行业管理和内部规章制度建设，促进广播电视安全优质播出

1997年，西藏广电厅加大了对广播影视行业管理的力度，认真学习贯彻了《广播电视管理条例》和《电影管理条例》，治散治滥和安全播出工作取得了一定成绩。国务院颁布《广播电视管理条例》后，厅里下发了《关于认真学习、宣传、贯彻落实〈广播电视管理条例〉的通知》，并组织宣传车，在拉萨市区主要街道上进行宣传；10月20日，又召开了为期三天的各地市广播影视局局长座谈会，各地市成立了治理领导小组，制订了治散治滥工作方案，加大了执法力度；坚持厅编播例会制度，明确报道重点，交流信息动态，把握正确导向；监测台每天完成4次厅属台20个频率的可听度、调幅度的监测，为全厅安全优质播出提供了依据；加强了技术维护工作，1997年人为责任事故停播率比1996年明显下降，涌现出了一批先进集体和先进个人。

四、班子建设出现新局面，队伍素质明显提高

1997年，西藏广电厅狠抓了各级领导班子建设，在认真培养、严格考察的基础上，调整了厅二级班子，新提拔了一批政治强、业务精、作风正的优秀人才。使全厅干部队伍的年龄结构、文化结构更趋合理。1997年选送到各类院校学习的学员共有110名；厅培训中心共举办了7期培训班，培训各类人员193人，其中乡级5期、中波发射班2期。目前全厅有很多年轻人参加业大、有些有文凭的青年人也参加了各种专业培训。通过一系列工作，全区广播电影电视队伍素质有新提高。1997年，西藏电视台选送的歌曲《这里是祖国的高原》获中宣部“五个一工程”奖；西藏人民广播电台选送的音乐专题节目《藏北，永远的牧歌》获上海国际广播音乐节组委会特别奖。（扎措　贡桑德吉）

陕西省广播电视概况

陕西省广播电视厅

一、宣传基调平稳，舆论导向正确，节目丰富多彩，广播电视宣传工作全面丰收

1.把握大局，注重导向，为全省的经济建设和改革开放创造了良好的舆论环境。一是精心组织了纪念邓小平同志逝世的宣传报道。邓小平同志逝世的消息传来后，省厅立即对宣传报道做出安排部署，省三台迅速撤掉娱乐性节目，精心选择编播了大量展示邓小平同志丰功伟绩的广播电视节目。省有线台于当日在全省最早播出了大型文献纪录片《邓小平》。省电台、电视台、有线台都有用主要频道向全省转播了邓小平同志追悼会实况，省电台《多彩人生》连续四次用了120

分钟节目介绍了邓小平同志的光辉业绩，文艺节目播出了广播连续剧《邓小平的故事》。省三大台新闻节目及时报道了全省党政军民社会各界的悼念活动。随后，集中报道了各级干部群众化悲痛为力量，高举邓小平理论伟大旗帜，加快建设有中国特色社会主义事业的具体活动。二是组织了声势浩大的喜迎香港回归宣传。省电台、电视台、有线台从4月份起就拉开了迎香港回归宣传报道的帷幕。4～7月间，省电台采播“迎回归”消息150多条、各界人士访谈25篇，经济台、文艺台科教台及各专题节目分别制作了多期新颖别致的“迎回归”广播专题、文艺节目。省电视台除加强迎回归新闻宣传外，在中华民族人文始祖轩辕黄帝陵前举办了迎回归大型文艺演出《同是一条根》；还拍摄专题迎回归节目37个，举办了’97香港回归陕西大学生演讲电视竞赛等多场群众性庆回归活动。省有线台播出了50集专题片《访谈香港基本法》，精心挑选出50部影片推出《庆香港回归大型影展》，还制作出《从鸦片战争到香港回归》、《飞越黄河》等专题片。这些节目激扬着强烈的爱国主义激情，增强了广大群众的民族自豪感和爱国热情，收到了良好的社会效果。三是十五大宣传主题鲜明，气氛热烈。省电视台从8月3日起，就在新闻中开办了《改革、开放、奋进、迎接十五大》专栏，从各个角度、各个侧面报道我省在工业、农业、文化等方面的建设成就。从8月7日起又开辟了《三秦传捷报》，通过大量资料、图表、画面反映了我省社会生活的各个方面发生的巨大变化。省电台在8月初开办了《陕西五年迈新步，满怀信心迎十五大》等专栏，仅十五大开幕前就发稿百余篇。省有线台也从8月初起开办了《喜迎十五大》专栏。十五大召开期间，各台及时转播大会实况，省电视台随陕西团出席会议的记者发回了《来自北京十五大的报告》，这些报道通过消息、人物专访、会议花絮等形式，生动地反映了我省代表团聚精会神学习十五大精神，座谈讨论如何抓住机遇，加快发展陕西的热烈情况。十五大召开后，各台及时报道各行业、各部门学习十五大文件、贯彻十五大精神新感受、新体会，加快改革和发展的新思路、新举措。省电台《每周论坛》、《经济纵横》等节目分专题宣讲十五大报告；省电视台新开设了《坚持改革开放不动摇》、《高举十五大旗帜》等栏目；省有线台开辟了《学习邓小平理论，落实十五大精神》等专题，把我省学习贯彻十五大精神活动引向深入。四是经济宣传的力度进一步加大。省三大台围绕省委、省政府加快改革发展的一系列重大举措组织宣传，重点报道了’97中国东西部经贸洽谈会、建设国家杨凌农业高新技术产业示范区、榆林能源重化工基地建设、陕西黄土高原综合治理，以及省委省政府关于开放搞活国有小企业和加快非公有制经济发展的两个《决定》等。突出报道了一批我省国有企业通过改革、改组、改造和加强管理，加快发展，走出困境的好典型，如《再铸黄河辉煌——长岭与黄河组建大集团》、《资产重组筑金台——宝鸡优化结构调查》等。省电台采制的新闻《亏损严重处境艰难的宝鸡叉车公司四厂被安徽叉车集团兼并》及配发的短评，在社会上产生了重大的影响，受到省委书记李建国同志的表扬。省电视台录制的专题节目《钱从哪里来——难点突破》和《绿色梦已圆》在中央电视台二套节目中播出，受到姜春云副总理的赞赏。另外还突出了对农业和农村工作的宣传。跟踪报道了省重点工程建设情况，如西康铁路、西潼高速公路、陕西煤气管道铺设等兴陕工程。五是加强对外宣传，努力树立我省改革开放的良好形象。省电视台提供在中央电视台播出的新闻有360余条，其中在中央台《新闻联播》节目播出的我省新闻118条。中央人民广播电台、中国国际广播电台也都播出了省台提供的数十条新闻。

为了扩大对外宣传，省厅积极做工作，在今年3月18日，实现了省台节目的卫星播出，卫星广播、电视节目在内容上、编排上都有浓烈的外宣特色。省电视台还拍摄对外节目146期，向日本等国家提供外宣新闻36期。同时加强了同境外广电机构的合作与交流，今年省厅接待境外广播电视机构参观访问及摄制组17批，并组织了赴境外交流、学习培训活动。

2. 倡导时代新风，弘扬社会正气，推动了我省社会主义精神文明建设。今年，省三台利用香港回归这一洗雪中华民族百年屈辱的历史性事件，以丰富多彩的广播电视节目，在群众中深入开展爱国主义、集体主义和社会主义的思想教育。青少节目、综艺节目将共产主义的理想、道德、信念和人生观、价值观寓于观众听众喜闻乐见的节目中，使听众观众受到崇高理想道德的熏陶和感染。省电视台社教部拍摄了以思想教育为题材的三集电视政论片《国格赋》，大张旗鼓地宣传先进英模人物的典型事迹。今年，省电视台在保留原有《精神文明谱新曲》栏目的同时，又新开辟了《主人翁风采》、《青年文明号巡礼》等专栏。省电台《三秦星座》、《多彩人生》等栏目集中宣传了一批全省和全国的先进典型，如空军某试飞大队队长邹延龄、第二届全国杰出青年农民王炜，全国人大代表、农业科学家陆帼一等。省有线台《精神文明赞》栏目报道的先进人物超过60多个。与此同时，省三台还报道了一批群众性文明创建活动的先进典型，如《合阳党员挂牌上岗新风》、《眉县活跃着一支家庭美德宣传队》、《延安开展树立圣地形象活动》等。省电台、电视台《精神文明建设示范点巡礼》专栏，突出报道了西安咸阳机场、宝鸡桥梁厂文明小区建设、辉县孙塬村创建文明户、西安十九粮油贸易公司等单位和集体的先进事迹。在树立榜样、弘扬正气的同时，各台还就社会上关注的道德“热点”问题开展讨论，如省电台的《公民，请不要忘记您的义务》、《干部能不能干，谁说了算》等，引导群众树立良好的公德意识和社会责任感。各台还抓住一批反面典型进行曝光，跟踪报告了省民政厅原厅长靳建辉贪污受贿案的处理经过。向群众展示了党和政府铲除腐败、倡导廉政的决心。

3. 广播影视文艺节目突出了“主旋律”、坚持了“多样化”，为广大群众奉献出了丰富多彩的精神食粮。

“五个一工程”创作成绩显著，在1997年全国“五个一工程”评选中我厅报送的电影、电视剧、广播剧全部获奖。电影《一棵树》同时还荣膺政府“华表奖”。1997年电视剧创作成绩喜人，省电视台全年共拍摄电视剧140部（集），是近年来出品最多的一年，其中《一代风流》、《风墙》将做为重头戏参选“五个一工程”奖。我省《’97电视春节文艺晚会》等4个节目荣获电视文艺“星光奖”。广播文艺创作保持良好势头，省电台精心录制了广播剧《大地长龙》等一批优秀广播文艺作品。

广播电视专题、文艺节目异彩纷呈，如省电视台的《秦之声》、《综艺圈》、《音乐时空》、《木犊娃》、省电台的《空中大舞台》、《音乐星空》、《小红帽》、省有线台的《影视万花筒》、《七彩花环》等等，这些节目内容健康、格调清新、形式活泼，较好地满足了不同层次观众听众的精神文化需求。

4. 积极推进宣传改革，精办节目，突出特色，广播电视宣传质量明显提高。首先进一步强化了新闻宣传的龙头作用。省电台从元月起，将原来每日20分钟的早《新闻》改版为《早间新闻一小时》，使广播新闻宣传的时空容量大大增强。新创办的新闻评论性节目《今日焦点》，紧贴时代脉搏，透视社会热点，成为深受广大听众欢迎的名牌节目。省有线台从3月28日起，将《有线新闻》由原来的每周三次增加到每日一次。省电视台《午间报道》及正点新闻得到加强。第二，突出了频道、专业台的特色。省电视台结合节目上星，将原来的四套节目压缩为三套，并创办陕西卫视频道。卫视频道荟萃名牌节目，陕西地方特色突出。四、八和廿二频道对节目栏目进行调整和重新定位，使各频道的特色更加鲜明。为推进省电台专业台深化改革、办出特色，我厅10月份召开了专业台如何办出特色研讨会，为加快各专业台发展出谋划策。省电台文艺台为满足广大听众对高品位广播文艺的需求，筹资200多万，开办调频立体声频道，并对节目进行了大改版，让听众得到一个“全新的听觉感受”。经济台、科教台、交通台也对节目内容和形式进行了调整，使各自的特色更加突出。第三，在宣传体制改革上进行了大胆的探索。改革传统的电视剧生产体制，成立了集生产、制作和发行一条龙的3个电视剧工作室，使电视剧生产逐步向市场化过渡。试行独立制片人管理体制。省电视台今年创办独立制片人栏目《经济生活点评说》。改革为广播电视宣传注入了生机与活力，推动了节目质量的不断提高。一年来，一批优秀广播电视节目和栏目在改革中应运而生，如省电台的《今日焦点》、《时代法制》、《百姓话题》，省电视台的《经济生活点评说》、《体育97》、《旅行指南车》，省有线台的《周末瞭望》等。同时一些老的优秀名牌节目更加成熟，如省电视台的《秦之声》、《TV好时光》、《时代广场》、省电台的《戏曲大观园》、《长安夜话》等。1997年节目创优也取得了好成绩，在全国广播电视节目政府奖评比中，省电台经济节目《太阳集团的兴衰历程》、少儿节目《和时间赛跑》、音乐专题《周总理与长征组歌》分获中国广播奖一等奖，同时有6件作品分别获得二、三等奖。省电视台在全国各类节目评比中获奖12项。其中《科技使红线线变成金串串》获全国优秀电视经济节目消息类一等奖。由省电视台和中央电视台联合摄制的《黄河的故事》荣获34届亚广联娱乐节目最高奖——文化放送亚广联娱乐奖。省有线台《说古道今登华山》、《小巷深处》等5件作品在全国有线电视节目评比中获奖。

5. 广播电视报刊、音像制品的出版、音像资料利用等为广播电视宣传提供了重要补充。广播电视报刊社把握正确导向，精心办好一报一刊，努力适应读者需要，在内容上，形式上力求独特性、趣味性、多样化，增加了《陕西广播电视报》和《声屏之友》杂志的可读性，收到了良好的社会效果。陕西音像出版社坚持多出精品、多创效益的方针，推出《名人名戏秦之声》VCD盘10个，实现了音像制品生产由磁带向电子产品的拓展，为进一步赢得市场，获取更大的社会经济效益打下了良好的基础。厅音像资料馆充分发挥馆藏音像资料的特有功能，组织观摩138场次，为省电视台、榆林、安康、汉中广电局等提供了上百小时的时政节目，还同省精神文明办合作，筹备拍摄一部长达104集的三德教育电视片，目前剧本已初步完成。

二、加快建设全省广播电视传输覆盖网，事业基础设施现代化水平明显提高

1. 全省广播电视传输覆盖网建设取得重大进展。一是于1997年3月18日顺利实现我省广播电视节目的卫星播出。不仅解决了省台节目在全省的覆盖，而且还把覆盖范围扩大到全国的绝大多数地区及部分周边国家。目前，全国已有9个省有线电视台，40多个市级有线网收转我省卫视节目。二是9月4日建成开通了陕西广播电视微波传输干线，为解决陕南三地群众收看收听好省台节目，为实现全省广播电视联网迈出了关键性的一步。陕北干线数字化改造工程基本完成；贯通关中四地市的光缆传输干线工程也已进入实施阶段。三是全省广播电视传输覆盖网支干线建设全面铺开，10个地市的建网方案已全部论证，榆林、商洛、铜川、延安等地市的支干线网已动工兴建。四是县级支线网建设势头良好。今年，黄陵县率先在全省建成了高水平、多用途的750兆赫光缆支线传输覆盖网。7月底，省政府在黄陵县召开了“全省广播电视传输覆盖网建设现场会”，广电部何栋材副部长在黄陵现场会上指出，黄陵县的建网经验不仅要向全省推广，而且也值得全国广电系统推广和学习。黄陵的经验推动了全省县级支线网建设，黄陵会后各地掀起了广电网建设热潮，目前全省80%的县都在积极筹备或着手建网。

2. 省广播电视中心全面启用，节目生产制作条件得到根本改善。年初，随着省电台、电视台的全部迁入，省广播电视中心全面启用，为我省广播电视节目生产制作能力的较大幅度提高奠定了良好的物质基础。省有线台也顺利实现办公楼的搬迁，节目生产条件得到改善。省电台购置安装10千瓦调频立体声发射机，使文艺台实现了调频立体声广播；同时完成了106.6兆赫调频机的改造；第一发射台迁址工作取得一定进展。省电视台开始实施中心B段四个小演播室装修工程。省有线台新购MMDS发射机5套，发射频道从15个增至20个；添置了部分采、录、编设备，新增加了六条编辑线，新装饰两个播音室，节目自制能力大大提高；还新发展入网用户4万多户。

3. 科技工作得到加强。编制了《陕西省广播影视发展"九五"规划和2010年远期规划》，拟定了《陕西省广播影视卫星应用总体规划》。努力开发、推广数据广播业务，数据广播中心完成了设备的安装调试，已开始播出股票信息、新华社综合电子新闻，并成功地在陕西卫视逆程中试发送图文信号。成功地举办了"'97中国西部地区第三届广播电视设备与新技术展示会"。《广播电视技术与管理》杂志在推广应用新技术方面发挥了积极作用。

4. 发挥技术优势，积极参与我省重大基础设施建设。厅设计室先后承担了西安城运村体育馆、陕西游泳跳水馆、宝鸡市体育馆等项目电声系统的设计任务，厅科研所完成了省文体、科技中心，陕西国际展览中心部分扩声工程的施工任务，为我省的经济、文化、体育事业的发展做出了贡献。

5. 广播电视维护管理得到进一步加强，全省骨干发射转播台基本实现了优质安全播出，有4个集体和个人，被评为全国广电系统技术、维护工作先进。省厅还就援助西藏阿里地区广播电视事业发展进行了实地考察，并对实施方案进行了研究，完成了我省部分贫困县调频广播的配置工作。

三、强化管理力度，集中整治"散滥"，促进广播电视行业的健康繁荣

第一、深入调研，为省委、省政府制定《关于我省新闻出版广播电视业治理工作的实施意见》提供了依据。

第二、按照"控制总量、调整结构"的要求，压缩了一批广播电视播出机构。对全省53个企事业有线电视台将实施台改站；全省15个广电部门开办的行政区域广播电视播出机构（包括电台、电视台、有线电视台）将被撤销或合并；有3个播出机构将改变隶属关系。妥善解决了武功县邮电部门、岐山县凤鸣镇擅自设置有线电视网的问题。县级教育台撤并工作取得了明显进展。

第三、着力解决乱播滥放问题。1997年我厅加大了管理力度，调整和加强了有线电视播出文艺节目的管理工作，采取坚决措施，落实统一供片。召开了全省供片工作会议，同地（市）、县局和各有线台签订了统一供片合同，全年省供片中心向全省65个有线台发行节目带24090盘，提供了1100小时的节目。通过以上措施，进一步繁荣和净化了荧屏。

第四、加强社会管理，净化音像市场。一年来，我厅配合全国全省"扫黄打非"活动，加强了音像市场管理，开展经常性执法检查，进一步规范了音像市场的经营活动。对全省卫星地面站管理也进一步加强，统一换发许可证，重新审查资格。进一步强化了对影视制作机构的管理，按照广电部要求，省厅对全省40家影视制作机构进行了重新登记，对运作不规范的4家影视公司给予警告批评，对2家给予吊销许可证的处理。

此外，1997年省厅以贯彻《广播电视管理条例》为契机，努力提供执法人员的法制水平，先后5次对全省广电系统人员进行了法制法规培训，为580个行政执法人员颁发了《执法证》，全省广电系统法制建设迈出了新步伐。　（厅宣传处）

甘肃省广播电视概况

甘肃省广播电视厅

一、圆满完成了各项宣传任务

1997年，全省32座各级无线广播电台办有34套节目，平均每日播出273小时56分钟，其中每日自办节目172小时10分钟。省电台3套节目每日播音55小时50分，自办节目54小时20分，分别约占全省总播音时间的20%和自办节目的32%。全省有各级无线电视台14座，办有15套节目，平均周播出时间834小时36分，其中周自办节目600小时01分。省电视台办有2套节目，周播出131小时16分，自办节目124小时46分，分别约占全省总播出时间的16%和自办节目的21%。全省有有线电视台12座，办有12套节目，平均周播出556小时10分，其中周自办节目331小时45分。省有线电视台办有1套节目，周播出105小时，自办节目100小时18分，分别约占全省总播出时间的19%和自办节目的30%。

1997年，各级广播电视台（站）紧紧围绕香港回归和党的十五大召开这两件大事，紧紧配合省委、省政府的中心工作，认真贯彻"团结、稳定、鼓劲"和正面宣传为主的方针，通过多种形式给予了及时报道和深入宣传。

1. 邓小平同志逝世的宣传报道。2月19日，敬爱的邓小平同志与世长辞，全省各级台（站）根据中央、省委对此项活动的要求，报道了各地、各单位和人民群众座谈缅怀邓小平丰功伟绩的新闻。省电台新闻节目及时报道反映了省直各部门、各单位、各地州市和社会各界举行悼念活动的情况，三套专题节目选播了缅怀邓小平同志丰功伟绩的文章，各类文艺节目集中选播了一批歌颂邓小平同志的文艺作品和优秀的民族音乐、革命歌曲、革命历史题材的电影录音剪辑等内容，突出歌颂了邓小平同志在中国革命的建设史上尤其是党的十届三中全会以来的不朽功勋，突出报道了全省人民化悲痛为力量，努力做好本职工作，促进两个文明建设不断前进的决心。省电视台安排播出了文献片《邓小平》、《解放云南》、《历史的抉择》、《大决战》、《百色起义》等多部反映邓小平同志革命生涯的纪录片、影视剧等。

2. 香港回归宣传导向正确，基调鲜明。

省电台各节目从不同角度采用不同形式，深刻阐述了邓小平同志“一国两制”的伟大构想，遵循《基本法》关于“一国两制”、港人治港、高度自治、繁荣稳定的要求，深入宣传了香港特别行政区《基本法》，全面介绍了香港的历史、现实及未来前景，宣传了改革开放和祖国繁荣强大背景下香港回归的历史必然性及重大的历史意义。香港回归前夕，各节目开设专栏，共编发各类稿件1000多件，文艺部精心策划制作了文艺晚会。6月30日至7月1日，一、二、三套节目48小时并机转播中央人民广播电台香港回归特别节目，同时适时播出了全省各地各行业庆祝香港回归的动态报道。省电视台除72小时转播中央台回归盛况外，还在新闻节目大量报道了各地喜迎和欢庆回归的盛况，《焦点评说》、《社会传真》、《交流》、《地平线》等栏目以回归为热点开展了大量的专题报道，举办了《迎香港回归文艺晚会》、《庆七一迎回归歌咏大会》等12台文艺晚会，开展了《迎香港回归知识竞赛》等丰富多彩的活动。

3. 党的十五大宣传活动有声势、有深度。

十五大召开前夕，省电台新闻节目开辟挂牌栏目《展示新成就、迎接十五大》，其他各节目都开辟有关专栏，集中、全面、生动地宣传改革开放以来，特别是党的十四大以来全省人民在省委、省政府领导下，在经济建设、改革开放和精神文明建设中所取得的巨大成就；十五大召开后，各节目宣传了江泽民同志在十五大所作的报告及我省出席十五大基层代表的先进事迹，把建设有中国特色社会主义事业全面推向二十一世纪的情况；十五大闭幕后，新闻节目开辟了《十五大精神在陇原》专栏，农村节目对农村听众宣传十五大精神，各经济节目对十五大报告中有关国有企业改革等经济建设方面的重大问题，理论节目中播出广播理论座谈会，并开辟了《学报告促发展》专栏。各节目从不同角度、不同侧面充分宣传报道了贯彻大会精神的情况。省电视台十五大召开前，在新闻节目开办了《前进的甘肃》、《崭新风貌迎十五大》等专栏及《先锋颂》庆七一、迎十五大专题节目展播；十五大召开期间，在《甘肃新闻》中开设了《学习十五大、贯彻十五大》专栏，及时报道了各地各级组织贯彻十五大精神的情况和十四大以来我省在改革开放中所取得的成就和可喜变化。《焦点评说》还采编了省十五大代表的专访报道。一个月内播发新闻155条，每天达到4～5条，播发专题5部，形成了强大的舆论声势。

4. 进一步加强了经济建设和改革开放的宣传。

全省各级台（站）对省委、省政府关于经济工作的重大举措和取得的成效进行了多角度、全方位的宣传。省电台在全面宣传中，还突出抓了扶贫攻坚，国有企业在深化改革、转换机制、“抓大放小”、企业深化改革、扭亏增盈等方面的经验和作法。坚持在国际台每月举办一次“甘肃宣传日”及每年举办一次“甘肃宣传周”。省电视台按照省上“抓大放小”和“三改一加强”的基本思路，在《甘肃新闻》中开办了《深化改革、振兴国企》专栏，开展了我省建立12个大型企业集团的专题报道，对企业破产、兼并、重组过程中的新情况、新经验进行深入报道。对发展非公有制、实施陇货精品名牌战略给予了有力的宣传。

5. 继续深入开展精神文明建设的宣传。

在精神文明建设这一宣传活动中，全省各级台（站）各节目坚持以抓好爱国主义、集体主义、社会主义思想教育，以正确的世界观、人生观、价值观教育广大听观众特别是青少年，讴歌社会主义新风、弘扬时代主旋律。省电台各节目围绕“文明言行、环境卫生、服务质量、效能秩序”开设栏目，选择话题，报道活动动态，宣传先进典型。对“尽职尽责，化解民事纠纷”的古浪县司法助理侯殿禄的先进事迹宣传，有力度、影响大，效果好。省电视台对侯殿禄等先进典型的事迹进行了充分报道。组织了电视人物片展播和青年栏目《闪光的青春》专题展播，共播出专题片60多集。

在具体工作中，还取得了以下收获。

1. 节目制作能力进一步增长。

1997年，全省各级广播电台制作广播节目54470小时，其中自制节目49419小时，自制节目占91%；省电台全年自制节目19832小时，自制节目占100%。全省各级电视台全年制作节目7885小时，其中自制节目4861小时，自制节目占62%；省电视台全年制作节目950小时，其中自制节目585小时，自制节目占62%。全省各级有线电视台全年制作节目4600小时，其中省有线电视台制作545小时，占12%，嘉峪关台制作节目2059小时，占45%。全年全省各级广播电视台制作节目均比上年有大的增长。

2. 节目质量明显提高。

省电台围绕提高节目质量，采取了“强化精品意识、量化创优任务”、“加强了节目监听、听评”、“开展创优节目评析活动”、“开展业务研讨活动促进创优”、“狠抓采访”等多条措施，使以提高节目质量为核心内容的创优工作获得全面丰收。省电台制作的广播报道剧《千年绝唱》获全国“五个一工程”奖；消息《陇原农民举办学术研讨会》、新闻编排《全省新闻联播》、经济节目《荒漠的曙光-沙产业》、文学节目《编辑手记，生命之水的礼赞》，在中国广播奖评选中，均获得一等奖；此外，在中国新闻奖、全国对外宣传奖、全国人大新闻奖及全国广播各专业研讨会等评奖活动中，获奖节目频传捷报。全年共有70多件（次）作品在省以上优秀广播节目评选中获奖，其中28件作品获国家级奖，是该台历史上获奖数量最大，档次最高的一年。这年该台向中央台提供选用新闻稿件达49篇，位居西北五省区之首。

省电视台围绕提高节目质量，实施了八项改革措施。一是强化新闻宣传改革。《甘肃新闻》实行了责任编辑制，并且增办了《午间新闻》，改版了《晚间新闻》，这两个栏目都实行了制片人制。二是坚持精办栏目。规范、归类、合并了不适合的栏目，同时增强了《焦点评说》、《观众之友》、《社会传真》的播出频率，实施了栏目准确定位和明确宗旨的措施，加强了策划和选题工作，突出了栏目特色。三是继续完善和推行了部主任领导下的栏目制片人制，将工作人员引入上岗竞争机制，使栏目质量从整体上得到提高。四是从2月1日增加了白天播出，结束了过去平时没有白天播出的历史。五是进一步强化了节目评审评议制度，在完善栏目月评的基础上增加了新闻节目审视评议制度。六是加强调查研究，广泛开展了业务研讨和交流活动。首次举办了首届全国电视制片人研讨会，成功承办了西北五省区电视剧评奖活动。七是建立了精品基金，完善了奖罚制度。八是改革了飞天台运行机制，电视宣传贯彻了“突出经济特色，兼顾文娱功能”的方针，使“飞天台”以全新的面貌和良好的精神状态于1997年展现在广大观众面前。通过以上举措，全台全年共有52件作品在全国和全省获奖。其中，电视剧《岁月不流逝》首获全国“五个一工程”奖，电视片《母亲万岁》在全国社教节目评比中荣获一等奖，专题片《沙尘暴的警告》获“中国新闻奖”二等奖，31件省级奖在同届评奖中从数量、级别占到获奖总数的46%。

兰州市各台(站)全年共有139件作品在市级以上各类节目评选中获奖，比上年增长24.1%，其中23件作品获国家级奖，25个作品获省级奖。

二、事业建设继续发展，各项管理进一步完善

事业建设。1997年，通过增置、改善设备等手段，使全省的事业建设继续发展：全省各级广播电台有中短波发射机47部，总功率达到684.1千瓦，各调频台有70部调频发射机，总功率达到112.320千瓦；综合覆盖率为73.03%。全省有各类规模电视发射台1317座，发射机1585部，总功率为161.614千瓦，人口覆盖率达到73.44%。全省建有微波站134站（其中重复站50)，总线路长达3308公里，使播出信号质量大大改善。广播电视系统有10家办有广播电视报，年总发行量87万份，甘肃音像出版社年产录音制品21万盘，录像制品一万盘。列为全省精神文明建设十件实事之一的甘肃省广播电视中心工程，于年内12月8日正式奠基开工，建筑面积为32950平方米，总投资为1.25亿元；被列为全省精神文明建设十件实事之一的甘肃省广播电视卫星地球站，该工程争取于1998年内建成投播，总投资为1700万元。

管理工作。队伍建设，学习了《广播电视管理条例》等文件、规章，开展了“创先争优”活动，组织了普法教育与考核。业务建设，继续总结、完善了目标管理责任制的实施考核工作，使单位、个人的工作事业心、责任心大大增强，较圆满地完成了全年宣传、安全播出等工作任务。 （杨志宣 董 蔚）

青海省广播电视概况

青海省广播电视厅

一、广播电视节目上星，开启宣传青海新里程

1997年是我国很不寻常的一年，也是我省广播电视发展史上很重要的一年。元月1日12时，田成平省长亲自开启上星播出键，青海广播电视节目实现了上星播出。从此，青海省的玉树、果洛、海西等广大地区结束了长期不能直接收看省台电视节目的历史，其它地区也将大大改善省电台广播、电视的收听、收看状况。经过调整，现在省电视台上星的汉藏语综合电视节目每天播出12小时，其中藏语节目为1小时25分钟。省电台上星的汉语节目每天播出13小时，藏语节目每天播出9小时25分钟。

节目上星一年以来，不仅促进了青海广播电视节目质量的提高，而且对提高青海的知名度，扩大青海的影响做出了积极的贡献。

二、导向正确，整体宣传水平有明显提高

1. 三件大事的宣传，较有声色，形成了整体优势。

——突出宣传了邓小平建设有中国特色的社会主义理论和邓小平同志为中国的发展所创建的丰功伟绩。二月邓小平同志逝世后，全省各级广播电视台站，在省厅编委会的统一部署下，迅速调整节目，宣传邓小平同志的丰功伟绩和各族群众悼念邓小平同志的活动。省广播电台汉藏语节目，在短短七天中，共播悼念消息306条，还播放歌曲《春天的故事》，选播了邓楠撰写的《我的父亲》，并节选播出了邓小平同志的一些重要文章；与省委宣传部联合举办了24讲邓小平关于社会主义精神文明建设理论专题讲座。青海电视台、青海有线广播电视台反复播放了文献纪录片《邓小平》、影视片《大决战》、《刘邓在平汉前线》、《百色起义》、《邓小平在深圳》等。

——迎香港回归宣传有声有色。香港回归祖国是全国各族人民盼望已久的大事。从年初开始，厅编委会作出规划，青海电台、青海电视台、青海有线广播电视台、青海电视报，从四月初开始，新设挂牌节目、栏目，至七月，累计播发有关回归新闻800余条（篇），播出专题片、电视纪录片、电视连续剧达290部（集），播出广播专题文学节目50档。其中，省电台与团省委、省妇联联合举办了“喜迎回归、歌唱祖国”、“城乡手拉手、心连心”等大型直播演唱会；省电视台举办了“迎香港回归知识竞赛”、文艺晚会“百年梦圆”及西宁地区庆祝香港回归活动实况等。

——精心组织十五大宣传，广播、电视、报刊并进，显得隆重、热烈、准确、充分。从8月起，省电台在《新闻节目》中推出了“展示辉煌成就，迎接灿烂前程”、“农村牧区新风貌”系列报道；省电视台在《新闻联播》中开辟专栏《奋进的青海》共发新闻60余条，在《展示新成就，迎接十五大》栏目中，播出《再现辉煌》、《金融成就回顾》、《土乡盛开文明花》、《明珠依然辉煌》等专题30余集。十五大期间，各台及时转播十五大召开的盛况。省市各台还组织记者深入各地，及时反映城市、农牧区干部群众传达、学习、座谈十五大精神的情况。期间，省三台共播发消息460条，西宁市三台一报都增设了《贯彻十五大精神，建设大西宁》、《在十五大精神指引下》等栏目，联系实际，改进报道方法，把宣传引向深入。广播、电视、报刊相互融合，显示出集中宣传的立体效应。

2. 经济报道的深入，显示出整体宣传水平的提高。

——经济报道仍然是全年宣传工作的重点，为推进经济体制和经济增长方式两个根本的转变，加快国企改革步伐，青海电视台推出系列报道《来自柴达木的报道》(28集)、专题片《百年基业》，青海有线电视台播出《来自再就业工程的报道》、《第二次创业》、《新能源之路》，省电台播出《经济改革访谈》(21篇)、专题《经济改革论谈》(30篇)，重点报道了青海铝厂、量具刃具厂、青沪机床厂等一批国有企业改制的经验。西宁电台在《希望之路》专栏，选择宝光公司、青海金牛胶业集团公司、氧气厂等8个企业典型，以消息和言论，引导干部群众展开讨论，促进经济改革的新思路深入人心。

——注重农业基础地位的宣传。农业仍然是我国经济的基础，科技兴农，保持农业持续、健康发展，依旧是广播电视宣传的重点。结合本省实际，省电台采编系列报道《再访贫困山乡》(40集)、《来自春耕第一线的报道》(20集)，西宁电台播出《菜篮子工程》多集，有力地反映省市扶贫攻坚、科技兴农的新成就、新问题。

3. 典型人物报道较有声势，推动了精神文明建设的健康发展。

——从年初开始，先后重点宣传了青年科技工作者的代表、青海石油局高级工程师秦文贵，地矿部门二次创业的好带头人胡道春，扎根山区、全心全意为少数民族群众服务的山区教师刘让贤，几十年如一日坚持在牧区工作的防疫标兵南忠，在龙羊峡电站抗洪抢险中忠于职守、英勇牺牲的好战士张海西等，宣传声势大，群众参与多，舆论氛围浓厚，社会反响强烈。省电台采制的系列录音通讯《土山沟也有金子塔》，省电视台摄制的9集系列报道《春风化雨育桃李》、专题片《大山深处的冬花》(上下集)、武警青海总队记者站拍摄的电视专题片《黄河魂》等，主题鲜明，细节生动，颇为感人。其中，刘让贤和张海西经中宣部与武警总部批准，已作为先进典型在全国展开了宣传。

4. 精品意识提高，优秀节目增多

——按照精办频道、精办节目栏目的要求，各级台站都对以往的节目栏目作了调整。省市台新设《假日风景》、《星期五广角镜》、《周末快餐》、《科技之窗》、《广告文体乐园》、《有线之旅》、《搜索12频道》、《河湟芳草地》、《人口与健康》等节目，合并、改制了一些节目。重视计划性，加强了策划、选题、审稿及收视信息反馈等环节的工作，整体节目质量有所提高。

——对列入精神文明建设“五个一工程”的节目，领导亲自参与，创作出了一批思想性与艺术性统一的优秀作品。省电台录制的立体声广播剧《最后的报告》获1996年度全国“五个一工程”入选作品奖，广播系列报道《再访贫困山乡》、电视系列报道《来自雪灾区的报道》、广播消息《青海灯泡厂扭亏增盈》、电视新闻专题《玉树雪灾纪实》等9件作品分别获得中国广播电视奖新闻社教节目二、三等奖，专题片《古海潮声》、《与荒原对话》、广播剧《金色的翅膀》、歌曲《牛背摇篮》获省三届“五个一工程”入选作品奖。同时，还有50多件新闻、评论、文艺、专题等作品分获省级一、二、三等奖。

5. 发挥优势，扩大对外宣传

青海电视台1997年向中央电视台提供新闻447条，其中在一套节目播出200条，比1996年增长51%；向广东新闻中心提供265条，与外省台交流电视剧3部8集，共计6240分钟。青海人民广播电台向中央台提供稿件254条，其中藏语3条；国际台《中国之窗》播出省电台提供的节目12档。西宁人民广播电台向中央台提供新闻20多条，湟中电视站也向中央电视台供稿3条，大通、互助广播电视局加入中央电视台第七套农业节目《大地红绿蓝60’》网络中心。省电台还向全国65家省、市、区电台发送了宣传青海的稿件。《青海广播电视报》全年发行307万份。昆仑音像出版社出版发行音带87000盒，像带245盘。

6. 舆论监督有所加强。由于舆论监督和党内监督、法律监督、群众监督一样，都是我国社会主义民主监督机制的重要组成部分，所以，一年来青海广播电视宣传，一直坚持实施正确的舆论监督。西宁人民广播电台采写的《甘青警方联手侦破猎杀大熊猫案件》、《保护野生动物刻不容缓》、《警钟为国家重点工程敲响》、《司法人事部门严惩违法保安人员》，省电台连续报道的《西宁，不文明现象何时了》，青海经济台采播的《聂小强战士见义勇为引起的思考》和青海有线电视台播放的《刹住乱设卡乱收费的歪风》等稿件，做到了事实准确，客观公正，把握时机，有始有终和严格送审，播出后社会反响较好，发挥了舆论监督的作用。

7. 藏语广播电视有了新发展

——藏语广播在重大题材的报道中，相应开设《展示新成就，迈向新征程——迎接党的十五大》、《学习十五大精神言论摘播》、《香港回归知识问答》等栏目；在经济、文化宣传方面，播出系列报道20集《青南扶贫攻坚纪实》，开设了《人口与计划生育》栏目。另外，举办了青海藏语广播创办45周年庆祝活动和全国十五次藏语文艺广播会议。

——8月18日起，为方便广大藏语观众收看藏语电视，青海电视台在第二套21：15分至22：15间增播一档藏语节目。全年共完成藏语电视节目14525分钟，比上年增长11.7%，占全台自制节目总量的28.54%。在准确传达党的各项方针政策，及时报道国内外、省内外信息，丰富藏族群众文化生活，普及科技知识等方面，较之以往都有提高。同时，注重电视剧的译制。译制配音的影视片有《精武门》、《荆棘鸟》、《怒剑啸狂沙》等61集，共2745分钟；合成译制的影视片有《三侠五义》、《边城风雪》、《奥维德和他的伙伴》等71集，共3195分。增设编译栏目《人口与健康》，在《译作之窗》栏目中，编辑播出本台获奖纪录片《活佛转世》、《青海湖之波》，引进节目《西藏》、《中国少数民族》等，共计1480分钟。另外，还增设了藏语文艺栏目《江源风韵》，自采编出《藏语相声小品荟萃》、《藏族著名艺术家介绍》、《心系古乐谱》、《走进香格里拉——迪庆》和《藏历年晚会大回旋》等。其中1997年藏历年文艺晚会《刚坚巴欢歌》获第十一届全国电视文艺“星光奖”歌舞类三等奖。藏语节目的发展和提高，对青海经济的发展，民族团结等有一定的促进作用。

三、事业建设的新成绩

1.1997年1月1日，青海卫星地球站正式运行，扩大了本省节目的覆盖面。

2.青海广播电视中心大楼建设正式立项，并完成了可行性论证，工程设计与征地等前期工作开始启动。

3.全年完成100多个乡级地面站和30个乡级调频台的建设任务，并通过了验收。

4.青海有线广播电视台和西宁有线广播电视台暨西宁地区有线广播电视系统工程于10月11日通过广播电影电视部的验收，为正式批准奠定了基础。目前，西宁地区入网用户达10万余户，占全市总户数的75%，一些有条件的县将有线电视延伸到了乡村。可收看中央台和广东、浙江、山东、西藏、云南等省区电视台的20余套节目。

5.西宁市广播电视大楼建成，总投资1235万元，面积6900平方米，1997年7月18日，一局三台迁入新楼，从此结束了四处租房、分散办公的局面。

四、技术管理更趋完善，社会管理进一步加强

1.全省各级台站，根据部颁规定，结合各自实际，重新制定和完善了各项安全播出规章制度及奖惩办法，做到职责分明，责任到人。开展地区、台站评比活动，提高了播出质量。青海电视台微波传输、安全播出、图像制作、声音制作四项，在1997年度中国西部地区电视技术评比会上，分别取得一、二、三等奖。青海人民广播电台传音组停播率仅为5.7秒/百小时，其中省三套和藏语节目实现了0秒/百小时。基本完成了全省无线电视发射台、转播台和广播发射台频率执照的审验、换证工作。

2.根据中办、国办《关于加强新闻出版广播电视业管理的通知》的精神，从年初开始，对全省各州、县的无线、有线电视台站进行了全面的检查和审核，制止滥播乱放，加大了管理力度，规范了行业行为。基本完成了县级电台、电视站、有线电视台合并为一个播出实体和企事业有线台改站的工作，并实施了与区域有线网的联网。完善了有线电视台站播出文艺节目的月报制度，理顺了有线电视节目供片、录制渠道。加强了对网络建设、技术方案论证、规划审批及工程验收的管理，广播电视工作逐渐走上法制化、制度化的轨道。

3.重视职工培训，整体素质有所提高

——青海厅培训中心举办6期宣传、技术人员和管理干部培训班，先后共有210人参加，促进了全省广播电视队伍素质的提高。

——全省各级广播电视台开展了职业道德教育，制订了《关于禁止有偿新闻的规定》，加强了新闻队伍建设。

——面向全省公开招考、录用了20名电视播音员、主持人和编辑记者，为推进人事制度改革积累了经验。

五、存在的问题

1.宣传质量有待于进一步提高，节目质量还不能满足广大群众对新闻舆论工作的要求。

2.财力的拮据，不仅制约了事业的发展，而且制约宣传工作的进一步深入，致使一些报道显得浮浅。

3.采编技术人员的素质教育和培养仍然有待加强，根本上还在于用人制度的深入改革。 （辛光武）

宁夏回族自治区广播电视概况

宁夏回族自治区广播电视厅

一、宣传舆论导向正确，宣传水平有了明显提高

各级广播电台、电视台、有线电视台和广播电视报充分发挥各自的优势，密切联系，团结协作，形成合力，更好地利用和发挥了广播电视的整体优势，造成了较好的宣传舆论声势。一是圆满完成了邓小平同志悼念、香港回归、十五大胜利召开、江泽民主席访美等重大事件和重大活动的宣传报道工作。二是加大了经济建设宣传的力度。坚持以经济建设为中心，突出宣传了农业和农村经济、国有企业改革、自治区重点工程、扶贫解困等重大方面的成绩和经验，做到了引导正确，化解矛盾，解决问题，为全区经济工作的顺利推进提供了有力的舆论支持。三是精神文明建设宣传力度进一步加大。进一步深化了邓小平理论的宣传，加强了党的建设的宣传，深入了解放思想、转变观念的宣传，加大了爱国主义、集体主义、社会主义和艰苦创业、建设宁夏的宣传。对于“文明城市、文明村镇、文明行业”创建活动、文化科技卫生“三下乡”活动和群众性的科技文化活动以及对海正生、李金瑞、黄振武、丁晓莲、史苍、孙永峰等先进人物的宣传，产生了很好的社会效果，有力地推动了全区精神文明建设的深入开展。四是批评报道力度有所加大，舆论监督作用有所加强。对于社会上一些道德败坏、假冒伪劣、欺诈不公、环境脏乱差等消极现象的报道，较好地发挥了舆论监督、正确导向，释疑解惑，弘扬正气，振奋民心的作用。

全年广播电视新闻播出总量比去年有大幅度提高，在全国宣传宁夏的力度加大，新闻宣传水平有明显提高。向中央电台送广播稿120多篇，有60多篇在《新闻和报纸摘要》、《全国新闻联播》等栏目中播出；有100余条新闻被中央电视台采用，其中50条被《新闻联播》采用，4条获中国电视奖，一条获中国新闻奖。

二、一批优秀作品在区内外产生广泛的影响

电影《这女人，这辈子》和《滑板梦之队》在思想性、艺术性和群众喜闻乐见方面有新的突破，两片均被列为全国重点影片，《滑板梦之队》入选中宣部"五个一工程"奖，打破了我区影片在全国"五个一工程"奖中零的局面，该片还获得了国家电影最高奖"华表奖"和儿童电影"童牛奖"，《这女人，这辈子》获自治区"五个一工程"奖，并被推选参加莫斯科、加拿大蒙特利尔、西班牙国际电影节展影，由《滑板梦之队》套拍的电视剧《滑板少年》也获得成功，证明我区影视合流已显示出一定的优势。电视剧《喊叫水》等在反映现实的深度、广度和艺术感染力方面都取得了较大的成功。一批文艺栏目在贴近群众、贴近生活方面有了较大改观，电视综艺晚会水平进一步提高。

三、广播影视事业健康有序发展

按照广电部把事业建设的重点放在覆盖上，覆盖的重点放在农村的要求，全区各级广播影视部门努力加强广播电视覆盖网建设，广播电视人口综合覆盖率进一步提高。在山区及有条件的山区乡镇大力发展有线广播电视网，永宁等县实现了有线网全县联通，同时加强有线电视网络改造和管理工作，提高网络传输质量，对现有网络进行升级改造，改善了技术手段；协调解决了银川、石嘴山（平罗）两地多路微波系统（MMDS）所用频率；组织建设10个小电视转播站；应用新科技，完成了发射米波、分米波机房等设备改造工作；提高技术维护管理水平，保证了安全优质播出。组织制订了《全区有线广播电视网规划（草稿）》，完成了有线电视工程队年检和广播电视科普展览等工作。

四、治散治滥，加强行业管理

按照中央和自治区党委、政府以及广电部的要求，依据《电影管理条例》和《广播电视管理条例》等法规。较好地完成了各级广播电视台站年检工作，努力做好县（市）级广播电视播出机构合并工作，卫星地面设施的年检工作如期完成，对全区电视剧摄制单位和影视制作经营机构进行了全面清理整顿，加大对影视剧尤其是境外影视剧的播出管理力度，成立了有线电视供片总站和有线电视稽查队。有效地遏制了乱播乱放、乱设台网等散滥现象。

五、提高队伍素质，全面加强队伍建设

各级广播影视部门以提高思想政治素质为重点，认真学习邓小平理论和十五大精神，加强领导班子建设，深入开展了"双学"、"三讲"和"创先争优"活动；坚持不懈地开展党风党纪教育，廉政勤政，弘扬正气，推动反腐倡廉工作。业务干部培训工作顺利开展，有85人参加了培训，有19名处以上干部参加了广电部培训学习，举办了一期51名工人技术考核培训班。北京广播学院宁夏函授站有8名广电工程专业学员毕业。邀请北京广播学院胡正荣副教授作了新闻理论专题讲座，各新闻单位参加听讲人员有600人左右。

新疆维吾尔自治区广播电视概况

新疆维吾尔自治区广播电影电视厅

一、牢牢把握大局，坚持正确导向，圆满完成重大宣传任务

1997年，新疆人民广播电台、新疆电视台和各系列台圆满完成了三大宣传战役。沉痛悼念邓小平逝世的宣传，做到隆重、庄严、深情、有序。新疆电台五种语言统一行动，播发了大量报道。其中，长达40分钟的长篇通讯《天山儿女的深切怀念》情深意切，表达了新疆各族人民对小平同志的深切悼念，专题节目制作了大量邓小平同志生前讲话录音《巨人之声》。新疆电视台专门制作了《新疆新闻特别节目》和《今日访谈》特别节目。迎庆香港回归的宣传，把握了隆重、热烈、欢乐、昂扬的基调。从6月5日开始，新疆电台五种语言的新闻节目同时开辟了专栏《喜迎香港回归　共创美好未来》，新疆电视台在新闻节目中开设了《喜迎香港回归》专栏，新闻部组成28个采访组，进行全面深入的采访，发新闻200多条，播出《今日访谈》6期。为了让少数民族群众迅速听到看到中央台关于香港回归活动的报道，电台、电视台发扬顽强拼搏、连续作战的作风，做好少数民族语言的翻译工作。电台维、哈、蒙、柯语节目的译播人员6月30日晚通宵作战，及时翻译香港回归的重要消息。7月1日早晨各语言节目开播时以特别新闻节目播出。其中维哈语播出时间比中央台维哈语播出相同消息早7小时，蒙语比中央台蒙语节目早11小时。7月1日早7点左右，新疆电视台维、哈语频道都译播了香港交接仪式等重要新闻。十五大宣传，内容丰富、气势宏阔、角度多样。新疆电台五种语言和新疆电视台三种语言，分别推出了《天山展新姿，喜迎十五大》、《十五大代表风采》、《辉煌的五年》、《十五大专题》、《十五大精神与实践》、《展示新成就，迎接十五大》等栏目，有力地配合了党的十五大召开和十五大精神的贯彻落实。

二、实施精品战略，提高宣传质量，涌现一批优秀广播电视作品、精品工程建设取得新成绩

1997年，全厅上下形成讲精品、议精品、抓精品的良好氛围，以"五个一工程"和新闻为龙头，实施精品战略，涌现一批优秀广播电视作品。厅机关的《维护祖国统一简明读本》和新疆电台制作推荐的歌曲《天山儿女》获全国“五个一工程”奖，在’96中国新闻奖评选中，电台、电视台共有两件作品获二等奖，一件获三等奖，在’96中国广播电视政府奖评选中，新疆电台四篇稿件和一部广播剧获一等奖，这是新疆电台在历届全国性广播评奖中一等奖数量最多的一次。另外，乌鲁木齐电台有一件作品获一等奖。天山电影制片厂摄制5部故事片和2部5集电视剧，民族团结题材影片《阿娜的生日》被广电部列为96年度30部重点影片之一。

三、加强对外宣传，树立新疆形象

新疆人民广播电台向中央台发稿600多条，向国际台发专题12件，其中有两件作品获二等奖和组织奖。新疆电视台向中央台及全国省级新闻交流中心发稿486条，被中央台一套各档新闻采用287条，其中被中央台新闻联播采用136条，采用专题节目301分钟，与兄弟电视台合拍节目2236分钟。新疆经济电视台向中央台提供播出200分钟节目。

四、少数民族语言影视剧译制工作有新进展

1997年，新疆广播电视系统积极组织力量，精选优秀影视剧目，开展译制工作，全年共译制影视剧825部2369集，其中新疆电视台42部353集，新疆有线电视台578部1156集，天山电影制片厂71部142集，各地州（市）134部718集。

五、基本完成治散治滥任务，管理水平再上新台阶

按照广电部和自治区关于广播电视治散治滥的有关部署，适时完成了六项治理任务。基本完成全区17个企业台改站工作；完成了4个台中台的改称工作；完成15家电视剧制作机构清理和规范化管理任务；基本完成县级播出机构调整工作，实现了72个县（市）电台、电视台、有线电视台的三台合一；基本完成了7个地州和地州直属机关所在的县(市)分设的广播电视机构的撤并工作，开展了播出机构重新审核登记工作；查处了个别县系统外非法设台建网的问题。

六、事业建设步伐加快，广播电视实力增强

1997年8月28日，新疆广播电影电视厅采用当今国际最先进的数字压缩技术，建成国内省区中规模最大、传输语种最多的卫星广播电视地球站和相关系统，分频道同步传输新疆人民广播电台五种语言广播节目和新疆电视台三种语言电视节目，实现了广播电视全疆联网。基本完成了“三区计划”和年度边境广播电视计划建设任务。904台中波发射台正式开工，预计1998年建成投产。新建了40个县调频转播台，23个广播地面站，完成27个边境县市及41个边境乡镇广播电视转播台站建设，为全疆各地配置了500台新疆卫视节目解码器。到1997年底，全疆广播和电视人口覆盖率分别达到79.17%和82.48%，分别比1996年增长0.59个百分点和1.63个百分点。

七、队伍建设和精神文明建设取得新进展

厅党组贯彻“两手抓，两手都要硬”的方针，切实加强队伍建设，举办县处级以上干部党纪条规学习班和十五大精神学习班，200多人参加了学习。选送75人参加太原管理干部学院县处级管理干部培训班。组织开展了反对民族分裂主义斗争的宣传教育和民族团结教育，完成了厅机关国家公务员制度推行工作，通过了自治区推行办的首批验收。完成了新疆人民广播电台和新疆电视台及直属事业单位机构改革方案的编制和报批，表彰了平息伊宁“2·5”打砸抢骚乱事件的广播电视系统先进集体和先进个人。积极开展各项文体活动，活跃职工文化生活，新疆广播电影电视厅连续4年被评为乌鲁木齐市精神文明单位。（新红莉）

新疆生产建设兵团广播电视概况

新疆生产建设兵团
广播电视局

一、宣传工作

1. 新闻宣传得到高度重视。各师广播电视局和各台站以新闻立台，新闻创形象，新闻见水平和以搞好新闻宣传为本的思想不断提高。1997年2月，兵团党委召开了宣传思想工作会议，会上传达了全国广播电视厅局长会议精神，提出了1997年兵团广播电视工作要点，对全年广播电视工作作了安排。5月20日兵团又召开广播电视宣传工作会议。对广播电视面临的新形势、新任务、新情况、新问题进行了分析讨论，各师局、台（站）的领导同志统一认识明确任务、群策群力，全力以赴，保证了全兵团宣传工作舆论正确、重点突出，成绩显著。

1997年止，兵团拥有地级电视台3座，地级广播电台2座，地级有线广播电视台5座，筹建2座，调频广播88座，地面卫星接收站190座，录播台116座。广播电视从无到有，覆盖率有了大幅度提高，广播人口覆盖率为80.4%，电视人口覆盖率为85.8%。5月1日，兵团有线电视台与自治区有线电视台实现了光纤联网，可收视人口增加到60万左右。这是宣传兵团的一个重要窗口，是扩大覆盖的一个重大突破。并网之后，兵团有线台有了新面貌，播出各师供稿1252条，《走进兵团》和《兵团新闻》栏目产生了一定的社会影响，得到了兵团领导和自治区各界的肯定。兵团、各师、团场三级广播电视台(站)在转播好中央及自治区第一套广播电视节目的同时，提高自办节目尤其是新闻节目的质量，形成了以兵团有线电视为龙头，师、团场电视台(站）为依托的具有兵团特色的广播电视宣传网络。

在严厉打击暴力恐怖犯罪活动的专项斗争中，各级宣传部门充分发挥广播电视时效迅速，形象生动、覆盖面广的特点，报道了大量的民族团结先进集体和个人，为维护祖国统一，强化社会治安，反对民族分裂提供了舆论支持。2月5日，伊犁发生民族分裂主义分子打砸抢杀烧骚乱事件，农四师、兵团有线台、公安等部门的同志日夜兼程、夜以继日，拍摄、录制了汇报片。各师局广播电视台站还摄制了“严打”的新闻，对于教育人民、打击民族分裂主义分子发挥了积极的作用。

2. 把握正确导向，唱响主旋律，进一步加强精神文明建设的宣传，抓好三件大事的宣传工作。在精神文明建设的宣传报道中，对兵团各行各业精神文明建设的新成就、新进展、“创建小康连队”、“讲文明，树新风”等重大活动，以及先进典型的报道比以往更突出、更深入，宣传规模更大。1997年是不寻常的一年，邓小平同志逝世、香港回归、党的十五大召开，三件大事举世瞩目，政治性都很强。在怀念邓小平同志的活动中，兵团各广播电视台站都完整、准时地按要求转播中央一套节目，及时转播和重播了《邓小平伟大光辉的一生》专题片，组织记者深入生产第一线和部分单位进行采访。

香港回归，是1997年的喜庆大事之一，也是进行爱国主义教育的好时机，在香港回归还有100天时，兵团各广播电视台站开始倒计时。安排播出有关香港的优秀电视节目。组织记者到各行各业进行采访，开辟专栏，石河子人民广播电台、电视台、经济台开设了《绿洲迎回归》。经济台的《香港风情》应听众要求，一直播到年底。各台对大型迎回归活动的宣传报道，收到显著的社会效果。

党的十五大召开之前，各台在新闻节目中开设“迎接十五大”的专题，十五大召开之后，重点抓了“解放思想，更新观念，贯彻落实十五大精神”的报道。农一师阿拉尔电视台组织骨干记者，采写了10部，40集电视系列报道，全面反映兵团人在两个文明建设中取得的成绩。

3. 紧紧围绕经济建设这个中心，搞好新闻宣传工作。经济建设的宣传一直是兵团新闻宣传的重头戏。1997年，对强化农业基础地位、科技兴农、抗灾夺丰收、扶贫开发的报道；对加强兵团国有企业深化改革、技术改造，调整产业和产品结构，适应市场，走向市场的报道；对工交商建及流通领域加快企业改组、改造，实行跨行业、跨地区的兼并，推广资产重组、资本经营责任制的报道等的宣传报道有声有色，收到较好的效果。1997年，厂矿企业下岗职工增加，为了转变观念，适应市场经济，石河子电视台拍摄了《上海之行》专题片，连续报道了上海下岗职工再就业的经验和做法，在社会上引起了一定的反响。

二、事业建设

1997年是兵团广播电视事业建设发展较快的一年，根据十四届六中全会提出的“要以提高中央和省级广播电视覆盖率为重点，加强广播电视覆盖网建设”和兵团“九五”规划的要求，兵团广播电视局制定了以扩大中央、自治区广播电视节目覆盖为重点，推进广播电视事业协调发展的具体措施。

1997年除各师局、团场自筹投入外，兵团向基层广播电视台站累计投入资金280余万元。有四个师初步建成了自己的广播电视多路微波覆盖网，即农八师石河子九个团场的有线电视网；农九师的第一期六个团场的有线电视网；农七师的七个团场的有线电视网；哈密农场管理局七个团场的有线电视网。广播电视人口覆盖率比上一年分别增加9.4和8.8个百分点，达到80.4%和85.8%。调频广播增加了45座。全兵团172个团场全部建起有线广播电视站，提前完成兵团“九五”规划。

三、队伍建设

兵团广播电视局在不断健全管理体制，加强对广播电视及团场有线电视站的管理的同时，加强队伍培训，提高采、编、播人员的业务水平和工作质量。组织有关人员分层次参加了培训，参加广播电影电视部的培训5人，参加山西太原干部培训学院举办的广播电视业务培训7人，农一、四、六等师举办了摄像和广播电视技术业务学习班。

4. 大事记

责任编辑　王桂花
审 稿 人　赵玉明

一月

1日　零点，河南、青海、福建、江西、辽宁、内蒙古（蒙、汉语各一套）、广东、湖南、湖北、广西10省（区）的11套电视节目，以及各省（区）同时传送的本省（区）广播节目，采用数字压缩技术上星播出获得成功，并开始试播。

◇　十二集大型文献纪录片《邓小平》在中央电视台一套节目每晚黄金时间播出，播出后在海内外引起空前强烈的反响，为十五大的召开营造了良好的舆论氛围。

◇　中央人民广播电台《午间半小时》节目召开十周年纪念日座谈会，邀请听众代表、专家学者一起总结10年的经验和教训。

5日　国务院副总理钱其琛到国际台，在华语台的《紫荆花开报春归》中，向海外华侨、华人和所有远离祖国在国外工作的人员拜年。钱副总理为华语广播题词："努力办好对外广播，为海外侨胞服务。"

6日　浙江省广播电视国际新闻交流中心工程建设正式开工，副省长叶荣宝等出席了开工典礼。省广播电视国际新闻交流中心建筑面积22000平方米，建成后，将拥有若干个现代化新闻发布厅，一个设施齐全的多功能大厅以及多套先进的广电节目制作传输系统。

8日　由中组部、中宣部、文化部、广电部共同主办的"歌颂孔繁森声乐作品演唱比赛颁奖电视晚会"在京举行。中组部部长张全景，中宣部副部长徐光春，广电部副部长杨伟光等领导及各界人士观看了晚会。

◇　孙家正部长，何栋材、同向荣副部长听取了北京市广播电视局关于"北京电视城"建设和建立"全国电视节目交易供片中心"设想的汇报。孙部长要求"北京电视城"建设要有特色、有新意，要把电视生产放在首位；进入"全国电视节目交易供片中心"的节目，必须是经部里批准的制作、发行单位提供的，必要时要由部审查机构审查后"贴花"才准电视台播出。

◇　北京市政府新闻办、外事办和北京电视台共同主办为期一个月的"北京电视节"暨《北京图片展》在澳门开幕。"北京电视节"期间共播出14小时的节目，其中7小时为纪实性节目和7小时各具特色的7台文艺晚会。向澳门同胞介绍了北京悠久的历史和现代化建设的成就，展示了北京人的精神风貌。

9日　中央电视台"首届电视片头作品评选"活动在北京举行。评委组从126件台内外参评作品中评选出优秀作品44个。4个节（栏）目片头获一等奖，获二等奖15个，获三等奖25个。

10～11日　江泽民主席1997年元旦献词每天两次在美国政治信息频道（C-SPAN）播出。该频道主要向美国大众提供未经剪辑的政治新闻节目，并通过世界网络传送到全球90多个国家。

11日　中共陕西省委宣传部、省广电厅等单位在陕西省体育馆联合举办"开放的陕西拥抱'97暨纪念党中央进驻延安60周年"大型文艺晚会。

12～25日　广电部社管司周才夫率团赴美国参加北美电视交易市场活动。

13日　中国教育电视台推出大型电脑教育系列节目《世界电脑之窗》。该节目共312集，每周播出6集。

13～28日　中央电视台《健康之路》栏目和北京市卫生局等单位春节前夕共同举办了"情系老区——'97健康之路双鹤京九行"送医送药活动在人民大会堂举行出发仪式，慰问团一行29人沿京九铁路赴北京房山、湖北红安、江西修水、井冈山等革命老区开展入户巡诊，手术治疗，送药捐钱，健康调查，签订代培协议等多项活动，受到当地政府的大力支持和老区人民的热情欢迎。

14日 在中国广播奖第八届广播剧评奖中，黑龙江省有3部作品获一等奖，实现了全国评奖"八连冠"，黑龙江省政府予以通令嘉奖。

◇ 延边电视台"祖国边境万里行"采访团归延。采访团于1996年9月23日从珲春防川出发，行程9000多公里，经由10个省、直辖市，系统报道我国沿海地区改革开放的经验。

15日 中共中央政治局常委、全国人大常委会委员长乔石在上海市委副书记陈至立、市政府秘书长周慕尧和上海市广电局党委书记孙刚、局长叶志康陪同下，视察了上海广播大厦，并题词：大力发展广播影视事业，为人民群众和社会主义现代化建设服务。

16日 中共甘肃省委、省人民政府在实施"121雨水集流工程"中，对表现突出的58个先进单位和106名先进个人作出表彰决定。甘肃省广电厅被评为帮扶先进单位，省电视台新闻部副主任范广润，省电台新闻部记者燕小康被评为帮扶先进个人。

17日 经广电部党组研究批准，齐勇毅同志任广播电影电视部设计院党委书记。

◇ 新疆广播影视厅推行国家公务员制度工作通过自治区验收，82名机关工作人员进入国家公务员队伍。

18～22日 广电部召开全国广播影视厅局长会议。会议认真学习了江泽民同志关于新闻和文艺工作的重要讲话，听取了全国宣传部长会议精神和丁关根同志重要讲话的传达。李铁映同志与会议代表座谈并发表了重要讲话。孙家正同志作了总结讲话，田聪明、刘习良、何栋材、同向荣、杨伟光、赵实等同志作了专题发言。会议分析总结了1996年广播影视工作的进展情况，研究部署了1997年的主要任务，讨论通过了有关工作文件。

20日 何栋材副部长会见飞利浦电子集团副总裁德克勒弗一行。

◇ 中央电视台"心连心"艺术团在革命历史名城贵州遵义举行'97首场慰问演出。演出活动主会场设在遵义会议会址楼前，并派出多个演出小分队，深入偏远、贫困的山寨进行慰问。

◇ 北京电台建国门至酒仙桥发射台光缆更换工程完工。工程中拆除旧传音电缆10公里，铺设10芯光缆和10对话缆各一条，并为有线电视台铺设48芯和16芯光缆各一条。

23～24日 广电部教育司召开首届部级科研和教学优秀成果评奖会。分别评出了首届部级高校文科科研优秀著作、优秀论文奖和优秀教学成果一等奖8项、二等奖12项、三等奖12项。

24～26日 海峡之声广播电台在福州举行了"纪念江主席关于台湾问题重要讲话发表两周年暨'97海峡两岸关系展望研讨会"。来自全国台湾研究会、中国社科院台研所、厦门大学台研所、上海市台湾研究会、福建社科院台研所等单位近20位台湾问题专家学者参加了这次研讨会。

25日 中央电视台从美国国际频道节目部获悉，美国洛杉矶国际频道将于美国东部时间2月7日晚11∶00至次日零晨4∶00播出我台通过第四套节目播送的'97春节联欢晚会。该频道拥有华人华侨观众110万，即50%的在美华人华侨届时可以观看到春节联欢晚会。

◇ 原中央广播事业局副局长、中央人民广播电台台长、中国共产党优秀党员左漠野同志因病医治无效，于21∶30分在北京不幸逝世，终年84岁。

28日 中山舰在武昌金口镇整体打捞出水。中央电视台、湖北省广播电视厅及其所属各台分别对中山舰打捞进行了追踪报道和大型现场直播。

◇ 中共福建省委书记陈明义到省广播电视大楼，看望广播电视工作者，并与编辑、记者、播音、技术人员亲切交谈。

29～31日 由国务院新闻办公室和广电部联合召开的第二届全国广播对外宣传协作会议暨首届全国广播对外报道报送优秀节目颁奖会在北京举行。

30日 中共中央文献研究室、中央电视台联合发出《关于表彰大型电视文献纪录片〈邓小平〉摄制组的决定》，对摄制组给予通报表彰和奖励。

本月 云南省委宣传部、省广播电视厅、省电台、电视台、新华社云南分社、云南广播电视报等宣传机构记者一行20余人组成工作组，赴昭通地区永善县进行广播电视扶贫活动。省广电厅赠送给该县边远山区6万余元的广播电视设备，并安装调试。

本月 由河南林河集团出资60万元援建的24座贵州乡村卫星地面广播电视收转站开播，使贵州6个贫困县24个乡村的农民看上了电视节目。

二月

1日 香港有线电视台正式转播浙江电视台《浙江卫视新闻》节目。

2日 中央人民广播电台954工程竣工验收暨开播典礼在广西南宁市举行，何栋材副部长以及中共广西壮族自治区委员会常委、宣传部部长潘琦，广西壮族自治区人民政府副主席李振潜出席典礼仪式并讲话。

◇ 中国华艺广播公司与林则徐基金会合作推出《迎九七林则徐足迹行》40集系列专题报道。意在通过宣传林则徐的爱国主义思想，宣传当今中华儿女自强不息，在各个领域为中华民族的振兴、奉献的浩然正气，沟通海峡两岸人民的思想情感。记者走访了福建、广东、江苏、河南、新疆等省区的林则徐故地、遗迹。

3日 广电部发（广电发50号）文件，任命王伟国为教育司副司长，原副司长陈宇锴任电影学院副院长。

◇ 春节前夕，孙家正部长，田聪明、刘习良、何栋材、杨伟光副部长和部党组成员、办公厅主任王甘文分别率部机关有关司局的负责同志，慰问了吴冷西、艾知生、马庆雄、王枫、徐崇华等同志，向老领导祝贺新春。

◇ 春节前后，部工会和各单位积极开展“送温暖，进家门，摸实情，解难题”活动，共家访慰问生病和困难职工 3737 户，其中特困职工 423 户；支付慰问金 75 万余元。

15 日 吉林省广播电视数字微波工程，通过部、省级验收，该系统是世界上第一个采用 MPEG-2 标准的地面数字微波传输系统，具有世界领先水平。

16 日 李鹏总理在中央电视台关于酒类广告发布情况的报告上批示：“对地方台的广告也要加强引导，白酒不宜提倡，既伤身体，又耗费粮食。中国果品资源丰富，应多提倡喝果酒”。

18 日 孙家正部长、田聪明副部长召集部管理干部学院领导班子全体成员到京，对学院的办学体制、人才培养方向、以及领导班子建设等提出了具体要求。教育司和人事司负责同志也参加了会见。

18～20 日 1997 年度全国电视剧题材规划会议暨第 16 届全国电视剧“飞天奖”颁奖会议在江苏省无锡市召开。来自全国各地广播电视厅（局）的领导、电视剧制作单位的代表等近 400 人参加了会议。刘习良副部长出席了大会，并作了“实施电视剧精品战略，推动电视剧精品生产”的报告。

19 日 一代伟人邓小平与世长辞，广电部及中央三台领导迅速部署新闻报道工作。

◇ 江西省新余市广播电视中心正式动工。

20 日 中央三台分别播放了中共中央关于邓小平同志不幸逝世的《告全党、全军、全国各族人民书》，全面揭开了邓小平同志治丧活动及其毕生丰功伟绩的宣传活动。

◇ 中央电视台总编室和新闻中心密切协作圆满完成了《邓小平伟大光辉的一生》的制作任务。该片长达 67 分钟，作为《新闻联播》头条新闻播出，创下单条新闻时间最长的纪录。

21 日 香港卫视台（STAR TV）以历年来购片金额最高的价钱购得 12 集珍贵纪录片《邓小平》。纪录片《邓小平》也成为台湾各家电子媒体争相采购的影片，最后卫视将该片在台湾地区的播映权以高价卖给有线电视台及卫星电视台。

24 日 中国教育电视台编审委员会进行调整。新一届编审委员会由 11 人组成。主任：宋成栋，副主任：柴永广，秘书长：李丹林。

25 日 9：50～11：07，中央电视台圆满完成对邓小平同志追悼大会的现场直播任务。据统计，25 日上午 8：00～12：00，另有 24 家境外电视机构传送追悼会实况 37 节，共计 30 小时。直播结束后，中央办公厅主任曾庆红对中央电视台直播工作给予表扬。

◇ 香港商业电台成功转播中央人民广播电台直播邓小平同志追悼大会实况。

26 日 广电部举行广播影视系统全国人大代表和政协委员座谈会，27 位人大代表、政协委员应邀与会。田聪明、刘习良、何栋材、赵实副部长和王甘文同志，以及部办公厅、电影局、中央三台的有关领导参加了座谈。

27 日 青岛市广播电视局被中共青岛市委、青岛市人民政府授予 1996 年度市级机关突出贡献单位称号。

28 日 孙家正部长主持召开部务会议，总结邓小平同志悼念活动宣传报道工作和布置“两会”宣传报道任务。会议传达了丁关根同志在 26 日召开的中央宣传思想工作领导小组会议上的讲话。丁关根同志在讲话中说，江总书记及其他中央领导对邓小平悼念活动的宣传报道工作感到满意。

◇ 中央电视台重新组建了中国国际电视总公司，其企业由中央电视台控股的 6 个子公司组成：中视影视基地发展有限公司、中视电视节目制作有限公司、中视电视技术发展有限公司、中国电视节目代理公司、中视实业发展有限公司、中视调查咨询中心。总公司成立董事会，设立监事会，实行总经理负责制。台分党组聘任李培森同志为总公司经理。

◇ 在荷兰阿姆斯特丹第九届国际纪录片电影节上，由中央电视台海外中心与北京威煌传播公司摄制的电影纪录片《往事歌谣》被荷兰国家电影博物馆档案馆收藏，成为该馆收藏的第 45 部中国电影。

◇ 全国图书订货会上，根据电视剧《车间主任》编写的同名小说由山东文艺出版社出版，引起社会广泛重视，首批订量达 3 万册，成为“中国 97 百种畅销书排行榜”上唯一的一部中国当代长篇小说。随后，该书的印数直线上升，在不到一个月的时间内，发行量达到 8 万册。

◇ 首届天津市广播电视局十大名牌节目评选揭晓。天津电台的《新闻 909》、《天津早晨》、《红绿灯》、《曲苑大观》、《悄悄话》，天津电视台的《天津新闻》、《今晨相会》、《月亮船》、《中国·天津》、《中华戏曲》等节目榜上有名。

◇ 江西赣州地区广播电视节目传输中心微波传输网全线贯通。该传输网共建立 13 个高山转发点，微波线路全长 1140 公里，覆盖全区 17 个县（市）和部分乡（镇）。

◇ 江西景德镇有线电视台实行承诺制，向社会公布“为观众奉献优秀作品，为用户提供优秀服务”的承诺。并做到接到维修电话时，小毛病 24 小时内修复，大故障 48 小时内排除。

三月

1 日 八届全国人大五次会议开幕，中央电视台第一套、第四套节目同时现场直播八届人大五次会议开幕式，临时开辟的传送频道同时传送了英文解说的开幕式实况。美国 CNN 通过接收泛美卫星转发的我台第四套节目对大会实况进行了完整转播。美国国会电视台录制了该台传送的英语解说大会实况。泰国、新加坡、澳大利亚、越南、菲律宾、蒙古等国家和香港、台湾地区的有线电视台也完整地作了转播。

5日 何栋材副部长会见德国电信DAB项目总负责人KRAFT一行。

◇ 中国教育电视台召开1997年新闻宣传报道工作会议。国家教委电教办主任宋成栋、中国教育电视台台长柴永广等领导出席会议，为获得本台1996年度好新闻奖的单位和先进记者站、通讯员站颁奖。

◇ 广西有线广播电视台经广电部批准正式建台开播，呼号：广西有线广播电视台。该台是全国第 家通过广电部验收并批准正式成立的省级有线广播电视台。

7日 中共上海市委（1997）110号文决定：赵凯同志任中共上海市广播电影电视局委员会书记，孙刚同志不再担任中共上海市广播电影电视局委员会书记职务。

8日 辽宁电视台广告部主任赵颖，被辽宁省妇联评为"辽宁省文明女标兵"。

9日 中央电视台在北京、昆明、南京、漠河4个地区7个地点对"日食——彗星"天象奇观进行时长142分钟的现场直播并取得成功，受到科学界和广大观众的高度评价。这也是该台首次对自然现象进行的一次全方位的多点传送直播。

◇ 吉林省广播电视信息台北国系列媒体开始全面运作。集广播电视于一体的北国系列媒体率先在全省实现了一台多频、一频多套的广播新模式。

10日 广电部教育司组织广播学院和电影学院有关方面负责人开会研究两校联合举办动画专业事宜。田聪明副部长出席并作重要指示。会议以贯彻李岚清副总理指示为中心内容，做出了两校联合开办动画专业教育的决定。

12日 中国电视艺术委员会、中国电视剧制作中心在京联合举办了"胡连翠导演作品研讨暨《春》剧看片会"。安徽电视台女导演胡连翠近年来执著于黄梅戏音乐电视剧的探索与实践，在戏曲界和电视界都引起广泛关注。她的作品多次荣获"飞天奖"、"金鹰奖"、"五个一工程奖"。

13日 广电部党组决定：任命胡恩同志为电视剧制作中心主任、中央电视台分党组成员。

18日 中央电视台、贵州电视台、广西电视台联合在广西百色和贵州八渡成功地向全世界直播了南昆铁路合拢贯通实况及盛大庆典。

◇ 陕西卫视正式开播，同时上星的还有陕西人民广播电台第一套节目。陕西卫视是通过亚洲二号星，其覆盖面北到俄罗斯，南到澳大利亚，东到日本，西到北欧、北非，覆盖全世界72%的人口。陕西卫视上星的节目，以陕西电视台原有的第一套节目为主干，同时吸纳了第二、三套节目的精粹共同组成。每天播出约18个小时。

20日 广电部召开提案、信息工作表彰会，田聪明副部长出席会议并讲话。会议对11个提案承办工作先进单位和16名提案承办工作先进个人、20个信息工作先进单位和16名信息工作先进个人进行了表彰，并布置了1997年人大、政协"两会"提案办理工作。

◇ 中国教育电视台成功地转播了规模盛大的'97中美空中心脏病学研讨会，首次将美国心脏病学会的一次盛会通过卫星集中、及时地传送到我国各地。

◇ 中共辽宁省委发出《关于授予王永海同志优秀新闻工作者荣誉称号和开展向王永海同志学习活动的决定》，王永海同志是大连人民广播电台的主任记者。

23～27日 '97全国广播影视纪检监察工作会议在北京召开。部党组书记、部长孙家正，部党组副书记、副部长田聪明，中央纪委常委、监察部副部长李至伦等领导出席会议并讲话。部党组成员、驻部纪检组组长王德新作了《把握大局，加大力度，把广播影视系统反腐败工作继续引向深入》的工作报告。

24～26日 1997年全国电视对外宣传选题规划会在大连召开。来自全国47家电视台的近百名电视外宣工作主管领导及代表参加了会议。

26日 原中共湖北省广播事业管理局党组书记、局长祝季伟因病逝世。享年81岁。

27～30日 由中国广播电视学会专业电视设备用户委员会、电视灯光研究会和中国国际电视总公司联合主办的'97广播电视设备展示及技术交流会在北京召开。来自全国各省市电视台和电视设备生产厂家的350余人参加了会议。

31日 香港第一个普通话电台诞生。呼号为"AM621波段，香港电台第七台"。与此同时，香港电台其他台的普通话节目仍将保留。至此，香港电台的普通话节目将达到100小时，开始了一个粤语、英语和普通话三语广播的新时期。

◇ 湖南省广播电视厅为适应广播电视节目上星播出的新形势，促进节目质量不断提高，成立由30名专家学者组成的监评委员会，全天候监听监看广播电视节目。

◇ 由中央电视台与西藏文化传播公司联合摄制的系列纪录片《我们西藏》之一《八廓南街16号》获法国第19届"真实电影"国际纪录片电影节大奖——"真实电影奖"。这是目前中国纪录片在国际上获得的最高奖项。

◇ 浙江省宁波市广电局在美国洛杉矶熊猫电视台举办首届宁波电视周，播出介绍宁波的专题片《风从东方来》。

四月

1日 经广东省委批准，王长利同志任广东省广播电视厅党组成员，免去其广东省广播电视厅副厅级巡视员职务；阙子民同志任省广播电视厅助理巡视员。

2日 广电部批复，同意建立广东有线广播电视台。

4日 广电部作出《关于表彰1996年度全国广播电视技术维护先进台(站)和先进个人的通报》，对广播电视技术维护奖评委会评出的全国40个技术维护先进台（站），110名技术维护先进个人分别授予"一九九六全国广播电视技术维护先进台（站）"和"一九九六全国广播电视技术维护先进个人”称号，并颁发奖牌、奖状（证书），给予全国通报表彰。

5日 中共中央政治局委员、国务委员李铁映，由上海市委副书记陈至立陪同，专程视察了上海广播大厦，并题词：电波传万里，一心为人民。

6～10日 广播电视系统共计124人赴美国参加NAB展览。

8日 青海广电厅召开1995年、1996年度先进集体和先进工作者表彰大会，厅计财处、省广播电视服务器材公司、经济广播电台等10个部门荣获先进集体，45人荣获先进工作者称号。

9日 全国政协主席李瑞环出席由中央电视台和中国曲艺家协会、天津中华民族文化促进会在人民大会堂共同举办的“骆玉笙暨北方鼓曲名家音配像选萃”座谈会并讲话。

10日 经中央电视台分党组研究决定，聘任中国电视剧制作中心主任胡恩同志为影视基地集团董事长。

10～18日 马元和、郭宝新、仲呈祥、颜国华等4人赴法国戛纳考察第34届戛纳国际电视节。

上旬 湖北省广播电视厅春耕生产采访团赴黄冈采访，共采制消息、特写、专题、录音报道22篇，厅属各台均开设春耕备耕专栏，及时报道了来自春耕生产第一线的情况。此次组团是继去年赴荆州采访春耕生产后省广播电视厅组织的又一次大型报道行动。

11日 由中央电视台与澳大利亚广播公司、澳大利亚南方之星影视制作公司联合摄制的52集人偶童话剧《神奇山谷》在法国戛纳电视节上举行首发式。来自包括美国迪斯尼、福克斯儿童电视网等世界170多个国家的电视机构代表参加了首发式。

15日 第八届江西省地市县、企（事）业广播电视台站“创三好”评优会在武宁县召开，会上评选出1996年度全省“创三好”先进台站29个，先进个人36名。

20日 中共中央政治局常委、国务院副总理朱镕基对中央电视台《焦点访谈》节目作出批示：“中央电视一台《焦点访谈》四月十九日播放了《电脑网上的“扒手”》，效果很好。请电视台将此报道复制若干份，分送国家专业银行（工、农、中、建、交……）行长，请他们再看看，并举一反三”。

◇ 为了加强对台文化宣传，让台湾同胞更加了解祖国大陆悠久的历史文化和百余年来的巨大变化。中国华艺广播公司推出60集《中国名街名巷》专题节目。

22～26日 由11人组成的中央电视台报道组对江泽民主席出访俄罗斯进行了成功报道。共播发“江泽民与叶利钦会谈”、“中俄签署联合声明”、“中俄哈吉塔五国签署边境相互裁减军事力量的协定”等22条新闻。4月24日，现场直播了中俄哈吉塔五国元首在莫斯科举行的关于边境地区互相裁减军事力量协定的签字仪式。这是该台首次在国外对重大政治活动进行现场直播，并成功实现了国内国外现场对播，是该台新闻报道上的一次新突破。

23～29日 广电部外事司司长马元和率代表团赴日本东京参加中日（NHK）合作委员会会议。

24日 国际台与陕西省委、省政府联合主办的“文物杯·中国陕西旅游与投资知识”颁奖仪式在钓鱼台国宾馆举行。全国人大常委会副委员长铁木尔·达瓦买提和陕西省、国务院新闻办、广电部、国际台的有关领导同志出席了颁奖仪式。此次竞赛共收到来自全球155个国家和地区的听众答卷259880份，创造了国际台举办知识竞赛回收答卷数的最高纪录。

25日 中央电视台“心连心”艺术团在大庆演出。新华社、人民日报、工人日报等新闻单位先后对此次活动作了专题报道，给予较高评价。

◇ 中国驻澳大利亚悉尼总领事馆组织在澳访问的中央电视台梅地亚少儿艺术团，在悉尼市政厅举行了一场别开生面的演出——“中国小信使之夜”，拉开了当地庆香港回归活动的序幕。悉尼市政厅礼堂出现了前所未有的爆满场面。

27日 中央电视台对中国海军舰艇编队出访美洲四国和南亚三国的报道圆满结束。此次报道是该台军事报道史上向国外派出记者人数最多、涉及国家最多、涉及报道时间最长、报道规模最大、传送最复杂的一次。

28日 在中央电视台工作例会上，广电部机关党委副书记温治中、人事司司长雷元亮、副司长薛大力来台宣布了中宣部、广电部关于刘宝顺同志任中央电视台副台长、分党组成员和台党委书记的任命。

29日 全国政协提案委员会副主任周同善等6人到广电部就电视广告问题进行座谈。杨伟光副部长向政协委员介绍了电视广告促进经济和电视事业发展的积极作用及广电部加强电视广告管理的情况，表示将严格按照《广告法》和广电部《关于进一步加强广播电视广告宣传管理的通知》的精神，控制白酒广告的播出数量。

◇ 全国政协科教文卫体委员会委员一行16人参观考察中国教育电视台。国家教委主任朱开轩、副主任韦钰认真听取委员们的意见与建议。委员们对中国教育电视台的发展和取得的成绩给予高度评价。

◇ 山西人民广播电台《对外开放看山西》大型采访报道活动初战告捷。

◇ 福建省广播电视厅和福建电视台在香港举行18集大型电视连续剧《林则徐》播映式。出席播映式的有：中英联合联络小组中方代表陈佐洱、香港文康广播司司长周德熙、大公报社社长王国华等香港各界人士共150多人。

新华社香港分社副社长张浚生、林则徐基金会会长，中国前常驻联合国大使凌青、亚洲电视董事局主席林百欣先后致辞。

福建省广播电视厅厅长兼福建电视台台长林爱国在讲话中介绍了《林则徐》拍摄的有关情况。

30日 青岛广播电视中心主体工程封顶。电视中心主体共38层，高168米，建筑面积近4万平方米。

4 月 大型文献纪录片《邓小平》在美国纽约中文电视台和洛杉矶熊猫电视台完整播出，收到良好效果，观众反响强烈。

五月

1 日 辽宁经济广播电台主持人王沈霞，获1997年全国五一劳动奖章。

3 日 中央电视台新闻采访部记者粟忠民、谷云龙等采制的《我国商品零售业连锁化发展迫在眉睫》在《新闻联播》播出后，引起国家有关部门的重视和各新闻媒体的关注。次日，国务院办公厅即以明码电报紧急通知各省、直辖市及国务院各部委，立即停止地方自行审批外商投资商业企业，正在审批或已经审批的要立即清理整顿。

◇ 中国教育电视台推出《CETV复习时间》现场答疑咨询直播节目。这是该台建台以来的首次直播尝试。

3～15 日 李鹏总理对非洲7国及阿联酋进行国事访问，这是继江泽民主席去年对非洲进行历史性访问后的又一次重大外交活动。中央电视台派出王连生等10人组成报道组随行报道。在12天里，行程35000公里，4次跨越赤道，共播发新闻60多条，总长60多分钟，及时、准确、充分地报道了李鹏总理的访问活动，圆满完成了报道任务。受到了李鹏总理办公室和国务院外宣办领导的表扬。

6～9 日 中共北京市委宣传部和北京电视台组团赴《东方红》歌曲的诞生地陕西佳县老区，进行"燕山情"科技、文化、卫生下乡慰问活动。这次活动为近10万老区人民演出一场精彩的文艺节目，还带去了价值50多万元的科技、卫生和文化用品，随团医务人员为当地人民看病、送药，并做了十几例大手术。

7 日 由江泽民主席题写片名的大型电视系列片《香港沧桑》(下部)首映式在北京人民大会堂举行。全国人大副委员长王光英、全国政协副主席钱伟长、新华社香港分社社长周南、中央外宣办副主任李冰、广电部副部长兼中央电视台台长杨伟光、香港《大公报》社社长王国华和中央外宣办、外交部、广电部、港澳办等部门的有关领导及首都各新闻单位记者、中央电视台海外电视中心《香港沧桑》摄制组工作人员近70人参加了首映式。

8 日 国务委员、国家计生委主任彭珮云和国家计生委副主任杨魁孚、张玉芹在山东省副省长吴爱英和山东省泰安市有关领导的陪同下到泰安市广播电视局800平方米演播大厅观看了文艺演出。

8～12 日 中国广播剧研究会第四届会员代表大会在哈尔滨举行。中国广播电视学会常务理事孙以森、中央人民广播电台副台长张长明等领导同志以及24家理事台、69家会员台的代表参加了会议。

8～15 日 杨伟光副部长一行9人赴香港参加《香港沧桑》首映式。

10 日 全国广播电视多功能高塔研讨会在青岛召开。会议对高塔的规划、选点、造型、设计、功能布局、工程管理、设备选择、结构建设、运行维护等问题进行研讨并总结了已建成高塔的经验与教训。全国政协常委、原广电部副部长徐崇华、高塔委员会副理事长贾德安、秘书长李智、山东省广播电视厅副厅长宋德福、青岛市副市长李乃胜等领导出席会议。

10～15 日 第十届全国对台广播优秀节目评选暨协调会在浙江宁波举行。中国广播电视学会副会长马庆雄、全国对台广播研究会会长王汝峰、中央人民广播电台副台长张长明及国务院台办、总政联络部等有关部门领导参加了会议。

10～15 日 北京电视台第六次主办"北京国际电视周"。来自24个国家和地区的宾客及国内近400家电视台、影视节目制作单位、销售公司、设备公司代表达1800多人；国内参展节目约230多部近6000集，总交易量近30000小时；国内销往海外节目近5000小时，主要为纪录片和电视剧。北京电视台节目外销量达560小时，价值50万美元，还意向购买100多小时的节目。

12 日 福建省省长贺国强在省政府秘书长陈光普陪同下，视察广播电视工作，先后参观了省电视台演播室、播出部和省电台直播间，看望了值班的工作人员。

15 日 经国家教委批准，高清晰度电视课题组(广科院5人)获准到美国研究。这是广电部首次获得国家资助的成组配套出国研修项目。

◇ 云南广播电视信号正式由亚洲一号卫星转到亚太一号卫星传送。

中旬 根据国家教委、广电部《关于将国家教委三套教育电视节目转至亚太1A卫星传输的通知》，中国教育电视台两套卫星节目和中国教育电视山东台的节目顺利完成转星。

16 日 孙家正部长会见法国阿尔卡特公司总裁TSCHURUK一行，商谈有线电视网络合作。

◇ 广电部组织北京电视台和牡丹电子集团等单位研究开发的"立体声伴音"广播电视技术新制式，经北京电视台技术人员反复试验达到各项技术指标，在六频道试播成功。它标志着中国电视伴音由传统的模拟单声广播开始跨入数字立体声广播时代。

20 日 广电部孙家正、田聪明、王好为、孙玉胜、崔明德（方明）五位同志在中直机关党代会上当选为出席中国共产党十五大代表。

21 日 据中央电视台第四套节目(CCTV-4)在台湾的代理台湾无线卫星电视台(TVBS)发来的传真反馈，台湾已有112家有线电视台在全岛转播CCTV-4，台湾有近274万户可以看到第四套节目，占台湾有线电视410万用户总数的67%，转播CCTV-4的112家有线电视台遍布台湾全岛的东西南北中各个地区。这标志着中央电视台第四套节目在台湾落地工作有了一个较大的进展。

22 日 无锡中视股份公司股票在上海证券交易所溢价发行成功。中视股份公司改造成功，成为广电部第一家上市公司，为广电部企业股份多元化，拓宽募集资金渠道，按《公司法》规范公司管理和行为，提供了好的经验。

22日和12月25日 广电部教育专项补助金管理委员会先后审定两批院校项目共资助37个项目，使用资金7324万元。其中在继续重视硬件建设的同时，加强了科研、图书、教材、师资培养等方面的软件建设，使用资金达到540万元。

23日 云南省迪庆州人民广播电台播控中心建成，标志着云南省藏族同胞从此有了自己的广播电台。

24日 由中央外宣办和广电部主办，中央电视台海外中心和大连电视台承办的1995～1996年度中国海外电视节目"彩虹奖"颁奖晚会——《中国彩虹》在大连通过中央电视台第四套节目和大连电视台第一套节目现场直播，取得圆满成功。这是中央电视台国际频道首次进行易地卫星现场直播。

◇ 第九届全国电视广告"印象奖"颁奖大会暨第三届全国电视公益广告研讨会在大连市召开。广电部、中国广告协会、大连市有关领导及近40家省、市电视台的代表出席了会议。刘习良副部长在会上作了题为《努力创作具有浓郁的民族风格和时代气息的电视广告》的讲话。

中央电视台等20家电视台和11家广告公司获中国电视广告"印象奖"。

26日 国家教委正式批准广播学院和电影学院具有招收港澳地区留学生的资格，使广电部属院校招收留学生的范围进一步拓宽。

27日 国务委员李铁映在中央电视台《关于筹建中央电视台经济宣传顾问组的汇报》上批示：我全力支持。同时，李铁映同志指出，顾问组的任务：1.宣传中央经济政策。2.推动改革。3.回答社会关心的热点、难点（问题）。4.评介国内外经济形势。该报告向李铁映同志汇报了经济宣传顾问组的组成情况和活动安排设想。

◇ 孙家正部长会见澳大利亚电信总裁BLOUNT一行，商谈数字压缩技术领域的合作。

◇ 国际广播电台完成搬迁，全面实现新址播出。国际广播中心工程于1992年9月25日开工，建设总规模50370平方米，总投资36806万元。1997年2月完成工艺设备安装调试实现试播；5月27日完成全台搬迁工作，43种语言、每日180小时广播节目全面实现新址播出。

27日和30日 北京电台动员社会集资、与麦当劳食品有限公司联合征集首都少年儿童和各界人士捐资20万元以及北京市出租汽车行业捐资65万元，在陕西省延安地区甘泉县东沟乡和河北省武邑县鲍辛庄村，分别新建的"北京童心希望小学"和"北京的士希望小学"先后落成。

27～6月1日 全国广播电视系统经营工作会议在广西北海市召开，来自广电部属有关单位和各省（区）市广播电视厅局代表90人参加会议。何栋材副部长出席会议，并在会上讲话和作会议小结。

28日 广西广播电视厅制订新闻系列副高职称人员撰写和出版专著的暂行规定，规定中列有：在晋升正高之前可安排脱产5个月时间进行研修活动，原享受的福利待遇不变，但需向单位领导出示15万字左右的书稿；撰写的专著，经本学科有资格专家评审确认后，可向本单位申请一次性出版经费补贴，在近三年内为一万字补助800元。

30日 孙家正同志主持召开部党组会议，学习讨论了江泽民同志在中央党校省部级干部进修班毕业典礼上的重要讲话，讨论了国务院协调《广播电视管理条例》（修改稿）的意见和召开全国广播影视厅局长座谈会方案等事项。

◇ 经广电部党组研究批准，任命许家奇、孟宪礼同志为广播电影电视部设计院副院长。

六月

1日 由国务院妇女儿童工作委员会与中央电视台联合举办的'97"六一"晚会现场直播。党和国家领导人李铁映、陈慕华、彭珮云及有关部委的负责同志，应邀出席了晚会。

◇ 中央电视台与香港凤凰卫视中文台合作完成的庆祝香港回归系列报道之一《飞越黄河》大型节目现场直播圆满结束。

◇ 河北省"阜平县铁岭影视小学"竣工。这是由广电部所属中央电视台、中央电台、国际台、无线局、行管局、中影公司、新影厂、科影厂等单位共同捐资兴建的。

1～7日 印度新闻广播部秘书那瓦尼率代表团4人来华进行工作访问，与中央电视台签定合作协议。

1～7月31日 海峡之声广播电台为庆祝香港回归，开设《庆祝香港回归特别节目——世纪归航》。这是该台近年来报道规模最大、连续播出时间最长、投入采编力量最多的一次重大宣传报道活动。

2日 河南省计委批复了《河南广播大厦工程建设可行性研究报告》，并对广播大厦的设计方案进行了认真评审，确定了大厦的设计方案，并列入了"九五"期间河南省十大重点建设项目。广播大厦建筑面积为3.2万平方米，投资1.5亿元人民币。目前，广播大厦的前期准备工作基本完成。

2～8日 中国地方广播电视代表团7人访问韩国MBC。

3日 以古巴广播电视总局局长罗先生为团长的古巴广播电视代表团到国际台参观。何栋材副部长、张振华台长会见了古巴客人并向古巴方面赠送了国际台提供的DAT设备。

9日 内蒙古自治区党委、政府任命刘永欣为内蒙古广播电视厅党组副书记、副厅长；海青为内蒙古广播电视厅党组成员、副厅长、内蒙古人民广播电台台长；董庭玉为内蒙古广播电视厅党组成员、自治区纪委派驻厅纪检组组长；免去任仲秀厅党组成员、副厅长职务，任厅巡视员，免去路万海厅副总编辑职务，任厅助理巡视员；免去额博力图的厅党组成员、副厅长、内蒙古广播电台台长职务，退休；免去胡振林的厅总工程师职务，退休。

10 日 华东六省一市广电厅(局)长会在江西井冈山市召开。

10 日起至 11 月 河南电视台组织“三山行”大型采访活动，历时 3 个多月，深入山区，行程一万多公里，发稿 80 多件。河南省省长马忠臣题词“跨越三山四水，走入万户千家——祝采访成功”。

11 日 国家副主席荣毅仁为结集出版的中央电视台《香港百题》节目解说词作序。新华社以“荣毅仁为《香港百题》作序”为题全文转发了这一序言。

12～16 日 大连国际广播音乐周在大连举行。奥地利、法国、美国、比利时 4 国的指挥家、音乐家与中国的音乐家演出 6 场世界经典音乐作品。这次活动是大连市广播电视局暨大连电台与大连市委宣传部、中国音乐家协会、文化部对外联络局联办的。

12～18 日 广电部外事司副司长安利等 2 人赴斯里兰卡参加 AIBD 第 23 届管委会会议。

13～15 日 孙家正部长在黑龙江省广播电视厅厅长张克忠陪同下，视察了黑龙江省牡丹江市广播电视局、绥芬河市广播电视局和 917 转播台。

14 日 云南省广播电视厅投资 450 万元，用 4 个月时间建设的眠山广播电视铁塔峻工，塔高 165 米，可挂 6 套电视、调频天线，现实用 5 套。

15 日 中共中央政治局委员、全国人大常务委员会副委员长田纪云视察了正在兴建的湖南广播电视中心和“长沙世界之窗”工地，并题词：“发展广播电视事业，建好新世纪文化城”。

◇ 香港会议展览中心新闻及广播中心正式启用。世界各大新闻媒体的百余名记者及嘉宾出席了新闻及广播中心启用仪式。新闻及广播中心位于香港会议展览中心，占地 9000 平方米。香港回归期间，将有 8000 多名记者在此工作。中央电视台的报道中心在这里规模最大。

15～17 日 广电部主办的‘97 全国国产电视节目交易会在杭州举行，1400 余位代表参加了交易会，分别来自 31 个省、市、自治区的地市级以上电视台和电视节目制作经营单位，包括来自美、日、英、法和新加坡以及港台地区的来宾。他们广泛开展了电视节目的交流与合作，共同探讨电视节目市场的繁荣与发展，短短 3 天内，代表们将各自生产的 14282 部（集）电视节目在 154 个展台进行展示交流，节目成交额达 3400 万元，意向协议 1.3 亿元。交易会期间，一些专家就电视节目市场的形成规律、目前现状、规范原则和发展方向作了深层次的研讨。

15～7 月 15 日 从英民副台长率国际台 39 名记者赴香港报道回归活动。

16 日 中央电视总编室播出库、新闻库、资料库中的 112759 盘录像磁带已全部完成条形码粘贴和标题数据录入工作。这项工作的完成，使该台的节目管理系统全面实行计算机管理，为加强服务工作，确保安全播出打下良好的基础。

16～21 日 山西、上海、陕西、广东、吉林、河南等 5 家代表祖国东西南北中地区的电台及北京台，共同举办“’97 中国广播旅游专线”大型广播活动。

17 日 中国教育电视台成功转播了“抓考试管理、促学风建设”全国电视会议实况。这是教育电视台第一次现场直播国家教委召开的全国电视会议。

◇ 为宣传中央设立重庆直辖市的重要决策，加强京、津、沪、渝四大直辖市的相互了解与合作，北京人民广播电台与上海、天津、重庆广播电台 12：00～14：00 隆重推出直辖市首次现场热线联播特别节目《话说新重庆》。

18 日 湖南广播电视数字微波网络建成并与全省 8 个地市联网成功。网络全长 700 多公里，可传输 32 套电视节目、64 套广播节目，还能双向传输，可开办新闻回传、节目交换以及多功能的信息传输业务。

19 日 天津广电局党委副书记刘湘潭等 40 余人到周恩来、邓颖超纪念馆建设工地参加义务劳动并代表天津广电局部分单位和局机关向周邓纪念馆赠送捐款和一些珍贵的资料及照片。天津市建馆领导小组代表接受了捐款并颁发了荣誉证书。

20 日 ’97 中国西部第三届广播电视设备与新技术展示会在西安闭幕。展示会有 19 个省、市、自治区的代表参与，共设置摊位 120 余处，有设备供应商 90 多家。这一届展示会的规模与声势都超过以往。

◇ 北京国际广播电视服务中心（IBC）正式启用，共投入技术、服务人员近 150 人。同日，由中央电视台对外分部承办的香港回归资料服务系统启用，此项服务可为外国记者提供有关香港历史、政治、经济以及中英两国政府关于香港问题谈判的情况等 58 类图象资料以及中、英、法、西、俄五种译文的文字资料。

20～7 月 5 日 刘习良、何栋材副部长率部机关代表团参加香港回归报道。

21～22 日 北京电视台为促进和加深中加两国文化艺术交流和人民之间的了解及友谊，组织山东崂山百货集团公司业余鼓乐队和邹城的民间艺人组成鼓乐表演团赴加拿大，并在温哥华举办的第九届国际龙舟节上，首次举办中国鼓节，受到当地新闻界的关注，不少报刊、电视台、电台予以报道。

21～7 月 3 日 中央电台副总编王宴青率中央台报道团 40 人赴香港参加回归报道活动。

23 日 贵州电视台卫视频道和贵州人民广播电台卫星广播节目停止使用“亚洲 1 号”卫星转发器，转移到“亚太 1A”卫星的 7A 号转发器。

26 日 孙家正部长向全国人大民族委员会第 19 次会议汇报了广电部扶助少数民族地区加快广播电视事业发展的情况。与会委员充分肯定了少数民族地区广播电视事业的发展成就，肯定了党和政府对民族地区广播电视事业的关心与支持，同时也提出了一些希望和要求。布赫副委员长到会并讲话。

◇ 《香港回归电视快报》（日报）试刊号出版。《快报》于 6 月 29

日至7月3日在北京、天津发行，为对开四版，及时、准确地报道香港回归期间中央电视台各套节目，特别是一、四套的时间、内容，以及前后方记者采写的专稿和消息。

◇ 中央电视台文艺中心戏曲·音乐部组织来自内地及香港的近百名歌手来到清华大学举行了“迎香港回归大型演唱会——《九七·恋曲》”，演出获得成功。

◇ 中共甘肃省直属机关工作委员会作出关于表彰先进党组织、优秀共产党员和优秀党务工作者的决定。甘肃省广电厅办公室党支部、535台党支部、省电台科教部党支部、省电视台新闻部党支部获先进党支部称号；8位同志获优秀共产党员称号；3位同志获优秀党务工作者称号。

28日 青岛有线广播电视环形网开通暨表彰大会在青岛有线电视台演播室举行。广电部科技司副司长江澄，山东省广播电视厅副厅长宋德福，青岛市副市长周迪颐等领导出席大会。大会对李三泰等27名先进个人给予表彰。青岛有线电视环网是全国广播电视系统第一个光纤同步数字环形网（SDH）。

28～7月2日 杨伟光副部长率中央电视台报道团289人赴香港参加回归报道活动。

30日 甘肃庆阳地区广播电视微波联网工程顺利开通。这一联网工程的完成，可传输中央加密节目，省电视台、省有线台、庆阳电视台、庆阳有线台共8套节目，解决了全区7个县收看电视的问题。

30日17时至7月1日2时 中国华艺广播公司连续直播7小时“庆香港回归特别节目”，比较全面地向台湾民众及时报道了祖国大陆各地迎接香港回归的盛况。

30日～7月3日 中央电视台连续72小时播出香港回归特别报道节目并取得圆满成功，标志着中央电视台向世界一流大台的目标又迈进了坚实的一步。

七月

1日 由上海市委、市人民政府主办、市委宣传部、市广电局、东方电视台承办“上海市庆祝香港回归祖国文艺晚会”在上海东方明珠广播电视塔广场举行。晚会在市委书记黄菊、市长徐匡迪和5700多名演员齐唱《歌唱祖国》的雄壮歌声和万朵礼花齐放中圆满结束。

◇ 河南人民广播电台976中波发射台投入运行。该台于97年3月初开始动工兴建，占地面积55亩，建筑面积648.16平方米。一期工程投资630多万元，采用共塔发射方式。从而解决了河南交通电台和河南文艺电台在郑州地区以及邻近地区的覆盖问题。

◇ 南昌市城区有线电视光缆试验线开通。试验线全区10公里，共加接5个光节点。

◇ 潘阳人民广播电台编辑那杰（女，满族），被评为辽宁省优秀共产党员。

2日 江泽民、李鹏、乔石、李瑞环、朱镕基、刘华清、胡锦涛、荣毅仁等党和国家领导人晚上在人民大会堂出席观看了大型文艺晚会《回归颂》并给予高度评价。这台晚会是由广电部和文化部、总政治部联合主办的。

◇ 中国广播剧“哈纳斯杯”评奖会在新疆阿勒泰市举行。广电部原副部长马庆雄、中央人民广播电台台长安景林等参加了评奖会。

4日 经广东省委批准，黄添元同志任广东省广播电影电视厅纪检组组长、党组成员；免去梁振快同志兼任的广东省广播电影电视厅纪检组组长职务。

8～11日 田聪明副部长在安徽调研，先后考察了省广播电视中心，黄山市太平电视台、太平中波转播台、701电视转播台、屯溪中波转播台等，同省、市、县、乡（镇）广播电视部门的同志进行了座谈，并与省委书记卢荣景、省委副书记王太华、方兆祥以及省委常委、常务副省长汪洋等就进一步发展安徽的广播电视事业交换了意见。

11日 1997年度全国经济电视台协作体年会在呼和浩特市举行。

◇ 江西省对外文化交流代表团在美国洛杉矶举行招待会，庆祝在此举办中国电视周。省委副书记、省对外文化交流协会会长钟起煌在电视周招待会上讲话。7月20日至27日，美国洛杉矶熊猫电视台集中播放了19部反映江西的电视片。

◇ 河北省委常委会批准河北有线广播电视台的机构设置，为副厅级事业单位。

13日 ’97全国广播新闻年会暨技术研讨会在太原开幕，来自全国各省、市、自治区的广播电台台长、技术部门的负责同志参加了会议。会上交流了各自广播新闻改革和技术进步的经验，商讨了加强台际间全方位合作的途径。

14日 中共北京市委书记尉建行等市领导视察北京电视台。尉建行对电视台在宣传中能与中央保持一致，坚持正确的舆论导向给予肯定。并对今后的宣传方向、技术发展、健全监督约束机制、加强职业道德教育等作了指示。

14～17日 广电部在北戴河召开全国广播影视厅局长座谈会。会议总结了香港回归的宣传工作和上半年治散治滥工作进展情况，部署了迎接党的十五大的宣传工作，明确了下半年及今后一个时期治理工作的重点和阶段性目标。刘习良、同向荣、杨伟光、赵实副部长分别就有关问题作了专题发言，孙家正部长作了总结讲话。各省、自治区、直辖市广播影视厅局厅局长，部机关各司局及有关直属单位负责人参加了会议。

14～20日 中国大连——加拿大电视周在大连举行。这次活动是加拿大驻华大使馆、大连市对外友好协会与大连市广播电视局联合主办的。电视周期间，大连电视台展播了反映加拿大各方面情况的7部纪录片。

14～7月25日 中央电台副台长胡占凡赴美国与美“中国广播网”商谈合办节目。

15日 何栋材副部长会见美国西屋电气公司董事长JORDAN一行。

◇ 为纪念建军70周年和“秋收起义”70周年，中共湖南省委宣传部组织“将军故乡行”新闻采访活动。省电台、省电视台、湖南有线广播电视台、湖南经济电视台、湖南广播电视报等单位的近40名记者深入到全省40多个县市进行为期2个月的采访。

15～9月10日 海峡之声广播电台为纪念我军建军70周年，推出《辉煌七十年——纪念中国人民解放军建军七十周年》大型系列报道和《绿色风采——中国军旅作家作品巡礼》专题。

17日 中央电视台和陕西电视台成功地联合直播了两小时20分《陕西地方戏荟萃》，并通过卫星向全世界直播。

18日 中央电视台和龙江电影制片厂联合摄制的儿童影片《鹤童》，在俄罗斯和乌克兰共同举办的“第五届阿尔特克国际电影节”上荣获“热爱大自然浪漫题材创作奖”和“最佳影片音乐奖”。

◇ 西宁市广播电视大楼投入使用，建筑面积6900平米，总投资1235万元。一局三台迁居新楼后，从此结束了四处租房，分散办公的局面，为实行规范化、科学化管理，发挥局台优势，提高宣传水平和节目质量奠定了基础。

18～23日 中央电视台新闻评论部举办首届“北京国际纪录片学术会议”。会上放映了31部国内外优秀纪录影片，并进行了广泛的学术交流，来自国内外的400多位专业工作者参加了这次被称为国内“90年代规格最高、涉及面最广”的国际电影电视纪录片学术会议。

◇ 内蒙古电视台被评为自治区民族团结进步先进集体，受到自治区党委、政府的表彰。

20日 广播电影电视部原部长、党组书记、中国广播电视学会会长艾知生同志，因病医治无效，不幸于上午9时29分在北京逝世，享年68岁。

20～23日 广电部外事司司长马元和赴新加坡参加ABU战略规划小组专家会议。

22日 青海藏语广播创办45周年庆祝会在西宁召开。中共青海省委副书记桑结加、省人大副主任杨茂嘉、格桑多杰、才旦、副省长白玛、省政协副主席古嘉赛等领导到会祝贺，桑结加副书记发表了热情洋溢的讲话。会议向从事藏语广播30年以上的同志颁发了荣誉证书。

23日 上海市委副书记、常务副市长陈良宇，市委常委、宣传部长金炳华，副市长龚学平等领导出席委托上海市广电局监管国有资产保值增值责任书签字仪式。

26日 中共中央政治局常委、中央军委副主席刘华清，中央军委副主席张震、张万年、迟浩田，老同志李德生、肖克等与近百位将军，出席了东方电视台在北京钓鱼台国宾馆举行的大型电视纪实片《将军世纪行》的首映座谈会。这部电视片由中华炎黄文化研究会、东方电视台、成都军区电视艺术中心联合摄制。

28日 中共中央组织部、中央电视台等单位联合组成的“十五大特别节目摄制组”来到山西人民广播电台，对在宣传“以科学的理论武装人”和“党员‘双学’活动”中成绩显著的理论广播节目——山西空中党校进行了重点采访。

29日 陕西省黄陵县，建成贯通全县的122公里光缆传输网，在全省率先实现县级行政区域县乡两级有线光缆联网。

◇ 中共中央政治局委员、书记处书记、中宣部部长丁关根在中央有关部门和北京市负责同志孙家正、徐光春、刘奇葆、贾庆林、李志坚、龙新民等陪同下，到北京电视台调研。丁关根肯定了北京电视台在坚持正确舆论导向，努力贴近群众，积极开拓创新，推动事业发展等方面取得的成绩，并对今后的工作提出希望和要求，对宣传党的十五大作了重要指示。

30日 澳大利亚驻华大使石励在青岛拜访青岛市广播电视局姜作杰局长。姜局长向石励介绍了青岛广播电视事业建设和发展等情况。双方还就广播电视传播领域中合作的可能性问题进行了探讨。

香港凤凰卫视将香港政权交接仪式前后60小时特别报道制作成长达6小时的《'97香港回归世纪报道》珍藏版，以让更多的人留下一份永恒的纪念。

凤凰卫视中文台于1996年3月31日开播以来，在亚太地区已拥有近20亿观众，是香港目前唯一一家全部用普通话播出节目的传媒。

本月 经中编办批准广电部宣布成立广播影视信息网络中心。

八月

1日 国务院第61次常务会议通过《广播电视管理条例》。国务院总理李鹏11日签署国务院第228号令予以颁布。该《条例》自9月1日起施行。

3日 浙江电台同美国洛杉矶双语电台建立合作关系，洛杉矶双语电台设立固定窗口每周播出长度为1小时的宣传浙江的节目。

◇ 全国省级广播电视报专业委员会年会在兰州举行。来自中国电视报社和30家省级广播电视报社的社长、总编会聚一堂，总结交流了一年来的办报经验，研究规划了下一年度的主要活动与任务。会上，甘肃广播节目报社与地市联办广播电视报的举措，引起了与会者的热切关注。与会代表还沿丝绸之路进行了采访。

8月初 国务院副总理李岚清同志为第二届全国少年儿童歌曲卡拉OK电视大赛题词：“让健康美妙的歌声伴随着孩子们快乐的童年”。

4日 三北地区广播影视纪检监察工作经验交流会在乌鲁木齐市召开。

7日 中共广西壮族自治区委员会书记曹伯纯，区党委常委、宣传部部长潘琦到广西广播电视厅及广播电台、电视台，在厅长郑久粲陪同下考察广播电视工作。

8月7日 何栋材副部长会见世界卫星集团副总裁马毓鸿一行。

8～12日 中国教育电视协会举办1997年全国教育电视节目评奖会。这是继1995、1996年两届评奖会后，中国教育电视协会举办的第三届全国教育电视节目评奖会。

9日 全国人大常委会副委员长陈慕华在青岛市人大副主任刘秀英等领导陪同下，视察了青岛广播电视塔。

12～14日　亚太广播电视联盟(亚广联)在文莱首都斯里巴加湾市举行第24届新闻工作组会议。会议的首要议程是向中央电视台颁发一项特别奖——亚广联新闻交换奖，表彰中央电视台对香港回归这一重大历史事件进行的快速、准确、全面的报道。亚广联节目部主任佐藤向中央电视台颁发了奖状。

12～16日　第九次全国广播电视函授教育工作会议在云南召开会议总结了近几年取得的成绩和问题，通过了函授教育五年规划，研究了函授教育的改革和发展问题。

15～20日　由广电部与文化部、新闻出版署等五个部门主办的“’97北京国际音乐音像博览会”在北京举行。本届博览会共有9个国家和地区的100余家音像出版单位参展，销售节目达1660个品种。

17日　云南广播电视台六分台由五华山顺利搬迁至眠山，正式投入发射运行。

18日　广西广播电视厅编委会策划、牵头组织的100个选题宣传报道，在广西人民广播电台、广西电视台、广西对外广播电台和广西有线广播电视台同时播出。这一重大报道延续到党的十五大召开以后，需时近二个月。主要内容包括广西的建设、科技、国企改革、农村综合改革、扶贫工作、精神文明建设、教育、乡镇企业、党的建设和有关方面访谈等10个题材报道。

◇　西北五省第三届广播电台台长联席会在乌鲁木齐召开。

20日　山西“百名记者下农村，百篇新闻话农业”大型采访、征文活动首批记者采访团出发式在山西省广播电视厅举行。

21～22日　首届全国电视制片人研讨会在兰州召开。来自中央电视台、广播学院及全国23家省级电视台的领导和制片人共70多人参加了会议。会议本着“团结、友谊、繁荣、发展”的精神，交流和探讨了“制片人负责制”实行以来的经验和得失，为制片人制度的进一步完善，提供了可贵的理论和实践依据。

21～23日　广电部在北京召开学习贯彻《广播电视管理条例》座谈会。国务院副秘书长兼法制局局长杨景宇到会作了“谈依法行政”的报告，孙家正部长就如何贯彻《条例》讲了话，田聪明副部长作了会议总结，部法规司负责人对《条例》作了解释说明。各省、自治区、直辖市广播影视厅局的领导及有关负责人，部机关各司局和部属有关单位的领导共80余人参加了会议。

23日　天津市广电局局长胡兴华同志率团赴美国、加拿大进行了为期20天的访问和交流活动。在美国参加了《中国·天津》在美播出5周年的活动，在纽约举办了“天津电视周”，与加拿大国家电视台和普利斯特制作公司就联合拍摄电视剧事宜进行商讨并签署合拍意向书。

25日　国际台和内蒙古自治区人民政府联合举办的“内蒙古杯”知识竞赛颁奖仪式在呼和浩特市举行，内蒙古自治区副主席宝音德力格尔和国际台台长张振华等领导为来自美国、德国、日本、巴基斯坦和蒙古国的特等奖获得者颁发了奖杯和证书。“内蒙古杯”知识竞赛共收到来自74个国家和地区的答卷141500多份，在国外引起了强烈反响。

◇　孙家正部长会见英国大东电报局总裁BROWN一行，商谈有线电视网络建设项目合作。

25～29日　同向荣副部长率7人代表团赴马来西亚参加第二次新闻合作委员会会议。

25～31日　中国黄河电视台在美国成功举办“中国山西电视周”活动。在此期间播出了宣传山西引黄工程、高速公路、电力通讯、对外开放等专题报道24集。

26～29日　第六届北京国际广播电视设备展览会(BIRTV’97)在北京中国贸易中心举办。BIRTV’97是本年度中国广播电视行业规模最大、内容最丰富、水平最高的国际性展览及技术交流活动，展览总面积近一万平方米，技术交流和研讨会30多场，来自海内外的150家广播电视生产厂家及其代理应邀参展。全国30多个省、直辖市、自治区广播电视系统的代表团以及各方面用户的领导和专家应邀来京参观展览会。

27日　全国第十五次藏语文艺广播会议在青海省西宁市举行，这是1983年第一次藏语文艺广播会议以来，规模最大的一次，中央台等10个电台的藏语广播工作者代表参加了会议。会议期间，交流了藏语文艺广播经验，交换了藏语文艺节目，还进行了藏语音乐专题和文学专题节目的评选。

28日　田聪明副部长代表广电部向全国政协科教文卫体委员会汇报广播影视事业的建设与发展情况，并对存在的主要困难、问题及乡镇广播电视机构设置问题等提出了意见和建议。王枫、黄辛白、陈传召等23名政协委员出席会议。大家对广播影视事业所取得的进展给予了充分肯定，并对进一步加强和改进广播影视工作提出了中肯意见。

◇　百首优秀少儿歌曲动画卡拉OK电视片、VCD——《辉煌童年》首映、首发式在人民大会堂举行。原中顾委常委李德生、新闻出版署署长于友先、广电部副部长兼中央电视台台长杨伟光、中宣部秘书长高明光、全国妇联副主席刘海荣、团中央少工委副主任孙寿山、广电部总编室副主任李春武、中央电视台副台长赵化勇、广东新闻出版局副局长吴至强、中央电视台副总编罗明等出席了首映、首发式。

◇　新疆广播影视厅在652台隆重举行卫星地球上行站落成暨新疆卫视维、汉、哈三种语言节目分频道开播仪式。自治区党政领导克尤木·巴吾东、米吉提纳斯尔、毛德华、沙明出席并剪彩。

29日　第11届全国电视文艺“星光奖”终评结束。评委会从参评的633个节目和栏目中，评选出183个节目和栏目获奖，另评出7个单项奖。

◇　在中国文化扶贫委员会、中央电视台举办的对贵州、江西两省电视扶贫工程捐赠仪式及新闻发布会上，贵州厅接受了对贵州的电视扶贫工程捐赠。

30日　中国国际广播电台大功率对外广播发射机在乌鲁木齐远

郊发射台投入使用。广电部副部长何栋材、国际台台长张振华及自治区主席阿不来提·阿不都热西提、自治区党委副书记克尤木·巴吾东、自治区副主席米吉提·纳斯尔、自治区政协副主席沙明等领导出席了大功率发射机启播仪式。

◇ 孙家正部长题写片名的60分钟专题片《广播影视部掠影》由中央电视台制作完成。该片为人们了解和认识中国广播电影电视事业和广播电影电视部提供了一份声画结合的翔实说明书。

九月

1日 全国电台经济信息协作会议在长沙市举行。全国30多家广播电台的60多位代表参加了会议。中国国际广播电台和部分全国知名企业的代表也应邀与会。会议共商新形势下广播电台发挥整体优势、加强横向联合、开展经济信息协作的大计，评选了一年来全国经济电台经济信息优秀节目。

◇ 中国黄河电视台的“黄河汉语学校”在美国斯科拉电视网开办的全中文教学频道正式开课并播出。

◇ 内蒙古自治区党委宣传部召开自治区50周年大庆宣传文艺工作总结表彰大会，内蒙古人民广播电台和内蒙古电视台的6个优秀项目、19篇（条）好新闻，11个优秀节目和栏目、36名先进个人受到表彰。

2日 孙家正部长主持召开广电部十五大宣传报道领导小组会议。刘习良、杨伟光副部长及部十五大宣传报道领导小组其他成员出席了会议。刘习良在会上传达了经中央常委批准的十五大宣传报道计划。孙家正要求各单位高度重视，齐心协力，以良好的精神状态，满腔热情地投入十五大的报道工作。

4日 陕西省广播电视传输覆盖网建设工程的重点骨干项目——陕南数字微波干线正式开通。开通仪式由副省长范肖梅主持，中共陕西省委书记李建国、省长程安东、广电部副部长同向荣、陕西省委常委、宣传部部长张保庆、省广电厅厅长骞国政、省人事厅厅长邓理等领导出席开通仪式。安康、商洛、汉中党委、政府的主要领导同志出席了分别设在三地市的开通仪式分会场。

5日 广电部设计院职工阮文富1994年4月非法开具假辞职证明，私办公司，经设计院多方教育不改，设计院于1996年10月将其辞退。阮不服，上告北京西城仲裁委。后经仲裁委仲裁、北京西城法院一审，最后经北京市第一中级法院终审判决：设计院胜诉。至此，广电部直属单位第一起人事纠纷诉讼案以设计院胜诉告终。

6日起至10月5日 “辉煌的五年——十四大以来经济建设和精神文明建设成就展”在北京展览馆举行。广电部的“广播影视展区”被国家展览组委会评为“最佳设计装修奖”。展览期间，江泽民总书记和胡锦涛、尉建行、李岚清、刘华清等党和国家领导人参观了“广播影视展区”，数以万计的群众对广播影视成就表示赞叹，留下了300多条称赞的话语。

8～10日 江西人民广播电台召开驻地市记者站站长会议。会上，向荣获第二届全国百佳新闻工作者称号的赣州记者站站长曾令斌颁发了嘉奖令和奖金。

9日 吉林电视台与水利部松辽委、拓纳集团国际传播公司联合摄制的31集大型纪录片《松花江日记》，在松辽委举行首映式。有关领导和部分专家、学者出席了首映式，并对这部大型纪录片给予很高评价：“松花江日记把挖掘和展现整个东北地区的社会、政治、经济、文化做为责任，该片有很强的地域特点。”

10日 教师节期间，根据中宣部的部署，中国教育电视台将青海互助土族自治县什巴小学校长刘让贤作为重大典型进行宣传，在教育战线和全社会引起比较强烈的反响。

11日 21时，中央电视台英语传送频道正式播出，向海内外报道十五大情况。英语传送频道播出信号通过亚洲一、二号和泛美二、三、四号共五颗卫星的7个转发器传送，覆盖全球98%的国家和地区。

12日 中央电视台通报表扬刘伟民、周秉铃奋勇抢救遇险群众的事迹。8月12日，刘伟民、周秉铃在浙江省三门县蛇盘岛采访军民抗风救灾时，冒着生命危险抢救落水群众，在当地引起极大反响。

◇ 东方电视台为遵义会议会址泛光照明工程捐赠40万元揭碑仪式在遵义会议会址举行。

14～18日 广电部设计院齐勇毅率4人代表团赴美国参加“国际壳体和空间结构工作组年会”。

14～21日 越南之声代表团12人访问北京、广州。

15日 何栋材副部长会见法国宇航执行副总裁空间防卫分公司总经理德莱一行。

16日 由中央电视台、东方电视台和台湾电视公司、台湾中国时报联合制作的《千里共婵娟——中秋夜·两岸情》’97中秋特别节目，通过卫星双向传送，在上海外滩和台北歌剧院音乐厅广场同时举行。该节目于当晚22时同时在东方电视台和台湾电视公司的电视频道播出，引起上海及江浙地区和台湾观众的热烈反响。

19～21日 中国电视艺术家协会秘书长工作会议在厦门举行，40多名代表参加了会议。

20日 曾小平任中国华艺广播公司副总经理。

23日 广东省广电厅余碧君同志荣获1997年广东省劳动模范称号。

23～25日 1997年全国电视新闻年会在福州召开，中央电视台、各省市电视台和中央电视台驻部队各大单位记者站的负责同志参加了会议。

23～10月4日 由卫生部、中央电视台组织的“情系老区——’97健康之路太行行送医送药慰问团”60余人从中央电视台出发。

26日 福建东南电视台与台湾华厦卫星电视台在福州西湖大酒店正式签约。从98年元旦起，福建东南电视台部分节目将通过台湾华厦卫星电视台在台湾落地，这将是全国省级电视台第一家在台湾播出节目的大陆电视台。国务院台办致电祝贺两台合作成功。

28 日 江西电视台为庆祝党的十五大召开和国庆 48 周年，在江南名楼滕王阁举办《迈向 21 世纪》现场直播大型文艺晚会，这是该台第一次在室外举办的直播大型文艺晚会。

9 月，在中国纺织总会主办的"全国服装设计金剪奖"大赛中。中央电视台技术制作部服装设计师程均获"银奖"。

◇ 由浙江省广电系统援建的西藏那曲地区有线广播电视竣工并正式开通，使居住在藏北高原的那曲群众能收看到 19 套图像清晰的电视节目，从根本上解决了看电视难的问题。

十月

1 日 吉林省广播电视塔工程。竣工投入使用，并全面对外开放。

3～4 日 中央电视台马国力赴新加坡参加 ABU 亚运会报道权谈判。

6 日 中共中央政治局委员、书记处书记、中宣部部长丁关根在中宣部副部长徐光春、国务院副秘书长刘奇葆和安徽省领导回良玉等陪同下视察了安徽卫星地球站、安徽省电台、电视台、有线电视台，并与编辑记者、节目主持人和工程技术人员亲切交谈。

6～9 日 "全国地方电台新闻部主任新闻研讨会"在青岛召开。来自全国 31 家省级电台和大连、青岛等 4 家计划单列市、省会城市、地级市电台的新闻部主任和部分主管新闻的副台长参加了会议。中央人民广播电台台长安景林出席会议，并作了《继往开来　加强合作　共创广播辉煌》的报告。

◇ 中央人民广播电台主办的"中国广播受众研究会议"在北京召开。来自中央台、辽宁台、安徽台、河南台、广西台、福建台、陕西台、广东台、江西台、湖北台、云南台、北京台、天津台 13 个广播电台的 27 位代表以及中国广播电视学会受众研究委员会、中国社会科学院新闻研究所的专家参加了会议。

7 日 位于中央电视台圆楼中心天井的 1 号演播大厅正式开工。新建的演播厅建筑面积约 2000 平方米，建筑平面呈圆形，结构设计由北京建筑设计院承担，可以承受 10 级烈度的地震。大厅集电视节目制作、演出和休息于一体。

◇ 云南省广播电视厅周龙成副厅长带领调研组，深入到边境 8 个地州 26 个边境县，对边境口岸及一些接壤的乡村、边防哨所一线广播电视事业建设的现状，存在问题以及外来文化对我省边民的影响进行了调查。历时 28 天，行程 5000 余公里。

7～11 日 全国省级、单列市广播电台第七届办公室管理会议在广西南宁市召开，来自全国各地 28 家电台的代表 62 人（其中台级领导 14 人）参加会议。广西区党委宣传部副部长李俊康、广西广播电视厅副厅长何丹出席会议开幕式，并分别讲话。

8 日 中央电视台第四套节目采用银河 4 号卫星 Ku 波段在北美开始播出，受到北美华人华侨和我驻美使领馆的称赞，他们感谢中央电视台使他们能每天 24 小时直接收看到祖国的信息。

10 日 经国家教委批准，管理干部学院获得举办高等职业教育的资格，从 1998 年开始招生。

10～24 日 由广电部教育司组织的广播影视教育考察团赴法国考察。先后考察了巴黎第二大学、第三大学、第八大学、巴黎国际影视培训制作中心、巴黎高等电影学院等。

11～15 日 '97中国电视纪录片学术研讨会在福建武夷山市召开，来自全国各地的 90 余位纪录片创作和研究人员参加了本届年会。

12 日 中共中央政治局委员、国务委员李铁映到第八届全运会广播电视委员会亲切慰问广播电视工作者。李铁映勉励大家在把好政治关的同时，要有文采，多出有时代感，很好体现综合国力和人民群众精神风貌的报道。

15 日 孙家正部长率中央电视台心连心艺术团到湖南韶山慰问演出。接着，艺术团还到宁乡县花明楼刘少奇故居、湘潭县乌石村彭德怀故居和浏阳文家市等地演出。受到当地群众的热情欢迎。

15～18 日 '97 国际有线电视技术研讨会在杭州举行，广电部、各省、市、自治区广电厅（局）、有线电视台及科研机构的领导、专家，国际著名研究机构的专家、有线电视业、通信业的厂商共千余名代表参加了会议，会议期间，40 多位国内外专家就网络建设、数字化转移，多功能应用等热点问题发表了学术报告，近 30 家中、外厂商展示了当今有线电视发展的新技术、新设备与新系统。会议还进行国内外专家园桌会议和有线电视台台长经验交流会，集中介绍国外有线电视技术的最新发展成果，研讨我国有线电视技术的发展趋势，交流各地建设有线电视事业的先进经验。

15～23 日 刘习良副部长率代表团赴韩国参加亚广联第 34 届大会及有关会议。

16 日 由湖南广播电视发展中心、香港中旅（集团）有限公司、深圳华侨城经济发展总公司共同投资兴建的集影视制作、旅游观光休闲度假和商贸服务于一体的多功能人文景区——"长沙世界之窗"正式开园。中共中央政治局委员、国务委员李铁映发来贺信，全国人大常务委员会副委员长王炳乾为开园剪彩。

◇ 黑龙江人民广播电台、黑龙江电视台节目实现卫星传送。

◇ 中国教育电视台北京 35 频道顺利通过了广电部科技司和国家教委电教办共同组织的技术验收，获得了广电部核发的甲类广播电视频率执照，标志着中国教育电视台北京 35 频道经过一年多的运行，正式通过技术验收。

16～23 日 河北电视台成功主办第九届中国音乐电视大会串活动，全国 26 个省级电视台参加了活动。

17 日 中国教育电视台摄制的电视专题片《让老师满意》播出

后，在全国各地引起较大反响。国家教委计划建设司与该台在天津召开座谈会，对该片进行专题研讨。

20～24日 日本富士电视台主办的第26届亚太地区片头与字幕作品交流会在日本东京召开。今年参赛的作品共有198件。中央电视台技术制作中心制作部美术设计吴克勤设计的戏曲栏目片头《精品库》在展赛上获得银奖；录制部的《动物世界》获铜奖。

21日 广东广播中心举行奠基仪式。广东省和广州市领导卢瑞华、黄华华、于幼军、佀志广、康乐书、陈开枝、蔡东士以及广东省广电厅领导出席了奠基仪式。

21～23日 在汉城亚广联第34届大会上，中央电视台选送的节目获二项大奖。其中《香港回归》报道获亚广联电视新闻交换丹尼斯纪念奖；电视片《黄河的故事》获文化放送亚广联娱乐节目奖。中央人民广播电台的广播特写《东方神话》获亚广联信息节目推荐奖。

今年参加第34届亚广联电视节目评选的共有来自24个国家的58个节目。参加广播节目评选的共有31个节目。

21～26日 《中国广播电视年鉴》第十二届年会在江西井冈山市召开。会议总结了《中国广播电视年鉴》1997年版的工作，对1998年版的编纂、出版、发行工作进行了部署。

21～11月7日 北京广播学院院长刘继南率团赴美国考察美国大学。

22～26日 "全国广播影视系统离退休工作经验交流现场会"在济南召开。来自全国22个省和4个直辖市的广播影视系统68名离退休工作者参加了大会。会上学习了江泽民同志在十五大的报告，介绍了山东省广电厅离退休工作经验，座谈讨论了在新形势下做好离退休工作的措施办法。

22～11月6日 河北省委、省政府先后发文任命高兴春为河北省广播电视厅副厅长、免去其驻厅纪检组长、监察专员职务；任命杨国钧为厅党组成员、副厅长兼河北人民广播电台台长，陈忠善为厅党组成员、驻厅纪检组长兼监察专员。

24日 孙家正部长会见加拿大鲍尔公司总裁德马雷一行，商谈有线电视网络建设项目。

25日 广电部设计院建院45周年，广电部部长孙家正、副部长何栋材及建设部副部长叶如棠题词祝贺。

25～28日 孙家正部长率调研组到湖北调研广播电视工作，考察了龟山电视塔、湖北人民广播电台、楚天广播电台、武汉市广播电视局、武汉电视台、武汉有线台和荆州市广电局、荆州有线电视台，并赶到三峡大坝大江截流施工现场看望了战斗在第一线的中央和地方的广播电视记者，详细询问了有关大江截流实况转播的准备工作。在鄂期间，孙家正部长会见了湖北省委、省政府主要领导贾志杰、蒋祝平等同志。

27～29日 全国广电厅〈局〉总编室工作会议在湖北武汉召开。全国31个省市自治区以及4个计划单列城市广电厅〈局〉的50余名代表参加了会议。

27～11月6日 以内蒙古广电厅厅长白朝蓉为团长的内蒙古蒙古族青年合唱团一行40人应西班牙第29届"特罗萨"合唱大赛组委会的邀请，赴西班牙特罗萨市参加第29届国际合唱大赛。

27～11月21日 广电部科技司副司长张兆雄等3人赴日内瓦参加国际电联世界无线电行政大会。

28日 中共中央政治局委员、中宣部部长丁关根，由中共广西壮族自治区委员会书记曹伯纯陪同，视察广西人民广播电台、广西电视台、广西对外广播电台等。

◇ 中央电视台与河南电视台合作，对黄河小浪底水利枢纽工程的大坝合龙进行了2小时10分钟的现场直播。不仅真实展现大坝合龙的动人情景，而且深入工地的各个现场，全面介绍了这一治黄史上最伟大的工程。

◇ 河北有线广播电视台开播典礼仪式在河北电视中心举行。省委副书记卢展工、副省长刘作田出席仪式并剪彩。

◇ 在中共青海省委宣传部召开的表彰奖励全省荣获1996年度全国及青海省"五个一工程"入选作品大会上，青海人民广播电台录制的立体声广播剧《最后的报告》荣获全国"五个一工程"入选作品奖；青海电视台摄制的电视专题片《古海潮声》、《与荒原对话》，青海人民广播电台创作的广播剧《金色的翅膀》、歌曲《牛背摇篮》分别荣获青海省第三届"五个一工程"入选作品奖。

29日 吉林交通文艺台与长春市客运管理处、长春城市出租车协会联合表彰50位见义勇为、拾金不昧的出租车司机为"春城好司机"。这是省内第一次由新闻单位倡议评选好司机的活动。

30日 北京至呼和浩特数字微波电路改造建设工程破土开工，该工程主干线途经河北省，电路全长423.3公里，共设8个微波站，内蒙古自治区境内有4个站，新建1个站，改造3个站。

31日 广电部召开部党组会和部务扩大会，宣布国务院任免决定：任命张海涛为广电部副部长，免去刘习良、何栋材、杨伟光的广电部副部长职务。同时宣布中央组织部的任免通知：张海涛任广电部党组成员，免去刘习良、何栋材的广电部党组成员职务。明确和调整了党组成员的工作分工，新老党组成员进行了工作交接。

本月 长春市"九五"计划重点工程——长春市广播电视中心动工兴建。中心占地25000平方米，建筑面积36000平方米。

本月 中国广播艺术团被评为全国文化科技卫生"三下乡"活动先进集体，同时，艺术团魏金栋同志被评为先进个人。

本月 中国广播艺术团说唱团著名相声演员冯巩当选为第八届"中国十大杰出青年"。

十一月

1日 云南电视台投入400万元改版节目，卫视台播出由原来18小时增至21小时；经济电视台播出由6小时增至16小时。

3～8日 以中央电视台台长杨伟光为团长的"心连心"艺术团在香港文化中心大剧院举行成立以来的第11次大型文艺演出。首场演出共有4家电视台(中央电视台、香港亚洲电视、香港凤凰卫视、香港九仓有线电视)的五个频道向全世界现场直播。

4日 国家教委副主任韦钰主持干部会议，宣布国家教委党组任免事项，决定李鹏任中国教育电视台台长，柴永广任中国教育电视台党总支书记，陈力任中国教育电视台副台长兼总编辑，张天林任中国教育电视台副台长兼总工程师。

5日 延安市广播电视中心奠基仪式在延安市东关新区举行。延安广播电视中心占地面积6.8亩，建筑面积10976平方米，总投资4324.66万元，预期两年建成。

陕西省省长程安东、延安市委书记高宜新、市长刘孝文等领导参加了仪式并讲话。

5～7日 中央人民广播电台第十二次全国对台广播宣传会议在江西省新余市召开。安景林台长、张长明副台长、广电部对外宣传处以及江西省、新余市有关领导出席会议并分别讲话。

5～20日 孙家正部长率中国广播影视代表团访问美国、加拿大。

6日 '97中国电视戏曲展播活动表彰大会在京举行。此次展播活动是由中国电视戏曲杂志社、江苏电视台、中国广播电视学会电视戏曲研究会和中国电视艺术委员会电视戏曲委员会共同举办的。

7日 国务院总理李鹏到位于三峡大江截流工地的中央电视台报道专用船上，慰问了正在紧张工作的编辑记者和工程技术人员。陪同李鹏总理前来慰问的还有丁关根、罗干等领导同志。

8日 中央电视台长江三峡大江截流特别报道团与湖北电视台通力合作，圆满完成了三峡大江截流特别报道任务。

◇ 中央电视台1998年度黄金段位广告招标大会取得圆满成功，124家企业和客户代表参加本届招标会。以明标方式拍卖的标王被"爱多VCD"以2.1亿夺得。同时招标的19:00报时钟、《新闻联播》后标版、《焦点访谈》及A特段标版、12块酒类广告都以暗标方式产生结果。1998年黄金段位招标总额为28.4亿。

◇ 长江三峡大江截流。为了做好此次盛况的宣传报道，湖北省广电厅组织了50多名编辑记者，30多名技术人员参加了这次报道。大江截流当天，厅属五台和厅直有关单位紧密配合，圆满地完成了中央台和省台对大江截流盛况的现场直播宣传任务。在此之前，省电台开办了"战三峡，迎截流"专题和"97三峡大行动"系列报道，共播发稿件200多篇，并录制播出了有关三峡的歌曲20多首。省电视台播出了大型纪录片"三峡纵横"、特别节目"再铸辉煌"20集，共播出新闻203条，上中央台联播50条。

◇ 在中国广播奖第九届广播剧评奖中，黑龙江省有4部作品获得一等奖，实现全国评奖"九连冠"。

9日 中共中央政治局常委胡锦涛在市长徐匡迪、市委副书记龚学平的陪同下，参观了由上海广电局投资建造的上海大剧院。

11日 高大伟同志任命为青海省广播电视厅副厅长、党组成员，刘宗辉同志为助理巡视员；田毓漳同志因年龄到限被免去厅纪检组长、党组成员职务。

11～15日 1997年度全国广播电视中专工作会议在杭州召开，会议对课题组进行了调整和换届，通过了加强中专师资队伍建设的意见。

12日 国务委员彭珮云在中共湖南省委副书记郑培民、湖南省人民政府副省长潘贵玉、省广播电视厅厅长魏文彬的陪同下，视察了"长沙世界之窗"。

15日 中央人民广播电台业务楼工程完工，通过北京市建设工程质量监督站核验签证。中央人民广播电台业务楼工程于1992年12月25日开工，总建筑面积49222平方米，建安工程总投资37680万元。建安工程通过质量监督部门的核验表明:该工程已基本具备使用条件。

15～19日 第六届上海国际广播音乐节在上海举行。来自五大洲35个国家和地区的175家电台送来125套具有本民族和地区风格的优秀广播音乐节目参加展播。上海市委副书记龚学平，市委常委、宣传部长金炳华，广电部副部长同向荣等先后参加了开、闭幕式。

18日 云南省红河州广播电视实现全州各县市微波联网。

19日 广播电影电视部发出《关于表彰1997年全国广播电视播控中心系统技术能手的通报》，对1997年11月1日至4日在北京举行的"97年全国广播电视播控中心系统技术能手竞赛"活动中的技术能手给予通报表彰。

20日 北京电视台与文化部、中国文联、中国民间文艺家协会联合主办的"'97北京国际民间手工艺术周"开幕。此次活动邀请了中国部分有特色的民间手工艺术家和来自南非、日本、瑞士、秘鲁、印度等国的民间手工艺术家现场表演和展示，参观者近万人。

20日 申彭建同志任江苏省广播电视厅党组成员、副厅长。

22～25日 中国西部广播电视技术协作会'97年会在广西北海市召开。

24～26日 第三次全国广播影视系统保卫工作会议在北京举行。孙家正部长、张海涛副部长到会并讲话，部保卫司司长方源在会上作了《学习、贯彻十五大精神，紧密结合广播影视系统实际，努力做好新形势下的安全保卫工作》的报告，22个单位交流了经验。中央综治委办公室、公安部、国家安全部、武警总部的有关领导应邀与会并讲话。

24～12月4日 根据北京市广播电视局与拉萨广播电视文化局的协议，一期工程向拉萨电视台无偿提供130万元的后期制作设备。援助计划从设计、采购、运输、安装、调试到人员培训，由北京电视台组织实施。

25日 丁关根、孙家正、刘奇葆、刘云山等领导听取中央电视台春节剧组汇报的有关情况。领导同志同意为晚会确定的主题（中华民族春节大团圆、万众一心迈向新世纪）、基调（热烈、祥和、欢乐、团结、祝福、自豪、奋进）及主题歌（《走进新时代》）。

25～27 日 全国音像资料馆协会在福州召开。各省市自治区的音像资料馆馆长、分管的厅局长及音像管理处长等 70 余人参加了会议。

27 日 意大利广播电视公司国际台台长罗伯托·莫里奥内一行来国际台参观访问并与国际台张振华，丛英民等台领导举行了会谈。

28 日 由国际台主办的'97 国际报道研讨会在京开幕，来自中央三台、人民日报等中央和地方的 41 家新闻单位的代表参加了会议。

◇ 中共中央直属机关工作委员会发文批复：同意王德新同志任广电部机关党委委员、常委、书记；免去田聪明同志广电部机关党委书记、常委、委员职务。

29～12 月 10 日 中央电视台副台长李东生 3 人应墨西哥特莱维萨公司邀请前往签署 CCTV 国际频道节目进入墨西哥直播卫星电视网协议。

30 日 中央电视台向全球现场直播国际频道开播五周年大型文艺晚会"跨越星空"获得成功。应邀出席晚会的曾建徽、孙家正、马庆雄、刘习良、杨伟光等领导及各界对晚会给予高度评价。参加纪念活动的有中国香港九仓有线电视台、中国香港电台、中国香港无线电视台、中国台湾卫星电视、澳门远东集团实业有限公司、以及美国泛美卫星公司、美国映佳公司，美国亚洲商业电视台、墨西哥特莱维萨电视台、南非多选台等 10 多家海外电视媒体负责人也盛赞晚会的成功。

30～12 月 20 日 田聪明副部长率 6 人代表团赴马来西亚参加 AIBD 公共服务广播电视大会，并访问澳大利亚和印度尼西亚。

11 月 第十五届世界石油大会优秀新闻作品评选揭晓，中央电视台的 7 件作品榜上有名。这些获奖作品是由第十五届世界石油大会组委会委托中国记协并邀请中央新闻单位参加共同评选出来的。

11 月 中央电视台连续 5 年被授予首都精神文明单位标兵、北京市卫生红旗单位称号。连续 3 年被评为北京市无偿献血先进单位和广电部计划生育标兵单位。此外，彩电宿舍被评为海淀区文明小区。

本月 山西省广播电视厅在首届"山西省精神文明建设'五个一工程奖'"评选中荣获组织工作奖。

本月 与美国斯克拉电视网合作的《中国云南》播出恢复，云南电视台派员赴美国洛杉机协助省外宣办成功地举办了"中国云南电视周"。

◇ 截止到本月，青海省海东地区农村广播电视事业建设取得可喜成绩。全区广播覆盖率为 60%，电视覆盖率已达到 85%以上，除少数地区外，各地都能看上电视。全区已建成卫星地面站 353 座，有线电视已在全区 8 个县县城联网，用户达 25000 余户并向邻近农村延伸，其中互助县有 12 个村建成有线电视网，湟源县大华、和平等乡开通了 70 多个村的有线电视。全区建卫星地面站 118 个，村级广播站 225 个，使广播电视混合覆盖率达到 93%。

十二月

2 日 '97 北京电视技术研讨会开幕。来自全国各地方电视台和有关单位的代表、海外嘉宾以及部分电视设备生产厂家和代理公司的代表参加了开幕式。自 1993 年以来，北京电视技术研讨会已经举办 5 届。

3～7 日 以中央电视台赵化勇副台长为团长、广电部外事司司长马元和、社管司司长才华为副团长的中国电视代表团一行 28 人赴香港参加了'97 亚洲电视交易市场会，并成功地举办了"中国电视剧日"活动。亚洲电视交易市场会由法国嘎纳电视节组委会主办，来自世界各地的 100 多家电视台和电视公司参加了大会。本次大会我台与境外电视机构共签订节目合同总额达 90 万美元。

4 日 陕西省首届广播电视年鉴工作会议在西安召开。省广电厅厅长、年鉴编委会主任骞国政就如何抓好年鉴工作做了重要讲话；年鉴编委会副主任、主编饶一新结合传达全国广电年鉴会议精神，就当前陕西省年鉴编纂中的有关问题和向《中国广播电视年鉴》的供稿工作讲了意见。

5 日 南斯拉夫驻华大使斯洛博旦·翁科维奇一行到国际台参观访问，并在国际台塞语新年节目中对南斯拉夫听众发表新年贺词。

◇ 中共上海市委发出通知，乔其干同志任中共上海市广电局纪律检查委员会书记；李保顺同志不再兼任中共上海市广电局纪律检查委员会书记。

5～6 日 '97 电视媒体应用计算机网络技术研讨会在京举行，来自全国各地方电视台和有关单位的代表共 150 多人参加了此次研讨会。国家科委副主任邓楠，广电部副部长张海涛，航天工业总公司科技委副主任梁思礼，中央电视台副台长李丹、刘宜勤、总工程师邵昌有等领导出席了研讨会的开幕式。

6 日 中央军委副主席刘华清、张震出席在北京人民大会堂举行的"共和国之魂"座谈会。该片是由江西有线电视台、上海有线电视台、江西省广播电视厅、上海市广播电影电视局、中共江西省委党史资料征集委员会联合摄制的大型电视专题片。在中央电视台和全国 40 家省市级电视台播出。

◇ 吉林省政府任命谭铁鹰为吉林人民广播电台台长、吉林省广电厅副总编辑。

8 日 甘肃省广播电视中心工程举行开工奠基仪式。甘肃省委、省政府、省军区、省人大、省政协领导参加了奠基仪式。

这项工程计划一期投资 1.25 亿元，建筑规模 32950 平方米，总占地约 80 亩。

8 日 内蒙古自治区人大副主任刘震乙、王秀梅一行到内蒙古电视台视察工作。

11 日 国际台举行"纪念西班牙语对拉丁美洲广播开播 40 周年"庆祝酒会。全国人大常委会副委员长卢嘉锡，广电部副部长赵实等有关单位负责人和西班牙驻华使节莅会祝贺。

◇ 西安市人民政府市长办公会议讨论了西安地区有线电视网络建设方案，决定分3年完成市到区县的网络建设，每年架设光缆120公里；线路建设所需经费，由市财政拨专款1400万元，市广播电视局筹措1600万元。

12日 《世界有线电视》杂志在美国洛杉矶召开年度大会，上海有线电视台被授予“全球最佳有线电视系统奖”。上海有线电视台至97年底已拥有220万终端用户，是世界上最大的有线电视系统之一。

13日 孙家正部长会见英国大东电报局主席史密斯一行，商谈有线网络领域合作。

15日 据中国驻墨西哥使馆文化处反映，墨西哥特莱维萨电视台下属的“天空卫星电视网”(SKY)已于当日正式向拉美地区转播中央电视台第四套节目。这标志中国电视实现了在拉美地区的落地，填补了中国电视对全球有效覆盖的最后一片空白。当地华人已经基本成为订户。

◇ 中央电视塔工程通过国家验收。中央电视塔高386.5米，总投资27205万元；工程于1987年1月10日开工建设，1995年10月1日完工投入试运行。正式播出7套电视节目、5套调频广播，覆盖面积达90平方公里；开通32路微波传输通道，为气象、军事、通信等提供综合服务。

◇ 经广东省委批准，王克曼同志任广东省广电厅党组成员。

16日 全国政协副主席、中央统战部部长王兆国，副部长李德洙接见了《中国心、民族情》节目的主创人员，及参加节目制作的赵德清、赵维能、农世英、莫文珍等。

◇ 天津市委、市政府召开本市精神文明建设“五个一工程”第六届获奖作品表彰大会，天津电视台拍摄的电视专题片《中华魂》和天津人民广播电台录制的广播剧《劳模和他的影子》因获得由中宣部组织的1996—1997年度精神文明建设“五个一工程”奖而双双受到表彰。

17日 德国联邦国务秘书、联邦新闻局局长豪斯曼在波恩会见了中国国际广播电台代表团并与团长、国际台副台长王国庆就中德两国电台在节目制作和节目交换等方面进行合作进行了亲切交谈。

19日 甘肃省广播电视卫星地球站在兰州市龙尾山发射台举行奠基仪式。该站建筑面积1500平方米，将于1998年建成。

22日 国家计委批复《中国音像资料馆工程可行性研究报告》。批准音像资料馆工程总建筑面积40000平方米，总投资19976万元。

◇ 江西电视台广告部被中宣部、国家工商总局、广电部等7部委授予“全国广告行业文明单位”，这是江西电视台广告经营有史以来在全国性评奖中第一次获国家命名的殊荣。同时再次荣获“全国公益广告宣传先进单位”称号。该台广告部全年广告创收5000多万元，比1996年有较大幅度增长，超额完成厅、台下达的创收任务。

◇ 青海省今年在海东、海西、海北、黄南、海南等地26个县新建100个卫星地面站并投入使用，受益群众达49.51万人，从而使青海省电视人口混合覆盖率提高了两个百分点，达到78%。

23日 河北省政府任命河北省广电厅副厅长杨兴盛兼任河北有线广播电视台台长。

24日 广东电视台新闻中心主任记者周晓瑾被评为“全省职业道德百佳个人”。

26日 青岛广播电视中心二期工程封顶。二期工程占地面积3.2万平方米，总建筑面积2.45万平方米。

◇ 贵州人民广播电台第三套立体声广播新设备安装调试完毕，试机播音成功。

26～28日 '98全国电视经济宣传工作会议在北京召开，全国66家省、市电视台的80位负责经济宣传的台长、副台长、经济部主任、副主任和代表参加了会议。国务委员李铁映对会议做了批示，要求电视经济宣传工作者要“研究经济，宣传经济，服务经济”。中宣部副部长徐光春、广电部副部长田聪明、中央电视台台长杨伟光分别到会并讲话。

国家经贸委副主任陈清泰、国家体改委副主任乌杰、中国人民银行总行副行长殷介炎、中央财经工作领导小组办公室副主任段应碧、全国人大常委、财经委副主任董辅、国家计委秘书长白和金等同志也应邀到会作专题发言。

28日 江苏广播电视节目上卫星。省广播电视厅在紫金塔内的江苏广播电视地球站机房举行简朴而又隆重的开播仪式。

29日 国务院总理李鹏到中央电视台视察工作。陪同李鹏总理视察的有中共中央政治局委员、国务委员李铁映，中共中央政治局委员、国务委员、国务院秘书长罗干，国务院副秘书长刘奇葆，广电部部长孙家正、副部长田聪明等。

视察中，李鹏总理分别在新闻中心、新闻采访部时政组和新闻评论部欣然题词：“发展我国电视事业，全心全意为现代化做出贡献”；“祝贺中央电视台《新闻联播》节目创办二十周年”；“焦点访谈，表扬先进，批评落后，申张正义”。

30日 江泽民主席新年讲话的录制工作在江主席办公室进行。这是江主席首次通过三台发表新年讲话。

◇ 广电部作出关于表彰全国广播电视先进县(市)的决定，对取得各级党委、政府对广播电视事业的支持为广播电视事业发展作出突出成绩的59个县(市)进行了表彰奖励，并授予“全国广播电视先进县(市)”光荣称号。

◇ 第17届全国电视剧“飞天奖”终评结束。评委会从参评的123部892集电视剧中，评选出69部509集获奖，另评出13个单项奖。

◇ 江西赣州地区广播电视中心举行奠基仪式。广播电视中心占地30亩，主楼总建筑面积16000平方米，总投资约3000万元。

◇ 江西萍乡市湘东区局筹资100多万元，在大屏山建MMDS多路微波发射台。

31日 广电部召开中央三台

首批播音员、主持人上岗颁证会。国务委员李铁映、广电部部长孙家正、国家语委主任许嘉璐、广电部副部长田聪明等出席会议。中央三台首批180名播音员、主持人获得上岗资格证书。

◇ 中央电视台海外中心与上海电视台、东方电视台在上海联合举办的《我们共同的亚细亚—'98新年晚会》通过卫星向全世界100多个国家现场直播。参加晚会的有来自中国、印度、马来西亚、韩国、日本、新加坡、越南、以色列等16个国家的400名演员。

◇ 本月，江苏广播电视光缆传输网1800公里省干线杆路施工全部完成，省中心及各市中心机房建设、省干线光缆敷设也已基本完成。该网采用广播电视数字专用传输设备，除完成广播电视节目传输外，还具有数据传输、内部通讯等多功能。

◇ 本月 北京有线广播电视光缆网按照“六统一”的原则，年内已完成城近郊区8个区的光缆网设计和2400多个光接点路由勘探及专用数字平台；敷设光缆800多公里，其中验收270公里；接入光缆网6万多户，另有80多万户即将并入光缆网。

◇ 本月 山东省第八届人大常委会根据省长李春亭的提名，任命刘学德同志为山东省广电厅厅长。

◇ 本月 《中国电视报》全年取得良好的社会效益和经济效益，全年每期平均发行230万份，名列全国各报之首，实现利润1200万元，超额完成包干任务。

本月 中央电视台收到了澳大利亚“南方之星”影视制作公司关于《神奇山谷》销售情况的报告，该报告显示：《神奇山谷》在世界各地的播出和销售情况都非常好。该剧在澳大利亚广播公司电视台播出后，立即成为悉尼、墨尔本、布里斯班等大城市儿童节目收视率的第一名。《神奇山谷》的前26集在中央电视台播出后，一个月内就收到观众来信20000多封。据央视调查咨询中心对此剧做的专项调查，90%以上的儿童都看了这个节目，有50%的儿童认为该剧比动画片好看（以往儿童最爱看的是动画片）。据统计，自今年4月在法国戛纳电视节举行首发式以来，《神奇山谷》已经销售到全世界61个国家和地区的电视机构。

◇ 本年度中国广播艺术团被北京市评为首都精神文明先进单位。

◇ 1997年，全国光纤联网工作已在东南沿海14个省市全面展开。先后对京津冀豫、湘豫、湘粤、湘鄂、湘赣、赣皖浙7段线路光缆工程的可行性研究报告进行了批复，共安排资金2亿元。根据合理工期，14省的光缆网将于1999年春节开通。

◇ 1997年，按《公司法》组建华韵影视光盘有限公司。该公司由中国电影公司和中唱总公司共同出资，具有3条激光生产线的生产规模。

5. 文献与法规

责任编辑　王桂花
审 稿 人　赵建华

中华人民共和国国务院令
第 228 号

《广播电视管理条例》已经 1997 年 8 月 1 日国务院第 61 次常务会议通过，现予发布，自 1997 年 9 月 1 日起施行。

总理　李鹏
1997 年 8 月 11 日

广播电视管理条例

第一章　总　　则

第一条　为了加强广播电视管理，发展广播电视事业，促进社会主义精神文明和物质文明建设，制定本条例。

第二条　本条例适用于在中华人民共和国境内设立广播电台、电视台和采编、制作、播放、传输广播电视节目等活动。

第三条　广播电视事业应当坚持为人民服务、为社会主义服务的方向，坚持正确的舆论导向。

第四条　国家发展广播电视事业。县级以上人民政府应当将广播电视事业纳入国民经济和社会发展规划，并根据需要和财力逐步增加投入，提高广播电视覆盖率。

国家支持农村广播电视事业的发展。

国家扶持民族自治地方和边远贫困地区发展广播电视事业。

第五条　国务院广播电视行政部门负责全国的广播电视管理工作。

县级以上地方人民政府负责广播电视行政管理工作的部门或者机构(以下统称广播电视行政部门)负责本行政区域内的广播电视管理工作。

第六条　全国性广播电视行业的社会团体按照其章程,实行自律管理,并在国务院广播电视行政部门的指导下开展活动。

第七条　国家对为广播电视事业发展做出显著贡献的单位和个人，给予奖励。

第二章　广播电台和电视台

第八条　国务院广播电视行政部门负责制定全国广播电台、电视台的设立规划,确定广播电台、电视台的总量、布局和结构。

本条例所称广播电台、电视台是指采编、制作并通过有线或者无线的方式播放广播电视节目的机构。

第九条　设立广播电台、电视台,应当具备下列条件：

(一) 有符合国家规定的广播电视专业人员；
(二) 有符合国家规定的广播电视技术设备；
(三) 有必要的基本建设资金和稳定的资金保障；
(四) 有必要的场所。

审批设立广播电台、电视台,除依照前款所列条件外，还应当符合国家的广播电视建设规划和技术发展规划。

第十条　广播电台、电视台由县、不设区的市以上人民政府广播电视行政部门设立，其中教育电视台可以由设区的市、自治州以上人民政府教育行政部门设立。其他任何单位和个人不得设立广播电台、电视台。

国家禁止设立外资经营、中外合资经营和中外合作经营的广播电台、电视台。

第十一条 中央的广播电台、电视台由国务院广播电视行政部门设立。地方设立广播电台、电视台的，由县、不设区的市以上地方人民政府广播电视行政部门提出申请，本级人民政府审查同意后，逐级上报，经国务院广播电视行政部门审查批准后，方可筹建。

中央的教育电视台由国务院教育行政部门设立，报国务院广播电视行政部门审查批准。地方设立教育电视台的，由设区的市、自治州以上地方人民政府教育行政部门提出申请，征得同级广播电视行政部门同意并经本级人民政府审查同意后，逐级上报，经国务院教育行政部门审核，由国务院广播电视行政部门审查批准后，方可筹建。

第十二条 经批准筹建的广播电台、电视台，应当按照国家规定的建设程序和广播电视技术标准进行工程建设。

建成的广播电台、电视台，经国务院广播电视行政部门审查符合条件的，发给广播电台、电视台许可证。广播电台、电视台应当按照许可证载明的台名、台标、节目设置范围和节目套数等事项制作、播放节目。

第十三条 广播电台、电视台变更台名、台标、节目设置范围或者节目套数的，应当经国务院广播电视行政部门批准。

广播电台、电视台不得出租、转让播出时段。

第十四条 广播电台、电视台终止，应当按照原审批程序申报，其许可证由国务院广播电视行政部门收回。

广播电台、电视台因特殊情况需要暂时停止播出的，应当经省级以上人民政府广播电视行政部门同意；未经批准，连续停止播出超过30日的，视为终止，应当依照前款规定办理有关手续。

第十五条 乡、镇设立广播电视站的，由所在地县级以上人民政府广播电视行政部门负责审核，并按照国务院广播电视行政部门的有关规定审批。

机关、部队、团体、企业事业单位设立有线广播电视站的，按照国务院有关规定审批。

第十六条 任何单位和个人不得冲击广播电台、电视台，不得损坏广播电台、电视台的设施，不得危害其安全播出。

第三章 广播电视传输覆盖网

第十七条 国务院广播电视行政部门应当对全国广播电视传输覆盖网按照国家的统一标准实行统一规划，并实行分级建设和开发。县级以上地方人民政府广播电视行政部门应当按照国家有关规定，组建和管理本行政区域内的广播电视传输覆盖网。

组建广播电视传输覆盖网，包括充分利用国家现有的公用通信等各种网络资源，应当确保广播电视节目传输质量和畅通。

本条例所称广播电视传输覆盖网，由广播电视发射台、转播台（包括差转台、收转台，下同）、广播电视卫星、卫星上行站、卫星收转站、微波站、监测台（站）及有线广播电视传输覆盖网等构成。

第十八条 国务院广播电视行政部门负责指配广播电视专用频段的频率，并核发频率专用指配证明。

第十九条 设立广播电视发射台、转播台、微波站、卫星上行站，应当按照国家有关规定，持国务院广播电视行政部门核发的频率专用指配证明，向国家的或者省、自治区、直辖市的无线电管理机构办理审批手续，领取无线电台执照。

第二十条 广播电视发射台、转播台应当按照国务院广播电视行政部门的有关规定发射、转播广播电视节目。

广播电视发射台、转播台经核准使用的频率、频段不得出租、转让，已经批准的各项技术参数不得擅自变更。

第二十一条 广播电视发射台、转播台不得擅自播放自办节目和插播广告。

第二十二条 广播电视传输覆盖网的工程选址、设计、施工、安装，应当按照国家有关规定办理，并由依法取得相应资格证书的单位承担。

广播电视传输覆盖网的工程建设和使用的广播电视技术设备，应当符合国家标准、行业标准。工程竣工后，由广播电视行政部门组织验收，验收合格的，方可投入使用。

第二十三条 区域性有线广播电视传输覆盖网，由县级以上地方人民政府广播电视行政部门设立和管理。

区域性有线广播电视传输覆盖网的规划、建设方案，由县级人民政府或者设区的市、自治州人民政府的广播电视行政部门报省、自治区、直辖市人民政府广播电视行政部门批准后实施，或者由省、自治区、直辖市人民政府广播电视行政部门报国务院广播电视行政部门批准后实施。

同一行政区域只能设立一个区域性有线广播电视传输覆盖网。有线电视站应当按照规划与区域性有线电视传输覆盖网联网。

第二十四条 未经批准，任何单位和个人不得擅自利用有线广播电视传输覆盖网播放节目。

第二十五条 传输广播电视节目的卫星空间段资源的管理和使用，应当符合国家有关规定。

广播电台、电视台利用卫星方式传输广播电视节目，应当符合国家规定的条件，并经国务院广播电视行政部门审核批准。

第二十六条 安装和使用卫星广播电视地面接收设施，应当按照国家有关规定向省、自治区、直辖市人民政府广播电视行政部门申领许可证。进口境外卫星广播电视节目解码器、解压器及其他卫星广播电视地面接收设施，应当经国务院广播电视行政部门审查同意。

第二十七条 禁止任何单位和个人侵占、哄抢或者以其他方式破坏广播电视传输覆盖网的设施。

第二十八条 任何单位和个人不得侵占、干扰广播电视专用频率，不得擅自截传、干扰、解扰广播电视信号。

第二十九条 县级以上人民政府广播电视行政部门应当采取卫星传送、无线转播、有线广播、有线电视等多种方式，提高农村广播电视覆盖率。

第四章 广播电视节目

第三十条 广播电台、电视台应当按照国务院广播电视行政部门批准的节目设置范围开办节目。

第三十一条 广播电视节目由广播电台、电视台和省级以上人民政府广播电视行政部门批准设立的广播电视节目制作经营单位制作。广播电台、电视台不得播放未取得广播电视节目制作经营许可的单位制作的广播电视节目。

第三十二条 广播电台、电视台应当提高广播电视节目质量，增加国产优秀节目数量，禁止制作、播放载有下列内容的节目：

（一）危害国家的统一、主权和领土完整的；

（二）危害国家的安全、荣誉和利益的；

（三）煽动民族分裂、破坏民族团结的；

（四）泄露国家秘密的；

（五）诽谤、侮辱他人的；

（六）宣扬淫秽、迷信或者渲染暴力的；

（七）法律、行政法规规定禁止的其他内容。

第三十三条 广播电台、电视台对其播放的广播电视节目内容，应当依照本条例第三十二条的规定进行播前审查，重播重审。

第三十四条 广播电视新闻应当真实、公正。

第三十五条 设立电视剧制作单位，应当经国务院广播电视行政部门批准，取得电视剧制作许可证后，方可制作电视剧。

电视剧的制作和播出管理办法，由国务院广播电视行政部门规定。

第三十六条 广播电台、电视台应当使用规范的语言文字。

广播电台、电视台应当推广全国通用的普通话。

第三十七条 地方广播电台、电视台或者广播电视站、应当按照国务院广播电视行政部门的有关规定转播广播电视节目。

乡、镇设立的广播电视站不得自办电视节目。

第三十八条 广播电台、电视台应当按照节目预告播放广播电视节目；确需更换、调整原预告节目的，应当提前向公众告示。

第三十九条 用于广播电台、电视台播放的境外电影、电视剧，必须经国务院广播电视行政部门审查批准。用于广播电台、电视台播放的境外其他广播电视节目，必须经国务院广播电视行政部门或者其授权的机构审查批准。

向境外提供的广播电视节目，应当按照国家有关规定向省级以上人民政府广播电视行政部门备案。

第四十条 广播电台、电视台播放境外广播电视节目的时间与广播电视节目总播放时间的比例，由国务院广播电视行政部门规定。

第四十一条 广播电台、电视台以卫星等传输方式进口、转播境外广播电视节目，必须经国务院广播电视行政部门批准。

第四十二条 广播电台、电视台播放广告，不得超过国务院广播电视行政部门规定的时间。

广播电台、电视台应当播放公益性广告。

第四十三条 国务院广播电视行政部门在特殊情况下，可以作出停止播出、更换特定节目或者指定转播特定节目的决定。

第四十四条 教育电视台应当按照国家有关规定播放各类教育教学节目，不得播放与教学内容无关的电影、电视片。

第四十五条 举办国际性、全国性的广播电视节目交流、交易活动，应当经国务院广播电视行政部门批准，并由指定的单位承办。举办区域性广播电视节目交流、交易活动，应当经举办地的省、自治区、直辖市人民政府广播电视行政部门批准，并由指定的单位承办。

未经批准，任何单位和个人不得举办广播电视节目的交流、交易活动。

第四十六条 对享有著作权的广播电视节目的播放和使用，依照《中华人民共和国著作权法》的规定办理。

第五章 罚 则

第四十七条 违反本条例规定，擅自设立广播电台、电视台、教育电视台、有线广播电视传输覆盖网、广播电视站的，由县级以上人民政府广播电视行政部门予以取缔，没收其从事违法活动的设备，并处投资总额1倍以上2倍以下的罚款。

擅自设立广播电视发射台、转播台、微波站、卫星上行站的，由县级以上人民政府广播电视行政部门予以取缔，没收其从事违法活动的设备，并处投资总额1倍以上2倍以下的罚款；或者由无线电管理机构依照国家无线电管理的有关规定予以处罚。

第四十八条 违反本条例规定，擅自设立广播电视节目制作经营单位或者擅自制作电视剧及其他广播电视节目的，由县级以上人民政府广播电视行政部门予以取缔，没收其从事违法活动的专用工具、设备和节目载体，并处1万元以上5万元以下的罚款。

第四十九条 违反本条例规定，制作、播放、向境外提供含有本条例第三十二条规定禁止内容的节目的，由县级以上人民政府广播电视行政部门责令停止制作、播放、向境外提供，收缴其节目载体，并处1万元以上5万元以下的罚款；情节严重的，由原批准机关吊销许可证；违反治安管理规定的，由公安机关依法给予治安管理处罚；构成犯罪的，依法追究刑事责任。

第五十条 违反本条例规定，有下列行为之一的，由县级以上人民政府广播电视行政部门责令停止违法活动，给予警告，没收违法所得，可以并处2万元以下的罚款；情节严重的，由原批准机关吊销许可证：

（一）未经批准，擅自变更台名、台标、节目设置范围或者节目套数的；

（二）出租、转让播出时段的；

（三）转播、播放广播电视节目违反规定的；

（四）播放境外广播电视节目或者广告的时间超出规定的；

（五）播放未取得广播电视节目制作经营许可的单位制作的广播电视节目或者未取得电视剧制作许可的单位制作的电视剧的；

（六）播放未经批准的境外电影、电视剧和其他广播电视节目的；

（七）教育电视台播放本条例第四十四条规定禁止播放的节目的；

（八）未经批准，擅自举办广播电视节目交流、交易活动的。

第五十一条 违反本条例规定，有下列行为之一的，由县级以上人民政府广播电视行政部门责令停止违法活动，给予警告，没收违法所得和从事违法活动的专用工具、设备、可以并处2万元以下的罚款；情节严重的，由原批准机关吊销许可证：

（一）出租、转让频率、频段，擅自变更广播电视发射台、转播台技术参数的；

（二）广播电视发射台、转播台擅自播放自办节目、插播广告的；

（三）未经批准，擅自利用卫星方式传输广播电视节目的；

（四）未经批准，擅自以卫星等传输方式进口、转播境外广播电视节目的；

（五）未经批准，擅自利用有线广播电视传输覆盖网播放节目的；

（六）未经批准，擅自进行广播电视传输覆盖网的工程选址、设计、施工、安装的；

（七）侵占、干扰广播电视专用频率，擅自截传、干扰、解扰广播电视信号的。

第五十二条 违反本条例规定，危害广播电台、电视台安全播出的，破坏广播电视设施的，由县级以上人民政府广播电视行政部门责令停止违法活动；情节严重的，处2万元以上5万元以下的罚款；造成损害的，侵害人应当依法赔偿损失；构成犯罪的，依法追究刑事责任。

第五十三条 广播电视行政部门及其工作人员在广播电视管理工作中滥用职权、玩忽职守、徇私舞弊、构成犯罪的，依法追究刑事责任；尚不构成犯罪的，依法给予行政处分。

第六章 附 则

第五十四条 本条例施行前已经设立的广播电台、电视台、教育电视台、广播电视发射台、转播台、广播电视节目制作经营单位，自本条例施行之日起6个月内，应当依照本条例的规定重新办理审核手续；不符合本条例规定的，予以撤销；已有的县级教育电视台可以与县级电视台合并，开办教育节目频道。

第五十五条 本条例自1997年9月1日起施行。

附：

关于认真学习、宣传、贯彻《广播电视管理条例》的通知

（1997年9月2日广播电影电视部发布）

广发法字〔1997〕565号

《广播电视管理条例》（以下简称《条例》）已于一九九七年八月十一日由国务院颁布，九月一日正式实施。《条例》是我国第一部全面规范广播电视活动的行政法规，是在我国社会主义初级阶段这一国情的基础上制定的，体现了党中央、国务院有关广播电视发展的方针、政策，总结了建国以来广播电视发展和管理的成功经验，明确了广播电视管理、发展、繁荣的关系，肯定了广播电视宣传、事业建设、行业管理“三位一体”的具有中国特色的社会主义广播电视体制，反映了广播电视事业改革和发展的客观要求。《条例》对广播电台、电视台的设立、广播电视传输覆盖网的规划、组建、开发和管理、广播电视节目的制作、播放等方面进行了较为详细的规定，是加强我国广播电视行业管理，促进广播电视事业进一步繁荣、健康、有序发展的有力保障。为做好学习、宣传、贯彻《条例》的工作，特通知如下：

一、认真学习、全面理解《条例》的主要内容和精神实质

《条例》全面规范了从事广播电视各项活动所应遵循的行为准则，使广播电视系统各项管理工作都基本做到了有法可依，也是全体广播电视从业人员的自我约束的行为规范。全系统的干部职工要按照《广播电影电视系统法制宣传教育第三个五年规划》和《广播电影电视系统1997年法制宣传教育计划》的要求，把《条例》作为“三五”普法的重要学习内容，认真学习、深刻理解制定《条例》的必要性和《条例》条文规定的法规内涵及其基本内容，了解自己在从事广播电视活动中的权利和义务，做到知法、守法、用法。学习的重点人员是各级领导干部、行政管理人员、行政执法人员和编辑、记者等宣传工作者。

各级领导干部要带头学习《条例》。各级中心学习组要将《条例》作为重要学习内容，做好学习安排。部党组中心学习组将于近期安排专门时间学习《条例》，

各省、自治区、直辖市广播影视厅（局）也要在近期抓紧安排《条例》的学习。

各级行政管理人员要结合管理工作，行政执法人员要结合持证上岗的培训，编辑、记者等宣传工作者要结合工作实际，认真学习《条例》。全系统的其他干部职工也要结合本职工作安排学习。

各行政管理部门、各级广播电台、电视台、各党政工团组织、广播影视院校，都要利用党员学习、职工干部培训、研讨班、学习班等多种形式安排好《条例》的学习。切实保证学习时间和经费。要及时收集报刊的有关材料、购买《条例》的单行本，进行学习。部里将编写《条例》的释义读本，作为深入学习《条例》的指定教材。

二、向全社会宣传好《条例》

广播电视活动涉及各行各业，影响千家万户，因此，学习、宣传和贯彻《条例》，不仅是广播电视部门的事，也是各行各业的事。各地要利用各种传媒手段和各种形式对《条例》进行深入广泛的宣传，为全面贯彻落实《条例》创造良好的社会舆论环境。

各级广播电视行政部门可在所在城市的主要公共场所，组织一次宣传《条例》的活动，接受群众的有关咨询。

各级广播电台、电视台、广播影视报刊等，要根据《条例》宣传提纲，开展形式多样的宣传活动。《条例》颁布后的一个月内，各地的广播电台、电视台可在新闻、专题节目中适当地对《条例》的学习、宣传情况进行报道。报道要注意结合《条例》的主要内容，宣传广播电视各方面的成绩，宣传《条例》对加强广播电视行业管理，促进广播电视事业健康有序发展将发挥的作用和各地的领导干部、广大广播电视工作者对贯彻执行《条例》的重视情况。

三、切实做好《条例》的贯彻实施工作

全系统各单位、各部门要结合本单位、本部门的工作重点，认真学习《条例》，严格按照《条例》的要求规范自己的行为，积极做好各项工作。

各级广播电视行政部门要依据《条例》以及其他有关法规的规定，明确职责，各负其责，层层负责，切实花大力气提高行政管理和行政执法水平，要抓紧建立起一支数量足、素质高的行政执法队伍。部里即将对全系统的执法人员核发《广播电影电视执法证》，编写执法手册。目前实施《条例》的执法监督检查重点应放在治理违反规定乱办台、乱建网、擅自扩大功率、乱播滥放等散滥问题上。各地要加大对重点、典型违法案件调查处理的力度。

各级广播电视行政管理部门要结合年检和治散治滥工作，做好台站及节目制作机构的重新审核登记工作，并督促、检查所属单位自觉学习、贯彻、执行《条例》。

各广播电台、电视台要严格按照《条例》的规定制作、播放广播电视节目；各广播电台、电视台、教育电视台、广播电视发射台、转播台、广播电视节目制作经营单位，要依照《条例》的规定，做好重新办理审核手续的各项准备工作。

四、加快清理和制定配套法规

各级广播电视行政部门要根据《条例》的规定，结合贯彻实施《行政处罚法》，对现行规章、规范性文件进行清理。部里各司局要对以往制定的各种规章、规范性文件进行对照清理，在今年底废止与《条例》不相符的所有规章和文件，并尽快制定出相配套的具有可操作性的各项规定。

地方广播影视厅（局）也要在年底前完成清理工作。在清理过程中要注意，凡是《条例》明文禁止的行为而地方性法规允许的，或《条例》明文允许而地方性法规禁止的，均属于修改或废止之例；《条例》没有明文规定而地方性法规有规定的，或《条例》仅是提倡性的条款，不影响地方性法规的执行；对《条例》中原则性的规定，各地可结合本地的实际，制定地方性法规或实施细则或单行法规。

附：

我国广播电视法制工作迈上新台阶

——广电部负责人就《广播电视管理条例》颁布施行答记者问

问：改革开放以来，我国广播电视事业得到迅速发展，在社会政治、经济、文化生活中所起的作用越来越明显，请您谈一谈在此时出台《广播电视管理条例》（以下简称《条例》）具有什么样的意义？

答：新中国成立40多年来，由于党和国家的高度重视，广大群众的迫切需要，我国广播电视事业从小到大，获得了巨大的发展，尤其是改革开放以来，广播电视事业发展更为迅速，到1996年底，广播、电视人口覆盖率分别达到84.2%和86.2%，有线电视家庭和单位入户数达7000多万。广播电视的迅速发展对促进我国社会主义物质文明和精神文明建设，满足人民群众日益增长的精神文化需求，发挥了重要的作用。

事业的快速发展给广播电视管理工作提出了更高的要求，广大群众日益增长的精神文化需求，尤其是对优秀精神食粮的渴求和党中央关于大力加强社会主义精神文明建设的方针，使广播电视工作坚持正确导向、提高节目质量、多出优秀作品的任务显得更加重要和紧迫。同时我国社会主义市场经济体制的建立和高新技术的广泛运用，给广播电视工作带来了很多新情况、新问题，急需规范。在党和国家明确提出“依法治国，建设社会主义法制国家”的新形势下，我们深刻体会到，加强法制建设是坚持正确的舆论导向，做好党和政府的宣传工作的需要，是搞好艺术创作，推进精品战略的需要，是建立良好的广播电视管理秩序的需要，是促进广播电视健康有序发展的需要。因此，《条例》在今天出台，尤其显得意义重大。

问:《条例》具有哪些主要特点?

答:《条例》充分体现了我国广播电视的社会主义性质,体现了党的十四届六中全会《关于加强社会主义精神文明建设若干重要问题的决议》中对广播电视工作的各项要求,是广播电视系统全面贯彻落实党的十四届六中全会精神,加强社会主义精神文明建设的一项重要措施。《条例》根据我国国情,对建国以来特别是十一届三中全会以来广播电视系统行之有效的管理经验进行了归纳和总结,以国务院行政法规的形式规定广播电视必须坚持为人民服务、为社会主义服务的方向,肯定了广播电视宣传工作、事业建设和行业管理"三位一体"的具有中国特色的社会主义广播电视体制,《条例》的颁布、实施是我国广播电视发展史上的一件大事,标志着广播电视行业已初步走向法制化轨道,同时也为广播电视业正在进行的治散治滥工作提供了有力的法律依据。

《条例》是目前广播电视工作中覆盖面最宽的法规,涵盖了广播电台、电视台的设立,广播电视传输覆盖网的建设与管理,广播电视节目的制作与播放等广播电视活动的各个方面,具有全面性的特点;《条例》是在广播电视系统贯彻落实中央指示精神,全面进行治散治滥工作的形势下出台的,对当前突出存在的多头批台、擅自设台、建网,乱播滥放等干扰广播电视健康发展的主要问题进行了明确的规范,具有较强的针对性;《条例》突出了广播电视的高科技特色,明确了广播电视传输覆盖网在国家信息化建设中的地位和作用,为广播电视的发展开辟了道路,有一定的超前性和预见性;《条例》明确了各级广播电视行政部门的职责,体现了分极负责的行政管理原则,《条例》的规定具体、详细、具有较强的可操作性。

问:坚持正确的舆论导向,不断提高节目质量,是广播电视工作的一项首要任务。请问,《条例》是如何保证完成这一任务的?

答:我国的广播电视是党和人民的喉舌,是党和政府联系群众的桥梁和纽带,广播电台、电视台是国家重要的舆论宣传机关,肩负着重要的责任。为保证广播电视始终坚持正确的舆论导向,不断提高节目质量,《条例》一方面根据广播电视的性质,明确规定广播电台、电视台只能由代表国家和政府的广播电视行政部门开办和管理,并对广播电台、电视台设立的资格条件、审批权限和程序分别进行了严格的规定。同时,为了防止一些单位不顾社会效益、乱播滥放,《条例》建立了制作、播放广播电视节目的审查制度,规定广播电视节目要由广播电台、电视台和经批准设立的广播电视节目制作经营单位制作;禁止制作、播放载有反动、淫秽、迷信或者法律、行为法规规定禁止的其他内容的广播电视节目;设立电视剧制作单位必须取得电视剧制作许可证;用于广播电台、电视台播放的境外广播电视节目包括影视剧必须经国务院广播电视行政部门或者其授权的机构审查批准;广播电台、电视台对其播放的广播电视节目要按照《条例》规定的节目标准进行播前审查,重播重审等,《条例》规定这些措施和制度,目的是为了保证广播电视节目的质量,增加国产优质节目数量,更好地满足广大群众的精神文化需求,促进社会主义物质文明和精神文明建设。

问:广播电视的一项重要功能是发布新闻、传达政令,请您介绍一下《条例》是如何保证党和政府的政令畅通的?

答:从两个方面来保障。一是要求各级广播电台、电视台都必须按规定转播广播电视节目,这里主要指要用专用频道完整转播中央人民广播电台、中央电视台的第一套节目和省级广播电台、电视台的第一套节目。早在1993年,中宣部、广播电影电视部就联合发文,对完整转播的问题作了明确的规定。这次《条例》又用法规的形式对于转播中央台节目的要求予以了肯定,并且规定了对违反这一要求的行为要进行处罚。

二是保证广播电视传输覆盖网的畅通无阻,广播电视传输覆盖网是广播电视宣传工作的重要组成部分,是保证党和政府政令畅通的传输通道,它的运行状况直接关系到听众、观众的收听、收看效果。为保证党和政府的声音准确、安全、迅速地传送到千家万户。《条例》用专章对广播电视传输覆盖网进行了规定,肯定了建国以来确定的广播电视独立成网、自成体系的方针,确立了国家广播电视行政部门对广播电视传输覆盖网实行统一规划、分极建设、开发和管理的原则,对广播电视传输覆盖网的工程技术提出了严格的要求,并对侵占、哄抢等破坏广播电视传输覆盖网的行为规定了严厉的处罚措施。

问:《条例》在哪些方面明确了广播电视行政部门的职权?作用如何?

答:《条例》首先肯定了国务院广播电视行政部门负责全国的广播电视管理工作,县级以上地方人民政府负责广播电视行政管理工作的部门或者机构负责本行政区域内的广播电视管理工作,并且在广播电台、电视台(包括有线电视台、教育电视台)的设立审批,广播电视传输覆盖网的规划、建设和管理,广播电视节目制作、播放、交流、交易、进出口活动,卫星电视广播地面接收设施的安装使用和进出口管理,广播电视设施保护活动等五个方面对各级广播电视行政部门的管理职责与管理原则予以了明确,为广播电视行政部门加强行业管理提供了法规依据。有利于制止各种干扰广播电视发展的违法行为,理顺广播电视系统内部及与外部的关系,促进广播电视事业逐步形成"布局合理、结构优化、效益明显、富有活力的发展格局"。《条例》在赋予广播电视行政部门相应的权力的同时,明确了广播电视部门重大的责任,对各级广播电视行政部门的依法行政、依法管理工作提出了新的、更高的要求,尤其是对各级广播电视行政部门的领导的依法决策、依法管理的意识和水平提出了更高的要求。认真贯彻落实《条例》,必将大大提高广播电视队伍的素质,大大提高广播电视行政部门依法管理的水平,促进广播电视事业健康有序发展。

问：《条例》对扩大广播电视覆盖，特别是农村和边远地区的覆盖以及对目前广大听众、观众普遍关心的问题都作了哪些规定？

答：党和政府历来关心广播电视的覆盖，特别是关心广大农村和边远少数民族地区群众能听好、看好广播电视。对于目前还有部分地区的听众、观众收听、收看不到，收听、收看不好广播电视节目的问题，《条例》明确规定：县级以上人民政府应当将广播电视事业纳入国民经济和社会发展规划，并根据需要和财力逐步增加投入，提高广播电视覆盖率，国家支持农村广播电视事业的发展。国家扶持民族自治地方和边远贫困地区发展广播电视事业。《条例》还对广播电视节目传输的技术质量提出了要求，以保障节目的收听、收视效果。

当前，一些听众、观众经常反映的有关广播电视的问题还有：一些地方台站不能完整转播中央台一套节目的问题，广告过多的问题，广播电台、电视台不按预告的时间播放节目，随意变动节目播出时间的问题等。对此，《条例》规定：地方广播电台、电视台或者广播电视站，应当按照国务院广播电视行政部门的有关规定转播广播电视节目；广播电台、电视台应当按照节目预告播放广播电视节目，确需更换、调整原预告节目的，应当提前向公众告示；广播电台、电视台播放广告，不得超过国务院广播电视行政部门规定的时间，广播电台、电视台应当播放公益性广告。如果广播电台、电视台违反了以上规定，将受到警告、没收违法所得、罚款的处罚，情节严重的将被吊销设台许可证，这些规定就是为保证广播电台、电视台更好地发挥“喉舌”作用，使听众、观众更好地收听、收看广播电视节目，保护听众和观众的利益，维护广播电台、电视台的形象。

问：最后请您谈一谈《条例》的出台，对广播电视业会产生怎样的影响？

答：《条例》的出台，标志着广播电视事业发展进入了一个新阶段，广播电视管理工作进入了一个新时期，广播电视法制工作迈上了一个新台阶。《条例》是目前广播电视工作中覆盖面最宽、效力等级最高的法规，为积极引导、正确推进、有效保障广播电视业健康有序发展提供了条件。目前广播电视系统的干部职工正在开展学习宣传、贯彻《条例》的活动，我们将以《条例》的出台为契机，进一步强化广播电视行业管理，加大执法力度，完善行政执法方面的规章制度，提高执法人员的素质，尽快实现从过去主要依靠经验管理向科学管理，从主要依靠行政管理向依靠法制管理的转变，使广播电视工作更好地为两个文明建设服务。同时，《条例》的出台只是广播电视立法的新起点，我们将在认真贯彻、落实《条例》的基础上，不断总结经验，并对最终形成《广播电视法》进行调研和论证，逐步完备以《广播电视法》和《电影法》为龙头的符合现代广播影视发展和社会主义市场经济要求的广播影视法规体系，为广播影视的依法管理提供依据，努力使我们的行政管理和行政执法水平迈上一个新台阶。

（《人民日报》1997 年 9 月 2 日）

附：

《广播电视管理条例》宣传提纲

1997 年 8 月 11 日，李鹏总理签署国务院第 228 号令，发布了《广播电视管理条例》（以下简称《条例》），第一次以行政法规的形式对广播电视活动进行了全面的规范。设立广播电台、电视台、广播电视站，设立广播电视传输覆盖网，采编、制作、播放、传输、接收、交流、交易、进口、出口广播电视节目等，都应当符合《条例》的规定。《条例》的实施，必将进一步加强广播电视行业管理，优化广播电视业的内部结构，提高广播电视节目质量，更好地发挥广播电视在社会主义物质文明和精神文明建设中的积极作用。

一、《条例》是加强广播电视行业管理，促进广播电视事业健康有序发展的有力保障

建国以来，在党中央和国务院的正确领导和关心下，我国广播电视事业有了巨大的发展。到 1996 年，经批准成立的广播电台约 1300 座、电视台约 2800 座（含教育电视台、有线电视台），已基本建成运用微波、卫星、光缆、电缆等多种技术手段的全国性的广播电视传输覆盖网，广播、电视人口覆盖率分别达到 84.2%和 86.2%，有线电视家庭入户数达 5000 多万，比 1995 年增加了 1000 多万。广播电视事业的迅速发展对促进我国社会主义物质文明和精神文明建设，满足人民群众日益增长的精神文化需求，发挥了重要作用。

但同时，广播电视发展中也存在一些不容忽视的问题：多头批台、擅自设台，使广播电台、电视台的规模、数量增长过快，结构、布局不尽合理；一些单位和个人擅自建网，擅自制作、播出格调低下，内容不健康，甚至带有严重政治问题的节目。这些问题的存在，既严重干扰了广播电视业的健康有序发展，影响了广播电视在人们心目中的形象，又严重削弱了党和政府的宣传工作，人民群众对此反应强烈，这已经引起党中央和国务院的高度重视，正如江总书记指出的那样：“舆论导向正确，是党和人民之福；舆论导向错误，是党和人民之祸”。针对这些问题，中办、国办先后三次下发通知：《关于加强和改进书报刊影视音像市场管理的通知》（中办发［1994］19 号）、《关于转发广播电影电视部党组〈关于进一步加强和改进广播电影电视工作的报告〉的通知》（厅字［1995］27 号）、《关于加强新闻出版广播电视业管理的通知》（厅字［1996］37 号，以下简称中办国办［1996］37 号文件），要求各级广播电视行政部门采取有力措施，重点解决擅自设台、重复设台以及乱播滥放的问题，加强广播电视行业管理，加快广播电视的法制建设。

1995 年初，部党组根据国家的民主法制建设要求和我国广播电视管理实际，决定在 1986 年开始起草的原《广播电视法（草案）》的基础上起草《广播电视管理条例（草案）》。同年 11 月，我部正式将《条例（草案）》上报国务院。随后，国务院法制局进行了近两年的调研、协调、修改。1997年8月1日，国务院第61次常务会议原则通过了该《条例（草案）》，8月11日国务院发布了《广播电视管理条例》。《广播电视管理条例》是根据我国社会主义初级阶段这一国情和适应社会主义市场经济体制的要求制定的，体现了党中央、国务院有关广播电视发展的方针、政策，总结了建国以来广播电视发展和管理的成功经验，明确了广播电视管理、发展、繁荣的关系，肯定了广播电视宣传、事业建设和行业管理“三位一体”的有中国特色的社会主义广播电视体制，反映了广播电视事业改革和发展的客观要求。《广播电视管理条例》对广播电台和电视台的设立、广播电视传输覆盖网的建设与管理、广播电视节目的制作与播放等方面进行了较为全面、较为详细的规定，是加强我国广播电视行业管理，促进广播电视事业进一步繁荣、健康、有序发展的有力保障。

二、设立广播电台、电视台（包括有线电视台、教育电视台），应当按照《条例》的规定报国务院广播电视行政部门统一审批

广播电台、电视台是现代化的电子传媒，也是党和政府的喉舌，加之其传播快、影响广、投入大的特点，《条例》规定国务院广播电视行政部门对广播电台、电视台的设立进行宏观调控，统一审批，以防止擅自设台、多头批台，重复建设，进而逐步形成合理的全国广播电台、电视台的总量、布局和结构。

（一）广播电台、电视台的含义

广播电台、电视台是指采编、制作并通过有线或者无线的方式播放广播、电视节目的机构，包括无线广播电台、无线电视台、有线（广播）电视台以及目前县级广播电视部门正在进行“三台合一”而称作的广播电视台等。《条例》所称广播电台、电视台不同于《无线电管理条例》规定的发射无线电波的无线电台。

（二）设立广播电台、电视台的主体资格

我国的广播电台、电视台是党和政府的喉舌，是社会主义精神文明建设的重要阵地，因此，《条例》规定广播电台、电视台要由党和政府授权的广播电视行政部门设立。根据中办国办［1996］37号文件确定的市辖区、乡镇不设播出机构以及企事业单位有线电视台改为有线电视站的精神，《条例》规定广播电台、电视台由县、县级市以上人民政府广播电视行政部门设立（第十条）。

我国教育电视已成为广播电视事业的重要组成部分，教育电视台主要是教育行政部门为教学目的而设立的。为保证教育电视台的质量，根据中办国办［1996］37号文件确定的不再批建县级教育电视台的精神，《条例》规定教育电视台可以由地级市、自治州（不包括地区行署）以上人民政府教育行政部门设立（当然也可以由广播电视行政部门设立）（第十条）。

此外，《条例》禁止其他任何单位和个人设立广播电台、电视台，禁止设立外商独资经营、中外合资经营和合作经营的广播电台、电视台（第十条）。

（三）设立广播电台、电视台的条件

广播电台、电视台的设立条件是：(1)有符合规定的广播电视专业人员；(2)有符合规定的广播电视技术设备；(3)有必要的基本建设资金和稳定的资金保障；(4)有必要的场所。此外，还应符合国家的广播电视建设规划和技术发展规划（第九条）。

（四）设立广播电台、电视台的审批程序

(1)筹建审批程序：中央的广播电台、电视台由国务院广播电视行政部门设立；中央的教育电视台由国务院教育行政部门设立，报国务院广播电视行政部门审查批准。地方设立广播电台、电视台的，由具有主体资格的广播电视行政部门提出申请，本级政府审查同意后，逐级上报，由国务院广播电视行政部门审查批准后方可筹建；地方设立教育电视台的，由具有主体资格的教育行政部门提出申请，征得同级广播电视行政部门同意并经本级政府审查同意后，逐级上报，经国务院教育行政部门审核并经国务院广播电视行政部门审查批准后方可筹建（第十一条）。

2. 设立许可程序：建成的广播电台、电视台，经国务院广播电视行政部门审查符合设台条件的，发给广播电台、电视台许可证。广播电台、电视台应当按照许可证载明的台名、台标、节目设置范围和节目套数等事项制作、播放广播电视节目（第十二条）。

（五）广播电视站的设立

广播电视站是我国广播电视的基层机构，直接联系着听众和观众，在广播电视事业发展中，尤其是在农村广播电视事业发展中占有极为重要的地位。《条例》原则规定了广播电视站的设立审批程序及职责。《条例》规定乡、镇设立广播电视站的，由所在地县级以上人民政府广播电视行政部门负责审核，并按照国务院广播电视行政部门的有关规定审批。机关、部队、团体、企业事业单位设立有线广播电视站的，按照国务院有关规定审批（第十五条）。《条例》还规定有线电视站应当按规划与区域性有线电视传输覆盖网联网（第二十三条），规定广播电视站的主要任务是转播广播电台、电视台的节目，乡镇广播电视站不得自办电视节目（第三十七条）。根据中办国办［1996］37号文件的规定，企事业单位的有线电视站可自办少量本单位新闻和专题节目，不得自行播放电视、电视剧。

（六）对非法设台、站的处罚

未经批准，擅自设立广播电台、电视台（包括有线电视台、教育电视台）、广播电视站的，广播电视行政部门应依法予以取缔，并进行处罚（第四十八条）。

三、广播电台、电视台（包括有线电视台、教育电视台）应当严格遵守《条例》的规定，认真履行《条例》规定的义务

为确保广播电视宣传任务的完成，规范广播电台、电视台（包括有线电视台、教育电视台）的制作和播放活动，提高节目质量，《条例》从行政管理角度和维护著作权人以及听众、观众利益的角度，对广播电台、电视台应当履行的义务进行了明确规定。

（一）行政管理方面

广播电台、电视台在行政管理方面的义务有：1. 应当按照广播电台、电视台许可证载明的台名、台标、节目设置范围和节目套数等事项制作、播放节目（第十二条）；2. 不得擅自变更台名、台标、节目设置范围和节目套数（第十三条）；3. 不得出租、转让播出时段（第十三条）；4. 不得播放未取得广播电视节目制作经营许可的单位制作的广播电视节目（第三十一条）；5. 应当提高节目质量，增加国产优秀节目数量，禁止制作、播放载有反动、淫秽、迷信或法律、行政法规规定禁止的其他内容的广播电视节目（第三十二条）；6. 应当进行播前审查、重播重审（第三十三条）；7. 不得擅自设立电视剧制作单位，制作电视剧（第三十五条）；8. 不得播放未经审查批准的境外影视剧及其他广播电视节目（第三十九条）；9. 播放境外广播电视节目不得超出国家规定的时间比例（第四十条）；10. 不得擅自利用卫星方式传输广播电视节目（第二十五条）；11. 不得擅自以卫星等传输方式进口、转播境外广播电视节目（第四十一条）。

（二）维护著作权人以及听众、观众利益方面

广播电台、电视台在维护著作权人以及听众、观众利益方面的义务有：1. 播放和使用享有著作权的广播电视节目，应当符合《中华人民共和国著作权法》的规定（第四十六条）；2. 应当使用规范的语言文字，应当推广全国通用的普通话（第三十六条）；3. 应当按照节目预告播放广播电视节目，如更换、调整原预告节目的，应当提前向公众告示（第三十八条）；4. 应当播放公益性广告，播放广告不得超出国务院广播电视行政部门规定的时间（第四十二条）。

（三）教育电视台作为专业电视台，还应当履行《条例》规定的特殊义务。

教育电视台应当按照国家有关规定播放各类教育教学节目，不得播放与教学内容无关的电影、电视片（第四十四条）。

（四）地方广播电台、电视台的转播义务

地方广播电台、电视台应当按照国务院广播电视行政部门的有关规定转播广播电视节目（第三十七条）。

广播电台、电视台违反《条例》的规定，不履行《条例》规定的义务，应当承担相应的法律责任，主要是行政责任：警告、罚款、没收违法所得、没收从事违法活动的工具、设备和节目载体以及吊销许可证（第四十九条、第五十条、第五十一条）。广播电台、电视台制作、播放载有反动、淫秽、迷信等法律、行政法规禁止内容的节目，构成犯罪的，应依法承担刑事责任（第四十九条）。

四、各级广播电视行政部门应当按照《条例》的规定，对本行政区域的广播电视传输覆盖网进行规划、组建、开发和管理

广播电视传输覆盖网是党和政府重要的舆论宣传教育网，是国家安全理想的备份网和应急网，也是我国国家信息网络的三大业务网之一。目前，我国已形成多种技术手段并用的全国性的广播电视传输覆盖网：广播电视微波网路约 7 万公里、有线电视网路约 43 万公里、有线广播专用线路约 189 万杆公里、广播电视卫星转发器约 24 个。为确保广播电视传输通道的畅通，《条例》肯定了建国以来确定的广播电视独立成网、自成体系的方针，规定由各级广播电视行政部门对广播电视传输覆盖网进行规划、组建、开发和管理。

（一）国家对广播电视传输覆盖网实行统一规划、分级建设、开发和管理的方针

国务院广播电视行政部门按照国家的统一标准统一规划全国的广播电视传输覆盖网，制定广播电视传输覆盖网格的技术政策和标准，组建、开发和管理中央广播电视传输覆盖网，负责跨省（区、市）联网工程和广播电视重大工程项目的建设，审批各省（区、市）有线广播电视传输覆盖网规划、建设方案以及广播电视节目的上星工作，指配广播电视专用频段的频率。县级以上地方各级人民政府广播电视行政部门负责本行政区域内的有线和无线广播电视传输覆盖网的规划、组建、开发和管理工作（第十七条、第二十三条）。

（二）广播电视行政部门应当保证广播电视传输覆盖网主功能的完成，运用多种技术手段努力提高农村广播电视覆盖率

广播电视传输覆盖网的主功能是传输广播电视节目，《条例》对广播电视传输覆盖网的物理构成和基本要求作了规定（第十七条），确保广播电视节目传输质量和畅通是《条例》对广播电视传输覆盖网的基本要求。当前我国广播电视覆盖的重点在农村，《条例》要求各级广播电视行政部门采取卫星传送、无线转播、有线广播、有线电视等多种方式，提高农村广播电视覆盖率。

广播电视传输覆盖网发展到目前的规模，离不开各方面的支持和合作，广播电视行政部门要在确保广播电视节目传输质量和畅通的前提下，本着政治可靠、技术可行、经济合理、互利互惠、平等协商、共同发展的原则，充分利用邮电、电力、铁道、总参、航天、市政等单位现有的线路、杆线、管孔等网络资源，加快发展广播电视传输覆盖网，提高广播电视覆盖率。各地可通过自建、租用、购买等多种方式进一步充实、完善广播电视传输覆盖网，但均应按照国家的统一标准纳入全国的广播电视传输覆盖网，由广播电视行政部门统一规划和管理。随着信息技术的不断革新，广播电视传输覆盖网已向综合信息业务网方向发展，《条例》在确保广播电视传输覆盖网主功能的前提下，允许对广播电视传输覆盖网进行多功能开发（第十七条），以推进我国国家信息化进程。

（三）广播电视行政部门应当加强对广播电视传输覆盖网的管理

为保证广播电视传输覆盖网的整体质量，《条例》规定了广播电视传输覆盖网的设立审批制度、广播电视传输覆盖网工程建设单位资格制度和工程验收制度。《条例》规定设立广播电视发射台、转播台、微波

站、卫星上行站的，应当持国务院广播电视行政部门核发的频率专用指配证明，向无线电管理机构办理审批手续（第十九条）；广播电视节目上卫星应当经国务院广播电视行政部门批准，安装和使用卫星地面接收设施应当申领许可证（第二十五条、第二十六条）；区域性有线广播电视传输覆盖网的规划、建设方案应当经省级以上广播电视行政部门批准后实施，同一行政区域只能设立一个区域性有线广播电视传输覆盖网（第二十三条）。广播电视传输覆盖网的工程选址、设计、施工、安装，应由取得相应资格证书的单位承担；工程建设应当符合国家标准、行业标准；工程竣工，由广播电视行政部门组织验收，合格后，方可投入使用（第二十二条）。同时《条例》还规定广播电视发射台、转播台不得擅自播放自办节目和播插广告（第二十一条），任何单位和个人不得擅自利用有线广播电视传输覆盖网播放节目（第二十四条）。

（四）对乱建网的处罚

对于擅自设立广播电视发射台、转播台、微波站、卫星上行站、有线广播电视传输覆盖网的；擅自进行广播电视传输覆盖网的工程选址、设计、施工、安装的，广播电视行政部门应对其进行处罚（第四十七条、第五十一条），制止乱建网的违法行为，维护良好的广播电视传输秩序。

五、广播电视节目应当符合《条例》规定的审查标准

加强对广播电视节目制作、播放活动的管理，不断提高节目质量，是广播电视行政管理的重要一环。丰富荧屏内容、多出节目精品是实施《条例》的基本目的。目前，我国每年制作、播放的广播电视节目数量越来越大、种类越来越多，而且随着我国广播电视节目制作日益社会化、市场化、广播电视系统外的单位对广播电视节目制作业的投资越来越多。为保证广播电视节目制作质量，《条例》规定广播电视节目由广播电台、电视台和省级以上人民政府广播电视行政部门批准设立的节目制作经营单位制作（第三十一条）；同时，考虑到电视剧的制作比其他节目的制作要求更高，《条例》规定设立电视剧制作单位，应当经国务院广播电视行政部门批准，取得电视剧制作许可证后方可制作电视剧（第三十五条）。为防止乱播滥放，《条例》规定了广播电视节目的审查制度。

（一）节目审查标准

与《电影管理条例》、《音像制品管理条例》的规定相类似，《条例》规定了广播电视节目制作、播出的最低标准，《条例》禁止制作、播放载有以下内容的节目：1. 危害国家的统一、主权和领土完整的；2. 危害国家的安全、荣誉和利益的；3. 煽动民族分裂，破坏民族团结的；4. 泄露国家秘密的；5. 诽谤、侮辱他人的；6. 宣扬淫秽、迷信或者渲染暴力的；7. 法律、行政法规规定禁止的其他内容（第三十二条）。

（二）节目审查主体

根据我国国情并借鉴国外经验，《条例》规定广播电视节目审查主体有：广播电台、电视台、国务院广播电视行政部门或者其授权的机构。1. 广播电台、电视台对其播放的广播电视节目应当依据本条例的规定进行播前审查，重播重审（第三十三条）。2. 用于广播电台、电视台播放的境外电视、电视剧，必须经国务院广播电视行政部门审查批准，用于广播电台、电视台播放的其他广播电视节目，必须经国务院广播电视行政部门或者其授权的机构审查批准。向境外提供的广播电视节目，应当按规定向省级以上人民政府广播电视行政部门备案（第三十九条）。

（三）罚则

制作、播放、向境外提供含有禁止内容的节目的，广播电视行政部门应当责令其停止制作、播放、向境外提供，并予以行政处罚；构成犯罪的，依法追究其刑事责任（第四十九条）。

六、广播电视设施受到《条例》的保护，任何单位和个人不得破坏

广播电视设施是广播电视安全、优质播出的物质基础。随着我国社会主义市场经济体制的逐步建立和高新技术在广播电视领域的运用，广播电视设施保护工作面临许多新问题，主要是需要保护的广播电视设施范围在不断扩大。1987 年，国务院发布了《广播电视设施保护条例》，广播电视设施有了法律保护。但由于该《条例》的发布距今已有十年，一些规定已不适应广播电视设施保护的现实要求；此外，对破坏广播电视设施行为的处罚又规定得过于原则，只规定了警告和罚款两种处罚种类，没有规定具体的罚款限额。鉴于目前《广播电视设施保护条例》正在修订，为与将来要修订发布的《广播电视设施保护条例》相衔接，《广播电视管理条例》对广播电台、电视台、广播电视传输覆盖网的设施设定了原则性的保护条款。

（一）对广播电台、电视台的保护

广播电台、电视台是我国重要的舆论宣传机构，《条例》规定任何单位和个人不得冲击广播电台、电视台，不得损坏广播电视、电视台的设施，不得危害其安全播出（第十六条）。此外，《中华人民共和国集会游行示威法》规定：集会、游行、示威在广播电台、电视台所在地举行或者经过的，主管机关可以在附近设置临时警戒线，未经人民警察许可，不得逾越（《集会游行示威法》第二十二条）。

（二）对广播电视传输覆盖网的保护

广播电视传输覆盖网是党和政府联系千家万户的纽带和桥梁，其运行状况直接关系到听众、观众的收听、收视效果，《条例》禁止任何单位和个人侵占、哄抢或者以其他方式破坏广播电视传输覆盖网的设施（第二十七条），以保证广播电视传输覆盖网正常运行。

（三）对广播电视专用频率和信号的保护

广播电视专用频率属于国家的无线电频谱资源，未经国务院广播电视行政部门指配，任何单位和个人不得使用。经国务院广播电视行政部门批准使用的广播电视专用频率，受到《条例》的保护，《条例》规定任何单位和个人不得侵占、干扰广播电视专用频率（第二十八条）。此外，广播电视信号的保护问题已日益突出，擅自解扰、干扰广播电视信号以及擅自截传广播电视信号的情形时有发生，《条例》明确规定任何单位和个人不得擅自截传、干扰、解扰广播电视信号（第二十八条）。

（四）罚则

任何单位和个人违反上述规定，广播电视行政部门应当责令其停止违法活动，并予以行政处罚（第五十一条、第五十二条）；造成损害的，侵害人应当依法赔偿损失；构成犯罪的，司法机关应当追究其刑事责任。根据《刑法》第一百二十四条规定，破坏广播电视设施，危害公共安全的，处三年以上七年以下有期徒刑；造成严重后果的，处七年以上有期徒刑。过失犯前款罪的，处三年以上七年以下有期徒刑；情节较轻的，处三年以下有期徒刑或者拘役。

七、各级广播电视行政部门应当按照《条例》的规定，对违反《条例》的违法行为进行查处

为了强化广播电视管理力度，《条例》对广播电视违法行为规定了严格的处罚制度。

（一）违反《条例》规定的违法行为

违反《条例》规定的违法行为有：1. 擅自设立广播电台、电视台（包括有线电视台、教育电视台）、广播电视站、广播电视发射台、转播台、微波站、卫星上行站、有线广播电视传输覆盖网；2. 擅自设立广播电视节目制作经营单位、擅自制作电视剧及其他广播电视节目；3. 制作、播放、向境外提供含有禁止内容的节目；4. 擅自变更台名、台址、节目设置范围或者节目套数；5. 出租、转让播出时段；6. 转播、播放广播电视节目违反规定；7. 播放境外广播电视节目或者广告的时间超出规定；8. 播放未取得广播电视节目制作经营许可的单位制作的广播电视节目或者未取得电视剧制作许可的单位制作的电视剧；9. 播放未经批准的境外电视、电视剧和其他广播电视节目；10. 教育电视台播放与教学内容无关的电影、电视片；11. 擅自举办广播电视节目交流、交易活动；12. 出租、转让频率、频段、擅自变更广播电视发射台、转播台技术参数；13. 广播电视发射台、转播台擅自播放自办节目、插播广告；14. 擅自利用卫星方式传输广播电视节目；15. 擅自以卫星等传输方式进口、转播境外广播电视节目；16. 擅自利用有线广播电视传输覆盖网播放节目；17. 擅自进行广播电视传输覆盖网的工程选址、设计、施工、安装；18. 侵占、干扰广播电视专用频率，擅自截传、干扰、解扰广播电视信号；19. 危害广播电台、电视台安全播出，破坏广播电视设施。

（二）县级以上人民政府广播电视行政部门应当对发生在本行政区域内的上述违法行为进行处罚，并责令当事人停止其违法行为

根据《条例》第五条的规定，县级以上人民政府广播电视行政部门包括国务院广播电视行政部门、地方广播电视厅（局），还包括行使行政管理职能的广播电视事业局等。《条例》授权行使行政管理职责但被列为事业单位的广播电视事业局享有行政处罚权；同时，授权广播电视行政部门对有关广播电视无线电的违法行为进行处罚（第四十七条，第五十一条）。为与《无线电管理条例》相衔接，《条例》原则规定了无线电管理机构的处罚权第四十七条）。为与《行政处罚法》第二十三条的规定相衔接，《条例》规定广播电视行政部门实施行政处罚时，应当责令当事人停止违法活动。

（三）广播电视行政部门对违法行为的处罚种类

广播电视行政部门对违法行为的处罚种类包括：警告；罚款；没收违法所得、没收从事违法活动的专用工具、设备和节目载体；吊销许可证。吊销许可证由原批准机关实施。此外，《条例》规定了并处罚款制度，如《条例》第四十七条、第四十八条、第四十九条都规定对违法行为并处罚款，如第五十条、第五十一条规定对违法行为可以并处罚款（也可以单处罚款）。广播电视行政执法人员在进行行政处罚时，应当遵守《行政处罚法》、《广播电影电视行政处罚程序暂行规定》的规定，努力提高行政执法水平。对滥用职权、玩忽职守、徇私舞弊的，应当追究其行政责任；构成犯罪的，应当追究其刑事责任。

（四）刑事责任与民事责任

我国新修订的《刑法》对危害国家安全罪、传播淫秽物品罪、破坏广播电视设施罪、诽谤罪等作出了规定。为与《刑法》相衔接，《条例》规定制作、播放、向境外提供含有危害国家统一、主权和领土完整等禁止内容的节目，构成犯罪的，应依法追究其刑事责任（第四十九条）；规定危害广播电台、电视台安全播出，破坏广播电视设施，构成犯罪的，应依法追究其刑事责任（第五十二条）。对构成犯罪的案件，广播电视行政部门不能以罚代刑，必须将案件移交司法机关，由司法机关依法追究其刑事责任。此外，《条例》还规定破坏广播电视设施造成损害的，侵害人应当承担民事责任，依法赔偿损失（第五十二条）。

广播电影电视系统
内部审计工作规定

（1997年1月30日 广播电影电视部令）
第23号发布

第一章　总　　则

第一条　为了加强广播电影电视系统的部门、单位内部审计监督，促进和保障广播电影电视事业健康发展，根据《中华人民共和国审计法》和《审计署关于内部审计工作的规定》，结合广播电影电视系统的实际情况，制定本规定。

第二条　本规定适用于广播电影电视部所属单位

和广播电影电视系统的内部审计工作。

第三条 本规定所称内部审计是指广播电影电视系统的部门、单位实施内部经济监督，依法检查会计帐目及其相关资产，监督财政和财务收支真实、合法和效益的活动。

第四条 广播电影电视系统应当依法建立健全内部审计制度，设立独立的内部审计机构，配备审计人员，开展内部审计工作，以维护本单位合法权益，改善经营管理，促进廉政建设，提高社会效益和经济效益。

第五条 广播电影电视内部审计机构在本部门、本单位主要负责人的直接领导下，对本单位及所属单位的财务收支及其经济活动进行内部审计监督，独立行使内部审计监督权，对本单位领导负责并报告工作。

各部门各单位主要领导人，应当定期研究布置内部审计工作，提出具体要求，听取审计工作汇报，审批审计报告，签发审计意见书和审计决定，督促和检查审计决定的执行情况，保证审计人员的工作条件。要切实解决审计人员工作、生活、职务评聘和待遇等方面存在的实际困难和问题。

第六条 广播电影电视内部审计工作的依据是：

（一）国家的法律、法规和有关政策规定；

（二）广播电影电视部门规章和规范性文件；

（三）地方性法规和规章；

（四）依据以上规定制定的实施办法。

第七条 审计署驻广播电影电视部审计局负责领导广播电影电视部所属单位的内部审计工作，并指导、监督广播电影电视系统的内部审计工作；地方广播电影电视行政部门的内部审计机构负责领导下属企业事业单位的内部审计工作，并指导、监督本行政区域内的广播电影电视内部审计工作。

第二章　内部审计机构和审计人员

第八条 下列单位，应当设立与本单位财务机构相同级别的独立的内部审计机构；

（一）广播电影电视部直属的企业、事业单位；

（二）审计机关未设立派出机构的县级以上的广播电影电视行政主管部门；

（三）各省、自治区、直辖市广播电影电视厅（局）所属的财务收支数额较大的事业单位；

（四）其他需要设立内部审计机构的单位。

以上单位根据需要，应配备不少于 2 人的专职审计人员，可设立总审计师；其他单位应根据工作需要设立 1 至 2 名专职审计人员。所需编制由其主管部门或单位总编制内解决。

第九条 审计机构履行职责所必需的经费应当列入本单位财务预算，并予以保证。

第十条 任免内部审计机构负责人，应当事前征求上级审计机构或审计机关的意见；任免部直属单位内部审计机构的主要负责人，应事前征求驻部审计局的意见。

第十一条 内部审计人员应当具备与其从事的审计工作相适应的专业知识和业务能力。

内部审计人员专业技术职务资格的考评和聘任，可按照国家有关规定执行；内部审计机构还可以根据审计工作的需要设置处级、科级审计员。

审计人员每年应保证不少于两周的脱产学习、培训或进修的时间，并应有相应的经费保证。

第十二条 内部审计人员应当依法审计、忠于职守、坚持原则、客观公正、实事求是、廉洁奉公、保守秘密，不得滥用职权、徇私舞弊、泄露秘密、玩忽职守。

内部审计人员依法行使职权受法律保护，任何单位和个人不得阻挠，不得打击报复。

内部审计人员与被审计单位或审计事项有利害关系的，应当回避。

第三章　内部审计机构的主要职责

第十三条 内部审计机构对本单位及其所属单位的下列事项进行审计监督：

（一）财务计算或预算的执行和决算；

（二）财务收支及其有关的经济活动的真实性、合法性和效益性；

（三）国有企业资产、负债、损益情况；

（四）基本建设项目预决算及其投资效益；

（五）经济责任，包括所属单位厂长、经理（或主管经济的领导）离任，所属单位的撤销及合并，所属单位的承包经营；

（六）内控制度的健全、严密、有效；

（七）经济效益；

（八）国家财经法规和部门、单位规章制度的执行；

（九）重要经济合同、契约的签订及执行情况；

（十）经营创收（含多种经营创收）资金的管理和使用；

（十一）电影片、电视片、音像制品的拍摄费、录制费的管理和使用；

（十二）各种赞助费（含实物赞助）、广告费的管理和使用；

（十三）专项资金及外汇的管理和使用；

（十四）其它审计事项。

第十四条 内部审计机构对本单位与境内、外经济组织兴办的合资企业及合作项目的投资和效益，依照有关规定进行审计监督。

第十五条 内部审计机构对本系统、本单位经济管理中的重要问题开展审计调查，并配合上级审计机关、审计机构进行专题审计调查。

第十六条 内部审计机构应当积极宣传贯彻财经审计法规，建立健全内部审计制度，组织培训审计人员，指导和监督本系统和所属单位的内部审计工作。

第十七条 内部审计机构负责向本单位领导、上级审计机构或审计机关报送审计工作计划、报告、统计报表等资料，并定期向上级审计机构汇报工作，反映情况。

第十八条 内部审计机构负责办理上级审计机关或审计机构及本单位领导交办的审计事项。

第十九条 广播电影电视部门、单位审计机构应当依照有关法规和本规定履行对本系统内部审计工作指导和监督职责，具体是：

（一）依照法律、法规，结合部门实际情况，制定有关的内部审计规章制度；

（二）指导和监督本系统各部门、单位建立健全内部审计机构，配备内部审计人员；

（三）指导、监督内部审计机构和审计人员按照规定开展内部审计工作；

（四）组织开展内部审计理论研究，培训内部审计人员；

（五）总结、交流、宣传内部审计工作经验，表彰奖励内部审计先进单位和先进个人。

第四章 内部审计机构的主要权限

第二十条 在审计管辖范围内，内部审计机构的主要权限是：

（一）根据内部审计工作的需要，要求有关单位按时报送计划（财务、生产、基建等）、预算、决算、季度报表和有关文件、资料等。

（二）审核凭证、帐表、决算，检查资金和财产，检测财务会计软件，查阅有关文件和资料。

（三）参加本部门、本单位及其所属单位的有关会议，参与重大经济事项决策、决定的可行性论证。

（四）对审计涉及的有关事项进行调查，向有关单位和个人索取材料。

（五）对正在进行的严重违反财经法规、造成严重损失浪费的行为，经部门或者单位负责人同意，作出临时制止决定。

（六）对阻挠、妨碍审计工作以及拒绝提供有关资料的，在有关资料可能灭失或者以后难以取得的情况下，经单位领导批准或报经上级审计机构同意，可以对帐册、资产采取先行登记保存措施。

（七）提出改进管理、提高效益的建议和纠正、处理违反财经法规行为的意见。

（八）参与制定本部门、本单位经济管理方面的规定、办法、制度。

（九）对严重违反财经法规和造成严重损失浪费的直接责任人员，提出处理的建议，并按有关规定，向上级审计机构或审计机关反映。

第二十一条 内部审计机构负责人，应参加本部门、本单位研究有关经济、财务工作的办公会议。

第二十二条 部门、单位可以在管理权限范围内，授予内部审计机构经济处理、处罚的权限。

第五章 内部审计工作主要程序

第二十三条 内部审计工作的主要程序是：

（一）根据上级部署和本部门、本单位的具体情况，制定审计项目计划，经主管领导批准后组织实施，并报送上级审计机关和审计机构。

（二）实施审计前，应提前三日通知被审计单位。被审计单位要配合审计工作，并提供必要的工作条件。

（三）审计人员按照预定的审计工作方案，审查会议凭证、帐表、查阅有关的文件资料，检查现金、实物，向有关单位和个人调查取证，并在工作中认真作好审计工作底稿。

（四）对审计中发现的问题，可随时同有关单位和人员交换意见，提出改进建议。

（五）实施审计后，审计小组应在 20 日之内写出审计报告，征求被审计单位的意见。被审计单位（或被审计人）应在收到审计报告之日起 10 日内将书面意见送交审计小组或内审部门。

内审部门应将审计报告和被审计单位对审计报告的意见书报送本单位领导人审批，该单位领导应在 30 日内审批审计报告、签发审计意见书和审计决定。内审部门应当及时将审计意见书和审计决定送达被审计单位。经批准的审计意见书和审计决定自送达之日起生效，被审计单位必须执行，并将执行结果书面报审计部门。

（六）对主要的审计项目，要坚持后续审计，检查被审计单位执行审计决定及采纳审计建议的情况。

第二十四条 被审计单位对审计意见书和审计决定如有异议，可在收到决定之日起 15 日内，向内审机构所在单位主管审计工作的领导人提出，单位领导应在 30 日内作出是否复审或者更改的决定。内审部门应将复审或更改审计决定的情况报上级审计机构或审计机关备案。

复审期间或作出更改决定前，原审计决定照常执行。

第二十五条 内部审计机构对经办的审计事项，必须及时建立审计档案，并按照有关规定进行管理。

第六章 奖励与处罚

第二十六条 内部审计机构对模范遵守财经法纪、经济效益显著的单位和认真维持财经法纪的个人，可提出表彰和奖励的建议。

第二十七条 内部审计工作实行定期考核制度。对工作成绩优异的内部审计机构和审计人员，应给予表彰与奖励，并报上一级审计机构和审计机关备案。作为评定职称，选拔干部的重要考核依据。

第二十八条 被审计单位违反本规定，拒绝提供有关文件、凭证、帐表、资料和证明材料的，阻挠审计人员行使职权、破坏监督检查的，拒不执行审计决定的，打击报复审计人员或者举报人的，审计机构有权责令改正，可以提出给予行政处分的建议。

第二十九条 各级审计机构发现审计人员在履行职责中，有利用职权谋取私利；弄虚作假、徇私舞弊，玩忽职守，泄露国家秘密等行为给国家或者单位造成损失的，有权提出给予行政处分的建议。情节严重，构成犯罪的，由司法机构依法追究刑事责任。

第七章　附　　则

第三十条　广播电影电视系统各部门，各单位可根据本规定,结合实际情况制定具体实施办法,并报上级审计机构和审计机关备案。

第三十一条　本规定由广播电影电视部负责解释。

第三十二条　本规定自发布之日起施行，1992年8月8日广播电影电视部令第8号发布的《广播电影电视内部审计工作规定》同时废止。

有线广播电视设备器材入网认定管理规定

（1997年1月2日　广播电影电视部发布）
广发技字［1997］49号

第一章　总　　则

第一条　为保证有线广播电视网建设和运行的技术质量,高质、安全地完成播放和传输任务,加强对有线广播电视设备、器材入网认定工作的管理,根据《有线电视管理暂行办法》和《〈有线电视管理办法〉实施细则》，制定本规定。

第二条　有线广播电视设备器材入网认定，是指根据国家和行业技术标准和规划设计要求，对拟进入有线广播电视网的有关设备和器材进行审查、认可,发放认定证书的活动。

第三条　入网认定的有线广播电视设备器材包括:有线电视系统前端设备器材、干线传输设备器材和用户分配网络中的各种设备器材，以及对电视信号进行加解扰的各种设备器材和有线广播电视台使用的卫星接收设备器材等。

第四条　广播电影电视部负责全国有线广播电视设备器材入网认定工作。

省级广播电视行政部门负责本行政区域内有线广播电视设备器材入网认定工作。

第五条　有线广播电视设备器材入网认定，采用相应的国家标准和行业标准。适用标准由广播电影电视部指定。

第二章　入网认定申请

第六条　入网认定遵循自愿申请原则。

第七条　下列单位，可向主管部门提出有线广播电视设备器材的入网认定申请：

（一）生产、经销和使用境外注册商标的有线广播电视设备器材的企事业法人；

（二）生产、经销和使用境外注册商标的有线广播电视设备器材的企事业法人。

第八条　入网认定证书分为两种：部级入网认定证书和省级入网认定证书。

部级入网认定证书,在全国范围内有效,省级入网认定证书，在本省范围内有效。

第九条　境内注册商标的设备器材的入网认定，由申请认定单位向所在地省级广播电视行政部门提出申请，并办理省级入网认定证书。

需在全国范围销售有线广播电视设备器材者，须取得省级入网认定证书后，再向广播电影电视部申请办理部级有线广播电视入网认定证书。

第十条　境外注册商标的设备器材的入网认定，应当直接向广播电影电视部提出申请，办理部级有线广播电视入网认定证书。

第十一条　申请入网认定设备器材的单位，须提交下列文件和资料：

（一）有线广播电视设备器材入网认定申请表；

（二）工商行政部门颁发的营业执照；

（三）商标注册的有关文件；

（四）符合GB/T19000（ISO9000）标准的生产质量保证体系有关文件；

（五）产品的技术资料（企业标准、产品使用说明书、检测仪器清单等）；

（六）用户试用报告（非备件）；

（七）境内注册商标的设备器材办理部级入网认定证书，需提交省级入网认定证书。

第十二条　申请提交的文件和资料，要求字迹工整、装订整齐，一律使用A4纸,如有图片也应贴在A4纸上。

外文的文件资料，应具有中文对照文字。

第三章　认　　定

第十三条　入网认定主管部门，在接到认定申请后，应及时对申请材料进行初审，并在30天内向申请单位发出初审通知书。

对初审合格的，通知申请单位准备接受质量保证体系考核和产品检测抽样。

对初审不合格的,通知申请单位补充,修改申请材料。

第十四条　初审合格的设备器材，认定主管部门按GB/T19000(ISO9000)标准对生产厂家的质量保证体系进行考核，并对申请入网的设备器材进行检测前的抽样。

进行考核和抽样后，由主管部门写出考核报告归入申请材料中,并将抽取的样品进行封样。抽取的样品由申请单位送到主管部门指定的检测单位进行检测。

第十五条　申请部级入网认定证书的检测工作，必须由广播电影电视部审核、批准、授权的检测单位或国家技术监督局审核、批准、授权并由广播电影电视部认可检测单位承担。申请省级入网认定证书的检测工作,可由本省技术监督局审核、批准、授权并被省广播电视厅认可的检测单位承担。

检测单位应根据ISO/IEC的导则，建立自身的质量保证体系，并制定质量管理手册。

检测单位对检测结果负责，并保守秘密。检测样品一律返回原单位。

第十六条 检测单位在收到抽检样品后，应按规定进行检测，在一个月内向申请单位出具检测报告，并将检测报告上报认定主管部门。

第十七条 认定主管部门对检测报告和初审时的文件进行复审，审核检测技术参数是否符合标准，复查初审文件材料是否齐全、合格。认定主管部门应当在接到检测报告后的30日内作出通过认定或不通过认定的决定。

第十八条 通过认定的，由主管部门发放入网认定证书。

未获通过的，由主管部门书面通知申请单位，并说明不予通过的理由。申请单位可在半年内进行整改，整改结束后允许其再提出一次复查申请，主管部门要在一个月内组织复查，复查仍不合格的，撤销其本次申请。一年内不再受理其入网认定申请。

第十九条 有线广播电视设备器材入网认定证书，由广播电影电视部统一制作。

广播电影电视部定期向全国公布有线广播电视设备器材入网认定证书发放情况，各省发放的入网认定证书情况，应定期向广播电影电视部备案。

第二十条 入网认定证书的有效期为二年。

重新认定的申请需在认定证书有效期满三个月前提出。主管部门发放新的入网认定证书时，应收回并注销原入网认定证书。

重新申请认定时，其申请和审批程序与初次申请、审批程序相同。

第四章 监督管理

第二十一条 入网认定主管部门应当对已入网的设备器材进行质量管理和监督，必要时可进行跟踪检测。

第二十二条 有下列情况之一者，由原发证部门作出暂停使用入网认定证书的决定，并进行通报：

(一) 产品质量明显下降，不能保持认定时的质量水平的；

(二) 质量保证体系及管理水平，不能达到认定时水平的；

(三) 产品设计、工艺有较大改变，生产场地迁移等情况不事先申报，仍在产品销售中使用原认定证书的。

第二十三条 入网认定证书持有单位，接到暂停使用入网认定证书的通知后，应针对存在的问题进行整顿，并在整顿结束后向该入网认定证书发放部门提出恢复使用入网认定证书的申请，经入网认定主管部门重新审查合格后，发给恢复使用入网认定证书的通知，并进行公告。

第二十四条 有下列情况之一的，由原发证部门作出撤销入网认定证书的决定，并进行通报：

(一) 产品质量严重下降，用户反映较大，发生严重质量事故或造成严重后果的；

(二) 发生转借、租让入网认定证书的；

(三) 接到暂停使用入网证书通知后，未按通知要求进行整顿的；

(四) 自愿要求撤销入网认定证书的。

被撤销入网认定证书的设备器材，自撤销之日起一年内不得重新提出入网认定申请。

第二十五条 对擅自使用未经认定的设备器材的单位，由当地入网认定主管部门进行查处。由此造成质量事故和经济损失的，应追究有关人员的责任。

第二十六条 从事认定工作的管理、检验人员违法失职、徇私舞弊的，由其主管部门给予行政处分；构成犯罪的，由司法机关依法追究刑事责任。

第二十七条 检测机构出具虚假检测报告、证明材料或出具错误数据，造成严重影响或损失的，由入网认定主管部门报上级批准后，作出暂停执行检测任务或撤销检测授权、收回授权证书的决定。造成经济损失的，责令其予以赔偿。对于国家技术监督局或省技术监督局授权的检测机构，有线广播电视入网认定主管部门可作出暂停执行检测任务的决定或建议国家或省技术监督局撤销检测授权。

第二十八条 对入网认定部门的决定不服的，可向广播电影电视部申请复议。

第五章 附 则

第二十九条 本规定由广播电影电视部负责解释。

第三十条 本规定自发布之日起实施。《有线电视入网设备器材认定管理暂行规定》同时废止。

关于进一步加强广播电视广告宣传管理的通知

（1997年2月19日 广播电影电视部发布）
广发编字〔1997〕76号

广播电视广告是广播电视宣传工作的组成部分，在社会主义物质文明和精神文明建设中发挥着重要的作用。为认真贯彻党的十四届六中全会精神，把握广告宣传正确的导向，正确引导群众消费，根据《中华人民共和国广告法》及其它有关规定，现就加强广播电视广告宣传管理的有关问题通知如下：

一、各级广播电视行政部门及广播电台、电视台，应当严格遵守《中华人民共和国广告法》，重视广播电视广告宣传管理工作，坚持广播电视广告正确的舆论导向，加强领导，严格把关。

二、广播电台、电视台应成立专门的机构从事广告经营活动，并建立健全内部规章制度，严禁非广告经营部门进行广播电视广告经营活动。

三、广播电视广告的内容应当真实合法，符合社会主义精神文明建设的要求，不得欺骗和误导消费者。

四、播放广播电视广告应保持广播电视节目的完整，不得随意中断节目插播广告。

五、广播电视广告应与其他广播电视节目有明显的区分。

由产品的生产者或服务的提供者承担费用，以宣传其产品或服务为内容的广播电视栏目，应标明为“广告栏目”。

六、广播电台、电视台转播其他广播电台、电视台的广播电视节目，应保持被转播节目的完整，不得插播本台的广告。

七、电视台播放电视节目，不得在电视画面上叠加字幕广告。

八、广播电台、电视台每套节目播放广播电视广告的比例，不得超过该套节目每天播出总量的15%，18：00至22：00之间不得超过该时间段节目总量的12%。

九、广播电视广告不得有危害国家统一、主权和领土完整的内容，不得贬低、丑化和否定祖国传统文化。商业广告中不得出现国旗、国徽、国歌及国家领导人的形象。

十、广播电视广告宣传应维护民族团结，不得宣扬民族分裂、亵渎民族风俗习惯或违反国家民族、宗教政策。

十一、广播电视广告宣传应有利于儿童的身心健康，不得出现可能引发儿童不良习惯、不文明举止及不良行为的内容，或不利于父母、长辈对儿童的言行进行正确教育的内容。

十二、广播电视广告宣传应健康文明，禁止播出有色情或性暗示等内容的广告，禁止播出治疗性病的广告。

十三、广播电视广告宣传应尊重妇女，不得歧视、侮辱妇女，使用不健康、不正常妇女形象。

十四、广播电视广告宣传应使用规范的语言文字，不得故意使用错别字或用谐音乱改成语。除注册商标及企业名称外，不得使用繁体字。

十五、广播电视广告宣传应有利于维护社会公共秩序和树立社会主义道德风尚。

广播电台、电视台应播放一定比例的公益广告。

商业电视广告中不得有乱扔废弃物、践踏绿地、毁坏花草树木等不利于环境保护的画面。

十六、广播电视广告宣传应尊重科学，不得有迷信的内容，不得宣传伪科学。

十七、不得以故意引起听众和观众误解的形式播放广播电视广告。

十八、广播电视广告宣传应尊重大众生活习惯，不得在6：30至7：30、11：30至12：30以及18：30至20：00之间播放治疗痔疮、脚气等不适宜的广告。

十九、严格按照国家有关规定控制酒类广告的播出。电视：每套节目每日发布的酒类广告，在特殊时段（19：00至21：00）不超过两条，普通时段每日不超过十条。广播：每套节目每小时发布的酒类广告，不得超过两条。

各级广播电台、电视台要严格按照通知要求规范广告宣传工作。各级广播电视行政管理部门接到本通知后，要立即对所属广播电台、电视台的广告经营、播出活动进行一次全面的检查。

关于认真贯彻执行《中国新闻工作者职业道德准则》和《关于禁止有偿新闻的若干规定》的通知

（1997年4月9日 广播电影电视部发布）
广发纪字［1997］209号

自中央宣传部、广播电影电视部、新闻出版署、中国记协联合发布的《中国新闻工作者职业道德准则》和《关于禁止有偿新闻的若干规定》之后，中央三台和全国各广播影视厅（局），在短短的几个月内，为贯彻执行《准则》和《规定》做了大量细致的工作，收到了一定成效。从总的情况看，主流是好的。但是，也确有个别地区和个别单位对《准则》和《规定》置若罔闻，采取“上有政策，下有对策”的错误做法，向采编部门下达创收任务，以至在本单位和本地区引起强烈反响。为进一步把《准则》和《规定》提出的各项要求真正落到实处，根据上级有关部门的指示，特作如下通知：

一、必须坚决按照《准则》和《规定》中新闻报道与广告严格区别、与赞助严格区分、与经营活动严格分开的原则，不准在新闻报道中收取任何费用；不准以新闻报道形式为企业或产品做广告；不准利用采访和发表新闻报道拉赞助；不准以任何借口或任何形式向采访部门下达经营创收任务；不准记者、编辑从事广告或其他经营活动；坚决禁止任何形式的“有偿新闻”。

二、广播影视系统的新闻工作者要保持清正廉洁的作风，不准以任何名义索要、接受或借用采访报道对象的钱物、有价证券、信用卡等；参加各种会议和活动不得索取和接受任何形式的礼金；不得在企业事业单位兼职以获取报酬；不允许个人擅自组团进行采访报道活动；不得利用职务之便谋取私利。

三、要在全系统普遍开展一次加强新闻队伍职业道德教育，对照《准则》和《规定》认真检查本单位、本部门的工作，并联系实际制订出切实可行、便于操作的实施细则。对问题较多的单位和部门，要提出整改措施，限期进行整改。

四、各级纪检、监察和有关管理部门，要把这项工作当作加强职业道德建设，纠正行业不正之风的重要任务来抓，严格要求，严格管理；切实加大监督检查的力度，对顶风违纪、问题严重并造成恶劣影响的单位和个人，必须严肃查处。同时，要充分发挥"精神文明示范单位"的带头作用，抓好树立行业新风先进典型的宣传表彰活动，以推动广播影视系统职业道德建设和纠风工作。

五、各单位、各部门的领导，要率先垂范，以身作则，模范遵守《准则》和《规定》，以高度的政治责任感，把加强职业道德建设、禁止有偿新闻作为反腐败和社会主义精神文明建设的一项长期任务，列入重要议事日程，常抓不懈，抓出成效。

附：

中国新闻工作者职业道德准则

（中华全国新闻工作者协会）

中国新闻事业是中国共产党领导的有中国特色社会主义事业的重要组成部分。新闻工作者要适应形势发展的需要，努力学习和宣传马克思列宁主义、毛泽东思想和邓小平建设有中国特色社会主义理论，坚决贯彻执行党的基本路线、基本方针，坚持以科学的理论武装人，以正确的舆论引导人，以高尚的精神塑造人，以优秀的作品鼓舞人，牢牢把握正确的舆论导向，为人民服务，为社会主义服务，为全党全国工作大局服务，为推进社会主义物质文明建设和社会主义精神文明建设，实现我国社会主义现代化的宏伟目标努力奋斗。

继承和发扬党的新闻工作优良传统，树立良好的职业道德，维护新闻工作的严肃性和声誉，对于发挥新闻舆论的引导作用，对于建设一支政治强、业务精、纪律严、作风正的新闻队伍，保证新闻事业健康发展，具有十分重要的意义。树立正确的世界观、人生观、价值观，自觉遵守新闻职业道德，应该是每一个有理想、有抱负、有操守和富于敬业精神的新闻工作者对自己的基本要求。

一、全心全意为人民服务

为人民服务是社会主义道德建设的核心，是社会主义道德的集中体现，也是我国新闻工作的根本宗旨。

新闻工作者要在党的领导下，发挥密切党和政府同人民群众联系的桥梁、纽带作用，坚持对党、对国家负责和对广大群众负责的一致性。

努力使党和政府的方针、政策及时、准确、广泛地同群众见面，为人民群众提供参与政治、经济、文化等社会生活以及了解世界所需要的新闻和信息，热情宣传他们建设社会主义的伟大创造和奉献精神，准确反映他们的愿望、呼声和正当要求。

支持符合人民利益的正确思想和行为，勇于批评、揭露违背人民利益的错误言行和消极腐败现象，积极、正确发挥舆论监督作用。

牢固树立群众观点，满腔热情地做好群众工作，密切联系群众，重视群众来稿，采善处理群众有关建议、批评、申诉和检举的来信、来访，开展多种多样为群众服务的活动。

二、坚持正确的舆论导向

新闻工作者要增强政治意识、大局意识、责任意识、坚持正确的舆论导向。在新闻报道中，要弘扬爱国主义、集体主义、社会主义的主旋律，动员和团结全国各族人民投身到建设祖国、振兴中华的伟大事业中来。要坚持团结稳定鼓劲、正面宣传为主的方针，造成有利于推进改革开放、建立社会主义市场经济体制、发展社会生产力的舆论，有利于加强社会主义精神文明建设和民主法制建设的舆论，有利于鼓舞和激励人们为国家富强、人民幸福和社会进步而艰苦创业、开拓创新的舆论，有利于人们分清是非、坚持真善美、抵制假恶丑的舆论，有利于国家统一、民族团结、人民心情舒畅、社会政治稳定的舆论。新闻报道不得宣扬色情、凶杀、暴力、愚昧、迷信及其他格调低劣、有害人们身心健康的内容。

三、遵守宪法、法律和纪律

新闻工作者必须在宪法和法律的范围内活动，自觉遵守宪法、法律和宣传纪律。

坚定地宣传、贯彻党的理论、路线、方针、政策。不得利用自己掌握的舆论工具，宣传同中央决定相违背的内容。

维护宪法规定的公民权利，不揭人隐私，不诽谤他人，要通过合法和正当的手段获取新闻，尊重被采访者的声明和正当要求。

维护司法尊严。对于司法部门审理的案件不得在法庭判决之前作定性、定罪和案情的报道；公开审理案件的报道，应符合司法程序。

严格遵守和正确宣传国家的民族政策和宗教政策，坚决维护各民族的团结，维护安定团结的政治局面。

严格保守党和国家的秘密，自觉维护国家的利益和安全。

四、维护新闻的真实性

真实是新闻的生命。新闻工作者要坚持发扬实事求是的作风，深入基层、深入实际、深入群众，加强调查研究，报实情、讲真话，不得弄虚作假，不得为追求轰动效应而捏造、歪曲事实。

力求全面地看问题，防止主观性、片面性，努力做到从总体上、本质上把握事物的真实性。

采写和发表新闻要客观公正。不得从个人或小团体利益出发，利用自己掌握的舆论工具发泄私愤，或作不公正的报道。

工作要认真负责，避免报道失实。如有失实，应主动承担责任，及时更正。

五、保持清正廉洁的作风

新闻工作者要坚持发扬清正廉洁的作风，自觉抵制拜金主义、享乐主义、个人主义思想的侵蚀，坚持反对“有偿新闻”等不正之风，树立行业新风。

新闻工作者不得以任何名义索要、接受或借用采访报道对象的钱、物、有价证券、信用卡等；参加各种会议和活动不得索取和接受任何形式的礼金；不得在企事业单位兼职以获取报酬；不允许个人擅自组团进行采访报道活动；不得利用职务之便谋取私利。

新闻报道和经营活动要严格分开。新闻单位不得用新闻形式做广告；不得向编采部门下达“创收”任务。记者编辑不得从事广告或其他经营活动。

坚持廉洁自律，提倡勤俭作风，记者不得向被采访地区或单位提出工作以外的个人生活方面的特殊要求。要自觉遵守财经纪律和财务制度，严禁讲排场、比阔气、挥霍公款。

六、发扬团结协作精神

团结协作，形成合力，是社会主义新闻工作的一大优势。新闻界同行之间应建立平等、团结、友爱、互助的关系。提倡互相学习，相互支持，开展正当的业务竞争。

尊重同行和其他作者的著作权，反对抄袭、剽窃他人的劳动成果。

在同国外新闻界交往中，要维护祖国的尊严，维护中国新闻工作者的尊严。

关于签署涉外广播电影电视综合性合作协议管理工作的通知

（1997 年 5 月 29 日　广播电影电视部发布）
广发外字［1997］307 号

为加强签署涉外广播电影电视综合性合作协议的管理工作，根据《中共中央办公厅、国务院办公厅印发〈关于地方外事工作的规定〉的通知》（中办发［1996］8 号）和《广播影视系统地方外事管理规定》（广发外字［1996］792 号）的有关规定，特通知如下：

一、凡需以广播电影电视部名义签署的中外广播电影电视合作协议，包括涉及广播电影电视人员交流和节目交换等综合性协议、定期租用外国广播电视频率、频道播放节目的协议等，须先经外事司审核，并由法规司对是否符合国家法律法规规定进行复核后，报部审批。

二、凡需以部属单位名义签署的上述协议，须先由法规司对是否符合国家法律法规规定进行审核，经外事司复核后，报部审批。

三、地方广播电视行政部门、广播电台及电视台一般不签署上述协议。确有必要时，按上述程序办理。

四、与香港、澳门和台湾地区签署上述协议，参照本通知规定执行。

五、违反本通知规定者，将视情节轻重，根据相应的行政规章，予以处罚。

六、本通知自发布之日起执行。

播音员主持人上岗暂行规定

（1997 年 6 月 9 日　广播电影电视部发布）
广发人字［1997］322 号

第一章　总　　则

第一条　为坚持正确的舆论导向，进一步提高广播电视节目质量，加强对播音员主持人上岗的规范化管理，制定本规定。

第二条　本规定适用于经国务院广播电影电视行政主管部门批准成立的县级（含县级）以上的广播电台、电视台（含有线台）上岗或即将上岗的普通话播音主持专职人员。

第三条　本单位编辑、记者及外聘人员担任播音员、主持人上岗，按本规定考核、审批。

第四条　各级广播电台、电视台（含有线台）应严格执行播音主持人持证上岗制度。聘用持有《播音员主持人上岗证书》的人员担任播音员、主持人。

第五条　播音员、主持人上岗的管理应本着科学化、规范化的原则，分级管理审批。

各级台逐步达到持证上岗。其中，省级及其以上台自一九九八年元月一日起实行持证上岗，省以下台及少数民族地区在三至五年内逐步实施。

第二章　基本条件

第六条　政治条件

（一）具有一定的马克思主义理论水平和政策水平，并能用以指导业务实践；

（二）坚持党的新闻工作原则，在思想上、政治上同党中央保持一致；

（三）有强烈的事业心和责任感，工作勤奋；

（四）有良好职业道德，遵守纪律，作风正派，联系群众。

第七条　知识、能力条件

（一）具有大专（含大专）以上的学历，地（市）县台应具有中专及以上学历；

（二）掌握新闻专业基本知识，具有一定的社会科学知识、自然科学知识；

（三）了解国家基本法及其相关的法律、法规；

（四）具备较为准确的理解判断能力和业务实施能力。

第八条　语言文字条件

（一）嗓音良好，并具备一定的言语表达能力；

（二）掌握现代汉语，具备一定采编能力；

（三）普通话水平达到国家《普通话水平测试实施办法》规定的标准。

第九条 播音员主持人上岗须具备良好公众形象；电视播音员主持人还须具备一定的形体语言表达能力。

第三章 资格的考核与取得

第十条 广播电影电视部负责管理和监督中央三台及全国各省厅（局）的资格考核和颁证工作。

第十一条 中央三台及各省厅（局）应组成播音员、主持人上岗考核领导小组，负责所辖单位播音员、主持人上岗考核。

第十二条 播音员、主持人考核领导小组由7至9人组成，成员包括主管领导、有关专家及人事、宣传、播音等业务部门的负责人。

第十三条 考核领导小组负责对播音、主持上岗人员的考核、资格审批、颁证工作。

第十四条 资格审批内容：政治考查、知识能力考核和专业水平考试。

（一）政治考查：重点考查本人历史及现实政治表现，组织纪律性及职业道德。

（二）知识能力考核：重点考核专业知识水平，相关的方针政策及法律、法规知识。

（三）重点测试普通话水平和言语表达能力。

第十五条 考核领导小组每年定期受理一次播音员、主持人上岗资格申请。

第十六条 所在单位人事部门对申请人基本条件进行初审，初审合格者可推荐给考核领导小组审核。

第十七条 推荐材料。

（一）本人申请报告；

（二）人事部门政治考查证明；

（三）专业考试成绩；

（四）知识能力考核评价材料；

（五）其他材料。

第十八条 审批通过者颁发由广播电影电视部统一印制的《播音员主持人上岗证书》。

已获播音专业中级以上任职资格且通过普通话水平测试达到规定标准者，经认证可获取《播音员主持人上岗证书》。

第四章 资格管理

第十九条 《播音员主持人上岗证书》有效期限为三年。期满前三个月可向审批机关申请办理核发换证手续。

第二十条 核发换证时应提交下述材料：

（一）所在单位对申请人的考评结果；

（二）岗位培训合格证书；

（三）其他证明。

第二十一条 证书遗失者应在三十日内向审批机关申请办理补证手续。

第二十二条 取得证书后，有下列情况之一的，审批机关撤销其上岗资格，收回其证书，在二年内不得申请上岗资格。

（一）受行政记过以上处分；

（二）业务考核连续二年不合格；

（三）播音、主持有重大失误，造成严重影响。

第二十三条 凡受到刑事处罚者，由审批机关撤销其上岗资格，收回其证书。

第二十四条 播音主持上岗成绩优异者，给予精神或物质奖励，记入业务档案作为晋升职称重要参考。

第五章 附 则

第二十五条 少数民族语言、外国语言播音员、主持人，参照本规定执行。

第二十六条 各省、自治区、直辖市广播影视行政主管部门应依照本规定制定出各地的实施细则，并报广播电影电视部备案。

第二十七条 各级人事、监察部门应加强对播音员、主持人考核颁证工作的检查、监督，严格按规定办事，防止不正之风。

第二十八条 本规定由广播电影电视部人事司负责解释。

第二十九条 本规定自发布之日起实施。

广播电影电视部专业技术职务评聘管理暂行规定

（1997年6月26日 广播电影电视部发布）

广发人字［1997］380号

一、总 则

第一条 为深化职称改革，完善专业技术职务评聘制度，加强广播电影电视专业技术队伍建设和管理，根据国家有关规定，结合我部实际情况制订本规定。

第二条 广播电影电视部人事司经部授权负责部属企、事业单位专业技术职务评聘的管理工作。

部属企、事业单位的人事（职改）部门，在单位职改领导小组的领导下负责本单位专业技术职务评聘的管理工作。

第三条 部属事业单位，在人事司核定的专业技术职务岗位职数限额内，实行专业技术职务评聘合一的管理办法。

部属企业单位，在人事司核定的专业技术职务岗位职数、结构比例的限额内，经企业领导集体研究，广泛征求群众意见基础上，可适当采取评聘分开的管理办法。

第四条 对国家实行专业技术资格统一考试的系列或专业，各企、事业单位可在本单位岗位职数限额内，根据工作需要在已取得相应专业技术资格的人员中选聘。

第五条 企业单位及实行企业化管理的事业单位,可按照生产经营和技术工作的需要,设置本单位有效的专业技术职务,自主聘任。设置的专业技术职务结构比例需报人事司审批。

第六条 每年度专业技术职务的评聘工作,由人事司统一部署。

各企、事业单位可依据本单位实际情况,一般每年进行一次专业技术职务的评聘工作。专业技术职务的任职资历、专业工龄截止年限及聘任时间,除另有规定的单位或部门以外,一律截止到评委会评审时的前一年十二月底。受聘的专业技术人员,从聘任之下月起兑现职务工资。

二、评聘范围和条件

第七条 评聘专业技术职务,仅限于企、事业单位现在专业技术岗位上工作的技术干部;对工人身份在专业技术岗位工作的人员,符合专业职务评聘条例规定的任职条件,业绩突出的人员,各单位可根据实际情况评聘相应专业技术职务,被聘期间享受相应专业职务工资待遇,但其工人身份不变;从国家机关调动到部属企、事业单位仍从事原专业技术工作的人员,可比照同类人员评聘相应专业职务,原专业工龄连续计算。

第八条 在企、事业单位中从事党务行政工作的人员,符合国家有关规定的可评聘相应专业技术职务。对原来从事专业技术工作,后因组织决定从事党政工作的人员,可继续评聘专业技术职务。

在规定的专业工龄截止年限前已到离、退休年龄的专业技术人员、除国家另有规定的以外,均不得晋升专业技术职务。

第九条 凡已实行全国专业技术资格统一考试的专业或系列,均不再进行相应专业技术职务任职资格的评审。

第十条 专业技术人员申报评定各级专业技术职务任职资格,一律按各级专业技术职务评聘条例规定的任职条件进行评审。要突出任职条件所规定的专业技术业务的能力、业绩、成果,排除与任职条件无关的因素。

第十一条 评聘各级专业技术职务任职资格,必须符合各专业技术职务评聘条例中任职资格所规定的学历。规定学历是指国家教委正式承认的,在校所学专业与现岗位从事的专业工作一致或相近,且符合评聘条例规定的各级职务必须具备的学历。各种结业证书或专业证书,都不能作为评审专业技术职务任职资格的学历依据。

第十二条 评定各级专业技术职务任职资格,必须符合各专业技术职务评聘条例中任职资格所规定的任职资历。任职资历即指担任某一级专业技术职务的任职年限。

转系列申报人员的任职资历,从到新系列相应专业技术岗位工作之日起计算任职年限(相近系列人员转系列申报,可以连续计算任职年限)。

第十三条 对不具备规定学历、资历条件,但确有真才实学、成绩显著、贡献突出者,均属破格评审范围,应严格按部规定的破格条件评定专业技术职务任职资格,一般不得越级申报。

三、评审组织

第十四条 各级评审委员会是负责评议、审定专业技术人员是否符合相应专业技术职务任职条件的组织。评审委员会应在单位职改领导小组领导下按规定程序进行评审工作。

第十五条 对具备评审条件的部属企、事业单位,采取授权或下放评审权方式,组建相应专业或系列的各级评审委员会。评委会组成人员应通过必要的民主程序产生,并经单位职改领导小组集体研究确定。高级评委会由单位提出申请,人事司审批,中级评委会报人事司备案。

第十六条 评委会实行任期制,每届任期一般2年,任期届满,应适当调整成员,调整后的高级评委会报人事司审批。

第十七条 各级评委会委员应由具备较高学术技术水平、作风正派、办事公道、群众公认的专家组成,其中,中青年专家应占有一定比例。已办理离退休的专业技术人员一般不再参加评委会。

第十八条 各级评委会组成人数,按国家有关规定执行,评委会组成名单不对外公布。

四、评聘程序

第十九条 符合申报条件人员,可向本部门(或单位人事部门)提出申请(对申请破格人员,由申报人书面提出破格理由),经部门领导集体研究同意后统一报人事部门,由人事部门发给《专业职务申报表》。

第二十条 申报人根据要求,认真填写《专业职务申报表》中的基本情况、主要经历及业务工作报告,业务报告内容应以任现职以来的工作经历与能力、业绩与成果、履行岗位职责的实际效果等为主,申报高级专业职务者,要求3000字左右,申报中级专业职务者要求1000字以上。

第二十一条 申报人还应提供如下有关材料复印件:

1. 有关学历证明、专业证书、培训或进修证明;

2. 任期内本人发表过的论文,技术报告,本专业的专著或译著目录(注明发表时间),并附部分代表作品3~5篇;

3. 本人的专业获奖证明;

4. 证明本人业务水平、工作能力、业绩成果的其他有关材料。

第二十二条 至专业工龄截止时间时,有下列情形之一者,暂不申报:

1. 受行政记过不满一年者;

2. 正在受监察或司法部门立案审查者;

3. 病休一年以上，尚不能坚持正常工作者；

4. 脱离本单位现职岗位一年以上，尚未回单位本专业岗位者。

第二十三条 基层应按下列程序推荐：

1. 基层单位组织由基层领导、专业人员组成的基层推荐小组，根据人事部门下达的晋升指标，在广泛征求群众意见的基础上，结合申报人的现实表现、工作态度、特别是业务水平、工作实绩，对申报人员进行综合分析、评价、排队，提出推荐人选。

2. 基层单位对拟推荐人选写出基层单位推荐意见，并由主要负责人签章后，将个人申报材料报人事(职改)部门。

第二十四条 人事(职改)部门对基层单位初步确定推荐申报人员的基本情况、主要经历进行审核，审核内容主要有：学历、资历、年度考核结果、破格人员是否符合条件；基层单位的推荐是否符合程序；提供的申报材料是否齐全；推荐名额是否适当等。

第二十五条 申报晋升高一级专业技术职务人员，经基层推荐和人事（职改）部门审核后，必须再经同一级评委会或单位组建的专业推荐小组进行推荐。

同级评委会或专业推荐小组进行推荐时，必须按照评审程序进行。采取无记名投票方式，超过到会评委一半以上票数（含一半）通过有效。被推荐名额可采取等额或差额推荐办法，差额数应控制在指标数额的10～15%以内。

被通过推荐的人员，由评委会或专业推荐小组写出推荐意见，人事（职改）部门填好评审结果（通过票数情况），并由主任委员签字（或盖章）后生效。

对不具备组建推荐评委会或专业推荐小组条件的单位，应在征得人事司同意后，委托部属有组建条件单位进行推荐。不得自行组建综合性推荐评委会或专业推荐小组，也不得利用非本专业（或系列）评委会进行推荐。

第二十六条 各级评审委员会必须依照评委会组织法开展工作。召开评委会时，到会评委人数必须符合国家规定的法定人数。未经人事司批准，不得临时调整评委人选。

第二十七条 各级评审委员会应根据国家和我部规定的任职条件，坚持评审标准，确保评审质量。评审实行考试、考核、答辩、评议与审查相结合的原则，各单位可结合具体情况，对不同专业或系列、不同层次、各有侧重的方法实施。

第二十八条 评委会的评审工作必须坚持民主、客观、公正、畅所欲言，充分讨论。评委委员应在充分审阅申报人提交申报材料的基础上，对申报人的业务水平、工作业绩进行客观评价，一定要把专业技术实际能力、业绩、成果相对较好的申报者优先评上。

第二十九条 在评审评委委员本人及其亲属的专业职务任职资格时，该评委应主动回避或被告知回避。

第三十条 评审表决采取无记名投票，经出席会议委员三分之二以上通过方能有效（含三分之二整数票）。未出席评委会的委员不得委托投票或补充投票，对已参加评议而投票表决时临时请假者，可经主任委员同意后，委托他人代投。

第三十一条 评委会审议情况，应严格保密，不得向他人泄露。

第三十二条 各企、事业单位评审结果的审批权限规定如下：高级专业职务任职资格报由人事司审核下达；中、初级专业职务任职资格，由具有独立的人事管理职能的部门审核下达，并报人事司备案。

第三十三条 各单位评审通过的高级专业职务破格人员及业绩突出，成绩显著，单位申请不占高级指标人员，均需经过人事司组建的相关专业审核小组进行复审。对复审通过者，方可报人事司审批。

第三十四条 高级专业职务任职资格报人事司审批时，需提供如下材料：

1. 本单位高级专业职务任职资格评审情况的报告。

2. 本单位评定高级专业职务任职资格人员征求群众意见情况的报告。

以上两份报告，均需本单位主管人事领导签字上报。

3. 委托外单位代评人员，需提供由代评单位出具评审结果通知的复印件。

4. 评审通过破格人员的有关个人业绩材料。

5. 上报审批人员花名册一份。

第三十五条 人事司根据各企、事业单位上报高级职务评审结果的材料进行审核，并下达有关人员专业职务任职资格通知。

各企、事业单位对中、初级专业人员评定审核后，由人事（职改）部门下达专业职务任职资格通知。

第三十六条 各企、事业单位专业技术职务的聘任，一律从人事(职改)部门已下达任职资格人员中聘任。聘任一般由单位行政主管聘任。

第三十七条 各级行政领导应与被聘专业人员履行聘任手续，双方签订聘约，聘约内容应包括聘期、岗位职责、任期目标、待遇，以及续聘、低聘或解聘条件、双方的权利与义务等。向被聘人员颁发聘书，并由人事(职改）部门下达聘任通知，存入本人业务档案。

各企、事业单位主要领导在受聘高级专业技术职务时，需报人事司审核后，报主管部领导签发聘书及聘任通知。

第三十八条 专业技术职务每一聘期一般为一至三年。每届聘任期满后，且各年度考核均为“称职”以上者，可予以续聘。

在任期内，不能履行岗位职责或不能完成岗位任期目标的人员，应由行政主管解除聘约。根据本人条件和工作需要，可采取缓聘、解聘或低聘办法，其专业职务工资也应相应降低。

第三十九条 对国家教委承认的正规全日制大、中专院校毕业生见习期满，经考核合格者，不需进行评审，可直接认定相应专业技术职务。直接认定专业技术职务人员的范围，可参照《关于印发〈企事业单位评聘专业技术职务若干问题暂行规定有关具体问题的说明〉的通知》（人职发［1997］11号）执行。

对直接认定专业职务的人员，经人事（职改）部门考核合格后，可发给《全日制大中专毕业生专业技术职务资格认定表》填写，并附本人业务总结一份，由人事（职改）部门认定，并签署意见后，一并存入本人业务档案。

第四十条 各企、事业单位专业技术职务聘任、续聘通知，报人事司备案。

五、管理与监督

第四十一条 各级领导要充分认识到专业技术职务评聘工作的重要意义，切实做到尊重知识、尊重人才，保护和发挥好广大知识分子、专业业务干部的工作积极性，要加强对专业技术职务评审工作的组织领导，正确把握职称评定的各项方案、政策，对申报、推荐、审核、评审及聘任的各个环节，要主动参与组织、领导、敢于负责，保证专业技术职务评聘工作的正确方向。要做好耐心细致的思想政治工作，积极化解矛盾，保持队伍稳定。

第四十二条 职称评定工作，应按照规定的程序和步骤开展工作，对于明显违背工作程序、群众意见较大的，经调查核实，人事司不予批准评审结果，应重新履行必要的工作程序；对不能保证评审质量的评委会，人事司可视情况停止其工作、宣布评审无效、直至收回评审权；对违反评审纪律的评委委员，应视情节轻重，给予批评教育、取消评委职务、直至给予行政处分。

第四十三条 各级人事管理部门，按照职称评定工作管理权限，受理申报人的申诉。人事司受理高级职称申报人的申诉，对于群众意见较大，经调查核实，明显不符合任职条件的人员，人事司不予下达任职资格。

第四十四条 在申报评定专业技术职务任职资格工作中，发现有伪造学历、资历、谎报成果、论著等弄虚作假行为者，取消本人申报资格和已聘任的专业技术职务，二年内不得申报评定，情节严重者给予必要的纪律处分。

六、附　　则

第四十五条 专业技术人员调动工作后的评聘工作；

1. 部内调动（含单位内部专业岗位调整）后，仍从事本专业（或相近专业）人员，经考核合格，可使用本单位指标空额予以聘任，聘期可与原聘期连续计算。

2. 部外调入后仍从事本专业（或相近专业）人员，各单位应根据岗位性质确定一定的试用期，待期满后，经相应评委会进行复审，复审合格者可使用本单位指标空额予以聘任，聘期与原聘期连续计算。

3. 工作调动后从事非本专业（或非相近专业）人员，待工作满二年后，经相应评委会重新确认相应任职资格，取得任职资格者，可使用本单位空额予以聘任，但聘期不得连续计算。

第四十六条 委托代评

1. 部内委托代评时，原则上应征得人事司同意后，将申报材料送代评单位评审，并由单位人事部门开具委托代评函。

2. 送部外委托代评时，必须经人事司同意，并由人事司出具委托代评函，评审结果方能有效。

3. 部外委托我部代评时，一律先报人事司审核后，统一安排代评单位。各单位不得自行接受代评。

第四十七条 本规定由部人事司负责解释。

第四十八条 本规定自发布之日起施行。

凡以前制定的有关规定与本规定不一致的，以本规定为准。

关于县（市）广播电视播出机构合并的意见

（1997年8月6日　广播电影电视部发布）
广发社字［1997］458号

根据中办、国办《关于加强新闻出版广播电视业管理的通知》（中办厅字［1996］37号）和我部《关于贯彻落实中办、国办〈关于加强新闻出版广播电视业管理的通知〉的方案》（广发社字［1997］119号）精神，现就县（市）广播电视播出机构合并为一个播出实体提出如下意见：

一、凡经广播电影电视部批准的同一县（市）设立的广播电台、电视台及有线电视台必须合并为一个播出实体。统称“××县（市）广播电视台”。

合并后的县（市）广播电视播出实体应统一机构建制，统一人事管理，统一宣传规划，统一事业建设，统一经营创收。由县（市）广播电视局实行统一领导和管理。

二、县（市）广播电视台必须保证有专门的频率、频道完整转播中央和省台的广播电视节目。在此基础上，可以开办一套广播节目和一套电视节目，自办少量新闻和专题节目，（如播出影视剧必须是省广电行政部门统一供片）。

三、县（市）广播电视台播出自办的广播和电视节目时，也可分别使用“××县（市）人民广播电台”、“××县（市）电视台”的呼号。可以用无线和有线两种技术手段传输、覆盖广播和电视节目。

四、县（市）广播电视台应当积极支持教育部门开展电化教学，在有线电视中开办教育节目频道，转播中国教育电视台的节目，已经批准开办的县（市）教育电视台应与县（市）广播电视台合并为一个播出实体。

五、县（市）广播电视播出机构合并后，政府对广播电视的投入不应减少，以保证广播和电视、有线与无线协调发展。

六、乡镇不设电视播出机构。乡镇广播电视站以转播为主，可自办少量广播新闻和专题节目。为进一步加强对乡镇广播电视工作的管理，乡镇广播电视站可以作为县（市）广播电视局的派出机构，在县（市）广播电视局的领导下，负责相应的广播电视宣传、管理、维护和服务工作。其原有的编制、经费不应减少。

七、县（市）广播电视播出机构合并后，为保证广播电视宣传、事业、管理和队伍建设的统一领导，在行政职能不变、现有的编制、职数不减的前提下，县（市）广播电视局和广播电视台可以实行"局台合一"的体制，即"一套班子、两块牌子"。

实行"局台合一"体制的地方，广播电视的行政管理职能只能加强，不能削弱，要设专门机构切实履行广播电视的系统管理和社会管理职责。

八、县（市）广播电视播出机构的合并方案，应经所在县（市）人民政府审核，并逐渐报地（市）级、省级广播电视行政部门复核后，报广播电影电视部审批；经批准后，方可正式以新的台名、台标、节目范围、节目设置套数、传输方式等播出。

已经合并并开始运行的县（市）广播电视台，在本意见下发之日起两个月内，补报审批手续。

九、县（市）广播电视台如需增加广播或电视播出业务及无线或有线传输方式，按规定程序报广播电影电视部审批。

十、县（市）广播电视播出机构合并工作应在1997年12月31日以前完成。

各级广播电视部门要充分认识县（市）广播电视播出机构调整对广播电视"控制总量、调整结构、提高质量、增进效益"的重要作用，要主动向党委、政府汇报，争取各方面的支持，按照中央和部的部署，在县（市）委、县（市）政府的领导下，在充分调研的基础上，积极稳妥地推进调整工作。对调整范围内的机构和人员，要认真做好思想政治工作和善后工作。要切实加强广播电视播出的管理，确保安全播出，保证广播电视治理工作顺利完成。

关于清理整顿电视剧生产单位和影视制作经营机构的通知

（1997年8月7日　广播电影电视部发布）

广发社字［1997］457号

为贯彻中办、国办《关于加强新闻出版广播电视业管理的通知》（中办厅字［1996］37号）和我部《关于贯彻落实〈关于加强新闻出版广播电视业管理的通知〉的方案的通知》（广发社字［1996］119号），我部决定从1997年8月起，对全国的电视剧生产单位和影视制作经营机构进行全面的清理整顿。现将有关事宜通知如下：

一、工作目标：

（一）整顿电视剧生产秩序，控制电视剧生产单位总量，改进电视剧生产管理办法。

（二）清理影视制作经营机制，严格审批条件，强化审批环节的管理。

（三）建立健全电视剧生产宏观调控机制，完善对电视剧生产单位的日常管理制度。

二、工作安排：

（一）自查：各电视剧生产单位和影视制作经营机构根据本通知的要求，填报《清理整顿报告书》（见附件），于1997年9月30日前，报省级广播电视厅局。

（二）复查：各省级广播电视厅局根据各单位填报的《清理整顿报告书》，认真复查核对后，写出清理整顿的总结性意见，连同《清理整顿报告书》一起，于1997年11月30日前报部社会管理司。

（三）验收核查：根据各省汇总的意见和各单位的《清理整顿报告书》，由部有关管理部门验收，有重点地进行实地抽查。并于1998年1月31日前，根据全国电视剧生产单位和影视制作经营机构的数量、结构、性质、制作情况等，重新确定电视剧制作单位资格。同时，各省级广播电视厅局重新审批影视制作经营机构。

（四）总结工作，完善制度：1998年3月前，全面总结清理整顿工作，同时制定法人代表上岗制度、年检制度、制作情况季报制度等管理制度，加强对电视剧生产单位和影视制作经营机构的日常管理工作。

三、工作要求：

（一）各地要认真学习领会两办37号文件和部贯彻落实方案的精神，充分认识清理整顿工作对广播电视事业"控制总量、调整结构、提高质量、增进效益"的重要意义。要把清理整顿电视剧生产单位和影视制作经营机构工作，作为广播电视治散治滥的一个重要组成部分对待。通过清理整顿切实加强管理，促进电视剧生产的繁荣。

（二）要精心组织，扎实工作，通过清理整顿，全面摸清电视剧生产单位和影视制作经营机构的情况，有针对性地提出清理整顿意见，为确定电视剧生产单位和影视制作经营机构的总量，制定发展规划，提供科学、准确的依据。

（三）填写《清理整顿报告书》要事实求是，按如下要求如实填报：

1. 经批准的电视剧制作长期许可证单位和影视制作经营机构，填报本通知"附件1"、"附件3"的表格。

2. 凡在管理部门申领过临时许可证的单位，一律填报本通知"附件2"的表格。

3. 申领过临时许可证的影视制作经营机构只需填报"附件2"或"附件3"一种表格，无需重复填报。

4. 清理整顿期间，暂时停止审批电视剧制作长期许可证和影视制作经营机构。

附件：
1.《电视剧制作长期许可证单位清理整顿报告书》（略）
2.《电视剧制作临时许可证单位清理整顿报告书》（略）
3.《影视制作经营机构清理整顿报告书》（略）

关于企事业有线台改为有线广播电视站的意见

（1997年8月6日　广播电影电视部发布）
广发社字［1997］459号

根据中办、国办《关于加强新闻出版广播电视业管理的通知》（中办厅字［1996］37号）和我部《关于贯彻落实中办、国办〈关于加强新闻出版广播电视业管理的通知〉的方案》（广发社字［1997］119号）精神，现就企事业有线电视台改为有线广播电视站的有关问题，提出如下意见。

一、各省级广播电视行政部门负责本行政区域内企事业有线电视台改为有线广播电视站工作的实施，以及台改站后的管理工作。

二、企事业有线电视台改为有线广播电视站后，以转播中央、省和当地的广播电视节目为主，并可自办少量本单位的新闻和专题节目，但不得自行播放电影、电视剧。

三、企事业有线广播电视站应与当地行政区域有线电视台联网，联网方案由所在地地级以上（含地级）广播电视行政部门负责制定，报省级广播电视行政部门批准后实施。

四、经省级广播电视行政部门认定，目前暂不具备联网条件的企事业有线广播电视网，可暂缓联网。但要积极创造条件，尽快实行联网。

五、各地企事业有线电视台改为有线广播电视站工作，在今年12月31日以前完成。

六、今后，企事业单位设立广播电视站由省级广播电视行政部门审批。

七、各级广播电视行政部门对企事业有线电视台改为有线广播电视站工作要高度重视，当前，国有企业改革工作正处于关键时期，在企事业有线电视台改为有线广播电视站的过程中，工作要谨慎细致，步子要稳妥。对一些难点问题要认真调研、妥善处理，顾全大局，确保企事业有线台改为有线广播电视站工作顺利完成。

卫星传输广播电视节目管理办法

（1997年9月23日　广播电影电视部发布）
广发办字［1997］638号

第一条　为加强对利用卫星方式传输广播电视节目活动的管理，提高广播电视覆盖率，根据《广播电视管理条例》的规定，制订本办法。

第二条　本办法所称“卫星传输广播电视节目”是指境内广播电台、电视台利用卫星方式传输广播电视节目，以扩大广播电视覆盖的活动。

第三条　广播电影电视部负责全国的卫星广播电视频段和转发器使用的规划和管理，负责全国的卫星传输广播电视节目活动的审批和监督管理。

省级人民政府广播电视行政部门负责本行政区域内的卫星传输广播电视节目活动的初审和日常监督检查工作。

第四条　利用卫星方式传输广播电视节目，应当逐渐采用数字压缩技术，坚持广播节目与电视节目共星发射、共缆传输、共同入户的原则。

第五条　省级以上广播电台、电视台可以申请利用卫星方式传输广播电视节目。

第六条　广播电台、电视台利用卫星方式传输广播电视节目，应当具备以下条件：

（一）符合全国广播电视发展的总体规划和覆盖要求；

（二）有足够的资金保障；

（三）自制节目能力达到每天5小时以上，节目播出时间达到每天18小时以上；

（四）有健全的节目审查和管理制度；

（五）有利用电视通道副载波传输广播节目的条件和设备，有开展卫星多工应用的方案；

（六）有随时关断卫星广播电视节目的技术保证；

（七）广播电影电视部规定的其他条件。

第七条　中央的广播电台、电视台利用卫星方式传输广播电视节目，应当向广播电影电视部提出书面申请。中国教育电视台利用卫星方式传输电视节目，应当报经国家教育委员会批准，并向广播电影电视部提出书面申请。

省级广播电台、电视台利用卫星方式传输广播电视节目，应当向省级人民政府广播电视行政部门提出书面报告。省级人民政府广播电视行政部门认为需要利用卫星方式传输的，应当报经同级人民政府批准，并向广播电影电视部提出书面申请。

书面申请应当包括经费、设备、节目储备来源、管理制度、技术参数和人员编制等内容。

第八条　省级人民政府广播电视行政部门申请利用卫星方式传输广播电视节目，应当向广播电影电视部提交以下材料：

（一）书面申请；

（二）省级广播电台、电视台的书面报告；

（三）省级人民政府的批准文件；

（四）资金保障的证明。

第九条 广播电影电视部负责对利用卫星方式传输广播电视节目的申请进行审批，经批准后，方可使用卫星转发器，建设卫星上行站。

第十条 卫星上行站的建设应当符合国家有关规定和标准。工程竣工，由广播电影电视部组织进行工程验收、入网测试、模拟演练。经验收合格后，方可正式向卫星传送节目。

第十一条 卫星广播电视节目应当符合国家法律、法规的规定，坚持正确的舆论导向。

第十二条 卫星广播电视节目不得出现以下内容：

（一）危害国家的统一、主权和领土完整的；

（二）危害国家的安全、荣誉和利益的；

（三）煽动民族分裂，破坏民族团结的；

（四）泄露国家秘密的；

（五）诽谤、侮辱他人的；

（六）宣扬淫秽、迷信或者渲染暴力的；

（七）法律、行政法规规定禁止的其他内容。

第十三条 利用卫星方式传输广播电视节目的广播电台、电视台应当在节目播出前一周向广播电影电视部报送卫星广播电视节目表。

第十四条 利用卫星方式传输广播电视节目的广播电台、电视台应当建立、健全节目审查责任制度，严格审查卫星广播电视节目。

第十五条 广播电视行政部门应当加强对卫星广播电视节目和卫星上行站的监督检查，建立重大事故报告制度。

第十六条 广播电视行政部门设立监测中心，负责对卫星广播电视节目进行监测，并定期报告监测情况。

第十七条 广播电影电视部设立视听评议机构，负责对卫星广播电视节目进行收听、收看和评议，并定期公布评议结果。

第十八条 广播电影电视部在特殊情况下，可以做出关闭卫星转发器的决定。

第十九条 利用卫星方式传输广播电视节目的广播电台、电视台播放本办法第十二条规定禁止内容的节目的，省级以上人民政府广播电视行政部门责令其整改，给予警告，收缴其节目载体，并处1万元以上5万元以下的罚款；情节严重的，由广播电影电视部责令其停止使用卫星转发器，吊销其广播电台、电视台许可证。构成犯罪的，由司法机关依法追究其刑事责任。

第二十条 利用卫星方式传输广播电视节目的广播电台、电视台违反本办法第十三条、第十四条规定的，由广播电影电视部责令其改正。

第二十一条 违反本办法，擅自利用卫星方式传输广播电视节目的，省级以上人民政府广播电视行政部门应当责令其停止违法活动，给予警告，没收违法所得和从事违法活动的专用工具、设备，可以并处2万元以下的罚款；情节严重的，由原批准机关吊销其广播电台、电视台许可证。

第二十二条 本办法由广播电影电视部负责解释。

第二十三条 本办法自发布之日起实施。

关于进一步加强广播影视行政执法工作的通知

（1997年10月7日　广播电影电视部发布）

广发社字［1997］663号

为贯彻实施《广播电视管理条例》和《电影管理条例》，保证广播电影电视事业健康有序地发展，迫切需要进一步加强广播电影电视行业的行政执行工作，提高依法行政、依法管理的水平。为此，特通知如下：

一、加强对广播电影电视业的管理，强化行政执法和执法监督工作，是党中央、国务院赋予广播影视行政部门的重要职责，是保证广播影视事业健康有序发展的重要措施。各级广播电影电视行政部门要提高认识，严格按照《条例》的规定采取切实有效的措施，进一步加强行政执法工作。

二、广播电影电视部负责全国广播电影电视行政执法的组织、指导、监督和协调工作，并制定有关法规和规章的具体执行措施。

广播电影电视部将于近期向全国广播电影电视系统的行政执法人员统一印制发放“广播电影电视行政执法证”。每一个持证人员都必须经过省级人民政府的法制部门或省级广播电影电视行政部门举行的法律、法规的培训，经考核合格后持证上岗。

三、各省级广播电影电视行政部门负责本行政区域内的广播电影电视行政执法的领导和实施工作，并根据省级人大或同级人民政府授予的职权分工管理本辖区的影视音像市场。要尽快建立执法机构，落实机构设置和人员编制，配备必要的装备，完善行政执法规章制度，提高执法人员素质，将行政执法工作开展起来。落实机构和编制还有困难的地方要充分利用已有的管理人员和条件开展行政执法工作。

四、广播影视行政执法的范围

（一）设台建网活动：广播电台、电视台（包括有线电视台、教育电视台）、广播电视传输覆盖网的设立及其工程的设计、施工、安装等活动；

（二）广播电视节目制作、交易、进出口等活动；

（三）广播电视节目播出活动：节目播放、发射、传输等活动；

（四）卫星电视广播地面接收设施的安装、使用和设备进口活动；

（五）广播电视设施保护活动；

（六）电影制片、发行、放映单位的设立活动；

（七）电影制片、发行、放映、进出口等活动；

（八）国务院和省级人民政府授权管理音像制品的出版、复制、进出口、批发、零售、出租、放映等活动；

五、广播电影电视行政执法的依据

（一）法律；

（二）行政法规；

（三）行政规章；

（四）地方性法规；

（五）省、自治区、直辖市以及省、自治区人民政府所在地的市和经国务院批准的较大的市人民政府制定的规章。

六、广播电影电视部门要主动争取各级党委、政府及有关部门的领导对广播电影电视行政执法工作的理解、重视和支持，结合本地实际，扎扎实实地开展工作。

关于广播电台、电视台、有线台、教育电视台重新审核登记的通知

（1997年10月23日　广播电影电视部发布）
广发社字［1997］708号

根据《广播电视管理条例》第五十四条规定，1997年9月1日前已经设立的广播电台、电视台、教育电视台，应当在1998年2月28日前重新办理审核手续。现将有关事项通知如下：

一、凡在1997年9月1日前设立的各级广播电台、电视台、有线台、教育电视台（包括1995年7月24日前按国家教委3号令《地方教育电视台设置管理规定》批准设立的教育电视台），须在1998年1月31日前向我部申报办理重新审核登记手续。经我部批准后领取相应的“许可证”，并按照“许可证”载明的项目制作、播放节目。

二、根据中办、国办《关于加强新闻出版广播电视业管理的通知》（中办厅字［1996］37号）精神及我部的有关规定，需进行调整的广播电台、电视台、有线台、教育电视台，在重新审核登记时，按调整后的播出机构申报，我部将按调整后的播出机构审批。

（一）县（市）广播电台、电视台、有线台、教育电视台的合并按我部《关于县（市）播出机构合并的意见》（广发社字［1997］458号）的规定执行，并按合并后的机构申请重新审核登记。

（二）地区及地区直属机关所在的县（市）已分设的广播电台、电视台、有线台应按规定撤并，按调整后的机构申请重新审核登记。

（三）市辖区已设立的广播电台、电视台、有线台应按规定合并或撤销，不再予以重新审核登记。

（四）企事业单位有线台应按我部《关于企事业有线台改为有线广播电视站的意见》（广发社字［1997］459号）的规定，在今年年底前改为有线广播电视站，不再予以重新审核登记。

（五）广播电台、电视台开办的各类专业台一律改称专业频道或第×套节目，按更改后的名称重新登记。

（六）在机构调整过程中，改为广播电视站的，由省级广播电视行政部门予以登记，报部备案。

三、凡在1997年9月1日前经我部批准设立而未开播或后来停播的广播电台、电视台、教育电视台（包括1995年7月24日前按国家教委3号令《地方教育电视台设置管理规定》批准设立而未开播的或后来停播的教育电视台），一律不予重新审核登记。

四、地方各级广播电台、电视台、有线台由设立的广播电视行政部门提出申请，逐级上报，由省级广播电视行政部门上报我部申请重新审核登记。

中央人民广播电台、中国国际广播电台、中央电视台直接报我部重新审核登记。

五、地方教育电视台由设立单位提出申请，征得同级广播电视行政部门同意后，逐级上报上级教育、广播电视行政部门初核，由国家教委复核，报我部重新审核登记。

中国教育电视台由国家教委直接报我部办理重新审核登记手续。

六、申请办理重新审核登记手续的电台、电视台、有线台、教育电视台应当按要求填写相应的“申报表”。由省级广播电视行政部门对照过去批文审核无误后，同时报送一份要求重新审核登记的申请报告。“申报表”格式由广播电影电视部制定，各省、自治区、直辖市广播影视厅（局）印制、发放。

七、1996年各地按照我部《关于对广播电视台（站）年检的规定》，进行了全面检查，在申报办理重新审核登记手续时，应将1996年度的年检结果作为审核条件之一。鉴于重新审核工作与年检工作所检查的项目基本相同，为提高效率，1997年度的年检工作与重新审核登记工作一并进行，1996年度和1997年度的年检合格证不再颁发。凡在重新审核登记中，取得广播电台、电视台许可证的均被视为1997年年检合格单位。

八、鉴于各地机构调整工作的情况复杂，进度不一，重新审核登记可采取分省、自治区、直辖市，分级，分批，先易后难的方法进行。在规定的时限内，先完成的地区和台，可先行申报。

重新审核登记工作是对广播电视行业基本情况的普查，也是加强广播电视管理的重要措施。请各地、各单位接到本通知后，按照要求认真组织实施，指定专人和具体部门负责，以确保圆满完成重新审核登记工作。

未选登的1997年广播电视法规目录：

△关于明确卫星地面接收设施安装完毕后验收和年审项目、标准的通知

（1997年1月17日广播电影电视部发布）

△广播电影电视部直属单位劳动就业服务企业管理办法

（1997年4月15日广播电影电视部发布）

△关于转发《国家计委、财政部调整无线电台注册登记费和频率占用费标准及有关问题的通知》的通知

（1997年5月7日广播电影电视部分布）

△卫星电视频道技术与维护管理规定

（1997年10月13日广播电影电视部发布）

△广播电影电视部高等院校科学研究项目管理暂行办法

（1997年12月16日广播电影电视部发布）

△广播电影电视部高等院校人才社会科学研究优秀成果评奖暂行办法

（1997年12月16日广播电影电视部发布）

论文摘要

加快广播电视网建设 推进国家信息化进程

孙家正

广播电视系统作为国家信息化网络的三大部门之一，要在国务院信息化领导小组的组织指导下，在国家信息化建设的总布局中，继续坚持有中国特色的建设方针，加快自身的发展，为国家信息化建设多作贡献。

“九五”期间，广播电视事业建设的发展方向和基本思路是：

1. 在国家信息化规划指导下加快广播电视网建设

广播电视网作为国家信息化网络的重要组成部分，要服从国家信息化的总体要求，并在国家信息化规划的指导下加快自身的建设和发展。我们的目标是：到2000年，广播电视网实现网络设备和用户设备向数字化过渡；广播和电视的覆盖率分别达到85%和90%；电视机入户率达到85%以上，社会拥有量达到3.5亿台；有线电视入户率达到30%，即有用户8000万户；全国有线电视干线网和城市网规范化、光缆化；多媒体电视机开始进入商住楼和家庭。

为实现上述目标，要在认真总结经验的基础上，制定和实施正确的方针政策，进一步调动中央和地方两个方面的积极性，充分发挥广播电视系统的整体优势，坚持统一规划、统一标准、分级建设、分级管理的原则，逐步建成现代化、高水平、有特色、符合国家信息化总体要求的广播电视网体系。

2. 坚持广播电视的根本性质和发挥主功能作用

我国广播电视事业的建设和发展，始终坚持党中央确定的广播电视是党和人民的喉舌、是社会主义精神文明建设的重要阵地的根本性质，始终坚持广播电视属公益性事业、把社会效益放在首位的原则。

在国家信息化建设过程中，广播电视的主功能只能加强，不能削弱。

在确保主功能前提下，要尽量地发掘广播电视网的潜能，积极开展多功能服务。有线电视的崛起，为社会提供了丰富的频道资源，各类节目将逐步通过不同的频道为不同的用户服务，这将大大增强广播电视的社会覆盖面和渗透力，从而大大提高社会信息服务的效率和效益。

广播电视系统还将充分发挥网络资源的优势，积极开发计算机联网、远程教学和医疗、家庭购物、视频点播、电视会议等多功能业务，与社会各界广泛联合，为社会提供更多的综合信息业务服务。

3. 采用多种手段努力提高广播电视覆盖率

“九五”时期，我们要把广播电视事业建设的重点放在扩大覆盖面、提高覆盖率上面。我们的覆盖目标是：有线与无线并重，卫星与光缆结合，以HFC网为主要入户网，实现天上有星、地上有网的传输覆盖格局，确保广播电视传输体制的安全运行。争取在本世纪末下世纪初，实现广播与电视共星转发、共站接收、共缆传输、共同入户、协调发展，形成一个更加合理、完善，星网结合、天地交融的广播电视覆盖网。

4. 逐步实现全国联网

广播电视联网是几十年来事业发展的继续，是自身业务的需要。广播电视联网首先是为了保证党中央、国务院的政令畅通，更好地发挥主功能作用，同时也可以拓展业务，更好地服务于当地的经济建设和社会发展，而且使各级党和政府增加了直接联系群众的渠道。它是各级地方政府的重要战略资源。

广播电视业务的大容量特点十分突出，一套节目占用一个传输通道相对固定，不能随时变换，这是长时隙业务和短时隙业务的区别。由于业务不同，因此使用传输通道的方式就不同。这一业务特点决定了建立广播电视的专用通道是十分必要的。

在联网工作中，广播电视系统坚持多种形式的联合，积极利用现有的网络资源，与邮电、电力、铁路、联通等系统开展合作，在社会主义市场经济的条件下，建立一种新型的关系，互惠互利，共同发展，以便以最低的运行成本，为全国的广大群众提供更优质的服务。今后，我们将一如既往地本着“政治可靠、技术可行、经济合理、互惠互利、平等协商、共同发展”的原则，加强同各个有关部门或系统的配合和合作，逐步实现互联互通互为备份。一方面积极地利用现有其他各种网络资源，一方面积极地为其他部门和系统提供各种服务，为实现国家信息化的共同目标携手前进。

5. 发挥广播电视的宣传优势，为国家信息化多做舆论工作

信息化不仅是国家行为，而且是社会行为。因此，动员社会各界共同关心和支持国家信息化建设是信息化工作的重要环节。我们要求全国广播电视系统都要认识国家信息化的重要意义，积极主动地做好国家信息化的宣传工作。必要时将开辟专门栏目进行宣传，以加快社会对这项工作的理解，增强国民的信息意识，提高国民的信息技术。

6. 加强领导，健全机构，落实重点项目

为了配合国家信息化建设的总体部署，广电部已经成立了信息化工作领导小组，组建了广播影视信息网络中心等专门机构。目前有关广播电视系统的信息化建设规划，国家音像资料馆、专业数据库等信息资源的建设和开发，省级和省际有线电视联网工程等重点项目的工作已经开始运作。

(本文系作者在 1997 年 4 月 18 日～21 日召开的全国信息化工作会议上的发言，原载《决策参考》1997 年第 6 期)

实施电视剧精品战略
推动电视剧精品生产

刘习良

提高电视剧的质量是对所有电视剧的普遍要求。多出精品则是对电视剧创作的更高要求。我们提出“多出精品”，目的就是以高要求来带动电视剧质量的普遍提高。

为了多出精品电视剧，就要树立精品意识，实施精品战略，推动精品生产。“树立精品意识，是精品创作的首要问题。”有无精品意识，说到底，是有无社会责任心，有无敬业精神，有无艺术良心的问题。每制作一部电视剧，我们都要想到观众欣赏我们的作品要花时间，花精力，无论如何要让观众有所得。为此，从一开始就要有精益求精的艺术追求，绝不马虎从事。“实施精品战略，是推动精品生产的有效方式。”具体来说，要加强规划，抓住重点，提出奋斗目标和保证措施。

树立精品意识，实施精品战略，为精品生产提供了思想保证和措施保证。生产精品则完全要靠电视剧创作人员的创造性劳动，靠编剧、出品人和制片人、导演、演员以及摄像、录音、灯光、服美化道、剪辑等各个工种和各道工序的工作人员的集体劳动。这是任何人，包括我们这些电视剧管理人员所无法代替的。

我们深知，要使一部电视剧达到“思想精深，艺术精湛，制作精致”的标准，绝非易事。回顾一下中外文艺发展史，我们可以看到，“凡属优秀作品、传世之作都具有思想性艺术性完美结合的特点”。文艺作品忌在重复，贵在创新。创作心态忌在浮躁，贵在沉稳。只有在观察生活中发现人所未见的事物，在艺术表现中道出人所未言的人生真谛，反复推敲，耐心琢磨，文艺作品才能具有强烈的吸引力和感染力，才能世代留传。

我们生活在社会主义国家，生活在改革开放的时代，江泽民同志号召我们“在人民的历史创造中进行艺术的创造，在人民的进步中造就艺术的进步”。在这样的创作环境中进行精品生产，必然要对电视剧主创人员提出一些不同于其他时代、其他国家对创作人员的要求。

1. 认真学习马克思列宁主义、毛泽东思想和邓小平建设有中国特色社会主义理论，以科学的理论武装头脑，以科学的观点观察世界、观察历史、观察现实，透过错综复杂的社会现象认识生活本质，把握时代精神。

2. 学习马克思主义文艺理论和党的文艺方针，树立和坚持正确的创作方向，永远把“为人民服务，为社会主义服务”作为电视剧创作的基本要求，按照思想性和艺术性尽可能达到完美统一的观点正确处理“主旋律”和“多样化”的关系。

前几年，我们着重解决如何正确理解“主旋律”的问题。当时，既存在对“主旋律”“泛化”的理解，把一切反映现实生活的电视剧都说成是“主旋律”作品；也存在“窄化”的理解，把“提倡主旋律”简单地看作是题材选择问题。1994 年初，江泽民同志指出，弘扬主旋律就是要在建设有中国特色社会主义的理论和党的基本路线指导下大力倡导四种思想和精神。从那儿以后，大家在认识上基本取得一致。当前，特别要强调表现“主旋律”的电视剧要大力提高艺术性，加强吸引力和艺术感染力，使深刻的思想蕴含通过生动感人的精湛艺术表现给人以启迪。这类电视剧在题材、品种、风格、样式上也要百花齐放，不拘一格。绝不要把表现“主旋律”的电视剧创作简单地视为政治任务，命题作文，马虎从事，或者又回到“生硬说教”的老路上去。另一点要强调的是我们要自觉地抵制电视剧创作中的一些错误观点，例如“远离现实生活”、“消解意识形态”、“躲避崇高”、“淡化英雄”以及片面强调电视剧的娱乐功能，虚化教育功能和认识功能，更不要有意地去“打擦边球”。

3. 要切实尊重电视剧艺术的创作规律，管理人员和主创人员都要按照符合电视剧创作规律的办法进行管理，投入创作。

电视剧是一门独立的艺术形式；和其他艺术形式一样，电视剧也是以具体生动的形象揭示社会生活的本质。电视剧创作实践一再证明，人类社会生活是包括电视剧在内的文学艺术创作的唯一源泉；脱离了人民群众的生活，电视剧创作人员的艺术生命就会枯竭。因此，我们必须提倡深入生活，深入实际，深入群众，从人民群众的现实生活中吸取题材、主题、情节、语言、诗情和画意。和人民群众同呼吸，共命运，才能通过观察体验对生活有新的发现；才能激发创作灵感，启动创作激情，进行艺术构思；才能把主要精力用来“讴歌英雄的时代，反映波澜壮阔的现实，深刻地生动地表现人民群众改造自然、改造社会的伟大实践和丰富的精神世界”。

和其他文艺形式的创作一样，电视剧创作也是一种复杂的精神劳动，在观察体验、艺术构思和艺术表现的各个环节上都要发挥主创人员的个人创造性。题材的选择，主题的提炼，形象的塑造，形式的创新，无不体现着电视剧主创人员的文化意识、审美修养和艺术功底以及专业水平。作为电视剧管理人员，我们会满腔热忱地支持电视剧艺术上不同形式、不同风格的自由发展，为电视剧主创人员充分发挥艺术创造力提供良好的条件，而不会横加干涉，干那些我们自己还没有搞懂的事情。

（本文系作者在1997年度全国电视剧题材规划会议暨第16届电视剧“飞天奖”颁奖会议上的讲话，原载《中国电视》1997年第4期）

建设具有中国特色社会主义电视理论

杨　伟　光

中国特色社会主义电视理论是科学的理论。马克思主义新闻学是这一理论的基础，邓小平建设有中国特色社会主义理论是这一理论的指导思想。中国电视作为新闻事业的重要组成部分，其性质、任务、功能等同社会主义新闻事业具有一致性。我国社会发展和改革开放，给电视事业的发展带来了勃勃生机。具有中国特色的社会主义电视理论的主要内容有——

在发展方向认识上，依据国情，从实践出发，走自己的路，以建设有中国特色社会主义理论为指导。

在根本性质的认识上，强调中国电视是党、政府和人民的喉舌，必须坚持党性原则，旗帜鲜明地宣传党的基本路线。作为现代化大众传播媒介，中国电视还是党、政府联系人民群众的桥梁和纽带，是独特的文化形态。

在任务的认识上，强调中国电视服务于社会主义物质文明和精神文明建设，坚持为经济、文化、思想和政治建设服务。新时期要为改革开放和现代化建设创造良好舆论环境。要致力于中华民族素质的提高，抵制腐朽思想文化的侵扰，发扬光大中华民族的伟大精神。

在功能的认识上，明确中国电视具有传播新闻、社会教育、文化娱乐、信息服务四方面功能，在电视改革中要不断开发这些功能，为现代化建设服务。

在根本宗旨的认识上，必须坚持为人民服务、为社会主义服务。“两为”是区别于资本主义电视的根本特征。

在建设方针认识上，明确电视事业建设必须以国情为依据。坚持“四级办电视、四级混合覆盖”的方针。

在节目指导方针上，要坚持正确的舆论导向，高扬主旋律，弘扬民族精神和民族优秀文化，坚持社会效益第一。电视节目要坚持“以科学的理论武装人，以正确的舆论引导人，以高尚的精神塑造人，以优秀的作品鼓舞人”。中国电视对海外报道代表国家、民族，根本目的是为了在国际上树立和维护社会主义中国的良好形象，为中国改革开放和现代化建设创造有利的国际舆论环境。最大限度地满足观众需求是中国电视的出发点。

在健康发展的保证认识上，强调中国电视是建立在公有制基础上的具有中国特色的新闻事业，由中国共产党领导。电视从业人员队伍建设和中国特色社会主义电视理论建设是促进电视事业发展的重要保证。

在发展战略认识上，强调发展战略要同国家经济增长和社会发展相适应。要不断提高节目质量，实施精品工程；事业建设要由规模数量向效益优质型转变；大力开发引进高新技术；建立健全法律体系，培养高素质人才，把我国建设成为一个电视强国。

任何理论都是在发展中不断完善的。中国特色社会主义电视理论将随着改革开放的深入和社会进步，在研究新情况新问题中，不断丰富、完善和发展。

（原载1997年8月9日《光明日报》）

关于对外宣传若干问题的思考

张 振 华

一、关于内宣与外宣

随着国际政治、国际经济越来越相互渗透与牵扯，一个国家的立足与发展与外部世界的关联性、互动性及相互作用与影响也越来越强。因此除了内宣，外宣也成为一个直接或间接为之服务的必不可少的事业。内宣与外宣都具有配合、推动国内各项工作的使命，所不同的是，内宣着眼于国内各个领域、部门和地区，以优化国家内部环境；外宣则着眼于世界各国、各地区，以优化国家的外部环境。二者都不可或缺。内宣与外宣应该成为一个国家宣传事业完整的、均衡发展的两翼，唯此才能有效地配合、推动国家的起飞与发展。

现在，理论上和口头上认为外宣可有可无的情况不多了。但是在思想深处和实际的操作上，内宣、外宣一手硬、一手软的现象仍是比较明显的，具体表现为：重内轻外，热内冷外，急内慢外，实内虚外，或以内代外等等。外宣事业的进一步发展有待于认识的进一步统一与提高。

在世纪之交，党的十五大提出了跨世纪的发展规划。中国的进一步发展与强大是不可阻挡的。而中国的发展、强大所显示的示范作用及中国的国际地位与发言权的再增强是西方绝对不愿看到的。因此，今后在发展反发展、遏制反遏制上同西方国家会发生比现在要严重得多、频繁得多的政治、经济磨擦也是必然的。这就要求有更强有力的对外宣传与之相适应、相配合。目前我国外宣的实力同外部比，不仅同西方大国有很大差距，甚至许多方面不及台湾；在国内，又弱于内宣。因此，着力加强和发展外宣是当前我国宣传战线一个急迫的历史性任务。

二、关于国内报道与国际报道

搞好国内问题的对外宣传不仅是我们主观上的需要，也是国际社会的客观需要，是最具广泛意义和普遍意义的针对性的宣传，是对外宣传中要下大力气做好的第一位的工作。而且国内问题的对外宣传较之国际问题报道又是我们的长项和优势所在，经过努力是可以做得更好的。

虽然对外宣传要细水长流，不能急功近利，但国内问题的对外宣传过去往往失之零碎，缺乏完整性和系统性。近些年，中央外宣办围绕重点地区、重点问题、重大工程组织外宣单位协调行动，做一些战役性报道，是个好做法。中国国际广播电台通过知识竞赛、设立专题等形式对一些诸如西藏、陕西、内蒙、三峡工程等地区、大型工程做多侧面的系列报道，也收到了很好的效果。

重视国内问题对外报道的同时，国际报道也不可忽视。国际报道是一个国家对外开放的一部分，总体外交的一部分，也是国际新闻竞争的一个重要领域。我们的国际报道过去常常被当作国内报道的附属品、填充剂，不仅量少、面窄、时效差、言论少，而且由于信息源单一，又千报一面，受众对国际报道往往处于饥渴、半饥渴状态，使外国电台争取去了大批听众。这种状况这几年虽有了很大变化，但国际报道被西方所垄断，西强我弱的形势仍未根本改变。因此，我们的国际报道还有待于进一步发育和发展。对国际报道的地位、作用的认识还必须进一步提高，以便在报道的手段、信息源、报道的及时性、主动性方面进一步拓展。

三、韬光养晦与有所作为

邓小平同志在提出“韬光养晦”的同时，又提出要“有所作为”。这些年，面对西方的种种挑衅，国务院新闻办相继发表了关于人权、西藏、妇女等问题的白皮书，发挥了很好的作用。但就整个外宣在同西方进行国际舆论交锋上，在“有所作为”这一方面显得不够放手、不够主动、不够大胆、不够有力，显得有些顾虑、有些拘谨、有些迟缓、有些被动，甚至有些软。在韬光养晦和有所作为这两方面，后者是需要强调和加强的一面。

为了使外宣“有所作为”，必须处理好外宣与外交的关系。外宣当然必须服从和服务于外交，但外宣又不应等同于外交，在有些时候和有些问题上，它应该成为外交的突前部队、哨兵和代言人，讲外交要讲、可以讲但一时还不便讲的话。我们要善于调动外宣为外交打时间差、放气球、打头阵、敲边鼓、造舆论。外宣当然不能与外交唱反调，但可以追求一种合声、一种层次，而不一定时时、事事都与外交唱单一的同一个声部，以为外交创造一个舆论氛围、回旋余地，提供一种策应、支持和张力。使外宣更活跃，使外交更主动。

四、关于正面报道与问题报道

在正面宣传问题上，有两点应该注意：

一是应把以正面宣传为主作为对外宣传队伍业务思想建设中一个长期性课题，一代一代地加以强调和坚持。

二是正面报道不能简单地理解为只能单纯地讲成就、讲发展，甚至可以毫无顾忌地讲满话、讲大话。我们的报道要有全面性、科学性和策略性，有时还要有意识、有针对性地报道和解剖一些“问题”。

中国的改革与发展不可能不遇到问题，不可能一帆风顺。坚持正面报道不能简单地理解为不能讲问题，关键是怎样看待问题，讲清党和政府是否已经正视这些问题和正在采取什么措施。外国人的新闻心理是：完成计划不是新闻，完不成计划才是新闻；安全正点不是新闻，出事、晚点才是新闻。如果我们的对外宣传把整个事业描绘为单一的玫瑰色，不仅不符合事实，外国人也不会相信，甚至真的也疑你三分。一味地害怕和回避报道问题是没有道理的，事实上，许多事情看似问题却恰恰折射出社会的发展与进步。因此抱着积极态度，建设性地报道问题有时会比单纯地报数字、讲成绩收到更佳的正面宣传效果。

五、关于先发制人与后发制人

新闻报道应区别不同情况，有的要先发制人，有的则要后发制人。

但从总体上讲，应追求先发制人和第一报道，以争取主动，争取最佳宣传效果。特别是在一些敏感和突发问题上，先报与后报不仅关系到宣传效果问题，而且关系到新闻单位乃至国家的形象问题。

多年来，在不少问题上被西方抢先歪曲报道或夸大报道，等人家已炒得沸沸扬扬，我们的报道才出台，有的变成了证实性报道（即证明人家报的确有此事），有的则被理解为澄清性甚至辩解性报道。由于外国人已事先接受了西方报道，先入为主了，我们的报道再准确、再负责任，也因时间上的一步之差，而使作用大减。在先发制人、主动、及时报道某些问题上，还需进一步统一思想，并落实具体措施。

（本文系作者在1997年“国际报道研讨会”上的发言）

对宣传工作规律性的几点认识

张 振 东

一、“三贴近”是新闻改革的主攻方向

“三贴近”就是贴近群众、贴近实际、贴近生活。广播电视要配合党和政府的中心工作，有发布政令、传达党和政府指示的任务。但是，要注意生动活泼，重要之点在于寻找领导重视、群众关心的结合点。光有领导重视，不能引起广大群众的兴趣，就不能吸引人。当前一个突出的问题是会议新闻多，外事新闻多，领导人一般性活动的新闻多。群众对“三多”有意见。会议新闻一要减少，二要改革。有些专业性的会议与人民群众的生活没有直接的关系，专业术语很多，群众听不进去。要寻找各种会议与广大人民群众的联系，找到了这个联系就能吸引人。另一个问题是，要注意各套节目、各种节目的搭配，无论多重要的宣传，采取“集中轰炸式”的宣传也是脱离群众的。群众关心的热点问题、焦点问题、突发事件如果报道得很慢或不报道，也是脱离群众的，需要逐步加以改变。在突发事件的报道上应该进一步解放思想，步子迈得再大一些。特别是对外宣传，我们不报，人家从卫星上什么都看到了，还是报了主动。

二、保持舆论的连续性、稳定性，不要刮风

党在新时期的基本方针、政策是连续的，稳定的，宣传的基调也应该连续性强，稳定性高。

新时期新事物层出不穷，党和政府的工作重点和注意力也常常有些变化。面对这种情况，要充分考虑广播电视的巨大影响力，该加温的不要丧失时机，不该加温的要掌握分寸。保持冷静的头脑，看不准的，宁可不要匆忙宣传，不要追风赶浪，误导群众。

三、正确处理舆论监督和保持稳定的关系

舆论监督是广播电视的重要功能。正确进行舆论监督，首要的问题是站在正确立场上，舆论监督的目的是帮助各地方、各部门正确地贯彻法律、法规和方针政策，不能跟法律、法规唱对台戏，不能跟党和政府的政策唱对台戏，不能站在党和政府的对立面挑党和政府工作中的毛病，不能以无冕之王的身份为民请命。因此，(一)涉及党和政府大政方针的问题不能评头论足。(二)涉及地方党委、政府、公检法部门的批评要慎重，注意维护他们的威信，支持他们的工作。(三)诉诸法律的问题，应由公检法依据法律进行裁判，广播电视不能介入法律纠纷，作有利于一方不利于另一方的报道和评论。(四)批评、揭露要有利于问题的解决，解决不了的问题不要批评，以免增加人民群众对党和政府的不满，不利于社会安定。(五)批评的对象要具有典型性，批评一个要教育一大片，个别情况不适合批评。(六)涉及民族、宗教、国际外交、重要突发事件的评论要慎重，不该炒热的不要炒热，不要追求所谓的“轰动效应”。

四、正确处理精神文明和物质文明宣传的关系

精神文明建设具有长期性的特点，必须长期坚持，持之以恒，才能在社会上蔚成良好的风气。但是，按照党的基本路线的要求，我们整个国家、整个社会要以经济建设为中心。不能由于突出了精神文明的宣传，就忽视了经济建设、改革开放的宣传。精神文明建设的宣传应该与物质文明建设的宣传紧密结合。先进人物、先进集体的崇高精神境界都是在改革开放和现代化建设当中表现出来的，都是通过其创造性劳动表现出来的。我们要善于通过重大工程建设、科研攻关、国有企业改革来展现先进个人、先进集体的精神风貌。

五、正确处理“创优”和“创收”的关系

广播电影电视部、广播影视厅(局)以及所属电台、电视台都应以宣传工作为中心，领导干部要聚精会神抓精品，把功夫下在宣传上，以大量的精品节目和尽可能高的收听率、收视率来带动创收。同时搞好经营，以较高的创收反过来支持编辑、记者、主持人创作和生产出更多的优秀节目。这是一种良性循环。反过来，不重视宣传工作，不把宣传工作放在中心地位，拿不出好节目，没有高的收听率和收视率，光想着创收，谁给钱就宣传谁，久而久之，广告商也就不来了。这种短视的做法，是杀鸡取卵，是恶性循环。不顾节目质量抓创收，创收也搞不上去。

（原载《中国广播电视学刊》1997年第12期）

高举邓小平理论伟大旗帜 建设有中国特色的 社会主义广播电视

于振华

建设有中国特色的社会主义广播电视，是建设有中国特色社会主义文化的重要组成部分，是党的十五大赋予广播电视部门的神圣使命。广播电视部门贯彻落实党的十五大精神，根本任务就是着力提高全民族的思想道德素质和科学文化素质，为经济发展和社会全面进步提供强大的精神动力和智力支持，培育适应社会主义现代化要求的一代又一代有理想、有道德、有文化、有纪律的公民。有中国特色社会主义的广播电视主要有以下特征：(1)坚持以邓小平理论为指导，坚持为人民服务、为社会主义服务的方向，把握正确的舆论导向，忠实地宣传党的路线、方针、政策，及时反映人民群众的愿望和要求，以正确的舆论引导人。(2)弘扬主旋律，提倡多样化，不断创作思想性、艺术性和观赏性相统一的广播电视节目，着力弘扬爱国主义、集体主义、社会主义和艰苦创业精神，引导人民群众树立正确的世界观、人生观、价值观。(3)坚持把社会效益放在首位，不断提高经济效益。在保证正确舆论导向的前提下，通过调整、改革，走出一条适应社会主义市场经济需要，富有生机和活力的发展道路。(4)在各级党委和政府的领导下，充分依靠人民群众和社会力量，发展广播电视事业，不断完善有线无线互补、高科技、多功能的广播电视传输网络，努力提高广播电视覆盖率，为人民群众提供丰富多彩的广播电视节目。

一、高举邓小平理论的伟大旗帜

改革开放以来，广播电视事业从小到大，获得了飞速发展。这是各级广播电视部门运用邓小平理论指导广播电视实践的结果。今后，广播电视部门要高举邓小平理论的伟大旗帜，首先要继续做好自身的理论武装工作，组织广大干部职工继续深入学习邓小平理论，完整、准确地掌握邓小平理论的科学体系，进一步提高理论水平，增强把握新情况、解决新问题的能力，把工作的主动权抓在手里。二是继续深入宣传好邓小平理论。广播电视是党、政府和人民的喉舌，是现代化的舆论宣传工具。要充分发挥广播电视优势，更加自觉地肩负起宣传邓小平理论的历史重任，全面、系统、完整地宣传邓小平理论，把邓小平理论这一“灵魂”真正贯穿到实际工作中，用正确的立场、观点和方法去反映改革开放的现实，反映各种社会现象，为在全社会树立有中国特色社会主义的共同理想和精神支柱而不懈努力，为改革、发展、稳定的大局服务，为改革开放和现代化建设创造良好的舆论环境。

二、坚持解放思想、实事求是的思想路线，抓住机遇，开拓进取，加快广播电视事业发展步伐

广播电视部门既面临着严峻的挑战，也面临着十分有利的发展机遇：一是党的十五大的召开，标志着我国改革开放和现代化建设进入了一个新的发展时期，新时期的政治、经济、文化环境，将为广播电视事业提供更加广阔的发展空间。二是最近国家颁布了《广播电视管理条例》，明确了广播电视在国家政治、经济、文化生活中的法律地位，把广播电视纳入了依法管理的轨道。三是科学技术的发展正在推动着广播电视领域的新的科技革命，数字化、网络化、多功能化已成为广播电视领域的大趋势，数字技术、卫星电视和有线广播电视的推广使用，将使我国的广播电视使用产生一个新的飞跃和发展。这些都是广播电视部门面临的发展机遇。我们一定要遵照江泽民同志关于“抓住机遇而不可丧失机遇，开拓进取而不可因循守旧”的重要指示，树立强烈的机遇意识、进取意识，狠抓当前，谋划长远，开创广播电视事业发展的新局面。

三、进一步深化广播电视改革，建立起广播电视事业持续健康发展的动力机制

十五大的一个突出特点，就是具有强烈的改革精神，进一步强调了改革在建设有中国特色社会主义伟大实践中的重要地位和作用。江泽民同志报告中对国有企业改革和调整完善所有制结构的论述，不仅具有及其重要的指导意义，而且对进一步做好广播电视工作也具有深刻的启示。下一步，我们的改革要在三个重点领域深化：一是继续深化宣传改革。从改革开放和现代化建设的新形势以及人民群众的实际需要出发，及时调整节目，推动节目的整体优化，使节目常办常新，常办常精。二是要深化内部管理体制和运行机制改革。在电台、电视台等宣传单位，全面推行节目制片人制和制作人制，在厅属各事业单位全面推行聘任、聘用制，搞活用人机制；进一步加大分配制度改革力度，使分配向业务过硬、工作一流、贡献突出的人员倾斜，适度拉开收入上的距离，把利益驱动作为调动干部职工积极性的重要手段。三是试行广播电视投资体制改革。要在坚持广播电视有关政策的前提下，解放思想、大胆探索，开辟多元融资渠道，在事业建设项目上，积极稳妥地采取股份制、股份合作制等形式，在确保社会效益的同时，力求实现良好的经济效益，增强自我发展能力，加快事业发展步伐。

四、努力建设一支高素质的广播电视队伍

一是抓好广播电视部门的班子建设。强化各个领导班子的事业心和责任感，使他们真正起到广播电视事业发展“火车头”的作用。二是要抓好广播电视部门的队伍建设。就是要按照江泽民同志提出的“政治强、业务精、纪律严、作风正”的要求，切实强化教育和管理，不断提高队伍的整体素质，造就一批跨世纪的广播电视名记者、名编辑、名播音员、名主持人、名导演、名制片人和技术尖子人才。班子建设、队伍建设是广播电视部门的基础工程，班子力量强，队伍素质高，广播电视事业就会蒸蒸日上，兴旺发达。

（原载《中国广播电视学刊》1997年第11期）

正确舆论导向来自正确理论导向

王 珏

一、坚持正确舆论导向的重要性和紧迫性

坚持正确舆论导向，是抵御和防止西方敌对势力对我“西化”“分化”图谋的一项战略措施。从某种意义上说，我们已经处在“信息无国界”的时代。现在，有数量众多的外国通讯卫星在我国上空，向我境内发射各种广播电视节目。在这种态势下，强调以正确舆论引导人，就具有特殊的重要意义。

坚持正确舆论导向，是建立和健全社会主义经济体制的需要。随着社会主义市场经济的发展，特别是改革的全面推进和深入，各条战线的新成就、新经验大量涌现，同时也出现了许多新矛盾、新问题。多种所有制、多种经济利益、多种价值观念、多种分配方式，产生了多种舆论，形成了错综复杂的舆论氛围。在这种氛围中，人们的是非、利弊、得失、尊卑观念正在发生变化，使许多人感到困惑和迷惘，无所适从。这种错综复杂的社会心态、社会思潮，迫切要求新闻舆论给予正确的引导，以促进改革、发展和社会稳定。

二、坚持正确舆论导向必须以正确的理论为指针

建设社会主义精神文明，必须始终坚持以马克思列宁主义、毛泽东思想和邓小平建设有中国特色社会主义理论为指导。这是党的十四届六中全会强调的根本指导思想。报纸、通讯社、广播、电视是社会主义精神文明建设的重要阵地和社会教育层面的载体，是两个文明建设成果的传播者。新闻广播电视事业的主要任务就是以科学的理论武装人，以正确的舆论引导人，以高尚的精神塑造人，以优秀的作品鼓舞人。就新闻宣传工作而言，重点是做好用党的方针政策正确引导人的工作。

实践证明，舆论导向的错误，盖源于理论导向的错误。前苏联、东欧新闻界是这样，1989年春夏之交中国新闻界也不例外。北京政治风波期间，中国部分新闻单位在一段时间之内发生舆论导向的严重错误，给社会的生产、生活和社会秩序造成极大的混乱，重要原因之一是在资产阶级自由化思潮的冲击下，新闻界在一些重大理论问题上存在着根本分歧，集中表现是有些人否定社会主义新闻事业的党性原则，否定党报的喉舌作用，否定党的新闻事业的优良传统。他们把“党性”、“喉舌”、“传统”讥讽为过了时的“根据地新闻学”、“窑洞新闻学”、保守僵化的“陈腐观念”，是新闻改革极大的思想障碍和“死结”。这些奇谈怪论的理论形态，就是个别人所鼓吹的“人民性高于党性”的思想。分歧的实质是社会主义党性同资产阶级“无党性”思想的根本对立。北京政治风波期间，部分新闻媒体为动乱推波助澜，这是因为在新闻界长期传播形形色色的资产阶级新闻观点，宣传“人民性高于党性”的错误理论，贬低、削弱、取消党性，淡化党性意识和喉舌意识，使新闻队伍中部分同志思想混乱恶性发展的必然结果。

正确的舆论导向来自正确的理论导向。在新的历史时期，能够帮助我们正确认识新情况、解决新问题、打开新局面的精神力量是什么？能够帮助我们抵制资本主义腐朽思想侵蚀，反对封建主义、半殖民地半封建社会残余影响的思想武器是什么？最根本的就是马克思列宁主义、毛泽东思想和邓小平建设有中国特色的社会主义理论。

（原载《中国广播电视学刊》1997年第1期）

关于中国少数民族广播电视的几个问题

张 小 平

一、我国少数民族广播电视事业的历史和现状

我国最早的少数民族语言广播出现于本世纪30年代。而真正具有现代意义的少数民族语言广播是在中国人民解放战争的炮火声中诞生的。1946年7月1日，吉林延吉新华广播电台的朝鲜语节目开播，1947年8月15日，牡丹江新华广播电台的朝鲜语节目开播，它们是我国解放区最早建立的少数民族语言广播。

新中国成立后，做为国家电台的中央人民广播电台于1950年5月22日开办藏语节目，成为社会主义中国第一个开办的少数民族语言广播。此后，中央电台又陆续开办了蒙古、朝鲜、维吾尔、壮、哈萨克语广播节目。

据不完全统计，到1994年底，我国共有165个广播电台、站（含调频广播）办有蒙古、藏、维吾尔、苗、彝、壮、布依、朝鲜、侗、瑶、白、哈尼、哈萨克、傣、傈僳、佤、拉祜、水、纳西、景颇、柯尔克孜、羌、土、锡伯等24种少数民族语言广播节目。举办这样多少数民族语种的广播节目在当今世界各国中是绝无仅有的。

二、中国多民族的国情与少数民族广播电视事业

我国少数民族广播电视事业的诞生和发展是与中国多民族的国情息息相关的。民族工作在我国始终是一件大事。它的特殊重要性主要体现在以下六个方面。

它关系到国家的统一；

它关系到社会的稳定；

它关系到经济的发展；

它关系到边防的巩固；

它关系到全民族素质的提高；

它关系到挫败敌对势力的图谋。

我国当代少数民族广播电视事业正是在上述的大环境中诞生和成长起来的。在我国革命和建设的各个历史阶段，少数民族广播电视事业始终具有鲜明的政治属性。它与人民解放事业一起诞生，和社会主义祖国一起成长，是中国共产党解决中国民族问题的重要舆论工具。

三、少数民族广播电视的特殊地位和作用

我国广播电视发展的历程表明，广播电视在少数民族地区具有特殊重要的战略地位，在意识形态领域中肩负着重大使命，它所发挥的作用是其它任何传播媒介都不能替代的。这种作用主要表现在以下方面：

广播电视与祖国统一、民族团结息息相关；

广播电视为民族地区的发展进步插上了腾飞的翅膀；

广播电视是精神文明建设的强有力的工具；

广播电视是反分裂、反渗透斗争的强大武器；

广播电视是丰富各族人民文化生活的重要形式。

四、我国少数民族广播电视的基本特点

我国少数民族广播电视在宣传上的特色包括以下四个方面：(一)由于这一领域的传播活动涉及到新闻学、民族学、社会学、历史学、民俗学、宗教学，传播形式涉及到语言学、翻译学，具有很强的科学性；(二)传播内容既要体现中国共产党和中央人民政府的总路线、总政策，还要充分体现党的统一战线政策、民族政策和宗教政策，因而具有很强的政策性；(三)在宣传手段上，既要以体现全国各族人民根本利益的共性为主，又要充分体现各民族的特殊需要，因而这一宣传领域又具有很强的针对性和翻译、播音上的通俗性；(四)由于各民族的生活环境、历史沿革和文化传统具有多元性和地域性，因而少数民族广播电视节目的采录和制作又具有极为珍贵的文献性。

在事业建设上，中华人民共和国成立后，我国少数民族地区的广播电视建设实行了中央与地方并举、广播与电视并举(在边远的少数民族地区，首先注重发展广播事业)、有线与无线并举的方针，坚持实事求是、科学规划、注重效益、协调发展的原则，实行大中小功率相结合，以中小功率、多布点为主；中短波、有线和调频覆盖相结合，以调频和短波覆盖为主；广播电视节目传输，短波和卫星相结合，以卫星传输为主；广播电视覆盖网的建设，城市和乡镇相结合，以发展乡村小型广播电视收转站、单收站为主；广播电视事业建设与人才培养相结合，把人才培养摆在超前位置的方针，取得的效果是举世公认的。

五、办好少数民族广播电视的几个关键问题

要办好少数民族广播电视节目，必须站在维护祖国统一，加强民族团结，反对分裂倒退，反对“西化”、“分化”的高度来展开宣传工作。

要办好少数民族广播电视节目，必须抓好舆论导向。

要办好少数民族广播电视节目，还要树立辩证观点。在事业建设上一定要从少数民族地区的实际出发，注意克服重建设轻管理、重电视轻广播的现象，要坚决做到建设与管理并举，广播与电视并举，城镇与农牧区并举。

建设好一支包括各民族知识分子在内的民族广播电视队伍，是发展我国民族地区广播电视事业的关键。

(原载《中国广播电视学刊》1997 年第 6 期)

努力顺应影视一体化潮流

刘奇葆

电影和电视合流，实现优势互补，协调发展，既是世界性的趋势，也是繁荣和发展我国影视事业的一条极为重要的道路。

我国的影视合流与发达国家相比还处于起步阶段。80 年代中期，顺应影视合流的世界潮流，国家电影管理机构与广播电视管理机构合并，由此开始了我国影视一体化的进程。近年来一些地方积极探索，大胆实践，在这方面取得了可喜的成效。

影视合流，不是简单叠加，而是着眼于理顺影视管理体制，建立有序的市场竞争机制，充分利用人、财、物，实现电影、电视优势互补、共同发展。坚持改革的精神，在合并中改革，在改革中壮大，是我国影视合流的一个特点。

实践证明，电影与电视是合则两利，合即见功。概括起来，影视合流的好处主要体现在以下几个方面：

一是有利于促进影视资源的优化配置。电影、电视同属大众传播媒介，都是重装备、高技术、大投入、高消耗的行业。影视生产要适应社会主义市场经济体制的要求，一个基本的问题，就是要使市场在国家宏观调控下对资源配置起基础性作用。也就是说，影视生产要素，包括资金、设备、基地，编、导、演、摄、录、美、服乃至剧本等，应当通过市场，并依靠科学的管理，实现优化配置。目前，我国有 36 万电影大军，37 家电影制片厂（公司），年产故事片 100 多部；持有电视剧拍摄许可证的制作单位达 100 多家，还有一批一本一证的临时许可证持有单位，年产电视剧 8000 多部集。这样大的影视产业在世界也居前列。但是由于影视体制的分割，资源利用率不高，浪费很大。影视合流可以形成统一的大市场，按照精神产品生产规律和价值规律的要求，打破分割，实现资源共享、充分利用，逐渐形成合理布局，逐步建设起规模化的制片基地，实现效益的最大化。

二是有利于提高影视产品质量，多出精品。繁荣影视创作，保持一定的创作数量是必要的，但是，真正意义上的繁荣，不仅要求创作数量的增加，更要求创作质量的提高。我国目前各级电视台很多，节目制作能力相对薄弱，片源不足，一些地方台和有线台为了填满播出时间，不惜趋时媚俗，播出格调不高、内容庸俗的节目，播出境外节目也过多过滥，广大观众强烈呼吁有一块清新的视屏。因此，一方面要加强对电视节目播出的治散治滥工作，一方面要增强节目制作能力，提高播出节目质量。用优秀节目丰富荧屏是治本之策。我国的电影业有雄厚的人才储备，电影制片厂有很大的剩余生产能力，影视合流后可以有力地支持电视剧的创作，推动电视节目质量的提高。与此同时，及时安排较多的影片进入电视播出，不仅可以给电视带来新的活力，而且也可以增加电影制片企业的经济收入，为生产更多更好的影片提供物质支持。

三是有利于统筹规划影视生产，协调影视利益分配。物质产品生产需要宏观调控，精神产品生产也同样需要宏观调控。将电影和电视放在协调发展的大背景下来考虑政策的制定、题材的规划、生产的组织和利益的分配，避免因分割而产生重复生产和浪费。特别是在国外影片和电视剧冲击日甚的情况下，有利于民族影视产业形成拳头，互相支撑，提高国际竞争力。同时，影视一体化也使新闻纪录片、科教片等短片生产，在需要情况下部分转向电视生产方式，既有利于这些片种发挥更大社会效益，又扩展了电视台在这方面的制作能力。电影、电视、录像以及相关产品的开发，都将得益于影视合流而形成一条龙，产生巨大的综合效益。

四是有利于统一影视审查标准，规范各项管理工作。统一影视审查标准，可以形成公平竞争，更加有效地引导影视创作生产，完善影视片进出口制度。影视评奖工作也可以在合流的基础上统筹规划，做到少而精，注重实效，办出特色，办出权威。

（原载 1997 年 4 月 17 日《人民日报》）

论舆论引导中的情感传导

王 小 夫

要做到舆论导向正确，毫无疑问，必须准确地、完整地宣传党的路线、方针和政策，必须无条件地宣传和服从党和政府工作的大局。然而，我们的舆论宣传是通过给人看、给人听来实现的。要使我们的舆论宣传引人入胜、催人感奋，很重要的一个方面，就是要使舆论宣传饱含强烈的情感色彩。

一、舆论引导中情感传导的社会效能

我们所说的舆论引导中的情感，不是指社会上某个人喜怒哀乐的情绪表露，也不是指新闻宣传工作者某个人一时激动或忧郁的情绪状态，而是指全社会已经形成的那种持久的、稳定的、反映本质需求关系的态度体验。比如，维护国家利益的爱国的民族自尊感，互相帮助的集体主义的友谊感，崇尚英雄争当先进的荣誉感等。这样的情感，实质上是建立在共同的社会根本利益基础上的道德感、美感、理智感的主要内容，这是全社会共同拥有的、积极向上的、在一定历史时期都起作用的社会高级情感。舆论引导中的情感传导，就是通过我们的新闻舆论宣传，通过具体的版面和节目，使受众产生这种情感上的共鸣，从而达到感染、激励、鼓舞受众的社会效果。

舆论引导中的情感传导，通过感染、激励的方式去打动受众，所力求的是三个方面的社会效能，这就是：升华社会道德，调适社会心境，端正社会行为。

二、舆论引导中情感传导的艺术方法

舆论引导中所体现的情感传导，不同于一般的思想教育工作，更有别于那种简单枯燥的政治说教。这种情感传导，是舆论宣传工作者与受众之间精神上的沟通、心灵上的感应、意念上的融合。这里，就有着重要的情感传导的艺术方法问题。从情感过程的层次来看，对于情感传导的艺术方法，应当着重从三个方面来掌握：

选准切入点，“润物细无声”。这是其一。

把握动情点，“潮来天地青”。这是其二。

突出震撼点，“诗成泣鬼神”。这是其三。

三、舆论引导中情感传导的主体要求

新闻舆论宣传中情感的传导，不是通过灌输来实现的，而是通过感染、催化来完成的。这种情感，不是从事新闻舆论宣传工作的某个人一时的心情激动，而是作为党、政府和人民的喉舌对于一定时期全社会态度体验的反映。我们重视舆论引导中的情感传导，这是因为今天的社会需要共同的健康积极的对客观事物的态度体验。做好这方面的工作，对新闻舆论宣传工作者提出了严格的主体要求。从传导效果的角度来看，主要是：

要求之一，要寓社会责任感于职业道德感之中。

要求之二，要寓美感于激情之中。

要求之三，要寓情感倾向于事实真实之中。

（原载《潇湘声屏》1997 年第 3 期）

深化广播改革的三个问题

罗 佳 陵

一、内容与形式

广播改革一般是从广播形式开始突破的。十年前珠江台的成立，以大板块、主持人热线直播等形式，开辟了中国广播一个全新的天地，这已被全国广播界公认为十年来中国广播第一轮改革的标志。大板块，改变了以往广播节目分割过细过碎的状况，使之规整划一，并扩大了节目容量。主持人热线直播，打破了“我讲你听”的单向传播模式，使广播通过双向交流，更加贴近了听众。“珠江模式”很快产生了全国性效应，在上海及其他一些大中城市相继出现的“广播热”便是例证。但是，大板块、主持人、热线直播等等，毕竟都还是属于广播形式的范畴。在突破传统广播形式的时候，我们不能忽视“形式必须与内容相适应、为内容服务”这样一条原则，不能忽视内容的创新。倘若一味追求形式，就会滑向形式主义。在广播改革进程中，这样的教训是并不少见的。如有的节目不管其定位、内容如何，一律抻成一小时板块，难免掺杂水分；有的节目可以有一个完整的主题、结构，却硬要把它搞成杂志型——让几个互不关连的栏目拼凑而成；有的节目完全有条件“录播”成精品，却一窝蜂地随大流、上直播，让主持人信口开河、离题万里，这不能不说是一种“重形式轻内容”的倾向使然。广播改革率先从形式突破是一种必然，但随着改革的深化，终究必须深入到内容的范畴。从内容着手才是抓住了根本，抓住了实质。

二、数量和质量

质量和数量，也是广播改革中应该处理好的关系。我们常说“量中求质”，指的是一定的质量必须以一定的数量为基础，事业发展需要相应的数量规模，这是无可非议的；然而这里说的规模，必须是有质量、有效益的规模，没有质量、效益的规模无疑是一种虚假的“繁荣”。从这个意义上说，在质量与数量这对关系中，质量是第一位的，在一个劲地发展规模的同时，特别要谨防忽视质量的倾向抬头。广播改革必然带来规模的发展，而规模发展稍不加以控制，就会带来质量与数量的突出矛盾。以构筑系列台为例，系列台在顺应世界广播“窄播”潮流，促进广播节目系列化、专业化、对象化等方面，是起着积极作用的，这也被视作广播改革的标志性成果之一。但正如广电部领导同志多次指出的，“系列台、专业台的发展存在操之过急、发展过快的倾向。不少专业台办台方针不太明确，设备、人员等条件尚不成熟，过于注重创收。有的节目偏离了原定的办台方向，节目质量有所下降。因此，提高系列台的办台质量已成为当务之急”。

三、创优与创收

广播改革的成果必然体现在节目创优和广告创收两个方面。如何正确处理创优与创收的关系？广播界常用两句话来概括：“以节目创优促进广告创收，以广告创收保障节目创优”。两者中，节目创优显然是第一位的，只有节目好，才能达到广播宣传效果，也才能呼引广告客户，赢得广告投入；而有了相当的广告创收，节目创优就有了成本保障，质量就能不断提高，这正是广播人企求的一种良性循环。然而，实际操作起来却并非那样简单，在眼前利益的驱动下，往往会出现舍本求末、因广告创收而损害节目创优的倾向。

广播既要讲社会效益（节目创优），也要讲经济效益（广告创收）。当两个效益产生矛盾时，必须自觉把社会效益放在首位，经济效益要服从社会效益，这也是广播改革中始终必须遵循的一条原则。

（原载上海《广播电视研究》1997 年第 6 期）

用大新闻的视野办社教节目

罗 春 雷

一、社教节目是新闻节目的延伸与深化

一段时间内，我们的广播节目曾经出现过这样一种耐人寻味的现象：新闻节目颇具快速反应能力，却缺乏对新闻事件的深入挖掘和深刻思考；社教节目善于研究和思考问题，却较少关注身边变化着的现实生活。

当新闻节目在广度和深度上下功夫，并且从 80 年代中期开始凭借深度报道、系列报道、连续报道产生轰动效应的时候，社教节目也开始了对自身的重新审视和定位。

由于社教节目在时间和篇幅上比新闻节目充裕，便于采编人员充分阐发对事件和人物的看法与感情，融新闻性、社会性和教育性于一体，增强报道的感染力和说服力，所以社教节目也便于采编人员调动一切广播手段，全方位、多角度地反映出报道主题及其带给人们的启示。

二、新闻性是社教节目的兴奋点

我们的节目要想吸引听众，就需要用事实、情节触动听众的兴奋点，引起听众情感上的共鸣。那么，如何捕捉兴奋点呢？在社教节目中，如果总是讲述抽象的理论、概念，总是空洞的说教、灌输，是绝不会刺激听众的收听欲望的。要抓住这个兴奋点，就必须了解听众关心什么，想知道什么。对于社教节目而言，就是要用具有时代感的新闻事实来达到教育、引导的目的，把新闻性做为社教节目的兴奋点。

做为一篇具体的报道，捕捉兴奋点可以达到吸引听众并产生共鸣的效果。对于社教节目而言，贴近实际生活，撷取人们关注的热点、焦点，进行剖析、说理，社教节目的最终目的就会“随风潜入夜，润物细无声”。

三、新闻性社教节目在表达方式上要有突破，风格上应有创新

节目的表达方式和风格是节目的内容和宗旨的外在反映。以往的社教节目由于其特定的内容和类别，使得节目在表达方式上也形成了固定模式：录制播出，字正腔圆，严肃有余，居高临下……播音员（主持人）并未真正地介入到节目中来，与节目是“两层皮”，久而久之，形成了社教节目生硬、呆板的风格。

直播对社教节目的冲击首先是表达方式，但这毕竟只是表面上能够感受到的变化。社教节目表达方式的变化，主要来自于社教节目内容定位后的内在要求。现在，广播社教节目反映现实生活的题材多了，主持人采、编、播合一了，主持人与节目是一种紧密型的组合关系，在主持节目过程中就容易把真情实感融入节目中，从而缩短与听众的距离。另外，由于记者采访内容的增加，大量音响报道由记者本人制作完成，为了很好地驾驭节目，记者也走上前台，成了记者型主持人。记者型主持人的出现，给节目带来了一股清新的风格，而且由于记者对自己采制的节目在语言、节奏、风格及评论的把握上更能真实、准确地反映事实本来面目，增强了节目可信度。

四、强调社教节目的新闻性，要防止和新闻节目趋同

当我们走出了片面强调社教节目的思想性、知识性、教育性、忽视新闻性的误区之后，我们还要防止进入另一个误区：社教节目和新闻节目趋同。

社教节目是具有思想深度、文化内涵的节目，加之内容日益广泛，形式更加多样，因此对思想性、理论性、科学性、艺术性都有很高的要求。增强新闻性使社教节目焕发了活力，但这毕竟不能根本解决社教节目在运作中不断会遇到的问题。过分依赖或采用一种形式做一件事情，往往会适得其反。

提高社教节目的新闻性，并不是要放弃社教节目的优势，抹杀社教节目的个性；而是在保持社教节目本身所具有的思想性、理论性、科学性、艺术性等重要特征的基础上，找到新的生长点，加强社教节目的新闻性、贴近性、生动性，使社教节目更具文化内涵，更具文化品位。

（原载《中国广播》1997 年第 4 期）

论珠三角广播媒体的崛起

阙子民　黄志耕

珠三角广播媒体的鲜明特色

一、鲜明的地区城市特色

改革开放、搞活经济的社会实践使珠三角在经济腾飞的同时形成以地区城市为中心的城市群；尽管居民文化意识的市民化往往滞后于其经济收入和生活水平的提高速度，但珠三角的广播媒体仍然强烈感受到居民的这种文化意识市民化倾向造成对广播节目听觉需求的明显变化，在深化自身改革的实践中，不约而同地走上以鲜明的地区城市特色争取市场高收听率，进而争取良好社会宣传效益和经济效益的发展道路。

地区城市特色首先表现在它浓郁的都市“市民味”，即它的节目深刻地反映了都市市民的心理、心态及愿望、需求。

地区城市特色的另一个表现是它反映了城市生活的快节奏和市民对大广播量的需求。

为了适应生活快节奏的特点，珠三角许多电台都形成了“短周期、快节奏、滚动式”的新闻播出模式。许多台多栏目快速转换的传播方式，也适应了都市生活快节奏的要求。

此外，珠三角多台的热线电话节目，都直接反映了都市人的生活情趣、审美情趣和生活追求，也都体现着浓浓的都市特色和都市风情。

二、强烈的时代感

处于改革开放前沿的珠三角城市电台，面对率先投身改革开放社会实践的珠三角广大居民，面对改革开放时代的新观念、新潮流和新趋势，使珠三角的广播媒体披上了鲜明的时代色彩。

三、发展的超前性

凭藉改革开放经济腾飞的强劲东风扬帆疾进的珠三角广播媒体，表现出强烈的超前意识和超前举动。

1. 投资意识和技术设备的超前
2. 市场意识及市场行为的超前
3. 营销策略的超前

珠三角广播媒体的发展趋势

一、主功能与多元化结合

随着珠三角各地改革开放的继续深化和经济建设的进一步发展，社会主义精神文明建设的任务必然越来越繁重。因此，未来珠三角广播媒体的发展，主功能只有加强，不会淡化。另外，对新闻信息、服务、娱乐的需求更加迫切。群众的文化需求将呈现多元化、高品位。因此，未来珠三角广播媒体将适应这一需求，节目日趋多元化、并逐渐向高品位方向发展。

二、传播模式将更趋活泼

特殊的地域和人文环境使珠三角各级电台与境外电台不断开展节目交流，在互相影响下率先引进境外先进的传播手段以丰富珠三角的广播传播模式；南北文化的交流、新兴城市的出现使人口结构和受众需求出现的变化，北方广播专业人才南下等因素，使珠三角加快了南北文化融合的社会进程；此外广播媒体经济实力的增强、各种传媒之间及各广播媒体之间激烈的市场竞争，使广播媒体不断改革更新传播模式。在这些诸多因素的作用下，珠三角广播媒体的传播模式必将呈现越来越生动活泼的趋势。

三、广播模式日趋成熟

珠三角初具规模的商品经济发展模式和城市群的形成，使电波交叉覆盖，同一地区的众多电台互相展开激烈的市场竞争，同时也使广播媒体处于其他媒体（主要是报刊和电视）猛烈竞争的夹缝中，加上要充分发挥各级党和政府“喉舌”作用这一主功能共性，使珠三角各级电台产生了一部内部（主要指境内各级电台之间）竞争趋向良性、对外（主要指与境外电台及与其他媒体之间）竞争务求一致的共识，将逐渐萌发一种以“良性竞争，资源共享，互相依存，互相促进”为原则建立“珠三角大广播”发展模式的共同意向。尽管当前这种意识还处于萌芽阶段，尽管当前履行这种意向的实践仍仅限于珠三角几家主要电台筹划联办“珠三角信息联播节目”这类初级阶段，但这种建立“珠三角大广播”发展模式的构思极可能从无到有，呈现酝酿、萌芽、发展、成熟的态势，体现珠三角广播媒体未来发展的一种趋势。

（原载《中国广播电视学刊》1997 年第 2 期）

多点直播报道
——电视新闻报道领域的新成员

范　昀　李　勇　冯建平

一、多点直播报道：概念和含义

顾名思义，"多点直播报道"这一概念强调了对多个新闻现场的同步报道。但是"多点直播报道"的含义还不仅于此。我们之所以称之为"多点直播报道"而非"多点直播"，就在于"多点直播报道"是"现场直播报道"的形态之一。"现场直播报道"与过去的"现场直播"已经有了本质的区别。现场直播（体育与文艺直播不在本文论述范围之内）是通过对一个新闻现场、多个摄像机位的切换，及电视信号的同步传输，使观众目睹新闻现场发生的一切。但这种直播只是对现场实况的一种记录和同步传播。在直播中，记者的功能更多的是记录，而不是报道。"现场直播"只是"现场直播报道"的初级形态。面对更复杂的新闻事件和更复杂的新闻现场，这种传统的直播方式早已无法适应受众对重要新闻信息的更高需求了。

多点直播报道是对发生在不同新闻现场的同一新闻事件的全方位、多侧面的同步报道。这一概念包含以下几个要素：

（1）新闻时效——事件发生与新闻播出的时差值为0；

（2）现场信号——两个以上；

（3）报道方式——现场同步报道；

（4）单位时间的信息量多于实况转播。

二、多点直播报道：方向和趋势

多点直播报道是目前最能展示电视新闻魅力的一种报道样式，是现阶段电视新闻报道的最高形态。

社会的需要推动了新闻事业的发展。在现代社会，受众对新闻信息的需求已经发生了根本性的变化。对于社会普遍关心的重大新闻事件，人们不仅希望同步看到新闻现场的"实况"，还渴望看到内容丰富的现场报道；不仅希望看到事件本身，还渴望看到新闻背景、新闻资料；……

多点直播报道是社会需求增长以及电视报道手法和电视传播技术进步的必然产物，体现了电视新闻的发展方向和趋势。我们设想和期待中的新闻频道，必然以固定的新闻栏目和不固定的现场直播报道、特别是多点直播报道为节目主体。

三、多点直播报道：选题和决策

多点直播报道的选题应当是具有重大新闻价值的新闻事件。

新闻价值是新闻事实本身适应社会需求的各种要素的总和。在考察新闻价值的构成要素时，我们将其分为不变要素和可变要素两类。真实性和新鲜性是不变要素，因为缺其一就不成其为新闻。可变要素包括重要性、指导性、接近性、趣味性等诸多附加性要素，这些要素是新闻价值的砝码，要素越多，新闻价值就越大。需要指出的是，新鲜性、重要性、指导性、接近性、趣味性等要素除了取决于新闻事实本身所具有的客观特性外，还取决于编辑、记者对新闻事实的深入挖掘，是对新闻从业人员职业素质的一种考验。

多点直播报道需要出动多套转播设备，需要大批编导、编辑、记者、工程技术人员跨区域协同作战，需要更改电视台的正常节目播出计划（因为新闻事件的发生时间不随人的意志为转移），是一种高投入、重装备、大兵团、多工种的战役性报道。因此，直播的选题确定要比较谨慎，核心的原则是对事件的新闻价值做出合理的判断，并计算出投入与产出的比值。

选题的确定需要编辑、记者，特别是制片人、新闻总监具有特别的新闻敏感和十分果断的判断力。决策失误和优柔寡断必然造成资源浪费或贻误战机。面对日益白热化的新闻大战，我们无时无刻不在面对这样的抉择。

（原载《中国广播电视学刊》1997年第8期）

有中国特色社会主义文化与电视文艺

仲呈祥

近十余年来，崛起的中国电视文艺获得了超乎人们预料的迅猛发展。它在满足改革开放以来人民群众日益增长的文化需求和促进精神文明建设方面，无疑产生了重要的积极作用。但是，我们在充分肯定中国电视文艺取得辉煌成就的同时，也应以是否有利于"全社会形成共同理想和精神支柱"的高标准来检视它存在的问题和不足。我们应当在十五大精神指引下，坚持民族化、大众化、多样化、精品化的方向，推动中国电视文艺更加健康的发展。这里，第一，要坚持"二为"方向和"双百"方针，坚持思想性与艺术性相统一，而不要背离"二为"方向和"双百"方针，淡化民族精神和民族风格，脱离民心民意，搞单一化和平庸化。第二，要严格按电视文艺审美规律办事，而不要违背艺术规律乱"嫁接"，搞"四不像"。第三，要正确认识和处理好电视文艺创作生产与文化消费的辩证关系，为提高观众的文化素质去积极适应观众的审美需求，而不要消极顺应观众中尚存的不健康的欣赏要求，以致败坏大众的审美情趣。

电视文艺以其覆盖面之广、影响力之大、渗透性之强，为其他文艺形式所难以企及，因而在营造整个社会的文化环境上，起着尤为重要的作用。

显然，电视文艺作品的思想内涵深刻、文化意蕴丰厚、审美情趣健康，作用于广泛的国民鉴赏心理，则培养造就一种深邃、沉稳、高雅、幽默的社会文化氛围和环境；反之，则势必形成一种浅薄、浮躁、媚俗、油滑的社会文化环境和欣赏陋习。这正是马克思所深刻阐明的任何精神生产在生产自身的同时也在生产自己的欣赏对象的规律所决定的。

因此，我们理应从"营造良好的文化环境"的高度，认真审视中国电视文艺的创作现状，科学把握其发展态势。

首先，我们应当切实加强和改善党对电视文艺工作的领导。集中到两点：一是要通过宏观调控，真正实现电视文艺创作资源的最佳配置，真正做到"弘扬主旋律，提倡多样化"。要从题材规划到创作生产再到播出管理，都强化"出精品，出人才"和"营造良好的文化环境"的意识。要切实改变那种投入比例失调、重此轻彼的现状，既促进电视文艺晚会和音乐电视这类已经相当繁荣的品种提高思想艺术质量，走向"少而精"，又支持那些尚未开垦的处女地和尚未繁荣的品种（如电视小说、电视诗、电视艺术纪录片等）获得新生，走向繁荣。二是要帮助创作集体尽可能实现生产力诸因素（编、导、演、摄、录、美、化、服、道）的优化组合，为创作创造良好的生态环境，以确保多出精品。

其次，要理直气壮地为中国电视文艺"正名"。如前所述，电视文艺是有中国特色社会主义文化的重要组成部分之一，在整个精神文明建设中占有一席重要位置，起着别的文艺形式难以替代的重要作用。因此，那种贬低电视文艺，认为"电视文艺不是艺术"的观点，那种把电视文艺界定为"俗文化"、"快餐文化"的观点，都势必导致电视文艺走上媚俗化、平庸化的歧途，因而都是错误的。

再次，要加强电视文艺评论，通过实事求是、充分说理的对具体作品的历史分析和美学分析，不仅提高电视文艺创作者、而且也同时提高电视文艺观众的文化素养和审美修养，以营造全社会良好的文化环境。良好的文化环境的形成，就文艺鉴赏而言，不仅要靠多出优秀作品，还要靠读者观众审美修养的整体性提高。在这里，自觉地将电视文化与书籍文化接轨，促使两者结缘互补，至关重要。须知，再优秀的电视文艺作品，对一般观众说来，都是一次性的消费，稍纵即逝，逝不再来（除非等到重播时再看）；而一旦关于这些优秀作品的评论发表于报刊转化为书籍文化后，读者便可反复阅读，深入品味，从而提高文化素养和审美水平。惟其如此，营造良好的文化环境，就必须加强真正具有马克思主义理论水平的实事求是的文化评论。

在整个社会主义初级阶段，电视文艺作为有中国特色社会主义文化的重要组成部分之一，在社会主义精神文明建设中将发挥越来越重要的作用。我们电视文艺工作者，要自觉用邓小平理论武装头脑，为营造良好的文化环境而把电视文艺的正面社会效应，发挥到最理想的境地；同时，又清醒地把它已经产生和可能产生的某些负面社会效应，缩小到最低限度。有无这种自觉和清醒是有无时代使命感和社会责任感的具体表现。

（原载 1997 年 11 月 13 日《人民日报》）

着力创建精美的电视文化

蹇国政

电视作为党和政府的喉舌，作为丰富人民群众文化生活、促进两个文明建设的重要工具是靠丰富多彩的节目形式来实现的。人们正是通过电视屏幕上的各类节目，了解到国内国外的大事，感受到改革开放的新形势，受到优秀传统文化的熏陶和科学知识的启迪，从而增强了对祖国的热爱和民族自豪感，以更加饱满的热情投身到经济建设中去。从这个意义上讲，提高节目质量，已经成为我们电视工作者的首要任务。

以精品带动整个节目质量的提高，坚持"社会效益第一"原则，大胆改革现行节目编排播出形式和管理办法，形成有利于精品节目脱颖而出的竞争机制。

1. 强化精品意识。电视台之间的竞争关键在屏幕，屏幕之间的竞争关键在节目，节目之间的竞争关键在精品。因此只有强化节目创作的精品意识，才能充分发挥电视的作用，才能更好地满足广大观众的欣赏要求，取得良好的社会效益和经济效益。我们常说的对党对人民负责，最大的实际行动就是多出精品，把节目办好。抓节目质量，抓精品创作，开展创优评优活动是行之有效的办法和措施。

2. 突出地方特色。电视传播的地域性特点，要求我们的电视台在组织创作节目时，必须立足于本地。陕西电视台不是中央电视台，也不是上海电视台或者别的什么电视台，所以在陕西电视台的屏幕上就要突出我们陕西的特色。

3. 体现现代意识。我们今天面对的观众是 90 年代的观众，是改革开放大形势下的观众。随着电视机的普及和节目的丰富提高，观众的欣赏水平和审美水准也在不断地变化和提高。我们在创作节目时要研究观众的欣赏趣味和价值取向，在作品中体现出强烈的时代特征和时代意识。即使是表现传统艺术，也不能总是土得掉渣。要用现代的眼光去捕捉去表现，只有这样，才能"古为今用"，才有可能满足现代观众的审美需求。

4. 狠抓队伍建设。节目的竞争在精品，而精品竞争关键在于人。一个电视台节目质量如何，实际上是创作人员综合素质的反映。在队伍建设这个问题上，我们要考虑得长远一点，要考虑下个世纪怎么办？谁来承担这些任务？

在当前国际文化交流和文化渗透相互交织的复杂背景下，如何办好电视，既能满足广大观众日益增长的文化需求，丰富社会主义生活，又能坚定不移宣传党和政府的方针政策，弘扬民族文化精华，吸引外来文化精华，抵制反动、迷信的伪文化，抵制西方的文化登陆，是摆在我们面前的艰巨任务，需要我们电视工作者多进行一些理论上、思想上的探讨与思考，正确处理好以下几个关系：

1. **必须坚持政治家办台的原则**。我们的广播电视是党的宣传舆论工具，是党和政府的“喉舌”，这就要求我们各级广电部门的领导干部更要讲政治，要不断增强自己的政治意识、大局意识、政治责任心、政治敏感性、政治鉴别力，使我们的电视台无论在什么情况下都能始终不渝地代表党的意志，体现党的愿望和要求，始终和中央在思想上、政治上、行动上保持高度一致。

2. **节目质量与收视率的关系**。思想性与艺术性俱佳的作品肯定有观赏性，但收视率高、观赏性强的节目不一定都是精品。所以不能把收视率高低、观赏性强不强作为衡量节目质量高低的唯一标准。在实际工作中，我们一定要明确这一点，不要将节目的观赏性强调到不恰当的地步。我们要求电视节目要尽量做到雅俗共赏，老少皆宜，但同时也要重视高雅艺术和严肃音乐的制作播放。

3. **引导和迎合的关系**。我们的电视面对的是层次不同的观众，如何满足各个文化层次观众的精神需求，是我们电视工作者需要认真考虑和实践的问题。电视观众的构成是复杂的，有一部分观众由于受西方文化或封建文化的影响，企求从电视节目中寻求一些低级趣味的感官刺激，而大多数观众还是期待在电视节目中得到高品位的精神享受和有情调的文化娱乐。我们的电视文化必须有中国文化的特点，旗帜鲜明地弘扬时代精神，弘扬民族优秀文化。

4. **管理与繁荣的关系**。管理就象锄草一样，是促进繁荣的好办法。优秀节目要繁荣，就要有个良好的生长环境。过去，我们一直坚持一手抓节目质量，一手抓宣传管理的原则，只有这样，才能使电视真正成为社会主义精神文明建设的阵地。

5. **事业建设与宣传效果**。电视的特点是重装备，高消耗。没有一整套的现代化设备，就不可能创作出高质量的节目，没有上下贯通的传输网络，再好的内容也送不到千家万户去，所以事业建设是一项不可忽视的基础性工作。

（原载陕西《声屏之友》1997 年第 12 期）

电视文化要做好文化的导向工作

唐　弦

电视不仅是一种有重大影响力的新闻媒体，同时又是一种受欢迎的文化和文化载体。电视文化的追求反映着整个文化的追求；电视文化的品位，反映着整个文化的品位；电视文化的走向，反映着整个文化的走向。电视在自觉或不自觉地主导着文化。

把握好文化导向

电视的重要职责，就是要对整个社会文化起一种导向作用。把文化导向何方?那就是导向江泽民总书记提出的建设有中国特色的社会主义文化。

第一、坚持指导思想一元化的原则。

导向问题的关键是指导思想。我们的指导思想是马列主义、毛泽东思想，是马克思主义与中国实际相结合的邓小平建设有中国特色的社会主义理论。我们提倡和允许文化形态的多样性和多层次性，但指导思想只能一元化，不能搞多元化。

第二、坚持“二为”方向和“双百”方针。

社会主义文化要坚持为人民服务、为社会主义服务的方向是不能动摇的。社会主义文化来源于人民大众的社会主义实践活动，又反过来为人民大众和社会主义服务。这些年来文化的商业化现象严重，服务意识日渐淡薄，电视文化亦如此，这需要引起警醒。

坚持“百花齐放，百家争鸣”的方针，是繁荣和发展文化的根本。电视的包容性为贯彻这一方针创造了极为有利的条件。对于我国的传统文化和国外文化，我们要选择其中优秀部分加以继承和借鉴。对于各种形式的文化，对于各种学术见解，只要它符合“三个有利于”，我们都要给它一席之地。这也是为了适应电视观众世界性和民主性意识日益加强的需要。

第三、坚持社会效益为最高准则的原则。

坚持社会效益为最高准则，是电视文化搞好文化导向的又一重要原则。我们不能单纯为了提高收视率，增加广告收入，播放那些迎合少数观众不健康情趣的影视剧，也不能为了增加点歌收入，去助长某些不健康的流行歌曲热。

第四、坚持引导和提高的原则。

电视文化具有娱乐性、休闲性、趣味性，应该生动活泼，群众喜闻乐见；但应该寓教于乐，保持较高品位，优化文化环境，通俗文化与高雅文化并举，不能让受众老停留在原有水平上。

突出主体文化

我们要保持和发展社会主义的千秋功业，就必须突出社会主义文化在当前社会文化中的主体地位。在这方面电视文化尤应当仁不让。

第一、弘扬民族文化。

每个国家都十分爱护、扶持、发展本民族文化。中华民族文化更是渊远流长，是建设有中国特色社会主义文化的深厚基础。电视要努力弘扬民族文化，特别是晚上黄金时段，要多播放优秀的大众化民族化的国产影视片。

第二、树立社会主义价值观。

社会主义价值观是现时代我国占主导地位的价值观。电视文化要积极帮助观众树立这种价值观，坚持正确的价值导向。要大力宣传提倡爱国主义、集体主义和社会主义的价值观，并给予更科学的阐述和赋予更加丰富的时代内容。

第三、加强社会主义道德建设。

加强社会主义道德建设自然是建设有中国特色社会主义文化的重要内容。宣传和颂扬社会主义道德自然也成了电视突出主体文化的重要任务。

当前我国经济发展与道德进步的“二律背反”现象较为严重，社会公德、职业道德、家庭道德滑坡严重，加强道德宣传和道德建设刻不容缓。

第四、倡导科学、文明、健康、向上的生活方式。

生活方式也是文化的重要组成部分。电视文化要引导人们优化生活方式，提高生活质量，追求完善健美和谐的闲暇生活结构，树立高尚的人生追求，提倡科学、文明、健康向上的生活方式，抵制各种腐朽没落、野蛮粗俗的病态消闲生活，反对奢侈浪费和好逸恶劳，摒弃愚昧消费。同时也要防止各种片面的、单调的、畸形的生活方式。使人们在闲暇时间既能得到自由的休息和松弛，消除疲劳，恢复体力，又能利用闲暇时间充实和发展自己。

第五、创造良好的语言文字环境。

近年来语言的迅速发展，得益于大众传播媒介，特别是与电视的传播关系甚大。但是它的负面影响，电视也要负一份责任。词语运用和社会用字的混乱在电视屏幕上屡见不鲜，甚至有些电视从业人员追求所谓新奇、所谓生活化，在播音中、在主持节目时，在相声、小品、电视剧甚至歌词中滥用方言、不规范语言，甚至胡编乱造，使用不知所云的语言。

电视要在规范我国语言文字、创造良好的语言环境方面起主导作用。电视从业人员要进一步加强语言修养，牢固树立语言示范意识、规范意识，并努力提高自己的语言表达水平。

（原载《中国广播电视学刊》1997年第8期）

把握电视节目市场特征 优化频道资源节目资源配置

胡瑞庭

一、全面正确地认识我国电视传媒和电视节目市场的属性与特征

我国的电视媒介同党报、广播电台等媒介一样，是党和人民的喉舌。目前我国尚未分离出所谓纯专业性商业性的电视传媒来。

我国的电视节目中，除了新闻节目特别是未附着于媒体的新闻报道作品一般不能作为商品进入市场交易外，其他节目一般均可进入市场交易。进入市场交易的电视节目作为商品，当然具有商品的形态与价值。但它又不同于一般的物质商品，它还具有思想文化的形态与价值。因此，电视节目具有两种形态、双重价值。

基于电视传媒的属性和电视节目具有的形态与特征，电视节目市场自然归属文化商品市场。因此，它不能象其他一般物质商品市场那样完全商品化、市场化；不仅要按照经济价值规律来运作，而且更要遵循意识形态的价值规律去运作。我们既不能抹杀电视节目的商品属性，不积极大胆地发挥电视节目市场对优化频道资源、节目资源配置的作用，也不能忽略其意识形态的属性与特征。

二、全面正确地认识与处理电视节目市场与频道资源节目资源配置的关系

我国电视节目市场与频道资源、节目资源配置的关系，一方面，充分反映出与其他市场所共有的生产、流通、消费、分配的关系，另一方面，也充分反映出制作、播出、销售等机构层次化、多样化分工与协作的关系，同时，还充分反映出市场主体与市场管理者的关系。因此，研究与解决电视节目市场问题，看起来仅为流通领域的问题，却与生产、消费密切相关，与层次化、多样化分工协作密切相关，与市场调控、管理等密切相关。孤立地就流通研究流通是没有出路的，同样，孤立地研究解决层次化、多样化科学分工与协作，研究解决资源优化配置的问题，也是不能很好奏效的。

三、运用规范市场主体行为和优化市场机制两种手段，促进频道资源节目资源优化配置

针对我国电视事业与节目市场发展的现状，我们应以科学理论为指导，以不断满足最大多数受众多层次多样化需求为动力，紧紧抓住治理广播电视业散滥现象这一促进电视传播业新发展的极好机遇，充分运用规范市场主体行为和优化节目市场机制这两种手段，积极推进频道资源、节目资源的优化配置。

还需要加以重视和认识的是，按照电视传播业的技术特性，其上下的关联度很大；按照电视传播业的意识形态特性，其上下的关联度也很大。把握电视节目市场特征，优化频道资源、节目资源配置，还迫切需要和有待于深化体制改革，抓住联网等契机和手段，加快“一体化”发展步伐，强化“一条鞭”管理，探索出更为科学合理的电视传播与管理的体制与模式。

（原载浙江《视听纵横》1997年第4期）

试论卫星电视

应中迪

卫星电视是通过地球同步卫星，直接向广大地区观众传送电视节目的一种电视系统。

卫星电视问世后，以其前所未有的“大覆盖率”和“直接性”打破了原电视业的时空观。卫星电视不再局限于国界之内而实现了全球化的信息传播，因而具备了全新的品质。卫星电视从而也成为全球交流的途径、国家和民族之间相互了解得天独厚的手段，开创了电视的新纪元。

本世纪80年代，卫星电视开始进行跨国传播，但它真正的大发展，则是在1991年的海湾战争之后。目前，在世界各国传播的卫星节目有一半以上来自美国。

卫星电视之所以能迅速发展，首先得归功于它自身具备的诸多优势。(一) 覆盖面大；(二) 接收方便；(三) 信息量大。1982年，我国就正式确定了采取广播卫星覆盖全国的方针。

我国卫星电视的出现及发展（尤其是省级电视台上卫星）给我国电视业带来的最大变化，并非只是提高了我国电视节目的覆盖率（上星的各家电视台均可覆盖全国及周边23个国家和地区），给观众以更多节目选择，而是因此而改变了国内电视业竞争的原有格局，从而通过更激烈、更广泛的竞争使我国的电视业在观念、体制、思路上都起了相当大的变化，总的水平有了持续提高。

卫星电视造成的国内电视竞争新格局给我国电视业注入了强大的生机和活力，无论是中央电视台和各级省市电视台，都不再也无法满足于过去保守的电视操作方式和观念，而是力图在节目上创优创新，从而使我国传播资源得到充分合理运用，而这正是整个电视业繁荣发展的深刻动因，也是让我国电视走出国门的必要前提。

卫星电视的跨空间覆盖能力，使它比以往一切传媒方式更经济、更方便、更迅速、更直接、更广泛，也更具威力。在世界各国政治经济文化交流日益频繁的今天，它使各种信息在全球范围内迅速流通，为各个国家、民族吸引他国优秀文化，发展本国文化提供了选择；经营人员和科技人员能迅速掌握大量的信息，借此促进本国工商业和科研的发展；而一般的受众，则可以从丰富多彩的卫视节目中了解世界、开阔眼界、增长见识、得到视听方面多种多样的享受。但是，卫星电视所带来的影响还有另一面，即卫星电视是国际间争夺和捍卫传播主权、抢占传播资源的工具。西方国家已先下手为强，建立了全球性的卫视网络，因此，当前和以后较长的一段时间里，卫星电视的主要态势还是在西方卫视的大规模渗透和在经济、文化上处于相对劣势的发展中国家卫视的自我保护上。

目前，我国致力于发展经济，需要向国外介绍中国的产品，更需要用自己的声音打破西方的传播垄断和维护自身形象。因此，我国对待卫星电视的态度，完全不必也不应该像一些历史短、本民族文化薄弱的国家一样被动地采取防御姿态，而是应该具备放眼全球的气魄和目标，努力提高本国卫视的节目质量，使中国的卫视在全球产生影响，借此寻求我国在世界舞台上应有的地位和利益。显而易见，这是中国卫视必须要走的一条路。我国的卫视要在抵制外来低俗文化侵入，维护国家、人民的权益和尊严的同时，肩负起向全球展示中华民族优秀传统文化和精神精萃，介绍政治、经济发展状况，加强与各国各地交流这一光荣使命。从如此重大的使命来看，目前的节目质量还有待提高。

（原载上海《新闻大学》1997年冬季号）

现代广播与主持人节目优化

曹　璐

一、深化节目内涵，正确把握节目的理性走向

当今社会处于计划经济向市场经济过渡的历史转型期。任何事物的发展都是从无序到有序。社会的大转变时期，从社会结构到社会体制，从社会规范到社会观念都面临着深刻变革，以至涉及每个人的眼前利益或局部利益，由此产生的观念碰撞乃至矛盾冲突是很难避免的。面对复杂纷纭的社会现象，要求广播人必须分清主流与支流、本质与表象、全局与局部、长远利益与眼前利益。广播节目主持人从某种意义上说是节目的灵魂，对节目的理性内涵和走向起着关键性作用。阿基米德说："给我一个支点，我能够举起整个地球。"当今处于历史转型的中国分析和解决社会问题思路的"支点"就是邓小平理论。科学的理论产生正确路线，正确路线来自科学理论。只有从理论的高度理解政策，用政策的观点分析社会现象，才能准确把握节目的理性走向。特别是驾驭现代广播特有的节目形态，如：现场直播节目、直播访谈类节目、即时反馈的听众参与节目等，要求主持人在随时变化的、开放的直播主持中，能够成熟驾驭节目理性走向，努力实现解惑释疑、交流沟通、理解启迪的有效传播效果。

二、充分调动听觉感染力，在节目的精心策划与制作上下功夫

广播是不具形态的线性传播，声音的感染力在于通过听觉信息的传真、传情、传神，唤起人们的听觉储备和丰富的听觉联想，从而产生如见其人、如临其境、举一反三、浮想联翩的理想传播境界。广播节目主持人的"主持"作用，除了把握节目走向、深化节目内涵，还表现在精心策划与制作节目方面，主持人在听觉感染力方面具有特殊敏感，在主持节目中力争将广播的听觉感染力发挥接近极致。

三、节目形态优化与传播环节优化

现代广播的重要特征是：从传播观念到运作模式彻底突破传统文字传媒的束缚，努力实现现代广播技术可能提供的听觉信息的有效传播效果。其中广播节目形态优化与传播环节优化是提升主持人节目品质的重要因素。现场直播报道、听众即时反馈的参与性节目、直播访谈类节目等都是现代广播特有的节目形态。任何事物都是优势越大难度越大，成熟的节目主持人应能够熟练驾驭广播特有的节目形态，其中传播环节优化是主持人节目精品化的成功保证。优秀主持人节目追求精品化的过程，其动因来自对现代广播规律的理性认识。特别是对现代广播常见节目形态的驾驭，需要从听觉传播环节优化的可操作性着力进行探讨。如何优化热线参与类节目的传播环节，通过精品节目的

策划、制作方面的经验似可得出以下启示：

1. 精心策划：播出前的案头工作的投入与驾驭直播过程中的主动权成正比。

2. 热线参与类节目的背后是一个坚强默契的合作群体。

3. 电话编辑是节目中“不出声”的调度者。

4. 直播进程中节目主持人与电话编辑之间的密切联系是热线参与类节目成功的保证。

（本文发表于1997年第三届广播“金话筒”研讨会）

关于广播谈话类主持人节目的思考

朱　砚

我国的广播谈话类节目发展到今天，在取得了很大成绩的同时，确实也存在着一些问题。其中有些问题还比较普遍，对节目质量影响很大，不能不引起我们的重视。

一是节目的定位不明确。像目前引起非议较多的夜间谈话节目，很多节目在定位上就存在着问题。有人认为热线倾谈节目就是提供一种宣泄渠道或者给予一种慰藉，这种节目定位就错了。倾谈节目的定位必须是导泄，就是对需要宣泄的人给予一种引导，将其需要宣泄的情绪引导到比较正常的轨道，将其化解掉。导泄与宣泄的根本区别，在于在节目中主持人一定要处于主导地位。这虽然很难，但主持人一定要做到，否则节目必然失败。再如性咨询节目就应当定位于服务节目，有些台却办成了单纯的教育节目，结果居高临下或者很生硬的讲一些人们在传统观念中认为不应当公开讲的东西，不仅很难有好的效果，而且容易引起听众的反感。有时听众也许不是对节目内容反感而主要是对主持人的态度反感，但也会迁怒于节目。

二是主持人水平不高。在一些电台，谈话节目主持人的设置很随意，好像能接电话、能聊天的人就能主持谈话节目。实际上谈话节目主持人是一类专门的人才，而且是高水平的专门人才。主持人水平低，首先就影响节目内容的选择，很多节目没有策划，也缺少有新意的话题。主持人水平低，在主持人说话时表现得最直接，有些主持人在话筒前信口开河，不知什么话该说，什么话不该说，说话没有分寸，对听众不尊重；这样不仅伤害了交谈对方也引起其他听众对主持人的反感。主持人水平低，还导致模仿成风。自己没水平，只好模仿其他台、其他主持人的节目，模仿的结果是缺乏创新造成雷同，一个城市同一时间好几个电台都播同样的节目，分不出彼此；而不考虑自己是否适合主持这样的节目而盲目模仿别人，主持人由于没有发挥自己的长处就没有风格可言，也就没有自己的形象和魅力。

三是管理不够科学。主持人素质不高当然影响谈话节目质量，但谈话类节目质量不高的责任并不都在主持人。事实上，广播谈话节目办得好不好，更明显的对比通常表现在台与台之间。这说明管理得当与否对节目质量起非常重要的作用。这里说的管理，包括谈话节目的管理和节目主持人的管理两方面。首先是主持人的选用及上岗制度不健全；其次，广播谈话节目主持人都是脱稿的，有的还是无稿播出，沿用传统的审稿及播出监听制度已行不通，但很多台还没有建立起新的适合于谈话节目特点的播出制度、岗位设置、主持人工作规范等。另外，有的台“管”的规定不少，通过制度建设为主持人成长创造条件却做得不够。

（原载《中国广播电视学刊》1997年第11期）

广播电视节目主持人定位说

张书玷

节目主持人是广播电视的组成部分，隶属于广播电视，所以它与广播电视有着同样的属性。如果广播电视是党的“喉舌”和“工具”，那么节目主持人就是“喉舌”的喉舌，“工具”的工具。因此，“党的宣传员”应当是广播电视节目主持人第一个基本定位。

节目主持人种类很多，他们在节目中所处地位和作用不同，要求也有差异，因而都有着自己的特点。这些特点是重要的，它是节目主持人生存和发展的必要条件。在强调特点的同时，不能忽视和否定节目主持人的共同点。任何主持人节目的内容和形式，任何节目主持人的个性，都不能违背“党的宣传员”的要求，都不能有损于“党的宣传员”的形象。“党的宣传员”是节目主持人必须遵循的一个最根本性的政治准则，它是节目主持人思想和行为的政治依据。

对于听众来说，节目主持人永远是个有声语言工作者。这应该是节目主持人的第二个基本定位。

有声语言是节目主持人进行工作的基本工具，也是主持人赖以沟通媒介与受众的主要手段，对于电台节目主持人则是唯一的手段。电视台的节目主持人除有声语言之外，虽然还有副语言的存在，但终究有声语言是最基本、最主要的手段。不可否认，政治素养、理论政策水平、思维方式、科学文化知识及一定的写作能力等对节目主持人是非常重要的。这是一个成熟的优秀的节目主持人应该具备的素质和条件。但是直接起作用并影响广大受众的并非这些素质和条件本身。“素质”和“条件”只有通过有声语言这个强大的载体的渠道，才能得以表露，才能到达电视广播的另一个端体——广大受众。假如这个“载体”和“渠道”不宽敞、不通顺，甚至出现阻塞，“素质”和“条件”再优秀，也只能是事倍功半，甚至全无意义。

广播电视节目主持人，不仅是语言的使用者，更应该是语言的示范者。他们肩负着标准语言普通话的推广的社会责任。他们得天独厚的条件、广泛的影响、权威的"讲台"，是任何语言工作者不能比拟的。节目主持人理应成为使用语言的典范，理应严肃认真、一丝不苟的工作，理应义不容辞地、准确无误地走在全社会推广、使用标准语言的最前例。

节目主持人的第三个基本定位应该是新闻工作者。

就广播电视的性质、特点和任务而言，按照系统论归并，它当属新闻传播的范畴。从广义上说，在广播电视系统各个网络上工作的人员都可以说是新闻工作者。节目主持人当然应是其中的组成部分。

真实性是新闻工作者的基本准则之一。这是和演艺工作者最基本的区别之一。主持人在主持节目中，从内容、形式和语言样式都给人一种真实感，很少夸张、渲染、虚构等（尤其文艺节目之外的主持人），这与演员的表演划清了界限。

（原载广西《声屏学刊》1997 年第 4 期）

提高我国电视广告社会效益的对策研究

陈培爱

电视广告在我国现代化建设中发挥了重要作用，虽然在发展过程中出现了一些负面的社会效应，只要我们采取有力的措施，一定会全面提高电视广告的社会效益。

一、注重社会效益，提高电视广告社会地位

电视广告表现为一种意识形态或文化意识，具有很强的潜移默化作用，存在着提倡什么，反对什么的导向问题。如果只注重经济效益，不注重社会效益，那将给我们的社会带来无法估量的不良后果。尤其是当经济效益与社会效益发生矛盾时，经济效益必须服从社会效益，只能在保证社会效益的前提下，去追求经济效益，这是任何时候任何情况下都不能动摇的准则。

只有确立电视广告以社会效益为主的主旋律，才能真正提高电视广告的社会地位，使人们树立正确的广告观念。电视台应以长远的眼光办好电视广告节目，使广告节目能给社会以正面的积极影响，才能在保证社会效益的同时使经济效益得到增长。

二、加强广告管理，发挥消费者监督作用

电视广告中产生的不良社会影响，与执法不严、管理松散有很大关系，必须从根本上给以治理。

1. 有法必依，违法必究，执法必严。

2. 广告经营单位要谨慎把关。

3. 切实发挥行业组织的自律作用，形成行业间的相互督促、相互促进的良好局面。

4. 完善广告举报制度，支持和保护社会各界对广告活动的监督，发挥消费者和舆论监督作用。

三、净化电视屏幕，给人以美的享受

电视广告是以图像、文字和声音组成的，其形象直接影响人们的思想、情趣和道德观念。因此，必须认真净化电视画面，使其符合生活的真实性。在电视广告的画面、语言、音乐诸方面，力求用高尚的、趣味健康的艺术表现形式来正确传递商品或服务信息，力求符合大多数人的审美心理，给予人们特别是青少年以高尚的道德教育、健康的消费指导、丰富的知识启迪、优美的艺术享受。首先要注重画面美，就是既要给人留下新颖、清晰、明快、感人的印象，又要达到介绍产品、突出产品特点的作用。在广告画面构思上首先要有新意，不盲目模仿与剽窃别人的作品；其次是注重语言美，要以最精炼的最有感染力的语言影响观众。要花力气设计好的广告语，加强广告语言的影响力；广告语中要采用标准普通话，不要使用方言或外来语；要坚持使用简化字，禁用繁体字。此外，还应注重音乐美，许多好广告都是由欢乐明快的广告音乐相陪衬的，这有助于突出产品的个性特点。

四、狠抓制作质量，促进电视广告业腾飞

提高电视广告制作水平，是提高广告社会效益的关键。

电视广告制作的好坏，资金、设备、经费是必备的条件。但核心问题是要有好的创意，只要在广告策划创意上有新意、有个性，在条件较差的情况下也会产生好的广告作品。

拍摄电视广告，也要求有高水平的编导、摄像、音乐、照明、美工和播音人员的密切配合和精心制作，才能科学、生动地再现产品的魅力。

五、加速人才培养，全面提高广告业人员素质

我国电视广告业存在的问题，归结到一点，还是整体人才素质不高所造成的。要尽快扭转广告人才短缺的局面。

（原载《中国广播电视学刊》1997 年第 7 期）

关于广播电视网上业务的若干设想

马 德

一、开办超干线频道——真正汇天下精华

1. 全国有线广播电视超干线网及省级干线网的首要业务当然是传送广播电视节目。但它所传送的节目与卫星电视频道应当有所分工。中央及各省卫星节目可以直接进入各地的本地入户网，超干线和干线网如果传输这些节目，只有"备份"的意义，没有经济效益可言。

2. 各地有线或无线台的节目在超干线、干线网上自由"流通"也不符合我国国情。第一，各地制作水平差异很大，节目水平和宣传口径把关难以控制；第二，这样做会带来频道节目数量"丰富"，却很难做到内容上“多彩”，且不易规划协调；第三，各地实际存在的地方保护主义会使各地网络形成“壁垒”，干线节目会“流”而不“通”。

3. 超干线、干线有线电视节目（频道）开办的原则是计划性、竞争性、开放性。

4. 超干性、干线频道的经济效益以广告补偿和收取收视费相结合的方式取得。

5. 超干性、干线节目运行机制健全之后，也可通过向节目制作(播出)单位收费或与之分成广告的方式取得收益。

二、网络化＋数字化＋平台化＋智能化＝网上办台新概念

1. 有线广播电视专用网——特别是部级超干线网的建设，它所带来的影响是极其深远的，不仅会为各地的有线网带来丰富多彩的节目源，也不仅会使有线网潜在的通信和信息交换功能得以开发，它还必将使全国的电台、电视台的节目制作、交流、播出等一系列办台模式发生划时代的变革。

2. 网络的概念，从外延上包括全国有线广播电视专用网、广播电视卫星、专用 VSAT 网以及公用电信网；在内涵上，网络在这里不仅仅是相互联通的桥梁，更重要的是它将成为各级电台、电视台的重要的，甚至是主要的节目来源。

3. 网络与各级、各地有线、无线的广播电台、电视台联结，各台实时播出的节目、已经制作好的成品或半成品节目、采集或购买的素材和资料有组织地按网上把关规程入网，便形成了资源共享(当然应当是有偿的或互利的）的节目平台。

4. 首先在网络和平台上得益的是制作能力不足、节目源不够的地方小台。丰富多彩的网上资源或许会使一个内地县级台的频道与北京、上海的广播电视有一样的档次。

5. 于是地方办台的模式大大简化了。它的节目构成可由三部分组成：其一是网上的实时节目时段的实时转播；其二是用网上调入的半成品节目或素材自行包装、编排的节目；其三是完全自制的地方节目。地方台采用网上节目，或付一定的节目购置费，或为之保留一定的广告给予补偿，该台就有了凭借这些节目在当地加播广告的权利和机会。

6. 在网上得益更大的其实是“输出资本”的那些台或制作单位。它的节目超越原先的地域局限，在越大的范围内被采用，它的节目销售（或广告补偿）收入就越高。这是真正的一本万利，甚至是无本求利——因为这些节目即使不上网，仅仅为了本台播出它也要付出同样的成本。

当然，届时也许上网的节目不仅来自现有的电台、电视台，一些专为网上供应节目的制作单位将应运而生。

7. 于是整个网络便成为节目流通的“社会主义市场”。说“社会主义”是因为在这里流通的节目更容易受到统一的管理，说“市场”是因为利益原则得到了充分体现。

在这个“市场”上，有提供节目的生产者，有播出节目的“零售站”，而网络则是“批发人”，甚至是节目生产的组织者。

8. 网络必将成为各级电台、电视台技术进步的直接推动力。适应于网上制作的智能化制作播出系统将应运而生。

9. 网上办台，还会带来更新的“概念”。全国各地过去因区域限制而互相隔裂的受众市场，因为有了网络而“化零为整”；而各地办台的成本则因网络和智能化系统而“化大为小”，这就使一些以特定人群为对象的专业频道有了广阔的发展空间。

（原载《中国广播电视学刊》1997 年第 9 期）

论点摘编

广播电视行业形象的确立与塑造

单运民在《中国广播电视学刊》1997 年第 1 期上撰文认为

江泽民同志就高标准搞好新闻队伍建设提出的“政治强、业务精、纪律严、作风正”12 字要求，是广播电视行业形象的最高标准和核心内容。

1. 广播电视的喉舌功能，决定它应该是党和政府引导舆论的驯服工具形象。

2. 广播电视的传播功能，决定它应该是客观公正地传达信息的忠诚使者形象。

3. 广播电视的监督功能，决定它应该是针砭时弊、扬善伐恶的时代卫士形象。

4. 广播电视的教育功能，决定它应该是传授知识、倡导文明的良师益友形象。

5. 广播电视的娱乐功能，决定它应该是愉悦身心、雅俗共赞的百花艺苑形象。

6. 广播电视的产业功能，决定它应该是自我武装、效益显著的产业新军形象。

这六方面的形象就像一个人的五官四肢一样，既同为一体，又各自独立，同时又都受着“政治强、业务精、纪律严、作风正”这个总要求的统帅。其中任何一方面的形象不佳，都将使整体形象受损。同样地，任何一方面的形象闪光，也都将使整体形象增辉。

要塑造好广播电视行业形象，关键是要全面提高从业人员的素质，要塑造好广播电视人。

一要加强政治建设；

二要重视队伍培训；

三要严守职业道德；

四要注重文明修养；

五要强化形象意识。

广播电视也应实施名牌战略

黎瑞祥在《北京广播电视》1997年第4期上撰文认为

改革开放以来，广播电视可谓是发展速度最快的产业之一。体现在声屏本身上，最突出的便是频率（道）越来越多，节目、栏目也越来越多。但是，随着时间的推移，广播电视人渐渐发现，并非频道越多，观众就越欢迎；也并非栏目越多，观众就越满意。一个电台、电视台，能否获得受众的欢迎和好评，首先不是看它开办了多少个栏目和节目，也不是看它增加了多少播出次数和播出时间，而是看它有没有名牌和有多少名牌。

所谓名牌栏目、名牌节目，就是那些在声屏上舆论导向正确、知名度较高、影响力较大、为观众所熟悉、为社会所认可的好栏目、好节目。

名牌的内核是质量，包括政治质量、信息质量、服务质量以及制作质量、播出质量等。它应具有鲜明的时代特征和较高的文化品位，具有较强的社会性和群众性。在当今社会中，产品有了质量才会有市场，广播电视的栏目、节目有了质量才能赢得受众。

名牌是最有竞争力的，正是那些名牌栏目、名牌节目，形成了电台或电视台的强有力的支柱。实施名牌战略，争创名牌栏目、节目，是提高电台、电视台竞争力的重要手段。

努力提高广播电视宣传的理论含量

苏简亚在《中国广播电视学刊》1997年第8期上撰文认为

努力提高广播电视宣传的理论含量是“政治家办台”的客观要求。我国正在由计划经济体制向社会主义市场经济体制转变，改革开放正在逐步深入，许多深层次的矛盾和问题正暴露出来。在这种情况下，利益的碰撞、新旧观念的碰撞几乎涉及到每一个社会成员，而如果我们的广播电视宣传只是停留在现象的层次上，停留在就事论事的报道层面上，显然是不够的。因此，必须努力提高其理论含量，站在政治家的高度，引导人们进行理性的思考和分析，更好地解决各种具体的思想问题和观念问题，更好地统一人们的思想，引导人们更坚定地走有中国特色的社会主义道路。

努力提高广播电视宣传的理论含量也是提高目前广播电视整体宣传质量的关键。

目前，在广播电视宣传上，存在着四个方面的不足，这就是：浅、露、偏、误。所谓“浅”，就是缺少思考，就事论事，如白开水一杯，没有多少内容；所谓“露”，就是唯恐听（观）众不懂，进行生硬的说教，令人听（观）之生厌，提不起兴趣；所谓“偏”，就是抓不住要害，题不及义，甚至打了横炮；所谓“误”，就是导向不准，对那些本应抛弃的旧观念仍在大加褒扬。凡此种种，说到底，还是理论的功底不足。为了迅速克服这些毛病，从根本上提高广播电视的宣传质量，最要紧的还是要抓提高宣传的理论含量这一关键环节。

谈广播工作再上新台阶

张家昌在《甘肃视听》1997年第2期上撰文认为

广播工作要再上一个新台阶，必须抓好以下几个方面的工作：

一、导向：再上新台阶的第一要求

坚持正确的舆论导向，要从三个层次上来把握。一个是政治导向的层次，要求无条件宣传党的主张，在政治上同党中央保持高度一致，全部宣传工作必须在国家法律的范围内进行，必须坚决执行党的新闻宣传方针、政策和纪律。再一个是思想导向的层次，包括价值导向、行为导向、生活导向、知识导向、服务导向等等，归根到底都是一个世界观、人生观、价值观导向的问题，要求坚持宣传爱国主义、集体主义、社会主义思想，宣传马克思主义的科学世界观、工人阶级的革命人生观和社会主义的正确价值观。第三个是业务指导思想的层次，要求我们的新闻宣传工作必须自觉服从、服务于经济建设这个中心，自觉服从、服务于改革、发展、稳定这个大局，聚焦不散光，鼓劲不泄气，帮忙不添乱。设置栏目、推出节目、采制稿件、制定选题，必须遵循这个原则。

二、服务：再上新台阶的根本原则

服务，包括两个方面，一个是为全党全国的工作大局、为党和政府的工作部署服务，一个是为人民群众服务。全心全意服务得更好，是由人民广播自身的性质和宗旨所决定的，也是广播在各种新闻媒体的激烈竞争中做到有为、有位的需要。我们的口号是：“为党和政府服务到位，为人民群众服务到家。”

三、质量：再上新台阶的核心内容

再上新台阶，核心内容是抓质量。在外延开发的基础上，适时地把工作着力点转变到提高节目质量上，是深化广播改革的需要，是广播在与众多媒体竞争中生存、发展的需要。物质、精神产品的竞争越来越显示出是质量的竞争。粗糙低劣必被淘汰，而高质量的听觉信息、听觉艺术则是现代人生活不可或缺的内容。精办节目，多出精品，应当成为我们在攀向新台阶过程中的核心追求。

四、管理：再上新台阶的根本措施

要加大管理力度，消除那种管理不到位、不规范、落地无声的现象。

要进一步强化宣传、创收、行政工作的宏观调控，树立全台一盘棋的思想。

五、队伍：再上新台阶的根本保证

事业再上新台阶，实质上是队伍再上新台阶。培养和造就一支政治强、业务精、作风正的广播宣传队伍，这是我们各项工作再上新台阶的根本保证。

试论我国国际广播的目标定位

阎惠朝在《国际广播》1997年第4期上撰文认为

1965年，毛泽东主席为我国广播事业题词："努力办好广播，为全中国人民和全世界人民服务。"这可以说是首次明确地为我国发展广播事业指出了目标。这不仅是对国内广播的要求，也是对国际广播的要求。

"为全中国人民和全世界人民服务"是完整的有机体，不仅不能分割，而且缺一不可。对我国国际广播来说，"为全中国人民服务"不仅是必要的，而且是首要的。离开"为全中国人民服务"，很难为全世界人民服好务。为全世界人民服务，要以为全中国人民服务为基础和出发点。

为全中国人民和全世界人民服务是我国国际广播的总目标、也是长远目标。在这个目标的指引下，我国国际广播现阶段的首要任务是为我国的现代化建设努力争取和平的国际环境，也就是要努力为推行我国的外交政策服务。

再造辉煌正当时

卢祥金 牛秀英在《中国广播》1997年第12期上撰文认为

建设有中国特色社会主义的实践，需要理论的指导，需要大大加强包括理论广播在内的理论宣传。这既是对理论广播节目提出了新的要求，同时又是为理论广播节目再造辉煌提供了机遇，准备了基础条件。

理论广播节目的不可代替性，为其再造辉煌准备了特殊条件。

具体说，理论广播节目有如下几个特点：

其一，理论广播传播迅速，穿透力强，覆盖面广，听众面广。

其二，广播电台是借助于声音传播节目内容的，是听的艺术。它特别适合于开办"以说为主"的阐释性节目、论辩性节目和解说性节目，而理论广播就是这类节目的典型。

其三，广播电台具有社会教育、发布信息、传播知识、社会服务、提供娱乐等多项功能，其中主功能是进行广泛的群众性的社会教育，而理论广播节目正是在深层次上开展社会教育的节目。

其四，理论广播节目在对国际敌对势力的斗争中，也具有不可代替的独特作用。

另外，四十多年的丰富经验，为理论广播节目再造辉煌提供了借鉴。

追索当代广播剧特有的音乐境界

喻权捷在《黑龙江广播电视研究》1997年第2期上撰文认为

广播剧作为声音艺术，其三要素之一的音乐，有着极其鲜明的特色和丰富的内涵。

广播剧音乐既是抽象概括的、主体性较强的（这里指不同于电影、电视剧音乐），又是具体可感的（这里指不同于纯音乐）戏剧音乐艺术。这就是广播剧音乐的艺术特性。

广播剧音乐的艺术特色，规定了配乐者首先对剧本要反复琢磨、推敲。对剧本的主题思想、时代背景、人物特点、戏剧风格、剧情的发展、矛盾的激化等，都要力求深刻地理解、准确地把握。在这个基础上才能变被动为主动，充分地发挥音乐的作用，做到音乐形象与戏剧情境的高度统一，从而有效地加强剧本的表现力和感染力。也只有深刻地理解、准确地掌握了剧本，在配乐实践中去努力开拓，才能取得成功。

广播剧冷落之因

赵誉泳在1997年8月27日《光明日报》上撰文认为

广播剧是最受听众欢迎的广播品种之一，是体现一个电台综合生产能力的标志，是广播文艺的最高表现形式。然而经过了60年代初、中期和80年代初、中期两次高潮之后，广播剧的生产走进了低谷，许多电台广播剧的生产出现了减产甚至停产。虽然近年来各级政府越来越关心和重视广播剧，但广播剧的生产并没有得到如期的恢复，广播剧仍然不能走向人们所希望的高潮。这是为什么？

第一个重要的原因是本子。本子是广播剧生存的根本，无本之木长不成参天大树。广播剧剧本来源的枯竭，是广播剧困顿的致命原因。

第二个原因是市场。广播剧还没有形成像电视剧、电影一样的市场。广播剧的生产者也力图建立广播剧市场，把原来的无偿交换变为有偿交换，结果这种有偿交换并不能进行下去，因为卖方永远大于买方。

第三个原因是广播本身的机制问题。以前许多地方台在机构上都相应设置了广播剧组或者广播剧部，组织保证使广播剧有了一个可喜的发展，进入90年代后，随着广播的改革，直播的开始，广播剧组（部）纷纷解体，多年从事广播剧创制的专业人员转行。

坚持改革　树立观众欢迎的电视形象

董育中在《中国电视》1997年第12期上撰文认为

山西电视台要确立远大目标，树立超前意识，不断改革，开拓进取，争取在一个比较短的时期内，建设成为在全国有较大影响的一流电视台。

力争在较短的时期内在节目质量，事业管理，人员素质方面达到全国一流，从而带动创收的较快增长，以改变目前经济困难影响节目创作的不利局面，形成良性循环。多出精品节目和名牌栏目，既让领导、专家和电视同行称赞，在全国各种国家级电视节目评比中获奖，又让观众欢迎，提高山西电视台节目收视率和吸引力。多培养名记者、名编辑、名导演、名主持人、名制片人，以此带动全台人员整体素质的提高，从而把山西电视台办成党和政府的喉舌，观众的知心朋友，三晋腾飞的桥梁和精神文明的火炬。为达到这一目标，应树立喉舌意识、改革意识、精品意识、竞争意识、荧屏意识、观众意识、自宣意识、市场意识。

栏目制片人制——电视新闻管理的新机制

夏伟荣在上海《新闻大学》1997年秋季号上撰文认为

从我国电视新闻的实际来看，栏目的制片人是电视新闻栏目化节目的负责人。制片人不仅要对完成节目负责，而且要对栏目政治影响、经济收入和支出负责；制片人是整个栏目的总策划和管理者。

广播电视既是党、政府和人民的喉舌和耳目，又是第三产业。新的指导思想是电视新闻管理机制改革的落脚点。电视新闻栏目制片人体制的实施，大致源于三个方面：

动因之一，从宏观上说，新闻栏目制片人制适应了发展社会主义市场经济体制的要求。

动因之二，从管理科学上看，栏目制片人制则是电视新闻组织结构、分级管理、统一目标和职权一致的现代管理科学的体现。

动因之三：电视新闻激烈的竞争和电视新闻质量效益的要求推动栏目制片人制的实行。

实施栏目制片人制的关键因素：

第一，制度保证

要加大现有电视管理体制的改革力度，为实施电视新闻栏目制片人制造成良好的内外部环境，逐步建立和完善栏目制片人制的管理规范。制片人制的核心管理主要体现在用人制度上。

第二，栏目制片人的能力素质

一个称职而又富有创造活力的新闻制片人应该具备四个方面的能力素质：

1. 具有组织策划新闻栏目各个环节的才能。

2. 人事组织才能。栏目制片人的一个基本的权利是有组阁权。

3. 具有现代经营管理的能力。

4. 制片人要具备公关策划能力，以促销电视栏目，扩大栏目的社会影响。

电视新闻的真与美

詹铁坤在《吉林电视》1997年第4期上撰文认为

电视新闻究竟有没有美学可言，它是否有一种审美准则可循，这是值得深入研讨，而迄今尚属于被人们忽略的较陌生的课题。电视新闻美正象生活之美一样存在，而且是一种特殊性质的存在。

电视新闻的主要内容是人们的现实社会生活，它对生活的反映几乎是从微观到宏观，从物质到精神，形形色色、无所不包。人类社会尤其是现实生活中各种崇尚精神和寓有美感的道德情操以及改造社会征服自然的种种实践，在电视新闻中都有一定程度的映现。这不仅能引起观众的共振，而且能够打动他们的审美感情。

美必须是人的感官能够感受到并加以理性判断后认可的。电视包含着美的因素和美学价值，一方面是因为对生活的反映是渗透了记者主观情感和唯物主义能动表现，而非自然主义的机械记录，另一方面，则在于它从画面到声音都可能呈现给观众以美的态势，令人可视可感。也就是说现场的形象美、记者立意的境界美及解说词的质朴美、播音员的声音美等交织融汇，互为条件，在美的总体氛围中传播出美的信息。

经济报道的文化力视角

蒋克强在《现代传播——北京广播学院学报》1997年第5期上撰文认为

当今我国传媒的经济报道，已开始注意文化层面的开掘。有一些佳作，视角独特，观点新鲜，文化含量较高，读来观之令人神动。现在需探索的是，注重经济报道的"文化力"视角，应成为更多的传媒及从事经济报道的记者们的自觉行为，以此提高经济报道的品位，加大经济宣传的力度，适应现代经济文化一体化的发展趋势。

经济与文化一体化发展，是现今市场经济的重要走向。其主要表现为，文化因素在经济增长中的作用越来越大，商品中的文化含量、文化附加值越来越高，文化已成为经济发展的内生力量之一。在我国，许多经济实体的当家人正在被推动着或主动地适应这一发展趋势，通过加大科技、文化投入，提高员工素质，创建企业文化，塑造企业形象，开发自身智能等手段从多方面增强"文化力"在经济发展中的作用，进行着经济文化一体化发展的实践。这个实践，呼唤着理论的指导，也呼唤着新闻舆论的引导。

大众文化与主体文化

——兼论电视的引导功能

樊　洁在山西《新闻出版交流》1997年第6期上撰文认为

我们强调发展社会主义的大众文化，以满足人们的日益增长的精神文化的需求，更强调要发挥其载体包括电视在内的大众传播媒介的引导功能。特别是对电视这一时代的"宠儿"来说，更有其义不容辞的责任。

这种引导不是强制性的，而是利用电视及其形成的文化氛围，对人们的思想、行为所进行的潜移默化的渗透和影响，从而为人们提供精神导向和社会指向。这种导向的内涵要求电视文化的创造者，要站在社会进行和时代发展的高度，去沙里淘金，焕发出对人生、对社会独到的见解，揭示其中蕴含的哲理，开掘生活的真、善、美，针砭时弊的假、恶、丑。在圆融完整的多声部合奏中，铿锵有力地奏响时代的主旋律。只有这样的文化，才能形成极强的导向性和示范性，引导人们去正确地认识生活，认识社会，对社会形成一种共识，从而维护社会的同一性和稳定。

电视社会学导论

胡妙德在《中国广播电视学刊》1997年第3期上撰文认为

电视社会学是研究电视与一定的社会形态相互关系及其规律的一门社会学分支学科。它以信息为逻辑起点，以电视传播为中介，以电视与社会的交互作用为逻辑导向，把电视传播活动当作一种社会行为，放在社会体系的关系总和中加以宏观考察。其研究任务，着重探讨电视在社会中生成、发展与良性运行的规律，研究电视与其外在环境及文明发展的互动关系，从中体现其逻辑的操作性、整体性与系统性。其研究方法是以马克思主义的哲学理论为基础，以相关学科理论为借鉴，以社会学研究的方式、方法为手段。研究和学习电视社会学，有助于指导电视传播实践，有助于社会的两个文明建设，有助于电视理论建设。

俯视·平视·仰视

——纪录片视角的变化

姜依文在《现代传播——北京广播学院学报》1997年第3期上撰文认为

"平视生活"的原则给纪录片创作带来突破性的进展，使纪录片一改以往居高临下、先入为主的状态，以十分真实、客观的手法再现生活的本来面貌，从而贴近生活，贴近群众。而对平视生活的把握不当往往造成纪录片技术化、平俗化、浅表化的缺陷，于是需要以俯视的手法来弥补。俯视是一种开阔的大视野，是一种深刻的洞察力，它注意以广阔的时代、文化背景来挖掘事物本质，并能从平常中见不平常，从而赋予事物以深刻的意义、独特的蕴含。俯视与平视的互相结合可达到仰视的目的。仰视不是偶像崇拜，而是立足于现实的可望又可及的一种追求和信仰。不仅杰出人物令人敬仰，平民百姓也值得仰视，这样才能更好反映时代风貌。

仰视、平视、俯视各有利弊，三者的有机结合可使作品达到完美的立体效果。

现代益智型游戏节目的探索

小　辰在上海《广播电视研究》1997 年第 12 期上撰文认为

中国的电视游戏节目是希望和危机并存。从理论上来讲，人生活到老、学到老的求知欲望，是益智游戏节目得以存在和发展的基本依据，而现实生活也同样需要更有益的娱乐方式。因此，我们坚信，中国的电视游戏节目仍然有着十分广阔的前景，问题在于我们应如何有效地在游戏内容和艺术创意上，走出一条新颖的路子来。关于这一点，我们面临的课题是：

1. 如何将单纯的智商问答转化为听、说、演、想象、情感、智力等合而为一的综合智力活动。

2. 如何将游戏的本性还原为生活的乐趣，使观众的参与转化为对生活的主动发现和创造。

3. 如何在纯游戏的娱乐形式中，传达出深厚的文化内涵和隽永的艺术美感，使游戏节目成为赏心悦目的艺术作品。

我们希望能在更高的层次上，将智慧、乐趣和文化三者结合起来，开拓出一条“寓教于乐”的创新之路。

品位追求与市场运作

——发展电视剧节目市场的思考

程蔚东在浙江《视听纵横》1997 年第 5 期上撰文认为

电视观众和电视台迫切需要一大批高质量的电视剧作品，而一大批优秀作品的出现，自然也成了电视剧节目市场是否健康发展的主要标志。问题是，由于需求量的大幅度上升，诱使了一大批电视剧制作单位仓促上阵，再加上对电视剧这种特殊商品的认识模糊和对其商品属性的不正确理解，导致了大批劣质电视剧的泛滥，电视台难以挑选到完全满意的节目。这样下去，不仅无益于提高我国的电视剧艺术质量，而且对业已形成并正在逐步完善的电视剧节目市场也带来根本性的挫伤。电视剧生产的现状与电视剧节目市场的不相适应，迫使我们作出这样的思考：坚持电视剧艺术的品位追求，是我们建立、开拓、发展、繁荣电视剧节目市场的生命所在，电视剧节目市场的健康发展，应当成为一种呼唤促进、提高电视剧艺术质量的良性机制。我们必须看到，有效的、适时的、恰当的市场运作，是将优秀电视剧推向市场的必要措施，而追求电视剧的艺术品位是获得市场成功的根本前提。

谈电视文艺晚会的“电视化”

丁百之在《北京广播电视》1997 年第 5 期上撰文认为

电视文艺晚会“电视化”对于导演来说，主要的是指一种创造思维想象力的方式，并非只是一种传播媒体的物质技术手段。所以，已经在电视里播放的文艺节目，并不等于就是经过电视导演“电视化”构思处理过的内容，两者之间仍有本质的区别。

电视作为一种艺术形式，应该具备符合其载体手段的创造性思维方式，这种方式也许来自于它的物质形式规律与技术特性，但并非就等于技术。任何艺术形式的想象思维，都是通过这种艺术的物质材料所进行的，犹如音乐家是通过音符，舞蹈家是通过人体进行想象一样，影视导演们的创作思维，则是通过活动的画面进行的。这种想象力的功能在于积极而能动地重新结构和处理这些画面，使其具有了导演的“某种创作意图”，而不只是消极地依赖被拍摄对象本身的内容。如果以此而论，目前中国大量的电视文艺节目，尤其是电视文艺晚会，在节目内容的“电视化”方面，确实有诸多可以提高之处。从实际的状况看，许多电视导演似乎把主要的精力都投入到具体的文艺节目本身的创作方面，因而实际充当的角色，常常是作曲、舞蹈编导、小品编剧之类的身份，而真正涉及到“电视化”构思与处理，导演则大多采取经验式的方法，根据随机想到的问题而提出要求或设计方案。这实际上是一种并不规范和并不成熟的标志。

播音语言规范化三题

张　颂在《中国广播电视学刊》1997 年第 8 期上撰文，从三个角度对播音语言规范化作出阐释

第一，普通话——唯一的标准

我国宪法明确规定：“国家推广全国通用的普通话。”普通话是“以北京语言为标准音，以北方话为基础方言，以典范的现代白话文著作为语法规范的汉民族共同语”。王力先生在《论汉语规范化》中明确指出：“汉族共同语还没有走完它的最后的成熟阶段——有充分的统一的规范的阶段。我们还需要在统一的书面语言的基础上建立统一的有声语言(口头语言)。”广播

电视播音语言，不论是有稿播音时应锦上添花也好，还是无稿播音时要出口成章也好，都是有声语言，都要使用普通话，这就是统一的规范。有声语言中，还有没有第二种规范、第二种标准呢？有，如标准的闽南话，标准的广州话，标准的柳州话……但却不属于普通话。

普通话作为唯一的标准，它规范着社会各行各业人员，也包括播音员、节目主持人的语言。

第二，非说不可——共同的基点

有声语言和文字语言是两种语言形态。有声语言不论有没有文字稿件做依据，都有朗诵式、宣读式、讲解式、谈话式等不同的语言样式。朗诵诗歌和朗诵散文，宣读政府声明和播报动态新闻，讲解绘画技巧和讲述动物趣闻，评论类谈话和竞猜类对话……都是不同的语言样态。如此分解下去，就是那五光十色、千姿百态的有声语言世界。在广播电视语言传播中，节目内容和形式的统一，传播样态和视听心态的和谐，创作主体和接受主体的共鸣……，便建构了不同品位、不同层次的新境界，在社会生活中，在人们的心灵上，发挥着潜移默化的作用。

“非说不可”，是一种需要，一种社会需要。只有社会需要才使人们决定说什么、怎么说，写什么、怎么写，或者把有声语言变成文字语言、把文字语言变为有声语言。广播电视语言传播，同样是一种社会需要，播什么，怎样播，只有在“非说不可”的根基上才有意义，才有价值。

第三，建造美——统一的尺度

广播电视语言传播，像光、色、图等的传播一样，不能不讲究美感。规范的语言，带给人们的将是广阔、高远、独特、深邃的优美意境。它超越了地域方言的狭隘、日常语言的粗俗、市井俚语的平庸、人际交流的浅白，进入了审美的层面。它气盛言宜，字正腔圆，珠圆玉润，余音绕梁；它准确鲜明，情真意挚，清晰畅达，入耳动心；它形神兼备，声情并茂，声画和谐，赏心悦目；它刚柔相济，严谨生动，亲切朴实，落落大方……

在语言规范化问题上，人们往往只注意字音（声、韵、调）、词的轻重格式、语流音变等，而忽略了更高的层次。其实，除了“对不对”之外，还存在“准不准”和“美不美”的“尺度”。

试论广播播音的对象感

金重建在《中国广播电视学刊》1997年第7期上撰文认为

广播播音的对象感，是广播这一独特的大众传播媒体造就的播音创作这门艺术的重要环节和技巧，是播音基础理论内容之一。

广播播音对象感，是播音员、主持人以不见面的听众为对象，以吸引、感染听众，与听众产生思想感情共振为目的，以自身依据节目、稿件、话题反映的客观内容产生的理性认识和情感运动为基础，以设想和感觉听众的反应为重点，通过一定的语言技巧表达出来的主观感觉和感受。

试论“主编型”新闻节目主持人

刘雪弘在1997年5月召开的山东广播电视学术研讨会上发表论文认为

“主编型”新闻节目主持人不仅要具备对单条新闻采、编、播的能力，更应成为一个栏目的主编人、主笔人、主播人；要通过对自己形象和栏目形象的准确把握，成为整个栏目采编人员的出镜代表；要通过自己的人格魅力，成为该栏目的组织者和协调者，最终将集体的智慧融合在一起，集体的成果组合在一起，制作成一个完美和谐的节目，奉献给电视观众。这样的新闻节目主持人才称得上完整意义的新闻节目主持人。基于此，“主编型”新闻节目主持人应该是新闻节目主持人发展的新方向、新目标。

既然“主编型”新闻节目主持人是新闻节目主持人的发展方向，那么我们将如何才能达到这种水准、这种目标呢？

首先，新闻节目主持人应不甘于目前的现状，要勇于进取，树立主编主播的权威，体现政府的形象。

其次，新闻节目主持人应该既重内涵，又重形象和语言的直观效果，在自身天赋的基础上，得体调度，树立良好的“观众缘”。

最后，需要着重强调的是：新闻节目主持人的人格魅力。一名“主编型”新闻节目主持人贵在其权威上，而这种权威不是空中楼阁，而是建立在主持人优秀的人格基础上的。作为一名“主编型”新闻节目主持人，其人格魅力，更显得比其他任何类型主持人都要重要和必要。

重在交流感——电视节目主持人的语言追求

敖一丹在《语言文字应用》1997年第4期上撰文认为

交流感是主持人语言最应具有的特征，是主持人在语言上追求的方向。

交流感的形成，建立在语言的内部技巧和外部技巧的结合之上，是语言的内容和语言的形式共同作用的结果，同时，全靠有声语言和副语言交流方式的配合来完成。

面对采访者的交流感，主持人在语言的内容和形式两方面的结合上倾注力量。在现今中国电视屏幕上，似有两种倾向：一种是强调语言的内容，忽视形式，也就是注重“说什么”,忽视“怎么说”;另一种是强调语言的形式,忽视内容,也就是注重“怎么说”,忽视“说什么”。

在不同的语言环境中,交流感的表现方式千差万别。

面对被采访者,采访是主持人与被采访对象共同完成的。这种交流看似是直接的、自然的,但由于采访是在摄像机前进行的,带来一些非自然因素,因而交流又是具有独特性的。

独自面对镜头,这种主持人常用的方式实际上是与想象中、虚拟中的观众交流。面对黑黝黝的镜头,能够像对着活生生的观众一样表情生动、语意连贯、兴致盎然、滔滔不绝,这需要强有力的内心支撑力量。在这样的特殊交流方式中,心理训练和心理调适非常必要。这种“目中无人,心中有人”的交流方式,是主持人的基本功。

面对搭档,同时面对摄像机,这种情形实际上是一种三角形交流。这种方式可以让节目形式活泼,话题便于提出、转换,搭档间的交流实质上是为了强化与观众的交流。处于这种语境中的主持人要有兼顾的技能。

试论大众传播的误导

夏 凡在《现代传播——北京广播学院学报》1997年第6期上撰文认为

大众传播在现实的个人和现实的环境之间横插入一个“媒介环境”。这一虚拟的现实就构成了大众传播误导的主情境。大众传播的种种误导,根源皆在此。媒介环境一旦歪曲了现实环境,受众无法检验,只能信以为真,就被误导。媒介环境消耗人们大量时间,使人们越来越疏于行动,却还沾沾自喜地以为参与着社会实践的全过程。大众传播用“精神实践”代替“物质实践”,是它最大的误导!

大众传播的误导是全方位、多层次的。只有把宏观的文化批评、哲学批评同微观的内容分析、效果分析等结合起来,才能全面理解它。误导既是绝对的又是相对的,不能因噎废食,怕误导而放弃大众传播,结果放弃了引导。大众传播的独特作用,只能加强不能削弱。大众传播工作者要时刻注意误导的危险。在传播中蕴含着的误导的可能性,只有通过传播自身的不断发展才会被克服。

21世纪的广播电视发展与新闻传播教育

胡正荣在《中国新闻学院学报》1997年第4期上撰文认为

面对即将发生重大变化的我国的教育和广播电视媒介业,我们的新闻传播教育策略应该作出相应的调整。

一、调整学科基础,强调素质培养:未来的传播业发展已经不是单一学科就可以解释和理解的了。传播业,尤其是广播电视业发展基础的多学科性将要求我们调整新闻传播教育的学科结构,变传统的新闻教育为现代新闻传播教育。学科相互渗透,跨学科、跨专业选修,即课程综合化程度将大大提高。

二、提高学生的实际操作技能:强调基础与强调应用是结合在一起的。面对技术含量越来越高的广播电视传播业,新闻传播教育更加有必要强调教育的生产性和社会性。在强化基础教育、素质教育的同时,仍然需要培养学生将先进的新闻传播理念实现为新闻传播产品的能力。

三、改革教学手段和方法:新闻传播教育本身更需要改革教育信息传播的手段和方式。除了传统的教学手段和方法外,急需结合传播业,尤其是广播电视传播的特点,探索出具有个性化和多样性的教学手段和方法。

四、加大新闻传播教育的资金和技术投入:传播业,尤其是广播电视业是重装备、高投入的行业。为此行业培养人才的教育业,也需要投入大量资金,装备最先进的教学及实验设备。

采用光纤是中小城市有线电视网络升级改造的必然趋势

张学权 谢俊巨在《中国有线电视》1997年第8期上撰文认为

随着有线电视网络技术的迅速发展,尤其是光缆所具有低损耗宽带特性,人们开始把目光转向采用光纤建设光电混合HFC结构的有线电视网,以其特有的频带宽、成本低、容量大、多功能、双向性、抗干扰性强、能支持多种业务的性能,成为最佳的网络升级改造的选择。

光纤优良的性能价格比为中小城市网络升级改造提供了有利条件。

采用光纤干线,技术上先进,便于网络升级和综合业务发展。

使用光电混合网可使网络的安全性、可靠性得到较大提高。

建设光电混合网是目前网络改造及今后技术发展的必然途径。

从系统方法谈市场经济条件下广播电视报的运作原则

彭国元在《潇湘声屏》1997年第3期上撰文认为

由于市场经济冲击和报业竞争加剧等原因的影响，广播电视报业尤其省级广播电视报业面临困境，尤为突出的是发行量大幅度下跌。市场经济条件下广播电视报如何运作，尤其省级广播电视报怎样走出发行低谷呢？

一、从整体出发，形成采编质量、报纸发行量和广告收入的良性循环，树立采编人员的系统观念，促成版面良好的总体布局。

二、版面结构的处理和读者层次的研究如何，直接影响报纸的质量和发行。因此，版面结构要合理，雅俗档次要兼顾，读者层次要摸清。

三、市场经济条件下，种种原因导致省级广播电视报发行量一跌再跌。要保持良好的发行态势，必须动态决策、动态办报。

四、提高广播电视报质量，扩大发行，还必须认真研究与之相关的系列因素，并综合吸收这些因素中的有益成份。

论教育电视台的地位

黄秀根在《中国电化教育》1997年第2、3期上撰文认为

教育电视台在我国教育电视事业发展的第二个十年之际，必须正视新的机遇与挑战，从科教兴国战略的思路、社会主义精神文明建设的背景、我国教育发展的格局出发，摆正教育电视台的位置，认清教育电视台的地位，开拓教育电视台的新天地，探讨教育电视台的发展战略及应采取的措施。

一、从科教兴国战略的大思路中寻找教育电视台的位置。就我国国情看，科教兴国战略的确立，为教育电视台的发展提供了难得的历史机遇，也对其提出了新的历史任务和要求。包括发挥媒体优势，宣传科学技术是第一生产力和科教兴国战略，大力传播科技知识，宣传科技事业的伟大成就，为科技工作者的继续教育、岗位培训服务。

二、在社会主义精神文明建设的大背景中认清教育电视台的地位。作为教育行政部门建立的专业电视台，教育电视台必须在社会主义精神文明建设的伟大实践中找准自己的位置，明确自己的奋斗目标。其主要任务是：正确的舆论导向，精心制作节目，推进精神文明建设；扩大覆盖面，加强自身建设，提高开展精神文明建设的服务水平。

三、在我国教育发展的大格局中开拓教育电视台的新天地。在我国教育的大格局中，教育电视台作为一种现代化的教育手段和教育行政部门的重要教学阵地，符合中国国情，具有强大的生命力。同时，经过十年的发展，教育电视台在我国教育的大格局中发挥了传统教育手段所不能取代的独特作用。

迈向21世纪的中国教育电视事业将在我国未来的教育发展中发挥更大的作用。而其作用的发挥，取决于教育电视传输与收视网络的扩展、专业电视台特色的发挥、教育电视节目质量的提高、现代科技最新发展的跟踪等关键问题。

全国性广播电视工作会议

全国广播影视厅局长座谈会

1997年7月14日至17日，广电部在北戴河召开了全国广播影视厅局长座谈会。会议认真总结了香港回归宣传和上半年治散治滥工作的进展情况，部署了迎接党的十五大胜利召开的宣传工作，明确了下半年及今后一个时期治理工作的重点和阶段性目标。刘习良副部长通报了香港回归宣传报道的有关情况，同向荣副部长就上半年治散治滥工作的进展情况和下半年治理工作的重点作了专题发言，杨伟光、赵实副部长也就有关电视、电影方面的工作发了言，孙家正部长作了总结讲话。与会代表畅所欲言，各抒己见，发表了许多很好的意见。

会议指出，上半年广播影视工作是按照党中央的要求和年初广播影视厅局长会议的部署进行的，各项工作都取得了新的进展，主要表现在九个方面：一是圆满完成了邓小平同志悼念活动的宣传报道；二是圆满完成了香港回归的宣传报道；三是加大了两个文明建设宣传的力度；四是以电影、电视剧和少儿节目为重点的广播影视艺术创作生产势头良好；五是治散治滥工作取得初步进展；六是广播电视重点基础设施建设进展顺利，有线网络联网工程进入实施阶段，广播电视的覆盖能力和覆盖效果明显提高；七是影视改革进一步深化；八是干部培训工作进一步加强；九是首届广播影视先进县的评选工作进展顺利。

会议强调，下半年将召开党的第十五次全国代表大会，这是我国发展历史上的一件大事。广播影视各个方面的工作，都要紧紧围绕这件大事展开，坚持团结、稳定、鼓劲、正面宣传为主的方针，努力为党的十五大胜利召开创造良好的舆论环境。各级广播电视部门要逐渐加大有关十五大的宣传力度，十五大召开时形成高潮。有关十五大的宣传，在十五大召开前，应把握好几点：一是大力宣传邓小平建设有中国特色社会主义理论，突出宣传党的十四大以来，党中央用邓小平的理论指导我国改革开放和社会主义现代化建设事业取得的巨大成就和政治稳定、经济发展、民族团结、社会进步的大好局面。二是深入宣传党在社会主义初级阶段的基本路线和方针政策。三是深入宣传党的十四大以后，全党和全国人民在以江泽民同志为核心的党中央领导下，全面推进社会主义现代化建设所取得的辉煌成就。四是宣传改革开放以来人民生活发生的深刻变化，生活水平的大幅度提高。五是加大对国有企业改革的宣传力度。六是继续加强社会主义精神文明建设的宣传。七是进一步加强党的建设的宣传。十五大召开时，对会议的报道要隆重、热烈、准确、充分，同对香港回归的宣传形成相映成辉的两大宣传高潮。十五大以后，要按照中央的要求，全面、深入地宣传会议精神，充分、及时地报道各地各部门学习、贯彻、落实十五大精神的情况，动员和鼓舞全国人民把建设有中国特色的社会主义伟大事业向新世纪全面推进。

会议指出，根据中央关于治理工作的总的安排和部里的部署，上半年治散治滥工作已经全面启动，下半年要在此基础上，实现重点突破，全面推进，取得明显成效；1998年上半年要基本完成各项治理任务，下半年重点是巩固成果，集中精力解决遗留的难点问题；1999年主要是完善法规、健全制度，初步形成布局合理、结构优化、效益明显、富有活力的广播电视发展格局。按照这个要求，下半年要在以下几个方面取得明显进展：一是基本完成县级播出机构的调整。二是基本完成企事业有线电视台改站的工作。三是基本完成对广播电视系统外非法设台建网、乱开播出前端的处理工作。四是基本完成电视剧制作机构的清理和规范化管理工作。五是基本解决乱呼台、乱称台问题。此外，对地区及所在县（市）不分设广播电视播出机构问题、市辖区不设广播电视播出机构问题、建立统一有序的广播电视节目市场问题、统一引进和审查境外影视剧、动画片问题等，也要按照中办、国办（1996）37号文件的要求和具体治理方案抓紧进行，其中有些难点问题要在调研、试点基础上，在1997年底以前拿出具体实施意见。

各省、自治区、直辖市广播影视厅局负责人，机关各司局、有关直属单位的负责人参加了会议。

（陶世明）

全国省级广播电台电视台台长研讨班

中宣部、广电部于1997年5月6日至9日在京举办全国省级广播电台、电视台台长研讨班。研讨班以提高新闻宣传水平为题，通报情况，交流经验，商讨工作。中共中央政治局委员、书记处书记、中宣部部长丁关根和研讨班的全体同志座谈，他强调要团结、稳定、鼓劲，以正面宣传为主，牢牢把握正确导向，努力提高节目质量，为两件大事创造良好氛围。

丁关根在讲话中指出，今年是我们党和国家历史发展上很重要的一年。恢复对香港行使主权、召开党的十五大，这两件大事关系全局，举世瞩目。为确保两件大事顺利完成创造良好的氛围，新闻宣传战线必须坚持以正确的舆论引导人，牢牢把握正确导向。一定要认真学习邓小平同志的光辉思想、革命风格、创造精神和崇高品质，高高举起邓小平建设有中国特色社会主义理论的伟大旗帜，坚持党的基本路线不动摇。一定要讲学习、讲政治、讲正气，思想敏锐，纪律严明，坚定自觉地在思想上政治上行动上同以江泽民同志为核心的党中央保持一致。一定要心系大局，更好地为改革开放和经济建设这个中心服务，促进社会全面进步。一定要以大局为重，维护社会稳定，多做团结工作，把群众的积极性引导好、保护好、发挥好。

丁关根指出，要进一步深入宣传六中全会精神，积极推动群众性精神文明建设创建活动，大力宣传先进典型，倡导全心全意为人民服务的思想和爱国主义、集体主义、社会主义精神，引导人们树立正确的世界观、人生观和价值观，歌颂真善美，弘扬社会正气。

丁关根强调，广播电视节目必须提高质量，多出精品。要树立精品意识，精办频道，精办节目，努力创作出广大群众喜闻乐见的、思想性、艺术性、观赏性俱佳的优秀作品。广播电视工作者要有高尚的道德情操和良好的文明素养，恪守职业道德，坚决制止有偿新闻，加强行业自律，接受社会监督，树立良好形象。

丁关根说，今年工作任务很重，我们务必恪尽职守，严细深实，谦虚谨慎，做好工作。要把人民放在心上，把党的事业放在心上，尽力尽责，真干苦干。不计名利地位，不计荣辱进退，时刻以党和人民的利益为重。多学习、少应酬，多奉献、少计较，多实干、少空谈，兢兢业业、扎扎实实，积极完成国家交给我们的任务，迎接党的第十五次全国代表大会胜利召开。

研讨班上，广播电影电视部部长孙家正、中央宣传部副部长徐光春通报了情况，提出了要求；国家经贸委副秘书长蒋黔贵介绍了当前经济形势和我国国有企业的改革和发展。来自全国省级广播电台、电视台和中央人民广播电台、中国国际广播电台、中央电视台的60多位台长参加了研讨班。

*　*　*　*　*　*

全国电视剧题材规划会议　为了贯彻落实中共中央十四届六中全会精神，加强电视剧生产的宏观调控和科学管理，表彰获得“飞天奖”的电视剧，经广播电影电视部批准，由中国电视艺术委员会和中央电视台联合举办、中央电视台无锡太湖影视城承办的’97年度全国电视剧题材规划会议暨第16届全国电视剧“飞天奖”颁奖会议于1997年2月18日至20日在江苏省无锡市召开。来自全国各地广播电视厅（局）的领导、电视剧制作单位的代表等近400人参加了这次会议。

广播电影电视部副部长刘习良出席了大会，并在会上作了“实施电视剧精品战略，推动电视剧精品生产”的报告。报告“对近两年电视剧创作的基本评价”、“多出精品，普遍提高电视剧质量”、“加强管理，全面繁荣电视剧创作”等三方面进行了具体分析和阐述。

加强全国电视剧的题材规划是实施精品战略、促进提高电视剧质量的“龙头”环节。这次会议对全国86家持有长期电视剧生产许可证和127家临时电视剧生产许可证单位申报的859部12684集电视剧进行了规划，与1996年相比，部数增长3.6%，集数增长15.4%。中央电视台影视部和有关单位圈定了拟在中央电视台黄金时间播出的重点电视剧题材选题。中国电视艺术委员会会同有关制作单位，协调了一批电视剧题材的撞车问题。

会议希望电视剧制作单位，尤其是中央电视台、中国电视剧制作中心以及各电视剧生产大户千方百计克服困难，对计划加以调整，向短篇电视剧、少儿电视剧、戏曲电视剧、少数民族电视剧以及其他电视剧创作的弱项实行倾斜政策，为繁荣我国的电视剧创作作出贡献。

（艺委会）

全国电视对外宣传选题规划会 1997年全国电视对外宣传选题规划会3月24日～26日在大连召开。来自全国47家电视台的近百名电视外宣工作主管领导及代表参加了会议。广电部副部长刘习良、部总编室主任张振东、部外事司司长马元和、国务院台办新闻局局长张铭清、中央外宣办三局副局长任一农出席会议并讲话，中央电视台副台长李丹作工作报告，提出要围绕党的十五大的召开和香港回归这两件大事，调整栏目，规划选题，突出中央电视台国际频道以新闻和新闻性节目为主的特色，加强重点栏目，改造一般栏目，合并同类栏目，停办较差栏目，进一步提高质量，狠抓精品，再上台阶。与会代表在讨论中表示，要以中央电视台为龙头，以地方电视台为依托，发挥系统优势，开创电视外宣工作新局面。

全国有线电视台台长会议 1997年4月26日至29日，广电部在北京召开全国有线电视台长会议。与会同志认真学习中央关于做好电视工作的重要指示，总结、交流了有线电视工作经验，并就当前有线电视建设和管理工作中的问题和难点进行了研究讨论。同向荣副部长作了“加强管理，促进有线电视事业健康有序地发展”的工作报告，何栋材副部长和杨伟光副部长分别就有线电视联网工作和转播中央台节目问题讲了话。中宣部新闻局局长栗国安同志就做好当前新闻宣传工作提出了要求。孙家正部长到会作了总结讲话。

会议认为，我国有线电视从八十年代起步，进入九十年代以来获得了迅速发展，目前已初步形成一个规模宏大、覆盖广泛的有线电视专用传输网，有效地扩大了中央和省级广播电视节目的覆盖，提高了广播电视传输质量，完善了广播电视事业结构，正在有力地推动着广播电视事业继续发展和提高，为加强广播电视宣传，丰富人民群众精神文化生活，更好地发挥广播电视在国家信息化建设中的基础性作用，开辟了广阔的前景。

会议指出，有线电视与无线电视一样，是党和人民的喉舌，是社会主义精神文明建设的重要阵地，有线电视的中心任务同样是“以科学的理论武装人，以正确的舆论引导人，以高尚的精神塑造人，以优秀的作品鼓舞人”。有线电视节目的内容，必须坚持为人民服务、为社会主义服务的方向，坚持团结稳定鼓劲、正面宣传为主，牢牢把握正确的舆论导向，努力把更多优秀的节目奉献给人民。有线电视网作为传输有线电视信号的载体，是广播电视宣传的重要组成部分，是确保党中央、国务院政令畅通的传输通道，必须牢牢地掌握在党和政府的手里，必须与广播电视宣传一体化，由广播电视行政管理部门统一规划、统一标准、统一建设、统一管理。

会议提出，根据八届人大四次会议通过的《国民经济和社会发展“九五”计划和2010年远景目标纲要》和党的十四届六中全会《决议》，到本世纪末下世纪初，我国有线电视的发展目标是：有线电视的入户率达到现有电视机社会拥有量的30%，即用户数量达到8000万户；网络设备和用户设备实现向数字化过渡；有线电视基本实现干线网和城市网的标准化、规范化、光纤化，入户网以HFC网为主；按照“一城一网”的原则，大力推进城市网、区域网的联网工作，在此基础上逐步形成一张以31个省级网为支撑的全国有线电视网；频道资源配置进一步优化，节目套数设置更加合理，节目质量大大提高，教育和信息服务功能得到充分的开发和利用，使有线电视更好地为国家信息化建设服务，为经济建设和改革开放服务，为社会主义物质文明和精神文明建设服务。

会议强调，要切实加强对有线电视的管理，保障和促进事业健康有序发展。当前，管理工作的重点，就是要认真贯彻落实中办、国办（1996）37号文件精神，坚决稳妥地治散治滥，改变目前有线电视发展中出现的重数量轻质量、重硬件轻软件、重建设轻管理、重经济效益轻社会效益、重局部轻全局的倾向。一是要抓好设台建网的管理，做好播出机构的调整，严格控制有线电视的总量。二是要突出加强播出管理，坚决制止乱播滥放。三是加强内部经营管理，严格财务审计制度，合理使用资金，把有限的经费用在网络的维护、更新改造和提高节目质量上。四是加快立法步伐，促进依法管理。要通过依法管理，既促进发展，又规范行为，以保障广播电视事业的健康有序发展。

孙家正同志在讲话中强调，办好有线电视关系到中国广播电视事业的整体格局，关系到我们将把一个什么样的广播电视事业带入二十一世纪的问题，关系到我国广播电视事业生存、繁荣、发展的问题。各级广播电视部门的领导同志和从事有线电视工作的同志，一定要以对党和国家负责，对人民负责，对广播电视事业未来负责的精神，妥善处理有线广播电视与无线广播电视、全局与局部、主功能与多功能、事业建设与队伍建设等方面的关系，兢兢业业，扎实工作，把这项党和政府高度重视，人民群众寄予很大希望的事业办好。

各省、自治区、直辖市广播影视厅（局）、有线电视台及计划单列市、省会市有线电视台，以及中央电视台、中国教育电视台代表共140多人参加会议。中宣部、中央宣传思想工作领导小组秘书组、国家教委等部门的有关负责同志应邀出席了会议。

（陶世明）

全国省会城市电视台台长工作年会 1997年5月5日～8日，由济南电视台承办的'97全国省会城市电视台台长工作年会在济南舜耕山庄举行，来自沈阳、南京、福州、武汉、成都等25个省会城市电视台台长、总编室主任及上海电视台的代表共53人出席会议。会议围绕加快电视事业改革与发展步伐这一主题，交流了办台经验，介绍了管理与播出机构的领导体制、人员编制、编播设备等情况，分析了电视事业建设尤其是省会城市电视台当前所面临的困难和问题，研究了加快电视事业改革与发展步伐的具体措施。山东省广播电视厅副厅长宋德福，中共济南市委常委、宣传部长牛洪恩出席会议开幕式并讲话。

（王大鸣）

全国广播电视系统经营工作座谈会 全国广播电视系统经营工作座谈会于1997年5月27日至6月1日在广西北海市召开。来自广电部计财司、中央电视台、中国广播电视卫星公司、中广国际旅行公司、中塔公司以及各省、自治区、直辖市广播电视厅局的代表90人参加了会议。广电部副部长何栋材，部计财司司长刘以纯等出席会议。何副部长在会议开始时讲话，会议结束时作总结。

这次会议上，中广卫星公司、中广国际旅行公司作了有关工作报告，中央电视台、中塔公司、东方明珠公司、青岛电视塔等代表介绍了经营管理经验，无锡、西藏、深圳等六个单位介绍了情况。

会议认为，改革开放以来，我国的广播、电影、电视事业有了巨大的发展和变化，取得了举世瞩目的成就。随着形势的发展，广电系统从单一的机关事业性质，演变到包含机关、事业、企业等多种性质的综合体，相当一部分工作引入了市场机制，即使是拍片，做节目，搞宣传，往往也存在多种渠道筹集经费和扩大发行范围的问题。召开这样一次会议，总结交流各方面的先进经验，可以提高我们的管理水平，集思广益，开拓思路，向经营的广度和深度进军，是十分必要和十分及时的。会议取得了预期的效果。

（黄贻新）

李铁映同志与香港回归广播电视报道人员座谈 1997年7月8日上午，中共中央政治局委员、国务委员李铁映与广电部参加香港回归广播电视报道工作的同志们座谈，对香港回归广播电视报道的圆满成功给予祝贺，向参加香港回归广播电视报道的全体人员表示慰问。

座谈会由广电部部长孙家正主持，广电部副部长刘习良、杨伟光，广电部总编室主任张振东，中央电视台副台长刘宝顺、李丹、刘宜勤、李东生及中央人民广播电台、中国国际广播电台的有关同志参加了座谈。

听取了工作汇报后，李铁映同志指出：广电部系统全面、圆满地完成了中央交给的历史性任务。香港回归祖国将永载史册，对香港回归的报道工作也将永载史册。

李铁映同志说，这次报道是一次具有深远历史意义的报道。香港回归是个划时代的历史事件，标志着中华民族从此走向全面复兴，屹立于世界民族之林。香港回归也是本世纪末最大的新闻热点，你们能够抓住这一热点，进行正确报道，向全世界展示了中华民族的健康形象，展示了党、国家和人民的良好形象，这是令所有中国人和海外华人为之骄傲和振奋的，其影响必将长久。随着时间的推移，事件本身的重要性和报道的重大影响将越来越明显。

李铁映同志指出，这次报道积累的经验是宝贵的财富。香港回归报道是一次新闻大战，也是世界各新闻媒体间的一次“奥林匹克大赛”。这次报道的成功，凝结了广播电视新闻、技术、后勤等各系统多年来的努力，是多年来奋斗积累的结果，希望你们认真总结分析，把这次报道工作形成的经验作为一个成果继承下去，进一步提高中央台、地方台的工作水平，使全国的广播电视系统以此为契机再上一个新的台阶。

李铁映同志要求广播电视工作者树立更高、更长远的目标。希望三台办成国际性的大台，真正跨入世界级大台的行列，同我们国家日益提高的国际地位相称。中央三台是国家台，是党的喉舌，体现了国家民族的风貌和时代前进的步伐，希望你们讲党性、讲政治、讲学习，造就一支优秀的、特别能战斗的队伍。

最后，李铁映同志说，香港回归报道是对你们的一次考试，事实证明你们是合格的，优秀的，在全世界面前打了高分。国家的每一件大事，都是你们的战役，要一仗仗打好。大家要继续保持高昂的斗志，更好地完成党和国家交给的任务。

中央电视台经济宣传顾问委员会成立大会暨第一次全体会议

1997年7月8日上午，中央电视台经济宣传顾问委员会成立大会暨第一次全体会议在北京举行。中共中央政治局委员、国务委员李铁映，广播电影电视部部长孙家正参加了大会并发表讲话。广播电影电视部副部长、中央电视台台长杨伟光主持颁发聘书仪式，中央电视台副台长赵化勇主持专家发言。广告经济信息中心主任谭希松介绍了委员会的工作计划。中央12个部委办领导和14位著名经济学家、企业家应邀担任中央电视台经济宣传顾问。

随着九七香港回归和市场经济改革的深入，加强电视经济宣传的权威性日益重要。为此，中央电视台目前专门成立了一个经济宣传顾问委员会，以指导影响不断扩大，任务愈加繁重的电视经济报道工作。

这个顾问委员会是根据中央领导关于加强电视经济报道的指示精神而成立的。其组成人员都是中央主管经济工作的部、委、办领导和大学教授等经济界权威人士。中共中央政治局委员、国务委员李铁映在成立大会上向顾问颁发了聘书。

全国'96广播新闻评选会 1997年7月10日，由广播电影电视部和中国广播电视学会主办，甘肃人民广播电台承办，兰州民百（集团）股份有限公司协办的中国广播电视新闻奖“民百杯”’96广播新闻、广播社教节目评选活动在兰州举行。全国政协常委、原广电部副部长、中国广播电视学会顾问徐崇华出席。评奖期间，甘肃省委书记阎海旺、副书记赵志宏、八届全国政协常委李子奇、省委常委宣传部部长石宗源、副省长洛桑·灵智多杰分别看望与会代表或作会议讲话。

本次参评单位有中央人民广播电台、中国国际广播电台和各省、市、区广播电视学会共34家，参评作品400件，其中广播新闻240件，广播社教节目160件，同时还将对有关专业研委会从数百件参评节目中选拔推荐的对象性节目进行终评认定。

全国经济电视台协作体年会　由内蒙古经济电视台承办的’97全国经济电视台协作体年会，1997年7月11日在呼和浩特市举行。

’97全国经济电视台协作体年会是在各省区和市级经济台不断发展壮大，全面贯彻广电部加强经济宣传的形势下召开的。来自全国22个省区和市级经济电视台就如何搞好经济宣传、办好经济台节目和加强经济台协作，发挥整体效益进行了广泛的交流。会议希望各地经济电视台要加强合作和交流，紧紧围绕为经济建设服务这个中心，进一步办好经济、信息、服务、娱乐类节目，为广大群众提供健康向上、丰富多彩的电视节目。

中国广播电视学会副会长郝平南、内蒙古自治区党委副书记乌云其木格、自治区人大常委会副主任于兴隆、自治区党委宣传部副部长宁宝才、自治区广播电视厅厅长白朝蓉出席会议并讲了话。

（李保国）

中国广播电视学会常务理事座谈会　1997年7月14日，利用全国广播电影电视厅局长座谈会的机会，中国广播电视学会召开了一次常务理事座谈会。这次会议的主要议题是，汇报第三届理事会议召开以来所做的工作，就修改学会章程和广播电视研究基金的有关问题向常务理事们通报情况和征求意见。

座谈会由常务副会长刘习良主持，副会长杨伟光、何栋材、张振华、胡兴华、郭宝新、黄世雄等共30位常务理事参加了会议。参加广播电影电视厅局长座谈会的部分省（区、市）广播电视厅局的负责同志代表本单位的常务理事列席了会议。

刘习良同志首先汇报了第三届理事会议召开以来学会的工作。他说：学会换届以后，把4月中旬至7月中旬的3个月时间作为新老班子交替的过渡期，要求根据学会原定的安排，工作计划不变，分工不变，工作制度和要求不变，各部门的工作不要停摆。按照这个要求，三个月来，学会办事机构各部门按照今年工作计划拟定的项目在有条不紊地开展工作。这期间，报部批准，由部办公厅转发了学会第三届理事会议纪要和学会今年的工作要点，转发到各省（区、市）厅、局，使各厅局领导、有关部门和各地学会了解情况，有利于学会开展工作；专门就学会经费问题向部党组打了专题报告，希望从根本上解决学会评奖经费的稳定来源问题；研究了学会的组织工作，包括建立分党组、配备副秘书长、增设机构和增加编制等问题；继续按照惯例抓好广播电视新闻、社教节目和广播文艺、广播剧的评奖，同时按照中宣部、广播影视部关于整顿评奖工作和设项的通知精神，修改制定新的评奖规则和办法，对一些奖项作必要的调整，对新设的奖项制定具体的实施方案；按照学术研究“抓大、抓实、抓组织工作”的原则，开始着手抓“有中国特色的社会主义广播理论”、“有中国特色的社会主义对外广播理论”、“有线电视的发展和管理”、“卫星直播电视的应用和发展”等几个重点的课题研究；贯彻落实中央关于整顿社团的有关精神，着手整顿挂靠公司和专业研究委员会等。

刘习良同志通报了关于学会章程修改的两个主要问题：一是学会的最高权力机构是理事会还是会员代表大会。按照社团管理条例的规定，社团的最高权力机构应该是会员代表大会。他指出，这个问题的关键在于如何体现社团的民主性、代表性。目前还是采用简便易行的办法，更实际一些。二是学会要否实行个人会员制，需要慎重处理。从学术团体的性质和活动方式看，一般都是以个人会员为主。团体会员是我们学会的主体，个人会员发挥的作用也是非常明显的。从10年来的发展实践看，只要严格审查个人会员的入会资格，就不致因为实行个人会员制带来管理上的问题，如果取消个人会员制，有个突出的现实问题是，可能会挫伤全国广播电视系统许多同志迫切要求入会和参加学会活动的积极性，并且已经入会的个人会员的会员资格也难以处理。所以他提出，从学会工作实际出发，在没有产生迫切需要改变章程现行规定的严重问题，而且章程现行规定又不违反国家有关精神的情况下，学会建设以稳定为好。对第三届理事会议原则通过的学会章程中涉及的上述问题，建议基本不作修改。待今后实践中遇到有关问题时，再根据情况研究对策，交由以后的会员代表大会或理事会决定是否修改章程。

刘习良同志通报了关于广播电视研究基金的问题。他说，学会第二届理事会做出设立“广播电视研究基金”的决定，是经部党组批准，目的是为广播电视学术理论建设和有计划地开展学会的各种学术活动建立稳定的经费来源，并最终为广播电视事业的发展提供智力服务。原定的基金筹集目标是2000万元，基金设立后，本金不动用，每年只用基金的存款利息开展学术活动。到目前为止，已筹集的资金数目离原定的基金筹集目标还有很大的差距。因此，希望广播电视系统各个单位都能从广播电视事业发展的长远大计着眼，对这项工作给予有力的支持，根据自己的财力情况，为增加广播电视研究基金做些贡献。会后，学会的同志将用适当的方式和各单位联系，落实为研究基金提供资金的工作。

到会的常务理事就刘习良同志所谈的三个问题发表了意见。

常务理事们对学会3个月来所做的工作表示赞同，

特别是学会注重扎实的工作，下功夫抓重点课题研究是完全正确的。有的常务理事提出，学会可以多组织一些课题，多研究一些全国广播电视工作面临的迫切的现实问题，比如，市场经济条件下广播电视事业的发展和管理，现代化高新技术与广播电视的发展，这些问题都很值得研究。有的同志建议，学术研究可以广泛发动各方面的力量，一些课题可以组织地方学会的同志一起来研究。

关于学会组织建设的两个问题和涉及到的修改学会章程一事，常务理事们同意按照第三届理事会议原则通过的意见，对学会章程中关于学会的最高权力机构是会员代表大会和关于个人会员的规定，暂时不作大的修改。有的同志建议，学会的最高权力机构是会员代表大会，就应在章程中规定会员代表的产生办法，可以明确规定，会员代表可以采用推荐和协商的办法产生，这在实际工作中也是好操作的。这个意见得到其他常务理事的赞同。有的常务理事则明确表示，个人会员不应取消。

常务理事们还讨论了广播电视研究基金的有关问题。

常务理事座谈会召开前，刘习良同志先主持召开了一个简短的会长碰头会，商量了一下常务理事座谈会的有关事宜。

全国第十五次藏语文艺广播会议　全国第十五次藏语文艺广播会议于 1997 年 7 月 18 日至 23 日在青海西宁举行。来自中央人民广播电台民族部、西藏人民广播电台、四川人民广播电台、甘南人民广播电台、阿坝人民广播电台、甘孜人民广播电台、玉树人民广播电台、海西人民广播电台、天祝人民广播电台和青海人民广播电台的 32 名代表参加了会议。

会议期间，代表们认真听评了各台选送的十五个音乐专题和文学专题，共评选出音乐专题和文学专题类编辑、播音、制作一等奖各一个：在音乐专题类中，中央台的《我的艺术生命在西藏》获编辑一等奖，西藏台的《雪域妙音》获播音一等奖，甘孜台的《巴塘弦子》获制作一等奖。在文学专题类中，甘南台的《唤起沉睡的智慧》获编辑一等奖。西藏台的配乐诗《喜迎香港回归》获播音一等奖，青海台的广播剧《含泪的笑》获制作一等奖。西藏台《雪域妙音》、玉树台的《藏族舞蹈欣赏》获音乐类编辑二等奖，青海台的《执着的追求》，阿坝台的《山歌仙女》获音乐类播音一等奖，四川台的《不惑之年》，西藏台的《雪域妙音》获音乐制作二等奖，青海台的广播剧《含泪的笑》、海西台的《天峻草原的迎客曲》获文学专题类二等奖，中央台的《一个姑娘的故事》、甘南台的《唤起沉睡的智慧》、青海台的广播剧《含泪的笑》获文学专题类播音二等奖、甘南台的《唤起沉睡的智慧》等获文学专题类二等奖，其余 9 篇获三等奖。会议共交换复制了 1500 多分钟的歌曲、轻音乐、弹唱等文艺节目。

（索南仁钦）

重大革命历史题材影视创作座谈会　为期 3 天的重大革命历史题材影视创作座谈会 1997 年 8 月 2 日在北京闭幕。中共中央政治局委员、书记处书记、中宣部部长丁关根到会看望了参加会议的全体人员。

丁关根向对重大革命历史题材影视创作做出贡献的文艺工作者表示亲切问候和诚挚的敬意。他充分肯定 10 年来重大革命历史题材影视创作取得的显著成绩，强调重大革命历史题材影视创作的重要意义。他说，做好这项工作，再现中国革命波澜壮阔的历史画卷，展示革命领袖和先辈百折不挠、为国为民的高尚精神和光辉业绩，这是生动形象的党史教育和爱国主义教育，有助于人们特别是青少年了解革命艰苦历程，珍惜今天来之不易的幸福生活，有助于发扬光荣传统，振奋民族精神，激发爱国热情，培育四有新人。他希望大家认真总结经验，倾注对党、对人民、对革命前辈的真挚深情，努力把重大革命历史题材影视片拍得更好，奉献给祖国，奉献给人民。

1997 年，是重大革命历史题材影视创作领导小组成立 10 周年，在党中央和中央军委的关怀下，10 年来重大革命历史题材影视创作取得了丰硕成果。据统计，重大革命历史题材影视创作领导小组已审查通过的重大革命历史题材电影剧本共有 45 部 69 集，已摄制完成或即将完成的有 25 部 40 集，正在摄制或筹拍的有 3 部 5 集。已审查通过的重大革命历史题材电视剧本共有 123 部 1006 集，其中已录制完成并播映的有 89 部 570 集。这些作品内容丰富、风格多样，大部分作品既有思想深度，又有艺术魅力。从 1921 年中国共产党成立，第一、二次国内革命战争，八年抗战，三年解放战争，到新中国成立，抗美援朝，以及社会主义革命和社会主义建设时期的重大斗争和重大历史事件，都得到了不同程度、不同侧面的反映。电影《开国大典》、《周恩来》、《刘少奇的四十四天》、《大决战》、《大转折》，电视剧《中国出了个毛泽东》、《秋白之死》、《巨人的握手》、《宋庆龄和她的姊妹们》等一大批重大革命历史题材优秀影视作品的出现，不但赢得了广大观众的喜爱，也标志着重大革命历史题材影视创作正在走向成熟。这些影视片较为成功地塑造出李大钊、瞿秋白、毛泽东、周恩来、刘少奇、邓小平、刘伯承、宋庆龄等几十位领袖人物的银幕和荧屏形象，既表现了他们的丰功伟绩，又揭示了他们丰富的精神世界和情感世界。重大革命历史题材的影视创作，已成为有中国特色社会主义文艺的重要组成部分，并为文艺唱响主旋律做出了突出贡献。

出席本次会议的有部分省、自治区、直辖市党委宣传部、广电厅（局）、电影制片厂、电视台的有关负责同志，以及影视界的艺术家。

（1997 年 8 月 3 日《人民日报》）

全国省级广播电视报专业委员会年会　1997 年 8 月 3 日，全国省级广播电视报专业委员会年会在甘肃省召开，中国电视报社和 30 家省级广播电视报社的 60 多位社长、总编参加会议，总结了各社办报的新经验、新成就，规划了下一段任务。甘肃省委副书记赵志宏、省人大常委会副主任姚文仓、省政协副主席韩正卿等领导出席了年会开幕式。

中央电视台特邀制片人联席会成立大会 为了保证创作出思想性、艺术性俱佳的优秀电视剧，1997 年 8 月 9 日，中央电视台在武汉召开了特邀制片人联席会成立大会，强调发挥中央电视台的指导作用，推进电视剧制片人管理体制的开展。广播电影电视部副部长兼中央电视台台长杨伟光、副台长赵化勇及来自全国的 40 余名制片人参加了大会。

十几年来，特别是近五六年来，中国的电视剧无论是在生产上，还是在质量上都取得了很大的发展，涌现出一大批深受观众喜爱的优秀电视剧，像《英雄无悔》、《和平年代》、《香港的故事》等。但是，由于电视事业发展迅速，也产生一些新的问题。

杨伟光在讲话中谈到加强制片人队伍建设的必要性，强调必须提高质量，制作更多精品，实施精品战略。制片人联席会就是要保证好的精品电视剧的产出，培养出一批有高度政治觉悟，有精深艺术修养和精干工作能力的适合我国国情的电视制片人。

会议期间，与会代表谈到当前电视剧制作过程中存在的一些问题，比如有的演员稿酬要价太高，甚至拍摄中间罢演，要求增加稿酬等。代表们表示，要坚持“二为”方向，贯彻“双百”方针，遵循党的文艺方针和国家的经济政策，规范电视剧的艺术创作、生产、发行及播出等各个环节存在的不正之风，保证多出精品。

’97 全国省级电视台广告年会 1997 年 8 月 15 日至 18 日，由贵州电视台承办的’97 全国省级电视台广告年会在贵阳召开。全国各省级电视台有关负责人参加了会议。广播电影电视部副部长兼中央电视台台长杨伟光出席会议并讲话。会议研究了电视广告管理中存在的问题；探讨了电视在两个文明建设中的作用。

（邹友利）

全国第二届省级有线广播电视台台长经验交流会 全国第二届省级有线广播电视台台长经验交流会暨全国第五届有线电视新技术研讨会于 1997 年 8 月 23 日至 25 日在广州举办。来自全国省级有线广播电视台及省会市、单列市有线电视台的台长和技术人员近 200 人参加了会议。广电部科技司、外事司、社管司的领导和广东省委宣传部、省广播电影电视厅领导到会并作了讲话。与会代表认真学习了全国有线电视台台长会议和全国信息化工作会议精神，以及国务院颁布的《广播电视管理条例》，广泛交流了全国有线电视事业建设的经验：

一、高标准地建设有线电视网络，是有线电视事业健康发展的基础。

二、坚持网台一体，以台促网，以网养台，互为促进，互为依托，是快速高质量建网的最佳体制。

三、正确认识省级有线电视台在全国有线电视事业中的地位和作用，是健康发展我国有线电视事业的重要保证。

四、坚持自筹资金、自负盈亏、自收自支、自我发展的事业单位企业化管理体制，是有线电视事业建设在新的历史时期的新路子。

五、正确处理主功能与多功能的关系，是有线电视台健康发展的关键。

会议还就举办第三届省级有线广播电视台台长经验交流会以及若干当前急需解决的问题进行了讨论。会议形成了会议纪要并发出了致广电部长孙家正同志的信。并会召开的全国第五届有线电视台新技术研讨会也获得了成功，解决了许多在当前网络建设中大家共同遇到的技术问题。与会人员对广东有线广播电视台的发展建设、750 兆双向传输的 HFC 系统和多功能开发留下了深刻的印象。

（张中南）

全国电台经济信息协作网会议 1997 年 9 月 1 日，来自全国 30 多家广播电台的 60 多位代表聚集长沙，共商新形势下广播电台发挥整体优势，加强横向联合，开展经济信息宣传协作的大计。中国国际广播电台和部分全国知名企业的代表也应邀参加会议。中共湖南省委常委、省委宣传部部长文选德出席会议并向与会代表介绍了湖南省经济建设和社会发展的情况。本次会议由湖南经济广播电台承办，会议评选了一年来全国电台经济信息优秀稿件和节目。

（章 涛）

全国电视艺术家协会秘书长会议 1997 年 9 月 19 日至 21 日，全国电视艺术家协会秘书长工作会议在厦门举行。中国电视艺术家协会和全国各省、市电视艺术家协会的 40 多名代表参加了会议。会上，福建省电视艺术家协会等三个单位分别介绍了积极开展协会工作和落实 97 年初中国电视艺术家协会提出的十项工作的情况，认真讨论了“百佳电视艺术家”评选方案，重点研究探讨了进一步发展、健全组织和加强会员队伍建设的工作思路，以便今后不断壮大电视艺术家队伍，促进电视事业进入到一个新阶段。

’97 全国电视新闻年会 1997 年 9 月 23 日～25 日’97 全国电视新闻年会在福州举行。中央电视台及各省、市、自治区电视台主管新闻工作的台级领导和新闻部主任出席了会议。中央电视台副台长李东生做主题发言，并就十五大精神的学习、宣传、贯彻落实提出意见。党的“十五大”代表、新闻中心副主任孙玉胜传达了“十五大”的主要精神以及自己参加“十五大”、学习总书记报告的切身体会；新闻编辑部副主任陆伟昌做了《如何加强电视新闻的前期策划，搞好“十五大”后续报道》的发言。与会代表按照会议确定的“学习、贯彻‘十五大’精神”的主题，展开了热烈的讨论。会议确定了贯彻落实“十五大”精神的7个报道重点。

全国戏曲广播工作会暨中国戏研年会 第十六届全国戏曲广播工作会议暨中国广播戏曲研究委员会年会，于1997年10月6日至11日在贵阳市举行。中央电台、上海、天津、辽宁、四川、贵州等37家电台和北京广播学院、中国唱片公司西安公司的61位代表出席了会议。此次会议由贵州电台主办，鞍山电台协办。

会议向52家获得96年度全国戏曲节目奖的电台颁发了奖状。中央电台文艺部原主任、广播文艺专家陈开，北京广播学院研究生部主任周华斌教授分别对参评的戏曲专题、板块、故事、录音剪辑、戏曲广播剧进行讲评。与会代表听取了获奖节目代表谈采编制作节目体会。召开戏曲研究会理事会，同意吸收杭州台和无锡台为戏研会成员台，并对今后的工作作了安排。

（张湘绮）

全国省级、单列市广播电台第七届办公室管理会议 全国省级、单列市广播电台第七届办公室管理会议，于1997年10月7日至11日在广西南宁召开。来自全国各地28家电台的代表62人（其中台级领导14人）参加会议。

会议期间，北京台、上海台、上海东方台、天津台、山西台、广东台、南京台、江苏台、新疆台、广西台、重庆台、广州台的代表围绕加强行政管理、深化人事制度改革、强化财务管理等议题，介绍了各台的经验和体会。

会议议为，办公室是电台综合职能部门，其主要职能是为领导当好参谋，为群众提供服务，它的工作好坏直接影响全台整体工作，必须强化管理，发挥其作用。首先要强化大局意识，树立一盘棋思想，围绕电台的中心，即宣传中心，开展工作，做好服务。其次，要建立健全科学的管理制度，规范管理，近年来这方面各台取得了明显的效果。第三，要做好办公室的工作，必须善于体察领导意图，联系各方人士，真正做到眼观六路耳听八方，做到脑勤、眼勤、手勤、腿勤。态度耐心，工作细心，办事真心，充分发挥办公室的职能作用。

会议认为，随着广播改革的深化，事业的发展，办公室的工作在管理上还缺乏力度，转变观念，积极探索新时期的管理方式，提高办公室人员的素质，是我们的共同目标。

这一届会议由广西台承办。会议商定，全国省级、单列市广播电台第八届办公室管理会议，于1998年10月在福建省厦门市召开。

（黄贻新）

第八届全国电视教育节目评奖会 1997年10月9日至15日，由中国广播电视学会电视教育研究会主办的第八届全国电视教育节目评奖大会在河南郑州召开。这次评奖活动在34家参赛单位选送的94个节目中，分普及、栏目、教学三类评选出了80个获奖节目，其中一等奖10个，二等奖24个，三等奖46个。

这次评奖组织严密，评选认真，获奖节目质量比以往有较大幅度提高，涌现出不少思想精深、艺术精湛、制作精良的精品节目。

全军电视宣传工作会议 全军电视宣传工作会议1997年10月20日至22日在京召开，总政治部副主任袁守芳、中央电视台副台长李东生出席会议并讲了话。

从1986年开始，中央电视台先后在全军各大单位成立17个记者站后，每年都召开电视宣传工作年会。这次会议总结了解放军电视宣传中心成立一年多来取得的成绩，找出了差距。同时还重点围绕深入宣传十五大精神，做好1998年的电视宣传工作，改版军事节目、提高军事节目质量作了深入的研究和讨论。

总政治部副主任袁守芳要求全军电视宣传队伍扎实工作，努力把党的十五大精神学习好、宣传好。他说：电视军事宣传要以党的十五大精神作指导，大力加强电视军事宣传队伍的自身建设，在进一步提高宣传质量上下功夫。他在讲话中还要求各级领导和政治机关要重视、关心、支持电视宣传工作，创造拴心留人的工作环境。

中央电视台副台长李东生在讲话中说：电视军事宣传是整个电视宣传的重要组成部分，电视军事宣传队伍是一支特别能战斗的队伍。他要求电视军事宣传要自觉地置于全党、全国中心工作的大局中，在队伍作风上下功夫，多下基层，反映部队基层官兵生活，制作出有思想、有深度、能引人思考的好节目，更好地完成党中央、中央军委交给的各项宣传任务。

解放军电视宣传中心主任刘效礼和总政宣传部副部长兼解放军电视宣传中心政委熊焰在会上分别作了《高举邓小平理论伟大旗帜、开创电视军事宣传新局面》和《振奋精神、加强学习，努力提高电视宣传质量》的发言。

来自中央电视台驻全军17个记者站的负责人和解放军电视宣传中心的代表共60多人参加了会议。

《中国广播电视年鉴》第十三届年会 《中国广播电视年鉴》第十三届年会于1997年10月22日至25日在江西省井冈山市举行。来自广播电影电视部有关机关和直属单位，28个省、自治区、直辖市及3个计划单列市广播影视厅（局）及其他有关单位的编委、特约编辑等70多位同志参加了会议。

《年鉴》编委会副主任李振水、副主编王录和江西省广播电视厅副厅长陈柏森等同志主持了会议。

《年鉴》编委会副主任兼主编赵玉明同志在会上首先传达了《年鉴》编委会主任刘习良副部长对本届年会的要求：要把这次年会开成学习、贯彻十五大精神的年会，按照十五大精神，总结《年鉴》工作，做好《年鉴》工作，更好地为广播电视事业的改革开放和现代化建设服务。随后，他就学习十五大精神，全面提高《年鉴》质量和办刊效益问题作了专题发言。

本届年会主要内容是，总结《年鉴》1997年版的编纂、出版工作，研讨1998年版编纂大纲和栏目调整方案；认定《年鉴》质量管理标准；商讨编辑出版“人物卷”等事项。会议还表彰了4名从事《年鉴》工作十周年的同志和10名年度先进个人。李振水同志就中国年鉴研究会组织的评奖工作和国内年鉴事业发展情况作了专题发言。

年会内容具体实在，紧凑务实，代表们讨论十分热烈。

代表们一致认为，做好《年鉴》编纂工作要深入领会中共十五大精神，以邓小平理论为指针，明确我国广播电视事业的社会主义性质，全面、真实、准确地记载我国广播电视系统一年中的主要工作，展示宣传、事业建设和行业管理各方面的成就。会议认为编辑部提出的《年鉴质量管理标准》，既突出了政治标准，又对编辑、出版等业务标准作了简明、扼要的概括，使《年鉴》工作有了明确的目标，是切实可行的，可正式颁布实施（《质量管理标准》附后）。

代表们围绕《年鉴》栏目调整草案各抒己见，讨论十分热烈，最后形成了比较一致的栏目调整方案。大家普遍反映，1997年版的质量有了明显的进步，比较规范。但是，与国内其他被评为特等奖、一等奖的优秀年鉴相比，很多方面还有差距。要逐步做到条目化、规范化，栏目调整是十分必要的，这也是十年工作经验的一次系统总结。调整方案贯彻实施后，将使《年鉴》更系统、更精炼，更富于广播电视特色。

代表们对《年鉴》的编纂、出版工作给予肯定，同时也对编辑部工作中的问题和不足之处提出了意见，指出《年鉴》编纂要再下功夫，精编、精校，加强统稿，还要结合编纂中的问题，开展理论学习和学术研究。各供稿单位也要注意供稿质量，从严把关，按时截稿。大家共同努力，力争在两三年内把《中国广播电视年鉴》办成全国一流的年鉴。

代表们一致认为，《年鉴》不仅是广大广播电视从业人员的重要参考书，还是给后人留下的一份宝贵精神财富，是建设有中国特色社会主义广播电视事业的重要借鉴，《年鉴》工作者使命崇高，任重道远，应始终把社会效益放在第一位。

《江西广播电视年鉴》主编周晶星同志在会上介绍了该省年鉴的编纂经验。湖南省广播电视厅主任编辑余以均同志应邀做了审读1996年版《中国广播电视年鉴》的专题发言。

《年鉴》主编赵玉明在总结发言中指出，本届年会取得了积极成果，明确了要以邓小平理论为指针，做好《年鉴》工作。要求通过学习、贯彻《广播电视管理条例》，进一步提高《年鉴》质量和办刊效益。他还就《年鉴》工作中的差距谈了自己的看法。最后要求大家把本届年会的精神尽快贯彻下去，按照既定的大纲，保质、保量、按时间将1998版稿件征集上来，圆满完成年会布置的各项工作。

年会期间，正逢井冈山革命根据地创建70周年。井冈山市的有关负责同志介绍了井冈山根据地的光荣历史及改革开放以来的巨大变化。代表们怀着崇敬的心情，参观了革命旧址，受到了一次深刻的革命传统教育。大家表示，要发扬坚定信念、艰苦奋斗的井冈山精神，积极努力地做好本职工作。年会期间，代表们还捐赠了4865元人民币，用以资助井冈山希望小学。

这次年会由江西省广播电视厅和《中国广播电视年鉴》编辑部共同主办。江西省厅为圆满完成年会各项工作付出了辛勤劳动，全体代表对此表示衷心的感谢。《年鉴》编辑部向江西省厅赠送了1996年版《中国广播电视年鉴》电子检索系统软件。

附：《中国广播电视年鉴》质量管理标准

政治标准——实事求是　导向正确　服务大局　遵纪守法

业务标准——信息密集　系统完整　简洁精炼　易查易找

编辑标准——文字规范　体例统一　准确无误　编排合理

出版标准——图文并茂　精美装帧　当年见书　三一发行

注：三一发行——指按“三个一”的标准，做好《年鉴》的征订发行工作。

即：司局级干部人手一册；处级单位每处一册；地区、县级局、台、站各一册。

电视军事节目委员会第一届理事会　1997年10月23日，电视军事节目委员会第一届理事会在京召开。中国广播电视学会副秘书长江欧利、联络部主任张伟中，中央电视台研究室副主任王甫及电视军事节目委员会的62名理事出席了会议。

电视军事节目委员会是经解放军总政部、民政部和中国广播电视学会批准成立的，是在中国广播电视学会领导下进行电视军事宣传的学术团体。它的任务是对电视军事节目进行调查研究和学术研讨，撰写学术论文和研究报告，促进电视军事宣传的繁荣和发展，积极开展有关的学术研究活动，承办全国优秀电视军事节目评选，为全军各单位培养电视宣传骨干。此次会议选举产生了电视军事节目委员会新的领导成员，讨论研究了今后的工作方针和任务。

广电部科技委传输专业委员会'97年会　广电部科技委传输专业委员会'97年会于1997年10月30日至11月3日在青岛召开。广电部科技司、无线局、科学院、设计院等部门和各省厅的委员30余人出席了会议。

会议对上届年会确定的工作纲目和当今广播电视传输的主要手段卫星、微波、有线电视、新技术发展的现状及我国在应用中的一些难题进行了交流和讨论，并确定了新的工作纲目和研究课题。

会议期间，代表们参观了青岛有线电视台的多功能开发和应用演示以及青岛第一家“网吧”，并给予一致好评。

（王 毅 冷 松）

全国交通广播电台台长会议 1997年11月4日至8日，中国广播电视学会交通宣传委员会第二届年会暨全国交通广播电台台长会议在广州召开。这次会议由羊城交通广播电台、广州市交警支队联合承办。来自全国各地23家交通广播电台的台长和所在地交警总队、支队的负责人以及广电部、公安部、北京广播学院的有关专家参加了会议。广东省委宣传部副部长邹启宇、中国广播电视学会副会长郭宝新、广州市副市长郭向阳、广东省广播电影电视厅厅长许光辉、广东人民广播电台台长曾广星、羊城兆业集团公司董事长黄潮生、广州市公安局党委副书记张秀岐等出席了开幕式并讲了话。

开幕式上，来自北京和广东省、广州市的领导和专家对交通广播电台这个在广播改革中出现的后起之秀，给予了热情的肯定和鼓励，对交通广播电台特别是羊城交通广播电台这种“依靠社会办广播，服务社会求发展”的办台模式表示了极大的兴趣。会议对交通广播对城市交通的疏导，对交通文明宣传所起的积极作用，作了较高的评价。与会领导和专家鼓励交通广播乘十五大东风，深化体制改革，办出更好的交通特色。与会代表就交通广播的节目定位，交通台如何加强与交警合作，办出专业特色进行了热烈的讨论和交流。

（广东省广播电影电视厅办公室）

全国广播影视系统干部培训工作经验交流会 1997年11月4日至7日，全国广播影视系统干部培训工作经验交流会在长沙市举行。各省市区广播电视厅（局）人事教育处长，广播电影电视部有关厅、司、台、院（校）的负责人共59人参加了会议。

这次会议主要是全面、深入地回顾、总结无锡培训工作会议后一年来的工作，交流经验，研究下一年的工作任务，明确新的工作目标，使全国广播影视培训工作在现有的基础上再往前迈进一大步。广播电影电视部人事司司长雷元亮在会上做了《搞好干部培训工作，为建设一支高素质的广播影视队伍而努力》的报告。湖南、上海、甘肃、北京、山东、河北、四川、陕西、内蒙古、黑龙江、广东、福建、宁夏、浙江、河南、新疆、中国国际广播电台、广播电影电视部管理干部学院的代表在会上介绍了干部培训工作经验。主要经验有：湖南广播电视厅在科学安排工作的基础上，采取6条办法保证干部培训工作的落实；上海市广播电视局提出的加强领导，加强计划指导，加强统筹协调；甘肃省广播电视厅采取的主办、联办、分办、协办等各种形式，全方位推进全省行业干部培训教育工作；北京市广播电视局在培训工作中经常把握关键环节，努力增强培训针对性；山东省广播电视厅成立了以厅长挂帅的“干部培训领导小组”，切实加强对干部培训工作的领导等，这些经验受到与会者的高度评价。

湖南省广播电视厅厅长魏文彬、副厅长曾凡安参加了会议。

（钟月英）

全国广播电视中专教育工作会议 “九七年度全国广播电视中专教育工作会议”于1997年11月11日至15日在杭州市召开。来自全国21所广播电视学校和有关单位的62名代表出席了会议。出席会议的领导同志有：广播电影电视部教育司王伟国副司长，浙江省广播电视厅胡瑞庭副厅长，广电部管理干部学院冯玉玲副院长，浙江广播电视高等专科学校陈为良校长。出席会议的还有浙江省教委、计委、广电厅机关及广电部教育司的有关方面负责人。

这次会议的主要议题是：如何加强职业教育；通过《关于加强广播电视中专师资队伍建设的意见》；颁发广播电视中专首届优秀教材奖；课程组换届；套开《广播电视教育》编委会。

会议由浙江广播电视学校董国权校长主持。胡瑞庭副厅长代表浙江省广播电视厅致词，并介绍了浙江省广播电视事业的发展情况。王伟国副司长做了题为《认真学习十五大关于教育的理论 深化教育改革》的报告。

陈洪诚处长作了题为《突出职业教育特点适应事业发展需要》的讲话。

会议期间，浙江、安徽、湖南、江苏、内蒙古和云南广播电视学校的代表分别介绍了面临新的机遇和挑战，各自的办学经验和思路。与会代表对浙江校扩大招生规模，狠抓教学质量，提高办学效益；安徽校适应市场需要，调整专业结构，拓宽办学思路；湖南校分析形势思进取；以及江苏、内蒙古、云南等广播电视学校在新形势下，抓住机遇，深化改革，为学校的持续发展创造条件的经验和作法，认为值得借鉴和推广。与会代表还对广播电视中专教育的近期前景进行了研讨，并对可能出现的问题提出了解决的办法。

会议对在第二轮工科教材评优活动中，荣获优秀教材一等奖的《广播电视调频发送设备》，二等奖的《电视播控与制作技术》、《微波与卫星接收技术》的作者和编辑颁了奖。

在认真总结上届课程组工作的基础上，经过各校严格的选拔、推荐，产生了新的一届课程组成员。本届课程组由“专业基础课”、“有线技术”、“无线技术”、“微机及应用”、“电视节目制作”和“播音”6个课程组组成。

会议套开了《广播电视教育》杂志编委会，编辑部执行主编熊先进同志向编委会汇报了1996年度的工作情况，并提出了下一年度的工作设想。编委们经过认真的审议，对编辑部的工作表示满意，并通过了下一年度的工作设想。

这次会议是在党的十五大胜利闭幕不久召开的。

会议本着节俭、务实、高效的原则，为今后的会议开了一个好头。明年的会议在安徽学校召开，主要议题是：落实师资培养规划、制定有关专业的教学计划、教学大纲、第三轮教材建设规划和加强学校德育教育工作等。

'97中国电视节目外销联合体第三届全体会议 中国电视节目外销联合体第三届全体会议于1997年11月18日在北京召开。

18日上午，全体会议开始。外销联合体秘书长张永富向大会报告了两年来的工作，提出了对今后工作的设想；公布了1996、1997年各制片单位提供节目、海外销售情况细目表和1996～1997.10电视节目外销收入分配细目表。

广播电影电视部党组成员、中央电视台台长杨伟光到会讲话。他首先对与会的各电视台领导和同志表示热烈欢迎，对两年来外销联合体的工作表示肯定。指出：一个国家有47家电视台联合起来对外宣传和销售，是一股巨大的力量，是世界上其他国家无可比拟的。他强调指出：随着中国政治、经济形势的迅速发展，中国电视节目的海外销售潜力很大；其次，要树立"精品"意识，只有优秀节目才能受到欢迎并获得好的经济效益；第三，要有"冲出亚洲，走向世界"的雄心壮志；第四，要讲究推销艺术，善于包装。他预祝联合体成员台的节目外销工作今后获得更大的发展。

18日下午，与会代表分为四组对联合体工作报告及杨伟光台长的讲话以及中国电视节目外销联合体章程修改（草案）、节目销售细则（草案）及常务理事台候选名单（草案）等进行了热烈的讨论。

19日，全体会议继续举行。广播电影电视部副部长田聪明同志、国家版权局局长沈仁干同志、广播电影电视部外事司副司长安利同志，分别就有关问题做了报告。

经过全体代表投票，选举产生了新一届的常务理事会。其组成是：上海电视台、四川电视台、广东电视台、北京电视台和中央电视台。中国电视节目代理公司董事长张永富同志继续担任秘书长。

第四届全国有线电视台节目评选定评会议 由中国广播电视学会主办的第四届全国有线电视台节目评选定评会于1997年11月24日至26日在青岛召开。广播电影电视部社会管理司副司长李克寒，中国广播电视学会评奖办公室主任贡吉玖和北京广播学院的三位教授，以及北京、成都等省市有线电视台的领导同志担任评委。

这次参加定评的共有124件作品。经评审，40件作品被评为一等奖，82件作品被评为二等奖。

青岛市副市长周迪颐，青岛市委宣传部副部长张成道，青岛市广播电视局局长姜作杰、副局长刘衔生出席了开幕式并讲话。

（宋景明、冷 松）

《中国广播电视学刊》座谈会 《中国广播电视学刊》于1997年11月25日至28日，在湘潭市召开了学刊编辑、发行座谈会。参加会议的有来自全国16个省广播电视学会的20多名代表。

中国广播电视学会常务副会长、《中国广播电视学刊》主编刘习良在会上作了题为"做好广播电视学刊发行，推动广播电视理论建设"的讲话，指出在广播电视宣传工作中理论建设的重要性，而近年来广播电视事业的迅速发展更向理论建设提出了更高的要求，办好《学刊》正是理论建设的重要环节。

会议期间，学刊常务副主编李向明就刊物的编辑方针等问题作了发言。与会代表展开了讨论，大家一致认为，学刊前段在把握正确舆论导向，指导全国广电工作方面起了很大的作用，广电人热爱它，信赖它，把它视为良师益友。为了进一步办好刊物，代表们就刊物的内容革新，自身宣传以及改进装帧等方面提出了许多很好的建议。

（潭 编）

中国广播电视学会团体会员秘书长工作会议

一

'97中国广播电视学会团体会员秘书长工作会议于1997年12月10日至12日在海南省海口市召开。这是中国广播电视学会第三届理事会建立以后召开的第一次团体会员秘书长工作会议。会议的主要内容是，总结交流学会1997年的工作，研究1998年的工作；征求对《中国广播电视学会全国性奖项评奖章程(草案)》的意见等。来自全国各省、自治区、直辖市和部分计划单列市、副省级市及中央三台广播电视学会的代表共50多人参加了会议。中共海南省委常委、省长特别助理董范圆，中共海南省委宣传部常务副部长郑顺和海南省文化广播体育厅、海南省广播电视学会以及海南电视台、海南人民广播电台的负责同志出席会议开幕式。董范圆代表省委、省政府讲了话。

二

中国广播电视学会常务副会长刘习良主持会议并致开幕词，他强调指出，中国广播电视学会是全国性的广播电视学术团体，是在党和政府领导下团结和联系广播电视工作者的桥梁和纽带。要做好学会工作，首先必须使学会的活动符合中央对广播电视工作提出的总要求；其次必须在广播电影电视部的统一领导下开展各种活动；第三，必须适合全体会员对学会的期望。

中国广播电视学会副秘书长江欧利受秘书长郭宝新的委托，在会上汇报了1997年4月学会第三届理事会议以来所做的工作。在近8个月的时间里，学会逐步完成了领导班子的新老交替，加强了领导班子的建设。在此基础上，学会重点抓了以下几方面的工作；按照"抓大、抓实、抓组织工作"的原则，着手组织重大课题的研究；调整和充实《中国广播电视学刊》编委会和编辑部，切实加强学刊的编辑、发行工作；根据中共中央宣传部和广播电影电视部关于整顿评奖工作和评奖设项的精神，修改、制定新的评奖规则和办法，规范全国性奖项评奖工作；根据民政部关于整顿社团的精神，整顿所属的专业研究委员会，清理整顿所属企业；加强学会的自身建设等。

江欧利在工作报告中通报了学会1998年在学术研究、评奖、学刊、通联和学会自身建设等方面的工作安排。其中，学术研究重点是抓好以“什么是具有中国特色的社会主义广播电视”为中心课题的理论研究；组织关于卫星直播电视应用前景和有线电视发展战略的决策课题的研究；组建工作班子，着手编写《辉煌的20世纪新中国大纪录（广播电视卷）》；着手组织出版《中国广播电视理论文库》等。

评奖工作重点是制定和公布《中国广播电视学会全国性奖项评奖章程》及其实施细则，并举办相应的研讨活动；组织好1997年度各项政府奖的评选；对学会奖和专业委员会奖进行适当调整，加强、协调和规范化管理。

学刊工作重点是进一步提高办刊质量，建立特约通讯员队伍，推动学刊发行工作，扩大学刊发行量。

通联工作重点是加强与会员的联系，做好服务工作，加强对专业委员会的管理等。

学会自身建设的重点是逐步形成“严谨、奉献、勤俭、团结”的风气，以法治会，建立岗位责任制，完善工作制度，使学会工作制度化，提高工作质量和工作效率。

三

与会代表认真讨论了《中国广播电视学会1998年工作要点》和《中国广播电视学会全国性奖项评奖章程（草案）》两份文件，并结合本省、自治区、直辖市的实际，提出了一些建设性的补充和修改意见。

与会代表一致赞同学会1998年的工作要把学术研究放在第一位，提出要充分发挥各级学会组织的作用，开展丰富多彩的学术研究活动，充分调动广大会员和广播电视工作者探讨理论、钻研学术的积极性，推动有中国特色的社会主义广播电视理论的建设。一些省学会的同志明确期望中国广播电视学会把大家组织起来，规划课题，布置任务，发动大家一起开展课题研究。

与会代表讨论了学会的评奖工作。由于有中宣部和广播电影电视部的正式规定为依据，所以过去分歧较大的评奖设项问题已不再是这次会议讨论的焦点。代表们表示对设项的具体界定和操作今后仍有探讨的必要。对过去争议较大的参评作品送评渠道问题，与会代表从实际出发，各抒己见，省级学会和部分计划单列市、省会市学会代表对此尚未形成一致看法，但代表们形成明显共识的是，送评渠道宜粗不宜细。作为政府行为，作品送评和评委会组成等评奖有关工作，应多依靠各地学会组织来做，操作和管理应尽可能规范化。代表们对整顿评奖工作以及少数民族语言和外语节目的评奖、评奖成果的宣传推广、加强交流和培训等也提出了很好的建议。

四

闭幕会上，中国广播电视学会副秘书长江欧利、王锋分别就评奖工作和学术研究、学刊工作作了专题发言。

刘习良同志在会上以《做好学会工作的三个关键问题》为题作了重要讲话，对学会工作提出了明确的要求。他在讲话中说，学会工作定位要准，规划要实，干劲要足。学会章程对学会的定位作了简明扼要的规定，要想使学会发挥应有的作用，就应该（也必须）按照这样的定位来规范学会的工作。所谓规划要实，包括两条要求：一是制定规划要实事求是；二是执行规划要扎扎实实。只有定位准、规划实、干劲足，才能把学会工作搞好。刘习良同志希望各级学会同志携手同心，为推动广播电视理论建设多作贡献。

刘习良同志的讲话赢得与会代表的一致赞同。大家普遍反映，这次会议开得好，是实事求是、鼓舞人心的。学会第三届理事会议以来，学会新一届领导班子是务实的，目标明确干劲足，工作计划和工作作风是脚踏实地的，也是卓有成效的。大家有信心在中国广播电视学会的指导下，齐心协力把学会工作做得更好。

教育专项补助金管理委员会会议 1997年12月25日下午，田聪明副部长主持召开了教育专项补助金管委会第一次会议，同向荣副部长参加了会议。两位副部长就教育专项补助金的有关工作进行了交接，同时审议了管委会办公室提交的《1997年度第二批教育专项金资助项目初审报告》。

田副部长就教育专项补助金的工作讲了三个问题：

1. 由于部党组分工做了调整，由同向荣副部长分管教育，所以由同向荣同志接任管委会主任。今天是交接工作，但今后我还会关心和支持这项工作，有什么事情尽管找我。

2. 教育很重要，不管做什么工作，不抓教育不行，工作没后劲，不抓教育是缺乏战略眼光的表现。广播电视发展很快，竞争也很激烈，教育对事业发展至关重要，我部的教育工作只能加强，不能削弱。这几年教育司做了很多工作，教育事业有了较大发展，重点是在京两所高校。但要全国一流、亚洲第一、世界知名还有一定差距。我们要继续采取措施，加快改革和发展。

3. 教育专项补助金的建立是抓住了机遇，党组成员都很重视，都是支持的，认为给教育投资，管好花好就值得。教育总的来讲还比较穷，建立教育专项补助金以来，办学条件发生了很大变化，这是各方面支持的结果，特别是电视台和中央台的支持更大。现在管委会人员已落实了，制度也定了一些，会议认为，从各校对教育专项补助金的立项、论证来看，都不同程度的存在着投入方向不够明确和论证不够及时充分的问题。为此，要求各校：1、每年3月底前要把全年的项目论证完毕并上报，给审批、采购、办手续等留有充分的时间。论证要科学、合理，投入方向规划好。2、1998年管委会的重点工作是检查验收各项目的执行、运行情况及规章制度落实情况。以促进管理规范化和使用效益的提高。3、1998年3月份召开教育专项补助金工作会议，进一步总结教育专项补助金使用与管理工作，研究管理工作的规范化，改进运作程序，理顺工作关系，提高工作效率。

会议听取了管委会办公室对今年第二批教育专项补助金的初审报告的说明。这次资助的原则以在京两校的重点学科建设为主，京外两校以改善基本办学条件为主。考虑浙江广播电视专科学校1998年要接受浙江省教委对基础课教学实验条件的合格评估、管理干部学院申办高等职业教育已获批准等因素，这次适当增加了对两校的资助。这批资助项目运作时间短、难度大，但在各方面的协作配合下，最后达成了一致意见。管委会经讨论，同意“初审报告”，确定了1997年度第二批教育专项补助金的资助项目及金额：20个项目共资助3400万元。

（部教育专项补助金管理委员会办公室）

’97全国电视经济宣传工作会议 ’97全国电视经济宣传工作会议于1997年12月26日至28日在北京召开，全国66家省、市电视台负责经济宣传的台长、副台长、经济部主任、副主任和代表参加了会议。

中央政治局委员、国务委员李铁映对会议做了批示，要求电视经济宣传工作者要“研究经济，宣传经济，服务经济”。中宣部副部长徐光春、广电部副部长田聪明、中央电视台台长杨伟光分别到会讲话。

本次会议的主要议题是：1. 认真学习十五大精神，了解国家经济发展的基本情况，明确1998年电视经济宣传重点，为贯彻落实十五大精神创造良好的舆论环境做好思想准备。2. 总结和交流1996年7月以来全国电视经济宣传的成功经验，使全国电视经济宣传再上新台阶。3. 商讨全国电视经济节目委员会工作，研究如何进一步发挥研究会的作用，共同规划中央台与地方台联手合作，发挥电视系统优势，加大电视经济宣传的力度。使全国电视经济宣传进入一个新的发展历史阶段。

广电部播音员主持人资格证书颁证会 1997年12月31日广电部三楼会议室里气氛既庄严又热烈，“广播电影电视部播音员主持人资格证书颁证会”在这里举行。中共中央政治局委员、国务委员李铁映，广播电影电视部部长孙家正，国家语委主任许嘉璐出席了颁证会。

上午10时左右，中央人民广播电台，中国国际广播电台、中央电视台的一些为广大听众、观众所熟悉的播音员主持人，如陈铎、铁城、罗京、邢质斌、倪萍、鞠萍、李瑞英、李修平等满怀喜悦地接过李铁映、孙家正、许嘉璐为他们颁发的《播音员主持人资格证书》，成为中央三台首批持证上岗的播音员主持人。

李铁映在讲话中向他们表示热烈祝贺并通过他们向全国广大广播电视工作者表示新年问候。他说，广播电视工作十分重要，播音员主持人应该成为全社会推广普通话的榜样。对他们进行普通话测试，实行持证上岗制度，对纯洁祖国的语言，树立我国的形象很有意义，这也是我国广播电视行业法制化、规范化管理的重要内容。大家要以此作为新的起点，努力提高业务水平，更好地为人民服务。

据介绍，随着广播电视事业的迅速发展，不少电台、电视台的一些外聘播音员主持人未及进行汉语普通话的测试考核便上岗；随着形势的发展、工作节奏的加快，不少记者、编辑、摄像等也因种种原因从后台步入前台。他们中的一些人或是说起话来方言浓重，或是模仿港台腔，这既制约着节目质量的提高，也影响汉语普通话在全国的普及推广。为加强宣传队伍建设、提高人员素质，广电部于去年召开“全国广播影视系统语言工作会议”，明确提出播音员、主持人必须经过普通话测试及考核后持证上岗。在国家语委及有关部门的大力支持下，经过一年多的努力，目前此项工作正在全国广播影视系统全面推开，全国已有19个省市正在进行普通话水平测试和上岗前的政治业务考核工作。广电部要求全国所有播音员主持人在三年内逐步实现持证上岗。中央三台已有216人参加测试，其中180人获得证书。

（王建明）

地区性广播电视工作会议

全国部分省级有线电视台联合制作播出系列片《风景这边独好》首次联席会议 为配合’97中国旅游年，加强全国有线电视台的联系，丰富全国有线电视台荧屏，更好地为观众服务，1997年4月26日至28日，由陕西有线电视台倡议，召开了“全国部分省级有线电视台联合制作播出系列片《风景这边独好》”首次联席会议，来自全国十一家省级有线电视台的二十多名代表参加了会议。

与会代表就如何办好《风景这边独好》系列专题片，进行了热烈讨论，大家畅所欲言，就系列节目的名称、每集节目的长度、拍摄的形式、制作的方式以及播出时间等达成了十项共识。

会议决定九月份的第一周，《风景这边独好》系列专题片将在全国省级有线电视台同时播出。

（赵功报）

’97中国西部地区第三届广播电视设备与新技术展示会 1997年6月18日至20日，陕西省广电厅在西安市陕西工业展览馆，举办了’97中国西部地区第三届广播电视设备与新技术交流展示会。在为期三天的展示会上，来自全国19个省市的百余厂商和1100多位广电系统代表参加了展示活动，成交额愈千万元。

通过三天的展示会，代表们不仅了解了广播电视高新技术的发展动向，开阔了眼界，又进一步熟悉了广播电视新设备，新器材，新工艺，订购了急需的设备器材。各参展厂商在取得可观的经济效益的同时，结识了许多新用户，新朋友，开辟了新的市场。

（常建民）

中国西部地区电视技术协会’97年会　由贵州电视台承办的中国西部地区电视技术协会1997年年会9月21日至28日在贵阳召开。参加会议的有青海、新疆、广西、甘肃、重庆、宁夏、陕西、云南、四川、成都、河南及贵州12家电视台的代表共45人。

会议按照协会章程和协会理事会的决定，进行了安全播出、节目制作（图像、声音）、技术成果、技术论文的评比，与会代表经过认真评审，评出一等奖39个，二等奖51个，三等奖40个，鼓励奖7个。

会上，代表们充分肯定了西部地区各兄弟台在团结合作、促进安全播出、提高节目质量等方面的积极作用，并向理事会提出了许多意见和建议。

（徐少华）

华东广播技术年会　由安徽省电台承办的“华东广播技术年会”第十三次会议1997年11月10日在合肥举行。出席会议的有江西台、福建台、福建总台、厦门台、海峡之声台、浙江台、上海广播电影电视局、江苏台、山东台、安徽台及部分广播设备生产厂家和公司代表，安徽省委宣传部副部长、省广电厅厅长杨波，副厅长吕希才，省电台台长李治宇等出席了开幕式。李治宇代表安徽电台致欢迎词，杨波代表厅党组作热情洋溢的讲话。会上，各台总结和交流了一年来的技术工作情况，就技术管理、技术改造和提高人员素质等进行了广泛、深入的探讨。会议还进行了多项评奖。　（安徽厅）

中南六省区广播电视协作会议　1997年11月19日至25日，中南六省区第二届四次广播电视协作会议在湖南省长沙市召开。河南、湖北、广东、广西、海南、湖南六省区广播电视厅、省电台、省电视台、省有线广播电视台、电影制片厂、广播电视报领导和厅办公室负责人共34人出席了会议。

这次会议的中心议题是：学习、贯彻党的十五大精神，结合实际，交流情况和经验，研究抓住机遇加快发展，统一思想扩大协作，努力开创广播影视新局面。中共湖南省委常委、省委宣传部部长文选德，湖南省省长助理许云昭等领导到会祝贺并向与会代表介绍了湖南省近几年来经济、政治、文化事业的发展情况。文选德同志还就中南六省区如何加强协作，增强区域联合实力发表了意见。

会议期间，代表们参观了湖南广播电视中心、长沙世界之窗和长沙远大空调股份公司，还到湘潭、常德等市实地考察广播电视事业建设与管理。

（湖南省广播电视厅办公室）

西部广播电视技术协作会　中国西部广播电视技术协作会97年会于1997年11月22日至25日在广西北海市召开，会议由广西广播电视厅主办。参加会议的有：云南、贵州、四川、西藏、陕西、青海、重庆、广西以及成都的代表。会议评审了优秀论文22篇、合理化建议和技术改进成果27项。各省（区）、市代表介绍了本省（区）、市广播电视技术事业发展情况，交流了经验。会议对改进和加强西部广播电视技术协作和评奖工作进行了研究，拟定了实施意见。会议期间还召开了《西部广播电视》杂志编委会，对进一步办好该刊物提出了建议，要求各成员单位积极组稿，提高稿件质量，积极做好发行工作。

与会代表一致认为，本协会成立以来做了大量有效的工作，促进了西部地区广播电视技术事业的发展，加强了相互间的交流，希望今后更加强协作，共同提高，为发展西部广播电视事业做出更大的贡献。

（卢堃芳）

全国性广播电视研讨会

胡连翠导演作品研讨暨《春》剧看片会　1997年3月12日，中国电视艺术委员会与中央电视台中国电视剧制作中心在北京联合召开了胡连翠导演作品研讨暨《春》剧看片会。与会者有全国文联副主席李准、中国电视艺委会副主任仲呈祥、中国电视剧制作中心副主任陈汉元、李培森，安徽省委宣传部副部长陈发仁、安徽省文联主席沈培新，安徽电视台副台长王新田，中国京剧院院长苏移、中国戏曲学院院长朱文相、北京艺术研究所所长周传家以及专家、学者、首都新闻记者40多人。中国电视艺委会副主任仲呈祥主持了会议。

与会专家一致认为，在戏曲与电视结缘产生戏曲电视剧的劳动实践中，胡连翠导演用锲而不舍的劳作闯出了一条独具风格的路，逐渐形成有自己艺术魅力的文化品格与美学风貌，使黄梅戏音乐电视剧自成一派。胡连翠导演的辛勤耕耘既丰富了电视荧屏，也为振兴黄梅戏，弘扬民族优秀文化做出了贡献。（安徽厅）

国际台“两会”报道研讨会 1997年3月27日，国际台总编室和国际广播学会联合召开了'97“两会”报道研讨会。台领导丛英民、王汝峰、陈敏毅、孔令保、苏克彬，国内新闻中心和各语言部领导，《国际广播》杂志编辑部负责人以及参加“两会”采访报道工作的编辑、记者共60余人出席了研讨会。国务院新闻办公室研究室刘萱处长和张敬安同志应邀光临。

研讨会认真总结、交流了各部门在“两会”报道中所取得的成绩、经验；多位新、老记者畅谈了参加“两会”报道的心得、体会，并提炼出一些带有规律性的理性认识。

国务院新闻办公室研究室刘萱处长在讲话中认为，国际台在“两会”报道中，克服很多困难，做了大量的工作，出色地完成了各项报道任务。对“两会”报道工作及时进行总结、交流，这种做法很有意义。

因故不能到会的张振华台长在书面发言中指出，我台的“两会”报道十分成功，概括地说表现在导向正确、把握平稳、重点突出、特点鲜明、时效也快。

（学 惠）

全国广播电视多功能高塔研讨会 1997年5月10日至13日，由中国广播电视学会高塔委员会主办、青岛广播电视局和青岛广播电视塔服务中心承办的“全国广播电视多功能高塔研讨会”在青岛举行。全国政协常委、原广电部副部长徐崇华，原广电部计财司司长、高塔委员会副理事长贾德安，高塔委员会秘书长李智，山东省广播电视厅副厅长宋德福，青岛市副市长李乃胜，青岛市广播电视局局长姜作杰等领导出席会议，来自全国各高塔、设计单位和厂家代表90余人参加了会议。

会议主要围绕国内多功能高塔的规划、选点、造型、设计、功能布局、工程管理、设备选择、结构建设、运行维护等问题进行研讨。总结了已建成高塔的经验与教训以及对新建钢塔提出的问题进行了讨论。

姜作杰局长在会上致了欢迎词。徐崇华、李智、宋德福、李乃胜等领导在会上讲了话。

（姜惠兰 冷 松）

全国部分省会城市广播电视事业建设研讨会 1997年5月13日，第四届全国部分省会城市广播电视事业建设研讨会在长沙召开。参加会议的有部分省会城市广播电视系统的代表58人。

这次会议主要是研究商讨省会城市有线广播电视光缆改造和多功能开发，以及在新形势下如何加强农村广播电视网络建设两个议题。与会人员交流了各自在有线广播电视网络及农村广播电视网建设中的经验，并达成增强省会意识，加快城市和农村网络建设的共识。会议认为，为适应多功能开发的需要，采用光缆传输有线电视信号势在必行。

（黎 军）

《金色海湾》研讨会 由青岛电视台电视剧制作中心拍摄的31集电视连续剧《金色海湾》研讨会1997年5月13日在广播电影电视部举行。有关专家、学者、新闻记者及主创人员参加了研讨会。

与会者充分肯定了《金色海湾》是一部弘扬主旋律、引人向上的好作品，是青岛这方水土孕育出来的、将历史的沧桑感和历史的进步融为一体的“现代城市苏醒剧”。它的起点是在改革开放的大潮处，背景较厚，高于一般言情剧，又不同于正面表现的“改革戏”。

有关人员还就该剧的艺术成就做了充分估价：主创人员能够以情传神，角色性格化、风格个性化、语言哲理化、镜头语言化。在充分肯定成绩的同时，与会者还指出了该剧的一些不足。

（冷 松）

第九届全国电视广告“印象奖”颁奖大会暨第三届全国电视公益广告研讨会 由中国广告协会电视委员会、中国电视艺术委员会和中央电视台联合主办、大连电视台承办的第九届全国电视广告“印象奖”颁奖大会暨第三届全国电视公益广告研讨会于1997年5月24日在大连召开。广播电影电视部、中国广告协会、大连市有关领导及近四十家省、市电视台的代表出席了会议。

广播电影电视部副部长刘习良到会祝贺，并作了题为《努力创作具有浓郁的民族风格和时代气息的电视广告》的讲话。他说，历经九届的全国电视广告“印象奖”忠实地记录了新时期我国电视广告从小到大、从幼稚到逐渐成熟的发展历史及我国电视广告的思想、艺术水平稳步提高的过程。他强调指出，为了提高电视广告的文化品位和美学品位，一方面我们要从优秀的民族传统文化中开掘宝藏，汲取营养，创作出具有浓郁的民族风格的电视广告；另一方面，要以极大的热情和敏感关注当代人生活和观念的变化，创作出充满时代气息的电视广告，才能使我国的电视广告以独具特色的姿态跻身于世界优秀电视广告之列。希望通过这次评选和专题研讨，促进我国电视广告更上一层楼。

第九届全国电视广告“印象奖”，经过评委会从58个参评单位报送的215条电视广告中，择优评选出58条获奖。其中，公益广告37条。

（艺委会）

'97全国广播新闻年会暨技术研讨会 由山西人民广播电台承办，以“面向二十一世纪的广播”为主题的'97全国广播新闻年会暨技术研讨会历时5天，于1997年7月17日在太原结束。来自全国28家省级电台的代表就加快广播新闻改革和技术进步步伐，迎接新世纪的挑战进行了广泛深入的研讨。

与会代表在发言中一致认为，目前，各地广播已基本形成系列化、对象化、专业化的新格局，这是各地广播改革的质的飞跃。然而，面向二十一世纪的广播仍然面临严峻的挑战，广播人必须树立全行业的大局意识，谋求广播系统的横向联合，大力促进广播的数字化、网络化、集团化，积极拓展现代高新技术在广播领域的应用空间。

与会代表在技术研讨中普遍认为，当前电台的技术改造应以音频存贮数字化、数据交换网络化、信息服务社会化为基本目标，以需求为导向，尽量选用有国内技术支持的、兼容性强、存储量大的开放性系统，并须注意保护已有投资、多方筹资，分级分阶段进行建设。

山西电台受全国省级电台委托建成的全国省级电台新闻文稿交换网，引起了与会各台代表的浓厚兴趣。部分省、市广播电台就进一步建设和使用该交换网达成协议。

中宣部新闻局派代表参加了会议，山西省政府、山西省广播电视厅有关领导出席了大会开幕式并讲话。

十五省（区、市、单位）广播电视系统党建工作研讨会 1997年7月17日，来自湖南、四川、贵州、江西、河南、湖北、上海、广西、广东、云南、重庆、山西等地广播电视系统及中央电视台，中央人民广播电台的60多位党务工作者在太原召开了十五省（区、市、单位）广播电视系统党建工作研讨会，交流研讨了加强党建工作的经验，并提交了有关论文。这次会议是在香港回归祖国和党的十五大即将召开的新形势下召开的。会议以江泽民总书记在中央党校省部级干部研修班上的重要讲话为指导，高举邓小平建设有中国特色社会主义理论的旗帜，结合广播电视系统实际，交流情况，总结经验，研究问题，以进一步加强广播电视系统的党建工作。这是部分省、市广播电视系统第7次召开党建工作专题会议，山西省委常委、宣传部部长侯伍杰和山西省直工委领导出席会议并讲话。

《中国戏曲集锦》拍摄研讨会 由中国戏剧家协会和青岛市广播电视局共同摄制的《中国戏曲集锦》研讨会1997年7月26日至27日在青岛召开。中国戏剧家协会书记处书记齐致翔、主任程世鉴，青岛市广播电视局局长姜作杰、副局长杨震，青岛电视台副台长胡滨以及摄制组的编导人员出席了会议。齐致翔书记对摄制组在困难重重的情况下，十个月内完成了15集、年内还将有25集陆续完成，而且选材优秀、制作精良的作品给予了高度评价。齐致翔在讲话中说，弘扬我国博大精深的戏曲事业，抢救一些重要的文化遗产，是一件功德无量的事，也是当务之急、刻不容缓的事。姜作杰局长在讲话中勉励大家要继续向“精品意识”奋斗，创作出无愧于时代和历史的作品。

双方研讨后一致认为：考虑到多种因素，将原定名《中国戏曲集锦》改名为《中国地方戏曲集锦》；考虑到剧种繁杂，优秀节目较多，故将原定的24集改为北方20集、南方20集；在名剧种、名剧目、名演员方面要三并举，在传统、现代方面要兼顾；对戏目要加强责任编辑工作，使剧本更加精练、浓缩，在尊重戏曲艺术的基础上，发挥电视艺术优势，适合电视特点。

（陈水存、冷 松）

《星期天文艺大篷车》和《心之桥》节目研讨会 中国广播电视学会、青岛人民广播电台主办的《星期天文艺大篷车》、《心之桥》节目研讨会1997年8月2日至6日在青岛召开。参加这次研讨会的有中国广播电视学会常务理事孙以森，中国广播电视学刊副主编、高级编辑赵晨、编委陈开，北京广播学院研究生部主任、教授周华斌，中国广播电视学会戏曲研究委员会秘书长、高级编辑姜树琪，中央人民广播电台文艺部主任刘晓龙，青岛市广播电视局局长姜作杰、党委副书记陈南林、副局长李作民等。

研讨会上，青岛人民广播电台和电台文艺中心的有关负责人、编导、主持人汇报了其制作主持《星期天文艺大篷车》和《心之桥》节目的体会。与会代表在听了情况介绍和节目后，对两个节目给予了充分肯定并就节目在探索广播规律、新闻属性、社区文化、社会话题的导向与选择等问题进行了研讨。

（陈水存、冷 松）

全国首届电视制片人研讨会 1997年8月21～22日，由中央电视台研究室主办、甘肃电视台承办的全国首届电视制片人研讨会在兰州举行。全国近30个省、自治区、直辖市和地区电视台的80多名制片人、有关的领导及研究人员出席了会议。

中国电视剧制作中心主任胡恩在讲话中转达了杨伟光副部长对大会的祝贺与期望：电视制片人的出现，是电视产业从小生产到大规模生产的需要，是电视业不断发展的标志。制片人不仅要懂得管理，还要懂得艺术。不懂艺术，不熟悉电视业务，也无法搞好管理。希望大家共同努力，为我国电视事业培养出更多高水平的电视制片人。

研讨会上，中央电视台研究室提交了专为这次研讨会准备的《全国省市电视台制片人情况》调查报告。甘肃、广东、北京、上海、浙江、福建、安徽、陕西等电视台的代表、电视剧制作中心、北京广播学院的代表在会上作了重点发言。与会人员还就电视制片人相关的理论问题进行了深入交流。

根据全国调查情况，1995年是各地电视台推出制片人制的高峰期，经过两年多的建设，目前已有近80%的电视台实行或试行制片人制度，77%的栏目实行了制片人制。全国制片人制的形式因地制宜、多种多样，具体操作采取的是“允许试验，积极稳妥”的方针，制片人的作用越来越明显。

与会代表认为这次会议给全国的电视制片人提供了相互交流、相互学习、相互探讨的机会，对全国电视制片人制度的发展、完善，起到很好的推动作用，也对电视制片人理论研究的深入起了带动作用。

'97全国广播剧创作笔会 由中共山西省委宣传部、山西省广播电视厅联合举办，山西文艺广播电台承办的'97全国广播剧剧本创作笔会于1997年9月11日至14日在太原举行。这是山西文艺广播电台为繁荣广播剧创作的又一重大举措。

全国部分知名广播剧作者、专家学者应邀参加了笔会，并带来了自己的作品。

在这些作品中，根据同名小说改编的广播剧剧本《抉择》、根据小说《今又重阳》改编的《雨过天晴》及创作剧本《青天有路》、《太阳雨》、《红桃K》等，引起了与会各方人士的重视。

在笔会上，与会者对各位作者带来的作品进行了广泛的研讨，一些专家学者还对广播剧的创作手法和一些剧本进行了专题讲座。

'97第二届全国省级电视台农村栏目交流研讨会 1997年10月5日，'97第二届全国省级电视台农村栏目交流研讨会在山西省临猗县召开。

这次为时5天的会议就电视农村栏目的地位、作用、定位、形式及各台之间交换或联办农村节目等问题进行了广泛的交流、研讨；对各台所带的节目进行了观摩和评比。另外，这次研讨会也正值山西省临猗县举办首届大型"金秋果会"，因此参会各台还根据自己的需要在临猗拍摄一些节目。

这次研讨会召开在党的十五大刚刚闭幕的时候，因此，电视农村栏目如何才能更好地落实十五大精神，落实江总书记讲话中有关农村工作指示的精神，成为与会者特别关注的问题。

近年来，根据中央精神，为了加大农业基础地位和农村改革宣传的力度，各省、区、市电视台相继开办了面向农村、农业、农民的电视专栏节目。山西电视台的《黄土地》栏目曾获1996年中国电视奖社教类栏目一等奖，在全国形成一定影响，并推动了我国电视农村专栏节目的发展。

山西省委书记胡富国，省长孙文盛，省委副书记郑社奎，省委常委、宣传部长侯伍杰和副省长王文学向这次大会发来贺电。山西省人大及山西省广播电视厅、运城地委等有关领导出席了开幕式。中央电视台和14个省级电视台近60人出席了会议。

这次会议是由中国广播电视学会、中央电视台研究室、山西电视台共同主办，临猗县委、县政府承办的。

中国广播受众研究会议 为推动广播受众学的理论研究，探索新时期广播受众工作的思路，更好地为广播宣传服务，在中国广播电视学会的大力支持下，由中央人民广播电台主办的"中国广播受众研究会议"1997年10月6日～9日在北京召开。来自中央台、辽宁台、安徽台、河南台、广西台、福建台、陕西台、广东台、江西台、湖北台、云南台、北京台、天津台13个广播电台的27位代表以及中国广播电视学会受众研究委员会、中国社会科学院新闻研究所的专家参加了会议。

中央台副台长、中国广播电视学会受众研究委员会副会长王健儒同志在会上指出，听众调研工作是研究广播事业21世纪发展战略的第一课题。这次会议表明大家已经形成共识，并怀着满腔热忱努力做好当前的听众工作。希望电台的所有同志都能够转变观念，把这项工作重视起来。

与会代表还就进一步搞好中国广播受众工作的研究、推动这一工作的不断发展提出了一些设想和建议，一致认为必须加强这方面的交流与合作。另外，这种研讨会应定期召开，形成制度。

（中央台听工部）

全国地方电台新闻研讨会 全国地方电台新闻研讨会暨首届双星杯广播好新闻颁奖会于1997年10月6日至9日在青岛举行。30多家省级电台的代表汇集青岛探索广播界联合发展之路，共商广播合作与发展大计。中央电台台长安景林，副台长胡占凡，山东厅副厅长、山东台台长侯志永出席会议。

全国第七届科普广播研讨会 由中国广播电视学会科普广播委员会筹委会和中国科普K作家协会联合举办的全国第七届科普广播研讨会于1997年10月8日至17日在江西举行。全国29家电台的科普工作者参加了研讨会。会议的主要议题是：宣读论文和优秀论文评选交流；观摩9月份在天津评出的部分优秀科普节目。会上共评选出优秀科普广播节目62个，优秀科普广播论文25篇。中国广播电视学会常务理事张伟中、中央人民广播电台副台长兼中国广播电视学会科普广播委员会筹委会主任王燕春、中国科学技术协会宣传部部长柴淑敏、中国科普作家协会副秘书长王临安、天津市广播电视局副局长宋银章、天津市人民广播电台台长刘玉峻、江西人民广播电台台长黄晔明等同志出席会议。

中国电视纪录片学术研讨会 '97中国电视纪录片学术研讨会于10月11日至15日在福建武夷山市召开，来自全国各地的九十余位纪录片创作和研究人员参加了本届年会。

研讨会就电视纪录片的学术问题进行了研讨，并为'96年度中国电视纪录片学术奖颁奖，18部作品分获长篇、短篇、单项的27个奖项。

福建省广播电视厅厅长兼福建电视台台长林爱国、中国电视纪录片学术委员会会长陈汉元出席研讨会。

首届全国电视生活服务节目专题研讨会 中央电视台经济部于1997年11月6日～8日在北京召开了"首届全国电视生活服务节目专题研讨会"。来自全国32个省市电视台的经济部负责人及生活服务类节目制片人、编导、主持人参加了会议。中央电视台广告经济信息中心主任谭希松、经济部负责人汪文斌、刘连喜，

《生活》栏目制片人王进、主编骆幼伟、韩青、袁彬及部分编导和节目策划评估专家学者出席了会议，经济部其它栏目的制片人及主编也列席了会议。会议由刘连喜主持。

这次会议是在中央电视台《生活》栏目开办近一年半、播出近300期之际召开的，会议的任务是：认真总结全国电视生活服务类节目，尤其是《生活》栏目开办以来的成功经验；共同探讨以《生活》栏目为代表的全国电视生活服务类节目迈出第一步后如何更好地走入新的发展阶段，在栏目内在品质上有一个更大的提高，使生活服务类节目更加健康、稳步、快速地发展，并使之日趋成熟。

会议的主要议题是：

一、商讨联合各省市台共同制作系列节目《最会生活的人》、特别节目《生活1997》；

二、商讨组建全国电视生活服务类节目制作联络网；

三、交流有关节目创作体会的论文，观摩代表作品。

中央电视台广告经济信息中心主任谭希松在会上指出：生活服务类节目在全国电视界已形成一股创作潮流，以其贴近时代、贴近生活、贴近百姓得到了社会各界的认可。

国际台'97国际报道研讨会 由国际台主办的'97国际报道研讨会1997年11月28日在北京开幕，来自中央三台、人民日报等中央和地方的41家新闻单位的代表参加了会议。广电部副部长田聪明、张振华台长、国务院新闻办公室国际局副局长方铭迪、外交部新闻司副司长郭崇立、人民日报国际部主任马世琨、部总编室副主任李春武及原副部长马庆雄出席了会议。

开幕式上，张振华台长和田聪明副部长先后就学习、贯彻十五大精神，搞好国际报道等问题做了讲话。

会议的中心议题是学习邓小平理论，贯彻十五大精神，回顾一年来的国际报道，分析、把握当前国际形势，特别是研究如何根据十五大精神改进和加强国际报道，使之为落实十五大提出的各项任务创造良好的舆论环境，提供更好的信息服务。与会者就如何趁十五大之后的有利形势，结合中国国情和独立自主的外交政策，搞好国际报道进行研讨。

在28日的会议上，方铭迪同志代表国务院新闻办就当前国际舆论斗争的特点和任务以及国际报道中应注意的问题做了具有指导意义的发言。郭崇立同志结合江泽民总书记十五大报告中有关国际问题的论断，全面而系统地分析了当前和今后一个时期的国际形势的特点，并就此对国际报道提出了具体建议。

这是国际台主办的第二届国际报道研讨会，与会者纷纷表示，举行这样的研讨会十分必要，特别是在十五大闭幕后不久，结合江泽民总书记的报告研讨国际报道问题非常及时，相信必将对今后的国际问题报道起到积极的推动作用。

此次研讨会为期3天，与会者在后两天的会议中还听取中央外宣办特约调研员王微同志就我国对外宣传工作的有关问题所做的专题报告，并结合江泽民总书记的十五大报告座谈当前的国际形势和外宣国际报道中应注意的问题。

研讨会受到了各单位代表广泛好评，大家认为，这是一次务实的会议，是一次学习和提高的会议。

（国际新闻中心）

有线电视光纤与光缆及数字同步传输干线网技术研讨会

为了搞好广播电视干线网的建设，增加系统网络设计和网管等方面的专业知识，广播影视信息网络中心技术部与阿尔卡特中国有限公司于1997年11月29日～12月6日在北京"天安门宾馆"举办"有线电视光纤与光缆及数字同步传输干线网"的设计、网管、传输技术等系列讲座暨研讨会。参会代表有来自全国二十几个省市的100多名网络建设的工程技术人员。会议期间，应代表的要求，信息网络中心技术部主任周毅介绍了广电网目前建设的情况以及对今后网络运营模式的设想，引起了与会代表的浓厚兴趣。信息网络中心主任陈晓宁、副主任马明到会讲话，广电部副部长何栋材和计财司副司长张开兴到会并在闭幕式上作了重要讲话。这次会议对于增加网络建设技术人员的专业知识，增进各省厅和广电部的联系均起到了很好的作用。

（王 娟）

'97北京电视技术研讨会 1997年12月2日上午，'97北京电视技术研讨会在北京开始举行。来自全国各地方电视台和有关单位的代表、海外嘉宾以及部分电视设备生产厂家和代理公司的人员参加了开幕式，中央电视台台长杨伟光、广电部科技司司长陈智教、中央电视台副台长刘宜勤、总工程师邵昌有、中国电影电视技术学会常务副理事长刘国典、副理事长孙同耕等有关领导出席了开幕式。杨伟光台长在开幕式上致词，他首先代表中央电视台对来自海外的嘉宾和来自全国各地的代表表示热烈地欢迎，他说，"纵观当今世界广播电视技术的发展，最突出的特点是数字化的进程加快，数字化技术深入和广泛地应用，使原有的技术观念和系统构成都发生了根本性的变化。由于数字技术迅速发展的带动，中国的广播电视事业将进入一个新的发展时期。"杨伟光台长还说，"广电部已经提出在本世纪末以前完成从模拟向数字技术的全面过渡，中央电视台将在现有基础上在节目的制作、播出和传送方面加速实现全面的数字化，并争取在2000年以前在北京地区建成数字地面电视广播的实验台。"在开幕式上，佑图国际有限公司总裁周茂年先生、中国电影电视技术学会刘国典常务副理事长也分别代表主办单位致了词。

北京电视技术研讨会的举办至今已经五届了，它在促进国内广播电视技术的交流提高、加强国内对于世界广播电视新技术的学习了解、推动广播电视事业的科技进步发挥了积极和重要的作用。自1993年开始举办北京电视技术研讨会以来，数字技术迅速发展，全国各地许多电视台在数字技术应用方面都有不同程度的提高。中央电视台在数字化方面积累了积极的经验，并取得了良好的效果。在九七香港回归、八运会、三峡工程大江截流等许多重大电视报道活动中都发挥了重要作用。

'97电视媒体应用计算机网络技术研讨会 1997年12月5日至6日，'97电视媒体应用计算机网络技术研讨会在京举行，来自全国各地方电视台和有关单位的代表共150多人参加了此次研讨会。广播电影电视部副部长张海涛、国家科委副主任邓楠、航天工业总公司科技委副主任、中国科学院院士梁思礼、中央电视台副台长李丹、刘宜勤、总工程师邵昌有、国家科委高技术司司长冀复生、国家科委中创集团常务副总经理兼总工程师景新海、中国系统工程学会副理事长于景元、航天工业总公司七一〇所所长孙永成等领导同志出席了研讨会的开幕式。在开幕式上，刘宜勤副台长代表中央电视台致辞，他首先热烈地欢迎来自海外的嘉宾和全国各地的代表前来参加此次研讨会，他说，"这次研讨会是在计算机技术迅速发展并且在电视领域广泛普及应用的时候举办的，电视媒体作为新闻行业中的核心单位之一，充分利用计算机多媒体和网络通讯技术，具体结合电视业务特点，推动和促进电视技术的发展提高，已经成为一种趋势。由于电视技术与计算机技术的融合愈加密切，计算机技术应用在电视节目的制作和传输中的比重也越来越大，未来电视技术进一步发展将更多地依赖于计算机技术的进步，计算机将作为最主要的支持和辅助手段，参与到电视节目的制作、播出、传输、存贮等各个环节，由此而改变电视技术领域中的许多传统工艺和工作流程，"刘宜勤副台长说，"中央电视台从1995年开始建立计算机信息网络和管理系统，经过两年多的努力已经取得不小的进展，开始在工作中发挥良好的效益，它对于推动中央电视台的事业发展具有积极的意义和重要的作用。"最后刘宜勤副台长表示，期待这次研讨会在加强电视媒体与计算机技术行业之间的了解、沟通彼此之间的联系方面发挥出积极的促进作用。

在开幕式上，国家科委中创集团常务副总经理景新海、航天工业总公司科技委副主任梁思礼也分别代表主办单位致了词。

在两天的研讨会上，来自海外、香港特别行政区以及国内的有关方面专家就计算机网络技术在电视媒体中应用的若干热点问题共进行了八场专题演讲，与会同志认为，这次研讨会总结、介绍和交流了许多新观念和新技术。使大家相互促进、取长补短、开阔思路、共同提高，对更好地作好工作很有帮助。

广电部网络施工工程研讨会 1997年12月9日至11日广电部广播影视信息网络中心在北京召开了网络施工工程研讨会。整个会议认真贯彻了广电部党组关于加快我国信息化产业进程的精神，讨论了今后的任务，交流了工作经验，探讨了理论问题，研究了措施。

出席会议的有部广播影视信息网络中心主任陈晓宁，副主任马明，部科技司、计财司、社管司的领导同志；参加这次大会的有来自全国24个省市自治区的广播电视厅、局和省市有线电视台的网络建设主要负责人、清华大学教授、广电部设计院专家、施工监理单位代表以及15家光缆及设备厂家代表等，共150余人。

会上信息网络中心副主任马明总结了前段工作，在肯定成绩的基础上，指出了目前工作中出现的一些问题，并对今后的工作提出了建议，对下步工作作出了具体部署。

山东省在广电网建设中一直走在全国前列，山东省广播电视厅传输网建设管理办主任高纪成，就工程中实际遇到的一些问题及取得的经验作了详细的报告。

上海广播电视局技术中心传输网络部主任冯骏雄作了工作经验总结报告，清华大学教授范崇澄、设计院专家章嘉兴、以及美国康宁公司、ECI公司、西门子等一些国内外著名公司、厂家的专家分别对CATV中光放大器及波分复用技术、光纤性能对HFC网的作用、带状光缆技术、SDH同步线路复用设备以及光纤余长涉及与控制等问题作了深入地讲解。

信息网络中心主任陈晓宁在会议结束时指出，广电部已下定决心把网络建设作为当前工作的头等大事来抓，把光缆铺好，把网络建设好，是我们的百年大计。广播电视系统网络建设虽然已经有了很好的局面，但由于我们基础比较差，所以下面的工作还很艰难，我们要充分利用这几年的时间认真锻练自己，提高自己，脚踏实地的把当前工作做好，不能有丝毫松懈或过于乐观的态度，咬紧牙关把自己的工作做好。

通过这次会议，代表们一致认为，根据部党组的建网精神，加快网络工程建设，推进我国信息化产业进程，具有重大的历史意义。要提高认识，切实提高技术水平，保障工程质量，为以后的网络运营打下可靠基础。网络中心作为广电部负责网络建设的业务机构，将定期召开全国性和局部性的会议，推广各地先进经验。

（何艳红）

中文图文电视技术发展研讨会 1997年12月25日至26日，广电部广科院在北京国际饭店召开了"中文图文电视技术发展研讨会"。广电部科技司、中央电视台、广电部信息网络中心、国家技术监督局、电子工业部等的有关领导和部分省市主管图文电视的台长，以及接收机生产厂商代表，出席了会议。

会上，各位领导分别发表了讲话。中央电视台介绍了图文电视广播的情况，PHILIPS公司介绍了欧洲特别是英国WST图文电视广播市场的推广经验。与会代表进行了热烈地讨论。最后会议形成如下意见。

一、贯彻执行"图文电视广播标准"。在技术发展过程中，注意新老标准的兼容性。要统一领导、统一规划、加强管理、明确方向，使我国的图文电视广播朝着标准化、规范化、规模化方向发展。

二、取消加密，采取不加密公众广播方式，解决专业数据广播对图文电视的干扰问题，提高节目源质量，尽快使图文电视广播成为一种大众不可缺的信息服务形式。

三、发展图文电视事业是主管部门、科研单位、播出单位、企业和社会各界的共同目标。有关各方要通力合作，协调发展，发挥整体优势，加快形成健康有序的大市场。

与会代表一致呼吁，广电部有关部门应尽快主持召开全国图文电视工作会议。

地区性广播电视研讨会

'97东三省广播广告研讨会 1997年8月22日至8月30日，由吉林人民广播电台广告中心主办的'97东北第四届广播广告研讨会在吉林省集安市召开。

东三省广播广告研讨会发起于1994年，由吉林人民广播电台、辽宁人民广播电台和黑龙江人民广播电台三家省级台协议产生，是中国广播广告界较有影响的区域性广播广告协作会议。

本次会议，有黑龙江台、辽宁台、吉林台、北京台、江西台、中央台等八家兄弟电台的领导和广告人48人参加。会议就现代广播广告的发展、广播广告的区域间合作，广播广告管理与经营、广告人的素质与使命、广播广告专业化运作等现代广播广告业务性课题进行了广泛而深入的研讨。主办者还专门邀请了我国广播广告研究专家、著名广告学者、厦门大学教授朱月昌先生到会讲学。朱先生讲学的题目是《广播广告的创意与评析》，受到与会者的广泛欢迎和好评。

'97东北第四届广播广告研讨会共收到论文18篇，吉林台、黑龙江台、辽台台、中央台、江西台的领导分别在会上发言，与会代表普遍反映，这次会议的突出特点是，务实、高效，有实质性内容，对促进广播广告的共同繁荣与发展有着积极意义。会议获得了圆满成功。

（赵 义）

第四届华东七省市广播电台新闻研讨会暨好新闻评选会

第四届华东七省市广播电台新闻研讨会暨好新闻评选会1997年11月7日至12日在江西举行。

会议由江西人民广播电台主办，新闻部承办。华东七省市广播电台主管新闻宣传的副台长、新闻部主任出席会议。会议认真总结交流了新闻宣传情况，并同江西富奇汽车制造厂、江西丙中饲料发展公司领导座谈了新闻如何更好地为经济建设服务等问题。江西省广播电视厅厅长李立功，江西人民广播电台台长黄晔明在会上讲话。与会者还到革命摇篮井冈山参观学习。会议评选出华东七省市广播电台1997年好新闻44篇，其中一等奖9篇；二等奖14篇，三等奖21篇。

国际性广播电视研讨会

中日'97实用数字音频应用技术交流会 中日'97实用数字音频应用技术交流会于1997年3月17日至18日在中央电视台举行。全国各省市广播电台、电视台及各电影厂共80个单位、350名代表参加了会议。会议邀请了日本NHK国家广播电台日本放送协会技术局藤木·敏朗局长，NHK广播电台日本放送协会音频技术师大冢·豐先生亲临交流。

交流会主要内容：

1. 数字音频技术给音频制作带来的革命及展望，由日本放送协会放送技术局藤木·敏朗局长主讲。

2. YAMAHA数字全自动多功能调音台03D新产品发布及PM4000、PM2800大型调音台的应用，日本放送协会制作中心音频部大冢·豐技师主讲。

本次交流会旨在推广普及数字音频技术在我国的应用，加速广播电视音频技术更新的步伐。

第三届上海国际纪录片研讨会 1997年7月25日至27日，在上海召开了第三届上海国际纪录片研讨会。来自全国各地的60余位专家和4个国家的国际著名纪录片编导参加了研讨会。代表中有中国纪录片学术委员会主席陈汉元、北京广播学院教授钟大年、中国纪录片学会秘书长高可名、美国著名制片人兼导演怀斯曼、法国蓬皮杜国家文化和艺术中心“真实电影节”主席苏赛特·格兰娜达、意大利佛罗伦萨人文与社会电视节主席马里奥·西蒙迪、日本朝日电视台资深纪录片制片人田川一郎等。会议围绕“纪录片与人”这一主题，在会上就纪录片的拍摄、制作、资金和市场以及国际合作与交流等诸方面进行了深入探讨。上海电视台纪录片编导、记者王小平、应启明、宋继昌、李晓等在会上也发了言。

（上视海外中心）

第五届国际广播电视技术讨论会（ISBT'97） ISBT'97于1997年8月28日～31日在北京中苑宾馆举行。与会的中国广播电视界专家学者100余人（其中香港3人，台湾3人）。来自美国、英国、法国、德国、日本等国家和地区的广播电视界、电子工业界的知名人士和专家学者共60余人。

在8月28日的大会开幕式上，广电部孙家正部长，中国电子学会孙俊人理事长和国家自然科学基金会学科主任张志健教授等相继致词。广电部何栋材副部长介绍了我国广播电视网的覆盖情况，其中包括数字卫星电视，光纤有线电视等广播电视高新技术在我国的应用和推广情况。美国CBS公司副总裁Joseph A. Flaherty先生以《数字电视与高清晰度电视的新纪元》为题，对当前广播电视领域内数字技术的发展状况作了权威性的评介；美国联邦通信委员会Richard M. Smith先生宣读了题为《数字电视在美国的实施》论文；欧广联DVB项目办公室Lou Dutoit先生介绍了DVB的技术标准；德国电信Ulf Assmus先生宣读了题为《广播信号与ATM技术》论文；日本NHK Takehiko Yoshino先生介绍了日本数字卫星电视广播情况。

此后本届会议分高清晰度电视与数字电视（设四个分会）、有线电视（设两个分会）、网络与传输技术、视频与广播技术、音频技术、天线与电波和小波分析应用等专业会议进行。

在本届会议上发表的学术论文共62篇，其中国外论文16篇，涉及广播电视技术的各个领域，大体上反映了当前世界广播电视技术的发展现状。广播电视技术从模拟向数字迅速转换的大趋势，在本届会议上体现得十分突出，涉及数字电视和高清晰度电视的论文达25篇之多。

8月31日，会议还专门组织了四个专题研讨会，分别就DTV/DVB、数字录像机和MPEG-2、有线电视与计算机通信、DAB等方面的问题进行了研讨。

在本届会议期间还成功地进行了多项广播电视高新技术演示，其中美国ATSC高清晰度电视地面广播演示、英国NDS公司的DVB地面广播演示和美国Philips公司顾大维先生发明的重影消除技术演示等，引起了与会专家学者们的极大兴趣，留下了深刻的印象。

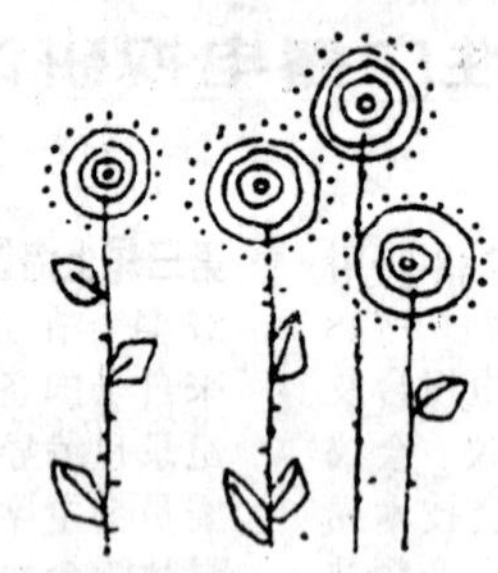

8. 节目栏目

责任编辑　罗建平
审 稿 人　雷跃捷

中央人民广播电台第一套节目播出时间表

中波：540、639、756、981、1035、1359 千赫
调频：106.1 兆赫（对北京地区播音）
短波：6750、6840、7504、7935、9800 千赫

时　间	节　目
4：00	《国歌》（乐曲），预告节目
4：05	新闻
4：15	民族器乐曲
4：30	名曲欣赏
5：00	新闻
5：05	中央农业广播电视学校课程（二除外） 广播歌选（二）
5：35	广告
5：40	对农村广播
6：00	新闻
6：05	军事生活
6：20	广告
6：30	新闻和报纸摘要
7：00	新闻纵横
7：20	广告
7：25	天气预报
7：30	节目介绍（一至六） 音乐（日到 7：40）
7：40	环球信息
8：00	新闻（一至六） 星期日广播英语（日到 8：30）
8：05	九州巡礼（一至六）
8：20	外汇牌价（一至六）
8：25	经济航标（一至六）
8：30	新闻和报纸摘要
9：00	新闻
9：05	空中大舞台
10：00	新闻（一至六） 音乐（日到 11：00）
10：15	小喇叭（一至六）

续表

时　间	节　　目
10：30	第二广场（二至五） 星期日广播英语（一） 优秀广播节目展播（六）
11：00	新闻（一至六） 周日新观察（日到11：30）
11：05	企业之声（一至六）
11：10	节目介绍与音乐（一至六）
11：20	信息之窗（一至六）
11：30	体育节目
11：55	广告
12：00	午间半小时（12：00插播5分钟新闻）
12：30	天气预报 广播剧和小说连播
13：00	新闻
13：05	439播音室
14：00	新闻（二、日除外） 家教向导（日到14：30） [二，14：00～16：55休息，北京地区照常播音]
14：05	天气预报　广告（二、日除外）
14：10	法制园地（二、日除外）
14：25	广告（二、日除外）
14：30	中央农业广播电视学校课程（二除外） 音乐（二对北京地区播音）
15：00	新闻（二除外）
15：10	音乐（二、六除外） 听众与广播（六）
15：30	广播讲座（二、日除外） 彩虹桥（日到16：30）
16：00	新闻（二、日除外）
16：05	九州巡礼（二、日除外）
16：20	广告（二、日除外）
16：25	戏曲选粹（一、三、五） 阅读和欣赏(二对北京地区播音、四、六) 音乐（日，从16：30开始）
16：45	节目介绍与音乐（二、日除外） 音乐（二对北京地区播音） [二16：50音乐，对北京地区播音结束] [二16：55《国歌》(乐曲)，预告节目]
16：55	广告（二、日除外）
17：00	股市传真（一至六）
17：15	民族大家庭（一至六）
17：30	小喇叭（一至六）
17：45	星星火炬（一至六）
18：00	新闻
18：05	军事生活
18：25	广告
18：30	全国新闻联播
19：00	新闻纵横
19：20	广告
19：25	天气·海况预报·广告
19：30	对农村广播
19：50	每周一歌
20：00	全国新闻联播
20：30	今晚八点半（21：00插播5分钟新闻）
21：30	经济与社会（一至六） 音乐（日）
21：45	体育节目(22：00插播新闻，22：04插播天气预报)
22：15	广播函授英语（一、三、五） 商业英语（二、四、六） 体育沙龙（日到0：00)
22：43 **22：45** **23：00**	广告（一至六） 法制园地（一至六） 国际新闻（日插播）
23：10	音乐大世界（一至六）（日从0：10开始）
0：00	插播全天要闻简报（10分钟）
1：00	插播国际新闻（10分钟）
1：30	《歌唱祖国》(乐曲)，播音结束

中国国际广播电台播出时间表(部分)

语种	开播日期	日播次数	日播时数	时间		频率(KHz)	播向地区
				北京时间	当地时间		
日语	1941.12.3	6	6	17:30～18:30	18:30～19:30	1044,7190,9855	日本 东北亚
				18:30～19:30	19:30～20:30		
				19:30～20:30	20:30～21:30		
				20:30～21:30	21:30～22:30		
				21:30～22:30	22:30～23:30		
				22:30～23:30	23:30～00:30		
英语	1947.9.11	16	15.5	08:00～09:00	19:00～20:00	9710,11760	北美(东海岸)
				11:00～12:00	22:00～23:00	9690,9710,11760	
				12:00～13:00	23:00～24:00	9730,9730	
				08:00～09:00	16:00～17:00	9710,11760	北美(西海岸)
				11:00～12:00	19:00～20:00		
				12:00～13:00	20:00～21:00	9730,9730	
				21:00～23:00	06:00～08:00	7405	
				04:00～05:00	20:00～21:00 21:00～22:00	6950,9920	欧洲
				05:00～06:00	21:00～22:00 22:00～23:00		
				20:00～23:00	19:00～20:00 20:00～21:00 18:30～19:30	1341,9715,11660	东南亚
				21:00～22:00	20:00～21:00 21:00～22:00 19:30～20:30		
				22:00～23:00	19:30～20:30 19:00～20:00 20:00～21:00 19:40～20:40	7405,9785,11815	南亚
				23:00～24:00	20:30～21:30 20:00～21:00 21:00～22:00 20:40～21:40	9785,11815	

续表

语　　种	开　播 日　期	日播 次数	日播 时数	时间 北京　时间	 当地　时间	频　率 (KHz)	播向地区
英　　语	1947.9.11	16	15.5	17：00～18：00	19：00～20：00	11755	南太平洋
					21：00～22：00	15440	
				18：00～19：00	20：00～21：00	11795	
					22：00～23：00	7385	
				00：00～01：00	18：00～19：00 19：00～20：00	15110,15130	东部非洲 南部非洲
				01：00～02：00	19：00～20：00 20：00～21：00	7405,9570,11910	
				03：00～04：00	18：15～19：15 19：00～20：00 20：00～21：00 21：40～22：40	9440	西部非洲 北部非洲
				04：00～05：00	19：15～20：15 20：00～21：00 21：00～22：00 22：40～23：40	9440,11515	
越南语	1950.4.10	6	6	19：00～20：00	18：00～19：00	1296,6110,9550	越　　南
				20：00～21：00	19：00～20：00		
				21：00～22：00	20：00～21：00		
				22：00～23：00	21：00～22：00	684,1296,6110,9550	
				23：00～24：00	22：00～23：00	684,6110,9550	
				00：00～01：00	23：00～24：00	684,6010,7360	
印度尼 西亚语	1950.4.10	3	3	16：30～17：30	15：30～16：30	15135,15600,17680	印度尼西亚
				18：30～19：30	17：30～18：30	11445,15135	
				21：30～22：30	20：30～21：30		
泰　　语	1950.4.10	2	2	19：30～20：30	18：30～19：30	6010,7350	泰　　国
				21：30～22：30	20：30～21：30	1080,6010,7350	
缅甸语	1950.4.10	3	1.5	19：30～20：00	18：00～18：30	1269,9800	缅　　甸
				21：00～21：30	19：30～20：00	9880,11825	

续表

语种	开播日期	日播次数	日播时数	时间		频率 (KHz)	播向地区
				北京时间	当地时间		
缅甸语	1950.4.10	3	1.5	21：30～22：00	20：00～20：30	9880,11825	缅甸
朝鲜语	1950.4.10	2	4	19：00～21：00	20：00～22：00	1017,5965	朝鲜 韩国
				21：00～23：00	22：00～24：00		
西班牙语	1956.9.3	8	7.5	05：00～05：30	22：00～22：30	6165	西班牙
				05：00～06：00	22：00～23：00	6933,7360	
				06：00～07：00	23：00～24：00		
				07：00～08：00	20：00～21：00	9945,11445,11875,15120	拉丁美洲
				08：00～09：00	21：00～22：00	9945,11445	
				09：00～10：00	22：00～23：00	9665,9945,11650	
				10：00～11：00	23：00～24：00	9945,11650,13685	
				11：00～12：00	00：00～01：00	9560,11765	
波斯语	1956.10.25	3	1.5	02：00～02：30	20：00～20：30	7130,9440,11515	伊朗 阿富汗
				02：30～03：00	20：30～21：30	9440,9785,11515	
				23：00～23：30	17：00～17：30	9440,11515	
老挝语	1956.12.15	2	2	20：30～21：30	19：30～20：30	6010,7350	老挝
				22：30～23：30	21：30～22：30	1080,6010,7350	
柬埔寨语	1956.12.15	3	3	18：30～19：30	17：30～18：00	9440,11780	柬埔寨
				20：00～21：00	19：00～20：00	1080,11780	
				22：00～23：00	21：00～22：00	9440	
土耳其语	1957.10.21	4	2	00：00～00：30	18：00～19：30	9480,11515	西亚
				03：00～03：30	21：00～21：30	7480,9785	
				03：30～04：00	21：30～22：00	7405,9785	
				22：00～22：30	16：00～16：30	11515	
阿拉伯语	1957.11.3	3	3	00：00～01：00	19：00～20：00	7130,9440,9760	北非
				02：30～03：30	21：30～22：30	7200,9770,11790	

续表

语种	开播日期	日播次数	日播时数	时间		频率(KHz)	播向地区
				北京时间	当地时间		
阿拉伯语	1957.11.3	3	3	05:00~06:00	00:00~01:00	7260,9440,11515	北非
法语	1958.6.5	5	4.5	02:30~03:30	19:30~20:30	7110,7335,7800 9820	欧洲 北非
				03:30~04:30	20:30~21:30		
				04:30~05:30	21:30~22:30	7110,7335,7800,9820,9890	
				05:30~06:00	21:30~22:00	3985	
				05:30~06:30	22:30~23:30	7110,7335,7800,9770,9820,11790	
马来语	1959.3.1	2	2	17:30~18:30	17:30~18:30	15135,17680	马来西亚 新加坡 文莱
				20:30~21:30	20:30~21:30	11445,15135	
印地语	1959.3.15	2	2	00:00~01:00	21:30~22:30	594,1269,4034,5935,7110,9920,11675	巴基斯坦 印度
				23:00~24:00	20:30~21:30	1323,5935,7110,9490,9920,11675	
德语	1960.4.15	3	2.5	02:00~03:00	19:00~20:00	6950,9920	欧洲中部
				03:00~04:00	20:00~21:00		
				04:00~04:30	21:00~21:30	3985	
葡萄牙语	1960.4.15	5	2.5	03:00~03:30	20:00~20:30	6920,7120,9670,9685,11665,15455	南部非洲
				03:30~04:00	20:30~21:00	7820,9670,9685,11445,11715,15110	
				03:30~04:00	19:30~20:00	7820,9685,11715	葡萄牙
				06:00~06:30	19:00~19:30	6950,7435,7820,11500,11650,11745	拉丁美洲
				08:30~09:00	21:30~22:00	6950,7435,7820,11500,11650,12055,15110	
意大利语	1960.4.29	4	2	02:30~03:00	18:30~19:00	7405,7470,9965	意大利
				04:30~05:00	20:30~21:00	7470,9965	
				05:00~05:30	21:00~21:30	7470,9365,9965	

续表

语　种	开　播 日　期	日播 次数	日播 时数	时　间		频　率 (KHz)	播向地区
				北京　时间	当地　时间		
意大利语	1960.4.29	4	2	05：30～06：00	21：30～22：00	3985	意大利
塞尔维亚-克罗地亚语	1961.6.12	3	1.5	04：00～04：30	22：00～22：30	7385,9365,9860	南斯拉夫
				04：30～05：00	22：30～23：00	6165	
				05：00～05：30	23：00～23：30	7405,9860	
斯瓦希里语	1961.9.1	3	1.5	00：00～00：30	19：00～19：30	7335,9457	东　非
				00：30～01：00	19：30～20：00		
				01：00～01：30	20：00～20：30	9457,11790,15110	
俄　语	1962.2.25	15	15	00：00～01：00	19：00～20：00	1521，6950，7375，7780,9665	欧　洲 亚　洲
				01：00～02：00	20：00～21：00	1521，6950，7160，7435,9655	
				02：00～03：00	21：00～22：00	1521，7315，7780，9435,9535	
				03：00～04：00	22：00～23：00	1521，7315，7435，7660,9365	
				04：00～05：00	23：00～24：00	7315,11915	
				07：00～08：00	02：00～03：00	4815,4883	
				08：00～09：00	03：00～04：00	1521,4815,4883	
				09：00～10：00	04：00～05：00	1521	
				11：00～12：00	06：00～07：00	11755,15435	
				18：00～19：00	13：00～14：00	5145，6140，7110，7820,11980	
				19：00～20：00	14：00～15：00	1521,6140,7110	
				20：00～21：00	15：00～16：00	1521	
				21：00～22：00	16：00～17：00	1521,4883,7820	
				22：00～23：00	17：00～18：00	1521	
				23：00～24：00	18：00～19：00	1521，4815，4883，5850,7375,7780	

续表

语种	开播日期	日播次数	日播时数	时间 北京时间	时间 当地时间	频率(KHz)	播向地区
豪萨语	1963.6.1	2	1	01:30～02:00	18:30～19:00	7235,11790,15110	西非
				02:00～02:30	19:00～19:30	7235,7405,11790,15110	
泰米尔语	1963.8.1	2	1	22:00～22:30	19:30～20:00	9455,11575	印度南部 斯里兰卡北部
				22:30～23:00	20:00～20:30		
蒙古语	1964.12.1	3	3	19:00～20:00	19:00～20:00	5172,5882,9677,10714	蒙古
				20:00～21:00	20:00～21:00	1315,4839,4918,5172,5882,6818,9677,10714	
				22:00～23:00	22:00～23:00	4839,4918,6818,9677	
世界语	1964.12.19	4	2	04:00～04:30	21:00～21:30	7405,7470,9965,15370	欧洲
				06:30～07:00	19:30～20:00	6950,9860	拉美
				19:00～19:30	20:00～20:30	7170,9570	日本 韩国
				21:00～21:30	22:30～23:00	11600,11840	东南亚
菲律宾语	1965.10.30	3	1.5	19:30～20:00	19:30～20:00	1341	菲律宾
				20:00～20:30	20:00～20:30	11445,12110	
				22:30～23:00	22:30～23:00	1341	
乌尔都语	1966.8.1	2	1	00:00～00:30	21:00～21:30	1323,9675,11690	巴基斯坦 印度北部
				00:30～01:00	21:30～22:00		
捷克语	1968.8.25	2	1	03:00～03:30	20:00～20:30	6933,7375	捷克
				03:30～04:00	20:30～21:00	7250,7375	
波兰语	1968.8.27	2	1	04:00～04:30	20:00～20:30	6150,6933,7375	波兰
				04:30～05:00	20:30～21:00	7375,7405	
罗马尼亚语	1968.8.30	2	1	03:00～03:30	21:00～21:30	7250,9945	罗马尼亚
				03:30～04:00	21:30～22:00	6933,9860	

续表

语　　种	开　播 日　期	日播 次数	日播 时数	时间 北京时间	时间 当地时间	频　率 (KHz)	播向地区
孟加拉语	1969.1.1	2	1	23：00～23：30	21：00～21：30	7260,11825	孟加拉 印度东部
				23：30～24：00	21：30～22：00		
阿尔巴尼亚语	1969.6.6	3	1.5	03：00～03：30	20：00～20：30	7470,9965	南斯拉夫
				03：30～04：00	20：30～21：00	7405,9965	
				05：00～05：30	22：00～22：30	6150	
普什图语	1973.7.15	2	1	23：00～23：30	19：30～20：00	7480,9700	阿富汗 巴基斯坦
				23：30～24：00	20：00～20：30		
保加利亚语	1974.4.19	2	1	02：30～03：00	20：30～21：00	6933,7385,9860	保加利亚
				04：30～05：00	22：30～23：00	6150,9860	
僧伽罗语	1975.1.1	2	1	22：00～22：30	19：30～20：00	7120,11780	斯里兰卡
				22：30～23：00	20：00～20：30		
尼泊尔语	1975.6.25	2	1	23：00～23：30	20：45～21：15	7125,11445	尼泊尔
				23：30～24：00	21：15～21：45	1269,7125,11445	
匈牙利语	1976.7.26	3	1.5	02：00～02：30	20：00～20：30	6933,7385,9860	匈牙利
				04：30～05：00	22：30～23：00	6933,9365	
				05：30～06：00	22：30～23：00	6150	
广州话	1950.4.10	9.5	9	01：00～02：00		6920,7260,9900	南亚　东南非
				03：00～04：00		7780,11945	欧　洲
				07：30～08：00		6140，7190，7230，9440,11685,12015	东南亚
				09：00～10：00		7820,9710,11760	北美　南美
				12：00～14：00		702,107.1(FM)	港澳地区 珠江三角洲
				18：00～19：00		9945,11650	南太平洋 澳　洲
				19：00～20：00		11685,11945, 12015,15260	东南亚

续表

语种	开播日期	日播次数	日播时数	时间		频率（KHz）	播向地区
				北京时间	当地时间		
广州话	1950.4.10	9	10.5	19:00～21:00		702,107.1(FM)	港澳地区 珠江三角洲
				20:00～21:00		9665	北美东部
潮州话	1950.4.10	1	0.5	08:00～08:30		6140, 7190, 7230, 9440,11685,12015	东南亚
客家话	1950.4.10	2	1.5	00:00～01:00		7260,9900	东南非 南亚
				08:00～08:30		6140, 7190, 7230, 9440,11685,12015	东南亚
厦门话	1950.4.10	1	1	22:00～23:00		11650,11685,12015	东南亚
普通话	1955.12.15	16	14	01:30～02:30		7110, 7335, 7800, 9820	西亚 欧洲 北非
				04:00～05:00		6955, 7185, 7435, 7660,7780,9600	
				06:30～07:30		6140, 7190, 7230, 9440,11685,12015	东南亚
						9535,11790	北非
						9770	东亚
				07:00～09:00		702,107.1(FM)	港澳东部 珠江三角洲
				10:00～11:00		11760,15435	北美东部 南美
						7820,9710	北美
				11:00～12:00		9730	
				12:00～13:00		9710,11695	北美西部
				17:00～18:00		9480,11650,15180	东北亚
						9945,11695	南太平洋地区
				17:00～19:00		702,107.1(FM)	港澳地区
						6010,11685,11945, 12015	东南亚
				20:00～22:00		11685,11945, 12015,15260	
				23:00～24:00		7315,9457,11910	南亚 东南非

中央电视台第一套节目播出时间表

（新闻为主的综合频道）

星期 节目 时间	一	二	三	四	五	六	日
6：00	早间新闻	早间新闻	早间新闻	早间新闻	早间新闻	早间新闻	早间新闻
6：15	每周一歌	每周一歌	每周一歌	每周一歌	每周一歌	每周一歌	每周一歌
6：20	闻鸡起舞	闻鸡起舞	闻鸡起舞	新闻专题	人与自然	音乐电视城	地方文艺
6：53	五分钟健美	五分钟健美	五分钟健美	五分钟健美	五分钟健美	五分钟健美	五分钟健美
6：58	东方时空晨曲	东方时空晨曲	东方时空晨曲	东方时空晨曲	东方时空晨曲	东方时空晨曲	东方时空晨曲
7：00	新　闻	新　闻	新　闻	新　闻	新　闻	新　闻	新　闻
7：20	东方时空	东方时空	东方时空	东方时空	东方时空	东方时空	东方时空
8：00	新　闻	新　闻	新　闻	新　闻	新　闻	新　闻	新　闻
8：20	收视指南	收视指南	收视指南	收视指南	收视指南	收视指南	收视指南
8：22	焦点访谈	焦点访谈	焦点访谈	焦点访谈	焦点访谈	焦点访谈	焦点访谈
8：35	夕阳红	夕阳红	夕阳红	夕阳红	夕阳红	夕阳红	夕阳红（周日版）
9：05	电视剧	电视剧	电视剧	电视剧	电视剧	大风车（地方版）	
9：10					收视指南		国际影院
9：52	请您欣赏	请您欣赏			收视指南		
10：00	新　闻	新　闻	新　闻	新　闻	新　闻	新　闻	新　闻
10：05	收视指南	收视指南		收视指南	收视指南	收视指南	
10：10	地方文艺	综艺走廊	人民子弟兵	十二演播室	中国旅游	人民子弟兵	
10：25			科教片之窗				
10：40	当代工人	中华民族	音乐电视城	半边天	半边天	半边天	专题片
10：56							科技博览
11：00							半边天
11：10	科技博览	科技博览	科技博览	科技博览	科技博览	科技博览	
11：20	读书时间	人民子弟兵	健康之路	地方台 30 分	美术星空	健康之路	
11：30							中国人口
11：55	每周一歌	每周一歌	每周一歌	每周一歌	每周一歌	每周一歌	时事纵横
12：00	新闻 30 分	新闻 30 分	新闻 30 分	新闻 30 分	新闻 30 分	新闻 30 分	新闻 30 分
12：30	收视指南	收视指南	收视指南	收视指南	收视指南	收视指南	收视指南
12：37	评　书	评　书	评　书	评　书	评　书	评　书	希望之旅
13：00	曲苑杂坛	戏剧天地	欢聚一堂特别节目	军事天地	第二起跑线	中国京剧音配像精粹	人民子弟兵
13：15				科技博览			
13：20				每周一歌			
13：25				祖国各地			
13：30							
13：35							家庭凉菜制作
13：45		科技博览					青少年科普节日

续表

星期 节目 时间	一	二	三	四	五	六	日
13：50	科技博览	每周一歌	科技博览	祖国各地	科技博览	每周一歌	系列科普类节目
14：00	新　闻	新　闻	新　闻	新　闻	新　闻	新　闻	新　闻
14：05	收视指南	收视指南	收视指南	收视指南	收视指南	收视指南	第二起跑线
14：10	农村科教系列节目	外语教学	建设法规知识讲座	外语教学	讲　座	欢聚一堂	
14：30			讲　座				
14：40	外语教学						
15：00						地方台 30 分	中华民族
15：10	’97 体育大世界	新闻调查	万家灯火	社会经纬	’97 环球		
15：25						专题片	美术星空
15：30							
15：55	气象信息	气象信息	气象信息	气象信息	气象信息	气象信息	气象信息
16：00	新　闻	新　闻	新　闻	新　闻	新　闻	新　闻	新　闻
16：05	收视指南	收视指南	收视指南	收视指南	收视指南	收视指南	收视指南
16：05							正大综艺
16：10	电视剧	电视剧	电视剧	电视剧	连续剧	讲　座	
16：35						家庭凉菜制作	
16：40						电视你我他	
16：55						科技博览	
16：57		请您欣赏			收视指南		
17：00	华夏掠影	中国人口	世界回眸	纪录片之窗	科教片之窗	纪录片之窗	
17：15			科技博览	科技博览	科技博览	周末导视	
17：20	芝麻开门	芝麻开门	芝麻开门	芝麻开门	芝麻开门	芝麻开门	
17：30	动画城	动画城	动画城	动画城	动画城	动画城	
17：57							周末导视
18：00	新　闻	新　闻	新　闻	新　闻	新　闻	新　闻	新　闻
18：09	大风车	大风车	大风车	大风车	大风车	大风车	大风车
18：56	上下五千年 节目预告	上下五千年 节目预告	上下五千年 节目预告	上下五千年 节目预告	上下五千年 节目预告	上下五千年 节目预告	上下五千年 节目预告
19：00	新闻联播	新闻联播	新闻联播	新闻联播	新闻联播	新闻联播	新闻联播
19：31	天气预报	天气预报	天气预报	天气预报	天气预报	天气预报	天气预报
19：38	焦点访谈	焦点访谈	焦点访谈	焦点访谈	焦点访谈	焦点访谈	焦点访谈

续表

星期 节目 时间	一	二	三	四	五	六	日
19:55	科技博览	科技博览	科技博览	科技博览	科技博览	科技博览	科技博览
20:00	收视指南	收视指南		收视指南	收视指南	收视指南	收视指南
20:05		连续剧	连续剧	连续剧	特别节目	曲苑杂坛	连续剧
20:10	'98新年音乐会						
21:00			新　闻	新　闻	收视指南	新　闻	新　闻
21:05					连续剧		
21:09		收视指南	收视指南	收视指南		电视你我他	收视指南
21:10		军事天地	'97环球	社会经纬			'97体育大世界
21:25		人与自然				旋转舞台	
21:54	收视指南						
22:00	晚间新闻　世界报道　体育新闻　天气预报　收视指南	晚间新闻　世界报道　体育新闻　天气预报	晚间新闻　世界报道　体育新闻　天气预报　收视指南	晚间新闻　世界报道　体育新闻　天气预报	晚间新闻　世界报道　体育新闻　天气预报	晚间新闻　世界报道　体育新闻　天气预报	晚间新闻　世界报道　体育新闻　天气预报
22:48		收视指南		收视指南	收视指南	收视指南	收视指南
22:52	天涯共此时	地方台30分	专题片	专题片	周末导视	世界名著、名片欣赏	艺苑风景线
22:55					新闻调查		
23:27	连续剧	专题片					电视剧场
23:37			十二演播室	万家灯火			
23:45					读书时间		
00:00	新　闻	新　闻	新　闻	新　闻	新　闻	新　闻	新　闻
00:07		连续剧					
00:12	结束						
00:13		结　束					
00:17			连续剧				
00:25					电视剧		
00:27							电视剧
00:32				连续剧	结束	NBA集锦	
00:04			结　束				
00:15							结　束
00:20				结　束		结　束	

中央人民广播电台

证券广播网 目前国内信息传播速度最快、覆盖范围最广的证券报道媒体之一。开播以来一直保持了以第一时间向全国范围和东南亚地区报道中国大陆最新财经要闻及证券市场情况的优势，并坚持为投资者提供客观公正及时的市场分析。节目除通过中央台二、五、六、七套播出外，还有上海、深圳、广东、江苏、福建、四川、贵州、新疆、黑龙江、陕西等三十多家地方电台在当地转播或录播。在广大投资者和从业人员中拥有一支稳定而庞大的听众队伍。《证券广播网》除周一到周五常设财经信息、沪市报道、深市报道、B股市场等固定栏目外，周六为听众安排了一周市场综述和听众信箱，并在每周日推出以热点话题探讨为主要内容的证券广播网周日特别节目《证券之窗》，同时还拥有《证券广播网论坛》《公司园地》《报刊集萃》《广播网专访》等非固定栏目，以满足全国投资者多方面的需求。节目在全国范围内进行的收听情况调查显示：这一节目在听众中享有很高的信誉度和信任度，86.3%的听众认为中央台证券节目与其他信息来源相比，是最快捷和最可信的信息来源。

中国国际广播电台

环球视点 中国国际广播电台华语广播创办的栏目。该栏目牢牢把握中国的外交政策，坚持以我为主的方针，注意跟踪国际形势的发展和变化，及时、充分地对国际上发生的重大事件，特别是事关中国切身利益的问题进行评述，让听众了解中国政府对这些事件的立场和观点。评论时，在分寸的把握上，注意有理、有利、有节，要先发制人，又留有余地。1997年，《环球视点》栏目的《靖国神社和日本少数政客的反动历史观》一稿获中国新闻奖三等奖。《环球视点》栏目每周五在华语广播普通话、广州话、客家话、潮州话、闽南话5种方言的《时事报道》节目中播出。

中国乐器博览 国际广播电台文艺部策划制作的大型广播音乐专题系列节目，也是一个比较系统地介绍中国民族乐器的栏目。该节目共分52集，每集30分钟，每个单元介绍一至两种乐器，共介绍了76种中国的民族乐器，其中既有常见乐器，也有为外国听众甚至中国听众鲜知的乐器。栏目将知识性、娱乐性和欣赏性相结合，用广播的手段向国内外听众介绍中华民族的文化遗产。制作者在保证节目的专业色彩的同时，并没有落入“广播讲座”的俗套，而是充分考虑了听众的需求，发挥了广播录播节目的优势，从而大大增加了节目的可听性。《中国乐器博览》介绍的内容包括：乐器的起源、演变、形制、音质、音色、最擅长的表现力和流行地区等等。节目中还穿插介绍有关这些乐器的传说、故事、风俗民情；同时，通过有关曲目的介绍和播放，兼顾作品和演奏者。另外，节目的风格也通过作者使用的活泼的文字和风趣的语言而轻松化，其中，节目主持人的作用（亲切感和口语化）也不可低估。这套节目是一套有关中国民族乐器知识的有声通俗读物。该节目被评为中国国际广播电台1997年度优秀系列节目一等奖。

中央电视台

早间新闻 1997年5月1日开播的综合新闻栏目。每天6：00播出，使以往中央电视台全天新闻播出的最早时间提前了一个小时，并与改版后的7：00、8：00早间新闻互相呼应，形成以新消息为主的完整新闻时段，新消息比重占60%以上。另外对前一天的重要新闻，特别是重要时政新闻摘要精编，作简要的回顾。还增加了体育消息，既有前一天已播重要体育消息的精编，又有夜间收到的新消息。在新闻编排上，打破国内与国际分列的旧模式，按新闻重要性对国内国际新闻进行混编。每日6：00至6：15在第一套节目播出。

中国新闻早间报道 1997年7月28日开播的综合性要闻栏目。每日8：00播出。该栏目是应北美观众要求开办的，由于时差的原因，北京早晨8：00正是美国东部华盛顿、纽约19：00的黄金收视时间，当地华人、留学生及使领馆、中资企业驻美办事处工作人员通过收看该栏目了解国内新闻。另外，该栏目还播出当天收到的最新国际新闻，突出了新闻的时效性。每日8：00至8：15在第四套节目播出。

当代工人 1997年5月19日开播的专题栏目。其宗旨是颂工人阶级丰功伟绩，展工人阶级时代风采。全方位、多视角地反映当代工人阶级的时代风貌，宣传党的全心全意依靠工人阶级的根本方针，展示工人阶级作为主人翁在社会主义物质文明和精神文明建设中新做出的巨大贡献；歌颂工人阶级大公无私、吃苦耐劳、拼搏敬业的优秀品质和奉献精神。该栏目每周一10：40至11：10在第一套节目播出，每周四11：10至11：40在第二套节目重播。

科技博览 1997年5月5日开播的科技栏目。该栏目以宣传科教兴国的基本国策、传播科技知识、提高全民素质为宗旨，坚持科学技术是第一生产力，倡导科技进步。让人们认知社会的演进，国力的强盛靠的就是科技发展，以激发人们渴求科学知识、热衷科学技术，强化科教意识和科教兴国的观念。内容主要涉及科技探索与创新、科技与人物、科技与生活、科技与环境、科技与经济、科技与文化等。每日19：55至20：00在第一套节目播出，次日11：10至11：15重播，而后在第二、四套节目不固定时间重播。每日的首播和重播加在一起，少则四五次，多则七八次，播出频率较高。

儿童剧场 1997年8月17日开播的儿童戏剧栏目。其宗旨是弘扬民族文化,扶植儿童戏剧,推出优秀作品,服务少年儿童。该栏目主要依靠社会与地方台的力量,与全国有儿童剧团的省、市电视台建立合作关系,统一规划,联合录制。节目种类以儿童话剧、木偶剧、童话剧、课本剧为主,同时还播出儿童电影、电视剧。该栏目每期播出一部主戏,并设有《剧场休息》《戏里戏外》《剧场快讯》《回音壁》四个小栏目。每月双周日9:30至11:10在第二套节目播出。

美术星空 1997年开播的美术专题栏目。其宗旨是弘扬祖国文化,提高美育教育水平。主要介绍美术史料,传播美术知识,反映艺术家创作,展示绘画艺术成果。其前身为《书坛画苑》,1997年5月经过重新策划、编排和包装,对原有内容和形式加以整合,更加关注美术现象和问题,贯穿历史,诠释当代,形成用文化诠释美术的栏目特征。每周日15:24至15:54在第一套节目播出,每周二14:55至15:25在第八套节目、周五11:20至11:50在第一套节目及周六11:10至11:40在第二套节目重播。

戏剧天地 1997年10月3日开播的戏剧栏目。设有四个小栏目:《梦想剧场》是主要板块,突出观众的参与性,为广大戏剧表演爱好者提供展示才华的机会,观众自己唱主角,自编、自导、自演,在娱乐中了解和掌握一定的戏剧知识或表演技巧,使他们多年的表演梦得以成真;《戏剧人》介绍国内戏剧舞台上有艺术成就,在戏剧创作中有影响的人物;《戏剧潮》介绍国内外戏剧发展趋向,跟踪报道我国戏剧舞台上的最新上演剧目,让观众及时了解话剧艺术动态,向世界展示中国话剧艺术成就;《戏剧史》介绍我国话剧艺术发展的历史和在不同时期创造出来的伟大成就,同时介绍外国的戏剧史。该栏目由《人间万象》改版而成,隔周五23:30至0:15在第一套节目播出,隔周日14:00至14:45在第八套节目、隔周二13:00至13:45在第一套节目重播。

曲艺与杂技 1997年5月9日开播的戏曲栏目。主要由相声、小品、地方曲艺、评书、评论和杂技等节目组成,以编辑为主,拍摄播出为辅。其宗旨是为观众能够欣赏中国的民族民间艺术打开一个窗口,使中国的传统文化和宝贵的民间艺术发扬光大。利用娱乐的方式,宣传党和国家的各项方针政策,歌颂人民群众的幸福生活,同时抨击社会上的不良现象,给观众带来启迪和欢笑。该栏目由《说唱园》与《魔术与杂技》合并而成,隔周五18:05至18:55在第八套节目播出,次日11:00至11:50重播。

世界经济报道 1997年5月5日开播的介绍世界经济的新闻杂志型栏目。重在报道世界经济热点和影响世界经济发展的重大事件,并分析事件背后的经济原因,同时对世界市场的重要行情和走势进行分析评论,是中国人了解世界经济的窗口,是中国企业和产品走向国际市场的桥梁。设有《世纪热点》《环球市场》《人物专访》《世纪梦寻》《海外传真》等小栏目。该栏目由《环球经济》改版而成,每周日6:15至6:45在第二套节目播出,当日18:30至19:00及周一13:10至13:40重播。

经营有道 1997年5月8日开播的经济栏目。该栏目以当代经济生活为基本背景,记录具有高素质的企业管理者、经营者这一特殊群体,通过反映他们的生活和工作情态,介绍成功者在企业经营和发展过程中运用或创造出的智谋和策略。是广大观众认知商海风云,了解商界骄子和企业管理之道的一个窗口。由《企业家》栏目改版而成。每周四18:30至19:00在第二套节目播出,次日13:10至13:40重播。

中国教育电视台

教育新闻联播 实行全国联播的教育新闻节目。每天一次,每次15分钟,滚动播出。重点报道党和政府关于发展教育事业的方针政策,报道全国新近发生的教育新闻事实和科技文化动态,介绍优秀教育工作者的先进事迹,播发海外科教信息等。该节目拥有一支熟悉和热爱教育电视新闻事业的记者队伍及遍布全国的40个记者站、通讯员站组成的通讯报道网络。

走向明天 德育电视专栏。每期20分钟,每周CETV-1和北京35频道首播重播各一次。该栏目面向全国中学生,旨在弘扬民族精神,陶冶道德情操,探索人生真谛,激发爱国热情。内容力求贴近青少年的生活实际和心理特点,追求"润物细无声"的教育效果。本栏目设有《今日话题》《同龄的朋友》《心心桥》《校园新视角》等板块,全面介绍各地区中学生精神文明的建设,交流学校办学思想,展示素质教育成果。

学术报告厅 学术性电视栏目。它以宣传科教兴国和可持续发展为根本宗旨,汇集国内外一流的专家学者最新的研究成果和学术思想,把它们传播到祖国的每一个角落。是全国各级各类电视台中唯一的以学术报告为主要内容的、高品位、大信息量的专栏节目。中国科学界、学术界的著名科学家卢嘉锡、朱光亚、杨振宁等先后在这个栏目里展示了他们学术成就与人生历程;一大批中国科学院院士、中国工程院院士把最前沿的科技成果和学术动态介绍给全国的观众;不少知名的社会工作者、企业家把最新的理论成果、最先进的管理经验向全国观众传输。栏目播出后受到了以知识界为主的广大观众的热切关注。

健康你我他 1997年12月6日开播的大型现场直播节目。该节目以健康教育为主线,以中华医学会及其所属医疗机构和著名医生为依托，面向全国电视观众，开展全方位、多层次、多方面健康咨询服务，促进全民健身活动，提高我国人口身体和心理健康素质。该节目主要以现场直播形式为主，每期邀请全国著名医学或健康专家2～4人进入演播室，同时开通四部直播热线。全国的电视观众可通过电话向专家咨询相关的医疗健康问题，由专家现场解答并提供指导。

空中电脑教室 电脑专题栏目。以广泛普及电脑知识，服务现代化建设为宗旨。为了提高节目的可视性，适应不同学习要求的人员的需要，本节目分为高、中、低三个层次播出。节目收视对象为计算机专业人员和各阶层计算机使用者、爱好者。开辟了《电脑英语》《电脑教室》《电脑应用》《电脑游戏》《电脑服务台》等板块，各板块相互连接，强调实用性、知识性、专业性和可视性。

世界电脑之窗 1997年1月开播的大型综合性电脑教育节目，共312集，每集30分钟，每周播出6集。通过9个板块，面向国内广大电脑爱好者，以采访报道美国电脑业界动态、演示通用的流行软件、专访知名人士、介绍网络技术以及电脑家庭应用等形式，反映近年来国际电脑发展状况，供国内观众学习借鉴。该节目由美国专业教育电视网络摄制，中国教育电视制作中心包装制作。

'97大教育 着眼于“向市场经济过渡”这个时期，论点清晰，节奏明快，信息量大，及时对广大观众所关心的启蒙教育、中小学教育、高等教育、成人教育、爱国主义教育、老年教育、终身教育等领域的问题进行探讨。

万婴跟踪 育婴专题栏目。其宗旨是树立科学育儿观，宣传、普及科学育婴知识，提高广大家长的科学育儿水平，传播现代育婴方法和技能，开发婴儿的身心潜能，切实提高中华民族的素质。栏目通过对示范婴儿的跟踪报道，聘请儿童成长教育专家进行专门指导，向全国新生儿家长传授从零岁婴儿开始的营养、保健、心理等全面具体的科学育儿知识。

CETV家庭与教育 探讨家庭教育的专题栏目。关注家庭、指导家长是该栏目的一贯宗旨，本着教育性、科学性、实用性和可视性相统一的原则，围绕家长所关心的话题，邀请专家、教师、家长、名人相互交流，共同探讨，把家庭教育的好办法、新思路，以最快捷的方式传递给家长。设《教子传真》《家教沙龙》《我说父母》《信息专递》等板块。

华夏校园 宣传报道社会力量办学的电视栏目。它的开办为政府与社会、政府与学校、学校与学校之间架起了桥梁，为我国社会力量办学这一新兴事业的发展以及社会对它的了解、认识起到了沟通的作用。该栏目设《今日学人》《各抒己见》《校长视点》《师生之间》《校园掠影》和《学校动态》等板块。报道政府的有关政策法规、教学一线的校长。同时介绍一些国内外学校、教师、学生的工作和学习情况。

天天向上 旨在对全国小学生进行德育、美育和爱国主义教育，为他们树立正确的人生观、道德观打好基础。每周播出1期，每期15分钟。栏目围绕一个主题表现小学生在学校、家庭和社会的学习、生活以及社会实践活动，形式活泼，有趣味，富有教育意义。栏目设有《雏鹰在行动》《我说我家》《中华知多少》等板块。针对近年来提出的素质教育的要求，节目力求在意志品质、生活适应能力方面为小学生提供指导。

我想知道 少儿科普电视节目。每期20分钟，每周CETV-1和北京35频道首播、重播各一次。本节目面向全国青少年，融知识性、趣味性、科学性、启发性为一体，激发青少年渴求知识，热衷科技活动，宣传科教兴国。内容涉及现代科技、科学发明、自然奥秘。每期节目涉及一个主题，节目形式采用实验动画、实际拍摄、引用资料、小品表演等。

北京

北京人民广播电台

世界之窗 汇知识性、新闻性、社会性、趣味性和艺术性于一体的综合性节目。它以其高雅的品位、清新的格调、广泛的选题和充实的内容，使不同阶层、不同行业、不同年龄和不同爱好的听众不出家门便知天下事。每周一、二、三、五、六的14:10～15:00播出。在50分钟里，既有嘉宾访谈，又有以编辑为主的若干小栏目，如《出访归来》《老橡树》《希望与绿地》等。

百姓物品交换站 1997年1月1日开办的一个极具北京特色的新节目。通过电话介绍物品、通报价格等，帮助百姓将家中闲置或淘汰物品的有关信息传到千家万户，并努力将娱乐性、知识性融入其中。通过这个节目进行物品交换的成交率一般为20%～50%。每天12:30～13:30播出。

电脑音乐 1997年4月开办的节目。每周三19:30～20:30在调频97.4兆赫播出。节目向大家介绍MIDI知识、硬件配置、软件天地，与大家交流网上信息和制作精良的电脑音乐，具体板块有：《MIDI时间》，介绍MIDI和电脑音乐基本原理；《硬件战线》，制作、欣赏电脑音乐和网上咨询所需设备的配置、比较；《软件橱窗》，结合实例介绍各有特点的电脑音乐软件；《一“网”打尽》，网上天地漫游，资料丰富有趣的站点及上网小窍门；《有福同享》，优秀电脑音乐欣赏。

927交通热线 北京电台与北京市公安交通管理局联合策划、制作的大型听众参与式的直播节目。1997年9月24日开播，每周三8：15至9：30播出。该节目以其三大特点深受听众欢迎：节目由北京市公安交通管理局领导参与主持，做到及时准确地宣传交管政策法规，具有权威性；节目强调听众参与，主持者直接回答听众电话提问，有效地增进警民交流与相互理解；节目注重实效，每期平均接听听众电话20个，直接回答10个。若当场无法解答，则在下期回复。

北京电视台

生活帮助热线　为帮助观众及时解决日常生活中的问题，北京电视台于1997年3月15日在生活频道BCTV-4黄金时推出。主要内容有：解答与人们日常有关的政策法规；传播生活知识；架设购物桥梁；提供生活实用信息。节目长度15分钟，首播时间19：35，重播时间当天22：05，次日11：20，15：05。

庭审纪实　1997年5月推出的法制节目。内容主要是北京市各级人民法院审理的民事、经济、刑事、知识产权等案件，尤其是那些社会影响大、群众关注程度高、涉及老百姓切身利益的案件，把法庭审判搬上电视屏幕，打破法庭审理神秘感、陌生感。节目真实地再现法庭审理场面，客观地展示原、被告诉讼请求、唇枪舌战的法庭辩论，触目惊心的案件情节和法院主持公道、严肃执法的风貌。节目长度50分钟，两周一次，首播周六6频道16：05，第二周六27频道22：50重播。

世纪之声　1997年10月推出的每期50分钟的大型音乐专栏节目，每周四21频道22：50首播，隔周二6频道23：30重播。至年底，已经播出大型音乐专题片十余期，内容广泛，不仅有以回顾历史为主的《人类音乐的故事》《20世纪指挥大师风采》《20世纪歌唱大师风采》等，也有紧扣时代命脉的《携手共进1998》《维也纳新年音乐会》等实况报道，更有突出地域文化色彩的《欧美音乐百年回顾》《意大利风情》等国际交流的音乐节目。

周末音乐厅　1997年10月11日推出。设《北京音讯》《特别推出》《人物写真》《乐评人语》《精品放送》《海外流韵》《海外传真》《精彩时刻》《上榜票房》10个栏目。观众在这里既能欣赏到优秀的民族音乐，又能欣赏到世界经典作品。国内和世界华人音乐工作者满怀激情，不遗余力，在海外传播中国音乐的珍贵信息和他们为祖国荣誉而献出的拳拳之心，在这里将得到充分体现。节目长度为30分钟，周六6频道9：30首播，周四21频道23：45重播。

周末新影院　1997年10月10日开播节目，每周五21频道22：00首播，周日13：00重播，节目长度100分钟左右。节目选播北京电影市场公映半年至一年左右的国产（含港台）最新优质影片，播出时效比原有电影只能播出两年以上的老片提高了一大截，在北京地区处于领先地位。在21频道节目收视调查中处于前列。

海淀人民广播电台

法制纵横　1977年1月开办的专题节目。节目的宗旨是：提高全区人民的法制意识，热心为听众解答法律方面的问题。节目设有《新闻报道》《法制故事》《法律知识问答》《律师信箱》《人物专访》等小栏目。节目播出后，许多听众打电话询问播出内容，并提出建议。区政法委、公、检、法、司以及各街道、乡等单位的通讯员积极提供稿件和新闻线索。

怀柔人民广播电台

经济广角　经济类专题节目。宣传党和国家有关经济工作的方针、政策，介绍本地区各行业各单位经济工作经验，为生产者、经营者提供市场信息，促进本县经济发展。节目设有：《政策指南》《行家谈市场》《农村经济观察》《经济信息》《国际经济动态》《记者随笔》《经济界趣闻》《经营参谋》等8个栏目，每个栏目10分钟左右。

怀柔电视台

周末五分钟　1996年1月开办的服务性栏目。节目长度约5分钟。每周五晚首播，周六晚重播。栏目针对与广大观众的工作、生活密切相关的问题，解惑释疑，为百姓生活提供咨询、帮助。内容涉及各级党委和政府有关群众生活方面的政策、决定及百姓的衣食住行。

荧屏社会　以反映社会生活事件为主的专题栏目。该栏目宣传各级党和政府的有关重大决策，关注社会生活，透析社会焦点，反馈社会各界呼声，给予正确舆论引导。内容主要是围绕社会生活中发生的有较大影响和带有普遍倾向性的事件，从政策理论与事实上进行综合分析，给予正确引导，以密切党和政府与群众之间的联系。

延庆人民广播电台

百姓话题　1997年1月开办的节目，每两周播出一次，重播一次，节目长度为10分钟左右。节目主要是说老百姓的话，讲老百姓身边的事，关注热点，展示生活，并创造条件让听众参与，与听众交流，努力做到反映听众、贴近听众。

延庆电视台

旅游天地　延庆县旅游局与县电视台合办，1997年4月开播的专栏节目。每两周播出一次，重播一次，节目一般在10至13分钟之间。

主要小栏目有:《旅游观察》《专题访谈》和《风光欣赏》。栏目根据县委、县政府提出的旅游牵动、城镇带动、科教推动的"三动"战略而组织报道延庆旅游业中具有的巨大潜力及存在的问题，展现了旅游战线广大职工的精神风貌，反映了全县各阶层人士对延庆旅游事业发展的不同看法，让全县人民为发展旅游事业做出贡献。

天津

天津人民广播电台

体育大世界　天津电台建台以来惟一的综合性体育直播板块节目。每日19:00～20:00在新闻频道播出。节目本着传播体育信息、介绍体育知识、推广健身方法、促进体育事业发展和两个文明建设的宗旨，服务于听众，服务于社会。栏目设置为:《体育新闻》《一周体育评述》《热点扫描》《绿茵风云》《名将追踪》《听众信箱》《国际足球集萃》《放眼NBA》《健身俱乐部》《老年健身》《史话与知识》《趣味轶事》《群体博览》《体育知识问答》《体育沙龙》等。1997年,《体育大世界》荣获天津电台十大优秀节目和天津市十大名牌节目称号。

法制纵横　该节目是为了适应我国市场经济发展的需要，以宣传法律知识，提高人们的法律意识，让每个公民都握紧法律武器，保护自己的合法权益为己任。该节目于1997年1月初开播，时间为每周一至周五9:10～10:00在新闻频道909千赫播出。主要栏目有:《举案说法》《法在身边》《律师时间》《热线讨论》等等。另外，节目还及时配合国内外发生的重大事件，给予特别的报道。比如，香港回归，对香港基本法的专题报道；我国新刑法出台后，关于新刑法的系列讲座等。

你好，出租车　为一个特殊群体——出租车司机服务，为他们播报国内外大事，让他们了解客运市场的情况及有关方针政策，了解路况和与专业相关的信息服务，以及健康、丰富的娱乐节目。该节目由以下几个栏目构成:《客运传真》《稽查公告》《失物招领》《的士茶座》《的士之星》。1997年1月开播，每天15:25～17:30在交通频道（中波567千赫）播出。

老年大学　目前，天津市已进入老龄化社会，离退休市民占有很大比重，该节目以体现教育频道办台宗旨为原则，以丰富、提高老年人生活为主旨，以老年人喜闻乐见的养生、趣闻和戏剧、音乐为主要内容。自开播以来，多次举办以老年人关心的话题为专题的现场直播，在听众中反响良好。每天9:00～10:00播出。

孙家才讲故事　孙家才老师是天津电台著名主持人，曾从师于儿童节目专家孙敬修先生，多年来积极钻研儿童节目，以播讲儿童故事见长。该节目以中外著名童话、历史典故、成语故事、名著片段和爱国主义事迹为内容，节目生动、精彩、引人入胜，该节目以培养中小学生爱国主义精神，弘扬民族文化为主旨。每天12:30～12:50播出

童心姐姐　以青少年在学习成长中遇到的问题为主要内容，编播合一，及时为青少年学生提供多方咨询及指导，改变教育节目以课程辅导为主的做法，节目一张一弛，相得益彰，该节目被评为电台优秀节目。每天21:30～22:00播出。

青春校园　节目定位于在校大学生和相关群体，以传播现代科技文化信息、丰富大学生的日常生活为主旨，节目还在周末开播《英语听力训练》等特色栏目，就大学生关心的话题多次由各大学的专家进行讲解，是大学生的良师益友。

天津电视台

'97全国足球甲A赛场　在总结过去体育比赛现场直播的基础上，经过充实、完善创办的板块式直播节目。1997年3月16日开播。节目采用演播室与赛场紧密结合的直播方式，从不同的视角将广大球迷关心的全国足球甲A联赛在第一时间进行详细的报道。节目设有《甲A直播室》《甲A排行榜》《探营情报站》《现场直播》《球迷热线》《专家评球》《甲A收视指南》等小栏目。节目在甲A联赛每一轮比赛进行的同时播出。播出长度135分钟。该节目是天津电视台收视率很高的节目之一。

世界拳王争霸赛　1997年6月22日推出的一个拳击系列节目。节目通过国际通信卫星将在世界各地举行的最高水平的拳击赛事电视实况信号传送到国内播出的卫星直播节目。播出一年来，世界顶尖高手:泰森、霍利菲尔德、摩尔等先后在《世界拳王争霸赛》中亮相。节目通过现场解说和同声翻译，在介绍紧张、激烈、刺激的拳击比赛的同时也把比赛以外的采访、花絮等直接告诉观众，深受他们的喜爱，是天津电视台收视率很高的节目之一。

河北

河北人民广播电台

健康之声　1997年5月19日开办的直播节目。每周一至六8:05～8:55播出。节目传播医疗保健知识，提供医疗保健咨询，做听众的健康顾问。设有《医政信息》《健康热线》《健康文摘》《营养餐桌》《健身与美容》《心理咨询》《母婴之友》《长寿之道》等栏目。形成了灵活、生动、明快的风格。

交广时空　1997年10月18日开办的信息密集型节目，每天7:00～8:00播出。内设5个栏目:《要闻简报》，以短新闻的形式报道国内外、省内外大事，让听众知天下事;《交通快讯》，报道省内交通系统动态性新闻和信息;《交通经纬》，是

交通快讯的延伸和开拓，主要播出重大交通事件的追踪报道和全省交通建设的成就及交通问题的分析透视等;《今日交通人》,以人物专访的形式宣传省内交通系统的先进模范人物;《出行指南》,主要播发与交通有关的各种信息,包括专业气象、民航航班、铁路货运客运、高客客运等。

交通大市场 1997年10月18日开办的为汽车生产、销售、使用、维修牵线搭桥，提供中介服务的服务性节目。每天9：00～10：30播出。内设5个栏日:《市场瞭望》,介绍汽车市场的现状和发展趋势;《车迷俱乐部》,为车迷朋友提供一个说车、谈车、欣赏车的时间和空间;《汽车诊所》，专门为司机提供汽车维修保养的常识和服务；《汽贸之声》，与汽车贸易公司紧密合作，及时发布最新销售信息；《空中导购台》，通过热线为旧车交易、司机谋职等提供中介服务。

河北经济广播电台

1125音乐时间 1997年3月17日推出的黄金时段的一档音乐节目，播出时间为每天12：00～13：00。开设《英美流行歌曲公告牌》《非常流行》《原创新歌金曲榜》《港台新歌榜》《ADA热门访谈》等栏目,积极推介新歌新曲,发展原创流行音乐。1997年间，组织全省十多家电台组成“河北原创联合榜”参与“中国原创总评榜”，并且参加了包括纪念世界唱片120周年，中国唱片90周年的中国歌坛盛事。目前，已和内地及港台一百多家唱片制作发行公司和国外唱片娱乐机构建立了长期稳定的合作关系。

超越80分 1997年3月17日开播，播出时间为每周一至周五19：40～21：00；每周六21：00～24：00。节目集文化、社教、娱乐为一体,强调高品位、高质量,在栏目设置上突出短小、精彩,趣味性强,信息量大，注重内容丰富和意义深刻的统一,主要栏目有分析性的《新闻点评》；推介流行音乐的《音乐原动力》；宣传环境和生态保护的《从自然开始》和周六特别专题《绿色周末》（环保宣传是该节目的重点栏目，也是该节目的一个特色）。其他栏目还有《文化风铃》《广播时尚专刊》《偷闲加油站》等。

河北电视台

经济观察 1997年4月开办的经济类专题节目。节目长度开始为每期15分钟,后改为每期10分钟，河北电视台在周二20：30、周三12：55、周四20：30、周五12：55、周六20：05、周日14：00播出;河北经济电视台在周一、三、五20：40播出。节目以服务重大经济事件,透视经济现象,揭示经济规律,反映热点难点为主要内容。开办以来,先后推出了《走近国大话资产》《忧思之中话土地》以及系列报道《大地春潮——河北推进农业产业化纪实》《创优之路》《又到板栗收获时》《化肥市场，低谷运行又一年》《开滦扭亏纪实》等一批有分量、有反响的深度报道节目，在观众中始终保持了较高的收视率。

太阳风 1997年11月22日开办的为少儿服务的节目。周六18：00～18：25首播，周二18：00～18：25重播。内设《好朋友开心乐园》《红帆船》《奇奇妙》《痒痒挠》《红蜻蜓》等栏目。播出以来，受到少年儿童的欢迎，在两个多月的时间里就收到小观众来信6000多封。

科技时代 1997年4月23日开办的一个科技类节目。每周三晚18：20～18：45首播，周五下午2：40～3：05重播。内设《科海新潮》《科林漫步》《致富先导》《科技在身边》《科技述评》《科技信息》《科苑群星》等栏目。节目播出以来，为观众传播了大量科技知识，架起了科技走向生产的桥梁，深受观众的欢迎,观众来信平均每天15封左右。

河北有线广播电视台

今晨视点 1997年10月29日开播的新闻类节目。每天7：00～7：20首播，12：00～12：20重播。包括三个重点内容:一是社会热线，主要报道与群众日常生活密切相关的社会新闻,以短消息为主;二是视点报道，主要针对广大群众关注的社会事件、社会现象以及党和政府的决策与举措进行报道,有事件、有分析、有议论;三是要闻精览，主要汇总播出国际、国内、省内最新要闻。每周日的同一时间汇编播出周一至周六的“视点报道”和“要闻精览”的主要内容。本节目体现了大容量、大视角、快节奏、密集型、深层次，早晨未出门，便知天下事。

股海观潮 1997年10月29日开办的经济类节目。每天18：15～18：35播出。内设《股市快讯》《冀股行情》《每日股评》《个股透视》《选股参考》《咨询热线》《人物访谈》《股友时间》《行情总览》及《周末沙龙》等十多个子栏目。该节目已为众多股民所熟悉，成为他们天天会面的“老朋友”。

石家庄有线广播电视台

综艺大篷车 1997年12月26日开办，每周一期，每期30分。它是一个集艺术性、娱乐性、趣味性、知识性于一体的文艺类栏目,设有:《星光灿烂》《域外传真》《都市流行色》《广告与幽默》《乐海漫步》《娱乐放送》《浪漫自留地》7个小栏目。

唐山人民广播电台

月光话廊 1997年1月13日开办，每周二、四20：30至22：15播出。该节目是综艺类主持人板块节目,坚持双向交流,听众可以通过热线电话,直接参与节目,并且可以同节目主持人探讨儿童教育、体育等问题，还可以诗会友，体会百味人生，参与游艺娱乐。节目固定，主持人轮换，期期节目主持人具有各自不同的风格特点，各有侧重，已形成各自固定听众群。

唐山经济广播电台

801 新闻时段 1997 年 1 月 18 日开办，每天6：00至 8：00 播出。节目突出专业特点，强化“龙头”地位，努力发挥专题板块作用。有服务农村的《气象服务》，有为全市金融行业提供最新信息的《信息总汇》，有播报全市及各县（市）区和国内、国际快讯的《801 新闻》，有着重重大新闻事件报道分析的《新闻大视野》和《周末话题》等栏目。

秦皇岛有线广播电视台

文化长廊 1997 年 10 月 1 日开播，每周播出一次，含《文化视点》《人物春秋》《文学 TV》《经典赏析》等子栏目，节目长度为 30 分钟左右，充分展示时代文化的风采。栏目以贴近时代、贴近生活、贴近群众为宗旨，探索和思考文化的新走向和艺术的新视野。栏目地方色彩浓厚，文化底蕴较足，艺术品位较高。

邯郸有线广播电视台

邯郸有线新闻 1997 年 5 月 1 日起播出，每期 10 分钟，每周一、三、五首播，二、四、六重播。主要以电视消息类报道为主，结合不同阶段市委、市政府的中心工作，适时开设了一系列专题报道栏目。如《迎接新世纪的邯郸》《贯彻十五大精神建设经济强市》《学邯钢、见成效》等，播出后受到社会各界的普遍关注。

邢台人民广播电台

行风热线 1997 年 9 月 1 日在新闻直播板块《黄金 60 分》节目中开办的一个栏目。每天 7：15～7：45 播出。栏目先后邀请了与群众生活密切相关的公安、邮电、供电、工商、税务、民政、建委、公用事业、技术监督、环保等十几个市直部门的主要负责同志到直播间回答听众提出的问题，接受社会监督。听众反映强烈，热线电话应接不暇。各部门也把与听众对话当做重塑部门形象的重要契机，积极整改，仅九月份就为听众解难释疑和解决问题 70 多件。有力地推进了全市“讲文明、树新风”活动的深入开展。

保定电视台

法制大视野 1997 年 5 月 26 日开办的综合性法制节目，每周四播出一期，每期 20 分钟。内设《法制快讯》《要案追踪》《法庭内外》《律师信箱》等栏目。该节目对普及法律知识，维护社会稳定起到了较好的作用，深受百姓欢迎。

张家口人民广播电台

商海观潮 1997 年 10 月开办的一个经济生活类节目。每天 10：00～11：30 播出。主要栏目有：《商海搁浪》《投资指南》《经济与法》《消费热线》《它山之石》等。每逢双休日，推出《快乐周末》《假日休闲》娱乐板块栏目。节目力求贴近百姓、贴近生活、深入群众衣、食、住、行，从不同角度，提供全方位服务。

衡水人民广播电台

954 观察 1997 年 9 月 1 日开办的一个新闻评论性节目。每周六 19：00、周日 12：00、周一 7：00 播出，每次 15 分钟。主要栏目有《百姓生活》《焦点访谈》《热点追踪》《警方热线》。节目肯在剖析社会热点，关注百姓生活，反映群众呼声，正面引导舆论上下功夫。

承德电视台

生活风景线 1997 年 2 月 1 日开办，内设《生活百味》《周末话题》《这方水土》3 个小栏目，每周五、六 20：00～20：25 播出。栏目以精神文明建设为主线，沿着人们的生活及精神生活轨迹，透视百姓生活，讲述百姓故事，歌颂人世间的真、善、美，进行思想道德方面的引导和教育。

山西

山西人民广播电台

文明之春 为配合山西省委“’97文明之春”宣传活动，于 1997 年 1 月 20 日推出的特别专栏。旨在解答广大听众在春节前后所关心的社会和生活方面的各种问题，如全省各大城市的煤气、水暖电、春运、市场供应、医疗、消防、文化活动等各方面的情况以及这些单位的值班电话。同时在这个专栏节目中，还举办群众性的“文明过年好建议”展播活动，并评出十项最佳建议，予以表彰。

记者观察 1997 年 3 月 26 日推出，是一档全新的新闻专题节目。它采用记者现场报道、追踪报道和述评的形式，分析讨论社会各个层面人们所关心的问题，在体现“新”、“快”特点之余，还主要表现记者的主动性，以展现新闻背后的新闻，使新闻大大延伸。每周一至周五 10：00～11：00播出。

音乐新空气 1997 年 7 月 5 日推出的一档音乐节目。旨在听众熟悉了古典音乐的庄重典雅，体味了流行音乐的轻松流畅之时，介绍给听众一些属于创新和尝试领域的音乐，让听众用自己的眼光去体味和评价。其特点是，以节奏轻快，旋律优美动听的中、英文流行歌曲为主。每周一至周五 19：00 至 20：00 播出。

交广信息网 1997 年 12 月 29 日开办的一档传播交通信息的节目。设有《交广快车道》《我爱我车》《TAXI 加油站》《卫星车市》等栏目。此外，《交广信息网》还为听众提供各种交通产品的消费引导。一些品牌的润滑油、轮胎、电瓶的价格以及加油站、汽修厂、驾校的信息等都在节目中播报。周一至周五 15：00 至16：00播出。

山西长城广播电台

卫星大市场 1997 年 2 月 16 日推出。旨在为听众提供微观经济服务，产品供需，人才交流，房屋出租转让；介绍最新市场信息，简要分析市场动态、经济现象。设有《市场快语》《供求热线》《市场信息》《看市场》《人才交流驿站》《再就业服务专栏》等 6 个小栏目。周一至周五 9：00 至 10：00 播出。

太原人民广播电台

金海岸直播室 1997 年 1 月 1 日开办。该节目是与企业联办，融知识性、娱乐性、信息传播为一体。其宗旨是弘扬企业文化、拓展服务领域，起到参与社会、服务市民、走向市场经济的作用，并围绕太原市委、市政府的中心工作进行宣传。主要栏目有《海岸金桥》《商场漫步》《新特货架》《金海岸点歌台》《休闲港湾》《假日直播室》等。每天16：30～17：30 播出。

太原电视台

太视记者访谈 1997 年 3 月 1 日推出的新闻评论栏目。宗旨是关注社会热点，评说百姓话题，紧紧围绕太原市委、市政府中心工作进行深度报道。该栏目采取演播室与现场相结合，记者集采编播于一体的制作形式。节目长度 10 分钟，周一至周五 20：20 播出。

太原有线广播电视台

周末采风 1997 年 4 月 1 日推出。是一档知识性较强、品位较高的文化类专题栏目。设有《锦绣太原》《民藏博览》《艺苑漫步》《休闲好去处》《东方星辰》等小板块。在每周六19：55和周日 12：05 的一套节目中播出，长度为 30 分钟。

大同人民广播电台

健康百事通 1997 年 5 月 1 日推出的主持人直播节目。节目除介绍生活保健知识、回答听众有关保健方面的疑难问题，为听众求医问药提供服务外，还聘请药品或保健品生产者与听众双向交流。设有《健康红绿灯》《热点话题》《女人风景线》《夕阳无限好》等栏目。每日 13：00～14：00播出。

大同电视台

时空访谈 1997 年 6 月 9 日推出。宗旨是传播党的政策，开展社会主义思想道德、文化、法制教育。以反映社会生活各个领域的新情况、新经验、新问题为主要内容，采用纪实、访谈和解说的形式。节目长度 11 分钟，每周 6 期，20：18 播出。

阳泉电视台

文化圈 1997 年 3 月 27 日开办。以落实党的十四届六中全会精神，推进文化艺术繁荣为宗旨，突出宣传阳泉市文化艺术界有所建树的人和他们的成果，展现他们独树一帜的文艺作品。节目长度 10 分钟，每周四晚播出，周五午间复播。

平定有线广播电视台

寻常百姓 1997 年新版节目，宗旨是镜头对准寻常百姓，聚焦在群众的生产、生活中反映强烈的热点、难点问题，为群众排忧解难，通过讲述寻常百姓的寻常事，反映寻常百姓的不寻常业绩，不寻常思想，平凡岗位上的不平凡典型，弘扬平定人民创业、敬业精神。主要栏目有《街谈巷议》《生活中的你、我、他》。节目长度 10 分钟，每周六 20：00 首播，周一20：00重播。

沁水县有线广播电视台

沁水人谈沁水 1997 年 5 月 10 日开办。以激发全县人民认识沁水、热爱沁水、建设沁水、振兴沁水为宗旨，每次有 5 至 7 名观众参与，从形式到内容都更加贴近群众，贴近生活。节目长度 15 分钟，每周两期。

朔州人民广播电台

846 伴你同行 1997 年 1 月开办的生活服务性专题节目。侧重于为广大听众提供医疗、卫生保健以及日常生活等方面的服务，力求贴近实际、活泼有趣。主要栏目有《衣食住行》《健康之友》《七彩人生》《听众信箱》。每周一、三、五、日 8：00 至 8：30 播出。

忻州市人民广播电台

生活潮 1997 年 3 月 15 日推出。是一档面向青年、中年、老年各个年龄阶段的听众，集知识性、服务性、实用性、引导性为一体的板块节目。本节目坚持把话筒对准普通老百姓，讲述他们的生活与发生在他们之间的平凡故事。设有《家庭生活》《人间万象》《小城风情》《文苑漫步》《旅游快车》《消费驿站》。每周二、四7：10～7：30首播，中午和晚上重播。

寿阳人民广播电台

爱我县城聚焦　1997年新办栏目。以宣传县委、县政府在城市建设中的思路，城市建设和管理方面的法律、法规和办事程序，宣传城市管理先进典型经验为主，同时对危害社会行为的人和事进行公开曝光，起到提高群众的市民意识，规范人们的行为，制约在城乡建设和管理上的随意行为，实现城区管理的法制化、科学化的作用。每周五、六早晨和中午播出，节目长度5分钟。

襄汾有线广播电视台

农家　1997年5月18日开办的面向农村、农业、农民的节目。它以传播农业科技、介绍致富经验，发布致富信息、报道农村热点、反映农民生活为主要内容。设《农家四季》《百村传话》《百姓寻呼》《乡村热线》4个板块，每期节目以一个板块为主。周一、周四晚播出，复播二次，每期10至15分钟。

翼城有线广播电视台

农家之友　1997年1月开办。宗旨是咨询农村百事，传播科技信息，指导农业生产，丰富农民生活，介绍致富经验。主要栏目有《百姓热线》《生活顾问》《信息窗》《农民点歌台》《致富经》《农业科技》《农民风采》《农民论坛》《农家与法》。每期15分钟，每周播出三期。

运城地区电视台

河东广角　1997年6月开办的一个综合性专题栏目。旨在反映时代新风尚，介绍改革新成就，树立生活新典范，讴歌人间真善美，是融纪实性、艺术性、哲理性、知识性与服务性为一体的专题性节目。节目长度10分钟，周一、三、五21：05播出。

运城有线广播电视台

城市扫描　1997年1月1日推出。栏目本着为人民服务，为社会主义服务，为党和政府工作大局服务的宗旨，以社会新闻为主体，以城市观众为主要对象，采用精、近、热、实、活、深的表现手法，映照城市焦点，反映市民心声。周一、三、五晚首播，周二、四、六晚重播。

内蒙古

内蒙古人民广播电台

消费者天地　1997年4月1日开办的专题节目，播出时间为每天10：40～11：00。节目采用灵活多样的播出形式，融知识性、服务性、参与性于一体，侧重消费领域的政策法规宣传，引导消费者提高防止假冒伪劣的技能，对消费者投诉的热点进行追踪报道，对制售假冒伪劣商品、欺诈消费者的不法生产、经营者予以揭露曝光，公布权威部门的商品检测鉴定结果，报道和推荐质量好、服务优的企业和部门。

经济生活　1997年1月1日开办的集经济新闻、信息、知识性、服务性为一体的蒙古语经济类专题节目。每天21：30播出，次日9：40、12：40重播，每次播出20分钟。节目以内蒙古自治区大市场为背景，服务于自治区的经济建设和市场经济需要；大力宣传自治区经济建设的新成就、新典型、新经验，为社会和各界听众服务。设有《经济论坛》《企业风采》《大家谈》《经济信息》等十几个小栏目。

纵横118　1997年1月1日推出的新闻评论节目。每天7：30～8：00播出。以内蒙古自治区范围内发生的新闻事件为主要报道内容，重点放在对重要新闻事件及时进行背景性、解释性、延续性、评述性等深度报道上。通过对新闻事件追踪、热点问题访谈、新闻背景分析、大众话题评说，通过正确的舆论引导和舆论监督，架起党和政府联系人民群众的桥梁。

常青树　1997年老年节前夕开办的。每周一至周五15：00～15：50播出。节目的开办旨在发扬光大我国尊老爱幼的优良传统，为老年人提供文化娱乐、保健等服务内容，通过轻松休闲的形式，陪伴老年人度过午后近一小时的快乐时光。节目设有三个小栏目：《话家常》，以人文社会为主，忆往昔、话今朝，交谈从家庭到社会普遍感兴趣的话题；《康乐宫》，以文化娱乐为主，欣赏音乐戏曲，探讨书法绘画，以及各种爱好活动的乐趣；《养生园》，以养生保健为主，普及疾病预防知识、医药知识，交流膳食调理、四季养生等生活经验。

证券黄金台　1997年1月21日开办的一档热线直播节目。每日21：00～22：00播出。节目为广大股民提供了一个了解当日股市动态的园地，帮助股民掌握有关股票证券买卖的基本知识和技巧，提供入市参考，为股民答疑解难。设有《证券快讯》《行家点评》《个股与板块》等小栏目。

内蒙古电视台

奔向21世纪的内蒙古　1997年5月15日开办的宣传自治区经济建设的专门栏目，每周二、四20：00播出，每周三、五18：05、8：27重播，每次播出15分钟。节目旨在宣传内蒙古自治区成立50年来经济建设成就，丰富50年大庆电视宣传内容。节目全面系统地介绍了内蒙古自治区农、林、牧、民航、交通、煤、钢铁、电力等行业50年来所取得的巨大成就，并以纪实形式，抓住典型人物和历史，对比过去和现在，以小见大，以真实的画面和事实回顾历史、展望未来。

可爱的内蒙古 1997年3月9日在汉语卫星节目中开播的新节目，播出时间为周日21：00，重播时间为周一9：25和17：30。节目旨在展示内蒙古自治区118万平方公里的土地上，在党的领导下，全区人民在经济建设和社会发展中，特别是改革开放以来所取得的巨大成就；反映自治区2300万各族人民崭新的精神风貌。节目对内宣传和对外宣传相结合，采用以纪实风格为主的拍摄方法，宣传各条战线、各行各业为建设内蒙古、献身内蒙古，涌现出的先进集体和先进个人典型事迹；讲述老百姓平凡的故事；介绍内蒙古的风土人情、民俗民风、历史、文化，从不同的侧面，不同角度，把镜头推向内蒙古大地的每一个角落，使这个栏目成为外界了解内蒙古的一个窗口。

广告、消费 1997年6月27日推出的一档新节目，每周播出二次，每次时间为15分钟。播出时间为周五和周日20：00，通过微波、卫视两个频道同时播出。栏目主要面对商家和众多的普通消费者，为消费者消费方向进行咨询服务。《广告、消费》分别置有《时尚消费》《消费调查》《百业窗》和《亲情驿站》等小栏目。

人与法 1997年5月21日新开办的法制节目。每周三20：20在内蒙古电视台微波频道播出，每周四21：15、周五8：40、17：40在卫视频道播出，每次20分钟。栏目旨在宣传法律知识，关注法制热点，维护百姓权益，反映执法人生。它既是政法部门普及法律的阵地，也是广大观众学习法律的课堂。

营销金桥 1997年11月18日在微波频道开播的新栏目，每天播出时间为19：55～20：00。栏目以经济报道的形式对企业庆典、商家促销等活动进行及时的报道；提供百姓关心的最新商品信息，以贴近生活，贴近百姓为宗旨，形式活、内容多、视角广。

内蒙古经济电视台

财经视角 1997年推出的一档节目。涉足财经领域，观察市场晴雨，了解改革开放的动向，引导人们在商海大潮中游泳。节目侧重反映财贸、金融、税收、储蓄、保险等行业的改革举措，开展金融法规的咨询，普及财经知识，为投资者指点迷津，为民众聚财、理财、用财出谋划策，启迪致富门径，树立风险意识。节目融指导性、服务性、知识性为一体。每周六、周四21：40播出，每周重播两次，每次15分钟。

呼和浩特人民广播电台

云中绿岛 1997年7月16日推出的节目，每天12：10采用直播的形式播出，每次40分钟。节目突出服务性、知识性、教育性，以社会主义精神文明建设为宗旨，为群众提供社会公德、人生哲理、普法教育、卫生健康、百姓话题等方面的服务、咨询和引导，成为听众的良师益友。《云中绿岛》设有《榆桑晚情》《半边天》《青春旋律》《百姓人生》等9个小栏目。

城乡交响曲 1997年7月16日开播的节目，星期一7：50播出，每周播出三次，每次10分钟。节目采用录播形式，以通讯、侧记、散记等体裁对城乡两个文明建设进行宣传。设有《记者的思考》《首府风采》《金土地》三个小栏目。通过记者对人、事件的采访，该表扬的表扬，该批评的批评，具有思辩性强、典型性强的特点。宣传市区的各行各业在两个文明建设中取得的成就和英雄模范人物以及风土人情、名胜古迹等。介绍农村、农民、农业方面的情况，以及各旗县区的情况。

青城您早 1997年7月16日新开办的经济服务节目。每天6：20播出，每次10分钟。节目每天清晨向全市各族人民问候早安，祝福青城欣欣向荣。播报内容以天气预报、当日菜价为主，对表现好的菜市场，给予表扬鼓励。

赤峰人民广播电台

安居乐业 1997年9月20日开办的热线直播节目。每天15：00～16：30播出。节目针对城镇居民住房及房改、劳动就业两大热点问题，传递党和政府有关部门的房改政策及劳务信息，提供就业服务，传播安居乐业知识。主要办有《信息传真》《房改之窗》《温情港湾》《房产交易所》《供求热线》《生命绿岛》《空中杂志》《择业参谋》等小栏目。

司机您好 1997年5月20日开办的热线直播节目，每天9：30播出，每次播出90分钟。节目以出租车司机为主要收听对象。力图通过节目让出租车司机愉悦身心，获取行业信息，得到热线服务。主要栏目有《八面来风》《一路欢歌》《闪光的路标》《休闲茶座》《汽车交易所》《的士乐园》《假日安全岛》《车速俱乐部》等。

草原列车 1997年5月20日开办的综合类热线直播节目。周一至周六11：00～12：30播出，周日11：00～12：00播出。听众通过热线参与节目。点歌、猜谜、答题、参与文艺评论，并能获奖。主要栏目有《真情相拥》《轻松漫游》《智慧金字塔》《芝麻开门》《说学逗唱》《综艺超市》《电影乐园》《迷你音乐厅》等。

阿拉善电视台

周日话题 1997年5月4日开播的节目，每周日20：30分播出，每次10分钟。栏目集中反映阿拉善盟在时代前进中、社会变革中、生活变迁中的各种举措和所出现的新问题、新矛盾。栏目摄取阿拉善前进步伐中的生动事例。

辽宁

辽宁人民广播电台

新闻大视野 1997年1月，由原《新闻经纬》改做而成，每天7：00～7：40播出，是新闻性专题节目，在确保新闻信息传播快、信息量大的基础上注重深度报道和与听众的沟通。固定栏目有：《省内要闻》《记者观察》《3866551热线收听》《天气预报与信息》。

夕阳情 辽宁经济广播电台1997年1月开办，是为老年人服务的专题直播板块节目，每天15：00至16：00播出，宗旨是为老年朋友提供一个“老有所学、老有所乐、老有所为、老有所依”的天地。按照老年人的心理特点和生活情趣选择老年人喜闻乐见的形式和内容，努力给老人们营造一个轻松愉快的生活空间。设有《轻松读报》《重唱那首歌》《老人与社会》《夕阳故事会》和《老年信箱》等栏目。每周六设《陪您聊聊》栏目，开通热线电话，为老人解除心中苦闷。每周日《戏曲欣赏》播送老人喜欢的戏曲节目。

流行风云榜 1997年1月1日由原《流行快车》改版，以向听众介绍国内原创歌曲为宗旨，每天介绍三首新歌。并以主持人现场点评的形式，由浅入深多层次地介绍作品。每天11：00～12：00直播一小时。

辽宁电视台

老百姓 1997年1月开办。宗旨是“关注普通老百姓的衣食住行、喜怒哀乐”，做沟通政府与人民群众联系的舆论桥梁。节目的突出特点是贴近生活，雅俗共赏，栏目头中包含一段童声民谣，很具特色：“张王李赵遍地刘，喜怒哀乐家家有，真假善恶美与丑，老百姓的话题唠不够。”节目结构属杂志型，一般每期包含4个子栏目，每期节目长度30分钟，辽宁卫视每周一、三、五20：55～21：25首播，辽宁北方电视台每周二、四、六14：00重播。

科技新时代 1998年1月1日起正式播出，宗旨是立足科技、着眼生活、传播知识，融知识性趣味性于一体，贴近生活，服务大众。下设5个子栏目：《电脑时空》《科技人生》《科技动态》《成果转化》《科技访谈》，每周一次，周日10：30～11：00播出。

科技纵横 1998年1月1日正式播出，宗旨是，树立科教兴国思想，提高公民科技意识，展示高科技魅力，开阔人们的视野，方针是力求内容活泼，富有动感，通俗易懂，雅俗共赏。设有4个子栏目：《数字人生》《身边科学》《科技史话》《海外科技》。每周一次，周日19：35～19：55播出。

黑土地 为进一步加强对农村的科技知识传播，将原《知识天地农村版》改版，于1998年1月1日起更名为《黑土地》，以面向全省农村观众、传播农业知识、提供致富信息为宗旨，突出朴实平和通俗易懂、贴近农民实际、知识性、实用性和服务性等特点。栏目有七个子栏目：《金钥匙》《带头人》《农业气象》《农村百科》《供求信息》《农经话题》《农家纪事》，每周一次，周日17：32～17：57播出。

葫芦岛人民广播电台

以案说法 1997年9月开设，直播栏目，每周五播出，每次50分钟，该栏目旨在宣传法律知识，提高听众的法律意识，邀请有经验的法律工作者做嘉宾主持，剖析典型案例，用身边事教育身边人。

连山有线电视台

清晨时光 1997年1月1日开设，每天6：30～8：00播出。该栏目为综艺节目集锦，板块结构，内设荟萃相声、小品、滑稽幽默、戏剧、歌舞文艺精品的《早间文艺》，展播本台已播过的优秀专题片及外购的国内外人文风光专题片的《专题窗》，以及《每周一歌》。

建昌人民广播电台

山城之花 1997年1月开办，每周播出2次，每次3分钟。采取系列报道、人物专访、录音新闻等形式，讴歌热爱家乡、爱岗敬业、遵纪守法、自强自立、邻里互助、婆媳和睦、见义勇为等先进人物事迹。

营口人民广播电台

新闻快讯 1998年初开办，它破除地方电台只报本地电台新闻的旧观念，拓宽新闻视野，发挥电台新、活、快的传播特点，与新华社微机联网，直接接收新华社电稿，兼容本台记者目击新闻、口头报道，增大了新闻信息量。本节目由播音员直播，每天7：20～7：30播出，每周7次。

阳光直播室 1998年1月1日推出，是服务性的主持人直播板块节目，以关注民生、服务于百姓为宗旨，设有《司机茶座》《生活热线》《股市点评》《嘉宾讲坛》《空中门诊》《妇女保健》《美容服饰》《保险与消费》《休闲时光》《周末商务》《房地产信息》《招工再就业信息》等栏目。每天8：00～9：55播出，每周5次。

盘锦电视台

今日鹤乡 以宣传党的路线、

方针、政策为主，配合市委、市政府的中心工作，对本市的重大成就及本地区的风土人情和改革开放中涌现出的企业家等做专题性报道，共设《长焦距》《风采录》《知识窗》《鹤乡掠影》等栏目。每期播出时间20分钟，每周五、周日在本台的黄金时间播出。

大连人民广播电台

新闻一小时 1997年1月1日创办，每天7:00播出，每次60分钟，是融新闻、信息、言论、服务、知识于一体的新闻综合板块节目。该节目由《本市新闻》《新闻观察》《新闻热线》《今日论坛》《听众信箱》《新华社消息》和《新闻大视野》几个小栏目组成。该栏目全方位地传播国内外各类新闻，具有新闻信息量大、时效性强和内容新颖、深刻等特点。

大连电视台

新闻全景 1997年1月1日以《新视点》栏目为主扩办的节目，每天18:30播出，每次20分钟。包括国内新闻、国际新闻，本台采访的新闻和《新视点》几个部分。该节目确定了"讲群众身边的事实，摆政府要说的道理"的报道思路，既体现了贴近性，又强化了权威性，整体节目以追踪报道、系列报道见长，以平实的切入角度、典型的细节处理、犀利的点评形成自身的特殊风格，收视率长期居全台前列。

旅顺人民广播电台

旅顺晨曲 1997年9月12日开办，每天5:35播出，每次20分钟。这是一档以轻音乐和生活健康知识为主要内容的节目，采取主持人录播的形式，一段轻音乐，一段生活保健知识，使广大听众过一个愉快而长知识的早晨。

开心调频 1997年4月6日创办，每周日9:30播出，每次1小时。这是一档以相声、小品为主要内容的直播式文艺节目。内设《笑星轶事》《相声小品》《笑话也幽默》和《金曲欣赏》等栏目。主持人以幽默风趣的主持风格，给听众带来愉悦，为双休日增添欢乐。

瓦房店人民广播电台

今日杂志 1997年1月1日开办，每天5:30、10:30、16:00播出，每次30分钟。节目的宗旨是通过对历史事件回顾，金曲名言欣赏，时事信息报道，社会热点评说，趣事珍闻采撷，使人们在有限的30分钟内，获得大容量的信息，满足不同受众的需要。

社会纵横 1997年1月1日开办，周一至周六每天7:15、11:00、16:30播出，每次15分钟。节目宗旨是对本地一些热点问题进行深度报道，夹叙夹议，弘扬正义，鞭挞时弊。节目由专题部记者轮流主持，集编采播于一身。

普兰店人民广播电台

908与你同行 1997年5月1日开播，每周六、日播出，每次60分钟，10:00首播，16:30重播。该节目因播出频率为90.8兆赫而得名，以"伴随时代的旋律，奏响欢快的乐曲，激发奋进的脚步，送上美好的祝福"为主旨，主要有《请您欣赏》《随我唱》《天南地北》《艺海星河》《为您服务》《回音壁》等10个小栏目。节目采取一对一交谈式，侧重听众参与的大众特点，既高雅又受听众欢迎和喜爱。

万家灯火 1997年5月1日开办，每周一、五播出，10:00首播，17:00重播，每次30分钟。该节目以"走进您的生活，走进您的心灵，诉说您的情感，启迪您的人生"为宗旨，以散文为主要载体，并通过优雅的音乐，主持人温馨的絮语，与听众进行情感的沟通，以《生活写真》《人物访谈》《人生五味》《温情港湾》和《往日情怀》等小栏目，为那些在婚恋与家庭、工作与学习等方面遇到问题的听众一起探讨人生哲理和世态人情，备受听众欢迎。

吉林

吉林人民广播电台

关东大地 面向农村听众，为农业、农村、农民服务的节目。每天19:00～19:55播出（其中插播5分钟广告）。主要栏目有：《新闻与信息》，为农民播报国家、省关于"三农"方面的方针政策和致富信息；《农业科技》，根据农时、农事讲解最新的农业技术；《生财有道》，介绍农民致富的经验和典型事迹。

738质量监督台 吉林电台同省打假办公室、省工商局等部门共同开办的栏目，1996年1月5日开播，每天在738千赫7:00～7:55的《738早新闻》节目中播出3分钟左右。节目以打击假冒伪劣，反暴利、反不正当竞争，弘扬名牌、暴露落后，规范市场主体，保护消费者合法权益为宗旨，通过领导访谈、群众评说、热点追踪、突击检查、要案曝光等形式，反映全省各地商品质量价格情况。

华夏风景线 这档音乐节目旨在弘扬民族文化，展现民族音乐的风采，向听众集中介绍民族民间的经典歌曲、乐曲，帮助听众了解那些经久不衰的作品创作、发展、演唱、录制、流行中的故事，催人奋发向上。每周一至周六8:00～9:00播出。主要栏目有《名歌金曲》《交响星座》《国乐新声》《边海乐潮》《缤纷歌坛》《南国乐韵》。

1038帮你办 栏目主要是免费为听众发布各类生活实用信息，比如：求职、出租、转让等，听众可以通过拨打两部热线电话或写信发布自己的信息。随着这个栏目知名度的扩大，这个栏目已由开办时的15分钟增加到45分钟（每天在12：30～13：30播出，其中插播15分钟广告）。通过一年多的运行，发布信息的听众中的大多数人，有的找到了适合自己的工作，有的把自家闲置不用的物品转让了出去，有的租到了自己满意的房屋……这个栏目真正架起了人与人之间互助的桥梁，因此也越来越受到广大听众的喜爱与信任。

市民热线 1997年2月15日开办，每天在7：00～8：00的《都市新闻网》节目中推出，每次播出10分钟。宗旨是为百姓排忧解难，解惑释疑。市民可通过热线电话把在生活中遇到的难题、困难告诉节目主持人。记者走访有关部门，尽力帮助百姓解决困难，使《市民热线》反映的问题，半数以上得到了解决，受到市民的热情赞扬。

吉林电视台

农村俱乐部 节目为农村、农民服务，娱乐性、知识性、趣味性兼容，以娱乐为主，寓教于乐，并向农民传授农业科学知识和致富信息，每期都有一台颇受农民欢迎的东北地方戏——二人转。节目长度为50分钟。这个栏目播出长盛不衰，而且越办越好，三度荣获"星光奖"，每周日12：00在一套首播。

中国吉林 节目主要介绍吉林省的风土人情、风景名胜、历史文化、名人名城、土特产品、投资环境。吉林电视台是中国黄河电视台的成员台。《中国吉林》每周一次用航空邮寄给美国斯拉科电视网，以中国黄河台通过卫星向整个美洲播放，节目长度为15分钟。这个节目在美洲播出五年多来受到各界观众的普遍好评。

综艺50′ 1997年3月开办，该栏目内设：《往事如歌》，请观众选出一首影响其一生的歌与大家共享；《与你同乐》，专为观众提供精选精编的曲艺、小品；《艺苑漫步》，特为满足高品味观众需要的经典歌舞、音乐；《生活短剧》，为家庭、学校、企业等单位编排的短剧，真人演真事，实地拍摄，由观众自己演自己的真实生活。节目长度为50分钟。节目播出以来受到广大文艺爱好者的好评。播出时间是每周日20：00一套首播。

长春经济广播电台

交通之声 与长春市公安交通警察支队联合主办，1997年6月10日开播。主要栏目设有《中心大视野》《交通大世界》《一路有我》《司机俱乐部》 《好运相伴》。每天7：30～9：30、15：00～18：00播出。节目以即时路况，交通信息为框架，辅以丰富多彩的音乐、曲艺和参与性节目。其中路况信息在指挥中心大屏幕监控大厅发布，还随时通过无线对讲系统请全市各路段执勤的交警通报，交警支队还通过《交通之声》发布各种指令性信息。

长春有线电视台

有线时空 1997年12月1日开办。力求与观众生活多层面交流、多方位融会的新的电视栏目。节目中，共设6个小栏目，每周一期，每期3个栏目，按周轮播。《新闻视点》《都市掠影》《春城人家》为一个板块，《记者观察》《生活热线》《关东儿女》三个栏目为另一个板块。

吉林市经济广播电台

603求职热线 栏目集服务性、知识性、信息性于一体，听众可以通过热线电话毛遂自荐发布求职信息，在听众与商家之间架起一座无形的供需桥梁。主持人及时宣传再就业的政策、法规，引导下岗职工的择业观念，激励再就业人员提高素质。共发布求职用人信息2500件，成功率达70%以上，为政府实施再就业工程排忧解难，起到了积极的作用。

四平人民广播电台

新闻视点 分析性、评论性直播新闻节目。宗旨是：追踪时事动态、透视新闻背景、关注社会热点、扫描百姓生活。对具有重大意义的、群众普遍关心的或社会生活中带有倾向性的问题做深度报道，力求以小见大、由浅入深、观点鲜明、给人以启迪。通过记者深入实际的采访，对具体事件进行剖析，述与评对应，热线电话与节目主持人亲切的沟通，使节目形式灵活，富于接近性。

四平电视台

记者视线 1997年8月4日开办，根据政协四平市三届四次会议委员提案开设。节目以关注群众生活、追踪社会热点为基调，坚持以基层报道为主的方针，具有较强的群众性、贴近性；它紧紧围绕党和政府的中心工作报道热点问题，又具有很强的现实性与针对性。

梨树人民广播电台

梨树生活 反映社会各界人士心态、展示百姓生活、关注热点问题、体验生活情趣的社教类专栏节目。该节目的特点是语言朴素、贴近听众，深受听众欢迎。内设6个小栏目：《小城风采》《你身边的普通人》《社会焦点评价》《唠家常》《一周要闻回顾》和《人间真情》。

松原电视台

经济时空 1997年1月推出的

经济类节目。它以宣传党的经济政策、反映经济动态为主要任务,及时报道松原经济建设的新成就、新典型、新经验,传递经济信息、追逐商海波澜、采撷生活浪花、追踪经济热点。节目内设《经济视点》《经济风景线》《经济与法》《商海人物》《商海传真》《财经报道》《投资视野》《生活五味子》《黑土地》9个栏目。节目每周一、四19:35播出,长度为15分钟。

白城人民广播电台

希望的田野 节目宗旨是促进农村工作,服务于农业生产,丰富农民业余文化生活,是融教育性、知识性、服务性和娱乐性为一体的对白性节目。主要栏目有《致富加油站》《百姓人家》《农村俱乐部》《庄稼医院》等。节目每天10:05～10:50播出。

星月沙龙 1997年5月1日开播。节目以话题为主,以文化娱乐为辅,是集时事、经济、社会生活、文化娱乐为一体的综合性板块节目,具有很强的参与性、教育性和娱乐欣赏性。主要小栏目有《命运交响曲》《心系你我他》《自己的故事自己说》《月亮的倾述》《环球列车》《沙龙夜访》等。节目每天20:00～21:00播出。

白城电视台

鹤乡文艺 综艺类板块栏目。内容以介绍白城市文化艺术活动、文化艺术成果、文化艺术人才为主,集乡土民情、乡音乡韵、人文风光为一体,节目编排注重娱乐性、趣味性、知识性的结合。节目每周播出一次,每次播15分钟。

延边电视台

黄金列车 1997年5月7日开办的青少年社教综合栏目。每月第二、四周播出,节目时间为每期20分钟。内设《青春旋律》《青春现场》《黄金热线》《校园新闻》等小栏目。

百业商情 1997年11月10日开办的综合杂志性的定期栏目。每月制作两期,第二、四周播出。节目时间为每期15分钟,内设《信息一束》《市场一览》《服务之窗》《康乐一族》《心弦一阕》等小栏目。

黑龙江

黑龙江人民广播电台

法制经纬 1997年10月16日开播的新闻性专题节目。主要配合全省法制工作,通过说案讲法、剖析案例、答疑解难等形式,生动有效地进行普法宣传。节目频率621千赫,每天8:20～9:00播出。

百姓60分 1997年10月16日开播的服务性节目。以社会大众为服务对象,侧重从衣、食、住、行的角度,解答群众提出的各类问题。设有《八面来风》《生活广角》《有求必应》《今天315》《劳务市场》《民事法庭》等栏目。节目频率621千赫,每天12:05～13:00播出。

音乐与文学 1997年10月16日开播的文艺节目。以文学、音乐作品欣赏和评价相结合,古今中外兼容。节目频率621千赫,每星期一至星期五的9:05～10:00播出。

早餐前后 1997年10月16日开播的新闻评论节目。设有《焦点透视》《走进生活》《新闻人物》《地市传真》等栏目。节目频率621千赫,每天7:00～8:00播出。

曲艺精品屋 1997年10月16日开播的文艺性节目。主要播出相声、小品,让听众在欢声笑语中得到消遣。节目频率621千赫,每星期一至星期五的10:05～10:30播出。

黑龙江电视台

证券 1997年10月16日开办。内容包括股票、国债、外汇市场行情、分析及信息传递,重点播报上海和深圳股市中黑龙江板块的行情、动态及上市公司的情况。每天6:50～7:00和18:50～19:00播出。

我眼睛中的黑龙江 1997年10月16日开办。每次节目通过一幅照片,记录和反映黑龙江省人民在解放思想、转变观念过程中涌现的一些有意义的人物或事件,以此展现人们观念的变化、生活的变化以及整个社会的变化。每天16:55～17:00和19:42～19:47播出。

走进千万家 1997年10月6日开办的开放式、杂志式的综合板块主持人节目。涵盖社会生活、家庭生活的一些方方面面,力求来源于现实生活,贴近千家万户。节目力求"新""真""近",内设《黑龙江人的故事》《家家都有一本经》《法与你我他》3个栏目。每星期一至星期五的7:34～7:54和15:09～15:29播出。

今宵戏台 1997年11月2日开办。节目以录制专业、业余文艺团体成型的文艺演出为主,展示黑土地上涌现的好歌好曲、好舞好戏,并通过访谈、介绍、报道、集锦等方式,把较长的剧场演出加以浓缩,展示其精华。每三周的星期日播出1次,每次60分钟。

开心擂台 1997年10月26日开办的游戏竞技类节目。通过带有人物包装色彩的游戏,把风土人情、历史典故、生活知识等方面内容融汇到一起,使其"玩"出积极主题和健康意义。节目突出"新、奇、特",每三周的星期日播出,每次60分钟。

黄金假日 1997年10月11日开办。节目充分利用双休日，服务观众，丰富群众的文化生活。内设服务、娱乐消遣、文化、体育4大板块。《生活广场》栏目含有《周末您好》《休闲时尚》《可爱的家》《消费事务所》《汽车采风》5个小栏目；《文化风景线》栏目含有《文化快递》《读书》《文化印象》《七色风铃》《影视新干线》5个小栏目；《走上荧屏》栏目注重观众的参与，让观众展示自己的艺术天赋、劳动技能、各种绝活等。《五环天地》和《周末赛场》两个栏目报道体育信息和重大体育赛事。每星期六10：00～14：00首播，星期日同一时间重播。

齐齐哈尔电视台

改制务实 1997年11月17日开办。该栏目配合国有企业改革的步伐，聘请专家和记者一起向观众介绍股份制、股份合作制、企业重组等方面的知识及齐齐哈尔市企业改革的实践和成就。栏目内容深入浅出、通俗易懂，达到对经济界有用，百姓爱看的效果。该栏目每次5分钟，每星期一、三20：20在《鹤城经济生活》节目中首播。

龙江电视台

龙江各地 1997年1月开办的新闻性专题节目，主要报道全县各地、各行业的成就。每星期一至星期六播出，每次15分钟。

牡丹江电视台

今晚六点半 1997年1月9日开办。节目关注当地经济生活中发生的热点问题，发挥新闻单位的舆论监督作用，及时报道市场消费动态，正确引导大众消费，准确传递各类最新经济信息。节目内设《关注》《消费》《信息新干线》等栏目。每星期播出3次，每次10分钟。

生活之友 1997年10月11日开办。节目充分发挥电视媒介直观便捷、易于学习的教育功能，准确及时传播各类生活科学知识，展示多彩的侧面，服务大众，引导消费。节目内设《求医问药》《新产品、新科技》《时装街》等栏目。每星期播出1次，每次20分钟。

大写实 1997年1月开办。节目为电视纪录片、专题片（包括风光片、游记片）播出提供一个窗口。以新闻事实为基础，坚持真实和纪实的创作风格，热情讴歌社会主义精神文明，褒扬真、善、美，鞭挞假、恶、丑，树正气，颂新风。每星期一在黄金时间播出，星期三重播。

绥化电视台

经济博览 1997年6月1日开办的经济类节目。主要播出各地经济动态、信息、要闻及经济性综述和经济建设成就。每星期六播出一次，每次15分钟。

黑土方圆 1997年6月1日开办。该节目由《一方事》和《家乡人》两个栏目构成，主要报道一些有导向性、有影响力、有感染力的普通群众的典型。每星期二、四各播出一次，每次15分钟。

星期天一刻钟 1997年6月1日开办的休闲、服务性节目，内设《服务台》《生活情趣》《茶余饭后》《医疗保健》《大众菜谱》等栏目。每星期日播出1次，每次15分钟。

上海

上海人民广播电台

文化市场 1997年6月19日开播，每周六、日16：00至17：00播出。这是一档双休日节目，旨在对上海两个文明建设起到积极的作用。节目分周六、周日两大板块，由以下栏目组成：《书市博览》，邀请文汇读书周报主编为本栏目特约评论员，评述书市情况；《艺术长廊》，介绍古今中外艺术家生平、作品，报道各美术馆、画廊展出情况，把高雅艺术传递给大众；《域外风情》，介绍海外各种趣闻轶事，域外奇胜、环球掠影，中西文化碰撞等热点；《温馨一刻》，在空中送上祝福的话语和歌曲，以表达友情、亲情和爱情；《快乐闲园》，以介绍健康、高雅的娱乐业为主，体现市民现代休闲文化意识；《市场巡礼》，突出市场文化热点，报道市场文化走向，让市民在市场文化中获得知识和信息。

海纳百川 1997年5月18日开播，每周日10：00～12：00播出。这是一档专门报道为上海做出贡献的海内外各方人士和为在上海工作的海内外人士服务的新闻类的专题节目。由以下栏目组成：《情系热土》，报道对上海有特殊贡献的海外友人、港澳台企业家、归国留学生和"上海市荣誉市民"的获得者；《他山之石》，介绍全国各地驻沪企业的管理经验、品牌战略；《打工者之歌》，报道宣传为上海建设出力、自强不息、自学成才的外来优秀民工；《上海百事通》，介绍上海的风土人情、风俗习惯以及外来建设者在上海如何办理暂住、务工、计划生育、蓝印户口等各种手续。

990生活新观察 1997年5月18日开播，每周六9：00～11：00播出。这是一档以热门话题评述、文化动态和休闲生活为主要内容的杂志型板块类综合节目。它围绕双休日的特点，既向听众提供发表见解的讲坛，又力图多侧面地为听众传播生活信息、消费知识，中间穿插音乐歌曲等。节目由以下4个栏目组成：《百姓大实话》，议论社会热点，探讨老百姓关心的生活话题。由主持人和嘉宾直播主持，引导并开通热线电话邀请听众共同参与；《路边咖啡屋》，介绍文化动态、名人故事，并点评近期文化热点，推荐一本书、一部戏、一首歌曲等；《福德俱乐部》，透析市场动态，传授消费知识。邀请专家为听众分辨真伪，评判优劣，助你把握最新流行趋势；《市场三十分》，传递最新市场和商品信息，为就业应聘做好指南，为顾客消费提供参谋，为信息流通当好“红娘”。

少儿频率 1997年6月1日推出。播出时间为每天16：00～20：00。新开办的节目有：《听音乐，讲故事》，16：00～16：30播出，这是对学龄前儿童广播的节目，播出有趣的故事和动听的音乐；《精彩故事连播》，17：30～18：00播出，这是对小学和中学学生广播的故事节目，扣人心弦的情节，曲折惊险的故事，把少年儿童紧紧吸引住；《娃娃学英语/学钢琴》，18：00至18：30播出(周一至周四)，《阿爸教现代科技》(周五至周六)，《小主人之音》(周日)，小朋友们通过活泼的游戏、对话等形式，跟着收音机学习简单的英语会话、钢琴音乐知识，了解最新的科技知识，收听由少年儿童自己采、编、播的节目；《父母加油站》《家长热线》，18：30～19：00播出，这是为孩子家长开设的家教类节目，播出有关儿童保健、护理、教育等知识，解答在育儿、教儿中遇到的各种问题；《金钥匙，作文俱乐部》《作文热线》，19：00～19：30播出，向中小学生介绍各种学习好方法、小窍门，请有丰富作文教育经验的专家给予生动的讲授、指导，使同学们学得更加轻松、活泼；《讲不完的故事》，19：30～20：00播出，这是为学龄前儿童开设的中长篇故事节目，可以满足孩子们临睡前听故事的需要。

上海电视台

新闻观察 1997年3月推出的一档以深度述评为特色的新闻品牌栏目。节目每周播出一次，周六21：00首播，周日上午重播，片长20分钟。每期节目针对一个话题展开，注重新闻性、评论性、调查性、纪实性的统一，力求突破电视新闻评论的常规模式，以具体的新闻事件或现象为切入点，通过深入的采访、调查、取证、追踪，把即时的现场观感和理性的分析点评结合在一起，最终得出结论，并把这一结论推导和论据挖掘的过程充分地展示给观众，致力于评论“电视化”的探索。开播仅一年不到，《新闻观察》已广受赞誉，尤其在新闻界、学术界深受好评，开创了上海电视台21：00档收视率的新高。《中国基因抢夺战》《日军上海慰安所调查》《上海方舟》《体育产业化之路》《等待骨髓救助》《垃圾向何处去》等一系列节目在观众中激起强烈反响。

中华成语趣谈 由中国青少年发展基金会和上海电视台联合全国二十余家电视台共同摄制的旨在弘扬民族文化的电视系列片，共50集，每集25分钟。该系列片由中国青少年发展基金会监制，版权已捐给希望工程，凡播出此节目的电视台都将承诺援建一所希望小学。《中华成语趣谈》的目标是在全国援建20～30所希望小学。节目由杨澜、过传忠担任主持人，试播后获得广泛好评，在1997年全国教育类电视节目评选中获一等奖。

健康门诊 1997年10月4日开播的一档知识性、服务性的专栏节目。宗旨为唤起健康意识、传播保健知识、交流健身方法。下设《健康忠告》《健康对话》《健康快递》《健身一法》等小栏目。采取演播室与专题、信息相结合的板块式结构。《健康对话》为主持人、观众与医学专家在演播室对话形式；《健身一法》为小专题；《健康快递》为信息类。

上海东方广播电台

爆棚三人组 1997年6月开办的音乐类节目。它将评论与欣赏结合在一起，以音乐评论为主，如评论当今歌坛的翻唱现象，评论歌星的走穴现象、假唱现象，并设立了“不妨一听排行榜”，让听众来评选本月最差歌曲。节目开播半年多以来，已收到上千封听众来信。

流行商情 1997年3月开办。节目宗旨是促进商品流通，向听众提供即时商品信息，推介国产名牌和上市新品，同时也为了规范广告播出。每周一至周六20：30～21：00播出。

跨世纪的对话 1997年9月7日，党的十五大召开前夕推出的一档理论学习节目。邀请理论界知名学者、专家，就马克思主义的新境界，对社会主义本质的再认识，什么是邓小平理论的时代精神等，进行学习十五大精神专题访谈。

792交通网 1997年9月1日开办的一档融时效性、教育性、参与性、趣味性于一体的交通节目。设有《交通快报》《总队长信箱》《交通大家谈》《道听途说》《风雨同路人》《点唱机》等栏目。

上海东方电视台

科技大视野 1997年7月1日推出的一档杂志型科普专栏节目，每周播出一次，每次20分钟。主要展示世界各国在航天航空、电子电脑、医疗卫生、环境保护、能源资源、生物工程、家用电器等方面最新动态、成果和信息，由《新思路》《域外长焦》《无限魅力》《信息展台》等板块组成，知识性、观赏性、可看性较强。

国货大视窗 1997年7月20日推出的一档以振兴民族经济，弘扬国货名牌、精品，宣传国有企业为宗旨的新型经济信息专栏节目。由上海东方电视台广告部和上海白丽广告影视有限公司联合策划、制作。每周播出一次，每次10分钟。主要由《名品廊》《老字号》《流行风》《开拓者》等单元组成。

中国体育报道 1997年1月6日推出的一档集消息、评论、专题为一体的综合性杂志型体育专栏节目，由北京电视台、上海东方电视台、广东电视台联合制作。该栏目依托三地丰富的体育赛事资源，广泛报道国内重大体育消息，兼顾中国体育代表团在国际赛事中的动态，及时反映中国体育的最新面貌，发掘体育热点和焦点。每周一晚在黄金时间播出，每期长50分钟。

上海有线电视台

观众中来　1997年12月推出的一档15分钟的专题节目。该栏目旨在追踪社会热点，反映群众呼声，为民解疑释惑、排忧解难。该栏目辟有语音信箱，接受观众投诉。每周四19：20首播。

评头论足　1997年12月26日推出的大众谈话类节目。该栏目主要围绕该频道正在或已经播出的影视剧的艺术创作及剧中所反映的社会现象，针对观众有兴趣的话题展开评论，从而为影视剧创作人员和各界观众的交流对话提供了公众场所。

体育新闻周刊　1997年12月26日推出的一档新栏目。该栏目汇集一周内国际国内体坛的重大赛事和事件，选出每周十大新闻热点，并对上周的焦点新闻作深度评析。该栏目设有几个子栏目：《每周一星》，展现一周内最耀眼的体坛明星；《体育小知识》，介绍与体育人物、赛事、规则等相关的常识；《精彩瞬间》，让观众轻松地领略体坛一周内的黄金时刻。

财经总汇　集财经新闻、股市综述、各投资市场信息于一体的综合性财经节目。该栏目旨在宣传党和国家的经济政策，报道最新国内外重要财经信息，综述当日沪、深股市变化，提供各上市公司公告信息，汇总投资市场各路行情，传递世界金融市场全新动态。

浙江

浙江人民广播电台

浙广早新闻　浙江电台最主要的新闻节目。节目分为本省要闻和国内外要闻两部分，每天清晨编排，7：00～7：30播出。1997年，为配合省委、省政府中心工作，节目开辟了《推进两个转变》《浙江儿女》《精神文明在浙江》《种粮千里行》《禁毒禁赌》等小专栏。由于该节目信息量大，时效性强，编排规范严谨，在传播信息、把握导向、关注热点、舆论监督等方面发挥了作用，体现了较强的权威性，因此，在全省和周边省市拥有广泛的听众群和影响力。

假日麦克风　1997年开播。这是一档双休日大板块直播节目，8：10～10：00直播，当日22：10～24：00录音重播。节目融娱乐、欣赏、资讯为一体，兼容知识性、时尚性、娱乐性和参与性。旨在引导听众品味生活、欣赏生活。主要栏目有：《休闲向导》《坐游天下》《热线冲刺》《你点我播》《缤纷排行榜》《哈哈先生》《空中大剧院》等。

浙江经济广播电台

浙江第一线　1997年1月1日正式创办的一档新闻时政类节目。节目以听众投诉为由头，事件发展为依托，读者调查报告、主持人现场述评、听众热线参与等多种形式有机结合。节目贴近生活，真实反映社会呼声，通过对投诉事件全方位的剖析，透视问题发生发展的实质，颇具深度和力度。

浙江电视台

浙江卫视新闻　节目紧紧围绕浙江省委省政府中心工作，强调权威性，大信息量，风格简练明快，25分钟节目，轻重缓急鲜明有序，浙江大事尽在其中。曾获得全国电视新闻二等奖。经过不断调整完善，收视率稳步上升，目前保持浙江卫视节目前两位。

人生AB剧　原《轻松驿站》栏目于1997年8月改版为《人生AB剧》。总体考虑是既要保持《轻松驿站》原有的娱乐特征和功能，又要在节目的结构、样式和内容上推陈出新。将把一个完整的经过艺术加工的故事——电视短剧——引入演播厅，让现场观众直接参与剧情的发展。对规定的情节作出评判和选择，激发参与者的竞争意识，发挥其娱乐功能；在题材上，将注重贴近生活，具有趣味性和时代感，通过主持人、嘉宾及观众的多角度论说，在情感、伦理、法理等不同的思想层面作有益的探讨，发挥社会教化功能。

百花戏苑　板块或杂志型电视戏曲栏目。根据“知识、欣赏、人物、参与”的分类，设置了《戏曲入门》《精品榜》《南腔北调》《名角素描》《台前幕后》《艺苑传真》《戏曲论坛》《戏迷》等十多个栏目。《百花戏苑》追求创意新颖、制作精良、节奏明快、信息丰富，既保持戏曲艺术的高雅文化品质、又充分运用电视化手段努力创新，体现了现代传媒艺术与民族传统戏曲结盟之后，具有的风格清新、雅俗共赏的艺术品格。1997年12月，《百花戏苑》栏目获第十一届电视文艺“星光奖”优秀栏目奖。

钱江电视台

新闻速写　1997年元旦更名的新闻主干栏目，每日18：45首播，21：00重播，播出长度15分钟。节目推出初期以着重报道社会新闻为特点，在电视媒体中率先大量采用现场报道，让普通市民发言，并因对一系列重大犯罪案件的曝光和推进案子的及时公正审结而引起广泛关注。节目定位于都市风格，强调客观、冷静，尽量说清事情但不作泛泛议论，栏目宣传语是“披露真相，提供背景，记录身边的历史”。

浙江有线电视台

家庭百事 1997年1月18日开播，是一档生活服务类栏目，其宗旨是服务百姓生活，做大家生活的好参谋，说百姓话、看百姓事，每晚18：50分黄金时间播出。自开播以来深受观众喜爱，在本台及央视所做的收视调查中，该栏目的收视率均名列前茅。这个栏目长20分钟，每天播出，内容涉及生活领域各个方面，主要小栏目有《有线交换网》《人才交流网》《我们的家》《巧当家》《祝您健康》《生活视点》及《美化生活》《收藏天地》等，目前已形成相当明显的特色，以至于观众在生活中遇到什么事都会想到告诉《家庭百事》，家里有了你多我少的物品需要调剂也不忘与《有线交换网》联系，《家庭百事》成了对观众生活有切实帮助的节目。

浙江教育电视台

文化之夜 大型文化类组合节目，播出时间为每周六晚上，节目长达5小时。大板块、多视角构成了《文化之夜》的特征。小栏目包括：《文化印象》，以文化视角解读社会生活中的现象和问题，关注文化与人自身的生存状态，评述结合，深入浅出；《东方星辰》，介绍国内外影视圈著名的制片人、编剧、导演、演员、主持人等成功人士的事业和生活，感悟他们非凡而真实的心路历程；《会见名家》，国内文化界知名人士的专栏谈话节目，传播优秀的文化思想，高雅精致，给以高层次的文化享受。

杭州人民广播电台

缤纷娱乐圈 1997年1月1日推出的一档轻松、幽默、欢快的竞猜类节目。面向各阶层听众，集娱乐性、知识性、趣味性、生活性、参与性、教育性于一体。播出形式以男、女主持人直播为主，结合热线电话、录音采访或请嘉宾到直播室参与。节目中还播放自己制作的具有极强生活气息的录音小品使节目形式多样、内容丰富、可听性增强。通过节目让听众在极轻松的氛围中了解各国奇闻轶事、民俗风情、家居生活、政治经济、文化娱乐等各个方面的情况。让大家在欢笑中有所收获。

杭州电视台

都市生活 1997年推出新的生活服务类栏目。以“贴近百姓，服务大众”为宗旨，使其成为广大观众的生活之友。小栏目有：《生活调查》，关注社会热点，服务百姓人家，内容涉及热门话题、生活琐事；《百姓人家》，走街串户到你家，寻找生活闪光点；《生活片断》，共同享乐人生趣事，欣赏百姓自己的节目；《生活时尚》，展现家庭时尚，改善生活方式，内容涉及家庭装潢，电器、音响配置，生活窍门，家庭美容等；《走走看看》，配合旅游年活动，介绍假日休闲处，走出家门看世界；《非常角色》，以主持人或特定人的身份，办理日常生活中琐碎的事物，为民服务。

嘉兴电视台

经济瞭望 1997年1月开办的一档纯经济类栏目。它的宗旨是展示农村新貌，服务经济生活，介绍投资动向，透视经济热点，节目时长十分钟，每日21：10播出。节目主要内容有：《沃土》，是一档面向农业、农村、农民的栏目，反映农村改革成就，向农民朋友介绍致富门路，传播农业科技知识，反映他们的新思想、新观念；《日子》，开设《消费档案》《时间专递》《日子指南》等小栏目，为百姓居家过日子提供全方位服务；《投资》，为广大消费者的投资理财出谋划策，设置《一周股市》《期货》《国债》《综述》《集邮》《古玩》《收藏新动向》《投资热点追踪》《投资人物》等小栏目；《报道》，包括《本周经济视点》《经济思想》等小栏目。对观众关注的经济事件、经济热点、难点问题进行剖析。

平湖人民广播电台

今日平湖农村 《今日平湖农村》于1997年3月改版，每周由一档增加到三档，每档半小时，设有《农村科技潮》《今日农村话题》《农民信箱》《农民论坛》《致富文摘》《走出平湖看农业》等小栏目。

湖州电视台

奉献 1997年1月正式播出。该栏目围绕经济建设中心，以提高党员素质和加强基层党组织建设为目标，及时宣传党的路线方针政策，传达上级党组织的指示精神，大力讴歌无私奉献、廉洁奉公的先进思想和先进事迹，积极探索党员电化教育和对党员进行开放式教育的新路子。

德清电视台

周末聚焦 新闻性栏目。宗旨是：围绕县委县政府的工作重点，追踪社会普遍存在的工作难点，剖析新时期的社会焦点，解答老百姓关心的社会热点。该栏目每周一档（5～7分钟），每档一个话题。

绍兴有线广播电视台

兰花艺苑 1997年3月开办的一档文艺节目，以弘扬绍兴乡土戏曲文化为己任，以贴近生活、贴近百姓，追求乡土韵味为特色，内设《咸亨书场》《新人新戏》《名角访谈》《戏曲沙龙》等小栏目，每周一期，长度30分钟。

金华人民广播电台

七彩生活 生活服务类节目。其中开设以下栏目:《电话门诊》,逢周一、周三、周五开通热线电话,请著名专科医师通过热线电话回答听众提出的问题,满足听众求医问药的需求;《律师热线》,逢周二播出,就听众关心的法制与经济方面的问题,或举案例,或回答听众的提问,以达到为听众排忧解难,普及法律知识,增强全民法律意识的目的;《保险与生活》,逢周四播出,节目中就有关保险方面的知识开通热线回答听众的提问;《生活美学》,逢周六播出,主要内容有:美容知识、建筑装潢常识、服饰美学等;《人生婚恋家庭热线》,逢周日播出,节目中就有关人生、恋爱、婚姻、家庭方面的问题,和听众一起展开讨论,同时开办广播征婚栏目,发布征婚信息。

义乌电视台

法庭内外 1997年底推出的集新闻和教育于一体的普法类社教栏目,设《警世钟》《婚姻与家庭》《法官日记》《大要案》4个小专栏。主要以法庭开审的特色案例为报道对象,以新闻专稿形式叙述案情,以新闻评论形式分析案由,以案说法,据事讲理,传播相关的法律知识。该栏目由义乌市人民法院协办。

舟山人民广播电台

听众与广播 1997年4月6日开办,在每周日19:50至20:00播出。宗旨是加强听众工作,扩大与广大听众联系、反映听众呼声,注重信息反馈,引导听众参与广播宣传。通过这档节目,在广播与听众之间架起一座桥梁,更好地发挥广播服务听众,宣传党的路线、方针和政策的作用。《听众与广播》节目设有《听众之声》《收听指南》《听众信箱》《广播圈》等栏目,运用征文、讲座、征答、评选等办法,吸引更多的听众参与和收听。

丽水人民广播电台

午间工作室 1997年2月推出的一档板块节目。每天12:05～13:00播出。节目分设《有话有说》《轻松节拍》《生活辞典》等栏目,贴近社会、贴近生活、贴近大众是它的宗旨。对人们所关注的一些问题,邀请有关方面权威专家进行释疑解答,共同探讨,对社会的不良现象进行曝光,较好发挥了舆论监督作用。另外,为百姓生活中的衣食住行服务。

宁波人民广播电台

1323信息广场 信息服务类主持人节目,每日5:30～6:30播出,设有《晨间快讯》《视听角》《大千世界》《健美苑》《信息快递》《新书架》《家政咨询台》《政策信息窗》《空中调剂行》等十多个栏目,以为听众传递最新公共服务信息及家庭生活服务信息为主。以信息量大、服务面广为特点,让听众在每天上班之前就能了解一天生活的一些服务信息,并在《家政咨询台》中开通全天24小时服务的语音信箱,市民可以随时在语音信箱中留言,咨询台迅速给予解答。

爱晚亭 为老年人服务的栏目。主要有《老年大学》《焕发第二春》《晚霞颂》《老来乐》《老年茶座》《祝你健康》等,不定期举办征文联谊活动,开通老年热线。节目宗旨是贯彻"五有方针"(老有所养、老有所学、老有所乐、老有所为、老有所医),为保护老年人合法权益服务,为老人排忧解难。该节目的特点是老年节目老年办,老年心声老年讲,集采、编、播、录为一体,突出社会效益,与多家单位合办(老龄委、老干部局、部分民主党派)。

宁波经济广播电台

甬江早新闻 综合新闻节目,每天6:30～7:30播出。旨在为听众迅速传播最新的埠内外重大新闻和信息,使听众能在有限的时间里了解市内外的大事以及经济形势。这档新闻的特点是动态与经验结合,褒扬与鞭挞并存;短小精悍的新闻与内涵深广的深度报道结合;新闻与信息结合。这档新闻更加注重经济新闻与分析。

宁波电视台

经济时空 1997年改版后的经济栏目。每期分财经时事、分类栏目和市场行情三大块,共设《体验》《视点》《家事》《甬上人家》《TV超市》《市场情报》等大小栏目8个。每晚在18频道黄金时段20:00准点播出,22:30重播。栏目准确把握新时期市场经济的脉搏,关注宏观的经济政策、经济法规,关心老百姓的衣食住行,充分发挥《经济时空》栏目编排灵活、反应迅速、注重实效的优势,对宁波市的重大经济活动进行全面深入的报道,逐步形成"关注经济、服务生活、指导消费"的定位特色。

天地好时光 1997年度重点新推出的一档全自拍文化休闲类栏目,栏目长度为20分钟,由《繁星点点》《寻古问今》《家在明州》《周末话题》《乡里乡亲》《往事》等8个小板块组成,每期由其中3个板块有序组合,周六20:00播出。此栏目注重将题材内容的广泛性、深刻性、时代性、可塑性与休闲、娱乐、贴近生活的形式相结合,以此反映出宁波积淀厚重的文化环境,使观众在轻松活泼、悠然自得中品味、欣赏,了解到地方文化,寓教于乐。

阿拉宁波人 反映海内外宁波籍的在某一领域取得一定成就的人物类专题节目。节目长度10分钟,每周日8：00播出。开播后，已成功地采访了近60位海内外有代表性的宁波人，播出后在观众中产生强烈的反响，有关部门和观众称之为"展现宁波人风采，具有史料价值"的节目。该节目在选题上以建功立业的宁波人，求实奋进的宁波人，勤奋智慧的宁波人等为主，栏目采用现场跟踪采访，纪实性报道、访谈等多种手段，以独特的视角揭示海内外宁波籍人士真实的内心世界，观照他们不平凡的人生历程，从而折射出他们各自的优秀人格魅力，讴歌当代宁波人求实、开拓、创新、奋进的精神面貌。

社会大视野　社教类专栏节目。以记录现实生活，展示人间真情，探讨社会热点，反映大众心声为主旨，多层面、多角度关注社会、生活、人生。包括：《世象写真》，每期15分钟，以纪实手法为主，折射现实生活中人与人之间的真情；《它山之石》，每期15分钟，播出各地优秀纪录片，给观众以启发、观赏和借鉴；《热点侃谈》，每期50分钟，与宁波市人大常委会办公厅合办，特邀嘉宾、观众参与现场直播，讨论社会热点，是社会各界人士实话实说的场所，是政府和市民沟通的桥梁。

宁波有线电视台

有视红蓝绿　社教类节目，每周一期，每期20分钟，以一人一事一歌为序，一个老百姓的故事，一件反映社会新风尚的平凡事，一首歌曲。节目内容以反映百姓生活为主，每周六19：40首播。

生活百事　生活服务类节目。每周15分钟，由《百姓点歌》《巧手理家》《健康园林》3个小栏目组成，内容涉及老百姓的衣食住行，充分体现知识性、服务性。每周日19：40首播。

慈溪电视台

三北纵横　新闻性专栏节目。内设《杭州湾畔》《市场漫步》《社会新风》《你我他》《观众热线》《蓝盾065》等小栏目。栏目以纪实为主，配合党和政府的中心工作开展宣传报道，抓住社会热点、焦点问题进行评价，反映普通百姓的心声，成为党和政府联系群众的桥梁和纽带。是慈溪电视台收视率最高的名牌栏目。

安徽

安徽人民广播电台

新闻瞭望　新闻评论性专题节目。每天7：20播出，每次10分钟，8：20、15：00重播。节目着重于重大新闻事件的深度报道及背景分析，反映群众关心的热点问题，坚持正确的舆论导向，结合新闻事实，夹叙夹议，由记者采、录、播。

936直播室　综合直播节目。周一至周六21：00～22：00播出。宗旨是播报新闻集锦，透视社会万象，讲求科学生活，品尝人生百味。固定栏目有《新闻集锦》《社会万象》《科学生活》等，其中《名医名药》和《知识讲座》两个栏目还邀请省内外专家走进直播室，为广大听众服务。

周日半小时　新闻性板块节目。主要是一周要闻回顾、介绍节目、热点评议、服务听众。播出时间每周日17：00～17：30，22：30～23：00重播。主要栏目有：《要闻回顾》《周日金曲》《社会大观》《周日漫谈》《听众服务台》等。

文艺世纪风　综合性的文艺直播板块节目。每日12：15～13：05播出。节目坚持"两为"文件，高唱主旋律，注意多样化；立足文艺，兼顾大文化；立足本省，放眼中外；有计划地开展热线电话参与和电话采访，邀请嘉宾，内容丰富多样，追求较高的思想文化品位。

安徽电视台

中国安徽　《中国安徽》栏目是安徽电视台在美国美洲东方电视台和美国斯科拉电视网播出的面向北美地区观众的定期栏目。栏目以"让世界了解安徽，让安徽走向世界"为宗旨，体现"安徽—安徽人—发展变化中的安徽"这一主题，让北美地区的观众全面了解安徽；同时也为安徽企业产品进入北美洲市场、吸引海外人士到安徽来投资、旅游和进行商务活动提供双向选择的直观信息。栏目由新闻、专题报道和文艺节目3个板块组成。每两周一期，每期一小时（近期将改版为每周一期，每期30分钟），通过特快专递定期寄往美国播出。

影视传真　以影视为话题的专业性栏目。介绍国内外影视创作动态、拍摄花絮、影视人追踪访谈、影视欣赏和本月银幕信息等。栏目长度现为15分钟。栏目板块有《外景地》《影视信息》《影视对话》《影视人》《影视金曲》《影视欣赏》和《本月银幕》等。

安徽人　1997年10月上卫星频道时创办的新栏目。以"讲安徽人故事，看安徽人风采"为主旨的纪实性栏目。用纪录片的手法，拍摄记录安徽人在工作与生活中酸甜苦辣的真实故事。采访对象为省内、全国各地以及在国外工作生活的安徽籍知名人士、优秀人才，或有特殊经历或有感人故事的普通百姓，无论是知名人士还是普通百姓，栏目都还他们以生活的原貌。

云都瞭望　向海内外交流节目的播出版。主要介绍安徽的经济发展、风光名胜、乡土民情和文化艺术等，具有鲜明的地方特色。该栏目每周播出一期，重播3次，每期播出15分钟，系板块结构，内设《今日安徽》《江淮风情》《旅游热线》《义化天地》《珍闻趣闻》《迎客松》等子栏目，不定期反复出现。

淮北人民广播电台

淮海阳光 以文艺为主的综合节目，由《走向阳光》《旭日东升》《日照相城》《阳光灿烂》《日上中天》五大板块组成，内含几十个小栏目，涉及信息交流、广播服务、音乐、文学等各个类别。这段节目的推出与新的听众，新的生活方式同步进行，拉近广播与听众的距离。

淮北电视台

相城瞭望 社教栏目。内设《淮北人》《淮北风景线》《热点追踪》《党员天地》《半边天》《警方行动》等6个小栏目，每周一档，每档15分钟，星期一20：00首播。栏目深入反映淮北市两个文明建设中涌现出的先进典型人物、发生的重大事件，追踪报道热点问题，展示淮北人民精神风貌。

蚌埠人民广播电台

娱乐频道 集趣味、知识、信息于一体的娱乐性板块直播节目。设《歌迷大世界》《娱乐圈》《开心罐头》《谜友俱乐部》等栏目。节目将各种文艺表达方式有机地编辑组合，并充分发挥现代广播双向交流功能。

蚌埠经济广播电台

市民专线 新闻参与型栏目。融新闻多种功能于一身，使节目产生了广泛影响，赢得了社会各阶层人士的高度关注和好评。关注百姓生活，透视社会现象为该栏目显著特色。《市民专线》栏目被誉为市长了解市情民意的重要窗口。

蚌埠电视台

编辑线 新闻纪实栏目。每周一期，每期15分钟。反映人民群众身边的人和事，展示城市风貌，具有一定的深度。栏目组记者曾拍摄编播了全市首例产品质量投诉案，随某军事院校拍摄艰苦卓绝的演习场面，全程跟拍'97高校招生并轨后学生考学情况，对大家关心的重大主题及时报道。

蚌埠有线电视台

艺海拾贝 1997年开办的文艺性专栏。该节目以党的文艺路线、方针、政策为指导，以弘扬、宣传社会主义文艺为己任，内容涉及文学、音乐、舞蹈、绘画、雕塑、书法、民间艺术等艺术门类。立足于蚌埠市，既大力宣扬成就斐然的老艺术家，也不断推出“才露尖尖角”的艺坛新人，还非常重视学校、工厂、机关团体的群众文艺活动。

阜阳人民广播电台

事事关心 新闻性直播板块节目。设置小栏目有：《新闻追踪》《热门话题》《百家论谈》《市长之窗》《热点寻呼》《生活广角镜》《七十二行》《经济瞭望》《企业风采》等。每次有三四个栏目的内容。有采访录音，有特邀嘉宾，有听众参与直播。直播内容一般都是当班主持人在头一天根据新闻线索，所采访的热点难点问题及新闻背景，从而保证了新闻的真、快、活、强。

阜阳电视台

浪漫今宵 综艺栏目。内设5个小栏目：《金唱盘》，以优美的旋律，介绍内地、港台地区及欧美实力派歌手和最新的MTV。《明星杂志》，介绍的是国际著名的电影明星从影经历及银幕风采；《花信风》，以浓郁的艺术品味介绍艺术家摄影、绘画、雕塑、诗作等作品；《轻松节拍》，开心娱乐的小栏目。有相声、小品、幽默喜剧等；《歌迷天地》，观众参与的小栏目，送上一份真诚的爱，为您提供一片点歌天地。1998年初，经省城市调查队统计确认，该栏目收视率在30%左右。

蒙城人民广播电台

多彩的星期天 综艺板块节目。以亲情、友情、爱情为主线，以信件、热线点歌的方式为人们传情达意，共诉着浓浓的亲情、诚挚的友情、圣洁的爱情。节目开播以来，从最初的信件点歌、散文、歌坛动向、歌星近况，逐步增加了回答听众来信、热门话题、低语倾诉、人生感悟、突击采访等栏目，使它贴近生活。吸引了不同层次、不同年龄段的听众，同时教育、鼓励人们以饱满的热情积极投入到“两个文明”建设中去。

蒙城电视台

七彩桥 新闻综合栏目。内设《今日视点》《漆园风》《生活大观园》《逛市场》《温馨祝福》等。节目以纪实参与的手法贴近社会、贴近生活、贴近观众。节目突出地方特色，生动、丰富多样地反映当地改革开放、风俗民情、历史文化及人物事件。跟踪人们关心的时事，关注社会生活的变化，讲述老百姓身边的故事，颂扬人间真情；批评社会不良现象，传播信息，引导消费时尚。

福建

福建电视台

新闻纵横 1997年3月开办的大型综合新闻板块栏目。主要包括：由5个单元组成的《晚间新闻》，主要编发当天下午以后的简讯及新闻联播重要消息的摘要，并设“一句话”新闻；《财经新闻》，包括简讯、深度报道两部分，以财政金融、经济生活报道为主；《体育新闻》，播报国内外重大赛事和本省体育新闻；《新闻观察》，围绕重大时政或社会活动展开探讨、点评；《气象新闻》，由总主持人报道天气概况，特殊天气邀请气象专家作简单分析。栏目在强调信息量、时效性的同时，兼顾深度报道和评论性报道，并一改以往各新闻板块间独立创作、独立主持、主持人坐播的传统播报形式，整个栏目由各中心协作制作，由一名主持人作总主持，与各单元节目的分主持人共同进行串播，栏目所有主持人实行站播。

福建东南电视台

台胞在大陆　1997年创办的栏目。它用电视纪录片的手法，展现台湾同胞在祖国大陆的生活图景、寻根谒祖、探亲访友、投资、贸易、旅游、求学……，记录台商在大陆骄人业绩，介绍祖国大陆的投资、生活环境。它是台湾同胞了解大陆的一个窗口。

城市碰撞　以台湾观众为主要对象的社会文化栏目。主要选取福建、内陆和台湾三个地区的城市作同题采访，通过三地风俗、民情、文化、人文等方面异同的比较来阐述不同地域文化发展的脉向，揭示中华同宗，根在大陆的宗旨，从而激发海峡两岸人民对民族、对故土的认同感，达到加强两岸了解的目的。每周二、四22：20播出，每次播出18分钟。

银河之星大擂台　东南电视台与台湾华夏电视台联合制作的一个大型综艺节目。它融歌唱、舞蹈及表演为一体，突出娱乐休闲竞技和大众参与。节目新颖活泼、轻松欢乐。下设青年歌手赛、劲歌热舞赛、相声表演赛和国际交谊舞赛。其间穿插开场舞蹈、杂技、绝活、武术等表演节目。为各种有才艺的人提供一个展示自我风采的机会。“爱拼才会赢，敢唱就会红”是这个节目的口号。每周一期，每期80分钟，周六22：00首播。

非常音乐　以播送流行音乐为主，追求轻松、清闲、亲切风格的通栏节目。“你们故事我们歌”是栏目宣传的口号。每周播出6期(除周六外)，每期15分钟，在22：40播出。设置有：《星月增辉》，向您展示歌手内心世界，在每周日播出；《唱片街》，带给您最亲最快的单曲信息，每周一播出；《非常地带》，告诉您音乐里的不同元素，每周二播出；《红茶馆》，给您一片温馨的点歌天地，每周三播出；《老式汽车》，让您回到往事如歌的岁月，每周四播出；《新歌专递》，放送最快最好的MTV，每周五播出。

福建有线电视台

法制经纬　1997年改版的法制宣传栏目。以崭新的面貌与观众见面，并在每周一、二开辟福建省惟一的反映公安工作的电视专版——《警方纵横》。新开辟的《警方纵横》生动反映公安机关打击犯罪、保护人民的事迹，解答群众关心的社会治安热点、难点问题，沟通警民关系，促进社会治安综合治理的深入开展。改版后，除保留原有的《八闽刑警》《人·车·路》外，还将增加《法庭内外》《检查官手记》《司法战线》等小板块。

科技十分钟　1997年1月25日起与省科委联合开办，专门报道科技进步及科技体制改革成就，宣传科技界新人新事，反映海峡两岸科技交流动态和国内外最新科技成果。该栏目每周六18：30播出，次周三17：00重播。

五花八门　《五花八门》专栏每日19：35～20：05首播，次日中午重播，一年365期，期期内容不同。栏目宗旨：不同层次的观众都能在其中寻找到自己爱看的那一时段节目，小栏目众多。“逗乐场”的相声小品笑话、集猎奇惊险趣闻中外人文情貌的“看世界”、还有杂技、魔术、滑稽、快板、故事的“轻松片刻”，“旋转舞台”以优美舞蹈为主，“奇妙武器”容括中外国防科技武器秘密军事演习，“天地一瞥”尽收当代科技新领域，掠尽天地新知识。《五花八门》求知、求新、求乐、求美，并永无止境。

唇枪舌剑　1997年推出的电视观众自己的论坛栏目。主要是选择生活中大家关心的热门话题，邀请专家、学者和各阶层观众来参加论辩，畅所欲言地发表自己的看法，展开各种针锋相对、唇枪舌剑的辩论，一展自我的辩才。内容设置上大体分为：社会话题辩论、大学生辩论赛精选、模拟法庭辩论、世界著名辩论精选等等。

茶余饭后　电视生活杂志类栏目。它关注百姓生活，展现五彩人生，贴近生活，贴近群众，具有欣赏性、知识性和趣味性。包括：《珍藏》，是妙趣横生的收藏天地；《故事》，说实实在在的凡人小事；《书缘》，传摘书香，书海导航；《家居》，品评居室，当好参谋。

厦门人民广播电台

鹭岛人家　以市民关心的问题为内容，把社会热点问题、老年人问题、家庭伦理问题等作为节目的重点，同时在周末也安排了旅游和综艺等内容，在100分钟的时间内设计了以下栏目：《今日视点》《老年之友》《记者周报》《人口婚育家庭》《同在蓝天下》《畅游天下》等。

海峡时空　在对金门、台湾同胞广播节目的基础上改版而成。宗旨是为金门、台湾同胞提供祖国大陆建设的消息，厦门和闽南各地乡音、乡讯和风土民情，努力办成一条紧密联结厦门与台湾同胞的纽带，主要栏目有《经济广角》《华夏风情》

《上下五千年》《中华艺苑》《服务台》《经济广角》，每天16：00～17：00播出。

厦门电视台

看厦门 社教节目。直面特区日新月异的发展变化，传递鹭岛具有力度的社会写真，开启具有时代意义的教育窗口，透视色彩纷呈的家庭时空和都市风情，发掘闽南文化深层积淀，注重切合时代脉搏的凡人小事。曾获中国电视奖一等奖。主要小栏目有《鹭岛经纬》《法在你身边》《我跟你讲》等。

特区新闻广场 综合新闻节目。以厦门经济特区社会新闻为主，报道政府重视、群众关注的热点、焦点，发挥舆论监督作用，抨击假恶丑，弘扬真善美。强调"三贴近"和采、编、播合一的现场报道。这个节目收视率一直是厦门电视台最高的。主要小栏目有：《社会扫描》《街谈巷议》《市民与城管》《大市场》《警钟长鸣》《周日话题》等。

海峡之声广播电台

海峡经济潮 1997年4月1日推出的经济类综合板块节目。宗旨是架设海峡两岸经贸交流交往的空中桥梁，针对性和时效性强。栏目有《两岸经贸短波》《人物访谈》《经贸论坛》《台商在大陆》《台资企业巡礼》《今日开发区》《经贸服务台》《台商咨询台》《大陆名优精品》等。每日播出4次，每次播出30分钟。

生活时空 1997年4月1日推出的服务性综合板块节目，每次播出30分钟。周一至周五为社会文化版，周六和周日为医药版。节目宗旨以弘扬中华文化为核心，积极为台湾同胞排忧解难，在寻医、问药、求学、寻亲、旅游等方面提供有针对性的具体服务。主要栏目有：《热门话题》《名家访谈》《寻常百姓》《心灵驿站》《文化长廊》《青春风铃》《读书时间》《旅游天地》《时尚专列》《回音壁》《海峡鸿雁》《健康之道》《当代华佗》《寻医问药》《专家门诊》《饮食与健康》《家庭美容院》等。

闽南话 1997年4月1日推出的闽南方言服务性综合板块节目。宗旨是突出两岸同根同源、血脉交融的骨肉之情；及时报道两岸交流动态；介绍闽南丰富多彩的地方文艺。内设《台胞在大陆》《双向桥》《闽南人家》《潇洒走一回》《文化走廊》《闽南风》《旅游天地》《乡音乡曲》《街间巷尾》《出外人》《女性俱乐部》《有缘来相聚》《听友点歌台》《闽台文艺动态》《文艺风景线》《隔海听戏》《海内风情》《逍遥周末》等栏目。每次播出45分钟。每周一至周四侧重文化、生活内容；周五至周日侧重文艺和听友交流。

中国华艺广播公司

华广快车 新闻时政类板块节目。它及时报道国内外重大事件；报道海峡两岸最新动态；敏锐捕捉时事热点，作深度报道和评析；客观反映民众关心的社会各个方面情况。力求通过大量事实的报道和民众的反映，让台湾同胞、海外华人了解中共和中国政府的各项方针政策，了解中国发展变化的形势，树立中国经济发展，社会安定，人民幸福，前途光明的总体形象。节目时长30分钟，每天播出两档节目；主要设有《华广快讯》《八面来风》《新闻述评》《深度报道》《华广论坛》《热点追踪》《人物访谈》《系列专题》等8个主要栏目。

华广午间潮 直播的经济社会类板块节目。它以经济报道为主体，涵盖社会生活的方方面面。它快速传递经济信息；客观报道大陆经济建设成就；积极促进海峡两岸的经济合作与交流；热情周到地为海峡两岸的经济发展和民众的经济生活服务；多层面地反映经济生活领域的新观念、新思潮。充分发挥直播的优势，注重厚实的节目内容与轻松、活泼的节目风格的统一。节目时长90分钟，设有《华广午间新闻》《台港澳聚焦》《华广市场信息》《经济视点》《兴业股市》《华广午间气象》等主要栏目。

华广文化时空 宣传爱国主义精神，弘扬中华民族文化，促进海峡两岸文化交流、增强海峡两岸中国人民族自豪感和民族文化共识为宗旨的文化知识类板块节目。节目力求以上下五千年的文明为根基，映照当代中国人的智慧之光，以浓郁的华夏民族感情打动听众，以厚重的文化氛围感染听众。节目重视现实，突出时代感，并且融时效性，欣赏性、思辨性、知识性为一体，充分运用广播的音响特点，并结合通俗的语言来反映有一定深度的文化底蕴。节目时长60分钟，设《华夏风情》《风流人物》《东方故事》《文化视野》《文友沙龙》等栏目。

华广音乐特区 音乐感性类板块集束节目。它以音乐为载体，弘扬民族精粹，把握流行脉搏，感悟经典，引导听众欣赏、探究音乐奥妙，关注音乐交流，力求为听众创造一个高品质多方位的音乐感受审美空间。总时长315分钟，每天分《中间音乐》（民族音乐版）、《动感天堂》（流行音乐版）、《在水一方》（经典情怀版）三个版播出，节目设《流行频道》《动感天堂点将排行榜》《流行有约》《音乐公路》《民歌版》《民乐版》等栏目。

江西

江西人民广播电台

经济600秒 1997年1月1日为扩大经济宣传、促进改革开放而推出的经济信息类节目。它以"汇集经济信息、服务于经济改革"为宗旨，报道江西各地、市、县经济事件、市场热点、商贸动态，发布省内外行业信息和经济信息。栏目有：《江西经济要闻》《行业信息》和《各地经济要闻》。每周一至周日7：40至7：50播出，每次10分钟。

江西经济广播电台

人间真情 1997年1月15日开办。这是一档以老人为主要服务对象的直播板块节目。每天10：10至11：00播出。节目宗旨是展现老年人充满情趣的晚年生活、提供延年益寿的经验和保健知识、丰富老年人的文化娱乐生活。设有以下栏目：《安康时间》《长寿之道》《往日情怀》《美在夕阳》《戏迷天地》《开心时刻》《老歌重听》。

江西电视台

海日漫步 1997年1月开办。栏目宗旨为：纵观世纪风云，瞭望神州万象，畅游文苑艺海，荟萃节目精华，介绍下周荧屏，服务双休假日，拓宽观众视野，丰富群众生活。栏目充分利用库存和购买国内外资料，调动编辑手段，对节目精心包装，适当拍摄广大电视观众在休闲中讨论相关话题，在笑中度过假日. 内设《百年回顾》《送你一首歌》《共度周末》《戏曲欣赏》《旧闻新述》《与您同乐》《极目神州》《下周荧屏》8个小栏目。

江西有线电视台

体坛EMS 1997年7月20日正式开播。内容主要涉及当前国际、国内重大体育赛事，以新闻报道的方式加以编辑、制作，力求涵盖面广，信息量大，内容新鲜，旨在繁荣群众体育文化生活，节目长度为10分钟，每天18：30首播，当天22：30重播。

南昌人民广播电台

红绿灯下 1997年1月1日开办的直播节目。每天14：30播出，每次30分钟。以城市居民为主要收听对象，为听众提供公路、铁路、水运航空等全方位的交通服务，主要栏目有《交通你我他》《方向盘》《安全岛》等。

南昌有线电视台

电视购物 1997年8月1日开办，与上海“帝威斯公司”合作推出的电视购物节目。每天在两套节目播出180分钟。该节目通过直观介绍产品，使观众可以在家中通过电话购物。

南昌市郊区人民广播电台

家常话 1997年7月28日创办的对农节目。针对该区农村中乡镇企业人员、菜农、粮农、养殖业人员所关注的“热点、疑点、难点、焦点”问题，采取“反面问题正说、正面问题巧说”的办法，引导听众树立正确的思想观念。节目每天播出两次，10：10首播，17：45重播，节目长度为20分钟。

安义县广播电视台

健康顾问 由安义县广播电视台与安义县人民医院联合开办，1997年4月22日开播。该节目宗旨是为观众、听众和患者提供医疗保健知识，采取主持人形式。该节目播出时间为每周六、周日19：35首播，次日12：10重播，每期播出时间10分钟左右。

景德镇人民广播电台

人生留言簿 1997年1月开办，由晚时段节目组增设的一个交友栏目。节目组要求参与人在作自我介绍的同时，摘来或自撰一篇自己最喜欢的积极向上的哲理诗篇或别有风趣的小品文，既让听友欣赏到精美绝伦的诗篇，又能为文学爱好者提供一个练笔的园地，把枯燥乏味的简单介绍，变成具有可听性、欣赏性、有着深刻思想内涵的交友栏目；把普通的交友活动升华到以文会友，相互激励，相互促进，给节目增添了生命力，深得听友的喜爱。

萍乡人民广播电台

午间驿站 1997年1月20日开办，每天12：00至14：00播出。全档节目分两个时段，前段主要对象是青年朋友，重点栏目有《青春快车》《游戏在午间》等；后段主要听众是工人农民，重点栏目有《企业之星》《田园风光》等。该节目开办以来，深受听众欢迎，仅《游戏在午间》这一栏目举办的有奖活动，参与者就达2000多人次，发出各类奖品700多份。

萍乡电视台

荧屏导视 1997年1月起开办的主持人节目。其宗旨是：影视节目的向导，精彩片段的展示，服务观众的桥梁。内容主要是介绍该台一周即将播出的电视剧和各类栏目，萍乡市影视动态和该台重大节目采摄动态，观众对电视节目的需求和建议等。每周1期，星期日播出，星期一重播，时间5分钟。

新余人民广播电台

社会经纬 1997年4月14日推出一个新闻性板块节目，邀请市有关领导、政府工作人员担任嘉宾，主持人与嘉宾一道，通过话题形式，选择市民关注的社会保险、医疗保险、住房、再就业、市场开发、社会治安、精神文明、市容市貌、工商税收、物价等热点问题与听众探讨交流。该节目主要栏目有：《空中信箱》《热点扫描》《回音壁》《警钟长鸣》。

新余钢铁厂有线电视台

迎接挑战 配合公司1997年初开展的"扭亏、改革、发展"为主题的解放思想大讨论活动开设的一个话题性栏目。全年播出60期，其中，《严的艺术》《挑战习惯》《奖金分配八比一》《逼出来的活力》《给岗位开个价》等，观点新颖，针对性强，以主持人话题、记者现场评论等形式从各个不同角度全面深入地介入思想大讨论活动，在领导和职工中均产生了积极影响，为企业深化改革、走出困境起到了积极的思想引导作用。

瑞金电视台

九七迎回归 1997年6月创办。节目宗旨：宣传'97香港回归，重点报道瑞金市迎回归系列活动。介绍香港知识，增进对香港的了解。播出时间：每周一、二、四、五19：35首播，21：00重播。节目长度3分钟。

会昌人民广播站

空中宣传栏 1997年2月1日推出的一个专栏节目。栏目内容主要是配合县委、县政府的中心工作和各有关部门的阶段性工作，有针对性地不定期播出。1997年度主要播出了《三八专题》《香港回归》《市容市貌整治专题》《预算法宣传》《党代会专题报道》等几十个小专题。节目长度10分钟。

崇义人民广播电台

土地之声 1997年7月开办。节目内容：介绍土地管理法规，对一些乱占用土地的人和事进行曝光，提倡开发荒山、荒地、荒坡等。节目长度15分钟，每星期二12：30首播，19：30重播。

宜春人民广播电台

空中立交桥 1997年1月开办。主持人直播板块节目。分三大板块：经济板块，旨在透视经济热点，纵览市场风云，弘扬先进典型，提供科技信息，当好供求参谋。周一、三、五播出，每天3次；社教板块，旨在传递大众呼声，透视社会热点，展示多彩人生。周二、四、六播出，每天3次；生活板块，周日播出，旨在贴近生活、引导生活、美化生活。各档节目长度30分钟。

宜春电视台

赣中扫描 1997年1月开办。新闻评论性节目。节目播出的内容是根据观众广泛关注的热点、难点问题，在政治舆论导向、道德价值取向、生活消费引导上，给以积极正确的反映。每周播出一期，每期15分钟。

宜丰人民广播电台

科技向导 与宜丰县科委于1997年2月联办的节目，每周一组，每组15分钟，周一首播，周二、周六重播。该节目为小板块科技节目，采用主持人形式播出，旨在传播农业科技知识，帮助农民致富奔小康。设《科普园地》《致富信息窗》《教您一招》等栏目。

吉安地区人民广播电台

就业与再就业空中服务台
1997年4月1日开办的为下岗职工和待业青年提供就业服务的节目。每天一期，每期40分钟，它以"做待业青年、求职朋友、下岗职工贴心参谋"为宗旨，联合吉安地区信息服务机构——英达信息中心，每天提供就业信息，传授就业本领，当好就业参谋。

在井冈山的天空画出彩虹
与广东人民广播电台联合于1997年10月至12月办的一个栏目，旨在宣传井冈山。内容由《向井冈山致敬》《让广东人了解井冈山》《在井冈山的天空画出彩虹》三部分组成。10月中旬，吉安地区举办纪念井冈山革命根据地创建70周年系列活动，广东电台派出记者团到井冈山进行现场采访和现场直播。之后，广东电台先后在卫星广播《新闻追踪》《城市之声》《真的星空》《何时何地》等近10个栏目中开展了为期一个月"让广东人了解井冈山"的宣传报道，介绍井冈山老区人民弘扬井冈山精神，在两个文明建设中取得的巨大成就以及井冈山的革命景观和秀丽风光，使今日井冈山的新形象，传遍井冈山大地和广东人民心中。12月，广东电台、广东电台城市之声、广州光明广告公司筹资筹物价值十多万元的采、编、播设备，赠送给吉安地区电台，还为吉安地区电台培训了节目主持人，使吉安地区电台的播出效果、节目质量迅速得到提高。

山东

山东人民广播电台

文化广角 主要内容是传播文化知识，提高听众的文化素养和欣赏水平，宣传齐鲁文化界当今有影响的名家和作品。主要栏目有：《文苑漫步》《文海拾贝》《文化名人》《文艺天地》《阅读与欣赏》《读书与人生》《收藏与鉴赏》《新书架》等。

科教时空 节目的宗旨是宣传"科教兴鲁"的战略方针，突出大教育概念，是知识性和新闻性相结合的专题类节目。主要栏目有：《大学时代》《科技之光》《法制教育》《社会与教育》《中学时光》《科普专题》《家教园地》等。

情暖人间 与省残联共同主办，专为残疾听众开办的节目。该节目本着为残疾人服务的原则，力求办成残疾朋友的精神家园。节目开设的主要栏目有《人在旅途》《特别报道》《邮递快车》《启明星》等。

休闲时光 1997年新开办的节目，播出时间为每星期一到星期六的19：30～20：00。一天一个小专题，内容涉及八小时工作之外听众感兴趣的话题。主要栏目有：《一周体坛瞭望》《度假村》《关于孩子》《休闲时光》《祝您健康》《时尚报道》等。

大众健康 节目的宗旨是：宣传普及医学科学知识；介绍国内外卫生、保健、医药领域的新观念和科研新成果；倡导科学、文明、健康的生活方式；探讨人类生存环境与提高人口素质的关系。从心理与人格健康的角度引导人们以良好的心理素质和生理状态面向社会，积极把握人生。主要栏目有：《专家谈健康》《夕阳情深》《优生优育》《健康专递》《怡心园》《医苑写真》等。

山东电视台

乡村季风 由山东省农业厅协办的新闻性农村专栏节目。是面向农村、农业、农民宣传的重要阵地。紧密配合党和政府的农村工作，坚持为“三农”服务，体现时代特色为宗旨，节目内容上突出以下几点：关注农村经济发展，科教兴农搭桥牵线，小康路上人物新传，引导农民更新观念。内设《本期观点》《开眼界》《乡村点将》《热线》4个小栏目。

走四方 介绍全国各地的文化风情、民间艺术、山川风景以及人们的生存情况，在纪实的基础上，突出文化感悟和艺术体验，可称为电视游记散文或电视文化随笔。

金剑之光 与全国普法办公室合办的法制性栏目，对获得“金剑奖”的优秀法制节目进行展播。宗旨是普及法律知识，维护社会安定，弘扬道德新风，促进精神文明，推进依法治国。栏目由《法制视点》和《道德万家》两个板块组成，以普及法律知识和深度报道为主题，同时拓宽与法律有密切联系的道德规范方面的报道面。以案说法，以事论德。

齐鲁电视台

社会视点 新闻性专栏节目。本着贴近生活、服务社会的原则，对于那些与城市居民生活息息相关、为他们所关注的重大社会事件和各种社会问题进行多角度、全方位的报道，通过对问题、现象、事件的分析、探讨，力求达到释疑解惑，起到党和政府与人民群众之间的纽带作用。

山东有线电视台

文苑 集欣赏性、知识性与娱乐性于一体的文化类栏目。旨在系统介绍山东的书画艺术成就，加强书画知识的普及与提高，同时将摄影、收藏与集邮等活动搬上荧屏，及时报道我省文化动态，内设《山东书画》《书画欣赏》《收藏与鉴赏》《齐鲁诗人》《摄影角》等小栏目。

济南电视台

文化四季 由《文艺编辑室》改版而成，该栏目以都市文化和市风民俗为基础，全方位、多角度反映社会文化现象，注重大众文化参与，通过各种层面的不同板块，弘扬文化艺术，开阔文化视野，提高文化品味，关注文化热点。栏目包括《老照片》《文化视点》《读书》《金曲赏析》《有奖竞猜》等内容。

淄博电视台

星光灿烂 1997年1月1日开播的文艺性栏目。长度为30分，每周播出6次。包括：《名人名星》栏目，主要介绍我国著名的歌唱家、电影表演艺术家及歌坛明星的工作、生活、学习等情况；《走走看看》栏目，把镜头对准了企业、乡镇、军营、市井等地，充分反映群众文化艺术创作活动；《七色光》栏目，熔音乐、歌舞、曲艺、小品于一炉，使观众能欣赏丰富多彩的文艺节目。

枣庄人民广播电台

新闻追踪 新闻评论性节目。突出的特点是通过对某些重大时事进行追踪报道，对一些新闻事件进行必要的背景分析，对社会热点进行透视，对大众关注的话题进行评论，从而发挥新闻媒体引导、沟通、平衡和监督的社会功能。

潍坊人民广播电台

职业金桥 1997年3月1日开播。该节目面向大中专毕业生和下岗职工，把求职和招聘信息介绍给广大听众，在空中架起一座求职者与招聘者的桥梁。该节目以热线参与的形式与听众见面，传播面广，时效性强。

龙口电视台

百叶窗 1997年1月开播的综合性知识栏目。主要介绍龙口市的山川名胜、文化艺术、民俗风情、轶闻趣事等。固定栏目有《百家姓》。每周播出一次，每次15分钟左右，每周四播出。

威海人民广播电台

城市特快 1997年3月推出的交通直播板块节目。每周一至周六7：00至9：00在调频立体声节目播出。宗旨是促进交通秩序管理，强化交通法规意识。该节目以交通新闻为龙头，宣传普及交通法规，评说本市交通热点话题，融新闻焦点、信息、娱乐为一体，贴近现实生活，服务大众百姓。

微山人民广播电台

生活空间　1997年元月开办的服务性专题节目。围绕经济宣传，从不同侧面，多角度地宣传经济政策，评点经济现象，追踪人民群众关心的热点。同时根据群众需求，多领域、多行业为人民群众日常生活提供生活信息和科学常识。

泰安人民广播电台

欢歌笑语三刻钟　直播综艺板块，栏目的命名体现了栏目的设置特点，即针对不同年龄段的听众把栏目分成3个部分：一刻钟辟为《小太阳》栏目，为小朋友安排儿歌、儿童故事和智力游戏；一刻钟辟为《青春小屋》栏目，为青年朋友介绍流行音乐和流行时尚；一刻钟辟为《晚霞正红》栏目，为中老年听众安排逸趣和保健、怀旧方面的内容。

日照人民广播电台

科技之声　1997年7月《山东省科学技术协会条例》颁布实施之际，与市科协联合开办。力求及时地把科技信息、科普知识、实用新技术、新成果、新品种、新方法传到千家万户，送到广大听众之中。

博兴人民广播电台

科教兴博　1997年初开设的，旨在传播科教新闻，宣传科技兴博的战略，交流科技信息，普及推广新科技，培育科技市场，繁荣全县的科技教育事业。节目设有《科教新闻》《科技英才》《科技讲座》等栏目，集知识、信息、趣味于一体，有较强的针对性和实用性。

青岛人民广播电台

黄海大交通　1997年11月1日开办。其内容丰富多彩，有海陆空交通行业的"城市传输线"，有知识性、趣味性、介绍青岛各条马路形成历史的"听马路故事"，还有提供各种交通动态的"交通信息网"。信息量大，体现了广播快捷的特点。每天由交警、民航站、火车站、公交系统提供当天的路况回顾，并且介绍第二天和以后几天的交通形势，逐渐成为沟通司机和乘客的桥梁。节目设立1616寻呼，凡是在交通中遇到麻烦，寻找失物，好人好事，只要拨打寻呼即可得到帮助。

信息立交桥　1997年1月1日改版之后推出的新节目。随着我国社会主义市场经济体制的进一步完善，无论是政府、企业还是受众个人对信息、特别是经济信息的需求大大提高，人们收听广播更多的是寻找自己所需要的各类信息，因而《信息立交桥》大密度的、有实用价值的各类信息受到广大听众的喜爱，该栏目开办一年就取得了较高的收听率。主要包括：人才招聘、劳务市场招工、商品房、商品、菜价、果品价、证券快递、外汇牌价、客运、房地产信息以及计算机市场行情、通讯器材报价、邮电局市话可装机路段通报等。

金融60分　1997年1月1日推出。随着市场经济的逐步建立，金融正逐渐深入人们的日常生活，人们对金融活动的关注程度越来越高，参与面也越来越广。开办金融节目既适应听众的需要，同时也是经济台服务于经济建设的需要。节目以大容量、快捷的金融信息、金融活动热点的关注和深度报道、大众投资理财方法的探讨和介绍为主要内容，服务于金融领域的发展和建设以及个人的金融活动。主要有：财经报道、金融观察、金融史话、投资理财、股市传真等。

文化调频　1997年3月开播的新闻栏目。始终把视角对准本市文化战线的文化活动，并迅速及时地报道和宣传。第一部分，文化信息，简明迅捷地报道三条本周内发生在本市的文化动态，对一些具有典型意义的文化活动，进行专题类的现场报道；第二部分采用传真的形式给予深度报道，另外，还针对一些文化热点、老百姓关心的文化现象，采用论谈的形式，请有关人员到直播间进行现场讨论，在内容与形式上都做了初步的尝试。

教唱歌　1997年1月创办的一档教学类节目。节目以弘扬高雅艺术歌曲为宗旨，学习和演唱中外经典歌曲和具有民族性、时代性的我国近现代创作的优秀歌曲为己任，力求做到科学性、思想性、通俗性和趣味性相结合，办得生动、活泼、新颖、实用。音乐作为艺术和文化教育的意义越来越受到社会的重视。《教唱歌》节目也注重把握时代的脉搏，教唱了《孔繁森》《春天的故事》《一九九七永恒的爱》等具有历史、社会意义的优秀歌曲。

青岛电视台

人物写真　1997年推出的一个具有新闻特性的人物专栏节目，是《青岛新闻》的扩充和延伸。该栏目以具有新闻价值的青岛各行业、各阶层的先进人物和具有闪光点的平民百姓为拍摄对象，真实地记录人物一段或一个截面的经历，弘扬人物身上所体现出来的社会正气和时代精神。

碧海风帆　该栏目为对外宣传而设置的综合反映青岛发展变化的杂志型节目。1997年2月开播，节目内容涵盖青岛的政治、军事、经济、文化、历史、民俗、家庭、人物等方方面面。节目形式以纪录片、专题新闻和人物专访相结合，主持人串联、评点，小栏目板块循环播出。播出时间每周四20：10，每期15

分钟。

经济生活 1997年6月18日推出的一档电视新闻杂志性的栏目,该栏目以关注区域经济、服务百姓生活为宗旨,较好地反映了突出经济报道,贴近百姓生活的办台宗旨。在开办初期,该栏目由财经新闻、视点、生意圈、投资等板块组成,在经过半年的运转后改版推出了财经新闻、经济调查、消费参考、生意圈、理财热线、生活目击等板块。每周一至周六21:30播出,板块设置长短结合,新闻评论与生活服务类节目结合,信息量较大,较为全面地反映了本市的经济动态,对重要的经济热点进行分析报道,对百姓经济生活中所关注的话题进行了介绍。

青岛有线电视台

有线演播室 1997年新开办的综艺栏目。栏目融高雅艺术欣赏,寓道德教育于娱乐之中,集欣赏性、参与性、引导性、艺术性为一体。每期从人们日常生活中伦理道德、行为规范等方面寻找确定一个节目主题,以文艺的多种手段、手法,诠释主题,升华主题,弘扬主旋律,讴歌社会主义精神文明建设和良好的社会公德。

电视购物 1997年1月1日开办。其宗旨主要是综合反映商业、服务行业的信息。根据消费者的需求,联系商家直接提供服务,成为连接消费者、厂家和商家的桥梁。播出时间为每周一、三、五19:50分首播,次日重播五次,每期节目长度20分钟。

城阳人民广播电台

百姓与法 1997年1月1日开播,每周二、五8:00、周四15:45播出,每期15分钟。栏目的开设,旨为配合“三五”普法,向听众普及法律基本知识,增强公民的法制观念,提高百姓守法意识,促进社会稳定。节目内容主要有:农村社会治安综合治理经验;律师信箱回答百姓日常生活中的法律疑问,宣讲新颁布的法律、法规;以案解法,通过典型案例分析,深入浅出地宣传法律基本知识等。

城阳电视台

信息桥 1997年1月开播,是一个以传递经济信息为主要内容的综合性栏目,每周二19:50分首播,周三、周五13:00、周四19:50重播,每期12分钟。该节目主要内容有城乡贸易、商情介绍、商品展示、企业家访谈、各行信息通报等,从不同角度、快捷准确地交流信息,指导消费,为企业牵线搭桥,为商家一展丰姿。该节目内容不同于一般的广告宣传,内容贴近百姓生活,有较强的可视性。

青岛开发区人民广播电台

生活七色光 1997年3月开办的生活服务类直播板块节目,每周日播出一期,每期120分钟。本节目设《人生太阳街》《读书明理》《百姓话题》《休闲一角》《亮丽景点》《生活点滴》《天下父母心》《生活信箱》等栏目。来源于生活,服务于生活,从人们的物质生活和精神生活等不同侧面、不同角度体现生活的丰富多彩。

平度人民广播电台

平度纵横 1997年7月1日开办的专题节目。宗旨是:展示城乡风采,服务两个文明,让世界了解平度,让平度走向世界。报道的主要内容是:全市两个文明建设中涌现出的新人新事新风尚新经验和人民群众普遍关心的热点难点问题。

平度电视台

科技天地 为配合平度市委、市政府“两高一优”农业会战而开设的专题性栏目。1997年4月1日开办,每周二20:45播出,周三晚同一时间重播,节目长度为10分钟。节目主要以农业科技为重点,节目形式丰富多彩,内容贴近农民的生产、生活,根据农时季节及时提供科技致富信息,对指导本市及周边县市观众的生产起到了积极作用。

莱西人民广播电台

农村新天地 1997年1月8日开办。每周播出两次。宗旨是丰富农村文化生活,介绍农村新人新事、新风尚,讴歌农民在闯市场过程中的胆识,节目设录音报道、连续报道等多种形式,并设生活视点、农村新人、农村经济潮等多个小栏目。

莱西电视台

蓝盾之光 1997年新开办的专题节目,与市公安局联合主办。宗旨是通过及时报道案件,普及法律、交通知识,通过写公安干警生活、工作,呼吁社会对公安工作的支持理解。共分4个栏目:《严打传真》,主要追踪记录严打中出现的大案要案;《热线110》,主要报道110报警服务台的紧急行动;《红绿灯》,主要报道交警在执法中遇到的案例;《警苑风景线》,主要报道干警的工作、生活小事。

胶州电视台

金胶州 1997年11月19日开设的专题栏目。历史上胶州曾因交通方便、经济繁荣而素有“金胶州”美称,栏目因此得名。本栏目集新闻性、综合性和社会性于一体,分设《看今朝》《胶州人》《观察》《百姓事》《农村行》《环保长廊》《文苑漫步》等7个子栏目，是一个充分体现思想性、真实性、艺术性，具有地方特色的杂志专题节目。

胶南人民广播电台

音乐频道 1997年1月的节目改革中新推出的文艺类直播节目，每周日18：20～19：30播出。节目主要以本地区青年为对象，借鉴音乐排行榜的形式，每期综合本周全台文艺节目点播歌曲情况，选出10首听众喜爱的歌曲集中编排播出，播出后运用听众来信有奖征答的形式，由听众选出3首最受欢迎的歌曲。《音乐频道》编排巧妙，新意迭出，主持人配合歌曲的播出，对歌曲的创作手法，词意曲韵，歌手的风格特点和最新动态等分别介绍，让听众在欣赏的同时受到音乐知识的熏陶。

胶南电视台

社会广角 1997年8月4日新辟的新闻类专题性栏目。该栏目以褒扬真善美、鞭挞假恶丑，针砭时弊、激励先进为宗旨，立足于贴近群众、贴近实际、贴近生活和反映群众呼声，运用跟踪报道、现场报道等各种形式，坚持以正面报道为主的方针，多视角、多层次地报道两个文明建设的丰硕成果和社会热点、难点问题。每周一、三、五播出三期，每期5分钟。

河南

河南人民广播电台

交通快讯 交通信息栏目。全天16个半小时中，每逢正点、半点播出各类交通信息。对于重大、突发性的交通情况由记者现场采访，通过电话随时插播。该栏目已成为交通频道节目的骨架。

走进人家 交通新闻板块节目。每天7：00～8：00播出。其特点是：信息量大、快节奏、有深度。该节目由6部分组成：新闻、说东道西、交通投诉热线、今日报道、外埠交通动态和交通信息等。

司机快餐 为司机服务的板块节目。内设《司机的故事》《牵挂你的人是我》《黑匣子探秘》《汽车行情榜》《机动车消费投诉窗》及交通法规宣传、车辆维修保养知识介绍等小栏目。

交通与社会 交通频道专题类节目。是《走进人家》节目的延伸与深化，对一些交通事件和人物进行广度与深度报道，对早间的交通热线投诉进行回复、追踪报道等，并开辟有交通热线讨论等栏目。

新闻天地 信息频道主办的节目。设置的小栏目有《本省要闻》《来自国家部委的信息》《经济信息》《文化信息》。其中《经济信息》和《文化信息》交叉播出，主要反映本省各条战线经济、文化生活方面的新成就、新经验、新情况、新问题。多编发群众在改革开放中涌现的鲜活的珍闻式信息。设置栏目还有《体育新闻》《国事心声》《社会新闻》《国际新闻》。其中《国事心声》主要针对当前一些群众关注的热点问题，充分反映群众的呼声和要求，为群众解疑释惑，提高认识。

戏曲广场 信息频道主办的文艺节目。设置的小栏目有每星期一、三、五《戏迷点戏》，每星期二、四《戏曲欣赏》，在星期二的《戏曲欣赏》中为满足中老年戏迷的要求播出整场戏。星期四请来省著名作曲家、戏曲评论家参与节目，听众可边欣赏唱腔、边听讲评，提高戏迷朋友的欣赏水平。星期六设《请您参与》，请戏迷参与节目，自娱自乐。每星期日《梨园客座》请来省内外著名表演艺术家及戏曲新秀走进节目当中，和听众朋友直接交流，谈戏曲、谈生活，感悟戏曲人生。

河南电视台

中原焦点 新闻评论性栏目，定位于理论宣传、热点引导和舆论监督，突出新闻性、纪实性、思辨性。河南卫视每天21：00播出，每期12分钟。节目坚持实事求是，正确舆论监督，维护社会稳定，很受全省广大观众好评和欢迎。

周末沙龙 1997年8月开办，是在黄金时段开播的一档谈话节目。每期谈论一个话题。内容以反映与百姓密切相关的社会和生活热点为主。在演播室录制现场谈论和外采拍摄相结合，特点是平等的参与性与趣味性，观点自由表露，各方平等交流，谈话口语化、生活化，在轻松热烈的谈话氛围中，说理喻人。

纪录片之窗 专门播放纪录片的栏目。在这个栏目里，可以看到一流的纪录片——国内外兄弟台获大奖的纪录片和本台拍摄的纪录片，题材广泛，内容丰满。还有来源于生活，还原于生活的纪录片——电视报告文学，使人领略生活的真谛，感受灵魂的升华，呈现在观众面前的是一种赏心悦目的美。

都市报道 都市频道推出的一档综合性新闻栏目，以社会新闻为主，快速、及时、准确地报道发生在您身边的新闻事件，传递都市生活的最新消息，反映都市生活中的热点难点问题。《都市快报》是《都市报道》一个独特的组成部分，主要报道一些突发性新闻事件，随时播出，以达最佳的新闻时效性，开播以来已成功地对“107国道重大交通事故”“张金柱案件审理”等重大新闻事件予以及时报道。开播至今，以其诚实大胆、及时准确的作风，新颖快捷的风格，在观众中赢得广泛好评。

法在身边 法制宣传栏目，以追踪法制热点，普及法律知识，反映群众呼声，抨击不良现象为宗旨，力求贴近生活，贴近观众。开设的小栏目既有及时反映政法动态的《法苑快递》，又有以案说法的《法案透视》，还有吸引观众参与的《请你当法官》。栏目追求可视性与法理性的结合，以期通过电视手段达到普及法律知识的目的。

许昌电视台

许昌新闻 新闻节目。内设小栏目若干，为《社会广角》《工业纵横》《小康之路》《今日许昌人》《三百六十行》等。首播时间当日19：33；重播时间为22：30，次日8：30、12：30。

霸陵夜话 杂谈型栏目，板块式播出。周末版内设《故都揽胜》《新文透视》《社会百态》等；周三版内设《教育天地》《纪录精粹》等。周三19：50首播，重播4次；周末版首播在周日17：33，重播4次。

新乡电视台

卫风 1997年1月开办。下设教育、经济、文化、政法、周末和生活6个板块，除每周五晚就社会热点进行一次直播节目外，每天一个板块，长度为15～20分钟，直播节目每期50分钟。《卫风》各版以讴歌精神文明为先导，贯彻党的方针政策，弘扬时代精神，节目形式繁简有度，教育思辨与轻松活泼相得益彰，以其贴近群众、贴近生活、贴近实际，敢于触及社会问题的特色，赢得了社会各界的赞誉。

镜头聚焦 新闻评论类节目。该节目以“弘扬真善美、针砭假丑恶”为宗旨，以“领导重视、群众关心、具有普遍教育意义”为原则。长度8分钟，每星期播出6期。

湖北

湖北人民广播电台

听众与广播 1997年1月开播。该节目设有《广播对话》，回答听众对广播的批评与建议；《广播听评》，请听众评说广播；《广播名流》，宣传广播战线的先进模范人物的事迹；还有《今日广播》《采编札记》《收听指南》等栏目。广播时间：每周二、四10：40。

774服务台 1997年1月1日开播。每周播7次，长度10分钟。为了满足不同层次听众的需求，该节目安排了融政策性、知识性、趣味性、服务性为一体的丰富多彩的信息，分为七大类：《绿色产品之窗》，以配乐广播、配乐散文、通讯、系列报道、产品介绍、录音新闻等形式，介绍推广绿色产品；《烟草专卖法规知识讲座》；《金龙泉啤酒屋》，介绍酿制、储存、饮用啤酒的方法和知识；《商城荟萃》，介绍商品信息，报道商城服务新举措，以及播出消费市场预测和股票信息服务等。

流行风景线 1997年3月与太平洋世纪文化传播公司联手推出。节目报道现代都市生活流行色彩，向听众展示一道道独特风景。其内容涉及生活中的衣食住行、美容、娱乐、学习等方方面面的各种流行资讯。主持人从面到点，对生活中百姓关心的热点、流行话题进行跟踪报道，及时评点，从而关心每一位听众的生活。节目子栏目为：《流行传真》《都市早茶》《金色美食城》《时代名流》等。该节目力求让听众足不出户，明了时下流行风尚，并成为听众生活中永远的朋友。

音乐无限 1997年3月开播的全新流行音乐节目。子栏目分别为：《新歌森林》，搜罗到大陆、香港、台湾最快捷的音乐资讯；《我眼中的音乐》，播报音乐新闻，并介绍重点唱片；《想象音乐杂志》，评论新音乐、摇滚乐；《情歌纪念日》，包括“情感连续剧”和“心情点唱机”两个内容；《非常中国流行榜》；《天花乱坠》，将新歌好歌一一聆听播放，回答听众来信，沟通情感联系。

楚天广播电台

万家灯火 1997年1月开办新节目。它设有传递亲情、友情和爱情的《两地书》；方方面面谈家事的《我说我家》，成人谈自己成长过程中的可取经验、家长谈自己教育子女的经验之《教子有方》；大街小巷发生的文明与不文明的小事，包括邻里关系的《凡人小事》；向听众请教家庭理财之道的《投资理财》；还有传授庭院装饰及生活小窍门的《家庭生活》。每周日19：00～20：00播出。

广播文艺杂志 1997年1月开播。每周播6次（周日除外），长度一小时。节目中，采编播人员将品味高、涵盖面广、信息量大、可听性强作为追求目标，共开设10个小栏目，每次节目交叉播出。一、《名人名言》；二、《文艺信息》；三、《作家访谈》，介绍作家的人生之路与创作之路；四、《作品欣赏》；五、《文艺沙龙》，详谈最新的文艺流派、动向及热点人物；六、《书刊导读》；七、《新人新事》，推出文艺新人，关注校园文学；八、《艺海人生》；九、《空中舞台》，侧重广播剧，同时也包括电影、电视剧的录音剪辑；十、《楚风楚韵》，着重介绍富有楚文化特色的各种艺术。

生活百事题 1997年4月推出集知识性、实用性、服务性、趣味性为一体的板块节目。节目开辟了丰富多彩的小栏目：《人生启示录》，每天安排播出一位历史名人的名言，或是他的事迹，或是其作品的精彩片断；《打开问号》，以介绍各种生活技巧、各种科学知识、奇闻趣事为主要内容；《家政艺苑》，以家政知识为主线，倡导文明生活，处理好各种人际关系，追求高雅情趣。另外还有《生活中的医学》《周末一品》《消费接触》《文化与习俗》等栏目。

湖北电视台

经济·生活 1997年4月《经济15分》改版，更名为《经济·生活》。作为经济生活服务类的综合性专栏节目，其宗旨是：介入老百姓的生活，指导消费者的合法权益，引导健康的消费和报道经济生活趋向。力求成为能够满足广大观众需求又具有鲜明个性的精品专栏。此节目由三个小板块组成：《话题》，在国家宏观政策、消费市场与日常生活的结合部选取切入点，向观众谈普通人经济生活中的话题；《点子》，根据时代的要求和消费趋向，在衣、食、住、行等各个经济领域为广大观众朋友当参谋，出点好主意；《专线》，维护普通消费者的权益，对经济生活中涉及普通消费者的商品进行消费预测，品质检测，打击不良商品，打击不良经济行为。节目每周播出5次（双休日除外），长度15分钟。

湖北电视双休版 1997年9月27日推出。节目利用双休日白天时间，专为在家休息的观众摄制编排，即以“丰富双休生活，品味美好人生”为宗旨。节目分为文化、影视、服务、娱乐和新闻5个板块，特点是：一、家庭色彩。体现清淡平实的生活情趣和温馨轻松的生活气息；二、休闲特色。体现服务和娱乐，提高观众双休日的生活质量；三、引导功能。积极主动地反映和塑造大众文化，培养观众高品味的审美追求；四、观众意识。坚持“从群众中来，到群众中去”的原则，体现节目的参与性、亲近性和实用性的特点；五、杂志样式。以丰富的内容和多样的形式，多角度、多层次、全方位地为观众双休日服务。播出时间是每周六周日4频道8：00～17：00，湖北卫视7：00～18：00。

湖北经济电视台

休闲新干线 1997年8月开播的休闲娱乐性节目。采用最新的“交互式电视”技术，开创了湖北地区开办交互式电视节目的先河。长度1小时，每周播7次。采用现场直播方式，以观众参与为主，观众只需拨通直拨电话就可以通过电话键盘上的数字来操作游戏，具有很强的参与性。除积极健康的体育类游戏外，还安排有10分钟的电脑讲座——《电脑小博士》。观众朋友可以在开心玩游戏的同时，轻轻松松地学电脑。

体坛风景线 1997年11月开办的体育栏目。每周播出7次，长度35分钟。子栏目有3个：《体坛快递》，集美联社、新华社、中央台三家信息之精华，每日播出国内外最新体育新闻；《赛事精选》，向体育爱好者介绍一场最新、最精彩的比赛片段；《体育商情》，以专题形式向观众推荐各类体育用品和各类休闲健身场馆。

湖北有线电视台

新闻报道 1997年7月开播。每周3次，节目长度10分钟。作为以报道社会新闻，传递社会和市民生活信息为主的综合性新闻节目，以百姓关注的话题为视点，全面报道发生在百姓身边的新闻以及经济信息、国内外要闻。1998年1月，《新闻报道》改为每日新闻，突出深入报道，设有《综合消息》《今日话题》《海外传真》等小板块。并在内容方面更加注重关注百姓生活，贴近千家万户。

相会千万家 1997年3月开办的家庭生活栏目。每周播出一次，长度20分钟。本着服务家庭、引导消费、走近家庭成员为宗旨，这个栏目将从衣食住行等方面全方位地服务生活，让平凡家庭的日常生活在屏幕上创造永恒。下设4个小栏目：《家庭传真》，解决其中最迫切需要解决的问题，将生活中的小启示告诉给大家；《消费视点》，指点消费迷津，引导正确消费；《城市闲情》，是一个机动的栏目，带你走进城市轻松风景线；《平凡人》，告诉你一个平凡的人，讲述一段平凡的故事。

星星园 1997年7月开办的少年儿童栏目。每周播出一次，长度20分钟。全方位面向少年儿童，增长知识，启迪智慧，体验乐趣，奋飞理想，使栏目成为少年儿童的良师益友，让栏目成为展示学校校园生活的窗口。下设6个小栏目：《彩色小画笔》，展示儿童绘画作品，启迪少年儿童的想象力；《今天我播音》，为学校和幼儿园的小消息，让学生当播音员；《我是小能手》，展示少儿的动手能力，包括各种技能的展示；《星星小剧场》，以动画片、歌舞、戏剧、小品等为主要内容；《摘星星》，选播科技、创造发明及孩子们长大以后的理想；《星星校园》，反映孩子们的校园学习、校外辅导学习的方方面面。

女性节拍 1997年7月开办的为女性而设的节目。紧扣时代脉搏，反映女性世界，引导女性幸福健康地生活。每周播出1次，长度20分钟。下设5个小栏目：《楚天女杰》，展示楚天女杰英姿，透视当代女性的风采，探讨女性成功的奥秘；《我与这一行》，谈谈女性对自己行业的认识，反映她们工作中的酸甜苦辣；《贤妻良母》，再现生活中贤妻良母的形象，展示家庭生活的乐趣，介绍营造幸福家庭的技巧；《丽容柔姿》，聚焦街头流行色，评点女性丽容柔姿；《心灵手巧》，表现女性装点生活的愿望和智慧，反映她们的审美情趣和不凡品位。

湖南

湖南人民广播电台

经济大视野 1997年11月18日开办的集经济、科技于一体的综合性板块节目。主要是宣传党和政府的经济、科技政策和理论，详细报道省内外经济、科技建设成就，全面介绍国内、国际重大经济、科技走势，快速传递最新实用经济、科技信息，积极推广听众关心的科技知识。多角度、多层次、全方位透析经济、科技建设与生活。设有《经济视点》

《嘉宾访谈》《科技通讯》《经济资讯》《慧眼识真》《 股市快递》等栏目。每周一至周五12：10播出，每次50分钟。

青春岁月 卫星广播开办的青少年节目。旨在教育广大青少年珍惜美好的青春年华，努力学习和工作，茁壮成长，为社会做贡献。设有5个小栏目：《校园录音棚》，记录青春风采；《两代之间》，架理解桥梁；《青年人家》，演绎家的故事；《共青城》，聚焦团员生活；《青春金钥匙》，助午轻朋友成功，步入辉煌。每周一、三、五 22：05～23：00 播出。

生活知音 卫星广播于 1997 年 11 月 18 日开办的节目。该节目全力为女性、老年朋友及广大听众营造多彩的生活空间，编织实用周到的服务网络，女性风景、老人情怀、健康咨询，尽在其中。每周一至周五 10：00～12：00播出。主要栏目有《女性世界》《常青树》《祝您健康》。

湖南电视台

快乐大本营 1997 年 7 月 11 日开办的一档综艺性娱乐节目。每星期五晚黄金时间播出。节目定位以娱乐、休闲为主导，融知识性、趣味性于其中。以积极、健康的娱乐性节目（包括游戏、智力题和知识题）和群众喜闻乐见的文艺节目组成整个节目的主体。设有《精彩二选一》《快乐传真》《心有灵犀》《火线冲击》等游戏栏目。该节目采用直播的形式，特别注重参与性，既有场内来宾和观众的现场参与，又有场外电视观众的热线参与。

你好，湖南 1997 年 7 月 19 日开办的栏目，每周六在湖南卫视 20：00黄金档播出，次日 12：55 重播。栏目以“推介今日湖南，展示三湘风采，沟通海内外，情系天下湘人”为宗旨，下设 3 个小栏目：《三湘风采》，反映改革开放形势下，三湘大地涌现出来的新人、新事、新气象；《根在湖南》，主要介绍生活在外省市和世界各地的，在某一领域作出杰出成绩的湘籍人士；《远方来客》，讲述在湖南工作或作短暂停留的外国朋友、海外侨胞、港澳同胞的故事。

3·15 广角 1997 年 1 月开办的服务性栏目。最大限度地贴近群众，贴近生活，使节目成为消费者代言人和信息簿，节目的风格样式力求贴近、生动、新颖、活泼和轻松。着重抓投诉报道，用舆论监督，为消费者鸣不平、讨公道，捕捉消费者关心的热点、难点和重点，报道大众经济生活中出现的新情况、新问题，引导消费，为消费者提供信息和服务。

湖南经济电视台

经济环线 1997 年 3 月 24 日创办，10 月 6 日在湖南卫视上星播出。栏目融宏观性、权威性、贴近性、可视性为一体，紧跟经济改革最新动向，展现经济人物生存状态，思辨产业经济发展大势。设有：《经市资讯》，含国际、国内、省内信息与财经报道两部分，综合最新、最快、最准的经济动态；《经世营生》，定位“经济的人，人的经济”，阐述普通人的经济之道和经济生活的新时尚，折射都市主题生活；《经势频点》，遵循“纪实＋政论”的模式，深度报道以及思考经济生活中的事件、趋势，展现经济发展之路。

长沙电视台

法庭直播 1997 年 12 月 19 日开办的直播节目。主要是选择本市有重大影响、市民普遍关注的刑事、民事、经济、行政等方面的典型案例在法庭或宣判现场直播，让广大市民足不出户就可了解法院各类审判活动，接受生动的法制教育，同时也有利于增强人民法院审判工作的透明度。

湘潭人民广播电台

小脚丫走天下 1997 年 1 月开办的一档融新闻性、知识性、教育性、娱乐性、参与性于一体的少儿综艺节目。每周日 10：00 播出。每期 60 分钟。设有了解国际国内大事的《小小新闻》、满载故事的《大嘴碰碰车》、展示少儿才艺的《蓓蕾园》、开阔视野长知识的《种太阳》、学做健康文明儿童的《七色花》和开动脑筋动动手的《一分钟遐想》。还有《咪咪游乐场》《小清信箱》《电话叮铃铃》等栏目。主要以初一以下的少儿为对象。

岳阳电视台

洞庭风 1997 年 7 月 20 日开办的专题节目。内有《时代快车》《经济广场》《社会写真》《法制纵横》《寻常百姓》《巴陵长卷》等 6 个小栏目，坚持以正面宣传为主，反映各类典型事迹和典型人物，每星期三、星期六晚上播出，每次 25 分钟，重播 3 次。

临湘人民广播电台

895 服务台 1997 年 3 月 1 日开辟的专题节目，因电台的调频频率为 89.5 千赫而命名，每周 5 次，每次半小时。采取热线参与的办法，满足听众对求知、求学、求购、求助、求信息等方面的需要，有时采用供需双方交谈的方式进行。

汨罗市有线电视台

汨罗潮 1997 年 1 月开辟的专题节目。主要介绍国有企业转换经营机制的经验和情况，每周星期三定期播出，每次介绍一个企业的转制情况，播出时间 5 至 10 分钟。

平江人民广播电台

幕阜风云录 1997年1月开辟的板块专栏节目。以平江著名的幕阜山命名，主要反映在改革开放和经济建设中涌现出来的典型人物，每周播出一次，每次用多种形式，反映人物的性格和典型事迹。时间20分钟。

衡阳电视台

雁语蒸湘 1997年6月推出的文化专栏，该栏目分为《古今衡州》《风景线》《文化生活》3个板块，其内容既有雁城古今文明展现，又有当今雁城文化生活的新风貌。其风格各异，信息量大，节奏紧凑，文化品位较高。

乡村采风 1997年6月开办的对农节目，整个节目由3大板块构成：《乡村记录》，侧重展现民风民情；《乡村调查》，主要推介农村各类先进典型；《乡村动态》，主要为农民提供信息服务。节目的宗旨是感受乡村情，体验乡村事，做活农业、农村、农民的文章，架起沟通城乡的桥梁。编排得当，主持轻松，信息量大，涉及面广，服务性强，具有浓厚的生活气息是该节目的突出特点。

耒阳电视台

城管天地 1997年1月推出的板块式节目，以《城管动态》《城市风景线》《百姓视点》3个板块构成。该节目以"弘扬社会公德、树立先进典型、提高市民素质、创造文明城市"为宗旨，以纪实的手法对城市管理工作的最新动态、热点、难点、先进典型进行多角度、多侧面的报道，为城市管理营造一个良好的舆论氛围。

张家界电视台

视野 1997年3月开办的专栏节目，每星期日黄金时间首播，周三重播，每期15分钟。栏目围绕党的方针、政策和市委、市政府中心工作进行宣传，兼顾社会生活方方面面。其中宣传全市"九五规划及2010年远景目标纲要"的专题片《迈向新世纪》、迎接香港回归的《拳拳爱国心，殷殷爱乡情》、宣传十五大精神的《掀开崭新的一页》、系列专题片《乡镇纪行》等受到好评。

郴州人民广播电台

空中立交桥 1997年5月18日创办，主要是运用热线直播形式，播送听众日常生活中的供求信息，包括求职、求购、求租、求售等方面的信息。节目时间为每周一至周五13：00～13：30。

星光传情 1997年5月18日创办。节目采用热线直播形式，听众通过拨打热线，直接为亲朋好友点播歌曲，送上祝福。节目时间为每周一至周六19：00～20：00。

娄底市人民广播电台

周末 集采、编、播、制作为一体的主持人节目。主要特点是富有自己独特的风格、创意、情趣和意境，整体格调清新自然，亲切流畅，内容涉及社会性、思想性、文化性、娱乐性。它的另一个特点是接近生活、接近群众，着重于再现生活中的真善美。

广东

广东人民广播电台

今日广东 为了让外国朋友和海外华侨了解广东，于1997年1月24日开设的新闻专辑节目。分别在广东卫星广播和广东电台英语台用汉语普通话和英语两种语言播出。播出时间为：卫星台每周五18：30～19：00（普通话），每周日20：30～21：00（英语），英语台每周五、六21：00～21：30（英语）。普通话版以详尽报道的广播专稿为主。英语版增加方便外国人在广东生活的各种信息。

市长之声 与中国市长协会（广州）城市信息中心联合主办的全国惟一的以市长为采访对象、为市长提供服务的广播节目。1997年3月10日开播，逢周日13：00在广东电台卫星广播播出半小时。节目以市长群体为主角，它通过介绍宣传市长，使市民了解市长、理解市长，营造市长与市民相互理解、相互沟通、相互支持的社会氛围，有利于密切政府与群众的关系，有利于促进城市建设和管理。通过报道市长对所在城市发展的构想、规划、实施以及治市方略，及时反映当地城市建设和管理的成就与信息。通过介绍市长的领导管理艺术和经验，加强市长之间的学习和交流，不断提高城市的管理水平。

乐迷茶座 1997年3月改版后推出的专栏节目，逢周六16：00～18：00播出。旨在利用音乐生活中的热门话题开展轻松活泼的谈心式交流。节目突出知识性、鉴赏性、趣味性、参与性特点，通过边听边议，带出乐迷朋友关心的一切与文化有关的话题，每期节目开通热线电话，谈论一个热点，每次都给听众一点新的意趣、新的感受。

广东电视台

社会纵横 将原有的几个栏目合并而成的栏目。以"追踪新闻热点、传递百姓心声、评述疑点难点、透视社会人生"为主旨，立足广东，面向全国，以其大胆泼辣、观点鲜明的报道风格，避免居高临下的高谈阔论，突破传统政论片的样式，受到社会各界的广泛重视，并获得包括台、港、澳以及国外电视同行的广泛赞誉。

南粤大地　为了实现全省各级电视台共同办好广东卫视的目标而创办的栏目。主要的小栏目包括：《家乡写真》《乐土一方》《五味人生》《广东一绝》和《为食街》。该栏目由广东省各市级电视台供片，省台统一包装，从而集中展示了广东电视业的优秀作品，以其鲜明的地方特色和浓郁的广东韵味获得观众的喜爱，收视率稳居广东卫视前列。该栏目长度为18分钟，每周二22：30和周六21：30各播出一期。

欢乐有约　集知识、娱乐、竞赛一体的大型综合类晚会式节目。分为知识竞赛晚会、专题宣传晚会、游乐晚会和特别节目几种形式。“让广大电视观众在笑声中接受知识”是栏目的宗旨，汇集了广东民风民俗、社会百科，力争将各类知识通俗化，并以鲜明的地方特色、活泼的表现形式、新奇的电视手法获得观众的喜爱。每周六20：00播出，每期50分钟。

电影红茶馆　广东电视珠江台改版后推出的一个全新电影资讯栏目，1997年7月12日首播。它融欣赏、娱乐、知识、资讯、服务于一体，为电视观众提供一个了解电影世界、欣赏优秀影片的窗口，内容包括电影片断、电影知识、史实、人物，以及国内外电影动态和信息。节目面向普通百姓，在保持一定文化品味的前提下，为求生活化、平民化、大容量、快节奏，以轻松活泼的形式，达到雅俗共赏的目的。主要小栏目：《新片传真》《岁月留影》《长片短看》《影乐回旋》《点点星光》《银坛记趣》《影迷俱乐部》。本节目每周一期，每期48分钟。逢周六19：30在珠江台首播。

粤韵风华　广东电视珠江台的一个集欣赏性、知识性、娱乐性于一体的杂志式节目，1997年7月7日开播。宗旨是让观众多些了解、熟悉粤剧，喜爱粤剧，从而推动粤剧的发展。《粤韵风华》内设有5个小栏目：《好戏推介》，介绍剧坛好戏、曲艺名人，讲述梨园趣事；《梨园花讯》，报道戏行演出、活动动态，介绍幕后工作花絮；《戏曲杂谈》，讲述戏曲的源流、流派、趣闻，具有知识性；《名曲欣赏》，回顾介绍百听不厌的名家名段，由主持人介绍曲的背景，引导观众去欣赏；《戏曲齐齐乐》，把粤剧表演的各种知识融入游戏里，让观众一齐参与。周日22：30播出，节目长度20分钟。

观众大广场　广东电视珠江台的重点栏目，1997年7月8日开办。它是广东电视台联系广大电视观众的桥梁，也是广大电视观众了解广东电视台的一扇窗口。栏目以珠江文化为底蕴，通俗谐趣、粤味十足，是一个有众多观众直接参与，融知识性、娱乐性、趣味性于一体的大型娱乐节目。

广东有线广播电视台

广东有线FM883频道　我国首家有线FM广播音乐频道。从6：00～24：00，不间断播出。已开办的栏目有《飘荡的音符》《歌乐百老汇》《声光闪耀流行风》《如歌的往事》《原声原词原创歌》《MTV视听同步》《音乐四季》《精致古典》等。用户可以在这一频道中，欣赏到古今中外不同时期、不同风格、不同体裁的大量严肃音乐作品，领略本地原创歌坛、港台流行歌坛及欧美流行乐坛的发展态势，感觉时代跳动的节拍，还可以通过一些怀旧金曲及个人专辑，重说往日的情怀。

珠海市有线电视台

新闻视点　1997年8月18日开办的栏目，亦是该市第一个实行制片人负责制的栏目。栏目的宗旨为认真深入地宣传党的方针、政策，把握社会经济发展的脉搏，关注生活空间、社会氛围，从而真实、严肃、深刻地反映热点问题，报道百姓关心的热点话题，对社会现象给予公正的评说，对百姓的生活进行如实的描述。栏目长度为15分钟，每星期播出三期；周一、三、五首播，周二、四、六重播。

梅州电视台

校园生活　1997年6月开办的面向教育、面向学校和学生的自采自编板块栏目。每月播出两期，每期15分钟。栏目以教育为主线，校园为支点，以正面引导为指导思想，反映学校生活，教学新模式、新经验，介绍学校兴趣小组活动的情况、好人好事，共青团和少先队文明活动、科技活动等校园风貌，树立青少年正确的人生观和世界观。该栏目逢星期五晚黄金时段首播，星期六中午、星期日晚间重播。

湛江电视台

湛江新闻　湛江电视台的骨干节目。栏目正确把握舆论导向，充分调动各种电视手段，生动活泼地宣传党的路线、方针、政策和当地党委、政府的中心工作，反映群众意愿，促进当地物质文明和精神文明建设，深受观众喜爱，成为当地新闻信息总汇和舆论中心之一。该节目每天播出5次，每次15分钟，分别制作普通话版和粤语版播出。

廉江电视台

农村天地　与廉江市政府农业办公室联合主办的栏目，1997年7月开始播出。设有《庄稼医院》《良种介绍》《北运菜》《百果园》《农家乐》等板块，采用技术讲座、专题介绍、采访报道等形式介绍本市农村风貌、农林牧渔副各业和科学技术等，图、文、声并茂。

徐闻人民广播电台

雷歌选粹 1997年6月新办的栏目，旨在继承和发扬雷歌演唱传统，颂扬改革开放和现代化建设的成就，鼓舞当地群众奋发向上。播出内容主要有“三高”农业、乡镇企业、海洋经济、扶贫、精神文明建设、计划生育等。该节目采用以雷歌韵调配乐，由主持人自编自唱的的形式播出，具有短小精悍、通俗易懂、便记易唱等特点，受到当地听众的喜爱。

云浮人民广播电台

消费时空 应听众的要求在1997年初开设的栏目。栏目是一个为广大消费者服务的板块节目，开设有为听众介绍时尚消费，报道商品流行走势的《消费时尚》；有为消费者指导购物去处、报道市内外商品价格及消费者在购物时注意事项的《消费指南》；有解答听众在购物及接受服务过程中的疑难问题，答复消费者投诉，为消费者排忧解难的《消费之声》等。

清远人民广播电台

面对面 1997年9月由《967群英会》改版而成的节目，为知识性、政论性的专题综合节目，11：30～12：00播出。周一《公路之光》，介绍该市路政建设方面的状况；周二《情浓大地》，报道农林水系统方面的建树及有关农科知识；周三《路路欢歌》，使听众对道路养护及有关新人新事有所了解；周四《保健乐园》，围绕保身健体、医疗及饮食卫生等展开研讨；周五《邮电之声》，为大众介绍多种邮电新业务；周六《一周警讯》，正面宣传公安及交警战线的事迹，配合形势，大力宣传扫除“黄赌毒”等等；周日《股海瞭望》，特邀有一定知名度的股评家及时分析股市行情。

潮州电视台

青青园中葵 面向中小学生的节目。旨在通过反映潮州市中小学生学习、生活、成长的方方面面，把对中小学生的思想道德教育、心理教育融于节目之中。节目由《你说我说》《多彩时光》《学海导航》《星星轨迹》《校园信息》《我们的家乡》6个小栏目组成。每期播出二至三个板块，长度为20分钟，每二周播出一期。周六晚首播，周日中午和周四晚重播。学生担任主持人，并注重真实性、生动性、趣味性，寓教于乐。

揭阳人民广播电台

静夜知音 该台一个骨干节目，属双向交流式谈话节目。以服务生活、引导生活为宗旨。分设《静夜倾情》《今夜有约》《年轻真好》和《玫瑰长廊》等栏目，通过听众来信和热线电话接受听众的倾诉，由主持人和嘉宾为听众解疑释难，深受各个阶层听众的喜爱。

揭阳电视台

热土一方 1997年7月开办的杂志型栏目。宗旨是展现乡邦风土人情，弘扬传统潮汕文化，力求制作出具有浓郁地方特色，有丰富知识内涵和高文化品味的节目。它展示了富有揭阳特色的人文风俗、名胜古迹、民间的绝艺绝活；以平和的心态反映揭阳的社会风尚、经济建设、民生民情、家乡变迁和人的精神面貌，同时展现潮人的刻苦耐劳、坚韧不拔、开拓进取的精神以及知名人士和普通百姓的五味人生。

广西

广西人民广播电台

950缤纷地带 广西电台文艺频道综艺节目。每天7：00～9：00播出。节目宗旨是贴近生活，满足听众的日常生活和文化娱乐需要。设置的主要栏目有：以优秀歌曲鼓舞听众的《每周一歌》；瞭望文体动态的《文体信息》；展示、评论文化现象的《文化点评》；传播生活知识的《生活百叶窗》；提供文化愉悦的《开心一刻》；展现优秀中华儿女风采的《中华英才》和了解我国人物风情的《踏歌走四方》等等。还在每周的周六、周日特设《假日太空号》，突出它的娱乐性，与假日的轻松温馨气氛更加贴切。

你我同行 1997年改版的融娱乐、资讯、交通、旅游为一体的主持人综合性板块节目。周一至周五8：00～9：30播出，其中8：00～8：30是《轻歌快语》栏目，介绍高科技动态、动植物知识、外国旅游发展状况、风俗名胜等；8：30～9：00的《一路平安》栏目，包括交通指南，通讯员（铁路、航运、公路）提供的信息，国内外交通发展状况，汽车流行趋势等，为即将出行的听众提供飞机、火车、汽车班车开行信息，提醒听众注意交通安全，号召全社公民共同维护交通秩序；9：00～9：30的《神州漫话》，为人们休闲度假提供旅游信息、旅游小知识，介绍祖国名山大川，名胜古迹。

空中晚报 新闻综合类主持人直播大板块节目，1997年1月13日开办。周一至周五的18：00～19：30播出。设置的栏目有：《今日要闻》《限时传送》《记者访谈》《生活话题》《投资理财》等。节目带有晚报性质，具有时效性和实用性强，趣味性浓和新闻信息容量大等特点。内容贴近群众，贴近生活，还将文艺类节目的轻松、活泼的特性适当融入新闻节目中。并以亲切、明快、充满活力和动感的主持人方式播出。

不夜星空不夜人 1997年1月1日开播的直播板块节目。每周一至周五22：00至0：00播出。这是一个情感交流类节目，是听众倾吐心声的港湾，以热线、来信、故事、话题讨论等形式展开。设有《专曲送真情》《今夜话题》《我的故事》《岳梅访谈》《心语通道》等栏目。

新闻广角 广西电台卫星广播的直播板块节目，1997年1月1日开办。每周一至周五12：00～13：00播出。节目内容以时事政治、文化体育、社会新闻为主，强调新闻的时效性、可听性。设置的栏目有：《空中体坛》《环球瞭望》《记者视线》《午间话题》等。主持人以贴近生活的口语方式直播新闻，节目大量采用录音报道、新闻热线、口头报道的形式，约请了北京、上海、广州及广西各地的新闻记者在第一时间报道发生在各地的大量新闻。

广西电视台

生存空间 1997年1月5日开办的栏目。围绕我国可持续发展战略，以控制人口、保护环境、节约资源为主要内容的社会性专题栏目。它从生存发展的角度去反映、评述各种社会行为和现象，给社会人群提供借鉴和警示。它反映和评述的主要内容是人口、土地、环境三个方面的问题，同时也涉及粮食、森林、水源、能源、灾害、疾病、工业文明、社会保障等世界各国各阶层面临的共同问题。每期围绕一个主题，并由有关方面的权威人士和普通百姓加以评述和议论。节目观点鲜明，有理有据，既有学术品味，又贴近群众生活，并且有科学性、权威性。栏目设主持人，不设小栏目。每周日21：00首播，20分钟。周一8：40、13：00重播。

人生旅途 介绍人物的栏目。以百姓的视野和纪实手法去审视和报道人物的一次或若干次经历，也就是反映平凡人物的特殊经历和特别人物的平凡经历。强调精品意识，注重挖掘人物的内心和刻划人物的性格，强调人物个性与时代精神的统一。所拍摄的节目如《心灵画卷》《水库人家》《侯秋红的梦》《阶梯上的老师》等，不仅主题深刻，也有较强的可视性。

桂林人民广播电台

午间经济报道 1997年5月6日开办，每周一至周四的11：00～13：00播出。是一个知识性、服务性的主持人板块节目。内设《期货信息》《经济快报》《服务资讯热线》《正午杂谈》《走进生活》等栏目。报道经济动态，宣传体制改革和经济成就。

文艺广场 1997年5月6日开办的主持人板块节目，周一、周三、周四16：00～17：00播出。宗旨是弘扬民族文化，展示艺苑风采。以介绍欣赏曲艺、地方戏为主。曾播出京剧、越剧、黄梅戏、豫剧、评剧、桂剧、彩调、桂林文场等的部分唱段。

桂林电视台

世纪风 1997年6月2日开办。其宗旨是面向青少年，反映校园内外生活和各界青年丰富多彩的社会生活，引导青少年讲文明树新风，团结、奋发、向上，在各自岗位上以优异的成绩奔向21世纪。每周二首播，综艺版18：40、社会版20：00播出，每版22分钟。

警方纪实 1997年11月19日开办，每周三播出一期，每期10分钟，20：00～20：10播出。栏目着力于剖析大案要案，追踪报道社会关注的警事热点，使观众从中获得社会主义法制意识启示。

梧州电视台

新时空 杂志型板块节目。宗旨为走进社会、贴近群众，抓住社会焦点追踪评析，引导群众提高认识，促进社会安定团结。每期设有3个以上的子栏目，总长度25分钟。周五21：15首播，周一、周日重播。设置的栏目有：《视点扫描》《人在旅途》《阳光青草地》《女性》《绿色视野》《体验·感觉》《休闲时光》《有话好说》等。

梧州有线广播电视台

生活七色板 1997年3月22日创办的栏目，以轻松、活泼、自然的特点，采用演播室主持人和嘉宾主持人与外景拍摄相结合的形式，融知识性、服务性于节目之中，以满足群众求知、求乐、求助、求解的要求，更好地为群众生活服务为宗旨。小栏目有：《百姓话题》《法在身边》《健康专线》《有线之旅》和《生活百科》等。

贵州

贵州人民广播电台

风雅书情 1997年5月开播的板块节目。每周日21：30～22：30播出。节目面向喜爱读书的朋友，介绍各专业领域的知识。节目内设有固定栏目：《名店好书》《读书·谈书·评书》。轮替播出的有：《都市文化园》《影视空间》《女性时间》《校园内外》《艺术殿堂》《岁月时空》等。

同在蓝天下 1997年5月调整为独立的节目，每周日18：00～18：30直播。节目由于宣传残疾人事业工作突出，1996年6月和1997年5月分别被省政府、省残联、国务院残疾人事业协调委员会、中国残联授予“全省扶残助残先进集体”“全国扶残助残先进集体”称号。

603经广曝光台 1997年8月开办的专栏节目，每天在7：00～8：00的早新闻节目中播出。旨在抨击社会时弊，弘扬人间正气，开辟新闻投诉热线，强化舆论监督作用。

新乐时间 生活类综艺节目。1997年1月6日开播，每天16：00～18：00播出。节目的宗旨是将健康向上的生活方式传递给大众。在节目播出过程中陆续开设了轻松诙谐的《香茶一杯》，展示歌坛动态的《音乐摆渡人》，介绍旅游信息的《旅行家》，以及反映都市生活和时代潮流的《都市闲情》《时尚话题》等栏目。

贵州电视台

贵州报道 1997年12月10日开办的英语栏目。其宗旨是向世界报道贵州省的政治、经济和文化等重大新闻。每周四00：20～00：30首播，15：20～15：30重播。播出频道为贵州卫视频道。

太阳雨 少儿节目。下设有《快乐的蘑菇房》《四季风铃》《开心跑道》等板块，还开辟有《七彩花絮》《缤纷河》等小栏目，每天18：50播出。节目旨在培养少儿及中小学生的良好道德情操，进行美的教育。

历史上的今天 1997年恢复播出的专栏节目。每天播出一期，每期长度约为5分钟。内容以每天在历史上发生的重大事件、珍闻、趣事为主。创作素材主要取自电影新闻纪录片。栏目动态地反映历史事件，展示了许多珍贵的历史镜头，具有较强的可视性。根据中央电视台调查咨询中心调查结果显示，《历史上的今天》在贵州卫视频道各栏目当中，每周收视率均名列榜首。

贵阳人民广播电台

商业之声 1997年10月8日开播。每逢整点播出商品信息、股市信息、期货信息、房产信息、金融信息、人才信息等；逢半点播出通知、通告、水电、煤气等信息。旨在服务生产、促进流通、引导消费，是生产者、经营者、消费者之间的一座桥梁。

贵阳电视台

七彩虹 1997年初开办。栏目根据少年儿童特点，开拓少儿视野，培养动脑动手能力。栏目内设：《小灵通》《大脑运动会》《欢乐碰碰车》《百花园》小栏目。每周播出2次，每次30分钟。

六盘水人民广播电台

京剧的魅力 1997年6月1日开办的系列戏曲专题节目。这个节目是为了弘扬我国的传统戏曲文化，向社会宣传普及我国传统的京剧知识。这个专题共有《京剧的起源》《京剧的形成》《京剧的唱腔音乐》《京剧的脸谱》《弘扬民族文化振奋民族精神》等15个小栏目。

遵义地区电视台

新时代 1997年1月开办。栏目透视社会里里外外，展现生活的原汁原味，述说企业的酸甜苦辣。栏目由《今日特点》《小康之路》《五彩生活》3个板块组成。每周播两次，每次播出15分钟。

大方县广播站

一路顺风 1997年5月开办的综合性板块节目，每天早晚各播出一次，每次15分钟。节目报道全县交通建设的情况，为大方经济的腾飞造声势。节目设置有：《每天发车的班次》《交通建设动态》《交通安全知识》《轶文趣事》《乘客心里话》《点歌台》等小栏目。

安顺人民广播电台

黔中之窗 1997年7月1日开办的一个板块节目。采取现场录音报道，请听众上广播与主持人联手主持节目等多种形式播出。节目设有《法与情》《企业风采》《市场漫步》《热门话题》《小城故事》《您知道吗》《信息快车》《红绿灯》等栏目。

安顺电视台

黔中纵横 1997年5月开办的综合性新闻专题栏目。主要播出与地方区域政治、经济、文化等多方面工作相关的内容。栏目分有《国有企业改革》《扶贫攻坚》《精神文明建设》和《政治时事报道》四个大类。每周播出3期，每期12分钟左右。到年底已播出近百期。

黎平县广播电视站

侗语广播 1997年创办的节目。坚持正面宣传为主的方针，以侗、苗族山区为依托，传播经济信息，表扬好人好事，加强经济建设中的典型报道。节目内设《侗乡苗寨》《农业与气象》《科普天地》等小栏目。1997年在香港回归、党的十五大召开的前后，《侗语广播》选择各大媒体报道的有关内容，翻译播出，深受群众好评。

都匀人民广播电台

音乐城堡 1997年1月开播，每周一至六10：30～11：00播出。该栏目主要向广大听众介绍古今中外著名的音乐精品，受到广大音乐爱好者和专业音乐工作者的喜爱。许多青年学生写信或打电话要求重播某些曲目，也有专业音乐工作者上门搜集资料，要求给予复制或打听购买渠道。

都匀有线电视台

百姓生活 1997年10月1日开办，每日一期。栏目以纪实性报道为主。叙说老百姓身边有价值的新鲜的生活故事，反映老百姓想说的心里话，引导人们树立正确积极向上的人生观。

云南

云南人民广播电台

午间风景线 综艺直播节目。每天13∶10至14∶00播出。该节目原名称为《艺术宫》，1997年4月1日进行改版正式更名为《午间风景线》，节目宗旨及直播形式不变，节目结构和内容作了较大调整。重新调整后的节目，采取对原有栏目合并或重新设置，以每天一个大栏目为主，涵盖若干相近小栏目，形成具有广播杂志风格的直播综艺板块。从星期一至星期天，具体分布为：《开卷有益》《时尚》《百姓家事》《文化传真》《谈话》《小丹有约》《乐海轻波》。改版后的《午间风景线》节目内容更加丰富，播出质量明显提高。

云南电视台

党风廉政 1997年9月5日开播。宗旨及特点：以邓小平理论为指导，坚持服从服务于党的基本路线，大力宣传党中央、国务院，省委、省政府关于加强党风廉政建设深入开展反腐败斗争的原则、方针、规定，坚持正面教育为主，弘扬正气，形成良好的反腐败新闻舆论氛围，为党风廉政建设贡献一份力量。栏目的定位：关系党和国家命运的时代焦点，展现人民公仆的精神风貌；反映惩腐倡廉的民众呼声、讴歌云岭大地的卫士风采。板块组成：《阳光行动》《廉政焦点》《卫士风采》《云岭新风》。

保龄大家乐 1997年4月开播。宗旨及特点：随着人民生活水平的不断提高，保龄球已逐步进入普通百姓的生活，越来越多的工薪族投入到这项运动中来。该栏目旨在推进全省保龄球运动的发展，普及保龄球运动知识，丰富荧屏生活，深受广大群众喜爱。

世界拳王争霸赛 1997年1月开播。宗旨及特点：为丰富荧屏生活，加大我省体育节目宣传力度，云南电视台文体部全体编播技术人员，在经费、设备、经验均不足的情况下，克服了种种困难，首次接收太平洋国际通讯卫星成功并全年转播了美国三大拳击组（WBA、WBC、IBF）各个级别的拳王争霸赛共50场。

大富洋体育世界 1997年6月26日开播。宗旨及特点：栏目由若干定期或不定期的小栏目构成，包括体育快讯、明星聚焦、环球体育、绿茵世界等，其中体育快讯是每期都有的节目。昆明四季如春，海拔1800多米，海埂基地、呈贡基地是全国著名的高原训练基地，每年冬天、春天，全国的足球、女垒、游泳、中长跑、竞走等项目都要在这两个基地举行，每年也有云南省和全国的一些比赛在昆明举行。对此，我们都进行了报道，拍成体育新闻、专题等。这些节目除了在这个栏目播出外，还送到中央电视台播出。

科海漫游 1997年10月开播。每月双周星期一22∶00在云南电视台一套节目中首播，次日中午重播。栏目以“普及科学知识，传递科技信息”为宗旨，介绍科普知识及国内外最新科技动态，并逐步增加对云南省科技方面的宣传报道。

小乖乖 1997年10月1日开播。每周一至周六18∶03～18∶23在云南卫视播出，周二至周日在云南经济台重播。宗旨及特点：旨在以健康、活泼的形式反映云南省各民族少年儿童的生活和风貌，注重观众参与。节目内容知识性、娱乐性强，贴近儿童生活。栏目划分三大板块，包括少儿版、幼儿版和动画广场。其中设置了若干小板块《小队日记》《小记者》《数星星》《文学宝葫芦》《马兰花》《小黄帽》《欢乐碰碰车》《小乖乖剧场》《巧巧手》《你知道吗》《连环画故事》《小不点儿在长大》等。

云南有线电视台

企业界 1997年9月18日开播。该栏目围绕党和政府中心工作，传达企改政策、措施，总结企改成功经验，剖析企改教训，塑造包括厂长、经理在内的主人翁形象，展示企业风貌，传递新技术、新产品信息。下设《谈经论道》《企业风貌》《主人翁》《特快专递》《俱乐部》等板块。

昆明有线电视台

昆明有线新闻 1997年2月改版播出。每期均有8条消息，1条评论，长度约为10分钟，内容有时政、社会新闻等，其中以社会新闻为主。新闻信息量大大增加。开办以来成功报道了历届“昆交会”“两会”“迎回归”“争创优秀旅游城市”等重大活动。

曲靖地区电视台

经济纵横 1997年10月改版。宗旨是围绕大局、定位“经济”、主攻质量，贴近百姓，把最鲜活的经济新闻捧给观众。力求把节目办成记录曲靖经济发展的编年史和群众经济生活的风物志，让人们透过《经济纵横》了解曲靖改革开放中的重大事件，看到曲靖经济发展的成就和足迹，触摸到人们心灵和心理上的变化。栏目以典型报道为主，每期“头条”推出一部能够体现栏目主旨的专题片或专题报道作为“重头戏”。含有小专栏《财经报道》《群芳谱》《环球采风》《举案说法》。每个小专栏2～3分钟。栏目首次实行制片人制度。

走进乡村 栏目根据党和国家的方针政策，牢牢把握正确的舆论导向，及时报道各级党委、政府各项农村经济政策，传递农村信息，提供致富经验，介绍致富典型，推广农业科技，追踪农村热点，报道农民话题，倡导文明新风，通报农资信息，讲述农民的故事，歌颂农民的美好心灵。镜头对准农村，深入农民群众家，反映农村群众事。

生活话题 1997年3月9日开播。宗旨和特点：该栏目属新闻评论性栏目，又有浓郁的生活气息，说的是生活中老百姓关注的人和事，是一个贴近生活，贴近群众的栏目。

红河人民广播电台

红河四十年巨变 配合红河哈尼族彝族自治州建州40周年于1997年8月11日至11月20日开设的专门栏目。栏目通过一人一事的报道，讴歌建州40年以来，特别是党的十一届三中全会以来边疆民族地区经济和社会各项事业取得的巨大成绩，反映党的民族政策在红河州结出的丰硕成果。

欢腾的红河 为展示红河哈尼族彝族自治州绚丽多姿的民族民间文化艺术而开设的节目，于1997年1月1日起开办。栏目以直播主持人的形式，较系统地介绍红河州浓郁的民族民间音乐，本民族创作或出版的、在全国有影响的文艺作品和歌舞戏剧节目。

红河电视台

信息桥 1997年1月17日创办的经济信息类栏目。栏目以"展示企业风采、架设供求桥梁、博览商品大观"为宗旨，及时报道州内最新经济动态和关注大众消费生活，为消费者提供快捷的信息服务。在全州经济信息宣传领域做出了一定贡献。

周末视点 1997年11月2日创办的一个新闻评述性栏目，该栏目每周日18：30首播，21：30重播，每次播出10分钟。旨在对领导重视、群众关心、普遍存在的新闻事件进行深度报道，在叙述新闻事件的同时，还请与事件有关的领导、专家、目击者进行评说，整个报道具有一定的思辨性，充分应用了电视优势——现场气氛的再现，使观众有身临其境之感，有较强的可视性和说服力。

个旧电视台

锡都广角 1997年4月18日开播的新闻评论节目。内容涉及锡都个旧社会生活的方方面面，尤以反映社会主义精神文明建设中的新人新事为主。注重正确的舆论导向，弘扬时代主旋律，取材严谨，制作精细。

德宏人民广播电台

说古道今话德宏 为听众了解德宏、获取信息、增长知识而开设的板块节目。这个节目建台初为专题节目，时间短、内容单一，后改为板块节目，扩充了内容，加长了时间。目前，此节目设有固定栏目《一周要闻》，另根据需要设有：《边疆沧桑》《锦绣山川》《青春风采》《边防卫士》《七嘴八舌》《听众信箱》《市场漫步》《中缅一条街》《普通人》《四面八方》《贴心话》《外地人说德宏》等十多个栏目，为了进一步宣传精神文明建设，又增设了《文明新风》栏目。

西藏

西藏电视台

每周报道 用藏、汉两种语言播出的栏目，也是进行新闻深度报道和新闻评论的栏目。播出时间为10分钟，每周三、日在新闻节目后播出，藏汉语同步。该栏目始终把对党的政策的阐释和"三贴近"题材作为报道内容，在西藏观众，特别是在农牧区基层群众中拥有众多观众，社会反响良好。

经济广角 1997年8月由广告经济部推出的经济综合类主持人板块节目。主要栏目有《信息速递》《消费指南》《商海传真》《消费热线》《广告文体》。节目旨在介绍区内外最新经济、科技信息，指导消费，并和有关执法部门密切配合对违法经营行为进行曝光，每周播出一期，每期20分钟。

雪域地平线 西藏自治区团委、西藏电视台专题部联合推出的栏目。该栏目填补了西藏电视台没有正规青少年栏目的空白。栏目每月一期，20分钟，每周二在西藏电视台一、二套节目中交替播出。《雪域地平线》集知识性、趣味性为一体，设有《雪域新人》《青年话题》《社会与青年》《走进校园》《青春旋律》《知识窗》等栏目。栏目集中反映当代西藏青少年的精神风貌，在青少年与社会之间架起一座桥梁，让青少年直接参与社会、认识社会、评论社会、走向社会。

陕西

陕西人民广播电台

693早新闻 1997年1月5日起对新闻节目进行了大幅调整和整体改版，首次推出每天7：00～8：00的一小时《693早新闻》板块节目。该节目以大量的信息、快节奏的时效、多方位的视角、多侧面的评析，带给人们一个全新的新闻时空。开设7个风格迥异、各具特色的栏目：《693新闻》《报刊摘要》《今日焦点》《神州掠影》《环球瞭望》《空中体坛》《气象信息与广告》。

今日焦点 《693早新闻》中的一档新闻评论性栏目，以"传播政策信息，反映群众呼声"为宗旨，以记者第一人称形式播出。节目以释疑解惑、化解矛盾、沟通上下、团结鼓劲和宣传陕西、弘扬正气为己任，努力做到正面报道真实可信、有说服力；批评报道于法有据、以理服人；中性报道注重引导、澄清是非。

时代法制 陕西人民广播电台与陕西省委政法委、省高级法院、省检察院、公安厅、司法厅于1997年1月5日起联合推出的杂志式主持人板块节目。其方针是：全方位宣传陕西法制建设，推动两个文明建设。内设：《政法简讯》《法制论坛》《执法春秋》《法制经济报道》《来自法庭的报告》《帮你讨说法》《大众投诉台》《广播大律师》《法律你我他》《普法一堂课》《纪实专稿》等11个栏目。以它“讲好法、说真话、办实事”的特色和“准确、严谨、大度”的风格，得到广大听众的认可和喜爱。

多彩人生 1997年1月5日开办的一个以反映社会转型期人们的心理历程和精神风貌、关注普通人的生存状态、宣传各行各业先进人物为主要内容的新闻性社教类主持人节目。设置9个栏目：《今日陕西人》《好人写真》《心灵驿站》《青春专递》《走近老人》《女性视点》《当兵的人》《我的故事》《周末有约》。

风采家庭 1997年5月1日起推出的家庭娱乐参与性栏目，旨在为一个家庭的所有成员提供在广播节目中展示风采的机会。每期邀请两个家庭成员到直播室现场表演节目。通过现场表演节目，游戏竞猜，赢得分数后可参加每周、每月、每季、每年的“风采家庭”大评选。

陕西电视台

经济生活点评说 1997年3月18日推出的第一个实行独立制片人制的新闻类经济性评论栏目。它的宗旨和主要内容是：关注经济生活，体验百姓甘苦，分析经济形势，反映三秦风貌。节目立足陕西，面向全国，放眼世界大市场，力图多视角、多方位、多侧面地反映经济生活中的热点、焦点以及新现象、新特点，为企业发展呐喊，为老百姓服务。每期集中谈一个话题，对重点题材或观众感兴趣的话题作连续集中反映。从生活的角度去探讨经济现象，从经济的视角透视生活层面。

旅行指南车 1997年3月23日开播的栏目。宗旨是介绍陕西的旅游资源、文物景点、民风民俗、民间艺术、旅游活动等。内设《导游话筒》《民俗村》《旅游生活》《旅行方向盘》小栏目。采取男女主持人以导游的身份主持节目，具有知识性、趣味性、可视性。

音乐时空 1997年6月20日推出的音乐栏目。其宗旨是介绍传统的优秀音乐作品和讴歌改革开放的健康向上的催人奋进的优秀音乐作品，努力引导和提高观众的音乐艺术欣赏水平。推荐名人名作、新人新作，从而推动陕西音乐事业的发展，为精神文明建设做出应有的贡献。栏目共分5个板块：《华夏之声》《经典曲库》《新星闪烁》《流行风》《音乐之友》。每期根据需要轮流推出某个板块为栏目的重点内容。

体育'97 1997年3月1日创办的体育栏目。其宗旨是紧扣时代脉搏，展现三秦体坛风貌，报道陕西体育界的优秀人才，介绍国内外体育动态，评述重大赛事。力求做到及时准确，突出体育节目的时效性，丰富人民群众的业余文化生活。

陕西有线电视台

卫生与健康 1997年3月28日开播。宗旨是普及医学知识，介绍医学新科技，贴近生活，服务观众。由《健康天地》《专科门诊》《寻医问药》《杏林春秋》4个小栏目组成。

风景这边独好 1997年3月28日在信息频道开播。宗旨是传播旅游信息，引导旅游潮流，推荐旅游热线，监督旅游消费。片长15分钟，每日21：10播出，包括《旅游快讯》《旅游话题》《三秦揽胜》《地球风情村》《旅游资源》《旅游热线》6个小板块。

西安电视台

西安新闻联播 1997年7月22日正式开播。该栏目采用板块式结构，设《今日要闻》《综合消息》，新闻性专题《今日视点》，介绍兄弟城市新闻的《外埠掠影》，以及《国际新闻》和其他服务性信息类小栏目。该栏目努力吸取众家之长，力图正确、及时、深刻地传播新闻事件。

延安人民广播电台

文艺百花园 1997年1月1日开办的文艺板块直播节目。节目形式各异，风格清新独特，歌曲、乐曲、戏曲、曲艺应有尽有，设有《乐曲欣赏》《点歌台》《歌海珍珠》《民歌园》《音乐茶话》《陕北书场》《新歌精曲》《戏迷乐园》《欢乐天地》《伴你好时光》《戏曲精粹》《卡拉OK大家唱》等栏目。

经济生活 1997年1月1日开办，每周五次，每次30分钟。节目全方位反映延安经济建设的新成就、新经验、新问题，及时报道延安经济生活中新的经济现象和群众普遍关心的热点问题，以及外部改革的经验和新作法，具有较强的现实性、针对性、指导性和生活性。设有《经济漫谈》《市场经济面面观》《市海导航》《市海弄潮儿》《101致富专列》《企业之星》《消费者之友》《购物指南》《八面来风》《一点通》等10个栏目。

101播音室 一个集知识性、娱乐性、服务性为一体的综合直播板块节目，每周五次，每次30分钟。设有：《生活广角》《强身益友》《校园风景线》《古城风情》《姊妹话题》《家庭调色板》《大千世界》《小小鸟点歌台》《与您同乐》《101信箱》《人生絮语》和《空中服务台》等12个小栏目。

延安电视台

七彩桥　1997年改版播出。改版以后，在以正面宣传为主的同时，注重发挥舆论监督作用，关心百姓生活，关注热点问题，被当地群众称为延安的“焦点访谈”。节目由《凡人风采》《改革浪花》《社会扫描》《街谈巷议》《校园内外》《妇女天地》《晚情》《服务窗》等小板块组成。

榆林人民广播电台

为党旗增辉　本地新闻中的一个重点栏目，1997年6月10日创办，形式以小通讯为主。其宗旨是通过每次向听众介绍一个优秀党员或一个先进党支部的事迹，宣传党员在两个文明建设中所起的模范带头作用和党的基层组织的堡垒作用，以起到维护党在群众中的形象及弘扬时代主旋律的社会效果。

扶贫之窗　1997年3月6日开办的对农村广播节目中的一个栏目。为配合当地党委、政府1997年的扶贫攻坚中心工作而设。本栏目宗旨就是通过集中报道干部、群众在扶贫帮困奔小康工作中涌现出的新人、新事、新风尚，推广扶贫经验，表彰扶贫先进。宣传了一些以科技扶贫、项目扶贫等方式帮助贫困村、贫困户彻底脱贫的典型事例。

榆林电视台

经济大观　1997年6月1日开办。每周三首播，周五、周日重播，每期12分钟。内设《经济热点》《供求信息》《消费广角》《金融之窗》《财税专辑》《环保视点》《开发潮》等小栏目。栏目宗旨是服务经济建设、追踪社会焦点、传播热点信息、反映群众呼声。

甘肃

甘肃人民广播电台

大家谈　以广播言论为主体的新闻性专栏。每天7：00《新闻》和19：00《新闻联播》两个黄金段新闻节目中播出。该栏目以弘扬主旋律，褒扬社会正气，揭露和批评社会不正之风为宗旨，语言明快，形式不拘一格。播出几年来，影响较大，得到听众和社会各界普遍好评，被广泛誉为“最受欢迎”的“广播杂文”。

百姓话题　新闻调查节目。节目以替老百姓分忧解愁为宗旨，每日逢单整点滚动播出八次，每次五分钟。开播一年半来，共收到来信、来电投诉2202件，每天平均受理投诉两三件，共受理投诉1462件。当时创办此栏目时提出的“听广播要听都市调频，分忧解愁请找百姓话题”的口号，在一年多来的播出中已得到充分体现。

917人生驿站　谈话类直播节目。面向社会各阶层，倡导健康、乐观、进取的生活态度，弘扬生活中的真善美，鞭挞假丑恶。由三个相对固定的栏目组成：《人生热线》，通过热线交谈沟通方式鼓励上进；《人生专递》，通过播出听众来信来稿，有的放矢，惩恶扬善；《人生絮语》，品味人生，抚今追昔。

万家灯火　1997年元旦起开播的直播式综合板块节目，每周播出6次，每日20：30—21：30播出。节目以讲述老百姓自己的故事，点评身边感人事迹，宣传精神文明为宗旨，开设《热点追踪》《三百六十行》《侃侃一家言》等几个主栏目和《都市情怀》《家庭购物》等几十个副栏目，每天固定一个主栏目、若干个副栏目。

走向大市场　经济类直播板块节目，其宗旨是“传递信息、交流商情、沟通城乡经济、展示企业风采”。每天9：00—10：00播出。先后开设了《市场观察》《市场访谈录》《企业之星》《再就业之路》《质量红绿灯》《消费你我他》《市场茶座》主栏目，同时开设了《经济短波》《商贸时评》《经营策略》等几十个副栏目。

生活立交桥　1997年1月创办的综合服务节目。播出时间每天8：30—9：00。节目本着关注生活、服务生活的宗旨，开设有《生活传真》《生活热线》《下岗话题》《老人世界》《今日女性》《投资理财》《百姓茶座》等十几个主栏目和一些知识类的小栏目。该节目播出后赢得一大批听众的关注和来信评点，充分展现了广播关注生活、贴近听众、服务大众的功能。

甘肃有线广播电视台

有线新闻　1997年4月16日正式开播。该栏目原名《今日新闻专递》，属综合性新闻栏目，内分两个板块——本省消息（内含要闻、简讯、报摘三部分）和国内外新闻摘编。栏目时间长度为15分钟，每周一至周五20：00首播、次日9：00及12：00重播。

现场存真　自办节目频道最富特点和影响的重点节目。该栏目采用隐性采拍纪实报道的方式，深入社会生活，记录起初场景，褒扬时尚，针砭时弊。该线每周一期、每期一题，时间长度为15分钟，每周六20：00首播、周日9：00及12：00重播。

周末　1997年4月19日正式开播。该栏目由《时光》《生活》《焦点》《点滴》等小栏目组成，以留意平凡人生、体会美好生活、透视社会焦点，感受大众暖凉为宗旨。每周一期，长度30分钟，周五19：30播出，次日中午重播。

兰州市七里河区广播站

说小康、奔小康　1997年2月在《农家乐》栏目中开播的一个节目，为农民朋友们提供一个融新闻性、知识性、服务性、娱乐性为一体的综合板块主持人栏目，结合农村实际，重点宣传农村新变化，介绍农业科技，传播发展农村经济方针、政策，提供致富信息，启发并服务于农民，所设小栏目有《乡村见闻》《经济信息》《文化彩虹》等。

嘉峪关人民广播电台

雄关热线直播　新闻性综合直播板块节目。每周播出一次，每次60分钟。该节目的宗旨与特点是关心百姓生活，关注重大新闻事件和社会热点，每期一个主话题，电波沟通，交流交心，现场直播体现了地方小台少有的风格。

嘉峪关电视台

周末传真　综合新闻类栏目。三个板块：《周末传真》《百姓话题》《热线5633》。该节目着力反映社会热点透视、新闻背景分析、重大事件追踪、百姓生活描述，并采用新闻评述手法，使新闻主题不断深化。

青海

青海人民广播电台

星期五广角镜　1997年开办的社教类专题节目。每周五7：30至7：50和19：30至19：50播出。节目运用主持人形式，集采、编、播于一体，从帮助党和政府改进工作及帮助百姓排忧解难出发，将视角对准改革开放中的重大事件和广大群众普遍关注的热点、难点问题，对弘扬社会正气，促进社会矛盾的解决发挥了积极作用。一年来已播出47期，其中播出的《干警殴打学生情理何在》《加强西宁市小公共客车安全管理刻不容缓》《劣质面粉坑害消费者》《一起制售假冒洗衣粉案》《工商行政部门加大打击假冒互助头曲的力度》等报道，较好地发挥了舆论监督的作用，引起了强烈的社会反响。

西海之声　1997年5月开办的专题节目，每周一、三、五播出，时间为8：05、12：30、20：30，每档15分钟。节目融新闻性、知识性、服务性、理论性为一体。以服务于改革开放和社会生活为宗旨，针对各条战线、各行各业宣传侧重点的不同，设置了《改革纵横》《经营之道》《西海掠影》《行业新风》《党建园地》《军事天地》《凡人新事》《信息短波》《法规讲座》等十余个栏目，还采取和部分单位联办的方式，开设《国税之窗》《林来天地》《今日新湟源》等专栏。

音乐时空　1997年10月推出的音乐直播板块节目。每周一至周六13：00～14：00播出。这个节目坚持为人民服务、为社会主义服务的“二为”方向，贯彻百花齐放、百家争鸣的“双百方针”，以弘扬时代主旋律，繁荣青海省的音乐创作，推动演唱、制作水平的提高和满足听众日益增长的精神文化需求为宗旨，集知识、娱乐欣赏、参与于一体，具有清新、明快、富有朝气的风格。开设有《先听为快》《阳光地带》《星光灿烂》《流金旋律》《欢歌笑语》《假日航班》6个小栏目。

青海经济广播电台

市场博览　1997年5月改版后，节目播出时间扩展为120分钟。该节目以服务经济为宗旨，以沟通消费大众为目的，多角度、全方位地反映当今经济生活的时尚风采。节目介绍企业及产品，扩大企业知名度，树立品牌意识，努力当好消费者的参谋、企业家的知音，同时配合工商、税务、消费者协会等单位，打击假冒伪劣商品，维护消费者利益。下设栏目有《流行时尚》《名牌榜》《企业家风采》《市场漫步》《精品屋》《浓妆淡抹》《3.15热线》等。

星光快车　1997年5月12日节目改版后开播的新闻板块节目，每日7：30～8：00播出。节目旨在透析新闻热点，评说百姓话题，分析经济现象，探讨经济规律，注重时效性、启发性。节目内设《新闻聚焦》《经济改革论坛》《百姓话题》《警方热线》《有话直说》等栏目。

青海电视台

下周荧屏　藏语节目的综合性服务栏目，1997年1月1日开播。每周日17：50～17：55播出，每次5分钟。它兼容影视动态、民族文化、教育、历史、宗教等简要介绍等内容。从中既能欣赏到精彩的剧中镜头，又能了解到具有浓郁的民族特色和地方色彩的各类节目。内容丰富，制作精美，可视性强，使观众能在短短的几分钟内纵览下周荧屏，合理安排收视时间。

人口与健康　1997年1月1日开办，是青海电视台藏语编译部和省计划生育宣教中心联合开办的社教节目，每周日18：36～18：51播出。节目的宗旨是：向农牧民观众宣传计划生育是我国的基本国策，提倡控制人口的数量，提高人口素质，加强晚婚晚育、优生优育和青春期知识教育及新时代婚恋观的教育等，帮助农牧民群众树立正确、科学的人生观，提高道德水平，端正生育观念。同时宣传妇幼保健、新生儿疾病预防、孕妇妊娠期营养、产期前的保健和婴幼儿的喂养、优教优育知识。

广告文体乐园　1997年12月18日开办，每天在青海卫视21：18播出，每次10分钟。栏目力图打破经济信息的枯燥感，让观众在欣赏文体节目的同时，获取最新的消费信息。栏目采用MTV介绍、幽默滑稽录像、精彩的体育场面与经济信息专题和广告穿插结合，成为观众轻松地获取信息的窗口，也是厂家、商家全面、细致、生动展示商品的舞台。在电视节目服务于观众的同时，也丰富了本台非黄金时间段的电视荧屏。

假日风景 1997年6月24日开办的一档周末娱乐节目。节目融娱乐性、知识性、参与性、可视性为一体，面向青年收视群，兼顾不同层面的观众，开设了许多小栏目，反映最新国内MTV、时尚信息、影视文化、明星风采、体育荟萃等内容。由于小栏目时间短，内容丰富，转换节奏快，自开办以来，深得观众喜爱，为周末休闲生活增添了精神食粮，是一种寓教育于娱乐之中的好形式。

青海有线广播电视台

有线周末快餐 1997年1月4日开播的一个集知识性、娱乐性、教育性、服务性为一体的综合性板块节目，共设8个栏目和一个信箱：《温馨放送》，以点歌、送歌的形式，每期给观众献上一至两首MTV，以及优秀音乐电视作品，为人们在歌声中传递祝福；《生活书架》，旨在丰富人们的文化生活，提高人们的生活情趣，解答生活中的疑难问题，引导人们健康愉快生活；《学烧中国菜》，向观众朋友每期介绍一至两道可口菜肴的制作方法，以丰富家庭餐桌；《轻松节拍》，以精彩纷呈、妙趣横生的休闲节目增加喜剧和热闹氛围，给观众一份轻松和愉悦；《女性风景线》，就女性朋友所关注的美容、化妆、服装及女性话题为基点，为女性朋友们递上一双温存的手；《漫步地球》，介绍名城异国、领略风土人情、自然风貌、历史遗迹、动植物奇趣等，让观众朋友们开阔眼界；《为您参考》，提供各方面的信息，做观众朋友实实在在的生活顾问；《给您提个醒》，结合精神文明建设做公益广告，聚集人们关注的切身敏感的问题；《369信箱》是与观众朋友沟通的桥梁，一个有奖竞答、嘉宾抽奖的“幸运”信箱。

青海有线新闻 综合性新闻节目。其特点是：信息量大、节奏快、有深度。节目由三个部分组成，第一部分为省内新闻；第二部分为国内新闻；第三部分为国际新闻。节目以囊括天下事，总揽当日要闻为宗旨，力求通过密集的信息量和综合包容性，使观众在一个时间段内博览省内、国内、国际要闻，知晓天下事。节目在选材上侧重社会新闻，兼顾重大时政报道，密切关注群众的热门话题、难点问题的引导。

搜索12频道 台总编室自办栏目。主要是介绍下周播出的各类影视剧、专题及综艺类节目，引导观众预先了解本台下周内所安排的部分文艺类节目内容，以提高本台节目的收视率。该栏目播出后，成为有线电视观众的收视向导。每周六20：35～20：45播出，周日12：55～13：05和20：35～20：45重播，每次10分钟。

西宁人民广播电台

风景这边独好 1997年开办，每周日和周一10：00～11：00、20：30～21：30播出。该节目是以女性话题为主的综合艺术类节目。下设《女儿行路》《时尚服饰》《休闲》《阳光音乐卡》等小栏目。其中《女儿行路》当属最具特色的栏目，它不仅仅是女性艰辛创业，勤奋劳作的真实写照，同时，也是反映女性内心世界、感触女性细腻情感的一个窗口，加之女主持人的适度投入和亲切的主持风格，使观众深受感动，如下岗女工的重新择业等话题就有一定的社会反响。

河湟芳草地 1997年1月开办。该节目是一个具有浓郁地方特色的文艺性节目，节目以挖掘河湟文化、宣传河湟文化、弘扬河湟文化为宗旨，精心设置了《河湟人家》《百叶窗》《佳作欣赏》《心曲》等栏目，为每一位热爱这片沃土的人们提供了一个精神乐园，并以颇见功底的精美语言文字和自然流畅的主持风格，赢得了广大听众的支持和欢迎。许多中老年人纷纷写信打电话，倾吐收听感受，提供资料和线索，表现出他们对节目的喜爱。

周末文艺时间 1997年开办。该节目是一个面向青少年的主持人节目，寓教育于娱乐之中，引导青少年听众提高文化修养，增强审美能力，帮助他们在快速发展的现代化潮流中，健康成长。节目设置如《流行节拍》《新歌快递》《海外新韵》等12个小栏目，介绍国内外流行音乐最新动态，还有如《你说，我说》《心中的歌》栏目，帮助听众赏析音乐作品。同时，每期都有嘉宾主持走进播音室，和听众交流。

湟源县广播站

方圆与规矩 1997年1月开办。该节目配合普法义务教育，帮助群众学法、守法，用法律指导具体行为，维护自己的合法权益，增长听众的法律知识。它以举案说法的生动形式，深入浅出地宣传各种法规，让人懂得应该提倡什么，反对什么。

宁夏

宁夏人民广播电台

新闻热线 《早间新闻》节目中的一个栏目。栏目以“替政府分忧，为百姓解愁”为宗旨，积极发挥广播功能，实行舆论监督，起到了沟通政府和群众联系的桥梁作用。这几年，每年播出250多个听众揭露社会生活中存在的各种问题的电话，内容涉及物价、治安、卫生、环保、招生、市场管理、群众负担、产品和服务质量等方面，有关方面及有关人士对这些问题在广播中公开回答，促使各种问题得到了解决和处理。这个节目已成为本台的名牌栏目。

空中你我他 节目坚持贴近实际、贴近听众、贴近生活的原则，以

"放眼缤纷的社会舞台，谈论多彩的生活话题"为主旨，以容量大、栏目多、形式活、话题新为特色，主要栏目有：《今日热点》，围绕社会热点、焦点，进行深度报道并加以评述；《绿色军营》，主要报道部队和武警官兵军营生活及精神风貌，反映部队建设成绩和军民团结；《前进中的宁夏农垦》，反映农垦战线深化改革取得的成绩，讴歌农垦广大干部群众的创业精神；《听众茶座》，探讨人生价值，谈论多彩的现实生活；《家庭百事》，则是谈论家庭生活话题的园地，从衣食住行到当家理财，为听众提供服务。不定期的栏目如《我与房改》，则主要宣传关于房屋改革的政策，指导听众积极投身于房改之中，并介绍有关的知识。

2075666 热线点播　音乐节目。通过听众点歌的方式，把内容健康、旋律优美的音乐作品介绍、推荐给广大听众，突出听众的参与性，在听众之间架起了一座沟通情感的桥梁，把亲朋好友之间的美好祝福送到每一位听众心里，更好地为广大听众服务。节目主持人采用亲切自然的主持风格，加之精细的组合安排，为听众朋友提供了一个温馨的音乐情感交融的天地，受到区内外广大音乐爱好者的喜爱。

石嘴山人民广播电台

早安、煤城！　新闻性综合板块节目。以"社会动态报道，经济信息联播，煤城人物风采，大众话题评说"为宗旨的新闻性综合板块节目，特点为时效强，信息量大，形式活泼，可听性强。每天设有4个固定小栏目，即《新闻快递》（以简短的社会新闻，动态新闻为主，每次10分钟，每天在节目一开始播出），《广播商讯》（每天3分钟，以播出商品服务信息为主），《新华传真》（每天5分钟，播发国内外最新动态消息），《气象信息》（以配乐直播形式播出当天的天气预报及简短的气象形势分析）。不固定栏目有：《实话直说》《英模风采》《煤城风景线》《热线串话》《经济长廊》等。

石嘴山电视台

百姓·百事　反映当地人民生活中的一个片段，通过纪实的手法展现最普通人的思想、生活方式。通过节目让人们看到普通的生活方式，体验人生，热爱生活。

法之声　宣传我市政法各部门取得的成绩，通过典型案例普及法律知识，并配合各行政执法部门报道各种行政法规，使广大群众能够运用法律武器来维护自己的合法权益。本栏目反映较好的栏目有《看守日记》《19岁，她失去了右手》《老师打学生不应该》等。

卫生与健康　1997年8月8日开播。宗旨是传播普及卫生健康知识，提高人们防病、治病的意识，同时立足我市医疗卫生系统的实际情况推出我市的名医，先进医疗设备以及我市医疗水平在全国所处的位置，方便患者的就医选择，潜移默化地培养人们的健康意识。

新疆

新疆电视台

大陆桥　介绍新疆的物产资源、风光名胜、民情风俗和经济发展，又反映国外的科学技术、文化艺术、风土人情和生活情趣。其宗旨是让新疆走向世界、让世界了解新疆。下设3个小栏目：《开放风景线》《英语星空》《海外掠影》。

社会经纬　杂志性栏目。滚动式播出，内容广泛、编排灵活。主要反映农牧民经济生活、科技文化等各方面情况。下设《牧区生活》《兄弟民族》《传统文化》等小栏目。

观众之友　维语综合栏目。每周播出3次，周一、三、日21：20～21：40在维语频道播出。该栏目融知识性、服务性、政治性为一体，下设5个小栏目：《社会广角》《妇女世界》《法律咨询》《祝您健康》《为您服务》等。

大视野　社教类专题节目。分社政类和文化类两大板块。社政类节目下设《社会观察》《公民与法》《晚间快语》《生活方圆》4个小栏目，以政论性专题为主。文化类节目下设《文化空间》《休闲时光》《竞技场》《新疆各地》4个小栏目，每周六22：55～23：15播出。

新疆经济电视台

经济万象　1997年2月开播。采用新闻述评形式，夹叙夹议、立足于经济与生活，反映市场热点，追踪报道群众关注的种种经济现象，通过对一件事、一种现象的层层剖析，阐述党和政府的政策、法规，进而起到释疑解惑的作用。

乌鲁木齐人民广播电台

书苑飘香　1997年1月开办的栏目，每月初周六17：00～18：00播出。下设《文库博览》《短文荟萃》《新书速递》《文海撷英》等小栏目。主要内容有：介绍中外名著诞生过程及文学发展历史，播出一些优秀散文、杂文、诗歌、随笔等文学作品，介绍最新上市书籍及中外文坛著名人物。

哈密电视台

社会视点　1997年11月5日推出的新闻评论栏目。两周播出一次，每次10分钟。节目主要从地委行署工作重点选择，从政府决策行为的焦点找题，从政治、经济生活的热点立题。内容以当前社会各个层面的城市经济改革为突破口，既有来自典型企业的调查报告，又反映出人们思想观念发生的重大转变。

浓墨重彩报道香港回归

中国国际广播电台 张振华

香港回归是国家大事，是站起来的中华民族对那段跪着的历史的了结。

香港回归报道的难度在于：时间长，规模大，情况复杂，竞争激烈，而要求又很高；特别是我台要在搬家刚刚完成，许多工作尚未完全就绪的情况下立即转入香港回归报道，在技术、节目、人力、时间上困难就更大。

但在全台同志的共同努力下，圆满、出色地完成了报道任务。这主要表现在以下三个方面：

前期报道充分，针对性强。

我台从1996年7月1日即回归倒计时一周年起，就把有关香港回归报道列为宣传工作的重点，以后在倒计时100天、60天、30天时逐步加强力度。

前期报道着重针对外国人对香港的历史、发展及"一国两制"、"港人治港"方针的无知、误解、曲解和疑惑做了大量知识性、解释性、澄清性和铺垫性报道，从而为香港回归创造了良好的舆论氛围。

香港回归几项重大活动报道安全、准确、生动、及时。

6月30日～7月2日港京两地有关香港回归的五项重大活动，是整个报道的重点和高潮，我台采取了浓墨重彩、多手段、大信息量，集中全力报道的做法。

对于政权交接、特区政府成立、宣誓就职仪式及李鹏总理的庆祝招待会、工人体育场的庆祝大会等五项重点活动，一方面，43种语言广播总动员，及时报道；同时，使用英语、普通话和广州话现场直播18.5小时，累计直播时间达137.5频率小时。就各语言广播而言，6月30日至7月2日赶播、插播稿件的规模、数量是空前的；就直播而言，从使用语种到直播场次和时间在对外广播史上也是前所未有的。

开拓渠道，扩大覆盖。

广播的最终目的是希望更多的人收听。这次香港回归报道通过我们自己的努力、兄弟部门的支持、合作及借助外台，有效地覆盖了全球。

第一个层次是通过我们自己的43种语言广播，覆盖了近200个国家和地区。

第二个层次是向与我有合作关系的外台传送节目。

第三个层次是把我台英语直播信号提供给中央电视台英语频道。

这次香港回归报道有许多经验，其中包括：

充分的思想发动，相信和依靠群众是根本。

在各种因素中，人的因素是第一位的、最具能动性、决定性的因素。

这次香港回归的高潮期报道，是在搬家刚刚完成的情况下紧急启动的，经过部、台和各基层部门的层层思想政治动员，全台同志都以高度的政治热情，严肃的工作态度和吃苦耐劳的作风积极参与并圆满完成了任务。几天几夜连续作战的，前后方有700多人。

坚强的组织领导和周密的实施方案是保证。

为了加强对这次报道的领导，台里成立了总指挥部和香港、北京分指挥部。

指挥部对技术方案和报道方案进行了反复的修

订，其中直播还进行了四次试线和演练。

香港回归报道再次使我们认识到周密的技术方案、先进的设备和技术人员的熟练操作是广播的先决条件。

发挥自身优势是立足的法宝。

优势之一在于"快"。赶稿为了快，直播更是为了快。这次所以有美国、加拿大等多家电台使用我们的广州话、普通话直播信号，就是因为报道与事件同步。

优势之二在于外语，它可以直接地跟世界沟通。

优势之三是驻外记者。

争取支持，广开合作渠道，是扩大宣传效果的有效途径。

这次报道，得到了外宣办、部计财司、科技司、无线局、中央电视台和一些地方台的支持，在记者名额、经费、场地、设备、频率、功率、传输线路及节目上得到了比较充分的保证。

此外，我们向另外中央两台提供英语直播信号、驻外记者报道，向8个外国电台、电视台和香港新城电台提供直播信号和报道，这既是帮助他们，也是他们帮助我们落地和覆盖，包括CNN等44家电视台使用中央电视台英语信号，在某种意义上，也是帮助我们实现英语广播的另一种覆盖。

总之，有关香港回归的报道是成功的，尤其在落地方面，甚至超出了我们的预想。我们用辛勤的劳动向中央和部党组交了一份出色的答卷。其间积累的经验和留给我们的启示是多方面的，希望各部门和全台同志进一步深入总结，作为一笔财富，保存下来。

运用电视手段办好国际时事评论节目

中央电视台 李小萍

充分运用电视手段对国际时事进行深入报道和分析、评论，在我国还是近几年才开始的。从中央电视台的《今日世界》到《焦点访谈》、《东方时空》栏目中的国际时事节目，我们在国际时事评论和中外关系的深入报道方面进行了一些实践，取得了一定的经验，对制作国际时事评论节目的几个主要因素有了比较明确的认识。

一、节目的定位

节目的定位包括节目性质的定位和观众的定位。

《焦点访谈》和《东方时空》栏目中的国际时事评论节目是对国际新闻的深度报道。它提供比通常的国际新闻报道更全面、更深层次的信息，介绍事件的由来、背景，分析事件发生的原因，揭示事件本身的影响和意义，预测事件发展的趋势。播出这一类节目，是要引导广大观众了解党和政府对外关系的基本路线，了解我们改革开放所面临的国际环境，从而更深刻地理解党在新时期的基本路线。

观众的定位，就是要明确节目是给哪些人看的。焦点访谈和《东方时空》栏目的国际时事评论节目是以广大的各行各业的普通观众为主要对象，同时兼顾较高层次的观众的要求。凡是小学以上文化程度，关心时事，希望了解世界的各种不同职业、年龄、民族、地区的人，只要他能接收到我们的电视节目，就都是我们节目的观众。我们在制作国际时事节目时必须考虑大多数观众的需要和接受水平，把节目做得深入浅出，通俗易懂。

二、报道题材的选择

节目的定位明确之后，选题就成为首要任务。总结我们的实践，国际时事节目的选题应遵循以下几个主要的原则和范围：

（一）凡是与我国国家利益直接相关或有影响的重大事件，一般都应该列入报道选题范围内。譬如《中俄哈吉塔五国签署边境裁军协议》、《钓鱼岛属于中国》、《中美就知识产权谈判达成一致》、《外国政治家谈中国》等。

（二）近期发生的、对世界某一地区或全世界有重大影响的事件。譬如世界粮食首脑会议、联合国大会、亚欧首脑会议、阿以签署和平协议、《美国赫——伯法案引起世界公愤》、《日本通过不战决议》等等。阿以冲突虽是地区性事件，但对整个中东地区以及世界局势都有影响，也属于报道选题范围之内。

（三）新思想、新事物、新的科研成果以及对人类的发展有着特别意义的话题与事件。

（四）国际上一些引人深思的现象，譬如《看不见的战线——当代经济科技情报战的启示》、《从奥运会看西方新闻观》等。

（五）世界历史和中国外交史上的重大历史事件，譬如，关于乒乓外交25周年的报道，关于中国恢复在联合国合法席位23周年的《中国与联合国》、《联合国：风雨五十年》，《历史的审判——远东军事法庭开庭五十周年》、《远东阴谋又一铁证》、《铁证在握 罪责难藏》等。

（六）有关海外华人生活的事件。一些题材，譬如《特有的情怀——世界华人过大年》、《根——海外华人的特殊情怀》等。

三、选择报道角度

报道角度的选择是做好节目的核心。所谓选择报道角度，就是在对所报道事件全面、深入分析的基础上，在众多可以深入报道的侧面中，选择最能反映事件本质的方面加以分析评论。能否把握事件的本质，焦点抓得准不准，报道角度选得怎么样，直接影响节目的质量和收视效果。

譬如，"中俄哈吉塔五国签署边境裁军协定"这一事件，本质上是上述五国创造了一个与西方的冷战思维完全不同的国际安全模式。同时，就协定本身来说，其核心是确定了一个对各方在边境驻军的最高限额。抓住了这两点，就把握住了事件的实质，展示了事件本身的影响和意义。

再譬如，亚太经合组织首脑会议每年都开，我们每年都要报道。每年的会议各有什么特点，会议的哪些内容是与中国有密切关系或是对中国有重大影响的，这些是记者在选择报道角度时必须认真考虑的。

四、节目的时效性

节目的时效性表现在事件发生的时刻与节目播出的时刻之间的时间长短上。时间短则时效性强，时间长则时效性弱。目前，直播报道因其在事件发生的同时播出，时效性最强。我们的时事评论节目对时效性的要求一般比较强，多数要求在事件发生的当天或第二天播出。由于我们报道的信息量比一般消息大，内容也更深入，要在这样短的时间内完成节目制作，难度相当大。这样的报道通常有两种情况，一种是预先知道的，比如一些会议的召开、协议的签署等等，在报道前是可以有所准备的。还有一种是不可预知的突发性事件，譬如以色列总理拉宾遇刺等。拉宾是在以色列当地时间1995年11月4日晚上，即北京时间11月5日（星期天）凌晨五六点钟遇刺的。新华社通知我们是在5日早晨七点多钟。这个事件是发生在早晨，国内各大报纸已不可能在当天刊登有关的消息，广大观众迫切希望通过新闻媒介获得有关这一事件更多的信息，因此我们的报道就特别受欢迎。

国际时事评论节目的时效性，在目前各新闻媒介竞争激烈的情况下显得尤为重要。

五、运用多种电视手段表现主题

（一）以小见大，从直观的现象和观众最关心的细节入手展示事物的本质。电视是善于表现视觉形象的媒介，它最适合于利用直观、具体的形象来反映事物的本质。

1995年李登辉访问美国时，美国方面强调说这只是一次私人访问，但是李登辉下飞机时走的红地毯已经说明了这次访问决不是私人访问，而是正式访问。我们的记者抓住了现场的这一细节，证实了访问的性质。

（二）深入浅出，从观众熟悉的事物入手，尽可能把深奥复杂的问题通俗化、形象化、具体化，使观众易于理解。譬如，我们报道在北京召开的亚欧大陆桥区域经济研讨会时，为了让观众易于理解，在报道中把亚欧大陆桥比做了现代的丝绸之路，并配以地图展示它的地理位置，说明亚欧大陆桥就是把结合航空、海运、河运、公路等其他运输方式的横贯亚欧大陆的一条国际铁路当做桥梁，把铁路两端的海港当做桥头堡的一条国际运输通道。它可完成从海洋到陆地又从陆地到海洋的连续运输。这样的介绍能使普通观众对亚欧大陆桥区域经济合作的地理位置和基本作用有一个比较清楚的概念。

（三）用特技和动画把复杂深奥的事物演示出来，使观众一目了然。比如克隆技术、火星探测，我们用生动的动画把过程演示出来，使观众对它们有一个基本了解。有的观众在看了火星探测的动画之后印象很深，说这次算是看明白了，原来火星车的体积那么小，跟微波炉的大小差不多。

（四）用数字、图表或特技强化新闻事件中的重要信息以引起关注。1997年2月我们就《中国青年报》组织的该报读者对日本的态度的大型调查做了一期节目，对其中的几项调查结果进行了分析和评论。为了引起观众的关注，我们使用特技、数字和音乐突出了几项调查的结果，给人以深刻的印象。

（五）抓取新闻事件中最富有人情味、最有感染力的细节来展示事物的本质和发展方向。比如，在报道关于拉宾遇刺事件的节目中，我们用了拉宾遇刺前在作关于中东和平的演讲镜头作为节目的结尾，以此告诉大家，拉宾是为了即将到来的和平而献身的。又比如，我们在做《中国向美国移交美军飞行员遗骸》节目时得知，此次发现的几个遇难美国飞行员中只有一名飞行员有一个儿子，其余的人均没有后代。我们用电话越洋采访了这位遇难机组的唯一后代。他感谢中国人民从深山里把二战时期的美军飞机残骸和飞行员遗骸找到并交还给美国政府，他希望自己也能来到中国，参加寻找他父辈遗骸的工作。

（六）努力抓取新闻事件发生过程中的细节，使之情节化、故事化，引人入胜，使观众愿意看。我们在介绍克隆技术新成就时，如果一开始就讲最近克隆技术取得了新成果，观众可能不会很注意它。我们的记者设计了这样一个开头："最近几天，英国苏格兰的一只绵羊突然引起了全世界的关注，世界各国的新闻媒介、政府以及科技界、法律界都在热烈地谈论它。那么这只绵羊到底有什么特别之处呢？……它不是一只普通的绵羊，而是一只克隆绵羊，是英国罗斯林研究所的科学家们利用克隆技术培育出来的世界上首只成年克隆绵羊。"这样的开头像讲故事，有悬念，能引起观众的兴趣，使观众愿意跟着我们的节目看下去。

国际时事评论节目是政策性极强的节目，所报道的内容涉及面广，突发性事件多，信息量大。因此对记者的新闻素质要求较高。同时，要想在最短的时间内做出好节目，就要有广泛、灵通、快捷、可靠的信息来源和长期对国际形势的跟踪及基本分析，平时还要积累大量的文字和图像资料。

记者新闻素质的提高，一方面要求记者不断地总结工作实践中的经验，另一方面要求记者自觉地加强理论修养，提高政策水平和把握全局、观察分析问题的能力。这是一个长期学习和积累的过程，不是一朝一夕就可以一蹴而就的。为此，我们不定期地组织节目研讨会，请各方面的专家和观众代表帮助我们分析节目制作中的成败。同时，请从事国际问题研究的专家经常向我们介绍各方面的情况或者走出去参加各种国际形势研讨会。这样才能既了解普通观众的需求，又了解中国政府的外交政策以及专家们对国际问题研究的最新观点，较好地把握节目的结构、导向和口径。

超越自我　再创佳绩

——三峡工程大江截流特别报道总结

中央电视台新闻中心

三峡工程大江截流是继香港回归，党的十五大以后我国经济战线上的一件盛事，为了让中国乃至世界能够亲眼目睹大江截流这一人类征服自然，改造自然的伟大壮举，中央电视台参与截流报道的近200名工作人员，在总结历次直播经验的基础上，大胆创新，团结协作，使11月8日从8点到22点连续14小时的大江截流直播，做到了安全、顺利、隆重、热烈，得到了党中央和全国观众的认可，为中央电视台今年最后一次重大直播报道画上了一个圆满的句号。

直播报道迈上新台阶

长江三峡水利枢纽工程是当今世界最大的水利水电工程，作为重要施工环节的大江截流是举世关注的焦点，自然也是此次报道的焦点。为全方位展示大江截流的全过程，我们在三峡工地方圆四平方公里的范围内架设了24个机位。从空中、水面、陆上等多个角度，聚焦合龙口，完整记录了合龙口从40米推进至零的全过程，为共和国水利建设留下了一份极其珍贵的历史资料。

围绕大江截流，我们共设计了13段直播报道。它们是：中央电视台大江截流报道阵容；三峡大江截流合龙启动仪式；截流施工一小时后；截流施工二小时后；总指挥总结上午截流情况；截流施工进程过半；空中看截流；合龙仪式即将开始；三峡工程大江截流合龙仪式；摄影船撤离；长江正式改道；下游围堰合龙；焰火晚会。这13段直播报道在14小时的连续播出中平均每小时就有一次，总长240分钟左右。

现场报道部分除了量大外，其为观众提供的电视信号也是高质量的。整个直播画面组接顺畅，声音自然清晰。既有重大施工场面的展示，又有局部的施工人员和机械的揭示；既能听见运石车的轰鸣声，又能听见石料倒入江中溅起的水声。形成了一种声画的张力，令观众不能不为三峡建设者创造的历史奇观而感慨。

背景介绍更上一层楼

三峡工程大江截流特别报道是以现场直播报道为主体的。其间穿插着大量新闻专题、演播室访谈、音乐风光片，这些专题和访谈，为直播报道注入了丰厚翔实的背景介绍，使得14小时的连续直播更加立体化。

本次报道共播放了大约30个专题节目，这些专题节目几乎关注了三峡工程的方方面面。其内涵之丰富，外延之广泛，是历次直播中所没有的。难怪观众反映，看过14小时的截流报道，如同阅读了一本有关三峡工程的“百科全书”。

演播室话题作为14小时直播的一大部分，与专题节目同时承担着背景分析与介绍的功能。本次报道共设计了12段演播室访谈，有概括介绍，有热点问题讨论，《三峡工程大江截流概况》、《三峡库区概况》、三峡工程一期及二期工程综合介绍》、《三大江河截流工程比较》等；这些用画面难以表现的话题，成为专题节目的必要补充。对三峡工程的全面报道，正是通过现场直播、专题节目和演播室话题共同编织而成的。

新闻报道突破创新

在三峡大江截流特别报道中，作为本次报道的先遣队，新闻组早在9月下旬便开赴三峡现场，在特别报道结束后，仍留守三峡工地，关注三峡工程的每一步进展、每一次变化，并迅速回传新闻，赶在当天一套新闻中最近的时段播出，并在电视新闻报道形式上，实现了突破创新。

首先是围绕一个重大事件，长时间地及时跟进报道，三峡报道新闻组的8位记者、编辑，克服重重困难，在工地50多天的时间里，共传回新闻近百条。为这次大江截流起到了很好的宣传作用；

其次是两次新闻直播报道，完全从现场取材，一次完成，这在我台新闻史上也是从未有过的。这两次新闻直播都是现场切换、现场解说的，其中的每一个声音和画面元素完全取材于现场，没用一帧资料画面，这是非常难得的。

第三是新闻组回传的近百条新闻，均是采用多点的现场报道形式，虽然由于技术上的原因没能现场切换，直接进入新闻窗口，但因为事先按直播要求设计，也是现场解说，声画对位，彻底改变了过去记者开头讲两句话便配音剪辑播出的状况。

另外，鉴于工程报道中有很多专业知识和术语，新闻组在报道中巧妙地运用动画和图表，尽可能采用直观的报道方式和用通俗的语言向观众作介绍。在充分反映三峡工程各项工作紧张有序的进展情况、建设者们昂扬的斗志和必胜的信心的同时，客观地反映工程进展过程中出现的风险就显得极其必要。因为三峡工程毕竟是一项前所未有的宏大工程，有风险是正常的。基于这种考虑，他们先后报道了堤头塌滑、导流明渠淤积、装载设备现场抛锚等问题，如实向观众阐明三峡工程是有难度、有风险的。李鹏总理在三峡建设委员会会议上肯定了这种报道思路。

黄河小浪底水利枢纽截流合龙现场直播的回顾与思考

中央电视台新闻中心

中央电视台《新闻30分》栏目和采访部农业组共同完成的黄河小浪底水利枢纽工程截流合龙现场直播节目播出后，台里各级领导以及业内人士基本是肯定的。通过这次直播，我们都经历了一次洗礼，有诸多的经验值得总结，有不少的教训值得记取。

一、我们的创意

小浪底的电视直播是一次难度较大的直播。

首先，小浪底不为世人所熟知，电视直播不太容易引起更多受众的关注。

其次，小浪底工程介绍，有较强的专业性，与观众的兴趣有一定的距离；第三，中央电视台在今年几次重大直播采用的方式基本上涵盖了以往现场直播的模式，我们只有在形式上打破陈规，才能令人耳目一新，否则就只能在老路上原地踏步。

但是，也并非没有有利因素。黄河小浪底水利枢纽工程截流合龙是历史上首次使黄河人工改道，它有很高的新闻价值。

基于以上分析，我们认为，小浪底直播在内容和形式上能否创新是这次直播成功与否的关键，我们的想法得到了台领导的支持。

从直播后的效果来看，我们认为基本实现了预期设想。

在前期筹备期间，大家认为，在直播内容上，应该跳出小浪底纯粹工程性报道的窠臼，将其置身于五千年黄河文明和五千年治黄史，这样一个厚重的大背景之下，在节目实际编排中，我们实现了由小浪底——黄河文明——治黄史再回到小浪底这样一个大体思路，挖掘了工程以外观众的兴趣点，取得了较为满意的效果。

在形式上，我们有目的地尝试以主持人为节目核心的运作方式，让主持人在重大新闻事件的第一现场出现，并且以走访小浪底工程现场的形式，在行进中根据眼中景，视中物，看似信手拈来，将整体工程一一道来。摆脱演播室的依托，更能体现现场效果。

二、精心策划是直播成功的核心

由于我们的直播不采用设演播室的方案，使得我们这次直播更具有挑战性，在直播现场任何一个环节出现差错都可能导致直播的失败。这次直播的圆满完成在很大程度上得益于策划的科学性和节目方案实施的严密性。

在制定节目方案的起始阶段，就突出了一个“策划先行”的主导方针，减少盲目性。

小浪底现场直播的整体操作也是严格、规范、有条不紊的。九月初，我们成立了以策划组为核心的各个节目小组，每个小组及时拿出了自己详细的工作计划。同时，一个完整的倒计时表也相应地制定出台。

这次直播中难度最大的是四个直播点间路途中的节目设置，它受到车辆状况、交通条件、天气等诸多因素的制约，为了能在这三段路中取得一个最合理的行进时间，大家在这条路上跑了几十次，并根据可能遇到的种种意外情况作出了相应的应变措施。

李鹏总理出席截流仪式不同于简单的时政新闻，对摄像、切换等工种都提出了很高的要求。我们多次开会调整机位和解说词。当拿到李鹏总理最终行程的时间表时，距直播只有16个小时；在这种紧急情况下，各个工种的人员充分依靠事先的精心策划和演练经验，有条不紊地调整机位，删改解说词，使直播得以顺利完成。

三、精心准备和精心实施

为了这次直播，“新闻三十分”栏目组在保证日常播出的同时，几乎动用了所有的力量，全身心地投入了准备工作，赴小浪底的长驻记者、编辑、摄像和后勤人员有五十多人。在这次直播过程中，一些现场的活动，特别象李鹏总理出席28号截流仪式这样的事件是无法备播的，在这种别无选择的境地中，依靠直播经验精心策划是成功的有力保障。

广大采编人员更是以高度的责任心对稿件与节目脚本进行了反复的推敲，有的稿件甚至改了八遍。小浪底办公室的灯光在这二十几天的时间里几乎是彻夜通明，记者、摄像本着对观众负责的态度，精益求精，任劳任怨。摄像师们经常要扛着十几公斤的摄像设备在山路上奔波，大家的目标只有一个：一定要把这一硬仗打好。

四、精诚合作

参加这次直播工作的人员都切身感受到一种人气祥和的工作气氛。参与直播的对外有河南电视台及小浪底建管局；对内有新闻中心、播送中心、总编室、信息通讯处、保卫处、车队。尽管是初次合作，但大家都能以大局为重，相互尊重，遇到问题及时协调处理。

五、我们的反思

黄河小浪底水利枢纽截流合龙直播中的一些经验教训，值得我们作为后事之师。

第一，合龙最后关键时刻的场景和气氛渲染得不够。这应该是两个多小时的直播中最激动人心的时刻，也是我们事先预料到和设计好了的高潮。但从机位设置、画面剪接、解说词等方面都显得略有欠缺。临场应变能力和机位调度也都难以令人满意。

第二，总体报道，缺乏高潮，对小浪底“人”的表现略显不够。

第三，现场的变化使我们显得有些措手不及，节奏慢，甚至有些冷场。

名牌节目如何保持生命力

上海电视台　吴　琳

《新闻透视》是上海电视台的一个老牌节目。自1994年6月19日改版后，老名牌再获新生命。在各台各栏目竞争日益激烈的今天，《新闻透视》如何保持优势，确有不少值得思索的问题。

一、《新闻透视》的节目特性

见闻—分析—思索，是《新闻透视》的品牌特色，是在介入生活、弄清事实基础上的“旁观者清”的姿态。因此，从实际操作的角度看，具有一定重大性又能引起观众兴趣的热点新闻是《新闻透视》深度报道的对象,时效性、可看性、重大性、普遍性和哲理性是《新闻透视》应有的特性。

二、《新闻透视》的题材选择

《新闻透视》的题材大致可分为"批评报道"、"问题报道"、"正面报道"等三大类。它们互有交叉,又各具特点。

批评报道。如改版后的"某厂6000万巨额亏损"、"奥丽斯质监员被打"等事件的报道,主要来源于观众来电来信投诉、知情人举报及记者的调查了解,有矛盾、有进展、有情节、有过程。记者主持人在叙述了事情的来龙去脉后,以画龙点睛之笔加以评论。一段短短的"就事论理",意在扶正压邪,还能引起人们对更深层次或更带普遍性的问题的思考。小处选题,大处思考,深处入笔,高处立意。而且节目播出后对事件进程的紧追不舍的连续报道,也常常产生很好的社会效果,履行了舆论监督的职责。

问题报道。如"六十万大下岗"、"街道违章占绿严重"等等,是记者在观察生活、了解社会的基础上对某一社会现象或问题的分析与思考。与前者不同的是,它主要不是以投诉或举报为线索,而是来源于记者的敏锐观察、独特视角和厚积薄发;第二,它不一定拘泥于某个具体事件或人物,而是着眼于"现象",立足于"分析",因此问题性报道往往颇能考验记者的功力,如新闻敏感、政策水平、对事实的概括和提炼能力等等。

正面报道。关键在于把握一个"重"字——重大的决策、重量级的人物、重要的事件,以至重大的发现、影响国计民生的重点工程或项目等等,题材好、制作精的正面报道也会非常引人入胜,它最能体现一个台、一个栏目的权威性,同时,正面报道还应紧扣一个"热"字——必须是"热点",观众有收看"热情",才值得去做。当然,有些正面报道,比如某会议、某活动、某先进人物,大多数人并不很感兴趣,这类题材如果必须报道,那么对记者来说,善于揣摩观众心理、挖掘出可能的"兴奋点"是非常重要的一个环节。

另外,笔者感到,《新闻透视》正面报道中有两个倾向似应引以为戒。其一是对新闻的简单拉长、同义反复,没有更大的信息量,没有相对变化的视角。其二是由上面指派的对某单位、某作品的宣传等有所增多,其本意是看好这一栏目,而播出后却可能损害这一栏目,因为频道转换器控制在电视机前观众自己的手中。

三、《新闻透视》的采制手法

先说采访。《新闻透视》几乎每个节目都运用现场采访,到位的采访是节目成功的关键。记者应尽可能设计观众可能感兴趣的问题,挖掘新闻"眼"。还有批评或问题性报道,记者若能在提问中巧设"圈套"。在采访中环环相扣,使被采访对象在不自觉中道出真相或体现出自相矛盾,节目会精彩好看。当然,面对任何被采访者,记者主持人都应保持平等的心态,尊重他人人格,切忌居高临下、咄咄逼人、随意打断或以偏概全,也要避免过于感情用事、婆婆妈妈。寓深刻犀利于从容平和之中,寓喜怒哀乐于温厚内敛之中,这是《新闻透视》记者在采访或主持中应有的形象。即便是"偷拍",也要注意尊重他人和与人为善。把握一个适当的"度"是非常重要的问题。

在采访拍摄到丰富的原材料后,后期的编排、制作是将原料炒制成佳肴的过程。《新闻透视》在改版几年后又形成了新的模式,但在定势中要力求变化,争取给人以新鲜感。

为了打开这道门

——电视外宣片创作体会

长春电视台 赵大为

我们长春电视台对外部自94年初成立以来短短三年间,拍摄了六十余部电视纪录片,制作了一百五十余期对外交流专栏节目。其中有三十余部纪录片已通过中央电视台国际频道和美洲东方卫星电视网向全球播出。有四部电视纪录片获得了由广播电影电视部与国务院新闻办联合颁发的六项国家级政府奖。

一、打开一道思维的门,寻找门外的参照物。

打开思路,为的是知己知彼,有的放矢,寻找门外的参照物,这参照物应包括国际上优秀的纪录片及国内优秀的外宣片还有外宣工作的指导性理论。从它们中间,我们借鉴了适合于自己的选题方式,报道角度和拍摄手段,由此总结出外宣片的针对性——"用世界性的语言讲述中国故事"。

二、选题——门里的东西应是立体的。

向境外的观众展示中国一汽几十年来的发展壮大,无疑是十分有意义的。我们确定了这样的一个大的题材走向,接下来便是选择一个最具典型的局部形象来以小示大,以点拓面,为了改变以往表现大题材就要面面俱到,散点集合的做法,我们选取了一个"汽车世家"。用一个家庭的经历来再现历史背景,来结构全片。吴亚州一家四代人分别在不同的历史时期直接参与了长春一汽由创建到今天的三次创业,他们的命运与一汽的发展息息相关。他们的形象代表着几代汽车工人的形象。我们的视点对准一个普通工人家庭,以此展示大的社会变革,力图使观众感到亲切、真实、动人。(此片在全国海外节目政府奖评选中获得二等奖,并获三个单项奖之一——优秀编导提名奖)。

门里的东西应是立体的。选题中有了"工业",再有"农业"岂不更加丰富多彩。长春市双阳区的鹿乡镇是中国最大的鹿乡,"农业经济"在这里蓬勃发展。让世界了解长春不能不让人看到长春在改革开放政策下所取得的实实在在的成果。双阳的养鹿业在全国的"六项第一"使双阳区获得了颇为可观的经济效益。养鹿业养出了"金元宝",也养出了更为可贵的科学技术。这是向世人证明"科学技术是第一生产力"的好例子。

我们强化宣传意图，但又要淡化宣传形式，做到以事实说话，以理服人，我们拍摄的《甘柏林的世界》一片，以中国盲人协会主席二胡演奏家甘柏林丰富的精神世界与现实世界向海外人士展示了一个道理，那就是一个盲人艺术家所走过的成功之路，有着时代与音乐的足音相伴。同时，也以事实为依托有力地驳斥了某些“西方舆论”所指责的中国的人权问题。（此片在全国海外节目政府奖评选中获得一等奖，并获两个单项奖之一——优秀编导奖）。

大多数的境外观众还是怀着友好的心情希望与我们交流，甚至是十分关注改革开放的中国。我们以三位生活在长春的普通人的自述形式拍摄了电视纪录片《长大了的城市》，海外观众通过一种平易的方式了解了一座年轻的中国城市——长春长大的过程。（此片在去年全国海外节目政府奖中获得了一等奖）。

在选题的过程中，我们力求使得这“门里的东西”立体、多样。使观众能够在各种领域中，从不同层面上了解长春，关注长春。

三、拍摄——门里的东西应是鲜活的

注重细节的表达是纪录片的生命所在。在《汽车世家》一片中，确定了两条主线，一条是表现中国一汽从创建到现在，在不同的历史时期的资料镜头，我们称它为纵线，另一条便是我们所要拍摄的吴亚州一家人与主题相关的生活片断镜头。我们称之为横线。在纵线中，我们尽量选择具有浓郁的时代特点的画面以再现历史。如：毛主席试坐国产第一辆“东风牌”小轿车的场面。短短六秒钟的镜头，却浓缩了中国汽车工业的一个重要历史阶段。在横线拍摄中，选取了吴亚州与弟弟看着当年的照片有感而发的画面。运用这一细节说明中国一汽的奋斗历程始终牵动着老一辈汽车工人的心。

拍摄《甘柏林的世界》一片时，在甘柏林的故乡长沙，已经很难搜寻到过去的痕迹，今日的高楼大厦是甘柏林的童年世界中所陌生的，我们需要一组表意的画面，能够记叙甘柏林到长沙盲校最初接触音乐的经历，能够表达不幸对于一个失明孤儿的含义。

坐着出租车在长沙的小巷里穿梭，就是为了寻觅那几块经过年代刻画的青瓦，几棵墙头飘动的绿草。我们自觉找到了童年的甘柏林那孤单的身影。

四、制作——门里的东西应是精致的

后期制作是在前期拍摄的基础上的再度创作。画面剪辑技法以及音乐、音响合成方式加上特技手段的不同处理，使得片子会成为千张不同的面孔。无论采用何种手段，目的只有一个，就是形式要为内容服务。而在服务的同时，形式也要做到完美精致。

纪录片《兄弟情》创作谈

刘民朝　胡志远　于爱群　高　山

36 年前，一起因山西平陆民工中毒，北京各界全力营救，终使生命危在旦夕的 61 位民工全部获救的事件而轰动全国。许多人至今对那篇后来被编入中学课本的通讯“为了六十一个阶级兄弟”记忆犹新。时隔 36 年，曾使全国亿万人的心为之牵动的 61 位遇救民工今何在？

中央电视台和山西电视台历时近一年，对平陆事件进行了联手采制，创作了新闻纪录片“兄弟情”。于党的十四届六中全会召开期间，在中央电视台和山西电视台同时播出，在社会上产生了巨大反响，受到广大观众和社会各界的广泛好评。《兄弟情》荣登‘96 全国优秀电视新闻专题类一等奖’榜首，并获‘96 中国新闻奖电视专题类二等奖’。

一、发现和捕捉具有重大新闻价值的主题是“兄弟情”创作成功的基石。

纪录片的创作是追求最大限度的新闻价值和人文价值的过程。

1995 年国庆节刚过，我们即踏入平陆县开始实地采访拍摄，对平陆事件众多知情人提供的大量线索、素材、进行分析、整理、筛选，又到北京市采访拍摄了大量的当事人，了解了鲜为人知的新闻故事。对主题也开始找到了感觉，立意、表现手法、构思等方面也有了初步想法。尽管有不少镜头很出色，但总感到缺乏一条主线，找不到开头，不知如何结尾。三个月的时间过去了，我们终于等到了可贵的转机。党中央在十四届六中全会提出了加强精神文明建设的要求。另一个可喜的信息不期而至，我们又获悉，平陆县县委要在 1996 年春节前组织中毒民工代表到北京寻访救命恩人，这是多么千载难逢的好机会！我们立即提前投入了全过程的跟踪纪录，从平陆中毒民工代表出发上火车开始，一路行程录下了中毒民工老人与北京当年亲身参与抢救工作的老人们在车站 36 年以来的第一次重逢，北京各界组织平陆县老农民参观当年空投送药飞机，登上天安门城楼；与新闻界、文艺界、电影界联欢；为中毒民工体检；北京与平陆双方老人在北京火车站依依惜别，36 年前的真情更炽热的迸发出来，特别是后来北京新特药总公司组织北京有关人员到平陆县回访老人们，在农家院落里吃着农家饭，唠着家常话，我们把握住了整个事件的全过程和最生动感人的场景和细节。我们也以此做为全片的主线，建立起了主线框架结构。在后期编辑中从始到终设置了一系列的新闻眼，不仅有事件延续的过程，而且在 45 分钟的时间里。高潮迭起，使观众始终处于一个兴奋的观赏心态。

“兄弟情”的新闻价值就在于借助于新时期九十年

代市场经济新时期人们对精神文明的呼唤和渴望这个社会背景，借助于对寻访和回访时事件的真实生动纪录，而在播出时又选择了十四届六中全会期间，更具有了新闻特色，也增强了新闻价值。创作出一部好的纪录片，就需要耐心的去寻找到含有重大新闻价值和人文价值的事件。

二、要正确处理好纪实与写情的关系

《兄弟情》从前期拍摄到后期制作，我们始终把写情作为重点，来突出人间的真情，展示从六十年代到九十年代我国社会风尚的良好演变。在写情时坚持纪实的手法，即长镜头的纪录和长镜头的剪辑编排。在表现场景时没有依仗解说词的炫耀，而是用纪实的手法使情感得以自然流露，依靠真实典型的镜头语言写情。比如“送站”一段，我们大段地应用了老飞行员、李玉桥等在站台上焦急凝望寻找老民工的长镜头和双方老人见面时由笑变哭的长镜头，产生了一个由静到动，由浅入深的完整的情感变化过程，达到了引人入胜的效果。再比如当卫生部长陈敏章与老民工交谈时，无意识的为民工捡起掉在地上手仗的感人细节，我们采用了慢镜头处理，让细节强化写情，一部纪录片如若没有写情的纪实、就是空洞乏味的纪实，如若没有纪实性的写情又是虚假不真实的。

三、用平常心把握“兄弟情”的制作

回想“兄弟情”的制作，感受最大的就是用一种平常心态把握前后期的制作。“兄弟情”反映的是36年前“一方有难，八方支援”的共产主义大协作精神在现时的反响，思想性很强。我们一直保持着一个清醒的头脑，没有将创作拍摄以至制作的脚步停留在大场面的镜头上。而是不失时机地采访拍摄了大量“于细微之处见真情”的故事情节，在北京李玉桥家中，她德国的洋女婿，谈了一个异国他乡人对平陆事件的感受，当年参加拍摄“为了六十一个阶级兄弟”电影的著名表演艺术家于是之先生提到当年的事情时那种平静的神态。我们通过采访看到当时所有的人并没有过多炫耀自己那段经历，他们始终象常人一样对待已经逝去的历史。更令人感动不已的是，我们了解到36年前所有参与抢救工作的医务人员、飞行员和县干部们都没有因此而索取任何本该属于他们的表扬或奖励。我们专程去运城市拍摄了已是八十五岁高龄的原平陆县委书记在家务农的镜头。那完全是一种最崇高、美好、无私的人间真情的奉献！我们力求把人们高尚的情操提炼到一个伟大而平凡的境界。或许“兄弟情”能真正打动人的就在于此。

四、突出纪录片的时空特征

“兄弟情”涵盖了时间空间、地域跨度的时空范围：36年前后和北京市与千里之外的平陆县农村。时空层次是六十年代和九十年代的三十年代变迁。完成“兄弟情”时空跳跃变化的手段之一是大量采用了原始电影资料、照片和现时镜头的对照，这方面几乎是贯穿于始终的。借助于黄河、山峦与北京市街景市貌的对照形成空间跨越。我们还借用现今全国中小学统用的语文课本，通过北京和平陆两地中学生同时学习“为了六十一个阶级兄弟”的课文，展现了另一个层次面的时空跨越。也揭示了全国的中小学青年一代在接受着老一辈先人创造的精神文明。使我们的主题在更广阔横向的时空领域得到了升华。当我们讲述一个老民工的儿子和孙子在讲台上同时讲授着同样一篇“为了六十一个阶级兄弟”课文时，使主题在纵向时空领域里得到了深化。利用不同层次、深度和方向的时空领域来表述主题，是“兄弟情”的一个成功创作手段。

五、严谨把握新闻纪录片的理性和美学处理

“兄弟情”的主题思想性很强，又是着重写情的。但是我们在全篇45分钟里只用最后2分钟时才开始理性处理，大部分时间是应用纪实镜头编排出一个个情节和结构，使观众只接受感性的、客观发生的场景，不断强化写情的力度。当镜头出现北京与平陆两地中学生同时上“为了六十一个阶级兄弟”一课时，才自然转到大学师生、飞行员、演员谈对平陆事件认识的理性处理阶段。我们在这方面原来也顾虑过加上这一段是不是有点画蛇添足了，但当时考虑为了配合十四届六中全会加强精神文明建设的精神要求，也就做了这个处理。从现在回想来看，这一段还是有必要的。因为把一部思想性、故事性较强的纪录片完全用纪实镜头交给观众是不全面的。观众在四、五十分钟的时间里在大量感人的镜头刺激下，实际最后需要在理性上得到解脱和满足，只摆事实不讲道理的文章是行不通的。只是讲道理的分寸要讲究。纪录片心理性处理也要有个度，我们在最后引用的这句话：“别说是36年前，就是三千六百年前人类也有共同的东西，就是彼此的爱、关切”。“就是人与人之间的真情……真的我希望，我呼唤这种真情回到我们的下一代来”。这些感叹和认识其实道出了当今大众的思想情感和对社会的影响，观众借助了这一认识也确实对“兄弟情”的感受上升到了一个理性高度。后来我们又借助平陆县附近黄河中央的中流砥柱，把理性处理又形象化，并在最后壮观的黄河全景面上跳出一段字幕：“时间的流逝带走了许多、而美好的东西将历久常新”。把每个观众带到了站在黄河岸边，为中华民族优良美德感叹不已的意境之中。我们以为这样的处理会使每个观众受到理性的启迪，在大段的纪实写情后再站到新的高度回味无穷。一直回绕在每个观众的脑海里，美学处理方面，我们在拍摄时，注重镜头的诗意和意境，在标题字幕和结尾部分加上了音乐。播出效果甚好，可称全片的画龙点睛之作。

“幸运”节目缘何幸运

湖南经济电视台　蒋子云

湖南经济电视台的游艺直播节目《幸运3721》创办于1995年12月31日，1997年改名为《幸运1997》，到年底，共播出100期。节目总长度约8000分钟，共收到观众来信200多万封，最多的一期节目3万多封。观众参与电话200多万个，最多的一期13万多个，节目收视率节节攀高升，由最初的15%到1997年11月22日的55%，1997年的平均收视率已达30%以上。《幸运1997》节目，填补了我省游戏类综艺直播节目的空白，为广大电视观众创造了一个周末休闲文化娱乐园地，发掘和培养了一批本省的优秀演员，锻炼了一支电视娱乐节目的采编创作队伍，同时引发了我省电视综艺现场直播栏目竞相开办和良性竞争。回顾两年所走的道路，我们觉得找准节目定位、严格把握导向、精心策划卖点，不断探索超越、积极发掘本土文化，严格栏目管理是其成功的关键。

一、找准定位，探索超越，形式日臻完美

《幸运3721》一露面，就因以游戏和文艺为主线，以奖品刺激为辅助，以大众参与为激励，以现场直播为手段，就因其丰厚的内容、精彩的形式和鲜明的个性赢得了广大观众的喜爱。为使节目保持恒久的生命力，节目组进行了不倦的探索。两年来，前后进行了三次大的改版。这三次改版的过程就是不断完善与超越的过程。改版主要表现在四个方面：一是将节目名称改为《幸运1997》走出了名字的狭隘定位。二是对节目环节不断的更新，不断追求新的节目样式，不断开发新的节目卖点。三是不断探索新的节目表现形式。“画面竞猜”最开始时是简单的拍摄，趣味性强，但艺术性不够，文化含量也低，后来，大胆地进行有关影视剧的改版，利用成语反拍音乐短剧，使这一节目形式日臻完美，既不失诙谐幽默，又具有较强的知识性和艺术感染力。现在，画面竞猜已成为幸运节目较好的卖点。四是最大限度地增加观众参与。《幸运1997》从最初的现场择来信抽奖到开办168热线到现在的168电话全省联网，就是群众参与上“质”的飞跃。每期节目电话参与12—14万个，节目的收视率也从20%左右而节节攀升到50%。在综艺节目中引入168热线，为全国首创。之后，许多媒体竞相仿效。

二、把握导向，提高品味，内容雅俗共赏

综艺节目虽然不同于新闻，但它同样有一个导向问题，其导向在于通过娱乐节目给观众传达一种什么样的价值观念和生活态度。在节目的导向把握上，首先我们严格地执行直播节目的三级审查制，即制片人、部主任和分管台长逐级把关，对节目从酝酿、文案、排演到直播进行全程干预、监控。节目中每一句台词，每一个唱段，每一个道具，每一个游戏环节，看似嘉宾、主持人的随意发挥，其实都是经过精心策划，认真排演和仔细审查才推出的。

为了突出《幸运1997》节目的导向性，我们有意识的配合省委省政府的中心工作，进行了大量的主题性节目策划，变过去的有什么节目串什么节目的就汤下面式为现在的围绕一个主题进行策划的中心突出的方式。如在经济宣传上，我们连续两年举办了《幸运1997—3·15特别晚会》，大力宣传“消费者权益保障法”，另外还配合《电力法》、“电信日”等宣传，举办了特别节目，同时还对一些优秀国营大中型企业进行了形象宣传。在配合时政宣传方面我们策划播出了抗洪救灾方面的专题晚会“人间有爱”；“迎香港回归”的主题晚会；“全省道路交通改革十周年晚会”、“全省企业职工卡拉OK大赛”、“秘书知识竞赛”、“八运会金牌之夜”，还有配合青年节、妇女节、老人节及“十五大”等做的宣传，无不产生了良好的社会影响。

我们在节目策划中坚持一点，就是走雅俗共赏的路子，我们在节目中注意不板着面孔进行政策说教，而是寓教于乐，对知识性的游戏进行趣味包装，还有流行歌曲，民间说唱、幽默短剧等形式，都被我们拿来加以改装和提炼，成为深受广大观众欢迎的优秀节目。

三、立足本土，发掘新人，湖湘特色明显

如何使节目具有湖南特色？我们的做法主要是充分发掘具有本土特色的良好题材和有一定潜质的演员。首先，我们着力发掘、培养了一批具有艺术潜质的演艺人才。如奇志和大兵两位相声演员，他们的相声和双簧在长沙地区有一定的知名度，但他们更多的作品是在夜总会和歌舞厅演出，为了使他们走上电视，节目组对他们进行了整体策划。不仅对他们的作品进行了认真的修改、完善，对他们的形象进行了包装，同时组织专业创作班子为他们创作相声段子，然后在节目中播出，并进行了积极宣传适度炒作。这样，他们不仅节目源源不断，而且节目的品味也提高了，节目播出在观众中引起了极大的反响，他们的相声双簧成为《幸运1997》固定的环节。当他们有一定的知名度后，我们又及时地推出了他们的作品专辑—《奇志碰大兵有理讲不清》相声双簧影碟，这套影碟在岁末年初成为湖南音像市场的热销商品，发行达6万多册，这在一定程度上推动了方言相声小品的发展。为发掘新秀，我们还特地举办了“笑在湖南”全省相声小品大赛。事实证明，这是一条繁荣艺术、丰富电视文化很好的路子。

其次，我们采取多种形式，发掘本地文体资源。如我们在节目中不时地引进杂技、地方戏，有意识地设立有关湖湘文化方面的趣味知识题，利用民间故事翻拍现代音乐剧，在画面竞猜中介绍有关民俗方面的知识，通过嘉宾访谈形式介绍湖南一些传统的手工精品如湘绣、陶瓷、雕刻等等。

四、面向市场，严格管理，走人良性循环

《幸运1997》作为湖南经济电视台的重头节目，一方面要把握导向，丰富内容，争取高收视率和良好的社会效益，另一方面也在体现着它自身的商业特色，创造着可观的经济效益。如果说《幸运1997》开创了湖南省游戏综艺节目的先河，那么它不论是在节目内容、形式上还是在运行机制上都进行新的尝试，有新的突破。如“对栏目实行严格控制；以收视率定奖罚；将节目的奖品和创收从以前的由节目组经办，一手忙节目、一手忙广告的状态改为由广告公司代理，减轻了负担，形成了良性循环。节目的轰动效应使得广告商品快速走俏，很多厂家都把在《幸运1997》做广告当成促销捷径；

《幸运1997》的创收已从第一年的180多万达到今年的480多万……经济效益提高了，节目组则开始寻找社会效益和经济效益两者更好的契合点。

《幸运1997》已播出了近100期，走过了两年的历程，在不断自省、力求进步的同时，也面临着来自外界的压力和挑战，艺术是一个不断积累和完善的过程，艺术的探索永无止境，以后我们将不断开发自身潜力，在节目操作中发挥自身“人”的力量，“活”的特色，“火”的现场氛围，“新”的策划创意。在艰难的探索中逐步变得成熟。

狠抓节目创优 多出广播精品

——乌鲁木齐人民广播电台创优经验谈

乌鲁木齐人民广播电台 刘卫东

最近几年，我们乌鲁木齐人民广播电台以提高节目质量为中心，大力推行和实施创名牌、出精品发展战略，取得了较大成绩。1995年，我台获市级以上新闻、论文、文艺、播音、主持人“金话筒”奖达到80个，是建台15年来获奖最多的一年。

总结我们创优的经验，主要是强烈的创优意识，健全的创优机制，领导对创优工作的重视和参与。

一、办名牌节目，出广播精品，必须建立创优机制。

创优机制，就是根据创优工作的目标要求，建立能够协调内部关系，有效调动各方面积极性的工作制度和运作方式。用我们自己的话来说，就是“明确目标、创建通道、规范行为、有效工作”。

为了确保我台创名牌、出精品发展战略的实施，在建立机制方面，我们主要抓了以下几项工作。

（一）建立全台层层抓节目质量责任制

1995年初，我台首先推出了强化节目质量管理的规定，明确规定了台长、副台长、部主任、节目负责人、播音、主持人和技术人员在节目质量方面应负的不同责任和要求，并且分解量化了部门的创优指标。这些指标都通过全台每周编委会会议和月、年评选优秀节目、优秀稿件进行严格的检查考核，并且在年底奖金和干部聘任时，实行创优一票否决制，从而使我台创优工作真正落在了实处。

（二）建立重奖重罚机制

我们在建立奖罚机制时坚持的原则是：奖要重，奖得别人眼红心痒；罚要重，罚得叫人心疼害怕。唯有如此，才能给创优工作增加动力，保证创优目标任务的完成。

在罚的方面，我们的重点是没有完成规定目标任务和工作中出现的人为差错。

在重奖重罚的同时，我台还把内部职称聘任和创优成果结合起来，发挥了职称聘任在创优工作中的激励作用。去年，我台对一些因学历、资历原因没有评上高一级职称的，先在内部给他们聘任高一级职称，享受高一级职称待遇，在全台引起了很大震动。今年，我们又出台了《专业技术人员管理考核条例》，规定凡完不成聘任职称创优指标者，在新的年度里下降一级聘任，聘任什么专业技术职务，就享受什么待遇。对年度考核不合格的，不允许申报参加国家专业技术职务的评聘。

（三）建立节目和人员优胜劣汰机制

要想建立一支政治强、业务精的专业队伍，除了教育、培养外，关键要搞活用人机制，在这方面，我们坚持了两条，一是对素质低、能力差、完不成工作任务的，不管是正式职工还是聘用人员都敢“开”。1995年至今，我台已经对三名国家正式职工做了限期调离的处理。有三名考核不合格的人员调离了采编岗位搞创收，拿效益工资，其中1名新闻本科大学毕业生现在当警卫。解聘了一名副台长和7名部门领导的职务，对一名部主任降职聘任。先后淘汰了20多名不合格的节目主持人。二是对素质较高，能力较强，工作认真负责的外单位和外地人员敢用。近两年，我台先后聘用了30多名采、编、播、主持及技术人员，经过严格考核，有两人已经办理了乌鲁木齐城市户口和调入手续，基本上搞活了我台的用人机制，形成了一个能上能下，能进能出的用人格局。

二、领导要重视“创优”、参与“创优”

领导的创优意识、创优决心，创优能力和参与创优的程度，对一个电台的创优工作有着举足轻重的影响。

广播节目创名牌、出精品，是一个系统工程，涉及方方面面的关系，台、部领导要积极出面协调，为创优工作大开绿灯。一般说来，经费和设备及播出时间等问题比较容易解决，难度最大的问题是记者、编辑、主持人的业务能力不到位，采写的报道和主持的节目达不到创优的要求。在这种情况下，台领导和记者一起研究写稿。获’95新疆广播二等奖的系列报道《为了收获的季节》，获’94中国广播新闻三等奖的系列报道《历史与现实的碰撞》都是台领导改写后播出的。获’94新疆广播节目一等奖的异地直播节目《青春无悔》也是在主管台领导精心安排、策划、指导下取得的成果。可以这样说，我们乌鲁木齐人民广播电台近几年的创优作品，是领导和专业人员共同酿造出来的。

重大题材对台宣传的一次尝试

——开设《庆祝香港回归特别节目——世纪归航》经验总结

海峡之声广播电台 钟志刚

为庆祝香港回归，海峡之声广播电台于1997年6月1日至7月31日期间开办了一个特别节目——《庆祝香港回归特别节目——世纪归航》。这是海峡之声广播电台近年来报道规模最大、连续播出时间最长、投入采编播力量最多的一次重大宣传活动，也是该台重大题材对台宣传的一次有益尝试。

特别节目自6月1日正式开播以来，先后开设了“回归快讯”、“回归热线”、“港事顾问”、“港事论坛”和“情系香江”等栏目，共制作播出了20分钟、30分钟和60分钟的节目75组，编发了有关香港回归的各类消息、评论和人物专访2000余篇，采访了党和国家领导人以及香港、澳门、台湾和海外知名人士120多人。在长达两个月的时间里，特别节目向台湾听众及时、准确、全方位地报道了香港回归祖国神圣庄严的场面和各族人民、港澳台同胞、海外侨胞欢庆香港回归的盛况，系统阐述了“一国两制”方针的伟大现实意义和深远历史意义，详细介绍了香港基本法、驻军法和中央处理港台关系原则立场的核心内容，真实反映了香港的沧桑历史，深刻揭示了香港回归祖国的根本原因，集中展示了海内外爱好和平的人民对香港美好未来充满的信心和期待。特别节目以丰富厚实的宣传内容和编串灵活、涵盖面广的新闻板块主持人节目的形式，在6、7月间形成了强大的对台宣传声势，对于激发台湾同胞的爱国热情和对祖国的向心力，增强台湾民众对早日实现祖国统一、振兴中华民族的认同感发挥了积极的作用。

一、抓住重点　精心组织和开展了重要专题的宣传

两个月中，特别节目在广泛报道与香港回归有关的各类国内、国际消息的同时，主要围绕着以下几个专题开展宣传：

（一）“回归盛典”专题。从6月30日至7月1日，特别节目配合海峡台“32小时特别报道”计划，以派赴香港记者和驻各地记者的现场口头报道为主要形式，结合后方编辑对全国各地的电话采访，用2组节目3个小时的篇幅，及时、详尽地向台湾听众报道了香港政权交接仪式、首届特区政府成立仪式、中国人民解放军进驻香港和防务交接仪式，以及在北京、天津、上海、南京、广州、深圳和台北等地举行的群众庆祝活动的盛况。值得一提的是，在香港回归后仅几个小时，特别节目的编辑便拨通了台湾知名人士、95年台湾“总统”候选人之一李志仁先生的电话，请他畅谈了对香港回归及其对台湾社会、民众的影响的看法，并介绍了台北举行“迎香港回归全球华人大游行”的盛况。这篇专访大大加强了这组节目的针对性和宣传力度，也为今后加强海峡台舆论对台湾岛内事务的“参与性”积累了经验。

（二）“一国两制”专题。特别节目自开播以来，先后在《港事论坛》栏目中播发了由海峡台记者、海峡台特约评论员和新华社等其它媒体撰写的评论文章40篇。这些评论紧密结合香港回归前后政局稳定、经济繁荣、人心安定、社会发展的现实，针对台湾同胞思想实际，从不同角度和侧面，对“一国两制”方针的科学性、可行性和深远的历史意义，作了系统全面的阐述。

（三）“基本法、驻军法、港台关系”专题。在了解和研究台湾同胞在香港回归问题上的普遍心态基础上，特别节目设置了“港事顾问”栏目，先后制作播出了60组阐述香港基本法、驻军法和中央关于处理港台关系七项原则等稿件，较系统地解答了台湾同胞在这些法律和政策上的疑难热点，帮助他们更进一步地了解“一国两制”、“港人治港”和“高度自治”方针政策的真正涵义和丰富内容。

（四）“名人访谈”专题。特别节目在“回归热线”和“情系香江”等栏目中，先后报道了120多位与香港关系密切的海内外知名人士。他们有的为香港回归做出过重要贡献，有的曾经在香港生活、工作和学习，亲眼目睹了香港的沧桑巨变，对香港怀有难以忘怀的情感。

专访通过这些知名人士的切身感受和真情流露，表达出了海内外中国人对香港回归共同的心声和美好祝愿。其中许多报道主题深刻、角度新颖、谈话气氛融洽、情节感人，极易打动和感染听众。

二、发挥广播优势　突出了对台特色

海峡台特别节目自6月1日开播以来，便以其鲜明的特色受到海峡两岸听众的喜爱和新闻界同行、专家的好评。归纳起来，主要有以下几个特点：

一是报道及时、准确。有关香港回归的重大消息，听众都能够在当天的特别节目中听到，充分体现了广播快捷的优势。为了加强节目的时效性，在7月1日前后，特别节目实行一天两档滚动播出，随时插播重要消息。

二是报道面广、报道时间长。7月1日，海峡台特别节目以两组节目共3个小时的篇幅，全方位地报道了世界瞩目的香港政权交接仪式和在香港举行的其它一系列重大活动，以及全国各地、澳门、台湾和世界各地华人庆祝香港回归的盛况，节目报道点多，涵盖面广，气势磅礴。在此前后的60天里，特别节目在报道各种动态消息的同时，还以开阔的视野，全面介绍了香港的沧桑历史、中英谈判的曲折历程、基本法、驻军法的诞生经过及“一国两制”在香港的实践和广大港人的接受过程等等，使台湾听众在收听节目的同时，能够对香港问题有一个全面的了解。

三是节目形式活、可听性强。特别节目结合了新闻节目的节奏和板块节目的架构，融消息、评论和专访等各类广播体裁为一体，每一个栏目短而精，每一组节目丰富而有变化，，加上采用了男女主持人共同主持的形式，通过主持人自然流畅、充沛饱满的主持，整个节目和谐统一，富于韵律感。另外，节目中大量采用了录音报道，也极大地活跃了节目形式，增强了可听性。据统计，在特别节目的报道中，有录音的占90%以上。

四是对台针对性强。特别节目除了及时报道台湾民众普遍关注的香港回归进程中每一件重大事件以外，还针对台湾同胞的思想实际和香港回归的现实，对“一国两制”、基本法、驻军法和中央处理港台关系原则的核心内容进行了阐述,对其中的疑难热点问题,请权威人士进行了重点剖析和讲解。节目中播出了大量采访港澳台和海外知名人士访谈录音,通过他们的亲身体验和感受,反复宣传我国政府坚定不移地执行“一国两制”方针,认真贯彻基本法,实行港人治港、高度自治的信心和决心,对台湾听众有很强的启发意义。

特别的历史时刻 特别的社会责任

——庆祝内蒙古自治区成立50周年外宣电视节目创作回顾

内蒙古广电厅 万英奎

作为内蒙古人,庆祝自治区成立50周年无疑是一件极为重要的政治大事。经过14个月的努力,在有关方面协同配合下,我们完成了9集外宣专题片《今日内蒙古》,与中央电视台海外中心合作完成了四集各30分钟的大庆特别节目,在自治区50周年庆典期间顺利播出,受到领导与群众的肯定。

一、抓住时机,迅速进入状态,启动外宣节目制作

1996年5月,内蒙古电视台对外节目部建部初始,立即接手了庆祝自治区成立50周年的电视外宣专题片的创作任务。内蒙古自治区是新中国成立的第一个少数民族自治区,它为我们这多民族的国家解决民族问题开辟了先河,树立了典范。宣传好内蒙古半个世纪的辉煌变化,就宣传了社会主义的优越性,就歌颂了中国共产党的领导,就肯定了改革开放。我们又研究分析了外宣片的创作特点,于是在《统筹方案》中明确了指导思想。规模定为6~8集。深层主题是,内蒙古自治区是中华民族大家庭内的,是中国共产党领导下的,是社会主义的。在东欧裂变、苏联解体、世界范围的种族冲突十分普遍的现实面前,经过半个世纪,内蒙古自治区民族团结、经济发展、社会进步、人民幸福,这是中国、中国共产党、社会主义的胜利和成就。通过对内蒙古人在生产生活中,在人与人,人与自然,人与劳动的关系中的一系列生动典型事例的报道,通过片中所表现的幸福、乐观、和谐、自豪的情绪面貌和精神风采,要多侧面多层次地折射上述深层主题。在表现上,要淡化表面的宣传味,政治味,注重可视性,充分考虑海外观众的收视心理习惯。选题选材以现代为主,以小见大,大处着眼,小处入手,搞好叙事结构,注重感情细节,贴近生活,以情动人。点面、点线结合。从传统的以叙事、群像为主,转变到以写人为主,以点为主。

二、缜密组织,克服重重困难,努力完成工作任务。

为了确保任务按时按质按量完成,必须保证节目不因创作人员个人不可克服的意外原因而影响工作。每个摄制组都按双保险的思路配备了编导、摄像和蒙汉兼通的记者,策划、制片人、负责整体协调。事实证明,这种缜密的组织措施,为节目的最终完成起到了万无一失的保证作用。

在完成9集专题片《今日内蒙古》的同时,我们按自己的责任分工范围,妥善安排,主动立项,与中央电视台海外中心又制作了四集共120分钟的庆祝自治区成立50周年特别节目,协助香港凤凰台完成10集新闻专题,在协助中央电视台制作《中国报道·香港回归》特别节目中,我们按着“双喜临门”的思路,报道了自治区50年大庆。这批节目于庆典期间,在中央电视台和香港凤凰台的黄金时段播出,大大加强了对自治区大庆的外宣力度。

三、精心录制,重视后期创作,按时保质完成节目。

拍摄之初,我们力所能及的就多组拍摄尽量统一的事项做了详尽安排。例如,三个组同时拍摄,不可能统一派出适合的出镜主持人,我们规定了采用隐形主持人的方式;我们强调了自然音响和采访语言的现场录制,特别是民族语言的使用;要求段落完整和生活细节,明确了受时间限制不可能长期跟踪纪录,要时刻注意制作时间的期限要求等等。

强化管理 深化改革 努力提高电视宣传水平

吉林电视台 赵锋佩

近几年来,吉林电视台坚持从管理入手,深化改革,以此为动力推动电视事业取得了长足的进步。规模由过去的一套节目发展为三套节目,由单一的无线传播发展为无线、有线并举,由过去只有晚间播出发展为日夜全天候播出,自制节目能力由过去每天1小时20分钟增长到现在每天6小时,广告收入由一千多万元增长到几千万元。

在这一发展过程中我们体会到:事业发展的根本出路在改革,而管理是改革的重点。管理出质量、管理出人才、管理出效益。这一认识体现在电视宣传工作上,我们概括为“四抓”——即抓主体、抓结构、抓重点和抓机制。

一、抓主体,确立新闻宣传和《联播》在台里的地位。

1994年以来我们进行了全台一体化管理改革,完善了编播、技术、行政三大系统,组建了新闻和经济、社教、文艺、有线5个节目中心,大家的一个共识就是在这个群体中,要以新闻为主体。因此,最好的时间给新闻,其它节目让路;定点的新闻可以插断其它节目。

在人员、经费和设备上,台里也首先保证新闻宣传第一线的需要。全新闻中心53名正式采编播制作人员中,全部为大专以上文化程度,其中本科生23名,硕士研究生7名，占全中心的56.6%。在人员适当流动当中，台里保证新闻中心人员越流动素质越高、作风越好。在技术装备和车辆配备上，也尽最大可能给予保证。

二、抓结构、以日常和年度调整优化节目。

结构的含意是指各个组成部分的搭配和排列。我们在全台宣传组织结构和各部门节目栏目结构两个层次上都提出了一些要求和目标。

在全台提出了外延数量上规模适度，内含质量上优质高效的目标。建立了采编播制做一条龙宣传管理体系。在结构的掌握上，就牢牢抓住一张节目时间表。这张表体现的是整体之下的各个部门和各个部分组成的整体。我们按照系统论的观点，整体大于部分之和。要求各部门都要强化全台意识、频道意识，办节目不能靠多多益善和简单排列，而要靠配置合理、安排得当、部分服从整体才能宣传效果倍增。办节目的人要求变、求异、求新、求好，树立以变化求质量、以创新出精品的观念。

三、抓重点，突出舆论引导的主旋律。

我们讲重点有三个含义，即重点工作、重点栏目和重大活动。

重点工作就是几年来我们规定每年要完成上中央电视台新闻联播100条的任务。新闻联播在全国影响巨大，我们借助这个重要阵地宣传吉林，理所当然成为重中之重的任务。

重点栏目，是指在《吉林新闻联播》中配合中心工作开设专栏，这样可以加大宣传力度，加强宣传的针对性。1995年开设了24个专栏，1996年开设了18个专栏。如《大中型企业巡礼》、《精神文明建设新貌》、《九五灾区回访》、《深入严打、维护稳定》等。

重大活动是指临时性的重大事件或阶段性的宣传战役。对这些重大主题的宣传，我们从加强策划入手，筛选题目，选派精干记者组成报道组，以连续、系列报道的形式，全方位、多角度地进行深入报道，这样一方面加大了宣传力度，增加了宣传效果，另一方面锻炼了队伍。如1994年组织的《摩托车万里行》、1995年的《重走抗联路》、1996年的“灾区大回访”、“长平高速公路”和《两江行》报道，都达到了这样的目的。

四、抓机制，保证工作健康有序。

有领导同志讲，宣传工作要形成机制。我们理解就是要在纷繁复杂的工作中找规律，从而使工作运转有序，操作有法，使新闻工作走了制度化、规范化、科学化的道路。

这几年我们走了一条强化管理、深化改革、制度治台的路子。从九四年以来建立了三台一体化管理体系，形成了台内宣传系统的采编播制作一条龙、行政系统的分级分类管理、技术系统的统分结合管理机制。我们按照抓住工作的重点、矛盾的焦点、部门的结合点加强建立健全内部制度的要求，不断总结、协调、归纳形成了四大系统、48项、716条的内部制度体系。印制成册，人手一本，新人来了培训、工作当中常翻。随着工作发展，这个制度体系也随之不断修订补充完善。

在宣传运行机制的链条上，贯穿行之有效的控制环节，我们台内简称三级审片、四个会议、五项报告。三级审片指栏目组长制片人一审、中心主任二审、主管台长三审，逐级审片、严格把关。四个会议指每天的播前会，研究排稿，检查设备；全台每周的编播通报会，通报一周播出情况，传达宣传要点；每月一次的全台栏目选题会，汇报上月计划完成情况，商定下月宣传选题；台评优委员会，每月一评，为各栏目评选优秀，提出意见，反馈信息，督促提高节目质量。五项报告指简报、专报、选题计划、宣传小结、收视率排行榜这样五项报告，分别向上级汇报和向市县台、记者站、全台职工通报宣传动态及相关工作情况。几年来，台内基本形成了整体协调、脉络清晰、各负其责、纵横有致的管理体系。

（《吉林电视》1997.1）

树立精品意识不断提高社教科普出版物的质量

刘致成 郝晓江

1993年全国宣传工作会议后，我们湖南金蜂音像出版发行总公司在抓社教科普类音像出版工作中，树立精品意识，不断提高节目质量，近五年来，制作出版的15部社教与科普题材的节目，有10部获湖南省广播电视最佳专题节目奖和省广播电视一等奖，一部获湖南省优秀文艺成果奖，一部获全国纪检系统卫士杯一等奖，一部获全国电视文艺星光奖二等奖。

在抓精品方面，我们的体会是，一是抓好选题；二是精谋、精采、精编。

抓社会教育节目的选题，首先必须讲政治。

1993年，当腐败现象悄然地在全国蔓延时，一些骇人听闻的大案要案不断见于报端，我们开始涉足反腐倡廉教育，决定拍摄一部大型记实性政论片《贿赂忧思录》公开出版发行，以揭露贿赂，惩治腐败，剖析其根源与危害来警示全党。中纪委在京的8位常委审看后，评价很高，认为是一部融哲理、政论、纪实于一体，有深刻教育意义的反腐倡廉的好教材。该片由中纪委发文向全党推荐，要求广大党员干部认真组织观看，这部片子的发行对于1993年8月开始的反腐败斗争，奏响了前奏曲，起到了思想动员的作用。在中纪委、监察部主办的首届“卫士杯”评选中，《贿赂忧思录》被评为一等奖。从1993年到1996年，共发行像带6000多套（12000多盒），为反腐倡廉教育起了重要作用。

1994年和1995年，再次与省纪委合作，摄制出版了《沉沦警示录》和《公仆风情录》，前者从微观上剖析了腐败的根源以警示后人，后者讴歌了一批廉洁奉公的人民公仆的精神风貌和高尚情操。

“三录”的出版，抓住了社会热点问题，为广大党员干部提供了一套进行反腐倡廉教育的材料。1996年湖南出版社出版了“三录”解说词——《警示风范三录》一书，省委书记王茂林为本书题词“：警钟长鸣，榜样照人，建设廉洁奉公、勤政为民的干部队伍”。

抓好选题，需要有敏锐的洞察力，才能把握住每一次机遇，不失时机地配合党的各项中心工作，及时敏捷地做好出版与宣传工作。1996年4月，当中央部署严厉打击刑事犯罪斗争时，我们立即与省政法委、公安厅、司法厅联系，配合全省的严打斗争，摄制一部法制教育片出版。这个构想很快就得到了政法部门和省委宣传部的大力支持。10月份省委书记王茂林、副书记郑培民等党政领导审看了法制教育片《正义的讨伐》后，对摄制组的同志说：“你们为普法教育做了一件好事”，并指示要在全省组织好这部录像片的发行和收看工作，让广大人民群众，特别是青少年受到教育。

抓好选题，不但要求编辑记者有较高的政策水平和思想修养，同时靠平时生活的积累，靠锲而不舍的钻研精神。1989年，一位编辑被派到龙山县洛塔乡扶贫。这个乡有丰富的煤炭资源，当时许多农民自发建起小煤窑，浪费了许多煤炭资源。后来的几年，他了解到全省许多地方非法开采矿产资源的现象十分严重，许多国有矿山被非法开采者弄得一筹莫展。1995年初，他决心配合全省的整治工作拍一部大型专题纪实教育片。经过近两年的艰难采访，终于推出了一部长达150分钟的系列教育片《功过千秋》，在长沙召开新闻发布会时，省委常委，副省长周伯华说：“看了这部片子后，很受震动，我代表省委、省政府感谢摄制组的全体同志。”他要求每一个矿山乃至每一个乡的干部都要收看。

及时掌握信息，推介典型经验，是社教科普出版选题的重要组成部分。

1996年5月，国务委员宋健到湖南汨罗视察中小学校开展素质教育时，充分肯定了汨罗市教委创造的经验，他指示要搞好宣传报道，在全国教育系统推广汨罗经验。我们得到这一消息后，认定汨罗的素质教育是个很好的出版选题，立即组织人员采访拍摄。3个月后，一部长达50分钟的专题片《求索——汨罗素质教育纪实》和汨罗市教委主任2个小时的专题报告一起正式出版。

有了好的选题，还要精谋，精采，精编。只有坚持三精，才能出精品。

首先是精谋。就是要依靠集体智慧进行精心策划。一部社教类专题作品，需要经过策划、写作、拍摄、编辑、录音、配音字幕、特技等一系列制作过程，不是一个人可以完成的，必须依靠集体的智慧和集体的创作力量。当选题确定后，我们对主题和主题所涵盖的内容以及表现形式，要进行多次研究，根据不同的题材，不同的特点，确定撰稿人和编导者，制定出周密的拍摄、出版和发行计划，避免题材流产。例如，在拍摄《贿赂忧思录》之前，从《是与非》杂志上看到一篇文章的思想和框架，很符合我们确定的题材要求，于是通过《是与非》杂志，在新华社找到作者胡考汉，请他写出初稿后，联合省纪委的有关专家，对文稿作三次大修改，五次小修改，最后的文稿既大气磅礴、有思想深度，又富有哲理，有较好的文采。和湖南省国家安全厅联合摄制《国家安全警示录》时，历时两年半，对文稿作了五次修改，四次送国家安全部审查。由于案头的精心谋划，为节目的质量打下了良好的基础，此片完成后，国家安全部认为是国家安全系统目前拍得最好的一部教育片。

二是精采。对每一部出版的作品，不但要求它的思想水平达到一定的深度和高度，同时，要求事实准确，画面生动，有较强的可视性。在节目的摄制过程中，我们要求主创人员深入实际，深入生活，认真采访，真实纪录下全片所需要的素材。摄制组一旦组成，通常不分白天黑夜，不管严寒酷暑，带着沉重的摄录装备，在全省乃至全国各地奔波。拍摄《沉沦警示录》时，为了剖析处以上党员干部犯罪的原因和心态，摄制组一个月时间内，奔赴12个县、市、现场采访了120多人次，9次深入监牢，实录在押犯的自白。拍摄《公仆风情录》时，由于摄制组所拍的素材不够扎实，总经理又亲自率摄制组赴湘潭、湘西、溆浦等地深入实地采访、拍摄。《功过千秋》摄制组为了真实反映乱采滥挖给国有矿产资源造成的破坏，他们冒着生命危险，跟矿山救护队下到数百米深的井下，真实纪录了由于乱采滥挖给国有矿井造成穿水，井下工人被困的境头，同时深入烧砒灰的地方实录被砒灰污染得满目疮痍的现场，结果，两位编辑因砒酸中毒，弄得头昏眼肿，鼻子流血。由于所有从事社教科普节目出版工作的同志不畏艰苦，对事业的执着追求，对党和人民高度负责的精神，才使得每一部作品，能得到较高的评价，起到了很好的宣传教育作用。

三是精编。后期制作是社教科普节目最后的一道创作过程。编辑水平高低是节目质量的关键所在。近几年，我们既注重编辑队伍的培养，也注重编辑设备的更新。通过几年的努力，在人才和设备方面，都具有一定的实力，为精心编辑好每一个节目打下了坚实的基础。在抓好前期创作后，对节目的后期制作一丝不苟，已经成为全公司的良好风尚。为了使节目达到声形并茂，具有一定感染力和较强可视性的立体艺术效果，我们对每一个节目都坚持严格审查，反复修改的制度，有的节目画面编辑和解说都比较完美，而音乐动效不佳，也不轻易放过。如为纪念毛泽东诞生100周年所拍摄的《潇湘情》，由于音乐动效不理想，为此，专门请来擅长作专题节目的音乐编辑重新配乐和作动效。这部专题推出后，得到社会各界一致好评，荣获湖南省优秀文艺成果奖。

对社会负责，对人民负责，是我们在社教科普节目出版工作中一贯坚持的指导思想。社会教育是十分严肃的工作，同时是一项政治性很强的工作，只能认真，不能马虎，也只有认真，才能产生良好的效果。只有不断推出好作品，才能被广大观众所接受，才能在众多的出版物中发挥它特有的宣传教育和传播知识的功能。

（载《潇湘声屏》1997年第7期）

明确定位 强化特色

泉城周报 郑庆华

《泉城周报》（《济南广播影视报》）走过了10年的历程。10年来的风风雨雨，使这张报纸越办越火，成为济南地区发行量最大，泉城人民最喜爱的专业文化报，1995年被山东省委宣传部评为“山东省十佳报纸”，1996年被评为“省优秀级报纸”，“边看边说”、“短平快”被评为济南市“新闻十佳”栏目。

一、定位明确，是办好报纸的基础。

多年来，我们坚持为广播电视服务，在延伸和深化上做了不少文章。主要做法是：（一）对广播电视报道内容，认为有价值的，及时采访，并做深入报道，写出一些好的文章。如省电视台播出了专题片《壁画后面的故事》，记者及时采访，写出了《讲述壁画后面的故事》，当年获省广播电视报专项奖一等奖。（二）宣传自己。在节目的后面，我们的记者编辑，技术人员付出了人们难以想象的汗水和辛苦，在他们身上发生了许许多多动人的故事。让群众了解他们，这就需要我们报社的记者深入到节目中，去采撷那些真挚感人的事迹，并把他们介绍给读者。如记者采访电视剧《孔繁森》剧组，与剧组人员同吃同住同工作在排剧现场，写出了《我以我心塑英雄》系列拍片纪实，获得了全国、省广播电视报类评比好的奖次。

二、突出地方特色，精办服务性栏目

特色就是个性，没有个性的报纸是没有生命力的。于是，我们提出的办报思想就是：贴近文化生活，关注影视热点，精办名牌栏目，突出泉城特色。

我们坚持以广播影视内容为主，开辟以新闻为主的“影视要闻”、“影视文摘”，以人物为主的“特快专递”、“影视内幕”、“荧屏赛事”、“电影故事”、“无线影院”等版面。并在一版开辟了评论栏目“边看边说”，读者评论栏目“短平快”，九版开设突出泉城特色的“城南旧事”专栏，举办了《我爱泉城》征文，同时开设了与群众生活贴近的“生活”专版等。以一、八版为龙头，各版形成自己的风格和特色，由此而构成了一个影视大观园，以丰富多彩，趣味横溢的影视新事，多方面的生活知识，给读者提供了全方位的服务，满足了不同阶层、不同职业、不同文化程度、不同兴趣爱好读者的需求，为他们提供精神、文化生活方面的食粮和享受。

三、依靠群众办报，增强参与性栏目。

多年的实践告诉我们，只有采取记者走出去，让读者参与进来，才能增加对读者的吸引力，报纸才能有活力。

让记者走出去，一是派记者参加“百花奖”“金鹰奖”等大型活动，从而获得第一手的材料，同时可以交往更多的大腕记者，形成我们的供稿网络；二是派记者参加全国性的研讨班、学习班。记者在与天南海北各类报社记者的交流中，学经验找差距，蒙发新的思路；三是记者编辑深入报摊，了解读者实实在在的意见。

让读者参与进来，我们采取的方法是：一是开辟参与性强的栏目，如“边看边说”、“短平快”，主要是依靠群众来稿。没有群众的积极参与，就没有今天的红火，也不可能成为名牌栏目。二是举办征文，或有奖竞赛活动，如“明星竞猜”、“足球竞猜”、“我爱泉城”、“新春的祝福”等，吸引了一大批读者参与。三是通过报纸公开征求意见。我们每年都要通过报纸搞一次读者调查。去年五月，我们借十周年之即，委托一家广告策划公司，举办一次大型读者调查活动，向社会广泛征求意见。在一周时间内，收到调查信近4000封，有许多读者不仅通过问卷填写意见，而且还写了长长的建议书，内容设计到方方面面，有些意见我们立即采纳。调查活动评选出10名最佳参与者和210名热心读者，除召开座谈会外，还免费赠送一年的报纸。

正如我们的一位编辑在体会中说，编辑的小聪明远远不如读者的大智慧。走群众路线，依靠群众办好栏目，是我们努力的方向。

努力开创音像文化市场管理的崭新局面

北京市广电局 黄广泉

北京音像市场管理部门，在各级党委、政府的指导下，坚决贯彻中央“一手抓管理、一手抓繁荣”和“精神文明重在建设”的方针，坚持截流与堵源相结合、治标与治本相结合、规范与培育市场相结合的原则，全面加强音像市场各个环节的管理，不断加大音像执法检查力度，确保首都音像市场的净化与繁荣，各项管理工作取得了一定的成绩，也积累了一些经验和作法。

一、精心组织扫黄打非集中行动，有效遏制制黄贩黄活动的泛滥和蔓延。

音像市场自80年代起步，发展迅速，为活跃人民群众的文化生活，促进社会主义物质和精神文明建设发挥了积极作用。但作为一个新生的文化市场，由于市场发育不成熟，法制不甚健全，也由于一部分经营者片面追求经济利益，加上境外敌对势力利用音像制品对我思想文化的渗透，音像市场制黄贩黄和非法经营活动将长期存在，甚至形成某一时期、某些地区音像制黄贩黄和非法经营活动的泛滥和蔓延。这就必须采取集中行动的办法，在较短的时间内使市场尽快净化。实践证明，要取得预期效果，必须抓好三个方面的工作：

(一) 精心组织、周密部署。要根据市场的实际情况制定行动方案，明确指导思想、阶段性目标、主要任务、治理重点、实施步骤和工作要求，做到思想落实、组织落实、责任落实。

(二) 下大力气抓大案要案。实践证明，查处大案要案是切断非法音像制品的主要源头和渠道，震慑违法犯罪分子、动员和教育群众、推动扫黄打非集中行动向纵深发展的主要手段，可以起到事半功倍的作用。1996 年我市音像管理、公安部门连续查获了两起大的音像违法案件，没收非法光盘 45 万张，其中淫秽光盘 3 万张，占我市全年罚没非法光盘总数的 2/3，在北京乃至全国的音像市场中产生较大影响。

(三) 抓扫黄打非集中行动的宣传报道，充分发动群众，形成全社会齐抓共管的局面。充分利用广播电视、报纸等传媒，宣传国家音像法律、法规，发布音像市场检查和大案要案查处的新闻，形成强大舆论氛围。

二、加强音像法制建设，规范市场经营和管理行为。

(一) 加强音像立法。音像立法是近年来我市音像市场管理的工作重点之一。1991 年前，我市先后制定颁布了《音像制品管理暂行办法》、《北京市图书报刊音像市场管理条例》、《北京市音像市场管理实施办法》和《北京市音像制品出版管理规定》等地方法规和规章，使音像市场各个环节的管理有法可依、有章可循。1997 年 7 月 18 日，我市又根据国务院《音像制品管理条例》的规定，由市人大颁布了《北京市音像制品管理条例》，使首都的音像法制建设又上了一个新台阶。

(二)实行经营单位责任书制度。凡从事音像发行、零售、租赁、放映的单位，必须与音像管理部门签订遵纪守法责任书。新申办的单位也要先签订责任书，后领许可证。

(三) 在音像市场管理中正式实施责任制考核制度。我局在总结管理实践经验和广泛征求区县管理部门意见的基础上，实行了目标责任制考核制度，同时建立了考核的奖惩制度，规定凡考核合格的区县，由市局给予质物奖励，并向所在地的党委政府通报表扬。对不合格的区县，予以批评，限期整改，并向所在地党委政府通报考核情况。音像管理实行责任制考核制度，是我市文化市场管理中第一个以量化的方式实行的考核制度。实践证明是比较成功的。增强了区县管理部门管好音像市场的责任感，促进了市场的净化。

三、坚持抓住一个源头，控制一个渠道，发展一个市场，促进首都音像市场的全面繁荣。

抓住一个源头，就是狠抓音像制品的出版，充分发挥在京音像出版单位多，编辑出版能力强的优势，努力出版健康且优秀的音像产品，满足社会的需求。重点抓好音像制品出版规划和各出版单位年度出版计划的落实，用主旋律的作品来带动和影响整个音像出版工作，引导群众的文化需求。控制一个渠道，就是抓好批发市场管理和建设。根据中央关于批发市场的管理规定，积极建设北京国家级音像批发市场，充分发挥其音像制品的主渠道作用、对市场的调控作用和对周边地区的辐射作用。发展一个市场，就是根据市场需求，积极发展音像经销网络、支持大型音像专营店和租赁连锁店等窗口店的建设。目前，在北京所有大型商场内都有音像经营业务，大型的专营店和连锁店也在筹建之中。

以史为鉴　促进发展

——《青海广播电视志》编纂特点

青海省广电厅　辛光武

经过 7 年精心编写的《青海省志·广播电视志》(以下简称《青海广播电视志》) 出版至今，已有年余，至此，全国已有 10 余部省市广播电视志相继问世。各部志书都不同程度地反映出我国地方广播电视事业发展的共性，同时也展现了各自的特点，对全国尽早实现广播电视专业志的编纂任务产生了促进作用。现将《青海广播电视志》具有的特点，简述如下。

一、坚持正确的政治方向

《青海广播电视志》是一部地方专业志，从属于青海省志的整体体例。历代志书，都有其鲜明的时代烙印，我们现时代的志书，也应该充分体现出社会主义初级阶段的时代特征，即是中国共产党领导下的广播电视事业蓬勃发展进步的时代精神。

同时，遵照新志新写的要求，在遵循广泛性、资料性、思想性、科学性的基础上，以翔实的资料，准确的数据来揭示广播电视事业发展的规律。对新中国建立后的历次运动，特别是对于“文化大革命”十年的广播电视，根据我党《关于建国以来党的若干历史问题的决议》的精神，对史料进行了认真、深入细致的搜集和整理，客观、真实地反映历史的面貌。

二、广播电视志必须符合专业志书的体例

《青海广播电视志》采用横排竖写，编年、纪事本末相结合体例，从而达到了形式和内容上的完美。志书由 6 章、24 节、64 目及若干细目 4 个层次组成。内容分概述、无线广播、有线广播、电视、广播电视技术与设施、管理、职工队伍与附属事业和后记等储备部分组成。基本涵盖了青海省 1949 年至 1985 年间广播电视宣传、事业建设和管理三个方面的主要内容，系统记述了初创、完善、稳固和发展的各阶段及全过程。其中包括志、传、图、表、录五种体裁，使《青海广播电视志》一书，图文并茂，装帧精美，在已出同类专业志中，显现出自己的特点，引起了史学界专家们的注意。

《青海广播电视志》的鲜明特点：一是纲举目张，详略得当，突出了广播电视现代传媒以宣传为主的特征。在篇目设置的 6 章中，广播电视宣传方面用了 3 章，文字量也占了全志书 22 万余字的三分之一以上，并且将其内容设置于全书的前部，使其开卷有益，体现出宣传在广播电视传媒的核心地位。

二是内容丰富，资料翔实，对转瞬即逝的广播节目，记叙至历年所报道的重要内容。在80年代初，就有专家提出，将播出后的广播稿，用铅印文字留下来。特别是一些重大新闻，有所记叙，方显得志书的宣传节目，有骨有肉，不似有些志书中，只记了些广播电视的台站，或有些节目的简介，显得有骨无肉。其中对“文化大革命”十年间的节目，有较详细的记叙，使志书横不缺项，竖不断线，这在已出同类志书中，尚不多见。

三是语言质朴，通俗易懂。广播电视宣传所用语言，为适合听觉要求，是注重口语化的广播语言，不同于一般的书面语。但在志书的编写记述中，全部运用广播语体，又显其口语化过多而文字冗长，为使语言质朴，通俗易懂，统一采用广播体与书面文体结合的办法，达到了执简驭繁，剪裁适度的行文效果，体现出广播电视新编专志的语言特色。

四是以事系人，充分体现在广播电视事业发展的各个不同时期，个人和集体在重要环节中所起到的作用。《青海广播电视志》并未将人物单列篇章，而是在本地区广播电视重要事件的记叙中，由事带出了需要记述的人物。如第四章第一节第三目、节目传输（第225页）中，记述“1956年3月，青海电台邵炳章在架设560发射台天线时，不幸牺牲。人们深切怀念这位为青海广播事业献出了年轻生命的技术人员。对广播电视系统的职工队伍，用鲜明的曲线图，示意发展变化的过程。对历届副厅、局长以上的领导成员，以表展示，简洁明了，节省了文字。对编采人员的记述，融汇于编辑、记者、播音员的章节中，并以获得第一批中级专业职称而亮出名字。而获奖人员的姓名，列入历年全国获奖节目表中，与节目作品名称、获奖档次和作者名字一起展示。

五是鲜明的地方民族特色。《青海广播电视志》比较全面、系统、翔实地记述了青海藏语广播的产生和发展全过程。虽然青海藏语广播和电视，在省台、省电视台行政编制中，仅仅是一个业务部门，但由于藏族受众在全省地域与人口分布的特殊性，藏语广播电视在传媒宣传中，同样占有重要地位。为此，根据本地实际，在第一章第二节青海人民广播电台第二目、藏语广播中与汉语节目设置并列，同样设置新闻、文艺、教育、服务节目四个大类型，以展现其地位的重要。在州（地）市县广播中，对历年所开办过或至今还开办的蒙古语、土语、撒拉语和青海汉语方言，藏语玉树话等民族、地方语广播节目，都作了一定的记述。藏语电视，蒙古语、土语电视节目，鉴于志书下限所限，时间短，文字记叙少，但都无疏漏。从而展现了青海省多民族的地方特色。

回顾历史，展望未来，《青海广播电视志》，不啻是一幅明镜可鉴，也是一个让中外人士了解青海文明建设的窗口。这也是这部志书的实用价值。

中国广播电视国际经济技术合作总公司

CHINA RADIIO & TV CO. FOR INTERNATIONAL TECHNOECONOMIC COOPERATION

●挪威商航大臣科努特森女士在奥斯陆接见中广公司吴达审总经理(1996年6月28日)

中国广播电视国际经济技术合作总公司(简称中广国际总司CRTV)是中华人民共和国广播电影电视部直属的技、贸一体化的外向型企业。

中广国际总公司成立30多年来，在国内外完成了1000项广播电视工程的建设，其中在亚洲、非洲、拉丁美洲和洲等50多个国家和地区承建了80多个中短波发射中心、电及调频发射中心、播控中心、卫星地面接收站和卫星通讯球站等项目，完成了50多个会堂、体育场馆的扩声、同声译、闭路电视和广播电视转播系统的设计、安装、调试和员培训等任务。

中广国际总公司与国外80多家和国内100多家主要的广电视专业设备生产厂商建立了长期的业务联系，与中国各市广播电视厅(局)、广播电台、电视台及有关单位保持良好的合作关系。近年来，公司的进口业务迅速发展，为内广播电视系统进口了大量成套设备。出口业务也正在发内贸亦具相当规模。

中广国际总公司与中央电视台合作，每两年主办一次中广播电视行业规模和影响最大的国际性展览会—北京国际播电视设备展览会(BIRTV)。公司还在国内外组织了多次小型展览会、促销会及国际广播电视技术交流和学术研讨动，派遣了多批广播电视专业技术人员赴国外考察和培训。

随着中国改革开放的进一步深入，政府赋予中广国际总司更为广泛的经营权。近年来中广国际总公司正朝着国际实业化和集团化的方向发展。

●组织十省(区)广播电视厅技术人员在荷兰Eindhoven飞利浦公司接受技术培训。(1996年11月)

●安装上海电视塔天线、馈线

●缅甸卫星通信地球站达木站

● BIRTV 展览会一角

站在一个历史性起点上

中国国际广播电台实现历史性搬迁

1997年5月27日，中国国际广播电台的全部节目正式在新落成的业务大楼录制、播出。这标志着国际台顺利实现了历史性的搬迁，标志着具有56 年历史的中国人民对外广播事业进入了一个新的发展阶段。

1997年，国际台新大楼启用了数字设备，实现了节目“上星”和“入网”，10多部500千瓦短波发机和600千瓦中波发射机改造工部分完成，这使我国对外广播事的技术、设备、节目制作、传输覆盖以新的实力与水平迎接和进21世纪。

❷

❹

❺

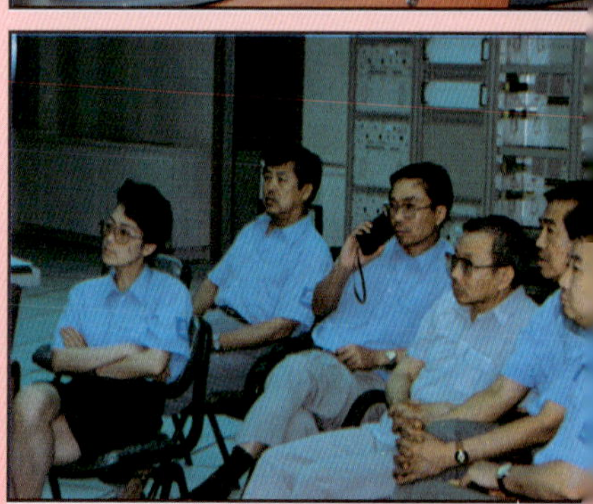

❼

续写对外广播新篇章

落成的国际广播中心是国家
”重点工程，是一座集广播编
言录制、节目传送和播出为一
现代化广播中心。
总明副部长参观新大楼主控机

27日16时28分，张振华台
动播出按钮，国际台各语言节
式在新大楼播出。
大楼启用全数字音频广播设备
97年8月，开始通过卫星向海
播台（站）传送节目。

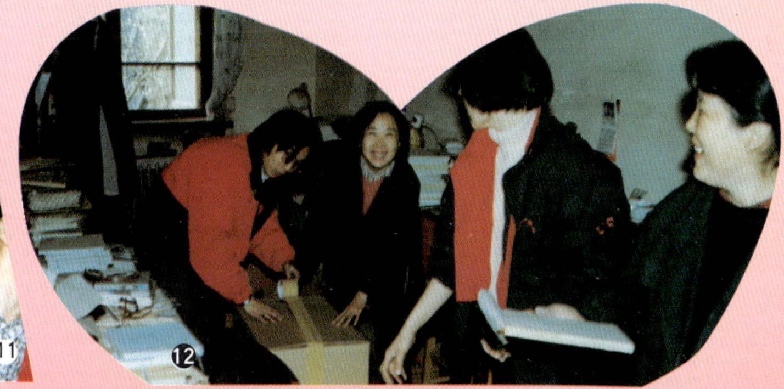

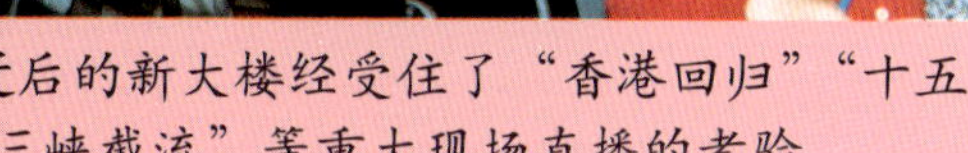

后的新大楼经受住了“香港回归”“十五
三峡截流”等重大现场直播的考验。
29日，英语广播在新楼试播成功。
28日，国际台新楼举行了庄严、隆重的升
式。
国专家在升旗仪式上。
新大楼作出贡献的各部门代表。
制定“技术搬家”方案。
之喜。 ⒀布置新办公室 。

中国国际广播电台加强对外交流与合作

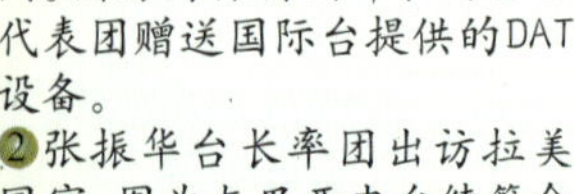

❶6月3日，古巴广播电视总局局长罗曼先生率团来台访问。图为何栋材副部长向古巴代表团赠送国际台提供的DAT设备。

❷张振华台长率团出访拉美国家。图为与巴西电台续签合作协议。

❸ 6月19日，张振华台长与来访的马来西亚出版局局长阿齐兹·德拉曼先生，双方在合作协议上签字。

❹11月14日，加拿大国际电台台长罗伯特·奥莱利在王国庆副台长陪同下参观国际台主机房。

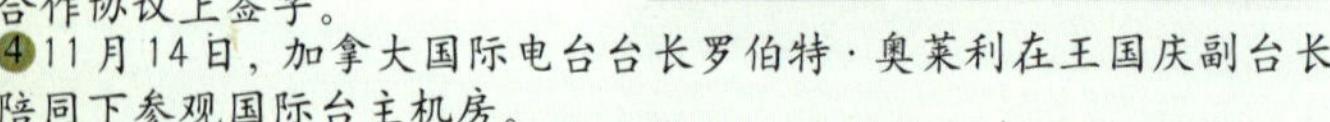

❺3月21日，乌克兰国家广播公司代表团在丛英民副台长陪同下来国际台参观。

❻11月3日，黎巴嫩驻华大使法非德·萨马赫来台参观时与张振华台长亲切交谈。

❼法国驻华大使毛雷尔通过国际台为中法建交34周年发表广播讲话

朋友遍天下

⑧张振华台长接见来访的蒙古国广电局局长孟和特日。

⑨11月15日，伊朗声像组织主席拉里贾尼一行来国际台参观访问。

⑩11月27日，意大利国际台台长罗伯特·莫里奥内一行在丛英民副台长陪同下参观新大楼。

⑪11月7日，汪勤文副台长接见来访的韩国国会议员郑世文。

⑫10月7日，土耳其驻华大使来国际台祝贺土耳其语广播开播40周年。

⑬11月10日，罗马尼亚广播电台总裁多道尔 格蒂内亚努一行来台访问。

⑭越南驻华大使裴鸿福来台参观。

图为该院设计的中央人民广播电台、中央广播电视塔、中国国际广播电台

十院成立 45 周年

世界性主题——大型电视

—北京电视台与联合

1996年1月12日，北京电视台6频道黄金时间段播出了令世人瞩目的惊人之作《人类的共同遗产》，它以深邃的内涵，广阔的视野，细腻的手法赢得了观众，第一期52集，每集28分钟，除在北京台播出外，还通过各种渠道向海内外播出，部分节目送交联合国教科文组织。文化与自然遗产是人类的无价之宝。由于岁月侵蚀、环境污染和人类活动的影响，世界上许多遗产正面临着被毁坏的危险。遗产不能再造，保护遗产是历史向人类提出的最严肃的课题。1972年联合国教科文组织通过了《保护世界文化和自然遗产公约》，全世界187个自然和人文景观首批列入《世界遗产名录》，目前，中国有19个文化与自然遗产已被列入。为让世人共享遗产之精妙，唤起人们保护遗产意识，拍摄已经列入和尔后陆续列入名录的这些遗产，是当代影视工作者

⑤

⑥

①联合国教科文组织总干事费德里科·马约尔考察中国文化遗产长城
②摄制中国文化遗产秦俑
③1997年3月埃及·开罗摄制组在开罗附近胡夫大金字塔群边采访文物保护局官员
④摄制组在利比亚撒哈拉大沙漠途中

系列片《人类的共同遗产》

科文组织合作的结晶

神圣天职，也是他们对人类应作的义不容辞的奉献。北京电视台《人类的共同遗产》摄制组在联合国教科文组织支持下，挑起了这付千斤重担。他们跨洲越洋，足迹遍全球，哪里有遗产，哪里就有他们的身影，为保护人类遗产，献出自己的青春年华。联合国教科文组织总干事费德里科·马约尔说："我鼓励并支持北京电视台拍摄有关世界遗产的电视系列片。"联合国教科文组织世界遗产中心主任伯尔德·冯·德罗斯特说："大众传播媒介，比如北京电视台，在此项事业中起着至关重要的作用。"

文：曲凤和

照片：《人类的共同遗产》摄制组提供

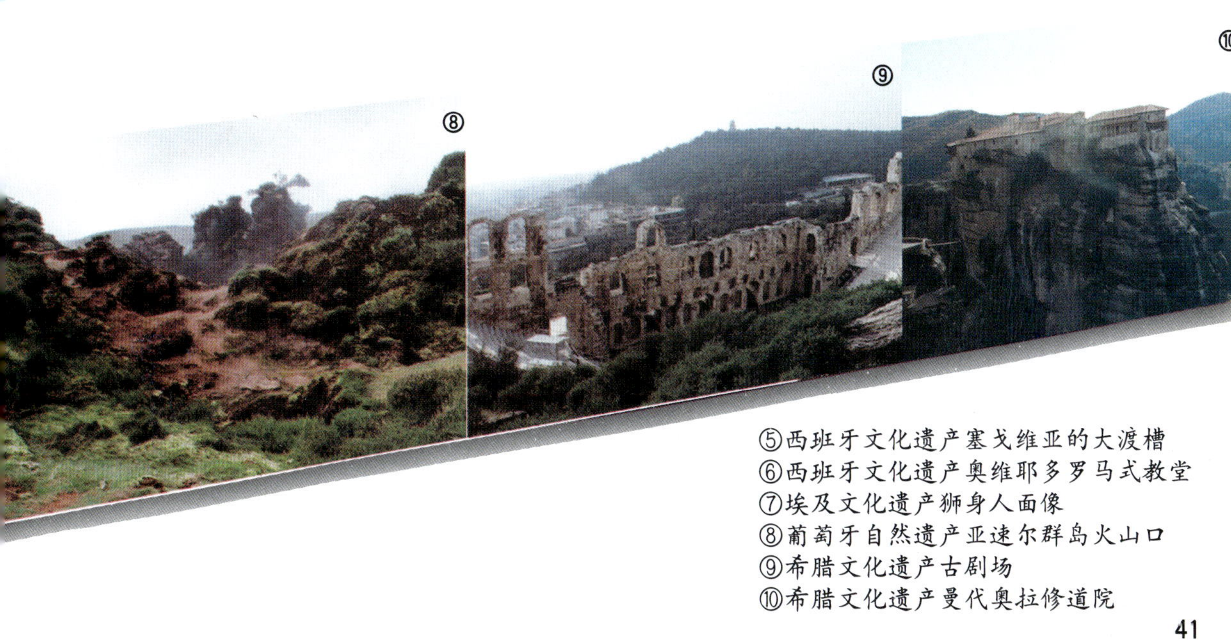

⑤西班牙文化遗产塞戈维亚的大渡槽
⑥西班牙文化遗产奥维耶多罗马式教堂
⑦埃及文化遗产狮身人面像
⑧葡萄牙自然遗产亚速尔群岛火山口
⑨希腊文化遗产古剧场
⑩希腊文化遗产曼代奥拉修道院

北京广播学院

1997年在北京广播学院的历史上是值得记载的一年。在院党委的领导下，全院教职员工团结奋斗，完成了对学院建设和发展有重大影响的几件大事：申请党的建设和思想政治先进校获得优良成绩；文明校园复查顺利通过；内部管理体制改革取得新的成果；重点学科建设规划及实施方案通过专家审定；完成申报博士点授予权和增报硕士点工作。

①顺利通过“重点学科建设划及实施方案”专家评审。
②与国内外同行广泛交流，为院长刘继南（中）会见美国尼比亚大学代表团一行。
③通过了文明校园复查。图市教委检查组与学院同志座谈
④继工学院等三个二级学院后，又成立了电视学院、录音术学院和成人教育学院。图为视学院成立大会。

北京广播学院新闻传播学院

北京广播学院新闻传播学院的前身——北京广播学院新闻系，是新中国成立后较早建立的新闻学科点之一。1959年起招收本科生，1979年开始招收硕士生。目前下辖新闻系、广告学系、新闻与传播研究所、国际广告研究所和IMI市场信息研究所，形成以新闻传播与广告教学、研究为主的办学特色，在全国新闻教育界和学术界享有较高声誉。该院现有教师50多人，其中教授8人，副教授12人。

闻传播学院院长曹璐（前右、副院长雷跃捷(后右四)赴台加“两岸新闻教育”学术会。
闻传播学院现任领导班子。
位教授在“硕士学位研究生会”上
年教师教学基本功大赛合影
告学系实验室
字音频广播实验室

北京

播音主持艺术学院

播音主持艺术学院院长张颂教授讲课

播音主持艺术学院成立于1996年7月16日，是北京广播学院的二级学院。它的前身广播学院播音系，始建于1963年，是我国建立最早、规模最大的培养广播电视播音主持艺术高层次专门人才的教学科研单位。播音主持艺术学院现由播音系、现代语言学系和播音主持艺术研究所、语言传播研究所、普通话水平测试中心、全国播音员主持人培训交流中心等单位组成。首任院长是播音学专家张颂教授。播音主持艺术学院的改革与发展目标是："九五"期间将语言学及应用语言学这一部级重点学科建成国家级重点学科、争取获准设立博士点。建立学士——硕士——博士层次完备、大面积覆盖应用语言学领域的高级专门人才培养体系，办学规模达到在校生600人。二十一世纪初，建成我国广播电视播音主持艺术和现代语言传播的科学研究基地与高层次人才培养基地，并成为独具特色和优势的国际一流学科。

齐越奖励基金签字仪式

齐越朗诵艺术节举行的"献给祖国的声音"专题朗诵会

广播学院

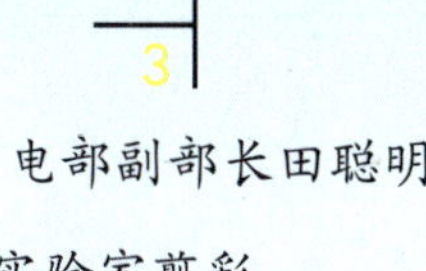

1. 国家语委主任许嘉璐（左）和广电部副部长田聪明为双方共建的普通话水平测试实验室剪彩
2. 播音系主任姚喜双向前来参观的专家介绍电视新闻播音教学情况。
3. 现代语言学实验室在进行语音实验研究
4. 著名播音艺术家齐越教授（前右）曾在播音主持艺术专业执教，并任硕士研究生导师。图为1987年他与研究生的合影
5. 吴郁教授指导学生做广播节目主持直播训练

ETV 中国教育电视台

发展衛星電視教育
為提高全民族文化
素質服務
江澤民
一九九六年十月十八日

大力发展卫星电视
教育，培养更多的
建国人才。
李鹏
一九九六年十月一日

积极采用先进技术，
促进我国教育的改革
和发展。
祝贺我国卫星教育电视开通十周年
李岚清
一九九六年十月

1996年10月，江泽民总书记、李鹏总理、李岚清副总理分别为中国教育电视台建台十周年暨中国卫星教育电视开播十周年题词。

①1995年12月，国务院副总理李岚清在国家教委主任朱开轩、副主任钰、张保庆的陪同下视察中国教育电视台。

②1996年10月7日，中国教育电视台北京台（35频道）正式开播。

③1996年12月9日，为庆祝中国教育电视台建台十周年，国家教委在北京民大会堂召开“面向21世纪卫星电视教育发展战略研讨会”。

地址：北京市复兴门内大街160号
电话：66039055
邮编：100031

吉林六六一台

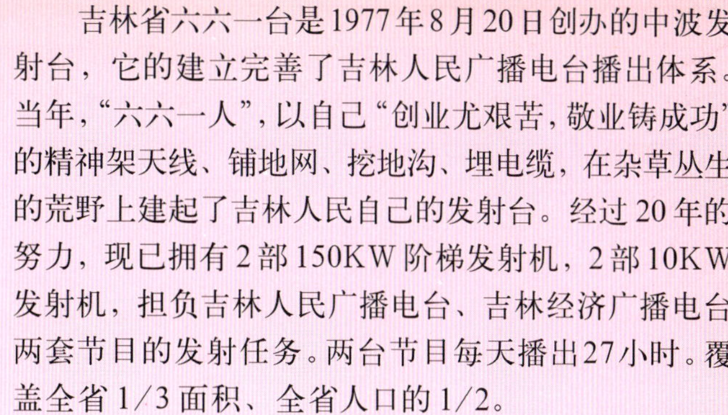

吉林省六六一台是1977年8月20日创办的中波发射台，它的建立完善了吉林人民广播电台播出体系。当年，“六六一人”，以自己“创业尤艰苦，敬业铸成功”的精神架天线、铺地网、挖地沟、埋电缆，在杂草丛生的荒野上建起了吉林人民自己的发射台。经过20年的努力，现已拥有2部150KW阶梯发射机，2部10KW发射机，担负吉林人民广播电台、吉林经济广播电台两套节目的发射任务。两台节目每天播出27小时。覆盖全省1/3面积、全省人口的1/2。

20年来，六六一台始终把不间断、高质量、既经济、又安全的播出作为中心工作，从设备的更新改造入手，严格管理，精心维护，圆满地完成了播出任务。从1988年三大技术指标进入甲级后，在全省中波广播安全优质播出竞赛中三次获第三名，两次获第二名，五次获第一名。十年中进行设备更新改造50多项，其中有36项获吉林省广播电视系统设备更新改造奖。

台长　高志

办公大楼

志同道合的一班人

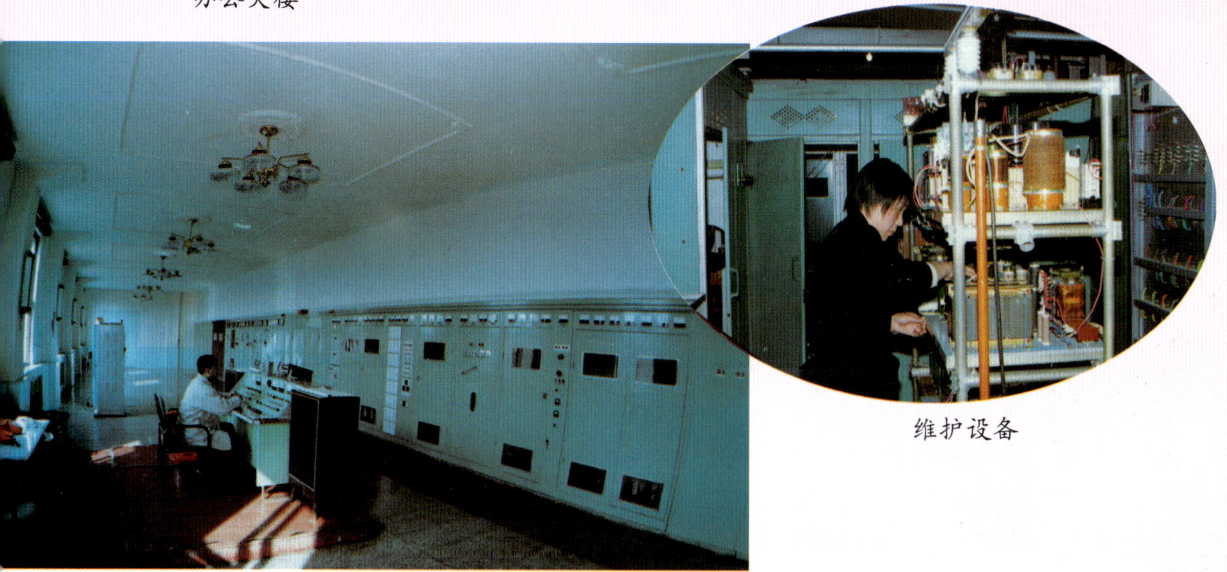

维护设备

技术人员值班

吉林电视台评选首届

近年来，随着电
事业的飞速发展，吉
电视台十分重视播
员、主持人队伍建设，
强对这支队伍的培
使全台播音员和主持
素质不断提高，有数
位播音员、主持人通
电视栏目和节目日夜
全省广大观众服务，
们都有着自己的观
群，不同程度地受到

“十佳”主持人李艺华

“十佳”播音员徐丽霞

吉林电视台开展“十佳”播音员、主持人向全省观
致意活动。图为主持人与一线石油工人现场交流、征求
见。

“十佳”主持人史册

“十佳”主持人施斌

“十佳”播音员李雷

“十佳”播音员、主持人

和肯定。

从1993年至1997年5年间，在全国的播音列和主持人系列的评中，吉林电视台选送作品和论文有9人次得政府奖和播音学会中的一等奖、二等奖，6人次获得“全国金话奖”中的金奖、银奖和奖。

吉林电视台召开首届“十佳”播音员、主持人颁奖暨座谈会。图为厅、台领导在颁奖会上。

“十佳”主持人李焱

吉林电视台“十佳”播音员、主持人深入农村向乡亲们访贫问苦，在农家院中现场为农民表演节目。

“十佳”播音员李冬冬

“十佳”播音员李玮

“十佳”播音员尚勇

“十佳”主持人林立

西湖之声广播电台

地址：浙江．杭州莫干山路86号邮编：310005
新闻热线：8088835 传真：(0571)8073055

西湖之声广播电台是全国第一家以娱乐为主兼顾新闻、信息与服务的广播电台，在华东地区率先实现全天24小时播出。

西湖之声广播电台的播出频率是调频立体声105.4兆赫，属杭州市广播电视局领导，电台内设有节目一部、节目二部、新闻部、公关策划部、技术部、办公室。

西湖之声从1992年9月20日开播以来，靠新颖独特的节目在社会上站稳了脚跟，提高了知名度。开播后，《人民日报》、《经济参考报》、《浙江日报》、《杭州日报》、《钱江晚报》及新加坡的《星岛晚报》等新闻单位共发了专题近百篇，《中国
发文认为：西湖之声的开播为杭州增添了一道亮丽的风景
在西子湖上空引发了一场电波大战，并在其中以清新、温
泼的形式脱颖而出。浙江省社会科学院主办的《学习与思
文将西湖之声在杭城的轰动效果作为一种“西湖之声现象
理论角度进行研究，文章认为：以娱乐性、参与性和大
宗旨，以24小时全天候服务与直播、热线电话等形式为
“西湖之声”以其颇具匠心的节目设置、高品位的编排定
质量的广播技艺，赢得了千千万万听众的心。

①96春意盎然闹元宵现场直播
②先进的SESSIO 8号录制工作站
③西湖之声广播电台部分主持人、
④记者采访长江三峡截流工地留影

1997年4月5日，中共中央政治局委员、国务委员李铁映视察东方广播电台。

图为李铁映、陈至立等同志在792直播室同主持人亲切交谈。

1997年1月26日，作为第四届“792解忧月”特别活动之一的东方广播电台联合社会力量向贫寒学子捐款助学。10位品学兼优，但家庭困难的中小学生得到了全年助学金。

图为上海市委副书记龚学平等亲切勉励受助对象。

1997年11月15日，由东方广播电台策划组织的第六届上海国际广播音乐节《新世纪序曲》大型激光音乐晚会，在新落成的上海8万人体育场隆重举行。4万多名上海市民和来自五大洲35个国家地区参加本届广播音乐节的来宾冒着濛濛细雨怀着浓厚的兴趣观看了这场2000人参加演出的融电脑激光、焰火、音响、舞美、乐队和国内外著名音乐家表演为一体的音乐会。

1997年3月15日，由东方广播电台主办的第四届《群星耀东方——“东方风云榜”十大金曲评选颁奖演唱会》在上海体育馆隆重举行。《红旗飘飘》等十首歌曲被评为十大金曲。王子鸣、陈明分别获得本届最佳男女歌手称号。中央人民广播电台、广东电台、江苏电台、香港商业电台等十几家电台联手转播了演唱会盛况。

1997年10月28日，在东方广播电台开播五周年台庆晚会上，东广与上海《每周广播电视》报联合主办的“最受欢迎的十位节目主持人”和“最受欢迎的 十个栏目”听众评选活动同时揭晓。

图为最受欢迎的十位节目主持人向观众致意。

1997年11月16日，在题为“世纪之交的广播音乐”的第六届上海国际广播音乐节研讨会上，来自亚洲、欧洲、美洲、大洋洲的中国、英国、加拿大、法国、德国、澳大利亚、新加坡、波兰等8个国家以及北京、上海、广东、台北等12个省市的16位代表作了精采的发言。

旭日东升天地生辉　风帆正举

上海东方電視

东方电视大厦是上海东方电视台行政和宣传管理、电视节目制作和播出的主要基地，是上海东方电视台开播5年、事业跃上新台阶的标志性建筑。

东方电视大厦位于上海浦东新区东方路2000号，建筑面积4.5万平方米，由主楼和裙房组成。主楼18层、高124米，主楼与裙房相拥一个6千平方米的大型花园广场。左侧裙房为演播楼，右侧裙房为用于接待国内外同行的三星级宾馆——东视花苑。东方电视大厦以欧式建筑风格为主调，主楼外观造型巧妙地把英语TV字形直观地融汇在一起，富于时代气息。

东方电视大厦硬件设施一流，除8套大小不等、功能齐全的演播室外，还拥有一座2000多平方米、容纳1000名观众的剧场式演播厅和一座国内首创的400平方米开放式新闻直播室。

东方电视大厦设计具有每天自制15小时以上各类节目，满足两个无线频道、一个有线频道播出的能力，能迅速接收和传送国内、国际电视信号，快速准确地与国内外同行进行信息交流和数据传送。

东方电视大厦拥有现代化计算机网络和先进的楼宇自动管理系统，是一幢集新闻采编播、节目制作、信息数据处理、计算机信号调度、消防安全监控于一体的智能化大厦。

▲ 东方电视大厦

1998年1月18日，上海东方电视台隆重庆祝开播5周年暨东视大厦落成。图为庆典现场。

地址：中国上海浦东新区东方路2000

邮编：200125

电话：(021)58812000转

传真：(021)58818526

1997年金秋，一年一度的上海国际旅游节在上海豫园隆重举行，图为上海东方电视台台长穆端正在直播现场指导工作。

．1997年10月，上海东方电视台全台动员，积极参届全运会的宣传报道工作。图为东视党委书记卑根源在挥工作。

播五周年

97年10月，由上海东方电视台策划、组织、主办并现场直播的第八届全运会闭幕式暨闭幕式文艺晚会，满成功。图为党和国家领导人与全体演职员合影。

1997年6月30日，上海东方电视台在黄浦江的大型登陆舰上，隆重举办并直播“迎香港回归，颂伟大祖国　浦江两岸百支歌队万人唱”活动。

97年中秋之夜，上海东方电视台、台湾电视公司等次通过卫星双向直播传送“千里共婵娟——两岸情·文艺晚会。图为上海外滩直播现场。

．1997年10月，上海东方电视台策划、组织并向全国直播的第八届全国运动会闭幕式文艺晚会。

东方电视台新闻节目主持人丨几在主持第八届全运目。

．上海东方电视台主持人、全国双丨佳“金话筒奖”金奖得主曹可凡、袁鸣在主持节目。

河南人民广播电台交通台

河南人民广播电台交通台于1993年3月30日正式开播。中波为900千赫，调频为104.1兆赫。全台现有正式职工22人，设有采编播部和广告部。节目采用主持人大板块直播形式，全天播音共16.5小时。经过近5年的不断改革与发展，交通台创办并巩固了一批名牌节目和栏目，如《走进人家》、《司机快餐》、《音乐专列》、《交通与社会》、《今日热线》、《法律杂志》和《交通快讯》等。几年来，交通台的节目一直都受到广大听众的关注与喜爱，在“城调队”对省会8家电台历次的听众问卷调查中，交通台的节目收听率都名列前茅。

河南省广播电视大厦

交通台成立四周年自行车大赛，图为主席台

河南省副省长张洪华(左)、广电厅厅长宋国华(右)参加交通台台庆活动。

到路上去，捕捉交

领导班子研究制定广播发展规划

播音员播录新闻节目

四十年的光辉历程
——河南鹤壁人民广播电台

鹤壁人民广播事业诞生于1957年10月，至今已走过40年的光辉历程。建立初期，只有4间平房、两名工人员、一部500瓦扩大机、三只15瓦高音喇叭，发展现在已拥有近80名工作人员、机构健全、办公条件良各类设备齐全、节目内容丰富且具有一定规模的无广播电台。

鹤壁人民广播电台使用3个播出频率，全天播音12时。在社会各界的关心支持下，新闻宣传、事业建设各项工作都得到了全面发展。1990年以来，先后有150篇新闻作品获全国、省、市优秀新闻奖，在中央人民播电台、省台的发稿率保持在全省、各地、市前列，收了较好的宣传效果。回首40年，是艰苦奋斗的40年，是硕果累累的40年。

记者采访鹤壁天元股份有限公司总经理申保全

1990年以来，有150多篇新闻作品获全国、省、市优秀新闻奖

日益壮大的广播宣传队伍

济南《泉城周报》创刊十周年

《泉州周报》前身《济南广播
报》创刊于1987年4月9日，19
1月16日正式改名为《泉城周报
报由济南市广播电视局主办，局
强兼任总编辑，郑庆华任社长。该
办报宗旨是：贴近群众、贴近文
活、关注影视热点、精办名牌栏目
出泉城特色。开办的主要栏目有：
要闻、边看边说、短平快、影视图
活、新聊斋、电影故事、青春季风
星竞猜、上镜等。其中《边看边说》
平快》获济南市新闻“十佳”栏目
报被山东省委评为山东省十佳报
还被评为山东省优秀级报纸。广告
行连年被评为省级先进集体。

①济南市广播电视局局长、《泉城周报》社总编辑孙强(二排
与报社同志在一起

②编辑记者们在评析新出版的报纸

③《泉城周报》创刊十周年座谈会

④评为山东省“十佳”报纸奖状、奖杯。

⑤新搬迁的《泉城周报》社，位于济南市广播电视局新综合

⑥彩色照排室一角

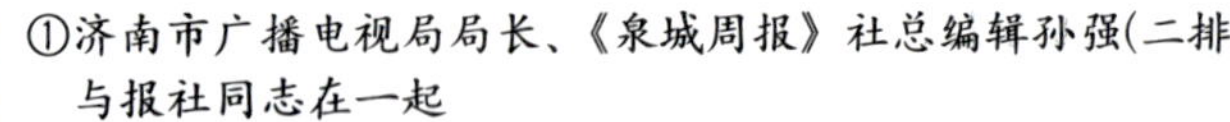

武汉有线电视台

武汉有线广播电视台1993年1月1日正式播出以来，络建设、节目建设飞速发展，队伍建设、科学管理日趋熟。目前，一个覆盖武汉三镇的行政区域性有线电视综信息网已基本建成，独具特色、丰富多彩的电视节目已已成为武汉市的重要传媒之一。一支文化高、年纪轻、理想、有冲劲、有后劲的“武汉有线电视人”队伍已经成，规范化建台、科学化管理的先进经验已得到广电部首肯，并得以推广。武汉有线电视台正以埋头苦干、励图治精神迈入新的发展时期。

武汉有线综艺频道，是武汉有线电视台开办的第一个自办频道，是湖北地区第一家全天候24小时播出的电视频道。该频道的春节晚会《真情大拜年》获得1997年度全国有线电视节目评比一等奖。图为在黄鹤楼前演出场景。

武汉有线综合信息网规划为750兆邻频中分割双向传输系统，光缆为主的光纤、同轴电缆混合网，集图像、数据、语音传输体。至今，已架设干线600公里，武汉三镇干线覆盖率达95%，覆盖率达75%，用户总数为75万户，接近城区总户数的70%。意图见左下角）

目前，微机管理已经扩展到有线电视管理的各个方面。图为用户投诉服务中心一角。

1997年，武汉有线电视台自筹资金1000多万元，购买了具有世界先进水平、国内一流的全数字化、拥有7讯道的大型电视转播车。

现有干线网络覆盖面区域示意图

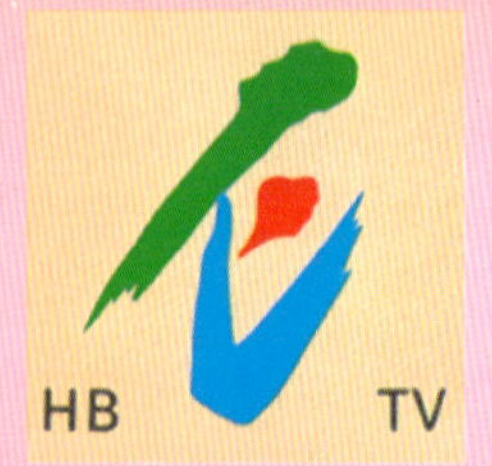

湖北经济电视台建台十周年

湖北经济电视台其前身为湖北江汉经济电视台，1988年12月1式开播，是全国第一家经济电视台，也是全国第一家自收自支的经济台。1993年10月，“湖北江汉经济电视台”正式更改呼号为“湖北经视台”。

湖北经济电视台的宣传宗旨是以经济建设为中心，围绕经济的发展和进步，充分发挥党和人民的喉舌作用，为宣传湖北的经济建设作出了卓有的工作。十年来，湖北经济电视台走过了一条不平凡的创业之路，从白手到拥有摄、录、播、传、发一整套现代化的采录系统，固定资产已经由建初的几万元发展到六千多万元，已经发展成为一个颇具实力的综合台。湖济电视台立足武汉，传播范围在省内东至黄梅，西抵京山，北接随州，南连通城，覆盖了湖北省内人口最密集的主要富庶地区，受众达3600多万，约占全省人口的二分之一。

湖北经济电视台现有正式职工135人，聘用职工69人，其中高级职称8人，中级职称44人。全台设办公室、总编室、新闻部、栏目部、经济部、文娱部、国际部、体育部、广告部、制作部、技术部和湖北荧丰电视艺术公司、湖北经视营销有限公司。开办了14个自办栏目，如新闻类节目《经视新闻》、评论类节目《经视话题》、经济类节目《经济追踪》、服务类节目《经视生活圈》、《霓裳缤纷》、综艺类节目《缤纷快乐城》、《艺苑文萃》、英语节目《经视英语20'》、交互式节目《休闲新干线》、体育类节目《体坛风景线》等。还利用社会力量联办节目，开办了《武汉110》、《楚天检察》、《股市动态》、《旅游天地》等节目，形成了以“经视”系列为主线，以《经视新闻》、《经视话题》、《经视生活圈》等节目为主干的具有浓郁都市经济文化生活特色的大板块节目。由于节目内容丰富、形式活泼多样、信息量大、贴近群众贴近生活，从而赢得了广大电视观众欢迎和行家赞许。

十年来，湖北经济电视台拍摄、译制播出了大量优秀的电视节目，每年拍摄一部大型专题片和一部电视剧，有200多件作品在 省级以上评奖中获奖，有40多件作品在全国获奖，1997年，湖北经济电视台又完成了两部大片的拍摄，一是参与拍摄了百集大型系列电视片《奔腾的长江》，一是摄制完成10集重大历史题材电视剧《徐海东大将》。

湖北经济电视台现在使用由美国引进的30千瓦大功率发射机，在13频道播出，每天上午8时开播，每天播出约16.5小时。其直接覆盖半径120公里，为目前湖北省之最。

在庆祝建台十周年之际，湖北经济电视台的全体职工将再接再厉，进一步提高电视节目的质量，努力繁荣荧屏，为湖北的两个文明建设做出更大的贡献。

台长　赵征

80 平方米演播室

00 平方米演播厅

服务类节目《霓裳缤纷》录制现场

剪辑机房一隅

《经视生活圈》记者在长江二桥合龙时作现场报道

自行安装的模拟分量转播车内一角

全台职工合影

广东人民广播电台

广东人民广播电台于1949年10月18日创办，至今已将近半个世纪。它创办了中国内地第一家经济广播电台、第一座立体声广播电台、第一家省级教育电台。节目套数从改革开放前的单一广播，发展为今天的各具特色、服务市场经济、满足不同层次人群需要的系列台，在中国内地省一级广播电台中堪称规模最大的广播集团。为迎接新的世纪，广东电台正在建设面积60000平方米的广播中心，首期工程于2000年竣工后能同时播出10套节目和转播中央台多套节目，使用调幅、调频、DAB和SCA广播，并通过卫星、微波干线及最新传播手段向国内外广播。

1．1997年10月21日，广东广播中心奠基。
2．广东电台“’97香港回归新闻报道信息中心”。
3．1997年3月23日，广东电台举办“春风行动—职业道德教育宣传日”咨询活动和演出。
4．广东电台主办的“百歌颂中华示范演唱会”。
5．1997年7月3日，广东电台部分主持人、记者与新西兰电台同行进行业务交流。

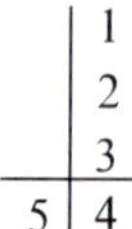

前进中的中山有线广播电视台

中山有线广播电视台综合大楼设计模型

省、市有关领导到台指导工作

记者在现场采访

1997年11月3日中山有线台综合大楼奠基

中山有线广播电视台于1992年11月建立，实行独立核算，自主经营，自负盈亏的新体制。

中山有线广播电视台首要任务是完整、优质地转播好中央、省市广播电视节目，同时又是一个既有时效性、教育性又有娱乐趣味性的综合有线电视台。采用VHF—12频道的自办节目开办有:《有线新闻》、《城区特写》、《法律经纬》、《生活与健康》、《电视剧场》、《股市大看台》等，自办节目每日播出时间16小时以上，为充分发挥 频道资源的作用，近年来又开辟了“图文信息频道”、“有线购物频道”等三个自办频道。

中山有线广播电视台目前拥有近八万多用户的大型有线电视系统，覆盖整个城区60多平方公里，这一系统在广东省率先采用邻频传输技术，并共缆传输40多套电视节目和FM广播，为推动中山市的两个文明建设，丰富群众文化生活发挥着积极的作用。

中山有线广播电视台充分发挥自身优势，实行“以电视养电视”的原则，先后开办了四家企业，都办得有声有色，效益显著。在短短几年里，家底不断雄厚，从而拨出部分资金来铺设全市光纤联网工程和兴建一幢占地一万五千多平方米的有线电视综合大楼，预计工程于1999年3月竣工交付使用，届时台的面貌将焕然一新，更有效地改善宣传条件，充分显示出有线电视台自我发展，自我提高的能力。

台址：广东省中山市柏苑新村龙凤坊一栋

电话:(0760)8328527(总机)

新闻部:(0760)8303355　8326904

广告部:(0760)8327150

传真:(0760)8323455

邮编：528403

国家广播电影电视总局对外英译名称为：
The State Administration of Radio Film and Television, 缩写为：SARFT。

中央电视台新标志在保留原标志基本构形不变情况下，更体现了时代特征。首先在造型上增加了力度感，使TV二字更加突出，色彩上采用红蓝二色。红色为国旗的颜色，热烈而庄重。蓝色象征着新科技的现代传媒，先进而理智。

中国教育电视台

石家庄电视台

哈尔滨电视台

锦州电视台

湛江电视台

贵州电视台

QHCA

青海有线广播电视台

西宁电视台

西宁有线广播电视台

新疆经济电视台

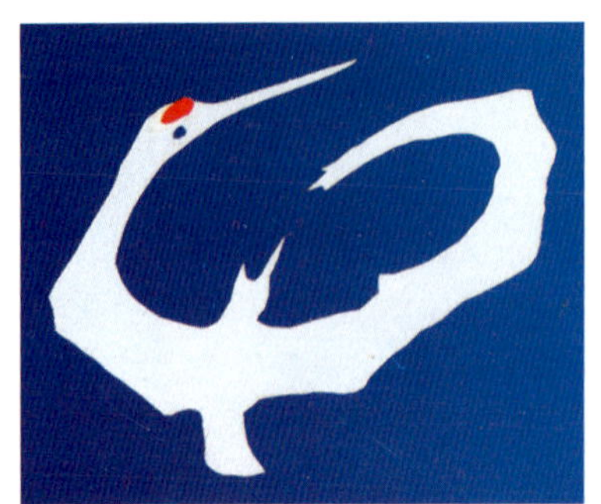

齐齐哈尔电视台

牡丹江电视台

佳木斯电视台

大庆电视台

双鸭山电视台

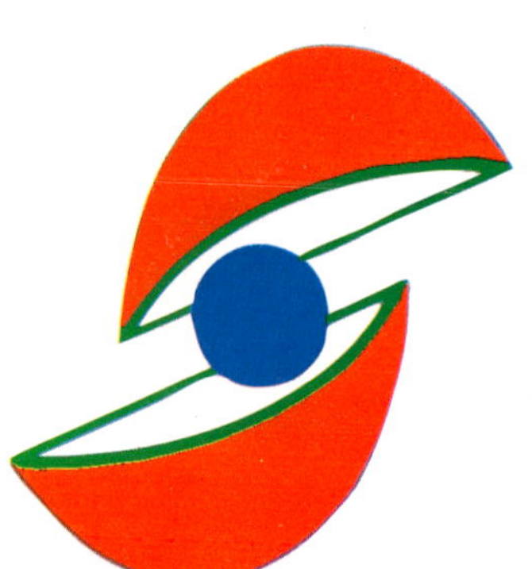

绥化电视台

10. 听众观众调查

责任编辑　曲宗生
审 稿 人　王　录

中央人民广播电台听众调查报告

一、抽样方法和样本结构

1. 抽样方法

1997年9月，开始进行这次全国范围的中央人民广播电台听众调查。调查采用了以城市为主的PPS多阶段概率抽样方法，共产生了30个地级市作为初级抽样单位，这些城市分布于全国21个省市区。抽样过程中考虑了各城市的人口规模、地区分布、经济发展水平、交通便利情况等标志量，使得其对全国近400个地级市的整体状况有良好代表性。

按照上述抽样方法，对设计样本规模（共4500个样本）进行了如下分配：北京、上海、广州、武汉、成都等自代表样本单位分别分配城市居民户本231、315、105、210、105；大连等其他25个非自代表样本城市平均分配样本，每城市访问4个居委会的84个居民户。县级单位的样本按城市样本规模的1/2进行分配。实际分配的样本数为城市样本3066，分布于全国30个地级市的146个居委会中；农村样本1535，分布于全国30个县级单位的38个村级单位中。实际分配的样本规模超出了设计样本规模。

本次调查共回收有效问卷4200，有效回收率93.3%。根据这个样本，进行事后加权（指对城乡加权）可以推算全国。在95%的置信度下，最大允许绝对误差不超过2.5%。

2. 样本结构

本次调查实际获得的样本在地区间的分布情况是：东北沿海地区样本占19.5%，东南沿海地区样本占33.3%，中部地区样本占30.5%，西部地区样本占16.8%。对城乡加权后的地区分布情况按上述顺序分别是15.3%、34.3%、29.9%和20.5%。比较全国人口在以上四个地区的实际分布情况可见，本次调查样本的地区分布对全国有良好代表性。

从居住地看，本次调查所获样本的实际分布情况是：直辖市/省会城市31.7%，地区市所在地28.6%，县府所在地5.6%，镇/乡政府所在地2.9%，乡村/农村30.8%，其他0.3%。加权后的分布情况依次是：14.9%、15.5%、3.6%、3.0%、62.7%和0.3%。加权前的样本居住地分布结构达到了抽样设计要求，加权后的样本居住地分布结构则基本符合城乡人口的比例分布。

另外本次调查所获得的样本在城乡结构、性别和年龄分布、婚姻状况、家庭规模等人口基本特征方面也达到了抽样设计要求，并和总体人口的结构特征基本相符，这也进一步表明本次调查抽样达到了较高的精度要求。

二、广播在四大媒体中的地位

1. 广播的到达率在四大媒体中排第二位。

调查表明，从不听广播的比例为24.1%，而从不读报纸、看杂志、看电视的比例分别为29.1%、37.1%和1.4%。可见广播的到达率低于电视，但仍明显高于报纸和杂志。

2. 受众对广播的接触频度在四大媒体中排第二位。

受众对广播的接触频度是平均每周有2.07天听过广播，而对报纸、杂志和电视的接触频度分别是平均每周有1.97天、0.97天和5.11天发生过阅读或观看行为。可见受众对广播的接触频度稍高于报纸，明显高于杂志，但同时也低于电视。

3. 受众对广播的接触时间长度在四大媒体中排第二位。

受众在调查时点的上一周内平均每天读报纸、看杂志、听广播、看电视的时间长度分别是 0.75 小时、0.60 小时、0.92 小时和 2.54 小时，受众对广播的接触时间长度也排在了第二位。

三、中央人民广播电台的听众规模及其结构

1. 中央人民广播电台听众规模

调查表明，我国 12～79 岁的城乡居民中有 69.3%曾收听过中央台的广播，根据此收听比例进行的推算表明，中央人民广播电台在全国范围内共拥有听众 6.59 亿，若加上 20%的被动听众，则中央台的最大听众规模可在 7.91 亿以上。

中央人民广播电台听众规模

	规　　模	比　　例
全国 12～79 周岁人口	9.51 亿	占全部人口的 77.73%
广播听众	7.22 亿（6.98 亿～7.46 亿）	占 12～79 周岁人口的 75.9%
曾是地方台（站）的听众	6.99 亿（6.75 亿～7.23 亿）	占 12～79 周岁人口的 73.5%
曾是中央台的听众	6.59 亿（6.35 亿～6.83 亿）	占 12～79 周岁人口的 69.3%
目前是中央台的听众	3.20 亿（2.96 亿～3.43 亿）	占 12～79 周岁人口的 33.6%
忠实听众规模（一直是中央台的听众）	2.63 亿（2.40 亿～2.87 亿）	占 12～79 周岁人口的 27.7%
中央台最大听众规模（和家人一起收听）	7.91 亿（7.62 亿～8.20 亿）	20.0%的人有和家人一起收听广播的习惯

2. 听众结构特点

（1）既有听众的结构性差异

城市人口的收听比例显著高于农村人口。城市人口中只有 19.8%从不收听中央台的广播，农村人口中则有 35.4%；

东北沿海地区的收听比例最高（86.6%），中部地区和西部地区的收听比例相近，分别为 71.3%和 72.3%，东南沿海地区的收听比例较低，有 58.2%；

男性人口的收听比例稍高于女性人口（男性 71.0%，女性 67.5%）；

年轻人口的收听比例高于年老人口，45 岁及以下壮青少年人口的收听比例为 70.9%，45 岁以上年老人口的收听比例则有 65.5%；

听众文化程度的提高，对中央台广播的收听比例增加。不识字或初识字的人口中有 47.6%的收听比例，大学或以上人口的收听比例则高达 86.7%；

机关干部是收听比例最高的职业群体（88.2%），其次是离退休人员（85.5%），第三是学生（76.9%），第四是个体户/私营业主（62.3%），第五是家庭妇女（57.6%），待业/下岗职工的收听比例较低（48.2%）；

低收入者（月收入在 200 元及以下）的收听比例最低（66.6%），中低收入者（月收入在 201～500 元）的收听比例则最高（76.1%），中高收入（月收入在501～800元）和高收入者（月收入在 800 元以上）的收听比例介乎其间。

（2）忠实听众的结构性差异

从一直收听的听众比例看，城市人口相比农村人口，东北沿海地区人口相比其他地区人口，男性人口相比女性人口，年老人口相比年轻人口，高文化程度人口相比低文化程度人口，高收入人口相比低收入人口，一直收听的比例更高，对中央台广播的忠实度更高。职业群体中，离退休人员是最忠实听众，其次是机关干部，待业/下岗职工的忠实度较低。

四、中央人民广播电台的节目收听率和喜爱度分析

1. 时段收听率

调查显示，收听中央台广播人数最多的时间段依次是：早上 6：00～7：00，收听比例为 37.2%；中午 12：00～13：00，收听比例为 34.6%；早上 7：00～8：00，收听比例为 26.7%；晚上 19：00～20：00，收听比例为 22.5%；晚上 18：00～19：00，收听比例为 22.2%；其余时间段的收听比例均低于 20%。

对不同群体的进一步分析表明，并非所有听众都遵循现今的早～中～晚黄金收听时间模式，还有相当部分群体由于生活方式等方面的差异而遵循中～早～晚这样一种黄金收听时间模式，如农村居民、西部地区居民、12～18 岁居民、不识字或初识字者、小学文化程度者、农民/军警/学生/家庭妇女等职业群体。另外无固定职业群体遵循的则是晚～早～中的黄金收听时间模式。

2. 节目收听率和喜爱度

本次调查共列出中央电台一、二、三套的 69 个具体节目请被调查者回答是否听过和作出喜欢程度评价。调查数据结果表明，听众对 69 个不同节目的收听

率从最高96.0%到最低50.8%不等，喜爱度从最高4.12分（满分5分）到最低2.64分不等。下表列出的是收听率和喜爱度分别排在前15位的重点节目，其中主要是新闻类节目、服务类节目和文艺类节目。这和听众选择收听中央台广播的主要目的相一致。调查表明，61.3%的听众是为了解国内外大事，32.5%的听众是为增长知识、开阔眼界，29.1%的听众是为消遣娱乐、丰富生活。

中央人民广播电台的节目收听率和喜爱度

节　目	收听率%	节　目	喜爱度（5）
新闻和报纸摘要	96.0	天气、海况预报	4.12
全国新闻联播	94.3	全国新闻联播	4.04
天气、海况预报	91.5	新闻和报纸摘要	4.03
新闻纵横	84.2	广播剧和小说连播	3.73
午间半小时	84.0	全国听众喜爱的歌手	3.71
体育节目	82.4	法制园地	3.70
广播剧和小说连播	81.3	今晚八点半	3.70
广告	80.1	精品唱片欣赏	3.69
全天要闻简报	78.8	对农村广播	3.66
整点新闻	78.5	午间半小时	3.64
经济生活	78.1	中国歌曲榜	3.64
全国听众喜爱的歌手	78.0	百姓人家	3.63
名曲欣赏	77.0	空中大舞台	3.61
法制园地	76.6	中央农业广播电视学校	3.60
音乐大世界	76.4	经济生活	3.59

具体考察各大类节目在节目收听率、节目喜爱度和时段收听率之间的一致性关系，可发现新闻类和教育类节目的收听率和节目喜爱度呈高度相关，表明这两类节目均已形成相当规模的固定喜爱听众群，如《新闻和报纸摘要》节目、《中央农业广播电视学校》节目等。

3. 影响各节目收听率的结构性因素分析

职业、年龄、性别、城乡等结构变量是影响中央台各大类广播节目收听率的主要因素，其中尤以职业的影响最为显著。

年龄、职业和性别是影响新闻类节目收听率的主要结构性变量，企业经管人员和三资企业雇员次之，以此类推。以56～65岁机关干部之收听概率最大。

区域是影响专题类节目收听率的显著结构性变量，其他结构变量的影响不明显，表明专题类节目的听众群在年龄、性别、职业等方面较为均匀分散。

城乡、性别、职业、收入和区域是影响经济、科技信息类节目收听率的显著结构性变量；以男性企业经管人员之收听概率最大，城市地区的女学生收听概率最小。

年龄、职业、文化程度、收入是影响普及教育类节目收听率的显著结构性变量，以12～18岁的不识字或初识字的家庭妇女收听概率最大。

区域、性别、年龄、收入是影响文艺类节目收听率的显著结构性变量；以东部—北方地区的月收入在201～500元的19～25岁女性之收听概率最大。

五、对中央台广告的收听效果评价

1. 广告听众规模

调查表明，6.2%的被调查者非常注意收听中央台的广告节目，14.8%的被调查者比较注意收听，两项合计占21%。加之有27.9%的听众注意程度一般，则中央台广告的听众规模在全国范围内可达3.2亿。

2. 广告信任度

有44.2%的被调查者对中央台广告持信任态度，中央台广告的信任听众规模可达1.4亿。听众对中央台广告的信任度明显高于对地方台广告的信任度20个百分点。

3. 广告认同感

对广告持积极认同态度者占14.4%，持认同态度者占37.4%，两者合计达51.8%。仅有22.1%的听众认为广播中不应插播广告。可见听众对中央台播出的广告持基本认同态度。

4. 广告效果

从认知层面看，27.5%的被调查者通过中央台广告获知有某种商品，22.2%进一步了解了商品的特性和用途；从情感层面看，18.9%的被调查者对商品产生兴趣，8.7%对做广告的企业产生好感；从行为层面看，13.4%的被调查者因为听了广告而注意身边的商品，14.6%购买了商品。从这些指标比例的递进关系可见中央台的广告有着良好的受众效果。

六、听众与广播

1. 听众收听中央电台的行为表现出伴随性、目的性和共生性特点

调查表明，有41.1%的人在收听广播时是"边干事边收听"，只有19.2%的人是"专心致志地收听"，也有14.4%的人"开着收音机，时听时不听"。收听广播在相当比例的听众那里成为伴随行为。

有20.2%的听众收听目的明确，在"想听某个节目时才打开收音机"；20.0%的听众收听行为是与家人共生的，即"与家人一起听"，而非"自己一个人时才听"。

2. 听众安排收听中央电台节目的行为表现出预先选择性和时间依赖性特点

调查表明，相当部分听众在安排收听广播节目时有预先选择行为，他们要么"根据（预先形成的）习惯，每天收听某个（些）固定节目"（占28.9%），要么"根据电台的预告，选择自己喜欢的节目"（占23.2%），要么"根据广播节目报的介绍，选择自己感兴趣的听"（占16.6%），要么"听别人介绍推荐去听某个（些）节目"（占7.0%）。

也有不少听众不具有预先选择行为，而是或"依自己是否有空闲时间而定"（占23.9%），或"碰上什么听什么"（占22.0%），或"在电视上没有好看的节目时转而收听广播"（占10.2%），从而表现出时间依赖性的特点。

3. 一封听众来信代表了中央电台530位听众

中央电台一直非常重视听众来信工作，此次调查的有关数据表明，听众给中央电台写信的一般行为规律是，76.2%的听众"没有过写信的想法，也没写过信"，20.0%的听众"曾经有过写信的想法，但没有写"，2.6%的听众"曾经写过信，但没有寄出"，还有1.2%的听众"写过信，并寄给了中央人民广播电台"。

根据上述的听众来信比例进行推算，可知中央电台的一封听众来信代表着530位听众。这样广泛的代表性正是中央电台一直非常重视听众来信工作的内在原因。

交互分析的结果表明，城市听众、中部地区听众、男性听众、19～25岁听众、大专文化程度的听众、无固定职业者、月收入501～800元的听众、以及表现为活动型人格性状的听众，其写过并寄出听众来信的比例相对较高，是参与意识较强的听众群体。

（国家体制改革委员会社会调查中心）

中央电视台节目收视率年度报告

一、中央电视台各频道总体收视状况

（一）主要发现

1. 在全国所有开通频道中中央电视台八个频道具有较强竞争力

在一天各时段中，中央电视台的八个频道在全国所有开通频道中的观众收视份额基本都在30%以上。

中央电视台八个频道占有观众份额较大的几个时段分别为：

6：00（61.2%）；

7：45（68.8%）；

12：00（46.3%）；

17：30（54.2%）；

19：15（72.9%）；

中央电视台八个频道占有观众份额较低的几个时段分别为：

12：45～15：00（33.21%）、18：30～19：00（28.5%）。

2. 在不同时段观众对中央电视台八个频道的收视情况存在差异

通过计算各时段收看某一频道的观众数占同时段中央电视台各频道拥有观众总数的百分比，我们对中央电视台八个频道的收视情况进行了相互比较。从中发现：

在全天各时段中，中央电视台1套（CCTV-1）在中央电视台的八个频道中明显占有较大的份额，尤其在早晨、晚上19：00拥有的观众份额最多。

中央电视台电影频道（CCTV-6）在白天及晚上21点以后，收视份额在八个频道中明显较高，在上午及晚上21点以后，观众份额仅次于CCTV-1。

下午时段中央电视台第八套节目（CCTV-8）相对拥有较多的观众份额。

中央电视台第二频道（CCTV-2）和体育频道（CCTV-5）在上午、下午及晚上21：00以后拥有观众份额相对较多，CCTV-2在早上拥有观众份额也较多。

中央电视台第三频道（CCTV-3）、国际频道（CCTV-4）以及第七频道（CCTV-7）在各时段拥有的观众份额相对较小。

3. 在不同时段观众的收视行为具有明显的差异

在一天24小时中，1997年的观众收视变化情况与1995、1996年的基本一致。

在一星期中，观众的收视行为也不尽相同。星期天平均收视率最高，星期三最低，星期天到星期三收视率逐步降低，星期三到星期六收视率逐步走高。

4. 中央电视台各频道在18：30～19：00之间所

拥有的观众收视份额相对较小。

尽管 18：00 以后 CCTV-1 等频道的收视率在稳步上升，但各套节目在 18：30～19：00 之间在全国所有开通频道中收视占有份额明显变低。与全国其他电视频道相比，该时段中央电视台各频道的竞争力相对较弱。

分析全国各省市电视台节目，我们可以发现较多省市这一时间正是当地新闻节目时间。对在自己生活地域发生的事件的关注，使观众将收视选择的砝码偏离了该时段中央电视台的节目，而倾向于各省市自身的新闻节目。

（二）建议

1. 强化中央电视台八个频道的整体规划，突出各频道的特色，在观众的闲暇时间各频道均应拿出自己的精品节目，以激发不同观众的收视动机，扩大中央电视台的整体收视份额。

2. 增强 18：30～19：00 时段的栏目竞争力。比如，在该时段，是否可以在 CCTV-1 设置时效性较强的体育新闻，在 CCTV-2 设置金融、证券类专栏节目，在 CCTV-6 安排较具可视性的影片，在 CCTV-3 安排可视性较强的音乐电视节目，在 CCTV-7 安排小观众较喜欢的动画节目等。

3. 加强观众闲暇时间分配的调查，并通过调查进一步分析观众在不同闲暇时间的收视喜好。

二、新闻类节目

（一）主要发现

1. 1997 年中时间跨度较长的几次新闻直播都取得了较好的收视效果。

如：对社会生活中人们关注的重大事件所进行的直播：日全食直播、香港回归报道、三峡截流等，观众都予以了良好的收视响应。在这三次直播报道过程中，CCTV-1 在全国所有开通频道中所拥有的观众收视份额基本都在 50%以上，在新闻事件发生的关键时刻，有 70%以上的正在看电视的观众将目光汇集在 CCTV-1 的屏幕上。

2.《新闻联播》、《焦点访谈》、《东方时空》、《新闻 30 分》1997 年全年走势波动基本平稳，平均收视率均高于 1996 年。

主要新闻栏目 1996、1997 年平均收视率比较表

	1997 年收视率	1996 年收视率
新闻联播	33.78%	32.8%
焦点访谈	25.78%	21.3%
东方时空	1.89%	1.1%
新闻 30 分	2.96%	2.1%
新闻调查	3.90%	6.2%

3.《新闻调查》的收视率波动幅度较大，且在总体走势上略呈下降趋势。1997 年该栏目 21：10 段的平均收视率要明显低于 1996 年 21：10 段的年平均收视率，尤其是城市观众流失比较明显（1996 年城市观众平均收视率为 7.5%，1997 年为 3.77%）。

这一状况除节目自身的原因外可能有诸多因素的影响。如各频道节目的竞争因素：随着电视频道的增加，尤其是城市有线频道日趋增多，节目内容（尤其是影视节目）日趋丰富，对观众可能会有明显的分流影响；另外播出时间的频繁变化也可能是其中一个很重要的影响因素，《新闻调查》全年播出的 42 期节目中，就有 7 期被挪到其他时间播出，在已经是一星期播出一次（逢特殊情况还被取消）的情况下，节目播出时间的改变，不利于观众对节目形成深刻印象，也不利于节目形成稳定的观众群体。当然，节目宣传、节目包装等其他因素也可能是造成《新闻调查》收视率波动的原因。

4. 晚间新闻节目三个板块的收视率呈下降趋势

晚间新闻类节目三年来收视率之比较

	1997 年	1996 年	1995 年
晚间新闻	3.42%	3.5%	4.48%
世界报道	2.77%	4.0%	5.25%
晚间体育新闻	2.33%	2.9%	3.56%

分析出现这一状况的原因，我们认为具有几方面可能：

与栏目播出的时段有关：22 点正是许多家庭准备上床休息的时间，季节的变化会使这一时段节目的观众数量呈现较大波动。

尽管在整体上晚间新闻节目的三个板块进行了包装，使节目形式、节目界面基本一致，但板块内容上的差异使其依然难以在整体上让观众形成较强印象，难以对观众产生凝聚作用。

由于与 19：00《新闻联播》及 21：00 正点新闻节目间隔时间不长，对观众缺乏更大的吸引力。

由于频道的增加，各种类型节目间的竞争日趋激烈，可选择的余地增加，观众的收视取向在该时段发生了变化。

5. CCTV-1 各新闻节目的观众结构特点一致，均为：男性高于女性，城市观众多于农村观众，并且收视率随年龄及文化程度的增长而提高。

（二）建议

1. 加强对重大新闻事件的整体包装，连续直播，让观众在第一时间里了解新闻，见证历史。1997 年成功地证明了这是对观众具有较强吸引力的报道方式。

2. 稳定《新闻调查》的播出时间，并根据对观众闲暇时间的收视兴趣调查，调整其播出时间。比如：假如观众在星期五晚上倾向于看娱乐性、趣味性较强的节目，那么不妨可以将较有趣味性的《环球》节目与

《新闻调查》时间对调。

3. 进一步强化晚间新闻节目在形式和内容上的整体性。比如：为突出该时段新闻与其它时段所不同的特色，是否可以将该时段的三个板块合并为一个以国际新闻为主的《世界报道》栏目，同时强化对国际新闻事件的深度报道内容。

三、21点专栏节目

1. 1997年CCTV-1在21：00～22：00时段的各专栏节目的平均收视率均明显低于1996年的平均收视率。

2. 1997年21：00～22：00时段的12个栏目收视率排名与1996年发生了变化：其中，《军事天地》、《体育大世界》、《新闻调查》、《人与自然》和《万家灯火》的名次有所上升，尤其以《军事天地》、《人与自然》和《万家灯火》上升幅度最大。

1997年21点档专栏节目收视率（%）一览表

栏目名称	播出时间	最大值	最小值	97年	96年	星期	97排名	96排名
电视你我他	21：10～21：25	8.70	2.42	5.86	7.7	六	1	1
军事天地	21：10～21：25	7.43	2.60	4.90	6.3	一	2	5
体育大世界	21：10～21：55	9.10	3.15	4.30	6.4	日	3	4
旋转舞台	21：25～21：55	7.69	2.97	4.10	6.8	六	4	3
新闻调查	21：10～21：55	5.70	2.92	3.90	6.2	五	5	6
音乐电视城	21：25～21：55	4.88	3.00	3.90	6.2	六	6	6
文化视点	21：10～21：40	4.87	2.88	3.69	6.2	二	7	6
万家灯火	21：10～21：55	9.53	2.45	3.66	4.8	四	8	13
人与自然	21：25～21：55	5.07	2.43	3.63	5.3	一	9	12
九州戏苑	21：10～21：55	6.50	2.61	3.58	5.6	二	10	9
97环球	21：10～21：55	6.20	2.60	3.49	5.6	三	11	9
社会经纬	21：40～21：55	4.78	2.51	3.40	5.5	四	12	11

3. 1997年21：00～22：00时段各专栏节目的收视率基本围绕特定收视率数值平稳波动。也就是说，就收视率而言，各栏目质量是相对稳定的。那么，1997年各专栏节目的平均收视率为什么会出现明显的观众流失现象呢？

我们认为这与频道的竞争有关。正如在《新闻调查》的分析中所述，卫视台的增加、频道的增加（尤其是影视剧的增加）使专题节目面临较大的观众分流的考验。这就需要我们的栏目进一步强化精品意识，加强栏目的宣传与包装。

四、经济类节目

1. 1997年CCTV-2的主要经济类栏目的平均收视率均低于1996年。

经济节目1997年全年的平均收视率情况

栏　目	首播时间	1997年平均收视率	1996年平均收视率
经济半小时	20：30～21：00	0.84%	1.4%
生活	20：00～20：30	1.19%	1.28%
商务电视	18：00～18：30	0.25%	～
供求热线	17：30～17：50	0.12%	0.24%
中国财经报道	8：30～8：40	0.16%	0.13%
	12：30～12：40	0.22%	0.26%
	17：50～18：00	0.25%	～
	19：35～19：50	0.76%	1.02%

续表

栏　　目	首播时间	1997年平均收视率	1996年平均收视率
金土地	18：30～19：00（星期一、三、五）	0.29%	0.44%
欢乐家庭	18：30～19：00（星期二、六）	0.66%	0.70%
经营有道	18：30～19：00（星期四）	0.29%	0.50%
世界经济报道	18：30～19：00（星期日）	0.36%	0.53%

2.1997年，尤其是5月改版以后CCTV-2的主要经济类栏目的收视情况大都走势平稳或呈现上升格局。

3.1997年新开播的《商务电视》受到观众欢迎，收视率平稳上扬。

4.农村观众对《经济半小时》的平均收视率（1.17%）超过了城市观众（0.82%），而1996年农村观众的收视率为1.0%，城市观众的收视率为1.3%，可见城市观众在1997年流失较为明显。

综上所述，我们认为CCTV-2的主要经济类栏目依然对观众具有吸引力，但在频道间竞争日趋激烈（尤其在城市中）的当今，经济类栏目该如何定位呢？又该怎样面对频道竞争的挑战呢？毋庸置疑，栏目的精品策略是栏目发展的根本，而另一方面，了解经济类节目在特定时段可能形成的对象性观众特点，从而形成栏目的对象特色，可能是栏目有的放矢进而制胜的有效途径。

五、青少年节目

1.《大风车》1997年全年观众总体收视率为4.04%，比1996年的平均收视率4.80%有所下降。但《大风车》的对象观众（4～14岁儿童）的收视率却较1996年有明显提高。

2.国产优秀动画片对儿童具有很强的吸引力。

《动画城》是目前唯一一个国产动画片栏目，它在17：30时段具有很强的竞争力。与全国所有开通频道比较，1997年《动画城》在其播出时段占有观众收视份额达到31.49%。尽管全年观众总体的平均收视率为1.56%，4～14岁观众的平均收视率却为6.19%。而且在播出《小糊涂神》和《大头儿子小头爸爸》等国产动画片力作时，收视率更是明显走好，4～14岁观众的收视率最高曾超过9%。

六、影视剧类

1.1997年CCTV-1黄金时段（20点档）电视剧题材广泛、内容丰富，但未有明显轰动性作品，观众收视率与1996年相比较低。

1997年该时段收视情况最好的电视剧是《香港的故事》，但其平均收视率（14.38%）若与1996年同时段电视剧相比只能排列第14名。

《东周列国·春秋篇》作为中央电视台继《三国演义》之后的又一部史诗型巨片，从其收视率来看，并没有达到预想的效果。

2.《国际影院》1997年播出的韩国电视连续剧《爱情是什么》激起了观众较大的收视热情。

《爱情是什么》播出以后，收视率稳步攀升，并曾进入CCTV-1收视率排行的前十名。这在星期日上午9点30分《国际影院》的收视史上是很少见的。该剧的成功对我们国内影视剧的创作也是一个很好的启示，那就是真实地再现生活、贴近大众的作品是会得到观众欢迎的。

七、综艺晚会类

（一）主要发现

1.1997年20点档《综艺大观》、《曲苑杂坛》和《东西南北中》这三个栏目的平均收视率比1996年都有所降低。

2.1997年CCTV-2首播的《正大综艺》（含《正大剧场》）较1996年吸引了更多的观众。

1997年《正大综艺》的首播平均收视率为3.55%，而1996年为2.77%，收视率明显提高。并且纵观《正大综艺》的全年走势，其收视率基本呈现上升格局。

3.1997春节联欢晚会收视情况较1996年有明显改善。

1997年春节联欢晚会的平均收视率为45.30%，而1996年为41.20%。收视率明显提高。

4.1997年几台以“香港回归”为主题的晚会受到欢迎。

1997年庆祝回归的几台晚会收视率都超过了10%。而6月30日22：08开播的“北京人民迎回归”晚会，收视率达到了46.57%，这是历年来唯一一台晚会的收视率超过了春节联欢晚会。

5.一些综艺栏目在改版或调整的初期，收视率均有一定抬升。所以，综艺栏目在以某种形式播出一段时期以后，适当地变化节目的形式，也许更能吸引观众。

（二）建议

在作本次年度报告时，我们正巧分析了部分省市卫星频道的收视情况。在湖南卫视我们发现一个很鲜明的特点：其综艺节目《快乐大本营》（播出时间：星期五20：15～21：50）的收视率和占有率在湖南卫视频道的所有节目中居于首位。而CCTV-1的星期六综艺节目在湖南的收视情况与平时其他栏目相比并没有明显差异。湖南卫视《快乐大本营》是集嘉宾表演、观众参与、竞赛于一体的综艺娱乐性栏目，它的成功或许能给我们以启发：当观众已适应晚会形式千篇一律的明星表演时，如果我们能够将晚会的主体由明星制转变为观众与嘉宾参与的合作制，将晚会的形式由单一表演转变为表演、竞赛、游艺的综合娱乐，将晚会的参与单元由单一个体转变为个体、家庭、群体、甚至城市的多元互动，那么观众久违的收视激情或许会重新迸发出来。

（中央电视台总编室）

对香港回归直播报道的收视调查与引申思考

为了解中央电视台香港回归电视直播报道的收视情况，中国人民大学视听传播研究中心与中央电视台《电视研究》编辑部于1997年7月5日至7月12日对全国18个省份的大中小城市和农村进行抽样调查。共发放问卷1050份，收回有效问卷1000份，回收率为95.24%；并对中国社会科学院、中国记协和全国高校新闻院系的13位专家学者进行了访谈。以下即是调查和访谈结果以及由此引发的一些思考。

一、直播中展现电视特质

从高达89.9%的观众占有率来看，中央电视台在香港回归报道中以至少高出其它媒介66.0个百分点的优势，无可争议地占据了主体媒介的地位。收视率18.4%～91.6%，观众满意度高达92.2%（其中含36.7%的观众总体满意，略有遗憾）。调查结果表明：72小时的回归报道，作为中央电视台第一次大规模连续性直播报道的尝试，已具有了里程碑的意义。这组数字还说明，正是因为有了中央电视台的努力，才使得全国上下乃至海外华人都深切地感受到“香港回归就在自己身边”。

电视声画结合的特质，客观真实地复原了新闻事件的原生流态；数字化传播系统和庞大的通讯系统使得电视直播具备了多机位、多角度、同步展现同地和异地时空的技术能力；同时，多点式立体化的报道网络对时空进行全面、集中、合理的组合，从而使整个报道具有了其它媒介所无法比拟的优势：热烈、快捷、直观、生动、充分，并以此汇成了很强的感染力。正是这些电视手段的应用，使每一位观众都感受到自己不是香港回归的旁观者，不是在倾听或打量这段历史，而是它的参与者，自己就是荧屏里中华民族亿万成员中的一个。

充分利用电视手段，发挥电视优势正是中央电视台这次空前报道获得成功的根本原因之所在。中央电视台调集了精兵强将，集中一流设备，派出最强阵容，形成以全国8个城市和国外15个城市为报道点的全方位、立体式报道网。如果要从这样一个繁杂的系统中理清一些共同的思路，那么，最本质的一点应该是：全台上下一心，运用一切电视手段，为做好同步报道和全面记录这段伟大的历史而努力。

中央电视台这次具有里程碑意义的尝试，实际上为中国电视新闻事业展示了一个清晰的发展方向：能否推出更适应现代生活方式和思想观念、更具潜力和竞争力的节目与频道，将取决于电视对自身特质的认知程度和发挥水平。认知是从观念和应用两个层面对电视手段的理解；发挥则是在认知的条件下，对电视手段的创造性实践行为。二者实质上是围绕着电视本体而求得发展的统一过程。

中央电视台在香港回归报道中所采用的同步异地再现时空的直播手段，使中国观众较之以往更为清楚地看到，电视作为一种高水平的独特的叙事手段，已经开始摆脱电影、戏剧等艺术形式，走上自己的道路了，这对电视的发展来说无疑是个好的动向。因此，我们所要强调的是两个层次上的问题，一是发现和利用电视特质，二是使之系统化。

二、直播立体化的真实涵义

现场直播、背景报道、人物访谈、大型专题和文艺晚会等节目形态的收视率以开始于6月30日23：16分的政权交接仪式和7月2日5：00的《中国迈向新世纪》分别以91.6%和18.4%形成收视的高潮和低潮。在节目配置上，中央电视台从宏观上力求规模宏大、全方位、多角度，微观上则注重平实鲜活、深浅相宜。这种高潮与低潮、宏观与微观的搭配，实质上就是在追求直播的立体化构成。

直播并不意味着毫无考虑地同步记录一个流程。它应当在对事件有所理解和把握的基础上，对其加以合理地提炼和升华。因为事件所蕴含的更为本质的东西，诸如人的心态和精神面貌等，往往很难通过短暂、多义、浅层的播放凸现出来。也就是说，直播的意义不仅仅在于叙述一个现实的事件，而更应该抒发一种情感、阐明一种理念和渗透一种价值。

电视直播必须抓取新闻事件中特定时刻的关键环节——也就是诸位专家反复强调的新闻点问题——并且要准确及时地调用与其相应的电视手段，如合理的机位、适当的景别、有序的切换等等。利用声画要素的结合来反映特定的时空，以此在平实的事件流程中形成高潮，揭示事实本身的内涵。这是建立直播立体化系统的首要一点。如果我们在这一点上是欠缺的，并且这种欠缺在整体报道中达到一定的百分率，那么就会造成直播单一层面上的冗杂与反复。

与海外有些电视台相比，中央电视台在部分直播中对于中近景和特定的抓拍取舍显得不足，因此直播画面层次的立体感较弱。

直播的立体化构成，并不单纯意味着前后节目之间特定关系的建立，还包含着同一节目内部各个时空要素的合理组合。这种组合是在记者占有大量新闻背景材料的基础上完成的。因此，从这个意义来说，新闻背景不应该仅仅成为节目之间的铺垫和补充，不应该与直播现场相脱离，而必须成为记者正确、深入地观察、理解和解说现场的后盾。

三、观众与记者素质

我们在1000个调查样本中，兼顾各种职业，抽取30位观众作面访式个案分析，得出的结论是：中国的观众正在逐渐成熟，他们能够很敏锐、很深入地看到直播当中的优势和一些不尽如人意之处，甚至能够从新闻意识和技术环节等各个角度来对其进行解释（一位普通观众甚至谈到转播天安门联欢晚会的中近景不够等问题）。对于电视事业来说，观众的成熟，是一个重要的发展。电视作为一种互动性极强的媒体，一旦观众的期望与电视人的努力相结合，必将形成一股强大的力量，推动整个电视事业依照双向适应的轨道前进。

观众的逐渐成熟，对电视新闻提出了更高的要求，特别是在记者的素质方面。

在对十几位专家的访谈中，大家都谈到了记者主持人的素质亟待进一步提高。中国人民大学新闻学院的一位教授认为：记者素质首先表现在提问和组织报道的能力上，一些记者缺乏在现场一次性提问的准确性。中国新闻学院的一位教授谈到：些主持人由于缺乏连续作战的经验，因而在现场表现出了压力很大，似乎总怕出错而不敢开口说话，语言也显得贫乏。

我们似乎不难达成这样一个共识：记者素质的评价标准不限于某项技能的熟练程度。尤其是包括新闻观念在内的综合素养是断然不能被容颜出众、字正腔圆、操作娴熟之类的素质所取代的。新闻点的发掘与表现，现场的驾驭与解说，画面的拍摄与剪辑以及主观情绪的把握等等，都需要我们的记者真正具有“电视人”的观念与素质，而不是显露于各种“熟练”之上的浮华。

香港回归的直播报道是中国电视新闻迈向现代化道路的重要一步。与之相适应，新闻工作者也必须树立一种现代化的新闻观念。事实将会证明，只有那些具有深厚素养和现代观念的新闻记者才能适应媒介与观众的双重选择。

四、竞争来自哪里

在各媒体对香港回归的报道中，中央电视台在广州的观众占有率明显低于北京和上海两地，而广州人通过海外媒体（主要是凤凰卫视）来获取回归信息的却高达40%；同时，上海、广州两地观众通过本地媒体了解回归的比率远远高于北京。暨南大学新闻系一位教授解释广州的这一现象时说，广州人有一种兼容的心态和选择的机会，一般而言，中央电视台的电视、香港电视和本地电视兼而看之，很少有观众自始至终守住一个台不放。

选择就意味着对质量与意义进行评价。当我们回首这次大规模的电视直播报道时，一方面当然为中央电视台能够较为出色地完成任务而欢欣鼓舞，同时也为一种强烈的竞争局面而感到紧迫。

竞争已经不是从远方隐隐传来的雷声，一旦中国的电视媒体将新闻报道推进到真正意义上的直播，才会切实地感受到来自海外的竞争。竞争不应该被理解为一种被迫的参与行为，而是媒体进行改革创新、提高整体素质、顺应发展主流的生存方式。中国记者缺乏的从来不是信心与能力，而往往是一种深入人心的观念。树立一种包括部门内部的、国内和国际的竞争观念是在竞争的风雨中求得生存和发展的首要准备。

五、呼唤“观念”

调查结果所表明的和专家始终在强调的问题就是电视观念。任何一种叙事形式，只有在它的基本观念同其特质结合在一起时，才能获得发展。因此，电视观念首要的就是对于电视特质的认知和发挥。电视工作者塑造一个电视观念的过程，也就是着手发展电视手段的基本要素。这些要素在总的结构中怎样起作用，它们是否适合具体表现它的观念，以及怎样运用它们以深化其价值。二者的结合规定了电视工作者的一个重要任务：必须走出一条观念与应用并重的道路。

应该看到，纪实手法在新闻报道、电视纪录片、电视剧、专题文艺乃至各类电视节目中的全方位运用表明，纪实是电视观念的核心之一。当长镜头、同期声等越来越多地出现在各种类型的电视节目中，新闻事件的直播面临更高的要求。就是说，电视工作者在做出各种具体的准备之前，对直播手段的每一个概念都有一种本质的认识和理解，并树立一种强化的直播观念。

当然，正如其它观念层次的事物一样，对于电视观念的领会，我们不得不作出艰辛的跋涉。同时，电视观念与电视特质的结合，也远非一两次尝试便能趋于成熟的。在实践中不断总结，使电视观念从理论和应用两方面得以明晰与普及，将成为电视新闻发展中的高速路。

（雷蔚真　胡百精）

中央电视台观众反映概述

1997年，是不平凡的一年。这一年，我们国家经历了许多重大事件，这些重大事件通过中央电视台的屏幕引起全国及世界人民瞩目。这一年，中央电视台新开播了英语节目频道，全台播出的栏目总数已发展到300余个。各套节目初具规模，并已形成各自的特色。各类电视节目丰富多彩，整体水平不断提高，赢得国内外亿万观众高度评价。

据统计，全台1997年收到观众来信约30万封，在数量上，与1996年基本持平。其中关于宣传和节目方面的反映占来信总数一半以上（社会问题、信息咨询及其它来信分别占来信总数的20%、12%和22%）。来信总体情况说明，中央电视台一、二套节目仍是观众收看的主要频道。另外，来信对6套、7套、8套节目的反映也不少，说明加扰频道的节目已经吸引了部分观众。反映社会问题的来信数量有增加，观众希望新闻媒体发挥舆论监督作用，加强廉政建设，以此寻求解决社会矛盾，促进社会的安定团结。

关于观众反映，总结归纳如下几方面。

一、新闻报道

1997年，中央电视台圆满地完成了各项报道任务，特别是出色地完成了邓小平同志逝世、香港回归和党的十五大等重大宣传报道任务，受到中央领导一致肯定和海内外观众广泛好评，获得很好的宣传效果。

1997年2月19日，敬爱的邓小平同志与世长辞。中央电视台及时迅速地向国内外观众报道了这一重大消息。20日凌晨，第四套节目首先播出了《告全党全军全国各族人民书》、《邓小平治丧委员会第一号公告》等一系列有关报道；清晨7：00第一套节目紧接着又播出了上述内容。许多观众抑制不住自己的感情，急切地打来电话，表达他们悲痛的心情。

在治丧活动期间，为了缅怀邓小平同志的丰功伟绩，中央电视台又及时调整各套节目内容，集中播出革命历史题材的影视剧和纪录片、专题片及反映邓小平同志生平的影视剧。广大观众在悼念邓小平同志的同时，对中央电视台这一时期调整播出时间表示充分的理解和衷心感谢。

1997年7月1日，香港回归祖国怀抱。中央电视台从6月30日起连续72小时不间断播出关于香港回归的报道，受到海内外观众的一致好评。据有关电话调查（全国33个城市）表明：中央电视台“72小时电视报道”全国有82%的家庭基本收看了，认为“好”或“很好”的观众达91%。可见香港回归报道几乎家喻户晓。调查中还发现，收看“香港政权交接仪式”的观众达到97%，收看“香港特别行政区成立庆祝大会”和“香港特别行政区政府宣誓就职仪式”的观众分别达到91%。值得注意的是，在这次调查中发现，人们主要对政权交接以及驻港部队如何进驻、英国人是怎么走的、当地老百姓反映怎么样等情况特别感兴趣。因此观众认为这些方面的报道少了些。

观众在肯定这次报道的同时，也指出存在的不足。如：主持人水平参差不齐，个别主持人有时还不能准确地把握政策；反映参加仪式的外国嘉宾的报道太单薄；技术上不尽完善。

观众反映认为十五大报道及时充分，报道面广而又重点突出，报道质量高。许多观众对记者的采访表示赞赏。认为采访的对象具有典型性和感染力，如采访朝鲜族女代表和大寨代表郭凤莲等。她们充满激情的发言，深深感动了荧屏前的观众。

此外，江泽民主席访美报道、黄河小浪底合龙、长江三峡截流报道、八运会专题报道等也受到观众的好评。观众认为这一系列报道质量高、时效性强，充分发挥了电视宣传的优势，体现了国家台的水平。

新闻栏目《新闻联播》仍然是观众每天必看的节目，始终保持较高收视率。《焦点访谈》、《新闻调查》、《东方时空》等新闻评论性节目都受到观众关注，不少话题得到观众肯定。

二、专题节目

1997年，中央电视台创作播出的一系列专题节目，受到观众的好评。观众普遍反映，许多作品质量相当高，无论是思想水平还是艺术质量都上了一个新台阶。

反映邓小平同志光辉业绩的大型电视文献纪录片《邓小平》于1997年1月1日首次播出后引起观众强烈反响。社会各界观众纷纷来信来电畅谈观后感。观众一致认为这是近年来中央电视台推出的一部不可多得的电视精品，是学习邓小平同志关于建设具有中国特色的社会主义理论的绝好教材。

1997年上半年播出的专题片《香港沧桑》（上下集）深受观众好评。观众来信认为这部专题片运用的历史资料非常丰富、翔实，选择此时播出非常适时。它不仅反映了香港百年来的屈辱历史，更重要的是对我国人民进行了一次很好的爱国主义教育，激发观众的爱国热情，因此获得较好的宣传效果。

11月，播出的专题片《大三峡》也受到观众欢迎与好评。播出当天就有来自全国各地的电话，纷纷称赞该片拍得好。11月5日，播出有关移民内容后，立即接到秭归县委县政府的贺电。来自三峡工地的信息更加鼓舞人心。葛洲坝电视台的同志说：“《大三峡》播出后，整个三峡工地都沸腾了。”

此外，专题片《孙子兵法》在观众中引起强烈反响。广大观众称这一系列片内容丰富，具有深刻的现实意义，是学习中华民族优秀传统文化的好教材。专题节目《背负民族的希望》博得部队官兵的好评。他们说该片以翔实的史料、丰富的内涵和全新的电视艺术手法展示了我军的光荣历程和丰功伟绩，是进行革命传统教育的好教材。还有《共和国之魂》、《中华魂》等节目也各具特色，它们从不同的角度反映主题，受到观众好评。

一些专题栏目如《科技博览》、《人与自然》、《社会经纬》、《健康之路》等，也受到观众欢迎。他们说这些栏目十分贴近生活，使观众学到很多知识，是观众的良师益友。

三、文艺节目

1997年，中央电视台文艺节目异彩纷呈，深受观众欢迎。

首先，'97春节联欢晚会观众反响热烈，纷纷来信来电叫好、祝贺。许多观众认为：这台晚会弘扬了主旋律，突出反映了“团结、奋进、自豪的中国人”的重大主题，体现了文艺为社会主义两个文明服务的精神。除夕之夜，据有关电话调查表明，90%以上的家庭收看了这台晚会，其中83%以上的观众认为这台晚会“办得好”。调查结果表明这台晚会是成功的。

这一年，中央电视台文艺节目中最具影响力的是“心连心”艺术团的慰问演出。春节一过，“心连心”艺术团先后奔赴湖南、三峡、大庆、贵州以及香港等地慰问演出。每到一处都受到当地群众的热烈欢迎，每一次慰问演出都会在数十万现场观众和亿万电视观众中引起强烈反响。

众多文艺栏目也受到观众普遍欢迎。其中颇具影响的《综艺大观》、《曲苑杂坛》改版后，受到观众的赞赏。观众认为，《综艺大观》改版后，节目内容更加丰富多彩，形式更加生动活泼，讽刺与幽默并存，抨击与表扬兼备，既贴近生活，又寓教于乐。《曲苑杂坛》节目品种较全，各有特色，有些节目惊险、奇异，观众看了开心，感到过瘾。艺术手法上也有新的突破，具有娱乐性、趣味性、观赏性和知识性。

此外,《旋转舞台》受到热心观众的厚爱和青睐。每播出一期都会收到很多观众来信来电,表达自己喜爱之情。观众说这个栏目中许多节目清新高雅,令人陶醉,给人以高品位艺术享受。

《东西南北中》也博得观众好评。他们称赞这个栏目以歌舞为主,节目丰富,具有浓郁的地方特色,令人赏心悦目。

一套黄金时间播出的一大批电视剧是观众收看的重头戏,特别吸引观众。其中反映较强烈的有电视剧《和平年代》、《党员二愣妈》、《红十字方队》、《问鼎长天》、《车间主任》等。

此外,电视剧《香港的故事》、《潘汉年》、《校园先锋》、《我心中的故事》、《心灵的瞳孔》等观众反映也很好,并给予较高评价。

四、观众意见、建议

观众来信来电不仅对中央电视台工作和节目提出表扬,而且还提出许多宝贵意见,其中观众反映最多的有如下几方面:

1. 观众批评屏幕上错别字时有出现,播音员、主持人经常出现读音错误。

2. 观众反映有时节目播出时间与预告时间不符,影响观众收看。

3. 观众认为电视节目片尾有关创作人员名单的字幕过长、过多,这种倾向应改进。

4. 许多观众反映一些地方电视台在中央电视台节目中加播字幕广告,有的不转播中央一套节目。观众意见很大,要求有关部门管一管。

5. 观众建议加强科技节目和法制节目的分量。

北京人民广播电台听众社会调查简析

1997年,北京人民广播电台委托北京市统计信息咨询中心进行了一次听众社会调查。调查是7月至9月进行的,主要目的是了解北京地区收听北京电台节目情况。

这次调查选取北京市的东城、西城、崇文、宣武、朝阳、海淀、丰台、石景山等8个城区,通州、怀柔两个区县。调查采用多极分层抽样的方法,在所确定的10个区县中抽取1500户作为被调查户,然后由访问员进行入户调查,调查的对象为6周岁以上的北京常住人口。

一、社会调查的主要结果

调查结果显示,北京人民广播电台的总收听率为87%。这一结果低于同时调查的北京电视台和中央电视台的收视率,高于同时调查的首都及临近省市12家主要新闻媒体的比例。

按专业台统计,在北京人民广播电台的7个专业台中,北京新闻台的收听率为60%,北京经济台的收听率为31%,北京教育台的收听率为19%,北京交通台的收听率为47%,北京文艺台的收听率为44%,北京音乐台的收听率为52%,北京儿童台的收听率为9%。

调查结果还显示,北京人民广播电台收听群体女性为51%,略高于男性的49%。各年龄层次的听众分布比较均匀,如果以每10岁为一个年龄段,从12岁到69岁每个年龄段的听众大体上占15%左右。6至11岁和70岁以上的听众只占12%。从文化程度方面来看,收听比例由高到低依次是初中、高中、大专、小学和大学本科,无文化和具有研究生以上文化水平的,与具有前五种文化水平的人相比,所占比例要小得多。收入在1500元以下的听众占绝对优势,高达90%,也就是说,广播听众的主体是工人、服务人员、机关事业单位干部、企业管理人员、教师、医务人员、学生和离退休人员。

二、两次调查的比较与分析

三年前,也就是1994年,北京人民广播电台也曾作过一次与1997年同样范围、同样规模的社会调查。为了从两次调查中总结有益的经验,下面从两个方面对这两次调查进行比较和分析。

(一)两次调查结果的比较

就北京人民广播电台而言,1994年听众调查的总收听率为66.05%,与1997年的87%相比,低20.95个百分点,也就是说经过三年北京人民广播电台的总收听率远远高出了三年前的调查结果。从各专业台来看,1997年的调查结果除个别专业台略有降低外,绝大多数专业台的收听率都有较大幅度的提高,其中音乐台和交通台的收听率分别提高了18.22和15.48个百分点。

以北京人民广播电台与首都几家主要新闻媒体和邻近省市有关新闻媒体比较,1994年和1997年两次调查结果北京人民广播电台都排在中央电视台和北京电视台之后,居第三位,高于其他报刊和电台。

(二)两次调查结果的启示

从上述两方面的分析中不难看出,北京人民广播电台两次社会调查都有其特殊的历史条件和环境。1994年的调查正处在北京人民广播电台各专业台刚刚建立的初期,崭新的播出形式和听众广泛参与,使北京的广播火爆京城,连许多报刊也惊呼“京城广播再度辉煌”,“京城广播又火起来了”。然而,这一年的调查结果却远远低于1997年的调查结果。1997年的调查正处在首都各新闻媒体竞争十分激烈的环境中,尤其是有线电视经过几年的发展,已经进入千家万户,再加上卫星转播,首都的观众不仅可以收看北京的电视,还能收看十几家外省市的电视。就是在这样的环境中,北京人民广播电台的收听率仍然位居中央电视台和北京电视台之后,保持在第三位,而且远远高于1994年的收听率。这是为什么?

回顾八年所走过的路程,首先可以肯定的是,北京人民广播电台在基本完成了多数专业台的建立之后，不失时机地把工作重心转移到规范专业台和加强管理上的决策是正确的。所谓规范和管理，就是要求各专业台严格按照办台方针设置节目，使各专业台逐步形成各自的听众群，使其产生七个一相加大于七的效果。当然，为了达到这一目的，需要采取很多措施，做很多工作。这是启示之一。

启示之二是北京人民广播电台制定的“抓导向、抓精品、抓管理、抓队伍，全面提高节目质量”的工作方针为提高全台收听率奠定了坚实的基础。这几年来，北京人民广播电台在认真贯彻党中央和北京市一系列宣传方针的同时，于1996年提出了上述工作方针，并围绕这一工作方针采取了每年抓一个方面的重点带动其他方面工作的方法，取得了很好的成效。例如1996年重点抓了精办节目、创名牌节目工作，并为此重新修订了奖励办法。又如1997年重点抓了编播人员的业务建设，对主持人进行了全脱产业务培训等等。这些都为全面提高节目质量打下了基础，也是听众收听率提高的重要原因之一。

自从各专业台建立之后，近几年各台之间逐步形成了争办贴近实际、贴近群众、贴近生活好节目的态势，各台随时都在研究自己的节目，根据听众的需要不断调整和推出新节目。有些台还对节目进行季度听众调查，了解节目收听情况。各台谁也不甘落后的这种竞争机制的形成，也为办好节目奠定了广泛的群众基础。这是启示之三。

三、存在的问题

从1997年听众社会调查总的结果看是令人满意的，但从中也发现了一些问题。比较突出的问题，一是在总收听率中经常收听和天天收听的比例只占60%，远远低于中央电视台和北京电视台，甚至低于北京有线电视台。二是在全台调查的280多个栏目中，排在前50名的相对集中在少数几个专业台，有的专业台甚至连一个也没有进入前50名。这说明各台节目质量发展不够平衡。三是个别专业台收听率太低。

（马仕存）

北京有线电视台收视率调查浅析

北京有线电视台自1993年委托北京社会心理研究所进行北京地区收视率调查以来，其频次逐年增加。1997年度平均每月开展一次调查，每次调查为期一周。调查采用分层随机抽样发放问卷和收视日记卡的方式进行，样本1000户，1000人。调查问卷主要涉及观众的收视行为、对各电视频道及电视栏目的主观评价等，收视日记卡记录被调查户的收视情况。主要分析指标包括：频道及节目的收视率、占有率，以及各调查时间段的开机率。

1997年一年的电视收视调查表明，北京有线电视台影视频道、综合信息频道、体育频道以其各自的特色获得了北京观众的认可。北京有线影视频道被观众认为是内容最丰富、娱乐性最强的频道，并在“节目时间安排合理”和“风格独特”两项评价中位居第二；北京有线综合信息频道被认为是“信息量最大”的频道之一；而北京有线体育频道则在“娱乐性强”和“风格独特”两项中名列第二和第三。北京有线电视各频道已经成为许多观众每天必看的频道。

1997年，北京有线电视各频道收视率基本保持稳定的态势。其中有线电视影视频道每天的平均收视率大致在10%～15%的区间内波动，但晚间自20：00以后，北京有线影视频道的收视率在北京地区居于领先地位；有线电视综合信息频道的每天平均收视率大致在2%～3%的区间内波动；有线电视体育频道的平均收视率基本稳定在4%～6%左右。

1997年，调查表明，北京有线电视台各频道都有一些为观众所喜爱的电视栏目，它们分别是影视频道的《快乐周末》、《电影与电影人》、《第三只眼睛》、《影视精品屋》等；综合信息频道的《质量与市场》、《一曲千情》、《商海瞭望》、《金融资讯》、《飞跃太平洋》等；体育频道的《一周体坛》、《体育生涯》、《国安绿茵传真》、《小球天地》、《垂钓乐园》等。

天津人民广播电台千户居民随机抽样问卷调查报告

1997年8月10日至10月20日，天津人民广播电台委托天津市统计局，在市区内进行了一次千户居民收听天津广播情况的随机抽样问卷调查。本次调查严格遵守随机的原则，在市区内抽选了1000名6～70岁的调查对象，经过计算机处理，并用美国SPSS统计软件做了描述分析和分组统计，共获得原始数据53万多笔。现将调查结果综合分析如下：

一、听众对广播的接触情况

从听众收听广播的调查结果看，广播的收听率为82.2%，比1996年10月的调查结果提高了3.9个百分点。从听众接触广播的程度看，“天天听”听众比1996年10月的调查结果提高了6个百分点，“经常听”的听众提高了8.8个百分点，“有时听”的听众下降了10.9个百分点。这说明，听众收听广播的质量有了明显的提高，一部分有时听的听众正在向“天天听”、“经常听”转化。

广播收视率的提高和听众接触程度的变化，综合分析有以下几方面的原因。

1. 实施名牌带动战略取得可喜成果

实施名牌带动战略，调动了各专业频道创名牌、出精品的积极性，使质量第一的思想深入人心，出现了争先恐后创名牌的新局面。从台领导、各部门主任到编播技术人员，都把争创名牌节目放在第一位，舍得花费人力、精力、物力，因此办出一大批深受听众欢迎的节目，如《新闻909》、《天津新闻》、《天津早晨》、《体育大世界》、《悄悄话》、《京剧大戏院》、《曲苑大观》、《红绿灯》、《童心姐姐》、《千家万户》、《99点播台》、《三星十八点》、《交广服务台》、《女性天地》、《空中邮车》、《健康之友》等等。这些节目以丰富的内容、新颖的形式、较高的质量和品位，吸引着广大听众，满足了社会各层次听众的不同需求，使广播影响社会生活的力度大大加强。

2.充分发挥了广播多功能的优势

电台是综合性很强的新闻媒体，在社会主义市场经济条件下，只有发挥广播多功能的优势才能办好办活广播。广播与其他新闻媒介相比，具有信息传递快的优势，在发挥多功能作用方面，有着其他媒介难以替代的作用。1997年，我国的大事多，宣传任务重。天津电台在邓小平同志逝世、香港回归、党的十五大期间，精心组织、精心策划、精心安排，并调动各种宣传手段，采用新闻、评论、特写、通讯、专访、现场报道、录音报道、现场直播等各种形式，搞了大量生动的报道，使香港回归祖国、党的十五大等报道深入人心，满足了听众的收听需要。

3.进一步优化了系列频道布局，突出了专业频道特色

优化系列频道布局，突出专业频道特色一直是天津电台宣传改革的重要任务之一，多年来做了大量深入细致的工作，进行了一系列较深层次的研讨。1997年1月6日推出的广播节目时间表，是优化系列频道布局，突出专业频道特色的具体成果。这次节目调整，各专业频道的分工更加明确，特色更加突出，指向性更加鲜明，各频道都办出了一些在听众中有广泛影响、深受听众欢迎的主题名牌节目。

4.下大力量办好新闻节目

从这次调查结果看，各档新闻节目都取得了比较好的收听率，尤其是《新闻909》和《天津早晨》节目，分别比去年提高了11个和2.1个百分点，使新闻是办台之首的思想得到了充分的体现。

过去历年的调查结果都是《气象预报》的收听率处于第一位，转播中央人民广播电台《新闻和报纸摘要》处于第二位，《新闻909》处于第三位；这次调查结果，《新闻909》一跃成了第一位，收听率高达49.7%，居各类节目之首。

5.突出和强化了经济类节目

对经济类的宣传报道，天津电台一直抓得比较紧，不仅突出和强化了经济生活中的宣传报道，而且在播出时间上也在不断加强，1997年1月6日节目调整，又新增加了《市场生活90分》节目。在宣传党和国家的经济政策、传播经济信息、沟通产销渠道、为企业和消费者服务等方面起到了积极的作用。

二、各频道的收听情况

为了便于分析比较各个频道的收听情况，现将1995年到1997的收听率调查结果排列如下：

频道	1997年	1996年	1995年
新闻频道	71.7%	66.3%	51.1%
经济频道	52.4%	50.3%	42.4%
文艺频道	64.6%	39.1%	38.2%
音乐频道	46.9%	36.1%	21.2%
交通频道	36.2%	34.5%	21.4%
教育频道	25.2%	16.2%	4.9%

从以上3年的调查结果看，各个频道的收听率都处在稳中有升的趋势，这和天津电台近几年狠抓节目质量，全面实施名牌带动战略，强化各频道的功能和指向，搞好频道、节目定位是分不开的。这说明天津电台在总体求全、个体求新方面不断取得新的突破，使系列频道布局更趋势合理，从而满足了各个层次听众的收听需要。

从6个频道的收听率中也可以看出，各个频道的收听率还存在着一定的差异。尽管各频道之间在功能、服务对象、发射功率等方面存在着不同，但是，就某一特定群体来说，有的频道确实有不尽如人意之处。过去历次调查结果几个频道收听率的排序均为新闻、经济、文艺、音乐、交通、教育，今年的调查结果经济频道却从第二位下降到了第三位，而文艺频道上升到了第二位。这一变化需要我们很好地分析、研究、总结经济频道收听率下降的原因。

三、收听率在前20名的节目

在被调查的173个节目中，收听率在前20名的是：

名次	频道	播出时间	节目名称	收听率%
1	新闻	7：00	新闻909	49.7
2	新闻	6：25	气象预报	49.0
3	新闻	8：00	天津新闻	34.3
4	文艺	17：30	每日相声	32.4
5	文艺	12：00	点播音乐	29.5
6	经济	7：00	天津早晨	28.8
7	新闻	16：00	枫叶正红	26.8
8	文艺	16：30	曲苑大观	26.7
9	新闻	19：00	体育大世界	25.7
10	文艺	8：30	每日相声	24.1
11	交通	9：00	红绿灯	23.7
12	新闻	8：30	中长书连续播讲	23.4
13	文艺	8：00	评书连播	21.8
14	新闻	8：25	气象预报	19.3
15	音乐	12：00	99点播台	19.2
16	文艺	15：30	京剧大戏院	18.5
17	新闻	19：00	足球之夜	17.7
18	经济	15：05	健康之友	17.5
19	新闻	17：00	空中诊所	16.9
20	文艺	18：00	1386艺术厅	15.9

收听率在前20名的节目中，新闻频道有9个节

目，占45%，经济频道有2个节目，占10%，文艺频道有7个节目，占35%，音乐频道有1个节目，占5%，交通频道有1个节目，占5%。

从收听率在前20名节目的调查结果看，这里反映出一个带规律性的特点，那就是，凡是收听率高的频道，它所播出的每一个节目收听率都相对较高。甚至像气象预报、评书、点播歌曲等这些内容和形式相近的节目，在不同频道播出也出现了收听率高低的差异，有的反差还比较大。因此，提高各个频道的收听率，扩大各个频道在听众中的影响，对提高每一个节目的收听率至关重要。但是提高各个频道的收听率又离不开提高每个节目的收听率，二者是相辅相成、相得益彰的。所以我们要在不断提高节目质量的同时，突出各频道、节目的特色，明确其指向，强化其功能，以达到预期的宣传效果。

四、各时间段的收听情况

在各个时间段的调查结果中，收听率最高的是6：00～8：00为59.4%，其次是14：00～18：00为41.5%，第三是8：00～12：00为38.4%，第四是19：00～22：00为36.6%，第五是12：00～14：00为31.7%，第六是18：00～19：00为25.6%，第七是22：00以后为19.6%。

从各个时间段的收听况看，1997年各个时间段的收听率均比1996年有一定程度的提高。这说明天津电台的节目安排是合理的，适应了听众的收听需要，在各个时间段里都有听众喜欢收听的节目。

五、几个值得研究和思考的问题

1. 为了适应名牌带动战略，满足听众的收听需要，提高广播宣传的整体效应，必须走集约化的发展道路。那种作坊式经营、分散性管理的模式，将成为影响广播事业发展的障碍。只有走大生产专业化之路，才能多创名牌，多出精品，不断地满足听众的收听需要。

2. 在节目设置上，还存在同一类节目、同一个受众群体、在不同频道的同一时间播出的问题。这种节目安排，不但影响听众收听，而且在收听率上也会造成两败俱伤。

3. 有的频道特色不够突出，指向性不强，缺乏主题名牌节目，缺乏支柱节目、叫座节目。有些节目还存在趋同现象。

4. 为了缩短战线，精办节目，在节目结构上应采取置换和淘汰的办法，加强名牌节目的重播，文艺节目的输出。对那些既没有什么社会效益，又没有经济效益，收听率较低的节目应该进行改版或淘汰。

5. 从各个节目的收听率中可以看出，凡是特色比较鲜明、指向性强的节目收听率普遍较高，相反，那些特色不够鲜明、指向性不强、甚至节目名称比较含糊的节目收听率都较低，"天天听"的听众只有百分之零点几。因此，节目定位要准确，"规定动作"一定要规范，特点要突出，特色要鲜明，"自选动作"要充分发挥个性。

6. 如果全台都拿出办《新闻909》的机制和劲头办其它节目，那么我们的节目质量和收听率会提高一大块。

7. 专题性、服务性的节目必须在贴近听众、服务听众上下功夫。每次抽样调查《气象预报》的收听率都在前几位，为什么《气象预报》这么受听众欢迎呢？尽管它的内容和形式都很简单，但是它能直接服务听众，和人们的工作、学习、生活息息相关。如果专题性、服务性节目都能办成这样，听众就会觉得离不开，收听率将大幅上升。

8.《枫叶正红》节目是办给老年人收听的节目，可是她却吸引了一批中青年听众收听。如果教育、儿童节目在办给青少年的同时，也能吸引中老年人收听，那么它就取得了更佳的宣传效果。

9. 文艺频道的节目设置尚不够丰满，戏曲、曲艺占的比重较小。文艺频道应增加戏曲、曲艺的播出量。

10. 从这次调查结果看，"有时听"的听众占有相当大的比重，这既是一件好事，又是需要我们认真研究的重要课题。这部分听众是一个极不稳定的群体，我们要下功夫研究，把这部分听众尽快转化成"天天听"、"经常听"的积极听众，千万不能放跑这些听众。

11. 这次调查结果还显示出，目前开办的假日版节目，收听率不高，还没有形成气候和声势。今后应下力量加强和充实假日版节目，把假日版节目真正办出几个名牌。

12. 教育频道应根据青少年和社会的需要，多开办各种专题讲座类节目，如计算机、外语、会计、再就业培训以及素质教育、能力教育等等。

（马津力、孙福弟、张今路、杜玉藻）

天津电视台观众来信综述

1997年，天津电视台共收到观众来信约3万封。其中有关评价节目的信件约占总来信量的9%；参加各类竞猜节目的信件约占60%；咨询类信件约占15%；其它信件约占16%。

纵观评价节目的信件可以看出，来信反映了天津电视台不同时期宣传内容的方方面面。分析来信，具有以下几方面的特点：

一、"大事"宣传，观众满意

1997年是中华民族史上不同寻常、不同凡响的一年。观众对天津台在"邓小平逝世"、"香港回归"、"党的十五大召开"等重要内容的宣传方面，表示满意。

观众来信称赞天津电视台新闻工作者具有政治敏感性和过硬的业务素质，能够在邓小平逝世的特殊日子里，头脑冷静，及时、迅速地调整节目，保证了井然有序的播出。赞扬《今晨相会》的记者及时、快速地报道人民缅怀邓小平同志的活动。制作的专题片《缅怀深情、寄托哀思》让观众当天就看到人民争相订购邓小平同志遗像、追思伟人丰功伟绩的动人场面。《小平同志视察天津开发区》的专题片播出后,还有观众来信要求重播。

香港回归祖国,是中华民族的百年盛典。观众对天津电视台通过开辟专栏、组织竞赛、举办讲座,拍摄大型系列片、纪录片,举办大型文艺晚会等多种形式迎庆香港回归的宣传,大加赞赏。百集系列片《天津与香港》播出后,成为许多人每天必看的节目,收视率高达32.5%。观众称赞这部系列片构思好、导向正确,具有较强的权威性和可视性,是一部知识性强、信息量大、生动感人的好作品。大型专题片《海之唤》以独特的视角、翔实的资料、简明的电视语言,再现了天津与香港两地相互依存、促进发展、一往情深的历史,同样给观众留下了深刻的印象。

具有划时代历史意义的党的十五大召开前,天津电视台在宣传报道方面做了周密的部署。各部门调动精兵强将,制作形式多样、内容丰富的节目,播出以后受到观众的广泛赞誉。观众在来信中写道:"新闻部开辟的《荧屏论谈》节目受到人们的关注。虽然时间较短,但每集对党的十五大会议精神中涉及改革开放、经济发展等问题,都能够结合天津几年来发生的重大变化进行理论联系实际的评论,通俗易懂、贴近观众、说服力强,对全市人民认真学习、深刻领会党的十五大精神,达到了启发、辅导作用。且播出时间适宜观众收看,受到人们的欢迎。"经济部制作的系列专题片《展现辉煌》和文艺部制作的《胜利的旗帜》,以纪实和艺术的形式,讴歌了天津市在党的十四大以来取得的辉煌成就,达到了鼓舞人民、教育人民的目的。

二、名优栏目,广受关注,获得好评

天津电视台在落实局党委提出的"名牌"带动战略的实施中,狠抓精品生产,调动了编辑记者的积极性,收到显著的效果。从观众来信中可以看出,天津电视台的十大名优栏目具有相当好的群众基础。

名牌栏目《今晨相会》,被观众誉为天津的《焦点访谈》,来信量居名优栏目之首。在谈到这个栏目受欢迎的原因时,有观众说:"编辑记者的敬业精神,是栏目受欢迎的基础";"这个节目确实在为百姓服务、为政府做劲方面表现突出。"还有的观众说:《今晨相会》内容丰富,导向正确,采、编、播快捷,具有指导性、贴近性,节目特色鲜明。另外《经济话题》、《中国·天津》、《我们同行》、《中华戏曲》、《今晚好时光》等栏目的来信也比较多,对其节目风格、内容、质量都给予较好的评价,这些栏目播出的内容在观众中也留下了深刻的印象。

三、大型专题片,唱响激昂向上的主旋律

六集系列片《中华魂》播出后反响强烈。社会各界高度评价该片是一首体现华夏民族勤劳、勇敢、智慧、团结、奋进精神的史诗,是一部中华民族弘扬祖国文化、发展社会经济、以改革步伐迈向新世纪、高歌人类文明与进步的乐章。

文学评论家夏康达教授评价《中华魂》是"在活生生的现实世界中,找到了自己的视角,站在世纪之交的时代高度,立足今日,追念历史,在极为广阔的社会背景中,思考和展现我们的伟大民族将以怎样的精神风貌,跨入新的世纪"。

如果说《中华魂》是从民族角度着眼,那么天津电视台制作的另一部专题片《海河纪事》则是从天津地域特色入手,同样以激昂向上的主旋律,带给观众一种力量。观众在来信中写道:"《海河纪事》让人们看到了天津快速而稳健的发展,在辉煌的成就面前,同样面临着困难与挑战。要信心百倍地发展天津,建设家乡。"

四、来信涉及面广泛,反映了80%以上的栏目

据总编室统计,天津电视台自办的48个栏目,有80%以上受到观众品评。《青年大世界》、《天津新闻》、《天视体坛》、《经济长廊》、春节文艺晚会、电视剧《马三立》以及专题片《奔涌科技潮》、《承诺以后》、《飞销之路》等等,口碑也很好。

五、观众的建议与希望

1. 经济节目要增加趣味性,以利于吸引观众。

2. 节目的片头、制作要讲究包装,突出电视技术的艺术效果。

3. 电视新闻要尽量避开吸烟的镜头。

4. 荧屏要注意规范用字。

六、观众喜欢的节目类型与内容

类型:连续剧、新闻类、新闻评论类、专题类、综艺类的节目。

内容:反映爱国主义主题的、贴近百姓生活的、有地域特色的。

(杨雪英)

上海电视节目收视率调查概述

1996年年中,上海局开始积极组建进行收视率调查的信息咨询公司。1997年3月,在上海市广播电影电视局总编室的参与、支持下,高效、优质的户收视率自动记录系统投入使用,全面取代已开展了十年之久的日记式收视率调查。

上海户收视率自动记录系统中的收视率记录仪通过讯号线与电视机相联,并与电视机同时打开或者关闭。自动记录仪以15秒为一个记录单位,凡收视一档节目时间达15秒以上时,便自动记录在案,十分科学、准确、客观。上海局收视率调查使用的自动记录仪系统,数量之多,质量之稳定,在我国各收视率调查公司中绝无仅有。目前,上海收视率调查的市区样本为600户,记录的正确返回达99%;每一收视百分点代表市区居民户约2.5万,折合人口约7.25万。

一、1997年收视率的基本走势

调查表明,从一早起,上海电视节目的年平均户收视率基本呈上升趋势,至20:00～20:15达到最高峰,一般可达60%左右;然后就一路下滑,直至深夜播出结束。这一收视趋势,总体上符合上海市民的起居、活动习惯和上海电视节目的编排思路。

调查还表明，在收视最高峰附近，即 19：30～21：15之间，形成了一个有一定宽度的“平台”，这就是通常所说的“黄金时间段”。在这一时间段中，所测得的年平均户收视率均在 50%以上。

二、市井生活题材的电视剧赢得高收视率

“黄金时间段”的形成，主要依赖于各频道的电视剧。1997 年上海局各频道在“黄金时间段”播放的电视剧不下 55 部。1997 年上海局各频道有较高户平均收视率的电视剧排序如下：

频道	电视剧名和制作地	收视率
20 频道	儿女情长（22 集上海产）	50.28%
20 频道	夺子战争（10 集上海产）	31.95%
20 频道	何须再回首（18 集上海产）	30.46%
33 频道	笑看风云（38 集香港产）	30.02%
33 频道	香帅传奇（50 集香港产）	29.23%
8 频道	秦家风波（18 集上海产）	28.79%
8 频道	若男和她的儿女（24 集上海产）	27.82%
8 频道	男人没烦恼（26 集上海产）	27.59%
8 频道	梦幻天使（24 集湖南产）	27.31%
有线一套	鹤啸九天（30 集新加坡产）	25.02%

这不仅直观地反映了内地剧(相对于港台剧而言)继 1996 年后再次在上海荧屏独领风骚的现状，也鲜明地地展示了当前上海观众的两大收看趣味：一是喜欢看触及市民家长里短的电视剧，其中更喜欢看由本局制作的反映上海现实生活的电视剧；二是喜欢看有趣味性和戏剧性的武打片。

三、自办专题类节目收视率不算高

相比较电视剧来说，各频道对自己开设的各类节目（栏目）的户收视率就比较宽容。即使在“黄金时间段”，户平均收视率超过 10 个百分点的也只有了了无几的四档。

有较高收视率（年平均）的自办节目

频道	节目名称	播出时间	收视率
8 频道	智力大冲浪（游戏类）	每周日 19：10 左右	19.93%
20 频道	共度好时光（综艺类）	每周六 19：00 左右	16.58%
8 频道	案件聚焦（法制类）	每周二、五 20：10 左右	13.1%
20 频道	快乐大转盘（游戏类）	每周日 19：00 左右	12.26%

自办专题节目包括口碑很好的电视纪录片大都处于收视率不高的状态，是因为大多专题节目都有特定诉求对象，观众面本来就较窄。上面所列四档节目之所以有较高收视率，与他们的观众面较为宽泛显然不无关系。除此之外，“黄金时间段”自办节目横向上受电视剧影响及自身没有及时找到观众的热点等也是影响收视率的因素。

四、电视文艺晚会收视率被继续看好

在收视率上唯一能与电视剧抗衡的是电视文艺晚会。电视文艺晚会载歌载舞、热闹欢快，在上海市民中拥有相当可观的观众群。1997 年上海各台共举办了近 200 台电视文艺晚会，质量虽参差不齐，但大都反响较好，超过 15 个百分点的电视文艺晚会就不下 20 台。特别是 1997 年春节期间的多台晚会，收视率都在 25 个百分点以上。

五、电视新闻节目收视率还应有所提高

调查显示，各台傍晚新闻收视率存在着相当的差距，且升降自成一格，相互间无甚关联。从各方面了解的信息看，产生这一状况的重要原因，恐怕还在于上海观众的收视习惯。习惯是人生的痕迹，所以一个台的新闻节目历史越长，拥有的观众也就越多。但是自我反省，三台傍晚新闻节目的收视率曲线一年来“人不犯我，我不犯人”态势，也反映了上海三台电视新闻竞争不力，主要是雷同之处不少，未能对观众原有新闻收视习惯产生强烈冲击。

（陆云鹏）

“我心目中的浙江电台”听众问卷调查报告

浙江人民广播电台于 1997 年 9 月 26 日起，开展“我心目中的浙江电台”听众问卷调查活动，到 10 月底结束。调查目的是：征求听众对浙江电台整体形象的设计、节目调改思路等方面的建设性意见。办法是通过 9 月 26 日出版的《浙江日报》随送“听众问卷调查表”然后回收整理。这次调查，基本上达到了预期目标；调查统计结果和收集到的意见和建议，对进一步办好广播有一定的参考价值。

一、概况

这次听众问卷调查基本上限于浙江本省范围内。回收到问卷调查表一万多份，遍及全省各地市县；也有少数来自江苏、上海、安徽等周边省市。从返回的问卷调查表中任意抽取 1386 份（约占总数的百分之十）进行分类统计，大体情况如下：

1. 从性别上看，男性听众多于女性。其中男性听众为 1067 人，约占总数的 77%；女性听众为 319 人，占 23%。

2. 从职业上看，学生听众最多，为 320 人，占总人数的 23.1%；其次是企业职工，为 272 人，占总人数的 19.6%；第三是国家干部，为 213 人，占总人数 15.3%；第四是科技和教育人员，为 123 人，占总人数的 8.9%；第五是农民，为 104 人，占总人数的 7.5%。其他方面听众比较零散。

3. 从年龄段看，青少年听广播的人数最多。如 22 岁以下为 545 人，占总人数的 39%；23 岁至 29 岁为

361人，占总人数的26%。此二年龄段均为青少年，合计人数为906人，占总人数的65%。第二是30岁到45岁年龄段为251人，占总人数的18%；第三是45岁到60岁年龄段，为149人，占总人数的11%；收听广播最少的是60岁以上的老年人，为80人，占总人数的6%。

4. 从收听状态看，在家里收听者最多，为1238人，占总人数的89.3%；第二是在公共场所（公园、单位、学校、田野等地）收听，为190人，占总人数的13.7%；亦有少数人在路上收听的，为46人，占总人数的3.3%。

5. 从收听工具看，使用收录机者最多，为791人，占总人数的57.1%；其次是使用半导体收音机，为419人，占总人数的30.2%；第三是有线广播，为192人，占总人数的13.9%。另外还有极少数使用组合音响等其他收听工具的。

6. 从收听效果看，清晰或比较清晰的为1355人，占总数的90.5%。

7. 从收听习惯看，每天收听者为692人，占总人数的49.9%；经常收听者331人，占总人数的23.9%；偶而收听者为358人，占总人数的25.8%。

8. 从收听目的看，为了掌握“指向信息”者居第一位，有670人，占总人数的48.3%；第二位是为了消遣，有505人，占总人数的36.4%；第三位是为“资讯”，有390人，占总人数的28.1%。

9. 从喜欢节目类型看，据第一位的是新闻节目，为856人，占总人数的61.8%；其次是音乐节目，为618人，占总人数的44.6%；第三是娱乐节目，为375人，占总人数的27.1%；第四是资讯服务节目，为350人，占总人数的25.3%；第五是体育节目，为336人，占总人数的24.2%。喜欢其他类节目者，仅为57人，占总人数的4.1%。

10. 从对浙江人民广播电台节目的“总体印象”评价看，说“好”和“较好”者为1219人，占总人数的87.9%；说“一般”者为156人，占总人数的11.3%；说“差”者为5人，占总人数的0.4%。

二、几点看法

1. 从调查统计结果看，在“收听目的”一栏测定中，“指向信息”得票率达48.3%，独占鳌头。可见听众收听目的仍以获取指向信息为主，而“新闻”依旧是最受欢迎、听众面最广泛的节目。在“您最喜欢的广播节目类型”一栏测定中，“新闻”得票率为61.8%，成为各类节目中的佼佼者。据此分析，可得出这样的结论：“新闻”节目当为全台节目的重中之重，应集中力量办好新闻节目。

2. 消遣娱乐类节目已成为广大听众对广播的第二大需求。如音乐、娱乐、体育节目，在听众心目中十分看好。由此可知，具有知识性、趣味性、欣赏性、参与性、及教育性功能的专题节目，有着广阔的天地。办好双休日、节假日消遣节目，意义尤为重大。

3. 资讯已成为广大听众收听广播的重要目的之一。本次调查中，不论是从收听目的和最喜欢的节目类型两项测定中，均居第三位。随着我国改革开放的深入发展和由计划经济向市场经济转化，全国各地经济发展迅猛异常。因此，听众需要广播电台为其服务，并已成为他们心目中完全可以信赖的资讯机构。由此可见，办好信息类、服务类节目，能吸引住大批听众。

4. 从统计结果看出，30岁以下的青少年和儿童是一个极为重大的听众群（人数最多，占被调查总人数的65%），居全部各档听众年龄段的首位。看来，办好为青少年服务的节目和儿童节目十分重要。电台应根据青少年、儿童的特点，把节目办得更好。

5. 早、中、晚仍是黄金时间段，夜间（19：00～24：00）“含金量”增加。这可从收听工具以收录机（占57.1%）和有线广播（13.9%）看出，在家里收听者居大多数（占总人数的89.3%）。按照人们的起居劳作习惯作息时间分析，早晨、中午及晚餐前后时间仍然是收听广播的高峰期，因而是电台安排节目的黄金时段。

（张兵　顾新文）

江西大学生听众探析

大学生是当前广播听众中一个重要群体，他们如何看现在的广播？1997年南昌大学新闻系面向全省近9万名大学生开展的听众调查表明：大学生们对现在的广播总的来说印象颇佳，但对某些节目类别极不满意。调查采用非随机抽样方法，有效样本数478。

广播功能的发挥：瑕不掩瑜，令人满意

从统计结果看，大学生们对我国广播在现代社会中所起的作用甚为满意。调查表所列出的7项广播功能中，6项被半数以上的被调查者评为“好”和“较好”。其中，“报道国内外大事”、“提供消遣娱乐”和“宣传党的方针、政策、法令”列前三位，“反映人民呼声”位列最末。

90年代以来，我国广播界加大了改革力度，在保证和加强舆论导向的同时，各广播电台都纷纷强化了新闻和娱乐节目的分量。显然，大学生听众对广播的这种改革是满意的。但大学生的意见也告诉我们：如何更充分地反映人民呼声，仍是广播界亟待解决的问题。

广播新闻节目：真实可信但“听头”稍差

调查分别从真实性和“听头”两方面了解大学生的意见。统计结果表明，大学生对当前我国广播新闻的真实性评价颇高，69.8%的人认为“完全可信”或“基本可信”，只有4%的人认为“基本不可信”或“很不可信”。但对于广播新闻节目的“听头”（即可听性）评价却低得多，认为“很有听头”和“比较有听头”的总共不到40%。大学生们认为：“会议新闻太多”和“缺乏广播特色”是造成广播新闻节目不太好听的主要原因。

其它几类节目：质量参差有悬殊

调查还列出了大学生接触较多的另7类节目。这些节目中，最获大学生好评的是流行音乐、点歌类，认为"好"与"较好"的占41.9%。评价较差的两类节目是生活服务类和广告，认为它们"好"与"较好"的分别只有24.1%和12.8%。

对上述各类节目，大学生们还提出了具体意见。比较集中的意见有："主持风格不鲜明"、"驾驭能力差"、"文化修养不深"（主持人节目）；"空泛说教，建设性意见少"、"交谈话题幼稚、琐碎"、"谈个人感情太多"（晚间谈心节目）；"精品少"、"特约、协助播出太滥"（广播剧和小说连播节目）；"变相做广告"、"不解决实际问题"（生活服务类节目）；"作品缺乏创意"、"公益广告少"、"内容不真实"（广告节目）。

大学生对当前我国广播功能的评价

广播功能	回答"好"与"较好"的百分比	名次
报道国内外大事	83.5	1
提供消遣、娱乐	75.1	2
宣传党和国家的方针、政策	71.1	3
宣传社会公德 弘扬时代精神	60.3	4
提供各类咨询、指导	56.3	5
传播文化、科技等各类知识	54.4	6
反映人民群众呼声	41.2	7

潜台词：广播改革大有成就，节目质量仍需提高

调查显示出，对我国广播现状，大学生的评价总的来说是比较高的，但对不同节目类别的评价颇有悬殊。更重要的是，对广播功能和广播节目质量的评价，前者高而后者低，中间存在一个十分明显的"落差"。应该说，大学生的上述评价是比较客观的，从一个侧面折射出改革开放以来我国广播改革所取得的成就以及尚存在的严重问题，即，一方面，在广播功能结构的调整、广播节目内容及形式的调整与创新、与受众关系的调整和新闻观念的变革等方面，我们取得了巨大的成绩，广播贴近了群众、贴近了生活，满足了人民群众对广播的多种需求；但另一方面，由于传播体制变革的滞后及市场经济的冲击等原因，广播节目的质量却出现了良莠不齐、整体上让人堪忧的局面。缺乏精品，这已是近年来人们对包括广播在内的各媒体的共同评价。大学生的上述意见，也再次证实了这一点。

济南经济电视台经济类节目观众问卷调查报告

1997年5月，济南市广播电视局总编室与济南广视社会调查咨询中心受济南经济电视台的委托，对该台经济部主办的经济类节目组织进行了一次较大规模的综合性问卷调查活动，旨在系统、准确地摸清该台经济节目在济南市区的收视情况和观众对其节目的评价和需求。这次调查活动本着实事求是、广泛深入、细致准确的原则，采用随机抽样、问卷答题的方式，以确保调查数据和综合结果的准确性、真实性。这次调查活动共印发专用调查问卷表1050份，收回有效问卷914份。调查问卷共涉及16个项目130多个问题。

这次调查以济南经济电视台《财经报道》节目为主要调查对象，兼顾其他节目。调查中心将有效问卷集中进行了认真细致的汇总统计，取得了详细数据，并加以综合分析。现将统计分析结果报告如下：

一、关于济南经济电视台主要经济节目收视率情况

调查结果表明，济南市大多数观众收看过济南经济电视台的经济节目。如表：

节目 \ 收视情况 \ 百分比	收看过的观众	每期必看	经常看	偶尔看	基本不看
财经报道	72.73	9.21	39.19	24.33	27.27
经济大观	59.71	6.14	25.68	27.89	40.29
经济时空	62.29	5.28	31.94	25.07	37.71
经济新闻	58.11	—	—	—	—

以上数据反映出，济南市相当数量的观众关注经济类节目，说明随着改革开放的深入，国家经济的迅速发展，广大群众的经济意识日益提高，收看经济节目的观众正迅速增多。也可以反映出济南经济电视台的经济类节目办得越来越好，业已受到广大观众的欢迎，并已形成一定规模的固定观众群体。

调查结果显示，表示每期必看的多为经济界人士和从事经济研究及宣传报道的人士，并有一部分是股民。表示经常收看的观众则包括了社会各阶层人士。

但应引起重视的是，尚有一部分观众没收看过这些节目，甚至不知道、不了解这些节目。因而，继续提高节目质量和加大节目自身宣传仍是当务之急。

二、观众收看经济节目的目的性强

调查表明,观众收看经济节目有着很强的目的性。以《财经报道》节目为例,观众收看目的占前5位的分别是:关心当今社会经济热点问题占64.74%,指导生活消费占46.81%,了解市场行情占43.61%,了解国际国内经济动态占42.63%,了解金融、证券信息占35.38%。

为"提供决策参考"和"为了专业研究"而收看该节目的观众分别占11.06%和6.27%。

只有12.29%的观众没有明确的目的性,表示有时收看是为了消遣。

以上结果表明,观众收看经济节目,主要是为了从中获取信息,以了解经济形势,提供决策参考,指导生活消费。单纯为了娱乐消遣而看经济节目的很少。因而在经济节目中提供及时、准确并具有权威性、指导性的信息是节目编导人员的主要努力方向,说清、易懂、易记是主要的技术要求。

三、观众对《财经报道》等节目作出中肯评价

在收看《财经报道》节目的观众中,认为"内容丰富"的占54.18%,认为"可以指导消费"的占47.42%,认为"实用性强"的占42.01%,有39.68%的观众认为该节目"导向正确";认为可以做为"投资指南"的观众占24.57%,还有18.67%的观众认为该节目起到了"供求桥梁"的作用。而认为该节目"权威性强"和"可做决策参考"的观众分别占16.4%和14.13%。

四、观众对节目提出了殷切的希望

调查结果显示,济南市观众对经济节目有很高的热情,希望播出的内容涉及经济领域各个方面。广大观众认为经济节目应在下列内容上进行报道:

消费者权益保护	55.77%
打击假冒伪劣	54.67%
百姓经济生活	54.18%
国际国内财经形势、动态	51.60%
市场行情、商品物价	48.40%
市场与消费调查	48.03%
财经领域重大事件	46.19%
金融证券行情、信息分析	42.01%
经济案件报道	35.87%
国有企业改革	34.71%

观众对《财经报道》的形式也提出了希望:

47.42%的观众认为内容应更加丰富,认为应"开阔视野"的占46.44%,认为应加大信息量的占42.87%,认为节目应能有效地"指导消费"的占42.38%,有36.36%的观众认为节目应在"提高权威性"上下功夫,27.89%的观众认为在信息传递上还应再快一点,有26.9%的人希望能提供投资指南,24.45%的人希望更加生动活泼一点,19.53%的观众希望能提供供求信息,17.32%的观众希望在提供决策参考方面加强。

五、观众最关心的十个经济话题

为了摸清济南市观众关于经济问题的热点,本次调查设了30多个经济话题,请观众投票选择,结果排在前10位的是:

1. 市场行情	69.53%
2. 国际国内发展形势	64.74%
3. 消费者权益保护	64.37%
4. 商品物价	64.25%
5. 百姓经济生活	62.90%
6. 住房制度改革	61.55%
7. 打击假冒伪劣	60.81%
8. 国有企业改革	54.05%
9. 经济案件追踪	50.00%
10. 菜蓝子工程	49.39%

另外,得票率超过30%的几个话题分别是:

1. 下岗职工及再就业	43.86%
2. 劳动保险及社会保障	40.71%
3. 职业道德行风建设	37.96%
4. 股市证券信息	37.59%
5. 经济法制建设	32.92%
6. 环境保护	31.70%
7. 金融信息	31.20%
8. 城市建设及规划	30.96%

六、几点看法

通过对调查结果进行汇总分析和综合观众提出的建议和意见,提出几点看法仅供参考。

1. 随着改革开放的深入,国家经济建设迅速发展,社会各界人士的经济意识日益增强,了解国际国内经济形势、掌握各种经济信息、指导决策、指导生活消费的需求日益扩大,观众对于新闻媒体的经济报道的关注与日俱增,并有很高的期望值。这应引起我们的重视。

2. 济南经济电视台的经济节目初步形成了自己的特色和专业特点,已经形成可观的固定观众群,在济南市经济活动中发挥着重要作用,并日益增长。节目定位准,内容比较丰富,信息比较快捷,注意抓住社会经济热点组织报道,产生了较好的社会效益。

3. 调查表明,观众对电视经济节目披露的信息,更注意其权威性和准确性。当今形形色色的信息从各种渠道涌来,五花八门,林林总总,选择准确的有价值的信息是观众的殷切愿望。特别是经济信息的权威性如何,决定了媒体的信誉和收看率。所以,电视台在披露各种经济信息时,应精心选择由权威部门发布的信息报道给广大观众。

4. 调查结果表明,观众在接受信息时有"两头热"现象,即一方面关心国际国内的经济形势和动态,以预测今后经济形势对本地区本单位和个人产生的影响,另一方面又关心发生在自己周围的关系到自己切身经济利益的经济现象和经济信息,如商品物价等。由此可见,电视节目应注意增强贴近性,作为地方台更应做好。要注意报道一些百姓关心的经济热点问题,更多地深入到基层,挖掘出发生在日常生活中的经济现象和经济问题,使党的经济政策更具体、更形象地走入寻常百姓家。

(魏清民　瞿华清　土华)

河南电视观众抽样调查分析报告

为了解人们对电视传播的看法，以及电视观众的收视心理、收视行为等基本情况，为电视宣传决策者提供参考，更好地为观众服务，1997 年 6 月到 8 月，河南电视台在河南农村社会经济调查队的协助下，参加了中央电视台组织的第三次全国观众抽样调查。

本次调查采用的是分层多级随机抽样方式。即在河南省范围内的城市层中按大、中、小规模各抽取样本 130 个、100 个和 82 个；农村层按地理特征，即平原层、丘陵层、山区层各抽取样本 336 个、113 个和 39 个。另外，全国电视观众调查网郑州站 300 户样本也参加了这次调查。总共样本 1100 个，回收有效问卷 1003 个。根据样本比例及抽样方法，可信度达 95%，误差范围 3%左右。在统计数据时，对城镇和乡村两个子样本分别作了加权处理。

一、河南电视观众的基本情况

从样本结构看，河南农村样本占 84.8%，小学以下文化程度的占 25%，年龄以 19～30 岁、31～40 岁两个年龄段的样本最多，分别占 32.4%、25.9%；家庭低收入的占 77.2%，其中两代户的家庭占 73.8%，四口人的家庭占 59.9%。这与河南是农业大省，人口多，地处内陆属经济不发达地区，农民受众多的实际情况相吻合。因此，各媒体在参与市场竞争中，首先要考虑到覆盖区域的受众实际情况，在确定市场及对象以后，对受众的审美观点、欣赏口味及心理需求都必须心中有数，这也是电视事业求发展的重要一环。

二、观众对三种新闻媒介的态度

让我们看一下河南观众面对报纸、广播、电视这三个互为竞争对手的媒体所做出的选择。

1992 年观众对三种新闻媒体的排序为电视、广播、报纸，而 1997 年电视在观众心目中的位置没变，但是报纸跃到广播的前面。

由于生活节奏的加快和闲暇时间更多的消遣和选择，1997 年从不接触电视的人与 1992 年相比几乎没有变化，而几乎每天接触电视的人则比 1992 年下降了 32 个百分点。五年间，电视节目从少到多，再到质优量丰的发展进步，电视文化带给人们的不仅是信息的传递，也带给现代人更多的精神娱乐空间。有时和经常接触电视的观众比 1992 年提高了 20.6%和 2.5%。

表 1　观众对三种传媒的接触程度　(%)

年代 \ 传媒 \ 频度		从不接触	很少接触	有时接触	经常接触	几乎每天接触
1992 年	报纸	52.4	9.2	13.0	12.5	12.9
	广播	20.0	9.5	19.0	28.0	23.9
	电视	0.4	1.3	6.5	32.9	58.1
1997 年	报纸	20.9	32.5	30.5	12.7	3.4
	广播	24.1	29.7	28.3	14.5	3.3
	电视	0.5	10.9	27.1	35.4	26.1

表 2　城乡观众对三种传媒的接触程度　(%)

区域 \ 传媒 \ 频度		从不接触	很少接触	有时接触	经常接触	几乎每天接触
城镇	报纸	5.8	16.2	33.8	29.4	14.8
	广播	16.5	26.5	29.2	18.4	9.4
	电视	0.2	4.2	21.5	36.2	37.9
农村	报纸	23.6	35.4	29.8	9.8	1.4
	广播	25.5	30.4	28.1	13.8	2.3
	电视	0.5	12.2	28.0	35.3	24.0

表 3　不同性别观众对三种传媒的接触程度　　(%)

性别	频度／传媒	从不接触	很少接触	有时接触	经常接触	几乎每天接触
男性	报纸	6.3	32.7	35.2	19.5	4.5
	广播	19.4	32.4	25.5	19.5	3.2
	电视	0.3	7.1	26.4	34.6	31.7
女性	报纸	14.6	32.3	25.7	10.4	2.3
	广播	28.9	27.1	31.1	9.4	3.5
	电视	0.6	14.8	27.6	36.3	20.6

表2和表3给了我们城乡观众和不同性别观众对三种传媒接触频度的交互分析。在选择从不或很少接触电视的人中，有90%以上是农民，这要考虑到农村经济发展不如城市快这一事实。此外，女性除了工作、劳动之外，还要承担操持家务和照顾孩子的原因，表现在从不或很少接触三种媒体的频度上都比男性高。特别对电视的表现更加突出，高出男性1倍。固定看电视的男性则比女性高出11个百分点，这其中相当一部分男性有每天定时收看电视新闻节目的习惯。

据1990年国家统计资料表明，河南省城镇女性文盲率为18%，而男性为6%；农村女性文盲率为35%，而男性只有16%。因此有时、经常和几乎每天读报纸的女性要比男性分别少9.5%、4.7%和4.2%，文化程度愈高，经常和几乎每天接触报纸的频次就愈多。看来文化因素以及农村报刊投递不及城镇便利的因素是报纸普及的不利因素。

近年来报刊和图书出版业的迅猛发展，改变了以往的做法，其可读性适应了各个年龄层、文化层、职业层和城乡读者的需要。1997年，据不完全统计，公开发行报纸已近3000种，比1996年新增了765种。有时和经常读报的人比1992年提高20.5和2个百分点。城镇居民中天天读报纸的人比农村多了13.4个百分点。

作为早期媒体之一的广播，虽然河南听众把它从1992年的第二位降至1997年的第三位，但是音乐台、交通台、热线直播、深夜谈话等针对性强的广播节目仍能取得更多听众的欢心。

1. 观众的收视环境

在选择看电视的地点时，有92.8%的河南观众都以家庭为首选。农村观众选择在亲戚朋友、邻居家看电视的要比城市观众高出4.2个百分点。这与农民喜欢串门的习惯及农村电视机不及城市普及有关。

2. 观众家中决定收看电视的人

既然绝大多数观众以家庭为单位看电视，那么，在一天的不同时段，每个家庭成员都有各取所需电视节目的时候。面对眼花缭乱的诸多频道和异彩纷呈的电视节目，究竟谁说了算呢？观众在解决这一矛盾时，采取以下措施：全家协商解决的为30.8%，由父母决定的为30.7%，由未婚青年决定的为7.5%，由老年人决定的为4.3%，有两台电视机可以各看各的为2.5%，互不相让的为2%。河南省的人口比例农村大于城市，而农村受众量大，且电视机普及率低。很明显，在决定选择收看电视上，能商量的和父母定的不相上下，由孩子决定的比例也比其它的高，而老年人的决定权最低仅为4.3%。如果在白天多安排些适合老年人、儿童及青年的节目，在晚上多安排适合全家人看的节目，既满足不同观众的需要，又提高节目的收视率，可谓一举两得。

3. 观众从不或很少看电视的原因

电视无疑丰富了人们的生活，给了他们无穷的享受和有益的指导，但是仍有0.5%的观众从不看电视和10.9%的观众很少看电视。原因如下表所示。

区域／平均值／原因	没时间	看不清	对播出的节目不感兴趣	怕影响孩子或他人学习工作	节目时间安排不合适	其他	语言不通
城镇	2.506	2.000	1.949	1.954	1.746	1.710	0
乡村	2.558	2.173	1.816	1.619	1.394	2.634	1.809
总体	2.555	2.166	1.825	1.682	1.424	2.616	1.809

湖南卫视收视率阶段性分析报告

本次报告以湖南卫视1997年2～3月份的收视率为研究对象，分新闻、专栏、黄金时段的收视率三个部分进行分析。

一、新闻

新闻分析涉及三个方面：基本情况、横向比较和纵向比较。

1. 午间新闻

《午间新闻》2～3月份的平均绝对收视率为0.61，比元月份的0.96低0.35，标准差为0.51，离散系数达83.6%，最高收视率为1.7，最低为0.0，说明这个栏目的收视率仍然是波动很大的。但进入3月后，该栏目发生了一些可喜的变化。其一，3月份的收视率为1.01，比2月份的0.31有大幅的增长；其二，3月份的离散系数为38.5，比以前有大幅下降。其三，如果拿《午间新闻》和中央电视台的《新闻30分》相比，虽然平均收视率低(1.01对1.95)，但有4天《午间新闻》的收视率比同一天的《新闻30分》略高，而且离散系数比《新闻30分》略低。如果《午间新闻》更好地体现定位，在本省的收视率有可能超过《新闻30分》。

2. 新闻汇报

每天18：30分《新闻汇报》播出时，《有线新闻网》和《经视新闻》也同时播出，根据调查资料，我们截取18：30上述三个新闻节目的绝对收视率制成下面的表格：

三台新闻节目收视率对照表

	最高	最低	平均	标准差	离散系数	对比
新闻汇报	5.6	2.7	4.4	0.7	15.9	100
有线新闻网	9.1	3.3	6.1	1.1	18.0	139
经视新闻	5.7	2.7	4.4	0.8	18.2	101
注：对比一项以《新闻汇报》收视率为100						

上表说明，《新闻汇报》与《经视新闻》的几个主要数字特征基本一致，与《有线新闻网》有较大的差距。该栏目2～3月份的收视率比元月份的3.6有较大的增加。那么以上这些新闻专栏是否相互竞争呢?通过相关分析，我们的答案是否定的。由于18：30这一时段观众的开机率为33%左右，三台新闻的观众人数不产生此消彼长的影响。换言之，各栏目有自己固定的观众群，彼此互不干扰。

3. 湖南新闻联播

《湖南新闻联播》在我们考察的8周内，最高绝对收视率为13.9，最低为7.5，平均为10.7，标准差为1.6，离散系数为14.5，比元月份的平均收视率低0.5个百分点。值得注意的是联播的收视率不及同一时段中央电视台《焦点访谈》收视率的1/2，时段冲突对湖南卫视非常不利。这一问题不解决，联播的收视率恐怕很难上去，也将影响湖南卫视黄金时段的整体收视率。

4. 晚间新闻

在湖南卫视的新闻栏目中，《晚间新闻》的表现是非常出色的，每晚22：00～22：40之间，中央电视台、湖南卫视、湖南经视的晚间新闻报道相继播出，在时段上有一点交叉。我们根据栏目的绝对收视率列出下表：

晚间新闻收视率对照表

	最高	最低	平均	标准差	离散系数	对比
中央电视台(22:00)	10.0	1.3	2.7	1.5	56.3	100
湖南经视(22:25)	5.9	1.6	3.8	1.0	25.1	141
湖南卫视(22:30)	10.8	4.4	6.9	1.5	21.1	256
注：对比一项以中央电视台22：00收视率为100						

二、专栏

如果把卫视晚间节目划分为三块，即新闻、电视剧和专栏，那么专栏的收视率介于前二者之间。与元月份相比，除《周末创意》外，2、3月各专栏的绝对收视率都有增加，但相对收视率全面下降，这说明节目竞争力并未增加，只是因为春节前后，收看电视节目的总人数增加了。在考察专栏时,《灯火阑珊》周二为影视版,周五为音乐版,因此分开考察。《周末创意》安排在黄金时段,收视率自然比其他栏目要高。详情请看下表:

湖南卫视各专栏绝对收视率综合表

	最 高	最 低	平 均	标准差	离散系数	对 比
乡村发现	11.1	9.3	10.1	0.65	6.4	105
人 世 间	11.9	8.3	9.4	1.13	12.0	115
影 视 版	11.3	8.3	9.6	1.02	10.6	114
3.15 广角	12.2	7.3	9.1	1.61	17.6	132
体育大观	11.6	5.0	8.0	2.10	26.2	105
音 乐 版	11.6	6.2	9.2	1.92	20.8	110
周末创意	15.0	11.1	13.1	1.56	11.9	85
注:对比一项以各栏目元月份绝对收视率为 100						

从绝对收视率看,《周末创意》的下跌令人担忧,因为与此同时,经视《幸运 1997》的收视率扶摇直上,表现好时超过 20 个百分点。元月份《周末创意》与《幸运 3721》收视率只相差 1.9 个百分点,2、3 月份这个差距扩大到 5 个百分点以上。此外,《体育大观》的收视率较低,而且不稳定。

三、黄金时段收视率的比较分析

这次分析我们选取在湖南省最有影响的四个频道:中央电视台一套、湖南卫视、湖南有线台一套、湖南经济电视台进行比较分析。我们选择各台在同一时段 20:00～22:00 的收视率作为研究对象。

四个电视台黄金时段 20:00～22:00 内的时段收视率如下表:

四个频道黄金时段收视率综合表

	最 高	最 低	平 均	标准差	离散系数	对 比
湖南卫视	18.6	9.9	14.9	1.93	12.95	167
中央一套	12.7	3.0	5.3	2.21	41.46	60
有线一套	12.6	4.2	7.7	2.29	29.59	87
湖南经视	20.2	4.6	8.9	3.60	40.45	100
注:对比一项以湖南经视收视率为 100						

1. 由上表可以看出,湖南卫视黄金时段的收视率高居榜首。如果把这四个台的观众总数看成是 1000 人,那么各台是这样分配的:卫视 404 人,经视 241 人,有线 210 人,央视 145 人。从离散系数看,湖南卫视黄金时段收视率非常均匀,保持在很高的水平上,而其他三台收视率变动大得多。黄金时段是各台争夺的热点,在过去的两个月内,湖南卫视在竞争中稳执牛耳。

2. 通过相关分析,我们发现,湖南卫视收视率和经视的相关系数为-0.62,这表明两台收视率之间存在中等程度的负相关,我们有把握认为两台在争夺观众(显著性 99%);湖南卫视和有线一台的相关系数为-0.51,我们认为两台同样也在争夺观众(显著性 95%);湖南卫视和中央电视台一套的相关系数为-0.02,因此两台没有竞争关系。

(王旭波)

广东广播听众调查简要报告

广东人民广播电台于 1997 年 9 月委托广东省统计局城调队在珠江三角洲、粤东、粤西、粤北进行广播收听调查。调查旨在了解广播听众接触媒体的现状,收听广播的情况,对广东电台及其节目的评价,以及征求广东省广播听众对广东电台发展方面的意见。

一、调查方案的设计与实施

本次调查采取随机抽样的方法抽出住户,再采用随机抽样抽出符合条件的受访者共 2000 人进行入户问卷式访问。

二、调查结果分析

1. 广播是广东省受众最常接触、接触时间最长的媒体。受访者每天花在媒体的平均时间分别为：

广播	180 分钟
电视	160 分钟
报纸	93 分钟

这说明，平时最常收听电台的受众中，他们每天花在收听电台广播的时间比最多接触电视、报纸的受众用于电视、报纸的时间都要多。

2. 最常选择收听电台的受访者的选择依据已发生变化：

1996 年		1997 年	
好的音乐	47%	娱乐享受	40%
最快的新闻	44%	好的音乐	38.98%
获得更多信息	43%	方便	29.83%
方便	41%	最快的新闻	16.61%

上面数据表明，在部分经常收听电台的听众中，已不把电台作为他们了解新闻和信息的第一选择。相比之下，他们更加注重电台广播的娱乐性及方便等特点。

3. 听众收听广播的黄金时间是午、早、晚

调查表明：广东听众收听广播的时间依次为：

11：00～13：00(占 38.9%)

6：00～8：00(占 30.6%)

20：00～23：00(占 29.9%)

与 1996 年的早、午、晚的排列产生了变化。

三、广东电台的收听情况

1. 广东电台的听众比例有较大的提高

	1996	1997	1997 年比 1996 年提高
珠江经济台	43.5%	48.5%	5%
广东音乐台	26.1%	34.6%	8.45%
广东卫星广播	17.3%	27%	9.25%
广东电台城市之声	7.1%	15.6%	7.95%
广州一台	17.3%	17.5%	0.2%

调查显示，与 1996 年相比，1997 年经常收听广东电台的听众比例有较大的提高，平均增加了近 6 个百分点，听众明显增多。

2. 广东电台在珠江三角洲优势明显

广东电台属下的珠江经济台、广东音乐台、广东电台城市之声占据了珠江三角洲听众收听电台的前三位，优势明显。

珠江三角州听众经常收听的主要电台的比例：

珠江经济台	50.35%
广东音乐台	44.55%
广东电台城市之声	36.53%
广州一台	34.78%

3. 广东电台在广州地区听众中处于强势地位

广州地区听众最常收听的主要电台比例：

珠江经济台	19.5%
广东电台城市之声	18.5%
羊城交通台	12.2%
广州一台	12.0%
广东音乐台	11.2%
广州二台	9.5%
广东卫星广播	4%
佛山音乐台	3.5%

调查表明，广东广播电台除进一步在娱乐享受及音乐方面尽量满足听众外，应该加强新闻报道方面的时效性及全面性，借助电台广播灵活、方便的优势力求改变大部分听众不把电台作为他们了解信息与新闻的第一渠道的局面。广东电台系列台应在继续走综合性路线的基础上，尽量突出各电台自己的特色，树立各系列电台的鲜明形象。

(广东人民广播电台总编室)

广西人民广播电台听众调查

1997 年 12 月，广西人民广播电台委托广西农村社会经济调查队和广西城市社会经济调查队分别在其所属的 16 个农村调查网点和 14 个城市调查网点中各抽选 1000 人共 2000 人进行广播收听情况调查。调查内容包括 5 大方面 10 个具体问题，分别是：收听情况(包括每周收听时间、收听地点、电台选择、收听时段、收听效果、收听目的)、节目评价(包括节目评价和电台形象)、主持人评价、办好节目的希望和建议以及被调查听众个人情况。调查对象为 12 岁以上的听众。调查采用专职调查员入户访问、被调查对象回答问卷的方式进行。这次调查主要结果显示：

一、收听率

广西人民广播电台在广西的有效覆盖范围内听众收听率达 53.4%(其中城市收听率为 56.46%，农村收听率为 50.35%)，有 12 岁以上相对固定听众达 1851 万人，占全自治区总人口的 41%。收听率 53.4%的听众中，每周偶尔收听的占 17.57%，收听 0.5～1 小时的占 12.21%，收听 1～2 小时的占 12.31%，收听 2 小时以上的占 11.31%。这表明，在收听广西电台广播的听众中，有约 7 成的听众保持每周经常或较经常听广播的习惯。面对新闻媒体激烈竞争，广西电台的广播仍拥有大量相对固定的听众。

二、听众“很喜欢”和“较喜欢”收听的节目

广西人民广播电台卫星广播列入被调查的 33 个节目中，听众回答“很喜欢”和“较喜欢”比率较高的有：《广西新闻》(61.22%)、《广西新闻联播》(55.95%)、《天气预报》(61.52%)、《广西卫星广播新歌榜》(52.79%)、《热点追踪》(47.85%)等节目。另外，新闻类的《新闻广角》(29.32%)、《空中体坛》(26.33%)、

《整点新闻》(23.25%),综合类的《不夜星空不夜人》(35.30%),服务类的《法律热线》(35.45%)等节目的比率也在20%以上。

广西人民广播电台经济台列入被调查的32个节目中,听众回答"很喜欢"和"较喜欢"比率较高的节目有:《广西新闻》(51.09%)、《天气预报》(51.86%)、《挑战乐坛新歌榜》(43.06%)等。其他一些比率在20%以上的经济、社教、专题类的节目有:《体育俱乐部》(23.17%)、《半点新闻》(22.59%)、《城市缤纷九十分》(22.41%)、《青春节拍》(27.63%)、《休闲时光》(24.29%)、《律师热线》(23.06%)、《保健热线》(21.64%)、《小说天地》(20.84%)等。

广西人民广播电台文艺台,因覆盖面原因,调查范围只限南宁市及市属两县,在列入被调查的32个节目(其中有18个为转播中央电台节目)中,对《歌迷世界》、《漫步音乐会》、《轻松音符岛》、《音乐精品库》、《开心假日》、《新唱片》等节目,听众回答"很喜欢"和"较喜欢"的比率均在20%～25%。

三、听众收听广播的目的

城市听众的收听目的依次为:"了解国内外时事、新闻"(64.54%),"消遣娱乐、丰富知识"(62.06%),"增长知识、开阔眼界"(53.01%),"获取各种有用知识"(40.43%),"了解国家的法律和政策"(30.14%),"了解商品信息"(22.34%),"消磨时间"(21.63%)和"了解致富之道"(7.09%)。农村听众的收听目的依次为:"了解国内外时事、新闻"(80.91%),"消遣娱乐、丰富知识"(58.65%),"了解国家的法律和政策"(46.52%),"了解致富之道"(43.34%),"增长知识、开阔眼界"(36.58%),"获取各种有用知识"(34.99%),"消磨时间"(31.01%)和"了解商品信息"(26.64%)。

四、收听时段的选择

《问卷调查表》设计了18个收听时段,其中,6:00～7:00～8:00(30.00%～31.70%)、12:00～13:00(25.30%)、20:00～21:00～22:00(27.20%～27.70%)是农村听众收听广播的黄金时段;6:00～7:00(23.30%)、12:00～13:00(28.20%)、21:00～22:00～23:00(21.8%～26.11%)是城市听众收听广播的黄金时段。

五、不同年龄听众的收听率与收听目的

12～18岁听众的收听率为74.6%,19～35岁听众收听率为62.1%,60岁以上听众收听率为52.2%,36～40岁听众和46～60岁听众收听率分别为40.4%和40%。

不同年龄段听众排前四位的收听目的,如下表:

百分比 / 年龄 \ 收听目的	了解国内外时事、新闻	了解法律和政策	获取有用知识	了解致富道路	增长知识开阔眼界	消遣娱乐丰富知识
12～18	62		50		73	69
19～35	69		40.9		48.6	64
36～45	73.1	44		31.1		54.4
46～60	80.6	58.3		38.9		49.3
60岁以上	84.8	49.2	35.6	35.6		49.2

六、听众对办好广西人民广播电台的建议

听众认为首先是增办热点追踪、新闻焦点节目,对此"非常赞同"比率是37.6%;其次是多增办一些为听众服务参与性节目,"非常赞同"比率为28.84%;第三是使节目更加生动活泼(28.71%)。

(方玉春　龙裕明)

广西人民广播电台听众来信综述

1997年,广西人民广播电台收到听众来信86700多封,平均每天240封。来信的听众除广西区内城乡的干部、工人、农民、部队官兵、大中小学师生、个体劳动者外,还有贵州、云南、四川、湖北、湖南、广东、福建、河北、陕西等省以及日本等国内外的听众。来信内容,属于参与性(征文、科技咨询、竞猜、娱乐)的占60%多,节目评议、反映问题的占30%左右。听众在来信中对广西电台一年来的各项宣传给予较为全面、中肯的评价,认为广西电台对邓小平同志不幸逝世、香港顺利回归、党的十五大胜利召开三大宣传报道特点突出。

充分发挥广播优势,采用多种形式报道广西各族人民缅怀邓小平的丰功伟绩。听众来信说:敬爱的邓小平同志不幸逝世的消息震动了神州大地。当天,广西电台调整节目,用大部分时间转播中央电台的节目。在追悼会前的几天里,暂停了娱乐性节目,改为播出悼念、缅怀邓小平的节目。特别是在新闻节目中,以多种形式及时报道广西各级党政军和各界群众怀着无比悲痛的心情缅怀邓小平、百色老区人民深切悼念邓小平、南宁市各界群众缅怀邓小平、河池市各级领导干部悼念邓小平等报道,内容真实、具体、全面、充分地反映了邓小平同志对广西各族人民的关心和热爱,也充分体现了广西各族人民对邓小平的无限崇敬、爱戴之情。听众来信说:在全国各族人民悼念邓小平同志的日子里,播出大型电视纪录片《邓小平》的解说词、传记文学《邓小平在广西》以及电影录音剪辑《百色起义》等,给年青一代上了一堂生动深刻的教育课,懂得今天的幸福生活来之不易,要倍加珍惜。

迎回归报道振奋人心。听众说,广西电台在各系列台都办了多种形式的"迎'97盼回归"专题节目和文艺节目。在喜迎香港回归祖国的日子里,广西电台播出《漫步香港》、《香港你好》、《世纪沧桑话香港》等节目,分别从不同角度充分介绍了香港的历史、政治、经济、文化和风俗民情、衣食住行、游览胜地等,内容丰富,使听众加深了对香港的了解和香港回归祖国的重大意义的认识。一些听众说,广西电台播出的以配乐诗和配乐散文为主的大型特别节目《回归颂歌》很有广播特点,节目满怀激情地歌颂香港回归,真实地反映了每个中国人此时的心情,引人入胜。

党的十五大报道,声势大,效果好。大型系列专题节目《展示新成就,迎接十五大——广西建设成就百题报道》,广泛地报道了十四大以来五年间广西各方面的成就,受到听众称赞。这个专题从8月18日开始至10月8日结束。十五大闭幕后,又相继开办了《学习十五大,贯彻十五大》专题、《学习十五大精神访谈录》专题和《实施新战略,实现新突破》专题等。听众认为十五大宣传有如下特点:1. 报道时间长,宣传充分。《展现新成就,迎接十五大——广西建设成就百题报道》历时50天;2. 用事实说话。"百题"报道宣传内容涉及各行各业,充分报道了广西各条战线干部群众在党的十四大以来,解放思想,转变观念,抓住机遇,开拓进取,经济发展,社会进步,民族团结,两个文明建设取得的辉煌成就;3. 时效快。广西电台派出随团记者从北京发回十五大的有关消息和广西代表当天学习、讨论十五大政治报告的报道;4. 音响报道多,有广播特点;5. 上广播讲话的先进人物、英雄模范、基层领导干部人数多;6. 开辟理论专题,既有广度又有深度。十五大闭幕后,深入采访十五大代表、各级领导以及专家、学者50多人,把他们学习十五大、贯彻十五大精神的体会、讲话分成十五集进行理论宣传。听众说,这些报道是全区各地市、各部门结合实际、贯彻落实十五大精神的具体思路和做法,听得懂,听得有味道。

总之,听众普遍认为广西电台1997年三次重大宣传报道是成功的。

(方玉春)

贵州人民广播电台收听率抽样调查报告

在电视迅猛发展的今天,广播到底还有没有人听?贵州人民广播电台的节目收听率如何?为了正确回答这一问题,贵州电台配合省农村经济社会调查队于1997年7月至9月,利用城乡调查网点对广播听众进行了一次抽样调查。调查资料显示:在电视的猛烈冲击下,在多种媒体的激烈竞争中,广播仍以其传播迅速、灵活多样、收听方便,不受时空限制等优势,受到广大听众的喜爱,拥有众多的听众,在两个文明建设中继续发挥着巨大的不可取代的作用。

一、调查基本情况

贵州人民广播电台听众收听率调查,是由省农调队利用城乡调查网点,采取随机抽样的原则,任意抽选1300个样本逐一进行访问调查的,共收回有效样本1266份,回收率为97.38%。这次调查内容较为广泛,共有20个部分,其中除了"是否收听广播,收听的具体时间和时段,收听频道和目的,收听兴趣"等基本情况外,还对收听效果、满意程度以及广播的发展前景、听众对广播节目调整的希望和要求等等都进行了详细的询问和探讨。

二、听众的基本情况

1. 稳定听众数量

抽样调查资料表明,收听贵州人民广播电台节目的听众有463人,占样本总量的36.57%,其中经常收听和天天坚持收听的168人,占13.27%。以此推断全省有12周岁以上的听众1042万人,其中稳定的听众(即天天收听和经常收听的听众)近400万人。

2. 分组听众收听率

按年龄、职业、文化程度等分组情况见下表:

不同年龄段收听率

年龄	调查总数(人)	收听人数		其中	
		绝对数(人)	相对数(%)	每天必听(%)	有时听(%)
12~25	357	141	39.50	9.8	19.61
25~45	602	201	33.39	5.65	16.94
45~55	179	60	37.99	8.38	17.88
55岁以上	128	53	41.41	14.84	17.19

不同职业听众收听率

职　　业	调查人数	收听人数		其　　中	
		绝对数(人)	相对数(%)	每天必听(%)	有时听(%)
农　　民	928	248	26.72	3.88	13.25
工人和商业服务人员	16	10	62.25	25.00	35.00
科教文卫人员	35	30	85.71	75.71	42.86
军人和警察	18	18	100.00	77.78	22.22
国家机关工作人员	85	71	83.53	21.17	34.12
企业管理和公司人员	22	12	54.55	9.09	36.36
在校学生	130	53	40.77	6.15	26.92
个体和无业人员	16	7	43.75	25.00	18.75
离退休人员	16	14	87.50	50.00	37.50

不同文化程度听众收听率

文化程度	调查人数	收听人数		其　　中	
		绝对数(人)	相对数(%)	每天必听(%)	有时听(%)
不识字或初识字	226	43	19.03	2.21	8.85
小学文化	435	114	26.21	4.37	13.10
初中文化	374	133	35.56	7.75	16.58
高中(含中专)文化	106	63	59.43	24.53	28.30
大专文化	60	52	86.67	30.00	36.67
大学以上文化	65	58	89.23	90.23	53.85

由此可以看出，广播的收听率受诸多因素影响，不同年龄、职业、文化程度的收听率差异较大，如文化程度越高，其收听率也越高。调查显示：各种职业中，军警收听率最高；各种年龄中，离退休人员收听率最高；不同文化程度中，大学以上程度收听率最高。

3. 听众的收听心理、习惯和目的

调查数据表明，贵州人民广播电台的听众，在早上6：30～7：55收听率较高，占49.46%，晚上19：00～23：10收听率也较高，占67.82%。晚上收听率高的原因主要是时间长(4个多小时)所致，这说明在电视的黄金时段里广播仍有不少听众。

听众收听广播的目的，主要是了解国内外大事和政府的方针政策、娱乐欣赏、学习科学文化知识以及获取各类信息。但由于听众职业、年龄、文化等的不同，因而其收听广播的目的以及对各类节目的兴趣也就各有差异，形成了不同的收听心理和习惯。

收听广播的不同目的

内　　容	位次	收听人数及其比例	
		绝对数(人)	相对数(%)
了解国内外时事和党的各项政策	1	269	48.38
娱乐欣赏	2	194	34.89
学习文化知识	3	160	28.78
消磨时光	4	86	15.47

（续）

内　容	位次	收听人数及其比例	
		绝对数（人）	相对数（%）
了解商品信息	5	83	14.93
了解本行业的动态	6	68	12.23
说不准，没有什么目的	7	58	10.43
追求精神、艺术和情感享受	8	56	10.07

由上表可看出，听众收听贵州电台的主要目的一是了解国内外时事和党的各项方针政策，其次是消遣和学习文化知识。对贵州电台各类节目的兴趣指数依次排列为新闻类节目、法制类节目、综合文艺类节目等。

4．广播在了解国内外大事中的作用

在各种信息传播媒介迅速发展的今天，人们获得各类重大信息的渠道日益拓宽。但这次调查的资料表明，广播仍然是新闻传播的主渠道之一，在广播、电视、报纸三大媒体中，仍然占有重要的地位。

三、听众对贵州台的基本评价

在调查中，被调查的听众对贵州电台的节目内容、节目形式和编排技巧等方面，都作了整体评价。总的来看，广大听众对贵州人民广播电台在促进两个文明建设中所发挥的指导作用是满意和比较满意的。

调查中，不少听众对贵州电台反映群众呼声不够、进行舆论监督较差、报道会议过多、反映农村问题少、个别播音员素质较差、收听效果不好等等提出了批评和建议。

听众对贵州台发挥作用评价表

调查内容	调查人数	满意和很满意（%）	说不准（%）	不满意和很不满意（%）
发布党和国家的政策、法规和方针	463	74.30	22.68	2.81
及时报道全国和全省发生的各种大事	463	69.11	24.84	5.83
倡导社会公德、弘扬民族精神	463	61.77	35.64	2.38
给人们精神、艺术上的享受	463	53.78	38.88	7.13
帮助人们了解经济政策和经济信息	463	61.99	33.05	4.75
指导人们用先进手段从事生产和管理	463	46.87	44.71	8.21
传授和普及科学文化知识	463	56.80	34.99	7.99
提供生活服务	463	38.88	47.08	13.82
介绍国内外优秀文化、体育、卫生动态	463	38.66	53.56	7.56
反映人民群众的呼声	463	24.41	31.32	44.06

（贵州省农村经济社会调查队

陕西有线电视台观众调查简述

1997年11月至1998年1月，陕西省社会舆情信息中心对陕西有线电视台观众收视状况进行了第二次全面的问卷调查。调查内容涉及舆论导向、栏目设置、节目内容、收视效果、观众评价等若干方面；调查对象为工人、农民、机关干部、科技工作者、学校师生、军人、个体从业人员、城镇居民等各职业阶层；调查地域控制在包括西安市城区、郊区以及临近县、市约60平方公里的陕西有线电视台信号覆盖区范围内。共列出调查题目20个。为保证调查结果的准确性和公正性，本次调查严格尊重受卷人的意志，实行受卷自愿，填答自愿，交卷自愿的原则，同时采取无计名问卷方式。在设计控制区域内以随机方式共投放问卷1300份，收回

018 份，回收率为 78.30%；其中有效问卷为 998 份，有效率为 98.30%。

一、观众收看电视台节目的比较

1. 中央电视台一套节目收视率最高。观众在回答在陕西有线电视台网络内的诸多频道中，您最喜欢哪三个频道节目？"时，中央电视台第一套节目以 0.78%的首肯率居第一位。

2. 本次调查中，陕西有线影视频道和文体频道分别以 52.81%和 31.33%的首肯率，排名于陕西有线电视台网络诸多频道中最受用户喜欢的第二位和第三位。

3. 在 1995 年的收视状况调查中，信息频道在"您最喜欢"的频道(陕西有线电视网络)中，受选率仅为 1.32%；而本次调查结果显示，有线信息频道作为观众"最喜欢"的频道受选率提高了 11.31 个百分点，为 3.39%，排名位次提前了一位。

二、陕西有线电视台形象

陕西有线电视台坚持正确的办台方向，注重提高节目质量，满足观众多方面的需要，初步塑造出良好的媒体形象。

1. 调查问卷提出"加入陕西有线电视台网络后您收看电视多的原因是什么"这一问题时，选择"节目丰富了"的占 52.08%，列第一位；选择"频道增多了"的占 33.13%，列第二位；而选择"业余时间多了"的仅占.29%，体现了陕西有线电视台节目与观众心理具有较好的一致性。

2. 对陕西有线电视台节目总体质量，受访对象选择"满意"的占 29.29%，"比较满意"的占 55.56%，两项合计为 84.85%。选择这两项的以 31～45 岁之间的人数为最多，占 87.04%；从文化程度上看，大专以上文化水平的人占 83.54%，中学、中专文化水平的人占 36.50%。不难看出，陕西有线电视台节目的总体水平明显上升，并拥有了一批高层次的观众。

3. 有线影视、文体、信息三个频道各具特色，部分栏目深受观众喜爱。影视频道开办的栏目中，被观众认为最喜爱的 3 个栏目依次是：《周末大剧场》(52.2%)、《电视剧场》(44.73%)、《金奖影院》(44.42%)。在有线文体频道诸多栏目中，《精彩与幽默》、《电视剧》、《七彩花环》分别以 61.73%、41.82%、32.39%的受肯率列在最受欢迎栏目的前三位。

三、几个值得重视的问题

1. 自办节目质量尚须进一步提高。在节目栏目改造中，尽量减少随意性是应当关注的问题。比如：1995 年信息频道的《案与法》是受到 63.91%观众欢迎的栏目，但到了 1997 年却不再见到这一栏目，从而使该频道整体节目的满意率受到影响。除此而外，在文体频道中，对《有线之窗》栏目表示"满意"的人则呈逐年下降趋势，据统计下降了 12.33%。

2. 广告节目的编播艺术水平有待于进一步提高。45.90%的观众表示他们收看到的广告节目"质量不高"。66.97%的观众认为广告节目占有时间"太多"，比往年增加了 21.25%。由此看来如果不能很好地做到广告节目质与量的有机统一，难免给观众造成厌倦情绪。所以努力提高广告节目的编播艺术，包括把握良好时机、讲究广告节目的创意制作等，融广告宣传于文艺娱乐之中，是有线台需要努力解决的课题之一。

3. 观众对陕西有线电视台反映经济和社会发展成就的满意率有所下降。首次调查的满意率为 84.57%，本次调查中下降至 81.82%，表明群众希望有线台的宣传应从更广阔的视野反映社会生活。除此而外应适当增加休闲文化节目的份额。

(赵功报)

西安人民广播电台
听众调查报告

1997 年 7 到 8 月份，西安人民广播电台委托央视调查咨询中心西安调查站组织了一次听众调查，了解西安地区听众收听广播的基本情况，包括他们的收听行为与收听心理。目的是为广播理论、广播改革的研究，为电台的节目设置和科学决策提供实际的依据。

本次调查采取随机抽样方法，共发出调查问卷 1000 份，问卷回收率 100%。调查结果的误差允许范围和可信程度均符合国家的标准要求。

广播大有可为

在 1000 名调查对象中，有电视机 1286 台，有收音机 1199 部，订阅报纸 817 份。听广播、看电视、看报纸的人数百分比分别为 69.6%、99.8%、89.0%。

收听广播的人数占 69.6%这是一个不小的数字。试想，1000 人中有 696 人听广播，那么西安市 639 万人口中听广播的则有 444 万多人。有这么多人关注广播，应该说广播是大有可为的。

以正确的舆论引导人

根据此次调查，西安地区广播听众收听广播的目的如下：(1)了解时事、政策(67.6%)；(2)娱乐(45.3%)；(3)增长见识(38.7%)；(4)学习知识(29.5%)；(5)了解商品知识信息(15.6%)；(6)休息(14.80%)；(7)了解行业动态(9.2%)；(8)消磨时间(8.7%)；(9)精神寄托(0.3%)。

我们将此调查结果与 1992 年的一次调查作了对比。1992 年调查中听众收听广播的目的依次为：(1)娱乐消遣(50.9)%；(2)学习知识(39.75)；(3)了解新闻(35.8%)；(4)获得信息(31.4%)。

两相对比，最大的不同之点是，听众对时事政策的了解这一目的，从 1992 年调查的第三位、第四位上升到此次调查的第一位，其比率也有所提高。这说明随着改革开放的不断深入，随着市场经济的不断发展，人们更加重视从包括广播在内的大众传媒中了解国际国内形势，关心国家政策的变化，重视获取各类信息。因此，这次调查告诉我们：以正确的舆论引导人是广播的一项首要任务。

对黄金时间段的再认识

这次对各个时间段收听广播的人数作了具体的调查。

从调查数据看，周一至周五广播收听率早上并不是最高的，全天之内有三个收听高峰，即：

第一个：12：00～14.00　29.8%

第二个：6：00～8：00　29.1%

第三个：18：00～20：00　16.9%

结合西安电台具体节目对各时间段分析如下：

1. 日常节目(周一至周五)：收听率达到10%以上的节目依次是12：00～14：00，6：00～8：00，18：00～20：00，20：00～22：00，10：00～12：00；收听率在10%以下的有5个时段。再看西安电台三个系列台中午12：00～14：00的节目，主要有新闻、信息、曲艺、音乐、热线参与等，满足了听众的收听需要，因而收听率不断上升。

2. 假日节目(周六、日)：虽然没有日常节目那种大起大落，但整个收听率比较平稳，10%以下的只有3个时段，比日常少2个时段。这说明西安电台假日节目的设置以休闲娱乐为主，设置宗旨与听众的收听时间、收听需求相吻合，从另一个侧面也激励我们办好办精节假日节目，为广大听众提供高品位的精神产品。

听众对同媒体的选择情况

目前，西安地区听众除能收听到中央人民广播电台的节目外，还有陕西人民广播电台下辖6个系列台、西安人民广播电台下辖三个系列台的节目可供选择收听。

调查表明，西安电台所属三个系列台的收听率在西安地区名列前茅，实现了总台提出的三个系列台收听率达到全省前五位的目标。综合分析可能有以下几个原因：

1. 总台对各系列台实行了“管理一体化”。即坚持总台对各系列台和直属部门的统一管理，全台在宣传、技术、财务、广告、人事等方面实行管理一体化，达到资源共享、优势互补、宏观管住、微观放活的目的，以最小的投入产生最大的效益。

2. 各系列台定位准确，特点突出，形成合力。同向荣副部长曾指出“综合台是没有出路的”。在三系列台建立初期即确立了新闻台为时政台，坚持党性原则，强化喉舌功能，使其具有权威性；经济台应积极宣传邓小平经济理论及党的经济政策，突出商业特色，贴近百姓生活；音乐台则要弘扬主旋律，提倡多样化，突出娱乐性，形成以新闻台为主体，经济台音乐台为两翼的广播格局。

3. 系列台内部机制较活，调动了职工的积极性。三系列台实行了全员聘任制，内部职工原工资进档案，根据岗位及工作业绩定工资、奖金。外聘人员实行优胜劣汰，择优上岗，优质优薪，灵活高效。

4. 先进的发射和播控设备，是提高广播节目质量的基础。1996年西安电台建成了10千瓦中波发射台、经济台、音乐台的调频立体声播控发射系统以及全天候播出时间，开西安地区之先河，赢得了广大听众的厚爱。

听众对三个系列台的偏爱

由于年龄、职业以及文化程度的差异，西安地区听众对西安三个系列台各有偏爱。

从各类文化程度听众群收听情况可以看出，收听三个系列台听众群的文化程度依次排列为：高中(中专)、初中、大专、大学、小学及以下。不同层次听众收听三台节目比率如此之整齐，排列顺序如此之一致，是调查中不多见的。这说明西安广播听众群是以具有中等以上文化程度的市民组成，但是高文化层次的听众仍然喜欢新闻、时事以及较有深度的经济类节目。

从各类年龄层次的听众收听情况可以看出，收听西安电台三个系列台听众的年龄段高低排列分别为：

新闻台：36～49岁、60岁以上、50～59岁、26～35岁、18～25岁；

经济台：36～49岁、50～59岁、26～35岁、18～25岁、60岁以上；

音乐台：36～49岁、18～25岁、26～35岁、50～59岁、60岁以上。

新闻台集中在36岁以上，经济台集中在26岁以上59岁以下，音乐台集中于18～49岁。

（西安人民广播电台群工部）

11. 科技与工业

责任编辑　罗建平
审稿人　江　澄

1997年广播电视科技工作概况

一、为贯彻全国广播影视工作会议制定的到本世纪末的奋斗目标，逐步实施部颁布的《广播影视科技发展"九五"计划和2010年长远规划》等四个科技规划，引导我国广播电视技术从模拟向数字体制的过渡，科技司组织编制了《广播电视数字传输技术体制》，在编制过程中，征求了系统内外专家、地方各厅（局）的意见，经修改后报部党组审议通过，以广发技字［1996］389号部发文件颁发全国广播电视系统执行。本体制规定了广播中心数字信号馈送、电视中心数字信号馈送所采用的技术和标准，及适用于卫星、微波—光缆、光缆—电缆信道数字传输的技术和标准。本体制既考虑到传输广播电视节目的主功能，又考虑到开展多功能综合业务；尽可能采用国际上的先进技术和已确定的国家标准和国际标准，使广播电视数字化有一个高的起点；便于和公用网接口，并考虑到目前广播电视网的现状。

二、由广播电影电视部组织的"八五"国家重点科技攻关项目"高清晰度电视技术研究"中的九个专题，通过专家鉴定和部里验收，项目通过国家科委验收。部广播科学研究院承担的"高清晰度电视计算机模拟实验系统硬件系统"获国家"八五"科技攻关重大科技成果奖，广科院马长华同志获先进个人称号。我部广播科学研究院在国家重点科技项目"高清晰度电视功能样机系统研究开发工程"中，中标承担了复用器、视频编码器和发射机三个专题的研究任务。该工程的目标是"用两年时间完成一套能够进行开路演示和实验的HDTV硬件功能样机系统，通过此掌握关键技术、培养专业人才，并为我国HDTV的发展提供初步实验手段"。

三、由广电部组织编写的《数字音频广播（DAB）重大科技产业工程项目》的实施方案，经四易其稿，达到评审要求，国家科委于5月13日主持召开综合评审会，国家科委惠永正副主任、广电部何栋材副部长、国家外国专家局马俊如局长、电子部科技司张海门副司长出席了评审会，实施方案通过了专家评审。12月11日国家科委以国科发计字［1996］569号文批复，文中明确"同意你们关于项目的总体目标、分项目标、组织管理结构设置、经费总预算及工程进度的安排，并批复该项目作为国家重大产业工程列入1996年度科技计划予以实施"。本科技产业工程是一个为期2年的计划，有三个主要目标：(1)提出我国DAB制式建议，完成DAB标准报批稿；(2)在广东建立DAB先导网，进行播出。以播出启动市场带动产业发展。(3)科研单位与企业相结合，进行系统研究开发，掌握关键技术，开发出我国自行研究设计的专用芯片，提供符合DAB标准的发端设备和接收机参与试播，初步形成接收机生产能力，为发展我国DAB事业和DAB产业奠定技术基础。项目组织单位为广播电影电视部，项目协调领导小组组长惠永正，组员何栋材、吕新奎（电子部副部长），项目总体组组长高风吉。

1996年5月18日，国家科委、广播电影电视部、广东省人民政府、佛山市人民政府合作开发DAB项目协议书在佛山市举行签字仪式。协议提出“争取1997年1月1日在广东试验播出DAB节目，并确保DAB试验台于1997年7月1日前启播和DAB产业的发展”。1996年12月15日，DAB广东先导网在佛山电台、广州电台联网试播。

四、1996年5月20日，国家计委、广电部、电子部、中科院、深圳市政府联合在深圳市召开了“深圳广播电视宽带综合信息网(HFC)试验小区新闻发布会”，国家科委副主任惠永正、电子部常务副部长刘剑峰、广电部副部长何栋材、原中科院副院长胡启恒、深圳市市长李子彬出席了新闻发布会。参加新闻发布会的各方一致表示，将在自己职责范围内给深圳HFC网络多功能试验以最大的支持，用我国自己的力量和智慧，建好试验小区，打好“中华牌”，为发展我国的电子信息产业，从观念上和技术上为全国做好示范。

1996年10月25日，广电部科技司以广技科字[1996]490号文对深圳有线电视综合业务网试验小区实施方案进行了批复，实施方案提出的目标是：以HFC网络为基础建成一个覆盖全市的集图像、数据、语音、传输为一体，实现宽带化、智能化、数字化的高速信息传输网，全面提供信息网络业务。

1996年11月12日，国家科委以国科发高字[1996]506号文，批复深圳有线电视综合信息网试验小区项目立项申请，“同意将深圳试验小区项目作为《通信与有线电视综合业务网》攻关项目的课题之一先行起动”。

1996年11月15日，中共中央政治局委员、国务院副总理邹家华前往深圳有线广播电视台视察工作，参观了多功能机房和加扰机房，观看了利用有线广播电视光纤/同轴电缆混合网(HFC)新开发成功的几项多功能服务的演示—国际互联网、电缆电话、电视会议、股票交易、影视点播等。他指出，有线电视网在信息化建设方面有着广阔的发展空间，利用有线广播电视网进行综合信息的传输，可以推进国家的信息化建设。并题词“开展多功能服务，推进信息化建设”。

截至1996年12月底，深圳有线广播电视网已开发了视频点播(PPV和NVOD)、电视会议、利用电缆调制解调器实现因特网接入、电缆电话、股票直接交易系统等多项功能，实现图像、数据、语言“三线合一”的共缆传输。

（刘松英）

科技奖励

1997年度国家科学技术进步奖授奖项目（广播电视部分）

序号	编号	获奖成果名称	主要完成单位和完成者	授奖等级	推荐部门
139	J-01-3-016	自适应相位制中波同步广播单频覆盖	安徽省广播电视科研所安徽省广播电视厅广播电视网管理处 叶为文　戚　武　洪　雷　吕希才　侯忠祥	三等	广播影视部

1997年度国家技术发明奖授奖项目（广播电视部分）

序号	编号	获奖成果名称	主要完成单位和完成者	授奖等级	推荐部门
47	F-02-4-002	染料三基色系统	北京广播学院 刘恩御	四等	广播影视部

1997年度广播电影电视部电视节目技术质量奖

一、电视节目录制技术质量奖：

（1）新闻类：

序号	节目名称	获奖单位	获奖人员	获奖等级
1	上海新闻	上海技术中心	孙大庆 王金宝 徐济众 蔡 燕	一等奖
2	浙江卫视新闻	浙江电视台	叶发青 孔德平 林 坚 李鼎伟	一等奖
3	广东新闻	广东电视台	邓 劲 王 荆 张汉新 古 诚	二等奖
4	广西新闻	广西电视台	罗一宇 侯安恒 于 丹 杨 波	二等奖
5	江苏新闻	江苏电视台	陈丽娟 王斌文	二等奖
6	北京新闻	北京电视台	周 华 石伟文 张一平 石 巍	二等奖
7	大连新闻	大连电视台	王丽清 彭继红 王 涛 赵 广	二等奖
8	每日新闻	山东电视台	牟乃馨 赵 石 邓晓燕	二等奖
9	厦门新闻	厦门电视台	黄衍森 王聪斌 邹炳辉 李 平	二等奖
10	陕西新闻	陕西电视台	王立民 王永莉 吴军安 刘书奇	二等奖
11	安徽新闻	安徽电视台	竺 亮 宋赤飙 方正扬 徐 军	二等奖
12	鞍山新闻	鞍山电视台	苏 鸥 赵伟松 林丽梅 刘 琰	二等奖
13	中央新闻	中央电视台	刘 平 包布和 曹 友 赵 航	三等奖
14	新闻一组	洛阳电视台	马 琦 陈 平 卢 波 肖宝家	三等奖
15	河南新闻	河南电视台	朱兆峰 杜新华 夏公强 李玉军	三等奖
16	赣南新闻	赣州电视台	谢应柱 王 敏 陈 虹 肖香苑	三等奖
17	辽宁新闻	辽宁电视台	高宏鹏 田凤斌 杜 洋 陈卓研	三等奖
18	江西新闻	江西电视台	董 艳 张 琪 陈 博 谭 勇	三等奖
19	晚间新闻	黑龙江电视台	陈宏飞 李晨辉 周宏飞 王洪涛	三等奖
20	午间新闻	云南电视台	闵瑞麟 李小国 王 华 王年甫	三等奖
21	深视新闻	深圳电视台	王志平 黄泽华 王 凯 胡 雯	三等奖
22	成都经济新闻	成都经济台	夏晓蔚 刘南飞 冯 昱 兰 曼	三等奖
23	河北新闻	河北电视台	李菊艳 王亚利 李 莉 崔素景	三等奖
24	苏州新闻	苏州电视台	孟 丹 吴剑海 何建创 蔡晨东	三等奖
25	海南新闻	海南电视台	陈文清 王雪梅 李 华 郭晓波	三等奖
26	贵州新闻	贵州电视台	宿大华 唐朝华 谢 晖 申春林	三等奖
27	湖南新闻	湖南电视台	赵国强 熊 超 董 敏 陈 辉	三等奖
28	广州新闻	广州电视台	王向阳 戴立峰 铙 宁 谭智斌	三等奖
29	宁波新闻	宁波电视台	张明初 翁明燕 方荣尧 贝红兵	三等奖

（2）专题类：

序号	节 目 名 称	获 奖 单 位	获 奖 人 员	获奖等级
1	梁祝和她的蝴蝶梦	中央电视台	沈志宏 王 炜 昌 力 陈克新	一等奖
2	历史名城威尼斯	北京电视台	徐 钢 贺文林 周 宏 常京生	一等奖
3	今日陆家嘴	上海技术中心	沈一松 朱建芳 王金宝 徐慧琳	二等奖
4	加拿大掠影	江西电视台	高 勇 欧阳卫 孙 锂 潘辛芊	二等奖
5	地球之巅	浙江电视台	梁小山 姚兆义 潘晓红 钱 猛	二等奖
6	电视音画一知春	江苏电视台	顾建国 胡 冰 薛 兵 吴英露	二等奖
7	汉江潮（6）	湖北电视台	周仙云 丁 辉 吴 琳 晏 瑜	二等奖
8	走进南非	大连电视台	刘爱静 王 轶 公方勇 于光河	二等奖
9	南海热土	海南电视台	黄 刃 韦世福 王群霞 罗小毅	二等奖
10	南岭之魂	广西电视台	黄如球 莫 京 单 旭 兰 岚	二等奖
11	郭静兴学	陕西电视台	袁长保 朱 毅 吕建民 田桂华	二等奖
12	起诉在东京	河南电视台	郑鸿雁 王明堂 王秀荣 张宝红	二等奖
13	日内瓦印象	辽宁电视台	何新军 程 力 胡世斌 王玉周	二等奖
14	奇山异水话迪庆	云南电视台	闵瑞麟 艾祖刚 徐昌军 胡志强	二等奖
15	夙愿	山东电视台	呼兆玉 瞿蓬波 庄 艳 徐蕴辉	三等奖
16	古镇同里飘书香	常州电视台	胡宏月 杨建勇 黄和明 许国华	三等奖
17	北极村马套	黑龙江电视台	汪 欣 门 锐 李岩泽 薛秀梅	三等奖
18	向往冬天的女人	甘肃电视台	高宏明 伏 鸿 王泉德 刘 斌	三等奖
19	木偶两代人	厦门电视台	王鹭群 林伟国 邹炳辉 李 平	三等奖
20	我的大姨从台湾来	福建电视台	吴榕顺 曹 谊 江 平 陈建明	三等奖
21	杨校长	湖南电视台	周立宏 黄石川 彭雄伟 刘 珊	三等奖
22	安徽人在特区（8）	安徽电视台	吴仁炳 蒋蓓蓓 潘 向 许修环	三等奖
23	赤水之旅	贵州电视台	徐晓敏 李 成 方贵弘 何 杰	三等奖
24	这里是河北	河北电视台	赵 莉 王永丽 薛 玲 姜亚峰	三等奖
25	红土情	赣州电视台	王 敏 胡延江 符礼秀 崔东哲	三等奖
26	阿坝见闻	宁夏电视台	查晓亚 王明祥 歌 今 蒋自民	三等奖
27	澳洲一瞥	四川电视台	胡忠学 何向东 徐志高 孟庆东	三等奖
28	朝圣之旅	杭州电视台	赵邦彦 孙雪健 范友军 张 翼	三等奖
29	根在中国	吉林市电视台	徐 峰 杨 海 殷海涛 吴全军	三等奖
30	河鼓	太原电视台	王 宁 胡春阳	三等奖
31	世纪之约（1）	深圳电视台	陈晓思 郑艳娟 陈 凯 练育湘	三等奖
32	高天厚土	天津电视台	齐 铭 张立文 李婉红 刘震玉	三等奖

续表

序号	节 目 名 称	获 奖 单 位	获 奖 人 员	获奖等级
33	军民携手创伟业	鞍山电视台	李秀生 师晓峰 张吉飞 刘 琰	三等奖
34	钓鱼台怀古	重庆电视台	周 伟 王德林 惠 愚 江卫东	三等奖
35	黄河岸边的军妈妈	淄博电视台	张国强 王勇男 李贤芬 徐新英	三等奖

(3) 综合文体类:

序号	节 目 名 称	获 奖 单 位	获 奖 人 员	获奖等级
1	相识伊甸园(37)	北京电视台	朱 杰 何 旭 蒋红艳 汪苏苏 李 涌 程 军 郑剑虹 李 建	一等奖
2	'97世亨杯短池游泳赛	中央电视台	陈 明 付学勤 闫 俊 孙运平 赵 伟 武晋生 褚永光 郑淑英	一等奖
3	欢天喜地庆回归	浙江电视台	梅杏德 杜跃木 李 健 裘 钰 许国法 张建杭 孙才友 王孟孺	二等奖
4	森林之歌	上海技术中心	梅国平 张 强 叶敏莺 张凌云 王奇昆 张 奕 黄奇志 张 炜	二等奖
5	'97江苏春节电视晚会	江苏电视台	李世萍 王海越 金前贵 郭 蓓 杨月峰 高艳梅 李工伟 徐康娟	二等奖
6	红星闪烁遍琼崖	海南电视台	王 玲 陈志俊 陈子健 林 洪 李 莉 黄帝渊 陈太波 符致锐	二等奖
7	灿烂的星光	陕西电视台	马建军 行治平 包建辉 曹建军 陈 松 顾 薇 王子龙 张毅强	二等奖
8	快乐大本营	湖南电视台	黄伟民 周立宏 段前贵 吴星进 肖卫华 张 勇 汪应球 曾 晖	二等奖
9	'97春节晚会	辽宁电视台	陈 斌 杨压难 林崇余 梁大鹏 李孟宁 姜小军 李茂茂 张 勇	二等奖
10	多彩世界	南京电视台	罗平凡 秦金陵 崔永鑫 沈亚萍 李 晓 薛 松 陈兆丰 陈礼庆	二等奖
11	壮乡之光	广西电视台	文启原 蒙文凯 黄光敏 覃 斌 邓 海 王晓军 黄 剑 张峻峰	二等奖
12	月涌大江流	湖北电视台	杜振华 林杨松 万玉芳 方活学 胡海清 王梅芳 鲁 勇 韩里宁	二等奖
13	源远流长	江西电视台	刘革军 罗会勇 熊立球 黄保和 梁储茂 饶健夫 张涌江 陈吉夫	二等奖
14	今晚我们相会(144)	安徽电视台	王新田 汪大胜 何章海 潘效军 王力平 郑 浩 欧家宽 鲍爱萍	三等奖

续表

序号	节 目 名 称	获 奖 单 位	获 奖 人 员	获奖等级
15	白山松水庆回归	吉林电视台	姜继彬 林 刚 孙淑贤 王可力 陈吉祥 韩凤云 蔡玉国	三等奖
16	庆“七一”文艺晚会	西安电视台	张世英 葛永锐 王 鲁 张维嘉 金宝智 石 艳 江 波 赵 昱	三等奖
17	为贵州高原喝彩	贵州电视台	唐正莉 朱 莉 熊俊清 张玉华 王红娟 李 军 朱贵辉 李 成	三等奖
18	’97 春节联欢晚会	绍兴电视台	杜洪军 吕春草 陈大可 李吉勇 邵国钱 盛奎田 陶学庆 阮晓敏	三等奖
19	咱们大中原	河南电视台	帖喜成 于洪洲 全明霞 胡培成 郭华中 胡悦平 贾中原 赵雪琴	三等奖
20	瑞雪迎归 97 年	黑龙江电视台	冯丽杰 白晓云 张敏杰 张明瑞 陈 鹏 李岩泽 徐玉明 李冰茹	三等奖
21	’97 春节晚会	石家庄电视台	吴美建 金 辉 李顺芳 丁艳珍 黄众贤 冯为民 李金平 贾 烁	三等奖
22	大西洋海景城晚会	厦门电视台	黄衍森 黄俩福 刘军祥 甘 渊 王鹭群 陈 恍 李 平 陈民梁	三等奖
23	综艺大观（131）	云南电视台	闵瑞麟 洪建武 徐云华 何琼英 张 玲 张正祥 耿 新 夏 阳	三等奖
24	快乐星期天	山东电视台	晁冰婴 宋 键 李璟璟 姬长波 张若新	三等奖
25	拥抱九七	南阳电视台	褚 萌 李 伟 党东耀 王 康 沈 冰 李建平 郑晓斌 朱艳华	三等奖
26	’97 春节晚会	大连电视台	刘云霓 杨慕松 张 涛 刘丰斌 包春清 崔志明 杨 光 纪国庆	三等奖
27	广告新星大赛总决赛	广州电视台	邓灿辉 李开朗 郭应强 黄承量 袁建辉 潘宇雄 梁俊岚 谭 键	三等奖
28	七彩广场戏剧与小品	宁夏电视台	丁凯声 俞立青 王明祥 歌 今 赵培坤	三等奖
29	乐赛特杯歌手大赛	甘肃电视台	陆美珍 刘建国 王 昂 鄂海涛 王华强 万天栋 杨多荣 王泉德	三等奖
30	’97 春节文艺晚会	吴忠电视台	余克洪 闫明利 钱 铭 杨继承	三等奖
31	巴渝风情	重庆电视台	李世明 李谕川 王德林 周 伟 聂中华 惠 愚 陈 潮 江卫东	三等奖
32	深港携手共创明天	深圳电视台	郑 卫 陈晓思 焦志刚 陈 凯 粟建辉 王子牛 王泗麟 张 斌	三等奖
33	歌声飞扬迎 97	广东电视台	江玉贞 戚美琪 李 雄 黎志雄 何邦经 李叶荣 李煜坤 黄学超	三等奖

（4）电视剧类：

序号	节目名称	获奖单位	获奖人员	获奖等级
1	潘汉年	中央电视台	蔡长城 高进军 薛 琨 王 斌 张逸侠 杨伟东 韩立梅 孟 健	一等奖
2	金融家	上海技术中心	朱建芳 徐慧琳 李卫祖 邵建平 王曙坚 张 勇 刘 红 王伟晨	一等奖
3	陈三两（上）	浙江电视台	张月祥 冯亦农 姚 民 谢 颖 吕小田 郑瑾瑾 杜国强 裘 正	二等奖
4	家族	北京电视台	韩 煊 孙大庆 余颂华 王鸣放 赵志成 杨春生 王 方 洪建军	二等奖
5	李师师与宋徽宗	安徽电视台	宋赤飙 张 淮 冯 晔 丁海林 宋超英 杨 杰 侯东山 张学武	二等奖
6	黑天鹅	江西电视台	孙 锂 李春平 魏 斌 刘 洋 高 勇 欧阳卫 潘辛芊 谭佩宣	二等奖
7	醉青天	江苏电视台	许建平 蒋民钢 钱 清	二等奖
8	黄金高原	贵州电视台	朱仲康 徐晓敏 朱 莉 冯小平 何 平 贺 斌 刘传炎 孙建凯	二等奖
9	汉武帝	湖南电视台	张俊家 周小江 谢培南 陈志强 姚安林	二等奖
10	护珠记	湖北电视台	陈有山 汤镜明 徐 迅 李小桦 聂长生 朱鸿均 王 雷 韩洪显	二等奖
11	东坡劝学	海南电视台	徐 轩 黄 伟 符致明 黄 剑 陈宏锋 徐 飞 张德凯 彭志海	二等奖
12	多雪的冬季（2）	吉林电视台	高艳冬 张 华 汤明霞 王 然 金 龙 李志明 安春花 杨天明	三等奖
13	情恋笔架山	辽宁电视台	盖琪军 吴 琼 孙 祺 战长海 梁为强 杨秉刚 张承阳 陈科峰	三等奖
14	平常心（6）	南京电视台	易志红 陈礼庆 俞 迎 王 玉 崔永鑫 沈亚萍 陈兆丰 王聚舜	三等奖
15	情系我心	河南电视台	郁培仁 张玉星 苏宗捷 丁 立 王秋阁 金 影 王 文 李红梅	三等奖
16	海峡的诱惑	厦门电视台	陈民梁 黄衍森 林伟国 陈 恍 卫国海 李 平 鞠忠民 郑欣炜	三等奖
17	长河入海（20）	山东电视台	李鲁刚 呼 健 吴雪松	三等奖
18	三个姑娘一个兵	大连电视台	王 轶 刘爱静 窦晓军 纪国庆 杨 光 李明琨 于晓娜 石 炜	三等奖

续表

序号	节 目 名 称	获 奖 单 位	获 奖 人 员	获奖等级
19	魂去来兮	延边电视台	徐凤鹤 吴基松 许松子 姜洪洙	三等奖
20	贝江女	广西电视台	林新平 施广勇 苏元辉 班大富 范可川 杨振军 黎 源 许善球	三等奖
21	和平年代	广东电视台	孟 昊 孙伟柏 王晓放 杨广冰 黄金枝 钟华青 曾小电 廖 明	三等奖
22	年羹尧拜师	山西电视台	高新青 胡跃平 石和明 陆素惠 陈 浩 马瑞青 霍海泉 王林山	三等奖
23	艾伦在大理	云南电视台	闵瑞麟 杨耀林 胡志强 耿 昕 陈大胜 张国新 熊培昆 胡文静	三等奖
24	石船	淄博电视台	刘 强 孙长海 李贤芳 徐新英 赵 峰 谭建明 姬广礼 孙笑天	三等奖
25	孽海情缘	宁波电视台	蒋 玻 蒋 波 柴 卫 王韶峰 金晓红 朱浩民 方 侠 吴 坚	三等奖
26	金色海湾	青岛电视台	宋成恩 冉 策 高海滨 张建栋 林建伟 周丽霞 姜 晶	三等奖

二、电视节目播出技术质量奖：

序号	获 奖 单 位	获 奖 人 员	获奖等级
1	北京电视台	刘晓光 侯克恕 赵宏伟 周志宪 刘宏亚 张 勃 刘桂茹	一等奖
2	上海技术中心	尚 峰 严克勤 吴志欣 吴剑东 王怡平 何 钶	一等奖
3	浙江电视台	郑 展 宋金龙 陈建中 胡向众 罗列昇 张志远	二等奖
4	湖南电视台	张 衡 李跃龙 刘惠东 臧干军 王咏梅	二等奖
5	江苏电视台	朱生林 吴汇平 李 晨 李发枝 陈少伟 陈 刚	二等奖
6	江西电视台	殷侠威 眭玉龙 范晓琳 李火金 卢晓健 孙春华	二等奖
7	中央电视台	陈泽时 陈 光 王 晖 黄建新 甄占京 谢继宏 毕文祥 卞美瑾	二等奖
8	陕西电视台	王汉民 窦建国 张桂玲 王新胜 周天阳 王 葳 张 健	二等奖
9	安徽电视台	郭承森 王道金 吕绍其 孔文剑 叶 杭	二等奖
10	山东电视台	李志毅 叶锡荀 杨丙国 杜春英 牟成培 迟焕德	二等奖
11	天津电视台	于建华 沈绍杰 侯书海 李炳育 袁廷选 李 红	三等奖
12	黑龙江电视台	唐春晓 王力伟 杨 枫 刘 伟 于诗洋	三等奖
13	广东电视台	敖卓挺 黄秋华 梁 燕 张杰超 郑汉平 张小军	三等奖

续表

序号	获奖单位	获奖人员	获奖等级
14	辽宁电视台	刘宝林 沈 岩 庞 悦 马 诚 刘 伟 夏志昕	三等奖
15	四川电视台	周岳陵 马文凯 李 忠 刘 静 冯魁海	三等奖
16	云南电视台	闵瑞麟 刘昆生 赵翔云 赵 平 黄麦原	三等奖
17	吉林电视台	闫力勇 李 华 车俊明 甘春兰 衣玉峰	三等奖
18	河北电视台	孔汉存 司伯均 陈海恩 梁大庆 刘建新	三等奖
19	山西电视台	邢长福 田印生 王秀兰 乔保民 邵文良	三等奖
20	宁夏电视台	王经胜 武 霖 宋 燕 延志远	三等奖
21	贵州电视台	何诚信 徐开华 谢家谊 罗 云 刘供春 马 南	三等奖
22	河南电视台	冯富松 杨玉佩 闫晓阳 赵景甫 宋长发	三等奖
23	海南电视台	严朝锦 蔡光辉 陈学哲 陈 强	三等奖
24	湖北电视台	宛金炉 盛光林 汪汉捷 杨海钊 王 需 唐文忠	三等奖

三、电视节目安全播出奖：

序号	获奖单位	获奖人员	获奖等级
1	北京电视台	王 峥 王立冬 张 皓 武文举 谢苏文 王晓龙 申连贵	一等奖
2	湖南电视台	张 衡 李跃龙 刘惠东 王咏梅 蒋玉芳	一等奖
3	安徽电视台	韩允松 宋赤飙 吴玉友 张春萍 董 锐	二等奖
4	广东电视台	古利华 赖钦梅 梁友苏 陈明东 方 超 莫锦满	二等奖
5	江西电视台	眭玉龙 刘会苗 范晓琳 肖亦腾 彭子舟 王 峻	二等奖
6	宁夏电视台	张广铎 程 春 王洁俐 吴明佳	二等奖
7	江苏电视台	迟延勤 宋少珍 孙爱华 杜 溶 苏 琦 何 宁	二等奖
8	海南电视台	陈 伟 邓论政 唐 亮 郭洪波	二等奖
9	湖北电视台	安继胜 孙 斌 邓贵和 王 丹 盛 莉 胡 勐	二等奖
10	浙江电视台	应 红 郑 佳 高 茳 焦 华 袁加琳 李秀琴	二等奖
11	山东电视台	孙乐东 李之月 路 明 焦秀芹 段 斌	三等奖
12	福建电视台	吴皖霞 陈秀岩 林 毅 孙陈健 陈国武 翁红雨	三等奖
13	上海技术中心	吴仲郢 史美琴 方 红 高 李 蓉 康 斌 胡 炜 陈 莹	三等奖
14	内蒙电视台	马翠英 达希图 崔 星 郑 林 韦 力	三等奖
15	河北电视台	陈殿武 司伯均 陈海恩 梁大庆 刘建新	三等奖
16	吉林电视台	甄建平 左喜刚 耿丽君 丁巍岩 付春艳	三等奖

续表

序号	获奖单位	获奖人员	获奖等级
17	黑龙江电视台	朱立滨　马晓波　王　立　凌明晓　王艳玲	三等奖
18	辽宁电视台	赵季伟　周　强　党　涛　韩海荣　王海涛　刘冬临	三等奖
19	陕西电视台	刘兆明　李曼元　郭新科　薛广胜　张开宇　黎博询　马　丽	三等奖
20	河南电视台	闫晓阳　武志刚　朱随正　李联华　李齐贤	三等奖
21	甘肃电视台	李襄民　刘德胜　刘　云　林　青	三等奖
22	天津电视台	李永森　黄　河　王玉英　荣　伟　魏　军　孙代昕	三等奖
23	山西电视台	邢长福　田印生　王秀兰　乔保民　张红线	三等奖
24	中央电视台	李跃山　赵　宇　许刚鸣　陈策明　李　键　付力军 刘　霞　陈明培	三等奖

四、电视节目技术质量综合奖：北京电视台

《演播室数字电视编码参数规范》获“国家技术监督局科学技术进步奖”，《微机控制的可校准频率标准器》获“中国专利优秀奖”。

部科技司康诵诗同志起草的《演播室数字电视编码参数规范》获“国家技术监督局科学技术进步奖”，江苏省广播电视研究所唐嘉陵等同志的专利项目《微机控制的可校准频率标准器》获国家专利局“中国专利优秀奖”。《演播室数字电视编码参数规范》的制订对推动我国电视技术的数字化有着非常重要的指导意义。在80年代末期国际电联有了数字电视标准的报告书，康诵诗同志通过国内的刊物及时把这方面情况介绍给广播电视同行。到了90年代，数字电视技术日趋完善，在此基础上康诵诗同志根据国际电联的有关建议书起草了国家标准。现在我国的数字电视技术从演播室、光缆传输、卫星传输以至地面数字电视试播都有了非常迅速的发展和广泛应用，这些与该标准的指导有着密不可分的关系。《微机控制的可校准频率标准器》是一项实用性很强的技术，经该标准器校准的频率准确度可达10^{-12}量级。该技术在中波同步广播、高精度短波激励器、电视载频精密偏置激励器以及各种监控系统中有广泛的应用，并且为改善广播、电视的覆盖效果，使有限的频率资源得以重复配置，其社会效益和经济效益都十分显著。

科技和事业建设成果

广播电视信息网络技术标准体系概要

广播影视信息网络中心　广播科学研究院

1　概述

广播电视信息网是国家信息基础设施的三大网络之一，是具有高科技水平、强大的广播电视信息传输覆盖系统。

经过建国以来48年的发展，中国已经是世界上的广播电视大国，基本上建成了一个有线与无线相结合、卫星与地面相结合、城市与农村相结合、对内宣传与对外宣传相结合的现代化的广播电视信息网。其中电视机台数达到3亿台，有线电视入户约7000万用户，使得我国的广大城市和经济发达地区绝大多数人口可以听到广播、看到电视。这对于正确的舆论导向，把握好宣传党的路线、方针、政策和坚持党的基本路线起到了巨大的作用。

广播电视传输覆盖网，有其独特的技术要求，许多广播电视传输技术协议和规范已经成为国际标准。我国信息基础设施的标准体制的制定，应该充分考虑这一特殊因素。从广义上讲，广电、邮电、铁路通信、军事通信、电力通信的传输网都属于专用网，诸多的各种类型专用网络不断改造和发展，并通过彼此的互联互通，才有可能迈向未来的“信息高速公路”。现有的

“电话、数据”通信网由于不具有宽带有线用户接入网，要传输广播电视信息业务到户，几乎是不可能的，也根本无法满足有线电视宽带综合业务（如：交互式音视频业务、数字式广播电视业务和高速数据业务）传输的需要和服务方式的要求。广播电视信息网的特点是：传输从点到面，非对称双向，直接面向用户的宽带信号传输和分配。未来的广播电视信息传输网将是星（卫星）网（网络）结合的传输覆盖网结构，必须要有自己的技术标准体系。

在广播电视信息传输领域，以光纤网络为基础的网络资源，是我部事业发展的主要阵地。然而必须认识到，支持广播电视高速信息网络的新技术涉及面很广，目前许多技术尚处在不断研究和开发之中。适用于广播电视信息传输的数字化实用新技术主要有数字声音图像压缩技术、光纤传输技术、信道编码技术和数字通信技术。尤其是以 MPEG-2 为基础的图像压缩标准，对开展常规数字电视、高清晰度电视业务，将起到决定性作用。

目前，在广播电视领域，广播电视信息传输接入网的建设与改造已在各个省广播电视部门主持下展开，有些省和地区已经建成或正在建设的网络已经大大地超前于网络标准体系的制定，如不加快网络标准的制定并使其尽早出台，势必影响和干扰我部统一规划、统一标准和科学有序地发展我国的广播电视信息事业，也不利于国家信息基础建设的开展。

为了建设和管理好广播电视信息网络，必须尽快制定统一的标准体系，以便信息相互交换，确保不同网络间和不同设备间的互联互通，并保证高新技术在网中的应用。因此提出“中国广播电视信息网络技术标准体系”（概要）。在这个体系中，将尽可能采用国际上通用的相关标准和我部已制定的系列技术规范，并在实施过程中不断完善和补充。

2　广播电视信息网络技术标准体系（概要）

第一部分　干线网技术标准

1. 协议

（1）广播电视信息干线网综合业务协议标准

（2）网管信息传输协议

（3）用户管理和网元接口协议

（4）广播电视信息干线网管协议标准

（5）广播电视信息干线网交叉连接协议

（6）网中业务信息分配协议

（7）网络间互联资费计算协议

（8）入网设备横向兼容性协议

2. 公共接口

（1）宽带综合业务在广播电视信息干线网中的物理层接口标准

（2）广播电视信息干线网网管信息传输接口标准

（3）Q，F 网管接口标准

（4）数字声音/数字电视信息入广播电视信息干线网技术标准

（5）数据信息入网接口标准

3. 互联接口

（1）ATM 模式下的广播电视信息传输标准

（2）广播电视卫星入网接收标准

（3）与公共网互联入网技术标准

（4）2.048Mbit/s、6.3(8)Mbit/s、34(45)Mbit/s 接口标准

（5）STM-1 信号帧结构规范

（6）广播电视干线传输网中的通信设备与互联接口标准

（7）网络数据和用户通信互联接口标准

（8）数字音频广播总成传输接口（Ensemble Transport Interface）标准

（9）宽带综合网数字声音接口标准

4. 设备入网技术标准

（1）时钟同步标准

（2）电源供电技术规范

（3）保护机制与网自愈技术规范

（4）支路接口配置标准

5. 用于扩展业务的相应标准

（1）FM

（2）SNG（DSNG）

（3）图文电视

（4）高速数据

（5）用户数据

（6）无线数据

第二部分　本地网技术标准

1. 有线电视本地接入网网络传输体制规范

2. 有线电视本地接入网模拟传输系统技术规范

3. 有线电视本地接入网数字传输系统技术规范

4. 有线电视本地接入网与卫星广播网络接口标准

5. 有线电视本地接入网与微波网络接口标准

6. 有线电视本地接入网与同步数字系列（SDH）网络接口标准

7. 有线电视本地接入网用户端接口标准

8. 有线电视本地接入网加解扰系统技术规范

9. 有线电视本地接入网数字视频广播（DVB）系统技术规范

10. 有线电视本地接入网数据传输系统技术规范

11. 有线电视本地接入网数字会议电视系统技术规范

12. 有线电视本地接入网网络状态监控技术要求

13. 有线电视本地接入网网络管理系统技术规范

14. 有线电视本地接入网网络工程施工规范

15. 有线电视本地接入网电源供电规范

16. 有线电视本地接入网 MMDS 覆盖技术标准

17. 有线电视本地接入网宽带综合网的声音编码标准

第三部分　数字图像信源（包括 16∶9 宽幅型比）

1. 数字电视压缩技术标准

2. 数字电视入网标准规范

3. 数字电视中文业务信息规范
4. 文本数字电视技术规范
5. 数字电视公共接口规范
6. 数字电视交互入网标准
7. 数字电视卫星接口标准
8. 数字电视有线电视前端设备接口标准
9. 数字电视接收机接口标准
10. 数字电视有条件接收技术标准

第四部分 有线电视用户设备规范

1. 用户设备对本地网的可接入性规范
(1) 对有线网的接入
光纤接入网 FTTX
光纤/同轴电缆混合网 HFC
交互式数字视像 SDV
(2) 对固定无线网的接入
一点多址系统 DRMASS
甚小天线地球站 VSAT 系统
直拨卫星 DBS
本地多点分配服务 LMDS
固定无线接入 FRA
2. 物理和电气特性
尺寸系列　　型号编排
电磁兼容性
对网络线路的性能要求
对电源的要求　　环境要求
对输入信号的要求
输出视频特性
输出音频特性
输出数据特性
3. 外接口
灵巧卡接口
红外遥控接收接口
IC 总线接口
并口　　串口　　调试口
调制解调器接口
GPIO 口　　音频输出
视频输出：RGB，Y/C，复合 PAL/NTSC，S-Video
扩展接口：以太网接口，FDDI 接口
4. 视音频功能规范
MPEG-2 解码
MPEG-2/Dolby AC-3 音频解码
MPEG-2 传输解复用
DVB 解码
对欧洲 DVB 的支持
对欧洲 DAVIC 的全面支持
灵活性：
输入口：电平，同步方式，极性，调制方式，复用方式
输出口：电平，同步方式，极性，音量，色参数
高级屏幕显示控制
与外接视频的叠加，混合
图形加速特性
视音频的同步
5. 系统管理参考模型
嵌入的网络管理协议
性能监视　　设备配置
安全保障　　计费机制
6. 以 OSI 层次的观点阐述的网络服务规范
(1) 物理层
电气接口规范：电平，速率，频带
(2) 数据链路层
数字调制方式，前向纠错方式，交织和编码，帧格式
MAC　　LLC
(3) 网络层
广播或寻址方式
对 IP，IPv6 的支持
(4) 传输层
流控方式
会晤层　　表示层
特种编码的识别和解码
(5) 应用层
超媒体规范
分布式应用规范

第五部分 广播电视电缆网络工程设计和施工规范

1. 设备
(1) 电缆　　导体　　线径
绝缘　　缆芯
产品质量标准
型号
(2) 电缆端设备
2. 工程设计
(1) 集线技术
(2) 线路扩建技术
电缆扩建的典型模式
管道工程的特点与扩建方式
(3) 环路传输设计
(4) 中继线路传输设计
(5) 大楼配线
(6) 接线用户与用户终端
(7) 环路明线交叉
(8) 接地、屏蔽、搭接和终端保护
3. 建筑安装工程设计
(1) 杆路设计
杆路路由　　电杆位置
杆路建筑　　架空明线
强度计算　　杆路编号
(2) 电缆安装设计
架空电缆　　电缆吊线
架空电缆的装设
分线设备的装设

架空电缆接地保护
地下管道电缆安装设计
(3) 墙壁电缆设计
敷设原则
电缆敷设方法
设备安装　保护措施
(4) 管道设计
路由测量　管材规格
地　基　管道基础建筑
平面设计　剖面设计
管道工程设计常用参考数据
(5) 电缆的特殊构筑物设计
扣轨挖沟敷设管道穿越铁道
小管径钢管顶过路基敷设电缆
深层地下电缆隧道
桥上电缆管线的建设
(6) 电缆进线室
(7) 人孔及手孔设计
(8) 直埋线路
路由选择及敷设位置
敷设方式　标志设置
防机械损伤
防虫、防鼠，防腐蚀
防雷
(9) 水底线路
水底线路路由
过河水线平面及断面设计
水线程式的选择
水底线路的施工方法
水线区的保护
(10) 电缆充气设计
4. 施工维护技术
(1) 杆路施工技术
勘定杆路和杆位
打洞　立杆　组装电杆
放设吊线　加空明线
(2) 管道施工技术
复测定线　土方工程
铺设管道　建筑隧道
建筑人孔　顶管
管道工程施工管理
(3) 敷设电缆技术
检查工作
敷设架空电缆
敷设墙壁电缆
敷设管道电缆
敷设直埋电缆
敷设隧道电缆
(4) 电缆芯线接续
(5) 电缆护层接续技术
(6) 施工通用工具
(7) 线路维护管理技术
维护策略的选择与实施
维护体制与作业方式
监测系统
5. 建设与维护
网络建设和维护工程技术

第六部分　广电传输网光缆工程的标准体系

1. 器件部分
(1) 光纤的结构和种类标准
(2) 光纤的主要特性标准：
几何特性要求
光学特性要求
传输特性要求
机械特性要求
温度特性要求
(3) 光缆的种类与结构标准
光缆种类　光缆型号
光缆结构
(4) 光缆机械物理性能标准
机械性能及试验条件
环境条件及试验条件
(5) 光缆端别与纤序的识别标准
(6) 光缆特性测量标准
光纤测量的一般要求
损耗的测量要求
带宽的测量要求
色散的测量要求
折射率分布的测量要求
最大数值孔径的测量要求
几何参数的测量要求
模场直径的测量要求
截止波长的测量要求
2. 光缆工程设计
(1) 系统设计要点和指标标准
光通信系统的要求
系统设计基本要求
(2) 中继段传输功率计算标准
(3) 工程设计查勘标准
(4) 阶段设计要求标准
三阶段设计要求
二阶段设计要求
一阶段设计要求
(5) 设计会审与审批标准
3. 光纤连接技术
(1) 光纤连接法标准
光纤熔接法　机械连接法
(2) 光纤连接损耗测量标准
连接损耗实验测量方法
“四 P”现场测量法
向后散射法
(4) 光纤活动连接标准

(5) 光纤连接器插损耗测量方法标准
4. 光缆路由复测
(1) 复测要求规范
路由复测和变更的原则
光缆与其他设施,树木,建筑等的最小距离的要求
(2) 路由复测方法标准
5. 光缆单盘检验和配盘
(1) 光缆单盘检验技术指标
(2) 光缆长度的复测标准
(3) 光缆单盘损耗测量标准
(4) 光缆护层的绝缘标准
(5) 光缆配盘的标准
6. 光缆敷设
(1) 光缆的分屯运输标准
(2) 光缆敷设的一般标准
光缆弯曲半径和牵引张力
光缆布放的牵引速度
光缆布放质量要求
(3) 管道光缆敷设安装标准
(4) 水底光缆敷设安装标准
(5) 埋式光缆敷设安装标准
(6) 杆线光缆敷设安装标准
(7) 进局光缆敷设安装标准
7. 光缆接续
(1) 光缆接续安装标准
接续材料的质量要求
光缆接头的一般要求
(2) 光缆接续方式标准
光缆接续护套的要求
接头护套的连接方式
光纤余留长度的收容方式
(3) 光缆接续方法与步骤规范
(4) 光纤连接现场监测标准
8. 无人中继站的安装
(1) 进站光缆的安装标准
(2) 保护地线的安装标准
(3) 光缆直接成端方式的站内安装标准
(4) 尾巴光缆成端方式的站内安装标准
(5) 成端测量标准
9. 局内光缆的成端
(1) 成端方法及要求规范
进局光缆终端方式
进局光缆成端的要求
(2) 成端方法的标准
(3) 水线房倒换设备的成端
水底光缆倒换设备技术指标
水底光缆倒换设备成端方法
10. 工程竣工测试
(1) 竣工测试的内容规范
(2) 光纤线路损耗测量标准
(3) 光纤后向散射信号曲线检测标准
(4) 光纤(多模)传输带宽测量的一般标准
(5) 光纤护层对地绝缘的检查标准

3 结束语

广播电视传输覆盖网使人们以可接受的费用和质量,安全有效地得到多种信息方式的综合业务服务。本标准体系支持有线广播电视信息传输网以共同原则为依据的各项业务开展。这些共同原则指的是:各种网络的互联、互操作性、信息处理设备、数据库和终端的无缝联接以及网络接入,操作和应用等要求。为分期分批完成标准体系的制定,1997年度将对"体系"中的八条进行定标。 (周 毅 方宏一 马 炬)

广播影视部因特网接入系统

广播影视信息网络中心

进入90年代后,信息技术已经成为发达国家经济增长的动力之一,而仅有不到三十年历史的因特网则正是信息技术增长的热点之一,并成为构筑下一个世纪信息高速公路的雏形。因特网正在逐步成为继纸张、广播、电视之后的又一种大众传播媒介,渗透到国民经济和日常生活的各个领域。

广播影视因特网接入系统是通过金桥网进入因特网的,金桥网的国际出口带宽为2M+256K。该系统使用Sun公司和Cisco公司的产品作为系统的核心软硬件平台,外部连接通过2M微波专线和金桥网络中心相通,内部通过交换集线器连接。

现在已有包括部机关、设计院、广科院和监测中心在内的用户分别通过电话线或LAN连接到因特网。

目前为用户直接提供的服务有:
· WWW浏览服务。
· 电子邮件服务。
· FTP服务。

除了上述基本服务外,计划在近期内陆续开通以下的服务:
· 新闻组(news)服务。
· BBS服务。
· 信息发布服务。

为了加强信息网络的建设,现在的因特网接入系统需要在系统软硬件,如出口带宽、服务响应、安全保密、设备冗余和负载平衡等方面进行进一步的建设,为用户提供更好更丰富的服务,如网上广播和网上电话等。

因特网接入系统为广播影视系统提供了一个进入国际互联网的通道,它是我们向外部世界展示形象和获取信息的窗口。为此我们不仅要尽可能使用已有的计算机网络技术,还要结合本系统的特点,发挥自身在有线电视和信息制作等方面的特长,为今后建设国际国内互联网络积累有益的经验,并打下良好的基础。 (彭 劲)

高清晰度电视（HDTV）项目研究情况

科技司

近几年，数字压缩技术的巨大发展，使得数字高清晰度电视（HDTV）成为可能，由于数字电视的优点，可以认为，任何将来的电视系统必将是数字的，而数字高清晰度电视和普通数字电视只是数字电视系统的不同业务。

早在1989年我国即开始“高清晰度电视软科学研究”，1993年国家科委批准“八五攻关”项目“高清晰度电视技术研究”，以广科院（ABS）为主，结合国内多所院校，汇集了国内电视方面的专家进行攻关，1995年项目结束，我们对数字HDTV系统有了感性认识，对系统各个方面进行了理论研究以及软件仿真，完成了对数字HDTV体制标准和关键技术的探索研究，广科院也建立了数字电视实验室，拥有了大量数字电视研究设备，培养了一批专业人员。

1996年3月，国家科委通过了“高清晰度电视功能样机系统研究开发工程总体实施方案”，我国的高清晰度电视研究进入硬件开发阶段，此项目中，HDTV研究开发协调小组下设办公室、专家组和项目总体组，共设立了七个专题：1. 视频编码器，2. 复用器，3. 音频编码器，4. 信道编解码器，5. 发射机，6. 调谐器，7. 视频解码器。目前该项目进展顺利，我们的系统完全基于MPEG-2标准进行设计。

广电部是HDTV的标准制定单位，下属的广科院除了参加国家科委组织的项目以外，还结合自己原有的基础确立了进一步的研究方案，目前正向部内申请立项。

我国的数字电视标准不仅应和国际标准接轨，还应符合我国自身广播电视的情况，所以我国高清晰度电视的研究既不能太超前也不能太落后，实践也证明了这一点。无论普通数字电视还是高清晰度数字电视都只是新的数字电视系统的不同业务，由于技术的飞速发展，目前普通数字电视广播已成为现实，而高清晰度数字电视广播距离现实并不遥远，战略上必须充分重视广播电视行业的这一革命性变革，对标准以及关键技术进行充分、深度、实用的研究，尽早尽快向实用化发展。

（孙苏川）

国家重点科技项目（部门专项）情况

1997年我部有两项目列为国家重点科技项目（部门专项）：

其中一项是：“硬盘多通道新闻、广告自动播出系统”。承担单位是：北京电视台、中科院大恒音视频技术公司。该项目将多媒体技术和计算机技术有机地结合在一起，作为广播电视专用设备应用于新闻广告节目的多通道自动播出，应用数字压缩方式和高速磁盘阵列技术与传统录像带播出相比大大降低了工作量，并同时具有操作维护简单，灵活性强，可靠性高，运行费用低等优点，有效地提高了新闻和广告节目播出效率。因此，在新闻和广告自动化播出方面可部分取代传统录像机自动播出系统，具有广泛的应用前景和很好的市场潜力及社会经济效益。

第二项是：“DVB有条件接收系统的研究及实现”，承担单位广科院。该项目是发展我国数字电视业务必须解决的关键技术之一，目前发达国家的DVB有条件接收系统已进入实用阶段，但对加密系统的出口有一定限制，而且引进国外技术安全性没有保障。因此为了保护国家利益，开发我国自己的DVB有条件接收系统势在必行。随着数字电视的发展，该研究成果具有很大的市场潜力及社会经济效益。（李景春）

卫星电视概况

科技司

1. 1997年1月1日，河南、广东、广西、湖南、湖北、辽宁、江西、青海、内蒙古、福建等十省（区）广播电视节目采用数字压缩技术上行亚洲2号卫星C波段转发器播出，这是中国广播电视发展的一件大事，是中国广播电视进入数字时代的重要标志。到1997年底，新疆电视节目由模拟改数字制式传送。相继，又有陕西、安徽、黑龙江、江苏等省采用数字压缩技术，共15个省（区）18套数字压缩电视上星播出。

2. 为了加强卫星数字编解码设备的宏观管理，促进编解码设备市场健康有序的发展，我部于1997年3月11日至13日在北京召开了卫星数字压缩编解码设备管理工作会议。在会上，何副部长做了重要讲话，颁布了两个重要文件：①数字压缩卫星接收机IRD暂行技术要求；②数字压缩编解码设备入网认定管理办法。半年多来的实践证明，这个会开得及时，对全国的卫星数字编解码设备管理工作起到了很好的作用，推动了编解码器设备质量的提高和市场健康、有序的发展。

3. 根据军委、农业部的要求和我部的安排，中央电视台第七套节目于1997年5月1日利用亚太1A卫星C波段转发器，采用模拟方式上星播出，方便了广大农村、部队边防哨所以及广大少年儿童收看中央第七套节目。

4. 为了更好地贯彻执行《广播电视管理条例》，加强卫星电视的管理，我部制定了《卫星电视频道技术与维护管理规定》和《卫星传输广播电视节目管理办法》，并印发有关单位遵照执行。

中央电台、国际电台短波广播技术规划基本实现

为使我国短波广播更好地适应国内外形势发展的需要，根据部党组的决定，科技司于1995年完成了对1985年编制的《短波广播技术规划》中的中央台、国际台节目的短波广播技术规划的修改工作。修改后的规划在“九五”期间发挥着指导事业的发展和事业建设依据的作用。

根据修改后的规划，到1997年底，已完成无线局564、572、594、501、654等中央直属台短波发射中心的扩建更新改造任务和增加广西南宁发射点的工作，并于1997年11月28日以前，上述各台分别投入了试播和正式播音。

基本实现后的中央台短波广播技术规划，扩建了11部100千瓦短波发射机，使中央台第一、二套节目短波发射实力得到明显的提高，填补了第一套节目对西沙和南沙覆盖的空白；体现了加强中央台第一套节目的覆盖和以中短波、调频等各种手段相结合，在山区、海岛、边疆等地广人稀的地方以短波为主，加强对边远地区覆盖的技术政策。

基本实现后的国际台短波广播技术规划，扩建了10部500千瓦短波发射机，充分发挥501（昆明）、654（乌鲁木齐）台地理优势，加强了对西亚、南亚、原苏联、东欧、澳新等地区的广播实力，增强了互转实力和减轻互转需求，设备具有一定的灵活性。

目前在试播中，新增发射机和天线的稳定性等方面还有待改进，老发射天线还有待改造。

计划在1998年派遣监测人员赴国内外各服务区进行效果收测。随着扩建改造工程的完善、运行的稳定以及频率方案的调整，我们相信，中央台和国际台短波广播频率效果将有明显改善和提高，达到预期目的。

（王秀兰）

标准化工作情况

广播电视事业发展速度快、规模大、业务多、技术含量高，标准化工作的重要性越来越突出。为此，广播电视部门十分重视标准化工作，特别是随着网络建设步伐的加快和模拟技术向数字技术的发展，1997年我部先后向国家技术监督局上报了我部的数字化标准体系表和信息网络标准体系表，各类标准共计数百项，这些标准都是广播电视事业发展所急需的。1997年我部有关单位共承担了10项国家标准和32项行业标准的研制项目，同时我部还会同国家技术监督局发布了下述广播电视国家标准和行业标准：

1.《NICAM-728卫星电视频道副载波传送数字声技术规范》(GB/T16812-1997)

2.《声音广播中音频噪声电平的测量》(GB/T17147-1997)

3.《模拟声音节目信号的常规测试信号——用于测量节目间信道间的干扰》(GB/T17148-1997)

4.《有线电视网中光链路系统技术要求和测量方法》(GY/T131-1997)

5.《PAL-D电视广播附加双声道数字声技术规范》(GY/T129-1997)

6.《多路微波分配系统技术要求》(GY/T132-1997)

（科技司）

厦门市广播电视中心基本建成

厦门市广播电视中心位于厦门市湖滨北路中段，占地面积30845.17平方米，第一期建筑面积36262平方米。该中心由广电部设计院设计并总承包，由核工业部第二四公司厦门分公司与中国机械第三安装公司完成主体工程及设备安装。

厦门市广电中心按三台一局格式布局，分主楼及左右两翼侧群楼三部分。主楼高108米，地下2层，地上26层，其中6层以上为三台一局行政办公区，5层以下为公共设施用房及有线电视台技术区域，有线电视台设有一个文艺演播室及一个新闻演播室。右翼群房为电台技术区，共三层，高18米，面积为4935平方米，设一个文艺录音室、一个文学录音室、四套直播室和四套录播室。左翼群房为电视台技术区，共11160平方米，部分三层高18米，演播室为单层高低错落，设有新闻、串编两个小演播室和250平方米、400平方米、1000平方米三个大中型演播室。

该中心大楼管理采用了集中化的楼宇自动化管理系统。实现对楼宇公共设备的监控、火灾报警、消防联动及保安监视。大楼内通讯与计算机系统由综合布线系统支持，并部分实现光纤到桌面，为将来的办公、视音频信息处理、节目播出实现微机自动化管理提供了基础。

厦门广电中心于1991年立项，1993年12月正式开工，到1997年底基本建成，现已逐步投入使用。

（卓开炜）

广东省有线广播电视传输网基本建成

广东省有线广播电视传输网，是由省有线广播电视台到各地（市）有线广播电视台的省级传输干线网和各地市有线广播电视台到所辖县（市）的有线广播电视台的市级支线传网及县（市）到乡（镇）村直至家庭的本地网组成。省级传输干线网采用SDH数字光缆网，把省有线广播电视台和全省20个市的有线广播电视台连接在一起。省级传输干线网全长约3200公里。市

级支线传输网拟以数字光缆网为主，数字微波传输为辅，将各市与其所辖的县（市、区）连接起来。这部分网络目前仍然由各市广播电视局负责规划设计和筹资建设。全省各个行政区域的有线广播电视本地网采用光缆、电缆混合网（HFC）结构，规划带宽为750MHz。由各地广播电视部门规划设计和筹资建设。广东省有线广播电视传输干线网为数字化的大容量双向传输系统，具有有线广播电视业务平台和综合信息业务平台。其主要功能为：

（一）可以将中央和省的现有广播和电视节目传送给各联网用户，实现各级广播电视节目的有效覆盖。

（二）可以实现从地（市）到省（包括部分县到省）之间的新闻回传、现场直播和其他广播电视节目的传输，提高新闻节目的时效性，实现异地采访，拓宽广播电视节目采集、交换的时空。

（三）可以传送未来的各种形式的声音和电视广播。例如：数字声音广播（DAB）、高清晰度电视广播（HDTV）、立体电视广播、数字电视、数据广播、加扰电视和点播电视等广播电视新业务。

（四）可以实现全省广播电视系统的数据传输、会议电视等，建立起全省广播电视系统共享的宽带综合业务数字网络。

（五）根据广播电影电视部关于建设全国有线广播电视专用网的要求，国家超干线将经过我省北线、东线的大部分地（市），可实现华南和全国大联网，形成更大的系统优势。

（六）可以进行综合开发，为广东省的国民经济和社会信息化提供服务。

网络的结构

（一）根据广东省地理情况，全省有线广播电视传输干线网采用环形结构，珠江三角洲光缆铺设采用网孔结构以在路由上增加网络的安全性。干线网采用符合国际标准的SDH体系，广播电视节目采用数字视频压缩编码方式，以适应广播电视长距离传输和未来数字广播电视新业务的发展要求。

（二）支线传输网以各地（市）连接所属县（市、区）为目的，地理条件许可的应以光缆环形结构为主，多山地丘陵的地区可以采用数字微波传输方式。支线网是二级网，考虑全省网整体效益的发挥和便于各类信号的转接，支线网采用与干线网相同的SDH体系。传输容量、视音频信号的编码方式可根据各地的实际情况决定。

（三）本地网由市（县）至乡（镇）、村的中继网和接入终端的用户网构成，是广东省有线广播电视传输网的基础。本地网规划为光缆电缆混合结构（HFC），中继网应采用光缆传输，用户网可使用同轴电缆分配入户。为利用开展交互式业务，每个光节点服务区所带的用户数为500—2000户。

本地网的规划必须符合所有上级和本地（市）的广播电视节目的进网要求，并纳入全省有线广播电视传输网之中，接受统一管理。

广东广播电视科技工作的发展情况

一、中国数字音频广播（DAB）广东先导网试播台正式试验播出。

数字音频广播（DAB）是继目前的调幅广播、调频广播之后的第三代广播，与现有的广播相比，具有覆盖面积大，频率利用率高，广播、信息业务构成灵活，是广播事业发展中一个新的里程碑。

该项目属国家科委、广播电影电视部批准的“九·五”国家重大科技产业的工程项目。在1997年内试播，具有国际先进水平。

中国数字音频广播（DAB）广东先导网，由广东厅科技部具体组织实施。经过近两年的努力，于1996年12月15日率先在广州、佛山两个试验台试播。1997年7月1日，广东先导网的广州、佛山、中山三个试验台已正式联网播出DAB节目。目前，播出的DAB节目内容暂安排为：中央人民广播电台、广东人民广播电台、广州电台、佛山电台、深圳电台等广播节目。

二、开展了科技成果项目的鉴定和科技进步项目、广播节目技术质量的评奖。

1997年，广东广电厅共组织了对厅监测台的《广播电视监测无人值班自动拨号报警系统》、深圳电视台的《门禁考勤管理系统》、广州有线电视台的《有线电视网络规划及管理系统》等19项技术成果的厅级技术鉴定。评出1997年度厅级科技进步奖项目19项，其中二等奖4项、三等奖10项，四等奖5项。

1997年首次对全省广播节目录制技术质量进行了评奖，共有35项获厅级广播节目技术质量奖。其中一等奖1项、二等奖20项、三等奖14项。开展广播节目技术质量评奖活动，旨在进一步推动我省广播界广播节目的录制与播出整体技术质量的不断提高，以促进广东省广播技术水平走在全国的先列。

“香港回归”转播建立节目调度和监看指挥中心

1997年7月1日“香港回归”是世界瞩目的大事，此次转播规模大、现场多、持续时间长，是历次转播中最复杂的一次。在广电部“香港回归”庆典活动指挥中心建立了的全部电视信号调度监看系统，为中央电台、国际电台的现场播出提供了香港和北京的回传信号和中央电视台送来的现场图像和国际声信号；为部领导、部总值班室完整地传送了各转播现场的实时信号及国内各电视台和CNN、香港凤凰台的播出信号。

由于这次转播现场多，需要随时综合香港、北京及国内多个转播点的信号，需要随时了解国外各大新闻机构的反映，部领导、部总值班室需要监看各转播现场的实时信号、国内各电视台和部分国外电视台的播出信号。

这是一个复杂的信号传输分配系统。香港来的广播信号、中央电视台送来的两路香港实况和一路天安门实况和国际声信号、北京有线电视台送来的30路国内各电视台和CNN、香港凤凰台的播出信号必须集中在一起并重新处理后分别送给中央台、国际台、部总编室、各位部领导和部"香港回归"庆典活动指挥中心。由于部调度中心尚未建立起来,经与无线局协商,建立了广播电视临时调度机房。

无线局提供了机房,配合人员安装设备。同时,敷设了至中央电视台的光缆,沟通了部与中央三台之间的联系,实现了现场信号三台共享,部领导、总编室随时监看的设想。

北京有线电视台出动了施工队伍,日夜加班,在科技司技术人员的配合下,通过几天的努力,在"香港回归"之前将北京有线电视台的30套节目与部内各现场信号同时送入有关领导的办公室和三楼大会议室。

(科技司)

科技活动

参加1997年世界无线电通信大会的情况

1997年世界无线电通信大会(简称WRC-97)于10月27日至11月22日在日内瓦举行,来自世界一百多个国家的2000多名代表参加了会议。此外,会议还邀请许多国际组织和一些世界著名通信公司的代表出席了会议。

发达国家都派了十分强大的代表团,美国代表团90多人,由大使担任团长,德国代表团30多人,加拿大代表团50多人,我国电信代表团由邮电部副部长周德强任团长,由邮电部、广电部、交通部、国防科工委、航天工业总工司、中国气象局和香港特别行政区等十个部门24名代表组成,我部派科技司副司长张兆雄等三名同志参加。

我们参加与广播电视有关事项的4委会议。其主要内容和结果如下:

一、高频广播

1. 修改、审定并通过了无线电规则第12条款

《无线电规则》是维护国际无线电通信秩序的法规,现行无线电规则第17条是对短波广播业务专用段内的规则和程序。简化后的无线电规则第12条款(简称S12),是在修改现行的无线电规则第17条后产生的,突出简单灵活的特点,明确规定用频率协调解决频率间的不兼容,从根本上否定了全球性的统一规划的方法;明确以自愿为原则参加区域内的频率协调,同时积极鼓励各国参加;规定国际电联无线电通信局和各国各自的责任和应遵循的时间表。

2. 单边带发射的提早引入和双边带发射截止日期和1992年扩展段的提前引入问题

进入90年代,飞速发展的数字技术已经应用在中短波发射机上,在播出质量和电路可靠性方面显示出优越性;同时,广大的发展中国家对于提前使用单边带也有实际困难。因此,对517号决议规定的2007年4月1日起双边带向单边带过渡和2015年12月31日停止双边带发射 的决议没做修改,放在今后全权大会定期审议。

3. WRC-92扩展段的提前使用

1992年世界无线电通信大会通过了将一部分其他业务的频带划分给做广播业务成为WRC-92扩展段,并规定过渡阶段到2007年4月1日。1995年大会决定提请1997年大会考虑过渡日期提前问题。

由于美、俄的反对,仍维持到2007年4月1日启用。

二、关于广播卫星业务

1. 关于修改1977年广播卫星业务(简称BSS-77)规划

根据WRC-95大会的有关决定,本次大会完成了对BSS-77规划的修改,通过了BSS-97规划,该规划除正在使用的卫星广播系统外,其他规划使用的系统均按WRC-95通过的新参数修改。BSS-97规划,除保留我国原来的三个轨道位置(E62、79.8、92度)、35个波束、55个频道外,还为香港规划1个轨道位置(E122度)、1个波束、4个频道。

2. 重新进行卫星广播业务规划

随着卫星广播业务的发展和技术的进步,BSS-97规划后,使卫星广播频段(11.7—12.5GHz)可容纳更多的系统。为了防止发达国家垄断卫星资源,大会经过激烈的争论,通过了"重新规划应使每个国家至少保证10个27MHz带宽的频道,但个别领土大的国家任保持其1977年规划中所占的份额"的重新更好原则。大会决定成立政策监督工作组和技术专家组,负责向1999年大会报告每个国家10个频道的可行性和在2001年完成对卫星广播业务的重新规划。

3. 关于2674款

按照无线规则第2674款的规定,设计卫星广播业务系统时,应最大限度地减少对其他国家领土的辐射,除非与这些国家事先达成协议。WRC-95通过的531号决议也明确指出,卫星规划的原则应"以国内覆盖为基础"。

西方发达国家为打开对发展中国开办卫星广播的大门,力图修改这一原则。美国公然在会上提出决议草案,建议一国广播卫星向别国提供服务时,应该事先得到对象国的同意。表面上看,这个提案似乎有理,但是广大发展中国家很警觉,对美国的企图十分清楚。我们联合许多发展中国家对美国的图谋进行了艰苦的斗争。我们商定,首先在决议草案中加上必须遵守2674款的原则,而是必须限定是广播业务(不然会扩展到其他业务去),而且力争把"应该(should)一词改为

“必须”(shall)，由于广大发展中国家团结一致，基本上达到了目的。

4. 非静止轨道卫星（NGSO）和静止轨道卫星（GSO）频率共用问题

由于法国提出的NGSO和GSO共同的问题，在会议中引起争论，由法国提出的系统需要使用12GHz广播卫星业务的频段，引起了发展中国家的反对，由于美国、阿拉伯集团与法国存在利益冲突，会议一度不能继续讨论，为避免占用过多的时间，会议中未能就新的问题进行详尽的争论，而是一直往后拖，等待第五委员会作出决定，因为会下，法国、美国和阿拉伯集团达成了“一揽子”协议，第五委员会同意在增加PFDC功率通量密及的限值后，允许NGSO进入GSO的频率使用范围（包括12GHz频段共用的争论，使506号决议不得不进行了修改。使306号决议在汉城广播卫星业务必须使用GSO，从根本上改变了506号决议）。

上述问题首先是英、法等国提出来的，这涉及修改电联506号决议的问题。506号决议明确指出，BSS频段只能用于对地静止轨道卫星系统，即GSO系统，不能用于非对地静止轨道卫星系统，即NGSO系统。

会上就这一问题展开了激烈的辩论，最后英、法等国达到了NGSO与BSS共用BSS频段的目的，506号决议被修改。（王秀兰）

部无线电管理委员会工作

部无委工作会议于1997年12月19日在北京召开。32名部无委委员出席，部无委何栋材主任主持会议。张海涛副部长到会听取了部无委工作情况报告并对加强广播电视无线电管理工作作了重要指示。何栋材主任作了总结讲话。

（一）两年多来广播电视无线电管理工作情况

会议首先听取了部无委副主任兼部无委办公室主任江澄同志作的“两年多来广播电视无线电管理工作情况报告”，报告总结了部无委自1995年7月7日成立以来，在加强广播电视频率管理、维护广播业务频段空中电波秩序、有效利用无线电频谱方面取得的主要成绩及目前存在的问题。围绕这个报告，部无委委员们结合各自省（自治区、直辖市）的实际情况进行了座谈。大家一致认为，江澄同志对无线电管理工作作的总结是实事求是的。对部无委成立以来完成的几件大事予以肯定：一是建立健全了管理机构，除海南以外的各厅局都成立了广播电视无线电管理机构，为实施广播电视无线电管理提供了组织保证；二是向国家无委申请委托与授权我部负责有关广播电视专用频段无线电管理职权，获得了批准；三是与国家计委和财政部协调了我部无线电频率占用费问题，使各广播发射台、转播台及差转台由广播电台、电视台按节目套数统一缴纳频率占用费，降低了总的收费额；四是在8647个申请核发的甲类（50瓦以上）频率执照中核发了6229个执照，并对2318个执照正在逐一进行核查；五是开展全国广播电视无线电执法守法检查。处理了系统外违章建台和侵占广播电视专用频率的问题，纠正了部分广播电视发射台、转播台擅自改变技术参数问题；六是加强了对教育电视台频率的行业管理，理顺了关系。

会议认为，目前广播电视无线电管理工作还存在着一些问题。如一些地方未经批准，擅自设立发射台、转播台或无电台呼号、擅自播出广播电视自办节目；有的台、站为了自身的利益，未经批准擅自改变台、站技术参数，随意扩大发射功率，提高天线高度，改变台址；有的省不与邻省协调在省边界处增大发射功率造成干扰；教育台规划外频率的干扰还未彻底解决。

（二）1998年部无委工作重点

1. 加强《广播电视管理条例》《无线电管理条例》《中华人民共和国刑法》的学习，提高无线电管理部门工作人员的政策水平。继续修改完善《广播电视无线电管理规定》并尽早颁布实施，认真组织贯彻执行。

2. 进一步开展广播电视无线电秩序的治理活动，加强无线电管理。1998年内使广播电视无线电秩序有根本好转，更好地为广播电视宣传服务，为广播电视发展服务。要继续完成广播电视发射台、转播台频率执照的补发、核对和换发工作。纠正和严肃处理广播电视发射台（转播台）各种违纪行为。

3. 加强广播电视监测工作。对全国广播覆盖及对外短波广播的运行覆盖效果进行收测，加快广播电视监测网的建设，为广播电视无线电管理提供科学依据。

4. 为数字广播电视的试播指配好频率，要预先考虑数字技术的引入带来的频率重新规划问题。

5. 参加国际间频率协调，包括筹备第四次中俄边境频率协调及参加亚广联和欧洲的短波频率协调。

（部无委办）

国家社会发展综合实验区广播电视事业发展

广播电影电视部科技司于1997年12月9日至12月11日在广东东莞市清溪镇召开了“国家社会发展综合实验区广播电视事业发展座谈会”。

参加这次会议的有13个省、市广播电视厅（局）技术事业主管部门和23个国家级社会发展综合实验区广电局（站）代表共44人。会议由广电部科技司副司长江澄主持。在开幕式上，江澄副司长、国家科委国家社会发展综合实验区办公室宋征副主任及广东广播电视厅冯锡增副厅长就建立国家社会发展综合实验区的目的、意义、工作情况及这次会议的目的讲了话。与会代表还学习了国家科委社会发展科技司刘燕华副司长题为“贯彻可持续发展战略积极推动实验区广电事业蓬勃发展”的书面发言。国家实验区广东东莞清溪镇和常州市的广播电视局（站）代表在会上介绍了广播电视事业发展情况。会议组织了大会发言和小组讨论，对广播电视如何为实验区工作服务，以及将广播电视事业提高到新水平进行了讨论，还交流了广播电视发展的经验。会议结束时，江澄同志作了会议总结，对做好实验区的广播电视工作提出了具体要求。会议期间还组织代表们参观了深圳有线电视台的多工开发、清溪镇有线电视中心。

会议根据中国社会发展综合实验区的工作和要求，结合广播电视事业的建设与发展，对做好实验区广播电视工作提出如下要求：(1)各位代表将这次会议精神、议题及有关情况向各级有关领导进行汇报，说明社会发展综合实验区的意义和目的。(2)广播电视系统有综合实验区的省级广电厅(局)技术事业主管处室都应明确一位领导负责这项工作。应经常对国家级、省级实验区的广播电视工作加以指导，同时要进一步加强与省科委联系，研究如何发展实验区的广播电视。(3)各社会发展综合实验区的广播电视部门要努力提高广播电视覆盖，使入户率、覆盖率达到先进水平。实验区既要重视有线电视的建设，又要相应重视广播，做到广播电视协调发展。(4)各实验区的广播电视局（站）要争创为精神文明、广播电视先进单位，模范地遵守广播电视法规。(5)实验区的广播电视部门要从实际出发，因地制宜，充分发挥自主精神，发挥自身优势，不断深化改革，依靠科技进步，发展广电事业。（李景春）

中俄边境地区电视和调频广播频率协调

1997年11月28日至12月10日中国广播电视技术代表团在莫斯科与俄联邦通讯管理部门代表团就中俄边境地区电视和调频声音广播频率协调问题举行了第三次会谈。

取得的成果：

1. 对总数为1318个中俄边境地区电视和调频广播规划进行了协调，俄、中通过协调的现状电视台分别为128个和154个，调频广播现状台分别为107个和40个。

需进一步测量确认并最后协调的俄、中电视调频台分别为34个和40个。

本次会谈，中方83%的现状大功率电视台和调频广播电台通过协调，我方的权益得到了较好的保护。我方提供的计算机电子地图系统为加快协调的进程起了重要的作用。

2. 中俄双方经协商同意黑河市调频台93.1MHz改为103.8MHz。布拉戈维申斯克电视1频道自1998年4月1日停止工作，同时俄方比金的电视10频道将于1998年5月1日前改为电视8频道。

3. 俄方同意我方提出的采用ITU-R 370建议书的传播曲线进行调频声音广播(单声道和立体声)对流层有害场的计算(适用于陆地50%收听地点和10%的收听时间)，且VHF调频台服务区计算不考虑接收天线的方向性。

我方在研究了ITU-R新建议书并经过详细的计算后，提交俄方《中俄边境地区VHF频段广播业务频率协调技术标准（草案)》，俄方将于1998年1月1日之前予以答复。

4. 关于现状台的协调原则和方法，与俄方达成了共识。

5. 中俄双方对各自依据ITU-R最新建议书所编制的计算机程序的计算结果进行了计算结果比较，结果发现双方的程序都需要进一步修改和完善。

6. 中俄双方同意在1998年的适当时候，于中国北京进行中俄边境地区广播电视频率协调的第四次会谈。（周新权）

上海市广播电视科技活动

1997年1月29日，国家环境保护局对上海东方明珠广播电视塔电磁环境辐射影响进行评审，并通过国家级环保验收，国家环保局监督司副司长赵亚民，广电部科技司副司长张兆雄等有关领导和23位专家参加了评审和验收工作。

1997年4月24日，上海市广播电影电视局召开科技工作会议暨第二届科技委成立大会，广播电影电视部副部长何栋材出席大会并讲话。上海市科委、市科协、市无委及有关方面的负责人，广播影视科技工作者共250人参加了会议。大会由局党委副书记李保顺主持，叶志康局长致开幕词，金国祥副局长作了“坚持深化改革，推动科技进步，为繁荣广播影视事业而努力”的工作报告。

会议总结了第一届局科技委的工作，传达了部科技委五次会议精神，讨论了局“九五”计划和2010年远景目标规划，修改了局科技委章程，通过了上海市广播电影电视局科技进步奖励办法。

浙江省广播电视科技活动

由浙江省广播电视科学研究所研制的《智能化多功能电平监测仪》获1997年浙江省人民政府科学技术进步奖。

由浙江省广播电视科学研究所研制的《机上变换器及加扰（去扰）技术研究》获浙江省人民政府1997年科学进步奖优秀奖。

贵州省广播电视科技活动

1997年6月17日至18日，贵州省广播电视厅在遵义召开科技委员会会议，总结一年来的科技工作，布置下年科技工作任务。会上，一致同意成立五个专业委员会：

电视专业委员会、电声专业委员会、有线电视专业委员会、覆盖专业委员会、发射接收专业委员会。

会上，为获得1996年度“合理化建议和技术改进奖”和“科技论文奖”的项目颁奖。

贵州省广播电视厅科技委员会于1997年11月13日，召开“合理化建议和技术改进奖”和“科技论文奖”评审会。评审结果，获“合理化建议和技术改进奖”的11项，其中，一等奖1项，二等奖2项，三等奖3项，四等奖5项。获“科技论文奖”的5项，其中，一等奖1项，三等奖2项，四等奖2项。

工业生产

电子工业部广播电视设备产量与销量

单位：部

类　　别	1995年		1996年			
	产量	销量	产量	增长率(%)	销量	增长率(%)
中波广播发射机	7	30	5	－28.6	15	－50
短波广播发射机	17	15	8	－52.9	10	－33.3
调频广播发射机	1346	1198	1302	－3.3	1416	18.2
电视发射机	3893	4037	3141	－19.3	4157	3
电视差转机	1330	1416	539	－59.5	734	－48.2
广播电视微波设备	25	22	284	1036	327	1386
电视中心设备	19040	17519	1184	－93.8	1003	－94.3
其中：广播用摄录一体机	80	53	160	100	153	188.7
广播用监视器	17770	16503	382	－97.9	354	－97.9
控制台	18	61	1	－94.4	1	－98.4
特技及切换设备			25		19	
字幕及图形发生器	2	59	89	4350	77	30.5
其他配套设备	1170	843	527	－55	399	－52.7
广播播控设备	142915	138745	126002	－11.8	127261	－8.3
其中：专用扩音机	93766	91907	85243	－9	83014	－9.7
专用录音机	738	1040				
调音台	9334	8147	7649	－18.1	9675	18.8
声音处理设备	4654	3332	2227	－52.1	2943	－11.7
其他配套设备	34423	34319	30883	－10.3	31629	－7.8
应用电视及摄像机	3063373	3037900	5272401	72.1	5273142	73.6
其中：彩色电视摄像机	1753	1247			2	－99.8
黑白电视摄像机	69	39	20	－71	104	167
彩色显示器	565571	542807	1994662	253	1979506	265
单色显示器	258305	270761	266921	3.3	265058	－2.1
控制传输设备	2219002	2212971	2994873	35	3014857	36.2
其他配套设备	18673	10075	5923	－68.3	5613	－44.3
★有线电视（万户）	417	377	408	－2	389	3.1

注：有★为中国广播电视设备工业协会提供

（据《中国电子工业年鉴》1997年版）

电子工业系统主要消费类电子产品的产销情况

单位：万台

产品名称	1994年		1995年		1996年			
	产量	销量	产量	销量	产量	增长率（%）	产量	增长率（%）
电视机	2913.3	2854.1	3441.7	3550.5	2892.2	－16	2881.1	－18.9
其中：彩色电视机	1637.1	1588.9	1912.1	1876.4	2094.9	9.6	2081.7	10.9
黑白电视机	1276.2	1296.2	1529.7	1474.2	797.3	－47.9	799.4	－45.8
录像机	187.7	179.1	180.2	163.3	268.0	48.7	233.6	43.0
其中：录放像机	131.1	125.5	67.4	61.2	166.9	147.6	135.1	120.6
放像机	56.6	52.6	101.4	92.2	101.1	0.3	98.5	6.8
摄录机	1.0	1.0	1.7	1.3	12.2	611.8	11.8	807.7
收音机	748.4	819.0	774.2	777.1	331.7	－57.2	352.6	－54.6
其中：袖珍机	493.4	563.0	521.4	518.0	235.9	－54.6	251.9	－51.4
便携机	178.9	181.8	111.1	107.3	81.1	－27.0	85.9	－19.9
台式机	53.6	52.5	1.4	26.2	1.5	7.1	1.8	－93.1
其他	22.5	21.6	150.3	149.2	13.2	－91.2	13.0	－91.3
收录机	1557.9	1554.2	1876.6	1667.2	1592.5	－15.1	1584.5	－5.0
其中：袖珍机	359.9	364.2	344.2	336.5	359.3	4.4	495.4	47.2
便携机	866.6	851.8	1081.0	1053.3	749.1	－30.7	764.4	－27.4
台式机	157.8	156.9	185.3	158.8	120.0	－35.2	135.7	－14.5
其他	173.5	181.3	266.2	118.6	184.1	－30.8	189.0	59.4
立体声组合音响	473.4	461.4	615.3	551.6	525.2	－14.6	526.6	－4.5
其中：台式组合机	394.2	379.0	533.7	481.0	490.9	－8	492.6	2.4
落地式组合机	31.0	36.3	32.5	24.8	7.0	－78.5	5.5	－77.8
其他	46.2	46.1	49.2	45.8	27.3	－44.5	28.5	－37.8
汽车音响	302.6	300.5	479.3	479.6	367.1	－23.4	363.9	－24.1
其中：汽车收音机	6.2	4.9	17.9	18.1	5.7	－68.2	5.3	－70.7
汽车放音机	51.4	54.7	63.2	63.1	7.2	－88.6	48.7	－22.8
其他	245.1	241.0	398.2	398.4	312.6	－21.5	309.9	－22.2

（据《中国电子工业年鉴》1997年版）

12. 书报刊

责任编辑　韩同慧
审 稿 人　曲宗生

1997年版广播电视书籍简目

广播电视基础及应用

新闻学传播学新名词词典
陶　涵　主编
经济日报出版社出版
1997年1月

广播电视行业管理手册
广电部社管司　编
中国广播电视出版社出版
1997年3月

走向市场经济——新闻宣传的实践与思考
乔万成　李文杰　武福礼
刘忠臣　主编
黑龙江人民出版社出版
1997年3月

广播电视新闻评论
王振业　著
北京广播学院出版社出版
1997年4月

电子新闻媒介栏目编辑学
刘志筠　宋　昉　著
中国人民大学出版社出版
1997年4月

广播影视工作谈
乂知生　著
中国广播电视出版社出版
1997年4月

视听天地求索录——广播电视散论
邹荫辛　著
中国广播电视出版社出版
1997年4月

北美传播研究
郭镇之　著
北京广播学院出版社出版
1997年4月

传播论稿
郭镇之　著
北京广播学院出版社出版
1997年4月

新闻广播研究
吴缦　曹璐　著
北京广播学院出版社出版
1997年4月

大众传播心理学——从现代心理学视角看大众传播
刘京林　著
北京广播学院出版社出版
1997年4月

传播学总论
胡正荣　著
北京广播学院出版社出版
1997年4月

传媒经济
周鸿铎　胡传林　邢建毅　著
北京广播学院出版社出版
1997年4月

广播新闻与电视新闻（全国高等教育自学考试教材）
王振业　主编
武汉大学出版社出版
1997年5月

1996年全国广告学术研讨会论文集
中国广告协会学术委员会　编
中国广播电视出版社出版
1997年6月

广播电视新闻英语
王纬　吴燕　编著
北京广播学院出版社出版
1997年6月

对外新闻的采访与编辑
李海明　著
中国广播电视出版社出版
1997年6月

中国广播电视报论文选集
中国广播电视报简史
编写组　编
中国广播电视出版社出版
1997年7月

新闻传播导论

胡　钰　编著
中国广播电视出版社出版
1997 年 7 月

广播电视概论
刘爱清　王　锋　主编
中国广播电视出版社出版
1997 年 8 月

影视文学创作论
宋家玲　著
北京广播学院出版社出版
1997 年 9 月

媒介经营与产业化研究
黄升民　丁俊杰　主编
北京广播学院出版社出版
1997 年 9 月

新绿（'97 山东广播电视学术年会论文集）
李春利　主编
徐其恭　副主编
山东省广播电视学会出版
1997 年 10 月

视听论谈
吴少琦　著
辽宁人民出版社出版
1997 年 10 月

华夏传播论——中国传统文化中的传播
孙旭培　主编
人民日报出版社出版
1997 年 10 月

广播基础及应用

永不消失的声音
齐越奖励基金办公室　编
北京广播学院出版社出版
1997 年 1 月

环球写真——中国国际广播电台记者海外随笔
万淑华　主编
中国国际广播出版社出版
1997 年 1 月

春泉集（广播稿选）
林　雨　编
黄河出版社出版
1997 年 1 月

广播新闻业务
曹璐　吴缦　著
北京广播学院出版社出版
1997 年 4 月

广播新闻创优谈
李向明　著
中国广播电视出版社出版
1997 年 5 月

音响美学
张凤铸　著
中国广播电视出版社出版
1997 年 7 月

以史鉴今　继往开来（国际广播理论研讨会论文集）
丛英民　李松凌　万淑华　主编
中国国际广播出版社出版
1997 年 8 月

春雨集（广播稿选）
林　雨　著
黄河出版社出版
1997 年 11 月

广播评论：功能、选题和语言艺术
仲富兰　著
复旦大学出版社出版
1997 年 11 月

求实·创新（第五集）
丁仁山　主编
辽宁人民出版社出版
1997 年 12 月

中国城市广播的现状与发展论文集
中国广播电视学会
广州人民广播电台　合编
中国国际广播出版社出版
1997 年 12 月

电视基础及应用

电视摄制技巧
刘景毅　高连学　编著
华龄出版社出版
1997 年 1 月

电视摄像艺术
朱羽君　编著
辽宁美术出版社出版
1997 年 1 月

午夜相伴（电视节目稿选）
姜文祥　曲秀锦　主编
山东文艺出版社出版
1997 年 2 月

电视剧作艺术
周靖波　著
北京广播学院出版社出版
1997 年 3 月

电视剧的戏剧冲突艺术
秦俊香　著
北京广播学院出版社出版
1997 年 3 月

焦点外的时空
孙克文　主编
生活·读书·新知三联书店出版
1997 年 3 月

纪录片创作论纲
钟大年　著
北京广播学院出版社出版
1997 年 4 月

电视新闻实务
傅俊卿　著
北京广播学院出版社出版
1997 年 4 月

电视文化学
苗　棣　范钟离　著
北京广播学院出版社出版
1997 年 4 月

电视媒介研究
叶家铮　编著
北京广播学院出版社出版
1997 年 4 月

电视艺术哲学（上编）
苗　棣　著
北京广播学院出版社出版
1997 年 4 月

电视新闻学
叶　子　著
北京广播学院出版社出版
1997 年 4 月

影视色彩学
刘恩御　著
北京广播学院出版社出版
1997 年 4 月

电视艺术的观念
丁海宴　著
北京广播学院出版社出版
1997 年 4 月

卫星电视传播
曹　璐　胡正荣等　著
北京广播学院出版社出版
1997 年 4 月

电视摄影与编辑
任金洲　高晓虹　著
北京广播学院出版社出版
1997 年 4 月

台湾电视文艺纵览
李献文　著
中国广播电视出版社出版
1997 年 5 月

中国电视剧的审美艺术
曾庆瑞　卢　蓉　著
北京广播学院出版社出版
1997 年 6 月

电视剧原理　第一卷·本质论
曾庆瑞　著
北京广播学院出版社出版
1997 年 6 月

经济节目一年间
中央电视台经济部　编辑
柳成伟　主编
新华出版社出版
1997 年 8 月

电视采访与写作
赵淑萍　著
中国广播电视出版社出版
1997 年 8 月

电视音乐音响
郝俊兰　著
中国广播电视出版社出版
1997 年 8 月

电视节目制作技术
孟　群　著
中国广播电视出版社出版
1997 年 8 月

电视摄像
任金洲　高　波　著
中国广播电视出版社出版
1997 年 8 月

电视照明
李兴国　田敬改　著
中国广播电视出版社出版
1997 年 8 月

电视画面编辑
何苏六　著
中国广播电视出版社出版
1997 年 8 月

电视概论
张雅欣　著
中国广播电视出版社出版
1997 年 8 月

电视新闻
叶子　刘坚　著
中国广播电视出版社出版
1997 年 8 月

电视专题
高鑫　周文　著
中国广播电视出版社出版
1997 年 8 月

领导者媒介形象设计
龙永枢　杨伟光　主编
明安香　吴尚民　王　甫　副主编
社会科学文献出版社出版
1997 年 9 月

电影电视导演术
刘书亮　著
北京广播学院出版社出版
1997 年 9 月

城市电视改革与发展
么福祥等　主编
中国广播电视出版社出版
1997 年 9 月

电影电视艺术导论
张凤铸　著
中国广播电视出版社出版
1997 年 9 月

电视纪实与电视艺术
冷冶夫　张群力著
警官教育出版社出版
1997 年 10 月

影视微相艺术论
欧泽纯　著
中国广播电视出版社出版
1997 年 10 月

通俗电视剧艺术论——世俗生活的神话
曾庆瑞　卢　蓉　著
北京广播学院出版社出版
1997 年 11 月

世纪的呼唤——市场经济与职业道德
中央电视台经济部编辑
谢圣华　主编
中国科学技术出版社出版
1997 年 11 月

往事如歌——老电视新闻工作者的足迹
杨伟光　主编
夏之平　臧树清　副主编
人民出版社出版
1997 年 11 月

荧屏集
孙　强　主编
曲少萍　副主编
张华生　总编辑
山东友谊出版社出版
1997 年 11 月

电视表演学
梁伯龙　著
北京广播学院出版社出版
1997 年 12 月

电视声画艺术
张凤铸　著
北京广播学院出版社出版
1997 年 12 月

电影电视剪辑学
傅正义　著
北京广播学院出版社出版
1997 年 12 月

播音、主持人及广播电视语言

节目主持人语言艺术
曾可凡　王　群　著
上海人民出版社出版
1997 年 1 月

电视新闻节目主持艺术
赵淑萍　著
北京广播学院出版社出版
1997 年 4 月

播音表达和语法规则
施　旗　曼叶平　著
中国广播电视出版社出版
1997 年 8 月

主持人（6）
白谦诚　主编
中国广播电视出版社出版
1997 年 9 月

主持人（7）
白谦诚　主编
中国广播电视出版社出版
1997 年 9 月

节目主持艺术探
吴　郁　著
北京广播学院出版社出版
1997 年 9 月

广播电视话语研究选集
吴为章　编著
北京广播学院出版社出版
1997 年 9 月

广播电视作品及评介

邓小平——大型电视文献纪录片
中共中央文献研究室
中央电视台　编
中央文献出版社出版
1997 年 1 月

人与自然
冯晓哲、姚桂松、刘东黎　著
东北林业大学出版社出版

1997 年 1 月

实话实说
中央电视台新闻评论部 编
华龄出版社出版
1997 年 3 月

中国农民
中央电视台经济部 编
中国广播电视出版社出版
1997 年 3 月

'95 全国农村广播获奖节目选
胡占凡 主编
中国广播电视出版社出版
1997 年 4 月

新闻·观察·评论——电视深度报道百篇作品评析
韩国强 主编
王玉峰等 副主编
山东文艺出版社出版
1997 年 5 月

香港百题
中央电视台海外中心新闻部编辑
旅游教育出版社出版
1997 年 6 月

泉溪集（纪念《泉城周报》创刊十周年作品集）
孙 强 主编
张华生 郑庆华 副主编
山东友谊出版社出版
1997 年 6 月

段华剧作选
段 华 著
长沙文艺出版社出版
1997 年 7 月

诱惑与回响（二）、（三）——《地方台 30 分钟》解说词暨评论选
臧树清 主编
朱 宁 副主编
东方出版社出版
1997 年 8 月

兵林史话（电视解说词汇编）
韩金度 主编
军事谊文出版社出版
1997 年 8 月

声屏集萃
威海广播电视局 编
李万积 主编
黄志新等 副主编
济南人民出版社出版
1997 年 9 月

架设金桥——广播电视外宣讲稿汇编
广播电影电视部总编室 编
中国广播电视出版社出版
1997 年 10 月

中国之路
李东生 主编
学习出版社出版
1997 年 10 月

优秀现实题材电视剧评论文集
中国电影出版社出版
1997 年 11 月

共和国之魂（电视专题片解说词）
俞向党 胡运筹 主编
江西人民出版社出版
1997 年 11 月

中国广播电视新闻奖——1996 年度社教佳作赏析
中国广播电视学会 编
中国国际广播出版社出版
1997 年 11 月

中国广播电视新闻奖——1996 年度新闻佳作赏析
中国广播电视学会 编
中国国际广播出版社出版
1997 年 11 月

'96 山东省广播电视奖获奖作品选评
李春利 主编
徐其恭 副主编
1997 年 12 月

转变·突破（电视纪录片解说词）
崔国旗 李 强 执行主编
中国国际广播出版社出版
1997 年 12 月

广播电视史志、年鉴

湖南省志·广播电视志
本书编纂委员会 编
湖南人民出版社出版
1997 年 1 月

中国广播电视报简史（1953—1995）
本书编写组 编写
中国广播电视出版社出版
1997 年 3 月

香港广播电视发展史
张振东 李春武 主编
中国广播电视出版社出版
1997 年 3 月

外国广播电视史
马庆平 著
北京广播学院出版社出版
1997 年 4 月

我当电视记者 30 年
朱景和 著
大众文艺出版社出版
1997 年 4 月

河北省广播电视年鉴（1995）
本书编辑委员会 编纂
中国广播电视出版社出版
1997 年 5 月

安徽省志·广播电视志（1932—1988）
本书编纂委员会 编
方志出版社出版
1997 年 6 月

中国电视剧发展史纲
吴素玲 著
北京广播学院出版社出版
1997 年 7 月

当代中国广播电视台百卷丛书——宜昌电视台卷
本卷编委会 编纂
中国广播电视出版社出版
1997 年 9 月

中央电视台年鉴（1997）
杨伟光 主编
于广华 赵化勇 王录 副主编
人民出版社出版
1997 年 10 月

河北省广播电视年鉴（1996）
本书编辑委员会 编纂
中国广播电视出版社出版
1997 年 10 月

江西广播电视年鉴（1997）
本书编辑委员会 编纂
中国广播电视出版社出版
1997 年 10 月

当代中国广播电视台百卷丛书——湘潭电视台卷
本卷编委会 编纂
中国广播电视出版社出版
1997 年 10 月

当代中国广播电视台百卷丛书——上海东方广播电台卷
本卷编委会 编纂
中国广播电视出版社出版
1997 年 10 月

当代中国广播电影电视大事记
中华人民共和国广播电视简史编辑部编

中国广播电视出版社出版
1997 年 10 月

黑龙江广播电视历史编年
张克忠　主编
徐景璋、吴学明、于星海　副主编
黑龙江人民出版社出版
1997 年 12 日

中国电视史（中国艺术简史丛书）
郭镇之　著
文化艺术出版社出版
1997 年 12 月

山东广播电视年鉴（1997）
本书编辑委员会　编纂
山东省新闻出版局准印证（1997）2—133 号
1997 年出版

广播电视科技

广播中心与广播声学（声频技术卷〈上〉）
张绍高　编著
阎凤仑　主审
中国广播电视出版社出版
1997 年 3 月

数字声频与播控技术（声频技术卷〈下〉）
杨耀清　朱　伟　编著
阎凤仑　主审
中国广播电视出版社出版
1997 年 3 月

数字电视与高清晰度电视（视频技术卷〈上〉）
王明臣　王　倩　编著
张永辉　主审
中国广播电视出版社出版
1997 年 3 月

摄像、录像与电子编辑技术（视频技术卷〈中〉）
张　琦　林正豹　史　萍　杜怀昌　编著
张永辉　主审
中国广播电视出版社出版
1997 年 3 月

电视节目制作与多媒体技术（视频技术卷〈下〉）
林盈昀　陈善移　宋宜纯等编著
张永辉　主审
中国广播电视出版社出版
1997 年 3 月

广播电视发送技术（传输技术卷〈上〉）
孙庆友　李　栋　王明照　等编著
李　栋　主审
中国广播电视出版社出版
1997 年 3 月

有线电视与光纤传输技术（传输技术卷〈中〉）
夏业松　白玉琨　刘剑波　编著
李　栋　主审
中国广播电视出版社出版
1997 年 3 月

天线、微波中继与卫星广播技术（传输技术卷〈下〉）
毛志伋　白玉琨　车晴　王京玲　刘镇国　编著
李　栋　主审
中国广播电视出版社出版
1997 年 3 月

广播电视技术管理（技术管理卷〈上〉）
高福安　编著
杜宝文　主审
中国广播电视出版社出版
1997 年 3 月

广播电视节目管理
董悦秋　赵炳旭　编著
北京广播学院出版社出版
1997 年 6 月

光纤视频传输技术
白玉琨　郭　智　编著
北京广播学院出版社出版
1997 年 6 月

补　遗
1992—1996 年版广播电视书籍简目

世界交流报告（上、下）
联合国教科文组织　编
新华社新闻研究所外国新闻研究室　译
中国华侨出版社出版
1992 年 2 月

广播电视技术手册——计算机应用
梁任汪　主编
国防工业出版社出版
1992 年 5 月

广播电视技术手册——有线广播
周才夫　主编
国防工业出版社出版
1994 年 5 月

广播电视技术手册——天线
李孝勖　主编
国防工业出版社出版
1995 年 8 月

广播电视技术手册——工程设计技术
王成武等　主编
国防工业出版社出版
1996 年 6 月

广播电视技术手册——节目信号传输
王　义等　主编
国防工业出版社出版
1996 年 8 月

十载如歌伴我行（电视新闻获奖作品选）
翟汉球　林础蒲　主编
百花文艺出版社出版
1995 年 8 月

十评飞天奖
仲呈祥　著
百花文艺出版社出版
1996 年 6 月

“热门”话题评述
张毓敏　著
沈阳出版社出版
1996 年 7 月

理论电视新闻学
黄匡宇　著
中山大学出版社出版
1996 年 11 月

1997年版广播电视书籍选介

走向市场经济
——新闻宣传的
实践与思考

乔万成　李文杰　武福礼

刘忠臣　主编

55万字

黑龙江人民出版社出版

该书共收入优秀广播电视论文166篇。论文作者都是齐齐哈尔市广播电视学会会员。论文作者结合近一个时期广播电视宣传报道的实践，分别就新闻宣传的对位、作用与任务；广播电视宣传的质量、艺术与特点；广播电视播音主持人的素质、修养与风格；新闻工作者的职业道德与队伍建设，以及广播电视报的改革、发展与探索等五个方面的基础理论和应用理论作了初步的研究与探索。

现代广播电视技术全书

本书编辑委员会　编

500万字（4卷10册）

中国广播电视出版社出版

这套书是北京广播学院长期从事广播电视工程技术教育的教授、专家、学者，将他们自己多年来从事教学和科研工作的积累，以及技术实践经验认真地总结提炼，编著成书。其编写宗旨是力争写出一套具有理论完整、简明扼要、内容充实、技术先进等鲜明特色的现代广播电视技术专业套书。书中为了突出先进性、科学性、实用性和系统性，除对必要的理论作深入浅出的论述外，在兼顾当前普遍应用的模拟信号处理技术的同时，着重介绍了当前国内外广播电视的数字声频技术、数字视频技术及相应的数字设备，对于先进的元器件、先进的传输手段、多媒体应用技术、光纤卫星传输等领域都有较深入的涉及。另外，全书在兼顾工程设计和实际应用的同时，还对数字声频工作站、非线性编辑、数字摄录像等先进设备的操作维护，高质量的声像节目制作方法，有线电视网的组建等都有较实用的论述。

全书共分4卷10册出版，具体包括：

一、声频技术卷（上）：《广播中心与广播声学》

二、声频技术卷（下）：《数字声频与播控技术》

三、视频技术卷（上）：《数字电视与高清晰度电视》

四、视频技术卷（中）：《摄像、录像与电子编辑技术》

五、视频技术卷（下）：《电视节目制作技术与多媒体技术》

六、传输技术卷（上）：《广播电视发送技术》

七、传输技术卷（中）：《有线电视与光纤传输技术》

八、传输技术卷（下）：《天线、微波中继与卫星传输技术》

九、技术管理卷（上）：《广播电视技术管理》

十、技术管理卷（下）：《计算机基础与应用》

广播影视工作谈

艾知生　著

36.8万字

中国广播电视出版社出版

这本书中收录的是原广电部部长艾知生同志在任期间发表的关于广播影视工作的各种讲话、谈话和文章。这些内容记录了艾知生同志本人及以他为首的广电部领导集体关于广播影视工作的管理思想，记录了许多有益的经验和体会。也大致记录了1985至1994年中全国广播影视事业发展的历史轨迹，为我们提供了对事业发展历史进程的认识和丰富的管理经验。这对我们广播影视工作者特别是各级负责干部来说，肯定会有不少帮助。

电视摄影与编辑

任金洲　高晓虹　著

24.9万字

北京广播学院出版社出版

本书系统介绍了电视摄影与编辑的各个环节，视角全新，内容详实，图文并茂，语言简洁精炼，形象性强。该书作者既是资深教师，又是电视节目制作专家，决定了本书的两大突出特点：一、技术手段的运用与艺术创造过程紧密衔接；二、编纂体例上，学科体系与教学体系紧密结合，使本书兼有学术专著与实用教材的特点。

华夏传播论

孙旭培　主编

36.7万字

人民日报社出版

本书是海峡两岸30多位学人首次合作推出的传播学专著，是“传播学研究中国化”的一个硕果。本书揭示：中国几千年的文明史中，有无数的传播事件和现象，有大量的先人谈到的传播观点和原理，对它们进行研究和总结，会对传播学这门学科的世界性的发展做出贡献。

本书比较全面地研究了中国古代文化中的传播概念和传播特性，各种传播媒介与传播方式、传播艺术，各种不同领域的传播，以及中外文化的交流。是一本融学术性、知识性与趣味性于一炉的著作，适合从事新闻与传播的教学、研究人员使用，也适合一切对中国传统文化有兴趣的人阅读。

传播学总论

胡正荣　著

30.5万字

北京广播学院出版社出版

这是一部有关传播学方面的学术专著。全书力图对传播活动，特别是大众传播活动进行全方位、多视角的研究。从传播的演进、材料分析、分类，到传播的内容、效果、实践等，基本上涵盖了目前国内外传播学的主要研究领域，内容丰富，信息量大。作者功底扎实，对本学科的理论研究有一定深度，理论色彩浓厚。在一定程度上，本书构建了我国传播学理论的框架，是一部有较高理论价值的传播学学术专著。

电视新闻学

叶　子　著

24 万字

北京广播学院出版社出版

本书立足于有中国特色的电视理论，探讨了电视新闻的性质、任务、职能、传播规律、个性特征及电视新闻的改革、发展历程，理论与实践相结合，观点新颖，材料翔实，既具有较高的理论性、学术性价值又具有较强的应用性价值。

北美传播研究

郭镇之　著

22.4 万字

北京广播学院出版社出版

这是一本供传播学研究者和实践工作者一读的好书。作者曾以学者的身份去加拿大、美国进行考察，在掌握丰富材料的基础上，叙述与分析持之有据，言之成理，使人读后颇有收获。是一本传播学理论的新作。

电视艺术哲学（上篇）

苗　棣　著

20.8 万字

北京广播学院出版社出版

本书集中讨论了电视艺术的本体特征问题，由电视艺术的“即时传真”这一基本特性切入，对电视艺术的大众文化审美特质，电视艺术的“一次性传播”和“日常化接受”等根本理论问题，从美学层次展开了多侧面的深入探讨，并结合详实的实例素材，为电视艺术的理论与实践提供了一个有益的参照体系。

电视新闻摄制

张君昌　编著

40 万字

中国广播电视出版社出版

该书从迎接跨世纪国际电视竞争与挑战角度出发，针对我国电视改革与发展出现的新情况、新问题，围绕当代电视新闻意识、传播策略、节目策划，以及采访、写作、播音、主持、制作诸多技术性环节层层剖析，寓理性思维于生动的讲解之中。书中举例多取自《新闻联播》、《东方时空》、《焦点访谈》、《新闻调查》等名牌栏目，有的放矢，对各级电视传播机构提高节目质量，实施精品工程有借鉴意义。

中国之路

李东生　主编

19.8 万字

本书是中央电视台《焦点访谈》特别报道《中国之路》的解说词。《中国之路》是“十五大”前夕由新闻评论部组织的《焦点访谈》特别报道，旨在展示“十四大”以来党和国家在社会主义现代化建设的各个领域推出的许多重大举措，凸现出五年来我国改革开放取得辉煌成就所走过的道路。这部特别报道已成为中央电视台迎接“十五大”诸多节目中有创新、有特色、有份量的系列专题。全书分为两大部分，第一部分是十四集系列片的解说词，第二部分为片中所采访的专家学者的有关论述。

当代中国广播电视台百卷丛书——湘潭电视台卷

江石彬　周清桂　主编

29 万字

中国广播电视出版社出版

该书是湘潭电视台建台 10 周年的“传略”。全书分“建台 10 周年特辑”、“作品选”、“节目评论”、“学术论文”、“回顾与展望”和资料、附录等部分。特别是郑培民的序言和江石彬《事如芳草春长在》一文，集中展现了毛泽东故乡湘潭第一家电视新闻媒体在改革开放中诞生、成长和发展的历程及其丰硕成果。书的装帧设计具有现代美感，内容突出了政治家办台的经验和创优的独家做法，并有 14 个彩页。

当代中国广播电视台百卷丛书——上海东方广播电台卷

本书编委会　编

56.8 万字

中国广播电视出版社出版

本书是在上海东方广播电台成立五周年之际出版发行的，龚学平作序、陈圣来任主编、尤纪泰、郎佩英、陈接章任副主编，王历来任执行副主编。

本书分“创业篇”、“栏目篇”、“业绩篇”、“人物篇”、“心语篇”、“佳作篇”、“文论篇”、“博览篇”、“展望篇”九个篇目。“创业篇”以东广的创业史为主线，穿插东广五年来筹划举办的多次重大宣传活动简介，生动地凸现了东广不同凡响的创业历程。该卷记录了东方广播电台五年来取得的主要业绩，留下了东广人奋勇博击、胜利前进的坚实脚印，既有积累经验，保存资料的文献价值，又具丰富多彩、生动感人的阅读趣味，特别是作为东广台庆五周年的献礼作品，更具弥足珍贵之处。

电视纪实与电视艺术

冷冶夫　张群力　编辑

20 万字

本书是一部电视论文集，作者是中央电视台两位一线的编导。他们在从事电视节目采编实践的基础上，结合自身体会，对近年来我国的荧屏现象进行了理论上的探索。书中收集了两位作者 1988 年到 1997 年发表的论文 35 篇。内容涉及电视纪录片、电视剧、影视美学等方面。

影视微相艺术论

欧泽纯　著

12.8 万字

中国广播电视出版社

本书系全国艺术科学规划的一个重点课题。作者在丰富的审美实践经验的基础上，广采博纳古今中外表演艺术经典资料，走访了众多表演艺术家；在紧密联系实际，探索影视微相艺术的基本结构及其丰富复杂的内在矛盾运动时，广泛运用相关学科的最新成果。对一系列问题不但有比较中肯的艺术剖析、美学的审视乃至哲学的批判，还佐证以生理学、心理学、脑科学以至思维科学的解析和阐释。该书对当代中外影视表演各流派作了较深入的探讨和比较，提出了一系列独到的见解。在一些多学科交叉的重点、难点问题上均有所突破。

共和国之魂

俞向党　胡运筹　主编

20万字

江西人民出版社出版

为纪念“八一”南昌起义、秋收起义和井岗山革命根据地创建70周年，上海有线电视台和江西有线电视台等单位联合拍摄了大型电视专题片《共和国之魂》。该片在全国各地有线电视台和中央电视台先后播出后，收到了良好的社会反响。该书将电视片的分镜头脚本和因限于电视片容量而未被录用的资料精华、以及工作人员在参与电视片策划、采访、摄制中的所感所想作了辑录，以便永久保存。

新创办的广播电视报简介

中国教育电视报

该报是一份由教育部主管、中国教育电视台主办的面向全国发行的服务类专业电视报，正式创刊于1991年1月10日，四开八版，每周一出版，通过邮局向全国各地发行。该报详尽刊登中国教育电视台卫星一套、二套、北京35频道，以及中国教育电视台山东台的节目播出时间和节目内容介绍。该报还选登优秀教育节目文字稿本，传递教育节目制作、出版信息，并辟有各类专版。其中“健康你我他”专版配合现场咨询直播节目，详细刊登咨询内容；“电脑之夜”专版全面刊登《电脑之夜》大型栏目播出内容，介绍推广电脑知识；“祝君成功”专版刊登名师辅导材料；“教育”专版设有《家教信箱》、《本周话题》、《各抒己见》、《戏曲大舞台》等栏目。

获省级以上奖励及荣誉称号的期刊简介

广播与电视技术

国家科委批准，广电部主管，广电部科技信息研究所主办。1974年正式创刊，是我国广播电视领域创办最早的行业科技期刊。1981年从季刊改为双月刊，1993年在国内外公开发行，1994年改为月刊。多年来，全面贯彻“为领导决策服务，为促进广播电视事业和科技发展服务，为培养技术干部服务”的办刊宗旨，充分体现了“权威性、普及性、综合性、实用性、超前性”的办刊特点。在广播电视领域，宣传科技发展的方针政策，报道事业建设成就，交流科研、规划和维护管理工作中的成果、经验，介绍国内外科技发展动向，以及普及新技术、新知识等方面，作出了重要贡献。近年来，该刊的发展十分迅速，信息量成倍增长，信息传递速度大大加快，内容更全面、更系统、更实用，涵盖了节目制作、节目存储、发射、传送及接收等各个技术环节，采用了现代化制作手段，质量得到了全面提高，取得了显著的社会效益和经济效益，受到了普遍赞誉，是广播电视系统最有价值的科技期刊之一。1989年获全国广播电视系统科技情报成果一等奖。1990年获广电部科技进步三等奖。1992年获北京市优秀科技期刊奖。1994年被评为全国中文科技核心期刊和全国实施法定计量单位先进集体。1996年获第二届全国优秀科技期刊三等奖。

国际广播电视技术

国家科委批准，广电部主管，广电部科技信息研究所主办。1987年创刊，1990年由季刊改为双月刊。1995年改为16开版，与国际接轨，由北京报刊发行局在国内外公开发行。该刊始终遵循“紧密跟踪国际科技进步，推动我国广播电视事业发展”的宗旨，坚持普及与提高相结合，国际广播电视高新技术与国内所需实用技术并重的原则，为各级领导、主管部门和广大科技人员提供决策依据，掌握最新科技信息服务。此外，创刊以来，还先后编辑出版了《图文电视》、《有线电视》、《卫星电视》等多种专集。最近几年，办刊质量不断提高，在我国广播电视界享有广泛的影响，受到了各级领导、各界人士和广大读者的普遍好评。曾多次获奖，多次被评为全国中文无线电类核心期刊，1997年又荣获全国广播电视科技情报成果一等奖。

电视字幕·特技与动画

广电部主管，广电部科技委电视专业委员会与广电部科技信息研究所联合主办。1993年创刊，1997年由季刊改为双月刊。办刊宗旨是“推动多媒体技术、计算机技术在广播电视领域的应用，普及计算机节目制作知识，提高节目制作设备的档次和水平”。设有以下栏目：“综述”、“制作艺术与技巧”、“产品选介”、“选购指南”、“设备维修与改造”、“规范与标准”、“技术讲座”。该刊针对广播电视系统的现状及发展形势发表有关视频技术、广播电视中心技术和视频设备等国内外最新动态。为沟通字幕、特技、动画制作设备厂商与用户之间的联系，促进学术交流和相关规范、标准的统一，起到了桥梁和指导作用。是电视台、有线电视台和电教中心的必备刊物，受到普遍好评。荣获1997年全国广播电视科技情报成果二等奖。

13. 音像出版与管理

责任编辑　梁振远
审 稿 人　王 录

音像出版与管理概况

广播电影电视部社会管理司

1997 年音像管理体制在上一年的调整基础上，相对趋于稳定。在这种情况下，我部主要做好以下几项工作：

第一、启动音像制品内容审核机构工作，开展引进境外音像制品的内容审查工作。

经与文化部协调，1997 年 1 月 6 日两部共同下发了《关于音像制品内容审核机构有关工作事项的通知》，随后组建音像制品内容审查委员会，5 月 12 日，审查委员会正式开始引进节目的审查工作。

第二、论证筹备组建音像制品租赁连锁经营集团工作。

根据国务院有关领导提出的“建立适应社会主义市场经济体制，体现社会主义方向的国有大型音像制品经销企业”的要求，我部召集了部分音像出版单位研究论证建立和发展音像制品租赁连锁经营店的可行性问题。并提出符合实际情况的组建方案。现此项工作正在进行中。

第三、组织实施大型系列 VCD《中外影视博览》的出版发行工作。

受中宣部委托，我部经过四个月的精心策划，周密安排，于 10 月向社会推出大型系列 VCD《中外影视博览》220 部境内外影视节目。该项出版活动的宗旨在于有计划有组织地向市场推出一批思想性、艺术性、娱乐性较强的中外影视节目，以优秀影视音像作品占领音像市场，繁荣音像事业，满足广大人民群众日益增长的文化需求。这项活动的举办收到预期效果，此项工作还将继续进行下去。

第四、组织召开“’97 广播影视系统音像出版工作座谈会”。

会议通报了近一年来音像出版及管理工作情况，并结合我部治散治滥的工作重点，并就进一步加强音像制品出版管理工作，加大国产节目的出版力度，加强引进音像制品的初审工作以及各音像出版单位如何面对竞争和挑战，积极考虑站稳脚根寻求发展的问题进行座谈。

第五、组团赴台湾举办“’97 音像制品交流展示会”。

经过充分准备、周密组织，1997 年 7 月 25 日至 8 月 4 日，由中国影视音像协会音像委员会主办的“’97 音像制品交流展示会”在台北市举行。全国较具代表性的 40 余家音像出版单位参加了展示。展示会上，海峡两岸音像业同仁就音像市场发展前景及交流合作等进行了广泛交流。这次交流展示会既宣传了祖国大陆经济发展、社会进步的大好形势，又开创了向台湾同胞展示大陆优秀视听文化的先河，展示会获得圆满成功，并受到有关部门高度评价。

第六、做好音像资料馆管理工作

5 月 5 日至 7 日，在陕西召开全国音像资料馆研讨会。会议主要内容是研究音像资料的收集、使用并交流经验。会上还传达了孙部长在深圳信息工作会议上的讲话。

第七、作为主办单位之一，参与“’97 北京国际音乐音像制品博览会”工作。

① 参加国家科委组织的赴港招展工作。以往历届博览会招展工作都是在深圳进行。1997年因参展报名情况较差而改为直接赴港招展。在港召开了“海外音像制品座谈会”，并到几家大唱片公司做工作，使参展单位和租展台数量都增加了一倍，达到预期目的。

② 进行博览会销售节目的审查工作。根据本届博览会采取由海外唱片公司现场租展台销售的形式的要求，适当调整节目内容审查工作，加快审查进度，保证博览会如期举行，本届博览会共审查成品音乐音像制品500多个。

第八、参与“世界唱片120周年暨中国唱片90周年”纪念活动。

1997年是世界唱片诞生120周年、中国唱片诞生90周年。为利用这个机会，向世界展示中国唱片业蓬勃发展喜人成果，我部积极支持、指导由中国唱片总公司牵头发起的“世纪唱片回首与前瞻”大型系列纪念活动。该系列活动包括：《机遇与挑战——走向21世纪的中国唱片业》国际研讨会；《世纪唱片纪念册》大型演唱会以及《留住岁月——唱片百年展》等活动。这次活动为中国唱片走向世界奠定了基础。

第九、参加全国“扫黄办”组织的检查组，检查扫黄、打非工作。

作为全国“扫黄、打非”工作的成员单位，我们积极派员参加全国“扫黄办”组织的分区域检查“扫黄、打非”工作。

（社会管理司音像处）

中国唱片总公司

1997年，中国唱片总公司遵循党的宣传出版方针，致力于国有文化企业改革的实践，在改革和发展两个方面均取得了一定的成绩。在编辑出版工作中坚持了“二为”和“双百”方针，认真贯彻部党组提出的“多出精品 ”的指示，在弘扬主旋律，提倡多样化，编辑出版思想性和艺术性统一的优秀作品方面，保持了较好的发展态势。全公司共出版盒式音带361个盒号、激光唱片393个片号、VCD174个片号、激光视盘11个片号、录像带9个盒号、CD—ROM2个片号、DVD2个片号。节目情况是：歌曲387个片盒号、乐曲210个片盒号、戏曲209个片盒号、少儿93个片盒号、文教等53个片盒号。发行情况是：盒式音带15144238盒，激光唱片1162625张，VCD745243张，激光视盘1484张，录像带41614盒。

新年伊始，新闻出版署传达了中央领导同志关于“出版业要造大船以抵御风浪”的指示，并希望中唱“多出版优秀音像制品并作出表率”。为贯彻落实这一指示，总公司于四月份在杭州召开了编辑工作会议。确定了“中国牌”商标的使用范围和规定以及库存母版的编辑出版，流行音乐的制作，企划宣传等方面工作的实施意见。在发展主业方面，取得了长足的进展。

已列入国家“九五”重点出版规划的《二十世纪中华歌坛名人百集珍藏版》系列CD（简称《百集》），已完成了五十个片号的出版工作，取得了较好的社会效益和经济效益，受到中宣部和新闻出版署领导以及社会各界的好评。上海公司出版了《菊坛经典》、《艺苑巨星——绝代精品》等一批颇具保留价值的戏曲精品，为此，丁关根同志在“中国优秀青年演员研究班座谈会”上表扬中唱上海公司，在整理出版珍贵绝版京剧节目方面“做了一件很好的事”。

1997年对全国来说，是个很不寻常的年份，邓小平同志逝世后，上海公司出版了抒情配乐长诗《邓小平之歌》，寄托了亿万人民悼念邓小平同志的真挚感情。为庆祝香港回归，各公司都有重点节目推出，中唱艺广公司与香港四家电视传媒携手，制作发行了具有纪念意义的《香港明天更好——回归庆典实录》VCD光盘及画册、总公司出版了《公元1997年我走近你》、《盼回归》等CD唱片。党的“十五大”召开前夕，在中宣部等有关部委举办的“辉煌五年——党的十四大以来经济建设和精神文明建设展”中，我公司的《百集》、《高山流水》等一批节目作为音像精品被陈列展出。中唱北京英冠文化发展公司编辑出版的《珠穆朗玛》，荣获九六年度中宣部全国精神文明建设“五个一工程”评奖活动的“入选作品奖”。

纵观全年中唱各公司在经营和发展音像出版业的工作实践中，在积极适应经济发展方面取得了明显的成效。

一、企划宣传工作愈来愈成为编辑、出版、发行乃至整个主业工作中不可缺少的重要环节。上海公司与全国各级广播电台120个栏目和50多家电视台及近百家报刊杂志建立了联系，起到了较强的宣传促销作用。爱国主义题材影片《红河谷》在全国上映之际，上海公司不失时机地推出了同名电影音乐原声专辑，通过各种媒体广为宣传，取得了很好的成绩。广州公司经过几年不懈的努力，对歌手的包装和管理方面取得行之有效的经验，在连续推出陈明的两个专辑后，今年出版的《快乐老家》、《天使飞进你梦里》又创佳绩。《音像世界》杂志作为中唱对外宣传的窗口，同时也是中唱企划宣传的重要部分，发挥着越来越大的作用。中唱系统的编辑出版活动，通过《音像世界》杂志迅速地传向社会。《音像世界》杂志在1996年两次改版的基础上，1997年加以调整完善，增加了“影视篇”等栏目，使该杂志在音像界的影响得到了进一步的扩大。

11月份，由《音像世界》杂志发起，中唱总公司和中国音像协会等单位联合主办的纪念世界唱片诞生120周年、中国唱片诞生90周年大型系列活动取得成功。年内总公司还组织了为纪念“三八”妇女节，在京举办了俞丽拿、鲍惠荞《黄河一梁祝》音乐会；为纪念《在延安文艺座谈会上的讲话》发表55周年，举办了《毛泽东诗词交响合唱音乐会》。8月份参加了中国影视音像交流协会赴台举办大陆音像博览会的工作。通过这一系列的活动扩大了中唱的社会影响，赢得了新的荣誉。

二、在音像产品均衡发展方面有了新的进展。今年，各公司在分析全国音像市场走势后，及时加强了VCD光盘的编辑出版工作，北京公司编辑了CD—ROM光盘《三毛流浪记》和《三毛从军记》系列节目，填补了中唱在电子出版物方面的空白。上海公司重点抓戏曲节目的长销片号，出版的VCD越剧《红楼梦》、《梁祝》、黄梅戏《女驸马》等49个片号，销量近20万张。深圳公司注重VCD、LD节目的精品化系列化问题，今年出版的《音画一中国》，以其高雅和精致受到社会各界的好评。另外，今年在影视剧的摄制方面也有了实质性的突破。中唱艺广公司与香港亚视联合制作的两部电视连续剧已制作完成。广州公司的20集电视剧《风流唐伯虎》在成都电视艺术节上受到好评，现该剧已进入后期制作。

三、以营销为中心的思想有效地促进了发行工作。面对音像市场翻版盗版猖獗的局面，各发行公司变压力为动力，在调整中适应，在适应中发展，取得较好的成效。今年在上海举办的春季订货会上，订货量创中唱历史最高纪录。广州公司在发行工作中贯彻了稳定、恢复、发展、巩固的方针，在经销网点建设上进行了调整。上海公司在生产中把市场需求放在首位，抓好重点节目、重点销售季节的发行工作，超额完成了全年各项任务指标。并创下了CD唱片从发稿到成品入库，整个生产过程仅用四天、盒式音带仅用两天半时间的记录。深圳和成都公司在发行工作中也采取了一些有效的措施。

四、在保持主业持续发展的同时，在企业改革方面也投入了大量的精力。通过这方面的实践进一步认识到，要使企业真正走向市场，必须彻底转变观念，提高企业的整体素质。要把改革、改组、改造和加强管理的工作有机地结合起来。在以主业为依托，促进多元化经营方面，1997年上海公司以房地产开发为契机，建立了股份制形式的房地产公司；总公司与中影公司共同组建了华韵影视光盘有限公司；艺广公司也已开始运作，逐步在香港打开局面。在企业管理方面，制定了《中国唱片总公司三年奋斗目标》和《中国唱片总公司97～98工作规划和要求》，在对各单位领导班子普遍考核的基础上做了一些调整，各公司的班子趋于知识化、年轻化，他们在1997年的工作中不同程度地经受了新的考验和锻炼。加强了以财务为中心的管理工作。各单位在抓产品质量，降低生产成本上都采取了具体措施并取得成效。在用人制度上打破“大锅饭”的思想，促使干部、职工旧观念的转变。经过减员增效、挖潜创新，使企业得到发展。党组织在管理工作中发挥着积极的作用，通过各种方式教育干部职工做好本职工作，使“三改一加强”的工作，逐步深入到具体工作之中。

1997年，全公司做了不少工作并取得了一定的成绩，但是还远远跟不上形势发展的要求。1998年，要深入学习贯彻“十五大”提出的“勇于探索，大胆实践，力争到本世纪末大多数国有大中型骨干企业初步建立现代化企业制度，经营明显改善，开创国有企业改革和发展的新局面”的要求，树立信心，克服困难，努力做好各项工作。

（中唱总公司总编室）

中国国际广播音像出版社

1997年，中国国际广播音像出版社经历了不平凡的一年。为了全面落实国务院颁发的《音像制品管理条例》以及新闻出版署等国家有关部门下达的一系列文件和政策，我社在上级主管单位中国国际广播电台的直接领导下，集中抓了两项工作：一是经营管理，二是音像出版主营。出版社在学习、整顿的基础上，首先调整了机构，更换了法人代表，（台里已正式任命张志根同志担任出版社社长）。进一步完善了我社的各项规章制度，理顺了业务管理和经营机制，解决了多年沉积的一些问题。经过几个月的努力，出版社的面貌发生了根本性的变化，焕发出新的生命力，基本达到了统一思想，统一认识，统一政策，规范经营的效果。

1997年全国音像市场面临着严峻挑战，海盗版、水货等非法音像制品严重干扰了正版的销售。在这种形势下，我社总共出版了43个品种的音像制品，其中录音盒带8种，CD9种，VCD24种，录像带、LD视盘2种，内容主要以教学系列、民族音乐文化为主，如我社自己制作的《中国传统相声集萃》一套，（十二盒音带），另外出版了同名的VCD光盘一套四集。其它还有《大学英语四级听力强化训练》4盒（一套），《初编大学英语泛听教程》一套20盒；我社还出版民乐、民歌戏曲专辑、中国MTV精曲VCD等。1997年底，我社还策划并投入拍摄制作关于播音、主持人的学习训练讲座系列片（录像带共四集）现已准备上市；儿童音带《谜歌》系列也将制作完成。这两大项目将是我社1998年上半年推出的重点节目。

1998年，我社的方针是贯彻落实中央领导同志关于“多出优秀音像制品”的指示精神，抓市场、抓品牌、抓精品，坚持时代的主旋律，大力弘扬民族文化艺术。充分发挥自身优势，力争在目前音像市场不太好的情况下，稳中求胜，创出一条新路来，以获得较好的社会效益和经济效益。

（中国国际广播音像出版社）

山西省广播电视厅

1997年，山西省广播电视厅在音像管理工作中，开展了3次全省性的比较大的行动，对全省音像出版复制业和音像市场实施了较为有效的管理。

一、行政管理工作

（1）组织制定了全省音像出版复制业及音像市场治理整顿的工作方案。

根据中办、国办《关于加强新闻出版广播电视业管理的通知》、新闻出版署《关于音像出版复制业治理工作的通知》、文化部《关于继续开展音像市场集中治理工作的通知》,山西省广播电视厅制定了山西音像出版复制业及音像市场治理整顿的工作方案，以晋广发字(1997)第47号文下发各地执行。

(2) 完成了音像出版复制单位重新审核登记工作。

1997年4月，全国音像出版复制管理工作会议之后，山西省广播电视厅对全省音像出版复制单位重新登记工作作了部署，9月，新闻出版署《关于1997年音像出版、复制单位审核登记的通知》到达后，审核登记工作正式开始，10月至11月审核验收。在验收阶段,对个别出版单位在编辑出版方面不规范的现象,作了及时纠正,并提出严厉批评,同时对编辑人员专门举办了出版编辑政策法规的培训。

(3) 在营业性录像放映管理上基本上实现了文化部“实行节目专供、购带放映”的规定。

山西省广播电视厅在1997年3月邀请省政府法制局监督处的负责同志及省厅有关同志赴吕梁、晋中、太原、忻州、朔州等5个地市进行了专题调查研究，调查后认为在贯彻文化部文件中要紧密结合山西的实际,保证音像市场的稳定,实施购带放映要做好思想工作,价格要合理,要稳步实施。经过省厅向文化部积极汇报，向各地录像放映经营者宣传解释政策，讲清道理，至1997年10月，全省40%以上的营业性录像放映场所（城市中心）基本上都实行了购带放映。

(4) 完成了录像制品租赁、销售点的年检工作。

为贯彻中央治散治滥的指示，加强山西省音像市场宏观调控能力，在1997年5月至6月对音像制品租赁点、零售点等经营单位进行了一次年检。通过年检，审验了各经营单位的许可证正、副本、进货登记表、进货发票等,在合格的经营单位的许可证正、副本上加盖了《山西省广播电视厅音像管理专用章》和1997年检合格章。通过年检的音像制品经营点共有150余家。

(5) 对山西省音像批发单位开展了一次集中年检。

根据山西省音像市场治理整顿工作安排，于1997年8月,对全省音像批发单位开展了一次集中年检。经过年检，有19个批发单位核准继续从事批发经营业务。绝大部分批发单位的营业额比去年同期都有大幅度提高。对进货渠道不规范的2个批发单位作出了限期改正的处理。

二、行政执法工作

开展了3次全省性的执法大检查，全省共出动检查人员12526人次,取缔无证经营户341个,吊销违反管理规定的放映点许可证13个，行业整顿经营点13个,没收淫秽反动的音像制品49盘,交公安部门处理,破获非法销售音像制品窝点7个，没收非法音像制品64774盘，暂扣各类音像制品11262盘。

三、进一步规范音像发行渠道。

四、对全省音像管理人员和经营人员开展一次政策法规培训。

五、对重点地市的音像市场开展重点检查。

六、做好1997年音像管理工作的总结，对96、97两年音像管理和经营中做出成绩的单位和个人给予表彰。

上海市广播电影电视局

1997年，上海音像行业尽管面临非法音像制品日益猖獗的势态,在激烈的市场竞争中,依然取得长足的发展。

上海的22家音像出版单位全部通过了国家新闻出版署的审核。9家专业音像复制单位通过了国家的技术检测,全市新增了四条CD生产线,组建了新汇光盘集团公司,扩大了本市光盘生产能力。全市出版录音带1965种，发行量为4607.52万盘；激光视盘34种，发行量为54.93万张。有15家音像出版单位的44种出版选题选入了“九五”国家重点音像出版规划。单是上海声像出版社、上海音像公司和中唱上海公司三家的发行总额就超过3亿元，名列全国音像出版单位榜首。1992年，上海声像出版社还是一个负债累累的企业，经过五年的发展，到1997年它已成为年产值近2亿元、利税千万元的音像“大户”。上海音像公司将全国市场划分为四大片,加强了市场预测和分析,公司的销售比前一年增长三成,创下了发行录音带1200多万盒、CD20余万张的佳绩。在全国建立起一个由280家信誉好、实力强的合作伙伴组成的营销网。上海中唱公司发挥自己库存资料丰富、品种齐全的优势,全年在儿童、音乐、戏曲等较为冷门的门类下功夫进行开发，形成了一批长销不衰的优秀的音像制品。

上海音像出版业的迅速发展，得益于上海音像市场良好的外部环境。市委、市府领导对本市音像市场的繁荣发展极为重视。1997年8月，市人大通过的《上海市音像制品管理条例》于10月1日起在本市实施。这是全国第一部对音像制品的出版、制作、复制、进口、批发、零售、出租和放映等实行系列管理的地方性法规,标志着本市音像制品的法制化管理迈上了新台阶。《条例》明确规定，上海市影视音像管理处负责对本市音像制品经营活动的日常管理，依法查处违反该条例的行为。

经过近几年的努力，上海音像市场的管理不仅实现了三个转变,即一级管理向两级管理的转变,一般行政管理向规范有序的依法管理的转变，工作重心从查处打击向繁荣发展的转变。上海音像市场在全国第一个通过了国家的考核验收，进入了规范有序健康发展的轨道。面对1997年初开始的非法音像制品又屡禁不止的严峻局面,上海又进一步加强管理力度,全面实施了两项新的措施。第一,凡在本市音像市场上经营的音像制品，封面上均应贴有国家文化部监制发放的音像制品防伪标识。第二,为进一步保护知识产权,切实做到供家庭专用的音像制品不得用于营业性放映，本市所有获准经营的录像放映厅，全部实行由国家专供取得播映权的录像节目。从7月1日起，本市营业性放映单位一律不得放映非专供的录像节目，凡发现未贴有专供标识的录像节目，包括专供以前所有库存的节目，均按放映非法录像制品查处。

1997年，本市获得准许可的音像市场经营单位共1571家，其中放映单位400家，零售单位1022家，出租单位712家。1997年10月，上海率先批准开设了全国第一家大规模经营音像制品零售出租的全市性连锁店。

上海1997年的音像市场销售呈现散发型多元化的趋势，古典、流行、教育、儿童、戏曲，各大门类间的结构比例趋于合理，CD的销量呈稳步上升态势，热点不多，持续时间不长，说明上海的消费者比以前更为成熟。目前上海从事唱片零售的商家有1000多家，其中唱片专卖店超过300家。从业人员的素质普遍提高。降低价格，以符合老百姓的实际消费水准；增加门类品种，以满足嗷嗷待哺的千万计的家庭影像设备，这两点在1997年下半年均出现了可喜的转变。同时，全市和区县各音像管理部门不断增加打击非法的力度，1997年全市查处非法音像制品80余万盒。

（上海市影视音像管理处）

福建省广播电视厅

1997年广播电视行业进行全面治理，使行业管理工作逐步走向法制化、规范化轨道。

一，音像市场管理

在1996年集中治理音像市场的基础上，着重在规范音像市场行为上狠下功夫。先后制订并实施了五项主要制度：一是严格审批制度。凡开展批发经营和录像放映的审批权，全部收归省厅审批；二是严格批发供货制度。建立了以6家国营主渠道的供片单位；三是严格流通管理制度。与省文化厅制定了《关于全省实行音像制品审贴标识的通知》，凡进入流通渠道的音像制品一律贴由省广电厅和文化厅联合印制的防伪“标识”。同时做好邮寄、托运、提货证明制度；四是严格营业性录像放映节目专供制度。凡进行营业性录像放映厅（点）的节目统一实行专供；五是持证上岗培训制度。所有音像经营单位从业人员需经培训，考试合格后，发给岗位证方可经营。

二，“扫黄打非”

年初，根据中央第九次全国“扫黄打非”会议精神，在全省开展去冬今春集中统一行动；五月初我厅联合省公安厅在北峰红庙垃圾场公开烧毁了各类非法的、反动的、淫秽的音像制品21万多盒（盘）；6—9四个月，为迎接香港回归和党的十五大召开，又分别组织全省清查行动。在抓好统一集中的同时，始终坚持“露头就打”、“举报就查”的经常性“扫黄打非”工作。为了加大“扫黄打非”力度和深度，除了抓好面上打击外，重点放在“捣窝点、堵源头”上。先后查处了98个地下窝点。一年来共出动23500人次，查处各类非法音像制品310000多盘（盒），检查音像店（点）18000次，罚款53000多元，以及一批非法制作工具。有效地净化了音像市场。

三，卫星地面接收设施管理

继续贯彻落实国务院129号令和广播电影电视部有关规章，深入地做好卫星地面接收设施的设置、安装、使用和销售等项管理，着重在规范管理制度上下功夫。年初，省广播电视厅与省公安厅和国家安全厅联合召开全省卫星电视管理工作会议，统一布置实施六项管理制度，即：统一审批标准、统一验收指标、统一天线编号、统一锁定接收机、统一机房管理、统一处罚规定。从3月份开始到5月底结束，对全省2400家接收境内卫星电视节目单位和280家接收境外卫星电视单位（个人）进行重新审核，换发了新的卫星电视节目接收许可证，取消了48家不符合条件接收的单位（个人）。继续加强了境外卫星电视接收管理。重点做到三严：严格审批条件，凡不符合条件的决不开口子。严格境外加扰卫星电视节目审批管理，对所有加扰卫星节目进行清理，重新审批登记；严格监督检查，对重点地区、重点时期和重点单位反复进行检查。在全省范围内开展星级（二星、三星）宾馆（饭店）卫星（闭路）电视管理五项标准达标评比活动。有10家三星级宾馆和4家二星级宾馆（饭店）被评为先进。进一步加强了执法检查，全省开展执法行动8650人次，依法查处违法设置和接收313家，处罚11万元，没收卫星接收设施120付（件）。

四，影视制作经营机构和电视剧生产管理

从年初开始到5月底，对全省经批准的30家影视制作经营机构的经营资格和经营行为进行重新审核审批。取缔了6家不符条件的制作机构，对符合条件的24家重新换发了由广电部统一印制的许可证。按照审批条件，全年新审批影视制作经营单位8家。目前全省影视制作单位32家。针对社会各类影视广告、点歌，以及与电视台合办栏目比较混乱的状况，省厅制定下发了《关于加强影视制作和播出管理规定》，初步规范了影视广告制作、点歌、合办栏目及广播电视节目交换等行为。

进一步加强了电视剧生产管理。年初，召开了全省电视剧题材规划会议，落实题材规划共有29部289集。全年共出版录像节目（含VCD）216部，发行250万盒（盘）、出版录音带（含CD、VCD、OK）450个品种，发行580万盒（盘）。引进录像制品96部、引进录音制品65盒（盘）。其中引进出版的《燃烧的怒火》，《第13项使命》等世界影视经典剧29部。

五，广播电视行业稽查

经省编委批准，成立了省广播电视稽查队。该队为事业单位，实行全额拨款。3月份，厅稽查队成立后，加强了内部建设，建立了包括执法、办公、纪律等8种规章制度。并全面开展广播、电视行业稽查。由省厅直接查处音像和卫星地面接收设施1050家，查处破坏广播电视设施事件5起，共处罚7.5万元。一年来，全省广播部门依法开展行政执法 25400 人次，查处违章设置和违章违法接收卫星电视 1385 起，查处乱播滥放行为 250 起，查处破坏广播电视设施事件 22 起，以及大量的音像市场稽查，罚款 22 万多元。积极开展普法教育，搞好执法资格培训。经过 96、97 两年培训，全省 385 名行政执法人员全部经培训考试合格，发给由广电部统一制发的“广播影视稽查证”。

在实施广播电视行业管理中，还积极做好各项电视剧、音像制品的审查、报批、处理及音像和广播电视节目版权纠纷、行政复议等行业服务工作。

（余树扬）

甘肃省音像出版社

甘肃省音像出版社在 1997 年出版发行工作中，继续坚持以“文艺为人民服务，为社会主义服务”的方向和“百花齐放、百家争鸣”的方针，坚持古为今用，洋为中用，推陈出新，雅俗共赏的做法，更新出版观念，因地制宜，立足甘肃，面向全国，仍以出版地方特色的民族节目为主，兼顾其他节目为辅，坚持社会效益和经济效益一起抓，陆续出版发行了一批突出主旋律，群众喜闻乐见的音像制品，出版发行工作取得了好成绩。

1997 年共新编辑出版录音带 9 个盒号，其中戏曲带 1 个、歌曲带 3 个、音乐带 2 个、弹唱带 2 个、曲艺带 1 个，共发行新旧盒号的录音带 209468 盘。当年出版的音带虽然数量不多，但品种较多，主要以出版地方特色文化为主，其中藏语弹唱有《牧马悲歌》、《梦》、藏语歌曲《香巴拉》、《采青春》、《恋人》这些节目出版后，受到藏族群众的普遍欢迎。

新出版录像带 5 个盒号，其中戏曲带 2 个，专题带 3 个，共发行新旧盒号录像带 1567 盒。出版的戏曲为景乐民演唱的秦腔《古城会》，雷通霞演唱的秦腔《打神告庙》，专题片《西域拳械》、《股票投资分析》、《李氏文化源流》，这些录像带有西北秦腔界新老名艺人演唱的传统剧目，得到秦腔爱好者的欢迎，专题片又从不同文化角度，反映甘肃的人文地理、传统技艺及现代知识，尤其专题片《李氏文化源流》，以海内外李姓华人共认氏族发源地“陇西堂”为题材，形象地展示了“陇西堂”的今与昔，揭示李氏文化发展的源流，此片的出版，无疑是对中华民族文化中古老民族文化研究的一个新发展，它集声、像、文字为一体，非常直观的展现在观众眼前，体现出中华文化的源远流长，博大精深。

1997 年的出版工作最为引人注目的是光盘的首次出版，共出版 CD 盘 4 个盒号，VCD 盘 10 个盒号，全为秦腔。为满足甘肃及广大地区秦腔爱好者的需求，做为秦腔的发源地区之一的甘肃，能尽早的出版秦腔光盘有着责不旁贷的意义。当年精选出版的 4 种秦腔 CD 光盘，在全国尚属首次，出版的有著名秦腔演员李爱琴的《周仁回府》、肖玉玲的《三堂会审》、刘茹惠的《辕门斩子》，还有优美动听的《秦腔曲牌》，是具有收藏价值的秦腔音乐精品。出版发行的 10 种 VCD 光盘都是新、老名艺人演唱的名戏，其中已成孤本绝版的已故著名净角刘茂森的《五台会兄》、《杀寺》和已故著名红生演员景乐民的《古城会》弥足珍贵；著名老一辈秦腔表演艺术家王超民的《金沙滩》和温警学的《打镇台》，优秀青年演员雷通霞的《打神告庙》等节目光盘，唱、念、做俱佳。光盘一经出版，即受到广大秦腔爱好者的欢迎和新闻媒体的关注，省内各大新闻媒体纷纷在显要位置给予报道，中央电视台于 1997 年 12 月 8 日一套节目“新闻 30 分”和二套节目“经济半小时”两次报道光盘出版消息，国家《新闻出版报》也于 1997 年 12 月 26 日在头版位置报道光盘出版消息。

（高新建）

音像电子出版物简目

注：表中“载体”指 AT（录音带）、VT（录像带）、CD（激光唱盘）、VCD（激光视盘）、LP（普通唱盘）

中央电视台

节目名称	时间（分钟）	类别	载体
第一步	90	专题	AT
软着陆	150	专题	VCD
人在’97	90	经济专题	AT
百年香江知多少	90	知识竞赛	AT
中国之路	210	新闻专题	VCD、AT
长江三峡截流特别报道	700	新闻专题	VCD
丰碑	90	电影纪录片	VCD、AT
周恩来外交风云	90	影片	VCD、AT
历史抉择——邓小平南巡纪实	90	影片	VCD

续表

节 目 名 称	时间（分钟）	类 别	载 体
二战回眸	240	纪实系列片	VCD
猴王传奇	80	纪录片	VCD
戏曲名家精选	60	戏曲	VCD
近代春秋	390	专题	VCD
劲挽强弓	130	专题	VCD
国萃瑰宝	1250	戏剧	VCD
北京旅游世界之最	110	纪录片	AT
敦煌	40	纪录片	AT
名胜古迹	40	纪录片	AT
当代世界主战兵器大观	780	纪录片	VCD
中国佛教	10	纪录片	VCD
开国大典纪实	60	纪录片	VCD
欧洲抒情歌集	142	音乐	CD
热舞风景	142	音乐	CD
浪漫小提琴	70	音乐	CD
秦兵马俑	60	纪录片	AT
《邓小平经济理论学习纲要》重点问题讲解	300	纪录片	AT
西湖、小鸟、黑猩猩	60	纪录片	VCD
风暴——中国反腐败纪实	130	纪录片	VCD
十世班禅灵塔开光	60	纪录片	VCD
藏历土龙年	60	纪录片	VCD
春天的故事——董文华音乐电视专辑	106	音乐	VCD、AT
归航	58	音乐	VCD、AT
科教兴国	288	专题片	AT
背负民族的希望	479	专题片	AT
邓小平	601	电视文献纪录片	VCD、AT
香港沧桑	578	电视纪录片	AT
九七年春节歌舞晚会	200	文艺晚会	AT
春在九七——九七春节戏曲晚会	200	文艺晚会	AT
九七春节联欢晚会	240	文艺晚会	AT
东周列国		电视剧	VCD、AT
达赖喇嘛		专题	VCD、AT
十五大报告		纪录片	AT
和平年代		电视剧	AT

中国唱片总公司

节目名称	类别	载体
辉煌歌坛	歌曲	CD
郭子	歌曲	CD
舞林漫步 1	乐曲	CD
舞林漫步 2	乐曲	CD

续表

节目名称	类别	载体
中国风	歌曲	CD
出门在外一群星	歌曲	CD
百年沧桑	歌曲	CD
百年梦圆	歌曲	CD

续表

节目名称	类别	载体
军魂	歌曲	CD
中国人	歌曲	CD
女生爱男生	歌曲	CD
高枫—最好的礼物	歌曲	CD
唯嘉—欣情	歌曲	CD
摇滚—北京	歌曲	CD
中国传统相声（1—6）	曲艺	CD
中国唱片世纪之声	歌曲	CD
中国唱片世纪之声	歌曲	CD
中国唱片世纪之声	京剧	CD
中国唱片世纪之声	京剧	CD
中国唱片世纪之声	曲艺	CD
中国唱片世纪之声	民乐	CD
圣诞快乐	歌曲	CD
巫启贤的傻情歌精选	歌曲	CD
张宇—超越自我'97 最新力作	歌曲	CD
现代京剧《红灯记》全剧 1、2	现代京剧	CD
现代京剧《沙家浜》全剧 1、2	现代京剧	CD
现代京剧《智取威虎山》全剧 1、2	现代京剧	CD
影视新歌潮	歌曲	CD
夏日之恋—帕西·费思乐队精品集 1	轻音乐	CD
河流—帕西·费思乐队精品集 2	轻音乐	CD
多莉你好—帕西·费思乐队精品集 3	轻音乐	CD
马拉加谣—帕西·费思乐队精品集 4	轻音乐	CD
温馨烂熳，金色长笛	轻音乐	CD
叮咚小山泉—少年儿童歌曲精品	儿童歌曲	CD
朱践耳作品集	乐曲	CD
芭蕾舞剧—天鹅湖 1、2	舞剧音乐	CD
杜德伟—最新英文专辑	歌曲	CD
齐豫—'96 最新英文专辑	歌曲	CD
亲亲我—幼儿歌曲（2—4 岁）	幼儿歌曲	CD
儿童文学名著故事精选	儿童故事	CD
滚石年度最卖座主打歌	歌曲	CD
高胡新韵—系列休闲音乐之五	乐曲	CD
赖英里—长笛之爱精选辑	长笛	CD

续表

节目名称	类别	载体
蔡兴国—双簧管精选辑	乐曲	CD
吴冠英—钢琴精选辑	乐曲	CD
中国唱片 120 周年中国唱片珍藏版	歌曲	CD
红河谷—来自西藏的高原天籁	电影音乐	CD
京剧—牧虎关	京剧	CD
京剧—打渔杀家	京剧	CD
评弹—雅韵集 1、2	评弹	CD
吴倩莲—望爱	歌曲	CD
张镐哲—出轨的情歌	歌曲	CD
沪剧—乡韵集 1、2	沪剧	CD
辣妹演唱组—火辣辣	歌曲	CD
风中之烛 1997	歌曲	CD
姜建华二胡独奏专辑	乐曲	CD
优雅	歌曲	CD
纯金金曲	歌曲	CD
星心相印 2—浪漫手牵手	歌曲	CD
ASH—1997 英国著名摇滚乐队	歌曲	CD
缤纷舞台 珍藏版	歌曲	CD
中国 97 联奏—音乐精品店 1	管弦乐	CD
世界名曲精选—音乐精品店 2	轻音乐	CD
中国名曲精选—音乐精品店 3	轻音乐	CD
流行音乐精选—音乐精品店 4	轻音乐	CD
宝宝故事精选 1、2	儿童故事	CD
她们让世界精彩	歌曲	CD
你爱不爱我	歌曲	CD
李度—够了	歌曲	CD
方庆仪—粤曲专辑	粤曲	CD
歇斯—我不会忘记最初	歌曲	CD
星心相印 3	歌曲	CD
五星旗—王霁晴作品	歌曲	CD
军营民谣 4—陆海空	歌曲	CD
童话小公主—中外儿童卡通儿歌	歌曲	CD
戏曲经典 1	戏曲	CD
爱情故事	轻音乐	CD
往日情怀	轻音乐	CD
一路平安	轻音乐	CD
龙凤金歌榜 8	歌曲	CD
少年儿童歌曲 1	儿童歌曲	CD
少年儿童歌曲 2	儿童歌曲	CD

续表

节目名称	类别	载体
戏曲经典 2	戏曲	CD
军歌经典	歌曲	CD
军乐经典	乐曲	CD
何静—喜欢你	歌曲	CD
找一个爱我的人	歌曲	CD
刘秀荣评剧	评剧	CD
龙凤金歌榜 9	歌曲	CD
彭修文作品	乐曲	CD
春	轻音乐	CD

续表

节目名称	类别	载体
夏	轻音乐	CD
秋	轻音乐	CD
冬	轻音乐	CD
萨克斯—回家	轻音乐	CD
萨克斯—茉莉花	轻音乐	CD
龙凤金歌榜 10	歌曲	CD
春天的祝福	乐曲	CD

中国唱片上海公司

节　目　名　称	时间（分钟）	类　别	载　体
小放牛——刘英唢呐独奏	50	乐曲	AT/CD
秋思——王昌元古筝独奏	50	乐曲	AT/CD
秋湖月夜——俞逊发笛子独奏	50	乐曲	AT/CD
交响合唱：沙家浜	52：01	歌曲	AT/CD
中华好妈妈，香港回来啦	44：12	歌曲	AT
儿童英语名曲 OK（1）（2）	90	歌曲	AT
幼儿歌曲 OK：小铃铛	43：15	歌曲	AT
幼儿歌曲 OK：我是好宝宝	44	歌曲	AT
杨泖青——小荧星合唱团合唱精品	39：47	歌曲	AT/CD
天花乱聚	46：59	歌曲（引进）	AT/CD
于文华：芝麻开花节节高	50	歌曲	AT/CD
拉丁金曲：鸽子	50	乐曲（引进）	AT/CD
拉丁金曲：微风与我	50	乐曲（引进）	AT/CD
巴黎的星空下（1）（2）	100	乐曲（引进）	AT/CD
舞曲王国（1）（2）	100	乐曲（引进）	AT/CD
达明一派：万人迷	50	歌曲（引进）	AT/CD
现代女性	48：38	歌曲（引进）	AT/CD
WET WET WET：绘画这个	45：35	歌曲（引进）	AT/CD
金属乐队：金属	62：57	歌曲（引进）	AT/CD
世界名曲主题联奏	50	乐曲	AT/CD
宋思思：爱我，就用心一点	50	歌曲	AT/CD
万颖：天生是女人	50	歌曲	AT
刘若英：到处乱走	38：29	歌曲（引进）	AT/CD
老歌唱不停	50	歌曲	AT
巫启贤的傻情歌	50	歌曲（引进）	AT/CD
张宇：整个八月	50	歌曲（引进）	AT/CD
金色长笛	50	乐曲（引进）	AT/CD
影视新歌潮	41	歌曲	AT/CD

续表

节　目　名　称	时间（分钟）	类　别	载　体
孙浩：老朋友，你好吗	47：53	歌曲	AT/CD
金学峰：是不是我不够温柔	45：49	歌曲	AT/CD
浪漫舞步（1）（2）	89：02	乐曲	AT/CD
夏日之恋	58：20	乐曲（引进）	AT/CD
河流	48：50	乐曲（引进）	AT/CD
你好，多莉	51：54	乐曲（引进）	AT/CD
马拉加谣	51：28	乐曲（引进）	AT/CD
天鹅湖（1）（2）	135：02	乐曲（引进）	AT/CD
吴倩莲：回家	42：40	歌曲（引进）	AT/CD
齐豫：眼泪	46：19	歌曲（引进）	AT/CD
杜德伟：BEST LOVE（2）	38：34	歌曲（引进）	AT/CD
滚石群星：新好男人	70：29	歌曲（引进）	AT/CD
齐豫：故事	47：28	歌曲（引进）	AT/CD
卡伐蒂娜——蒋达民吉他独奏	45：04	乐曲	AT/CD
高胡新韵——李肇芳高胡独奏	43：50	乐曲	AT/CD
大地之歌——姜建华二胡独奏	58：44	乐曲	AT/CD
李惠敏：爱恨交缠	63：10	歌曲（引进）	AT/CD
夜空的小号	60：04	乐曲（引进）	AT/CD
两个天使	64：12	乐曲（引进）	AT/CD
柔声轻诉	59：25	乐曲（引进）	AT/CD
罗密欧与朱丽叶	59：10	乐曲（引进）	AT/CD
迷人的夜晚	58：16	乐曲（引进）	AT/CD
绿袖子	60：32	乐曲（引进）	AT/CD
少女的祈祷	77：23	乐曲（引进）	AT/CD
G 弦上的咏叹调	45：59	乐曲（引进）	AT/CD
婚礼进行曲	76：56	乐曲（引进）	AT/CD
悠悠四季	51：59	乐曲（引进）	AT/CD
天空与星座	56：24	乐曲（引进）	AT/CD
水的风景	50：10	乐曲（引进）	AT/CD
爱之梦	52：07	乐曲（引进）	AT/CD
向星星祈祷	47：32	乐曲（引进）	AT/CD
摇篮曲	48：27	乐曲（引进）	AT/CD
温金龙二胡演奏专辑	43：01	乐曲（引进）	AT/CD
赖英里长笛精选辑	49：23	乐曲（引进）	AT/CD
蔡兴国双簧管演奏专辑	59：47	乐曲（引进）	AT/CD
吴冠英钢琴演奏专辑	52：17	乐曲（引进）	AT/CD
百代群星：男人蜜语	77：18	歌曲（引进）	AT/CD
吴明宗木笛演奏专辑	45：10	乐曲（引进）	AT/CD
解宣竖琴演奏专辑	45：19	乐曲（引进）	AT/CD
雪瑞儿·克鲁演唱专辑	64：25	歌曲（引进）	AT/CD
我们是冠军	50：28	歌曲（引进）	AT/CD

续表

节目名称	时间（分钟）	类别	载体
正东好歌	52：55	歌曲（引进）	AT/CD
小刚：我的心太乱	44：48	歌曲（引进）	AT/CD
吴倩莲：望爱	40：55	歌曲（引进）	AT/CD
张镐哲：出轨的情歌	44：01	歌曲（引进）	AT/CD
ENIGMA：十字路口	50	歌曲（引进）	AT/CD
杜德伟：知解	97：27	歌曲（引进）	AT/CD
乐作剧（2）	56：21	歌曲（引进）	AT/CD
李蕙敏：请你不要哭	40：27	歌曲（引进）	AT/CD
理查·马克斯：刻骨铭心	78：27	歌曲（引进）	AT/CD
SPICE GIRLS：火辣辣	37：03	歌曲（引进）	AT/CD
天地太极	50：25	歌曲	AT/CD
娃娃成名曲	51：50	歌曲（引进）	AT/CD
娃娃精选辑	43：59	歌曲（引进）	AT/CD
杜德伟：不走完美	47：05	歌曲（引进）	AT/CD
ELTON JOHN：'97风中之烛	26：38	歌曲（引进）	AT/CD
王菲'97国语精选辑	40：39	歌曲（引进）	AT/CD
于冠华：爱情合约	45：49	歌曲（引进）	AT/CD
天王天后大比“舞”	60：44	歌曲（引进）	AT/CD
圣诞快乐	41：08	歌曲（引进）	AT/CD
战士的歌——精选队列歌曲	45	歌曲	AT/CD
红莓花儿开——外国名歌联唱	43：29	歌曲	AT/CD
醉人的和风	43：57	乐曲	AT/CD
回味——夜上海经典老歌	39：11	歌曲	AT
笙声慢	55：24	乐曲	AT/CD
中国朝前走	51：40	歌曲	AT/CD
BEYOND：大地	43：53	歌曲（引进）	CD
红河谷	49：10	乐曲	CD
邓丽君：往日情怀	38	歌曲（引进）	AT/CD
抒情配乐长诗：邓小平之歌	59：09	语言	AT/CD
英语儿歌：五只小猴	45	少儿	AT
中华传统美德系列故事·爱国篇	45	少儿	AT
中华传统美德系列故事·勤学篇	45	少儿	AT
中华传统美德系列故事·信义篇	45：01	少儿	AT
中华传统美德系列故事·勤俭篇	46：25	少儿	AT
低幼童话：小白猫找妈妈	50：58	少儿	AT
孙悟空大闹天宫（下）	53：20	少儿	AT
聪明屋（1）（2）	104：42	少儿	AT
娃娃故事娃娃讲	45	少儿	AT
手捧空花盆的孩子	42：05	少儿	AT
一只想飞的猫	44：17	少儿	AT
孙敬修爷爷讲故事	47：53	少儿	AT

续表

节目名称	时间（分钟）	类别	载体
电影录音剪辑：闪闪的红星	51：57	少儿	AT
燕子姐姐讲故事精选	58：13	少儿	CD
狐狸打猎人的故事	62：15	少儿	CD
中国唱片珍藏版	58：07	综合	CD
扬剧名家名剧精选（4）（5）	105：41	戏曲	AT
淮剧：天要落雨娘要嫁（1）（2）	100	戏曲	AT
京剧：女起解	53：31	戏曲	AT/CD
京剧：义责王魁	54：16	戏曲	AT
相声屋（4）（5）（6）	150	曲艺	AT
扬剧：袁樵摆渡	50：31	戏曲	AT
沪剧：鸡毛飞上天	49：34	戏曲	AT
锡剧名家名剧（4）（5）	111：28	戏曲	AT
沪剧：红灯记/年轻一代	57：40	戏曲	AT
扬剧名家名剧精选（6）	57：21	戏曲	AT
沪剧：金黛莱/江姐	56：43	戏曲	AT
京剧：牧虎关	55：23	戏曲	AT/CD
京剧：打渔杀家	55：04	戏曲	AT/CD
京剧：斩经堂	51：41	戏曲	AT/CD
京剧：文昭关	48：50	戏曲	AT/CD
京剧：三击掌	48：16	戏曲	AT/CD
评弹：雅韵集（4）（5）（6）	147：40	曲艺	AT/CD
越剧：妙韵集（1）（2）（3）	142：05	戏曲	AT/CD
沪剧：乡韵集（1）（2）（3）	138：40	戏曲	AT/CD
黄梅戏：珍韵集（1）（2）（3）	148：25	戏曲	AT/CD
评弹：名家会书（3）（4）（5）	161：41	曲艺	AT
相声茶馆（1）（2）（3）（4）	189：36	曲艺	AT
京剧：红灯记（1）（2）	118：20	戏曲	CD
京剧：沙家浜（1）（2）	132：10	戏曲	CD
京剧：智取威虎山（1）（2）	121：36	戏曲	CD
京剧：杜鹃山（1）（2）	137：20	戏曲	CD
扬剧：李开敏唱腔精选	69：42	戏曲	CD
越剧大联唱：连环 66	52：02	戏曲	CD
越剧：碧玉簪	122	戏曲	VCD
越剧：追鱼	90	戏曲	VCD
越剧流派纷呈（1）（2）	127：25	戏曲	VCD
京剧：尤三姐	135	戏曲	VCD
京剧：白蛇传	160	戏曲	VCD
黄梅戏：天仙配	90	戏曲	VCD
沪剧：罗汉钱	95	戏曲	VCD
越剧：王文娟唱腔精选	65	戏曲	VCD
越剧：赵志刚唱腔精选	58	戏曲	VCD

续表

节　目　名　称	时间（分钟）	类　别	载　体
越剧：三看御妹	135	戏曲	VCD
越剧：祥林嫂	110	戏曲	VCD
越剧：孟丽君	240	戏曲	VCD
越剧：九斤姑娘	50	戏曲	VCD
沪剧：王盘声唱腔精选	55	戏曲	VCD
京剧：宋士杰	95	戏曲	VCD
京剧：连环套	165	戏曲	VCD
京剧：十八罗汉斗大鹏	130	戏曲	VCD
绍剧：孙悟空三打白骨精	95	戏曲	VCD
锡剧：庵堂认母/庵堂相会	90	戏曲	VCD
越剧：徐玉兰唱腔精选	54	戏曲	VCD
扬剧：百岁挂帅	90	戏曲	VCD
黄梅戏：女驸马	90	戏曲	VCD
沪剧：星星之火	100	戏曲	VCD
锡剧：珍珠塔	170	戏曲	VCD
豫剧：穆桂英挂帅	77	戏曲	VT

山西音像出版社

节　目　名　称	类别	载体
孙福娥晋剧唱段精选	戏曲	AT
卧虎令	戏曲	AT
生死牌	戏曲	AT
芦花	戏曲	AT
杀狗	戏曲	AT
二堂舍子	戏曲	AT
蝴蝶盃	戏曲	AT
富贵图	戏曲	AT
太子剑	戏曲	AT
含嫣	戏曲	AT
晋剧唱段精选（一、二）	戏曲	AT
尹志兵民歌专辑	歌曲	AT
唢呐怀旧金曲	歌曲	AT
校园民歌精选（1～5）	歌曲	AT
童谣精选（1～6）	歌曲	AT
超立体音响测试片（1～8）	歌曲	AT
浪漫古典民谣（1～4）	歌曲	AT
舞曲世界（1～10）	歌曲	AT
唐诗三字经（1、2）	歌曲	AT
九九乘法（1、2）	歌曲	AT
急救常识（医疗）	科教	AT

续表

节　目　名　称	类别	载体
百步降压操	科教	AT
芦花	戏曲	VT
杀狗	戏曲	VT
室内强身教程	体育	VT
佛教圣地五台山	风光片	VT
93～96 年亚洲小姐竞选决赛	文艺	VCD

内蒙古音像出版社

节　目　名　称	类别	载体
我那落地生根的地方	歌曲	AT
蒙语幼儿音乐教材之一	歌曲	AT
蒙语幼儿音乐教材之二	舞曲	AT
戈壁情	歌曲	AT
临河之情	歌曲	AT
神奇的大地	歌曲	AT
雪白的汗山	歌曲	AT
故乡思情	歌曲	AT
草原颂	歌曲	AT
乳香飘	歌曲	AT
积奇玛莉	故事	VCD

续表

节目名称	类别	载体
人海孤鸿	故事	VCD
富贵兵团	故事	VCD
肥猫流浪记	故事	VCD
双城故事	故事	VCD
歌者恋歌	故事	VCD
街市情杀案	故事	VCD
思慕	歌曲	AT
蒙古王	歌曲	VCD
武利平小品选	戏曲	VCD

上海录像公司

节目名称	类别	载体
现代京剧	卡拉OK	VCD
金彩虹（1～3）	卡拉OK	VCD
神马	故事	VCD
爱丽斯在巴黎	动画	VCD
申城扶优打假风云录	专题	VT
龟兔赛跑	故事	VT
香港之最	专题	VCD
科学智慧八分钟	教育	VT
鬼马双雄	故事	VCD
致命魔影	故事	VCD
沙漠勇士	故事	VCD
孟丽君	越剧	VCD
卖油郎	越剧	VCD
桃李梅	越剧	VCD
越剧精粹	越剧	VCD
勇捣毒巢	故事	VCD
杨门女将	京剧	VCD
智勇少年	木偶剧	VT
共和国之魂	专题	VT
喋血杀手	故事	VCD
骗局	故事	VCD
致命游戏	故事	VCD
三个囚犯	故事	VCD
贺龙在武当山	历史故事	VT
白马飞飞	故事	VT
动物明星的故事	故事	VCD
古筝教程	教学	VCD
流派珍藏	评弹	VCD
璇子	沪剧	VCD
金百合（1～5）	卡拉OK	VCD
优秀戏曲	锡剧	VCD
沪剧片段欣赏	沪剧	VCD
杨乃武与小白菜	故事	VCD
徐根宝“足坛的巴顿将军”	专题	VCD
祖国万岁	八运会开幕式	VCD

上海少年儿童出版社

节目名称	类别	载体
荧屏小歌星（2）	声乐	AT
宝宝益智童话（3、4）	配乐故事	AT
儿童科学寓言故事（双盒）	配乐故事	AT
儿童幽默笑话故事（双盒）	配乐故事	AT
智慧树——100个好听故事	配乐故事	AT
聪明娃——100个好听故事	配乐故事	AT
知识彩虹——100个好听故事	配乐故事	AT
童话度假村——100个好听故事	配乐故事	AT
鹬蚌相争——中国寓言故事	配乐故事	AT
狐假虎威——中国寓言故事	配乐故事	AT
信子疑人——中国寓言故事	配乐故事	AT
老虎和孩子——中国寓言故事	配乐故事	AT
中国娃娃（1、2）歌曲	声乐	AT

续表

节目名称	类别	载体
宝宝乐园——童话歌曲	声乐	AT
儿歌宝葫芦（2）	配乐儿歌	AT
上海新教材阶梯 AB 卷英语听力测试四年级	教育	AT
上海新教材阶梯 AB 卷英语听力测试五年级	教育	AT
上海新教材阶梯 AB 卷英语听力测试六年级	教育	AT
上海新教材阶梯 AB 卷英语听力测试七年级	教育	AT
上海新教材阶梯 AB 卷英语听力测试八年级	教育	AT
上海新教材阶梯 AB 卷英语听力测试九年级	教育	AT
外星人拾破烂儿——365 夜新故事（7）	配乐故事	AT
小玻璃瓶送信——365 夜新故事（8）	配乐故事	AT
小青蛙骑马——365 夜新故事（9）	配乐故事	AT
小乌龟捉电鳗——365 夜新故事（10）	配乐故事	AT
穿西装的吹气猪——365 夜新故事（11）	配乐故事	AT
小狐狸画春天——365 夜新故事（12）	配乐故事	AT
宝宝智慧快餐（红香肠）	配乐故事	AT
宝宝智慧快餐（绿青豆）	配乐故事	AT
宝宝智慧快餐（紫葡萄）	配乐故事	AT
宝宝智慧快餐（黄香蕉）	配乐故事	AT
宝宝乐——民乐金曲	声乐	AT
儿童百问百答——金星篇	配乐故事	AT
儿童百问百答——火星篇	配乐故事	AT
荧屏小歌星（1、2）	声乐	CD
中国童谣金曲	声乐	CD
汉语拼音	教育	VCD
少儿美术入门（上）（下）	教育	VCD
张成新教作文（1～3）	教育	VT

浙江音像出版社

节目名称	类别	载体
血祭黄沙镇	故事片	VCD
龙在少林	故事片	VCD
旋风小子	故事片	VCD
白绫图（温州故词）	曲艺	AT
玉钏缘（温州故词）	曲艺	AT
幼龙雏凤（温州故词）	曲艺	AT
世界十大音乐大师荟萃	音乐	CD
留声恋曲（1、2）	音乐	CD、AT
鲍比达·神奇魔力	音乐	CD、AT
伊健·十三	歌曲	CD、AT
圣洁的天堂（乔榛、丁建华）	朗诵	AT

续表

节目名称	类别	载体
一个李骥	歌曲	CD、AT
女人的弱点	歌曲	CD、AT
皇牌明星（3）（越剧）	戏曲	VCD
趣味数学（26集）	教育	VCD、VT
幽兰逢春（赵松庭笛子）	民乐	CD
采桑曲（蒋国基笛子）	民乐	CD
草原情歌（姜嘉锵、王国伟演唱）	歌曲	CD
宋词新韵（高晔声乐作品）	歌曲	CD
宝丽金超级巨星原装	歌曲	VCD
龙虎榜左右为难	歌曲	VCD
真开心·奇妙旅程	歌曲	VCD
张学友与交响曲	歌曲	VCD
达明一派（1、2）	歌曲	VCD
菲琳派对（上、下）	歌曲	VCD
郑秀文·X空间演唱会	歌曲	VCD
郭富城最激情演唱会	歌曲	VCD
童谣葫芦	儿歌	VCD
如果没有·林隆璇	歌曲	CD、AT

江西音像出版社

节目名称	载体
星河卡拉OK(1—50)	VCD
新乐园(1—10)	VCD
哈哈笑(1—10)	VCD
日之韵(日语教学音乐录音带)	AT
音乐天堂(英语教学音乐录音带)	AT
简爱——世界著名爱情电影音乐	AT
校园广播歌曲精选——金色的童年	AT
校园广播歌曲精选——手捧杜鹃献红军	AT
校园广播歌曲精选——校园月亮明	AT
校园广播歌曲精选——三岁马崽	AT
校园广播歌曲精选——小朋友你好	AT
校园广播歌曲精选——草原小河边	AT
校园广播歌曲精选——礼仪歌曲(1—4)	AT
古筝情韵(一)——一帘幽梦	CD
古筝情韵(二)——情人的眼泪	CD
柔情排箫——独上西楼	CD
柔情排箫——橄榄树	CD
金牌小号——罗米欧与朱丽叶	CD
浪漫萨克斯——北国之春	CD

续表

节目名称	载体
柔情排箫	CD
情感萨克斯风——回家	CD
情感萨克斯风——茉莉花	CD
世界精曲音乐	CD
至爱钢琴	CD
柔情金小号	CD
怀旧二胡	CD
怀旧长笛	CD
小提琴	CD
快乐圣诞	CD
世界舞曲经典(1～2)	CD
情歌伴舞(1～2)	CD
发烧碟(1～2)	CD
测试天碟	CD

齐鲁音像出版社

节目名称	载体	类别	盒/套
世界名人童年的故事(5套)	AT	故事	1盒

续表

节目名称	载体	类别	盒/套
《爱飞翔》吕方专辑	AT	歌曲	1盒
《相见》张信哲专辑	AT	歌曲	1盒
《诱惑我的心》伊能静专辑	AT	歌曲	1盒
《结局》张克帆专辑	AT	歌曲	1盒
学好古筝	VT	教学	2盒(再版)
学好电子琴	VT	教学	2盒(再版)
周小燕教授教唱歌	VT	教学	2盒(再版)
学好琵琶	VT	教学	2盒(再版)
大红大紫(1、2)	CD	歌曲	1片
动效音乐	CD	音乐	1片
《天仙配》黄梅戏	AT	戏曲	1盒
十年金曲歌伴舞(十一)	AT	歌曲	1盒
吕布与貂蝉	AT	京剧	1盒
笑哈哈火爆系列MTV(共10套)	VCD	歌曲	1片
盖叫天的舞台艺术	VCD	戏曲	1片
周信芳的舞台艺术	VCD	戏曲	1片
铁道游击队	VCD	电影	1片
南征北战	VCD	电影	1片
少爷的磨难	VCD	电影	1片
江姐	VCD	电影	1片
剑	VCD	电影	1片
渡江侦察记	VCD	电影	1片
鲁筝曲集(共2套)	VT	教学	2盒
芜烟黄梅戏	CD	戏曲	1片
京剧名家名段九、十	CD	戏曲	1片
豫剧《南阳关》	VCD	戏曲	1片
音乐风光—民乐(一、二)	VCD	歌曲	1片
蝶王(三、四)	VCD	歌曲	1片
浪漫钢琴(一、二)	VCD	音乐	1片
浪漫小号	VCD	音乐	1片
浪漫萨克斯	VCD	音乐	1片
梁祝—小提琴	VCD	音乐	1片
音响效果碟	VCD	音乐	1片
震撼的音乐领域	VCD	音乐	1片

节目名称	载体	备注
狐仙	VT	再版
唐赛儿	VT	再版
昭陵情仇	VT	再版
恶报	VT	再版
失踪的女推销员	VT	再版

续表

节目名称	载体	备注
罪恶欲望	VT	再版
复活的幽灵	VT	再版
夜明珠	VT	再版
皮维历险记	VT	再版
八极拳	VT	再版
玻璃眼睛杀手	VT	再版
红场飞龙	VT	再版
山东快书《武松传》(1～2)	AT	
名士成长启示录	VT	
国旗下的讲话	AT	
少儿金曲卡拉OK90首(1～3)	VT	
笨鸟满天飞	VT、VCD	引进
卓越儿童英语	AT	
戏缘(1～3)	VCD	
歌缘(1～10)	VCD	
方荣翔唱腔艺术欣赏	VT、VCD	
铡美案	VT、VCD	
赤桑镇、盗御马、将相和	VT、VCD	
探阴山	VT、VCD	
姚期、锁五龙、刺五僚	VT、VCD	
除三害、审潘洪	VT、VCD	
大保国、探皇陵、二进宫	VT、VCD	
中国卡通成语故事365(一)	VT、VCD	
幼儿民间艺术教育优质课选集(一)	VT	
贵族阶层	VT、VCD	引进
巨鳄	VT、VCD	引进
罂粟花	VT、VCD	引进
斯科莱特上尉	VT、VCD	引进
逃命	VT、VCD	引进
林美黛传	VT、VCD	引进
谁是凶手	VT、VCD	引进
百科知识宝库	VCD	

湖南金蜂音像出版发行总公司

节目名称	载体	类别	备注
世界著名儿童歌曲精选(1、2)	AT	歌曲	自编
十八香妹	AT	歌曲	自编
烧得厉害	AT	歌曲	引进
烧得厉害	CD	歌曲	引进

续表

节目名称	载体	类别	备注
无印良品·掌心	AT	歌曲	引进
无印良品·掌心	CD	歌曲	引进
张信哲·无助	AT	歌曲	引进
张信哲·无助	CD	歌曲	引进
97香港回归祖国《百年》	AT	歌曲	
FREE BEE 自由蜂	AT	歌曲	引进
FREE BEE 自由蜂	CD	歌曲	引进
宋祖英·兵哥哥	AT	歌曲	
一个好人(义胆厨心)	AT	歌曲	引进
一个好人(义胆厨心)	CD	歌曲	引进
刘海砍樵	AT	戏曲	再版
打铁	AT	戏曲	再版
蔡驼子回门	AT	戏曲	再版
讨学钱	AT	戏曲	再版
小姑贤	AT	戏曲	再版
孟姜女哭长城	AT	戏曲	再版
胡大回门　南庄收租	AT	戏曲	再版
吹吹打打	AT	戏曲	再版
孟姜女送夫	AT	戏曲	再版
湖南花鼓戏唱段精选	AT	戏曲	再版
无印良品×2	AT	歌曲	引进
无印良品×2	CD	歌曲	引进
金像奖电影音乐(1～10)	AT	音乐	未出
金像奖电影音乐(1～10)	CD	音乐	
宋祖英·兵哥哥	CD	歌曲	
英国病人	AT	音乐	引进
英国病人	CD	音乐	引进
动力火车——无情的情书	AT	歌曲	引进
动力火车——无情的情书	CD	歌曲	引进
莫文蔚——做自己	AT	歌曲	引进
莫文蔚——做自己	CD	歌曲	引进
音乐松静疗法	VT		
飞天钻地	VT	故事	引进(未发)
飞天钻地	VCD	故事	引进
卧窗杀机	VT	故事	引进(未发)
卧窗杀机	VCD	故事	引进
喜脉案	VT	戏曲	未发
最后的坦克战	VT	故事	引进(未发)

续表

节目名称	载体	类别	备注
危险水域	VT	故事	引进(未发)
危险水域	VCD	故事	引进
一代宗师	VT	故事	引进(未发)
一代宗师	VCD	故事	引进
赵宁的故事	VT	故事	
银海金山铁算盘	VT	政论	
剑魂	VT	故事	
喜脉案	VCD	戏曲	未发
奇志大兵方言相声表演集(1、2)	VCD	曲艺	
刘海砍礁	VCD	戏曲	未发
刘海戏金蟾	VCD	戏曲	未发
打铁、放风筝	VCD	戏曲	未发
打鸟	VCD	戏曲	未发
讨学钱	VCD	戏曲	未发
补锅	VCD	戏曲	未发
装风吵嫁	VCD	戏曲	未发
盘夫	VCD	戏曲	未发
山伯访友	VCD	戏曲	未发
送表妹	VCD	戏曲	未发

贵州东方音像出版社

节目名称	载体	类别
人与佛教	AT	社会
晚课	AT	社会
早课	AT	社会
正信的佛教	AT	社会
三世因果经	AT	社会
平常心是道	AT	社会
夫妻按摩	VCD	教育
新婚与性爱	VCD	教育
乐万家(1～10)	AT	文艺
乐万家(1～10)	VCD	文艺
金歌伴舞(一、二)	VCD	文艺
张学友	VCD	文艺
刘德华	VCD	文艺

续表

节目名称	载体	类别
真优美	VCD	文艺
1997年十大劲歌金典颁奖典礼	VCD	文艺
十大劲歌金曲第四季季选	VCD	文艺

云南音像出版社

节目名称	时间（分钟）	类别	载体
金银花竹篱笆	45	戏曲（花灯）	AT
难忘钢琴(1--3)	41	音乐	AT
爱的小提琴(一)	45	音乐	AT
(二)	44	音乐	AT
(三)	42	音乐	AT
新星	48	歌曲	AT
世界名曲萨克斯(一)	44	音乐	AT
(二)	42	音乐	AT
(三)	43	音乐	AT
金笛玉律	50	音乐	AT
摇滚极限	49	歌曲	AT
长笛经典名曲	43	音乐	AT
吉它经典(Ⅰ)	45	音乐	AT
多情的葫芦丝	48	音乐	AT
云南洞经乐(一)	44	音乐	AT
(二)	51	音乐	AT
傈僳目瓦木括括	48	歌曲	AT
寒鹊争梅	55	音乐	CD
夕阳萧鼓	50	音乐	CD
天仙配	2×51′	音乐	CD
浔阳夜月	55	音乐	CD
基础英语	2×45′	教学	CD
云南之旅	30	风光	VCD
中国纳西族音乐	48	音乐	AT
金榜民歌篇	60	卡拉OK	VCD
金榜情歌篇	61	卡拉OK	VCD
金榜流行篇	58	卡拉OK	VCD
金榜戏曲篇	59	卡拉OK	VCD
金榜特别篇	58	卡拉OK	VCD
海洋美景1～6	60	卡拉OK	VCD
泳装系列	60	卡拉OK	VCD
莫扎特	50	音乐	CD
贝多芬	55	音乐	CD
约翰·施特劳斯	60	音乐	CD

续表

节目名称	时间（分钟）	类别	载体
云岭盛会	55	音乐	AT
江南丝竹(二)	60	音乐	CD
妈妈的酥油茶	48	音乐	AT
高原明珠	49	音乐	AT
红土情	50	音乐	AT
黄梅精萃大会	55	戏曲	CD
王菲专辑	49	歌曲	CD
二泉映月	55	音乐	CD
梁祝	50	音乐	CD
中国民族鼓乐	43	音乐	CD
名曲的故乡	60	风光	VCD
名画的故乡	60	风光	VCD
名著的故乡	60	风光	VCD
阳光美女10	10×60′	卡拉OK	VCD
金银岛	13×30′	卡通	VCD
肖邦名曲	60	音乐	CD
梦幻诗篇	60	音乐	CD
民歌篇(一)	55	音乐风光	VCD
(一)	56	音乐风光	VCD
知心爱人(一)	55	音乐风光	VCD
(二)	55	音乐风光	VCD
中国儿歌(一)	60	音乐风光	VCD
(二)	61	音乐风光	VCD
广东童谣(一)	55	音乐风光	VCD
广东童谣(二)	55	音乐风光OK	VCD
天堂之火	50	歌曲	AT
有一个美丽的地方	55	风光	VCD
恐怖岛	105	故事	VCD
死亡标记	110	故事	VCD
正义的控诉	108	故事	VCD
背叛	110	故事	VCD
双重身份	108	故事	VCD
警网双雄	110	故事	VCD
柴可夫斯基	61	音乐	CD
98小明星4	4×58′	音乐	VCD
世界古典系列14	14×60′	音乐	CD
萨克斯风2	2×55′	音乐	CD
民歌金曲霸天下4	4×58′	音乐	CD
流行篇6	6×60′	音乐	VCD
有情有义2	2×60′	卡拉OK	VCD
酒廊情歌2	2×60′	卡拉OK	VCD

续表

节目名称	时间（分钟）	类别	载体
超级舞沙龙 6	6×68′	卡拉 OK	VCD
娇艳花	55	卡拉 OK	VCD
玛丽莲·梦露	148	故事	VCD
寻求正义	110	故事	VCD
杀人蜂	108	故事	VCD
逃亡	120	故事	VCD
春回盐水湖	118	故事	VCD
危难时刻	119	故事	VCD
北极圈的死光	120	故事	VCD
张雨生	2×60′	卡拉 OK	VCD
石林之歌	2×60′	歌曲	AT
高山流水	55	音乐	CD
春江花月夜	57	音乐	CD
阳春白雪	61	音乐	CD
绿岛小夜曲	60	音乐	CD
古曲难忘	61	音乐	CD
酒醉的探戈	58	音乐	CD
感人的萨克斯	55	音乐	CD
经典(一)心在何方	49	音乐	CD
经典(二)真情永不渝	50	音乐	CD
飞狼	52	音乐	CD
烧酒咖啡	55	音乐	CD
春梦不了情	49	音乐	CD
世界电影经典	53	音乐	CD
金牌小号(一)	57	音乐	CD
(二)	56	音乐	CD

青海昆仑音像出版社

节目名称	类别	载体
兄妹弹唱	藏族歌曲	AT
噶智格寺简志	历史叙述	AT
藏语相声小品辑	曲　艺	AT
走进香格里拉	藏语歌曲	AT
懒大嫂	说唱曲艺	AT
花儿擂台(3、4 集)	青海花儿	AT
十月怀胎	地方曲艺	AT
离别情	藏族拉伊	AT
达娃太相声专辑	藏族曲艺	AT
拉卜楞寺吉祥韵	藏族寺院音乐	AT
含泪的笑	乐　曲	AT

新疆音像出版社

节目名称	类别	载体
爱的情人	歌曲	AT
我的一生	歌曲	AT
小白鹿	歌曲	AT
父亲的回忆	歌曲	AT
亲人的爱	歌曲	AT
亲爱的母亲	歌曲	AT
母亲的心	歌曲	AT
祝您幸福	歌曲	AT
我的心属于您	歌曲	AT
母亲——塔城	歌曲	AT
悲伤的人	歌曲	AT
朋友再见	歌曲	AT
维吾尔民歌联唱选集	歌曲	AT
婚姻美满	歌曲	AT
愿做您的玫瑰	歌曲	AT
光之子	歌曲	AT
久别的故乡	歌曲	AT
阿地里	歌曲	AT
十八岁	歌曲	AT
春雷颂	歌曲	AT
问候朋友	歌曲	AT
阿拉木汗	歌曲	AT
古丽热娜	歌曲	AT
出身的家乡	歌曲	AT
那吾肉孜	歌曲	AT
花园声乐	歌曲	AT
天山青松根连根	歌曲	AT
可爱的一朵玫瑰花	歌曲	AT
准噶尔之声(一、二)	歌曲	AT
哈萨克现代歌曲	歌曲	AT
哈萨克古典吉它金曲	歌曲	AT
黑扎提冬布拉独奏曲	歌曲	AT

厦门音像出版社

节目名称	类别	载体
百老汇精选——费翔	歌曲	AT
恩杨——靠近你	歌曲	AT
风花雪月的日子	歌曲	AT
天涯歌女	歌曲	AT
红红的玫瑰	歌曲	AT

续表

节目名称	类别	载体
月光	歌曲	AT
熊猫跳舞	儿童	AT
香香的小兔	儿童	AT
公鸡下蛋的故事	儿童	AT
我乘上小马车	儿童	AT
诗魂	乐曲	CD
乐魂	乐曲	CD
再见了最爱的人	歌曲	CD
握你的手	歌曲	CD
费翔	歌曲	CD
汤姆与杰利(1～12)	卡通	VCD
老鼠荒唐记	卡通	VCD
唐老鸭惊魂记	卡通	VCD
达飞鸭救美	卡通	VCD
怕老鼠的狮子	卡通	VCD
罗宾汉	故事片	VCD
傲慢与偏见	故事片	VCD

续表

节目名称	类别	载体
一曲难忘	故事片	VCD
煤气灯下	故事片	VCD
风流寡妇	故事片	VCD
蝴蝶梦	故事片	VCD
大饭店	故事片	VCD
北非谍影	故事片	VCD
公主与海盗	故事片	VCD
战地钟声	故事片	VCD
深闺疑云	故事片	VCD
乱世佳人	故事片	VCD
埃及艳后	故事片	VCD
费城故事	故事片	VCD
天方夜谭	故事片	VCD
摩洛哥	故事片	VCD
夜夜春宵	故事片	VCD
围城(1～10)	故事片	VCD

音像电子出版物选介

中央电视台

《周恩来外交风云》 本片是由中央新闻纪录电影制片厂与北京建基影视文化咨询公司联合摄制的影片。钱其琛副总理亲自担任该片的总顾问并题写片名。

1949年10月底，51岁的周恩来被任命为共和国总理兼外交部长，1950年10月1日前与新中国建交的只有16个国家，到1975年底周恩来逝世前几天，已有107个国家与新中国建立了外交关系。周恩来一生会见外国首脑3100人次以上。影片真实地再现了这一阶段内周恩来的音容笑貌和风度。VCD2盘，录像带2盘，全长90分钟。中央新闻纪录电影制片厂与北京建基影视文化咨询公司联合摄制，1997年12月中央新影音像出版社出版发行。

《丰碑》 本片是中央文献研究室、中央电视台、中央新闻纪录电影制片厂联合摄制的一部反映全国人民缅怀邓小平同志的大型电影纪录片。全片分为四部分：

第一部分以太行山一位农村老太太祭奠邓小平为切入点。在人们的回忆、评述以及追悼过程中，揭示了邓小平是永存于人民心中的一座丰碑这一主题。

第二部分以邓小平第三次走上领导岗位为切入点。充分运用邓小平的声音魅力，通过他对改革开放所涉及到的主要工作的讲话及邓小平在各地视察中的细节、故事构筑起邓小平同志丰满的形象和人格魅力。

第三部分纪录了以江泽民同志为首的第三代领导核心，从十四大以来，不负重望，卓有成效地开展工作，赢得全国人民信任的历史过程。

第四部分以邓小平同志到香港自己的土地上走一走看一看的心愿为叙事核心，表现香港同胞对邓小平逝世的悲痛之情。整部影片以党的十五大胜利召开，江泽民总书记的重要讲话为结篇。VCD共2盘、录像带共1盘，全长90分钟。中央文献研究室、中央电视台、中央新闻纪录电影制片厂联合摄制。1997年12月中央新影音像出版社出版。

《邓小平》 该片是继电视文献纪录片《毛泽东》之后，由中共中央文献研究室和中央电视台再度合作拍摄的又一部反映当代伟人的大型电视文献纪录片。片中采访了上百位当事人，挖掘了大量珍贵的影视资料和文献档案，以邓小平富有传奇色彩的生平活动为线索，第一次形象地全面地反映了他的奋斗和探索足迹，特别是他作为改革开放的总设计师和中国特色社会主义理论创立者的重大历史贡献，以及他平凡而伟大的高尚品格和特殊的个性气质。本片共12集，录像带共6盘，VCD共12盘，全长601分钟。中共中央文献研究室、中央电视台联合摄制。1997年中国国际电视总公司出版发行。

《历史抉择——邓小平南巡纪实》 本片以邓小平同志1992年初南巡活动为主线，全方位展现深圳特区十三年来的风雨历程，以及深圳特区在探索建立社会主义市场体制的道路上取得的成功经验及对全国改革的推动作用。影片融纪实性、文献性、政论性于一体，令人信服地揭示了中国现代化建设的辉煌前景。VCD共2盘，全长90分钟。中央新闻纪录电影制片厂摄制。1997年中央新影音像出版社出版发行。

《香港沧桑》 《香港沧桑》是一部以香港问题的由来和香港回归祖国为题材的电视纪录片。该片记述了香港150年来发生的一系列重大历史事件和香港同胞为香港的发展所做的贡献，介绍了中国政府和人民对香港同胞的热情关怀以及香港的繁荣稳定所付出的巨大努力，阐述了邓小平"一国两制"的伟大构想在香港问题上实践。全片气势宏大，史料翔实，不仅具有较强的观赏性，而且具有很高的文献价值。

《香港沧桑》分上下两部，共12集。

全长578分钟，录像带共6盘。中央电视台海外中心摄制，1997年中国国际电视总公司出版。

《长江三峡大江截流特别报道》 三峡工程大江截流是1997年继香港回归，党的十五大以后我国经济战线上的一件盛事，为了让我国乃至世界能够亲眼目睹大江截流这一人类征服自然，改造自然的伟大壮举，中央电视台投入了近200名的人力，在1997年11月8日从8点至22点进行了连续14小时的大江截流直播，做到了安全、顺利、隆重、热烈，得到了党中央和全国观众的首肯和认可。VCD共10盘，全长700分钟。中央电视台新闻中心摄制。1997年内部出版发行。

《近代春秋》 本片介绍了中国人民一百多年来，为反对帝国主义的侵略和封建势力的残酷统治所进行的英勇不屈的斗争。直到在中国共产党的领导下，彻底推翻三座大山的压迫，建立了社会主义新中国的光辉历程。全片包括八集:VCD共7盘，全长390分钟。中央新闻纪录电影制片厂摄制。1997年10月中央新影音像出版社出版发行。

《二战回眸》 本片为大型纪实系列片，全片共分四部分。此片先后展现了"八·一三"日军进攻上海、平型关大捷、太原保卫战、南京大屠杀、鄂西会战、百团大战、皖南事变、八路军游击战、汪精卫叛国投敌、日军轰炸重庆等战争场面，并展示了苏德激战、日军轰炸珍珠港的欧洲战场的片段。VCD共4盘，全长240分钟。中央新闻纪录电影制片厂摄制。1997年8月中央新影音像出版社出版发行。

《中国之路》 本片是在党的十五大召开前夕，由新闻评论部组织的"焦点访谈"特别报道，旨在展示十四大以来党和国家在社会主义现代化建设的各个领域推出的许多重大举措，凸现出五年间我国改革开放取得的辉煌成就及所走过的道路。本片共14集，VCD共4盘，录像带共2盘，全长210分钟。中央电视台新闻评论部摄制。1997年9月，VCD由北京达因集团、广州冲击波制作；内部出版发行。录像带由中国国际电视总公司出版发行。

《软着陆》 "软着陆"是指国民经济的运行经过一段扩张之后，平稳地回落到适度增长区间的过程。五集专题片《软着陆》真实地再现此次宏观调控过程的每一次战略布置，分析和总结了实现"软着陆"所采取的政策措施和成功经验。VCD共2盘，全长150分钟。中央电视台经济部、卡斯特经济评价中心联合摄制，重庆钢铁股份有限公司协助拍摄。1997年12月中国广播音像出版社出版。

《劲挽强弓》 本片通过剖析全国各级纪检、监察、检察机关近年来查办查处的各类大案、要案、串案、窝案、纵观国际反腐风暴，以丰富的影视资料，犀利的政论揭示了贪者必惩的历史规律。反映了中国反腐败的内幕。是各级纪检、检察、监察部门进行法制教育和法制宣传，教育党员群众遵守法律、纪律、积极预防犯罪的好教材。VCD共2盘，全长130分钟。中央新闻纪录电影制片厂摄制。1997年中央新影音像出版社出版发行。

《国萃瑰宝》 本片是经过精心整理，重新出版的戏剧系列节目。它包括京剧、评剧、豫剧、黄梅戏等许多著名段子。其中京剧有梅兰芳大师的传记片和许多名段名曲。如:《文昭君》、《红娘》、《孙悟空大闹天空》、《贺后骂殿》、《斩马谡》等。评剧《抢状元》，豫剧《穆桂英挂帅》，黄梅戏《孟姜女》。极有收藏价值，是珍贵的艺术历史资料。

《戏曲名家精选》 戏曲是中国传统的戏剧形式，是包含着文学、音乐、舞蹈、美术、武术、杂技等各种因素的综合艺术。人物扮演分生、旦、净、丑等行当，各有不同的程式动作和唱念做打的不同特点。本片以大量珍贵、详实的历史资料，真实地再现了京剧表演大师梅兰芳、肖长华、周信芳、马长礼的传世之作。以及严凤英、王文娟、新凤霞、常香玉等艺术家的名段、名曲精选。VCD共1盘，全长60分钟。中央新闻纪录电影制片厂摄制。1997年8月中央新影音像出版社出版发行。

中国唱片总公司

《邓小平之歌》——配乐抒情长诗 邓小平同志的逝世引起了全世界人民的关注，更深深牵动了普通中国人的心。长诗《邓小平之歌》正是一个普通人对邓小平同志超乎寻常的感情积累和真情的流露。为了这部长诗的创作,作者走遍了邓小平生前战斗和工作过的地方,在这片热土上,用真情超越时空、用真挚记录感受。专辑中,艺术家们全身心的演绎更将这些朴实真切的语句在主题音乐的衬托下一次次推向高潮,让每个人都能真正体会到语言和音乐的魅力。

中国唱片珍藏版——纪念世界唱片发明120周年 今天,人们从放置于精巧的激光唱机上的CD中,可以听到几乎任何想听到的声音。与之相比,120年前美国发明家爱迪生发明的唱片只是一种圆柱型的锡箔唱筒,似乎显得那样简陋甚至粗糙。然而,这丝毫不能掩盖这项发明所闪烁出的光芒和爱迪生的伟大。人类保存和重放声音的理想由此而成为现实,世界录音技术迅猛发展的时代由此得到开创。珍藏版寄托着中国唱片上海公司全体员工对任光、聂耳、冼星海等先驱及无数为中国唱片事业发展作出不懈努力的人们崇敬之情;珍藏版作为浓缩的中国唱片史,以飨广大音乐爱好者、收藏爱好者以及有志于中国唱片发展的朋友。

《红河谷》——来自西藏的高原天籁 崇高而神秘的雪山;广阔而美丽的草原;友谊与爱情、人性与邪恶、和平与战争,勾勒出影片《红河谷》音乐的内涵。

宗庸卓嘎的高吭溶入雄浑的合唱,管子与钢琴也在管弦乐音响结构里显示自己性格,《红河谷》音乐以藏族音乐的独特汇合了世界音乐的斑烂绚丽。

这是来自世界屋脊的音韵,这是来自高原的天籁。让她涤荡你的心灵,生命最初的单纯与美丽就在这里流露。

《公元1997——我走近你》 在1997年香港回归即将来临之际,全国各地都以各种方式迎接这一庄严的时刻,全球华人都在以同一种心情期待这一美好的时刻。著名作曲家靳树增、肖白谱写了《公元1997我走近你》、《一百年的梦想》、《醒来吧,我山河》这三首歌曲,由著名歌手毛阿敏、李那、谢津、胡慧中、林萍、孙国庆等加盟演唱,充分表达和抒发了炎黄子孙的共同心愿。(24K镀金CD唱片专辑。)

《世纪之声》 中国唱片出版事业自创建以来,出版的古今中外不同形式不同风格的优秀艺术作品,形成了一个璀璨夺目的艺术宝库。正值纪念世界唱片120周年、中国唱片90周年之际,我们特别编辑出版了《世纪之声》珍藏系列。其中包括歌曲、乐曲、曲艺等。《世纪之声》是中国唱片九十年来出版历史的缩影,收录了具有代表性的艺术家的作品和表演的节目,是浩瀚的艺术宝库中的一颗明珠。回顾历史是为了激励现在,展望未来。

妙韵集——越剧 越剧被誉为越国奇葩,以唱腔委婉富有江南情调,深受广大群众喜爱。我公司几十年来,录制出版了一大批优秀剧目及精彩唱段,深受广大越剧爱好者的欢迎。在这个专辑中,对一些年代久远音质较差的珍贵资料,我们藉用先进的技术手段,重新配上立体声的音乐伴奏,使其更加悦耳动听。为满足广大越剧爱好者的要求,精选了一些主要流派创始人和当今活跃在越剧舞台上的各流派代表演员的精彩唱段编辑出版。

乡韵集——沪剧 一出好戏,离不开好演员、好唱腔。沪剧舞台群星璀璨,流派纷呈。沪剧唱腔婉转甜美、乡韵浓郁。几十年来,一批沪剧艺术家在艺术园地中辛勤耕耘,使沪剧音乐更加丰富多彩,不少精彩唱腔广泛流传,常盛不衰。我公司保存自三十年代以来各时期名家名剧,为满足广大沪剧爱好者的要求,精选了二十三位著名演员演唱的精彩唱段编辑出版。

雅韵集——评弹 评弹是发源于苏州的曲艺品种,深受江、浙、沪一带群众的欢迎,被誉为江南明珠。我公司保留有三十年代以来大部分名家名曲,只是由于年代久远和当时条件的限制,部分珍贵资料已有不同程度的缺损。为抢救祖国优秀的文化遗产,我们凭藉先进的技术手段,挖掘、整理不少佳作编成唱片、音带出版,深受广大爱好者的欢迎。现择优编辑出版的CD唱片,除了收辑前辈艺术家的代表作之外,还将当代艺术名家名曲收在其中,以飨广大听众。

红线女唱腔艺术特辑 著名粤剧表演艺术家红线女在演唱艺术上卓有成就,形成了独树一帜的流派。她的演唱感情真挚,自然亲切,吐字清晰,行腔婉转,给观众以赏心悦耳的享受。"红线女艺术中心"的成立,加快了这套唱腔艺术特辑的筹划与录制。特辑共分《甜甜梦》、《还珠赋》和《栖凤楼》三集。第一集录有红线女的全新个人独唱曲,其余两集除她的独唱外还有与欧凯明对唱及与"红豆粤剧团"演唱剧目的选段。这套特辑曲目丰富,各具特色,在19首曲目中,既有脍炙人口的名剧名曲,也有近年来上演的新剧目,有五十年代以来演唱的粤曲和电影插曲,还有最新录制的独唱曲。

少年儿童节目 为少年儿童提供丰富多彩的寓教于乐的节目,历来是我公司出版工作的重点之一。今年出版的《神奇的音乐宫殿——为孩子们介绍管弦乐队》和《管弦乐与童话故事——彼得与狼、动物狂欢节》等,以通俗易懂的形式向小朋友们介绍了管弦乐队的各种乐器,以及演奏的世界名曲。此外,在今年出版的93个片盒号中,还有音乐节目《大树妈妈——小班》、《迷路的小花猫——中班》、《国旗红红的哩——大班》以及中华传统美德教育故事系列《爱国篇》、《勤学篇》、《信义篇》、《勤俭篇》等节目受到小朋友们的欢迎。

中国唱片上海公司

中华传统美德教育故事系列 该系列被列入全国音像制品五年规划。1996年出版了“孝亲篇”、“智慧篇”两个专辑，1997年继续出版了“爱国篇”、“勤学篇”、“信义篇”、“勤俭篇”等四个专辑。

以上各个专辑中均包含6至10个小故事，如“爱国篇”中有岳飞精忠报国、花木兰代父从军、抗倭名将戚继光等爱国抗敌的故事；“勤学篇”中有铁杵磨针、悬梁苦读、凿壁偷光、业精于勤等古今名士勤奋学习的故事；“信义篇”中有信义退兵、拾金不昧、君子守信等守信取义的故事；“勤俭篇”中有毛泽东学打草鞋、朱总司令积肥、林则徐青砖为纸、大将军爱惜庄稼等今古伟人勤劳节俭的故事。这些故事短小精悍，浅显易懂，把大道理融于小故事，寓教于乐，孩子们爱听，家长和老师也愿意购买。

山西音像出版社

晋剧唱段精选 晋剧是我国北方戏剧艺术中的一个独具风格的剧种。在晋冀陕蒙等地有较大影响。本带收入晋剧著名表演艺术家丁果仙、王爱爱等人的代表性唱段，同时也有晋剧新秀的精彩剧目，颇具欣赏和收藏保存价值。

尹志兵民歌专辑 尹志兵是一位出色的军旅歌手。他在黄河之滨寻根溯源，赴川陕山水采风，去部队体验生活，形成自成一体的风格。曾随山西民间艺术团赴中南海和人民大会堂为国家领导人进行过多次重大汇报演出。本辑收入了他演唱的曲目《山西牧歌》、《大黄河》、《战士心中有个家》等12首歌曲。

佛教圣地五台山 山西五台山与四川峨眉山、浙江普陀山、安徽九华山并称我国四大佛教名山。五台又以其历史悠久、建筑风格独特、庙宇多而位居四大佛教名山之首，相传是佛教中文殊菩萨的道场。本片着重介绍了五台山著名庙宇的分布情况、历史沿革；五台山每年的重要佛事活动场面；台怀镇及台顶风光。是一部不可多得的旅游风光片。

上海录像公司

《共和国之魂》 由上海录像公司出版发行的大型电视专题片《共和国之魂》真实生动地反映了70年前中国共产党领导的艰苦卓绝的武装斗争。该片较完整地叙述了井冈山精神，生动地表现了我党我军的这一段光辉历程，深刻展示了井冈山精神的丰富内涵。继承红军革命传统，发扬井冈山精神，对先烈是一种安慰，对我们是一种鼓舞，对后代是一种教育，该片主题鲜明，构思精巧，是一部生动的革命传统和爱国主义教育片。

《科学智慧八分钟》 由上海录像公司出版发行的40集专题片《科学智慧八分钟》是全国首部科学方法电视教育片，该片通过视听形象，用理论和故事结合的形式，深入浅出地向观众介绍统筹、实验、分类等40种常用的科学思考方法，着力引导人们从常规的思维模式中解脱出来，帮助人们学习科学知识，掌握科学方法，弘扬科学精神。

《科学智慧八分钟》通俗易懂。它从方法论的角度为我们今天深化企业改革，建立现代企业制度，推进技术创新提供智慧的启迪。

上海声像出版社

《苏武牧羊》 历经两年的苦心磨砺，一部弘扬中华民族正气，展现一幕气壮山河的人文历史的大型声乐套风唱片《苏武牧羊》由上海声像出版社在全国范围内隆重推出。

这部具有史诗性意义的声乐作品，以叙事音乐为结构，分为七(首)个部分，长度为55分钟；在艺术手法上运用中国古代民间音乐的基调，同时融合北方传统音乐与世界音乐的精华元素，在整体效果上呈现广阔深沉的气势。它不仅较好地用丰富的声音表情叙述苏武这位著名历史人物的感人故事，并从更高的角度讴歌了热爱和平，思念家园，憎恶残暴、眷恋美好这些人类共同的憧憬与价值观念，具有较高的人文意蕴和审美情趣。

《记住刘欢》 十年磨一剑，中国歌坛“重量级”的男歌手刘欢的精选专辑《记住刘欢》由上海声像出版社国内制作发行。刘欢天生具有一种儒雅风范，他的歌唱激情澎湃，乐风大气磅礴，为原创歌曲注入浓厚的人文底蕴。《记住刘欢》为他首张个人专辑，十年的心血凝成绚烂之花，专辑采用的全部是原声音质，呈现出他完整的音乐风采与心灵轨迹，从《少年壮志不言愁》开始，一种雄浑苍淳的乐音沸腾着男儿的心声，《弯弯的月亮》、《花开花落》、《亚洲雄风》、《千万次的问》、《人生无悔》、《梦回家乡》，演绎着时而粗犷时而细腻的心路历程，古典与现代，传统与时尚的音乐元素令听者在心潮起伏中领略千万种不同的风格。 (申 向)

上海少年儿童出版社

《荧屏小歌星》(CD) 《荧屏小歌星》(1)、(2)(CD)唱盘，是选录了建国以来，在我国少儿中广为流传的为儿童所喜爱的优秀儿童歌曲，以及部分外国儿歌精品近70首。其中既有孩子们熟悉的“小雨点”、“济公活佛”、“好爸爸、坏爸爸”、“快乐的小宝宝”等影视歌曲，又有儿童特别爱唱的外国童谣“唐老鸭之歌”(美国)、“伦敦桥”(美国)、“小鸡”(印尼)、“夜莺”(印尼)等。这些歌曲在演唱上充满了儿童的天真童趣,歌声清脆嘹亮;在配器上,除用电声乐器外,还加进了管弦乐和民乐的色彩乐器,音色丰富多彩,整体效果显得丰满,音域宽广,悦耳动听。这些CD在录音和音响处理上也都达到了较为理想的水平,很有收藏价值。

《汉语拼音》(VCD)　本张《汉语拼音》VCD是综合了全国各地的小学教材编写而成,片长70分钟,全片用电脑动画制作,形象、生动,其中还包含唐诗欣赏及儿歌、谜语、绕口令等标准读音,特别适合幼儿、一年级、成人、海外侨胞及外国友人等学习之用。

齐鲁音像出版社

《世界名人童年故事》　世界名人童年故事是一套系列少儿音带节目,讲述了音乐家贝多芬、莫扎特,文学家欧阳修、安徒生,科学家斯蒂芬森、诺贝尔、爱迪生、牛顿,艺术家达·芬奇、米开朗琪罗童年的故事。节目生动活泼,既有知识性,又有趣味性,并配有更贴近故事情节的音响效果,很受少年儿童的喜爱,同时也让少年儿童明白了一个道理,那就是每一位名人的光辉成就后面,都隐藏着许多血汗和艰辛,对少年儿童的学习成长将起到积极向上的作用。

《武松传》　山东快书是我国曲艺艺术宝库中的珍品,至今已有近四百年的历史。《武松传》是山东快书中最有代表性的传统经典巨作。

《武松传》录像带自武松大闹东岳庙起,景阳冈打虎,斗杀西门庆,闹孟州,醉打蒋门神……至二龙山群雄大聚义,着重塑造了武松这一嫉恶如仇、见义勇为、除暴安良的历史传奇英雄人物。表演者孙镇业先生是国家一级演员、山东快书高派传人。他的表演幽默风趣、粗犷潇洒,刻画人物细腻准确,渲染气氛浓淡相宜。

《武松传》录像带共58集,10盘,是山东快书“武松”流传至今的第一部完整音像资料,具有较高的欣赏价值和保存价值。

《鲁筝曲集》　山东派古筝是我国民族音乐的一朵奇葩,被列为中国古筝艺术四大流派之一,在海内外乐坛上具有较高声誉和深远影响。艺术特点鲜明,音韵铿锵有力,风格古朴典雅,华丽凝重,热情奔放。

《鲁筝曲集》的出版是目前收入山东派古筝曲目整理最精、内容最为丰富的筝曲集,它是一套既可欣赏也可教学的珍贵筝曲艺术资料,是一笔宝贵的民族传统音乐文化遗产。

云南音像出版社

云南民族鼓乐(木鼓、铜鼓、太阳鼓)　该专辑编辑了白族栽秧鼓、基诺族太阳鼓、壮乡铜鼓、佤山拉木鼓、木脑纵歌、阿细跳月、彝山打歌、景颇舂米谣等优秀音乐作品。鼓是云南兄弟民族亲密的朋友。过去,在生产劳动、宗教祭祀或是战争械斗、节日庆典、文化娱乐等活动中都必须演奏鼓。有的民族甚至把鼓当作通天的神器来崇拜。随着时代的发展,而今的鼓,除少数还保留其实用性外,更多则是作为文化艺术广泛用于云南民族社会活动中。在这一集鼓乐中。你可随不同的鼓点去领略多姿多彩的云南民族风情,去聆听那纯朴自然的民族音韵。

14. 文章篇目辑览

责任编辑　韩同慧
审 稿 人　曲宗生

编者按：

《文章篇目辑览》依据主要广播电视专业报刊、相关学科的报刊和《全国报刊索引》、《社会科学文献题录》、《全国核心期刊》、《全国学术期刊全文检索光盘数据》编辑而成。具有被选报刊种类多、信息量大的特点。读者根据"辑览"所列报刊名录，可在各图书馆及资料情报部门检索。

广播电视理论

学习六中全会精神，加强电视队伍建设：在中央电视台新闻评论部会议上的讲话/杨伟光//电视研究．-1997．(1)．

加强系统合作，办好经济节目：在全国省市电视台经济部主任会议暨全国电视经济节目研究会上的讲话/杨伟光//电视研究．-1997．(1)．

由转变求发展　以调整促提高：1997年电视业前瞻/萧平//电视研究．-1997．(1)．

抓管理，出精品，迎接新挑战/李树声//电视研究．-1997．(1)．

客观性·必要性·准确性：浅谈用正确观念把握"热点引导"/刘金森//福建广播．-1997．(1)．

乘十四届六中全会的东风，加强广播影视科技发展的步伐：访广电部副部长何栋材/广播与电视技术．-1997．(1)．

时代呼唤高素质的广播人/梁巾声//岭南视听研究．-1997．(1)．

大众传播媒介功能对传播行为的制约/黄粤心//岭南视听研究．-1997．(1)．

马克思主义民族理论与少数民族广播电视/秦石林//内蒙古广播电视．-1997．(1)．

浅谈社会转型期广播电视对人们价值观的引导/张淑玲//声屏学刊．-1997．(1)．

坚持正确舆论导向，办好对外广播：学习江泽民总书记视察《人民日报》讲话体会/袁日钦等//声屏学刊．-1997．(1)．

论媒介教育的意义、内容和方法/卜卫//现代传播：北京广播学院学报：人文社科版．-1997．(1)．

世纪之交：大众传播的改革与发展/王传寿//荧屏内外．-1997．(1)．

巩固阵地　发挥优势　进一步搞好邓小平建设有中国特色社会主义理论的宣传/刘云山//中国广播．-1997．(1)．

统一认识　发挥优势　进一步办好广播理论节目/刘习良//中国广播．-1997．(1)．

把握全局　深化改革　稳中求进/吕浩才//中国广播．-1997．(1)．

正确舆论导向来自正确理论导向：学习党的十四届六中全会决议的体会/王珏//中国广播电视学刊．-1997．(1)．

新时期精神文明宣传的着眼点/车仑//中国广播电视学刊．-1997．(1)．

广播电视行业形象的确立与塑造/单运尼//中国广播电视学刊．-1997．(1)．

提高质量　增进效益　创广播电视事业发展新路/郭宝新//中国广播电视学刊．-1997．(1)．

关于加强舆论监督的几点思考/徐晓苑//中国广播电视学刊．-1997．(1)．

发挥广播特点　奏响时代音韵/梁光弟//当代电视．-1997．(1)．

机遇和挑战是电视研究的推动力/钱竞//电视研究．-1997．(1)．

电视：在21世纪门槛上/胡小伟//电视研究．-1997．(1)．

广播直播节目的动态控制：节目监制及其功能/张鸣//广播电视

研究. -1997. (1).
广播电视宣传应以新闻为主体/冉隆辉//广播记者. -1997. (1).
广播新闻要在扩大信息量上下工夫/陈尚顺//广播记者. -1997. (1).
广播节目的幼稚化/郭正卿//广播记者. -1997. (1).
关于精品新闻的理性思考/张志宏//广播记者. -1997. (1).
经济新闻的价值取向初探/洪笃汉//岭南视听研究. -1997. (1).
电台节目设置刍议：兼谈广播的社会功能/胡凯//岭南新闻探索. -1997. (1).
广播热线话题类节目精神文明宣传的着眼点/刘卫国等//声屏世界. -1997. (1).
改革在这里找到了突破口——栏目制片人制/朱剑飞//石家庄电视通讯. -1997. (1).
电视的整体性与整体美/郑云高//视听纵横. -1997. (1).
论传播学——文化的同构关系/周军//现代传播：北京广播学院学报：人文社科版. -1997. (1).
对广播如何适应两个根本性转变的思考/汤竹庭//中国广播. -1997. (1).
强化新闻的必由之路：北京新闻台《新闻，1996》启示录/朱燕之//中国广播. -1997. (1).
广播新闻节目现状与改革之我见/邢飞//中国广播. -1997. (1).
试论我国广播电视覆盖专用网的特点/秦臻//中国广播电视学刊. -1997. (1).
裂变·挑战·预测：来自当今广播业的思考/杨叶青//中国广播电视学刊. -1997. (1).
论听觉形象向视觉形象的转换/程道才//中国广播电视学刊. -1997. (1).
电视深度报道的意蕴和情感：兼评中央电视台深度报道的导向艺术/刘建明//电视研究. -1997. (2).
关于电视理论研究现状的调查与分析/刘卫星//电视研究. -1997. (2).
对21世纪广播业的展望/同向荣//广播记者. -1997. (2).
试论新时期广播改革的演进轨迹/程道才//广播记者. -1997. (2).
抓广播精品的思考/许定予//广播记者. -1997. (2).
浅谈广播记者的形象建设/张三冬//广播记者. -1997. (2).
试论专家在广播热线直播节目中的作用/成红珍//广播记者. -1997. (2).
新世纪影视艺术展望/姜敏//河北大学学报：哲社版. -1997. 22. (2).
广播集团化：我国广播业改革的必然趋势/程道才//华中理工大学学报：社科版. -1997. (2).
增强精品意识把精品生产推向更加繁荣的阶段/许光辉//岭南视听研究. -1997. (2).
略论电视新闻评述性节目的纪实风格/饶晓刚等//声屏世界. -1997. (2).
地方台经济节目的定位：低视点、高品位/王炳超//声屏世界. -1997. (2).
应重视电视文化负效应的研究/冯资荣//声屏学刊. -1997. (2).
谈电视专题片的信息量/廖艳阳//声屏学刊. -1997. (2).
试论中国纪录片走向世界的障碍及途径/钟燕//声屏学刊. -1997. (2).
论新闻评价的性质和功能/唐谊军//现代传播：北京广播学院学报：人文社科版. -1997. (2).
新闻报道失实的法律认定/舒汉锋//现代传播：北京广播学院学报：人文社科版. -1997. (2).
涵化理论：电视世界真的影响深远吗？/郭中实//新闻与传播研究. -1997. (2).
如何在新形势下进一步加强广播电视理论宣传工作/安景林//中国广播. -1997. (2).
传播界的一棵常青树：论广播的传播特色/吴桂莉//中国广播. -1997. (2).
城市广播应以新闻立台/尚光//中国广播. -1997. (2).
精神生产力是推动广播电视事业发展的基本动力：广播电视宣传与思想政治工作/毕一鸣//中国广播电视学刊. -1997. (2).
交流改革思路　探讨未来走向：中国城市广播的现状和发展趋势研讨会综述/王垚//中国广播电视学刊. -1997. (2).
中国城市广播改革的实践与思考/叶小帆//中国广播电视学刊. -1997. (2).
城市广播的多元化发展和广播事业格局的宏观调整/王锋//中国广播电视学刊. -1997. (2).
系列化　专业化　对象化：城市广播在发展中的定位/刘明//中国广播电视学刊. -1997. (2).
城市广播：方向与市场/胡正荣//中国广播电视学刊. -1997. (2).
社会主义精神文明建设：电视台任重道远/沈宝祥//电视研究. -1997. (2).
电视：联合国安理会的“第十六个成员”：参加首届“世界电视论坛”纪实/马元和//电视研究. -1997. (2).
突出重点　求实创新　强化外宣意识/白朝蓉//内蒙古广播电视. -1997. (2).
改革开放条件下广播影视系统思想政治工作面临的新情况、新挑战（上）/李向阳//声屏世界. -1997. (2).
把握大局　开拓前进　努力开创广播影视工作的新局面/孙家正//中国广播电视学刊. -1997. (2).
高科技时代的影视艺术走向/张凤铸等//当代电影. -1997. (2).
让电视文化贴近思想前沿：传播媒体的图像特征与电视文化的引导功能/刘仁圣//广播电视研究. -1997. (3).
电视新闻与社会主义精神文明建设/林罗华//广播电视研究. -1997. (3).
牢牢把握正确舆论导向　切实维护社会政治稳定/鄢广文//广播记者. -1997. (3).
认清形势把握大局　不断提高宣传思想工作水平/吴官正//声屏

世界．-1997．(3)．
在结构调整中求发展：试析实现舆论功能的广播业走向/柯斌//声屏世界．-1997．(3)．
当代大众文化消费与舆论引导/陈力丹//广播电视研究．-1997．(3)．
在精神文明建设宣传中重视理论宣传/高翔//中国广播电视学刊．-1997．(3)．
走出解放思想的误区：也谈以正确的舆论引导人/吴政//中国广播电视学刊．-1997．(3)．
论新闻媒体的舆论监督/肖高萱//福建广播．-1997．(3)．
中国纪录片：观念与价值/吕新雨//现代传播：北京广播学院学报：人文社科版．-1997．(3)．
论舆论引导中的情感传导/王小夫//潇湘声屏．-1997．(3)．
寻找差距　缩短距离：浅谈中国纪录片如何走向世界(上)/吴蔚//荧屏内外．-1997．(3)．
论电视节目的"雅俗共赏"/王强滨//荧屏内外．-1997．(3)．
振奋精神　努力发展/王燕春//中国广播．-1997．(3)．
关于精神文明建设报道的思考/姚东明//中国广播．-1997．(3)．
论中国城市广播的文化价值取向/周穗明//中国广播．-1997．(3)．
广播新闻出精品之我见/王永海//中国广播．-1997．(3)．
电视社会学导论/胡妙德//中国广播电视学刊．-1997．(3)．
论大众文化与广播电视传媒引导/李世成//中国广播电视学刊．-1997．(3)．
超越局限适应变化：走向21世纪的中国广播业/吴贤纶//中国广播电视学刊．-1997．(3)．
论电视新闻的形象价值/余奇敏//中国广播电视学刊．-1997．(3)．
金点子从何而来：从两项举措谈电视台如何讲政治/沈惠国//中国广播电视学刊．-1997．(3)．
电影与电视竞争浅析/唐亮//当代电视．-1997．(3)．
浅谈经济新闻的指导性/张明春//广播记者．-1997．(3)．
新闻评论论点要出奇制胜/朱惠民//广播记者．-1997．(3)．
评论的魅力在形象/平峰//广播记者．-1997．(3)．
世纪末电视：能否贡献出大品和大家/时统宇//大众电视．-1997．(3)．
搞好反腐倡廉，加强队伍建设：孙家正在'97全国广播影视纪检监察工作会议上的讲话摘要/孙家正//中国广播．-1997．(4)．
对农村宣传深度报道探索/成明//中国广播．-1997．(4)．
研究新情况　探索新路子　稳步发展农村广播电视事业/杜仕华//中国广播．-1997．(4)．
重视与发挥广播影视的隐性社会教育功能/胡瑞庭//中国广播电视学刊．-1997．(4)．
论增强对外广播的战斗性/李松凌//中国广播电视学刊．-1997．(4)．
把握正确导向实现精品战略/韩顺昌//襄樊声屏．-1997．(4)．
谈谈社会新闻的采访报道/沈龙言//荧屏内外．-1997．(4)．
电视新闻编辑的地位与作用(上)/舒翎//荧屏内外．-1997．(4)．
关于电视新闻精品意识的思考/王强滨//荧屏内外．-1997．(4)．
寻找差距缩短距离：浅谈中国纪录片如何走向世界(下)/吴蔚//荧屏内外．-1997．(4)．
广播发展的优势及其运用/李涛//中国广播．-1997．(4)．
提高质量多出精品必须解决好的几个问题/陈明孝//中国广播．-1997．(4)．
用大新闻的视野办社教节目/罗春雷//中国广播．-1997．(4)．
论"政治家办台"/李向阳//中国广播电视学刊．-1997．(4)．
关于电视弘扬主旋律与提高收视率的探讨/贯诚心//中国广播电视学刊．-1997．(4)．
新闻策划略论/郑智斌//中国广播电视学刊．-1997．(4)．
形象：电视评论的力量/潘向光//中国广播电视学刊．-1997．(4)．
把经济节目推向一个新高度/王录//中国广播电视学刊．-1997．(4)．
应重视电视文化负效应的研究/贝木//潇湘声屏．-1997．(4)．
弘扬主旋律，强化精品意识再上新台阶/辛敏成//中国电视．-1997．(5)．
学习邓小平新闻宣传思想的体会/徐小平//中国广播电视学刊．-1997．(5)．
蓬勃发展的中国卫星广播电视/范寿嗣//国际广播电视技术．-1997．(6)．
走出舆论引导的三个误区/凡兵//视听界．-1997．(6)．
弘扬时代精神　努力创作精品/王霞林//中国电视．-1997．(6)．
旗帜鲜明地坚持新闻工作的党性原则/李凌沙//潇湘声屏．-1997．(5)．
文艺类栏目要突出个性：电视节目优化一议/唐发江//广播电视天地．-1997．(5)．
经济报道的文化力视角/蒋克强//现代传播：北京广播学院学报：人文社科版．-1997．(5)．
让更多的新闻进人"多级传播"/冯资荣//潇湘声屏．-1997．(5)．
把握时代朝向　展拓电视空间/蒋祖煊//潇湘声屏．-1997．(5)．
浅谈电视新闻深度报道/刘刚//潇湘声屏．-1997．(5)．
中国电视传播中的女性形象研究/陆晔//新闻大学．-1997．(春季号)．
地方台电视节目应办出地方特色/程东贵//荧屏内外．-1997．(5)．
东西方电视纪录片对比研究/任远//中国电视．-1997．(5)．
种自己园地　发挥自身优势：城市台广播节目优化策略/陆锡初　王学锋//中国广播．-1997．(5)．
深化广播改革的实践与思考：上海电台台长陈文炳访谈录/孙树凤//中国广播．-1997．(5)．
直播热线节目值得注意的倾向/万叶//中国广播．-1997．(5)．
审美文化的分野：审美文化诸问题之一/陈志昂//中国广播电视

学刊．-1997．（5）．

论地方广播电视的区位意识/唐世明//中国广播电视学刊．-1997．（5）．

现代城市广播新闻的竞争优势/余构文//中国广播电视学刊．-1997．（5）．

当代中国电视新闻“信息策略”初议/刘文//中国广播电视学刊．-1997．（5）．

关于精品和电视精品的若干断想/喻国明//中国广播电视学刊．-1997．（5）．

搞好经济报道的思考：浅谈加强经济报道的指导性和服务性/王骏//福建广播．-1997．（6）．

浅论舆论监督和批评报道/张白云//潇湘声屏．-1997．（6）．

娱乐与纪实：中国电视新态势/张同道//中国电视．-1997．（6）．

增强政治意识　办好对港澳广播/肖玉林//中国广播．-1997．（6）．

扩大与香港广播界的合作　加强对香港的宣传/青利塘//中国广播．-1997．（6）．

浅论教育台的特殊性/纪烈鸿//中国广播．-1997．（6）．

侵犯隐私权问题值得重视/王强华//中国广播．-1997．（6）．

新闻评论类节目贵在深/董毅//中国广播．-1997．（6）．

浅谈新时期对农村广播节目的方针和任务/徐朝庚//中国广播．-1997．（6）．

兴盛与衰落：深度报道在传媒中的角色转换/时统宇//中国广播电视学刊．-1997．（6）．

论电视新闻深度报道的理性思辨特征/丁未//中国广播电视学刊．-1997．（6）．

浅谈新闻的客观性与倾向性的度/刘希清//中国广播电视学刊．-1997．（6）．

立足广播主阵地开拓社会大舞台：兼议广播电台公关与公关意识/于江//中国广播电视学刊．-1997．（6）．

经济宣传永远是经济台的主旋律/孙永华//中国广播电视学刊．-1997．（6）．

何栋材副部长在广电部卫星数字编、解码设备管理工作会议上的讲话//广播与电视技术．-1997．（7）．

探索省级电台改革发展之路：江苏电台台长李绍成访谈录/孙树凤//中国广播．-1997．（7）．

努力提高我国大众传播的文化层次/段京肃//中国广播电视学刊．-1997．（7）．

社会潮流与舆论导向/黄维群//中国广播电视学刊．-1997．（7）．

电视节目也要创名牌：中央电视台第七套农业节目《大地红绿蓝》巡礼/谢军//当代电视．-1997．（7）．

走电视栏目的创新之路：《荧屏连着我和你》观感/汤恒//人民日报．-1997．7．12．

从香港回归新闻“世纪大战”看中央台优势/桂园//中国广播．-1997．（7）．

把好广播节目质量关/田世斌//中国广播．-1997．（7）．

对广播宣传“名牌战略”的认识与实践/李宏仁//中国广播．-1997．（7）．

从一组系列报道看综合台专题节目改革/王营等//中国广播．-1997．（7）．

谈节目规划对电视价值的体现/杨子云//中国广播电视学刊．-1997．（7）．

理论宣传如何电视化：宣传“两个根本性转变”理论的启示/郑品刚//中国广播电视学刊．-1997．（7）．

建设具有中国特色社会主义电视理论/杨伟光//光明日报．-1997．8．9．

广播发展趋势及其走向初探/吉保邦//声屏世界．-1997．（8）．

试论电视新闻评论/张骏德//新闻大学．-1997．（夏季号）．

浅谈系列台新闻节目改革/王全成//中国广播．-1997．（8）．

广播电视是“过程的集合体”/胡妙德//中国广播电视学刊．-1997．（8）．

新闻媒介的舆论触觉和舆论导向/刘建明//声屏世界．-1997．（8）．

努力提高广播电视宣传的理论含量/苏简亚//中国广播电视学刊．-1997．（8）．

电视文化要做好文化的导向工作/唐弦//中国广播电视学刊．-1997．（8）．

走出低谷再创辉煌：'96全国理论广播优秀节目评析/沈建洪//中国广播电视学刊．-1997．（8）．

电视新闻纪录片溯源（上）/黄匡宇//声屏世界．-1997．（9）．

电视现场短新闻质量不高的原因及其对策/杨建平//声屏世界．-1997．（9）．

质量·人才·体制：电视最重要的三元素/欧阳常林//声屏世界．-1997．（9）．

电视理论节目四题/何新明//潇湘声屏．-1997．（9）．

浅论理论广播的宣传艺术/王云峰//潇湘声屏．-1997．（9）．

短评两篇/仲呈祥//中国电视．-1997．（9）．

纪实性与艺术性兼容/钟艺兵//中国电视．-1997．（9）．

坚持正确舆论导向的几点思考/吴家祝//中国广播．-1997．（9）．

浅论新闻情感在精神文明宣传中的运用/李宁静//中国广播．-1997．（9）．（专刊）

邓小平同志与广播电视/《中国广播电视年鉴》编辑部//中国广播电视学刊．-1997．（9）．

总结经验　再创辉煌/杨伟光//中国电视．-1997．（9）．

坚持正确舆论导向的根本途径：试论用邓小平建设有中国特色社会主义理论武装新闻工作者的头脑/陈廉//中国广播．-1997．（9）．

“借助社会力量办广播”之我见/赵忠颖//中国广播．-1997．（9）．（专刊）

关于广播节目品格的思考/宋莉//中国广播．-1997．（9）．（专刊）

精品与精品意识随谈/苏健敏//中国广播．-1997．（9）．（专刊）

在突发事件报道上显示广播优势/

李林德//中国广播．-1997．(9)．
关于广播电视网上业务的若干设想/马德//中国广播电视学刊．-1997．(9)．
发挥集体智慧　实施精品工程/吕仁仲//中国广播电视学刊．-1997．(9)．
创作精品谈/张淑玲//中国广播电视学刊．-1997．(9)．
加强学习与研究　搞好"十五大"精神的对外宣传/张振华//中国广播电视学刊．-1997．(10)．
关于新闻舆论导向问题的思考/何新国//中国广播电视学刊．-1997．(10)．
全力抓好十五大精神的宣传工作/陈伯森//声屏世界．-1997．(10)．
广播电视协调发展，以"热"带"冷"共同繁荣/方文//中国广播电视学刊．-1997．(10)．
建立有中国特色电视理论体系/欧阳宏生//光明日报．-1997．10．2
电视新闻纪录片溯源（下）/黄匡宇//声屏世界．-1997．(10)．
抓住机遇深化改革　开创广播新局面/安景林//中国广播．-1997．(10)．
探索对台广播规律　创出更多精品节目/毕福臣//中国广播．-1997．(10)．
就"实"论"虚""浅"人"深"出：谈谈如何搞好广播的理论宣传/徐明鸣//中国广播．-1997．(10)．
《经济生活》节目加强精神文明宣传的做法/罗艳玲//中国广播．-1997．(10)．
树立精品意识　奋发写好新闻/徐耀光//贵州广播．-1997．(秋季号)．
浅谈电视记者的新闻敏感/刘繁荣//声屏世界．-1997．(11)．
论纪实中的参与/彭国利//中国电视．-1997．(11)．
中国广播电视技术的现状及展望/何栋材//广播与电视技术．-1997．(11)．
奔向21世纪的中国广播电视/江澄//广播与电视技术．-1997．(11)．
广播电视的资源优势和潜力/叶修怡//声屏世界．-1997．(12)．
强化系统意识发挥整体优势：广播电视发展中应注意的几个关系/杨宇静//声屏世界．-1997．(12)．

广播电视业务

纵谈军事题材电视纪录片/肖平//当代电视．-1997．(1)．
纪录片断想一二三四/陈汉元//电视研究．-1997．(1)．
纪录片与采访/王小平//电视研究．-1997．(1)．
纪录片创作应注意的几个问题/闲盈龙//电视研究．-1997．(1)．
更快更深更近更活：提高电视新闻质量琐谈/张惠建//岭南新闻探索．-1997．(1)．
陈汉元电视创作谈（一）/陈汉元//声屏世界．-1997．(1)．
在教训中多找"不等式"：广播评论创优中应注意的几个问题/薛涛//声屏世界．-1997．(1)．
试试创办音响共同体：谈如何提高对农节目质量/王海泉//声屏世界．-1997．(1)．
论电视新闻杂志节目的传播优势/王俊杰//声屏世界．-1997．(1)．
电视纪录片人物心态的表现与刻划/华新望//声屏世界．-1997．(1)．
"采编播合一"质疑/朱俊河//声屏经纬．-1997．(1)．
谈谈选择新闻角度/张宏才//声屏经纬．-1997．(1)．
有声语言怎样给听众以"美感"/曹素芬//声屏经纬．-1997．(1)．
广播热线节目的参与动机及效果分析/陈九九//视听纵横．-1997．(1)．
电视新闻画面的运用/李振豹//襄樊声屏．-1997．(1)．
新闻的幽默技巧/韩顺昌//襄樊声屏．-1997．(1)．
电视新闻画面传播特性研究/张亚华//荧屏内外．-1997．(1)．
电视片解说词的写意方式/于跃//中国电视．-1997．(1)．
间奏乐的作用/任捷//中国广播．-1997．(1)．
系列录音报道《回望天路》的音响运用/万梅//中国广播．-1997．(1)．
广播音响意境的审美特征/周生荣//声屏学刊．-1997．(1)．
综论电视美学/胡智锋//石家庄电视通讯．-1997．(1)．
电视新闻言论节目本性的失落与回归/黄匡宇//现代传播：北京广播学院学报：人文社科版．-1997．(1)．
重提一桩历史公案：语言在电视传播中的地位/永生//现代传播：北京广播学院学报：人文社科版．-1997．(1)．
异曲同工之妙：电视专题片纪实美与艺术美比较/张捷//中国电视．-1997．(1)．
如何做好直播室的名人专访/王敬东//中国广播．-1997．(1)．
采写人物报道杂谈/任晓东//中国广播．-1997．(1)．
论"精品战略"中的电视专题片创作/陈杰//当代电视．-1997．(2)．
经济类节目琐谈/行藏//当代电视．-1997．(2)．
电视片的选题、艺术旨趣和语言风格/周继红//当代电视．-1997．(2)．
把握时代主题再现伟人风采——评大型电视文献纪录片《邓小平》/龚育之等//电视研究．-1997．(2)．
再论电影电视广播中的声音空间感：写于电影第101年/周传基//电影艺术．-1997．(2)．
善问——采访成功关键一环/陈华//广播记者．-1997．(2)．
电视体育评论员要"以评为主"/杨新生//岭南新闻探索．-1997．(2)．
声画结合以画为主：浅谈电视新闻解说的语言特点/谢丽//内蒙古广播电视．-1997．(2)．
电视字幕涵义初论/张志方//青海师范大学学报：哲社版．-

1997. (2).
试论电视纪录片的情感因素/邢月//声屏经纬. -1997. (2).
电视美术构成:布势/聂永身//声屏经纬. -1997. (2).
电视评述性栏目策划与构想/邱国荣//声屏世界. -1997. (2).
深度报道与电视评述性节目：兼谈《社会传真》的题材开掘/刘友林//声屏世界. -1997. (2).
陈汉元电视创作谈（二）/陈汉元//声屏世界. -1997. (2).
电视构图浅谈/袁俊袖//声屏学刊. -1997. (2).
广播休闲节目刍议/梁军//声屏学刊. -1997. (2).
再现艺术声场与再造艺术声场/伍建阳//现代传播：北京广播学院学报：人文社科版. -1997. (2).
浅谈如何拍摄科技电视片/杨春霁//现代远距离教育. -1997. (2).
提问——电视采访的中心环节/樊玉媛//襄樊声屏. -1997. (2).
浅谈"实话实说"/胡晔//中国电视. -1997. (2).
为听众架起理解音乐真谛的桥梁：器乐作品介绍词写作体会/常向群　赵玉晖//中国广播. -1997. (2).
录音报道三题/席保安//中国广播. -1997. (2).
口头评论初探/潘梦阳//中国广播. -1997. (2).
论电视法制节目的文化品位/杨刚//中国广播电视学刊. -1997. (2).
广播直播管理浅谈/甘洁芸//中国广播电视学刊. -1997. (2).
《邓小平》一个说不尽的话题/吴喜华//电视与戏剧. -1997. (3).
答专业电视制作十问/刘立凭//电视字幕·特技与动画. -1997. (3).
试论少儿广播节目的编排技巧及主持人的形象塑造/何芸//福建广播. -1997. (3).
主题是节目的灵魂：浅谈优秀少儿广播节目的创作/孙美萍//福建广播. -1997. (3).
试述新闻记者的公关意识/朱全//广播记者. -1997. (3).
广播直播节目中热线电话利弊刍议/江成军//广播记者. -1997. (3).
关于电视新闻节目"周未版"的多维开发/谭伟新//岭南新闻探索. -1997. (3).
电视新闻现场采访刍议/卢佳//宁夏社会科学. -1997. (3).
浅析电视新闻中的模糊语言/徐树华//声屏经纬. -1997. (3).
广播经济报道要寓"深"于"活"/孙立宏//声屏经纬. -1997. (3).
俯视·平视·仰视：纪录片视角的变化/姜依文//现代传播:北京广播学院学报:人文社科版. -1997. (3).
采访提问技巧刍议/王力//潇湘声屏. -1997. (3).
电视评论节目制作要有整体思考/吴凡//荧屏内外. -1997. (3).
电视专栏节目摄像漫谈/周小林//荧屏内外. -1997. (3).
历史长镜头中的沧桑画卷：《邓小平》的魅力与电视文体启示/张德祥//中国电视. -1997. (3).
漫话记者形象/张家先//中国广播. -1997. (3).
试论如何搞好现场报道/齐宝庆//中国广播. -1997. (3).
体育实况转播的现状与未来/朱新宇//中国广播. -1997. (3).
多媒体与电视节目的后期制作/高蓉莉//电视字幕、特技与动画. -1997. (4).
广播新闻评论的独特表现形式/欧阳宏生//广播电视天地. -1997. (4).
"广播新闻晚报化"尝试一得/范嘉春//广播电视研究. -1997. (4).
影视后期制作中的四个要素/姚学润//国际广播电视技术. -1997. (4).
浅谈节目构思/重阳//声屏经纬. -1997. (4).
略论电视画面思维/杨荣千//潇湘声屏. -1997. (4).
电视节目资源的再利用/李群//荧屏内外. -1997. (4).
谈影视的用光技巧/马伊杰//荧屏内外. -1997. (4).
《邓小平》的启示/任远//中国电视. -1997. (4).
试论广播名牌栏目/辛墨//中国广播. -1997. (4).
对国际会议报道的几点思考/李涛//中国广播. -1997. (4).
录音报道音响说明用语应当规范/张雨生//中国广播. -1997. (4).
纪实时空的"闪回"现象/刘东方//当代电视. -1997. (4).
试析当前直播节目中的泡沫文化现象/肖雅//声屏经纬. -1997. (4).
电视新闻:用语言叙述,用画面证实/黄匡宇//现代传播:北京广播学院学报：人文社科版. -1997. (4).
语言——画面与意义——事实/徐友渔//现代传播：北京广播学院学报：人文社科版. -1997. (4).
关于传授"模式"的思考:语言传播杂记(一)/张颂//现代传播:北京广播学院学报. -1997. (4).
电视新闻评论≠电视深度报道：兼评电视新闻评论"淡化评论"现象/解春//荧屏内外. -1997. (4).
广播总量扩增≠广播传媒"升值"/王楠　马香云//中国广播. -1997. (4).
广播还是要提倡语言通俗化/纪斌斌//中国广播. -1997. (4).
走出纪实的误区：电视纪录片面临着的一道质量关/傅暾//中国广播电视学刊. -1997. (4).
重视研究采访者与采访对象关系的变化/黄维群//中国广播. -1997. (4).
《生活》栏目特征评析/王进//中国广播电视学刊. -1997. (4).
把握生活　创造生活:谈《生活》栏目选题策划/骆幼伟//中国广播电视学刊-1997. (4).
谈《生活》栏目的形态构成/韩青//中国广播电视学刊. -1997. (4).

电视纪录片的叙事与抒情/余奇敏//中国广播电视学刊. -1997. (4).
浅谈电视专题片的角度选择/于书生//电视与戏剧. -1997. (5).
浅谈与电视播出质量有关的几个问题/谢家谊//电视字幕、特技与动画-1997. (5).
电视节目制作中运用电子特技的探讨/徐为诚//电视字幕、特技与动画. -1997. (5).
营造新闻传播的无距离境界: 关于“远距离现场直播”的思考/蔡凯如//新闻大学. -1997. (春季号).
《东方时空》再思考/丁未//新闻大学. -1997. (春季号).
纪录片特质随想/丁海宴//现代传播: 北京广播学院学报: 人文社科版. -1997. (5).
经济报道的文化力视角/蒋克强//现代传播: 北京广播学院学报: 人文社科版. -1997. (5).
关于语言文化的思考: 语言传播杂记(二)/张颂//现代传播: 北京广播学院学报. -1997. (5).
跨过“创优”第一关: 话说新闻敏感/王广文//中国广播. -1997. (5).
香港广播见闻/王天林//中国广播. -1997. (5).
广播作品应注重视觉效果/任捷//中国广播. -1997. (5).
试论电视新闻节目中的广告插播/田中初//新闻大学. -1997. (春季号).
试论电视谈话类节目/李群//荧屏内外. -1997. (5).
试论人物专题片的表现方法/倪文助//中国广播电视学刊. -1997. (5).
定位——栏目成败的关键/尹学东//中国广播电视学刊. -1997. (5).
关于“新闻策划”的思考/王建海//中国广播电视学刊. -1997. (5).
导演阐述/姜诗明//中国广播电视学刊. -1997. (5).
略谈电视节目的编辑制作/毕秀文//电视字幕、特技与动画. -1997. (6).
电视记者画面意识的三种境界/熊劲松//潇湘声屏. -1997. (6).
荧屏之外的视野: 电视纪实片《手拉手》片谈/司恩平//云南日报. -1997. 6. 8.
音乐电视的运动设计/朱羽君//中国电视. -1997. (6).
谈谈导播工作/杨国平//中国广播. -1997. (6).
浅析新闻采写的深度开发/汪德//中国广播. -1997. (6).
采录现场“带响”报道的三种能力/胡啸//中国广播. -1997. (6).
从“买椟还珠现象”联想到的……/何劲草//中国广播电视学刊. -1997. (6).
看《焦点访谈》谈电视新闻评论发展前景: 电视新闻评论的特点和问题的思考/何春晖//中国广播电视学刊. -1997. (6).
论电视新闻评论的基本特征/胡广清//中国广播电视学刊. -1997. (6).
戴着镣铐跳舞: 谈谈广播评论语言存在的几个问题及几点思考/薛涛//中国广播电视学刊. -1997. (6).
广播音响语言的语义准确与情感真实/尹日高//中国广播电视学刊. -1997. (6).
试论特技在纪实性电视纪录片中的运用/李爱华//中国广播电视学刊. -1997. (6).
强化广播直播专题节目管理谈/任侠//中国广播电视学刊. -1997. (6).
典型化: 也应是广播作品艺术追求的目标/李佳俊//中国广播电视学刊. -1997. (6).
用正确观点把握“热点引导”/刘金森//中国广播. -1997. (7).
传播就是力量: 评电视系列专题片《历史性跨越》/尹鸿//文艺报. -1997. 7. 3.
电视新闻专题片解说词的比喻艺术/朱惠民//声屏世界. -1997. (7).
电视评论与图像本位/周笑//潇湘声屏. -1997. (7).
试论话筒前采访的特性/梁一高//中国广播. -1997. (7).
观众想知道的与我们想让观众知道的: 试论加强电视体育新闻的深度报道/卢晓峰//中国广播电视学刊. -1997. (7).
漫谈电视专题节目的标题/王贵平//中国广播电视学刊. -1997. (7).
初探现场采访中的提问艺术/李霞//声屏世界. -1997. (8).
广播电视语言音韵美之我见/崔家盛//潇湘声屏. -1997. (8).
电视新闻节目的结构系统论初探/黄匡宇//新闻大学. -1997. (夏季号).
一条事关跨世纪问题的电视批评报道/徐忠//中国广播电视学刊. -1997. (7).
话说直播之短长: 兼论广播改革的基本走向/弋国良//中国广播. -1997. (8).
善于把握精彩“画面”: 我对广播美学的一点认识/袁冰西//中国广播. -1997. (8).
隐身采访与广播电视: 偷拍偷录采访方式的法律研究/徐迅//中国广播. -1997. (8).
重视节目选题的确定/裴志勇//中国广播. -1997. (8).
交通台全面质量管理探索/王秋//中国广播. -1997. (8).
展现民族历史盛事　谱写中国电视新篇: 中央电视台香港回归特别报道回顾/杨明//中国广播电视学刊. -1997. (8).
电视新闻“滚动播出”初探/吴中美//中国广播电视学刊. -1997. (8).
多点直播报道: 电视新闻报道领域的新成员/范昀//中国广播电视学刊. -1997. (8).
广播语言中随意化倾向之流弊/谢鼎新//中国广播电视学刊. -1997. (8).
需要和参与: 科普节目的优势/程显//中国广播. -1997. (9). (专刊)
精制广播节目的四个要素/林涛//中国广播. -1997. (9). (专刊)
人物访谈中音响的运用/魏淑兰//

中国广播. -1997. (9). (专刊)
电视艺术的审美特性随笔/武澎//中国广播电视学刊. -1997. (9).
记录真实的语言和表情：直播访谈节目的魅力及操作技巧/郭秀媛//中国广播. -1997. (9). (专刊)
巧用声音做文章：漫谈录音报道中的声音运用/周军//中国广播. -1997. (9). (专刊)
构筑“金三角”：浅论听众在热线直播节目中的作用/于红//中国广播. -1997. (9). (专刊)
在突发事件报道上显示广播优势/李林德//中国广播. -1997. (9).
电视新闻节目中主观性因素的把握和利用/杜友君//中国广播电视学刊. -1997. (9).
电视纪录片编导的主体功能/曹秀江//当代电视. -1997. (10).
广播与电话结合利弊浅析/汤竹庭//中国广播. -1997. (10).
谈谈广播评论的“软”与“硬”/杨春惠//中国广播. -1997. (10).
用话筒思考：关于录音报道的深度追求/吴朝晖//中国广播. -1997. (10).
从《990 空中体坛》看体育广播节目特色/翁伟民//中国广播. -1997. (10).
电视纪录片民俗内容的色彩/彭勇//中国广播电视学刊. -1997. (10).
电视新闻传播符号的“互消效应”/阮拥军//声屏世界. -1997. (10).
浅谈电视节目分类与策划/谭天//声屏世界. -1997. (10).
拍摄“重大题材”应注重艺术品位/潘霞//中国电视. -1997. (10).
广播如何在现代信息社会发挥自身优势：一条获奖新闻引发的思考/何端端//中国广播. -1997. (10).
电视纪录片解说词创作的审美选择/陈少波//中国广播电视学刊. -1997. (10).
电视专栏节目的规范程序/韦江芦//声屏世界. -1997. (11).
广播热点问题选题刍议/朱惠民//声屏世界. -1997. (11).
科学·合理·完整：谈电视节目播出时间编制的系统要求/陈小红//声屏世界. -1997. (12).
论电视现场短新闻的审美价值/王申//声屏世界. -1997. (12).
表现与再现：谈纪录片的艺术创造/戴艺//中外电视. -1997. (12).
关于重大时政活动现场直播的思考/陈征//电视研究. -1997. (电视业务增刊).
略谈中央电视台庆香港回归报道中的中、英文频道在海外落地播出情况/申翠海//电视研究. -1997. (电视业务增刊).
评香港电视文化的品位与贡献/陈林蔚//电视研究. -1997. (电视业务增刊)
试述中央电视台经济栏目的特色/马叶英//电视研究. -1997. (电视业务增刊).
对外宣传的独特魅力：中央电视台《中国新闻》评析/云兵//电视研究. -1997. (电视业务增刊).
拓宽领域 形成风格：谈儿童电视节目创作/孙静//电视研究. -1997. (电视业务增刊).
漫谈栏目形象与包装/安仲凯//电视研究. -1997. (电视业务增刊).
谈谈音乐与电视画面的关系：音乐电视片拍摄艺术初探/孟丹//电视研究. -1997. (电视业务增刊).
论译制片中角色语言的艺术性/郭世辰//电视研究. -1997. (电视业务增刊).
应重视声音在电视节目中的作用：兼谈如何取得同期声的良好效果/高丰//电视研究. -1997. (电视业务增刊).
电视美术设计与客观条件的关系/张冬彧//电视研究. -1997. (电视业务增刊).
浅析电视灯光设计/蔡蔚//电视研究. -1997. (电视业务增刊).
对电视舞美设计与电视技术相关问题的探讨/刘军//电视研究. -1997. (电视业务增刊).

广播电视文艺

广播文艺的审美思考/王宏//福建广播. -1997. (1).
“俗品”登“雅堂”随思：对外广播历史通俗小说改编演播手记/温曚//声屏学刊. -1997. (1).
用无声的手托起有声的世界：评王敏复制合成广播剧的艺术魅力/叶子//中国广播. 1997. (1).
电脑多媒体技术迅速发展对音乐广播的影响/刘子慧//中国广播. -1997. (1).
广播剧必将再创辉煌/何善昭//中国广播电视学刊. -1997. (1).
创作无定势 独到见真功：访’97春节联欢晚会总导演袁德旺/三丫//电视研究. -1997. (1).
从当前电视剧的生产过程看它的文化品格/祖朝志//电视与戏剧. -1997. (1).
从舞台到荧屏的思考：谈《金龙与蜉蝣》的改编/徐慧征//剧影月报. -1997. (1).
漫谈影、视、剧精品与导演/周特生//剧影月报. -1997. (1).
舞蹈与电视：谈“电视歌舞”的创作与演出/林凤//艺海. -1997. (1).
民族化、大众化、精品化：关于繁荣电视文艺的几点思考/孙家正//中国电视. -1997. (1).
坚持走民族化的道路进一步繁荣电视文艺/杨伟光//中国电视. -1997. (1).
关于电视文艺的几点思考/延艺云//中国电视. -1997. (1).
平淡之中显魅力：谈电视片《戏迷》/郑瑞霞//中国电视. -1997. (1).
寻找艺术的根：《戏迷的乐园》创作谈/柳伟玲//中国电视. -1997. (1).
十续《飞天》腾飞：第16届全国电视剧“飞天奖”评选读片备忘录/仲呈祥//中国电视. -1997.

(1).
现实与新写实：由电视剧《天网》引出的话题/宋鲁曼//中国电视. -1997. (1).
破译历史传奇的密码：评6集电视剧《大渡桥横铁索寒》/张东//中国电视. -1997. (1).
“春节晚会现象”评说/陈信凌//中国广播电视学刊. -1997. (1).
禁烟抗英浩气长歌：评电视连续剧《林则徐》中林则徐的形象及意义/贺秀明//中外电视. -1997. (1).
激情、真情和虚情的鼎立/葛维屏//当代电视. -1997. (2).
陈家林谈电视剧《土尔扈特人》/宫柟//当代电视. -1997. (2).
用真情搭起星光灿烂的舞台：邹友开谈《星光灿烂》文艺晚会的构思和艺术特色/曹文莉//电视研究. -1997. (2).
《春节联欢晚会》的价值取向/周全华//电视研究. -1997. (2).
四度春秋：再谈音乐电视/高立民//电视研究. -1997. (2).
执著的追求　可喜的收获：电视剧《长征岁月》观后/蔡毅//文艺理论与批评. -1997. (2).
音乐电视创作群落的梳理与分析/王峥//现代传播：北京广播学院学报：人文社科版. -1997. (2).
电视文艺与精神文明建设/仲呈祥//中国电视. -1997. (2).
赵氏孤儿：历史的重构与还原/韦陀//中国电视. -1997. (2).
简评电视剧《黄海渤海在这里相连》/杨正才//中国电视. -1997. (2).
通俗剧刍议/朱礼庆//中国电视. -1997. (2).
广播音乐的发展策略概想/曾田力//现代传播：北京广播学院学报：人文社科版. -1997. (2).
浅议开掘音乐广播节目的深度/何乐春//中国广播. -1997. (2).
论广播文艺的主体意识/黄明川//中国广播电视学刊. -1997. (2).
一部难得的电视传纪片《老舍》观后/葛德//电影艺术. -1997. (3).
电视戏曲的使命/庄云飞//广播电视研究. -1997. (3).
国产电视剧新定势/西草//辽宁电视. -1997. (3).
关于音乐电视的艺术探索/李秀晨//声屏经纬. -1997. (3).
通俗：电视剧的“公分母”/张广昆//文艺评论. -1997. (3).
电视剧拖拉现象及对策/俞月亭//中国电视. -1997. (3).
喜剧小品创作的新收获/陈孝英//中国电视. -1997. (3).
浅谈电视戏曲节目的节奏处理/江则理//中国电视. -1997. (3).
为亲情而歌：电视剧《深山有远亲》创作谈/夏春成//中国电影报. -1997. 7. 3.
关于音乐广播功能及导向问题的思考/钱子廷//广播记者. -1997. (3).
敲开社会审美心理的窗口：观《北京深秋的故事》/邹佩华//当代电视. -1997. (3).
“千军万马”搞电视，行吗?：关于提高国产电视剧质量的思考/孙雄飞等//电视·电影·文学. -1997. (3).
荧屏需要纪实性电视剧/黄永涛//当代电视. -1997. (4).
’97春节联欢晚会调查综述/明哲//当代电视. -1997. (4).
用电视“写”历史/刘效礼//当代电视. -1997. (4).
戏曲电视剧往何处去?/廖婉//电视与戏剧. -1997. (4).
《蝴蝶兰》导演阐述/刘书亮//现代传播：北京广播学院学报：人文社科版. -1997. (4).
通俗剧的创新之路：《蝴蝶兰》研讨会侧记与随想/本刊记者//现代传播：北京广播学院学报. -1997. (4).
实施电视剧精品战略　推动电视剧精品生产/刘习良//中国电视. -1997. (4).
历史传说和艺术想象的魅力/杜高//中国电视. -1997. (4).
《炎黄二帝》的形象与文化/张德祥//中国电视. -1997. (4).
音乐电视欣赏/朱羽君//中国电视. -1997. (4).
论历史剧的戏说倾向/陈军//中国电视. -1997. (4).
变革晚会模式的一次实践：九七春节文艺晚会《春回千万家》创作札记/杨利明//中国广播. -1997. (4).
感人肺腑的人生咏叹：看《雷锋的死和我有关》/古耜//当代电视. -1997. (5).
电视剧多层次审美价值辨析/郭晓鹏//电视与戏剧. -1997. (5).
重视电视剧的对话艺术/王清//辽宁电视. -1997. (5).
男生贾里：鲜活独特的少年形象/孙云晓//文艺报. -1997. 5. 1.
诗美与力度：电视剧《彩云追月》观后/董乃斌//文艺报. -1997. 5. 8.
站在昨天与今天的交叉路口：电视连续剧《男人无烦恼》评说/赵葆华//文艺报. -1997. 5. 15.
实现行业剧的艺术突围：电视剧《问鼎长天》观后/孙里//文艺报. -1997. 5. 22.
名著改编的是与非：兼评电视连续剧《雷雨》/李力//现代传播：北京广播学院学报. -1997. (5).
电视综艺晚会综论/何晓兵整理//现代传播：北京广播学院学报. 人文社科版. -1997. (5).
关于发展喜剧小品的几点思考/田本相//中国电视. -1997. (5).
改革者的新形象/洪廾//中国电视. -1997. (5).
把文学引入电视/张德祥//中国电视. -1997. (5).
关于电视文学的几点思考/张志忠//中国电视. -1997. (5).
关于通俗剧的定义/韦陀//中国电视. -1997. (5).
当前戏曲专题节目走向/周华斌//中国广播电视学刊. -1997. (5).
试论香港电视剧的情节魅力/任远//当代电视. -1997. (6).
小品的美与审美作用/李春明//电视与戏剧. -1997. (6).
划时代的民族伟人：电视连续剧《林则徐》观后/许怀中//福建日报. -1997. 7. 6.

多谋善断　为民造福:评电视剧《广州市长叶剑英》/成志伟//文艺报.-1997.6.5.

荒无人烟处　更有真情人：漫议石学海导演的三部电视短剧/杨德祥//文艺报.-1997.6.12.

厚重·凝重·沉重：看电视连续剧《车间主任》/罗维扬//文艺报.-1997.6.19.

历史剧的大胆假设和小心求证/韦陀//中国电视.-1997.(6).

浅谈少儿电视晚会的特色/王冬冬//中国电视.-1997.(6).

电视文艺晚会失落原因析略/韩景文//中国广播电视学刊.-1997.(6).

人民心中的一座丰碑：评电视连续剧《第二条战线》/钟艺兵//北京日报.-1997.7.24.

国产电视剧弊病谈/王福和//辽宁电视.-1997.(7).

撼人心魄的英雄之歌：评纪实性电视剧《红岩魂》/丁莉丽//人民日报.-1997.7.19.

讴歌工人阶级的力作:《车间主任》观后谈/施翌等//人民日报.-1997.7.19.

历史风云民族正气:电视连续剧《林则徐》观后/杜高//文艺报.-1997.7.3.

铸造和平年代的军魂：电视连续剧《和平年代》观后/张东//文艺报.-1997.7.31.

谈电视剧《雷雨》的改编/田本相//中国电视.-1997.(7).

电视综艺节目的创作走向/屈小平//中国电视.-1997.(7).

电视音乐片的审美取向及分类初探/秦安强//中国电视.-1997.(7).

电视剧故事的发生/曾庆瑞//中国电视.-1997.(7).

关于儿童电视剧《贾里的故事》的思考/蔡骧//中国电视.-1997.(7).

旋转：陀螺存在的意义：评电视剧《走不完的路》/李下//中国电影报.-1997.7.3.

音乐电视(MTV)创作之我见/张会军//中国广播电视学刊.-1997.(7).

《林则徐》创作散记/郑怀兴//中外电视.-1997.(7).

电视剧《雪太阳》的艺术追求/宁海强//当代电视.-1997.(8).

进一步繁荣重大革命历史题材影视创作/杨伟光等//人民日报.-1997.8.16.

关于重大革命历史题材影视创作的几个问题/孙家正//人民日报.-1997.8.20.

关于电视剧艺术形象生命力的思考/杨萌//声屏世界.-1997.(8).

霞光依旧：看电视剧《走不完的路》/崔进//文艺报.-1997.8.7.

真实美与真情美：看电视剧《兵妈妈》随笔/幼彤//文艺报.-1997.8.28.

历史剧与历史的关系/张德祥//中国电视.-1997.(8).

谈音乐电视与中国传统艺术观念/胡晔//中国电视.-1997.(8).

立足自身优势　创办特色节目：从《袁阔成书场》栏目创播所想到的/冯赣勇//中国广播电视学刊.-1997.(8).

富有时代意味的再现：评电视连续剧《和平年代》/周政保//中国文化报.-1997.8.28.

一曲厚重深远的历史悲歌：18集电视连续剧《林则徐》观后感/方建文//中外电视.-1997.(8).

少年儿童题材电视剧创作思考/崔进//中国电视.-1997.(9).

成败得失论改编/杨品//中国电视.-1997.(9).

从《雷雨》改编看文化潮流/马相武//中国电视.-1997.(9).

从电视连续剧《雷雨》看名著改编/高音//中国电视.-1997.(9).

电视文艺专题节目与主持人的采访/郑瑞霞//中国电视.-1997.(9).

用多彩的声音塑造一代知识分子新的群像：广播剧《地质师》的导演探求/郭银龙//中国广播电视学刊.-1997.(9).

生活·广播剧·生活:广播剧《地质师》编剧随想/王国臣//中国广播电视学刊.-1997.(9).

关于音乐电视的思考/任远//当代电视.-1997.(10).

谈微型剧的优势及其它/鄢丽娜//中国电视.-1997.(10).

论影视题材的战略选择与把握/周安华//中国电视.-1997.(10).

影视剧,别离生活太远/陈新//中国电视.-1997.(10).

谈电视剧音乐编辑工作/荆乐霞//中国电视.-1997.(10).

论电视散文/孟建//中国广播电视学刊.-1997.(10).

李文岐的电视剧导演艺术/路海波//当代电视.(11).

七分与三分:香港电视剧的短与长/舒文//当代电视.-1997.(11).

有中国特色社会主义文化与电视文艺/仲呈祥//中国电视.-1997.(11).

提高电视文艺的文化含量/张德祥//中国电视.-1997.(11).

潮涨潮不落的电视文艺晚会/高丽民//中国电视.-1997.(11).

浅谈综艺节目的立意和整体把握/黄在敏//中国电视.-1997.(11).

叙事策略与话语精神:高阳小说《胡雪岩全传》与电视剧《胡雪岩》比较谈/杨新敏//中国电视.-1997.(11).

文化品味与电视剧的艺术生命力/曾玉//辽宁电视.-1997.(12).

播音和节目主持艺术

浅谈播音创作中情感的积聚与投入/张述//内蒙古广播电视.-1997.(1).

浅谈对象感在播音创作中的作用/潘林秀//声屏学刊.-1997.(1).

浅谈人物通讯的播音/阮宏英//襄樊声屏.-1997.(1).

艺术语言在播通讯中的作用/王爱华//襄樊声屏.-1997.(1).

儿童节目主持人的形象塑造/鞠萍//电视研究.-1997.(1).

主持人自然角色分析/王小月//电

视研究．-1997．(1)．
要重视主持人节目的“后卫”工作/梁燕//内蒙古广播电视．-1997．(1)．
播音员与主持人语言特征辩析/李宗贵//声屏学刊．-1997．(1)．
学报沙龙：倪萍现象/王志敏等//现代传播：北京广播学院学报：人文社科版．-1997．(1)．
高素质节目主持人的标准/朱惠民//襄樊声屏．-1997．(1)．
主持人的个人风格与栏目之间的关系/彭海英//潇湘声屏．-1997．(1)．
电视节目主持人的风格特色/胡仕斌//潇湘声屏．-1997．(1)．
电视节目主持人与幽默/杨斌//荧屏内外．-1997．(1)．
漫谈电视节目主持人的个性风格/华新望//荧屏内外．-1997．(1)．
沉重与抉择/倪萍//中国电视．-1997．(1)．
求“中和”境界：谈文化类夜话节目主持艺术/陈洁//中国广播．-1997．(1)．
主持人日常管理断想/晨光//中国广播．-1997．(1)．
新闻主持人节目的实践与思考/奚坚　胡大钧//中国广播．-1997．(1)．
主持人直播文艺节目的规范化管理初探/岳峰//中国广播电视学刊．-1997．(1)．
从战略上考虑少儿节目主持人/壮春雨//中国广播电视学刊．-1997．(1)．
主持人四忌/张福荣//中国广播电视学刊．-1997．(1)．
综艺节目主持人的语言现状/雷礼//中外电视．-1997．(1)．
谈播音创作与审美/袁旭平//声屏经纬．-1997．(2)．
无腔不成妙曲　少韵难做华章：播音语言规范辨识/高威//中国广播．-1997．(2)．
关于节目主持人文化魅力的断想/熊燕//广播电视天地．-1997．(2)．
电视节目主持人：面对借鉴性的思考/张芝明//吉林大学社会科学学报．-1997．(2)．
主持人的风格简议/周游//声屏学刊．-1997．(2)．
广播节目主持人个性魅力/彭翘//声屏学刊．-1997．(2)．
如何体现电视节目主持人的个性魅力/张增丽//视听界．-1997．(2)．
节目主持人的现场采访/邓泽军//荧屏内外．-1997．(2)．
关于节目主持人的一点思考/任冬玲//荧屏内外．-1997．(2)．
试论主持人口语表达的媒体角色意识：兼谈直播节目中口语净化问题/曾志华//语文应用与研究．-1997．(2)．
论电视节目主持的风格/原默//郑州大学学报：哲社版．-1997.30(2)．
论广告播音语言着色的主导性/袁林辉//广播电视研究．-1997．(3)．
主持人在节目中的情感把握/郭戴云//福建广播．-1997．(3)．
节目主持人的态势语言技能：(节选自《节目主持人的语言艺术》一书)/曹可凡//广播电视研究．-1997．(3)．
关于电话参与直播节目的主持人素质及运作/周尚元//广播记者．-1997．(3)．
主持人与电视栏目之间的定位关系浅析/衡芳//声屏经纬．-1997．(3)．
精选的角度　到位的主持：听《与李素丽共话人生》有感/吴郁//现代传播：北京广播学院学报．-1997．(3)．
论节目主持人的专业素质/蔡丽//行政论坛．-1997．(3)．
试论电视节目主持人角色定位/杨珺//中国电视．-1997．(3)．
寄语节目主持人/冯铎//中国广播．-1997．(3)．
主持人：小心文化心态中的破坏性/张洪//当代电视．-1997．(3)．
重视主持人有声语言的艺术包装/姜缨//中国广播．-1997．(3)．
对主持人研究工作的一些观察和思考/罗弘道//中国广播电视学刊．-1997．(3)．
论主持人创作风格的形成与表现/黄旭//广播电视天地．-1997．(4)．
节目主持人的个性魅力/陈虹//广播记者．-1997．(4)．
浅谈广播直播节目主持人的自我完善/马竹君//声屏经纬．-1997．(4)．
播音停顿要和语法结构相适应/施旗　曼叶平//中国广播．-1997．(4)．
浅谈电台少儿节目主持人的语言表达/赵玉//声屏经纬．-1997．(4)．
试论主持人话筒前的主持状态/雅晴//声屏经纬．-1997．(4)．
主持人的美学意识与广播声音美/尤毓乔//视听界．-1997．(4)．
服务引导培养：对晚间谈话类节目主持人工作的思考/叶沙//中国广播．-1997．(4)．
观众心目中的主持人/李殿云//中国广播电视学刊．-1997．(4)．
跨世纪中国电视节目主持人角色定位和人格构想/苏纲宪//中国广播电视学刊．-1997．(4)．
浅析少儿节目教育式主持和参与式主持的区别及其相互借鉴与运用/胡军//中国广播电视学刊．-1997．(4)．
教师与节目主持人基本功的比较/阎乐夫//中国广播电视学刊．-1997．(4)．
我这样做主持人/林雨//中国广播电视学刊．-1997．(4)．
荧屏前跃出一匹“黑马”：记水均益/萧道遥//当代电视．-1997．(5)．
主持人，展露你的风采/许松林//当代电视．-1997．(5)．
电视新闻节目主持人推动了传播水平提高/卞文阳//声屏世界．-1997．(5)．
矛盾中的抉择：主持人的语言困惑/徐立军//声屏世界．-1997．(5)．
主持人：纯正语言的示范者/郭辛//现代传播：北京广播学院学报．-1997．(5)．
试论电视节目主持人的必备素质/杨虹//潇湘声屏．-1997．(5)．

搞好谈话类主持人节目的舆论导向/赵汉庭//新闻大学.-1997.(春季号).

浅议节目主持人与播音员的不同/柯宏胜//荧屏内外.-1997.(5).

如何形成主持人的语言风格/王玉琳//荧屏内外.-1997.(5).

别忘了手中还有一支笔：谈谈节目主持人的备稿问题/徐晓慧//中国广播.-1997.(5).

主持人任重道远/沈明娥//中国广播.-1997.(5).

对录音述评节目中记者型主持人定位的思考/李慧敏//中国广播电视学刊.-1997.(5).

主持人的职业素质/李殿云//中国广播电视学刊.-1997.(5).

有感于招聘主持人/任玉//当代电视.-1997.(6).

广播新闻性节目主持初探/高翔//声屏世界.-1997.(6).

体育直播节目主持人素质浅议/梁悦//中国广播.-1997.(6).

谈谈播音中的形象思维与逻辑思维/唐钢//福建广播.-1997.(6).

播音员情绪情感的自我控制与调节/戴英娜//声屏世界.-1997.(6).

浅议“新闻播音的状态”/唐家玖//视听界.-1997.(6).

关于播音现状与走势的几点思考/卢莎莎//潇湘声屏.-1997.(6).

主持人基本技能概述（上）/壮春雨//声屏世界.-1997.(6).

主持人基本技能概述（中）/壮春雨//声屏世界.-1997.(7).

对于时事播音的一点意见/茅盾//中国广播电视学刊.-1997.(7).

水均益与白岩松/高波//辽宁电视.-1997.(7).

浅谈节目主持人的情绪控制/李艺//声屏世界.-1997.(7).

走出节目主持人认识上的误区/舒信佳//声屏世界.-1997.(7).

电视节目主持人与文化底蕴/汤义//潇湘声屏.-1997.(7).

透过电视看广播：主持人现象之我见/王嘉实//中国广播.-1997.(7).

试论广播播音的对象感，/金重建//中国广播电视学刊.-1997.(7).

播音语言规范化三题/张颂//中国广播电视学刊.-1997.(8).

主持人基本技能概述（下）/壮春雨//声屏世界.-1997.(8).

浅议主持人的“内功外化”/郑晓燕//声屏世界.-1997.(8).

谈谈主持人归属问题/于志成//声屏世界.-1997.(8).

主持人的人格魅力/宏宽//声屏世界.-1997.(8).

主持人节目精品化/张亚方//声屏世界.-1997.(8).

谈话类节目主持人更应重视自我心理调适/莫文冰//中国广播.-1997.(8).

节目主持人与嘉宾配合问题浅议/贠佳//中国广播.-1997.(8).

主持人的文明意识与文明形象/解志荣//中国广播电视学刊.-1997.(8).

试论“主编型”新闻节目主持人/刘雪弘//中国广播电视学刊.-1997.(8).

谈谈主持人的新闻意识/姜缨//中国广播.-1997.(9).

浅谈热线访谈节目主持人的角色定位/覃勇//中国广播.-1997.(9).(专刊)

谈科技服务类广播节目主持人的定位/李红兵//中国广播.-1997.(9).(专刊)

英语教学节目优秀主持人三要素：兼评赖世雄教授的主持特色/吴纯美//中国广播.-1997.(9).(专刊)

对新闻播音的再认识/刘静//中国广播.-1997.(9).

浅议新闻直播节目主持人心态的自我调整/李绎//中国广播.-1997.(10).

关上电视说倪萍（二题）/天歌//当代电视.(11).

铸造自己的风格：主持人在节目中的自我释放（上）/钱锋//声屏世界.-1997.(11).

浅谈广播节目主持人的“三感”艺术/王金//声屏世界.-1997.(11).

铸造自己的风格：主持人在节目中的自我释放（下）/钱锋//声屏世界.-1997.(11).

做主持人千万不要表演：浅议主持人与演员的区别/董浩//电视研究.-1997.(电视业务增刊).

电视播音员和节目主持人的差异/张悦//电视研究.-1997.(电视业务增刊).

试论节目主持人的综合素质/李水仙//声屏世界.-1997.(11).

新闻播音应准确把握新闻的真实性/顾群//声屏世界.-1997.(12).

受众研究

广播电视受众学是一门学科/陆原//广播电视天地.-1997.(1).

让受众在心理上参与电视新闻报道/曹家俊//浙江师大学报:社科版.-1997.22(1).

“人咬狗”与“牛肉番茄”：试论电视新闻的超常性与受众求新心理/刘友林//中国广播电视学刊.-1997.(1).

跨语境的电视：媒介批评与观众研究/李迅//当代电影.-1997.(2).

“热点”类电视节目的收视心理解析/李勇强//岭南视听研究.-1997.(2).

当代电视受众心理与深度报道的发展：从《社会传真》谈起/张国功//声屏世界.-1997.(2).

广播电视受众学的研究对象/陆原//广播电视天地.-1997.(3).

浅议广播听众的参与意识/冯江//广播记者.-1997.(3).

电视传播的受众主体观念与服务意识/吕萌//荧屏内外.-1997.(3).

受众研究的范畴/陆原//广播电视天地.-1997.(4).

论理论广播节目的听众定位问题/钟镇藩//潇湘声屏.-1997.(4).

坚持以马克思主义方法研究受众理

论/陆原//广播电视天地.-1997.(5).

广播受众美感心理之管见/钱耿华//中国广播.-1997.(6).

夜话节目的受众分析/王小勤//中国广播电视学刊.-1997.(6).

增强电视新闻节目的受众参与性/廖圣清//中国广播电视学刊.-1997.(10).

提高电视节目收视率的思考/曾辉//声屏世界.-1997.(11).

有线广播电视

扬长避短精办节目:有线电视台编辑性节目初探/廖仿红//声屏学刊.-1997.(1).

有线电视发展的新趋势:走向大融合/沙新//中国科技论坛.-1997.(1).

浅谈加强有线电视技术管理的措施/祁宝山//柴达木开发研究.-1997.(2).

有线新闻——仍待探索的领域/杨锡华//视听界.-1997.(2).

把握特色 发挥优势:关于有线电视的思考/周吉士//视听界.-1997.(2).

从有线电视特点看新闻节目的特色/谭宗琪//视听界.-1997.(2).

有线电视自办节目发展战略的再思考/黄汉东//中国广播电视学刊.-1997.(2).

把握有线电视的本质属性让群众对节目喜欢对服务满意/谢翠娥//中国广播电视学刊.-1997.(2).

信息总汇晚报风格:试论有线电视新闻节目的特点及编排/谭宗琪//中国广播电视学刊.-1997.(2).

有线电视和无线电视必须协调发展/展建民//电视技术.-1997.(3).

浅谈有线电视节目设置的个性/许仁兵//广播电视天地.-1997.(4).

坚持喉舌观念与拓宽有线电视市场的思考/张光理//广播电视天地.-1997.(4).

发展我国有线广播电视覆盖网的适合国情的模式/吴贤纶//中国广播电视学刊.-1997.(4).

有线电视发展模式的探讨/金国钧//广播与电视技术.-1997.(5).

论有线电视网的综合利用/马晓阳//电视字幕·特技与动画.-1997.(6).

网台合一,发展有线电视的科学途径:兼论有线电视台的台、网关系/傅瞰//中国广播电视学刊.-1997.(6).

孙家正部长谈有线电视/孙家正//广播电视技术.-1997.(7).

试论我国现阶段有线电视宣传的若干问题/杨艺//中国广播电视学刊.-1997.(8).

浅谈县级有线电视网的管理/彭寿光//广播与电视技术.-1997.(9).

国际有线电视研究与我国有线电视/涂昌波//声屏世界.-1997.(9).

有线电视自办节目纵横谈/辜江芦//声屏世界.-1997.(9).

广播电视技术

有线电视通往信息高速公路的桥梁—HFC网/周先军//北京广播学院学报:自然科学版.-1997.(1).

DAB是能力强的数字多媒体广播/李栋//北京广播学院学报:自然科学版.-1997.(1).

采用IOT的新型电视发射机/钱岳林//北京广播学院学报:自然科学版.-1997.(1).

有线电视加扰技术中实用的一种调制器和解调器/沈琴//北京广播学院学报:自然科学版.-1997.(1).

宽屏电视与普通电视兼容显示的探讨/杜军//北京广播学院学报:自然科学版.-1997.(1).

录像片的无技巧组接/吕光悦//北京广播学院学报:自然科学版.-1997.(1).

具有OSD的宽屏幕电视图文解码器/刘琼发等//电视技术.-1997.(1).

多媒体技术在电视节目制作中的应用/徐中强//电视技术.-1997.(1).

电视和调频发射设备的技术改造/刘东华//电视技术.-1997.(1).

院校有线电视系统改造与院校信息网的建设/曾喜华//电视技术.-1997.(1).

微机在有线电视管理领域中的应用/易维善//电视技术.-1997.(1).

城镇中型有线电视系统的总体规划/唐大楚//电视技术.-1997.(1).

有线电视频道处理器的设计与选用/王礼邦//电视技术.-1997.(1).

自制视音频播控装置/林宏//电视技术.-1997.(1).

视频点播的接人结构/杨邦湘//光纤与电缆及其应用技术.-1997.(1).

九画面分割器及其在电视台的应用/杨磊//广播与电视技术.-1997.(1).

电视节目传输扩容的一种方法/北京金石佳视科技有限责任公司//广播与电视技术.-1997.(1).

防雷技术及其在广播电视传输系统中的应用/徐湛仪//广播与电视技术.-1997.(1).

一种实用的有线电视加解扰方案/贯平//国防科技大学学报.-1997.19(1).

数字电视传送技术的发展动向/周毅//国际广播电视技术.-1997.(1).

有线电视与卫星的数字传输技术/杨浙//国际广播电视技术.-1997.(1).

安全广播的设计方法/金茂顺//密码与信息.-1997.(1).

城乡有线电视常见故障及排除/张天民//无线电.-1997.(1).

广播电视技术的新进展/戴延龄//襄樊声屏.-1997.(1).

有线电视系统C/CTB指标的加权曲线研究/刘剑波//北京广播

学院学报：自然科学版.-1997.(2).
电视发射机中的视频处理器/倪世兰//北京广播学院学报：自然科学版.-1997.(2).
图文电视广播数据传送方式/王静冬//北京广播学院学报：自然科学版.-1997.(2).
高清晰度电视的制式之争/鲍于常//电声技术.-1997.(2).
有线电视加解扰系统的研究/牟善祥//电视技术.-1997.(2).
矩阵视频信号切换控制系统/柳渊彪//电视技术.-1997.(2).
有线电视系统中实用型可调均衡器/张霞//电视技术.-1997.(2).
大中型有线电视传输网络的设计/吴国良//电视技术.-1997.(2).
有线电视干线传输电缆地下埋设的设计与实践/田祖德//电视技术.-1997.(2).
卫星数字压缩系统基本构成和原理/余卫斌//电视技术.-1997.(2).
卫星电视地面接收系统噪波特性分析/傅周友//电视技术.-1997.(2).
卫星电视接收设备的安装/王伟//电视技术.-1997.(2).
对有线电视节目技术质量管理的探讨/沈超//电视字幕·特技与动画.-1997.(2).
对提高电视节目录制技术质量的探讨/徐为诚//电视字幕·特技与动画.-1997.(2).
图文电视应用技术/高孚曾//广播与电视技术.-1997.(2).
有线电视管理信息系统/陈志才//广播与电视技术.-1997.(2).
电视播出系统设计的要点/韩允松//广播与电视技术.-1997.(2).
有线电视系统反向传输的调试与利用/胡维达//广播与电视技术.-1997.(2).
专业用电视接收天线的设计与制作/陆锐锋//广播与电视技术.-1997.(2).
电视频率合成数字调谐系统/王锡城//无线电.-1997.(2).
有线电视卫星接收前端故障检修/袁长昕//无线电.-1997.(2).
带内同频数字声音广播系统/丁冬宜//北京广播学院学报：自然科学版.-1997.(3).
一种新的电视电影图像格式变化方法的研究/王倩//北京广播学院学报：自然科学版.-1997.(3).
卫星地面站无用信号分析和计算/刘萍//电视技术.-1997.(3).
中型电视台总控播出系统优化设计的探讨/王永炫//广播与电视技术.-1997.(3).
广播电视图像质量监视系统的设计与实现/孙琳//广播与电视技术.-1997.(3).
数字无线中继广播电视节目传输系统/阎洪奇//国际广播电视技术.-1997.(3).
GIS 在有线电视系统管理中的应用/许瑜超//国际广播与电视技术.-1997.(3).
广播电视技术新发展/潘哲昕//无线电.-1997.(3).
声频广播播控中心的工程技术及设计/沈一德//电声技术.-1997.(4).
有线电视网络升级改造/范寿嗣//电视技术.-1997.(4).
会议电视终端红外遥控器的开发/高波//电子技术.-1997.24(4).
数字电视压缩技术的国际标准及其发展/周毅//广播与电视技术.-1997.(4).
“广播之星”微机数字音频自动播控系统/李曙光//广播与电视技术.-1997.(4).
改进有线电视供电方式的探讨/王兆起//广播与电视技术.-1997.(4).
视频点播系统/于鸿雁//广播与电视技术.-1997.(4).
虚拟演播室的技术及应用/曹青//国际广播电视技术.-1997.(4).
在电视制作的关键环节上求得突破/谈亮//国际广播电视技术.-1997.(4).
多媒体网在电视行业中的应用/孙庆宇//国际广播电视技术.-1997.(4).
改善边远地区的电视接收/郑璇//无线电.-1997.(4).
电视广告自动编排及快速查找最优组合算法/朱娟//电视技术.-1997.(5).
在普通字幕机上制作三维动画/邓加强//电视技术.-1997.(5).
乡镇有线电视系统质价比的优选方案/王仲钧//电视技术.-1997.(5).
振动对电视发射机的影响及对策/江正方//电视技术.-1997.(5).
一种先进的有线电视扫描测试系统/王浩若//广播与电视技术.-1997.(5).
有线电视微波传输技术及应用/范寿嗣//国际广播电视技术.-1997.(5).
我国现阶段的广播电视传输覆盖网/苏哲新//电视技术.-1997.(6).
有线和无线电视组合传输方式探讨/丁上昆//电视技术.-1997.(6).
视频工作站技术及应用/姜广明//电视技术.-1997.(6).
一种适合中、小电视台的自动播出系统/程锡泉//电视技术.-1997.(6).
一种简单可靠的 AV 主备自动切换系统/王春菊//电视技术.-1997.(6).
卫星数字电视及传输方式/田议//电视技术.-1997.(6).
局域网在电视节目制作系统中的应用/刘立新//电视字幕·特技与动画.-1997.(6).
现代科技与有线电视节目观念/范平//国际广播电视技术.-1997.(6).
中国数字化电视广播的发展道路/马长华//广播与电视技术.-1997.(6).
非线性编辑系统与电视节目制作数字化/高洪//广播与电视技术.-1997.(6).
复杂编辑系统接口连接的改进/王

秀荣//广播与电视技术.-1997.（6）.

如何提高播控中心的可靠性/刘中林//广播与电视技术.-1997.（6）.

电视广告微机管理系统/张瑜//广播与电视技术.-1997.（6）.

有线电视系统的载波组合三次差拍比与载噪比/汪章瑞//广播与电视技术.-1997.（6）.

电视会议系统的图像数据采集/梁昌钛//电视技术.-1997.（7）.

电视转播车的视频监控技术/鲁蔚//电视技术.-1997.（7）.

有线电视台现场直播传输方案分析/唐斌//电视技术.-1997.（7）.

彩色台标、时间、地址信号发生器/吴志军//电视技术.-1997.（7）.

数字处理转播车的视频设计/聂长生//电视技术.-1997.（7）.

有线电视中光缆传输特性及保护/王春//电视技术.-1997.（7）.

虚拟演播室技术的发展及应用/李旋宗//广播与电视技术.-1997.（7）.

浅述数字音频工作站（DAWS）的选配和应用/徐北骏//广播与电视技术.-1997.（7）.

广播电视节目的传输与覆盖/刘洪才//广播与电视技术.-1997.（7）.

数字压缩卫星广播电视接收/叶修怡//广播与电视技术.-1997.（7）.

新一代的广播：数字音频广播/陈庆新//电声技术.-1997.（8）.

一种新闻直播自动控制的分析与设计/陈兆春//电视技术.-1997.（8）.

发展广播电视网的若干问题/肖超钰//广播与电视技术.-1997.（8）.

MMDS 在我国的应用现状和前景/李庆梁//广播与电视技术.-1997.（8）.

我国地面 DAB 覆盖网规划方法的初探/韦世修//广播与电视技术.-1997.（8）.

信息隐含技术与数字电视广播/张兰英//广播与电视技术.-1997.（8）.

现代品质管理模式在电视台的应用/李新//广播与电视技术.-1997.（8）.

增强系统观念　提高播出质量：谈播出系统的技术指标和可靠性/许国华//广播与电视技术.-1997.（8）.

电视制作系统怎样向数字化过渡/蒋晓峰//广播与电视技术.-1997.（8）.

虚拟布景浅谈/王慧敏//广播与电视技术.-1997.（8）.

谈谈后期剪接中的一些技术问题/唐文忠//广播与电视技术.-1997.（8）.

谈电视冷光灯/李一勤//广播与电视技术.-1997.（8）.

适合中国国情的有线广播与有线电视共缆传输模式/丁兴元//广播与电视技术.-1997.（8）.

采制录音报道技术设备使用问题/马钰//中国广播.-1997.（8）.

谈计算机应用系统的开发与规划/曹晓玲//广播与电视技术.-1997.（9）.

广播电视数字微波传输系统/曹元莉//广播与电视技术.-1997.（9）.

有线电视网双向多功能技术的研究/马炬//国际广播电视技术.-1997.（9）.

加速发展广播电视专用传输网思路与对策/黄学华//国际广播电视技术.-1997.（9）.

关于我国卫星直播与有线电视关系问题的探讨/黄其凡//广播与电视技术.-1997.（10）.

广播电视台微机综合管理信息系统/高小林//广播与电视技术.-1997.（10）.

浅谈电视播控中心的总体设计/郑超宇//广播与电视技术.-1997.（11）.

有线电视台前端设备的维护与保养/杨锋//电视技术.-1997.（11）.

广播电视广告

科技新闻与广告宣传的关系/苏庆明//黑河学刊.-1997.（1）.

我国电视广告中女性形象的研究报告/刘伯红//新闻与传播研究.-1997.4（1）.

进一步健全广告经营管理体制不断提高广告业的整体水平/赵晨妤//中国广告.-1997.（1）.

全球性的广告策略评析/周强//中国广告.-1997.（1）.

略论电视广告文化的品位/何日丹//岭南视听研究.-1997.（2）.

浅议新闻与广告之关系/李怀昆//声屏经纬.-1997.（2）.

谈谈电视广告的诚实性/陆振诚//声屏学刊.-1997.（2）.

广告的潜意识折射化策略/何辉//现代传播：北京广播学院学报：人文社科版.-1997.（2）.

广告稠密透视/哈筱盈//现代传播：北京广播学院学报：人文社科版.-1997.（2）.

广告宣传中的双向心理研究/王化云//襄樊声屏.-1997.（2）.

论公益广告和精神文明建设/吴元棵//荧屏内外.-1997.（2）.

公益广告的选题与表现/殷东升//中国广播.-1997.（2）.

中国广告业面临的市场形势和经营管理上的对策/章汝奭//中国广告.-1997.（2）.

中国广告——亟需来一场哲学革命/洪建宁//中国广告.-1997.（2）.

广告在同类产品品牌竞争中的作用/来云//中国广告.-1997.（2）.

广告作品应避免近似，防止抄袭/阿微//中国广告.-1997.（2）.

略谈新闻媒体中广告的宣传导向/张发龙//广播记者.-1997.（3）.

进一步加强广告宣传管理/李向阳//视听界.-1997.（3）.

电视广告大家都听懂了吗?：由一则广告歌曲想到的/陈谦//中国广告.-1997.（3）.

谈广告节目的有奖收听活动/冯文//中国广播.-1997.（4）.

电视广告迈好每一步/天朗//辽宁电视.-1997.（5）.

品牌的可扩展性：名牌战略中的一个重要问题/于建原//中国广

告.-1997.（5）.

口碑原理及其在广告中的运用/谢金文//中国广告.-1997.（5）.

广播广告要有精品意识/程茂苏//声屏世界.-1997.（6）.

谈谈广播广告的音响效果/邓新华//潇湘声屏.-1997.（6）.

电视广告要发挥正确的引导作用/陈莉珠//声屏世界.-1997.（7）.

努力创作具有浓郁的民族风格和时代气息的电视广告/刘刁良//中国电视.-1997.（7）.

搞高我国电视广告社会效益的对策研究/陈培爱//中国广播电视学刊.-1997.（7）.

托起太阳的还是那民族的脊梁：看中国广告中的民族意识/徐永林//中国广播电视学刊.-1997.（8）.

广告的负面效应管窥/谢小九//潇湘声屏.-1997.（9）.

广播电视管理

以提高节目质量为核心　强化电视宣传管理/高福安//北京广播学院学报：自然科学版.-1997.（1）.

广播电视设备的动态管理/罗焰//广播与电视技术.-1997.（1）.

加强宣传管理　搞活内部机制/罗桂卿//声屏学刊.-1997.（1）.

运用系统管理提高电视宣传管理水平/庞允雄//岭南视听研究.-1997.（2）.

关于加强电视队伍精神文明建设的思考/邢海鹏//学海.-1997.（2）.

广播节目制作人公司的崛起/郭一曲//中国广播.-1997.（2）.

加强新闻队伍管理　提高新闻宣传质量/陈东安//中国广播.-1997.（2）.

刍议广播电视预算外资金的管理/赖纯红//中国广播电视学刊.-1997.（2）.

浅析"有偿新闻"/贝木//潇湘声屏.-1997.（3）.

构筑人格的长城：论播音员的道德修养/朱山//中国广播.-1997.（3）.

试论新闻队伍的党性建设/梁继红//中国广播电视学刊.-1997.（3）.

试论加强和改善广播电视国有资产的管理/易炳途//中国广播电视学刊.-1997.（3）.

广播集团刍议/程道才//中国广播.-1997.（5）.

略论都市广播的经济效益/陈小平//中国广播电视学刊.-1997.（5）.

经济电台开拓听众市场的策略/王铁//中国广播.-1997.（7）.

一支不可忽视的力量：北京电视台记者站初探/袁勇//中国广播电视学刊.-1997.（8）.

试论新形势下广播人才队伍的建设和培养/边传久//中国广播.-1997.（9）.

把握电视节目市场特征　优化频道资源和节目资源的配置/胡瑞庭//中国广播电视学刊.-1997.（10）.

电视台新闻管理信息系统/吴锦前//广播与电视技术.-1997.（11）.

广播电视史

广播节目主持人诞生于四十年代初期/李卓敏//广播电视研究.-1997.（1）.

香港广播电视发展概况/罗建辉//中国广播电视学刊.-1997.（1）.

积极推动"九五"期间广播电视史学研究工作/林青//中国广播电视学刊.-1997.（3）.

红色电波从太行山上传出：纪念新华社临时总社成立和接替陕北电台广播50周年/萧风//中国广播.-1997.（6）.

外国广播电视

欧洲数字卫星电视广播的现状/严国荣//国际广播电视技术.-1997.（1）.

意大利的电视行业与广告/丁一//新闻与传播研究.-1997.4（1）.

电视情节剧/（美）索尔本著；胡正荣译//世界电影.-1997.（1）.

数字卫星电视广播在日本/严国荣//国际广播电视技术.-1997.（2）.

世界公共服务广播的形势：俯瞰与分析/（加）莱伯伊著；郭镇之译//新闻与传播研究.-1997.（2）.

90年代德国的广播电视/潘玉鹏//广播电视研究.-1997.（3）.

保持"中间地带"：论《六十分钟》的叙述模式/王伟//现代传播：北京广播学院学报：人文社科版.-1997.（3）.

美国电视管窥/金维一//广播电视研究.-1997.（4）.

广播媒介的重新定位及其生命力：欧洲广播业变动的思考/胡正荣//中国广播电视学刊.-1997.（4）.

日本电视广告的组织安排/李智玮//声屏经纬.-1997.（5）.

美国加紧实施数字地面广播/杜百川//广播与电视技术.-1997.（6）.

美国ATV广播费用估算/赵兴玉等//广播与电视技术.-1997.（6）.

亚太地区的卫星状况/李长胜//广播与电视技术.-1997.（6）.

日本的第一个数字卫星广播 perfeeTV/严国荣//国际广播与电视技术.-1997.（6）.

德法广播掠影/张礼栓//中国广播.-1997.（7）.

国外数字音频广播近年发展特点/温飚//中国广播电视学刊.-1997.（7）.

欧美国家发展隐藏式字幕的策略/王俊杰//中国广播电视学刊.-1997.（7）.

美国的"电视红娘"/祖荫//辽宁电视.-1997.（8）.

法国国际电视台/丽娟//当代电视.-1997.（9）.

走出日本电视片译制中的某些误区：谈日本语言的文化特点/高兰云//电视研究.-1997.（电视业务增刊）.

（北京广播学院图书馆林淑华注录）

15. 评　奖

责任编辑　梁振远
审 稿 人　赵玉明

全国性评奖

文艺类

第十七届（1996年度）全国电视剧“飞天奖”评选及获奖名单

第十七届全国电视剧“飞天奖”的评选范围是1996年4月16日至1997年4月15日在中央电视台播出的各类电视剧。本届参评电视剧共123部892集。初评于1997年8月5日至16日，终评于1997年12月20日至30日在北京举行。有93部697集作品进入终评，最后评选出69部509集电视剧榜上有名，13个单项奖也同时产生。这些获奖作品基本上代表了1996年度全国电视剧创作的较高思想、艺术水平，体现了“弘扬主旋律、坚持多样化”的总体风貌。

（周红文）

第17届全国电视剧“飞天奖”获奖名单

一、长篇电视剧（14个）

一等奖

和平年代	广州军区政治部 中共广东省委宣传部 中央电视台影视部 广东电视台
车间主任	中央电视台影视部

二等奖

弘一大师	中国电视剧制作中心
问鼎长天	航天工业总公司 中央电视台影视部 长春电视台
林则徐	福建电视台 中央电视台影视部 福建华兴信托投资公司 林则徐基金会
司马迁	中央电视台影视部 西安执信传播广告公司
子夜	浙江省电视剧制作中心 杭州市房地产开发总公司 嘉兴电视台 桐乡电视台 华新影视有限公司

三等奖

血战万源 中共达川地委、行署
中共万源市委、市政府
八一厂军事教育片部

长征岁月 总政话剧团
中央电视台影视部
大连电视台

远东阴谋 沈阳市人民政府
辽宁汽贸股份有限公司
沈阳军区政治部电视艺术中心
中央电视台影视部

男人没烦恼 上海文化发展总公司
中国国际电视总公司

乡村女法官 中央电视台影视部
长春电视台
东方影视制作中心
秦皇岛电视台

毛泽东在陕北 中共西安市委宣传部
中共延安地委
延安地区行署
西安电视台

东周列国·春秋篇 中国电视剧制作中心
红河烟厂

二、中篇电视剧（15个）

一等奖

党员二愣妈 中央电视台影视部
内蒙古东禹商贸公司
内蒙古电影制片厂

大漠丰碑 中央电视台影视部
北京军区战友电视艺术中心

二等奖

燃烧的烛光 中央电视台影视部
黑龙江电影电视剧制作中心

遵义会议 中央电视台影视部
中共贵州省委宣传部
贵州电视剧制作中心

多雪的冬季 吉林电视台

大渡桥横铁索寒 中央电视台影视部
成都军区政治部电视艺术中心
福建电视台

黑天鹅 中央电视台
中共江西省委宣传部
中共萍乡市委宣传部
江西电视台

三等奖

一号机密 上海电视台
上海市档案局
上海金属材料总公司钢铁公司
上海永乐电影电视公司
创新影视制作社

月落女儿湖 中央电视台影视部
中共云南省委宣传部
北京电影学院青影厂

同船过渡 中央电视台影视部
湖北电视台
湖北电影制片厂

彩云追月 浙江省电视剧制作中心
绍兴市有线广播电视台

乡党委书记 中央电视台影视部
郑州市中原区石佛乡人民政府
郑州电视台

相约在春天 上海市文学艺术界联合会
上海东方电视台
上海市地铁总公司

心灵的瞳孔 中央电视台影视部
陕西电视台

吴天祥的故事 中国电视剧制作中心
中共湖北省委组织部
武汉电视艺术中心

三、短篇电视剧（13个）

一等奖

午夜有轨电车 中国电视剧制作中心
大连音像出版社

二等奖

济南夜话 中央电视台影视部
济南电视台

戏 中央电视台影视部
太原有线电视台

民警程广泉 公安部政治部
中央电视台影视部
中共济宁市委
济宁市人民政府
济宁电视台

阿明的故事 中央电视台影视部
海南省公安厅政治部

三等奖

支书下台唱大戏 陕西电视台

法官谭彦 大连电视台
大连经济技术开发区管理委员会
中央电视台影视部

咱们的老百姓 中共威海市委宣传部
威海鑫亿达影业制作有限公司
威海电视台

我的奶奶 中央电视台影视部
山西省军区政治部
中共临汾地委、行署
山西电视台
金兰 泰安电视台
中央电视台影视部
山东电影电视剧制作中心
太阳女神 中央电视台影视部
总政歌剧团电视剧部
空军电视艺术中心
夏天的故事 解放军艺术学院
南京军区前线话剧团
总后勤部电视艺术中心
今天我离休 上海东方电视台
上海电视台求索电视制作社
上海电影制片厂

四、少儿电视连续剧（6个）

一等奖

校园先锋 中央电视台影视部
河南电影制片厂

二等奖

小小生命树 南京有线电视台
江苏电视台
贾里的故事 中国电视剧制作中心

三等奖

第三军团 北京电视台
金猴小队 中国电视剧制作中心
同在蓝天下 浙江省电视剧制作中心
中国青少年发展基金会
共青团浙江省委

五、少儿短篇电视剧（8个）

一等奖

太阳小队 中央电视台影视部
大连电视台电视剧制作中心

二等奖

嘟嘟的故事 中央电视台影视部
空军电视艺术中心
金豌豆 中国电视剧制作中心
河北今日电视艺术中心
红剪花 中国电视剧制作中心

三等奖

我真想 湖南电视节目中心
核桃哨 中央电视台影视部
天津市残疾人联合会
天津电影制片厂
小村风景·画画 中央电视台影视部
山西省电影学校
河这边河那边的孩子 中共海南省委宣传部
中央电视台影视部
海南电视台

六、戏曲电视连续剧（6个）

一等奖

春 中国电视剧制作中心
安徽电视台

二等奖

金龙与蜉蝣 上海电视台
新官劫 嘉兴电视台
绍兴电视台
浙江电视台

三等奖

市井人生 中共河南省周口地委宣传部
河南省周口市工商局
河南电视台
河南电影制片厂
东坡劝学 海南省委宣传部
海南省琼剧院
海南电视台
西厢记（蒲剧） 中央电视台影视部
山西黄河影视社
山西运城行署文化局

七、戏曲短篇电视剧（5个）

一等奖

布衣毛润之 中央电视台影视部
长沙电视台

二等奖

芙蓉花仙 中共新都县委宣传部
中央电视台影视部
四川电视台
陈三两 浙江电视台
浙江越剧团影视部
浙江文艺音像出版社

三等奖

多彩的梦 辽宁电视台
辽宁电视剧制作中心
羊角号与BP机 中央电视台影视部
潇湘电影制片厂电视剧部

湖南省花鼓戏剧院

八、优秀短剧（1个）

你说好不好　　上海电视台求索电视制作社
上海有线电视台

九、合拍片奖（1个）

情丝万缕　　江苏电视台
新加坡电视机构

十、单项奖（13个）

优秀编剧：《车间主任》的编剧
优秀导演：《和平年代》的导演
优秀摄像：《大漠丰碑》的摄像
优秀美术：《东周列国·春秋篇》的美术
优秀照明：《一号机密》的照明
优秀剪辑：《远东阴谋》的剪辑
优秀音乐：《和平年代》的音乐
优秀音响：《弘一大师》的音响
优秀男主角：张丰毅（《和平年代》）
优秀女主角：陈　瑾（《校园先锋》）
优秀男配角：王　刚（《党员二愣妈》）
优秀女配角：沈丹萍（《男人没烦恼》）
评委会特别表演奖：斯琴高娃（《党员二愣妈》）

第十一届（1996年度）全国电视文艺“星光奖”评选及获奖名单

第十一届全国电视文艺“星光奖”的评选范围是1996年3月1日至1997年2月28日在中央电视台及省、市电视台播出的各类电视文艺节目。全国50多个电视台共选送633个节目和栏目参加了评选，数量比往年又有了大幅度的增加。初评于1997年4月26日至5月6日，终评于1997年8月18日至29日在北京举行。共有149个节目，34个栏目荣获等级奖，另评出7个单项奖。

评委会一致认为，从总体上说，1996年度的电视文艺导向正确、内容丰富，形式活泼、注重创新、艺术质量稳步提高，在民族化、大众化、多样化的方向上，有进一步的发展，体现出了更强的精品意识。

（周红文）

第十一届全国电视文艺“星光奖”获奖节目名单

一、综艺节目（39个）

（一）中直组（60′以上）

特别奖

七彩虹——’97文化部春节晚会　　文化部
中国录音录像出版社
’97春节联欢晚会　　中央电视台

一等奖

星光灿烂——中国电视文艺十周年大型晚会
中央电视台
河北电视台
中国电视艺术委员会

二等奖

枫雪桑梓情——’97多伦多华人春节联欢会
中央电视台海外中心
延安颂——中央电视台心连心艺术团赴延安老区慰问演出　　中央电视台
’97元宵夜　　中央电视台
深圳电视台
走向辉煌——第五届“五个一工程”颁奖晚会　　中宣部
文化部
广播电影电视部
解放军总政治部
中央电视台
春风里，阳光下——’97军民迎新春晚会
全国双拥工作小组
民政部
广播电影电视部
解放军总政治部
中央电视台

三等奖

我们的队伍向太阳——’96军旅歌曲电视大赛颁奖晚会　　中央电视台军事部
壮丽航程——庆祝建党75周年晚会　　中共中央办公厅
中组部
中宣部
文化部
广播电影电视部
解放军总政治部
中央电视台
祖国万岁——’96国庆文艺晚会　　中央电视台

’96春兰杯颁奖晚会 中央电视台
中国电视报
春兰集团

山水情深——中央电视台心连心艺术团赴贵州遵义老区慰问演出 中央电视台
贵州电视台

（二）地方组（60′ 以上）

一等奖

’97辽宁春节晚会 辽宁电视台

二等奖

万岁长征 浙江电视台
江西电视台
贵州电视台
陕西电视台
甘肃电视台

长江黄河情牵情 江苏电视台
山西电视台

咱们的大中原——’97河南春节晚会 河南电视台

三等奖

月光下的祝福 北京电视台
中国银行北京市分行

天涯共此时——狮城·上海·中秋夜
上海东方电视台
新加坡电视机构联合制作

’97华东春节文艺晚会 上海电视台
江苏电视台
福建电视台
山东电视台
浙江电视台
江西电视台
安徽电视台

今宵同乐——’97天津春节晚会 天津电视台

多彩的星辰 山东电视台

（三）中直组（60′ 以内）

一等奖

《综艺大观》第133期 中央电视台
中国家庭文化研究会

二等奖

《艺苑风景线》第94期 中国广播艺术团
中央电视台

《综艺大观》第130期 中央电视台

三等奖

《正大综艺》第305期 中央电视台国际部

《正大综艺》——长征专辑 中央电视台国际部

《周末大回旋》——精编（一） 中央电视台

《综艺大观》第134期 中央电视台

（四）地方组（60′ 以内）

一等奖

福到千万家——’97春节晚会 黑龙江电视台
大庆蓝星集团

二等奖

三秦同乐庆丰年——’97陕西台春节晚会 陕西电视台
延炼实业集团

高举金杯唱丰收 黑龙江电视台

三等奖

醉了花鼓笑了黄梅——’97安徽电视台春节晚会
安徽电视台

胜利的基石——纪念红军长征胜利60周年晚会
上海东方电视台
中共延安地委

五彩春潮 威海电视台

胜利春潮 胜利电视台
胜利有线电视台

您好，1997 深圳电视台

大路魂 山西电视台

回家过年——’97淮南春节晚会 安徽淮南广播电视局

二、专题节目（19个）

（一）中直组

一等奖

《文化视点》——漫话艺德 中央电视台

二等奖

冬日里的春天 中央电视台国际部

《文化视点》——文艺工作者真正的知音在哪里？
中央电视台

三等奖

中国的斯特拉底瓦里——小提琴制作大师郑荃
中央电视台

再唱《东方红》 中央电视台

一代风流贾作光 中央电视台海外中心

（二）地方组

一等奖

六龄童 杭州电视台

二等奖

谢添的人间喜剧　长春电视台
眺望——一个中国文化人的澳洲视野　广东电视台
中国湘绣　长沙电视台
湖南望城县湘绣厂
唱歌的故事　上海东方电视台

三等奖

农民放映员——娄源勇　河南电视台
情满宣堡　扬州电视台
扬州市委宣传部
泰兴市委
我与脸谱　湖北电视台
郎朗　沈阳电视台
一净难求　大连电视台
家乡年趣　广西电视台
远山的呼唤——帮困助学甘肃万里行　上海电视台
谢晋和他的《鸦片战争》　上海东方电视台

三、音乐节目（21个）

（一）中直组

一等奖

'97新年音乐会——咏雪颂春　中央电视台

二等奖

天地之间　中央电视台
'97新春民族音乐会　中央电视台
文化部
广播电影电视部
《音乐直播厅》第15期——广东音乐专场
中央电视台
《音乐电视城》第1期　中央电视台

三等奖

刘明源纪念音乐会　中国广播艺术团
花儿为什么这样红——雷振邦的电影歌曲
中央电视台
张映哲和她演唱的"英雄赞歌"　中央电视台
《银屏歌声》——"八·一"专辑　中央电视台
《星星擂台》第68期　中央电视台
《中国音乐电视60分》第1期　中央电视台
北京正海广告公司
第七届"双汇杯"全国青年歌手电视大赛
业余组颁奖演唱会　中央电视台
《音乐大舞台》第37期——奥地利维也纳
爱乐乐团访华演出　中央电视台
中国对外演出公司

（二）地方组

一等奖

歌从这方来——第三届外国人演唱中国歌大赛
北京电视台等
17家省级台
华夏银行

二等奖

世纪回响——庆祝"五·一"国际劳动节
大型歌会　上海电视台
情系边疆　山东电视台
新疆电视台
西藏电视台
春之韵交响音乐会　广州电视台
中央电视台

三等奖

红土征魂　福建电视台
五月放歌——中国著名歌唱家
成名歌曲演唱会　温州电视台
浙江电视台
温州市企业家协会
万里红飘带　山东电视台
绿都之春——'97合肥新春音乐会　合肥电视台

四、小型音乐节目（19个）

（一）中直组

一等奖

好日子　中央电视台
河北电视台

二等奖

公元一九九七　中央电视台
亲亲的茉莉花　中央电视台

三等奖

珠穆朗玛　中央电视台
英冠文化发展公司
归航　中央电视台
香港航天技术国际有限公司
霸王别姬　中央电视台
中国娃　中央电视台
山东扳倒井集团
北京晓东文化艺术公司

（二）地方组

一等奖

辣妹子 河北电视台

二等奖

钟馗嫁妹 河北电视台
拉着中华妈妈的手 福建电视台
梁祝 辽宁电视台

三等奖

问字 四川电视台
班长 江苏电视台
吐鲁番的葡萄熟了 新疆电视台
巫山神女 上海东方电视台
黄河船夫曲 陕西电视台
香港 1997 年 上海电视台
同志哥 上海东方电视台
秋的恋歌 深圳电视台

五、歌舞节目（18 个）

（一）中直组

一等奖

我是一个兵——心连心艺术团“八·一”慰问演出 中央电视台

二等奖

大型音乐舞蹈史诗——伟大的长征 中央电视台 文化部 解放军总政治部
月圆序曲 文化部 广播电影电视部 中央电视台
永远的王洛宾 中央电视台
星河千帆舞——第三届中国长春电影节开幕式晚会 中央电视台 长春电视台

三等奖

《东西南北中》第 47 期 河北电视台 中央电视台
春在九七——'97 春节音乐歌舞晚会 中央电视台
九九重阳映夕阳 中央电视台
'96 中国音乐电视颁奖晚会 上海东方电视台 上海电视台 中央电视台
春到油田——《中国音乐电视 60 分》赴胜利油田演出 中央电视台 胜利油田电视台
东西南北闹新春 中央电视台

（二）地方组

一等奖

月涌大江流——'96 中秋晚会 湖北电视台 湖北恒益集团

二等奖

燕赵情韵 河北电视台
长征，世纪丰碑 南京电视台 前线歌舞团

三等奖

刚坚巴欢歌 青海电视台
轩辕黄帝 河北电视台
桃花红杏花白 山西电视台
三湘闹春 湖南经济电视台

六、戏曲节目（20 个）

（一）中直组

特别奖

中国京剧音配像精萃 中央电视台 天津市中华民族文化促进会
菊苑颂春——'97 春节戏曲晚会 中央电视台

一等奖

'97 新年京剧晚会 文化部 广播电影电视部 中直机关事务管理局 中央电视台

二等奖

第二届北京国际京剧票友大赛颁奖晚会 中央电视台海外中心
中国京剧名家名段演唱系列首场 中央电视台

三等奖

京剧《狸猫换太子》 中央电视台
京剧《圣洁的心灵——孔繁森》 中央电视台
德艺双馨——忆郝寿臣先生 中央电视台
《名段欣赏》第 113 期 中央电视台
《九州戏苑》第 52 期 中央电视台 河北电视台

（二）地方组

一等奖

川剧：《死水微澜》 四川电视台

二等奖

京剧《醉青天》 江苏电视台
越坛春秋百花艳
——纪念越剧诞生90周年晚会 杭州电视台
'96羊城粤剧节开幕式晚会 广州电视台

三等奖

明媒争娶 上海电视台
港资大壮酒业有限公司
评剧《小女婿》 辽宁电视台
沈阳评剧院
梦断萧墙 石家庄电视台
沪剧《申曲之恋》 上海东方电视台
丑角世界——京剧表演艺术家艾世菊
艺术生涯70周年专辑 上海东方电视台
赣剧《窦娥冤》 江西电视台

七、曲艺杂技（5个）

一等奖

《曲苑杂坛》第54期 中央电视台

二等奖

黄鹤展翅——第三届武汉国际杂技艺术节
武汉电视台
中央电视台
《曲苑杂坛》第58期 中央电视台

三等奖

笑口常开——'97江浙沪滑稽名家迎春晚会
上海东方电视台
'97正月正晚会 中央电视台

八、戏剧节目（含短剧、小品）（8个）

一等奖

鲜花和芹菜 辽宁电视台

二等奖

获奖之后 河南电视台
风景这边独好——北京人艺新人新剧巡礼
中央电视台

三等奖

祝寿 宁波电视台
老干探 中央电视台
管理世界杂志社
最后一笔激情 福建电视台
福建电视艺术家协会
福建省委宣传部
一个打工仔的故事 中央电视台
话剧《人生一台戏》 中央电视台

九、优秀栏目（34个）

黄金航线 北京电视台
梦里情怀 北京电视台
周末娱乐圈 武汉电视台
星空娱乐城 福建电视台
电视吉尼斯 浙江电视台
温州电视台
百花戏苑 浙江电视台
今晚好时光 天津电视台
星光50′ 山东电视台
齐天乐 淄博电视台
文学与欣赏 江苏电视台
评书连播 辽宁电视台
当代舞台 黑龙江电视台
综艺荟萃 内蒙古电视台
农村俱乐部 吉林电视台
秦之声 陕西电视台
文化纵横 湖北电视台
智力大冲浪 上海电视台
戏剧大舞台 上海电视台
共度好时光 上海东方电视台
万花丛 河北电视台
欢乐60′ 深圳电视台
艺术空间 河南电视台
生活潮 沈阳电视台
综艺大世界 四川电视台
今晚8:20 海南电视台
综艺大观 中央电视台
正大综艺 中央电视台
神州戏坛 中央电视台海外中心
音乐直播厅 中央电视台
九州戏苑 中央电视台
东西南北中 中央电视台
旋转舞台 中央电视台
曲苑杂坛 中央电视台
'96环球 中央电视台

十、单项奖（7个）

优秀撰稿

星光灿烂——中国电视文艺十周年大型晚会
中央电视台
河北电视台
中国电视艺术委员会

优秀导演

星光灿烂——中国电视文艺十周年大型晚会
中央电视台

河北电视台
中国电视艺术委员会

优秀摄像

’97春节联欢晚会　中央电视台

优秀编辑

天地之间　中央电视台

优秀音乐

星光灿烂——中国电视文艺十周年大型晚会
中央电视台
河北电视台
中国电视艺术委员会

优秀美术

’97辽宁春节晚会　辽宁电视台

优秀照明

星河千帆舞——第三届中国长春电影节开幕式晚会　中央电视台
长春电视台

’96中国广播剧奖及获奖节目

’96中国广播剧奖先后于今年7月、11月分别在新疆阿勒泰、四川都江堰市举办，34个单位选送了90多部广播剧参赛。通过评委们的认真评审，一批优秀广播剧获奖。《尊严》(上海电台)、《春雨蒙蒙》(哈尔滨电台)、《为了母亲的微笑》(四川电台)，《红庙村的故事》(中央电台)等11部广播剧分别获得单本剧、儿童剧、短剧(小品)、连续剧一等奖，有15位同志获得单项奖。评委们认为，自1995年中共中央宣传部把广播剧列入“五个一工程奖”之后，各单位加大了重视力度，重点投资，调整力量，添置设备，使繁荣广播剧创作落到实处。今年各单位选送的广播剧，质量较往年明显提高，特别可喜的是一些市级电台选送的剧目获得了优异的成绩。广播剧的选材注意了贴近时代、贴近生活、贴近听众，抓住城市、农村经济生活中的典型事件、典型人物，着重描写人物的思想观念上的变化，加大了广播剧的思想涵量，增强了可听性，同时也注意了革命历史题材的开掘。

’96中国广播剧奖获奖节目目录

单本剧

一等奖

尊严　上海电台
星期四，真好　四川电台
喊海　天津电台
风雪阿勒泰　新疆电台
黑龙江电台

二等奖

憨憨　中央电台
今生有缘　天津电台
海裂　黑龙江电台
周总理在葡萄园　新疆电台
千年绝唱　甘肃电台
延安之声　陕西电台
情暖车厢　北京电台

三等奖

油灯下的报告　中央电台
我爸爸是红军　江西电台
重返太行　山西电台
天堂雪域两地情　苏州电台、吴县电台
征母　岳阳电台
鼓魂　河北电台
追不上您的背影　浙江电台
风铃　哈尔滨电台
连心桥　武汉电台
野马“朋友”　新疆电台

儿童剧

一等奖

春雨蒙蒙　哈尔滨电台
手牵手　青岛电台

二等奖

欢歌飞出山窝窝　新疆电台
为了那片光明　黑龙江电台
画童与神马　内蒙古电台
你是妈妈吗?　中央电台

三等奖

赵宁的故事　长沙电台
白桦林　黑龙江电台
杨奶奶的小屋　天津电台
诚实　上海东方电台

红蜻蜓 鞍山电台
你是妈妈吗? 厦门电台
艰难岁月 北京电台

短剧(小品)类

一等奖

远山的风铃 哈尔滨电台
为了母亲的微笑 四川电台

二等奖

手心手背 上海电台
串号 中央电台
礁盘“九六〇” 黑龙江电台
团圆 广州电台

三等奖

除夕夜 天津电台
法定的义务 新疆电台
招聘 武汉电台
除夕夜班车 青岛电台
我等你,爸爸 福建电台
报摊前 辽宁电台
沙漠探险队 北京电台

连 续 剧

一等奖

凝聚 上海电台
红庙村的故事 中央电台
于四外传 天津电台

二等奖

袁廷钰的故事 江西电台
代价 都江堰市广电局
四川电台
情系大地 四川电台
宜宾市委宣传部
巴郎与姑娘 新疆电台
石河子电台
宋王台 广州电台

三等奖

最后的报告 青海电台
今天我去远航 广西电台
迷人的海湾 江苏电台
赴任 黑龙江电台
大雁情 湖北黄冈电台
彩线绣成的歌 成都电台
大山人 石家庄电台
野马河的儿女 乌鲁木齐电台
我是一个兵 河南电台

单项奖

编　剧:《尊严》的编剧 黄海芹
《春雨蒙蒙》的编剧 费守疆
《凝聚》的编剧 乔谷凡 陈慧君
导　演:《星期四,真好》的导演 徐晓苏 郭 宏
《红庙村的故事》的导演 胡培奋
音　乐:《欢歌飞出山窝窝》的音乐 孙书宝
音　响:《憨憨》的音响 邢建华
《红庙村的故事》的音响 邢建华
录　制:《憨憨》的录制 孙 峥 陈燕霞
《红庙村的故事》的录制 刘丽军
女演员:《尊严》中区小云的饰演者 计 泓
《远山的风铃》中晓琪的饰演者 李冬妮
男演员:《红庙村的故事》中崔德贵的饰演者 谭宗尧

第四届中国广播文艺奖及获奖节目目录

第四届中国广播文艺奖于1997年11月29日在昆明市揭晓。云南人民广播电台音乐台采制的《乐海万里觅乡音》等4个节目获音乐节目一等奖,辽宁人民广播电台采制的《澎湃的诗情》等3个节目获文学节目一等奖,黑龙江人民广播电台采制的《眷恋北大荒》等4个节目获综艺节目一等奖,中央人民广播电台采制的《草原深处的歌声》获对台广播一等奖,中国国际广播电台采制的《叩开春的大门》获对外广播一等奖,青岛文艺广播电台采制的《曲苑彩虹》(1996年3月19日)等2个节目获曲艺节目一等奖,四川人民广播电台采制的川剧故事《田姐与庄周》等3个节目获戏曲节目一等奖,河北人民广播电台采录的歌曲《我们的希望小学》、鞍山人民广播电台采录的评书《回家》等4个节目获广播文艺新作编采一等奖。

本届评奖工作是11月21日开始的。评委会共收到中央人民广播电台、中国国际广播电台、海峡之声广播电台以及全国31个省、自治区、直辖市广播电视学会选送的各类参评节目99个,经过认真评审,选出获奖节目67个,其中一等奖11个,二等奖21个,三等奖35个;同时,还对曲艺、戏曲、对台、对外等专业研究委员会选拔推荐的67个节目,进行终评认定,获奖总数达134个,其中一等奖总数为22个。

评委会认为,本届获奖作品的总体质量高于往届,尤其以音乐节目、戏曲节目和对台广播文艺节目进步最为明显,代表着目前我

国广播文艺创作的最高水平。而且，参评单位之踊跃，参评节目数量之多、水平之整齐，也为历届广播文艺评奖所少见。这从一个侧面反映出全国广播文艺工作者精品意识、创优意识的提高。

本届获奖节目，题材广泛，形式多样，一些节目在保持原有节目规范的基础上，借用其他艺术形式和多种广播手段，大胆创新，力图使思想性与艺术性完美结合，知识性与欣赏性完美结合。不少获奖节目在深入挖掘我国优秀民族艺术，推陈出新，弘扬民族文化方面；在及时捕捉时代典型，热情讴歌时代新风、时代精神方面；在吸收世界各民族优秀文化方面都做了大胆而有成效的努力。这些节目反映出广大广播文艺工作者遵循党的十四届六中全会提出的关于社会主义精神文明建设的总体要求，坚持为人民服务、为社会主义服务的方向，贯彻百花齐放，百家争鸣的方针，弘扬主旋律，提倡多样化，努力创作脍炙人口的精品节目的可贵精神

（张君昌）

第四届中国广播文艺奖获奖节目目录

音乐节目

一等奖

乐海万里觅乡音 云南人民广播电台音乐台
永不消逝的歌声 中央人民广播电台
周总理与《长征组歌》 陕西人民广播电台
生命因你而辉煌 山东人民广播电台

二等奖

草原的呼吸 内蒙古人民广播电台
花红还需绿叶扶 辽宁人民广播电台
在那遥远的地方 上海东方广播电台
歌海弄潮千般情 广西人民广播电台
娘娘滩上的歌 山西文艺广播电台
来自《春天的故事》 南昌人民广播电台
缱绻的情丝民族的呼唤 江苏人民广播电台
芳草碧连天——李叔同的故事 北京人民广播电台

三等奖

世纪之梦 武汉人民广播电台
魂系中华 黑龙江人民广播电台音乐台
听唱新翻杨柳枝 中国国际广播电台
采风随笔 云南人民广播电台音乐台
永远的春江花月夜 天津人民广播电台
古老的谐青，恢弘的气势 西藏人民广播电台
“香巴拉”并不遥远 青海人民广播电台
音乐探源 重庆人民广播电台
生命中迸发出的音符 安徽蚌埠广播电台
战士歌手巴哈尔古丽 新疆人民广播电台
满载歌声的“三卡” 浙江人民广播电台
拥抱九七·拥抱香港 厦门人民广播电台
依依丝路情　悠悠河西行 甘肃人民广播电台
多产的泰勒曼 中央人民广播电台
爱将年华赋好曲　不老弘翻辉煌声 河南人民广播电台

文学节目

一等奖

澎湃的诗情 辽宁人民广播电台
永远的风景 黑龙江人民广播电台
编辑手记：生命之水的礼赞 甘肃人民广播电台

二等奖

等待升旗 上海人民广播电台
恣肆汪洋　大海文章 天津人民广播电台
审视自我心灵、感悟社会人生 西安人民广播电台
七月，走近孔繁森 广西人民广播电台
为了锻铸下一代的人格精神 江苏苏州广播电台
湖畔情歌—追忆著名爱情诗人汪静之 浙江人民广播电台

三等奖

广播文艺杂志——吴天祥专辑 湖北楚天广播电台
真情的屐痕—记郁达夫和他的散文《闽游滴沥》 福建人民广播电台
老船·父亲和海 青岛人民广播电台
幽幽夜来香（1996年9月27日） 吉林人民广播电台
冷凝的火—高嵩关于罗飞诗作断议 宁夏人民广播电台
椰风海韵（1997年1月18日） 海南人民广播电台
心系故土盈江情 云南人民广播电台
人生要奋斗，有志事竟成 贵州人民广播电台
千“年”共婵娟 山西文艺广播电台
鄂温克婚礼掠影 内蒙古呼伦贝尔广播电台

综艺节目

一等奖

眷恋北大荒 黑龙江人民广播电台
春回千万家 上海人民广播电台
黄河恋歌 河南人民广播电台
人间第一情 山西人民广播电台

二等奖

文艺大世界·春之声 海峡之声广播电台
星光灿烂 江苏人民广播电台
紫荆花开报春归 中国国际广播电台
春回千万家 中央人民广播电台

逍遥假日（1996年12月8日） 云南人民广播电台音乐台
千古琴声千古情 天津人民广播电台
盛世欢歌连五洲 广东人民广播电台

三等奖

说说爸爸 陕西人民广播电台
空中度假村（1997年2月23日） 吉林市人民广播电台
小平！好走 福建人民广播电台
历史的回想 重庆人民广播电台
走近天路 青海人民广播电台
江淮春色今更浓 安徽人民广播电台
祖国永远在我心中 辽宁人民广播电台
爱是太阳 新疆人民广播电台
同在蓝天下（1997年3月2日 甘肃人民广播电台
一月八日这一天 浙江人民广播电台
飞雪迎春——文学与音乐的遐想 济南人民广播电台
喜莲（电影录音剪辑） 河北人民广播电台
桔洲乐园（1997年2月21日） 长沙人民广播电台

对台节目

一等奖

草原深处的歌声 中央人民广播电台

二等奖

海上升明月，天涯共此时 海峡之声广播电台

三等奖

世纪的回响 中国东南广播公司
当《黑土歌》响起的时候 中国华艺广播公司

对外节目

一等奖

叩开春的大门 中国国际广播电台

二等奖

音乐快车新春之旅 中国国际广播电台
京剧舞台上的“小巨人” 上海人民广播电台英语台

三等奖

云南纳西古乐巡礼 云南广播电台
遥寄壮乡一片情 广西对外广播电台
春天的故事 中国国际广播电台

曲艺节目

一等奖

曲苑彩虹（1996年3月19日） 青岛文艺广播电台
一条道跑到“亮”的牛 黑龙江人民广播电台

二等奖

曹强与太原莲花乐 山西文艺广播电台
寅初五鼓天将亮 北京人民广播电台文艺台
四世同堂同唱《四世同堂》天津人民广播电台文艺台
悠悠锦歌海峡情 福建人民广播电台

三等奖

变化改革求发展，老曲新唱有知音山东人民广播电台
钻研刻苦练功夫 说学逗唱艺娴熟 哈尔滨人民广播电台
曲艺名段欣赏（第十期） 海峡之声广播电台
苏州弹词套曲《情系沙家浜》 江苏常熟广播电台
土色土香 亲切甜美 济南人民广播电台
说唱园地（1997年2月18日） 青岛人民广播电台
急鼓繁弦动鹰城 檀板丝竹总关情河南人民广播电台

戏曲节目

一等奖

田姐与庄周（川剧故事） 四川人民广播电台
漫话京剧“失·空·斩” 青岛人民广播电台
京剧大观园（1996年10月20日） 海峡之声广播电台

二等奖

大森林（评剧故事） 黑龙江人民广播电台
妈妈（京剧广播剧） 贵州人民广播电台
戏韵歌风唱新曲 湖北人民广播电台
琴韵悠扬戏曲美 江苏人民广播电台
津门寻梦 中国华艺广播公司
烟壶（北京曲剧故事） 北京人民广播电台文艺台
浅谈马连良先生的念白艺术 辽宁鞍山广播电台

三等奖

关灵凤的故事 河南开封广播电台
哭肖大姐 陕西人民广播电台
一个体现丑角美学特征的人物形象中央人民广播电台
成兆才和他笔下的几个女性 天津人民广播电台
啼笑姻缘（黄梅戏录音剪辑） 安徽人民广播电台
高亢洒脱、刚柔相济的徐派唱腔 浙江人民广播电台
敢问路在何方 山东淄博广播电台
沈园绝唱（什锦戏曲故事） 上海东方广播电台
戏中园 园中戏 上海人民广播电台
曹操与杨修（京剧故事） 江苏苏州广播电台
珠江香江连血脉 共浇红豆庆回归广州人民广播电台
壮乡奇葩吐芬芳 广西人民广播电台
根系燕山下，情系庄户人 河北人民广播电台

广播文艺新作编采奖

（一）广播新歌编采

一等奖

我们的希望小学（童声合唱）　河北人民广播电台
我用胡琴和你说话（女声独唱）　福州人民广播电台
致草原（女声独唱）　内蒙古人民广播电台

二等奖

扎都娜（合唱）　云南人民广播电台音乐台
天山儿女（女声独唱）　新疆人民广播电台
欢乐的火把节（女声独唱）　四川凉山广播电台
有一种爱（女声独唱）　南京人民广播电台
大漠之夜（合唱）　吉林人民广播电台

三等奖

边关军魂（女声独唱）　江苏人民广播电台
年是什么（童声合唱）　青岛人民广播电台
不息的乡音（女声独唱）　广东汕头广播电台
飞回家园（女声独唱）　济南人民广播电台
我们心中的邓爷爷（童声合唱）　广东人民广播电台
纳文江的思念（女声独唱）　中央人民广播电台
送你一束红月季（女声独唱）　天津人民广播电台

（二）曲艺新作编采

一等奖

回家（评书）　辽宁鞍山广播电台

二等奖

心愿（梅花大鼓）　天津人民广播电台文艺台
狗娃念经（陕西对口快板）　陕西人民广播电台

三等奖

新改行（相声）　北京人民广播电台文艺台
扬鞭再作万里行（弹词对唱开篇）　江苏苏州广播电台
信不信由你（数来宝）　山西人民广播电台

首届中国播音与主持作品奖评选及获奖作品目录

代表着当今最高播音与主持水平的评奖——首届中国播音与主持作品奖于1998年1月21日至23日在北京进行。评委会共收到各级电台、电视台的参评作品66件，分为广播播音、电视播音、广播主持、电视主持四类评选，目前活跃在我国播音与主持岗位上的老中青优秀代表都有作品参评

经过认真评议，中央人民广播电台方明主播的《在大海中永生——邓小平同志骨灰撒放记》、铁城主播的《高述发迹》、雅坤主播的《永不消逝的歌声》，山东人民广播电台华强主播的《林键的故事》，北京人民广播电台王薇、燕文主播的《北京新闻》（1997年6月15日）等5个作品获广播播音一等奖；中央电视台罗京、李瑞英主播的《新闻联播》（1996年1月1日）、方静主播的《中国新闻》（1996年9月20日），北京电视台王业、张丽主播的《北京新闻》（1997年8月28日）等4个作品获电视播音一等奖；中央人民广播电台傅诚励主持的《午间半小时》（1996年12月31日）、中国国际广播电台黄铁骥主持的《周末节目》（1997年1月4日）、辽宁人民广播电台李珂主持的《含泪笑唱“鲁冰花”》、上海东方广播电台章茜主持的《扯皮不休　源水难清》等4个作品获广播主持一等奖；中央电视台赵忠祥主持的《人与自然》（第37期）、宋世雄主持的《CCTV杯乒乓球擂台赛开幕式及第一场比赛》、敬一丹主持的《焦点访谈：心心相印颂延安》、上海电视台叶惠贤主持的《今夜星晨：莫斯科》等4个作品获电视主持一等奖。

中国播音与主持作品奖是中共中央宣传部1997年批准设立的。首届获奖作品主题积极向上，品位高雅，时代气息浓郁，风格流派多样。既有质朴大方、声情并茂的传统播音风范，又有轻松晓畅、庄谐自然的当代主持风格，还有的作品在传统方式与时代潮流相互融合方面作出了有益的探索。中国播音与主持作品奖今后将每年举办一届。

（张君昌）

首届中国播音与主持作品奖获奖作品目录

广播播音作品

一等奖

林健的故事　山东人民广播电台
北京新闻（1997年6月15日）　北京人民广播电台
在大海中永生
——邓小平同志骨灰撒放记　中央人民广播电台
《水浒》片断欣赏：高述发迹　中央人民广播电台
永不消逝的歌声　中央人民广播电台

二等奖

全国新闻联播（1997年6月30日） 中央人民广播电台
大年初一话春节（朝语） 中国国际广播电台
感天动地的民族情 新疆人民广播电台
990新闻（1997年7月16日） 上海人民广播电台
深圳义工现象系列评论 深圳人民广播电台
做不跪的人；写站立的诗 辽宁人民广播电台
一位劳动者的追求 中央人民广播电台

三等奖

胡老板和他的儿女们 湖南人民广播电台
新闻经纬（1996年3月24日） 辽宁人民广播电台
729早新闻（1996年5月1日） 江西人民广播电台
香港回归特别节目（1997年6月30日） 深圳人民广播电台
爱的乐章 广西人民广播电台
早间新闻（1996年7月21日） 河南人民广播电台
向73岁的老听众及全家致谢 中国国际广播电台

电视播音作品

一等奖

新闻联播（1996年1月1日） 中央电视台
中国新闻（1996年9月20日） 中央电视台
北京新闻（1997年8月28日） 北京电视台
我要读书 广东电视台

二等奖

喜迎香港回归特别报道（1997年7月1日） 上海电视台
东视新闻（1996年4月26日） 东方电视台
话说香港基本法 深圳有线电视台
辽宁新闻（1996年12月1日） 辽宁电视台
新闻纵横（1997年8月15日） 福建电视台

三等奖

环球经纬（1996年6月19日） 广东电视台
十频道新闻（1996年6月17日） 四川电视台
午间报道（1996年6月26日） 陕西电视台
夙愿 山东电视台
河北新闻联播（1997年7月1日） 河北电视台
晚间报道（1997年9月20日） 四川电视台

广播主持作品

一等奖

午间半小时（1996年12月31日） 中央人民广播电台
周末节目（1997年1月4日）（俄语） 中国国际广播电台
含泪笑唱“鲁冰花” 辽宁人民广播电台
扯皮不休 源水难清 东方广播电台

二等奖

清晨游苍岩山（日语） 中国国际广播电台
怀旧金曲（1997年4月19日 中央人民广播电台
农村天地（1995年8月25日） 黑龙江人民广播电台
四世同堂同唱“四世同堂” 天津人民广播电台
李素丽与听众共话人生 北京人民广播电台

三等奖

上帝是否可以为所欲为 河南人民广播电台
每周一歌（1996年9月6日）（英语） 中国国际广播电台
社会纵横（1997年7月13日） 乌鲁木齐广播电台
’96大事评说 广东人民广播电台

电视主持作品

一等奖

人与自然（第37期） 中央电视台
CCTV杯乒乓球擂台赛开幕式及第一场比赛 中央电视台
今夜星晨：莫斯科 上海电视台
焦点访谈：心心相印颂延安 中央电视台

二等奖

北京特快（1997年6月21日） 北京电视台
走进中国第一所希望艺术学校 浙江电视台
新闻观察：等待骨髓救助 上海电视台
精神的圣火 中央电视台
曲苑杂谈（第54期） 中央电视台

三等奖

一夜星光：台湾行 青岛电视台
’97直播——理想职业 福建电视台
首届亚太地区特奥会开幕式 东方电视台
阿里行 河北电视台

新闻类

中国广播电视新闻奖“民百杯”’96广播新闻暨社教节目奖评选及获奖名单

中国广播电视新闻奖“民百杯”’96广播

新闻暨社教节目奖评奖会于1997年7月10日至17日在兰州市举行。由国内广播界著名专家学者和资深广播工作者组成的评委会，本着把握导向、坚持标准的原则要求，经过认真审听、民主评议和投票，评选出了各个奖项的获奖作品。中央台的消息《南京战区在台湾海峡成功举行作战演习》、青岛台的评论《迈出一步天地宽》、乌鲁木齐台的系列报道《让历史告诉我们》、北京台的专题《从“神笔马良”的国籍说起》、河北经济台的节目编排《北方快车》(1996年8月15日）等24个节目获得广播新闻奖一等奖；甘肃台的经济节目《荒漠的曙光——沙产业》、新疆台的科技节目《中国光电第一村》、陕西台的少儿节目《和时间赛跑》、辽宁经济台的板块节目《含泪笑唱鲁冰花》、海峡台的对台节目《空中立交桥》(第168期）、国际台的对外节目《五国首脑聚上海，信任协定意义深远》、湖北台的对农节目《来自三峡移民第一村的报告》等25个节目获得广播社教节目奖一等奖。

本届全国广播节目评选共有34家参评单位，444个参评作品，总审听时间达78小时，其中广播新闻收到参评节目240个，分为六个项目，评出一、二、三等奖171个，入选率为71.25%；广播社教收到参评节目143个，分为四个项目，评出一、二、三等奖101个，入选率为70.62%，同时对理论、对台、对外、对农研委会选拔推荐的61个节目进行了终评认定。本届广播新闻和社教节目奖的获奖总数达到333个。

评委会认为，本届广播奖的参评节目总体质量较往年有所提高，获奖节目都能坚持正确的舆论导向，坚持以正面宣传为主的方针，突出宣传了邓小平同志建设有中国特色社会主义理论，宣传了全国各地改革开放、经济建设和精神文明建设所取得的新成就、新进展和新经验，节目体裁丰富多彩、不少优秀作品题材重大，内容广泛，挖掘深刻，制作精细，特色鲜明，在政治性、思想性和艺术性的结合上有所创新，具有很强的感染力、说服力和可听性。这表明在过去的一年里，我国各级广播电台（站）和广播新闻工作者在把握导向、服务大局、多出精品、提高质量方面又取得了可喜的成绩。

（张君昌）

中国广播电视新闻奖
“民百杯”’96广播新闻奖获奖作品目录

短 消 息

一等奖

县委书记给种粮大户送保护匾　中央人民广播电台
镇原县农民举办“学术”研讨会　甘肃人民广播电台
下岗厂长的新选择　上海人民广播电台
新疆商贸城取消“中国商品展销会”　新疆人民广播电台

二等奖

百万蝈蝈出太行　河北人民广播电台
说情的局长　辽宁信息广播电台
十名“技术大王”从美国考察归来　沈阳人民广播电台
西安至安康铁路全线开工　陕西人民广播电台
连江县委书记杨爱金种田　福建人民广播电台
中华瑰宝《四库全书》首次同读者见面　兰州人民广播电台
我县认真解决乡镇干部“城市化”问题　吉林伊通广播电台
这宣传牌不卖　新疆乌鲁木齐电台
西沟村贴出“安官告示”　山西人民广播电台
青年教师刘景昌为救学生牺牲　内蒙古赤峰经济电台

三等奖

中国姑娘摘取最后一块金牌　黑龙江哈尔滨电台
我县首批农民哥跨出国门当外商　福建莆田市广播电视局
仪封村浇地用上电脑　山东莱芜人民广播电台
一台连续耕作31年无大修的东方红拖拉机今天喜回娘家　河南洛阳广播电台　洛阳西工区广播站
天津获得1999年世界体操锦标赛举办权　天津人民广播电台
国家法律为龙庙乡农民减轻负担撑了腰　中央人民广播电台
我省农村灾后重建项目荣获联合国“改善生活环境杰出奖”　安徽人民广播电台
我省出现第一家为外来工而设立的医疗基金会　广东人民广播电台
京城约三成以上下岗女工择业观念发生变化　北京人民广播电台
现代饲料酸模抗盐碱风沙　黑龙江人民广播电台

消　　息

一等奖

南京战区在台湾海峡成功举行作战演习　中央人民广播电台
奥林匹克公园今晨发生爆炸　广州人民广播电台
乐靖宜勇夺奥运金牌　上海人民广播电台
浏阳北盛悄然兴起“托田所”　湖南长沙广播电台
塔克拉玛干沙漠发现饮用水源　新疆人民广播电台
攀钢实施“债权转股权”初见成效　四川攀枝花广播电台

二等奖

我市沙区出现农户向沙漠深处迁居热　陕西榆林广播电台
“长二捆”扬威香港　广东珠海广播电台
巩义市委、市政府为开发复垦土地有功者立碑　河南郑州广播电台
市领导偕同夫人观展　福建厦门广播电台
十一世班禅圆满受戒　西藏人民广播电台
省委书记唱戏　山东人民广播电台
二百家企业首次摆上“哈洽会”柜台　黑龙江人民广播电台
人民海军破例为一名军外学者举行海葬　北京人民广播电台
漳县转变工作作风动真碰硬　甘肃人民广播电台
大庆石油化工总厂燃烧32年的大型火炬被熄灭　黑龙江大庆广播电台
长沙市东区地税局拒请200多张请柬作废　中央人民广播电台
副总理的考试　安徽合肥广播电台
关闭高产平炉还居民一片蓝天　辽宁鞍山广播电台
陈庆财积极维护国有资产受表彰　中央人民广播电台
美国市场欢迎天津纺织品　天津人民广播电台
高考女状元唐黎拒做虚假广告　河南鹤壁广播电台
国家“八五”重点科技攻关项目离子型稀土原地浸矿工艺获得成功　江西人民广播电台

三等奖

常州东方电缆厂在与外商合资中以销售优势作价参股　江苏常州广播电台
一场特殊的拍卖　福建永定广播电台
京九铁路全线通车投入货物运输　江西人民广播电台
做官先做人　吉林人民广播电台
伊通县把619万合同外负担一次性退给农民　吉林人民广播电台
“吹牛”也要“交税”　河南人民广播电台
劳力互助、资金调剂、联合生产——我县农村出现多种经营组织　广西贺县广播站
“六一”节沈城百名特困儿童找到“代理妈妈”　辽宁人民广播电台
费改税，使减轻农民负担落到实处　湖南武冈广播电台
青海灯泡厂扭亏增盈　青海人民广播电台
六百果农闹擂台——密云赛果会现场见闻　北京密云广播电台
镇海炼化抗住世界原油涨价风浪经济效益高居全国同类企业首位　浙江人民广播电台
东海公司宁肯不搞合资也要自己的名牌　山东潍坊广播电台
伊盟工业经济步入快车道　内蒙古鄂尔多斯电台
南昆铁路创88项国家样板工程　贵州人民广播电台
朱家庄村党支部20年无公款吃喝帐　河北新乐广播电台
公仆电话　湖北楚天广播电台
来自珠峰的呼唤　西藏人民广播电台
昭通国资局于细微处刹歪风　云南人民广播电台
吴忠市为发展龙头产业撑“腰”壮“胆”　宁夏人民广播电台
赵金铎拍案斥“县官”　河北石家庄电台
沙市农民时兴写“种田日记”　湖南长沙广播电台
别具特色的招聘考试　福建福州广播电台
老劳模带出一批新劳模　辽宁大连广播电台
武钢依靠群众办企业有新招　湖北武汉广播电台
人和才能万事兴　湖北人民广播电台

评　　论

一等奖

迈出一步天地宽　山东青岛广播电台
小酒盅里有政治　山东人民广播电台
警惕另一种形式的腐败　广东人民广播电台
承诺重在践诺　辽宁沈阳广播电台

二等奖

滥建寺庙为什么屡禁不止？　辽宁人民广播电台
还是要讲人生观　中央人民广播电台
构筑“凝聚力工程”的创举　江苏常州广播电台
淮河污染何以转移到松花江　黑龙江人民广播电台
不必要的大哥大应该整治了　广西人民广播电台
深圳义工现象的系列评论　深圳广播电台
让主人公真正作主　吉林人民广播电台
天津名牌，不能见好就收　天津人民广播电台

三等奖

治治“村庄肥胖症”　河南上蔡县电台
打工莫误下一代　四川渠县广播电台
工人俱乐部这个阵地不能丢　新疆人民广播电台
“举手之劳”的启示　北京人民广播电台

应重视招牌店名的管理引导 浙江人民广播电台
开锣之后应有戏——新余市渝水区
“五荒”拍卖后的思考 江西人民广播电台
从徐虎喊打假说起 上海东方广播电台
评台湾“建国党”的成立 海峡之声广播电台
这笔账一定要算 湖南宁乡县广播电台
从吹牛得“牛”谈起 甘肃秦安县广播站
两个“转变”的成功范例——
再谈邯钢经验 河北人民广播电台
评选先进岂能儿戏 山西人民广播电台

系列（连续）报道

一等奖

让历史告诉我们 新疆乌鲁木齐电台
触目惊心“稻草堤” 江苏南京广播电台
新时期共同致富的带头人——王廷江
山东人民广播电台

二等奖

爱心创奇迹 上海东方广播电台
好“军妹”——宋彩玲 陕西延安广播电台
情系吕梁山——从“二赵”义举到团中央
“扶贫接力计划” 江苏无锡广播电台
公路又刮三乱风 辽宁信息广播电台
黄金与土地 黑龙江佳木斯电台
罗湖桥头话九七 广东深圳广播电台
洒向人间都是爱 湖北人民广播电台
私盐追踪 安徽人民广播电台
再访贫困山乡 青海人民广播电台
大关的壮举：一个极贫村的奋斗史 贵州人民广播电台

三等奖

天津市和平区精神文明建设 中央人民广播电台
定西县查获一起假冒“兰化”尿素案
甘肃人民广播电台
城市解困——市场经济新课题 河南人民广播电台
走近李玉枝 广东汕头广播电台
南海宁对北辛集的启示 河北人民广播电台
河北经济广播电台
打破坚冰，让航船启航 福州人民广播电台
党支部书记——卜宗亮 山西人民广播电台
松溪河污染问题如何解决 福建松溪广播电台
尊严无价 吉林市丰满广播电台
为了父老乡亲 内蒙古人民广播电台

专 题

一等奖

英雄，魂兮归来 中央人民广播电台
邹竞代表的眼泪 河北人民广播电台
从“神笔马良”的国籍说起 北京人民广播电台
浓雾锁申城 电波寄深情 上海人民广播电台

二等奖

不孤村里文明风 广西人民广播电台
雨水利用的重大创举，
甘肃百万农民告别水荒 甘肃人民广播电台
755次快车的深情 河南人民广播电台
心向祖国，情系广泛——
“老广交”谈广交会 广东珠江经济电台
农民聘教师 山西人民广播电台
今天，东史郎为正义而战 江苏南京广播电台
永远的英雄——访共和国
英模团成员戴碧蓉 天津人民广播电台
一次紧急跨国救援 黑龙江人民广播电台
明天的朝日会更美 江苏启东广播电台
生命的寄托 湖北楚天广播电台

三等奖

铸就警徽的荣耀——记全国公安机关
先进集体“漳州110报警服务台”
福建人民广播电台
搏击人生的勇士 辽宁抚顺广播电台
挚情留沃土——记中国土壤学
奠基人侯光炯 重庆北碚广播电台
终生奉献情未了 陕西人民广播电台
宝中铁路——打通宁夏对外
经济发展的快车道 宁夏人民广播电台
点点滴滴总关情 新疆人民广播电台
鲁毛圆了京剧梦 青海人民广播电台
人民的子弟兵 贵阳人民广播电台
音符里的军魂 海峡之声广播电台
七名适龄儿童为何入学难 山东济南广播电台
护士岁月护士情 山东淄博广播电台
淮河岸边的小造纸厂关掉之后
安徽经济广播电台
人民的好医生沈为众 甘肃兰州广播电台
生命在铁轨上延伸 湖南长沙广播电台
中国是最大的赢家 广东珠海广播电台
监狱不囚禁阳光 吉林市经济广播电台
关于一万八千元的评说 广西人民广播电台

节目编排

一等奖

北方快车（8月15日） 河北经济广播电台
朋友早安·新闻时段（9月16日）
南京经济广播电台
全省新闻联播（12月12日） 甘肃人民广播电台

二等奖

早新闻（11月14日） 上海人民广播电台
702早新闻（12月15日） 江苏人民广播电台
广西农运会新闻（6月10日） 广西北流市广播站
新闻专递（2月18日） 广州人民广播电台
湖北新闻（7月25日） 湖北人民广播电台
新闻（9月21日） 海南经济广播电台
华广快车（8月17日） 中国华艺广播公司

三等奖

河南新闻'96春节特别节目（2月19日） 河南人民广播电台
全市新闻联播（12月5日） 湖南衡阳广播电台
早新闻（12月27日） 新疆人民广播电台
浙广早新闻（7月25日） 浙江人民广播电台
南广新闻（9月1日） 江西南昌广播电台
奥运快讯（7月30日） 中央人民广播电台
全省联播（10月25日） 黑龙江人民广播电台
新闻九〇九（9月19日） 天津人民广播电台
北广早间新闻视点（11月4日） 重庆北碚广播电台
全省新闻联播（1月22日） 山东人民广播电台

中国广播电视新闻奖
"民百杯"'96广播社教节目获奖作品目录

经济节目

一等奖

"神农计划"带来的希望 中央人民广播电台
荒漠的曙光——沙产业 甘肃人民广播电台
太阳集团的兴衰历程 陕西人民广播电台
医药企业产品结构亟待调整 河北人民广播电台

二等奖

"村姑娘嫁京郎"的故事 山东诸诚广播电台
悬在半空的笔 吉林市人民广播电台
不信东风唤不回——洛阳耐火材料厂依靠工人阶级走出困境 河南洛阳广播电台
政府朝令夕改　企业何去何从 河南人民广播电台
走出再就业的误区 河北经济广播电台
资本运营话龙电 黑龙江人民广播电台
"长虹"——一轮冉冉升起的"红太阳" 四川人民广播电台
我们的名牌不能再被"冷藏"了 广州人民广播电台

三等奖

闯市场之路，更要迈市场之步 福建人民广播电台
华鑫之路 江苏吴江广播电台
"候鸟农民"启示录 湖南长沙广播电台
再就业——一个全新的话题 内蒙古人民广播电台
药品回扣——医药市场中的"毒瘤" 辽宁人民广播电台
绿色通道：一路绿灯 海南人民广播电台
武汉市产权交易亟待规范 湖北人民广播电台
市场为何留不住客商 安徽阜阳经济电台
潮起潮落话莱芜布鞋 山东莱芜广播电台
下岗职工走向农村 湖南人民广播电台
两变联合流产的思考 新疆人民广播电台
路就在脚下—政府伸出温暖的手 中央人民广播电台
十年改革路　腾飞正此时——崛起的大理市公共汽车公司 云南大理广播电台

科技节目

一等奖

谈谈绿色食品水稻栽培新技术 吉林舒兰广播电台
死者对生者的奉献 中央人民广播电台
中国光电第一村 新疆人民广播电台

二等奖

土地荒漠化的防治 黑龙江齐齐哈尔电台
李大鹏和他的"康莱特" 浙江人民广播电台
种菜能手蔡步庆谈科技致富 江西宜丰广播电台
用心血浇灌干旱的土地 甘肃人民广播电台
夜幕下的野生动物园 中央人民广播电台
人工养虾不用怕，防病已有好办法 河北人民广播电台
重塑苍蝇形象 湖北武汉广播电台

三等奖

重新认识咱们的"甘薯朋友" 江苏徐州广播电台
菇类新品　致富捷径 广西桂林广播电台
发展"无公害"稻谷的法宝 四川大竹广播电台
养殖又一新途径 北京人民广播电台
作物"癌症"的克星 黑龙江双鸭山电台
科技落地地生金 河南人民广播电台
杂种优势在现代农业上的利用 湖南人民广播电台
夜晚静悄悄 山东人民广播电台
艾滋病传播及其"高危人群" 广东人民广播电台
震撼国际化学界的"三个中国之最" 贵州人民广播电台
地梗种草，一举多得 甘肃华亭广播电台
带状田促进了青海农业发展 青海人民广播电台
爱——从零岁开始 山西人民广播电台

少儿节目

一等奖

探访金丝猴 中央人民广播电台

爱的延续——给不知名的阿姨的一封信 山西人民广播电台
爸爸妈妈辛苦啦 洛阳市西工区广播站
和时间赛跑 陕西人民广播电台

二等奖

走走“长征”路 甘肃泾川县广播电台
假如我当市长…… 吉林市广播电台
苗圃园里亲情歌 湖南桑植县广播电台
国旗 国旗 我爱你 重庆市北碚广播电台
海岛好少年 广东台山广播电台
京剧艺术走进小学校 天津人民广播电台
我有一个希望 中央人民广播电台
邓丽莉的生日 江苏常州广播电台

三等奖

香港内地同胞情,两地儿童盼回归 山东济南广播电台
我的妈妈 河北邢台广播电台
海利的故事 黑龙江儿童台
孤残儿童留山行 湖北长江经济电台
小椰苗(136期) 海南人民广播电台
陇上吹来甜甜的风 甘肃人民广播电台
“白云”来到我们班 新疆石河子电台
少儿综艺节目(1996年8月18日) 青海人民广播电台
有个女孩叫婷婷 浙江人民广播电台
云岭“春蕾”罗志虹 云南人民广播电台
寻找红岩精神 四川人民广播电台
从“孝敬父母”做起 福建人民广播电台
红帆船(10月1日) 辽宁人民广播电台
人间有爱 合肥人民广播电台

板块节目

一等奖

生活大世界(6月25日) 新疆人民广播电台
998新闻纵横(3月18日) 黑龙江交通广播电台
含泪笑唱鲁冰花 辽宁经济广播电台
岁月如歌——沂蒙人的歌声与心声 上海东方广播电台

二等奖

大路朝阳越太行 山西人民广播电台
陇上人家(6月23日) 甘肃人民广播电台
辞旧迎新话回归 湖南临湘广播电台
假日书林(12月1日) 云南经济广播电台
阳光·时间·一家人(12月29日) 辽宁辽阳广播电台
承诺之后 中央人民广播电台
民心工程——社区服务在玄武 江苏人民广播电台
新闻,一九九六(8月15日) 北京人民广播电台

三等奖

“友情助姐妹再就业指南”特别节目 上海人民广播电台
永不陨落的巨星——缅怀陈景润 福建人民广播电台
天津早晨(11月17日) 天津人民广播电台
雁城风情(7月7日) 四川资阳广播电台
青春圆舞曲(12月29日) 吉林白城广播电台
让上海人民了解陕西 陕西人民广播电台
体坛纵横(10月28日) 安徽合肥广播电台
老年天地(11月4日) 江西南昌广播电台
常青园(8月22日) 浙江人民广播电台
空中红绿灯(12月20日) 山东威海广播电台
跨越九七倒计时(12月31日) 广东人民广播电台
七彩立交桥(7月22日) 河北人民广播电台
话筒前后·岁末特别节目 湖北楚天广播电台
空中立交桥·环保专题 河南平顶山广播电台
战胜自卑 走出人生的沼泽地 广西南宁广播电台

理论节目

一等奖

中国传统道德大家谈——论公忠思想 中央人民广播电台
繁荣一方经济,建设一方文明——“南湖现象”的启示 沈阳人民广播电台

二等奖

实施名牌战略,建设经济强省(系列之一) 河北人民广播电台
费孝通江村调查60年的启示 苏州人民广播电台
谈谈社会服务承诺制 辽宁人民广播电台
要高度重视“三观”改造(系列之一) 福建人民广播电台

三等奖

为什么说不能以牺牲精神文明建设为代价换取一时的经济发展 山西人民广播电台
道德建设事,关乎国与家 甘肃人民广播电台
反腐败是一场严肃的政治斗争——关于讲政治与反腐败的对话 浙江人民广播电台
产业工人也要走向市场 陕西人民广播电台
加强精神文明建设,关键要解决好领导干部的世界观和人生观问题(系列之44) 云南人民广播电台
建立与市场经济相适应的现代人文精神 黑龙江人民广播电台
“莫文隋”与“重实绩” 江苏人民广播电台

对台节目

一等奖

“联大”否决所谓的“台湾代表权提案”
——越洋电话访我国常驻联合国
代表秦华孙 中央人民广播电台
空中立交桥（第168期） 海峡之声广播电台

二等奖

中国海军核潜艇透视 海峡之声广播电台
我的心拥有一片故土 浦江之声广播电台
文化纽带岂容割裂 中国华艺广播公司
“驻军法”再次实践“一国两制” 中央人民广播电台

三等奖

宽容不能没有原则 中央人民广播电台
美国一位外交官对中国知识产权
保护工作表示满意 中国华艺广播公司
七月一日，在天安门广场 海峡之声广播电台
金广新闻（1996年11月12日） 金陵之声广播电台
不承诺放弃使用武力是为了从
根本上保障台胞的安全 海峡之声广播电台
中国外交新里程—中国与联合国 中央人民广播电台
挡不住的潮流 金陵之声广播电台
我们一家都来了——访上海大唐食品
有限公司董事长李唐一家 浦江之声广播电台

对外节目

一等奖

吴仪说，中国完全有信心有能力
做好知识产权保护工作 中国国际广播电台
五国首脑相聚上海，信任协定意义深远
中国国际广播电台
中国国防部长说：中国军队积极推行
现代化建设提高现代防卫能力 中国国际广播电台

二等奖

江泽民说，如果到本世纪末还不能
帮助贫困地区人民摆脱贫困，
中国共产党将愧对人民 中国国际广播电台
江泽民希望香港筹委会团结一切
可以团结的力量 中国国际广播电台
纪念唐山抗震20周年 中国国际广播电台
今日西藏专题 中国国际广播电台
中国话题（3月6日） 中国国际广播电台

三等奖

时事报道（7月10日） 中国国际广播电台
听众信箱（5月9日） 中国国际广播电台
汉语讲座（28期） 中国国际广播电台
中国宣布反美贸易制裁清单 中国国际广播电台
位卑未敢忘忧国 中国国际广播电台
西方一些国家在人权会议上的
反华提案再次失败 中国国际广播电台
英语部1996年特别节目 中国国际广播电台
今夜星空 中国国际广播电台

对农节目

一等奖

来自三峡移民第一村的报告 湖北人民广播电台
中德友谊的典范工程 山东人民广播电台
“中国第一班”大学生村支书的风采
浙江人民广播电台

二等奖

法律为咱讨公道 吉林人民广播电台
面向21世纪的白色农业试点 北京人民广播电台
耕夫老农牵红线 九亿农民有新歌 江苏建湖广播电台
世纪遗产 陕西人民广播电台
五位农民的心愿 湖南人民广播电台
大山的脊梁 四川人民广播电台

三等奖

他，耕耘在荒滩碱地上 江苏人民广播电台
按人头税收“猪头税”岂有此理 河南人民广播电台
珠江三角洲农村城市化
不能“化”掉农业 广东佛山广播电台
《对农村广播》（9月17日） 陕西渭南人民广播电台
话说拉林村办企业的高招 黑龙江人民广播电台
一位农艺师的新发明 宁夏人民广播电台
化肥涨价曝光记 辽宁人民广播电台
石匠人家 四川资阳广播电台
扶贫、脱贫、共富 河北人民广播电台

中国广播电视新闻奖 ’96电视新闻评选及获奖节目名单

中国广播电视新闻奖’96电视新闻评奖会于1997年4月20至27日在江苏省张家港市举行。来自33个电视机构选送的228个节目参加了角逐。来自广电部、中广学会、中央电视台及部分省台新闻部主任、学院教授组成的评委会从参赛节目中评选出特别奖1个，一等奖28个，二等奖59个，三等奖100个，获奖率71%。其中中央台的《我军在台湾海峡成功举行三军联合作战演习》获长消息类特别奖，中央台的《江总书记重访永常村》等6个节目获长消息类一等奖，中央台的《王义夫带病参赛夺得银牌》

等4个节目获短消息类一等奖，中央台的《咸宁工商取财有“道”》等4个节目获新闻评论类一等奖，中央台的《边疆行》等5个节目获系列（连续）报道类一等奖，山西台、中央台的《兄弟情》等3个节目获新闻专题类一等奖，中央台的《晚间新闻》（国内部分）（96.8.8）、北京台的《北京新闻》（96.11.24）等2个节目获新闻编排类一等奖。评委会还对电视经济节目研究委员会选送的25个节目进行了终评认定。中央台的《世纪的呼唤——市场经济与职业道德（诚信篇一）》等4个节目获经济新闻类一等奖。

广电部副部长兼中央电视台台长杨伟光同志在讲话中指出，此次获奖节目时效快，问题抓得准，分析问题和解剖问题更加深刻，表达方式更加生动。他还指出，一要努力提高评论和新闻的地位，把新闻办成全国、全省、全市的要闻总汇。要增加播出次数，提高播出质量。二要全面理解和坚持党性原则，新闻节目要体现党的为人民服务的宗旨，反映群众的心声、意见、要求和愿望。

（吴　煋）

中国广播电视新闻奖
’96电视新闻获奖节目名单

消 息 类

特别奖

我军在台湾海峡成功举行三军联合作战演习　中央电视台

一等奖

江总书记重访永常村　中央电视台
张家港注重精神文明建设促进生产力发展　江苏台、张家港台
还水一条通畅的路　中央台、河北台、山东台
“中英街”两旁国旗高悬　深圳电视台
同是114　中央电视台
特殊的“推销员”　浙江电视台

（短消息）

王义夫带病参赛夺得银牌　中央电视台
一行人横穿公路被撞身亡　北京电视台
朱卡嘉没有走　浙江电视台
车祸无情人有情　江西台、吉安台

二等奖

汨罗市对干部政绩“打假”　湖南电视台
济南交警——不倒的旗帜　济南电视台
江西港口村复杂的事简单办　江西台、中央台
国家给农民的优惠哪里去了　陕西电视台
深情的鞠躬——胡锦涛看望徐州下水道四班工人　江苏台、徐州台
我国攻克甘薯脱毒世界难题　徐州电视台
果农广告费　干部工资款　黑龙江电视台
乔迁之喜话新居　西藏电视台
二十春秋未了情　河北电视台
山西农民也讲辩证法　山西电视台
肩负神圣使命的驻香港部队　中央电视台

（短消息）

好“军妹”——宋彩玲　陕西台、延安台
张家港农民学电脑　江苏台、张家港台
“红岩魂”展览展期延长　重庆电视台
感人一幕：离不去的厂长　吉林电视台
浦东邮票“行俏”市长咨询会　上海东方台
中国人民解放军驻香港部队首次亮相　广东台、中央台
战老汉的得失　中央电视台
建高档别墅热结出苦果　河北电视台

三等奖

文明与丑陋的一次碰撞　四川电视台
湖北幸福村向华西村挑战　湖北电视台
南疆铁路西段工程隆重开工　新疆电视台
发生在72次列车上的怪事　辽宁电视台
大关石山变桑田　贵州电视台
安徽凤台修水利　七任县官一张图　安徽台、中央台
一个顾客要求提价的修鞋店　厦门电视台
白色垃圾袭击黑土地　沈阳电视台
山东苹果面临挑战　山东电视台
杭甬路上——汽车与火车赛跑　杭州西湖明珠台
河南夏粮丰收找差距　河南电视台
环保，不再是空谈的话题　海南电视台
两个人的村庄　北京电视台
沙漠愚公　中央电视台
“长二捆”香江扬国威　珠海电视台
徐虎情系报修箱　上海东方台
一堵风景墙挡住了什么？　山东东营台
太原棉织厂32名科室干部当了挡车工　太原电视台
欠下的不仅仅是钱　广西电视台

（短消息）

兴安县发现二战时期美军援华飞机残骸　广西电视台
深圳安度严寒未冻死一人　深圳电视台
宁夏发掘世界上最早的木活字印本《西厦文佛经》　宁夏电视台
世界上海拔最高的输气管道在柴达木盆地建成　青海电视台
青岛大企业　合资不合名牌　山东电视台
我国考古又有重大发现——数百枚金代官印在西安出土　西安电视台

西沟村民向领导“约法三章” 山西电视台
淮河水质污染严重，蚌埠市民饮水告急 蚌埠电视台
我国一口最深水平井喜获高产油气流 克拉玛依电视台
世界第一群野生麋鹿在我国诞生 湖北荆州电视台
乌海啤酒厂倒掉3万瓶啤酒 内蒙古乌海台
李瑞环参加海防路义务劳动 天津电视台
佤山学童情系奥运 云南思茅台
省长当“解说” 辽宁电视台
今夜热血献明月 黑龙江电视台
李鹏总理打电话要求福建做好防抗8号强台风工作 福建电视台

系列（连续）报道类

一等奖

边疆行 中央电视台
救助英雄的生命 潍坊台、山东台
南京江浦县水利工程“稻草堤”事件连续报道 江苏电视台
一根电杆难住千人企业 辽宁电视台
天津和平区百姓评选“十佳公仆” 中央台、天津台

二等奖

真情曲——李素丽先进事迹系列报道 北京台、中央台
国家医疗队使宁夏贫困山区几千名白内障患者重见光明 宁夏电视台
香港回归祖国倒计时周年特别报道 广州电视台
吕梁现象追踪报道 山西电视台
来自雪灾区的报告 青海电视台
10年沉睡生产线，走向市场出效益 上海东方台
京九铁路通车 中央电视台
咫尺巷道天地宽——记徐州市政养护管理处下水道四班 江苏台、徐州台

三等奖

煤海搏击30年 陕西电视台
基层学员干部的榜样——吴天祥 湖北台、中央台
好民警邱娥国 江西台、南昌有线台
发展中的高原邮电通信业 西藏电视台
国有企业的排头兵——来自春兰集团的报告 江苏电视台
走南闯北看浙货 浙江电视台
托起朝阳 宁波台、镇海炼化台
模范团长李国安 中央电视台
石家庄出租车争做“文明使者”系列报道 中央台、河北台
乡镇党委书记的榜样——吴金印 中央台、河南台、新乡台
沂蒙好汉——王廷江 山东电视台
呼二井井喷抢险纪实 克拉玛依电视台
刘桥一矿——精神文明建设的一面旗帜 安徽电视台

新闻专题类

一等奖

兄弟情 山西台、中央台
人情猛于虎 黑龙江电视台
郭韶翔——漳州市巡警直属大队队长 中央电视台

二等奖

一路京九一路歌 江西电视台
全国最大国有企业破产纪实 太原电视台
猪倌——裴利静 山东齐鲁台
开业12天 山东青岛台
送咱孩子上学去 辽宁电视台
是医院还是商场？ 江苏电视台
9.28蓉城特殊“花轿” 四川成都台
闯关——来自镇海炼化的报告 浙江电视台
无法掩盖的事实——关于日军荣1644部队细菌战情况调查 南京电视台

三等奖

玉树雪灾纪实 青海电视台
总书记和人民心连心 贵州电视台
人间正道是沧桑 北京电视台
一个国有企业从亏损大户变成南方“四小龙”的启示 海南电视台
震后丽江行 云南电视台
燕赵儿女抗洪歌 河北电视台
生命 中央电视台
海正生——人们心中的碑 宁夏电视台
不该付出的代价 深圳电视台
情洒青藏线 西藏电视台
承诺，在双休日还算数吗？ 湖南有线台
从漫画看中国 上海电视台
海丰的故事 广西电视台

评 论 类

一等奖

咸宁工商取财有“道” 中央电视台
穿越时空的崇高 上海电视台
与联合国秘书长对话 中央电视台
半个世纪的重合 山西电视台

二等奖

历史事实不容抹杀 江苏电视台
沙尘暴的敬告 甘肃电视台
监督，呼唤力度 山东寿光、潍坊台

正人须先正己——我市清除城市交通的杂音 哈尔滨电视台
温州人评说"服务部" 浙江电视台
由致富路"致贫"引出的思考 太原电视台
巨额粮款化为水 中央电视台
扶不起来的"一把刀" 黑龙江电视台

三等奖

悲剧为何一再重演 福建电视台
成也市场，败也市场 北京电视台
绿色的呼唤 新疆哈密台
无形的丰碑——一位老战士和他的打气筒 辽宁电视台
时刻把群众冷暖记心上 宁波电视台
功在当代，利在千秋 宁夏电视台
通水的启示 天津电视台
书海忧思 西藏电视台
留几分清醒看股市热 广东中山台
请拿起"商标法"的利剑 吉林电视台
增加农业投入不能搞"花架子" 常熟电视台
竞争：冤家何须路窄 陕西电视台
提神之举——对广西田阳"双学"活动的报道 广西电视台
一墙之隔隔什么？——从两个厂的兴与衰看名牌威力 湖南醴陵台
为菜蓝子加了"保险" 云南电视台

新闻编排及现场直播类

一等奖

晚间新闻（国内部分）（1996.8.8） 中央电视台
北京新闻（1996.11.24） 北京电视台

二等奖

新闻联播（1996.4.28） 黑龙江电视台
中俄哈吉塔5国元首在上海签订军事信任协定（1996.4.26） 上海台、中央台
晚间新闻（1996.3.7） 海南电视台
浙江卫视新闻（1996.12.6） 浙江电视台
江苏新闻联播（1996.10.5） 江苏电视台
今晚报道（1996.1.1） 江西电视台
深视新闻（1996.2.18） 深圳电视台

三等奖

广西新闻（1996.9.28） 广西电视台
山西新闻（1996.12.30） 山西电视台
时事纵横（1996.7.28） 中央电视台
山东新闻联播（1996.12.8） 山东电视台
内蒙古新闻（1996.5.4） 内蒙古电视台
跨入九七《中国新闻》特别节目（1996.12.31） 中央电视台
辽宁新闻（1996.12.1） 辽宁电视台
午间报道（1996.12.25） 陕西电视台
青海新闻联播（1996.8.24） 青海电视台
广东卫视新闻（1996.12.4） 广东电视台
湖北新闻联播（1996.11.28） 湖北电视台

经济新闻类

一等奖

世纪的呼唤——市场经济与职业道德（诚信篇一） 中央电视台
铁老大还能大多久 山东齐鲁台
走出贫困 中央电视台
是"优良工程"还是不合格工程 南京电视台

二等奖

1996·秋天的故事——庄妈妈·林明刚 中央电视台
科技使"红线线"变成"钱串串" 陕西电视台
名牌兴衰话国企 北京电视台
海尔产品风流国际市场 青岛电视二台
竞争：彩电降价　硝烟四起 武汉电视台
股市观潮 河南电视台
大葱村里的"大喇叭" 河北电视台
吃早餐　上海人不再徘徊 上海电视台

三等奖

我国钢年产量首次突破一亿吨 中央电视台
向荒原要粮 北京电视台
"菜篮子"连着两地情 深圳电视台
新疆南北疆光缆工程全线开通 新疆电视台
北京特快（1996.2.12） 北京电视台
经济半小时（1996.7.2） 中央电视台
生活立交桥（1996.12.26） 山西电视台
500亩土地的呼号 河南电视台
董事长该由谁来任免 江苏电视台
长安街上的找寻——《生死攸关话名牌》系列之一 中央电视台
走访大兴：棚主、瓜王、县长 中央电视台
造艘大船再扬帆 湖北经济台
四荒地拍卖之后 山西电视台

中国广播电视新闻奖 '96电视社教评奖及获奖节目名单

中国广播电视新闻奖'96电视社教评奖会于1997年6月17日至24日在沈阳市举行。评委们从全国31家电视台送评的180个节目中筛选出123个节目入选，获奖率70%，其中一等奖25个，二等奖49个，三等奖89个。同时，对两类委托评奖项目科普类、

电教类节目进行了终评认定。其中中央电视台的《商业秘密峰烟再起》等3个节目获社会政治类一等奖，中央电视台的《实话实说·鸟与我们》等3个节目获文化类一等奖，天津电视台的《久病榻前母爱歌》等4个节目获人物类一等奖，中央电视台的《避孕——方法篇·经验篇》等3个节目获服务类一等奖，中央电视台的《万家灯火》(第19期)等4个节目获栏目类一等奖，河南电视台的《起诉在东京》等3个节目获系列片类一等奖，中央电视台的《电视商务日本语》(第6集)等3个节目获电教类一等奖，浙江电视台的《地球之巅》等2个节目获科普类一等奖。

评委们认为，此次获奖节目在运用电视手段方面更充分、更得体、更娴熟，电视特点更鲜明。他们指出，知识性、服务性、可视性的有机结合是社教节目的发展方向。编摄人员应把真实、真情、真诚，平等、平和、平常作为社教节目的创作真谛。

(吴 煜)

中国广播电视新闻奖'96电视社教获奖节目名单

社会政治类

一等奖

商业秘密峰烟再起 中央电视台
母亲万岁 甘肃电视台
山里人家 辽宁电视台

二等奖

希望 河北电视台
新闻调查、宏志班 中央电视台
团聚 河南开封台
心愿 上海有线台
真情 黑龙江电视台
世纪之交的道德思考（之一） 广东电视台
中国人怎样养活自己 中央电视台

三等奖

一串钥匙 湖南衡阳台
走进小凉山 江苏海安台
长湖恋 云南昆明台
雪脉 青海电视台
将魂 湖北电视台
抗洪护桥保畅通 广西电视台
好大一个家 湖北荆州有线台
肝胆相照 山东青岛台
轮椅上的两天 中央电视台
绿色监墙 西藏电视台
长征难以忘却的记忆 江西电视台
罗布泊的回声 新疆马兰台
枪声响后的思索 贵州电视台

文化类

一等奖

实话实说·鸟与我们 中央电视台
刘京海与成功教育 上海电视台
版画乡情 湖南衡阳有线台

二等奖

豆腐诗人 河北电视台
茅盾·百年写意 浙江电视台
壶缘 天津电视台
戏班 福建电视台
学外语的庄户人 山东潍坊台
九十老人的追求 江苏电视台
乡村摄影师 江西宜春台

三等奖

九寨沟 北京电视台
他把黄山“搬”到了香港 安徽电视台
别弄脏了红绣衣 中央电视台
壶口 陕西延安台
老人与海 海南电视台
张家师徒贲家班 吉林电视台
戏台上的故事 河南开封台
孙维新电影梦 内蒙古电视台
龚晓华和她的蛋画艺术 山西电视台
扎西措姆的家 西藏电视台
泼墨写高节 湖北电视台
小关肃霜—邢美珠 黑龙江电视台
送别 辽宁电视台

人物类

一等奖

久病榻前母爱歌 天津电视台
心会跟爱一起走 中央电视台
父子 湖北电视台
灵芝老人（续集） 中央电视台

二等奖

小山沟里的程大娘 黑龙江电视台
劳模下岗之后 安徽电视台
茅盾 浙江嘉兴台
郎朗 沈阳电视台
觉拉 西藏电视台
永远的微笑 中央电视台

朱彦夫　山东电视台
真实的邓亚萍　河南电视台

三等奖

小村艺人　湖南郴州台
黄土高坡一校长　上海东方台
“垃圾王”的故事　浙江玉环台
郭静兴学　陕西电视台
冠军和他的妻子　吉林辽源台
高原最后的流动教师　新疆电视台
脱贫状元——闫电山　山西电视台
眼科大夫张家麟　广西电视台
张斌和她的西藏学生　广东中山台
两地情　江苏太仓台
把生命献给雪域高原的人
——记淡水鱼养殖专家阮亚寿　甘肃电视台
岁月真情　辽宁电视台
赶场　四川电视台

服务类

一等奖

避孕—方法篇·经验篇　中央电视台
万宝全书三十期（集锦三）　上海东方台
何时做妈妈　中央电视台

二等奖

原阳桥北米白称“黑”　河南电视台
大市场（1996.10.6）　深圳电视台
水冲厕所农家乐　辽宁电视台
这笔抚血金给谁　中央电视台
巧食地瓜　山东电视台
食海纵横　北京电视台

三等奖

布谷声声（1996.3.28）　福建龙岩台
警惕洪水带来的疾病　湖南益阳台
何嫂来架桥，万事难不倒　湖北经济台
商城实验室全棉免烫衬衫免不免烫？　浙江电视台
手表售出以后　海南海口台
今日生活（1996.11.14）　河北石家庄有线台
把饺子吃出花样来　陕西西安台
电脑走进家庭　天津电视台
走进生活二十二期　云南电视台

栏目类

一等奖

万家灯火（第19期）　中央电视台
女性世界（1996.12.7）　辽宁电视台
农村天地（第164期）　江苏徐州台
电视瞭望（第432期）　沈阳电视台

二等奖

生活（第29期）　浙江电视台
我们同行（96年10月）　天津电视台
青春热浪（第30期）　广东电视台
夕阳红（1996.12.15）　中央电视台
午夜相伴（第45期）　山东电视台
北方直播室（第154期）　黑龙江电视台

三等奖

看厦门（1996.11.8）　厦门电视台
法在身边（1996.9.16）　河南电视台
三秦晚晴（第8期）　陕西电视台
大陆桥（第26期）　新疆电视台
黄土地（1996.3.19）　山西电视台
希望的田野（第155期）　安徽电视台
人与自然（第77期）　中央电视台
半边天（第203期）　中央电视台
雪域地平线（1996.12.8）　西藏电视台
’96消费（第3期）　云南电视台

系列片类

一等奖

起诉在东京　河南电视台
热血丰碑　中央电视台
走向未来　安徽电视台

二等奖

仲家洼　青岛电视台
少女回归　沈阳电视台
唐山地震二十年祭　中央电视台
北场纪事　河北电视台
功过千秋　湖南电视节目中心
巨浪淘沙　江苏电视台
相思在天涯　黑龙江电视台

三等奖

汉江潮　湖北电视台
中华魂　天津电视台
大江南望　广东电视台
南海热土　海南电视台
英才故事　辽宁电视台
中国老三届　北京电视台
相聚在雪山圣顶　中央电视台
伟大的航程　上海电视台
大地忠魂　福建有线电视台
文明在玉溪　云南玉溪电视台
贫困在思考　山西电视台
壮士西行　青海电视台

红岩的呼唤　　重庆电视台

电教类

一等奖

《电视商务日本语》第6集：打电话　　中央电视台
《读讲古诗系列讲座》第8集：山行　　长春电视台
《丹顶鹤》第3集：丹顶鹤　　沈阳电视台

二等奖

《楚文化纵横谈》第10集：束腰升鼎　　湖北电视台
《奇树神果话沙刺》第1集：奇特的植物　　黑龙江电视台
《黄金一刻》第86期　　烟台电视台
《母婴营养》第1集：孕妇营养　　广东电视台

三等奖

《皇家园林》第3集：山光水色与人亲　　河北电视台
《科教天地》第163期　　湖北电视台
《健康新概念》第42期　　广州电视台
《科海星空》第96期：生物钟养生　　四川电视台
《电视摄像艺术》第6集：影调控制　　中央电视台
《打网球》第3集：网球基本技术　　北京电视台
《话说电视新业务》第2集：一卡在手，通达全球“200中国电话卡业务”　　武汉电视台
《中国画》第8集：缘物寄性——扬州八怪与海派　　河北电视台
《中外服饰》中国传统服饰—旗袍　　山东电视台
中华旗袍　　沈阳电视台

科普类

一等奖

地球之巅（专题）　　浙江电视台
《科技之光》（专栏）　　武汉电视台

二等奖

我们的太阳（专题）　　东方电视台
泰山古柏保护（专题）　　山东电视台
《摇钱树》第472期（专栏）　　广东电视台
苹果套袋（专题）　　山东电视台

三等奖

无线的计算机通信（专题）　　辽宁电视台
无籽西瓜栽培技术（专题）　　广西电视台
远东最亮的眼睛（专题）　　江苏电视台
拯救白鳍豚（专题）　　武汉电视台
黑麦草香鹅欢畜笑（专题）　　广东电视台
《科普天地》（179）（专栏）　　福建电视台
《科技大视野》（专栏）　　北京电视台
《科普长廊》第11期（专栏）　　东方电视台

中国广播电视新闻奖 '96报刊新闻奖、报刊专稿奖及获奖名单

首次列入政府奖的'96年度全国广播电视报刊优秀稿件评选工作，于1997年7月28日至31日在江苏省苏州市举行。本次广播电视报刊优秀稿件评奖，正式定名为中国广播电视新闻奖报刊新闻奖、报刊专稿奖，由广播电影电视部主办，中国广播电视学会和中国广播电影电视报刊协会承办。

今年评选的优秀稿件，共分四项，即报刊新闻奖中的消息、评论两项，报刊专稿奖中的通讯、专访两项，其他各项暂未参评。本次共收到各专业委员会推荐的127篇稿件，湖南广播电视报的《把帝王将相逐出店堂》、四川广播电视报的《有感于法国人焚烧“大白鲨”》、苏州广播电视报的《王刚：细说和珅》、黑龙江广播电视报的《小白楼，送你一个红十字》等20篇获一等奖，其中消息类2篇，评论类7篇，专稿类4篇，通讯类7篇；郑州广播电视报的《农民娄源水，放映电影逾万场》、秦皇岛视听之友报的《滴血的红樱桃》等29篇获二等奖，其中消息类5篇，评论类13篇，专访类7篇，通讯类14篇；商丘广播电视报的《“9·13”行动中的电视记者》、新疆广播电视报的《云游》等56篇获三等奖，其中消息类9篇，评论类18篇，专访类11篇，通讯类18篇。

（肖玉峰）

中国广播电视新闻奖 '96年度报刊新闻、专稿奖获奖名单

消息（共16篇）

一等奖（2篇）

把帝王将相逐出店堂　　湖南广播电视报
《红河谷》筹拍　　西藏广播电视报

二等奖（5篇）

农民娄源水，放映电影逾万场　　郑州广播电视报
电视要向农村倾斜　　北京广播电视报
武汉电视台获“全国科普工作者先进单位”称号　　武汉广播电视报
安化县五农民自筹资金排演《孔繁森》　　湖南广播电视报
毁坏广播发射塔赔款四百五十万　　福建广播电视报

三等奖（9 篇）

山沟架起了“大锅”，农民们“走出”了山沟 辽宁广播电视报
困难企业有人问，有线电视情意深 贵州广播电视报
《质量监督台》开播四周年办实事三千件 甘肃广播电视报
热情宣传本国优秀作品 大力弘扬民族文化艺术 淄博声屏报
运用电脑技术 规范广告管理 常州广播电视报
庭审直播 社会反响强烈 青岛广播电视报
与潘多同行采访“清洁珠峰环保行动” 无锡广播电视报
广播已成为仅次于电视的第二大传媒 厦门广播电视报
一所中日电视人援建的乡村小学落成 重庆广播电视报

评论（38 篇）

一等奖（7 篇）

有感于法国人焚烧“大白鲨” 四川广播电视报
瞪眼说瞎话 沈阳广播电视报
镜头对准老百姓 山东广播电视报
“横店事件”告诉我们什么 音像世界
除了爱情，我们还有什么 辽宁广播电视报
现实题材剧呼唤现实 淄博声屏报
失之交臂，奈之若何 青海广播电视报

二等奖（13 篇）

滴血的红樱桃 秦皇岛视听之友报
历史剧创作何以高烧不退 中国广播影视
救孩子还是抢新闻？ 江西广播电视报
精品与深入 河北广播电视报
明星与读书 济南泉城周报
电视公益广告——精神文明宣传的轻骑兵 声屏世界
广播剧何以失落 厦门广播电视报
赞“刘三本”精神 苏州广播电视报
我是麦克风 音像世界
不要冷落“老大哥” 平顶山广播电视报
套数 河南广播电视报
黄金时段与“含金量” 河南广播电视报
荧屏呼唤英雄 鹰潭广播电视报

三等奖（18 篇）

一个人与自然的真实故事 内蒙古广播电视报
倪萍，你走好！ 四川广播电视报
走进生活，走进民众，再铸辉煌 西安广播电视报
《苍天在上》振聋发聩 乌鲁木齐广播电视报
展现生命的价值 齐齐哈尔广播电视报
平淡何尝不动人 大连广播电视报
“痴心不改”，好！ 武汉广播电视报
对影视文化的反思 桂林广播电视报
从刘罗锅的官步谈起 潍坊广播电视报
“洋垃圾”与“国货精品” 无锡广播电视报
浓浓乡情，巍巍心碑 淮阴广播电视报
关于广播剧地方特色和时代精神 声屏之友报
电视栏目的新走向 广播与电视
滴露珠的银杏叶 西南电视
电视参与论 中外电视月刊
感觉电视剧 电视剧
另类是一种病 音像世界
穿越障碍，拨通心灵的电话 影视文学

专访（22 篇）

一等奖（4 篇）

王刚：细说和珅 苏州广播电视报
电视剧：沉重的使命 淄博声屏报
高山人 辽宁电视
名人赵忠祥 广东电视月刊

二等奖（7 篇）

郭颂：人民，我歌之魂 宜昌广播电视报
解读梁晓声 电视月刊
那山，那水，那群人 辽阳广播电视报
永远的挚爱 影视文学
小兵印象 大连广播电视报
朱一民潜心执导《潘汉年》 电视月刊
你是一管笛 辽宁电视

三等奖（11 篇）

“9.13 行动”中的电视记者 商丘广播电视报
镜头聚焦：两元钱的馆司 焦作广播电视报
“书记专业户”的情怀 宁波广播电视报
纪录片《较量》震荡石城 南京广播电视报
小品你大胆往前走
——'96 全国小品比赛引出的话题 青岛广播电视报
“市长”就在你身边 洛阳广播电视报
鲁歧失败了 大众电视
与“怪人”谈“怪” 视听界
汉林“冲刺” 北京电视
访“触电”作家高旭帆 西南电视
海派电视纪录片的新发现 西南电视

通讯（39 篇）

一等奖（7 篇）

小白楼，送你一个红十字 黑龙江广播电视报
白主席谈笑直播间 宁夏广播电视报
用生命写真 开封广播电视报

中国需要这么多电视台吗	北京广播电视报
攀登精神的高度	淄博声屏报
谢亮现象引发的广播启示	广东声报
把心托付给农民	湖南广播电视报

二等奖（14 篇）

沙漠酒香留心中	声屏世界
热情、热线、热泪	山西广播电视报
拨动生命的琴弦	营口广播电视报
生命中的绿	河南广播电视报
中央电视台新编兵团在半边天	中国广播影视
为了点燃光明的人	浙江广播电视报
走进“暖冬”	佳木斯广播电视
半世生死两茫茫	上海电视
无锡之旅	中国广播
长使英雄泪满襟	上海每周广播电视
不眠的六天六夜	空中之友
情系父老乡亲	石家庄声屏之友
在美丽的土地上	湛江声屏报
冰封大明山，心系千万家	广西广播电视报

三等奖（18 篇）

云游	新疆广播电视报
分分秒秒凝真情	上海每周广播电视
胸有壮歌	中国电视报
欲上高台阶，再寻改革路	云南广播电视报
李伯清鬼城遇鬼	四川广播电视报
并非故事	江西广播电视报
抗日青年，半世情缘一报牵 八旬老人，岁月悠悠话当年	湖北广播电视报
用真情讲述“一个真实的故事”	江苏广播电视报
电影频道走一遭	南京广播电视报
朴实、自然、大方——山东十佳主持人霍凤印象记	济南泉城周报
追寻那滚滚的铁流	合肥广播电视报
身边的故事最动人	厦门广播电视报
《远东阴谋》出台记	沈阳广播电视报
让中国动画“动”起来	哈尔滨广播电视报
银线连万家，事业灿如霞	南阳广播电视报
江珊笑容依然	宁波广播电视报
《世纪·长征》百日行军记	上海电视
电影中的台北——访台手记	中外电视月刊

第二届“中国国际新闻奖”评选及获奖名单

“中国国际新闻奖”是由国务院新闻办公室主办的国家级新闻奖，每年评选一次。第一届“中国国际新闻奖”的评选工作于 1996 年 3 月完成。第二届（1996 年度）“中国国际新闻奖的评选于 1997 年 3 月结束。

参评的“国际新闻”为我中央和地方新闻单位采编的、发生在我国境外的、具有重大影响的新闻，以及在境外发生的涉我外事新闻。不包括发生在我国内的外事新闻和港、澳、台地区的新闻。涉及港、澳、台问题国际斗争的作品可以参评。

第二届“中国国际新闻奖”共设六类奖项：(1) 国际消息奖；(2) 国际评论奖；(3) 国际通讯专题奖；(4) 外语国际新闻奖（限新华社、国际台、中国日报和北京周报的作品参评）；(5) 广播电视国际新闻奖（中央和地方广播、电视台的广播电视节目参评）；(6) 国际新闻编辑奖（限中央和各省、自治区、直辖市、计划单列市报纸参评）。以上六类奖项，各设一等奖 2 个（共 12 个），二等奖 4 个（共 24 个），三等奖共 34 个，鼓励奖共 30 个。

选自《国际新闻精品选评》一书

第二届“中国国际新闻奖”获奖名单

（广播电视部分）

外语类

美国应继续延长中国最惠国待遇
作者 崔 文
单位 上海电视台

广播电视类

一等奖

齐心协力 消除饥饿
作者 宫国楹 胡向群 王利芬 何 昊 李群英
单位 中央电视台

西方反华阴谋再次破产
作者 钱慰曾
单位 中国国际广播电台

二等奖

警惕日本极右势力兴风作浪
作者 钟广平
单位 中央人民广播电台

警察与学校
作者 孙利华 杨晓春
单位 北京电视台

中国—联合国—对一位历史见证人的访谈
作者 安 琪
单位 广东人民广播电台

炸弹爆炸震撼亚特兰大奥运会

作者 黄 平 史晓东 焦少波
单位 上海东方电视台 北京电视台

三等奖

黎巴嫩纪行
作者 王宇航 上官文清 盖晨光 肖午铭
单位 中央电视台
五国首脑相聚上海 信任协定意义深远
作者 刘素云
单位 中国国际广播电台
居者有其屋
作者 马伟雄
单位 广西电视台
美国袭击伊拉克失道寡助
作者 董 军
单位 中国国际广播电台
李鹏总理学习过的地方—访莫斯科动力学院
作者 冉 迪
单位 北京人民广播电台

版面编辑类

东非的农业开发
作者 曾祥光
单位 四川人民广播电台
曼德拉宣布南非将同台湾断交
作者 来 洁 徐 威 陈金宝
单位 上海东方电台
以色列采风
作者 程国华 李旭明 王新民
单位 山东电视台
返日小山和遗孤们
作者 王跃宇
单位 黑龙江电视台
扶桑纪行
作者 吕 鸥 喻 莹
单位 武汉电视台
越洋新闻,“零”的突破
作者 张祖模
单位 兰州人民广播电台
国际政要反腐大写真
作者 陈 恳
单位 湖南人民广播电台
访美见闻
作者 惠 毅 刘建军 赵文普
单位 西安电视台

第七届中国新闻奖评选及获奖篇目

由中国记协主办的第七届中国新闻奖评选于1997年10月26日在乌鲁木齐市揭晓。170件新闻佳作榜上有名,其中特别奖2件,一等奖19件,二等奖56件,三等奖93件。

中国新闻奖是我国综合性的年度优秀新闻作品最高奖。本届获奖作品集中反映了在以江泽民同志为核心的党中央领导下,1996年全党全国人民开拓奋进,在社会主义物质文明和社会主义精神文明建设中取得的新成就,同时也展示了我国新闻工作者坚持正确舆论导向,服务大局,提高质量,多出精品的可喜成绩。

1996年新闻报道有个很重要的特点,中央新闻单位、地方新闻单位推出了一批在全国有影响的先进人物和先进单位。报道这些重大典型的参评作品也比往年多。评委会对这些典型报道很关注,经过充分讨论,评选出关于徐虎和李素丽的两篇(组)报道为特别奖。

一批反映重大题材的新闻精品荣获一等奖。人民日报《为经济建设和社会发展提供强有力的政治保证》的评论,全面准确地阐述了江泽民总书记关于讲政治的内容和意义;中央人民广播电台的《英雄,魂兮归来》,震聋发聩,呼唤时代精神;河北电视台的《燕赵儿女抗洪歌》,生动感人,谱写了一曲英雄群体的颂歌;新疆日报评论《旗帜鲜明地同民族分裂主义和非法宗教活动作斗争》,有的放矢,有很强的指导性;新华社在中国政府宣布暂停核试验后播出的通讯《让世界走向和平》,视角独特,观点鲜明;解放军报的消息《我军在台湾海峡成功举行三军联合作战演习》,气势恢弘,突出了中国人民解放军维护祖国统一、捍卫国家主权和领土完整的坚定决心;中国国际广播电台的《西方反华阴谋再次破产》,纪实报道了西方利用人权反华不得人心,揭露西方反华实质是不喜欢中国走上富强之路;天津今晚报的《重新评估国有资产增值3.5亿元》、天津人民广播电台的《市场不相信“出身”》和湖北日报系列报道《由邯钢经验引出的话题》成功地报道了国有企业实现两个转变、深化机制改革的积极尝试和有益经验。

我国新闻工作者在坚持正面报道,弘扬主旋律的同时,也加强了舆论监督。中央电视台的《巨额粮款化为水》、黑龙江电视台的《人情猛于虎》、陕西日报的摄影报道《上学》等批评性报道,受到党和政府的重视,得到人民的拥护,促进了问题的解决,产生了良好的社会效果。

本届评委认为,从获奖作品看,总体质量比过去高, 但参评作品也存在不尽人意之处。如通讯超长作品较多；系列报道的参评作品尚须规范；有些参评作品文字比较粗糙，制作质量不高。

这届中国新闻奖评选，是由新疆维吾尔自治区记协和新疆生产建设兵团记协承办的。

（原载于光明日报1997年10月27日）

第七届“中国新闻奖”获奖篇目

（广播电视部分）

一等奖

西方反华阴谋再次破产（消息）
作者　钱慰曾
编辑　段秀杰　张　著
刊播单位　中国国际广播电台

市场不相信“出身”（评论）
作者　苏维茗　吴　双
编辑　刘素琴　包仲川
刊播单位　天津人民广播电台

英雄，魂兮归来（专题）
作者　胡国华
编辑　蔡小林
刊播单位　中央人民广播电台

爱心创奇迹（系列）
作者　江小青
编辑
刊播单位　上海东方广播电台

含泪笑唱《鲁冰花》（编排）
作者　吴　平　姜英华　李　珂　刘汉斌
编辑
刊播单位　辽宁人民广播电台

国庆节，中英街国旗高悬（消息）
作者　韩建勇　李　燮
编辑
刊播单位　深圳电视台

巨额粮款化为水（评论）
作者　杨明泽　谢子猛　方宏进
编辑　杨明泽
刊播单位　中央电视台

人情猛于虎（专题）
作者　崔　彬　李永和　杜士刚　张承东
编辑　李永和　杜士刚　张承东　王跃钧
刊播单位　黑龙江电视台

燕赵儿女抗洪歌（系列）
作者　何振虎　吕良春　陈金荣　张　炜
张鸿鹏　王连成　杨树勋　江　山
包永辉　梁　栋　于绍良　王文化
李秀峰
编辑　陈金荣
刊播单位　河北电视台

1996年8月8日晚间新闻（编排）
作者　李　勇　许文庆
编辑
刊播单位　中央电视台

二等奖

西沟村贴出“安官告示”（消息）
作者　罗庆东　陈　俊　邢保锁
编辑
刊播单位　山西人民广播电台

乐靖宜勇夺金牌（消息）
作者　胡敏华
编辑　许志伟
刊播单位　上海人民广播电台

常委会的额外议题（消息）
作者　周绍成
编辑　陈淑云
刊播单位　中央人民广播电台

工人俱乐部这个阵地不能丢（评论）
作者　刘心惠　赵　刚
编辑　赵建华
刊播单位　新疆人民广播电台

警惕另一形式的腐败（评论）
作者　牛日成　叶励丹　方　文　张蔚妍
编辑　方　文
刊播单位　广东人民广播电台

从“神笔马良”的国籍说起（专题）
作者　张立新
编辑
刊播单位　北京人民广播电台

优秀山乡广播员——徐仙凤（专题）
作者　马雨农　陈益书　叶　军
编辑　马雨农
刊播单位　浙江人民广播电台

一次紧急跨国救援（专题）
作者　李　铭　张　晔　赵艳娟
编辑　姚宝山　于丁一
刊播单位　黑龙江人民广播电台

“亚星”“奔驰”何以平起平坐（专题）
作者　范有骏　唐野苍
编辑　汪寅生
刊播单位　江苏人民广播电台

大关的壮举——一个极贫村的奋斗史（专题）
作者　梅应福　张平原　黄　蓓
编辑　梅应福
刊播单位　贵州人民广播电台

新时期共同致富的带头人——王廷江（系列）
作者　蒋小锋　刘丹青　刘延来
编辑　乔仁贞

刊播单位 山东人民广播电台

朱卡嘉没有走（消息）

作者 韩 越 蔡晓薇 迟传敏

编辑 王水明

刊播单位 浙江电视台

南疆铁路西段工程隆重开工（消息）

作者 杨洪新 齐正宇 伊力汗·奥斯曼 于洁丽

编辑

刊播单位 新疆电视台

同是“114”……（消息）

作者 裴 奔 骆汉城 李 勇

编辑

刊播单位 中央电视台

汨罗市对干部政绩“打假”

作者 熊兴保 徐建华

编辑 熊兴保

刊播单位 湖南电视台

历史事实 不容抹杀（评论）

作者 戴听祥 关 田 高顺青

编辑 刘小峥 安殿成

刊播单位 江苏电视台

沙尘暴的警告（评论）

作者 杨德灵 刘舜发 许嘉陵 杨海莉 孟建国

编辑 杨德灵

刊播单位 甘肃电视台

闯关——来自镇海炼化的报告（专题）

作者 钟桂松 王水明等

编辑 张晓阳

刊播单位 浙江电视台

兄弟情（专题）

作者 高长龄 段荣鑫 刘明朝 胡志远 于爱群 高 山 康 凯 郭刚峰

编辑 刘明朝

刊播单位 山西电视台 中央电视台

火车汽车赛着跑（专题）

作者 黄震洲 江 涛 高 筠 李江明 曾 志

编辑 杨宇华 金 山 朱 毅

刊播单位 广东电视台

一根电杆难住千人企业（系列）

作者 史联文 蒋立杰 冯晓煜 魏宏伟

编辑

刊播单位 辽宁电视台

边疆行（系列）

作者 杨刚毅 王未来 康 浩

编辑

刊播单位 中央电视台

1996年11月24日北京新闻（编排）

作者

编辑 王黎光 周 泳 孙 放 谢小岩 宋 琛 王 毅

刊播单位 北京电视台

三等奖

吴仪通过本台表示中国有信心，有能力做好知识产权保护工作（消息）

作者 邓 武

编辑 徐朝清 金 瑢

刊播单位 中国国际广播电台

人民海军破例为一名军外学者举行海葬（消息）

作者 陈万清

编辑 纪烈鸿

刊播单位 北京人民广播电台

来自珠峰的呼唤（消息）

作者 李 威

编辑 张之华

刊播单位 西藏人民广播电台

拉林村请专家上门当家生产机器人（消息）

作者 杨蓬莱 张 丽 施晓东

编辑 姚宝山 窦绘声 王 珊

刊播单位 黑龙江人民广播电台

塔克拉玛干沙漠发现饮用水源（消息）

作者 王 宏

编辑 杨连勇

刊播单位 新疆人民广播电台

靖国神社和日本少数政客的反动历史观（评论）

作者 胡民伟

编辑 张秀娟

刊播单位 中国国际广播电台

还是要讲人生观（评论）

作者 曹仁义 王晓晖

编辑 王健儒

刊播单位 中央人民广播电台

商城的回报（评论）

作者 吴立芳

编辑 梁 勇

刊播单位 江西人民广播电台

九旬老人话沧桑（专题）

作者 王 彬 李 直 胡 年

编辑 江忠源

刊播单位 湖北人民广播电台

情系江村六十春（专题）

作者 张惠明 王学新 徐 斌 万 秋

编辑 沈建洪 汪于定

刊播单位 苏州人民广播电台 吴江人民广播电台

一个女出租车司机的情怀（专题）

作者 刘长安 孙艳华

编辑 刘长安

刊播单位 通化人民广播电台

生命在铁轨上延伸（专题）
作者 陈 明 陈爱军 陈 双
编辑 陈书林 陈 明
刊播单位 长沙人民广播电台
关于一万八千多元的评说（专题）
作者 陶卫峰 黄恒顶 陶启堂 汤竹庭
编辑 汤竹庭 陶卫峰
刊播单位 广西人民广播电台
固守精神家园的莫高窟人（专题）
作者 白彩翔 杨玉芬
编辑 张家昌
刊播单位 甘肃人民广播电台
天津市和平区社区精神文明建设（系列）
作者 金树华 郑 凯 王晓辉 张 莉
编辑 王宴青
刊播单位 中央人民广播电台
情系吕梁山——从“二赵”义举到团中央“扶贫接力计划”（系列）
作者 郑 功 戴元初
编辑 冯 雷
刊播单位 无锡人民广播电台
再访贫困山乡（系列）
作者 蔡 勇 王雅萍 郭云电 牛 璇
编辑 任宝林
刊播单位 青海人民广播电台
大路朝阳越太行——京冀晋三地热线直播节目（编排）
作者 磊 明 罗庆东
编辑
刊播单位 山西人民广播电台
河南新闻’96春节特别节目（编排）
作者 孙泉砀 周开球 鲁心云 尚 华 勾志霞 常志霞 花天文 冯肖楠 张 丽 翟国选 王宛平 陈 晔 严 良 姚居清 于志红 远 方 萧 楠 全 心 聂淑霞 冯 鸣
编辑 冯 鸣
刊播单位 河南人民广播电台
海南农业向产业化进军（编排）
作者 邢益平
编辑 陈海川
刊播单位 海南人民广播电台
一行人横穿京通高速路被撞身亡（消息）
作者 葛立平 许建民 林建设
编辑 王 燕
刊播单位 北京电视台
乔迁之喜话新居（消息）
作者 年 忻 尉朝阳
编辑 刘建华
刊播单位 西藏电视台
总书记笑了（消息）
作者 林旭乔 颜 兵 蒋小仪
编辑 林旭乔
刊播单位 广西电视台
警嫂的情怀（消息）
作者 张 全 周 坚 陈 松 罗宗炎
编辑 包世根
刊播单位 （四川）新都电视台
鲁湖南堤挡浪记（消息）
作者 雷喜梅 贺志刚 刘 政
编辑
刊播单位 武汉电视台
“红岩魂”轰动京城展期延长（消息）
作者 朱鸿栋 王成义
编辑 丁道谊
刊播单位 重庆电视台
汗水点出百眼泉（消息）
作者 胡 毅 何万安
编辑 宋 洁
刊播单位 宁夏电视台
安徽凤台修水利 七任县官一张图（消息）
作者 高 波 包爱军 韩隆建
编辑 包爱军
刊播单位 安徽电视台
穿越时空的崇高（评论）
作者 吴 琳 张 峰 徐 攸
编辑 吴 琳
刊播单位 上海电视台
扶不起来的“一把刀”（评论）
作者 陈小钢 朱振勇 李红阳 王冬妮
编辑 陈小钢
刊播单位 黑龙江电视台
竞争：冤家何须路窄（评论）
作者 胡劲涛 顾慈安 谢 伟 何 康
编辑
刊播单位 陕西电视台
总书记和人民心连心（专题）
作者 谢 英 杨茂林
编辑
刊播单位 贵州电视台
走出草原 走入市场（专题）
作者 朝 鲁 王惠莉 双 龙
编辑 王惠莉
刊播单位 内蒙古电视台
心愿（专题）
作者 陈 雯 陈 平 朱鸿钊
编辑 陈 平 余 清 张 华
刊播单位 （重庆）永川电视台
刘京海与成功教育（专题）
作者 冯 乔 周卫平
编辑
刊播单位 上海电视台
十年沉睡生产线 走出市场出效益（系列）

作者　田　明
编辑　陈　梁
刊播单位　上海东方电视台
震后丽江行（系列）
作者　程郁儒　马宪明　杨　宝
编辑　李　宪
刊播单位　云南电视台
烟台市推行社会服务承诺制（系列）
作者　隆　莉　于远声　邓兆安
编辑　林宇涛　宋建春
刊播单位　烟台电视台
人民的“110”（系列）
作者　汤东铭　陈滨峰
编辑　孙　卫　李春芳
刊播单位　漳州电视台

（中国记协“中国新闻奖”评选办公室）

第七届中国新闻奖新闻论文评选及获奖篇目

中国记协主办的第七届中国新闻奖新闻论文评选于1997年10月31日揭晓，91篇新闻论文获奖。

这是新闻论文首次列为我国综合性年度新闻评选最高奖——中国新闻奖的评选项目。这届征集新闻论文的主题是：坚持正确导向，提高引导水平。

本届获奖论文包括荣誉奖6篇、一等奖14篇、二等奖25篇、三等奖46篇。这些获奖论文集中反映了党的十四大以来的五年中，我国新闻工作者高举邓小平理论的伟大旗帜，认真学习贯彻以江泽民同志为核心的党中央关于新闻宣传工作的一系列重要指示，联系新闻事业蓬勃发展的实际，不断总结新鲜经验，坚持正确舆论导向，努力提高引导水平，繁荣新闻理论研究所取得的丰硕成果。

这些获奖论文，是由新闻界的领导和专家组成的评委会，从来自中央新闻单位和各省、自治区、直辖市的134篇参评论文中经充分评论，采取无计名投票方式评选出来的。

评委认为，从这次新闻论文评选情况看，我国新闻学术研究工作坚持了正确的方向，注意理论联系实际，论文质量较高，对指导新闻实践起到了应有的作用。但从参评论文看，地区、单位之间新闻研究工作发展不平衡，少数论文缺少学术性，质量尚待提高。

（孙正一）

原载于中华新闻报1997年11月10日

第七届中国新闻奖新闻论文（万向杯）获奖篇目

（广播电视论文及广播电视单位的论文）

一等奖

重中之重——我国电视新闻的现状、发展趋势及需注意的问题
作者　李东生
编辑
刊播单位　中国广播电视学刊
重在把握——对舆论导向中热点问题报道的思辨
作者　胡占凡
编辑　何　光
刊播单位　中国广播电视学刊
试论对外宣传中把握舆论导向问题的必要性与重要性
作者　张霁苍
编辑
刊播单位
面向二十一世纪的广播由裂变到聚变
作者　马　德
编辑　李彩英
刊播单位　中国广播电视学刊

二等奖

运用科学管理机制　建设健康电视文化
作者　骞国政
编辑　王迎庆
刊播单位　中国电视
试论少数民族广播电视宣传的特殊性及其对策
作者　李永发
编辑
刊播单位
四家电子媒介十四届六中全会精神宣传情况及北京地区受众反馈的调研报告
作者　曹　璐　雷跃捷等
编辑
刊播单位
电视双重属性的社会思考
作者　刁泽新
编辑　刘月卿
刊播单位　贵州视听

三等奖

坚持正确舆论导向的根本途径
作者　陈　廉
编辑　林秀英
刊播单位　福建广播
营造有利发展与稳定的国际新闻舆论环境

作者　汪作舟　张宇清
编辑
刊播单位
关于当前广播电视工作若干问题的思考
作者　宋国华　孙泉砀　王树茂　李学洲
编辑
刊播单位　中国广播电视学刊
论广播电视提高舆论引导水平的瓶颈问题
作者　李之侠　刘　枫　王红芯
编辑　张　裕
刊播单位　广播电视天地
浅谈市场经济条件下人们的价值取向与广播电视的传媒引导
作者　李世成　张淑玲
编辑　杜世祯
刊播单位　山东视听

（中国记协“中国新闻奖”评选办公室）

第二届“全国百佳新闻工作者”评选及获奖名单

第二届“全国百佳新闻工作者”评选于1997年6月在北京举行。100名记者、编辑、评论员和主持人、播音员获得这一荣誉，

由中华全国新闻工作者协会主办的全国新闻百佳评选，旨在表彰新闻界中有代表性的优秀分子的先进事迹，弘扬他们的奉献精神，促进新闻界多出精品，多出人才。1994年的首届评选活动，在新闻界产生很大影响，收到了很好的社会效果。

第二界“全国百佳新闻工作者”的评选活动，除了评选优秀记者、编辑、评论员以外，还增加了新闻节目主持人，播音员。获奖者中记者56人，编辑35人，评论员3人，新闻节目主持人、播音员6人。他们中有高级编辑、记者，也有中级、初级职称的同志；有年满花甲的老新闻工作者，也有朝气蓬勃的年轻记者。其中有22名女性和9名少数民族新闻工作者。

这次评选仍坚持重人品、重实绩、重贡献的原则，要求评选出政治强、业务精、纪律严、作风正的优秀新闻工作者。这些获奖者的共同特点是，继承、发扬了党的新闻工作的优良传统，又具有鲜明的时代特色。他们敬业爱岗、艰苦深入、有奉献精神；在本职岗位上做出了比较突出的成绩；自律精神强，有较高的职业道德水准。他们的业绩和优秀品质将鼓舞更多的新闻工作者走入先进的行列，为促进我国社会主义新闻事业的繁荣和发展做出新的贡献。

（中华全国新闻工作者协会）

第二届“全国百佳新闻工作者”获奖者名单

（广播电视部分）

（按姓氏笔划、分类排列、依次为姓名、性别、民族、年龄、单位）

记　者（56名）

姓名	年龄	单位
王　营	35	浙江人民广播电台
王冬梅（女）	40	中国国际广播电台
米　玛（藏）	33	西藏电视台
刘沙白	42	湖南电视台
冷　学	47	吉林电视台
李东方（女）	36	长春人民广播电台
李英华（女）	42	天津人民广播电台
李耀东	34	黑龙江电视台
张敬民	38	山西人民广播电台
束鹏邺（女）	42	江苏人民广播电台
和吉昌（白）	47	云南人民广播电台
林旭乔	41	广西电视台
徐　滔（女）	29	北京电视台
徐惠如	43	广东电视台
康健宁	43	宁夏电视台
曾令斌	44	江西人民广播电台

编　辑（35名）

姓名	年龄	单位
王嘉实	44	中央人民广播电台
吉保邦	43	山东人民广播电台
江忠源	57	湖北人民广播电台
孙泽敏	45	上海电视台
佘培侠	48	中央电视台
张春林	52	安徽电视台
李　萍（女）	40	中国国际广播电台

新闻节目主持人、播音员（6名）

姓名	年龄	单位
左安龙	55	上海人民广播电台
李　木	39	海南人民广播电台
李瑞英（女）	36	中央电视台
陈爱美（女）	44	陕西电视台
范　蓉（女）	39	辽宁人民广播电台
傅成励	53	中央人民广播电台

综合类

精神文明建设“五个一工程”第六届评奖及获奖名单

精神文明建设“五个一工程”第六届评奖工作于1997年9月至10月在北京举行。中共中央宣传部授予北京市委宣传部、天津市委宣传部、四川省委宣传部、广东省委宣传部、陕西省委宣传部、解放军总政治部、上海市委宣传部、吉林省委宣传部、江西省委宣传部、安徽省委宣传部、黑龙江省委宣传部、山西省委宣传部、河北省委宣传部、广西区党委宣传部、浙江省委宣传部、山东省委宣传部、湖北省委宣传部、福建省委宣传部、辽宁省委宣传部、江苏省委宣传部、湖南省委宣传部、河南省委宣传部、公安部、共青团中央24个单位精神文明建设“五个一工程”第六届“组织工作奖”；授予优秀大型电视文献纪录片、电影、电视剧（片）、戏剧戏曲歌舞剧、歌曲、广播剧、图书、文章等227部作品为精神文明建设“五个一工程”第六届入选作品奖。

精神文明建设“五个一工程”第六届获奖名单

（广播电视部分）

特 别 奖

大型电视文献纪录片《邓小平》（广电部）

入选电视剧（片）32部

电视剧：

《香港的故事》（广电部）
《大漠丰碑》（总政）
《儿女情长》（上海）
《车间主任》（广电部）
《林则徐》（福建）
《黑天鹅》（江西）
《问鼎长天》（吉林）
《燃烧的烛光》（黑龙江）
《大渡桥横铁索寒》（总政）
《沃土》（河北）
《校园先锋》（河南）
《和平年代》（广东）
《午夜有轨电车》（辽宁）
《遵守会议》（贵州）
《春》（安徽）
《民警程广泉》（公安部）
《金海岸》（武警总部）
《彩云追月》（浙江）
《血战万源》（四川）
《毛泽东在陕北》（陕西）
《我的奶奶》（山西）
《小小生命树》（江苏）
《金兰》（山东）
《总督张之洞》（湖北）
《岁月不流逝》（甘肃）
《回家》（湖南）
《李润五》（北京）
《神脑聪仔》（动画片）（广西）
《山城棒棒军》（重庆）

电视片：

《香港沧桑》（广电部）
《中华魂》（天津）
《中国星火十年路》（国家科委）

入选广播剧29部

《地质师》（黑龙江）
《红枫树》（安徽）
《热血男儿》（上海）
《运河人》（广电部）
《千条水，总归东》（广西）
《星期四真好》（四川）
《袁庭钰的故事》（江西）
《村里来了新乡长》（山西）
《劳模和他的影子》（天津）
《山野的风》（河南）
《洪水前后》（吉林）
《爱的奇迹》（北京）
《追寻绿洲》（辽宁）
《征母》（湖南）
《唐山孤儿的故事》（河北）
《三峡移民第一村》（湖北）
《高原赤子》（浙江）
《留守支部》（上海）
《老兵李信》（总政）
《矿山奏鸣曲》（煤炭部）
《山东有个王廷江》（山东）
《画童与神马》（内蒙古）
《水暖香港》（广东）
《最后的报告》（青海）
《千年绝唱》（甘肃）
《延安之声》（陕西）
《及格保险公司》（云南）
《今天我去远航》（广西）

《萨日娜》(黑龙江)

原载光明日报1997年9月4日

第四届“金桥奖”(影视)评选及获奖名单

由国务院新闻办公室和广播电影电视部联合主持召开的第四届“金桥奖”(影视)颁奖暨研讨会2月22、23日在北京举行。

“金桥奖”是由国务院新闻办公室和广播电影电视部颁发的政府奖,旨在对影视对外宣传中涌现的优秀作品进行评选和表彰,迄今已举办了四届。本届“金桥奖”从送评的501部电视片中评选出了由《变化中的中国》栏目产生的优秀电视专题片,优秀电视专栏节目,中国黄河电视台理事会推荐的优秀栏目,以及优秀编导奖、优秀摄像奖等获奖作品。其中《张老汉与县委书记》、《不平常的心》、《绿色的家园》、《生活在天津的外国人》、《走进瓷都》等电视片主题鲜明、立意深刻、内容真实生动,有助于国外观众从不同侧面正确地了解中国。颁奖会后,与会代表围绕在对外开放的格局下如何加强对外影视宣传、树立中国的形象进行了研讨。

(国务院新闻办公室影视处)

第四届“金桥奖”获奖名单
(广播电视部分)

一、《由变化中的中国》栏目产生的优秀电视专题片奖

一等奖(5部)

张老汉与县委书记　五洲传播中心
山东省济宁市外宣办
不平常的心　东上海影视公司
绿色的家园　江西省外宣办
生活在天津TEDA的外国人　天津市外宣办
走进瓷都　江西省景德镇市外宣办

二等奖(14部)

暑期生活在中国　四川省外宣办
奥克森伯格与邹平　山东省外宣办
三峡移民备忘录　湖北省外宣办
今日库区人　江西省赣州地委外宣办
大动迁　东上海影视公司
圣境:圣堂山　广西自治区外宣办
广西电视台
中国扶贫纪实——广西行　五洲传播中心
广西自治区外宣办
一个重建的家庭　河北省外宣办
水窖　宁夏自治区外宣办
琴声中的妈妈　北京市外宣办
都市拥有一片森林　广东省外宣办
来自陕西安塞的报道　陕西省外宣办
走运河　山东枣庄电视台
乡村摄影师　江西省宜春外宣办

三等奖(16部)

山城之路　重庆对外电视交流中心
走进荒原　山东省外宣办
拉瑞扬州印象　江苏省外宣办
走向新世纪(上)　广东省外宣办
盘阳河畔　广西壮族自治区外宣办
广西电视台
迪庆行　云南省外宣办
山西的生命工程　北京市外宣办
追寻妈妈　河北省外宣办
湘南农家　湖南省外宣办
中国孩子们(四)——书声笑声(下)　五洲传播中心
放眼浦东　东上海影视公司
五皇殿的女老板　江西省抚州地委外宣办
抚州电视台
跨越　天津市外宣办
大课堂　浙江省绍兴市外宣办
绍兴电视台
柳州琴童　广西壮族自治区柳州外宣办
武进　江苏省外宣办

提名奖(28部)

托葬中华勃泥王、百年老厂迈向市场、沧桑岁月新街口　江苏省外宣办
泉城双休日　山东省外宣办
紫禁城下香港人(四)　北京市外宣办
古韵新声　北京市外宣办
太行人家　河北省外宣办
再看平朔　山西电视台
渤海风——神奇富饶的内蒙古　五洲传播中心
内蒙古自治区外宣办
故土　吉林省吉林市外宣办
世纪梦圆系列电视片之二——昆山　江苏连云港电视台
退休以后、水晶奇王、异国一家人　江苏省外宣办
迈向二十一世纪的宁波港、让他们站起来
浙江省宁波市外宣办
新地　安徽省淮北市外宣办
中国风筝　山东省潍坊市外宣办
五华石匠　广东省外宣办
筑巢引凤到乐山　四川省外宣办
六十二座丰碑　五洲传播中心
阿克塞、风城巨变　甘肃省外宣办

通往世界的名片　　辽宁省外宣办
来自郑州的报道　　河南省外宣办
海上金桥　　山东省外宣办
今日上海妇女　　东上海影视公司
孤儿的故事　　江西省吉安地委外宣办
　　吉安电视台
珠海的种花人　　广东省外宣办
我的家园　　新疆维吾尔自治区外宣办
王老板和他的儿女们　　四川省成都市外宣办
家在邯钢　　河北省石家庄市外宣办
江源第一村　　黑龙江省外宣办
航标人　　海南省外宣办

二、优秀电视专栏节目奖

（一）《神州一叶》（6 部）

一等奖（1 部）

伊达木　　五洲传播中心
　　内蒙古自治区外宣办

二等奖（2 部）

秦俑人家的一天　　五洲传播中心
中国妇女的园林梦　　五洲传播中心
　　浙江杭州电视台

三等奖（3 部）

张锦秋和她的新唐风　　五洲传播中心
　　陕西省西安市外宣办
两桥元勋　　五洲传播中心
　　上海单子恩摄制组
他们正在长大　　五洲传播中心
　　江苏省外宣办

（二）《熊猫专访》（5 部）

一等奖（1 部）

开发开放中的上海浦东——访赵启正　　五洲传播中心

二等奖（2 部）

唯一的选择——访中国计生委副主任彭玉
　　五洲传播中心
芒果之乡谈扶贫——访成克杰　　五洲传播中心

三等奖（2 部）

放眼中西部——访陈锦华、胡鞍钢　　五洲传播中心
香港正平稳过渡　　五洲传播中心

三、“金桥奖”中国黄河电视台优秀栏目奖

一等奖（2 部）

浙江潮（乡村戏班集）　　浙江电视台
中国山西（摄影家朱宪民）　　中国黄河电视台

二等奖（3 部）

名城掠影（老街集）　　绍兴电视台
北京之窗（城外的故事集）　　北京电视台
广西之窗（绣球村集）　　广西电视台

三等奖（5 部）

名城掠影（娑罗纪公园集）　　贵州遵义电视台
中国天津（迎新春古文化节集）　　天津电视台
今日苏州（珍珠市场集）　　苏州电视台
开放山东（黄河诗人塞风集）　　山东电视台
今日黑龙江（法国厨师的一天集）　　黑龙江电视台

提名奖（6 部）

中国湖北（一路清江一路歌等）　　湖北电视台
中国云南（春城雪集）　　云南电视台
中国吉林（朝鲜饮食集）　　吉林电视台
中国陕西（兵马俑的故乡集）　　陕西电视台
江苏报道（吴歌溯源集）　　江苏电视台
中国江西（兴国山歌集）　　江西电视台

四、优秀编导奖

《不平常的心》编导　　柳　遐（上海）
《走进瓷都》编导　　刘宇林（江西）

五、优秀摄像奖

《今日库区人》摄像　建　敏（江西赣州地委外宣办）
《圣境：圣堂山》摄像　　陈立新（广西）

六、荣誉奖

《当代中国——致富光荣》　　美 CTV 公司
　　东上海电视公司
《一个美国人眼中的中国》系列节目
　　美国 Scola 电视网
　　中国黄河电视台
　　五洲传播中心
《熊猫电视周末版》　　熊猫电视台
《彩虹电视台英语节目》　　彩虹英语电视台
《芝加哥 21 频道英语节目》　　芝加哥 21 频道
《多瑙河岸的神话》　　欧洲东方卫星电视
《西藏历史档案资料》　　西藏自治区外宣办
《帕里人家》　　五洲传播中心
《话说香港》　　五洲传播中心
《歌从这方来》　　北京电视台
《公园省贵州》　　贵州省外宣办

《闽东南》（六）　　福建省外宣办

七、优秀组织奖

山东省政府新闻办公室
江西省政府新闻办公室
江苏省政府新闻办公室
上海市政府新闻办公室
天津市政府新闻办公室
四川省政府新闻办公室
河北省政府新闻办公室
安徽省政府新闻办公室

文艺节

第六届上海国际广播音乐节“金编钟”奖评选及获奖名单

本届评奖于1997年11月15日—19日在上海举行。第六届上海国际广播音乐节组织委员会邀请9位评选委员组成终评评选委员会。经过评委会初评阶段和终评阶段，最后评出：“金编钟”奖1个、银编钟奖2个、铜编钟奖3个、最佳创意奖1个、最佳制作奖1个、最佳编辑奖1个、最佳音响奖1个。非常设奖2个：评委会特别奖1个、听众票选大奖1个。

（第六届上海国际广播音乐节办公室）

第六届上海国际广播音乐节获奖名单

“金编钟奖”得主：上海东方广播电台的《琵琶与吉它——丝绸之路上的姐妹花》
“银编钟奖”得主：上海人民广播电台的《攀登音乐之巅的心路——介绍作曲家朱践耳和他的交响乐》
“银编钟奖”得主：日本电信之声的《西方之声，日本之心》
“铜编钟奖”得主：英国BBC电台的《西方音乐的传说》
“铜编钟奖”得主：西班牙国家电台的《弗拉门戈舞的神秘起源》
“铜编钟奖”得主：德国之声的《1997贝鲁斯节》
最佳创意奖：美国艺术圈的《中美音乐桥》
最佳制作奖：法国国际电台的《世界音乐节目》
最佳编辑奖：澳大利亚电台的《南十字星座下的大陆》
最佳音响奖：瑞士国际电台的《朱利蒙特计划》
评委会特别奖：西藏人民广播电台的《藏北——永远的牧歌》
听众票选大奖：香港电台的《香港，音乐冒险家的乐园》

广播电影电视系统评奖

第五届全国广播电视学术论文评选及获奖作品篇目

由中国广播电视学会主办的第五届全国广播电视学术论文评选于1998年1月26日在北京结束。全国各省、自治区、直辖市、计划单列市广播电视学会及中国广播电视学会各专业研究委员会共有47个单位选送了158篇作品参加评选。经过复评和定评两个阶段的评选，共评选出96篇获奖作品，其中一等奖14篇，二等奖35篇，三等奖47篇。获奖篇数占参评作品总数的60%。

这次论文评选评的是1995年1月至1996年底发表的基础理论、应用理论、史学、决策研究和管理共四个类别的广播电视学术论文。与已往历届广播电视学术论文评选相比，这次论文评选的参评数量和获奖数量是最多的一次，参评作品的质量也有较大提高，特别是基础理论、决策研究和管理两类作品学术水平较为突出，一些获奖论文思路开阔，视角独特，见解新颖，提出的许多理论观点具有独创性和前瞻性。从参评作品看，论文作者中涌现出一批热心于学术探索的中青年广播电视理论工作者，他们具有相当不错的理论素养和学术敏感，并对广播电视工作实际有了深入的了解，因而研究成果有一定的学术价值。同时值得一提的是，参评作品中有不少厅、局、台领导的学术研究成果，各级广播电视领导干部重视理论建设，带头研究问题、著文立说的现象也比较普遍，蔚成风气，这是理论工作受到普遍关注和重视，学术事业繁荣的体现。

（张务纯）

第五届全国广播电视学术论文获奖作品篇目

基础理论类

一等奖

提高转型时期理论宣传的整体效应
（王丹彦著，中央电台荐）

当代广播电视观念的探讨　（王振业著，广院学会荐）

二等奖

广播时间资源开发的思考　（王　烨著，北京学会荐）
影视视觉思维论　（沈　书著，黑龙江学会荐）
电视视听心理定势　（金维一著，上海学会荐）
电视新闻编辑学论纲　（雷喜梅著，湖北学会荐）
中国广播电视学要突出中国的社会主义特色　（冯德刚著，云南学会荐）
市场经济条件下把握舆论导向的特殊意义及注意的问题　（白衍吉著，哈尔滨学会荐）
“纪实型”专题节目创作思辨　（高　鑫著，广院学会荐）
节目本位论　（方毅华著，广院学会荐）

三等奖

当代电视表现平民倾向的美学评析　（王琪泰著，江苏学会荐）
论文化品位　（邱汉初著，浙江学会荐）
论广播电视与“文化引导”（朱万曙著，安徽学会荐）
研究社会心理，改进舆论宣传　（彭宝思著，山东学会荐）
从“政治家办报”引发的思考　（李光照著，河南学会荐）
广东电台改革与岭南文化　（方　亢著，广东学会荐）
有线电视：审美文化与社会信息的集散通道　（郑体仁、曹延华、杨　飚著，四川学会荐）
广播电视理论研究迈向新台阶　（胡妙德著，广播电视出版社荐）
邓小平新闻思想简论　（王　珏著，广院学会荐）

应用理论类

一等奖

发挥独家优势拓展广播功能——情感交流热线节目论　（陈　廉著，福建学会荐）
重中之重——我国电视新闻的现状、发展趋势及需注意的问题　（李东生著，中央电视台荐）
谈谈对台政治敏感新闻的淡化处理　（赵璐珉著，对台宣传研委会荐）
广播文艺的名牌节目《小说连续广播》　（叶咏梅、王大方著，小说连播研委会荐）
国际问题宣传与外交的关系　（席升茂著，国际台学会荐）
自信与胸襟——对广东电视台实践“主旋律与多样化”的理解　（谢望新著，广东学会荐）

二等奖

在加快“两个转变”中谋求发展　（吕浩才著，北京学会荐）
经济台要注意农村的经济宣传　（刘清湘、宏　宽著，江苏学会荐）
论“思辨”——对新闻分析的采写与思考　（肖　峰著，湖北学会荐）
论广播电视节目优化链　（王小夫著，湖南学会荐）
试论少数民族语言广播的特色　（巴德玛著，新疆学会荐）
再认识广播优势　（蔡　鹰著，厦门学会荐）
关于主持人发展的多样化与规范化　（吴　郁著，广院学会荐）
提高节目质量是中央电台永恒的主题　（裴志勇著，中央电台荐）
如何深化对台经贸宣传　（林容华、肖玉宝著，海峡之声学会荐）
农业深层次宣传初探（朱惠民著，对农广播研委会荐）
现场报道中记者的心态　（王　燕著，北京学会荐）
平凡形象与时代精神的结合——山西现实题材电视剧浅说　（董育中著，山西学会荐）
电视纪录片的结构分析　（方健文著，福建学会荐）
开放·开创·务实·多样——县（市）电视台深化宣传改革的思考　（孙孔华著，广东学会荐）
运用科学管理机制，建设健康电视文化　（骞国政著，陕西学会荐）
东西方纪录片对比研究　（任　远著，广院学会荐）
试论节目主持人对采访现场的氛围营造　（何亚妮著，主持人节目研委会荐）
正确把握宣传舆论——中央电视台近年新闻改革的实践认识　（王　甫、王旭东、赵仙泉著，中央电视台荐）
由“汉川系列报道”所引发的思考　（骆汉城、李　勇著，经济节目研委会荐）

三等奖

用大新闻的视野办社教节目（罗春雷著，吉林学会荐）
价值信息新闻及其价值信息量宏观变化规律　（孙晓光著，黑龙江学会荐）
你了解上海广播的听众群吗？　（陆云鹏著，上海学会荐）
坚持正确的舆论导向是搞好广播理论宣传的根本　（丁长举著，河南学会荐）
广东广播新闻改革的回顾与展望　（江　英、余碧君、陈永光著，广东学会荐）
少数民族地区广播电视发展构思　（谭树平著，广西学会荐）

加强农村广播宣传 为新时期
农业发展服务(卢传珍、陈海川著，海南学会荐)
关于市级电台新闻改革走
内涵形发展道路的思考
(杨焕亭著，陕西学会荐)
加强和改善对农村的舆论引导
(于战著，大连学会荐)
选择吸收推广——谈当前广播电视
语言中的几个问题 (鲁景超著，广院学会荐)
浅议香港回归祖国前后国际台
对港广播的宣传方针
(张秀娟著，国际台学会荐)
漫谈《小喇叭》节目采访的特点
(李晓冰著，少儿研委会荐)
对台广播特色及其体现
(闻 达著，对台宣传研委会荐)
细节——电视纪实的魅力 (郝建军著，河北学会荐)
纪录片的反顾与取向 (赵勤著，吉林学会荐)
历史剧的两栖性 (张锦才著，福建学会荐)
在庄严与浪漫中构建美的意境
(瞿晓桦著、湖北学会荐)
浅谈理论节目的电视表现
(鹿松林、姚龙翔著，海南学会荐)
倪萍四题 (胡智锋著，广院学会荐)
纪录片的“选境” (姚友霞著，中央电视台荐)
浅议会议新闻的改革
(李海明著，中央电视台荐)
从屏幕整合效应看纪实性电视剧
(张群力著，电视学研委会荐)
从 CNN 世妇会报道看西方媒体的偏见
(杨刚毅著，电视学研委会荐)
寻找个性发展之路 (屈小平著，法制节目研委会荐)
电视汉语系列教学节目的总体设计
(赵宇辉著，教育节目研委会荐)

史 学 类

一等奖

(空缺)

二等奖

当代中国广告文化变迁的历史演进
(罗耀南著，湖南学会荐)
关于中国人民对外广播开播时间的
调查报告 (胡耀亭著，国际台学会荐)

三等奖

珠江台的创建在我国广播电视
改革史上的重要意义 (罗弘道著，中广学会荐)

决策和管理研究类

一等奖

面向二十一世纪的广播——
由裂变到聚变 (马 德著，山西学会荐)
“一国两制”格局下广播电视的
政策研究报告〈香港部分〉
(白谦诚、朱 砚、马向前著，中广学会荐)
新的起点新的攀登——国际广播的
机遇、挑战与发展 (张振华著，国际台学会荐)
广播电视宏观管理初探
(曾凡安、凌红江著，湖南学会荐)
试论跨世纪电视人才运作机制
(汤炯铭、王 震、花建著，上海学会荐)
我国广播电视发展要实行战略性转变
(唐世鼎著，中央电视台荐)

二等奖

辽宁省广播电视“热线直播”节目现状及思考
(韦 冰、于俊平著，辽宁学会荐)
试论隐蔽性“有偿新闻”的表现及其对策
(肖春明著，江苏学会荐)
论广播电视提高舆论引导水平的瓶颈问题——
关于加强广播电视节目生产的分析研究
(李之侠、刘 枫、王红芯著，四川学会荐)
论珠三角广播媒体的崛起
(厥子民、黄志耕著，广州学会荐)
对我国发展国际卫星电视的几点思考
(张君昌著，中广学会荐)
试论对台广播在对台舆论工作中的地位和作用
(李伯顺著，海峡之声台荐)

三等奖

北京广播电视宣传现状及控制措施
(周溥雄著，北京学会荐)
在市场经济条件下广播电视的喉舌作用
不能削弱 (王增寿著，山西学会荐)
谈广播电视的宏观技术管理(陈德瑞著，吉林学会荐)
关于电视台办二套（经济台）的思考
(韩 松著，江苏学会荐)
增强几种意识 提倡几种精神
(林爱国著，福建学会荐)
更新观念和强化新闻 (王文伟著，山东学会荐)
加强系统协作 形成宣传合力
(周开球、冯 鸣著，河南学会荐)
论台长的策划意识 (张立功著，湖北学会荐)
九十年代广播节目改革与发展特征及走向
(王 佩著，中央电台著)
机关后勤改革必须紧紧围绕服务商业化
这个核心内容深化(刘成浩著，企事业研究会荐)

经济电台的历史进程

（陈小平、朱 砚著，经济电台研委会荐）

中央电视台1995年收视率年度报告

（刘建鸣、张传玲、刘志忠著，新闻资料研委会荐）

广播电影电视部首届（1996年度）高校部级科研和教学优秀成果奖评选及获奖名单

首届（1996年度）高校部级科研和教学优秀成果评奖工作于1997年9月10日结束。这次评奖的范围是部属高校"八五"期间及1996年在人文社会科学研究方面的优秀成果，包括著作、论文、教学成果三部类。参评成果原则上从已获院校级一等奖的成果中择优推荐。

根据《评奖条例》第二条的规定，将"八五"期间已获省部级（含中国广播电视学会）以上奖的成果，确认其具有广播电影电视部高校人文社会科学研究优秀成果奖同等级的资格。

选自广播电影电视部

（96）广发教字889号

获奖名单

一、著作类

一等奖

《中外广播电视百科全书》

单位 北京广播学院

作者 赵玉明 王福顺 王振业 张 颂 李孝勋

《文言实词》

单位 北京广播学院

作者 李佐丰

二等奖

《星期日广播英语》

单位 北京广播学院

作者 蔡文美

《魏忠贤专权研究》

单位 北京广播学院

作者 苗 棣

《新闻心理学》

单位 北京广播学院

作者 刘京林

《艺苑卮言校注》

单位 浙江广播电视高等专科学校

作者 罗仲鼎

三等奖

《中国广告表现透视》

单位 北京广播学院

作者 黄升民 丁俊杰

二、论文类

一等奖

中央六大新闻媒介新闻信息量分析报告

单位 北京广播学院

作者 曹 璐 雷跃捷 罗哲宇 李小游 初广志

一种东方超象审美理论

单位 北京广播学院

作者 蒲震元

方相·饕餮考

单位 北京广播学院

作者 周华斌

二等奖

论播音创作中的审美感受与价值取向

单位 北京广播学院

作者 傅 程

傩戏三题——中国傩戏文化的历史内容和框架

单位 浙江广播电视高等专科学校

作者 詹慕陶

三等奖

审美意象的戏剧表现

单位 浙江广播电视高等专科学校

作者 洪忠煌

〈儒林外史〉艺术结构的审美价值

单位 浙江广播电视高等专科学校

作者 陶 成

三、教学成果类

一等奖

非计算机专业计算机系列课程改革与实践

单位 北京广播学院

作者 余淑美 宋宜纯 宋培义 李京蒙

二等奖

广告基础理论教学与研究

单位 北京广播学院

作者 丁俊杰

校台协作联办节目提高教学质量的探索与实践

单位 浙江广播电视高等专科学校

作者 王文科 沈鹏飞 詹碧澄 张继娅

三等奖

学生工作改革与实践
　　单位　北京广播学院
　　作者　高福安　郭雅丽　姜　鹏
电视艺术概论
　　单位　北京广播学院
　　作者　高　鑫
函授马克思主义哲学课的改革
　　单位　北京广播学院
　　作者　任素琴

四、已获省部级奖需确认为首届部级文科科研优秀成果奖的作品

一等奖

播音风格探（著作）
　　单位　北京广播学院
　　作者　姚喜双
卫星直播对我国的影响与对策（论文）
　　单位　北京广播学院
　　作者　曹　璐　胡正荣　袁　军　王振业
　　　　　胡　平
论电视纪录美学（论文）
　　单位　北京广播学院
　　作者　胡智锋

二等奖

中国解放区广播史（著作）
　　单位　北京广播学院
　　作者　赵玉明　哈艳秋
节目主持人概论（著作）
　　单位　北京广播学院
　　作者　陆锡初
广播剧艺术论（著作）
　　单位　北京广播学院
　　作者　王雪梅
广播电视传播效果的模型研究（论文）
　　单位　北京广播学院
　　作者　柯惠新　黄京华　陈崇山　金文雄
大气磅礴一泻千里——论齐越的播音整体创作观（论文）
　　单位　北京广播学院
　　作者　姚喜双
中国大陆广播电视教育的回顾与前瞻（论文）
　　单位　北京广播学院
　　作者　赵玉明
简论旧中国对广播的研究（论文）
　　单位　北京广播学院
　　作者　哈艳秋
〈1992 年中央人民广播电台全国听众抽样调查〉综合报告（论文）
　　单位　北京广播学院
　　作者　柯惠新　徐振江　肖　明

三等奖

人眼与摄像机（论文）
　　单位　北京广播学院
　　作者　李兴国
企业管理的广告接触行为与广告意识（论文）
　　单位　北京广播学院
　　作者　黄升民
新闻教育面向广播电视发展态势的若干问题及对策（论文）
　　单位　北京广播学院
　　作者　雷跃捷
关于新闻宣传党性和人民性的若干思考（论文）
　　单位　浙江广播电视高等专科学校
　　作者　邹本德　路维中　蔡国林

其它评奖

1997 年全国教育电视节目评奖及获奖名单

特别荣誉奖

金秋园丁颂　　中国教育电视台
　　上海教育电视台
　　辽宁教育电视台
　　新疆教育电视台
　　昆明教育电视台

一等奖

教学类	动叶栅及其几何特性	辽宁东电教育台
栏目类	走进今天	浙江教育电视台
专题类	INTERNET 改变世界	中国教育电视台

（二等奖以下省略）

（中国教育电视协会）

中央三台评奖

中央人民广播电台优秀节目评选及获奖名单

1996 年度中央人民广播电台优秀节目评选，共评选出特等奖 2 个、特别奖 2 个、一等奖 26 个、二等奖 50 个、三等奖 95 个。(其中包括优秀文艺节目 30 个、民族翻译〈播

音〉优秀作品10个)。

特等奖(2个)

系列广播特写:中华百年风云录(中部)(30篇)
1996年10月25日~11月23日《广播剧和小说连播》
总监制:王健儒
监制:王宴青
策划:曹仁义
总撰稿:韩长江
撰稿:王晓晖、刘发丁、陈定川、黄立新、高泽成
总导演:赵 冰
音响:邢建华
演播:方 明
录制总监:霍有义
录音合成:江 凯
录音:孙 峥、张保生

白雪、青山、红灯笼——1996年中央台春节文艺晚会
1996年2月4日播出
编辑:赵 冰、陈福生
审稿:王健儒
主持:雅 坤、姚 科

特别奖(2个)

系列报道:罗湖桥头话九七(前27篇)
1996年7月1日起《九州巡礼》
采写:深圳台、中央台

系列讲座:全国农业普查广播讲座(24讲)
1996年10月6日~12月28日《对农村广播》
编写:全国农业普查办公室、中央台
编辑:纪曙春、孙雷钧
审稿:徐潮江
播音:常 亮、黎 江

(以下各类奖项排列,按播出时间先后为序)

新 闻 类

一等奖(11个)

消息:

国家法律为龙庙乡农民减轻负担撑了腰
1996年1月7日《新闻报摘》
采写:孙 叶

新闻特写:常委会的额外议题
1996年1月27日《新闻报摘》
采写:周绍成
编辑:陈淑云

陈庆财积极维护国有资产受表彰
1996年8月7日《全国新闻联播》
采写:周玉琛
编辑:张爱华

录音报道:香港特区第一任行政长官人选产生
1996年12月11日对台《新闻广场》
采写:谢际争、杜昌华
编审:赵亦红

评论:

精神文明建设系列述评:还是要讲人生观等三篇
1996年5月28~30日《新闻报摘》
采写:曹仁义、王晓晖
审稿:王健儒
播音:于 芳

新闻专稿:

来自鲁迅故居的呐喊(两篇)
1996年1月12、15日《新闻纵横》
采写:赵连军
审稿:蔡小林

录音通讯:情满车厢(上、下)
1996年10月5、6日《新闻报摘》
采写:刘园丁
编辑:张 莉
审稿:王明华
播音:于 芳

联合国运转艰难,拖欠款数额惊人(两篇)
1996年10月26日、11月2日《环球信息》
采编:熊智辉
审稿:姬 平
播音:周 强

系列(连续)报道:

不该忘却的纪念(6篇)
1996年1月22~27日《新闻纵横》
采编:蔡小林、胡国华、法 展、孟 昕、关晓东

梦圆南昆路(4篇)
1996年5月25、26、27、29日《新闻报摘》
采写:杨志东、裴建萍、胡家麒、曾晓东、陈汝平
审稿:王健儒、王明华、杨志东

节目编排:

直播节目:奥运快讯
1996年7月30日《体育节目》
前方记者:刘桂兴、陈建奇、李 苑、朱新宇、杨 青
主持:梁 悦
导播:陈文清、乔 伟
编辑:焦金英

(二等奖以下从略)

社 教 类

一等奖(10个)

专题节目:

国庆特别节目:为了母亲的微笑
1996年10月1日《午间半小时》
采编:方 舟、梁永春、万 梅、杨新爽、原 杰

审稿：杜嗣琨

录音特写：夜幕下的野生动物园

1996 年 10 月 4 日《七嘴八舌说动物》

采制：周　军、涂　彬、李红兵

播音：金　涛、雅　兰

录音报道：二十五年风雨路，浩然正气中国魂——访历任中国常驻联合国大使

1996 年 10 月 25 日《环球信息》

采编：赵　威、黄光辉

播音：葛　兰、周　强

系列报道：路，就在脚下——再就业工程纪实

1996 年 12 月 16～22 日《经济生活》

策划：监制：李存厚、臧捷年、陈青平

采写：罗艳玲、朱卫平、林　懿、朱宏钧　洪　琦、余日红、董铁明、徐　强、刘　军、郑佳林、张双梅

主持：马　黎

对象节目：

快乐航班——曲艺港

1996 年 2 月 22 日《小喇叭》、《星星火炬》联合播出

采编：许　靖、孙巧稚、郝尚勤、王晓澄、秦植国、李晓冰

录音报道：他去了那遥远的地方

1996 年 3 月 27 日《439 播音室》

采写：吴朝晖

编审：陶　炜

录音通讯：深情凝铸的丰碑——记新疆克拉玛依农行行长张培英（3 篇）

1996 年 7 月 3～5 日《439 播音室》

采写：吴卫民

录音报道：骗退税——谁在挖国家墙角

1996 年 9 月 10 日《法制园地》

采编播：金　涛

审稿：徐　迅

综合板块：

异地直播节目：我说黄河五十年

1996 年 10 月 21 日《专家热线》

策划、采写：于　红、靳　雷、涂　彬

主持：于　红、靳　雷

导播：周　军、周　伟、王亚兰、王志存

监制：赵忠颖、涂　彬

承诺之后

1996 年 12 月 31 日《午间半小时》

采写：傅成励、万　梅、黄维群、方　舟、原　杰、杨新爽

审稿：杜嗣琨

（二等奖以下从略）

民族翻译（播音）优秀作品（10 个）

一等奖

优秀栏目：《空中信箱》——北京西藏中学学生家信

1996 年 2 月 28 日播出

编辑：陈杰盛

审稿：泽　嘎

（二等奖以下从略）

优秀文艺节目（29 个）

一等奖

系列音乐专题：西方音乐一千年

1996 年 1 月 15 日～6 月 7 日播出

编辑：特木尔

审稿：钟春森、周　游

主持：姚　科

音乐专题：永不消逝的歌声——纪念音乐家王洛宾

1996 年 4 月 24 日播出

编辑：赵　薇

审稿：刘志宏、周锡炎

主持：雅　坤

戏曲专题：托起希望之星，培养京剧传人——第二届中国京剧希望之星推荐演出活动介绍

1996 年 5 月 3 日《空中戏台》节目播出

采编播：蔡　怡

审稿：张　清

音乐专题：永恒的足迹——纪念红军长征胜利 60 周年广播文艺晚会

1996 年 10 月 23 日播出

编辑：陈福生

审稿：刘晓龙

主持：方明、雅坤

（二等奖以下从略）

摘自《中央台编播业务》第 12 期

中国国际广播电台优秀广播节目评选及获奖名单

我台 1997 年度（第十六届）优秀广播节目评选工作，于 2 月 9 日至 14 日在京郊举行。全台中心发稿部门、语言部共推荐 120 篇稿件（节目）参评。经评选共有 93 件作品获奖，获奖率为 83%。1997 年是我国对外宣传事业不平凡的一年，评委们一致认为，97 年

度的参评作品质量普遍上了一个台阶，特别是对重大事件的成功报道，再次证明了我台拥有一支素质很高的记者、编播队伍。

获奖作品名单（二等奖以下从略）

一、名牌节目奖（2个）

《中华智慧》（罗语部）李家渔
今夜星空《访谈节目》（总编室）刘 晖、江庭梅、郭胜昔、吴笑女、李宇飞

二、创新奖（2个）

中国共产党十五大开幕（西语部）马博辉
文化与音乐（英语部）李姝香、理查德·哈托（专家）

三、香港回归现场直播特别节目奖（3个）

香港回归之夜现场直播特别节目（华语部）孔令保、段 爽、张秀娟、张 晖
首都各界庆祝香港回归祖国大会直播节目（华语部）乔 卫（执笔）、张秀娟、郭 丹、赵 健
现场直播香港回归和“首都各界庆祝香港回归祖国大会”直播（英语部）夏吉宣、陈德浓、王 璐、张齐智、王怀宇、迟文杰、关娟娟、王安敬

四、组稿奖（2个）

迈向充满希望的新世纪——江泽民主席1998年新年讲话（国际中心）刘素云、张 晖、全宇虹
钱其琛副总理的春节贺辞（华语部）张秀娟、刘素云、张 晖

五、优秀特别节目奖（12个）

一等奖（3个）

友谊之花盛开的季节（日语部）潘琦民
叩开春的大门（越语部）王雪峰（执笔）、潘金娥、黄永雪、薛声延、李慧莹、武丽义
历史，掀开新的一页（国内、国际、英语、法语、电视中心）王 蓬（执笔）、刘素云、骆红秉、李培春、操桂香等

六、优秀系列和板块节目奖（共10个）

一等奖（3个）

系列：中国乐器博览（文艺部）何劲草、常海宽、韩秀芳
系列：回归前的香港（国内中心）张惠玲
系列：香港今昔（华语部）张秀娟、张 晖、鲍冬青、刘小勇

七、优秀新闻奖（5个）

一等奖（1个）

钱其琛说，中国金融稳定、经济形势很好（华语部）鲍冬青

八、优秀专稿奖（共47个）

一等奖（9个）

专稿：走过四分之一世纪的中美经贸（土语部）刘 琳
专稿：我们的生活真美好（华语部）丁淑暖、刘小勇
专稿：中国的宗教信仰自由政策是社会稳定的有力保证（国内中心）安 岚
专稿：中国人民解放军进驻香港将威武文明秋毫无犯（国内中心）骆红秉
专稿：中国新型火箭长征3号B发射成功（国内中心）耿庆庆
专稿：十万群众泪送邓小平（国内、英语、华语、总编室）王 蓬、张 晖、童拉格、邢 博、邵 敏、刘小勇、周海涛、陈雪飞、高胜慧
专稿：回归以后看香港（英语部）关娟娟
专稿：秘鲁人质危机宣告结束（国际中心）胡 敏、高世军、唐万欣、董 军、张 敏、张 著
专稿：世界政坛人士畅谈香港回归（国际中心）王紫微、陈俊才

选自《中国国际广播学会通讯》1998年第二期

中央电视台评奖

中央电视台1997年优秀栏目、优秀节目名单

（二等奖以下从略）

一、优秀栏目

一等奖（24个）

《新闻联播》
《焦点访谈》
《东方时空》
《足球之夜》
《军事天地》
《晚间新闻报道》
《综艺大观》
《旋转舞台》
《正大综艺》
《人与自然》

《每日佳艺》
《音乐电视城》
《九州戏苑》
《科技博览》
《大风车》
《半边天》
《社会经纬》
《中国新闻》
《英语新闻》
《中国报道》
《天涯共此时》
《经济半小时》
《生活》
《世界经济报道》

二、优秀节目

一等奖（39 个）

邓小平文献纪录片
罚要依法——209 国道
《中国之路》——十五大特别报道
在大海中永生
孟良崮
淮河治污系列报道
背负民族的希望——八一建军节 70 周年
'97 春节晚会系列（三台）
九七恋曲
“心连心”演出系列（五台）
继往开来——庆祝十五大胜利召开文艺晚会
为中国喝彩——'97 中国之夜好莱坞碗型剧场文艺晚会
黄河的故事——旋转舞台江河湖海系列（一）
小糊涂神（26 集）
科教兴国
大三峡
中国家庭
六个一百工程
神奇山谷
《香港沧桑》（下部六集）
《香港百题》
《达赖喇嘛》（上部）
跨越星空——庆祝中央电视台国际频道开播五周年晚会
《面向二十一世纪》（英）
风雪桑梓情——'97 多伦多华人华侨春节联欢晚会
新闻综述——难忘九七
“3·15 特别行动”和“3·15 晚会”
千秋万代话资源
跨世纪的转变
锅碗瓢盆交响曲
香港的故事
和平年代
车间主任
党员二愣妈
午夜有轨电车
山梁
介入疗法
《电视你我他》（268）介绍国产动画片
电影《鹤童》

三、特别报道奖（7 个）

鉴于 1997 年我台出色完成了几项重大报道活动，编委会建议设立'97 特别报道奖，以体现我台 1997 年整体宣传的突出成绩。

邓小平治丧期间报道
香港回归电视报道
三峡截流报道
江泽民总书记访美报道
第八届全运会报道
黄河小浪底截流合龙报道
漠河日全食直播

1997 年度录制技术质量奖、优秀工程奖和安全播出班组奖名单

一、电视节目录制技术质量奖

一等奖（7 个）

《今日中国》（304）　海外技术制作部
《中国新闻》（7.4）　录制部
《梁祝和她的蝴蝶梦》　录制部
《梨园群英》（330）　录制部
《“世亨杯”短池游泳赛》　转播部
《回归颂》　转播部
《潘汉年》　电视剧中心技术处

二、优秀工程奖

特别奖（1 个）

一号演播厅　（技术系统、房管处）

一等奖（5 个）

中央电视台军博制作区工程　（技术制作中心录制部）
中央电视台空调系统改造一期工程　（动力处）
计算机信息网络和管理系统工程网络中心工程　（技术管理办公室信息通信处）
DSNG 移动卫星地面站系统　（播送中心播送部）
中央电视台顺义培训中心工程　（房管处）

三、安全播出班组奖（11个）

播送部：APC-B班
APC-C班
APC-D班
APF-A班
APF-B班
APF-C班
APF-D班
APF-E班
新闻制作部：A班、B班、C班

1997年中央电视台荣获国际奖节目名录

1997年，中央电视台共有11部作品荣获国际大奖：

长城　1997年6月，荣获罗马尼亚第四届国际旅游电影节旅游文化一等奖
（中央电视台科教节目制作中心）

羌塘　1997年6月，荣获罗马尼亚第四届国际旅游电影节旅游资源一等奖
（中央电视台科教节目制作中心）

种子正传　1997年5月，荣获日本须贺川国际短片电影节优秀影片奖；6月，荣获'97斯洛伐克国际环保电影节教育部奖
（中央电视台科教节目制作中心）

鹤童　1997年7月，荣获俄罗斯、乌克兰共同举办的“第五届阿尔特克国际电影节”“热爱大自然浪漫题材创作奖”，和最佳影片音乐奖
（中央电视台、龙江电影制片厂）

中央电视台　1997年8月，荣获亚广联第二十四届新闻工作特别奖。表彰中央电视台对香港回归这一重大历史事件进行的快速、准确、全面的报道

精品库　1997年10月，荣获日本富士台举办的第二十六届片头大奖赛银奖
（中央电视台技术制作部，美术设计：吴克勤）

动物世界　1997年10月，荣获日本富士台举办的第二十六届片头大奖赛铜奖
（中央电视台技术制作部，美术设计：吴克勤）

香港回归　1997年10月，荣获亚广联第三十四届电视新闻交换丹尼斯纪念奖
（中央电视台新闻中心）

黄河的故事　1997年10月，荣获亚广联第三十四届文化放送娱乐节目奖
（中央电视台）

我们西藏·巴廓南街16号
1997年10月，荣获法国第十九届“真实电影”国际纪录片电影节大奖——真实电影奖
（中央电视台、西藏文化传播公司）

大脑潜能　1997年11月，荣获伊朗德黑兰第二十七届国际教育电影节银奖
（中央电视台科教节目制作中心）

地方评奖

北　京　1997年北京市广播电视局与北京广播电视学会联合组织了“1996年度北京广播电视奖”评奖工作。评选出获奖节目（稿件）154个（篇），其中一等奖35个，二等奖50个，三等奖68个，特别奖1个。此外，1997年获“北京新闻奖”的节目（稿件）40个（篇），其中一等奖11个，二等奖13个，三等奖16个。获“中国广播电视奖”的节目（稿件）有37个（篇），其中一等奖7个，二等奖15个，三等奖15个。获“中国新闻奖”的节目（稿件）4个（篇）。这是北京市广播电视系统历年来在全国获奖数量最多，而且是获一、二等奖最多的一次。

获奖节目和稿件有如下特点：

一、消息和短消息的质量有明显提高。如，电视短新闻“一行人横穿京通快速路被撞身亡”，记者有较强的新闻敏感，抓拍到现场情景，新闻现场感强，有较强烈的冲击力，社会反响大，获得“北京广播电视奖”和“中国广播电视奖”一等奖。

二、反映精神文明建设的节目稿件获奖的比较多，质量比较好。如，广播专题“奉献真诚的爱”、广播综合版块节目“李素丽与听众共话人生”、电视专题片“北京有个李素丽”、“无私献真情”等，从不同角度，全面反映了北京市和全国的英模人物李素丽爱岗敬业，无私奉献，全心全意为人民服务的崇高精神，都获得“北京广播电视奖”一等奖。又如，电视专题片“公仆的足迹”，反映了孔繁森扎根边疆，艰苦奋斗，热爱人民，为藏族同胞献身的崇高精神，获得“北京广播电视奖”一等奖。

三、宣传报道深度有所增强。从新闻、评论和专题节目看，都能抓住现实生活中的矛盾和问题，主题开掘有深度，表述有深意。如获得“北京广播电视奖”一等奖的广播新闻“京城约有三成以上下岗女工择业观念发生变化”、广播专题“从神笔马良的国籍说起”、广播评论“丰收之后话隐忧”、电视系列报道“名牌兴衰话国企”、电视专题片“域名抢救不容忽视”等，都有这个特色。

为了促进优秀广播电视栏目和优秀影视剧的生产，北京市广播电视局举办了“北京市广播电视系统优秀栏目和优秀影视剧”评选工作。北京电台、北京电视台、北京有线台共有44个优秀栏目获奖，其中电台17个，电视台18个，有线台9个。郊区各区县局有20个

优秀栏目获奖，其中广播优秀栏目8个，电视优秀栏目12个。此外，电视剧《北平和谈》、《大命运》、《龙珠》，获优秀影视剧奖。（董学武）

河　北　1997年河北省的评奖工作进度顺利，在全国性评奖中的获奖成绩也是不错的。其中电视系列报道《燕赵儿女抗洪歌》获第七届中国新闻奖一等奖。

河北省获奖的广播电视作品，有许多特点，最突出的特点是这些作品尽力表现了时代精神。《赵燕儿女抗洪歌》写的是"一保京津，二保铁路，三保油田，四保自己"的顾全大局的精神，体现军民深情、干群深情、群众之间友情的大公无私精神。《邹竞代表的眼泪》写的是忧国忧民、振兴民族工业的精神。《百万蝈蝈出太行》写的是冲出封闭奔向市场的开放精神。《希望》写的是通过发展教育改变贫困农村面貌的精神。

采制新闻精品需要记者、编辑具有较高的政治素质和业务素质，其中深入的采访作风是不可缺的。没有记者和抗洪大军同甘共苦精神是拍不出《燕赵儿女抗洪歌》的。不到太行山走一走看一看也是写不出《百万蝈蝈出太行》的。没有同全国希望工程救助第一人张胜利的朝夕相处更是采访不出感人至深、反响强烈的《希望》。就是《豆腐诗人》，如果记者不去与农民诗人"三同"，也是采拍不出来的。《邹竞代表的眼泪》几乎全是邹竞在一次人大会议上的发言录音，似乎是踏破铁鞋无处觅，得来全不费工夫，实际上也是记者在会上深入采访得到的。

文字作品讲究谋篇布局，广播电视作品强调后期制作。不然的话，通过深入采访获得的素材，尽管是感人的，如果只是杂乱地堆在一起，也是成不了精品的。因而，在广播电视新闻工作者中不能不强调逻辑思维，尤其是辩证思维。这样才能再现生活的固有规律。《下岗劳模李翠花》在市场面前人人平等，劳模也得下岗、转变观念再就业，这正是劳模的可贵之处，共产党员的本色。本文层层递进，感人肺腑。《医药企业产品结构亟待调整》也是逻辑性很强的作品。

新闻是靠事实说话的，新闻从业人员还要注意采访事实的细节，没有真实的细节，作品是不会感人的。石家庄市一篇获奖的抗洪救灾的报道，有这样一个细节，一位灾民老大娘紧紧握着一名解放军的手不放，这一电视特写镜头比文字、有声语言的千言万语都能说明问题，那人民群众对人民解放军的无限信任之情全都包含在这一细节之中了。广播有声，电视声画兼备，这也正是广播电视的长处，这在表现人物的性格，尤其是感人的细节，更是大有用武之地的。

山　西　山西省广播电视学会从1997年2月26日至8月28日，组织了全省广播电视节目等7项评奖活动，即山西广播奖'96广播新闻、社教、文艺；山西电视奖'96电视新闻、社教；'96山西广播电视报优秀稿件；'96山西省广播电视优秀播音作品；山西省首届有线电视新闻、专题节目评选。

纵观获奖作品，具有以下特点：

从整体情况看，新闻类节目仍占一定的优势。如广播160件作品参评，新闻类就有115件，占参评总数的72%，电视305件作品参评，新闻类254件，占参评总数的83%。而且，有许多消息能及时捕捉重要题材，报道视角新颖，从不同侧面揭示了时代前进的踪迹。如获'96中国广播电视奖消息类二等奖的山西电台的《西沟村贴出"安官告示"》等，反映了在深刻变革中广大农民对领导深入基层改变工作作风，为民办实事的要求和对党风和廉政建设的关注。

突出了精神文明的宣传，弘扬了主旋律。党的十四届六中全会指出，新闻媒体要加强精神文明的宣传。在送评和获奖的作品中，这方面的宣传稿件占到很大比例，特别是人物宣传比较多，既体现了采访对象坚持改革、勇于开拓的进取精神，又反映了他们团结和睦、助人为乐、勇于牺牲、乐于奉献的优良品德，从而为人民群众树立了良好的学习榜样。如获山西广播奖'96广播新闻消息类一等奖的《百户灾民送子参军》，反映了重灾以后的老区人民踊跃送子参军，生动体现了老区人民的优良传统。《为民累死的好书记——贾月熹》等11篇作品。在这些作品中，有的镜头对准党的好干部、有的把镜头对准老百姓，贴近生活、贴近群众；有的十分感人，看后深受教育，催人奋进。

全方位地反映了山西省的经济生活，并抓住重大题材，作了深入而有力度的报道。1996年，山西重大的经济活动一是全省第一条高速公路——太旧路的建成通车，二是山西人民的生命工程——引黄工程进入攻坚阶段，三是七、八月份抗洪救灾工作。对这些重大题材，在送评稿件和获奖节目中都有突出反映。如获中国广播电视奖'96广播社教板块类二等奖的《大路朝阳越太行》是山西人民广播电台适时地组织由中央人民广播电台、中央电视台、中国国际广播电台和京、津、冀、晋广播电视记者参加的太旧高速公路联合采访团对这一新闻事件进行了大范围、全方位的报道。节目气魄宏大，结构严谨，内容丰富，感人至深。山西电视台的《千年意愿化宏图——万家寨水利枢纽工程纪实》，似翔实的资料和具体的报道，论述了引黄工程对山西省工农业生产和人民生活的重要性，亦不失为经济报道的上乘之作。

有一定的思想深度。特别是许多获得一、二等奖的作品和节目，是思想性、指导性、可听可视性都比较强的精品。

杜玉芝

'96山西广播奖　一等奖（32个）

广播新闻

消息类

西沟村贴出"安官告示"	省电台
省委书记唱戏	省电台
"法治村"见闻	省电台

静升村青年读书协会越办越红火 灵石电台
百户灾民送子参军 左权电台
一条特殊的村规 平遥电台
“透明”支部好 隰县电台
为民累死的好书记——贾月喜 平定电台
吉普车里的午餐 襄垣电台
一座文明公墓 长治电台

评 论 类

评选先进岂能儿戏 省电台
看政绩，怎么看 大同二台
卖粮难里有文章 昔阳电台

新闻专题类

农民聘教师 省电台
陪读妈妈 健康之声
柯受良的中国心 长城电台
特困户里喜事多 长城电台
古槐盼归故乡人 长城电台
半个世纪的响唱——记陵川盲人曲艺宣传队晋城电台
热线电话在元旦早晨响起 大同一台
爆破声响起的瞬间 太原交通电台

系列（连续）报道类

党支部书记——卜宗亮 省电台
来自贫困线的报道 大同二台

节目编排类

全市新闻联播（1996年10月17日） 朔州电台

广播社教

经济节目类

喜看晋商有传人 平遥电台
国有企业练摊 省电台

对农节目类

云南媳妇不是客 长城电台
依法治村民心顺 朔州电台
负担过重农民烦　法律给咱解忧患 寿阳电台

科技节目类

爱——从零岁开始 健康之声

少儿节目类

爱的延续——给不知姓名阿姨的一封信 省电台

板块节目类

大路朝阳越太行 省电台

山西省广播奖第四届广播文艺节目　一等奖（12个）

音乐节目

太阳、月亮——人类文明的歌 省文艺电台
黄河拐弯的地方——一个编辑的采访手记
省电台文艺部

曲艺节目

空缺

文学节目

千“年”共婵娟 省文艺电台

小说连播

乡村豪门 省文艺电台
邓小平在太行 省电台文艺部

综艺节目

人间第一情 省文艺电台
千古英雄万丈豪情 省文艺电台
我们的一九九七 太原人民电台
雪域之魂 长城电台

戏曲节目

看戏随想 省文艺电台

广播新歌

老师，您好 省文艺电台
黄河留下威风鼓 省电台文艺部

山西电视奖'96电视新闻　一等奖（26个）

消 息 类

山西农民也讲辩证法 山西台
再访赵雪芳 山西台、长治台
筑路人—刘俊谦 山西台
西沟村民向领导“约法三章” 山西台
静升村青年自办读书协会 山西台、晋中记者站
山西纺织印染厂被依法拍卖 山西台
省委书记登台唱戏 黄河台
大夫为患者送“红包” 黄河台
远离小朋友的小人书 黄河台
咱村的“宣传部长”——许新科 长治台
科技为乔李村插上双翅 农科院

系 列 类

大路朝阳越太行 山西台
太行山出了个东四义 山西台、晋城台
晋商故里开放潮 山西台、晋中记者站

吕梁“空壳”学校追踪报道　山西台
洪水作证——记抢险爱民模范高建栋　黄河台
汾西县领导受贿卖官，贪污犯竟当反贪局长　黄河台
好团长——傅卫　63军
一个乡村教师倒在讲台之后　忻地台

评论类

记者述评：半个世纪的重合　山西台
电话服务也应防污染　黄河台

专题类

兄弟情　山西台
千年意愿化宏图　山西台
金秋十月爱意浓　黄河台

新闻编排类

《山西新闻》　山西台
《黄河新闻》　黄河台

山西电视奖'96电视社教节目　一等奖（12个）

社会政治类

呼唤产业化，我省苹果发展透视　山西台
关于公共图书馆的调查　临汾台

文化类

龚晓华和她的蛋画艺术　山西台
灯节话灯　山西台

人物类

脱贫状元阎电山　山西台
好人赵海英　山西台

服务类

自然报警信号　忻地台

系列类

贫困的思考　山西台

栏目类

《黄土地》科技副镇长的真面目　山西台
《法律在我们身边》假种子案件　太原台

少儿节目

爱我家乡　山西台

体育节目

为生命喝彩　山西台

山西省首届有线电视新闻奖　一等奖（24个）

消息类

独自口村有个妇女背篓队　盂县台
我市农村提前五年达小康　阳泉台
泽州县百名农村干部进京学习开阔视野　泽州台
集资救厂脱困境，转机建制闯新路　浑源台
当代活雷锋郭兴旺　大同市台
黄河发生罕见的揭底现象　河津台
王显果农靠科技占领市场　万荣台
白衣天使献热血，垂危病人获再生　宁武台
农民孔照栋一家八口评上技术职称　平遥台
寿阳实施机旱农业，人均产出一吨粮　寿阳台
刘家园村的“厕所革命”　清徐台

专题类

老伴　太原台
山洪暴发之后　太原台
受命于危难之际　太原台
金星闪耀　平定台
灭火英雄——王玉龙　阳泉台
扶贫记事　泽州台
永恒的主题　平陆台
沟里人　稷山台
芦笋市场呼唤管理　永济台
古城脊梁——介绍平遥文化名人郭诚　平遥台
大山的儿子　榆次台
寻常百姓家　寿阳台
桥　忻州台

'96山西广播电视报优秀稿件奖　一等奖（20件）

消　息

“长城行·军嫂情”系列活动轰动京城　运城广电报
临危不惧记者谱写战洪图　太原广电报

评　论

荧屏伤病诊断书　省广电报
广告与导向　太原广电报
我爱看有线台的《山城夜话》　阳泉广电报

通　讯

热情热线热泪　省广电报
记抗洪抢险中的太视新闻记者　太原广电报
用真情托起一片彩云　大同广电报
负重奋进敢为先　省广电报

新闻摄影

《黄河新闻》捐资助学情谊浓　省广电报
珍藏那每一个难忘时刻　大同广电报

标 题

6·25大路朝阳越太行　三晋辉煌喜空前　省广电报

图 片

空缺

广 告

韶曦别墅　省广电报

泉中娱乐中心宏张开业　阳泉广电报

美 术

歌王王洛宾最后的日子　大同广电报

版 面

1996年10月9日出版第41期第5版　阳泉广电报

1996年10月29日出版第44期第5版　运城广电报

1996年2月14日出版第7、8期第1版　大同广电报

1996年4月10日出版第15期1版　太原广电报

1996年8月6日出版第32期第8、9版　省广电报

内蒙古　内蒙古广播电视厅于1997年在呼和浩特市分别组织了1996年度自治区广播电视新闻、社教、广播文艺、精品节目、1997年度广播节目技术质量、广播电视技术维护管理、广播电视播控系统技术能手竞赛、广播电视合理化建议和技术进步奖等十余项评奖活动。自治区14家广播电台、电视台的249个蒙汉语广播节目，210个蒙汉语电视节目，8家广播电台的37个汉语广播文艺节目以及来自全区广播电视播控系统的23名选手参加了评选。

内蒙古1996年度广播奖评选会于1997年3月在呼和浩特举行。这次评选会共收到14个参评单位选送的249个节目，评选出151个获奖节目，其中蒙语获奖60个，汉语获奖91个，入选率达60%。蒙语作品《德才兼备的跨世纪领导干部》等5个节目、汉语作品《模范团长李国安胜利完成“9525工程”》等9个节目获蒙汉语广播新闻、社教节目一等奖或特别奖。

内蒙古1996年度电视奖评选会于1997年3月25日在呼和浩特市结束。全区14家电视台选送的210个电视节目，有122个节目获奖；其中蒙语获奖节目42个，汉语获奖节目80个，入选率达58%。获1996年度内蒙古电视奖一等奖的蒙语作品是《论牧民商品意识》等3个节目；汉语作品是《手术台上的故事》等8个节目。

内蒙古广播文艺评奖会于1997年9月23日～25日在呼和浩特市举行。自治区有8家广播电台的37个汉语广播文艺节目参加了评选，有23个节目获奖，其中一等奖3个，二等奖7个，三等奖13个。音乐节目《草原的呼吸》、文学节目《鄂温克婚礼掠影》、综合文艺板块节目《七彩风铃》荣获一等奖。

1997年5月，内蒙古广播电视厅经厅内各台推荐、厅总编室审核和厅务会议审定，全厅评选出11个蒙、汉语广播电视节目给予表彰，授予“精品节目”称号。这些精品节目是内蒙古人民广播电台的《全区联播》(蒙、汉语)、《时轮板块》、《塞外田野》、内蒙古电视台的《今日观察》、《娜荷芽》、《综艺荟萃》、《文化时尚》、内蒙古经济电视台的《经济518》、《信息时空》、内蒙古有线电视台的《有线之旅》。

1997年度自治区广播节目技术质量评选会、自治区广播电视技术维护管理评奖会、自治区广播电视合理化建议和技术进步奖评选会、自治区广播电视播控系统技术能手竞赛活动分别于3月—12月在呼和浩特市举行。包头广播电台的音乐节目《包头电台建台40周年文艺晚会》、乌盟广播电台的音乐节目《乌兰察布欢迎你》、内蒙古广播电台的音乐节目《孤独的白驼羔》、广播剧《画童与神马》、文学节目《草原的呼吸》、呼和浩特广播电台的戏曲节目《艺海无涯·默然奋前》、文学节目《中国最后一个大太监》、呼伦贝尔广播电台的文学节目《鄂温克婚礼掠影》获广播节目技术质量一等奖；内蒙古广播电视厅501台等4个单位获广播电视技术维护管理先进台（站）一等奖、呼伦贝尔盟广播电视局科技科付海波等8个单位的8名个人获广播电视技术维护管理先进个人一等奖；来自全区广播电视播控系统的23名选手分别获广播电视播控系统技术能手竞赛一、二、三等奖，并被授予“自治区广播电视播控系统技术能手”称号，《内蒙古广播电视卫星地球站》、《蒙古文字幕微机化的设计与应用》两个项目被评为自治区广播电视技术进步一等奖。

在全国广播电视新闻、社教、文艺节目评比中，赤峰经济广播电台的《青年教师刘景昌为救学生牺牲》获二等奖，鄂尔多斯广播电台的《伊盟经济发展步入快车道》、内蒙古人民广播电台的《为了父老乡亲》、《再就业——一个全新的话题》获三等奖；内蒙古电视台的《内蒙古新闻联播》、《孙维新的电影梦》、《科技时光》专栏第八期获三等奖；内蒙古广播电台的女声独唱《致草原》获一等奖，儿童广播剧《画童与神马》、音乐《草原的呼吸》获二等奖，呼盟广播电台的《鄂温克婚礼掠影》获三等奖。

在全国蒙古语广播优秀节目、播音作品评比中，内蒙古广播电台的《从河套平原传来的英雄赞歌》、《一组板块节目》、《九十年代的罗盛教》、哲里木广播电台的《努日木苏木靠制度建设、减轻农民负担见成效》、赤峰广播电台的《牧区发展的新起点在哪里》、呼和浩特广播电台的《一条河的故事》均荣获一等奖。在第九届华北地区电视技术协作会上，内蒙古电视台的《总控卫视播出系统综述》、《专业设备管理》、《浅谈电脑灯的选择和使用》获取了一等奖；赤峰电视台和包头广播电台的魏树民、郭保收在全国广播电视播控中心技术能手竞赛中被广电部授予“广播电视技术能手”称号；在全国广播影视报刊和华北、东北省级广播电视报优稿评选会上，内蒙古广播电视报的《一个“人与自然”的真实故事》分别获取了三等奖和一等奖。在全国有线电视台

节目评奖中，由内蒙古有线电视台摄制的专题片《有线之旅》获取特别奖；在全国“第四届残疾人事业好新闻奖”评比中，内蒙古电视台的《折翅雄鹰也腾飞》获优秀作品奖。在全国精神文明建设“五个一工程”评奖中，内蒙古人民广播电台录制的童话广播剧《画童与神马》荣获全国“五个一工程”奖。

纵观1996年度内蒙古广播电视评选活动，最突出的特点就是获奖的广播电视节目高扬时代主旋律、导向正确、题材广泛、求新求异、特色鲜明，从不同侧面和角度展示出自治区在两个文明建设中发生的感人肺腑的事迹；二是精品意识普遍增强，创名牌、出精品已成为各级广播电台、电视台的自觉行动，一个个选题精当、思想精深、深受听众观众喜爱的名牌节目不断推出。三是获奖节目选题准确、内涵丰富、角度新颖、形式独特、时代感强，在一定程度上显示出自治区广播电视节目的独特魅力。（李保国）

吉 林 1997年，吉林省广播电视学会受省广播影视厅委托，举办了1996年度广播新闻、广播社教、广播文艺、广播剧、电视新闻、电视社教、广播电视优秀学术论文等评奖活动，共评出获奖作品353件，其中特等奖1件，一等奖83件，二等奖117件，三等奖150件。具体情况是：

广播新闻评奖于3月24日至26日在长春举行，评出获奖作品83件，其中一等奖19件，二等奖27件，三等奖37件。

广播社教节目评选于3月27日至29日在长春举行，评出获奖作品42件，其中一等奖10件，二等奖14件，三等奖18件。

广播文艺节目评选于9月9日至11日在长春举办。获奖作品39件，其中一等奖11件，二等奖14件，三等奖14件。

广播剧评选于5月20日在长春举办，获奖作品5件，其中特等奖1件，一等奖1件，二等奖2件，三等奖1件。

电视新闻评选于3月4日至6日在长春举办，获奖作品73件，其中一等奖17件，二等奖25件，三等奖31件。

电视社教评选于4月22日至24日在长春举办，获奖作品64件，其中一等奖17件，二等奖20件，三等奖27件。

优秀广播电视论文于5月10日至30日在长春评选，获奖作品47件，其中一等奖10件，二等奖15件，三等奖22件。

纵观1996年度我省广播电视新闻、社教参评节目，可概括以下几个主要特点。

一、紧紧围绕经济建设这个中心，加大宣传和舆论引导力度，不仅展现了吉林省经济建设方面所取得的成果，而且对经济体制改革过程中出现的一些现象和问题，做了深层次的报道。例如吉林市电台获中国广播二等奖的《悬在半空中的笔》，通过吉林建业集团公司总经理陈庆财在维护国有资产权宜中，一段惊心动魄的经历，揭示了部分不法商人，打着合资的旗号，把国有资产“合”为私有财产这种现象，提出了在合资过程中如何防止国有资产流失的问题。丰满电台获中国广播奖三等奖的《尊严无价》、吉林电视台获中国电视奖三等奖的《请拿起商标法的利剑》、吉林电台获中国广播奖二等奖的评论《让主人公真正作主》，则从不同方面反映主题，针对性很强。

二、富于时代精神，弘扬了一大批在社会主义物质文明和精神文明建设中涌现的新人、新事、新风貌。如吉林电台的新闻专题《大乙烯的建设者》，用丰厚翔实、生动感人的事迹，报道了在国家“八五”重点工程——吉化30万吨乙烯工程建设中，一群普通建设者的无私无畏的奉献精神，体现新时期产业工人的高尚情操和可贵的精神。此外，通化电台获中国新闻奖三等奖的《一个女出租车司机的情怀》、吉林市经济台获中国广播奖三等奖的《监狱不囚禁阳光》，以及省电视台的《小镇上的班车》、长春有线电视台的《好人王宏奇的故事》、四平电视台的《没有被遗弃的亲情》、柳河电视台的《深山沟里的好司机》等，都以不同的内容、不同的体裁和角度，展示了精神文明建设的辉煌成果。

三、反映农村生活，特别是农民学科学、用科学、科技兴农方面的作品明显增多。如舒兰电台获中国广播奖一等奖的《谈谈绿色食品水稻栽培新技术》，充分利用广播特点，以通俗易懂、深入浅出、轻松活泼的方式，向农民传授了栽培、种植“绿稻”的科学知识；吉林电视台获省电视台新闻评选一等奖的《科技大篷车下乡途中受阻》，通过省农科院满载农业科技资料的大篷车在下乡途中被农民团团围住，有的索要资料，有的咨询技术这一热烈场面，反映了农民渴求科技知识的迫切心情。再如《农民李荣和他研究的播种机》、《和农民唠唠种棉花》、《绿色，农民的新追求》等，都从不同侧面反映了对农村科技报道的重视。

四、抓住群众关心的廉政建设、下岗再就业、产品打假、住房改革等方面的社会热点、焦点问题，坚持以正面宣传为主，既起到了解疑释惑、化解矛盾的作用，又推动了工作、促进了社会稳定。例如伊通县电台获中国广播奖二等奖的《我县解决乡镇干部“城市化”问题》、省电台获中国广播奖三等奖的《做官先做人》，长春电台获省新闻一等奖的《遗嘱》等，不仅说明我省对廉政建设的重视，让群众看到廉政建设的希望，而且为各级领导干部廉洁自律树立了榜样。再如长春台的《下岗女劳模再就业》，则抓住“劳模”“下岗”这一反差极大的新闻事实，表现了“下岗职工只要精神不垮，自强不息，就会探索出再就业之路，从而再现人生价值”这一主题，引导人们转变就业观念，正确对待下岗问题。

五、在1996年度的参评作品中，有线电视台节目异军突起。全省有7个市（州）和1个县级台在省内评奖中榜上有名，获奖作品为17件。其中《一个特殊的生日》、《夫妻学校》、《没有被遗弃的亲情》、《木帮姐弟》等都受到了评委们的好评。

在省内评奖的基础上，我省向中国广播奖、中国电视奖、中国新闻奖等评奖单位推荐参评作品32件，有21件作品获奖，其中一等奖2件，二等奖7件，三等奖11件。吉林电台的广播剧《洪水前后》荣获全国“五个一工程”奖。（杨嘉奎）

上 海 ’97“上海广播电视奖”评奖工作于1997年底就开始筹备。1998年元月4日，上海市广播电视学会评奖办公室发出通知。各单位在自评基础上送来参评作品135件，其中广播作品62件，电视作品73件。于1998年2月26日、27日和3月5日、6日分别组织了电视节目初评和广播节目初评。3月27日、28日举行了终评。共评出获奖作品55件，占参评总数的40.74%，其中获特别奖的5件，一等奖的7件，二等奖的16件，三等奖的27件，分别占获奖总数的9%、12.7%、29.1%、49.1%。综览参评作品，给人的印象是：

反映重大事件的报道及时、准确、得体，组织大型的宣传活动热烈、隆重、生动。

1997年重大事件多，大型活动多。年初，邓小平同志逝世，7月1日，香港回归祖国，10月，召开党的十五大。金秋时节，全国八运会、第三届上海国际电影节、第六届国际广播音乐节又相继在上海举行，对这些重大活动都有较好的反映。如电视新闻专题“七次难忘的农历新年——追思敬爱的邓小平同志”，是在小平同志逝世的消息发布后第二天播出的。该片运用珍贵的历史资料，将1988年到1994年七年间小平同志与上海人民共度新春佳节的镜头汇编起来。流畅的画面语言，大量的实况音响和富有感情的解说，三者相辅相成，产生了极为感人的效果。广播板块节目“太平山上的五星红旗”，通过采访舒适等几位老文艺工作者，回忆当时在殖民统治下香港升起第一面五星红旗的动人情景，表现了香港广大文艺工作者的爱国热忱。该节目在制作形式上有所突破，具有较强的可听性。又如电视新闻“英国媒体：无奈的悲汉”，记者在7月2日概述了具有代表性的英国传媒在香港回归中国后第一天所发表的各种评论。角度独特，评述精到。

抓时代特点，抓上海特点，抓社会热点。

长期的计划经济使上海在实现两个根本转变过程中，先后有120万职工下岗。为了妥善安置下岗人员，上海率先提出建设“再就业”工程。电视系列报道“为了明天——上海建设再就业工程纪实”，从宏观着眼分析了大批职工下岗的原因，党和政府高度重视再就业工程的情况，同时又从微观角度提出下岗人员必须转变观念，适应社会和新的就业机会和岗位，分析透彻，举例生动。

电视连续报道：“石化养鸡，吴县下蛋的启示”，抓住了1997年改革中有重大指导意义的主题——国企改革中探索公有制实现形式多样化的实践（数月后十五大肯定的国有经济发展的思路），成功地运用连续报道的形式进行了深入的揭示。引证事实典型生动，论证切中时代主题。

1997年在上海定居工作的海外留学生比上年增加了35%，形成本市改革开放后新一轮留学人员回国热潮。广播言论“上海出现新一轮留学生回国热潮”将上海市有关部门到外国去招聘人才引起轰动这一现象置于社会大背景中，夹叙夹议，述中有评，使报道在深度、广度上都有拓展。尤其是背景材料——江泽民同志和王天铎教授在人代会上关于人才外流状况的对话实况的运用，使主题得到了深化。

环保宣传有所加强，科技报道题材多样。

1997年是国际环境保护年。参评的作品中不少是反映“如何保护好生态环境”这一主题的，如电视新闻“救救母亲河”，录音报道“鸟语花香的陆家嘴金融贸易区”。更有意思的是广播、电视不约而同地报道了“垃圾滩地种出了白棉花”，上海废弃物老港处置场在垃圾滩地试种棉花成功。这一典型科技环保成果，对环境保护，实现城市垃圾无害化处理提供了经验，具有普遍推广意义。

在科技报道中，有介绍人物的，如广播社教“铸造一个强国梦——访上海科技精英丁文江”；电视社教“两代院士的追求——记中科院院士陈竺、工程院院士王振义”；有介绍科技知识的，如电视社教“八运场馆科技专辑”；有用纪实手法，客观纪录’97漠河日全食和海尔波普彗星相逢的千年奇观的电视片“千年奇观——漠河97日全食追迹”，也有运用人们日常工作中的生动事例讲解科学道理的电视社教服务类节目“科学智慧8分钟——巧用事物的缺点”，还有反映农村集市的广播新闻“农民爱上科普早市”。可谓琳琅满目。

采编人员视野拓宽，报道面广。

电视新闻专题“中国基因抢夺战”，首次披露了中国基因资源大量流失西方发达国家这一触目惊心的事实；电视社教片“手稿遗失在出版社”讲述的是上海首例出版社遗失手稿案，引起知识界的广泛重视；广播社教经济节目“乡村小店更需打假治劣”等记者深入到社会生活方方面面，拓宽视野、报道面广泛。

更可喜的是，记者临场发挥好，出现了一批现场抓拍抓录，角度巧妙的报道。体育健儿在八运赛场创造了许多成绩，但他们在比赛中表现的顽强拚搏的奥林匹克精神更令人感奋。如上海东方电视台记者和摄像在进行山地自行车比赛的报道时，发现一名运动员正扛着坏了的赛车走向终点，随即跟踪拍摄，制作出电视新闻“失去的是金牌，创造的是精神”，播出后引起极大反响。又如上海电台制作出录音报道“掌声，献给第23名”，将一位带伤坚持比赛到底的运动员风貌表现得生动感人。再如电视新闻“英国媒体：无奈的悲叹”，这是上海东方电视台体育节目主持人前往英国伦敦转播温布尔登网球赛，恰逢香港回归祖国，即兴采编的，这种精神值得提倡。

有线电视台和区县广播电视节目质量进一步提高。（赵文龙）

1997年上海电视台各类节目获奖一览表（获一等奖以上节目）

获奖节目	何时何处获何种奖
淮剧电视剧《金龙与蜉蝣》	第11届全国戏曲电视剧评奖中获特等奖，。展播一等奖
案件聚焦《平安来自共同的努力》专题片	第4届全国社会治安综合治理好新闻奖评比中获一等奖
纪录片《远去的村庄》	入围巴黎第19届国际纪录片电影节；获法国第十届国际电视节（FIP）纪录片大奖提名。获全国纪录片学术大奖、编导奖。
冯健男的《中国神话》美术插图	获第十届“野间”国际插图比赛三等奖
电视专题片《皖南纪行》	获中国文联和中国电视艺术家协会评选一等奖
财经新闻《小行当、大问题——关于当前家庭装璜的思考》、《国企“放小”》、《吃早餐，上海人不再徘徊》	同时获全国优秀电视经济节目评选一等奖
美术片《自古英雄出少年》	“宝钢高雅艺术奖”
新闻片《穿越时空的崇尚》	中国电视新闻一等奖
动画片《百鸟衣》、《大森林里的小故事——春天里的歌》	中国电影华表奖优秀美术片奖
动画片《华佗学医》、《小蜗牛过生日》	第七届中国电影“童牛奖”
《戏剧大舞台》	第十一届全国电视文艺“星光奖”栏目奖
《智力大冲浪》	第十一届全国电视文艺“星光奖”栏目奖
MTV《祖国颂》	第九届中国音乐电视大会串金奖
《八运会会歌》、《思念》	第九届中国音乐电视大会串银奖
MTV《东西南北兵》	中国军旅歌曲电视大赛金奖和最佳导演奖
文艺中心编导王国平	“中国流行歌曲十年”成就奖
八运会开幕式实况直插	获八运会报道特别奖
戏剧《牡丹亭》	第十二届全国电视剧展播一等奖、第十五届中国电视金鹰奖最佳戏曲片奖
主持人叶惠贤	第三届全国节目主持人“金话筒”特别荣誉奖
主持人王蔚	第三届全国节目主持人“金话筒”奖
小荧星《快乐的冬天》、《浦江童谣》	97全国少儿舞蹈一等奖
小荧星	上海市青少年保护工作先进集体
译制片《烽火情缘》、《荆棘鸟》	全国广播电视学会译制研讨会“全国译片奖”一等奖
《世纪·长征百日行军记》	全国广播电视期刊奖一等奖
《朱旭变脸》	全国广播电视期刊奖一等奖
纪录片《妈妈不在的冬天》	第三届中国电视纪录片学术奖一等奖

续表

获奖节目	何时何处获何种奖
纪录片《刘金海与成功教育》	中国新闻奖一等奖、上海新闻奖一等奖、中国电视奖社教节目一等奖
纪录片《为了五十六个民族娃娃》	中国电视奖彩虹奖一等奖
《苏州河治理》	获美国有线新闻网最佳环保类新闻奖
纪录片《我们的家园》	获第13届葡萄牙国际海洋电视节最佳纪录片"铜鹰"奖
现场直播《中俄哈吉塔五国元首在上海签订军事协定》	上海广播电视奖特别奖
专栏《长征·世纪丰碑》	上海广播电视奖特别奖
专题《从"漫画"看中国》	上海广播电视奖一等奖
《喜迎香港回归特别报道》	全国优秀播音与主持作品一等奖
新闻观察《体育产业之路》	全国八运好新闻广电类一等奖
新闻专题《浦东迎接新一轮投资高潮》	浦东开发开放好新闻评选一等奖

上海东方电视台1997年度获奖作品

一心想着咱老百姓

第二届全国"军神杯"军旅歌曲大赛业余组金奖（中央台）

为中国喝彩——'97中国之夜好莱坞大型焰火音乐歌舞晚会

上海市外宣作品一等奖（上海市外宣办、宣传部）

费达生

第15届中国电视"金鹰奖"最佳短纪录片奖（中国文联等）

曹可凡

第3届全国广播电视双十佳节目主持人"金话筒奖"金奖（中国广电学会）

李勇

第8届全国广播电视播音论文一等奖（中国广电学会）

在第11届全国电视文艺"星光奖"评选中获一等奖的有：

《歌从这方来——第三届17家省级电视台外国人唱中国歌大赛》东视等参与联合制作。（获音乐节目类地方组一等奖）。

上海有线电视台1997年获奖情况

《心灵之约》—徐虎心理透析：1997年3月获全国有线电视节目评比栏目类一等奖；专题片《伊人编结社》：1997年3月获全国有线电视节目评比专题类一等奖。

安　徽　由安徽省广播电视厅、安徽省广播电视学会组织的'97"安徽广播电视新闻奖"评选活动于1998年3月19日在合肥结束。这次评奖全省共有375件广播电视节目参评，302件作品获奖。其中一等奖46件，二等奖89件、三等奖167件。这些参评的广播电视节目围绕着两个文明建设和1997年度的几件大事；围绕中心工作，贴近实际、贴近生活、贴近群众，展示了我省广播电视系统所取得的丰硕成果。在评选'97"安徽广播电视新闻奖"的同时，还评定了'97年度"安徽新闻奖"广播电视部分。"安徽广播奖第三届广播文艺奖"：全省共53件广播文艺节目参评，有42件节目获奖（其中一等奖6件、二等奖13件、三等奖23件）。第五届安徽省优秀电视剧"灰喜鹊奖"评选结果于11月29日在和县揭晓。安徽电视台选送的《顾炎武》和《防盗门里的孩子》、安徽电影制片厂选送的《乡亲》、合肥电视台选送的《梅姐》、蚌埠电视台选送的《月魂》等5部电视剧获第五届安徽省优秀电视剧"灰喜鹊奖"。另外，已在全国获奖的黄梅戏电视连续剧《家》、《春》和《李思思与宋徽宗》获本届"灰喜鹊奖"荣誉奖。

福　建　福建省广播电视评奖从1997年3月至12月，历经十个月，进行了多项评奖活动。

一、由福建省广播电视厅主办的奖项有：3月17日至18日在福州举行了"'96年度全省电视理论宣传专题片奖"的评选，共评出二等奖3件，三等奖7件；9月7日至11日，省第五届广播电视播音作品评奖在三明市举行，共有86件作品获奖，其中电视作品21件，广播作品44件，论文类作品7件。

二、由福建省广播电视学会主办的奖项有：3月5

日至6日在福州举行的"对农村广播节目评奖"，在33件作品中，有25件获奖，其中一等奖4件，二等奖7件，三等奖14件；3月10日至13日，福建电视新闻评奖在龙岩市举行，从110件作品中，评出80件作品获奖，其中一等奖11件，二等奖23件，三等奖46件；3月24日至27日，'96福建电视社教节目评奖在莆田市举行，在58个节目栏目中，共有52件作品获奖，其中一等奖6件，二等奖13件，三等奖23件；4月14日，"'96福建广播奖——广播新闻和社教节目评奖"在漳浦举行，从各地选送的77件作品中，共评出一等奖9件（其中新闻奖7件，社教类2件），二等奖16件（其中新闻类10件，社教类6件），三等奖29件（其中新闻类21件，社教类8件）；6月4日至8日，"福建省'96广播文艺评奖"在厦门举行，全省广播系统共选送37件作品参评，共有28件作品获奖(其中一等奖5件，二等奖8件），三等奖15件。

三、由福建省广播电视厅和福建省电视艺术家协会联合主办的奖项有：福建省第七届电视艺术奖评选，并于12月10日至15日在长乐市举行，全省各电视台、电视剧制作单位、音像出版部门等21家单位推荐122部各类电视艺术作品及个人自荐的数十部作品参评，共有51件作品获奖，其中评出中长篇电视剧奖一等奖1件，二等奖2件，三等奖2件；短篇电视剧奖一等奖空缺，二等奖2件，三等奖1件；电视记录片奖一等奖5件，二等奖9件，三等奖9件；电视系列专题片奖一等奖空缺，二等奖2件，三等奖3件；电视文艺片奖一等奖1件，二等奖4件，三等奖3件；音乐电视片奖一等奖1件，二等奖2件，三等奖3件。

综观1997年度广播电视评奖，有如下几个特点：

评奖范围广泛。既评出广播电视宣传，又评出全省广播电视系统精神文明创建活动，既有广播电视各类节目的评奖，又有对广播电视播音及电视理论，电视艺术的评奖，是全省广播电视评奖活动较多的一年。

宣传内容突出。抓住重大题材和反映时代精神的事件报道比较突出，既讴歌了党的改革开放给人民带来的喜悦，又有军民共同抗击自然灾害，保卫国家和人民生命财产可歌可泣的英雄事迹，还有表现八闽儿女响应党的号召支援边远山区建设的精神风貌，真正起到了舆论引导和舆论监督的作用。

把握特点，开拓创新。从评奖的各类节目看，新闻类节目有所提高，广播社教节目呈现令人欣慰的繁荣景象，特别是少儿节目比常年多，而且整体水平较高，不仅思想内容好，有鲜明的时代色彩，而且表现形式也较活泼，充满童趣，人物类报道也较常年多，而经济报道仅3件却少于往年，科技节目仅2件，显然与经济建设为中心、科技兴国战略的指导思想有差距。在电视社教节目的评奖中，无论质量或数量都是历年来最高的。

节目制作有提高。从整体上看，各类节目制作水平有一定提高，节目形式活泼、多样，录音制作精良，特别是广播节目，在短短几百字的新闻中，较多地采取现场报道，录音新闻，充分体现广播的特色。在电视节目中，较好地运用声画鲜明特色，很多节目采用了纪录片的纪实性声画实录；有的运用散文式，既抒情又颇具哲理意味；有的以访谈为主，与解说有机结合。但也有的节目制作还不够精密细致，华而不实，后期制作也较粗糙等，这些都有待今后改进。　（林克清）

山　东　山东省广播电视新闻奖等4个奖项的评选活动，于1998年3月2日至6日在济南举行。经过评委们认真公正地听、看、议、评，对全省推荐的418个节目进行了评选，共评出广播新闻奖107个，广播社教节目奖74个，电视新闻奖101个，电视社教节目奖77个，总淘汰率为20%。

一

这次评奖的新闻类节目，总的感到整体质量较往年有了提高，思想性、针对性有所增强，舆论导向正确，社会效益是好的。具体有以下几个特点：

（一）经济报道有了突破，宣传了一些改革的深层次问题和发展市场经济的难点、热点问题，正确引导社会舆论。如缩小沿海和内陆的差距、企业推行股份制、跨行业跨地区兼并、联合、发展私营经济等，都属于经济体制改革的深层次问题。对这些问题，广播电视通过有说服力的正面报道，给人们以启迪和教育，逐步把改革引向深入。广播电视围绕着转变思想观念、广开就业渠道等，进行了正确的舆论引导，收到了较好的社会效果。

（二）报道面宽广，内容丰富多彩。同往年相比，今年评奖的广播电视新闻作品，题材比较广泛，除政治、经济、文教、科技等经常宣传的领域外，法制建设、移风易俗、伦理道德、综合治理等，也都有所反映。

（三）发挥优势，抓好典型报道。今年参评的广播电视新闻作品中，有不少属于人物或事件的典型报道，如山村教师，带领群众致富的好书记、泰山人抢救摔伤的儿童等。对于这类典型报道，作者大都精心提练主题，巧妙地运用镜头语言和现场音响，增强真实感、亲切感，提高了作品的感染力和震撼力。

（四）正确开展批评报道，增强广播电视新闻宣传的战斗力。这次获奖的新闻作品，有几件是批评新闻。有的批评领导干部多占住房，有的批评乡镇干部瞎指挥，还有的批评假种子、假农药坑害农民的事。这些批评报道，由于事实准确，批评有据，又具有典型意义，因此，批评的效果是好的，对实际工作起到了舆论的监督作用。

从这次广播电视新闻评奖情况看，还存在着一些不足，主要是高质量、高水平的精品少，影响了评奖的效果；有不少送评的作品，就事论事，做表面文章，缺乏启迪力。评委们对如何解决这些问题，提出了一些很好的建议。

二

这次参评的社教类节目，除了省和部分市、地电台、电视台保持着较高的质量水平外，一些县级台也赶上来了。这反映了全省开展广播电视“宣传质量年”活动取得的成果。

（一）题材重大，节目有了份量。去年以来，广播电视围绕着学习邓小平理论、香港回归等重大题材，采制了一些很有思想深度和教育意义的作品，播出后引起强烈反响。如山东电视台制作的宣传邓小平理论的系列片《迈向新世纪》、威海、济南电视台以喜迎香港回归为主题采制的电视片《桑梓情深》、《夙愿》等，都是反映重大题材的作品，有深度，有份量，受到评委们的称赞。

（二）贴近实际，关注人民群众的冷暖。同往年相比，今年参评的社教类节目在反映现实，贴近实际方面有了明显的进步。特别是对一些社会难点、热点问题，社教类节目都有所反映。如反映安置下岗职工问题的青岛电视台的《共撑一片天》等，反映扶贫的有济宁电视台的《中国扶贫纪实》等，反映企业改革的有山东电视台《全国最大国企兼并案的启示》等。

（三）精益求精，思想性、艺术性有了提高。这次参评的社教类节目，制作都比较精细，主题开掘的较深，艺术上也有创新。如山东电视台的《苍莽岱岳》、《走近天鹅》等，都用生动的电视语言，表现了作者对人与大自然、对环境保护问题的思考，有思想深度。在表现手法上，有的采用纪实性，有的采用新闻事实为由头的形式，寓理于事，增强了节目的真实感和感染力。

社教类节目存在的主要问题是，有的节目说教味太浓，缺乏感染力；再是一般化的作品多，震撼人心的精品少。这有待于进一步提高和改进。除此之外，在中残联、中国记协举办的“全国残疾人事业好新闻评比”活动中，枣庄广播电台经济台选送的《天天送温馨》节目荣获一等奖，在全国地市级台中是唯一获此殊荣的电台。淄博声屏报采写的《当代保尔朱彦夫》在中华全国新闻记者协会等联合举办的第三届“大地之光”征文活动中获特等奖。 （尹祥吉）

河 南 1996年度河南省广播电视好新闻评选工作于1997年3月6日至3月27日在郑州举行。经过来自全省广播电视系统、报纸系统和部分市地的20位专家、领导、学者组成的评委会的认真评审，共评出一等奖55件、二等奖71件、三等奖120件。从获奖的246件作品看，1996年全省广播电视节目质量整体水平提高，精品数量明显增多，多年被视为弱项的消息类节目和评论性节目大有改观，创新创优意识明显增强。

导向正，主题好。获奖作品都是以邓小平理论为指导，从全党全国工作大局出发，积极配合党和政府的中心工作，对关系改革、发展、稳定大局一类重大事件和重要课题的报道和评论，舆论导向正确，而且高屋建瓴，大气磅礴，实现了为人民服务，为社会主义服务，为全党全国工作大局服务的宗旨，坚持了政治家办台和以正面宣传为主的原则。

选材精，视角新。广播电视作为党和人民的喉舌，应该起到赞颂成就，讴歌时代精神，鞭挞丑恶，弘扬正气的作用，这也是广播电视工作者始终如一的责任。不少获奖作品能突破这类司空见惯的新闻报道模式，选出新的素材，找到新的视角，拍出新的水准，体现出这些记者具备较高的综合素质和水平。

重思辨，内容深。获奖作品普遍内容深刻，具有较强的思辨性。新闻、专题题材的选择大多能从人类的命运或民族的命运着眼，从能够响亮地回答当代听众、观众提出的问题切入。被视为广播电视旗帜和灵魂的新闻评论，大多数能坚持新闻性、政论性和针对性的完美结合，由事阐理，以理评事，深入浅出，纵横比较，述评结合，有的放矢，增强了内容的深度和思辨的力度。

有特色，形式新。广播电视优势是声像实录，形象直观，传播迅速广泛。获奖作品多数能注重发挥广播电视优势，运用报纸媒体所没有的现场音响和图像表现主题，说明问题，收到了可信性强、感染力强和震撼力强的效果，形成了广播电视好新闻自己的风格和特色。

制作精。精心制作节目是创新创优重要的一环，最大限度地开掘广播电视的声、光、画、色的表现技能，加强广播电视新闻的可听性、可视性，是编辑记者孜孜以求的目标之一。获奖作品不仅具有新闻性、知识性、教育性，而且具有趣味性、欣赏性、娱乐性，所以从内容到形式，从政治到艺术，都是经过深思熟虑，反复推敲，精心制作而成的。

纵观1996年河南省广播电视获奖作品，整体水平比往年有所提高，精品增多。但也有不少不尽人意的地方，比如广播电视新闻专题报道的面比较狭窄，经济报道的驾驭能力较差。 （党传聪）

湖 南 1996年度“湖南广播电视奖”经过复评、定评，于1997年4月上旬揭晓。参加评选的节目，系全省各地市州县和省直各台及潇湘电影制片厂、省电视节目制作中心选送的，包括新闻、社教、文艺三大类节目314个。最后评出获奖节目138个，其中一等奖26个，二等奖42个，三等奖69个，特别节目奖1个，还评出5个节目制作单项奖。衡阳市广播电视局、长沙市广播电视局获宣传创优组织奖。

1996年是湖南省广播电视宣传实施“精品工程”的第一年。参评的314件作品导向正确，题材广泛、内涵丰富、品种齐全，采编、拍摄、制作的水平都有较大幅度的提高，而且涌现了一大批优秀作品。评选表明，实施“精品工程”第一年的成效是显著的。总的来看，具有以下几个特点：

一、广播与电视相比，电视节目质量提高的幅度更大。从参评的163件电视节目来看，电视新闻、社教、文艺三大类的节目质量与上年度比有了较大的突破。如消息《汨罗市对干部政绩“打假”》（湖南电视台）、《华容县团洲垸溃决、两万灾民紧急转移》（岳阳电视台），连续报道《走马楼重大考古发现》（湖南经济电视台），评论《一墙之隔隔什么》（醴陵电视台），社教专题《小村艺人》（郴州电视台），系列片《功过千秋》

(湖南电视节目中心),电视文艺《兵哥哥》(湖南电视台),电视剧《亲情》(湘潭市广播电视局、湖南电视台)等,都是导向正确、内容深刻、形式新颖、特色鲜明、制作精良、受众喜爱、社会影响较大、效果好的优秀作品。广播参评节目共94件,其中虽然也有不少优秀作品,如消息《浏阳北盛悄然兴起"托田所"》(长沙市电台)、《费改税,使减轻农民负担落到实处》(武冈市电台),新闻专题《下岗职工走向农村》(省电台)、《生命在铁轨上延伸》(长沙市电台)、社教专题《"候鸟农民"启示录》(长沙市电台)、少儿节目《苗圃园里亲情歌》(桑植县电台)等,但从总体上看,广播节目的质量低于电视。一些过去很有影响的电台,近年节目质量有较大的滑坡。尤其是在广播文艺方面,竟然出现省电台一等奖空缺,9个地市一、二、三等奖空缺的现象,这是历年来所没有的。

二、省直与地市相比,地市的创优意识和精品意识更强。自实施"精品工程"以来,全省各地市州广播电视局把全面提高节目质量作为"重中之重"来抓。长沙市广播电视局连续三年获创优组织奖。衡阳市广播电视局以承办1996年度全省评奖工作为契机,狠抓节目质量的提高,这次评选获奖跃居全省第一。张家界市广播电视局创优形势也十分喜人。省直各台的创优意识和精品意识也大为增强,尤其是三个电视台之间呈现三足鼎立,互相竞争的局面,节目质量普遍提高,但与地市相比仍有差距。这次评选出26个一等奖,其中地市18个,省直只有8个,上乘之作的比重地市明显高于省直。

三、与专题节目相比,广播电视消息、评论仍是弱项。在这次评选中有两个地市连一条消息也没有选送上来。此外,少儿、科普、电教及生活服务类节目偏少,不能按规定参评指标上送。这种状况反映了一些地市广播电视节目品种不全,发挥广播电视多功能的作用不够。

四、广播文艺与电视文艺相比,电视文艺进步幅度大,这次评奖入选率最高。但文艺节目如何弘扬湖湘文化,还有待今后进一步探讨和努力。　(湘广)

广　东　1997年度广东省广播电视新闻奖分广播新闻、广播社教专题、电视新闻、电视社教专题四个组进行观摩评选。结果:广播新闻一等奖6件、广播社教专题一等奖4件、电视新闻一等奖6件、电视社教专题一等奖3件。从讲评情况看,本届送评和获奖的作品主要有以下几方面的特点:

一、题材重大、新鲜,时代特点鲜明

1997年是一个不平常的年份。香港回归、十五大召开、长江三峡截流、邓小平同志逝世都发生在1997年。可喜的是,我省视听媒体对这些重大事件都作了相当充分的宣传报道,并涌现出许多优秀作品。如深圳电台的节目编排《香港回归特别节目》,深圳电视台的《深圳二十万市民冒雨欢送子弟兵》,省电视台的《紫荆换皇冠,香港迈向新纪元》、《邓小平故乡人民怀念邓小平》等都获得一等奖。

1997年也是广东省改革和发展取得重大成绩的一年。改革和发展成了许多作品的主题和灵魂。如《肇庆出现农民以科技入股发展种养业的新势头》,新会电台的《小鱼吃大鱼——新会镇办企业兼并上海一家国有企业》,广东电台的《共同走在农业产业化的康庄大道上》,深圳电视台的《万丰之路》等,都是反映改革题材的优秀之作,并获一等奖。

二、重视挖情节、细节,节目吸引力明显增强

视听节目是诉诸受众听觉、视觉的,必须生动、具体、可感才会有吸引力。因此本届许多获奖作品都十分重视挖掘新闻的故事、情节和细节。广东经济电视台的《生命的对话——三个白血病少年的故事》,就有许多感人的细节。例如白血病少年陈华喜欢画画,为了表达他对生存的强烈愿望,在医院里经常给一些病人画像,而且画得很认真,很细腻,后来他死了。这些画却给那些病人留下许多美好的回忆。又如深圳台的《与艰难面对》,它是一个夜间谈心节目,是谈人生的主题。还有韶关电台的《金太阳落到俺的家》,佛山电台的《隔岸观火与未雨绸缪》等,都有很好的、很感人或令人遐思的情节和细节,因而能给人留下深刻的印象。

三、刻意追求贴近,生活气息比较浓郁

许多台在制作精品时都有意识地求"近",讲究题材的手法和贴近性,能够从群众最关心的角度切入。例如佛山台的"谈亚洲金融风暴对佛山人的启示",就紧紧围绕佛山人最关心的问题入手。主持人一开始就说,他手头有一封信,信上说,最近不断有人向他游说换港币,还说人民币很快就会贬值。究竟人民币会不会贬值,这是在亚洲金融风暴之后很多人都担心的问题。接着主持人就谈亚洲金融风暴是怎么回事?对佛山人会带来什么样的影响?整个节目贴近性可听性都非常好。此外,肇庆电视台的《高奏凯歌还》,汕头电视台的《渔民富了,总理笑了》,四会有线台的《钟文忠为敬老院老人拍照留影》等,都具有贴近性好、生活气息浓的特点。

四、巧于煽情,着意提高作品的感情冲击力

今年获奖的作品中,有不少善于运用情感素材,具有强烈煽情效果的作品,有些作品还具有催人泪下的效果。例如《生命的对话》,写三个白血病少年出于对生活的热爱,互相鼓励。当第一位少年死了,少年的父亲尽管自己还欠下人家几千元的债,也把社会捐助的一万元留给另一位少女的母亲,把生存的希望寄托于另两个少年身上。后来,另一个女孩又不幸死了,她的母亲再把这笔钱转交给仍然活着的第三个男孩,希望这位男孩能坚强地活下去。这种生命的接力,爱心的接力,深深地打动着每一个受众,从而奏鸣出一曲真情的歌,生命的歌。还有深圳台的《与艰难面对》、广州电台的《原文不再续,书断这一回》等都有较好的煽情效果。

五、强化社会责任感,舆论监督有突破

舆论监督是党的十五大提出的一个重要任务,它是消除腐败，推进社会发展的重要手段之一。舆论监督反映人民群众的呼声、愿望和要求，也是我国传媒的党性、人民性的重要体现。去年，全省各台一方面勇敢地拿起舆论监督的武器，一方面严格按照舆论监督的原则和要求，掌握好度，使这方面涌现出不少精品之作。例如省电台的《要钱还是要命》，披露一个单位为了一己私利，在清新公路还没有完全搞好安全设施之前就提前开通收费，导致车祸事故频发，造成每天丧失一条人命，出现十多宗事故。这个报道尖锐、泼辣，一针见血，但又事实准确，言词有度，因而得了一等奖。又如佛山台的《亏损企业入住高级度假村开扭亏会议》、湛江电视台的《我市严肃查处雷州市水利局突击任免干部事件》、省电视台的《丰源酒家非法经营国家保护野生动物还阻挠执法》、珠海台的《大榕树被毁之后》等都反映舆论监督的作用。

六、运用视听特点，创新节目包装

精品节目应该是既有深刻的思想内涵，又有完美的包装形式的作品。从今年送评和获奖的作品看，这方面完美结合的作品比较多。例如省电台的《绿茵狂飚》，采用多点直播的形式，同时现场直播和报道六场足球比赛的实况，可以说把广播特点运用得淋漓尽致。作品不但信息量大，而且主持灵活流畅，极富感情，从而给球迷们留下很深的印象。还有中山电视台的《追踪毒瘾婴儿》，南海有线台的《南海歌潮涌波澜》等，其电视特点，表现形式都非常完美。

今年送评的作品，特别是一些落选的作品，也存在一些缺陷和不足。例如新闻不注意时效；有些新闻专题五要素不全；有的音响或画面不清晰；有的稿件重点不突出，面面俱到；有的表现手法陈旧，缺少新的创意；有的人物报道比较空泛，缺乏感人的情节和细节；有些稿件用词不准确、观点有偏颇等。（阙子民）

广东省广播电视一等奖作品目录

一、广播新闻

一等奖（6件）

新闻节目编排《香港回归特别节目》 深圳人民广播电台

短消息《肇庆出现农民以科技入股发展种养业的新势头》 肇庆人民广播电台

连续报道《要钱还是要命》 广东人民广播电台

评论《在顺德，也并非“一股就灵”》 广东人民广播电台

短消息《小鱼吃大鱼——新会镇办企业兼并上海国营企业》 新会人民广播电台

消息《珠海，撑开企业技术秘密的保护伞》 珠海人民广播电台

二、广播社教专题

一等奖（4件）

对农节目《共同走在农业产业化的康庄大道上》 广东人民广播电台

社会生活节目《原文不再续　书断这一回》 广州人民广播电台

对农节目《“金太阳”落到俺的家》 韶关人民广播电台

理论节目《中国失业与再就业问题的现实抉择》 广东人民广播电台

三、电视新闻

一等奖（6件）

新闻专题《市长获联合国人居奖启示录》 中山电视台

消息《深圳二十万市民冒雨欢送子弟兵》 深圳电视台

短消息《紫荆换皇冠　香港迈向新纪元》 广东电视台

消息《邓小平故乡人民怀念邓小平》 广东电视台

评论《该给农民送些什么书》 茂名电视台

连续报道《我市严肃查处雷州市水利局突击任免干部事件》 湛江电视台

四、电视社教专题

一等奖（3件）

社会政治节目《万丰之路》 深圳电视台

系列片《呼唤责任感》 广州电视台

系列片《大江北望》 广东电视台

广　西　1997年度广西壮族自治区广播电视评奖有3项：广播电视优秀节目评奖、广播电视播音和主持人作品及播音论文评奖、广播电视学术论文评奖。

广播电视优秀节目评奖。1997年，广西优秀广播电视节目评奖，将县级广播电视台（站）与自治区、区辖市广播电台、电视台分开进行。1月15日至19日，广西广播电视优秀节目评选委员会对地、市广播电视局选送县级广播电视台（站）1996年播出的优秀节目稿件进行选评，共评选出获奖优秀作品81个（广播节目68个、电视节目13个），其中：马山县广播站的消息《我县打工仔韦彩元海口舍己救人美名扬》等10个节目获一等奖，凭祥市广播站的消息《中越铁路国际旅客列车恢复通车》等30个节目获二等奖，扶绥县广播

站的消息《屯楼屯农民自费举办纪念红军长征胜利60周年电影月活动》等41个节目获三等奖。

广播电视优秀节目评委会对区、市级广播电视台选送的节目和稿件进行评选，共评选出获奖优秀作品235篇(件)。其中优秀广播节目86个，优秀电视节目118个，广播电视报优秀作品31篇。获优秀作品的235篇(件)中，特别奖1件，广西人民广播电台的《一个千万富翁和他的扶贫事业》等40篇获一等奖，南宁人民广播电台的《战胜自卑，走出人生沼泽地》等80篇获二等奖，广西对外广播电台系列报道《路宽好走》等114篇获三等奖。

这些获奖作品，从总体水平上看，比1996年度有所提高，经济建设和精神文明建设的稿件占主导地位，舆论导向更加鲜明，反映大题材的作品较多，有些新闻中出“新闻”，好上加好。主题和选材更加精心选择，论据和开掘更加深刻，注意写作的考究，制作的精巧。自治区和市级台作品差距缩小了。普遍反映了广播电视的特点。但是获奖的作品中，消息偏少，通讯偏多；经济新闻偏少，社会新闻编多。

9月11日至12日，在柳州市召开全自治区广播电视播音、主持人作品和播音论文评选会，对送评的85篇作品，经过听、看、评审，共评选出优秀广播电视播音、主持人作品64篇，其中广播类18篇，电视类24篇，广播电视播音论文22篇。

11月26日在南宁召开1995～1996年度广播电视优秀学术论文评选，共评选出优秀学术论文20篇，其中一等奖4篇，二等奖6篇，三等奖10篇。广播电视节目录制技术质量及安全播出奖，评选出获奖项目26个，其中：一等奖1个、二等奖7个、三等奖3个、四等奖15个。

广西广播电视厅编委会为了鼓励广播电视工作者争先创优，多出精品，对“八·五”期间广西获中国广播奖、中国电视奖和全国有关评奖中获奖的作品给予奖励。

(黄贻新)

四　川　1997年度四川广播奖、四川电视奖评选于3月上旬揭晓。此次评选是在四川人民广播电台、四川电视台、四川有线电视台(筹)，各市、地、州广播电视局进行初评，先行淘汰了送评总数25%的基础上开展的复评工作。省评委会共受理参评的新闻、社教类12个项目的广播电视节目共540件。其中广播送评节目249件，评出一等奖37件，二等奖66件，三等奖122件；电视送评节目291件，评出特别奖3件，一等奖44件，二等奖80件，三等奖129件。

1997年，香港回归祖国，党的十五大召开，长江三峡工程顺利截流，这一系列重大事件必将载入史册。行政区划调整后，四川省又面临着新的机遇与挑战。纵观这次参评的广播电视节目，大多能以较强的新闻敏感，紧紧把握时代脉搏，记录或反映了去年发生的一系列重大历史事件，以及在改革开放进一步深入和行政区划调整的大背景之下，我省在社会、经济、文化、科教等广泛领域内的新情况、新思路、新做法和各行各业的典型人物，在宣传党和政府的方针政策，促进全省中心工作任务的完成，反映群众呼声，鞭挞社会丑恶现象，提高全民素质等方面起到了积极作用。送评节目总体上格调健康，舆论导向准确。广播节目进一步加大了探索与创新的力度，从题材的选择到制作的考究，在深度与广度上都有所延伸。有高屋建瓴，气势恢宏的大型报道，如对三峡工程截流的现场报道，对攀西地区的概貌式描写；有对社会热点和社会新事物的关注、分析、探讨，如针对下岗、再就业、科技兴农等方面的典型事例与人物的报道；有对社会新风尚、新观念的倡导与颂扬，有对假、恶、丑的揭露与鞭挞。广播在受到众多传媒冲击的不利局面下，此次送评节目更加自觉地发掘广播形势，探索广播这种声音艺术的传播与接受规律，如怎样发挥广播节目的敏捷、快速的优势，怎样划分听众，怎样贴近听众等问题，不少节目对此作了有益的尝试，并涌现一批较为优秀的节目。此次电视节目的评选首次把无线与有线节目合在一起，实践证明利大于弊：一方面有利于评选标准的客观、公正、统一，对于规范节目制作将起到积极作用；另一方面将会促进有线与无线节目相互取长补短，在有线节目起步晚，相对水平较低的情况下，有利于有线节目迅速提高质量。只要有线与无线认真把握节目自身的个性特征，有线与无线节目就会相得益彰。与广播节目一样，电视节目的报道面比较广泛，力度也有所加大，加之电视凭其特有的声像并茂的形势，涌现出一批相对水平较高的作品。其中尤以系列片和纪录片最为引人注目。如纪录片《三节草》、系列片《三千里川藏线》、《巴蜀四帅》等等。

尽管如此，此次送评节目也存在一些缺陷。制作粗糙，手法陈旧如何发挥广播电视自身的优势，探索与遵循广播电视的传播规律，我们的记者、编辑还需作更多的自觉努力。

(彭庶民)

贵　州　1996年度贵州新闻奖、贵州广播奖、贵州电视奖、贵州播音奖、贵州电视经济新闻奖的评奖工作和获奖情况分述如下：

贵州新闻奖。贵州新闻评奖由贵州记协主办。广播电视系统共获得贵州新闻奖69件(广播34件：一等奖8件、二等奖11件、三等奖15件；电视35件：一等奖7件、二等奖14件、三等奖14件)。

贵州广播奖、贵州电视奖。由贵州省广播电视厅和贵州省广播电视学会主办。贵州广播奖和贵州电视奖共有140件获奖，其中广播奖74件(一等奖14件、二等奖27件、三等奖33件)；电视新闻奖66件(一等奖13件，二等奖23件、三等奖30件)。另外，贵州人民广播电台和贵阳人民广播电台在1996年的抗洪抢险斗争中，比较充分地发挥了广播的优势，临时举办了抗洪抢险特别节目，两台分别获得了特别节目奖。

贵州电视经济新闻奖。经济类电视新闻奖评选由省广播电视学会主办，参评节目主要由省电视台、贵阳电视台、遵义电视台推荐，目的在于推动、促进贵州省的经济新闻的报道，共评出获奖节目9件，其中一等奖2件，二等奖3件，三等奖4件。

贵州广播电视播音奖。由省广播电视学会主办。1997年的播音奖评选，在各台送评的广播电视播音参评作品中，评出20件获奖作品，其中一等奖2个，二等奖8个，三等奖12个。从对播音作品的评奖中可以看出，贵州省一大批青年播音员和主持人进步较快。

在参加国家政府级的评奖活动中，贵州省广播电视系统以下节目获奖：一、获中国文艺广播奖三等奖1件；二、获中国新闻论文奖二等奖1件；三、获中国戏曲广播奖二等奖1件；四、获中国电视社教奖三等奖1件；五、获中国广播社教奖二等奖1件，三等奖3件；六、获中国电视新闻奖三等奖1件。

1996年我省的广播电视工作者，紧紧抓住经济建设这个主题，坚持正确的舆论导向，自觉地宣传先进、报道典型，促进了我省的两个文明建设。例如，荣获1996年贵州广播奖的70多件作品中，绝大多数报道的是两个文明建设的典型。广播电视在洪涝灾害面前，充分体现了全省人民抗洪救灾的“新”、“快”作用，人民群众把广播电视称赞为“抗洪救灾的指挥部”，受到了各级党政领导的表扬。

（刘月卿）

’96贵州广播电视奖获奖篇目

一、广播部分（二等奖以下名单从略）

特别节目奖2个

类别	题　　目	播　出　单　位
特别节目	抗洪抢险特别节目	贵州人民广播电台
热线电话	直播室成了抗洪抢险指挥部	贵阳人民广播电台

一等奖14个

类别	题　　目	播　出　单　位
消息	贵阳处在暴雨袭击之中	贵州人民广播电台
录音通讯	大关的壮举——一个极贫村的奋斗史	贵州人民广播电台
通讯	震撼国际化学界的“三个中国之最”	贵州人民广播电台
通讯	南昆大决战	贵州人民广播电台
通讯	追赶太阳和月亮的苗家人	剑河县广播站
录音通讯	小学生今年二十八	天柱县广播站
消息	江泽民总书记看望贫困农户	赫章县广播站
连续报道	开阳龙岗镇“3·28”抢险纪实	开阳县广播站
专题	《对农村广播》	道真县广播站
特写	兰兰姑娘的嫁妆	安龙县广播站
录音通讯	丹心铸金盾	安顺人民广播电台
通讯	为了实现总理的嘱托	松桃县广播站
录音通讯	生命的赞歌	贵阳人民广播电台
录音通讯	人民的子弟兵	贵阳人民广播电台

二、电视部份（二等奖以下名单从略）

一等奖（13个）

类别	题　　目	播 出 单 位
消息	身患癌症，心系国事	贵州电视台
消息	大关石山变桑田	贵州电视台
专题	江总书记和人民心连心	贵州电视台
专题	大关方向，贵州希望	黔南电视台
专题	山乡里的法官	遵义地区电视台
专题	熊永康和黑土坝故事	贵阳电视台
专题	生命作证——3·28抢险纪实	贵阳电视台
消息	大厂为小厂打工，老大哥甘当配角	贵阳电视台
系列报道	长征路上话变迁	贵州电视台
系列报道	城市管理面临的新问题——贵阳流动人口扫描	贵阳电视台
系列报道	娄山关下文明城	贵州电视台、遵义地区台
评论	遵义的龙须沟谁来管	遵义地区台
评论	保护劳动者权利不容忽视	贵阳电视台

'96贵州新闻奖获奖篇目

一、广播部份（二等奖以下名单从略）

一等奖（8个）

类别	题　　目	播 出 单 位
录音通讯	大关的壮举——一个极贫村的奋斗史	贵州人民广播电台
通讯	震憾国际化学界的“三个中国之最”	贵州人民广播电台
连续报道	南昆大决战	贵州人民广播电台
述评	我们有多少个1200万？	贵州人民广播电台
述评	丹心铸金盾	安顺人民广播电台
通讯	为了实现总理的嘱托	松桃县广播站
录音通讯	生命的赞歌	贵阳人民广播电台
录音通讯	人民的子弟兵	贵阳人民广播电台

二、电视部份（二等奖以下名单从略）

一等奖（7个）

类别	题 目	播出单位
消息	身患癌症，心系国事	贵州电视台
消息	大关石山变桑田	贵州电视台
专题	江总书记和人民心连心	贵州电视台
连续系列报道	长征路上话变迁	贵州电视台
连续系列报道	生命作证——3·28抢险纪实	贵阳电视台
连续系列报道	山乡里的法官	遵义地区电视台
连续系列报道	大关精神，贵州希望	黔南电视台

1997年贵州广播电视系统有9篇作品获国家政府级奖；有1部电视剧《遵义会议》获第六届精神文明建设“五个一工程”奖和第十七届全国电视剧“飞天奖”；有13部电视剧获贵州省第二届优秀电视艺术作品奖；有2部广播剧获贵州省1996年度“五个一工程”奖。

云　南　由云南省广播电视厅主办、云南省广播电视学会承办的’96云南广播电视奖各类奖项的评选，于1997年1、3、5、7月份在昆明、文山、华宁等地举行。全省广播电视局、台、站各自推荐参评的广播新闻、广播社教节目、广播文艺节目和电视新闻、电视社教节目以及广播电视报刊作品、广播电视科学技术项目(成果)等经过有各地州市广播电视局、台和省电台、电视台代表参加的复评和由省厅、省学会领导和有关单位专家组成的评委会定评，共有7个项目的212件作品、项目(成果)获奖。其中，一等奖24件，二等奖62件，三等奖126件。

1997年度云南省的评奖工作有以下四个特点：

一是获奖的这些作品以不同的题材、形式，从不同的侧面、角度、层次反映了当年云南省在改革开放和两个建设中的新面貌，旗帜鲜明，导向正确。

二是根据云南省广播电视事业发展的需要，增设了云南广播电视报刊奖，拟订了评奖方案，制订了标准，从1996年启动，评出各种形式的作品19件。

三是恢复了停办三年的少数民族语言广播评选。’96共有省电台和红河、文山、西双版纳、德宏四个州电台采制的哈尼、西傣、德傣、景颇、载瓦、傈僳、苗、壮、瑶、彝等10个语种的12件作品入选。

四是坚持了云南广播电视科学技术奖的评选。1996年参评的单位和申报的项目较之1995年第一届均有增加，质量上也较上届有所提高。

此外，省学会播音学会研究委员会还评选了1996年度云南优秀播音作品55件（其中：广播25件，电视30件）。

纵观上述特点，可以看出云南省广播电视的评奖不仅涵盖了广播电视的各类节目和广播电视报刊；而且还涵盖了广播电视的播音和技术，尤其是针对云南省民族众多的特点，举办了少数民族语言广播节目的评选，这对加强民族团结，提高少数民族广播节目的质量，提高少数民族采编播翻译人员的素质，办好民族语言广播节目，将有积极的作用和深远意义。（王嘉德）

陕　西　1996年度陕西省广播电视节目评奖取得了十分优异的成绩。由于各级广播电视部门重视了创优评优工作，参评作品的质量较往年有明显提高，尤其是反映全省经济建设及各条战线深化改革的报道十分突出，关于加强社会主义精神文明建设宣传的力度加强，紧密配合了我省各级党和政府过去一年的宣传重点，弘扬了时代主旋律。一批广播电视佳作在社会上引起强烈反响，一批优秀广播电视编辑、记者、主持人脱颖而出。

1996年度“陕西广播电视奖”六大类节目评选在上半年举行。其中广播新闻、广播社教节目评选在西安举行，参评作品122件，77件作品入选，一等奖20件、二等奖19件、三等奖38件；广播文艺节目评选也在西安举行，参评作品36件，27件作品入选，一等奖4件、二等奖8件、三等奖15件；电视新闻节目评选在咸阳举行，参评作品96件，获奖作品60件，一等奖8件、二等奖24件、三等奖28件；电视社教节目评选在延安举行，参评作品53件，获奖作品37件，特别奖1件，一等奖8件，二等奖8件、三等奖20件；电视文艺节目评选在西安举行，参评作品44件，获奖作品31件，特别奖1件、一等奖6件、二等奖10件，三等奖14件。

陕西省广播电视系统1996年度在“陕西新闻奖”、“中国广播电视新闻奖”、“中国电视文艺星光奖”、“中国广播文艺奖”及“中国新闻奖”评选中，都榜上有名。其中，获“陕西新闻奖”特别奖3件，一等奖12件，二等奖38件，三等奖64件；“中国广播电视新闻奖”一等奖2件，二等奖7件，三等奖11件；“中国广播文艺奖”一等奖1件，二等奖3件，三等奖2件；“中国新闻奖”二等奖1件，三等奖1件。另外，陕西人民广播电台的广播剧《延安之声》，西安电视台的电视剧《毛泽东在陕北》还荣获全国“五个一工程”入选奖。

纵观1996年度陕西省广播电视节目的获奖作品，有以下几个特点：

一、重大题材、重大典型的报道数量增加，质量提高。

1996年，是陕西省改革开放，经济建设及社会主义精神文明建设步子迈得较大的一年。我省各级广播电台、电视台都紧紧围绕省委、省政府的中心工作，加大了宣传力度，取得了显著成绩。陕西电视台的消息《抓大放小实施国有企业改革》、渭南电视台和韩城市电台关于韩城市国有资产以26户国有企业中全部退出的报道，都是以国有企业改革这一经济体制改革中的重点难点问题入手，深刻地阐明了中央提出的“抓大放小”的国有企业改革的精神，信息量大，涵概面广，指导性强，播出后在社会上特别是在国有企业中引起强烈反响，也受到评委的一致肯定。陕西电台的经济节目《太阳集团的兴衰历程》，这篇作品题材具有鲜明的代表性和时代意义，写作上夹叙夹议，自然流畅，广播特点鲜明。在陕西省几次评奖中都荣获一等奖，在“中国广播电视新闻奖”评选中又夺得一等奖。

1996年，是我国社会主义精神文明建设深入发展的一年，特别是党的十四届六中全会前后，我省各级电台、电视台都进一步加大了精神文明建设宣传的力度，推出了一批重点报道，宣传了一批先进集体和模范人物。西安电视台关于西安市开展精神文明建设“八大工程”的报道，在全国引起反响，也得到了中央领导的肯定；延安电台、电视台和陕西电视台的报道《好军妹——宋彩玲》，陕西电台、电视台及渭南电视台的报道《煤海搏击30年》、《煤海女杰赵伯璧》，陕西电台的新闻专题《终生奉献情未了》等，突出宣传了在社会主义精神文明建设中涌现出先进人物，为全省各条战线树立了学习的典范。这些报道选材精当，广播电视特点鲜明，感染力强，在全国评奖中纷纷获奖。

农业题材的报道历来是宣传的重中之重。1996年我省广播电视编辑记者深入实际，深入采访，推出了不少佳作。陕西电视台的消息《国家给农民的优惠政策哪里去了》、咸阳电台的经济节目《农民痛挖苹果苗当柴烧所引发的思考》、陕西电台的对农节目《世纪的遗产》在深入宣传国家对农业政策、引导农民树立市场观念、再造大西北的豪情壮志方面作出较好的报道。

二、深度报道、分析报道、思辨性报道多于往年。

1996年，我省广大广播电视工作者深入实际，调查研究，关注社会热点、难点问题，一方面积极引导，一方面又进行多侧面的报道，既有深度，又有分析判断、思辩色彩，推出了不少为社会各界称道的作品。

1996年春节前，陕西电视台一批年轻记者冒着冰雪严寒，奔赴陕北、陕南，采制了大型新闻专题片《穿越贫困——过大年、度春荒、从头迈》，并在春节期间播出。该片融调查、故事、纪实等各种电视手法为一体，在充分发挥电视传媒的影响力方面有独到的探索。她既是一篇报道，又是一条分析性新闻，生动深刻、画面感人、制作精良，成为1996年春节之后人们议论的一个话题。陕西电台的言论《怎样才是潇洒人生——第四军医大学第二大队学员谈人生价值》，这篇报道有深度，有分析，有论证，全部采用录音谈话，说服力强，既体现了记者的组织能力，又充分发挥了广播特点，播出后深深打动了青年听众。陕西电视台的评论《竞争与规则》，通过福乐、梦乡这两个陕西名牌产品在市场竞争中典型事件的展示，从市场竞争到法律的论辩，揭示了市场经济也必须有法律来保障，不守法律这个规则必定会给企业带来危害。

三、题材新鲜、角度新颖，手法新颖的作品不断涌现。

题材新、角度新、手法新是我省1996年度一些获奖作品的又一特点。榆林市电台的消息《我市风沙区出现农户向沙漠深处迁居热》，今年选送的这篇作品题材新，角度也新，以小见大，由点到面，短小精悍，突出现场采访，发挥了广播特点，为人类根治荒漠起到了积极的引导和推动作用。渭南市电台1996年9月17日的《对农村广播》，别出新裁，从记者一周下乡采访的日记中，整理出几个片段，以点带面地反映农村计划生育工作这一重大主题。陕西电台的板块节目《让上海人民了解陕西——东西部地区优势互补，手拉手促进经济发展》，不仅主题重大，而且首次采用上海、陕西两家电台同时现场直播的方式，并由陕西省省长作热线佳宾，与两省市听众直接对话交流、倾听意见、增进了解，令人耳目一新，在我省广播奖评选中获一等奖后，又在陕西新闻奖评选中荣获特别奖。

四、广播电视文艺节目百花齐放，硕果累累。

1996年度，我省广播电视文艺园地百花盛开，呈现一派繁荣景象。陕西人民广播电台的广播剧《延安之声》、西安电视台的电视剧《毛泽东在陕北》双双荣获全国“五个一工程”入选奖；广播音乐节目《周总理与〈长征组歌〉》荣获中国广播文艺一等奖；陕西电视台的春节文艺晚会荣获全国电视文艺“星光奖”二等奖；陕西电视台《秦之声》荣获全国电视文艺“星光奖”栏目奖；一大批广播文学、戏曲、曲艺、综艺节目也在全国获奖，真可谓硕果累累。这些获奖作品，从各个方面反映了我省广播电视文艺工作者认真宣传党的文艺方针、政策，弘扬主旋律，一手抓繁荣、一手抓质量而取得的可喜成绩。

从1996年度陕西广播电视节目评奖及我省在全国各类评奖中的获奖情况看，我们与全国一些先进省、市也还有不小的差距。我们要进一步做好创优评优工作，大力实施精品战略，争取今后有更大的进步。

（李书宽）

青　海　1997年度青海省广播电视评奖，于1997年3月23日至31日在西宁举行。经过评委们认真、仔细地审稿，共评出广播电视新闻、社教类奖117件，其中广播一等奖4件，二等奖19件，三等奖46件；电视一等奖3件，二等奖13件，三等奖32件。

这次评奖活动的特点：一是广泛性。全省具有自制节目条件的广播电视台（站），大多数都报送了作品和节目参评。在广播获奖作品69件中，地方台、站有获奖作品48件，占全部获奖作品的70%；地方台（站）电视获奖节目19件，占全部获节目48件的40.1%。如地处青南艰苦地区的玉树、果洛等台（站），以往送稿很少，今年也有几篇作品获奖。

二是参评作品和节目的群众性。各地台（站）参评作品，都首先在本单位经过了充分的酝酿和比较，如省电台每半年组织各编采部门初评一次好稿，在此基础上再评选出优秀作品参评，因此保证了全省系统评奖的质量，具有广泛的群众基础。

三是宣传内容的代表性。如获广播一等奖的新闻述评《康尔素破产带来的思考》、系列报道《青海扶贫攻坚纪实》和电视一等奖《大漠深处有人家》、典型人物报道《活着的胡道春》等作品，基本代表了1997年全省深入经济改革宣传的正确舆论导向及典型人物报道高潮迭起的特点。

四是地方台（站）的作品质量明显提高。如：西宁人民广播电台播出的新闻《变换的不仅仅是名称》、湟源广播电视台的《一个眷恋湟源的美国人》、湟中广播站的通讯《让生命化作山脉》等；西宁电视台的新闻《我省第一批有组织的下岗女工外出打工》、《转变观念路子宽》和社教节目《“110”的夜晚》、格尔木电视台的专题《汗水凝聚铸丰碑》、青海油田电视台的消息《激战七昼，降伏“气老虎”》等获奖作品，内容、手法和时效方面，都有短、快、新特点。

五是新闻舆论监督力度增大。如：西宁人民广播电台获二等奖的广播新闻《“跳槽”不成反成被告》、省电台的录音通讯《加强西宁市小公共汽车安全管理刻不容缓》、大通县广播站的获奖消息《大通外川农作物受污染获赔款是谁的过错》、西宁电台的社教节目《警钟：为国家重点工程敲响》等；青海有线广播电视台获一等奖的电视消息《如此设卡，怎能放开搞活》、西宁电视台获二等奖的社教节目《40万元设备等同一堆“废铁”》、青海有线台电视专题片《违法收费加重农民负担者：戒》，青海电视台的言论《小学生饮酒谁之过》、消息《文明城市的不文明现象》等这些得到好评的作品，不同程度地反映了党和政府的要求，人民群众的希望，曾引起过社会的普遍关注。　（辛光武）

新　疆　1997年3月19～24日，新疆维吾尔自治区1996年度优秀广播电视节目评选在乌鲁木齐市举行。本届评奖共收到参评节目（稿件）434件，其中，广播节目200件，电视节目191件，少数民族文艺广播节目23件。有111件维、汉、哈、蒙、柯广播新闻、社教节目获奖（汉语53件、民族语58件），其中一等奖17件，二等奖38件，三等奖56件。97件维、汉、哈、蒙语电视节目获奖（汉语69件，民族语28件），其中特别奖1件，一等奖16件，二等奖31件、三等奖49件；13件维、哈、蒙、柯广播文艺节目获奖，一等奖2件、二等奖4件、三等奖7件。1997年8月25～28日，首届新疆汉语广播文艺评奖会在乌鲁木齐市举行，参评作品29件，17件获奖。综合类：一等奖2件，二等奖5件、三等奖6件。广播剧一等奖3件、二等奖2件。

综观1996年度评奖，有以下几个特点：一、广播电视评论异军突起，引人注目。这些评论观点鲜明、说理透彻。如《工人俱乐部这个阵地不能丢》（新疆广播新闻一等奖，中国新闻二等奖）、电视评论《狠刹公款吃喝不会影响经济建设》，所触及的问题都是群众关心的热门话题，播出后产生良好效果。二、经济稿件力度增强、水平提高。如新疆台的短消息《新疆商贸城取消商品展销会》、消息《塔克拉玛干沙漠发现饮用水源》、《生活大世界》一组板块节目、《中国光电第一村》和乌鲁木齐台的《让历史告诉我们》均获中国广播一等奖。新疆电视台的系列片《山东畜牧业启示录》（新疆电视社教特别奖），记者针对新疆畜牧业发展的一些问题，有的放矢地拍摄了山东畜牧业的发展情况。这个工作经验性系列片，对新疆畜牧业生产具有指导意义，引起自治区领导同志的重视。三、基层县市台少儿节目内容丰富、水平提高，这次获奖的少儿节目多数是基层县市选送的。评奖中感到不足之处：一、与往年相比，今年基层县市台站选送的新闻社教类稿件质量普遍下降，拔尖作品少，一些新闻作品，写作不规范、时效差、角度不新，有的没音响、或音响质量差。二、有的板块节目主题提炼不够、时间长、不够精炼。　（新红莉）

青　岛　1997年，青岛市广播电视学会受青岛市广播电视局编委会的委托，组织了广播电视优秀作品评选活动。广播电视新闻奖每季评选一次。第一季度为《新春杯》，第二季度为《仲夏杯》，第三季度为《金秋杯》，第四季度为《雪花杯》。本年度的广播电视新闻奖共评出获奖作品143件。其中一等奖38件，二等奖76件，三等奖29件。

9月进行的’97青岛市播音与主持作品奖评选活动在青岛尚属首次，奖项为副省级政府奖，是对近十年来青岛市局播音主持队伍水平和播音主持质量的一次测试。此次评选共评出二十件优秀作品，其中一等奖4件，二等奖6件，三等奖10件，同时评出的还有九件优秀播音论文作品。在本次评选活动中获一等奖并推荐的文艺话题类作品《一夜星光》，论文《试论“主编型”新闻节目主持人》在全国的评选中分别获得一等奖和二等奖（政府奖）。

’97青岛市广播电视优秀栏目评选在10月份进行。共评出47件优秀栏目。其中一等奖9件，二等奖38件。

此外，还有4月30日进行的’96青岛广播文艺节目奖、广播剧奖的评选。这次评奖是青岛局第一次对广播文艺节目进行全面评选，是对1996年广播三个台文艺节目质量的检测和创优工作的检阅，共评选出11件获奖作品。

1997年进行的评奖活动，其特点：一是扩大数额和范围，以选拔出更多的优秀作品。二是积极筹备，严格筛选参评节目，经初评、复评和定评后，方承认其所获得奖名次。三是公正严明，实事求是，做到严格把关。四是宁缺毋滥，保证质量。五是作品点评，加强调研。评选过程中及评选结束后，评委们结合作品内容形式，从理论高度进行研讨和交流，并将部分意见形成理论在局学刊中发表。（牟婕）

厦　门　1997年度厦门广播电视新闻奖评选已于1998年2月下旬圆满结束。全市共有12件作品分别获得广播类或电视类一等奖。

这些评奖活动共收到全市各宣传单位选送的广播作品35件，电视作品62件。评委们欣喜地认为，本届参评作品的总体质量比上届有较大提高，水平也比较接近，市台与区台差距明显缩小。参评作品比较全面地反映了1997年全市新闻宣传工作的重点，典型报道和批评性报道增多，舆论导向把握正确，较好地发挥了舆论监督功能。参评作品选材比较广泛，反映重大题材的作品增多，表现形式更趋多样化。

评委们在充分肯定成绩的基础上，也指出存在的不足之处：广播和电视参评作品中，经济报道份量仍然不够充足，评论稍显薄弱。（厦门市广播电视学会）

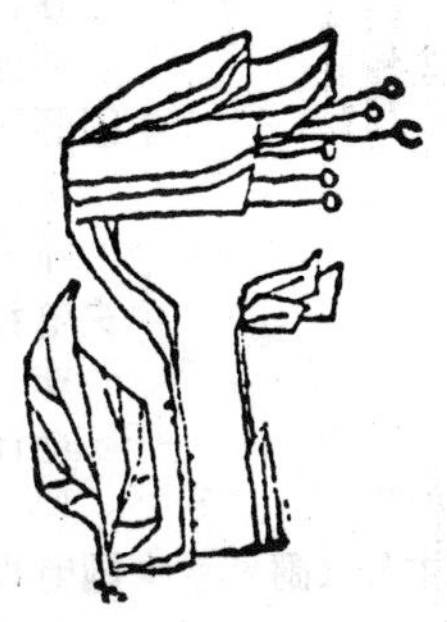

16. 机构与社团

责任编辑　梁振远
审 稿 人　赵建华

中华人民共和国 广播电影电视部

地　　址：北京市西城区复兴门外大街 2 号
邮政编码：100866
电　　话：66092707
传　　真：66092437

部　长：孙家正
副部长：田聪明、同向荣、赵　实、张海涛
中纪委驻部纪检组组长：王德新
办公厅（法规司）　主任（司长）王甘文，副主任（副司长）黄　勇、王云鹏
总编室　主任张振东，副主任赵立凡、李春武、闫晓明
电影局　局长刘建中，副局长窦守芳、杨步亭、王庚年，总工程师鲍林岳
社会管理司　司长才华，副司长尹廉钊、李克寒
人事司　司长雷元亮，副司长薛大力、赵铁骑
计划财务司　司长刘以纯，副司长张开兴、刘国良
科技司　司长陈智教，副司长江　澄、张兆雄
外事司　司长马元和，副司长安　利、范光第
保卫司　司长方　源，副司长宋卫民
教育司　司长刘爱清，副司长王伟国
机关党委　常务副书记温治中，副书记夏一强，机关纪委书记罗盛明
离退休干部局　局长许永生，副局长谷方海、姜兆龙
部工会　主席曲桂兰
驻部纪检组　副组长、监察局局长赵声鸿
驻部审计局　局长王保智，副局长李兰田
行政管理局　局长、党委书记负振华，副局长高能军、刘成浩，党委副书记杨景昌
中央人民广播电台　台长安景林，副台长王健儒、王燕春、张长明、胡占凡、纪检组组长张熙裕，总工程师孙迎年，总会计师谷国臣，副总编王宴青
中国国际广播电台　台长张振华，副台长丛英民、汪勤文、王汝峰、王国庆，纪检组组长孔令保，总工程师于纪恺，副总编陈敏毅
中央电视台台长　杨伟光，副台长赵化勇、刘宝顺、李　丹、刘宜勤、李东生，纪检组组长陈君，总会计师贾文增，总工程师邵昌有，副总编朱继峰、罗　明
中国电视剧制作中心　主任胡　恩，副主任邹庆芳、张华山
中国电视艺术委员会　副主任兼秘书长仲呈祥
中央卫星电视传播中心　主任赵化勇（兼），副主任杨步亭（兼）、副主任田盛华
无线电台管理局　局长、党委书记李天德，副局长陈　光、王丁一、程　林、李　智、专职副书记兼纪检组组长张文明
监测中心　主任刘忠良，副主任邱茂书，总工程师陈德泽，副主任施礼兴
广播影视信息网络中心　主任陈晓宁，副主任马　明
中国广播艺术团　团长兼党委副书记熊生民，党委书记兼副团长关崇恩，副团长修永生
中国电影乐团　团长、党委书记杨　朴，党委副书记兼副团长张桂芬，副团长张之鸽、王书伟
广播电影电视设计院　院长、党委副书记袁文博，党委

书记、副院长齐勇毅，党委副书记、副院长张贻信，副院长潘家任、许家奇、孟宪礼

广播科学研究院 院长、党委副书记郭炎生，党委书记刘洪才，副院长高凤吉、肖超钰、杜百川

中国电影科学技术研究所 所长杨步亭（兼），副所长楚泽洋、李晓冬

中国电影艺术研究中心 主任陈景亮，副主任刘怀舜、王学明，党委副书记崔冀中

电影剧本规划策划中心 主任王庚年（兼），副主任高尔纯

电影卫星频道节目制作中心 主任闫敏军，副主任周萍、刘长根

北京广播学院 党委书记赵建华，院长刘继南，副院长苏志武，党委副书记李焕生，副院长高福安、任金州

北京电影学院 党委书记兼院长王凤生，党委副书记兼副院长陈宇锴，副院长倪少康，党委副书记张五洲，副院长侯克明、张会军

浙江广播电视高等专科学校 党委书记兼副校长吴国田，校长陈为良，副校长张长金

管理干部学院 党委书记宋立业，院长兼党委副书记姚芝楼，副院长冯玉玲、徐志仁、王宏民

中国广播电视出版社 副社长、副总编王敬松，副社长王炳臣，副社长、副总编金文雄

中国广播电视学会 副会长兼秘书长郭宝新，副秘书长江欧利、王　锋

中国广播电视国际经济技术合作总公司 总经理、党委书记吴达审，副总经理胡荣泉，党委副书记、副总经理诸葛璋，副总经理杜一平，总工程师宓文生

中国唱片总公司 总经理李鼎祥，副总经理马绪尧、高昶

中广影视卫星有限责任公司 总经理谢家骏

艺广国际有限公司 总经理沈向军

中国电影公司 经理兼党委副书记童　刚，党委书记兼副经理王增夫，副经理、副书记窦春起（兼）

中国电影合作制片公司 经理郑全刚，副经理曾德胜、马德和

中国电影器材公司 经理李茂楼，副经理顾正保

华韵影视光盘有限责任公司 总经理苟晓敏，副总经理杨向东、程晓阳、金芃澔

北京电影制片厂 厂长韩三平，党委书记黄耀祖，副厂长马秉煜，总会计师崔志侠，副厂长宁梦华，党委副书记杨　英，副厂长史东明

中央新闻纪录电影制片厂 厂长、党委书记李　建，副厂长张建华、王盟盟、干颖力

北京科学教育电影制片厂 厂长、党委书记万迪基，副厂长任振华、安伟民，党委副书记张晓光，工会主席赵布光

中国儿童电影制片厂 厂长窦春起，副厂长崔立忠

北京电影洗印录像技术厂 厂长王佩芳，党委书记兼副厂长陈贵忠，工会主席霍亚千，副厂长周德群

驻香港记者站 站长邹新炎

驻澳门记者站 站长张玉山

（广电部人事司干部处）

中央人民广播电台 中华人民共和国国家广播电台。1940年12月30日创办于延安，当时称新华广播电台。1949年3月随中共中央进入北京。新中国成立后，改名为中央人民广播电台。英文缩写字母为CNR。

几经调整和改革的中央人民广播电台目前办有7套节目。每天播音128小时30分钟。其中两套是对全国广播的综合性普通话节目。（即第一套和第二套节目），第三套是播放音乐、戏曲的调频立体声节目，第四套是对少数民族的广播节目（包括：蒙古语、藏语、维吾尔语、哈萨克语、朝鲜语），两套对台湾的广播节目，1992年10月1日中央台第七套节目开始播音，主要是对珠江三角洲和港澳地区进行广播。第一套节目每天播音21小时30分钟，使用的中波频率为540、639、837、953、981、1008、1017、1035、1161千赫，短波频率为：6840、7504、7935、9800、11330千赫，调频为：106.1兆赫。第二套节目全天播音19小时，使用的中波频率为：630、720、855千赫，短波频率为：7770和10260千赫。第三套调频立体声节目每天播音18小时，使用的频率为90.0、102.9、105.7兆赫。其它四套节目都是通过专业线路传送到特定地区进行传播的，国内其它地区不容易收到。中央人民广播电台目前在国内外拥有听众近8亿，1997年共收到国内外听众来信近1721315余封。

截至1997年，中央人民广播电台在全国设有37个记者站（包括省、自治区、直辖市和部分计划单列市、香港、澳门）。

中央电台的组织机构分为宣传、技术、人事党务、行政后勤4个系统。宣传部门设有总编室、评论部、新闻中心（下设新闻部，采访部、编辑部），时政部、体育部、国际部、播音部、理论部、科教部、综合部、农村部、经济部、文艺部、台播部、民族部、港澳部、社教部、少儿部、军事部、研究室、听工部、资料室、记者部。技术部门包括：总工程师办公室、技术处、录制部、播出部。党政、后勤部门有：党委办公室、台办公室、人事处、经管办、计财处、保卫处、行政处、老干部处、基建处、外事处、纪委、监察、工会、团委、审计、广告部，另外还有直属的中广达总公司、北京华夏广告公司、劳动服务公司等企业化管理单位。现有职工1300多人，离退休职工300多人。

中央台的领导机构是：台分党组书记，台长安景林。副台长、台分党组副书记王健儒，副台长王燕春、张长明、胡占凡，台纪检组组长张熙裕，总会计师谷国臣，总工程师孙迎年，副总编王宴青，专职党委副书记刘应春，台编委曹仁义。根据中编发［1996］13号文件，中央人民广播电台内设14个中心机构，分别是：办公室、总编室、新闻节目中心、社教节目中心、文艺节目制作中心、调频立体声广播中心、经济科技信息中

心、民族广播中心、台港澳广播中心、地方记者管理中心、技术管理中心、人事办公室、财经办公室和机关党委。中央电台地址：北京复兴门外大街2号。邮政编码100866。电话总机为：68044114。

（中央台）

中国国际广播电台 中国国际广播电台是中国唯一向全世界广播的国家电台，英文名称为CHINA RADIO INTERNATIONAL，英文缩写为CRI。

国际台的宗旨是：向世界各国听众介绍中国的历史与现实，阐述中国政府的内外政策，增进各国人民对中国的了解和友谊，维护世界和平，促进人类的进步事业。

国际台创办于抗日战争时期。为适应世界反法西斯战争的需要，国际台的前身——中国共产党领导的延安新华广播电台。于1941年12月3日，开办了面向侵华日军的日语广播。半年以后，日语广播因客观原因停播。1947年9月11日，为配合解放战争从战略防御转入战略反攻，陕北新华广播电台开办了英语广播。1949年6月20日又恢复了日语广播。1950年4月10日，台址迁至北京，台名改为“北京广播电台”。1978年4月18，“北京广播电台”更名为“中华人民共和国国际广播电台”，但对国外广播仍沿用“北京广播电台”的呼号。1993年1月1日，台名和呼号统一为“中国国际广播电台”。改革开放后，根据在华外宾渴望了解中国的强烈要求，自1984年以来，国际台陆续开办了对内英语、法语、日语、德语和西班牙语广播。从1992年10月1日起，又增办了对珠江三角洲地区（可覆盖港澳地区）的英语、汉语普通话和广州话广播。近几年还开拓了新的对外广播渠道，通过通讯卫星和国际电话向美国、墨西哥、巴西及香港传送我节目，由当地电台使用中波或调频播出，使我对外广播节目更有效地进入上述国家和地区的主体社会。此外，从1987年开始，国际台又开展了与法国、瑞士、西班牙、独联体、加拿大、法属圭亚那电台互转节目，以及向巴西、马里租机的合作业务，从而使我远距离广播的效果得到明显改善。

国际台对外使用的43种语言为：

英语、法语、德语、俄语、日语、西班牙语、阿拉伯、意大利语、塞尔维亚语、罗马尼亚语、阿尔巴尼亚语、捷克语、保加利亚语、匈牙利语、波兰语、世界语、越南语、老挝语、朝鲜语、柬埔寨语、蒙古语、印尼语、泰语、马来语、菲律宾语、印地语、缅甸语、孟加拉语、尼泊尔语、乌尔都语、僧加罗语、泰米尔语、土耳其语、波斯语、普什图语、斯瓦希里语、豪萨语、葡萄牙语、汉语普通话、潮州话、广州话、厦门话、客家话。

国际台各种语言广播的内容都是以新闻为主体的综合性节目。设置的固定专题节目共有400多个。为及时报道国内外新闻，国际台除在国内各省、市、自治区设立了33个记者站外，还在世界五大洲建立了23个记者站，并同世界上许多国家的广播机构建立了人员交流、节目交换关系。

目前，各种语言广播每天累计播音192个小时。听众遍布世界160多个国家和地区。1997年共收到国外听众来信650634封，创本台历史新纪录。超过UOA和BBC听众来信数量。由五大洲听众自发组织起来的听众俱乐部已达2000多个。国际台不仅是我国拥有海外受众最多的对外传媒，而且广播语种、播音时间和听众来信均居各国际广播电台的前三位，是在世界上影响较大的国际广播电台之一。

国际台拥有多种传播手段。除43种语言广播外，还办有《世界信息报》（中文）、《信使报》（英文）、中国国际广播出版社、中国国际广播音像出版社、电视中心和广告部等。为适应对外广播事业发展的需要，国际台新的业务大楼于1997年5月27日正式启用。

国际台领导机构：一、台分党组成员：张振华、丛英民、王汝峰、汪勤文、于纪恺、王国庆、孔令保、苏克彬；二、台长：张振华，副台长：丛英民、李丹、汪勤文、王国庆，党委书记：王国庆，党委专职副书记：苏克彬，总工程师：于纪恺，副总工程师：林永光；三、总编辑：张振华，副总编：陈敏毅。根据中编发[1996] 13号文件，中国国际广播电台内设14个中心机构，分别是：总编室、台办室、人事办公室、财经办公室、机关党委、第一亚洲地区广播中心、第二亚洲地区广播中心、西亚非地区广播中心、西欧拉美地区广播中心、俄东地区广播中心、华语环球广播中心、英语环球广播中心、技术管理中心和新闻发稿中心。

（中国国际广播电台）

中央电视台 中央电视台是中华人民共和国国家电视台，1958年5月1日试播，同年9月2日正式播出。现办有八套节目，每天播出150多小时。第一套节目是以新闻为主的综合性频道；第二套节目是以经济、社会教育节目为特色的频道；第三套节目是戏曲·音乐频道；第四套节目是中央电视台的国际频道；第五套节目是以体育节目为主的频道；第六套节目是电影频道；第七套节目是由少儿、军事、科技、农业节目组成的综合频道；第八套节目是文化娱乐频道。八套节目都送上卫星覆盖全国，其中第四套节目可覆盖全球。全台现有正式职工2656人，连同中国电视剧制作中心、中央新闻纪录电影制片厂、北京科学教育电影制片厂在内，共约4089人，台设有编委会，技委会，行政办公会议，分党组纪检组。台内机构分四个系统设置：党政系统，宣传系统，技术系统，经营系统。党政系统设有台办公室，党委办公室，监察室，审计处，人事处，计财处，财产物资处，工会，行政处，外事处，保卫处，房管处，教育处，老干部处。宣传系统设有总编室；新闻中心，其中包括新闻采访部、新闻编辑部、新闻评论部、新闻制作部、军事部、体育部；社教中心，其中包括专题部、科教节目部、青少部；海外电视中心，其中包括海外新闻部、海外专题部、海外电视编辑部、海外外语部、海外技术制作部；文艺中心，其中包括文艺部、影视部、国际部、动画部、戏曲·音乐部；广告经济信息中心，其中包括广告部、经济部、图文电视部；台直属的部门有研究室，中国电视报。技术系统设有技术管理办公室，其中包括科技处、工程维护处、信息通讯处；技术制作中心，其中包括录制部、制作部、音频部；播送中心，其中包括播送部、转播部；台直属的部门有动力处。经营系统设有经营管理处；中国国际电视总公司。中国电视剧制作中心，下设办公室，人保处，党委办公室，计财处，生产处，文学部，技术处，制作部。中央新闻纪录电影制片厂，下设党委办公室，厂部办公室，纪检组，监察室，编辑部办公室，第一编辑室，第二编辑室，第三编辑室，生产经营管理处，技术管理处，人事处，保卫处，行政管理处，计划财务处，工会，劳动服务公司，多种经营办公室。北京科学教育电影制片厂，下设厂长办公室，党委办公室，总编辑室，生产管理处，技术管理处，动画部，录制部，制作部，字幕车间，特技车间，剪辑车间，计划财务处，人事处，保卫处，行政办公室，经营办公室，工会等。中央卫星电视传播中心。根据中编发［1996］13号文件中央电视台内设15个中心机构：办公室，总编室，新闻节目中心，海外节目中心，社教节目中心，文艺节目中心，广告经济信息中心，评论节目中心，青少节目中心，技术管理办公室，技术制作中心，播出传送中心，人事办公室，财经办公室和机关党委。1997年广播电影电视部广发人字［1997］320号文件，同意将“评论节目中心”调整为“体育节目中心”。中央电视台分党组书记、台长、总编辑杨伟光，中央电视台分党组副书记赵化勇，成员有：刘宝顺、李丹、刘宜勤、李东生、贾文增、陈君、李建、万迪基、胡恩。中央电视台副台长赵化勇、刘宝顺、李丹、刘宜勤、李东生，副总编辑朱继峰、罗明，总工程师邵昌有，总会计师贾文增，分党组纪检组组长陈君、副组长张海鸽，党委书记刘宝顺，党委专职副书记南玉敏。中国电视剧制作中心主任胡恩，副主任邹庆芳、张华山。中国国际电视总公司总经理李培森。中央新闻纪录电影制片厂厂长李建，副厂长张建华、王盟盟、干颖力。北京科学教育电影制片厂厂长万迪基，副厂长任振华、杨杰亭、安伟民。中央电视台通讯地址：北京复兴路11号，邮政编码：100859，电话：68500114。（王晞建）

广播影视信息网络中心　广播电影电视部广播影视信息网络中心是部党组决定并经中央机构编制委员会办公室批准，于1997年4月30日在部信息资料中心和中国数据广播中心的基础上组建的，为部直属局级事业单位。广播影视信息网络中心的主要职责是：根据部全国有线广播电视传输网络总体规划，承担组织该网络的营运管理；承担部信息化建设规划的研究任务；承担广播影视节目在网络上的传送业务；承担各类信息资源在网络上的传送业务；承担广播影视信息资源的开发和利用工作；负责中国数据广播网的营运管理工作；承担部机关和直属单位办公自动化的规划研究和网络服务工作；承担广播影视系统计算机联网工作。承担广播影视的国际互联网（Internet）业务服务和向社会提供信息服务工作；完成部交办的其它任务。

广播影视信息网络中心党委书记陈晓宁，党委委员马明、余刚；中心主任陈晓宁，副主任马明。职能部门和业务机构；办公室、经营计划处、技术管理处、网络工程部、计算机工程部、节目信息部、中国数据广播中心、技术图书室、编辑部。

所属及合资企业：北京中数网数据广播网络有限责任公司、广通联公司、广华公司、万达绿色计算机系统工程公司、太阳帆影视广告公司。

通讯地址：北京复兴门外大街2号，邮政编码：100866，电话：66093465，传真：68013657。

（赵中强）

中国教育电视台　中国教育电视台（CETV）始建于1986年，是教育部（原国家教育委员会）主办的国家级专业电视台，通过东经134度的亚太1A卫星（APSTAR-1A）播出两套教育节目（CETV-1、CETV-2），覆盖全国及南亚、东南亚地区。1994年3月，国家教委与山东省人民政府联合开办第三套卫星电视教育节目（CETV-SD）。1996年3月，中国教育电视台建立中国教育电视台北京台（CETV-BJ），通过35频道播出一套综合教育电视节目。1997年4月，中国教育电视台顺利通过了广电部、国家教委的联合年度检查。1997年10月中国教育电视台北京35频道顺利通过了广电部、国家教委电教办共同组织的技术验收，获得了广电部颁发的甲类广播电视频率执照。

我国的卫星电视教育网络建设发展迅速。截至到1997年6月，我国教育系统已建教育电视台、收转台726多座，卫星电视地面接收站10000多座，放像点66000多个。全国72%的省、地（市）级有线电视台转播中国教育电视台的卫星教育节目。省会城市、直辖市、计划单列市的转播率达83%。收看中国教育电视台节目的观众超过二亿人。一个以中国教育电视台为中心、以遍布全国的教育电视台、卫星地面接收站和有线电视网为依托的卫星电视教育网络初具规模，构成了具有中国特色的、世界上规模最大的教育电视节目传输接收网络。

目前，中国教育电视台的两套卫星节目和北京35频道，每天播出各类教育教学节目47小时，包括中央广播电视大学（含中国电视师范学院）的学历教育电视课程以及继续教育、岗位培训节目，中国燎原广播电视学校、中国农业广播电视学校的电视课程。中国教育电视台精心组织制作综合教育节目，推出了《让老师满意》、《今日香港教育》、《学术报告厅》、《CETV家庭与教育》、《走向明天》等系列教学节目和栏目。为及时传达党和国家有关教育的方针政策，宣传各地教育动态，中国教育电视台开办了教育新闻，每天播出15分钟，并实现全国联播。中国教育电视台积极开拓合作渠道，先后与国家科委、卫生部、电子工业部、中国航空航天总公司等合作，开办如《万婴跟踪》、《健康你我他》、

《空中电脑教室》、《科技之光》、《全国家用电器维修技术培训》等栏目或系列教育节目，取得了良好的社会效益与经济效益。中国教育电视台重视对外交流、合作，先后与美国、澳大利亚、西班牙、日本、韩国等国家以及香港等地区开展合作，扩大了影响。中国教育电视台还积极开发 VBI 数据广播系统等新技术，与国家信息中心、中国数据广播中心等合作开展数据传输业务，以充分发挥卫星频道资源的作用。

中国教育电视台下设办公室、总编室、财务处、新闻部、节目部、中国教育电视台 35 频道台（CETV-BJ）、专题部、技术部、播出发射部、研究室、广告部、中国教育电视报社、中国教育电视制作中心等 13 个部门。

中国教育电视台的领导成员是：台长李鹏，总支书记柴永广，副台长、总编辑陈力，副台长、总工程师张天林。地址：北京复兴门内大街 160 号。邮政编码：100031。总机电话：66032233。

省、自治区、直辖市厅（局）管理机构

北京市广播电视局 北京市广电局 1979 年 11 月成立，1984 年 2 月改现名。下设：办公室、总编室、总工办、组宣处、监审处、人事处、外事办、计财处、基建办、艺术处、事业处、保卫处、音像处、局工会。局长：李廷芝。单位地址：北京市建国门外大街 14 号。电话：65159068。邮编：100022。

山西省广播电视厅 1983 年 8 月 25 日原山西省广播事业局改为山西省广播电视厅。机构设置：厅办公室、宣传处、社会管理处、科技处、计财处、人事教育处、离退休干部处、保卫处、审计处、机关党委、纪检组监察室。厅领导成员：厅长、党组书记谢洪涛，总编辑、副厅长、党组副书记田惠爱，副厅长、党组副书记杜汉舟，副厅长、副总编辑马德，总工程师李振祥，纪检组长杨文栋，副总编辑董育中，副厅长朱世林。单位地址：太原市迎泽大街 318 号。电话：4042331 转 2512、4041430。邮编：030001。

内蒙古自治区广播电视厅 1997 年 3 月 10 日由内蒙古自治区机构编制委员会批复，内蒙古广播电视厅增设电影电视剧管理处。厅长、党组书记：白朝蓉，副厅长、党组副书记：刘永欣，副厅长、党组成员：扎冷阿、刘瑞、海青，厅纪检组长、党组成员：董庭玉，总工程师：戈德锐，总编辑：顾永生。地址：呼和浩特市新华大街 19 号，电话：6962288，邮政编码：010058

（李保国）

吉林省广播电影电视厅 成立于 1983 年 4 月。机构设置：办公室、人事处、计划财务处、总编办公室、宣传管理处、影视艺术处、无线管理处、有线管理处、工程管理处、保卫处、老干部工作处、机关党委、驻厅纪检组。厅长：姜兴坤，副厅长：赵国光、蒋振达、姜立，总工程师：张伯人，省纪委、监察厅驻吉林省广播电影电视厅纪检组长、监察专员：张普村，正厅级巡视员：陈桂荣，副厅级巡视员：刘洪记。单位地址：吉林省长春市新民大街 11 号。邮编：130021。电话：0431—5657220。

福建省广播电视厅艺术委员会 为加强对福建省广播电视厅直属单位的广播影视艺术创作和生产的协调、指导与质量监督，福建省广播电视厅于 1997 年 2 月 12 日成立艺术委员会。主要职责是：审查拟投入制作、拍摄的广播剧、电视剧、电影、音像文艺作品的年度计划、全部剧本；审查重大题材广播影视艺术作品和重大文艺晚会、文艺专题的创作计划；评选报送参加省政府百花文艺奖、全国“五个一工程”奖等全国广播影视奖项参评作品。厅艺委会成员由厅长、学会会长、厅分管宣传工作的副厅长和电台、电视台分管副台长及厅总编室、音像处、福建电视剧制作中心、福建电影制片厂、福建音像出版社负责人等组成，厅总编室为办事机构。

山东省广播电视厅 成立于 1956 年 3 月 31 日。机构设置：厅直处室 11 个，厅属单位 18 个。厅长、党组书记：刘学德，正厅级巡视员：腾敬德，副厅长：宋德福、侯志永、曾昭明、于钦彦，纪检组长：王晓英。单位地址：济南市青年东路 3 号。电话：2951295。邮编：250011。

湖南省广播电视厅 1956 年 7 月 31 日成立湖南省广播事业局，1983 年 5 月 14 日改称湖南省广播电视厅。

机构设置：1. 机关处室：办公室（法规处）、总编室、人事教育处、计财处、审计处、音像管理处、台站管理处、科技处、保卫处、纪检组、监察室、机关党委。2. 二级单位：湖南人民广播电台、湖南电视台、潇湘电影制片厂、湖南有线广播电视台、湖南经济电视台、湖南广播电视信息台、湖南广播电视报社、湖南卫星广播电视中心、湖南省广播电视网络传输中心、湖南广播电视中心工程指挥部、广播电视科研所、微波总站、湖南广播电视学校、湖南广播电视记者总站、厅机关服务部、湖南广播电视广告总公司、湖南金蜂音像出版发行总公司、湖南省唱片公司、湖南省广播电视器材公司、湖南省广播电视广告艺术中心。

厅长：魏文彬，副厅长：曾凡安、丁来文、刘润卿、覃晓光，纪检组长：金先贵，总工程师：何雪宪，助理巡视员：朱养生。单位地址：湖南省长沙市雨花路 27 号，电话：0731—5547888，邮编：410007。

广东省广播电影电视厅 广东省委、省政府根据中央文件精神，决定将珠江电影制片厂划属广东省广播电视厅管理。省政府于1997年4月21日发出了《关于省广播电视厅更名为省广播电影电视厅的通知》。根据通知精神，广东省广播电视厅正式更名为广东省广播电影电视厅。10月21日上午，广东省广播电影电视厅举行了正式挂牌仪式。厅领导成员：厅党组书记、厅长许光辉，厅党组成员、副厅长、广东电视台台长谢望新，厅党组成员、副厅长孙孔华、冯锡增、梁浩泉、王克曼，厅党组成员、广东电台台长曾广星，厅党组成员、广东省广播电视技术中心主任王晋央，厅党组成员、广东省有线广播电视台台长王长利。单位地址：广州市环市东路331号。邮编：510066。电话：(020) 83355188（总机）。 （厅人事保卫处）

广西壮族自治区广播电视厅 1956年11月26日建立广西广播管理处，1971年7月17日建立广西壮族自治区广播局，1983年9月15日改称现名。厅机关设办公室（同时挂外事办公室牌子）、总编室、社会管理处、人事教育处、计划财务处、科技事业处、法规处、保卫处、审计处、艺术处（待批）、产业处（待批）、直属机关党委、纪检组、监察室。厅属事业单位有：厅机关服务中心、广西人民广播电台、广西电视台、广西对外广播电台、广西有线广播电视台、技术部（内有分管的一分台、二分台、三分台、调频台、微波枢纽台、236电视调频转播台、卫星广播电视上行站）、广西广播电视科研所、广西广播电视学校（同时挂广西广播电视技工学校牌子）、广西广播电视报社、广西音像资料馆。厅属企业有：广西广播电视器材总公司、广西唱片公司、广西音像出版社、广西广告公司、广西广播电视设备厂。全厅机关和直属单位职工2380人。现任厅长郑久粲，副厅长张华富、何丹、苏新生。助理巡视员韦启新、谈忠馀。总编辑郑久粲。总工程师张华富。地址：南宁市七星路123号。电话总机：(0771) 2803633。传真电话：(0771) 2803495。邮政编码：530022。（黄贻新）

贵州省广播电视厅 1997年，贵州省广播电视厅内设机构有：办公室（政策法规处）、人事教育处、计划财务处、宣传处、事业建设处、技术管理处、科技处、保卫处、审计处、机关党委、离退休干部处、纪检组、监察室、厅机关服务中心。到年底，有国家正式职工、合同工109人（不含离退休人员）。

直属机构有：贵州人民广播电台、贵州电视台、贵州电视剧制作中心、贵州广播电视报社、贵州省广播电视学校、贵州有线电视台（筹）。

直属台：501台、645台、751台、761台、805台

直属企事业：贵州省广播电视器材公司、贵州省唱片公司、贵州省东方音像出版社、贵州省广播电视厅印刷厂、贵州省广播电视工程公司、贵州省广播电视服务公司、贵州省音像资料馆。

党组书记、厅长：黄世维，党组副书记、副厅长：刘国志，副厅长、党组成员；梅应福、方学忠，副厅长、电视台台长、党组成员：李新民，副厅长、电台台长、党组成员：刘世杰，党组成员、机关党委书记：李维娜。地址：贵阳市青云路271号。邮编：550002。电话：(0851) 5821589。

新疆维吾尔自治区广播电影电视厅 1959年4月成立新疆维吾尔自治区广播事业局，1961年12月19日成立党组。1983年4月20日，广播事业局调整为新疆维吾尔自治区广播电视厅。1996年6月30日经自治区人民政府批准，改名为新疆维吾尔自治区广播电影电视厅。厅机关设11个处室：厅办室、机关党委、纪检组（监察室）、审计处、总编室、法规处、社会管理处、计财处、保卫处、人事教育处、老干处；14个厅直属事业单位：音像资料馆、技术部、节目传输部、六三一台、五二三台、六五二台、八四一台、科研所、音像出版社、广播电视报社、广播电视学校、新疆经济电视台、新疆有线电视台、后勤部；5个企业：广播电视器材公司、工程公司、音像技术公司、广播集团公司、天山电影制片厂。厅机关、事业单位在编职工793人，企业在编职工496人（其中天山电影厂296人）。广播电影电视厅厅长：沙明，党组书记：何富麟，副书记沙明、杨连勇，副厅长何富麟、杨连勇、杨安邦、依德力希（哈萨克）、门德别列克（蒙古）、阿不力孜（维吾尔）。党组成员曹瑞德、李竹安、石永强。地址：乌鲁木齐市团结路84号，电话 (0991) 2865912。邮编：830044。 （新红莉）

新疆生产建设兵团广播电视局 1992年成立（厅级建制），是新疆生产建设兵团主管本系统内广播电视宣传、广播电影电视事业建设、行业管理的最高行政职能部门。兵团广播电视局和兵团党委宣传部合署办公，系一个部门两块牌子。宣传部领导即广播电视局领导。由一名副部长分管广播电视局工作，部内设广播电视处，作为管理全广播电视业务的处室。行政编制49人。到1997年底在编人员共42人。下属单位有兵团有线广播电视台。现任局长：杨振华（兵团党委宣传部部长兼），副局长：胡乐元、王运华、王希科。地址：乌鲁木齐市光明路15号。电话 (0991) 2890491。电传2890495。邮政编码：830002

青岛市广播电视局 青岛市广播电视局成立于1975年11月。机构设置：局台合一体制（含电台、电视台），内设35个职能处室（其中机关14个）。(不含自收自支单位)。党委书记、局长、总编辑：姜作杰。单位地址：青岛市单县路30号。电话：2879515。邮编：266002。

广播电台

北京人民广播电台 1949年2月20成立北京人民广播电台。下设机构：办公室、总编室、总工办、党委办、人事部、计财部、广告部、保卫部、工会、播出部、录制部、804发射台、新闻台、经济台、交通台、教育台、音乐台、文艺台、儿童台、广播发展总公司。台长：吕浩才，总编辑：刘敏。单位地址：北京市建国门外大街14号。电话：65159125。邮编：100022。

山西人民广播电台 1949年4月25日成立，6月1日太原新华广播电台更名为太原人民广播电台，1950年12月20日，正式改名为山西人民广播电台。机构设置：办公室、职工教育管理部、技术办公室、经营管理部、新闻中心、专题广播部、长城经济广播部、文艺广播部、健康之声广播部、交通广播部。电台领导成员：台长：马德（兼）；常务副台长：张敬民；台党委专职副书记：李承魁；副台长：李玉堂、卜云玉、刘更玉；台副总编辑：吕丕业。单位地址：太原市迎泽大街318号。电话：4042331转3609、4041969。邮编：030001。

吉林人民广播电台 吉林人民广播电台创建于1945年11月21日。又于1993年1月1日开办吉林经济广播电台、1994年1月1日开办吉林东北亚音乐台（调频立体声）、1996年10月23日开办吉林交通文艺台（调频立体声）。

吉林人民广播电台内设机构有：总编办公室、新闻中心、社教中心、经济中心、文艺中心、广告中心、技术办公室、台办室、人事部、计划财务部。另设机关党委和机关纪检委。

台长：谭铁鹰（女），副台长：王万甲、王星、刘国才。台址：长春市西安大路2号。邮编：130051。电话：8923844（总编办公室）。 （赵义）

黑龙江人民广播电台 1926年10月1日成立黑龙江人民广播电台。机构设置：总编室、新闻中心、专题部、文艺部、综合节目部、朝鲜语台、广播剧部、技术部、音乐台、交通台、广告公司、机关党委、人事科。台长：张克忠。副台长：丛永仁、刘向晨、王春莉。单位地址：哈尔滨市中山路181号。电话：2622519、2893420。邮编：150001。

山东人民广播电台 本台成立于1949年8月。机构设置：办公室、总编室、新闻部、专题部、经济部、采通部、文艺部、广告信息部、技术部。台长：侯志永。单位地址：济南市经十路81号。电话：2951295。邮编：250001。

湖南人民广播电台 成立时间：1949年11月7日长沙人民广播电台（省电台前身）建成、播音，1950年11月1日改名为湖南人民广播电台。机构设置：新闻台、经济台、文艺台、交通台、办公室、总编室、政治部、广告部、技术中心、立体声台、信息中心、行政部。党委书记：赵安福，台长：王本锡，副台长：谢凤阳、李万年、楚天舒，总工程师：韩继元，纪检员：杨英前。单位地址：湖南省长沙市雨花路27号。电话：0731—5547207（台办）。邮编：410007。

广西人民广播电台 1950年4月30日成立，5月1日正式播音。到1997年，该台开办4套节目，全天播音59小时10分钟，其中转播中央人民广播电台节目7小时30分钟，自办节目51小时40分钟。第一套节目（新闻综合台称广西卫星广播）每天用普通话、壮语播出18小时。第二套节目（称广西人民广播电台经济台）用普通话、白话（粤语）播音，每天播出18小时。第三套节目（称广西人民广播电台教育台）每天播音5小时10分钟。第四套节目（称广西人民广播电台文艺台）每天播出调频立体声节目18小时（其中自办节目12小时）。全台职工285人，其中具有专业技术高级职称的54人，中级技术职称的118人。台内设有办公室、总编室、新闻中心、文艺中心、政治部、广告信息部、技术部、新闻综合台、经济台、文艺台、教育台，驻各地、市记者站10个等。台长汤竹庭、副台长许松奇、江国林、文衍修。地址：南宁市民族大道75号，电话总机：(0771) 5854181，电传：(0771) 5851245、5853744。邮政编码：530022。 （黄贻新）

广西对外广播电台 原称“广西广播电台”，1982年筹建，1984年8月24日试播自办节目，同年12月正式播出。1989年10月1日改称现名。1984年12月正式播音时用越南语对越南广播，1989年2月1日增加广州话对东南亚华侨、华人播音。到1997年，每天播音8小时，其中越南语6小时，广州话2小时。全台职工48人。具有专业技术高级职称的7人，中级专业技术职称的21人。台下设办公室、总编室、新闻中心、译播部、文艺部、技术部、广告部、事业发展部。台长袁日钦，副台长顾胜荣、苏平。地址：南宁市民族大道75号。电话总机：(0771) 5854191，传真电话：(0771) 5854403。邮政编码：530022。 （黄贻新）

贵州人民广播电台 本台于1995年1月成立。机构设置：总编室、办公室、采通部、新闻中心、政工处、广告部、经济部、文艺部、社会生活部、农村部、科教部、联办部、技术办、资料部、经济台。台长：梅应福。单位地址：贵阳市青云路259号。电话号码：5822495。邮编：550002。

云南人民广播电台 1950年3月4日成立。随着改革的深入，我台已形成台长、副台长、台长助理及有关部室的负责人组成的台长办公会，实行台长负责与集体领导相结合的领导制度。目前全台现有2室（办公室、总编室）、2中心（新闻中心、技术中心）、5部（社教部、文艺部、对外部、民族部、广告部）、2个专业台（经济台、音乐台）。各部室、中心及专业台下设科组及相当于科级的节目部和分台，并实行两级管理。台长：刀承锦。副台长：高国庆、覃信刚。电话：5310211。邮编：650031。单位地址：云南省昆明市人民西路73号。

新疆人民广播电台　新疆人民广播电台创建于1949年12月21日。新疆台成立之初，汉语呼号为迪化人民广播电台、维吾尔语呼号为乌鲁木齐人民广播电台。1951年3月20日，改名为新疆人民广播电台，呼号为新疆人民广播电台。1956年改为新疆维吾尔自治区人民广播电台、呼号不变。内设机构：台办室、总工办、纪检委、总编室、老干处、人保部、新闻部、经济社会部、汉专部、维语新闻部、维专部、哈编部、蒙编部、柯编部、文艺部、技术部、广告部、经济广播电台、音乐台。现有在编职工478人，非编职工34人。电台台长杨连勇，党委书记：石永强，副台长：阿扎提·色依提（维吾尔）、木拉提别克（哈萨克）、巴德玛（蒙古）、史林杰。地址：乌鲁木齐市团结路84号，电话：(0991) 2866465　邮编：830044。

青岛人民广播电台　青岛人民广播电台成立于1949年6月。内设8个职能部室（不含自收自支单位）。台长：姜作杰。地址：青岛市单县路30号。电话：2879213。邮编：266002。

电　视　台

北京电视台　本台成立于1979年5月16日。机构设置：党政后勤部门：办公室（党委办公室）、人事部、计财部、制片部、保卫部、行政部、基建办、事业发展部；编播业务部门：总编室、新闻部、新闻评论部、新闻早间节目部、专题部、社教部、教育节目部、青少部、文艺部、体育部、国际部、对外部、影视部、戏曲部、动画部、播音部、生活节目部、经济信息部；技术部门：总工办、动力部、音响部、播出部、转传部、制作部。台长：刘迪一。总编：于知峰。单位地址：北京市海淀区西三环北路苏州街3号。电话：68419922。邮编：100081。

山西电视台　前身是创建于1960年5月25日的太原实验电视台，1965年6月5日转为正式电视台，1978年8月1日太原电视台改为山西电视台。机构设置：办公室、总编室、新闻部、文艺部、广告经济部、对外部、专题部、电视剧部、技术部、黄河台对内编辑部、黄河台对外编辑部。山西电视台领导成员：董育中：厅副总编、副台长，朱世林：副厅长、副台长，韩耀俊：台党委专职副书记，师明：台总工程师。单位地址：太原市迎泽大街318号。电话：4042331转3871、4043347。邮编：030001。

吉林电视台　本台成立于1959年10月1日。机构设置：编播系统：新闻中心、经济中心、文艺中心、社教中心、有线中心、技术制作部、技术播出部。管理系统：台办公室、总编办公室、总工办公室。经营系统：广告公司、服务公司。台长：赵锋佩。单位地址：长春市新民大街11号。电话：总机5653570—9。邮编：130021。

黑龙江电视台　本台成立于1958年12月20日。机构设置：总编室、新闻部、综合节目部、文艺部、国际部、社会教育部、少儿部、俄语编译中心、技术部、制作部、传输部、广告部、机关党委、人事科。台长：张克忠（兼）；副台长：王月仁、李占春、刘成学。单位地址：哈尔滨市中山路181号。电话：2636501、2893619。邮编：150001。

山东电视台　本台成立于1960年10月。机构设置：台长办公室、总编室、新闻部、社教部、技术部、文艺部、国际部、经济部、广告信息部、制作部、发射台、地球站。台长：曾昭明。单位地址：济南经十路81号。电话：2951295。邮编：250001。

湖南电视台　成立于1970年10月1日。机构设置：办公室、总编室、政治部、新闻中心、社教中心、文体中心、电视剧中心、技术制作中心、传送部、计财部、物资部、行政部。台长：曾凡安（兼），副台长：刘一平（常务）、陈先绪、迟锋、张栋材，总工程师：喻春轩，纪检员：吴震鹏，副总工程师：周秋成。单位地址：湖南省长沙市德雅路314号。电话：0731—4518899。邮编：410003。

湖南经济电视台　成立于1996年1月1日。机构设置：办公室、总编室、报道部、节目部、经济部、工程技术部、制作技术部、广告部、财务部、保卫部、华夏影视制作中心、索尼维修站。台长：欧阳常林。副台长：吕焕斌、刘向群。纪检员：凌引迪。台长助理：梁瑞平。单位地址：湖南省长沙市韶山路36号。电话：0731—4136688。邮编：410011。

广西电视台　1970年9月15日成立，10月1日正式播出。到1997年播出4套节目：转播中央电视台两套节目，自办两套节目。自办两套节目中，一套已上卫星播出，呼号：广西卫视，其中平均每周转播中央电视台节目 3 小时 30 分钟，自办节目 164 小时 30 分钟。机构设置：总编室、办公室、新闻部、社教部、国际部、文艺部、广告部、经济部、青少部、电视剧制作中心、技术部、录制部、发射中心、驻地（市）记者站 5 个。全台现有职工 474 人，其中具有专业技术高级职称的 50 人，中级职称的 193 人。台长黄著诚，副台长黄玉彪、尹汝表、罗国解、彭琦。地址：南宁市民族大道 73 号。电话总机：(0771) 5851315，传真电话：(0771) 5854039。邮政编码：530022。（黄贻新）

云南电视台　成立于 1969 年 10 月 1 日。台长：曲贵年。副台长：李小国、李发升、闵瑞麟、郝晓源、朱晓钟。机构设置：办公室、总编室、技术办公室、新闻中心、节目购销中心、经济电视台、广告部、文艺部、体育部、电视剧部、专题部、国际部、技术播出部、录制部、传输发射部、纪录片室。台址：昆明市人民西路 73 号。电话：0871—5310156。邮编：650031。（戴　平）

贵州电视台　本台成立于 1968 年 7 月。机构设置：办公室、政工处、总编室、技术办、录制部、广告部、新闻部、社教部、文艺部、国际部、播出部、经济频道、东山发射台、有线电视办公室。台长：赵运乾。单位地址：贵阳市青云路 261 号。电话号码：5811748。邮政编码：550002。

新疆电视台　1970 年筹建新疆电视台，当年 10 月 1 日建成试播，1971 年 7 月正式播出。机构设置：台办室、总编室、纪检委、新闻部、文艺部、社教部、人保部、卫视部、国际部、经济部、广告部、维编部、维专部、哈编部、哈专部、维语译制部、哈语译制部、电视剧制作中心、制作部、播出部、总工办、雪莲电视台。现有在编人员 594 人、非编人员 98 人。电视台台长、副书记：赵庆忠、党委书记：曹瑞德。副台长：曹瑞德、吾布利・哈斯木（维吾尔）、夏肯（哈萨克）、阿不都拉（维吾尔）、罗桂荣、杨生辉（回）。电话：(0991)2861479，地址：乌鲁木齐市团结路 84 号，邮编：830001。

青岛电视台　青岛电视台成立于 1971 年 9 月。内设 13 个职能部室（不含自收自支单位）。台长：姜作杰。地址：青岛市单县路 30 号。电话：2894980。邮编：266002。

有线广播电视台

北京有线电视台　本台成立于 1992 年 5 月 4 日，机构设置：办公室、总编室、总工办、综合部、计财部、新闻部、影视部、信息部、音乐部、体育部、广告部、研究所、制作部、播出部、用户部、工程部、维护部、行政部、频道经营部、频道技术开发部。台长兼网络中心主任：金国钧，总编辑：裴有权，单位地址：北京市海淀区皂君庙甲 2 号。电话：62231075，邮编：100086。

河北有线广播电视台　河北有线广播电视台于 1996 年 10 月开始筹建，1997 年 10 月 28 日建成开播。现办综合频道和体育频道。

河北有线广播电视台为副厅级事业单位，下设办公室、总编室、社会部、文体部、技术部、网络部、广告信息部、财物部。全台现有职工 80 余人。台长由河北省广播电视厅副厅长杨兴盛兼任，张铭心、孙如宾、余民任副台长，戚太世任党总支书记。台址：石家庄市建华南大街 100 号，邮政编码：050031，电话：(011) 5665695，传真：5665695。

湖南有线广播电视台　成立时间：1990 年 4 月 18 日试播。1995 年 4 月 18 日正式建台。机构设置：办公室、政治部、计财部、总编室、新闻部、社会生活部、文体部、技术部、网络管理部、用户管理部、网改办、广告部、保卫部。台长：金先贵（兼），副台长：黄河清、金乐石、陈大军、廖治安，党委副书记：谭国华，纪检员：龙建清，总工程师：莫国瑞。单位地址：湖南省长沙市雨花路 27 号。电话：0731—5558413（台办），邮编：410003。

广西有线广播电视台　1992 年 9 月 16 日批准筹建，1996 年 1 月实现全自治区有线电视网络联网，1996 年 9 月 18 日经广电部通过全面验收，1997 年 3 月 5 日批准正式建立开播。1997 年，自办节目两套，其中平均每周转播中央台节目 210 分钟，自办节目 294 小时 10 分钟。终端 6.07 万户，传输线路 2460 公里。台下设：办公室、总编室、采编部、广告信息部、技术部、工程维护部。全台现有职工 135 人，其中具有专业技术高级职称的 7 人，中级职称的 21 人。台长何丹，副台长韦寿祥、吴润宗、段任翔。地址：南宁市七星路 123 号。电话：(0771) 2804500，传真电话：(0771) 2804500。邮政编码：530022。（黄贻新）

云南有线电视台　成立于 1996 年 7 月 1 日，下设机构：新闻部、专题部、广告部、技术部、数据广播部、办公室、总编室。台长：翁文梁，副台长：候成良、马联红、吴体华、吴远声。台址：昆明市人民西路 73 号。电话：0871—5360187。邮编：650031。

（云南有线电视台）

青海有线广播电视台　青海有线广播电视台在青海省广播电视厅领导下，于 1993 年 8 月开始筹建，1994 年 2 月 22 日，经中共青海省委第七次常委会批准建台，并与西宁有线广播电视台联合建网。1995 年 1 月 26 日，西宁地区有线电视网信号开通，开始试播节目。1997 年 10 月 11 日，青海有线台暨西宁地区有线广播电视系统工程通过广播电影电视部的部级验收。1998年2月19日，中广［1998］71号文正式批准青海有线广播电视台成立。台标编号：TB 0332290306。

青海有线广播电视台下设总编室、采编部、图文部、广告部、技术部、工程建设部、用户管理部、经销部和办公室。现有职工74人，在编41人，余为聘用人员。其中专业技术人员61人。职工中具有大专以上文化程度的56人，有高级技术职称的3人，中级9人，初级20人。

台长：刘宗辉，助理巡视员，高级工程师；副台长：蔺军旗，主任编辑；副台长：胡庆安，工程师。台址：青海省西宁市昆仑路4号。邮编：810001。电话：(0971) 6133895（办）、6144838、6107232、6130787。

（辛光武）

青岛有线电视台 青岛有线电视台成立于1992年4月。机构设置：内设13个职能部室（自收自支单位）。台长：刘衍生。地址：青岛市辽宁路280号。电话：2833111。邮编：266012。

广播电视艺术团

中国广播艺术团 编制：423人。所属处级单位：中国广播艺术团说唱团、中国广播艺术团电声乐团、中国广播艺术团民乐团、中国广播艺术团交响乐团、中国广播艺术团合唱团、制作部、办公室、党委办公室、人事保卫处、计划财务处、业务处、广播剧场、纪委、审计、工会。所属三产企业：中国长城艺术文化中心、北京长城艺术公司、北京广播影视艺术中心。团长、党委副书记：熊生民。副团长、党委书记：关崇恩。副团长：马永生。地址：北京西城区复兴门外大街2号，邮编：100866，电话：66092785。

内蒙古广播电视艺术团 本团1960年成立，团长：呼日勒。地址：呼和浩特市新华大街19号。电话：(0471) 6962288转2215。邮编：010058。

延边广播电视艺术团 1978年9月1日成立。现设有乐队、剧队。全团在职职工54人。团长：李河秀。副团长：李昌均。党支部书记兼副团长：廉基俊。乐队队长：车东哲。剧队队长：朱春福。地址：吉林省延吉市局子街166号，电话：2516535，邮编：133000。

上海电视台艺术团 上海电视台艺术团前身为上海广播乐团，成立于1950年，隶属于当时的上海人民广播电台。1984年人员精简，该团一分为二。一为上海广播电视乐团，以管弦乐为主。一为上海广播电视艺术团，以曲艺、声乐、民乐为主的综艺团体。1993年再度改革，重新合并，更名为上海广播电视乐团总团，总团长王天保，副总团长蔡伟中、蔡福康、熊照。

1995年影视合流后，上海广播电视乐团又一分为二，原管弦乐团调出电视台，与上海电影乐团合并，成立二个新团（上海广播交响乐团、东方民族乐团）原广播乐团艺术团、电声乐团留电视台重建，更名为上海电视台艺术团。团长蔡伟中，副团长蔡福康。该团成立后，实行一团三制，对内加强管理，对外搞活动经营。培养并聘用了一批有实力的演员，如沪港粤大赛冠军罗雨、东方新人奖方远、拉丁舞全国冠军陈丽、方俊等，使节目久演不衰。单位地址：上海南京西路651号。电话：(021) 62565899转2285。邮编：200041。（石 艺）

上海广播交响乐团 本团成立于1995年12月。机构设置：乐队、办公室、行政科、业务科、财务科、发展公司。团长：熊照。书记：陶蓉。单位地址：上海武定西路1498号。电话：(021) 62523267。邮编：200042。

上海东方广播民族乐团 本团成立于1996年5月。团长姓名：左翼伟。单位地址：上海武定西路1498号。电话：(021) 62523267。邮编：200042。

湖南广播电视乐团 1979年7月创办湖南广播电视文工团，1983年2月改为湖南广播电视艺术团，1988年5月并入湖南金蜂音像出版发行总公司，更名为湖南金蜂音像出版发行总公司乐团，1997年更名为湖南广播电视乐团（仍隶属金蜂公司）。机构设置：电子音乐室、民乐队、管弦乐队、乐团艺术学校。团长：孟勇，副团长：朱青，党支部书记：万琳秋。单位地址：湖南省长沙市德雅路334号，电话：0731—4501971。邮编：410003。

（史可夫）

青岛广播电视艺术团 该团成立于1993年10月。机构设置：内设3个演出队（业余团体）。团长：尹立功。地址：青岛市单县路30号。电话：(0532) 2876184。邮编：266002。

广播电视研究机构

内蒙古自治区广播电视科研所 本所1984年3月成立，所长：宝音巴达拉呼，单位地址：呼和浩特市新华大街19号，电话：(0471) 6962288—0911，邮编：010058。

上海市广播科学研究所 该所成立于1986年12月，机构设置：天线电波研究室、综合技术研究室、音频视频研究室、数字广播及计算机应用室、图书情报资料室、办公室。所长：邹元祥。单位地址：上海威海路647弄15号。电话：62534705。邮编：200041。

广西广播电视科研所　广西广播电视科学研究所，于1980年6月6日成立时称广西广播局科学研究所，1995年8月改名广西广播电视科学研究所，它是广西广播电视厅的直属事业单位。下设办公室、情报资料室、研究开发室、科技开发部。其宗旨是为广西广播电视事业服务，研究解决广播电视技术上的一些难题，推广广播新技术，研制开发广播电视新产品。1990年以来先后开题研究，技术改造，开发新产品等共23项。该所现有研究人员10人，其中教授级高级工程师1人，高级工程师2人，工程师7人。现任所长黄有银，副所长韦国民、韦彩权，曾兼任所长彭新坤，曾任所长毋长江。地址：南宁市七星路123号。电话：(0771)2803922，传真电话：(0771) 2831037。邮政编码：530022。

（黄有银）

青岛广播电视科研所　青岛广播电视科研所成立于1990年9月。机构设置：内设5个部室（自收自支单位）。所长：隋志国。地址：青岛市上清路37号。电话：3613320。邮编：266023。

广播电视音像出版机构

内蒙古音像出版社　1984年6月成立内蒙古音像出版社。社长：李永才，单位地址：呼和浩特市新华大街19号，电话：(0471)6962288转3609，邮编：010058。

吉林民族音像出版社　1984年8月成立。设有总编办、制作部、编辑部、财会部、发行部、录音室。社长：金永铉。地址：延吉市局子街166号，电话：2515169，邮编：133000。

湖南金蜂音像出版发行总公司　1983年5月成立湖南音像出版社，1988年12月改为湖南金蜂音像出版发行总公司。

机构设置：录音制品部、录像制品部、电视节目部、电视剧部、社会科教部、技术部、广告信息部、办公室、计财部、金蜂音像器材公司、金蜂音像租赁有限公司、广播电视乐团。总经理：刘致成，副总经理：郝晓江、肖金华。单位地址：湖南省长沙市德雅路334号，电话：0731—4501916。邮编：410003。

广西音像出版社　1984年9月16日经广西壮族自治区人民政府批准成立广西音像出版发行公司，1989年11月4日改名广西音像出版社，是实行企业管理的县（处）级事业单位，隶属广西广播电视厅。

广西音像出版社设录音部、录像部、生产技术部、办公室、财务科等。有编辑、技术人员21人，其中具有专业技术高级职称的4人，中级专业技术职称的8人。现任社长陈仲良，副社长奉孝伦、周顺薏、潘荣生、钟喜星。地址：南宁市七星路123号。电话：(0771) 2803633—276。传真电话：(0771) 2610392。邮政编码：530022。

（黄贻新、奉孝伦）

广播电视社团

中国广播电视学会

中国广播电视学会第三届理事会议在北京召开

1997年4月8日至10日，中国广播电视学会在北京召开第三届理事会议，来自全国广播电视系统的232名理事和特邀理事出席了会议。会议总结了学会5年的工作，修改了学会章程，选举产生了新的领导机构。

（王　锋）

中国广播电视学会第三届名誉会长、会长、副会长、秘书长名单

名誉会长：吴冷西

会　　长：艾知生

常务副会长：刘习良

副 会 长：（按姓氏笔划为序）

马庆雄　方　文　同向荣
安景林　许光辉　李廷芝
杨伟光　何栋材　沙　明（回族）
张克忠　张振华　胡兴华
郭宝新　黄世维　龚学平

秘 书 长：郭宝新（兼）

中国广播电视学会第三届顾问名单

（按姓氏笔划为序）

丁一岚（女）	中国广播电视学会原顾问
王　枫	中国广播电视学会原副会长
杨世芳	中国广播电视学会原副会长
吴少琦（满族）	中国广播电视学会原副会长
何　光	中国广播电视学会原副会长
何大中	中国广播电视学会原副会长
邹凡扬	中国广播电视学会原顾问
金　照	中国广播电视学会原顾问
周新武	中国广播电视学会原顾问
郑体仁	中国广播电视学会原副会长
郝平南	中国广播电视学会原副会长
珠兰其其柯（女，蒙古族）	中国广播电视学会原副会长
徐崇华	中国广播电视学会原常务副会长
黄惠群（女）	中国广播电视学会原副会长
梅　益	中国广播电视学会原顾问
崔玉陵（女）	中国广播电视学会原副会长

温济泽　　　　中国广播电视学会原顾问

吉林省广播电视学会　吉林省广播电视学会成立于1987年6月9日。1992年产生第二届理事会。第三届学会理事代表会议于1997年10月16日在长春召开。会长姜兴坤、常务副会长陈桂荣、副会长（按姓氏笔划为序）李国民、李钟烈、张伯人、赵锋佩、姜立、夏英杰、蒋振达。秘书长：杨喜奎，副秘书长：刘希梅。现有会员260人，理事84人，其中30名为常务理事。学会包括11个会员单位。下设4个专业研究委员会：广播电视技术研究委员会、有线电视研究委员会、播音与主持人研究委员会、报刊研究委员会。全省九个地区都设有分会。

学会的主要任务是以马列主义、毛泽东思想、邓小平理论为指导，以促进建设有中国特色的社会主义广播电视事业发展为目标，组织会员开展广播电视的学术研究，为提高广播电视工作者的素质、提高广播电视节目质量、发展广播电视事业、促进广播电视的改革服务。

学会自1992年组建第二届理事会以来，积极组织学术研究活动。还与有关部门配合，组织创优研讨活动。组织开展了："全省广播节目创优研讨会"、"广播节目创优讲学活动"、"全省县级台站节目创优研讨会"、"市、州级广播电视节目创优研讨"等活动。组织全省评奖33次。向中国新闻奖、中国广播奖、中国电视奖评委会推荐参评作品137件，获奖数为104件。为吉林广播电视节目改革、节目质量的提高、创名牌、出精品起到了积极的作用。学会秘书处已编印不定期内部刊物《吉林声屏》16期。学会常设机构为秘书处，办公地址：长春市新民大街11号吉林省广播电影电视厅六楼、电话：0431—5657165、邮编：130021。

（刘希梅）

广西广播电视学会　1987年8月8日成立，业务主管部门是广西广播电视厅。1997年3月选举产生的第三届理事会，名誉会长邓生才，会长郑久粲，副会长：韦家玉、莫珍英、张华富、何丹、苏新生、汤竹庭、黄著诚、刘家肃、李志成、汤杰，秘书长石照明。办公地点在南宁市七星路123号广西广播电视厅内。电话：(0771) 2803633—268。电传：(0771) 2803495。电报挂号：2330。邮政编码：530022。学会下设广播专业、电视专业、科技专业、播音专业、文艺专业、外宣专业、报刊专业、教育专业、管理专业等9个委员会。主办刊物《声屏学刊》，目前已编辑出版39期。全区广播电视系统具有中、高级职称的76人。同时编印《广西广播电视学会简报》50期。学会成立十年来开展多项学术活动，编辑出版《广播电视丛书》三本；组织广播电视论文评选两次；组织参加全国广播电视学刊论文评选活动每年一次，承办了一次全国学刊论文评选会；每年组织全区广播电视优秀节目评选活动，同时推荐优秀节目、稿件参加广西新闻"两会"每年一次的优秀新闻评选和全国广播电视优秀作品评选；组织开展全区广播电视系统合理化建议和技术改进奖评选活动；举办业务人员学习班，先后办了文艺编辑、播音员主持人、节目制作人员等三期学习班，参加学习的人员共360多人。

（黄贻新）

中国电视艺术家协会　中国电视艺术家协会，是中国电视艺术家自愿结合而成的专业性群众团体，是中国文学艺术界联合会的团体会员。协会的最高权力机构为全国会员代表大会。代表大会每五年举行一次，选举新的领导成员。

中国电视艺术家协会的主要任务是：促进和活跃电视艺术创作；开展中外电视艺术学术交流；进行理论、学术研究及作品评论；举办"中国电视金鹰奖"、"百佳电视艺术家"评选和颁奖等活动，充分发挥"联络、协调、服务"的职能，致力于发展和繁荣具有中国特色的电视艺术事业。

中国电视艺术家协会在全国范围内吸收电视艺术家、理论家、评论家、编辑和教学中有成就的专家、学者为会员，现有会员近5000名。

全国各省、自治区、直辖市电视艺术家协会为中国电视艺术家协会团体会员，各团体会员在当地发展自己的会员。

中国电视艺术家协会积极开展国际电视艺术的学术交流活动，加强和各国电视界的学术性交往，为我国和各国人民的文化交流，为我国和各国电视艺术界的友好往来做出自己的贡献。

中国电视艺术家协会第二届主席团成员

主席：杨伟光，常务副主席：于广华，副主席（以姓氏笔划为序）：卢子贵、刘迪一、阮若琳（女）、苏子龙、张绍林、珠兰其其柯（女）、盛重庆。

中国电视艺术家协会秘书长：于广华；副秘书长：鲁文浩。内部设六个处室：

办公室：负责协会重大活动的安排，负责协会的文秘、档案、财务及离退休人员的管理和服务等工作。

组联部：负责联系团体会员和全国会员，承办主席团、理事会等会议的筹备工作，联系有关文化艺术社团，负责对外电视艺术交流。

理论研究部：负责我国电视艺术发展状况的调查研究，组织电视理论问题和重点剧目的研讨，协调各专门委员会的工作，编辑《中国电视信息》。

艺术交流部：负责"中国电视金鹰奖"和"百佳电视艺术家"的评选及颁奖。

艺术发展部：负责第三产业的开发以及电视基金的征集管理。

《当代电视》、《大众电视》编辑部：负责刊物的编辑、出版与发行工作。

中国电视艺术家协会通讯地址：北京农展馆南里10号楼，邮编：100026，电话：65004729。

中国电视艺术家协会广西分会 中国电视艺术家协会广西分会于1986年12月12日成立。业务主管单位是广西广播电视厅和广西区文联。协会宗旨是：以马列主义、毛泽东思想、邓小平理论为指导，团结全区各族电视艺术工作者，遵循党的基本路线，贯彻执行党的文艺路线、方针、政策，坚持“二为”方向和“双百”方针，加强电视艺术创作和理论研究，促进我区电视艺术的繁荣与发展，为社会主义的物质文明和精神文明建设服务。几年来开展了建立和健全各级视协机构，重新登记和发展会员，为中国视协评选“百佳”和广西评选“十佳”进行组织工作，同时加强与有关协会和会员的业务联系。现有会员320人。第三届理事会主席莫珍英，副主席黄著诚、蒋友宁、陈仲良。协会地址：南宁市民族大道73号广西电视台内。电话：(0771)5851315—6806。邮政编码：530022。 (何裕畅)

中国教育电视协会 1994年1月19日民政部核准成立。1994年9月13日正式成立。

该会的宗旨是：团结全国教育电视台和相关教育电视机构，在相关业务活动中，坚持四项基本原则，坚持改革开放，贯彻党和国家有关教育电视工作的方针、政策，积极推进教育电视台的建设、电视节目制作和联播，开展教育电视节目的协作与交流，为促进教育事业的改革和发展，推进社会主义市场经济及“两个文明”的建设，作出应有的贡献。

该会的主要任务是：1. 宣传教育电视台的意义和作用，推动社会各方面关心、支持教育电视台的建设和发展；2. 促进教育电视节目的制作、联播，以及相互协作与交流，提高教育电视节目的质量和效益；3. 组织教育电视台建设管理的经验交流、工作研讨及业务培养；4. 开展教育电视理论的研究，加强国内外业务的联系，组织国内外教育电视的学术交流活动；5. 接受教育部委托的相关任务，为各级教育行政部门制定有关教育电视方面的决策提供咨询服务。

该会领导成员如下：会长：宋成栋。副会长：柴永广、孙保怡、朱恩田、张德明、张茵、马有良、马力、单兆众、王占铭、蔡国英。常务副会长：孙保怡。秘书长：关毅杰。副秘书长：高春国。协会现有团体会员单位800家，个人会员220人，下设选题协调咨询委员会、制作技术培训委员会等2个专业委员会。地址：北京复兴门内大街160号。电话：66031850。邮政编码：100031。

17. 人物志

责任编辑　罗建平
审 稿 人　赵玉明

广播电影电视部机关选出的参加中国共产党第十五次全国代表大会代表

孙家正　田聪明　王好为　崔明德（方明）
孙玉胜

广播电视界第九届全国人大代表

宋世雄　（中央电视台）
殷秀梅　（中国广播艺术团）
卢云伍　（云南省广播电视厅）
曲　文　（内蒙古自治区广播电视厅）
李之侠　（四川省广播电视厅）
東一德　（重庆电视台）
宋国华　（河南省广播电视厅）
虞志敏　（江苏电视台）
霍　达　（北京电视台）

（据《新闻出版报》1998年3月5日）

广播电视界第九届全国政协委员

马　季　（中国广播艺术团）
王　枫　（广播电影电视部）
王铁城　（中央人民广播电台）
王馥荔　（中国广播艺术团）
叶惠贤　（上海电视台）
方初善　（中国广播艺术团）
冯　巩　（中国广播艺术团）
刘习良　（广播电影电视部）
李瑞英　（中央电视台）
李顺然　（中国国际广播电台）
杨伟光　（广播电影电视部）
何栋材　（广播电影电视部）
陈　铎　（中央电视台）
周海婴　（广播电影电视部）
赵　安　（中央电视台）
赵忠祥　（中央电视台）
姜　昆　（中国广播艺术团）
敬一丹　（中央电视台）
靳树增　（中国亚视集团）
潘　霞　（中央电视台）

（据《新闻出版报》1998年3月3日，并据有关材料补充）

广播电视界人物

广播电影电视部

刘洪玉 (1911～)原广播电视部工业局顾问。江西泰和人。1929年参加革命，1933年加入中国共产党。土地革命时期，历任红军战士、班长、排长，连、营党支部书记。参加了长沙、吉安、第五次反"围剿"、赤水土城、三城堡等战役战斗，经历了二万五千里长征。抗日战争时期，历任政治指导员、教员、团政治处组织股长、军分区组织科科长、县大队副政委、军区政治干事。解放战争时期，历任军区后勤部政治部副主任、团政委。新中国成立后，历任海军基地副政委、北京广播学院总务处处长、广播电视部工业局顾问。1982年离休。

傅荣贤 (1915～)原中央广播事业局机关党委副书记。江苏邳县人。1938年参加革命后，历任战士、排长、指导员、教导员、科长、处长、部长、政治委员。1963年到中央广播局工作，历任局办公室副主任、主任。1980年任局机关党委副书记。1982年离休。

江　汉 (1918～)原中央广播事业局办公室主任。河南内黄人。1940年7月入党。1939年12月参加革命后曾任二战区军政干部一分校政治教官，黄河出版社编辑，延安陕北大学指导员、支部书记，中央党校支部组织干事、总支部书记，中央组织部科长，中央工业部巡视员，北京机电工业局副局长，机关党委书记，中央监察委员会办公室副主任，浙江省测绘局局长、党组书记，1978年任中央广播局办公室第一副主任、主任。1982年离休。

薛元恺 (1918～)原中央广播事业局事业办公室主任。江苏泰兴人。中共党员。1939年参加工作后，历任新四军书记、参谋、科长，历任中国人民解放军某校副校长、校长，某部副主任、主任。1966年2月任中央广播局技术部副主任。1975年任局事业办公室主任。1982年离休。

孔　迈 (1919～)原广播电视部秘书长。高级记者。广东普宁人。中共党员。1938年在陕北公学学习，1939年后历任队长、副主任、编委、总编辑、支社长、社长。1950年后历任新华社编辑、副大队长，新华社古巴分社社长，新华社国际部、对外编辑部副主任，新华社外事部主任，新华社东京分社社长。1983年任广电部秘书长兼外事局局长。1986年离休。

王殿举 (1919～)原中央广播事业局保卫部主任。河北涿鹿人。1938年12月入党。1938年3月参加革命后曾任科员、指导员、区长、县公安局长、市公安分局局长，省公安厅处长、公安部处长。1961年任中央广播局政办室副主任，1963年10月任局政治部副主任，1979年12月任中央广播局保卫部主任，1982年12月离休。

何成富 (1920～)原中央广播事业局器材处处长。四川巴中人。1936年加入中国共产党。1933年参加红军，历任八路军129师旅部支部书记、政治指导员，延安军委三局试验室技术员，北京市广播局副科长，中央广播局发射台主任，广播局器材处副处长，干部处兼专家工作室副处长，器材处处长。1982年离休。

张文胜 (1921～)广播电影电视部计财司原总工程师。中共党员。1950年毕业于上海交通大学电机系电讯组，同年8月分配到中央广播事业局工作，先后任491台、412台、536台值班员、值班长、检修队长、工程师助理员、工程师、副总工程师。1960年参加古巴电台的援建工作，1961年调无线处技术科负责技术改造规划工作，1963年参加阿尔巴尼亚电台续建工作，1966年调基建处（后改为基建总处）任工程师、总工程师。参加过300kw中波机和超大功率短波机的主调试工作。1982年调任广电部计划财务司总工程师。曾任部第一届、第二届科技委常委。1986年退休。

杨洪志 (1921～)原中央广播事业局行政司副司长。河北定州人。1938年加入中国共产党，同年9月参加革命。抗日战争时期历任学员宣传员、政治教员、指导员。解放战争时期历任政治指导员，铁道兵一师政治部组织科科长。新中国成立后任铁道兵一师干部部部长，铁道兵学校一大队政委。1963年转业后历任中央广播事业局干部处副处长，局办公室副主任，行政司副司长。1992年离休。

闫　玉 (1923～)原广播电视部政策研究室副主任。山西兴县人。1942年3月加入中国共产党。1939年参加工作后曾任区青救会主席，农会主任，县政务秘书，晋绥日报编辑、记者，重庆新华日报编辑、记者，中央电台组长，部副主任、主任。1982年任部政策研究室副主任。1989年12月离休。

马映泉 (1923～)原广播电视部办公厅主任。山西沁县人。1938年春加入中国共产党。1938年参加革命在地区做儿童团工作，后到县武工队，1939年任太岳区新华日报通讯员，总务科长，人民日报、新华总社总务科科长，1949年后任中央广播局财务处副处长、行政处处长、总编室副主任、政治办公室副主任、局办公室主任。1965年任新疆大学总务长、副校长，1978年任北京工业大学副校长，1983年4月任广电部办公厅主任。1985年12月离休。

程茂德 (1923～)原广播电视部工业局局长。河北博野人。1939年参加革命，1940年加入中国共产党。历任通信员、学员、报务员、军分区电台队长，参加了百团大战、马耳山等战役。新中国成立后，历任唐山机场电台台长，华北军区空军司令部参谋，空军某师通信科科长，师副参谋长等职。1965 年任中央广播事业局无线处副处长，无线总处处长，广播电视部工业局局长。1986 年离休。

刘　忠　(1925～)原中央广播事业局行政司基建维修处处长。河北曲阳人。1937 年参加革命，1945 年加入中国共产党。抗日战争和解放战争时期历任勤务员、招待员、学员。新中国成立后历任保卫干事、科员、科长、副处长。1960 年调中央广播事业局历任广播剧场经理，行政处副处长，局办室管理处处长，行政司基建处处长。1983 年离休。

李凤池　(1925～)原广播电视部工业局人保处处长。河北易县人。1939 年参加革命，1942 年加入中国共产党。历任勤务员、通信员、管理员。1950 年后在察哈尔人民广播电台任行政秘书，总务科长，中央广播事业局行政科、安装工程队副科长，广播设备制造厂科长，广播电视部工业局人保处处长。1985 年离休。

聂丽兰(女)　(1926～1997)广播电影电视部原办公厅档案室主任。1942 年加入中国共产党。同年 8 月，经冀鲁豫边区民政干校学习后，先后担任过区委委员、区委副书记，区抗日联合会主任，县妇女联合会主任等职务。1949 年 9 月南下途中，任中国人民解放军第二野战军五兵团湘潭留守处二十支队政治指导员。1950 年初抵达贵州省，历任遵义市委妇女委员会副书记，遵义专区妇女联合会宣传部部长，省妇女联合会宣传部副部长等职。1953 年 10 月调入中央广播局干部处，从事干部管理工作。1959 年 2 月起，任北京广播专科学校党总支办公室副主任，北京广播学院党委组织部长、党委办公室副主任。1973 年调到中央广播局办公室，先后任秘书处副处长，党委副书记，档案室主任。1982 年离休。

谷　林　(1926～)原广播电视部工业局副局长。山东威海人。1946 年参加革命工作，1949 年加入中国共产党。历任大连友协文工团电影技士，南昌人民广播电台指导员，江西人民广播电台机务科副科长、科长，527 台副台长。1959 年后任中央广播事业局修配厂副厂长，广播设备制造厂技术科科长，山西、苏州录像机厂筹建处主任，广播电视部工业局副局长。1987 年离休。

陈贵民　(1926～)原广播电视部磁带厂技术顾问。辽宁抚顺人。中共党员。1948 年参加革命。1948 年在长春市任教员、市文教局科员。1952 年任长春市转播台技术员。1955 年调中央广播事业局任技术人员训练班教师。1970 年在广播局磁带厂历任工程师、高级工程师、技术副厂长兼总工程师、技术顾问等职。1986 年至 1989 年受聘无锡江南磁带有限公司任总工程师。1991 年离休。

张庆余　(1927～)原监察部驻广播电影电视部监察局监察专员。1947 年参军，历任班长、排长、指导员。1954 年至 1955 年在解放军郑州炮校学习。1963 年转业，在中央广播局任干事、副处长，1986 年在部机关纪委工作，1989 年起任驻部监察局副局级监察专员。1992 年离休。

张绍季　(1927～)广播电影电视部总编室原副主任。吉林长春人，中共党员。1945 年至 1949 年在晋察冀阜平分局城工部学习受训，在北平，任中法大学中共地下党总支委，“民青”总支委。1949 年至 1965 年任北京内五区公安小组秘书、派出所长、东四区委宣传部部长、区纪委委员。1965 年至 1976 年在新华社国际部任编辑、驻地拉那分社负责人、首席记者。1969 年至 1971 年任新华社平壤分社负责人、首席记者。1979 年调中宣部任国际宣传处长，1983 年调中央电视台任副台长，1985 年起任广电部总编室副主任，1992 年离休。

栗发让　(1927～)原广播电影电视部机关纪委纪检员。河北灵寿人。1944 年至 1949 年在晋察冀日报社，延安、北京新华总社任报务员，1950 年到捷克斯洛伐克布拉格新华分社任秘书，1951 年在中宣部干部管理处任干事。1954 年到人民大学速成中学学习。1955 年任广播设备制造厂录音车间主任、党委副书记。1976 年任广播局计划财务处计划统计科科长。1983 年任广电部机关纪委纪检员。1988 年离休。

王　镇　(1927～)原广播电视部行政管理局副局长。北京市人。中共党员。1949 年参加革命工作，历任中央广播事业局文工团团员，文艺广播编辑部编辑，局修缮科副科长，局福利科、食堂科、秘书科科长，中央电台办公室主任，广播电视部行政办公室主任，部服务总公司总经理，部行政管理局副局长。1987 年离休。

何　光　(1928～)原广电部总编室主任，部党组成员。四川西充人。中共党员。1950 年至 1954 年在重庆西南人民广播电台任编辑、记者。1954 年至 1983 年历任中央人民广播电台记者、编辑、工农兵部主任、新闻部主任，1983 年至 1989 年任广电部总编室副主任，主任。1990 年至 1993 年兼任中国广播电视学会常务副会长。1993 年退休。

贾章印　(1929～)广播电影电视部保卫司原副司长。河南镇平人。中共党员。1949 年在开封中原大学学习，1949 年任中南区公安部(局)科员，1954 年任公安部六局科员，1958 年任河北沧县县委办公室秘书。1963 年任中央广播局无线处人保科副科长，1975 年任无线总处政治处副主任，1983 年任部保卫局、保卫司副局长、副司长。1991 年离休。

王永华 (1929～)原广电部建房办公室副主任。山东泰安人。中共党员。1948年参加工作，在察哈尔人民广播电台任技术员，工务科副科长。1952年后任中央广播事业局器材处秘书、科长，基建总处科长，1983年在中央电视台工作，1984年任广电部建房办公室副主任，1992年离休。

马增龄 (1929～)原广播电视部工业局科技处副处长，高级工程师。浙江海宁人。1952年浙江大学电机系电讯组毕业后分配中央广播事业局工作，先后在局基建处、技术处、广播科研所、广播设备制造厂任技术员。1979年任工业总处工程师。1983年任广电部工业局科技处副处长，高级工程师。1989年退休。

徐秀芳 (1930～)广播电影电视部机关直属党委原书记。山东掖县人。1945年参军，历任中队长、政治指导员、宣传部干事、副部长，1964年在国际台工作，历任干事、副主任，1983年任部机关党委直属工作部部长，1985年任部机关直属党委书记。1990年离休。

郭志恒 (1930～)广播电影电视部办公厅原副主任，广播影视杂志社社长。内蒙古赤峰人。中共党员。1946年入伍，在群众日报、天津日报、新湖南报任编辑，1952年任黄克诚同志秘书，1961年后，在解放军总参管理局、公安军后勤部、二炮后勤部工作，1969年转业，任北京市物资局政治部副主任，1973年调水电部水电总局办公室主任，1979年调中央党史研究室革命烈士传组办公室主任。1982年调广电部办公厅副主任，1990年任杂志社社长。1993年离休。

李佩纲 (1931～)中国广播电视出版社原社长。陕西绥德人。中共党员。1947年参军，先后任文工队组长、队长，团政委、师政工处股长。1964年转业，任广播文工团政办室副主任、副政委，1979年任局干部司教育处副处长，1982年任部办公厅音像处处长，1988年任中国广播电视出版社社长。1992年离休。

宋述君 (1931～)原广播电影电视部机关直属党委书记。山东招远人。1947年至1949年在胶东军区训练团任通信员。1948年至1949年在华东军区训练团任副班长、班长。1949年至1952年任第十一兵团警卫营副排长、排长。1952年至1964年任海军某部指导员、助理员。1964年转业，任中央广播局机关党委组织部干事，1983年至1990年任广电部机关党委组织部副部长、部长。1990年任部机关直属党委书记。1994年离休。

贾德安 (1932～)广播电影电视部计财司原司长。山东茌平人。中共党员。1943年至1947年在黑龙江肇沅县读书，1948年在吉林省扶余县读书，毕业后在黑龙江省肇沅县小学任教师。1949年调肇沅县税务局任副股长、所长、副局长等职。1952年6月调东北财政部税务总局工作，12月调国家计划委员会工作，历任财政金融局科员、副科长、科长、副处长、处长等职。1958年至1960年在中国人民大学夜校工业经济班毕业。1982年调广播电影电视部任计财司副司长、司长。1994年1月离休。

孙昌生 (1932～)广播电影电视部老干部局原局长。陕西西安人。中共党员。1951年1月在通县军械技术学校学习。1953年后在武昌高级军械学校、武昌炮兵工程学院任干部助理员、政治助理员。1963年12月历任中央广播局政治部干部处干事、副处长，干部司人事处副处长、劳资处处长。1984年任部老干部局副局长、局长。1994年退休。

武俊礼 (1932～)中纪委驻广电部纪检组原副组长。河北丰润人。1949年至1950年任公安总队、水上公安局通讯员，1950年至1962年任天津市公安局、军事法院审判员，武警助理员。1962年至1968年任公安军边防检查处参谋、副科长。1969年至1979年任二炮司令部气象室政委。1979年转业到中央纪检委任副处长、处长、副局级检查员。1991年调驻部纪检组副组长。1994年离休。

孙以森 (1933～)中国广播电视学会原秘书长，高级编辑。中共党员。安徽寿县人。1949年参加革命，历任学员、文书、文化教员。同年保送中国人民大学新闻系学习，毕业后在本校中文系任助教。1962年任中央人民广播电台文艺部戏曲组副组长、编辑。1984年到北京广播学院工作，任广院出版社副总编，1992年任广播电视学会秘书长、高级编辑。1997年离休。

严发祥 (1933～)广播电影电视部计财司原副司长。中共党员。1949年前在孝感读小学、初中。1949年秋进武汉和顺机械模型厂当工人。1954年被选送到华中工学院附属工农速成中学学习，1958年升入华中工学院无线电工程系学习。1963年毕业分配到中央广播事业局设计室工作，任技术员、综合科负责人。1976年调局基本建设总处任副处长，曾参与多项三线、援外工程和中央电视台彩电中心等多项重点工程建设的领导工作。1982年任广电部计划财务司副司长，1985年兼任广电部建房办公室主任，组织建设近30万平方米住宅，1992年改任广电部计财司巡视员兼部建房办公室主任。1994年退休。

丁宝庭 (1933～)广播电影电视部保卫司原司长。山东东阿人。中共党员。1949年在山东菏泽报社译电员。1953年调中央广播事业局任人事处、保卫处干事。1975年任局基建总处副政委。1978年任局干部学校校长。1980年任局保卫部副主任。1982年任部保卫司司长。1994年离休。

崔　洪 (1934～)监察部驻广

播电影电视部监察局原监察专员。江苏常州人。中共党员。1949年至1950年在华东军政大学学习。1950年至1950年在军委工程学校学习。1950年至1968年在中央机要局任科员、组长。后下放干校。1978年至1981年在国营七〇〇厂任支部书记。1981年至1982年在中办信访局任编辑。1982年至1987年任中央整党指导委员会办公室干事。1987年后任驻部纪检组处级纪检员，驻部监察局处长、副局长、正局级监察专员。1994年离休。

张伟中 (1934～)广播电影电视部人事司原司长，部驻香港记者站原站长。山东临沂人。中共党员。1950年1月参加工作。1962年毕业于上海复旦大学新闻系。1962年后历任中央广播局总编室、国际台东欧部编辑，中央人民广播电台文艺部支部书记、副主任、新闻部副主任。1982年10月任部干部司副司长。1988年12月任人事司司长。1993年任部驻香港记者站站长。1996年退休。

蒋振江 (1934～)广播电影电视部原机关纪委书记。河南曾山人。1948年在曾山县及河南财政厅工作。1952年到河南财政干校组织科工作。1959年调中央广播局技术机要处，历任秘书、办公室副科长、科长。1983年任广电部办公厅秘书处副处长、处长。1991年至1995年任部机关纪委书记。1995年离休。

邹士明 (1934～)广播电影电视部总编室原副主任。辽宁沈阳人。中共党员。1956年9月任中宣部文艺处干事。1974年任北京文艺编辑部评论组长。1978年任文化部秘书。1980年任电影局研究室副主任、主任，局长助理。1987年任全国妇联宣传部副部长。1989年任广电部总编室副主任。1996年退休。

郑集强 (1935～)广播电影电视部总编室原副主任。浙江苍南人。中共党员。1962年毕业于复旦大学新闻系。1962年后历任国际电台国际新闻部编辑、副主任、主任编辑、主任、高级编辑。1992年7月任广电部总编室副主任。1995年退休。

李国友 (1935～)广播电影电视部机关党委原书记。黑龙江大庆人。1953年3月参加工作。1953年参军在长春机要干部学校学习，1954年后历任广播局设计室技术员、副队长、副政委、技术部党的核心小组成员、基建总处处长，1982年11月任广电部机关党委副书记，1985年12月任机关党委书记。1995年退休。

王清峰 (1935～)广播电影电视部离退休干部局原局长。河北藁城人。中共党员。1954年7月参军在机要学校学习。1958年8月在广播局技术人员训练班学习，历任广播局团委干事、副书记、书记，政治部干事，1985年后历任部机关党委组织部副部长、党委办公室主任，部办公厅副主任、行管局副局长、离退休干部局局长，1995年退休。

王德新 (1936～)广播电影电视部党组成员，中纪委驻部纪检组组长。辽宁铁岭人。1964年9月参加工作。1964年9月毕业于北京大学地质地理系，毕业后留校任北京大学地质地理系团总支书记、助教；1972年任系党总支副书记，1978年任系党总支书记，讲师；1981年9月任北京大学党委学生工作部副部长，学生处处长；1983年4月任中央纪委干部室处长，1986年11月任副局级纪检员，1987年3月任中央纪委驻广电部纪检组副局级纪检员，1988年任中央人民广播电台副台长，1991年任监察部驻广电部监察局局长，1993年任中央纪委驻广电部纪检组副组长兼驻部监察局局长，1995年7月任现职。1997年12月兼任机关党委书记、党校校长。

岳　克 (1936～)广播电影电视部离退休干部局原巡视员。辽宁鞍山人。中共党员。1951年8月参军，1956年任中央广播局总编室秘书，1960年10月在新华社外文学校学西班牙语，1963年任辽宁新全县广播站编辑，1970年任国际电台拉美部编辑、办公室副主任，1979年后历任广电部干部司老干部处副处长、老干部局副局长、离退休干部局巡视员。1996年退休。

温治中 (1936～)广播电影电视部机关党委常务副书记。河北省藁城人。1953年至1956年在石家庄市任小学教师。1956年参军，任文化教员。1963年转业到中央广播局政治部任干事，1971年至1973年任办事组秘书，1973年至1975年任局办室秘书科长，1975年至1979年任局办室副主任，1979年至1982年任局办室机要室主任。其间，1970年9月至1971年和1976年至1977年先后在总参五七学校和淮阳中央广播局五七干校劳动。1982年至1985年在中央党校学习。1985年任广电部机关党委副书记，1995年任现职。

董建华 (女)(1937～)广播电影电视部人事司原助理巡视员。山东武城人，中共党员。1964年9月参加工作。1962年至1968年在北京外语学校学习。1970年后在国际台僧伽罗语组工作。1983年到广电部工作，历任干事、副处长、处长，1995年任助理巡视员，1996年4月退休。

李志荣 (1937～)广播电影电视部办公厅巡视员，高级工程师。北京市人。1963年毕业于天津大学无线电系，分配到中央广播事业局基本建设管理处从事发射台建设工作。1963年至1973年间，参加或组织领导了新疆、云南、河北及四川等地发射台的建设。1973年至1983年间，主要从事大型中短波发射台及大型广播电视中心的勘察、造场工作。1982年任部计划财务司基建处副处长，这期间曾组织参与中央彩电中心、中央广播电视发射塔等工程的方案论证和初步设计审核等工作，还起草了第一个“广播电视部基本建设管理办法”等。1985年至1989年间，任广播电影电视部建房工程公司经理。其间，领导建设了以住宅宿舍为主的各类房屋建筑16万平方米。1989年以来任部办公厅副主任、巡视员。

颜国华 (1938～)广播电影电视部外事司原助理巡视员。吉林长春人。中共党员。1961年毕业于北京外国语学院法语系。1961年至1965年在化工部情报所工作。1965年至1987年在中央广播事业局国际联络部、广电部外事局工作。1987年至1998年先后担任外事司欧美大处副处长、处长，外事司助理巡视员。1998年退休。

范光第 (1938～)广播电影电视部外事司副司长，港澳台办第一副主任。天津人。中共党员。1956年在北京俄语学院留苏预备部学习，1957年转入西安交通大学无线电工程系学习，1960年在西安交大无线电系任教。1964年调入中央广播事业局，先后在频率处、科技处、无线处工作。1977年调广播局国际联络部任国际组组长。1990年，任广电部外事司办公室主任，1993年起现职。从1974年以来，任亚洲广播联盟技术联络官，多次参加国际电信联盟和亚广联的活动，1993年兼任中华广播影视交流协会副秘书长。

张振东 (1939～)广播电影电视部编委会副总编辑，总编室主任。高级编辑。河北滦县人，1963年毕业于北京广播学院新闻系，同年到中央人民广播电台参加工作，1963年至1967年为中央电台新闻部编辑，1967年至1977年在中央广播事业局总编室工作，其中1974年至1977年任中央广播局副局长。1977年至1991年回到中央电台工作，历任编辑、编辑部主任、新闻中心主任、总编室主任、副台长等职。1991年至现在任广电部总编室主任，1993年广电部成立编委会，任副总编辑兼总编室主任。

王保智 (1939～)审计署驻广播电影电视部审计局局长。山东阳谷人。中共党员。注册会计师。1955年至1957年在青海省大通煤矿和青海省西宁工业学校财务科工作，1958年至1986年在北京开关厂财务科工作，1986年至今在广电部电影局、审计局从事会计和审计工作。曾经历任科长、处长、副局长等职。

安　利 (1940～)广播电影电视部外事司副司长。山西新绛人。中共党员。1960年入北京外国语学院，先后在留学预备部、俄语系、东欧语系匈牙利语专业学习。1965年参加工作。1968年调入中央广播事业局对外部匈牙利语组从事翻译、编辑、采访、播音工作。1980年至1991年历任国际电台东欧二部副主任兼匈牙利语组组长、东欧二部主任等职；其间，1985年至1988年在中国驻匈牙利大使馆工作，任一秘，文化处负责人；1990年至1991年在中共中央党校培训部学习。1992年起任现职。主要著作有，关于匈牙利历史的论文和文章若干篇，分别刊登在《人民日报》《外国历史》《外国历史名人传》等报纸书刊上。主要译著有：电影理论《可见的人》和《电影精神》，电影剧本《麻雀也是鸟》，参与翻译《匈牙利现代小说选》等。

王甘文 (1941～)广播电影电视部党组成员。办公厅主任兼法规司司长。高级工程师。广东兴宁人。1965年从北京大学无线电电子学系毕业后分配到中央广播事业局542台，历任542台技术员、无线总处训练科副科长、无线电台管理局人事处处长。1985年6月任广电部副秘书长，同年10月兼任部行政管理局局长。1987年7月任广电部党组成员，1993年11月任部办公厅主任，1994年10月兼任部法规司司长。

曲桂兰（女） (1941～)广电部机关党委副书记，部工会联合会主席。高级经济管理师。辽宁复县人。1960年9月考入北京大学俄语系学习；1964年9月被保送去波兰米兹凯维奇大学语言文学系学习。1969年12月考入中国国际广播电台波兰语组，历任播音员、翻译、副组长、东欧部党总支副书记等职。1976年9月调离语言组，历任国际广播电台政治处主任、人事处处长、高级经济管理师。1988年10月当选为广电部首届工会常务副主席，1997年10月当选为广电部首届工会联合会主席，1998年3月起任机关党委副书记。1993年和1994年先后两次当选为“全国优秀工会工作者”，1993年当选为中华全国总工会第十二届执委，1994年和1998年当选为中直机关第一届、第二届工会联合会常委至今，1993年12月当选为第十一届北京市西城区人大代表。

罗盛明 (1941～)广播电影电视部机关党委常委，纪委书记。山东肥城人。1961年在天津工学院学习。1964年起在部队任班长、排长、党支部书记，1980年在二炮某基地后勤部政治处任正营职干事、副团职干事。1985年任广电部机党委组织部副部长、部长。1995年任现职。

张立群 (1941～)广播电影电视部直属机关党委书记。安徽临泉人。1962年至1965年在中国人民解放军重庆通讯兵技术学校大专班学习。1965年至1972年在中央广播事业局中控室录音科任录音员。1972年至1983年先后在中央广播事业局技术部政治处、广电部直属政治处任干事。1983年任广电部机关党委直属工作部干事、副部长、部长。1995年任现职。

王伟国 (1942～)广播电影电视部教育司副司长，教授。浙江镇海人。中共党员。1961年9月考入北京电影学院摄影系故事片摄影专业，1966年7月毕业。1966年7月至1973年9月在部队锻炼。1973年秋到北京电影学院任教。1984年底任教务处副处长，1988年6月任副院长。1996年12月调部教育司任现职。社会兼职有国务院学位委员会第四届艺术学科评议组成员，中国电影艺术委员会委员，中国摄影家协会理事，中国电影电视摄影师学会会长，中国电影家协会会员，中国电视艺术家协会会员，政府特殊津贴获得者。著作有：《光的造型》《影视摄影技巧与构图》(合著)。几十幅摄影作品发表于报刊杂志。在影视作品《瞧这一家子》《带手铐的旅客》《潜网》《大海呼唤》《车祸轶事》《盛夏》中任副摄影、摄影。

方　源　(1942～)广播电影电视部保卫司司长。河北蔚县人。中共党员。1960年参加工作。后参军，历任战士、班长、干事、股长、科长、副政委等职。1985年10月转业到广电部干部司，历任副处长、处长。1991年在中央党校培训部学习，1992年7月毕业。1993年5月调中央纪委、监察部驻广电部纪检组、监察局，历任三室主任、副局长、副组长、正局级监察专员等职。1997年任现职。

赵立凡　(1943～)广播电影电视部总编室副主任。高级记者。江苏宿迁人。中共党员。1958年进入江苏省扬州文化艺术学校学习新闻电影编导。1959年11月分配到中央新闻纪录电影制片厂任记者。1965年进入北京第二外国语学院学习英语。1968年回新影厂任记者。1971年合并到中央外事摄影协作小组，为中央电视台和新影联合采制党和国家重要新闻。1980年到中央电视台任记者。1989年起先后任中央电视台新闻采访部副主任、新闻编辑部主任、新闻中心副主任。1994年起任现职。他长期从事新闻工作，采访党和国家领导人的重大政务活动，参加了1972年、1973年联合国大会和1974年联合国特别大会以及1972年中国乒乓球队访问美国的报道工作，参加了全国人大第二届至第九届大会以及中共九大至十五大的报道工作。曾多次荣获中国新闻奖和全国电视新闻奖。1964年出席共青团九届全国代表大会。1993年起享受政府特殊津贴。

李克寒　(1944～)广播电影电视部社会管理司副司长。陕西武功人。中共党员。先后在中央广播电视大学中文系、中央党校领导干部函授班毕业，1961年8月参军，先后任无线电报务员、班长、文书、团政治处书记，师、军政治部秘书，二炮政治部宣传部干事、宣传处副处长。1985年后任广电部《广播影视生活报》副主编，广电部机关党委常委、宣传部副部长、部长。1994年10月任现职。

赵声鸿　(1945～)中央纪委、监察部驻广播电影电视部纪检组副组长兼监察局局长。湖北石首人。1963年12月参军，历任技工、技师、组织干事、连指导员、营副教导员、师政治部组织科副科长、营教导员、团政委、师政委。1981年在中国人民解放军政治学院培训。1989年7月毕业于中国人民解放军防化指挥学院党政基础理论班，1992年4月从军队转业，1992年8月任部教育司副司长，1994年5月任中央纪委驻部纪检组副组长，1995年12月任现职。

李春武　(1947～)广播电影电视部总编室副主任。北京人。中共党员。1969年毕业于北京广播学院外语系。1969年至1995年在中国国际广播电台从事翻译、播音、编辑、记者等工作，先后任老挝语广播部主任，第一亚洲部副主任、主任，人事处处长等职务。1995年4月任现职。

刘　剑　(1948～)中央纪委、监察部驻广播电影电视部纪检组、监察局副局级检查员、监察专员。江苏泰兴人，1968年参加工作，南京大学哲学系毕业。历任江苏省泰兴市长生乡村党支部副书记、乡党委委员、县委候补委员、县农村工作队队长，1975年任中央党校哲学教研室教员，1985年任中央纪委研究室理论处副处长，1991年任中央纪委机关党委宣传处处长、研究室办公室主任，1997年2月任现职。

夏一强　(1948～)广播电影电视部机关党委副书记。安徽南陵人。1968年入伍。1971年至1972年在安徽农村任小学教员。1972年至1975年在上海复旦大学新闻系学习，1975年分配到广播事业局政治部办公室任秘书，1985年12月任广电部机关党委宣传部副部长，1986年至1988年任广电部机关党委办公室副主任、主任。1992年任广电部直属机关党委书记。1995年任现职。

阮谷森　(1949～)中纪委、监察部驻广播电影电视部纪检组、监察局三室主任。福建厦门人。1969年9月插队，1971年至1988年任中央人民广播电台对台湾广播部闽南话组播音员、副组长，1985年毕业于北京广播学院新闻系编采专业，1988年至1995年任中央人民广播电台监察室副主任、主任兼台纪委副书记，1997年在中央党校学习，1995年起任现职。

王玉军　(1950～)中纪委、监察部驻广播电影电视部纪检组、监察局二室主任。河北高碑店人。1969年参军，历任战士、班长。1975年入北京广播学院新闻系学习，1978年毕业后分配到中央广播事业局办公厅任秘书、秘书科副科长。1986年任广电部机关纪委秘书，1987年任中纪委驻广电部纪检组秘书，1989年任监察部驻广电部监察局副处级监察员，1991年任处长，1993年任中纪委监察部驻广电部纪检组监察局二室副主任，1995年任现职。

李兰田　(1954～)审计署驻广播电影电视部审计局副局长。山西屯留人，中共党员。1973年10月在内蒙呼和浩特市郊区插队。1976年在内蒙呼和浩特市电信局工作。1979年考入山西财经学院计划统计系。1983年毕业分配到广电部计划财务司，分别在计划处、财务处任职，历任主任科员、副处长、处长。1997年任现职。

宋卫民 (1955～)广播电影电视部保卫司副司长。山东蓬莱人。中共党员。1970年参军，历任战士、班长、分队长、参谋、船员训练队队长。1983年底转业到广播电影电视部保卫司，历任主任科员、副主任、主任。1996年任现职。

阎晓明 (1952～)广播电影电视部总编室副主任。北京人。中共党员。1969年8月下乡赴黑龙江生产建设兵团。1971年参军。1976年复员到北京科学教育电影制片厂，在编导室任编辑，其间，毕业于北京师范大学中文系。1983年调广电部电影局工作，历任《电影通讯》编辑部编辑、副主编、电影局制片处处长。1996年起任现职，并任第六届全国文联委员，重大革命历史题材影视创作领导小组成员。

王云鹏 (1957～)广播电影电视部办公厅副主任、法规司副司长。陕西西安人。中共党员。1975年3月插队。1978年考入北京广播学院，先后在新闻系编采专业和新闻研究所新闻学专业学习并毕业，获文学学士和法学硕士学位。1985年7月起在广播学院从事新闻理论教学工作，同时参加《中国广播电视年鉴》的创办工作，曾任教研室副主任、院党办副主任、新闻研究所副所长、《中国广播电视年鉴》副主编兼编辑部主任，1992年被评聘为副教授，并担任硕士研究生导师。1995年调广电部机关党委任宣传部长、党委常委。1996年到中央电视台挂职任新闻中心副主任。1997年起任现职。

中央人民广播电台

王成玉 (1936～)中央人民广播电台高级编辑。河北石家庄人。大学肄业，1957年参加工作，1957年至1958年在中央人民广播电台播音组工作。1958年至今在中央人民广播电台少儿部工作，历任编辑、主任编辑，1995年被评聘为高级编辑。主要作品有广播剧《虾球》《桃花开了》，故事《小妞子》《三打白骨精》，改编了《三毛流浪记》《红楼梦》《三国演义》《王爷爷说京剧》等作品。1981年获全国少工委授予的园丁奖，1995年荣获中国关心下一代工作委员会表彰的“全国关心下一代先进个人”称号。

李家诚 (1938～)中央人民广播电台高级编辑。河北安次人。1963年从北京广播学院毕业后到中央人民广播电台工作。办过《星星火炬》《青年之友》等节目。1983年调入少儿部“小喇叭”节目组工作，曾任组长。开辟了《幼儿趣味动物学》专栏和《幼儿科学院》专题节目。创作了系列童话剧《滑稽头游记》和系列科学童话《大笨狗》等。

金亨直 (1939～)中央人民广播电台译审。黑龙江人。朝鲜族。1964年8月参加工作。1964年至1970年在黑龙江人民广播电台工作，1970年至今在中央电台民族部工作。1995年底被评聘为译审。翻译的代表作品有：《古文观止》《毛泽东论十大关系》，以及广播剧《项链》《天云山传奇》《大浪淘沙》等。《今日话题——话说春天》获1995年第一届全国朝鲜语广播优秀节目一等奖。

谢文芬（女） (1940～)中央人民广播电台高级编辑。云南腾冲人。1963年毕业于北京广播学院，同年被分到中央电台对台广播部工作，曾在新闻专稿组、文艺组工作，从事文艺编辑三十多年。80年代以来，相继参加、策划了《百花园地》《文艺节目》等专题节目，特别是由她主持改编录制的古典名著《红楼梦》，首次成功地将这部作品搬上“长篇小说连播”节目播出，她采编的节目有30多个获奖。撰写发表论文十多篇。

胡培奋（女） (1941～)中央人民广播电台高级编辑。上海人。1964年7月参加工作，1964年7月至1977年在北京市文艺工作团工矿队任导演兼演员。1977年1月至今在中央台文艺部广播剧组工作，任广播剧组组长。代表作品有：广播剧《我们的老六》《今天多云转晴》等，作品曾多次荣获国际国内各种奖项，并多次被评为广电部、中央人民广播电台先进工作者。1993年她创作的广播特写《一场特殊的音乐会》荣获亚广联广播奖。

中国国际广播电台

赵成鸿 (1939～)中国国际广播电台俄东地区广播中心主任。河北怀来人。译审。中共党员。1959年入北京外国语学院留苏预备部强化学习俄语一年。1960年被派往苏联莫斯科国立大学专修“塞尔维亚—克罗地亚语和南斯拉夫文学”。1965年毕业，返国后转分配到国际广播电台工作至今，曾担任翻译、改稿、定稿和播音工作。1980年底被派往南斯拉夫创建贝尔格莱德记者站，并担任首席常驻记者四年。回台工作四年后又于1989年底二次赴南斯拉夫任首席记者两年。1986年至1989年担任东欧部副主任，1991年至1997年底任东欧一部主任和党支部书记。1997年任现职。

丁邦英 (1946～)中国国际广播电台华语环球广播中心主任。安徽安庆人。中共党员。1969年从北京广播学院外语系毕业后分配到国际台斯语广播部任翻译，1975年公派出国留学，回国后任斯语部翻译、播音员、时政记者、斯语部主任，1991年任国际台驻内罗毕记者站站长、首席记者。1994年后任国内新闻中心副主任、主任，其间，获范长江新闻奖提名奖。1996年任美国洛杉矶双语广播电台总编辑（该台由我方与美方合办）。1997年11月任现职。

李　勤 (1946～)中国国际广

播电台人事办公室主任，台党委委员，译审。1969年毕业于北京广播学院尼泊尔语专业，1974年至1976年赴尼泊尔特立布文大学进修。1970年至1996年一直从事尼泊尔语的翻译、播音和审稿、定稿工作，1994年至1995年任国际台第三亚洲部副主任，1995年至1997年任人事处副处长，处长，1997年任人事办公室主任。

夏吉宣 （1956～）中国国际广播电台英语环球广播中心主任，台党委委员，台编委，副译审。重庆人。1975年参加工作，1982年毕业于上海外国语学院英语系，同年分配到国际电台首都部从事对国内英语广播节目稿件的翻译、采访和节目制作工作。1987年公派赴美国密苏里新闻学院攻读文学（新闻）硕士学位。1989年毕业后回到国际电台英语部担任《时事报道》节目主编，所采写的稿件多次获国际电台优秀稿件奖和中国广播奖。1992年起，先后担任过英语部副主任、代理主任和主任职务，在此期间，全力推动英语部人员管理条例化和节目改版，取得明显成绩，英语部连年获得国际电台的“创新节目”、“名牌节目”和“优秀节目”等奖项，1996年获中直机关颁发的“优秀青年干部”称号，1997年获国家教委和人事部颁发的“全国优秀留学回国人员”证书。

王京玲（女） （1957～）中国国际广播电台办公室主任。北京市人。中共党员。1987年毕业于内蒙古包头钢铁学院，1991年毕业于全国法院干部业余法律大学。1976年在北京顺义县插队，并负责知识青年管理工作。1978年在北京邮电科学研究院工作，1981年在冶金工业出版社工作，1988年在成都市中级人民法院政治部工作，1991年调中国国际广播电台办公室工作，1996年参加中央党校中直分校学习。历任秘书、分党组秘书、副主任、主任、党支部书记。

林永光 （1960～）中国国际广播电台技术管理中心主任。中共党员。1979年至1984年在清华大学自动化系学习，1984年至1988年在北京自动化研究所工作，任项目课题组组长，1989年1月至今在中国国际广播电台工作。历任播出部维修科副科长、播出部副主任、台副总工程师。1997年起任现职。

中央电视台

南玉敏（女） （1942～）中央电视台专职党委副书记兼纪委书记。河北满城人。1962年参加工作。1962年高中毕业后入北京市公安学校学习。1965年到北京市公安局十三处任侦察员。1973年任北京市公安局十三处政治处副主任。1979年调北京市交通运输局政治部工作。1984年调中央电视台，历任副处级纪律检查员、台办公室副主任、党委办公室主任。1987年至1988年进中央党校分校学习。1988年被评为中直机关优秀党务工作者。1991年当选中央电视台第三届党的纪律检查委员会委员，任副书记。1995年当选中央电视台第五届党委委员，任副书记。1997年任现职。主持编辑出版了《中央电视台党的工作手册》《电视人的追求》《电视巾帼风采录》等丛书。

李　丹 （1944～）中央电视台副台长。译审。天津静海人。1967年外语院校毕业后入中国国际广播电台英语部从事播音、翻译、编辑、采访工作，历任新闻组副组长、组长，1988年任英语部主任，1992年任副台长。其间，1974年至1976年在加拿大麦吉尔大学和布·哥伦比亚大学留学，1984年至1986年在美国斯坦福大学和美利坚大学学习，获硕士学位；1990年至1991年在中央党校培训部学习。1992年当选为全国翻译工作者协会副秘书长。兼任中国国际交流协会理事，中华海外联谊会理事、中国广播电视主持人学会常务副会长。曾获全国优秀广播节目将特等奖、全国好新闻奖一等奖。1996年任现职。

刘宝顺 （1947～）中央电视台副台长。福建霞浦人。1963年12月参加工作，1963年12月至1964年12月在福建省霞浦县财政局工作，1964年12月参军，1969年2月转业到中央广播事业局552台任人保干事，1976年3月至1984年6月在广电部761台任台长，1984年7月至1986年7月在福建师范大学政教系读书，1986年7月至1990年8月在广电部871台任台长、党委书记；其中1989年9月至1990年8月在中央党校培训部进修。1991年7月至1997年4月在广电部任副司长、司长；1997年4月任现职。

胡　恩 （1955～）中国电视剧制作中心主任。高级编辑。重庆人。中共党员。1983年毕业于北京广播学院，同年分配到中央电视台，先后在文艺部、影视部、总编室、中国电视剧制作中心工作，历任文艺节目编导、文艺部副主任、影视部主任、总编室副主任、主任、台长助理兼总编室主任、中国电视剧制作中心副主任。组织参与创作了几十台大中型电视节目，多次获得全国性奖励。策划和先后担任过《1986年全国相声大赛》《1987年全国青年京剧演员电视大赛》《1989年国庆焰火晚会》等重大节目的制片人和总导演。参与1991年七·一晚会《拥抱太阳》的创作并担任制片人，播出后受到中央领导和观众的好评。参与了电视剧《人间正道》《天下财富》《太平天国》等策划，并任出品人。在《电视研究》和《中国广播电视学刊》等刊物上发表论文10余篇。1992年担任中华全国青年联合会委员。

广播科学研究院

董甫南 （1935～）广电部广播科学研究院高级工程师。天津静海人。中共党员。1951年抗美援朝参军。后复员，1962年清华大学毕业后分配至广研所工作，1983年任电真空研究室副主任，1985年任主任。1986年任广播分所所长兼任广研所副总工程师，1994年任广科院副总工程师。曾任北京电真空专业委员会委员，全国电真空标准化委员会委员，中国电子学会广播电视技术分会委员、常委、副秘书长。长期从事科研工作，获得多项成果和奖励。由于所主持的硒砷碲摄像管研制工作获得成功，获1989年广电部科技进步一等奖，1992年获国家科技进步二等奖。1992年起享受政府特殊津贴。

李英杰 （1938～）广电部广播科学研究院高级工程师。北京人。1962年兰州大学毕业，分配到广研所工作。1973年任材料车间副主任，1983年任广研所器件研究室副主任，1986年任广研所广播分所副所长，1994年任广科院光电研究所所长，1997年任广科院科技委秘书长。长期从事科研工作，先后获得多项成果和奖励，发表过数十篇学术论文。其中作为项目负责人之一的“硒砷碲摄像管的研制”成果，于1989年获广电部科技进步一等奖，1992年获国家科技进步二等奖，同年起享受政府特殊津贴。

胡立平 （1939～）广电部广播科学研究院高级工程师。湖南桂东人。1960年中山大学毕业后到广研所工作。1987年作为访问学者赴美国研修一年。1991年任广研所电视分所音视频研究室主任，1992年任广研所电视分所副所长、所长，1994年任广科院电视研究所所长。长期从事科研工作，先后获得多项成果和奖励。1994年起享受政府特殊津贴。担任第四、五届中国感光学会常务理事，国家火炬计划项目认定会广播通讯设备专家组成员和全国颜色标准化技术委员会委员。

文　靖 （1939～）广电部广播科学研究院高级工程师。山东莱阳人。中共党员。1962年西安交通大学毕业，后到广研所工作。1981年和1986年作为访问学者先后两次赴德国研修。1985年被评为全国广播电视系统优秀工作者。1988年被评为中共中央直属机关优秀共产党员。1991年被评为全国广播电视系统先进个人。1992年起享受政府特殊津贴。1994年获广电部科技进步一等奖，并再次被评为中共中央直属机关优秀共产党员。1995年主持研制的图文电视信号PC机接收卡荣获国家专利局颁发的优秀专利奖。

郭炎生 （1946～）广电部广播科学研究院院长，河北任邱人。中共党员。1970年北京邮电学院毕业后在内蒙古临河县邮电局工作。1973年调内蒙古广播事业局610台从事维护工作。1976年调局技术处从事工程建设、科研、维护管理等工作。1984年任内蒙古广播电视厅技术处处长。1987年被破格评聘为高级工程师。1992年任驻厅纪检组长，1993年兼内蒙古有线电视台负责人，主持规划设计内蒙古有线电视台技术方案并组织实施，在半年内建成播出。1994年调广电部无线电台管理局任副局长兼中央广播电视塔管理委员会主任和公司董事长，1996年任部办公厅副主任，1994年被授予有突出贡献的中青年专家，并享受政府特殊津贴。1997年7月任现职并兼任广电部第五届科技委常委。

中国电视艺术委员会

矫广礼 （1935～）中国电视艺术委员会一级摄影师。黑龙江双城人。中共党员。1952年11月参加中国人民解放军，在军委机要干部学校任译电员。1954年转业到中央广播事业局。1958年进入北京电影学院摄影系学习，1961年毕业到北京广播学院，历任新闻系电视摄影教研室主任、电视系主任等职。在中央电视台新闻部期间，拍摄过大量新闻片，多次随国家领导人出访，制作过几十部纪录片。1985年调入中国电视艺术委员会。曾担任中日合拍大型纪录片《话说长江》制片人，该片获全国专题片评奖特别奖。曾担任长篇电视连续剧《努尔哈赤》制片人，该片获全国电视剧“飞天奖”一等奖。曾任全国电视文艺“星光奖”、全国电视剧“飞天奖”以及中国四川国际电视节“金熊猫奖”评委。现任中国电视艺术委员会委员、中国电视艺术交流协会秘书长。

杨淑英（女） （1937～）中国电视艺术委员会高级编辑。《中国电视》杂志副主编兼编辑部主任。江苏扬州人。中共党员。1961年毕业于上海复旦大学新闻系，分配至中国国际广播电台工作，曾任记者、主任记者、《今日中国》节目主持人、中国国际广播出版社顾问、首都女新闻工作者协会理事。擅长人物专访，著有名人专访集《我爱中华》一书。曾在厦门大学、中央民族大学新闻系、北京广播学院国际新闻专业讲授“新闻采访与写作”，发表了《文章得失寸心知》的学术论文。主办过“外国人谈中国”的专题广播。后调至《中华老年报》任副总编辑，中华全国新闻工作者协会理事。1991年任现职。

广播电影电视部设计院

薛韵琴（女） （1937～）广电部设计院高级工程师。山东青岛人。中共党员。1960年毕业于清华大学土建系，分配到原中央广播事业局设计室工作至今。曾任暖通专业主任工程师。近四十年来，一直从事广播电视工程的设计研究工作，主持和参与完成了中国国际广播中心，福建、安徽、深圳广播电视中心，中央电视塔，8201发射中心等各种广播电视中心工程、发射中心工程、综合旅游电视发射塔及广播电视战备工程和民用工程等约60余项工程的暖通专业设计。曾在《暖通与空调》等有关杂志上发表多篇论文，并应邀参加了国内外一些重大学术会议。1997年退休后仍返聘在广电部设计院工作。现任中国制冷学会高级会员、全国暖通情报网理事、计算机专用设备委员会理事。1992年起享受政府特殊津贴。1997年被美国纽约科学学会吸收为学会会员。

许鸿业 （1937～）广电部设计院高级工程师。浙江平湖人。1961年毕业于同济大学建筑工程系，同年分配到原中央广播事业局设计室工作至今。历任结构组组长、结构室主任工程师、结构所所长、设计院结构专业主任工程师，部科技委建筑结构专业委员会委员、第四届中国土木工程学会混凝土及预应力混凝土分科学会理事。40年来一直从事广播电影电视建筑工程结构设计，参加和主持过国内最大的广播发射台工程和多项援外工程设计；曾主持中央人民广播电台业务楼、内蒙古、福建、安徽、深圳、天津和青岛等省市广播电视中心大型公共建筑及江苏南京广播电视塔的结构设计。曾主编《广播电影电视建筑抗震设防分类标准》，参与编写国家标准《混凝土电视塔结构技术规范》和大型工具书《广播电视技术手册》。

杨从理 （1938～）广电部设计院高级工程师，副总工程师，一级注册建筑师。陕西乾县人。中共党员。1964年毕业于西安冶金建筑学院（现西安建筑科技大学）建筑系建筑学专业，同年分配到中央广播事业局设计室，一直从事广播电视工程的建筑设计工作。历任土建一室副主任、主任工程师、土建所副所长、土建所所长兼主任工程师、院副总工程师等。1992年起享受政府特殊津贴。30多年来，先后参加或主持完成了数十项中央、地方和援外的广播电视工程的建筑方案、初步设计和施工设计任务，有四项工程获部级优秀设计奖，其中广电部8201中波发射台工程获1990年国家级优秀设计银质奖。

陶亚东 （1938～）广电部设计院高级工程师。河南宝丰人。中共党员。1963年毕业于西安冶金建筑学院工业与民用建筑专业，同年分配到中央广播事业局设计室从事塔桅结构设计工作至今。30多年来参加或主持的多项大、中型工程设计，获得国家优秀设计奖和科技进步奖。编制了部标“钢塔桅结构设计规范”和国标“钢筋混凝土电视塔结构技术规范”两个标准，钢塔和混凝土塔两个结构电算软件。现为广播电影电视部科学技术委员会建筑结构专业委员会委员、中国钢结构协会委员、塔桅钢结构分会副主任委员。1992年起享受政府特殊津贴。

广播影视信息网络中心

马　明 （1948～）广电部广播影视信息网络中心副主任。河北博野人。中共党员。北京钢铁学院自动化系毕业。1968年去山西省孝义县插队落户，1971年在山西省晋剧院作演奏员，1975年调入中央广播乐团，任演奏员。1978年2月考入北京钢铁学院自动化系，1982年2月毕业，分配到广电部设计院工作。历任自动化组副组长、组长，无线电设计研究所副所长，信息网络设计研究所所长。1997年5月起任现职。

北京广播学院

罗一鸣 （1936～）北京广播学院研究员。江西九江人。1958年毕业于北京工业学院无线电工程系。调入北京广播学院后历任天线设计室主任，天线教研室主任，前广播电视技术研究所所长等职，同时兼任前广电部科技委天线电波专业委员会委员，中国电子学会高级会员兼广播电视技术分会天线电波专业委员会副主任。其主要业绩为：1986年3月因主持研制《六元全向高增益天线》获北京市科技进步三等奖；1986年12月因主持研制《分米波电视发射无线》获电子工业部科技进步二等奖；1991年9月至10月由北京市科委推荐，携带当年的科技成果《分米波电视三工器》赴莫斯科参加新技术展览会，与外国同行专家进行交流；1992年1月被评为北京市爱国立功标兵。1993年10月起享受政府特殊津贴；1994年晋升为研究员；1994年5月主持研制的《分米波2×30kW双馈天线转接系统》在河南省电视发射台投入使用，该系统的技术总结在1995年2月被中国电子学会广播电视技术分会授予优秀论文二等奖；1997年7月筹建《高清晰度电视试验天线系列》科研组，并作为其中成员参加科研工作。1998年6月该天线系列已经投入试验运行。

高　鑫 （1938～）北京广播学院教授。河北高阳人。1963年北京大学中文系毕业。1981年中国社会科学院研究生院文学系毕业。现任教于北京广播学院电视学院电视系，兼任电视文化研究所所长。并为北京电视艺术家协会副主席、电视纪录片研究会理事、中国作家协会会员。主要著作有《电视剧创作概论》《电视剧的探索》《电视艺术概论》《电视专题片创作》《电视专题》《电视艺术美学》等。

毛志伋 （1938～）北京广播学院教授。江苏扬州人。1960年南开大学物理系毕业后来北京广播学院工作至今。中国电子学会会士，北京广播学院广播电视传输系主任。1980年至1983年在美国Syracuse大学进修计算电磁学，1985年应日本电视学会邀请去日本讲学。现为部科学技术委员会传输专业委员会委员，部普通高等院校专业设置评议委员会委员，全国工科电子类专业教学指导委员会委员，中国电子学会广播电视技术分会常委、学术工作部主任，兼微波专业委员会主任、卫星广播专业委员会副主任；曾任《天线学报》编委兼编辑部主任。多年来一直从事天线、微波、电磁场理论的教学、科研工作，在1976年至1978年曾主持调试宁夏、青海、山西7402等电视发射天线，是国内最早从事电磁场谱域展开法、矩量法教学和研究工作的专家，在计算电磁学、线天线的优化设计和电磁散射、电磁兼容领域有很深的造诣；主持了多项航天部、中国造船总公司、广电部科研项目。其中，“近场扫描双站散射测量的研究”在1991年获航天部科技进步二等奖。“舰用低耗卫星云图接收天线罩”1996年获广播电影电视部科技进步三等奖。在国际著名的学术刊物、国际会议（IEEE-EMC、AP、PIERS等）、国内多种学术刊物及学术会议上发表论文40多篇。编写了《电视天线及馈线系统》《计算电磁场的矩量法》等本科生及研究生的教材；主编了《现代广播电视技术全书》中的

《天线、微波中继及卫星广播电视技术》《有线电视与光纤传输技术》两分册等。目前除继续从事计算电磁学的研究外，还在从事数字传输系统的研究，对广播电视在卫星广播、微波中继、MMDS、AML，光纤同轴有线电视混合网中数字信号与模拟信号在共网传输，及其与宽带综合信息网的接口和数字传输中自适应均衡技术等课题进行研究和探索。

李　栋　(1940～)北京广播学院教授。河南舞阳人。中共党员。1965年毕业于北京广播学院无线电系。1965年至1966年在原中央广播事业局技术部（下乡参加四清工作)，1966年至1979年在原中央广播事业局501台从事技术工作，1979年至今在北京广播学院无线电工程系、电子工程系从事教学和科研工作。任电子工程系主任，广播电视技术研究所所长。独立承担并完成的部级科研项目“串馈脉宽调制发射机浮动载波调幅技术”获广电部科技进步三等奖，发明的《浮动载波调幅装置》获中国专利局发明专利权，并获1988年度国家发明四等奖。还完成了另一项部级项目“FMX系统”。任教以来承担的教学任务主要有：电路、信号与系统实验、讲授《广播发送技术》《广播电视发送技术》《广播电视多工技术》《数字音频广播技术》。近年来，承担过数十次由广电部组织的及部分省、市组织的新技术培训班的授课任务。编写的主要讲义和著作有：《电路信号与系统实验指导书》(获院级教材二等奖)、《广播电视发送技术》(合作，获广院二等奖)、《广播电视发送技术》（1997年新编版)、《国外电视双伴音与立体声技术》(获电子部全国电视专业情报网情报研究成果一等奖)、《广播电视多工技术》、《数字音频广播技术》等，发表所从事专业领域的论文70余篇，在国际会议上发表的论文“FMX系统信噪比改善能力与兼容性探讨”获会议优秀论文奖和中国电子学会优秀论文奖。被编入《中国发明家大辞典》等多家名人辞典。被国家人事部和国家教委联合授予“有突出贡献的归国留学人员”称号，被国家人事部和广播电影电视部评为“全国广播电视系统先进工作者”，获北京市“首都精神文明建设奖章”。1992年起享受政府特殊津贴。社会兼职主要有：从第三届始历届广播电影电视部科学技术委员会委员、发送与接收专业委员会副主任，中国电子学会广播电视技术分会学术工作委员会副主任，中国电子学会高级会员，中国老教授协会通信与信息专业委员会理事。《中国新闻科技》杂志社编委。

蔡文美(女)　(1941～)北京广播学院教授。浙江宁波人。中共党员。1965年毕业于南开大学外文系英国语言文学专业。1986年曾在美国俄亥俄州立大学广播电视台新闻处工作，1991年应邀赴美国泰德沃特和高山帝国两大学讲学。1998年前往瑞典考察。从事英语教学多年，先后曾从教于北京第二外语学院，北京经贸大学，1982年调入北京广播学院任教。1987年始任中央人民广播电台主办的《星期日广播英语》特邀主持人，从事约稿、编辑、翻译、播讲等工作。应听众要求，编译了两册《星期日广播英语》一书，曾获广播电影电视部高校科研成果奖。1993年起享受政府特殊津贴。

周华斌　(1944～)北京广播学院教授。江苏无锡人。中共党员。主要从事中国戏曲及广播电视文艺的教学与研究工作，侧重于中国戏曲史、戏曲文物、原始戏剧、剧场史、广播电视戏曲等研究方向。代表性著作有《周贻白戏剧论文选》(主编)、《杨家将演义》(校注)、《宋金元戏曲文物图论》(合作)、《京都古戏楼》、《古傩寻踪》、《中国戏曲脸谱》、《中国巫傩面具》(合作)、《广播·电视·戏曲研究》等。参与并组织全国性、国际性学术研讨会多次，在海内外刊物发表《中原傩戏源流》《古傩文物稽考》《方相·饕餮考》《南宋〈灯戏图〉说》《南宋〈百子杂剧图〉考》《兰陵王假面研究》《中国古戏楼研究》等学术论文60余篇。主编广播戏曲节目《世界著名戏剧故事》300余篇，撰写电视专题片《美的化身——梅兰芳》《苍松独秀——麒麒童》《八百年前一台戏》等多部。北京市第11届人民代表大会代表。获政府特殊津贴。北京广播学院研究生部主任。兼任中央戏剧学院、中国艺术研究院博士生指导教师。中国戏曲学会常务理事，中国傩戏学研究会副会长，中国民间文艺家协会北京分会理事，中国通信小说研究会理事，中国广播电视学会会员。

周鸿铎　(1940～)北京广播学院教授。河南濮阳人。毕业于郑州大学。先后在对外文委、北京日报工作。现任学院社会科学系主任、传媒经济研究所所长、广播电视经济研究室主任。硕士生导师。中国劳动学会理事、北京劳动学会副秘书长、《北京劳动》副主编。享受政府特殊津贴。主要著作有：《政治经济学》《中国社会主义建设概论》《经济学原理》《社会主义初级阶段的经济特征》《政治经济学答疑》《理论与实践108题》《我国经济建设的方针政策》《现代市场营销策略》《中国实用广告知识手册》《广播电视经济学》《中国广播电视经济管理概论》《市场营销策略》《传媒经济》等。创立了广播电视经济学以及传媒经济等学科，创建了经济信息管理专业，组建了传媒经济研究所和广播电视经济研究室。

李鉴增　(1944～)北京广播学院教授。1969年毕业于北京师范大学物理系，1981年在首都师范大学研究生毕业，获硕士学位。1995年享受国务院颁发的政府特殊津贴。现任北京广播学院工学院副院长、广播电影电视部科技委有线电视专业委员会委员。多年来一直从事物理和有线电视的教学与科研，参加过三项国家自然科学基金资助课题的研究，正式出版了《近代物理教程》和《有线电视技术》两本著作，在国外著名杂志《物理评论》《教学物理杂志》《广义相对论与引力》和国内一级刊物《物理学报》《中国物理快报》上发表十多篇论文；在国内高校学报和其他杂志以及有关学术会议上发表20多篇论文，被美国《教学评论》杂志聘请为评论员。有三篇论文获北京广播学院优秀论文一等奖。《近代物理教程》获北京广播学院优秀教材一等奖，所参加的项目《黑洞，奇点和早期宇宙》获国家教委科技进步二等奖。

柯惠新（女） （1945～）北京广播学院教授。广东兴宁人。北京市第八届、第九届政协委员。1967年毕业于北京大学数学力学系。曾在部队农场劳动锻炼，在中学任数学教师，在工厂情报室任情报翻译。1980年起到北京广播学院任教。其间曾被国家教委派到日本九州大学（1986.12～1989.3）和美国昆尼比亚大学（1993.12～1994.6）作访问学者，1989年1月在日本九州大学获理学博士学位（统计学）。现任工程技术基础部副主任，调查统计研究所所长。主要研究方向是：线性潜在结构方程式模型、抽样调查、市场调查与分析等。曾主持了两项国家自然科学基金资助的项目。发表了各种学术论文和研究报告共40余篇，主要著作（与人合作）有《调查研究中的统计分析法》《民意调查实务》《使人聪明的技术——生活中的统计观念与方法》，即将出版《市场调查与分析》。曾获院级以上（含院级）科研成果奖21项次，其中省部级奖4项。先后被评为全国广播电视系统先进工作者，北京市先进教师，全国先进教师，北京市先进工作者，全国先进工作者。

李焕生（女） （1950～）北京广播学院党委副书记。天津人。1975年毕业于上海复旦大学新闻系新闻专业，同年分配到北京广播学院工作至今。1986年在职学习后毕业于北京广播学院思想政治教育专业，获哲学学士学位。在北京广播学院工作期间历任专职团委副书记、学报编辑、校报主编、宣传部长、党办主任、学报主编等职。专著有《实践与思考——高校思想教育初探》，主编或与人合作主编的书籍有《教育者的塑造》《高校思想政治教育研究》《白杨颂》《北京广播学院40年》等。先后发表过的有关思想政治教育与新闻业务方面的论文和文章30余篇，其中部分获全国校报首届优秀论文三等奖、北京市高校德育研究会优秀论文奖、北京市党建研究会优秀论文奖和北京高校校报好新闻奖。兼任北京广播学院思想政治工作研究会会长。

任金州 （1953～）北京广播学院副院长，教授。中国电视艺术家协会理事、兼职研究员，北京电视艺术家协会理事，中国电影电视摄影师协会理事。1982年1月北京广播学院毕业后留校任教，主要讲授《电视摄影造型》《电视新闻摄制》《电视新闻节目研究》等课程。1997年负责组建电视学院，并被任命为北京广播学院电视学院院长。1989年出版专著《电视摄影造型》（北京广播学院出版社）。1993年作为常务副主编，策划组织了大型理论著作《中国应用电视学》，并撰写了《电视教育节目》一章（北京师范大学出版社），该书获得1997年国家级教学成果二等奖、1994年广电部普通高校优秀教材一等奖、1994年北京市哲学社会科学理论著作二等奖、1995年广电部广播电视学会理论著作一等奖、1997年吴玉章奖金新闻学优秀奖。1997年主编广电部大中专统编教材电视系列十本书，并撰写了其中《电视摄像》一书（中国广播电视出版社）。1992年组织拍摄6集电视系列教学片《拍电视》，其中作为编导和摄像完成《电视造型技巧》一片（中国音乐家音像出版社）。1997年策划组织并作为总编导之一拍摄大型文献系列片《中国电视四十年》（20集）。

高福安 （1954～）北京广播学院副院长，河北丰润人。中共党员。1978年成都电讯工程学院电视专业毕业，分配到北京广播学院任教至今。1986年考入成都电讯工程学院一系，修完“数字信号处理 与通信系统”专业硕士研究生课程，后又回到北京广播学院任教。历任北京广播学院无线电系办公室副主任、管理系副主任、主任兼总支书记、学院教务处长。兼任广电部科学技术委员会管理专业委员会委员、北京市高教学会管理科学研究会理事、中国动画学会理事、中国电子学会教育分会常委、中国电子学会高级会员。主要从事广播电视技术与管理教学与科研工作。先后主讲《电路分析》《信号与系统》《管理学概论》等课程。主要著作（包括独著、合著、主审、副主编等）有《决策定量化法》《预测理论与方法》《广播电视技术管理》《新编实用管理学》《现代广播电视技术全书》，参与完成科研项目52项，在国内外学术会议、刊物上发表论文50余篇。参与研究的“奥斯卡信息系统”“学生工作改革与实践”分别获广电部科技进步三等奖，优秀科研成果三等奖。“广播电视设备的信息管理”等三篇论文获中国电子学会优秀论文奖。1993年被评为北京市德育教育先进工作者。

宋宜纯 （1954～）北京广播学院教授。山东莒县人。1980年北京广播学院无线电系电视中心专业毕业，1983年北京广播学院无线电系广播电视技术专业研究生毕业，获工学硕士学位。1983年留校任教，历任管理系副主任、工学院副院长等职，现任北京广播学院院长助理。1985年评为广电部先进工作者，1985年评为北京市优秀青年骨干教师，1995年评为全国优秀教师，北京市优秀教师。现兼任广电部科技委常务委员、计算机应用专业委员会主任委员，中国电子学会高级会员。多年来，先后主持与参与了多项研究项目，其中《广院行政、教学综合信息系统原型法开发研究》《超文本奥斯卡信息系统》获广电部科技进步三等奖，参加编写了《广播电视技术手册第13分册：计算机应用》《计算机应用基础》《现代广播电视技术全书》的计算机系统、网络及多媒体部分等，发表多篇有关计算机技术、图像处理和数据广播技术的论文。获中国电子学会和广播电影电视部优秀论文奖。

中国广播艺术团

郭启儒 (1900～1969) 中国广播艺术团相声表演艺术家。北京人。23岁在北京"鸿奎社"学演文明戏，25岁拜师刘德智改学相声。1940年起与侯宝林合作长达28年，他与侯宝林搭档后，专工捧哏。1951年参加第一届赴朝慰问团，同时加入相声改进小组，1952年在北京曲艺三团演出，1954年随中国人民解放军代表团赴西藏慰问，1955年调进中国广播说唱团，他与侯宝林合说的相声有《戏曲杂谈》《关公战秦琼》《夜行记》《买猴》等，为广播电台录制了大量相声节目。他捧、逗俱佳，台风潇洒、沉着稳健。他总结捧哏八点经验的《相声表演心得》专著，1980年由《曲艺》杂志连载后，1984年又被选入《中国曲艺论丛》中。他口述的相声节目《熬柿子》《抢三车》等十二段，已被编入《中国相声大全》，由文化艺术出版社出版。

刘宝瑞 (1915～1968) 中国广播艺术团相声表演艺术家。北京人。幼时拜张寿臣为师学相声，14岁开始演出，1940年起先后在上海、南京、济南等地演出。1953年参加中国广播说唱团，先是与郭全宝合说对口相声，后主要从事单口相声演出。他继承和发展了单口相声的艺术特色，表演幽默风趣、沉着稳健、亲切热情、朴实自然、趣味高雅、台风潇洒。形成了声、情、容、表兼备的艺术风格。他整理和改编的传统相声有《珍珠翡翠白玉汤》《日遭三险》《黄半仙》《连升三级》等，并创作有《大水壶》《神兵天降》等新的相声作品，为电台录制了近百小时的相声节目。曾任中国曲艺家协会会员。

陈　志（陈祥其） (1936～) 中国广播艺术团一级演员。福建长汀人。1958年毕业于河南师院数学系，1958年至1960年在北京中央音乐学院音乐系结业。从1958年起教授键盘乐器和吉他，1976年调入中国电影乐团，先后为六七十部电影、电视片配录音乐，并灌录唱片、录音带十余种。1982年创办了中国第一所古典吉他学校"北京诚志古典吉他学校"，从1984年起在中央人民广播电台主持"古典吉他每周一讲"节目，1985年参加"日本吉他交响音乐节"，被授予"国际吉他名人贡献奖"。1987年5月作为发起人、艺术总监，组织了首届中国国际吉他艺术节，在国内外产生了很大影响。1987年8月作为亚洲首席代表参加美国国际吉他节赴美国访问、讲学。1988年调入中国广播艺术团任中国广播吉他乐团团长。多年来，撰写了大量有关吉他艺术的文章和著作在国内外报刊上发表，现在担任《吉他艺术》刊物的主编，还被聘为法国巴黎音乐学院教授，意大利"亚历山大里亚"及澳大利亚"达尔文"国际吉他比赛评委，日本国际吉他协会理事，北京吉他学会理事长，北京音乐家协会理事。

陈佩斯 (1954～) 中国广播艺术团一级演员。河北人。1973年9月考入八一电影制片厂演员剧团，在学员队学习，接受专业电影演员的训练。从1977年起，参加拍摄了20余部电影和多部电视剧，其中电影《瞧这一家子》《法庭内外》《夕照街》三部影片均获文化部优秀影片奖，1985年被评为电影十名最佳喜剧演员之一。从1984年开始，与朱时茂合作，连续参加中央电视台春节联欢晚会，表演小品获得很大成功。1986年2月转业到中国广播艺术团。兼任中国电影家协会会员、电影表演艺术研讨会理事。

朱时茂 (1954～) 中国广播艺术团一级演员。山东人。1970年进入福州军区话剧团，1983年调入八一电影制片厂演员剧团，从事表演艺术，1990年转业到中国广播艺术团。多年来参加了14部电影、电视片的拍摄工作，曾在电影《牧马人》《道是无情胜有情》等8部影片和电视剧《男人的风格》《长江第一漂》等6部电视剧中担任主演。从1984年开始与陈佩斯合作参加中央电视台春节联欢晚会，演出了喜剧小品《吃面条》《羊肉串》等，取得很大成功。曾因成功塑造"牧马人"形象荣立二等功一次，参加《长江第一漂》的拍摄荣立三等功一次，获永芳杯电视十佳演员奖。是中国电影家协会会员、电视家协会会员、北京文化交流中心理事。

中广国际总公司

卢长振 (1936～) 中国广播电视国际经济技术合作总公司原副总经理兼海外分公司总经理。黑龙江海伦人。中共党员。1953年在中国人民解放军长春机要干校学习。1954年调到广播事业局培训班学习，1954年在广播局设计室任技术员，领导小组成员。1971年在广播局援外处任负责人，考察组组长。1974年5月赴赤道几内亚电台工作，任技术组组长。1977年至1981年期间，任援外处科长，中非电台考察组组长，1981年任援外处副处长，援中非电台技术组组长。1986年任外经办副主任。1987年被聘为广电部科技委员会管理专业委员会委员。1991年组建中广总公司任副总经理。1997年退休，被聘为中广总公司高级顾问。

胡荣泉 (1942～) 中国广播电视国际经济技术合作总公司副总经理。译审。浙江余姚人。中共党员。1965年毕业于杭州大学外语系英语专业，同年分配到中央广播事业局外经办公室从事翻译工作。1984年任中国广播卫星公司外事处负责人，1986年任广播电影电视部外经办公室副主任，1987年任中国广播电影电视对外工程公司副总经理，兼任中国广播电视学会直属二分会常务理事、副会长。1996年起享受政府特殊津贴。1991年起任现职。

中国教育电视台

杨名甲 (1931～) 中国教育电视台原总工程师。吉林市人。中共党员。1952年毕业于东北师范大学物理系。1953年任东北教学仪器厂技术员。1960年任北京教学仪器厂技术科长，教育部教学仪器研究室副主任。1971年任电子部电声电视研究所产品设计室主任。1978年起历任中央电化教育馆技术处负责人、处长、研究开发部主任。1986年任中国教育电视台筹备领导小组成员。1991年任中国教育电视台总工程师。先后从事教学仪器、电化教育视听设备系统、军用民用电声设备系统和卫星电视广播接收系统的研究开发应用工作。1993年享受政府特殊津贴。兼任中国视听工程学会理事、全国教学仪器研究会理事、全国卫星接受设备产品质量认证委员会委员、电声国家标准评审委员会委员、中国电子学会教育委员会副主任和全国青年少发明创造比赛和科学讨论会评委会评委等职。

孙保怡 (1953～)中国教育电视台原副台长。河北涞源人。中共党员。1960年毕业于北京航空航天大学无线电系，毕业后留校从事教学、研究、生产工作。1984年调入中央广播电视大学。1986年任中国教育电视台筹备领导小组成员，1991年任中国教育电视台副台长。多年来从事我国卫星电视教育的筹建和发展工作，创办并主编了《中国教育电视》报，发表了《中国卫星电视教育的崛起和发展趋势》等数十篇文章，策划并监制了400多集的大型电视教学系列片《藏语小学算术》《藏语小学语文》，主编了180集的大型电视教学系列片《汉语扫盲》的文字稿和《中国教育电视的探索与实践——第一届教育电视研讨会论文选编》，撰写了针对外国人学习汉语的108集电视教学系列片《学汉字》的文字稿。1995年起享受政府特殊津贴。兼任中国教育电视协会常务副会长。

柴永广 (1938～)中国教育电视台专职党总支书记。编审。山东烟台人。中共党员。1962年7月山东曲阜师范学院中文系毕业后，任烟台二中教师，烟台三中校长，烟台芝罘区文教局局长，1984年任烟台广播电视大学党委书记兼副校长。1990年任中国教育电视台副台长，1995年任中国教育电视台台长。1997年任现职。从事教育电视工作的主要成果有:《国外教育电视动态和中国教育电视的特点》《中国教育电视台的潜力和发展前景》《教育电视新闻的采编》(电视讲座）等。策划并监制了《成就与蓝图》《世界电脑之窗》《学术报告厅》等一批教育电视节(栏)目。兼任中华全国新闻工作者协会理事、中国教育新闻工作者协会常务理事、中国音像协会科教工作委员会副主任、中国电化教育协会常务理事、中国教育电视协会副会长等职。

宋成栋 (1940～) 国家教委电化教育办公室主任。河北威县人。中共党员。1966年毕业于清华大学工程物理系。1966年至1981年，在清华大学工作，曾任系党委副书记。1981年至1992年，在原教育部和国家教委工作，曾任干部局副局长、人事司副司长、机关党委常务副书记。1992年至1994年，任中国教育电视台台长，1994年至1997年，任国家教委电教委副主任兼电教办主任，电教办党组书记，中央广播电视大学党委书记、第一副校长。1997年起任现职并兼任中央电教馆馆长、党委书记，中国教育电视台编审委员会主任。先后发表了《关于当前教育电视台发展中的几个问题》《加强管理，端正方向，按照规范化要求把教育电视台提高到一个新水平》《建设一流开放大学，为全国电大做出贡献》《加强电教队伍建设，搞好岗位培训工作》等专题论文十余万字。兼任中国教育电视协会会长、中国电化教育协会会长、中国音像协会会长、中国广播电视用户协会副会长、全国广播电视大学教育咨询委员会主任等职。

北京市

王筱然 (1939～1997)北京人民广播电台高级工程师。河北安平人。1963年毕业于北京邮电学院无线电系，分配到北京人民广播电台技术部门工作。他从事广播技术工作34年，工作兢兢业业，刻苦钻研业务，1989年被广电部评为先进工作者，1990年获首都精神文明建设奖章，1991年评为电台学雷锋标兵，1995年评为北京市先进工作者。1996年批准享受政府特殊津贴。

殷雪妮（女） (1942～)北京电视台一级导演。天津人。中共党员。1964年毕业于武汉音乐学院，在广州乐团任演奏员。1980年调北京电视台，先后任文艺部编辑、编导、主任编导，1992年至今任文艺部副主任，台艺委会副主任。社会职务有:中国音乐家协会会员，中国电影音乐协会会员，中国电视艺术家协会会员。她从事电视文艺工作以来导演了多台大型电视文艺晚会，多次获奖并撰写论文多篇。

武志荣（女） (1944～)北京电视台一级导演。四川成都人。1968年毕业于中国音乐学院，在解放军总后政治部文工团歌舞队任独唱演员。1979年调北京电视台文艺部，先后任文艺编导、副主任、台艺委会副主任等职。社会职务有:中国电视艺术家协会会员、中国音乐家协会会员、北京市海淀区政协委员。曾编入《中国音乐家词典》《中国名人词典》《中国当代艺术界名人录》《英国剑桥国际传记中心世界名人录》。曾导演多部大型电视文艺晚会，她多次获电视文艺“星光杯”大奖，荣获“星光杯”特别荣誉证书。发表了多篇论文，译著有《记忆的音符》等。

马仕存 (1944～) 北京人民广播电台副总编辑，高级编辑。北京延庆人。中共党员。1969年毕业于北京师范学院数学系，留校任教；1971年调北京人民广播电台政治处先后任组宣科干事、科长；1979年调北京人民广播电台新闻部，先后任记者、副主任、主任；1989年任北京人民广播电台总编室主任，1990年任电台副总编辑兼总编室主任，1994年至今任电台副总编辑。社会职务有:北京市广播电视学会常务理事、北京记协理事、中国广播电视学会新闻资料委员会副会长、西城区政协委员、北京市关心下一代青少年委员会理事。近几年发表了《关于广播宣传改革与管理的几点认识》《主持人的使命与责任》等20多篇论文，与他人共同主编了《广播文选》等两本书。

杨淑琴（女）　(1951～)北京市广播电视局党组成员，纪检组长。天津武清人。1969年在内蒙古生产建设兵团十九团先后任战士、团部保密员，1979年7月在北京军区3615工厂办公室任秘书；1980年在北京市广播电视局任人事处科员、主任科员、副处长；1993年9月任局组宣处处长，1997年5月任现职并兼组宣处处长；1982年、1983年、1995年评为局级先进工作者，1991年评为北京市先进人事工作者、北京市机关工委优秀党务干部，1992年评为北京市先进军转工作者，1993年评为北京市干部档案工作先进个人。

天津市

杨旭才　(1937～)天津市广播电视局高级编辑。北京市人。回族。中共党员。1961年毕业于河北大学中文系，同年分配到天津电视台工作。历任新闻部主任、文教部主任、电视编辑部副主任、天津电视服务公司经理兼天津音像公司经理、天津音像有限公司董事长、天津市广播电视局总编室主任兼研究室副主任、天津市广播电视学秘书长、第43届世乒赛广播电视委员会副主任兼秘书长。多年来负责组织指挥过多次重大活动或战役性报道，如筹建彩色电视台、庆祝天津广播电视塔开播、纪念毛主席诞辰100周年等活动。

息国玲（女）　(1942～)天津人民广播电台高级编辑，文艺频道副总监。河北阜城人。中共党员。1960年分配到天津人民广播电台文艺部工作，历任文学编辑、戏曲编辑、戏曲组组长、《1386艺术厅》节目监制、文艺频道副总监、业务指导等职。三十多年来，精心录制了数以千计的节目，介绍了数百位演员。其中一些精品节目屡有创新。在节目中创造的戏曲音响评论，开辟了广播文艺评论的新途径。曾获得国家级政府奖、全国奖和省市级奖二十多个，曾获第二届韬奋奖提名。出版专著两部，发表论文、随笔50余篇，共计100余万字。1992年天津市广播电视学会曾召开“息国玲广播戏曲编辑艺术研讨会”。

宋淑兰（女）　(1940～)播音名江浩。天津人民广播电台播音指导。北京市人。中共党员。1964年毕业于北京师范大学历史系，同年分配到天津人民广播电台播音组，从事播音工作至今。三十多年来播制了大量节目，其中，1990年的新闻节目获全国播音评比新闻类二等奖，1996年主持的理论节目《市场经济环境谈》获中国广播奖社教类一等奖。

孙福第　(1944～)天津人民广播电台副总编辑，高级编辑。河北丰润人。中共党员。1967年毕业于河北大学历史系，同期参加工作。历任天津电台编辑、记者，理论组副组长，副台长，天津市广播电视局总编室主任。在任期间，曾创办《城乡经济》合办节目，主编《天塔风华录》一书，创办调频儿童台。在策划、采录、编审的节目中，《历史将记下他的功绩》《天塔魂》等七件获国家级二等奖、一件三等奖；撰写的论文20余篇，一篇获中国广播电视受众研究会优秀奖，1985年所主管的理论部被评为“全国广播电视系统先进集体”。

孟新茹（女）　(1944～)天津人民广播电台高级编辑。河北定州人。中共党员。1969年毕业于中国科技大学。1971年分配到天津人民广播电台。历任工业组记者、科普编辑、科技组组长、经济组组长、经济类直播板块节目和科技类直播板块节目监制等。有多篇作品和论文在天津市和全国获奖。科学小品《氢元素串门记》、录音访问《触目惊心的药害现象》和《防治树木病虫害的新技术——给树打针》分获全国第一届和第七届科普广播优秀节目评选一等奖。经济板块1994年度全国经济类节目评选二等奖。论文《试论科普广播的新闻性》《试论科普广播的受众参与》《科普宣传应注意的几个问题》等获全国第二届、第五届、第七届科普广播论文评选二等奖，《再论科普广播的受众参与》获第六届全国论文评选一等奖。

河北省

陈忠善　(1950～)河北省广播电视厅纪检组长兼监察专员，厅党组成员，河北蠡县人。1969年参加工作。在河北省滹沱河化肥厂、省水利厅先后从事企业管理、党务和人事工作。1983年调中共河北省委组织部，历任青年干部处干事、副处长、处长，干部三处处长，办公室主任。1997年任现职。曾参与编写《组织工作讲话》等书，在省级报刊发表论文多篇。其中一篇被评为全国人才研究优秀论文三等奖。

王锁成　(1952～)河北省广播电视厅助理巡视员。中共党员。河北晋州人。1969年入伍，历任排长、干事、师政治部宣传科长、旅政治部副主任、主任等职。1983年南京高级陆军学校政工系大专毕业。1992年转业到石家庄地区行署办公室任信息科长。1993年任石家庄市政府办公厅交通邮电处长、副县级资料员、办公厅副主任。1995年任省委办公厅副处级秘书、正处级秘书。1997年任现职。参加工作以来撰写的稿件被《人民日报》《解放军报》等军内外报刊、电台采用三百余篇。

杨国钧　(1954～)河北省广播电视厅副厅长，党组成员，河北人民广播电台台长。辽宁黑山人。1971年参加工作，任承德市鹰手营子矿区第二小学教师，1973年任承德市鹰手营子矿区团委副书记，1981年任共青团承德市委副书记、书记、党组书记，1985年任中共承德市双滦区委书记，1990年任承德市文物园林管理局党委书记、局长，1993年任中共承德市委常委、宣传部长。1997年任现职。曾组织编写《市场经济实用手册》《现代科技基础知识》《紫塞抗洪图》《避暑山庄与外八庙》等书籍。组织拍摄《二战风云》《军魂国威》等系列电视片。

内蒙古自治区

色拉哈扎布 （1939～）内蒙古广播电视厅译审。内蒙古科左后旗人，蒙古族。中共党员。1964年毕业于内蒙古大学中文系，曾任内蒙古档案馆专职翻译、内蒙古人民广播电台节目调度、编辑、组长、刊物主编、部门负责人和自治区蒙古语文翻译职称评委会委员等职。现任内蒙古蒙古语文翻译研究会副理事长兼秘书长、内蒙古社科联委员、中国译协理事。专著、译著、审校著有《名贤集批注》《蒙古族钱币辞典》《中国通史》(合审)《世界史》《中国哲学史》等81部；论文有《采访心理学试谈》《论广播新闻翻译》等40余篇。有30多项成果获奖，其中，论文《论天文历书的翻译》、译著《教师百科词典》(史学卷)获国家级一等奖；论文《论古籍翻译》《古代汉语蒙译概论》，译著《班禅传》获自治区社会科学二等奖，论文《论古文翻译》《翻译研究是一门认真的科学》，译著《话说长江》等获内蒙古社科院、自治区蒙古文翻译优秀论文一等奖。

宝音巴达拉呼 （1940～）内蒙古广播电视厅高级编辑。辽宁彰武人。蒙古族。1961年毕业于沈阳音乐学院钢琴管弦系，同年被分配到内蒙古师范大学任助教。1962年调内蒙古人民广播电台从事编辑、记者工作。1975年后任内蒙古广播电视艺术团合唱队队长、副团长、团长，内蒙古电视台副台长、广播电视厅总编室副主任、内蒙古有线电视台常务副台长。1997年任厅科研所所长。在30多年的广播电视生涯中他曾撰写、翻译、审定过许多具有相当影响的新闻、专题和电视剧作品。他先后将蒙古国策·达木丁苏荣、达·纳楚克道尔吉等著名诗人、作家的斯拉夫蒙古文长诗《白发苍苍的母亲》《惊醒》等一批作品翻译成汉文供播出和出版。与他人合作翻译了一百余首优秀的蒙古族歌曲，丰富了广播电视节目，由北京学苑音像出版社将这些作品组合成10盘《草原上的歌》系列盒式音乐带出版发行。

董庭玉（女） （1949～）内蒙古广播电视厅纪检组组长，党组成员。浙江鄞县人。1995年毕业于中央党校领导干部函授本科班经济管理专业。1969年由上海到内蒙古四子王旗牧区插队，1972年选调四子王旗工作，先后任旗妇联干事，旗团委副书记、书记。1981年调内蒙古党委宣传部工作，1989年起历任党员教育处副处长、处长，干部处副处长、处长，并兼任机关党总支书记。1997年起任现职。曾参加组织编写了由内蒙古人民出版社出版发行的《马克思主义关于党的建设的论述》《马克思主义民族理论在中国的实践和发展》《党的宣传工作》等的撰稿工作。撰写的论文《充分发挥领导班子整体效应的思考》分别获内蒙古党委组织部的优秀论文奖、第九届全国省级党委宣传部部刊理事会颁发的优秀宣传稿件。并被选入《中国改革发展大趋势系列丛书》和《中国跨世纪改革发展文献丛书》。

刘永欣 （1952～）内蒙古自治区广播电视厅党组副书记、副厅长，厅机关党委书记。河北宁河人。1969年在齐齐哈尔铁路局博克图工务段参加工作，1971年调入呼伦贝尔盟电信局工作，1973年至1976年在北京大学哲学系读书，毕业后被分配到呼盟粮油食品进出口公司工作，后任副科长。1980年起历任呼盟对外贸易局人事秘书科副科长、内蒙古党委组织部组织处干事、共青团呼盟委副书记，1984年抽调到内蒙古党委整党办公室，历任内蒙古交通厅整党联络员、呼盟党委整党办公室综合组组长，1985年调任呼盟党委宣传部副部长，1987年任呼盟党委党校校长，1990年任呼盟广播电视处党组书记、处长，1994年任呼盟行政公署党组成员、行署秘书长，1995年任呼盟党委委员、党委秘书长，1997年任现职。在呼盟广播电视处工作期间，组织了盟直属753中波发射台和短波发射台发射机的更新改造工程；组织了扎兰屯市至阿荣旗、莫力达瓦达斡尔族自治旗和满洲里市至新巴尔虎右旗两条微波支线建设工程；组织建设了呼伦贝尔有线电视台。到广播电视厅工作后，制定了《厅领导班子工作制度》《理论学习制度》《干部下基层制度》和内部管理、安全保卫等方面的十几项制度，使多方面的工作走上制度化的轨道。按照广电部的统一部署，组织制定了《全区广播电视治散治滥工作安排意见》，全区治理工作全面启动，年底前全区有百分之七十以上的旗市级广播电台、电视台、有线电视台开始组织实施“三台合一”或“局台合一”体制，基本上实现了广播电视局对宣传、事业、人员、财务和行业管理实行统一领导。

海　青 （1954～）内蒙古广播电视厅副厅长，党组成员，内蒙古人民广播电台台长。内蒙古兴安盟人，蒙古族。1969年毕业于内蒙古工学院，分配到内蒙古额尔古纳左旗工作，从1970年至1981年曾任旗革委会干事、秘书、工厂副厂长、副局长、副主任等职。1981年调内蒙古团委工作，任自治区团委六届、七届常委、统战部部长、内蒙古青年旅行社经理。1983年起，历任内蒙古青少年杂志社社长兼《内蒙古青年》(蒙文版)主编。1982年至1987年任自治区第五届政协委员。1993年调内蒙古人民广播电台任副台长、常务副台长，1997年任现职。从1973年开始写作并发表作品。1983年后，用蒙汉两种文学发表通讯、报告文学、散文、特写、消息等计200余篇。编辑或主编出版了《改革者之歌》(蒙文)、《崛起的大草原》《走进前列》《全国蒙文期刊概况》(蒙文)、《蒙古语广播会话教材》(上、下册)、《蒙古语广播电视论文集》等书籍。兼任内蒙古广播电视学会副会长、中国记协理事、中国蒙古文学学会理事。

辽宁省

于　光　(1927～)大连人民广播电台主任编辑。天津人。中共党员。1945年11月参加革命工作，在大连市沙河口区工会、甘井子区工会工作。1948年调大连人民广播电台，先后担任播音员、编辑、记者，1987年评为主任编辑。1987年离休。

高连富　(1931～)原大连电视台副台长。辽宁大连人。中共党员。1937年至1945年先后在大连四合轩书堂、大连水源公学校、大连工业技术学校土木科、大连联合中学就学。1949年3月到大连人民广播电台，先后任工务科机务员、练习室主任、工务科副科长，大连电视台副台长、大连广播电视局事业科科长、事业处处长。1986年后参加筹建大连广播电视发射台，后任发射台总工程师，1988年评为高级工程师。1991年离休。

吉林省

李洪泉（李树滋、威严）(1933～)吉林省四平市人民广播电台高级编辑。吉林梨树人。1951年毕业于辽西省四平中学。1974年任四平市广播站编辑部主任，1979年参加组建四平人民广播电台，1980年任四平电台编辑部副主任，1983年任电台副总编，1987年任四平电台台长。1993年被聘为吉林省新闻系列高级职称评委会成员。1993年退休。发表了20多篇有影响的论文。

赵　芳　(1937～)吉林人民广播电台高级记者。河北乐亭人。中共党员。1958年参加工作，一直从事新闻工作。1985年起任省电台驻四平记者站站长。先后撰写各类新闻作品达300多万字，除了为省电台采写大量稿件(节目)外，还有1000多篇稿件发表在各级报刊上，其中有100多件被国家级报刊和香港地区报刊采用。有30多件新闻作品分别在国家、省、市获奖；有上百篇长篇通讯、报告文学被收入通讯报告文学集和被新闻单位采用。主编了由具有史料价值的通讯报告文学集《四平英杰》一书(30万字)；发表了20多篇有关新闻采访、新闻写作、记者工作等方面论文。1984年被评为全国优秀新闻工作者。

刘景山　(1940～)吉林电视台高级编辑。吉林人。1964年毕业于长春电影学院导演系，同年分配到四平地区话剧院任导演。1983年调入吉林电视台，先后任电视剧部导演、副主任、文艺中心艺术指导等职，并担任中国电视艺术家协会会员、吉林省电视艺术家协会理事。曾导演过《万水千山》《艳阳天》《雷雨》《江姐》《刘胡兰》等40余台话剧、戏曲剧。从事电视工作后，独立执导过《军火1946》《小龙湾上的人家》《太阳的女儿》《斑斓世界》《老儿子娶媳妇》等十几部中、短篇电视剧，其中部分电视剧在中央电视台黄金时间播出并获东北地区“金虎奖”。在1995年第九届“金虎奖”评奖中荣获最佳导演称号。在担任副主任期间主抓电视剧生产，五年间组织拍摄90部集电视剧，其中《纪委书记》《特殊连队》《大雪小雪又一年》连续三届获“五个一工程”奖。先后撰写《重在舞台上的二度创作》《着眼屏幕·寻求真实》等数篇文章在有关刊物上发表。

韩志晨　(1952～)吉林电视台高级编辑。河北秦皇岛人。毕业于吉林大学，1985年调吉林电视台任编辑。此前从1971年开始从事文学创作，发表过大量诗歌、歌词、报告文学等作品，后从事小说写作，发表过《井馆》《金瓮》《黑脸女人》《雨重秋》等中、短篇小说多篇。自1986年起主要从事电视剧编剧和电视艺术片编导工作，并与韩志君共同创作了《篱笆、女人和狗》《辘轳、女人和井》《古船、女人和网》《雾、海、帆》《烽烟过后的村落》等电视剧本，独立创作了《海瓮》《风雪桅杆山》《山爷》《小镇女部长》等剧本，编导了《生命的秋天》《生命树》《巾帼风流》等多部电视艺术片，并有多次获中宣部“五个一工程”奖、全国电视剧“飞天奖”、“金鹰奖”、全国电视文艺“星光奖”以及东北电视剧“金虎奖”，并获得全国电视剧“飞天奖”优秀编剧单项奖、东北电视剧“金虎奖”最佳编剧单项奖。近年来创作《青青的坟草》《苇絮花儿》《我家有棵枇杷树》《红罂树》等散文作品。兼任中国作家协会会员、中国世界民族文化交流促进会理事、中国电视艺术家协会会员、吉林省影视文学创作中心特邀编剧、吉林省作家协会理事、吉林省电视艺术家协会理事

沈竹音（女）　(1957～)吉林市人民广播电台高级编辑。江苏苏州人。1976年在沈阳后勤部队文工团担任文工团员，1979年调入吉林市人民广播电台，在广播文艺及主持人岗位上辛勤耕耘，1979年至1985年担任文艺编辑期间编辑制作了大量的音乐节目，并为许多广播剧、电视片作曲、配乐，业余创作歌曲近200首，1985年，吉林市电台在全国城市台率先开办主持人节目，创办了《音乐之友》节目，1991年，吉林市电台首开东北三省直播节目的先河，开办直播节目《空中度假村》，近年来，曾获得中国广播电视节目主持人“金话筒”奖，并荣获“全国十佳广播节目主持人称号”。被省委、省政府命名为吉林省有突出贡献的中青年专业技术人才和吉林省跨世纪学术带头人。兼任中国民主促进会第十届中央委员会委员，吉林省第九届人大代表。

黑龙江省

侯喜才　(1941～)黑龙江省广播电视厅纪检组长、党组成员。吉林榆树人。1962年应征入伍。1978年入解放军后勤学院卫勤系学习，1979年毕业。1980年任军卫生处副处长，1983年7月任卫生处处长。1986年转业到黑龙江省卫生厅，任卫生学校副校长、厅人事处处长、纪

检组长等职。1995 年 2 月起任现职。1996 年当选为省广播电视学会副会长。

陈逸男 (1946～)黑龙江省广播电视厅副厅长、副总编辑、厅党组成员。浙江余姚人。1965 年入空军第一航空学校,先后任机械师、宣传干事、宣传科长等职,1987 年转业到黑龙江省广播电视厅,先后任人事处副处长、厅办公室主任。1996 年任现职。

吴学明 (1949～)黑龙江省广播电视厅副厅长、副总编辑、厅党组成员。齐齐哈尔人。1969 年任齐齐哈尔日报记者。1977 年毕业于黑龙江大学中文系,分配到黑龙江省委宣传部,先后任副处长、处长、办公室主任。1992 年任黑龙江省五常市委副书记。1996 年任现职。撰写并在省、市级以上报刊发表过《色彩斑斓的生活画卷》《归朴返真的艺术追求》《写意韵味隽永,抒情荡气回肠》《完善宏观调控体系,保证经济稳定发展》等影视文学评论、散文、报告文学、电视剧导演艺术评论、文艺理论、政治经济学理论等数百篇文章,并多次获奖。参加过《中国共产党党务工作大辞典》等多部书籍的撰写和编辑工作,《完善宏观调控体系,保证经济稳定发展》一文,被选编入《中国当代社会科学论文选粹》一书。

王春莉(女) (1957～)黑龙江省广播电视厅副总编辑,黑龙江人民广播电台副台长。黑龙江人。中共党员。1981 年毕业于北京广播学院新闻系,1982 年初到黑龙江人民广播电台工作。历任记者、编辑、节目主持人、副组长、组长、副主任、主任,1997 年任现职。1984 年主持《青年节目》,以深情、自然、见解独到的节目风格,赢得青年听众的喜爱。1988 年,开办《早餐前后》节目,把新闻性板块节目引入节目改革中,受到好评。1991 年,哈尔滨江段出现巨大洪峰,她率两名记者奔赴抗洪一线,及时报道了哈尔滨江北灾民舍小家保大家的高尚情操,采访的节目《当洪峰到来的时刻》荣获全国抗洪救灾一等奖。1992 年,主持创办了四个半小时的直播板块节目《你好,星期天》,几年来,在国内一些学术刊物上发表十几篇论文,其中多数论文在国内省内获奖。她采编主持的节目曾多次获得国家级评比一等奖,曾被评为优秀共产党员、优秀新闻工作者,1992 年荣获全国首届优秀广播电视节目主持人"开拓杯"金奖,1994 年荣获第二届范长江新闻奖提名奖,1995 年被评为黑龙江"三·八"红旗手。

上海市

盛重庆 (1941～)上海电视台台长。江苏镇江人。中共党员。1966 年毕业于复旦大学新闻系,分配到安徽芜湖日报社工作。1970 年调贵阳市贵阳电线厂宣传科工作。1978 年调江苏省南通人民广播电台,曾任记者、编辑、评论组组长、新闻部主任、总编室主任、副台长等职。1984 年调任南通市广播电视局局长。1988 年调任上海市广播电视局办公室主任。1991 年调任上海电视台台长兼总编辑。1996 年上海影视合流后兼任上海美术电影制片厂厂长。主编过《声屏业务》《南通广播电视报》《上海广播电视大事记》《追求与探索》等专业刊物和论文集。兼任中国电视艺术家协会副主席,上海电视学会副会长,上海大学客座教授,美国国家艺术与科学学院国际委员会(美国艾美奖)评委。

金闽珠(女) (1946～)上海电视台党委书记。浙江镇海人。1986 年中共上海市委党校管理专业毕业。1964 年 9 月考入上海人民广播电台,曾任播音员、台团委委员。1978 年在上海市广播事业局,先后任局团委书记、宣传教育科负责人、党政办公室主任、副局长。1987 年后任副局长、上海电视台党委副书记、书记、台长、东上海国际文化影视公司董事长、总经理。1993 年任现职。在主持上海电视台全面工作期间,参与组织和策划一系列重大电视宣传活动和重大专题节目。撰写了《坚持党性原则,发挥电视新闻正确舆论导向作用》《运用唯物辩证思想探讨广播发展规律》等论文。曾当选为上海市九届人大代表、中共上海市第六次党代会代表。曾被评为上海市妇女"六好"积极分子、市优秀党务工作者、全国优秀党务工作者和市先进女职工之友。兼任上海市妇女和儿童工作协调委员会委员,市妇联第九届执委,市女职工委员会委员,市播音专业高级评审委员会副主任,市新闻记者协会副主席,市广播电视学会理事。

穆端正 (1952～)上海东方电视台台长、总编辑,台党委副书记,上海科学教育电影制片厂厂长,高级编辑。江苏无锡人。1985 年毕业于北京广播学院新闻系。1969 年参加工作,1973 年考入上海电视台,曾任新闻部编辑、部主任、海外编辑室主任。1992 年任现职。在担任编辑、记者期间,采编过数千条电视新闻和大量的电视纪录片。担任新闻部领导期间,提出了一系列电视新闻改革的思路,加快了电视发展步伐。共有 65 件作品在全国获奖,其中一等奖以上 11 个。先后发表《靠改革精神发展电视新闻》《电视新闻改革的成功突破》等 20 多篇论文。主持编辑出版了《新闻透视发展轨迹》《当代中国广播电视百卷丛书》(东视卷)等书。参加过多次国际学术交流活动,并作专题发言。参与组织和策划了首届东亚运动会,庆祝上海解放 45 周年系列活动,纪念中国抗战胜利 50 周年,迎接和庆祝香港回归,十五大,第四届、第八届全国运动会等一系列重大电视宣传活动和典型报道任务。现兼任上海市广播电视学会副会长、上海市新闻工作者协会常务理事、上海市慈善基金会常务理事、上海东方篮球俱乐部董事长、上海东方青春舞蹈团董事长等职。

陈圣来 (1952～)上海东方广播电台台长、总编辑,党委副书记。高级编辑。浙江余姚人。1980 年毕业于上海师范大学中文系,获学士学位，分配在上海大境中学任教师。1981年考入上海人民广播电台，先后任文艺部编辑、副主任，文艺台副台长、台长。1992年负责组建东方电台并担任台长。组织和策划了一系列大型广播活动，如上海国际广播音乐节、“792为您解忧”特别节目等。其中“奉献一片爱心”节目获中国新闻奖一等奖，“792为您解忧”节目获中国新闻奖二等奖，广播剧《纸月亮》《留守支部》获中宣部“五个一工程”奖。撰写的消息、通讯、特写、评论、散文、报告文学计百余万字。其中专集《生命的诱惑》由上海人民出版社出版，复旦大学进行了专题研讨，并有数篇被译为外文。《创新思维的崛起与主体意识的觉醒》等论文在全国获奖或在权威杂志发表。现任复旦大学特约研究员，北京广播学院兼职教授，中国广播电视学会理事，上海广播电视学会副会长，上海新闻工作者协会常务理事，上海剧协理事，上海作协会员。

尹明华　(1954～)上海人民广播电台副台长，高级编辑。中共党员。江苏高邮人。1984年毕业于上海静安业余大学。1974年12月参加工作，1984年7月考入上海人民广播电台任新闻编辑，1986年7月任科长，负责电台新闻节目。1992年10月调任上海东方电台副台长兼新闻部主任。1994年9月任现职。先后为广播、报刊撰写了大量的评论、通讯、新闻报道、新闻特写、报告文学，其中《建立有中国特色的现代企业集团》获1994年中国广播一等奖、中国广播评论一等奖和上海广播新闻二等奖。负责的早新闻节目组在1988年被评为上海市劳动模范集体。1990年获“全国先进集体”称号。1991年当选“上海十佳青年编辑”。1993年获首届韬奋新闻奖提名。现为北京广播学院兼职教授，中国广播评论学会副会长，上海青年记者协会副理事长。

江苏省

章剑华　(1957～)江苏省广播电视厅副厅长。曾就读于武进师范、复旦大学。1994年参加中国社会科学院研究生院在职学习，1996年毕业。自1979年参加工作后，先后担任过教师、记者、秘书，主要从事文字工作，并著有《热点思维》《心田笔耕》。1993年调入江苏省广播电视厅，任厅长助理、江苏有线电视台台长。1996年9月任现职。

福建省

许孙兴　(1932～)福建人民广播电台高级编辑。福建福清人。中共党员。1956年毕业于福建师范学院音乐专业，分配在福建人民广播电台工作，先后担任音乐编辑、音乐组副组长、文艺部秘书、副主任等职。多年来注重民族音乐理论研究，在省级的报刊、杂志和音乐书籍中发表了《艳丽多彩的福建民歌》《福建民歌的衬词衬腔及其应用》《福建闽南说唱音乐〈锦歌〉》等30篇音乐或广播音乐理论文章。《浅谈音乐广播的党性原则》和《音乐广播的舆论导向及编辑的主体意识》两篇文章被收入《福建省新闻学术论文选》。1987年以来，在全国《广播新歌》征集评选和《全国广播系列音乐》评奖中获五次编辑奖和三次监制奖。1992年退休。

何群茂　(1937～)福建人民广播电台高级编辑。福建泉州人。1960年毕业于四川音乐学院，先后在成都电台、电视台，福建电台担任音乐编辑等职，主编《每周一歌》并介绍大量音乐作品和音乐人才，被中央电台和兄弟台广泛播用。从50年代迄今，创作各类音乐作品近千首(部)，在省级以上报刊发表、广播电视及灌制唱片、盒带的有300多首，并有30多件作品在全国或本省获奖。1990年海峡文艺出版社为其出版歌曲选集《爱在心窝里》。1987年福建音协为其举办了《何群茂声乐作品研讨会》，中央人民广播电台多次介绍他的作品专辑。多年来，他应邀担任省内各类音乐创作、音乐表演的评委或顾问，还撰写了30多篇论文在《人民音乐》等报刊上发表。是中国音乐家协会会员，福建音乐家协会常务理事兼创作委员会副主任。

舒　展　(1951～)福建省广播电视厅副厅长。湖北仙桃人。中共党员。1969年入伍并参加工作，历任副指导员、干事、股长、处长、师政治部主任、师政委、南京军区宣传部长。1996年8月转业任现职，并担任厅广播电视治理领导小组组长，福建省广播电视学会常务副会长，厅广播电视艺术委员会副主任，福建省新闻协会理事，中国书法家协会会员等职。

江西省

胡礼伦　(1935～)江西省广播电视厅高级编辑。江西万安人。中共党员。1959年7月毕业于江西师范学院中文系，同年9月分配到江西人民广播电台任编辑、记者。1968年下放到江西省瑞昌县码头公社劳动。1971年起先后调到中共瑞昌县委、中共江西省委宣传部工作，1978年调回江西省广播局。1984年起，先后任省广电厅总编室副主任、主任。1984年任《声屏世界》杂志主编。1990年10月起兼管江西广播电视报社工作，1991年任该报总编辑。1992年起任省广电学会副会长兼秘书长。代表作品有《谈广播文学作品的创作》《制约广播电视报发行的因素及其对策》等。

朱燕之　(1936～)江西省广播电视厅高级编辑。上海市人。中共党员。1961年毕业于上海复旦大学新闻系，同年分配到江西人民广播电台工作，任编辑、记者。同年6月任该台专题部主任。1985年8月发起组织《红军之路》采访宣传活动，在全国产生较大影响，1992年又筹办并推出江西台第一个大型综合板块节目《’92金话筒》，1993年任江西经济广播电台台长。代表作品有：《新闻学概要》《专题广播深化改革的探讨》等。

李　明　(1937～)江西省广播电视厅高级编辑。江西省南昌市人。中共党员。1957年至1960年在北京师范大学读书，毕业后分配在中央人民广播电台台播部当编辑，1961年至1972年调内蒙古人民广播电台任编辑、记者，1972年至1984年在江西人民广播电台当编辑，1984年至1991年先后任该台新闻部主任、专题部副主任、农村部主任，1994年任江西广播电视报社副总编辑。代表作品有：论文《广播是党的喉舌》、录音对话《春风化雨润心田》等。

曾春生(笔名向尚瞰)　(1938～)江西省景德镇市广播电视局高级编辑。江西新干人。中共党员。1961年至1963年在广丰县五都中学教书，1963年至1964年在景德镇市城建局当干部，1964年至1968年在景德镇日报当记者，1968年下放农村劳动锻炼，1970年至1981年先后在景德镇市革委会写作组、宣传组和市委宣传部任干事、副科长、科长。1981年至1990年先后在景德镇通讯社、景德镇日报社任副总编辑、总编辑。1990年12月起调任景德镇市广播电视局局长，兼任景德镇广播电视报社社长。代表作品有：《学海泛舟》《仰读仰思集》《喻世心语》等。

刘怀强　(1945～)江西省广播电视厅副厅长，厅党组成员。江西宜春人，大专文化程度。1964年参军，1964年至1969年任战士、班长、报道员。1969年3月至1982年9月先后任团政治处新闻干事、师政治部新闻干事、福州军区宣传部新闻干事。1979年至1982年立三等功3次。1982年10月至1983年8月任福州军区宣传部宣传处(即新闻处)处长。1984年7月至1987年7月在江西师范大学中文系函授学习3年毕业。1985年4月至1988年9月先后任福州军区宣传部副部长、江西省鹰潭军分区政治部主任、军分区党委常委、纪委书记。1989年至1991年8月任鹰潭军分区政治部主任、党委常委。1991年8月至1993年9月任南昌陆军学院副政治委员、学院党委常委、纪委书记(正师级)。1993年转业任省纪委驻省广电厅纪检组组长、党组成员、机关党委书记。1996年4月任现职。

山东省

尹祥吉　(1937～)山东省广播电视厅高级编辑。山东临朐人。中共党员。1956年9月参加工作，曾担任农业技术员、机要员、秘书。1966年至1980年，任大众日报社记者、编辑，1981年调电视台，任编辑组长、记者组长、厅新闻领导小组成员、经济部、电教部副主任。1991年4月，调山东广播电视新闻研究所任副所长。从事新闻工作近三十年来，共撰写发表业务论文40余篇，约15万字，其代表作有：《新闻浅层次改革构想》《新闻宣传艺术四题》《编辑、记者修养十律》《新闻工作者要自觉改造世界观》《山东广播电视十年改革的基本经验》等。参与编纂《山东省志·广播电视志》，担任副主编；1993年创办《影视桥》杂志(月刊)，担任主编；《山东广播电视年鉴》主编。兼任山东省广播电视学会副秘书长、山东广播电视史志研究会主任委员、山东环保记者协会副主席。

李乃谦　(1937～)山东电视台高级编辑。山东潍坊人。中共党员。1965年毕业于中央音乐学院，并留校从事音乐工作。1973年10月调山东电视台任文艺编辑，编导和播出了音乐、戏剧、综合文艺、专题等近百个作品。导演的电视音乐片《青岛青春的岛》在1981年首届全国电视优秀节目评奖中获优秀纪录片奖。从1985年～1988年导演的春节晚会在全国连续四年获奖(一等奖、二等奖各二次)。参与创作的文艺专题《三千里路情与歌》《陶魂》《方荣翔》分别获国家级政府奖一、二等奖、单项奖、特等奖。并撰写了《关于晚会》《惜别晚霞》等文章，《遍地英雄战山河》《毛主席永远活在我心里》等音乐作品在国家和省级刊物上发表。因电视文艺方面成绩突出，被中共山东省委、省广播电视厅记功。现兼任中国音协会员，山东视协常务理事。

王溪畔　(1942～)山东人民广播电台高级编辑。山东海阳人。中共党员。1968年毕业于中国人民大学哲学系，在部队锻炼一年后，于1970年2月到山东人民广播电台工作，同年8月调山东人民广播电台枣庄记者站做记者工作。1976年调回编辑部，历任编辑、副组长、组长职务。1984年9月任山东人民广播电台副台长，1988年兼任新闻部主任至今。从事新闻工作20多年来，采写了大量新闻稿件，尤其擅长撰写通讯和评论稿件，有几十件作品在省以上评比中获奖。业务论文有：《大记者意识十思》《广播的危机与广播工作者的危机感》《加强广播言论，增强舆论引导功能》《抓住广播四个环节，增强宣传整体效果》等。另有上百篇思想杂文见诸报刊，并著有《海天集》(三人集)，主编《道德篇》等。主要兼职：山东广播电视学会常务理事，山东省杂文学会副会长，中国广播电视学会广播评论研究会副会长。

刘学德　(1944～)山东省广播电视厅厅长、党组书记。高级编辑。山东泰安人。大专文化。1964年参加工作。1966年调入山东大众日报社工作，任记者、编辑，1977年任大众日报社政治军事部副主任，1980年任大众日报社记者部副主任兼济南记者站站长，1983年任大众日报社总编室副主任，1984年任大众日报社党委常委、副秘书长，1987年任大众日报社党委常委、副总编辑，1992年任大众日报社社长、党委副书记，同年被推选为山东省报业协会会长，1996年被选为中国报业协会书记处书记，1997年11月调任现职，并增补为中国广播电视学会常务理事。

王汉平　(1953～)山东省广播电视厅党组成员，山东电影电视剧制作中心主任。山东荣成人。1970

年毕业于济南六中，同年应征入伍。1975年退伍到广播电视厅工作。1977年在山东电视台文艺专题部从事摄像工作，1982年到山东广播电视艺术团从事电视剧制作。1984年至1986年在山东大学中文系干部专修科学习，大专文化程度。1992年任山东电影电视剧制作中心副主任，1994年起任现职。作为编剧和摄像所摄制的电视剧《武松》，曾荣获1982年度全国“飞天”和“金鹰”评比一等奖；作为编剧和导演所摄制的电视剧《顾大嫂》，荣获华东电视剧评比优秀奖和山东省级评比二等奖。

孙　强　(1954～)山东省济南市广播电视局局长、党组书记。山东济南人。1969年参加中国人民解放军，1975年调入中共济南市委宣传部工作，历任干事、秘书科长、副科长。1993年兼任现职。1994年当选为济南市广播电视学会会长。

于钦彦　(1957～)山东省广播电视厅副厅长。山东昌邑人。中共党员。1975年在昌邑动力机械厂生产科、政工科工作。1979年入山东大学历史系学习，1983年毕业后到中共山东省委宣传部理论处工作，1985年任理论处主任干事，1988年任理论处副处长，1992年任理论处处长，1996年任现职。十多年来，主要在宣传思想战线从事马克思主义理论研究、宣传和教育组织工作。在《人民日报》《求是》《大众日报》《东岳论丛》等省级以上报刊发表文章50余篇，其中两篇入选“五个一工程”奖。撰写或组织编写《当代中国的马克思主义》等著作、读物21本，约计300多万字。

河南省

黄新根（文汇、江夏）　(1934～)河南人民广播电台高级记者。上海南汇人。大学毕业。1951年参加工作，曾当过农民、工人、解放军战士、机关干部、大学教师，经历坎坷。1973年从经济战线转到文化战线，从事新闻、文学活动和理论研究，先后发表各种体裁文章1000余篇，出版专著15本，主编和选编著作40多本，代表作有《写作纵横谈》《微型小说创作艺术论》《名著与生活》《随便说说》等。兼任河南省作家协会会员。

杨望金　(1936～)河南电视台原副台长。湖北武汉人。1964年毕业于湖北艺术学院美术系，1964年至1969年，在河南科学电影社任美术编辑，1969年调入河南电视台，历任美术组组长、副台长等职，主管电视台文艺宣传，1997年退休。

尚　华　河南人民广播电台副总编。高级编辑。中共党员。大学毕业。1970年从事新闻工作，先后担任电台播音员、编辑，长期在新闻一线工作，有31件作品荣获全国及省优秀作品一、二、三等奖，曾撰写《录音报道采制方法漫谈》一书，连续四年被聘为河南省新闻系列高级专业技术职务评审委员会委员。1983年担任现职，所领导的河南人民广播电台新闻处被广播电影电视部评为先进单位。

鲁心云　(1939～)河南人民广播电台副台长，高级记者。河南罗山人。1963年毕业于新疆财经学院贸易经济系，先后在新疆自治区党委宣传部、河南省人民政府办公厅等单位供职20年。1983年11月调任农民日报驻河南记者站站长。担任记者、编辑工作以来，先后有《李战军状告官僚主义》等10多件作品分别获全国和省好新闻一、二等奖，近年来还公开出版了新闻著作两部。

顾琴芳　河南电视台一级导演，高级编辑。1973年从事电视编导工作，录制了110多部戏曲、话剧、歌舞等舞台实况录像。1981年后，专职担任电视剧导演，先后执导了电视剧16部，戏曲电视剧4部。共200集，三次获广电部“飞天奖”中宣部“五个一工程”入选作品奖，全国首届戏曲电视剧“鹰象奖”。1986年以来，先后在各大报刊杂志上发表专著、文章及摄影作品。是河南省政协六、七届委员。

湖北省

郑广发　(1940～)湖北人民广播电台高级编辑。湖北谷城人，中共党员。1963年，华中师范大学数学系毕业后，在地区党政部门工作八年，1971年，调入湖北人民广播电台工作。现任台新闻部副主任、党支部书记。1996年，被北京广播学院聘为兼职教授。长期负责编办《湖北新闻》《全省联播》节目，主持编办过《新风赞》《我和十年改革》《寄语家乡》等专栏，先后有30多篇新闻作品获省级以上优秀广播节目和好新闻奖。《谈广播如何抓好典型宣传》《搞好正面宣传的有效途径》《广播与电话结缘以后》等20多篇论文先后在《广播电视》《中国新闻年鉴》《新闻前哨》等省级以上刊物上发表。

骆　地　(1943～)湖北省广播电视厅党组成员，副厅级调研员。原籍江苏省句容县。1961年入伍。1966年毕业于海军航空工程学院无线电控制专业。1970年后，历任海军航空工程学院学员队队长、院政治部副主任等职。1994年，转业到省广播电视厅工作。曾主编著作《世界海洋军事地理》(海潮出版社1993年出版)、撰写发表《中日甲午海战与北洋舰队军官人才的培养》《中日甲午黄海海战是世界近代化舰队的首次海战》等多篇论文。

罗其伟　(1944～)湖北省广播电视厅党组成员，厅总工程师。湖南浏阳人。1960年7月应征参加人民武装警察部队服役，1969年，毕业于华中理工大学自控专业。1988年6月任湖北省广播电视厅高级工程师。1971年任省广播电视厅822台副台长，1980年任省广播电视学校干部培训班主任，1982年在省委党校中青年干部培训班学习，1983年后，历任厅办公室秘书，湖北龟山电视塔基建办公室技术组长，821台党支部书记，1984年至1986年任龟山电视塔基建办技术组长，龟山发射台筹建办公室副主任，1986年2月任湖北龟山广播电视发射台台长。1996年7月任现职。

沈汉明 （1947～）湖北省广播电视厅党组成员，湖北人民广播电台党委书记、台长。浙江上虞人。1965年至1970年在武汉师范学院〈现湖北大学〉中文系学习，1970年至1972年，在解放军部队农场劳动锻炼，1972年到湖北人民广播电台工作。1983年当选中共湖北省第四次党代会代表，1984年在中央党校学习，1984年任湖北人民广播电台副台长。1985年任台党委副书记。1996年任现职。兼任全国农村广播宣传研究会副会长、全国广播评论研究会常务理事、湖北省广播电视学会常务理事、湖北省科普作家协会常务理事。主持过多项重大系列报道活动，采编的《武钢走质量效益型道路》《党旗下的报告》曾获中国新闻奖，参与编著的作品有《乡村名记者的追求》《民主集中制的理论与实践》《情系大别山》《党旗下的报告》等。

湖南省

路　英 （1937～）湖南省广播电视厅播音指导。河北涿州人。中共党员。1958年毕业于北京航校飞机发动机设计专业，分配到湖南省株洲市331厂，1960年调长沙电视台（湖南电视台前身）从事电视播音工作，1962年长沙电视台停办后到湖南人民广播电台从事广播播音工作。1979年调湖南省广播学校，先后任教务科长、副校长、党委书记等职。1987年以后主要从事播音教学和业务指导工作，撰写了播音论文十多篇，并出版了著作《播音知识与练习》(与人合著)。现任省播音主持艺术研究会会长、省演讲与口才学会顾问。

唐自强 （1942～）湖南湘潭有线电视台台长，高级编辑。湖南衡山人。中共党员。1963年毕业于湘潭师范专科学校（大专），先后任湘潭专署直属机关子弟学校教师，地区文化局文艺科科员、副科长。1983年调任湘潭市广播电视局副局长，主管湘潭人民广播电台工作，1988年任该台台长。1993年任现职。自1963年以来写过不少剧评影评、小说、散文、剧本、杂感、随笔以及各种新闻作品。发表的主要论文有《接受美学与新闻》《受众参与：新闻改革的重要课题》《广播电视受众研究浅探》《广播电视受众心理初探》《电视艺术场初探》《当前受众研究的几个问题》等，总字数在15万字以上。1996年，论文《主导文化：电视文化追求的目标》获省委宣传部等单位组织的“政治家办报（台）”征文一等奖。此外，具有代表性的作品还有报告文学《中国消费经济第一人》，散文《城啊城》，电视社教专题片《大山情结》。

彭铁森 （1948～）湖南省广播电视厅一级编剧。湖南安化人。毕业于上海戏剧学院戏文系，曾任安化剧团演奏员、县文化局局长、益阳地区戏工室主任。1986年调省广播电视厅，现在湖南广播电视发展中心就职。创作（已拍摄）的电视剧有《乡里妹子》《野欲》《杨柳镇》等80多部集；创作有长篇小说《九女梦》等三部，中篇小说《长沟流月去无声》等九部，短篇小说《话说西学桥》等若干篇，共计近两百万字。

广东省

黄添元 （1941～）广东省广播电视厅纪检组组长，厅党组成员。广东兴宁人。1960年就读于华南师范学院地理系。1964年毕业分配到广东省委组织部工作。1970年调入广东省广播局政治处，历任团总支书记、团委副书记、政治处组织科副科长、组宣科科长、厅办公室副主任，厅人事处处长，1994年任副厅级巡视员，1997年起任现职。

王玉龙 （1941～）广东电视台高级记者。河南郑州人。1960年考入北京广播学院，受摄影专业培训一年。1961年调广东电视台工作，历任新闻科记者、副科长、对外部副主任等职。1984年被评为全国优秀青年新闻工作者，1991年获范长江新闻奖提名奖。在广东电视台的前20年，主要采摄电视新闻节目；之后，主要采制电视专题节目和纪录片。代表作有广东电视台第一部大型纪录片二十四集《珠江情》，和他人合作的有《沧桑》《南粤丰碑》《绿色之路》《华夏摇篮》《长江万里行》《大江南望》《岭南侨乡》等系列专题节目。是广东省政协第七届委员。

曾广星 （1943～）广东人民广播电台台长，厅党组成员。广东南雄人。1962年就读于中山大学经济地理专业。1968年大学毕业分配到广州军区部队农场锻炼。1970年到广东人民广播电台工作，历任广东人民广播电台新闻部记者、副科长、副主任、电台办公室主任、珠江经济广播电台编辑部主任。1989年任广东人民广播电台副台长，1994年起任现职。担任的社会职务有广东省新闻学会副会长、广东省广播电视学会理事。作品曾获得1984年全国优秀广播节目一等奖，1985年全国优秀广播节目特等奖和1985年中国新闻特等奖。

王泰兴 （1945～）广东电视台播音指导。北京人。1964年就读北京广播学院新闻系播音专业。1968年在广东斗门解放军农场锻炼，1969年到广东电台工作，历任播出部播音组副组长、组长、宣传业务办公室副主任。曾任广东电视台体育部副主任。参与制作的专题节目《广州的街边仔》获1984年“中国好新闻”特等奖。1993年获“全国百优节目主持人”称号。现任中国广播电视学会播音学研究会副会长、广东省广播电视学会播音学研究会主任委员、广州市推广普通话协会顾问。

周晓瑾（女） （1957～）广东电视台高级记者。浙江绍兴人。1975年参加工作，1978年至1982年在北京广播学院新闻系采编专业学习，先后在湖北电视台、广东电视台任编辑、记者、主任记者。1994年被评为“中国十佳职业道德标兵”和广东省劳动模范，1995年被评为全国劳动模范、全国百佳新闻工作者，1996年被评为全省广电系统先进工作者。当选为广东省政协第七届、第八届委员，并任中国记协理事、广东省记协常务理事。她采制的电视纪实专题《毒祸》获1993年全国社教优秀节目一等奖。《剧毒假酒人命案追踪》获1990年中国电视奖专题类二等奖。

广西壮族自治区

何裕畅 (1936～)广西电视台高级记者。广西邕宁人。壮族。1954年参加工作。1955年至1957年在广西农干校学习后在广西农业厅任干事。1959年入中央电影培训班学习后从事电影摄制工作。1970年调广西电视台任记者。1983年参加广西新闻专业干部学习班学习结业，1992年任广西电视台国际部副主任。工作期间，入选广西、福建6省影展的作品有《选晒稻种》《金谷满场》《蔗海雾雨》等。先后拍摄一批作品获全国优秀作品奖，其中有《清流满壮乡》《山奇水秀话桂林》《左江纪事》《三月三风情》获全国优秀节目奖，还编剧并执导《望海情牵》《马骨胡》等电视剧。

赖能甫 (1938～)广西人民广播电台高级编辑。广西融安人，侗族。1958年至1962年在广西师范学院(今广西师范大学)读书，毕业后分配到共青团广西壮族自治区委学校工作部工作，1963年到区团委示范先锋青年农场任政治指导员，主持农场全面工作。1969年调广西人民广播电台工作，先后任编辑、新闻节目组副组长、对工人广播科科长、新闻科长、工商科科长、对农村广播科科长、专题部主任。1986年9月，广西教育台恢复播音后任编辑部(后任教育台)主任。在电台近30年工作中，采写了一批优秀作品，获自治区和全国一、二、三等奖，代表作有《如何进行新闻采访》《广播对话的地位和作用》《开办主持人节目的体会》《农村听众心理分析与研究》《浅谈教育性节目》等，出版的专著有《广播编辑学》。

文衍修 (1950～)广西人民广播电台副台长。广西灌阳人。1971年参加工作。1973年至1976年在中山大学中文系读书，毕业后分配在灌阳师范学校任语文教师。1978年调到广西人民广播电台工作，先后任记者、宣传秘书科长、新闻部副主任、总编室主任、广西人民广播电台经济台主任。1996年任现职。1996年获“广西壮族自治区优秀专家”称号。任记者以来，发表新闻作品800多篇，其中获奖作品30多篇，《祖国医学的瑰宝——壮医壮药》等获中国广播奖一等奖，策划、组织、编辑新闻作品集《漫话广西》获全国第三届优秀图书奖，还编辑出版《原野颂歌》《绿海泛舟》等书。

黄著诚 (1957～)广西壮族自治区广播电视厅党组成员，广西电视台台长。广西上林人。1976年至1978年南宁市政工程公司工人。1978年入北京广播学院新闻系读书，1982年毕业后分配到广西电视台工作,先后任记者、新闻部和社教部副主任、主任、副台长。1988年7月评为广西优秀新闻工作者。1989年评为全国优秀新闻工作者。1994年10月，广西壮族自治区人民政府授予“广西优秀青年专家”称号。兼任中国电视艺术家协会广西分会副主席、中国纪录片学会理事、广西文联副主席。有30多个作品在省级以上评比中获奖，有5篇论文获优秀论文奖。

四川省

吴高全 (1947～)四川人民广播电台台长,分党组书记,四川省广播电视厅副总编,厅党组成员。四川成都人。1969年毕业于四川林学院。1977年起从事新闻工作。1977年至1979年，任四川绵阳报社编辑。1979年至1984年，调四川人民广播电台工作，在绵阳记者站作记者。1985年至1986年，任四川电台总编室主任。1987年至1997年，任四川电台副台长，其中，1988年至1989年兼电台新闻部主任。1997年2月任现职。兼任中华全国新闻工作者协会第五届理事会理事，四川省新闻学会副会长、四川省广告协会副会长。1994年被四川省委、省人民政府聘为四川省科学技术顾问团第三届成员。1993年以来，有《三峡工程四川库区接待首批外来移民》《库区的未来不是梦》《向贫困落后宣战》《“长城”要修，“孟姜女”不能出》等20多篇作品(采访、编辑,包括合作),分获中国广播奖、四川新闻奖、四川广播奖和四川总编辑新闻奖。发表的学术论文有：《广播电视宣传要向农村倾斜》《西部广播走向21世纪的思考》《广播产品生产、运作的诸要素》等。

贵州省

王振堂 (1938～)贵州电视台播音指导。北京人。1975年任贵州人民广播电台播音组长，1983年任贵州广播电视厅机关党办主任、党委委员，1985年任贵州电视台总编室副主任兼播音组长，1993年兼译制部负责人，1997年任国际部副主任兼贵州电视台播音业务指导小组组长。主要论著有《试论播音员形象改善与自律意识修养》《电视主持人言语风格与受众心理效应》《播音情感刍议》等,多篇获全国播音论文评选一、二、三等奖。兼任贵州省播音学研究会主任、中国播音学研究会常务副秘书长、中国主持人节目研究会常务理事。

熊易农 (1938～)贵州电视剧制作中心主任,一级文学编辑。贵州贵阳人。1960年毕业于贵阳师范学院中文系，从事语文教学及教研工作，1979年考入贵州省社会科学院文学研究所研究生班，1980年结业后，分配到中共贵州省委宣传部文艺处，1984年后，任副处长。1986年,到贵州电视剧制作中心任主任，十余年来，组织拍摄了《将军的世界》《失落的梦》《普通一官》《难念的经》《遵义会议》等200余部集电视剧,结合工作，还撰写了百余篇文艺、影视评论。兼任贵州省电视艺术家协会副主席。

陈颂英 （1946～）贵州人民广播电台副台长，高级编辑。江苏吴县人。1970年毕业于华东师范大学中文系。1971年调入贵州人民广播电台，先后任记者、记者组长、节目组长、专题部副主任、办公室副主任、总编室主任、新闻部主任、副台长兼副总编。从事新闻采编工作20多年，多篇作品获全国优秀广播节目奖，中国广播奖，全国好新闻奖，省内有10多篇作品获一等奖。结合新闻采编工作撰写学术论文30万字。

黄震白 （1946～）贵州电视台副总编辑，高级编辑。上海崇明人。1964年就读于复旦大学新闻系，1970年毕业以来一直从事新闻工作，先在贵州人民广播电台当记者，历任贵州省广播电视厅总编室副主任暨贵州广播电视报副总编辑、贵州电视剧制作中心副主任兼党支部书记。兼任贵州省作家协会会员，贵州省电视艺术家协会常务理事。长期从事新闻实践，20余篇新闻作品获奖，著有《辰雨杂文集》。

李新民 （1953～）贵州省广播电视厅副厅长，党组成员。贵州铜仁人。1970年参军，1972年任印江县人民武装部政工干事。1977年进入武汉大学中文系学习，1985年转业，任铜仁地委宣传部理论科副科长、科长；1991年任铜仁地委讲师团副团长、《铜仁论坛》编辑部主任；1995年任团长。1996年参加贵州省公开招考省广播电视厅副厅长入选，1996年起任现职。

云南省

曲贵年 （1938～）云南电视台台长，云南省广播电视厅党组成员、副总编辑。山东烟台人。1960年由北京中国戏校毕业分配到昆明评剧团任演员、编导组长、副团长、团长。曾主演过《生死牌》《急事回国》《海瑞背纤》《杨乃武与小白菜》《年青一代》《夺印》等传统剧目和现代戏。1962年至1965年获昆明市先进工作者标兵称号。1975年调昆明市文化局任革委会副主任、党组副书记。1981年3月调云南电视台，先后任编辑、导演、副台长、台长。担任过电视片《成语故事》编导，电视剧《吴三桂轶事》《翠湖春晓》及戏曲片《谢瑶环》《关肃霜舞台艺术集锦》的导演，参与过多次大型活动的策划、监制和组织领导。著有《荧海一得》。兼任中国电视艺术家协会理事，云南电视艺术家协会执行主席。

刀承锦 （1946～）云南人民广播电台台长、党委书记，云南省广播电视厅党组成员、副总编辑。云南盈江人。1964年到电台工作，先后任播音员、编辑、民族文艺组副组长、文艺部副主任、云南音像出版社副社长，省广电厅音像处副处长，云南人民广播电台对外部副主任、经济信息部主任、副台长。兼任中国广播电视学会理事、云南省广播电视学会副会长，云南省少数民族新闻工作者协会会长。多次组织领导和参加全省性的大型采访报道活动，负责过民族语广播、文艺广播、对外广播、音像管理出版、经济信息广播等工作。曾编导制作过第一部傣语广播剧等傣语广播电视节目。撰写发表的论文有《民族文艺广播的地位和作用》《民族文艺广播浅论》。1994年被省政府授予“全省民族团结先进个人”称号。

汪宣亮 （1946～）云南省广播电视厅副厅长、厅党组成员。1964年参加中国人民解放军，任过副班长、班长。1969年退伍到云南人民广播电台担任记者工作。1974年至1977年在北京广播学院新闻系学习。1977年毕业回到云南人民广播电台继续任记者。1983年任云南省广播电视厅总务处副处长、处长。1989年任云南广播电视报社社长。1997年任现职。

卢云伍 （1950～）云南省广播电视厅厅长、党组书记、总编辑。广东潮州人。1976年云南大学中文系毕业后分配到云南省保山地区师范专科学校任教员，1983年在云南省委党校干训班学习一年，1984年至1986年在中央党校理论部研究生班学习，毕业后分到保山地委党校任副校长。1987年后任保山市委常委、宣传部长、办公室主任、市委副书记。1990年任保山地委组织部部长、1991年任地委副书记。1992年任云南省委宣传部副部长，1996年调任现职。在报刊杂志上发表过40余篇文章。

杨连松 （1953～）云南省广播电视厅副厅长、党组成员、副总编辑。云南龙县人。1973年参加工作。1973年至1978年在本县先后任团支部书记、党支部副书记、大队文书、大队长等职。1978年至1979年任副区长、区党委委员。1979年至1985年任中共云龙县委常委兼宝丰乡党委书记、县委宣传部长。1985年至1987年任中共云龙县副书记兼政法委书记，1987年至1993年任云龙县县长。1993年至1997年任大理日报总编辑、大理州委宣传部部长、中共大理州委常委。1997年调任现职。

西藏自治区

伦珠朗杰 （1945～）西藏人民广播电台副台长、副总编辑。西藏拉萨人。藏族。中共党员。1965年毕业于中央民族学院，后分配到西藏人民广播电台从事翻译工作。1987年任西藏人民广播电台编辑部副主任，1993年任现职，分管藏语广播，担任藏语节目的校审、签发工作。曾参加过中国古典文学名著《水浒》的翻译工作。是全国少数民族广播电视研究会理事、西藏自治区翻译协会副会长。1997年被评为“全国语言文字工作先进工作者”。

尼玛顿珠 （1947～）西藏人民广播电台党委书记、副台长。西藏日喀则人。藏族。1966年参加工作，1975年毕业于中央民族学院。先后在西藏人民广播电台任播音、翻译组长，记者站长，专题组长，编辑部副主任。1987 年至 1993 年在西藏电视台任党委书记、副台长。参加工作 30 多年来，曾用藏汉两种文字采写过大量新闻稿件，翻译过大型广播文学节目和多部电影电视片，修改审定过《西游记》等上百部藏语电视译制片。《办好民族语言广播的几点体会》等论文，曾在全国性经验交流会上发表。《正确认识民族问题，巩固和发展社会主义民族关系》一篇理论文章被收录在《中国特色社会主义理论与实践》一书。现任中华全国新闻工作者协会理事，西藏新闻工作者协会和记协常务理事，西藏广播电视学会副会长，西藏翻译协会常务理事。

韩　辉　（1959～）西藏电视台副台长、副总编。天津人。中共党员。1979 年 4 月到西藏人民广播电台汉语编辑部专题组任记者，同年九月到北京广播学院电视系电视影片编辑专业学习，1983 年毕业后到当时正在筹备的西藏电视台节目部从事新闻工作。1985 年西藏电视台成立后，任台新闻部主任，1987 年任对外（专题）部主任。从 1983 年开始，足迹遍布西藏的各个地区，拍有大量的新闻、专题和电视纪录片，其中《拉萨各族各界群众首次通过卫星收看到中央电视台的节目》《亚运圣火火种在拉萨采集》《在中国版图上——西藏》等新闻分获全国优秀电视新闻特等奖、首届中国新闻奖一等奖和全国优秀节目奖等。1991 年由其任编导和撰稿的电视纪录片《藏北人家》《古格遗址》分获 1991 年首届中国四川国际电视节最佳纪录片“金熊猫”奖和“银熊猫”奖。是中国电视艺术家协会会员，兼任西藏广播电视学会理事。

陕西省

党彩兰（女）　（1940～）陕西省广播电视厅助理巡视员、政治处处长。陕西西安人。中共党员。1967 年毕业于西安交通大学无线电系。先后在陕西人民广播电台第一发射台、陕西省广播器材厂、陕西省广播电视厅政治处工作。历任陕西省广播器材厂副厂长、厅政治处干部科科长、副处长、处级调研员、处长。另外还担任陕西省广播电视专业技能鉴定站站长。

王世彦　（1943～）陕西省广播电视厅助理巡视员，办公室主任。陕西长安人。中共党员。1968 年毕业于西北大学中文系。同年分配到陕西省东方红电灌局劳动锻炼。1970 年再分配到陕西省宁陕县工作，先后任宁陕县革委会生产组、办公室科员，县委宣传部副部长，县委党校校长，县政府常务副县长，县委副书记，书记等职。1993 年调陕西省广播电视厅工作，任办公室主任，后又兼任外事办主任。他的《兴办经济实体，转变机关作风》《掌握理论“金钥匙”，打开实践“千把锁”》《抓住关键下重锤》等多篇文章在中央、省、地报刊杂志上发表。

甘肃省

乔明远（女）　（1921～）甘肃省广播电视厅人事处原副处长。河北武安人。1940 年 3 月参加革命，1948 年加入中国共产党。初中文化程度。抗日战争时曾任村妇救会主任，农会会员，县参议员，区工作点小学教员，在武安县一带领导过反特务、反汉奸、搞土改，组织群众支援前线等斗争。日本投降后，在晋冀鲁豫军区参军，先后在军区政治部印刷厂任出纳，中原军区和西南军区司令部任会计、审计、干部助理，重庆 612 厂党总支副书记，八一电影制片厂保卫保密员。随刘、邓大军南下，强渡黄河，参加淮海战役，渡江解放南京、重庆，南征北战 50 多年，立功受奖 4 次。1957 年调来甘肃省广播事业局作人事工作。“文革”中被诬陷迫害致残，平反后任甘肃省广播电视厅人事处副处长。离休后任甘肃省广播电视协会理事。

高剑夫（原名高宝泉，笔名怀谷）　（1921～）甘肃人民广播电台原编辑部主任。山西万荣人。1945 年 5 月加入中国共产党。参加革命后，在部队和地方主要从事新闻编采工作。1942 年曾在延安南昌总公司任秘书。边区保安处作外情工作。1947 年在第一野战军政治部任编辑、科长、副总编、总编辑。1955 年任《解放军报》驻兰州军区记者。1958 年转到甘肃日报社，任编委兼记者部主任。“文革”前在省委统战部办公室负责。“文革”后在省卫生局肿瘤防治办公室负责。1978 年到省广播局，任局党组成员、甘肃人民广播电台编辑部主任。1984 年离休。曾兼任甘肃新闻工作者协会（甘肃记协）副秘书长、副主席，甘肃广播电视学会副会长。

陈　兵　（1923～）原甘肃省广播电视局办公室主任。江苏南通人。1942 年 2 月参加革命，1945 年 5 月加入中国共产党。曾任苏北解放区南通城闸区乡长、校长，后在大众日报任编辑。1949 年随部队参加渡江战役，无锡解放后，在新华社华东总分社、苏南日报社任编辑。1950 年组织调往福建省中国人民银行分行华东区行任统计股长、综合科副科长。后调往北京中央出版总署、文化部。1958 年响应党的号召来到大西北，在甘肃人民广播电台工交部、通采部、总编室任主任，“文革”中受迫害，下放礼县劳动，后平反恢复工作，任广播局办公室主任。1983 年离休。

孙雪光（原名孙学恭，字敬甫）　（1927～）甘肃省广播电视厅原调研员。山西曲沃人。中共党员。1947 年 4 月参加革命，被委派为本县东韩中心学区校长，1948 年调任吕梁十分区专署民政科科员，1949 年随军西进，任定西专署民政科干部科员，1950 年调任会川县二区、五区区长兼任法庭审判长，1952 年冬调往甘肃省党校任理论班班主任兼支部书记和中共党史教研室教员，1957 年调甘肃省监察委员会任干事，1968 年被送陇南红旗山干校参加劳动，1970 年在成县革命委会接受审查后任知青办主任，1976 年调甘肃省广播事业局后担任办公室副主任、督导员，从事广播电视事业行政管理和后期服务工作，1984年初任省委宣教口落实知识分子政策办公室主任，1989年又调任省广播电视厅办公室调研员即离休。曾在1981年被选为兰州市城关区第九届人民代表，1982年被选为兰州市第九届人民代表。

戴崇礼 （1930～）甘肃省广播电视厅原副总工程师。吉林市人。1947年在内蒙古呼伦贝尔盟扎兰屯两级小学任教。1948年在哈尔滨东北科学院学习。1949年8月加入中国共产党。1949年起，先后在沈阳东北人民广播电台从事机务工作，在长春广播器材厂任技术部副主任，在天津广播器材厂任车间主任、工程师等职。1958年入清华大学学习，1962年毕业后分配到兰州长风机器厂，先后任工艺科长、生产科长、副总工程师、副厂长等职。1983年至1985年任甘肃电视台台长。1987年任甘肃省广播电视厅副总工程师。1988年当选为甘肃电子学会常务理事、广播电视电化教育专业委员会主任委员。曾在《广播与电视技术》《电行科学》《甘肃视听》等刊物上发表过论文。1991年离休。

青海省

吴寿坤 （1937～）青海人民广播电台副台长。江苏淮阴人。中共党员。1960年毕业于北京邮电学院无线电系通讯专业，毕业后分配到青海人民广播电台560发射台工作。历任青海省广播电视厅无线处副处长、厅副总工程师、青海电台技术部主任。兼任广电部科学技术委员会发送接收专业委员会委员、中国录音师协会理事、中国电子学会会员、省电子学会理事、省广播电子学会理事。60年代研究利用三次谐波提高高频放大器的效率并找出限制放大器的最佳压缩比和最佳压缩曲线，提高了广播的覆盖。1970年组织研制的自动播出系统投入运行，该成果获青海省第一次科技大会奖，200平方米大录音棚录音系统设计获省电子学会一等奖。

陈　宜 （1937～）青海省西宁市广播电视局高级编辑。河北石家庄人。中共党员。1960年毕业于北京师范大学中文系，分配到青海从事宣传、新闻工作。历任西宁市委宣传部理论科科长，市文联副主席兼《雪莲》文艺杂志常务副主编、市广播电视局副局长、总编辑兼西宁电视台副台长和西宁人民广播电台副台长、西宁广播电视报总编辑。兼任青海省新闻工作者协会常务理事、中国戏曲学会理事和省广播电视学会副会长等。任职期间，发表多篇理论、评论文章，主要作品有《开拓者的美学》《文学批评的美学思考》《戏曲文学论》《对不发达地区经济宣传的若干探讨》《广播从市场中走出低谷》《台长自问》等，文学作品有报告文学《她手中的那把钥匙》、剧本《绿野堂》、电视剧本《本剧尚未开始》、广播剧《责任》。其中电视短剧《村夜》、电视片《漫着花儿走青海》获青海省“建国40周年优秀文艺作品”奖，新闻连续报道《秋菜购销访谈录》《青海农牧机械厂扭亏启示录》获1993、1994年度青海新闻一等奖，文章《儒商三议》《一部中国式的喜剧》获1995、1996年度全国广播电视报专业二等奖，论文《精神文明宣传报道的导向问题》获’97年青海省新闻理论研究二等奖。

陈双全 （1939～）青海电视台副台长。河北石家庄人。中共党员。1965年毕业于西安交通大学无线电工程系，1968年分配到青海人民广播电台560发射台担任技术负责人。历任发射台副台长、台长，841电视广播调频发射台台长。并兼任中国电影电视学会理事、中国电视技术学会理事、青海省电子学会理事。1980年被聘为工程师，1988年晋升为高级工程师。1984年获青海省劳动模范称号，1985年被评为全国广播电视系统先进工作者，1993年获青海省优秀技术人才称号，1994年获省级优秀专家称号。任职期间，曾参与电视台微波机房、藏语配音译制机房、播控中心和电子编辑工艺的设计工作。所撰写的《提高频率稳定度的措施》《检修岗位责任制初探》《青海电视技术现状与展望》等十余篇论文在省内外刊物发表。其中《加强技术管理工作》被选入《中国科学技术文库》。

刘宗辉 （1939～）青海有线广播电视台台长。河北宁晋人。中共党员。1964年毕业于北京广播学院无线电系。1964年分配到青海人民广播电台从事技术工作。历任青海台566发射台台长、省广播电视厅无线处副处长、科技室副主任、技术处副处长、广播电视工程服务部经理、青海有线电视台筹建办主任、青海有线广播电视台台长。1980年被聘为工程师，1988年晋升为高级工程师。曾多次被评为优秀党员和优秀党务工作者。并担任中国电子学会青海分会理事、青海省广播电视学会理事。在电台及厅机关期间，负责组织完成了对566台150kW中波机的更新改造和黄南州中波广播、电视与微波同台的工程任务。从1993年至今，着重抓了省有线台的筹建工作，已通过广电部的部级验收，并获得正式批准。所写论文《新50kW短波发射机（甲型）改机调机技术报告》《中波、电视和微波同台，中波两频同馈同塔试验报告》《分米波的传播特点及应用》等获得省广播电视学会论文评比一、二等奖。

宁夏回族自治区

徐际琮 （1937～）宁夏人民广播电台高级工程师。1964年从北京广播学院无线电系电视专业毕业，分配到宁夏人民广播电台工作。1969年调入宁夏电视台工作，1980年5月调电台工作。曾任技术部副主任、主任。1988年被聘为宁夏电子学会理事。1969年参与主持宁夏电视台的筹建工作。参与设计录音室、配音室、小演播室的音响和灯光的设计及建成后的调试，中心设备的安装调试，电视电影室设备安装与调试，影片配音室的线路设计设备安装调试，用调频发射机改为电视发射机等工作。1984年宁夏人民广播电台搬迁过程中，参与安装微波解调机和调制机，增加调频广播和调频立体声广播工作。

马全安　(1939～) 宁夏人民广播电台高级编辑。河南通许人，回族。中共党员。1963 年毕业于北京广播学院新闻系，分配到宁夏人民广播电台工作。曾任记者组副组长、记者部、专题部、新闻部副主任，专题部主任职务。采写的《幸福水》《改革者的风采》《大海中泛着一叶小舟》等多篇通讯。撰写过论文《人物通讯的情节》《人物通讯的环境描写》《把党的富民政策讲到农民心坎里》等。编辑的通讯《面对这样一位母亲》《微灌技术发明者黄振武》和《沙漠状元村》等曾获全国、全区奖。在省级报刊上发表过多篇小说、散文、诗歌。

刘镇岳　(1946～) 宁夏广播电视厅党组成员，宁夏有线电视台台长。高级记者。山西介休人。1964 年参加工作，1969 年从事电视新闻宣传，1978 年毕业于北京广播学院新闻系，曾任宁夏电视台记者、新闻部主任、副台长。曾参与宁夏电视台的筹建和《宁夏新闻》的创办工作，是宁夏第一个在全国优秀电视新闻评比和专题节目评比中获奖的记者。拍摄的电视新闻《精心育种人》和专题片《政策放宽以后》等 6 条作品分别获全国和自治区一、二等奖。撰写的论文、拍摄的照片、作词的插曲等作品，在各种刊物上发表。多次被评为自治区先进个人和优秀新闻工作者，曾荣获全区广播电视系统成绩优秀者一等奖。在宁夏有线电视台的筹建中，带领职工艰苦创业，短期内建起了初具规模的省级有线电视台，主持并创办了《有线新闻》《有线总汇》等新闻栏目。兼任中国广播电视学会理事，宁夏新闻学会常务理事，宁夏新闻摄影学会副会长，宁夏广播电视学会副会长。

赵福生(女)　(1940～) 宁夏电视台高级工程师。北京人。中共党员。1964 年毕业于北京广播学院无线电系，分配到宁夏人民广播电台工作。1970 年调入宁夏电视台工作，自行设计、制作、装配同步机、摄像机予放器、监听机、音箱等。1977 年、1983 年、1991 年电视台播控中心经历了三次大规模的设备更新换代，曾负责设备出厂前的总调、验收以及台内的安装、调试等工作。1992 年，解决了播控中心与演播厅控制室关键的两系统同步锁相问题，使宁夏电视台于 1992 年 5 月首次实现了演播厅的现场直播。曾撰写论文《宁夏电视电影设备技改小结》《电视视频通道测试中仪器的应用》《浅谈固体摄像器件和 CCD 摄像机》《谈谈示波器探头》《NAB' 94 展览会观后杂谈》《电视测量技术的应用》等。是中国电子学会会员，任宁夏电子学会理事。

王继承　(1946～) 宁夏人民广播电台高级工程师。陕西彬县人。1970 年毕业于重庆大学无线电技术专业，分配到宁夏人民广播电台技术部工作。曾任电台录音科科长、技术部主任。对本科室的国产录制设备进行技术指标升级的技术改造，使其几项主要技术指标上升到了甲级标准，全台对同类设备也依此方法进行了改造。作为主要负责人之一，在设备紧缺和保证不中断广播的情况下，完成了宁夏电台的搬迁任务。负责完成了本台立体声播控设备，节目录制设备的引进、安装调试以及节目的录制和播出实验，录制的部分立体声音乐节目在全国评比中获奖，主持完成了 PSM 中波发射机的安装调试工作。

新疆维吾尔自治区

尼·罗塔　(1935～) 新疆人民广播电台高级编辑。蒙古族人。1955 年至 1956 年在内蒙古蒙语专科学校学习，同年 6 月分配到新疆蒙古师范学校任教。1958 年至 1963 年在内蒙古大学蒙语文学系学习。1963 年回新疆参加划定中蒙边界工作，1963 年 10 月至 1971 年调新疆外事处工作，1971 至 1979 年调新疆人民广播电台蒙编部搞翻译工作，1979 年至 1995 年在电台文艺部任组长。他编写和翻译的书籍有：《文学教课书》《蒙古民间文学集》《毛主席少年时代的故事》《西汉和秦朝》《国内短篇小说集》《小学语文教课书》《蓬勃发展的新疆蒙古文学艺术》《孟克其其格》等。

黎杰材　(1936～) 新疆人民广播电台高级编辑。广东人。1962 年毕业于武汉大学政经系，同年到新疆人民广播电台当编辑，先后任理论组组长、专题部副主任、主任。1989 年评为全国第二届优秀新闻工作者。编辑的专题稿在全国获奖的有《一家牵动万家情》《法律咨询》《杨柳新枝勤劳歌》等。编辑出版广播节目汇编《实用法律咨询》，发表的主要论文有《为听众参与开辟更广阔的渠道》《对新闻要讲真话》《时刻不忘广播是党和人民的喉舌》等。

孟宪贵　(1937～) 新疆广播电视厅高级工程师。河南人。中共党员。1961 年毕业于北京邮电学院无线电系，同年自愿到新疆 523 发射台工作至今。1984 年被评为自治区优秀科技工作者，同年被任命为 523 台副台长，1988 年后任台长。他主持过两部大型水冷发射机的改装和调试，短波天线的联合调配，大型发射机整流系统改硅的设计与安装调试。主要论文有：《短波选频的论证》《50kW 短波发射机高压整流系统的革新改造与分析计算》《全载波双边带的分析》等。其中《发射机蒸冷系统的原理与计算》获 1995 年全疆广播电视系统首届论文评选优秀论文奖。

傅友山　(1938～) 新疆电视台总工程师，高级工程师。北京人。1964 年毕业于北京广播学院无线电系，同年分配到新疆广播事业管理局，在基建办、新疆人民广播电台、新疆电视台先后担任技术员、播音组组长、制作科科长、总工办主任、副总工程师、总工程师。先后被广电部聘为科技委电视专业委员会第三、四、五届委员，1995 年任新疆电子学会理事、新疆广播电影电视厅科技委第一届常委和第二届副主任委员。在刊物上发表多篇论文和文章，其中《论彩电中心视系统的技术与设备》《BVU—800P磁鼓数字伺服》获中国西部地区电视技术协会1989年技术论文评比一等奖；《图文电视广播及应用》获中国西部地区电视技术协会1992年技术论文评比二等奖；《浅谈录像机的现状与发展》《模拟分量录像机的指标测试》获中国西部地区电视技术协会1993年技术论文一等奖。

胡尔西丹·吾甫尔（女）（1948～）新疆电视台一级导演。中共党员。新疆喀什人。1964年至1981年在新疆军区文工团当演员、编导，1981年转业到新疆电视台文艺部从事文艺编导工作，1984年任文艺部主任，十几年来，编导拍摄了40多部大型电视艺术晚会，导演了20多部歌剧和话剧，在全疆各地担任1000多个歌舞的编导。编导演的大型电视艺术片《丝绸之路的诺柔孜节》《伊犁河畔的麦西来甫》《维吾尔十二木卡姆》获全国骏马奖一等奖，《天山，母亲》获第十届全国电视星光奖三等奖。兼任中国广播电视学会少数民族广播电视研委会理事、新疆电视协会常务理事、新疆舞蹈协会理事。

王希科（1956～）新疆生产建设兵团党委宣传部副部长，广播电视局副局长。1975年高中毕业后在兵团农一师三团十二连、运输连工作。1978年至1982年就读于新疆大学中文系。1982年至1984年在阿克苏地区报社任编辑、记者，1984至1985年任新华社新疆分社兵团报道组记者，1986年至1995年在兵团党委宣传部任新闻干事、宣传处副处长、新闻处处长。1995年至1997年在中央党校二年制中青年干部培训班（研究生）学习。1997年7月任现职。

1997年度广播电视系统评定正高专业技术职务人员名单（部直部分）

一、新闻

单位 \ 职务 姓名	高级编辑	高级记者
中央人民广播电台	胡占凡 赵璐珉 张曰联 李正荣 陈连生 武志戎 傅成励	刘家肃 罗观星 宁吉祥 崔正来 席保安
中国国际广播电台	陈敏毅 孔令保 贾延龄 王先豫	钱慰曾 刘经哲
中央电视台	李殿云 张长江 康　平 李小萍 师旭平 余培侠 李金熔 王　晓 张淑芬 王晓明 朱宽涛 佟占武 孙玉胜 郎　昆	马国力 王光龙
中国唱片总公司	陈锦文	
中国电视艺术委员会	边月波	
中国广播电视出版社	王本玉	
中国广播电视学会	贡吉玖	

二、翻译

单位 \ 职务 姓名	译审
中央人民广播电台	焦凤枝 俞光浩
中国国际广播电台	陆镜明 毛凤枝 姜德山 潘琦民 刘家清 王德龙 郭金荣 徐　玫 高瑞英 李首道 施仁科 甘　珠 崔永秀 韩朝炯 孙桂英 陆水林 邹肇军 杨顺祥 秦培根 胡德才 黄顺英 于熙君 刘传锦 郭玉莲 张葭萍 李　萍
中央电视台	张　丹

三、播音

职务 姓名 单位	播音指导
中央人民广播电台	金嘉增
中国国际广播电台	林淑猛　刘惠金
中央电视台	敬一丹

四、工程技术

职务 姓名 单位	享受提高工资待遇的高级工程师
中央人民广播电台	雷惠民　高文襄
中国国际广播电台	汪勤文　李玉枝
中央电视台	谢贺添　孙长庚
中国电视剧制作中心	刘贡生
无线电台管理局	曾建中　李万章
监测中心	施礼兴
广电部设计院	乐俊田　齐勇毅　张世学　刘学敏　林保禹　胡匡国
广播科学研究院	俞德育　季淑芝
中国唱片总公司	胡景波　姚勤毅

五、高教

职务 姓名 单位	教　授
北京广播学院	路宝君　罗贵权　吴　缦　沈　琴　宋宜纯　李献文　郭镇之（研究员）
浙江广播电视高等专科学校	陶　成

六、高教管理研究

职务 / 姓名 / 单位	研究员
北京广播学院	于佩玲　王　铎　周铜山

七、艺术

职务 / 姓名 / 单位	一级文学编辑	一级作曲	一级导演	一级摄像师	一级演奏员	一级演员
中央电视台	冯万友					
中国电视剧制作中心			张绍林	王东明		
中国电视艺术委员会	张乃嘉					
中国广播艺术团		莫　凡			杨恩辉　李克定　刘　军　袁小刚　魏景文　董智大　周东潮　简广易　张方鸣　李增光　白慧谦　王　泓	郭天杰　陈熙然　赵　炎　朱时茂　郭秋林　屠洪刚　朱秀兰　魏金栋　吴　琼

1997年度广播电视系统享受政府特殊津贴人员名单（部直部分）

姓　　名	性别	工作单位
傅成励	男	中央人民广播电台
王嘉实	男	中央人民广播电台
金树华	男	中央人民广播电台
张志根	男	中国国际广播电台
古健兴	男	中国国际广播电台
林永光	男	中国国际广播电台
李东生	男	中央电视台
贾文增	男	中央电视台
匡　镛	男	中央电视台
王大符	男	广电部 542 台
王连绪	男	广电部 723 台
王立寰	男	广电部 523 台
刘隆裕	男	广电部监测中心
邹庆芳	男	电视剧制作中心
唐杰忠	男	中国广播艺术团

（续）

姓　　名	性别	工作单位
张世学	男	广电部设计院
陈晓宁	男	广电部影视信息网络中心
毛志伋	男	北京广播学院
蒲震元	男	北京广播学院
沈贻伟	男	浙江广播电视高等专科学校
冯玉玲	女	广电部管理干部学院
王本玉	男	中国广播电视出版社
吴达审	男	中广国际总公司
张关康	男	中国唱片总公司上海分公司

广播电影电视部原部长、党组书记艾知生同志逝世

中国共产党的优秀党员、久经考验的忠诚的共产主义战士、杰出的党的教育和广播影视工作领导者、中国共产党第十四届中央委员会委员、中国人民政治协商会议第八届全国委员会常务委员、中共中央宣传思想工作领导小组原副组长、广播电影电视部原部长、党组书记艾知生同志，因患癌症医治无效，于 1997 年 7 月 20 日上午 9 时 29 分在北京逝世，享年 68 岁。

艾知生同志系湖北汉阳人，1928 年 12 月生于武昌，1948 年 4 月参加革命工作，1948 年 7 月加入中国共产党，1950 年清华大学土木工程系毕业。

艾知生同志的少年时代是在颠沛流离的战乱生活中度过的。读高中时，他陆续接触到一些进步书刊，开始了解共产党的主张和解放区的情况，萌生对民主的向往与追求。1946 年 10 月，艾知生同志考入清华大学。在校读书期间，他如饥似渴地学习马克思主义的理论书籍和毛泽东同志的著作，阅读进步报刊，自觉接受党的教育，积极投身党领导的进步学生运动。他加入党的外围组织“中国民主青年同盟”不久便被吸收加入中国共产党，入党后积极主动地完成地下党组织交给的各项工作任务，经历了“七・九游行”学运高潮和“八・一九”大逮捕等严峻的斗争锻炼和考验。在迎接北平解放的地下斗争中，艾知生同志担任清华大学中共地下支部书记，负责工学院党的工作，积极组织学生开展护校和宣传工作，发挥了重要作用。清华园解放后，艾知生同志参与筹建全国高校第一个新民主主义青年团基层组织的工作，并担任清华大学团总支副书记，为清华大学的共青团建设打下了组织基础。

1950 年 11 月，艾知生同志毕业留校工作，担任中共清华大学总支部副书记。从 1951 年至 1966 年，他担任中共清华大学委员会副书记，先后兼任清华大学党委宣传部长、党委办公室主任、共青团清华大学委员会书记，长期主管学校的宣传、理论和学生思想政治教育工作。在“文化大革命”期间，艾知生同志曾两度受到残酷迫害。他坚决抵制和反对林彪、“四人帮”一伙的倒行逆施，表现了一个真正共产党员的坚强党性。

粉碎“四人帮”以后，艾知生同志恢复了工作。他以旺盛的精力更加勤奋地工作，出色地完成党交给的各项任务。他先后担任清华大学水利系三门峡基地领导小组组长、清华大学核能技术研究所领导小组副组长、中共核能技术研究所领导小组委员会副书记、书记。1979 年 5 月，艾知生同志重新担任了中共清华大学委员会副书记，并兼任清华大学副校长，以后又协助校长主持日常工作。

1983 年 8 月，艾知生同志调任国务院副秘书长，并任中共国务院机关党组成员、党组副书记。他负责联系文化、教育、宣传、卫生等部门，做了大量认真细致的政务工作，特别是积极支持和促进广播电视广告宣传和财务管理体制方面的改革。

1985 年 4 月，艾知生同志担任广播电视部部长、部党组书记。1986 年 1 月任广播电影电视部部长、部党组书记。艾知生同志担任广播电影电视部门领导工作的 9 年间，在党中央、国务院的正确领导下，自觉地坚定不移地贯彻执行党的基本路线和改革开放方针，紧紧围绕党中央的战略部署和中心工作，肩负起广播影视事业的领导重任，并积极发挥部党组集体领导的智慧和力量，全力推进广播电影电视事业的发展和繁荣，对全国广播电视事业获得快速发展，社会影响日益扩大，电影事业也有明显的进步和发展，起了关键性的作用，作出了重大的贡献。

艾知生同志坚决贯彻执行党的基本路线和宣传方针，及时认真地传达落实中央精神包括中央领导同志关于宣传工作的指示，始终坚持把宣传工作放在首位，

牢牢把握正确的宣传舆论导向，时刻保证广播影视工作在政治上同党中央保持一致。在他的主持下，部党组围绕党的基本路线，配合党和政府的中心工作，坚持以正面宣传为主的方针和“团结、稳定、鼓劲”的宣传基调，积极组织宣传报道，较好地完成了历次重大会议、重要节庆和国内外重大事件的宣传报道任务。在1989年春夏之交发生的政治风波中，他坚决贯彻执行党中央的重大决策和部署，同党中央保持高度一致。在海湾战争、苏联东欧局势剧变等国际突发事件的报道中，坚决执行中央指示，严格掌握政策口径，正确稳妥地组织宣传。艾知生同志利用各种场合，反复强调广播电视工作者要严格执行党的宣传纪律，保证广播电视发挥党的“喉舌”的作用。他自己带头严守宣传纪律，对宣传报道中的重大问题，及时地向中央主管领导请示报告。他始终把主要精力放在抓好宣传工作上，经常研究和指导宣传报道工作，主持建立节目审查制度，坚持审听审看重要广播电视节目，及时纠正宣传报道中的偏差。他熟悉宣传工作的特点和规律，注重和不断强调广播电视和电影艺术的教育功能，特别强调广播影视在教育培养青少年一代和加强社会主义精神文明建设方面要发挥自己的优势和特殊作用，注意抓电影、电视剧和广播文艺的题材规划和创作工作，取得了明显的效果。

艾知生同志长期自觉地坚持学习、宣传马列主义、毛泽东思想和邓小平建设有中国特色社会主义理论，并用以指导在社会主义市场经济条件下加强广播电影电视事业的改革、建设和管理。他积极倡导和支持中央三台及一些地方台在管理体制、节目内容、宣传形式及新闻时效等方面进行的改革；他积极倡导和支持电影系统在重大题材创作及制片、发行体制等方面进行的改革；他十分关心和重视“老少边穷”地区的广播电视事业建设，亲赴基层调查研究，向中央反映情况，提出解决问题的办法；他非常关心广播电视的科技宣传和对青少年的教育，大力倡导和支持办好科教节目和丰富儿童影视节目；他关心国际问题的报道，重视加强和改进广播电视对外宣传；他重视对全国广播影视工作方针政策的指导，积极促进事业建设和行业管理；他特别重视广播影视队伍的思想、业务、作风、纪律和职业道德建设，重视广播影视专业人才的培养，强调广播影视工作者要打好基础，提高政治素质和文化修养；他积极支持纪检、监察部门查处违纪案件，纠正行业不正之风。

艾知生同志坚决拥护以江泽民同志为核心的党中央第三代集体的正确领导，“抓大事不含糊，靠两头不动摇”，对上紧紧依靠党中央，时时处处对党负责；对下紧紧依靠广大干部和群众，时时处处对群众负责。他在部党组领导集体中努力当好“班长”，坚持民主集中制原则，放手发挥党组一班人的作用，敢于承担责任；他深入实际，深入群众调查研究，注重钻研和探索广播影视工作的特点和规律，不断提高领导水平，赢得了全国广播影视系统广大干部群众的信任和尊重。

1994年4月，艾知生同志调任中共中央宣传思想工作领导小组副组长。1996年3月，因患重病，应艾知生同志的请求，中央批准免去了他的领导职务。离开领导岗位后，艾知生同志仍然十分关心广播影视事业，尽其所能做了大量有益的工作。1997年4月，艾知生同志被推选为中国广播电视学会会长，他又积极地支持和领导学会工作及广播电视理论建设，直至生命的最后一刻。

艾知生同志曾担任中共第十二届中央委员会候补委员和第十三届中央委员会委员，第八届全国政协委员。

本刊副主编王珏同志逝世

北京广播学院教授，本刊副主编王珏同志，因病医治无效，于1997年10月20日不幸逝世，终年62岁。

18.

责任编辑　曲宗生
审 稿 人　赵玉明

事业发展情况

无线广播

	计算单位	1996年	1997年	1997年比1996年	
				增长量	增长速度（%）
广播电台	座	1244	1363	119	9.57
中短波发射台和转播台	座	746	747	1	0.13
调频发射台和转播台	座	1730	2134	404	23.35
广播人口覆盖率	%	84.2	86.	1.8	

广播电视节目传送

	计算单位	1996年	1997年	1997年比1996年	
				增长量	增长速度（%）
微波站	座	1734	1886	152	8.77
微波线路	公里	70787	70136	－651	－0.08
卫星地球站	座	133634	149962	16328	12.22

电视广播

	计算单位	1996年	1997年	1997年比1996年	
				增长量	增长速度（%）
电视台	座	880	923	43	4.89
电视发射台和转播台	座	40886	41205	319	0.78
电视人口覆盖率	%	86.2	87.6	1.4	

有线广播

	计算单位	1996年	1997年	1997年比1996年	
				增长量	增长速度（%）
市、县广播站	个	2106	2055	－51	－2.42
乡广播站	个	40839	39638	－1201	－2.94
广播专用线路	杆公里	1889408	1741440	－147968	－7.83
广播喇叭	万只	7743	7457	－286	－3.69
喇叭入户率	%	29.5	28.6	－0.9	

卫星地球站

	1997年末实际数		1997年末实际数
全国合计	149962	山　东	4272
部直属	28	河　南	3559
地　方	149934	湖　北	9650
北　京	1124	湖　南	8976
天　津	77	广　东	4411
河　北	2355	广　西	8381
山　西	5969	海　南	697
内蒙古	4171	重　庆	8615
辽　宁	2607	四　川	13830
吉　林	2789	贵　州	7525
黑龙江	3258	云　南	20553
上　海	425	西　藏	1611
江　苏	2071	陕　西	8018
浙　江	6367	甘　肃	3248
安　徽	1868	青　海	1157
福　建	5411	宁　夏	592
江　西	4550	新　疆	1797

业务建设情况

无线广播

	计算单位	1996年	1997年	1997年比1996年	
				增长量	增长速度（%）
广播电台	座	1244	1363	119	9.57
广播节目套数	套	1481	1616	135	9.12
对国外广播使用语言	种	43	43	0	0
平均每日播音时间	小时	14676	16131	1455	9.91
平均每日自办节目时间	小时	11237	12193	956	8.51
新闻节目	小时	1515	1652	137	9.04
专题节目	小时	2469	2626	157	6.36
教育节目	小时	529	564	35	6.62
文艺节目	小时	4828	5154	326	6.75
服务性节目	小时	1896	2197	301	15.88
全年制作广播节目	小时	2890015	3195941	305926	10.59
新闻节目	小时	395263	429069	33806	8.55
专题节目	小时	683327	697327	14000	2.05
教育节目	小时	147430	159753	12323	8.36
文艺节目	小时	1173415	1310405	136990	11.67
服务性节目	小时	490580	599387	108807	22.18
全年听众来信	封	8121587	8261657	140070	1.72
国内	封	7550197	7585739	35542	0.47
国外	封	571390	675918	104528	18.29

无线广播每日自办节目构成比重

	1996年	1997年	1997年比1996年增减
平均每日自办节目	100	100	
新闻节目	13.5	13.6	0.1
专题节目	22.0	21.5	−0.5
教育节目	4.7	4.6	−0.1
文艺节目	42.9	42.3	−0.6
服务性节目	16.9	18.0	1.1

电视广播

	计算单位	1996年	1997年	1997年比1996年	
				增长量	增长速度（%）
电视台	座	880	923	43	4.89
节目套数	套	983	1032	49	4.98
平均每周播出时间	小时	55518	59892	4374	7.88
平均每周自办节目时间	小时	36699	42056	5357	14.60
新闻节目	小时	3389	3900	511	15.08
专题节目	小时	3647	4092	445	12.20
教育节目	小时	852	1093	241	28.29
文艺节目	小时	23700	26893	3193	13.47
服务性节目	小时	5111	6078	967	18.92
全年制作电视节目	小时	550738	616437	65699	11.93
新闻节目	小时	101570	116953	15383	15.15
专题节目	小时	85405	97465	12060	14.12
教育节目	小时	22381	24208	1827	8.16
文艺节目	小时	213118	225124	12006	5.63
服务性节目	小时	128264	152687	24423	19.04
全年观众来信	封	2381943	2346210	−35733	−1.50
国内	封	2377564	2340710	−36854	−1.55
国外	封	4379	5500	1121	25.60

电视广播每周自办节目构成比重

	1996年	1997年	1997年比1996年增减
平均每周自办节目	100	100	
新闻节目	9.2	9.3	0.1
专题节目	9.9	9.7	−0.2
教育节目	2.3	2.6	0.3
文艺节目	64.6	63.9	−0.7
服务性节目	14.0	14.5	0.5

对国内广播使用语言情况

	语言种类（种）	语　言　名　称
全国合计	**33**	普通话、闽南话、客家话、蒙语、朝鲜语、藏语、维吾尔语、哈萨克语、福州话、广州话、雷州话、瑶语、潮州话、壮语、越南语、白话、柳州话、海南话、儋州话、临高话、彝语、西双版纳傣语、德宏傣语、傈僳语、景颇语、拉祜语、哈尼语、苗语、载瓦语、安多语、康巴语、柯尔克孜语、英语
部直属	**9**	普通话、闽南话、客家话、蒙语、朝鲜语、藏语、维吾尔语、哈萨克语、英语
地　方	**33**	普通话、蒙语、朝鲜语、闽南话、福州话、广州话、雷州话、客家话、瑶语、潮州话、壮语、越南语、白话、柳州话、海南话、儋州话、临高话、藏语、彝语、西双版纳傣语、德宏傣语、傈僳语、景颇语、拉祜语、哈尼语、苗语、载瓦语、安多语、康巴语、维吾尔语、哈萨克语、柯尔克孜语、英语
北　京	1	普通话
天　津	1	普通话
河　北	1	普通话
山　西	1	普通话
内蒙古	2	普通话、蒙语
辽　宁	2	普通话、蒙语
吉　林	3	普通话、蒙语、朝鲜语
黑龙江	3	普通话、朝鲜语、蒙语
上　海	1	普通话
江　苏	1	普通话
浙　江	2	普通话、英语
安　徽	1	普通话
福　建	3	普通话、闽南话、福州话
江　西	1	普通话
山　东	1	普通话
河　南	1	普通话
湖　北	1	普通话
湖　南	1	普通话
广　东	8	普通话、广州话、雷州话、客家话、瑶语、潮洲话、闽南话、英语
广　西	6	普通话、壮语、广州话、越南语、白话、柳州话
海　南	5	普通话、海南话、客家话、儋州话、临高话
重　庆	1	普通话
四　川	3	普通话、藏语、彝语
贵　州	1	普通话
云　南	13	普通话、西双版纳傣语、德宏傣语、傈僳语、景颇语、拉祜语、越南语、彝语、哈尼语、壮语、苗语、瑶语、载瓦语
西　藏	2	普通话、藏语
陕　西	1	普通话

续表

	语言种类（种）	语 言 名 称
甘 肃	2	普通话、藏语
青 海	4	普通话、安多语、康巴语、蒙语
宁 夏	1	普通话
新 疆	5	普通话、维吾尔语、哈萨克语、蒙语、柯尔克孜语
计划单列市		
大 连	1	普通话
宁 波	1	普通话
厦 门	2	普通话、闽南话
青 岛	1	普通话
深 圳	2	普通话、广州话

队伍构成情况

职工人数

	计算单位	1996年	1997年	1997年比1996年	
				增长量	增长速度（%）
年末总人数	人	437938	459687	21749	4.96
长期职工	人	420013	441140	21127	5.03
正式职工	人	308189	327492	19303	6.26
合同制职工	人	80267	81741	1474	1.84
长期临时工	人	31557	31907	350	1.11
临时工	人	17925	18547	622	3.47

固定职工和合同制职工年末构成情况

	1997年	
	年末人数（人）	人员构成比重（%）
年末总人数	409233	100
行政管理人员	55511	13.56
经济管理人员	24889	6.08
编播人员	103824	25.37
工程技术人员	84945	20.76
科研人员	652	0.16
有线广播电视机线员	59255	14.48
其他人员	80157	19.59

广播剧数量情况

	部	集		部	集
全国合计	**391**	**3055**	山 东	**18**	**93**
部直属	**29**	**84**	河 南	**19**	**46**
地 方	**362**	**2971**	湖 北	**11**	**15**
北 京	**6**	**24**	湖 南	**17**	**23**
天 津	**7**	**15**	广 东	**46**	**1832**
河 北	**29**	**38**	广 西	**8**	**247**
山 西	**6**	**12**	海 南	**4**	**9**
内蒙古	**8**	**19**	重 庆	**5**	**93**
辽 宁	**12**	**48**	四 川	**15**	**37**
吉 林	**16**	**25**	贵 州	**6**	**13**
黑龙江	**25**	**42**	云 南	**5**	**13**
上 海	**15**	**62**	西 藏	—	—
江 苏	**28**	**64**	陕 西	**1**	**4**
浙 江	**10**	**92**	甘 肃	**3**	**3**
安 徽	**1**	**1**	青 海	**1**	**1**
福 建	**25**	**36**	宁 夏	—	—
江 西	—	—	新 疆	**15**	**64**

电视剧数量情况

	部	集		部	集
全国合计	**832**	**8272**	山　东	**29**	**291**
部直属	**227**	**2168**	河　南	**28**	**217**
地　方	**605**	**6104**	湖　北	**34**	**182**
北　京	**14**	**239**	湖　南	**18**	**163**
天　津	**10**	**158**	广　东	**39**	**634**
河　北	**23**	**221**	广　西	**9**	**77**
山　西	**6**	**41**	海　南	**3**	**5**
内蒙古	**10**	**143**	重　庆	**4**	**25**
辽　宁	**24**	**273**	四　川	**15**	**119**
吉　林	**29**	**375**	贵　州	**6**	**110**
黑龙江	**13**	**133**	云　南	**6**	**18**
上　海	**29**	**356**	西　藏	**6**	**90**
江　苏	**38**	**368**	陕　西	**20**	**277**
浙　江	**28**	**304**	甘　肃	**3**	**23**
安　徽	**11**	**130**	青　海	**4**	**41**
福　建	**11**	**133**	宁　夏	**3**	**11**
江　西	**6**	**33**	新　疆	**126**	**914**

（广电部计财司统计处）

19. 香港·澳门·台湾的广播电视

责任编辑　罗建平
审 稿 人　马元和

香港广播电视概况

1997年是香港广播电视业重要的一年。这一年是香港回归年。从整体来讲，广播电视的机构随香港回归中国有所变化。另外，各广播电视机构力求提高收视/收听率，竞争更加激烈。

机构变化的情况是：驻港英军于1971年开始办的英军电台至1997年6月30日晚关闭；1997年7月1日香港回归后，港英政府办的香港电台改变为香港特别行政区政府的电台。

自1997年7月1日开始，香港共拥有3家广播电台和6家电视台，即香港电台、商业电台和新城电台，以及无线电视、亚洲电视、有线电视、传讯电视、华侨娱乐电视和卫星电视。这些电台和电视台，除香港电台为政府电台外，其余均属商业电台、电视台。

1997年香港的广播电视仍呈蓬勃发展的趋势，但在更加激烈的竞争中发展。据1997年11月在香港举行"亚洲国际广播、音响、电影及录像技术会议"的评估，"香港的电视和电影节目出口量占全球第二位，广播业在亚洲享有仅次于日本的领导地位"。

一、1997年香港各电子传媒机构的基本情况

有线电视（提供收费电视服务的有线电视公司）：

香港有线电视台于1993年10月31日启播。该台是由香港九龙仓集团耗资50亿港元筹办的。

1997年10月31日是有线电视踏入服务的第五年。该电视台从开台的8个频道增到1997年的35个频道。截至1997年6月，订户突破35万户，观众人数达近150万。目前，有线电视，除自选影院外，其余各节目台均为24小时播出。该台称是为订户提供娱乐与资讯并重的多元化有线电视台，其中新闻、电影和体育节目是它们的强项。

最初，该台的新闻报道时间为每天3小时，5年后增至每天24小时。

体育是有线电视的主力节目，每周独家卫星直播欧洲足球赛事。随着光纤网络的扩展，1997年，有线电视的电影频道增加到20个，包括两个属基本服务的电影台、HBO好莱坞影院、8个自选影院台及9个超级自选影院台。两个属基本服务的电影台为有线电视的电影1台和2台。有线电视电影1台主要播放老幼皆宜的港产片，也选播一些热门的好莱坞电影。有线电视电影2台主要播一些高素质的、题材特别的非主流电影，影片来自世界各地。HBO好莱坞影院的片源全部来自好莱坞6大电影制作公司。该频道每月约播70部好莱坞电影。另外，HBO好莱坞影院也提供其他娱乐节目，如轰动全球的演唱会、喜剧、纪录片及家庭节目。自选影院提供4条院线，播放好莱坞巨片、主角为世界超级电影明星的外语片、港产片精选，及"花花公子"制作的节目。

有线电视还提供几个海外讯息的节目台，如：CNN、BBC及ESPN。

有线电视的收入主要来源于用户交纳的月费及各项自选服务的收费。按有线电视获得牌照的规定，自开播之日起的3年内不能播放广告，因此该台开播头3年无广告收入，自1997年起才容许播放广告以增加收入。1996年港府批准了香港电讯可以经营自选视像服务。这对有线电视是一个挑战。

1997年6月，有线电视开始播放广告。但考虑到观众的兴趣，在直播足球节目或播放电影时不插广告。

至 1997 年底，有线电视的网络铺设至全港 85%的家庭，约 145 万户，其中四分之一已经订购了有线电视的服务。这一年平均每月增加 1 万户新订户。

电讯科技发展一日千里，有线电视计划在 1998 年致力研究发展新的增值服务。该台将利用一直在铺设的宽频网络，除了传送各式传统服务外，发展各种互动服务，例如有线调制调解器 (Cable Modem)、数码压缩系统(Digital Compression)及有线电话(Cable Telephony) 等，使有线电视提供的服务，从娱乐、资讯扩大到通讯服务，以配合时代的发展和观众的需要。

卫星电视（为亚太区提供卫星电视服务的卫星电视有限公司)：

1990 年底创办的卫星电视继续通过亚洲卫星一号、二号及 Palapa C2，把卫视节目从香港播送至亚洲各地。由香港传送的 20 多个频道中，香港本身只能收到 4 个免费频道(两个大众娱乐频道，即凤凰卫视中文台及卫视合家欢台、卫视体育台及播放流行音乐的卫视音乐会)。

卫星电视设有免费及收费频道，以英语、华语、印度语、日语、菲律宾语等语言，为亚洲、印度次大陆及中东一带 53 国两亿六千多万电视观众播放体育、音乐、新闻、电影及大众娱乐节目。

该台 1997 年 6 月底公布的接收卫视频道的户数统计：(见右栏)

中国大陆是卫视最庞大的市场。卫视的体育、音乐和娱乐频道所播放的节目可被三千多万个中国家庭接收。目前，中国各地的酒店及不少住宅区更可接收锁码的卫视电影台。

卫星电视于 1990 年底创办时是由 Hitch Vision Hongkong Limited 创办。该集团由香港和记黄埔有限公司和李嘉诚及其家族控制的一家公司合资拥有。于 1993 年 7 月，国际媒体公司新闻集团收购卫视 63.6%股权，并于两年后，即 1995 年购入余下的 36.4%股权。这意味卫星电视已不是香港拥有，而是一家多元化的国际传媒机构——国际媒体公司新闻集团所有。澳大利亚传媒大王梅铎是新闻集团主席兼行政总裁。其义务范围包括多方面的媒体。据悉，新闻集团 1997 年第三季度的盈利增长 15%。该集团将卫星电视的收入增长归功于广告及订户月费的增长外，还归功于该电视台在印度和中国大陆的业务强劲发展。有关香港回归报道更使其来自中国的收入跃升 75%。

卫视称，香港是卫视目前和未来发展策略的核心，是卫视的总部所在地，是制订整体发展政策与策略的中心。香港也是卫视的节目、广告营业、推广、宣传、美术创作、节目审查、行政、管理、资讯系统、播映运作、工程、卫星上射等职能的大本营。尽管卫视的频道在不同地区均有当地制作的节目，但仍以香港为基础。

凤凰卫视中文台于 1996 年 3 月 31 日正式开播。这是卫视与其他机构合办的，全力攻占泛亚地区商业卫星电视的服务领域。该台通过亚洲一号和 Palapa C2 卫星，覆盖亚太 30 多个国家和地区，人口超过 20 亿，其中华语人口占 62%。(原有的卫视中文台，1996 年 3 月 31 日起用节目加密锁码的形式，专为台湾观众提供娱乐和资讯节目。)

地　区	接收户数
中国区	40970000
香港	430000
澳门	40000
中国大陆	36200000 (指凤凰卫视中文台及其他卫视频道)
台湾	4300000
北亚	2400000
日本	700000
韩国	1700000
东南亚	1008000
文莱	30000
印尼	60000
马来西亚	50000
缅甸	15000
菲律宾	400000
新加坡	45000
泰国	393000
越南	15000
南亚及中东	17395000
孟加拉	205000
印度	14000000
巴基斯坦	1500000
以色列	800000
科威特	76000
黎巴嫩	12000
阿曼	100000
卡达	25000
沙特阿拉伯	388000
阿拉伯联合酋长国	289000
总计	6177300

1997 年，凤凰卫视中文台在香港拥有近 50 万户收视观众。它是香港惟一一家全部用普通话播出的电视传媒。该台称其服务宗旨是“立足香港，以沟通中国大陆、香港和台湾，及亚洲乃至全世界的华人，将历史悠久、博大精深的中华文明传播给世人”。节目的形式

包括，综艺节目、资讯节目和体育节目等。开台时，该台不播新闻。从1997年3月开始，该台每天21：00至21：30播出时事新闻，节目名为《时事直通车》。

1997年6月底，凤凰卫视中文台正式进入广东有线网。广东省有线网增补的9频道、广州市有线网增补的24频道和深圳市有线网增补的30频道都可收看凤凰卫视中文台。

凤凰卫视有限公司由三家股东组成：今日亚洲有限公司、香港卫星电视有限公司和华颖国际有限公司。香港卫星电视及今日亚洲各占45%的股权，华颖国际则拥有余下的10%。香港卫星电视有限公司由新闻集团全资拥有。

华娱电视：

1995年3月11日开始，由香港华侨娱乐电视广播公司创办的华侨娱乐电视（简称"华娱电视"）每天24小时用普通话向全世界华人播放。"华娱电视"自称"无色情、无暴力、无新闻"，"令你生活更美好"为其办台宗旨，致力传播中国的优秀文化。其节目内容包括娱乐及综艺性节目、纪录片、剧集、游戏节目、电影及其他资讯性节目。该电视台节目不加密，免费收看。其运行主要靠广告节目支持。节目通过卫星覆盖中国大陆、台湾、日本及东南亚一些国家和地区。启播三年多后，至1997年11月底，收看华娱电视家庭台的亚洲家庭超过3300万个。华娱电视启播的第一炮是推出老少皆宜的节目《欢乐时光》。目的是把欢笑和快乐带入众多的亚洲华人家庭。华娱电视与内地各省市电视台联合制作了不少观众喜闻乐见的节目。该电视台每天至少有两小时节目介绍中国的风土人情。1997年10月底华侨娱乐电视广播公司与5家大陆中资机构［北京元森公司、中国亚洲电视艺术中心、中国电视艺术家协会、华通国际电讯有限公司、亚太新华（集团）投资有限公司］，签订正式合同，由这5家中资机构购入华娱电视80%的股权。股权转让完成后，华娱电视成为一家全部由华资控制的电视台。华娱电视创办人蔡和平先生对外界表示，由于电视业竞争激烈，华娱电视自开播3年来，没有盈利。他认为，这次股权的组合会给华语电视带来发展的契机，并将有利于华娱电视争取直接以卫星讯号向中国家庭放送节目，并使节目更接近中国观众。中国是华娱电视的主要覆盖地区，至1997年底，华娱电视在中国内地的覆盖面达330万个家庭。

华娱电视和凤凰卫视中文台是两家瞄准中国内地市场的卫星电视。它们之间竞争非常激烈。都希望在中国内地落地。（见右栏）

凤凰卫视		华娱电视	
股东	占股（%）	股东	占股（%）
卫星电视	45	北京元森 中国亚洲电视艺术中心	
今日亚洲	45	中国电视艺术家协会 华通国际电讯 亚太新华（集团）	共占80
华颖国际	10	华娱电视创办人蔡和平	20

传讯电视：

1994年11月24日当时号称香港传媒王子的于品海以建立全球华人新闻网络的雄心创办了传讯电视。传讯电视是一家全华语卫星电视网络。传讯电视在开播不久，即出现财务危机，员工的工资也一度发不出。1996年4月，台湾和信集团开始注资传讯电视，1996年底成为传讯最大控股，行政管理仍由于品海全权处理。然后，1997年3月上旬，经过长达10天谈判，于品海终于宣布辞职，被台湾和信集团收购，挤出了该传媒机构。传讯电视的信号覆盖整个亚太地区及北美洲。观众对象是该地区讲华语的民众。该台有两个频道："中天"频道，全天24小时播放新闻、国际时事、财经动态、体坛消息等；"大地"频道则侧重时尚生活及软性资讯，包括艺术和文化动向、环境和大自然奇趣等。该台靠向用户收费和广告收入支持。

亚洲电视台与无线电视台：

另外两家历史比较长的电视台是"亚洲电视台"和"无线电视台"，简称"亚视"和"无线"。这两家电视台均为免费收看的电视台，在香港拥有最多的观众。它们之间的竞争也最为激烈。"亚视"和"无线"各自有一个中文台（粤语）和一个英文台。至1997年，两台每周播映约580小时新闻与娱乐节目。其中最受欢迎的是娱乐杂志节目、连续剧、慈善筹款盛会及游戏比赛。无线电视翡翠台仍是最欢迎的电视台，其次是亚洲电视本港台。而以英语广播的无线电视明珠台及亚洲电视国际台的收视率则较两个中文台低。

"亚视"的前身是"丽的呼声"电视台，总公司设在英国，1958年在香港成立有线黑白电视，也是香港第一个电视台。该台先是设英文台，1963年再设立中文台。1973年底，丽的呼声获牌照改为无线广播。1981年英国总公司将股份转让给澳大利亚财团，1982年该财团又将一半股份转让给香港邱氏家族邱德根为主席的远东集团，易名为亚洲电视台。1989年香港林氏家族及丽新集团、新世界集团与澳门娱乐有限公司三大集团收购亚视。1994年3月亚视发表新闻公布，新世界发展有限公司将其在亚视的20%股权转让给林百欣，使林伯欣拥有超过50%控股权及长远的管理权。

"无线"是由无线电视广播有限公司经营。该公司于1967年11月由香港知名人士利孝和、邵逸夫、余经纬及多家财团联合创办。1994年，香港郭鹤年家族通过嘉里集团持有电视企业31%的股权，邵逸夫及邵氏兄弟则持有34.5%股权。1996年5月，邵氏兄弟将股权转让给郭鹤年控制的南华早报集团，南华早报集团获得电视企业的控制权。

至1997年底，"亚视"和"无线"的中文台节目约超过一半，仍然由电视台自行制作，使本地制作的节目数量保持稳定和一如既往。它们向台湾地区及日本购买的节目不少，并购自中国内地的节目也渐增加。两个英语台的新闻及时事节目所占比重不轻，但最受欢迎的节目仍是电影、体育节目、纪录片及剧集。英语台在非黄金时段播映的普通话及非英语节目比以前增多。亚洲电视英文台除转播本地赛马外，也播放澳门赛马节目。“亚视”和“无线”各自的英语台节目中，大多数节目仍然购自海外，主要来自美国、英国及英联邦国家。

“亚视”和“无线”的激烈竞争形式主要表现在用名牌节目、自制的电视连续剧及一年一度的台庆和选美来吸引观众和提高收视率。如1994年两台先后推出反映社会热点的名牌节目——“亚视”的“今日睇真D”和“无线”的“城市追击”。直至1997年底，这两个名牌节目与其他节目相比仍获很高收视率，而且这两个节目的竞争仍很激烈。至于一年一度的台庆活动，两台各出奇招。1997年4月“亚视”的台庆以电视颁奖礼形式举行，该台动用全台艺员演出，并以电视颁奖作口号。11月份的“无线”台庆节目的形式也是颁奖典礼，所不同的是，它的奖包括三大奖和六个个别奖。三大奖为：我最喜欢的戏剧节目、综合节目和特别节目，六个个别奖为：我最喜欢的男女主角、配角、冤家、舞台艺员及讨厌角色。节目以游戏的方式进行。500万奖品中有150万用给该台艺员。

根据1997年4月香港大学社会科学研究中心的民意研究组对香港传媒的表现调查报告，电子传媒是香港市民非常重要的新闻来源。约有40%以上的市民认为电视是他们的主要新闻来源，15%左右的市民认为电台是其主要新闻来源。调查发现，市民对各种新闻渠道的消息出现矛盾时，他们最信任的传媒依次是电视、报章、电台及杂志。从这4种主要新闻传媒的表现来看，市民对电子传媒表现的满意程度比文字传媒高。68%的市民表示满意电视的表现；电台方面，平均有52%市民表示满意其表现。至于文字传媒，虽然报章为市民第二重要的新闻来源，但平均只有43%的市民满意其表现。

据该调查，虽然15%左右的市民认为广播电台是其主要新闻来源，但从整体来讲，包括新闻、娱乐等节目，香港的广播还是拥有很多的听众，而且很受报纸传媒的关注。除了传统的广播电台外，有的电视台也开播广播，如卫星电视办起了七套广播节目，全部播放各种类型的音乐节目。总的来说，1997年香港的广播业仍保持不断增长的势头。

至1997年底，香港广播电台的频率总数为13个。广播电台的听众主要是年青人、学生、家庭主妇、出租汽车司机和在途中的人士。

1997年香港各广播电台由于竞争收听率的需要，普遍都进一步进行了改革，使节目更生活化、更资讯化，有些电台在新闻性的节目与娱乐性的节目结合上做了一些尝试。各电台还普遍加强了清谈节目、名人专访和热线电话以满足听众对时事新闻、最新市场消息或大量最新的资讯需要。除香港电台和商业电台在节目制作方面注入大量与资讯有关的内容外，连一直标榜以音乐为主的新城电台也加入了不少资讯节目。

香港商业电台及新城广播电台是两个持牌商营电台，各有三个广播频率，每周各播放约504小时节目。

香港商业电台：商台由香港商业广播有限公司经营。其启播于1959年8月，经费全靠广告维持。该台设有两个以粤语广播的中文台（商业一台及叱咤903）和一个英语台（豁达864）。中文台以超短波广播，英文台则以中波广播，全日24小时播出。商业一台是资讯频率，以播放新闻、时事及财经节目为主，插播广播剧、清谈及音乐节目。叱咤903，也称商业二台，主要以学生和年青听众为对象，播放流行音乐及轻松的清谈节目。豁达864台是纯音乐频率，并每小时播放新闻提要及天气消息。商台为提高收听率，除了增加不少资讯节目外，在音乐节目上也狠下功夫，1997年该台搞了一个叱咤乐坛十年歌手奖，并计划1998年与上海东方电视台和台湾飞碟台联合制作“叱咤东方飞碟榜”。

新城电台：新城电台是香港政府批准成立的第二个商业电台。1991年6月创办时由和黄、德宝电影有限公司、嘉禾电影有限公司和美国广播集团 THE-INDEV GROUP 合资经营。1996年6月，该台的全部股权归和黄及长实拥有。该台设有三个频率，各有独特的节目形式。劲歌台及金曲台以超短波广播，采讯台以中波广播。劲歌台，又称新城997，是以青年人为播放对象的粤语频率，播送中西流行音乐节目以及介绍时尚文化的资讯娱乐节目。金曲台，又称精选104，以双语广播，为成年听众播放现代音乐及清谈节目，以25岁及以上听众为对象。采讯台是双语广播资讯频率，以播放英语新闻及时事节目为主，加插粤语、普通话及菲律宾语节目。采讯台与中国国际广播电台有合作关系，每天播放中国国际广播电台制作的《香港，你好》三小时新闻杂志节目及《今夜星空》两小时新闻，时事及中国话题节目。采讯台还每日播放一个粤语宗教节目，以及每周播放一个菲律宾宗教节目。

新城电台自开播以来，仍没有盈利。本计划至1997年可达收支平衡。外界人士认为，这与该台特别是1997年多次发生人事纠纷和管理层人事变动有关。

香港电台（兼备广播和电视的政府电台）：

1997年7月1日香港回归祖国后，该台成为特别行政区政府的电台。港台称，其宗旨是充分反映政府和市民的意见，在两者之间充当沟通的桥梁。

香港电台于1928年在邮政局启播，开始以英语报道新闻。1948年正式名为“香港广播电台”。1954年成为政府的一个部门。1957年中文台开始全日广播，1960年英语台开始全日广播，1970年电视部成立，制作公共事务节目，从1990年开始在亚视和无线电视台的黄金时段播放。

香港电台至1997年底每周广播1148小时。该台的主要中文台（第一台）和英语台（第三台）每天24

小时不停广播。香港台属下的7个频率均已发展为各具特色的电台。第一、二及五以粤语广播。第一台以新闻及资讯为主。第二台为青年人而设，播送轻松有趣的资讯娱乐及清谈节目。第三台以英语广播，播送形形色色的新闻及娱乐节目。第四台是双语广播频道，以播送古典音乐和演艺节目为主。第五台主要播送教育、文化及非主流兴趣节目。第六台全日转播英国广播电台对外广播节目。第七台于1997年3月31日开始成普通话台。香港电台称，普通话台的节目方针是以本地大众口味和国际事务为重点。在每日播出的“长Phone万里行”节目中，主持人用长途电话与全球普通话电台的节目主持人谈论一些大家都感兴趣的话题。该台每日均播出中国大陆、香港和台湾的报章摘要，每隔一小时播放新闻报道，并在13:00和18:00播放财经消息。

根据香港广播事务管理局对牌照的规定，无线电视和亚洲电视须播放香港电台的电视节目。香港电台是公营广播机构，每周制作约10小时电视节目，以补商营电视节目的不足。香港电台电视节目的内容大致分为六类：时事、纪实、戏剧、资讯及社群服务、综合及儿童青少年节目，以及一般教育节目。

1998年香港广播踏入70周年。为庆祝这一盛事，香港电台于1997年第三季度组成筹办小组。该小组除了筹备庆祝活动外，还探讨广播事业的路向及发展最新科技，如数码广播等。香港电台于1997年10月中开始提早推出新一年度的节目巡礼，其中包括：“杰出华人系列”。

另外，数码广播是香港1997年和1998年科研的重点之一。

二、香港广播电视的“回归效应”在1997年充分体现

(一)有关香港回归的政权交接仪式及有关活动报道

1997年7月1日香港回归的政权交接仪式和有关活动是世界关注的焦点。香港媒体把报道这一历史盛事作为各传媒的实力较量。

有线电视48小时不停转播政权交接仪式和有关活动。该台强调以一贯着重新闻性的路线，全程报道回归实况。整个采访动员了400多名工作人员。另外还转播CNN、BBC、CNBC和中央电视台有关回归的直播节目。

凤凰卫视中文台称，以独特的风格，全方位、多角度，连续60小时的世纪报道，直播香港回归过程。该台租用了两架直升飞机从空中全程跟踪香港回归的整个活动。而租用直升机拍摄的费用，一小时高达十几万港元。

亚视动员400名职工，以48小时报道有关政权交接的官方仪式及民间庆祝活动，并制作一场长达6小时名为《跑马地万众同心大汇演》综艺节目，参与表演这台节目的人士来自海内外，约3000人。节目在6月30日晚现场直播。其他大型有关节目包括：《烟花汇演庆回归》《七·一欢腾庆回归》《中央领导人讲话》和《首都各界庆祝香港回归庆典》。

无线电视以72小时直播这次历史盛事。该台向交接仪式统筹处报名采访的人多达290人。据悉，无线的《香港政权交接仪式》创下了1997年播出节目的最高收视。它的其他有关节目包括：《告别殖民地》《烟花汇演庆回归》《特区成立倒数》《龙的光辉——香港回归大汇演》和《特区成立日——京港穿梭大汇演》。

为令全人类可以见证这个历史时刻，香港电台多管齐下。一方面负责提供电视公共讯号，另方面拨出电台各频道，以粤语、英语、普通话全面报道香港政权交接仪式及重点庆祝活动。在回归这个历史时刻，港台通过电台、国际电脑网络及电话热线全面把回归资讯发放全球。另外，香港电台还通过节目主持人与全球多个华语电台互通消息，报道世界各地对香港回归的反应。

新城电台为九七政权交接仪式和有关活动也做了8小时的实况报道。商台也进行了数小时的实况报道。

(二)从1997年初开始，香港各电子传媒迎回归的特别报道比前一年明显增多

凤凰电视台为迎接香港回归祖国特别制作了“聚焦九七”系列报道。

华娱电视摄制了一部长达1小时的写实纪录片《香港回归祖国》。纪录片捕捉了各界人士对回归的想法和感受，作为对香港殖民管制的追索及回归中国后迈向新世纪的憧憬。该台还在香港回归前每天播出5分钟回归快讯。

香港电台的《香江岁月》是以香港社会的变化为题材，以配合香港回归。其他还包括：反映港人对回归看法的“香港精神”、“九七倒数”和“蓝图2000”的回顾节目、跨世纪展望节目——“五棱镜”的“一国两制”，邀请各界专家评论及介绍香港及内地在一国两制下的情况和“九七冲击”，剖析“九七”对亚太其他地区所带来的经济政策和发展的影响。

无线电视连续播出的《九七透视》主要探讨香港社会在后过渡期的转变，《香港传奇》主要回顾香港的历史和《回归快讯》。

亚洲电视的香港特别节目包括：《九七备忘录》、《成长话香江》和《97新里程》。

(三)《普通话》节目也是“九七效应”之一。

凤凰卫视中文台称要成为“九七”回归后，港人学习普通话的追踪热点。

有线电视儿童台举办“绝对普通话大赛”。

香港电台于1997年3月31日推出全港第一个普通话台——“香港电台普通话台”。该台助理广播处长邵卢善虽表示，“普通话台与九七香港回归没有直接关系”，但他又说，“由于九七的关系，海峡两岸，中国内地、香港和台湾的人民交流越来越频繁密切，使用普通话的机会也就越多，社会上对普通话的要求也因九七的来临而越来越强烈。设立普通话频道，对推广普通话，促进两岸三地交流，可起积极作用”。香港电台自推出普通话台后，还搞了不少推广普通话的活动。举办《学生普通话广播站》节目就是其中一个活动。该台请中学生和老师做节目主持人，目的是鼓励中学生多听

多讲普通话。

三、回归效应还反映在外国电子传媒1997年在港积极开拓业务

九七香港回归是世纪盛事，自然也成为外国电子传媒报道的重点。1997年外国广播电视传媒积极在港开拓业务。一些大的电子传媒早在1996年开始增派驻港记者以关注和及时报道有关香港回归的各项活动。自1997年初，不断有外国广播和电视公司派团到港作回归报道的前期准备。

选择香港为亚太区总部的美国全国广播公司亚洲有限公司CNBC台财经频道的NBCasia总裁冯承光表示，在香港开拓业务有三大优势：1. 香港的制作资源最方便和集中；2. 香港具有大量和优秀懂英文制作电视节目的人才；3. 香港是中国的窗口，中国则是亚洲商业活动的重心，而且CNBC看好香港的前景。1997年CNBC增加了不少有关香港的报道量。

外国传媒更把1997年7月1日前后香港回归报道视为一场实力较量的大战。美国有线新闻网络CNN的香港回归特别新闻节目长达60小时，包括现场报道、新闻花絮及香港政权交接的专辑。CNN约派驻了100多名工作人员在亚洲各国摄制“香港回归”专辑。除了常驻香港的16名CNN记者外，该新闻网络还调派了60名工作人员协助实地报道。美国之音也为这次报道增加在港人员。英国广播公司派遣了约180人到港采访，该公司在港的办公楼顶上建了一个新的制作中心。几乎所有世界大广播和电视公司都在回归期间到港报道这一盛事。一些世界名记者和名主持人都被派往香港亲自主持有关的特别报道。他们包括，美国哥伦比亚广播公司的名主持人丹·拉瑟和一名年近八十，曾参加第二次世界大战报道的英国广播公司女记者。

四、1997年举办香港有广播以来首次电台听众及收听率联合调查

香港的三家电台于1997年联合赞助搞了电台听众及收听率首次联合调查。联合调查由香港电台、商业电台和新城电台及香港广告商会和香港广告客户协会参与，联合委托一个市场研究有限公司进行。但调查结束后没有联合举行招待会发表调查结果。三家电台都从调查的数字中“各取所需”找自己最有利的部分进行宣传。

然而，这次调查被香港传媒界认为是有成果的。第一次调查本身是广播史上的创举。另外，过去3台各自进行调查的方式与结果不同，数据不易比较。如今方法一致，优、劣可一目了然，便于各自在今后工作中加以改进。

据这次调查，在香港，电台听众最多的时间是8∶00至11∶00。从三台听众收听率来看，调查显示，香港电台的一和二台总收听人数最多，商业电台一和二台其次(与香港电台的听众收听率比较，差距甚少)，新城电台997及精选104台排最后（与香港电台和商台比较，差距甚远)。据悉，这次调查是以电话的形式访问了12000名听众。访问对象是9岁以上的人士，66%为中国人士，其余为外籍人士。调查日期从1997年6月15日至8月31日，共78天。

五、香港电讯经香港政府批准1998年初推出互动电视服务

1997年11月，香港电讯经香港政府批准1998年初推出互动电视服务。这显示香港电讯科技的发展，并意味对香港有线电视的挑战。

香港电视推出筹备多时的互动电视服务可让用户安坐家中，通过光纤网络及宽频技术，享受多种互动电视的服务。除提供自选电影外，还可提供家居银行、家居购物及遥距学习等服务。(张葭萍)

澳门广播电视概况

澳门地区主要电子传媒机构是澳门广播电视有限公司（简称澳广视）。

澳门毗邻珠海和香港，并可以十分清晰收到这两地的广播电视节目，但尚不能有效地接收中央电视台节目。

澳广视资本额为澳门币两亿元。各股东的资本比例是：

澳门政府	50.5%
澳门旅游娱乐有限公司	19.5%
南光公司	15%
何厚铧	15%

1997年，为改善及提高广播电视质素，澳广视更新和增加发射设备，到目前为止，共有6台发射设备。

澳广视拥有电视和电台广播频道各两个，下设中文电视台、葡文电视台和中文电台、葡文电台，为澳门居民提供广播电视服务。该机构每周七天播出教授中文（普通话和广州话）和葡文的教育电视节目。

澳门人口的97%是华人。1997年，澳广视的中文电视台播出总时数与1996年的播出的4108小时的总时数持平，其中：

新闻	17.64%
教育节目	7.09%
电影、电视剧	29.61%
纪录片	5.46%
体育节目	3.78%
娱乐/音乐节目	19.07%
动画片	3.84%
赛狗转播	13.52%

在新闻方面，中文电视台大量采用中央电视台的新闻和广东电视台的专题报道。1997年，澳广视对中国内地的政治活动和“香港回归”等重大事件作了充分的报道。

在电视节目制作方面，澳广视继续保持制作特别节目的传统，同时向全世界转播了介绍澳门形象的节目，如《澳门国际音乐节》《格兰披治大赛车》《世界女排大奖赛澳门站》和《葡式斗牛》等。

1997年，澳门电视台对节目的构成进行了改进，增加了国内高质量的电视连续剧的播出，转播了"意大利甲级足球联赛"和"英国超级足球联赛"等，同时还面向在澳一万多菲律宾人，每周一次播出一集菲律宾电视连续剧。

澳门中文电台全天24小时广播，向澳门居民提供新闻、咨询、娱乐、文化、教育等20多种节目。澳门电台设有英语教育节目。1997年，澳广视的两个电台频率为听众提供了多个特点报道，其中包括："葡萄牙总统访问中国""八届人大五次会议""中葡联合声明发表十周年""澳门基本法颁布四周年""中共十五大""香港回归祖国""国际音乐节""澳门格兰披治大赛车"和"澳门总督访问巴西"等内容。

葡文电视台及葡文电台则以葡萄牙语广播，主要对象为在澳门的葡萄牙人及懂葡萄牙语的人士。电视台播出时段为黄昏至深夜，电台则24小时广播。葡文电台和电视台除播国际和本地新闻外，节目的主要来源是通过卫星转播葡萄牙电视台最受欢迎的节目。

（归祖勤）

台湾广播电视概况

广　播

1949年底，大陆的一部分广播电台随国民党政府迁往台湾。台湾地区的广播业因此发展起来。但是，由于军事和电信技术的原因，到80年代后期，只有有限的几个频率可供广播使用。1987年，当局"新闻局"、"交通部"和"国防部"就开放新的播出频率开始协商。第一批新的广播频率直到1993年才开放。因为立法不及时导致了一些地下广播电台在1990年底出现。到1994年，据估计，在台湾地区有40家没有许可证的电台在营业。这些非法电台大多数公开地批评当局的政策，电台邀请听众参加讨论有关政治问题的节目，吸引了相当多的听众。从1994年4月到8月，当局"新闻局"在"法务部"和6000名警察的协助下对没有许可证的电台进行了一次大清理，引起一些地方这类节目的支持者举行了大规模的抗议。

从1993年起，当局"新闻局"批准了169个调幅和调频的新电台，许多申请者属于反对党派和激进组织。对频道大量的需求促使当局"新闻局"重新分配无线电频谱，以便于能够容纳三个层次的调频广播电台：社区广播电台、地区广播电台、全岛广播电台。社区级电台的功率限制在最大250瓦特，覆盖范围5公里；地区级电台的限制为3000瓦特和20公里；全岛级电台规定为30000瓦特，没有覆盖范围的限制。调幅电台的功率发射限制在最大1000瓦特，覆盖范围40公里。为促使地下电台变为合法电台，当局"新闻局"将规定的申请开办电台社团的资金减少到相当于37000美元，许多地下电台已经领到了许可证。到1996年9月，当局"新闻局"已经颁发了118个电台广播许可证，还有一些申请正在审理。

节　目

广播业在台湾从50年代起经历了长时间的发展，在50年代，戏剧、文化、教育和少年儿童的广播节目是家庭娱乐的主要内容。到60年代，电视在台湾的出现，对台湾的当地的娱乐习惯引起了一场变革。但是，另一个重要的变化出现在80年代，那时，电台采用了具有针对性的吸引特定听众的措施。现在，许多电台集中在具体的行业上，如：新闻台、轻音乐台、交通信息台、证券市场台或农业新闻台。在90年代，新闻电台有各种各样的节目，包括新闻特写、演播室访谈和电话采访等风行一时。另外，拥有广泛信息来源的报纸和电台合作，将最新的信息尽快地送到了各家各户。

社会日益多样化和公众敢于表达愿望的自信心的增长导致了电台请听众直接参与节目的增多。听众渴望在广播中就社会的发展谈谈他们自己的观点，渴望向来到演播室的官员提出各种各样的问题。请听众直接参与的节目涉及范围很广，内容从保健到法规，无所不包。桃园的一家电台在请听众参与的节目中甚至播出了关于在桃园做工的外籍工人的话题。台湾的电台广播包括中波调幅和调频电台的定时节目，对大陆广播的中、短波节目和通过短波发射向海外的特别节目。播音使用各种汉语方言和英语。

电台设施和服务

"中国广播公司"（BCC）的总台在台北，下设9个地区级分台和两个专业台，这两个专业台专门广播农业节目和报道交通信息。"中国广播公司"有6个全岛的和5个区域级的联播节目网，这些联播节目网播出流行音乐、台湾新闻、工商业服务、教育和宗教节目、股票市场报告和用闽南话播音的节目。新闻和流行音乐也向大陆广播。另外，"中国广播公司"用14种语言和31个短波频率向海外发送节目；通过"亚洲之声"用两个中波频率和7种语言播音。1996年1月，"中国广播公司"和新加坡广播公司签署了双方互派人员和交流节目的备忘录。

"中央广播电台"（CBS）在台湾有6个分台，装备有24部中、短波发射机。这个台的播音可以覆盖到大陆的大部分地区，"中央广播电台"向大陆广播台湾的政治、经济、文化、教育和社会发展的新闻，这些节目针对大陆，有几套节目用闽南话、广东话、客家话，还有蒙古语、藏语和维吾尔语播音。1996年1月"立法院"通过了"中央广播电台"设置条例，将"中央广播电台"与"中国广播公司"的"中国自由之声"合并为一个公司，重新组台后，"中央广播电台"仍负责对全球和大陆广播台湾当局的政策、商业活动，旅游和教育发展的新闻。

正声广播公司（CSBC）在台湾全岛拥有1个调频

频率、8个调幅频率和9个转播台。这些电台的节目主要是为了满足台湾的农业、渔业和劳动团体的要求，播音的语言是闽南话、客家话和普通话。1994年10月，正声广播公司又开办了一个称做“生活资讯调频台”新型的服务电台。从1995年10月起，正声广播公司就一直在使用综合服务数字网播出它的“超级之声”音乐节目和美国洛杉矶的中文电台联播。综合服务数字网还用于正声广播公司和《时代周刊》联合举办的请观众参与的新闻节目的播出。

警察广播电台(PRS)提供专门的交通报道和社会服务，总台设在台北，在全岛设7个地区台和8个转播台。它的交通新闻网设在以下城市：台北、台中、高雄和花莲。警察广播电台还开办“常青网”为中老年台湾公民提供文化节目和有关医药、健康和退休方面的信息。通过计算机网络，警察广播电台全天接收和报道当地高速公路的路况和交通堵塞情况。交通新闻中穿插一些音乐和特写。

台北国际团体广播电台（ICRT）由台北国际团体文化基金会主办，是台湾唯一的以英语播音为主的广播电台，它使用调频和调幅频率播出不同的节目，其中包括通俗的西方音乐、“开口秀”（谈话类节目）和社区服务节目，台北国际团体广播电台还通过因特网24小时全天播出多媒体节目，其网址为：http：//www. i-crt. com. tw。1995年12月，关于准许在台湾建立第一个全岛级的广播电台问题已经提交到国际文化广播有限公司的筹备委员会，目前，正在寻找合适的建立新电台的地方。

无线电视

台湾的三大商业电视台是台湾电视事业股份有限公司（TTV）、“中国电视股份有限公司”和“中华电视股份有限公司”(CTS)，“中华电视股份有限公司”是唯一使用超高频和高频两套播放节目的电视台，超高频主要用来播放教育节目。这三家商业电视台垄断全台湾岛无线电视的局面于1997年被新成立的全民电视股份有限公司打破，全民电视股份有限公司是在1995年6月获得建立台湾第四个全岛级电视台许可证的，于1997年正式开播，它隶属于民进党。

台湾的电视节目制作充分使用了数字网络和最新的影像制作技术。电视台通过电视卫星向有线电视系统传送电影，卫星和有线电视是高清晰度的，通过向卫星发射，再从卫星传输到地面的有线电视网中。这样，三大商业电视台就面临着越来越多的观众转向卫星和有线电视的严重威胁。因为台湾的有线电视法不允许无线电视机构开办有线电视系统，所以，三大商业电视台感到巨大的压力，但又要保护市场份额，所以只好提高节目质量和改进技术设施。1992年1月，三大台开始使用MTS/SAP双声道播放系统，以便于观众对一些固定的外语节目进行双语选择，副频道选择主要是英语或日语。商业台还开始使用卫星技术以进行从遥远地方传输过来的现场节目的接收，以及第二个副载波上再传输。为了加强新闻报道，电视台在台湾的中部和南部建立了机构，并且加强了海外交流。

有线电视

台湾对有线电视的管制相对晚一些，1976年，非法有线电视台，如众所周知的“第四频道”，开始在基隆运营，不久，由于不断增长的市场需求，非法电视台风靡整个台湾岛。在当局放开媒体政策后，有线电视台的运营者开始公开地与无线广播竞争。有线电视台吸引了众多的观众，因其可以提供大量的中外电影、香港的电视连续剧、各种演出和卡通节目供观众选择。当ku-波段和C-波段卫星电视接收器在台湾成为合法以后，节目选择的机会更多更广，甚至包括可以收看卫星电视。

在1993年11月以前，有线电视的运营还在法律规定的范围之外，这就迫使当局制订有线电视法。1993年8月有线电视法得以通过，当局“新闻局”开始为官方认可的有线电视系统制订具体的法定框架。那些仍在运营的非法电视台需在当局“新闻局”登记注册，当经官方认可的有线电视系统开始在相关的地区播放节目时，非法电视台将不得不停止运营，截止到最后期限的1994年11月1日，当局“新闻局”收到要在台湾51个指定的服务区内运营有线电视的申请204件，到1996年9月，申请报告的审定全部完成，有126件申请通过，运营者获得了建设许可。

在1996年，共有150个有线电视系统，有1000多家节目和像带供应商。现在，有线电视可以提供60个频道，包括：通过卫星传送的日本的NHK的节目，美国的HBO、CNBC和迪斯尼频道，当地的体育节目，电视购物节目，音乐录像节目和谈话节目，大约75%的卫星节目可以被台湾的两百多万个家庭接收。最受欢迎的频道之一是无线卫星电视台（TVBS），这个台开办的第一年，就吸引了台湾的三百万个家庭收看，收视率接近所有有线电视收看人口的90%。欢乐放送台(TVIS)提供现场直播台湾的职业棒球赛和篮球赛，其收视率也很高。其他较受欢迎的卫星频道包括美国有线电视频道、ESPN（主要播放带有中文字幕的体育节目）和音乐电视（主要是摇滚乐录像），另外，还有香港的STAR CHINESES频道、STAR PLUS（卡通和电视连续节目），STAR MOVIE PRIME SPORTS和V频道（音乐节目）。卫星电视服务通过有线电视台播放的节目仍在继续吞食三大商业电视台在台湾的电视观众和其广告的利益。

公共电视

从三家无线电视台普遍成为商业电视台起，公众就希望有一个拥有高质量节目，没有商业气息的综合公共电视台（PTV）。于是，“立法院”在1982年修改了广播电视法，这个法规定各商业电视台年利润的一部分必须被指定为公共电视的基金，因此成立了广播发展基金会。1984年5月，非商业性节目第一次在三家商业台播出。1990年6月，成立了22人组成的公共电视组织委员会，由这个委员会起草公共电视法草案，公共电视法主要是为公共电视硬件设施、节目制作政策和长期的财务资源分配计划作出规定，公共电视法给公共电视台规定了自己的频道和播放设施，这样公共电视台就有了自己的播出频道和设施，而不再依靠当地的三家电视台分配给的每周只有15个小时的播出时间了。为公共电视台制订的计划是不只在超高频，还在全台湾通过50～53频道播放节目。节目的制作是在台北的演播室通过卫星ku-波段上行频率14.1～14.5千兆赫和下行频率12.2～12.75千兆赫传送到台湾的10个地方的超高频电视台，金门岛、马祖岛和澎湖列岛近海岛屿，还有东南亚的大部分地区也能收到超高频公共电视台的信号。从1995年起，公共电视台进行了多次实验播放为正式播音做准备，现在公共电视台的节目也可以在晚上的供选择的有线电视系统上播放。1992年9月，公共电视法已经提交到“立法院”审议，但是，直到现在，这个法还没有被通过。

（程晓平）

香港、澳门广播电视与内地的交流概况

1997年，是香港回归的一年，香港广播电视界与内地广播电视界的交流达到了一个新的高潮。据统计，广电部直属单位出访香港达112批，1299人次。其中，为香港回归报道赴港24批，478人次。香港广播电视机构来访内地的代表团、摄影队、电视剧组共93批，1309人次。香港与内地两地广播电视机构之间在1997年的交流可以分为三个阶段：

第一阶段：即7月1日之前的准备阶段。为了使中国老百姓充分认识历史，理解香港回归祖国的重要意义，内地的广播电视拉开了舆论宣传的序幕，为制作和采集素材赴港工作的广播电视工作人员与往年同期比大幅增加。从中央电视台的大型历史纪录片《香港沧桑》开始，反映香港历史和社会现状的专题节目如《香港百年》《今日香港》《百年梦归》纷纷走上屏幕，中央电台和各地电台也在此期间推出如《罗湖桥头话九七》等专题节目。香港题材的电影、电视剧也应运而生。香港广播电视界同仁对赴港工作的节目组给予了积极的协助。

第二阶段：即7月1日对香港回归进行现场报道阶段。香港回归是中国的盛事，也是世界瞩目的大事。此间，来自世界各大新闻机构的近八千名记者云集香港，聚焦香港。而置身事件之中的香港及内地的广播电视工作者更是蓄势待发。根据中央指示，广播电视系统联合组团，集中央电视台、中央人民广播电台、中国国际广播电台三大台为一体，由刘习良副部长率领，何栋材、杨伟光副部长为副总指挥，一行478人于7月1日前抵达香港。这是广播电视系统有史以来最大规模的广播电视境外报道团。报道团成功地直播了回归的各项活动。东道主香港电台以及香港的几家电视台，包括“亚视”、“无线”，对回归期间的各项仪式也都做了现场报道。两地广播电视工作者在此期间互相支持、积极配合，顺利完成了香港回归祖国这一历史事件的报道工作。

第三阶段：香港回归后，根据“一国两制”“港人治港”的原则，香港与内地的广播电视机构继续遵从互不隶属、互不干涉的原则加强合作。两地广播电视工作者在国庆、春节以及“心连心”等文艺联欢晚会的合作中进行了有益的尝试。此外，两地的电视工作者对电视连续剧的合（协）拍也进行着新的探索。双方的节目交易也更趋频繁。年底，在香港的“第四届亚洲电视节目交易会”上，在两地电视机构的共同努力下，成功举办了“中国电视剧日”，又一次展示了中国日益进步的电视制作水平。

九七年香港顺利回归祖国，九九年澳门回归在即，九七年的成功报道为澳门回归时期的宣传报道打下了基础。

为了推进对澳宣传工作，中央电视台多次派人赴澳采访，《澳门岁月》《焦点访谈》《东方之子》等专栏及专题陆续播出了有关澳门情况。年末，北京电视台在澳成功举办了“北京电视周”。（部港澳台办）

对台广播电视交流概况

1997年，对台广播电视交流取得了较为突出的成绩。与台电视公司合拍电视剧10部，对方来访人员550人次；协拍2批，48人次；专题片8批，39人次。并接待台湾代表团4个，28人。同时，组织访台团组41批，382人次。

另外，我方通过音像展示会、电影展、研讨会、合办节目、节目买卖及人员交流，以多种手段、多条渠道将我优秀节目输入岛内，扩大两岸在广播影视领域的多种交流，为祖国统一大业贡献力量。

7月底，中国影视音像交流协会组织38个省（市）音像出版单位、72人的代表团赴台举办“1997年音像制品交流展示会”。共展出2200多件参展单位自制的、有地方特色的优秀音像作品。展出期间，每天展出10小时以上，观众络绎不绝。离台前，各参展单位与台湾同业洽谈有实质性的项目超过百项。

8月初，组织中央及地方省级9家电视台台长代表团，共12人赴台，进行了为期一周的工作访问，商谈多项合作项目。

9月份，上海东方电视台与台湾电视公司合作举办“中秋文艺晚会”，并通过卫星现场向台湾直播，在台湾民众中引起热烈反响。

11月下旬，以中华广播影视交流协会的名义组成由中央卫星传播中心、部分省市有线电视台负责人，共17家、24人参加的代表团赴台举办“海峡两岸广播电视座谈会”。与8月初的工作访问相同，重点考察了台湾有线及卫星电视发展状况，探讨两岸有线及卫星电视的合作以及我节目在台岛顺利落地的途径。

祖国大陆制作的电视剧《水浒》《火烧阿房宫》《胡雪岩》等都已由有关机构购买了在台播放的版权。

（部港澳台办）

香港、澳门、台湾与内地的交流与合作

中央人民广播电台

1997年11月24日，台湾“中央广播电台”董事长朱婉清女士等一行三人，来我台礼节性拜访。安景林台长、张长明副台长会见，有关部处领导参加了会见。

安台长向来宾简单介绍了我台的情况，并对朱婉清女士的来访表示欢迎。朱女士对我台的对台广播表现了较大的兴趣，随朱女士来访的该台的新闻部经理卢光宇先生，介绍了该台的节目情况，以及电台改版后的服务方向和立场。

中央电视台

1997年3月19日　台长杨伟光会见台湾海峡两岸企业交流协会理事长黄建雄。

3月19日　副台长李东生会见香港九仓有线电视公司有线新闻台新闻总监赵应春。

5月8日　台长杨伟光赴香港出席电视片《香港沧桑》首映式。

5月12～22日　中国电视剧制作中心主任胡恩前往澳门洽谈拍片。

5月底～7月5日　中央电视台“香港回归报道”组289人赴香港进行实况转播。历时72小时向全世界播出。全世界54个国家和地区，全部或部分采用了中央电视台的节目。中央电视台领导杨伟光、李东升、贾文增、李建、邵昌友等率队参加现场直播，盛况空前。

7月7日　副台长李丹会见台湾环球电视有线公司代表团。

8月14日　副台长赵化勇会见香港卫星电视有线公司副总裁布鲁斯·多弗。

8月4～14日　副台长李丹随广播电视交流协会代表团访问台湾。

9月8日　台长杨伟光、副台长李丹会见澳门广播电视有线公司执行总裁江濠生，双方签署了合作协议书。

9月24日　副总编辑兼总编室主任罗明会见了香港文康广播局局长周德熙。

10月30日～11月4日　台长杨伟光率“中央电视台心连心艺术团”赴香港访问并演出。

11月24日　副台长李丹会见台湾“中央广播电台”董事长朱婉清。

广播科学研究院

1997年6月28日～7月8日　高凤吉副院长一行5人赴香港，代表广电部参加中国高新技术成就及香港工业科技展览会，广科院DAB、VOD和图文电视三项成果参展。

7月21～27日　原广播科学研究所马长华所长一行3人赴台湾参加两岸数字电视中文标准研讨会。

11月3～9日，杜百川副院长一行6人赴香港参加’97亚洲广播展览会和研讨会。

中国教育电视台

1997年1月　中国教育电视台制作的《中华之春’97春节晚会》和《中国教育电视台丁丑迎春京剧曲艺专题晚会》在香港华娱电视台播出。

1月18～23日　中国教育电视台5人赴香港拍摄电视专题片《今日香港教育》。

5月12～22日　中国教育电视台应澳门旅游司的邀请，派出5人摄制组赴澳门拍摄有关澳门饮食文化、风土人情的电视专题片。

北京市

1997年1月初　北京电视台总编辑于知峰一行7人赴澳门举办“第一届北京电视周”活动。

6月9～15日　北京市广播电视局一行7人随广电部中国电视代表团赴香港参加《香港国际电影展览会》。

12月3～7日　北京电视台台长刘迪一等2人赴香港参加香港第四届MIP-ASIA’97亚洲国际电影电视节目博览会。

天津市

1997年3月28日　电视台马育明、李家森、陈强赴香港拍摄《天津与香港》，为期10天。

7月21日　电视台张建国、万克、李晓东赴台湾参加合拍片《侬本多情》首映式，为期7天。

10月7日　有线电视台王玉贵赴台湾参加海峡两岸卫星无线有线电视研讨会，为期8天。

11月7日　电视台王东潮赴香港参加’97香港电视交易会，为期4天。

11月18日　广电局王书兰、电视台袁廷先赴香港参加’97香港公开冬泳锦标赛，为期7天。

11月21日　电视台刘宝福、李津、高雁赴香港采访津联有限公司上市，为期15天。

河北省

1997年2月　河北电视台制作部三位工程师赴香港进行为期8天的技术考察培训。

4月　河北电视台五人赴香港进行采访、拍摄活动。

6月　河北电视台副台长何振虎一行2人赴香港

参加首届香港国际电影展。

11月 河北电视台副台长孔汉存赴香港进行为期4天的技术交流。

12月 河北电视台二人赴香港参加为期5天的'97亚洲电视节目展。

山 西 省

1997年12月25日～1998年1月3日 台湾宇威公司韩佩玲等一行4人，应广播电影电视部邀请，来山西拍摄《绝艺交趾陶》电视专题片。

内 蒙 古 自 治 区

1997年3月19日～26日 内蒙古广播电视厅501台台长陈国祥随广电部组团赴香港参加第一次亚洲2号广播通讯用户联络交流会。

9月9～18日 内蒙古电视台一行2人应香港讯德音视科技有限公司邀请赴香港TVB电视台进行设备学术交流及培训。

12月3～8日 内蒙古电视台应香港艺联传播娱乐有限公司邀请派出1人赴香港参加香港电视节交易会。

12月3～13日 内蒙古电视台万英奎随中华广播影视交流协会组团，赴台湾参加"海峡两岸"卫星有线电视研讨会。

辽 宁 省

1997年10月，辽宁电视台文艺部，与台湾齐舜公司再度合作，完成《缤纷节奏》台湾部分的拍摄。

吉 林 省

1997年6月10～15日 吉林电视台3人采访组赴香港采访以庆回归为契机，以吉林省与香港经济、文化互促互利为主线，拍摄全面反映改革开放以来吉林与香港交流合作成果等素材，制作完成了30分钟专题片《六千里路看归帆》，在30日午夜吉林电视台一套节目中播出。

12月3～13日 吉林电视台副台长詹铁坤随同广电部中国广播电视交流团赴台湾参观访问，并参加海峡两岸广播电视交流会，在会上作了两次专题发言。

黑龙江省

1997年3月17～23日 黑龙江电视台3人，赴香港考察和参加电视录音棚技术培训，同时学习了专业音频技术。

11月3～7日 黑龙江电视台副台长刘成学作为嘉宾，赴香港参加'97亚洲国际广播设备、音响、电视及录像展暨技术交流会。

12月3～6日 黑龙江电视台2人赴香港参加亚洲电视节。

上 海 市

上海东方电视台创意并与有关方面合作，首次进行海峡两岸卫星双向传送电视节目，并获得成功。9月16日（农历中秋节）晚，由上海东方电视台、中央电视台和台湾电视公司及台湾《中国时报》联合制作的《千里共婵娟——中秋夜·两岸情》'97中秋特别节目，通过卫星双向传送，在上海外滩和台北歌剧院音乐厅广场同时举办，并于22：00同步在东方电视台和台湾电视公司的电视频道播出，引起热烈反响。

全年接待了台湾摄制组5批26人次，主要拍摄在沪台资企业情况；以执行长盛建南为团长的台湾广电基金代表团一行4人，于8月30日至9月4日来访，参观了上视、东视和有线电视台，拜访了叶志康局长，主要讨论了电视节目交流问题；此外，有41人来沪参加电影节，12人参加广播音乐节。

全局赴台访问9批24人次，增加50%。主要考察了台湾地区广播影视的现状，探讨进一步发展合作交流的可能。

浙 江 省

1997年1月20日～2月5日 浙江省残疾人艺术团赴台湾访问演出。浙江电视台2人随团采访。

1月20日～2月5日 省厅技术处一名工程师，随广电部中广影视卫星公司组团赴港参加亚太卫星公司举办的操作协调会。

3月29日～4月2日 台湾公共电视台董克景等5人来杭州、绍兴等地拍摄电视专题片《国宝·采风》。该节目作为台湾公共电视台开播的重点节目。

7月25日～8月3日 浙江音像出版社社长助理随广电部组团赴台湾参加"'97中国大陆音像制品展览"。

8月5～12日 浙江电视台副台长钟桂松随广电部组团赴台湾访问，商讨海峡两岸广播电视的交流与合作。

9月4日～7日 台湾广电基金执行长盛建南等5人访问杭州，张桂芝副厅长接待并介绍了浙江省广播电视管理、制作、人才培训及VCD市场发展等情况。

11月20～27日 浙江有线电视台2人赴香港亚洲电脑顾问公司举办的市场发展和三维动画软件培训。

福 建 省

1997年4月底，福建省广播电视厅厅长兼福建电视台台长林爱国赴香港参加电视剧《林则徐》的首映式。

4月 厦门电视台5人赴香港，拍摄20集电视片《从鹭江到香江》。

5月15～22日 福建东南电视台台长傅祖桂一行4人赴台考察。

7月18日 台湾永真影视公司在福州就摄制47集电视剧《台湾第一巡抚》与福建电影制片厂、九州音像出版公司签订合作协议。

9月25～27日 台湾华夏卫视董事长刘清水一行5人参加福建东南电视节目在台湾落地的签字仪式。

10月15～22日 福建东南电视台一行5人赴香港参加福州十邑旅港同乡会庆典活动。

10月 福建电视台4人赴香港敏达公司考察。

10月 台湾星锋文化事业股份有限公司派人到福州与福建广播电视厅、福建电视台、福建电影制片厂洽谈合拍电视剧《台湾民间传奇》一事。

11月 福建电视台2人赴港考察力行公司。

12月 福建电视台1人赴港参加香港国际电视节。

12月 福建广播电视厅厅长兼福建电视台台长林爱国一行5人赴台湾考察访问。

12月 厦门有线电视台2人赴香港参加第四届亚洲有线及卫星通讯广播展览会，时间一周。

山东省

1997年1月8～20日 山东电影电视剧制作中心周丽民（东奇影视艺术开发中心经理），应邀赴香港执行拍摄电视系列片《动物园》洽谈活动。

1月 副厅长宋德福随部组团赴香港参加亚太通讯卫星用户操作协调会。

2月 青岛电视台编导2人随青岛爱乐合唱团赴香港演出采访。

3月 香港“亚视”摄制组一行10人来我省拍摄有关旅游资源开发内容的专题片。

3月11～12日 香港“亚视”摄制组一行10人来青岛拍摄旅游风光片。

4月 台湾长乐传播公司一行3人来我省拍摄《万里江山——大陆寻奇》电视系列《黄河》专题片。

5月20～26日 青岛市广播电视局局长姜作杰等一行6人，随青岛市委宣传部新闻采访团赴香港进行为期一周的新闻采访。

5月 青岛市局应邀组团赴台湾执行业务艺术交流任务。

6月 台湾颐伦影视制作公司李淳容女士为拍摄电视系列片来我省进行前期准备活动。

10月 济南市局应邀组团赴台湾执行业务艺术交流任务。

11月28日 香港凤凰卫视中文台副总裁余统浩一行7人，到青岛市广播电视局参观访问，就今后加强交流与合作问题进行洽谈，表达了今后加强合作的愿望。

11月 厅科技处1人随部组团赴台湾，参加为期8天的海峡两岸卫星、有线电视研讨会活动。

湖北省

1997年2月21～25日 香港亚洲电视“长江三峡旅游特辑”摄制组在湖北省巴东、秭归、宜昌、荆州、武汉拍摄三峡旅游线路各景点。

3月19～26日 湖北省广播电视厅1人赴香港参加亚洲卫星公司在香港举办的第一次亚洲2号广播通讯卫星用户联络交流会。

3月 湖北电影制片厂1人参加北京中北电视艺术公司在香港投拍的电视剧《大命运》的工作。

4月13～15日 台湾公共电视台《国家采风》摄制组董克景5人来湖北省武汉、黄冈等地拍摄历史古迹、文物景点。

5月8～22日 湖北电视台李世全等5人赴香港采访拍摄。

8月27～9月2日 武汉电视台2人应香港商斯柏特国际经纪有限公司台湾分公司邀请，赴台湾进行节目交流。

12月8日 台湾歌手辛晓琪来汉参加庆祝湖北有线电视台成立三周年在武汉杂技厅举办的“明天更美好”直播晚会。

广西壮族自治区

1997年5月5～11日 广西广告公司顾问何丹、总经理覃忠一行3人，应香港通达理广告有限公司的邀请，前往香港考察，洽谈广告业务。

广播电视对外交流概况

广电部外事司

1997 年是我国外交极其活跃并取得了重要成果的一年。广播电视的对外交流工作在密切配合并服务于国家的整体外交，密切配合并服务于广播影视工作的宗旨下，取得了明显成果。全年部属各单位共派出出访团组 830 个，4217 人次，与 1996 年相比，增加出访 707 人次，来访 3293 人次，比 1996 年增加 226 人次。具体情况如下：

一、积极配合大国外交，加强与发达国家广播电视的交流

1997 年，我部加强了与发达国家特别是美国等广播电视高度现代化国家的交流，部级领导率团出访，积极主动地开展工作，取得显著成绩。

孙家正部长率中国广播影视代表团于 11 月访问了美国和加拿大，考察了与广播电视有关的高科技企业，了解了美国广播电视高科技的发展趋势；参观了广播电视机构，广泛接触了传播届人士，并就我国形势和现行政策发表了讲演，收到了很好的效果；访问期间还结交了两国政府有关部门的负责人，就广播电视的管理工作交换了看法；访问了联合国总部，与联合国新闻部签订了谅解备忘录。

田聪明副部长 12 月上旬率代表团访问澳大利亚，参观访问了澳大利亚广播公司、商业电视台第七频道、澳大利亚广播局和艺术通讯部等主要机构，考察了广播电视的管理体制，了解了有关法规以及通过广播电视保护民族文化的做法。

同向荣副部长于九月中旬率代表团出访法国和意大利，访问了法国最高视听委员会、法国电视一台、意大利广播电视公司等主要的广播电视机构和管理机构，对两国的广播电视监督机制，直播卫星和有线电视进行了考察。

通过以上高层代表团的访问，特别是对广播电视高科技发达国家的访问，加强了我国广播电视界与往访国家的合作，这对于我国广播电视发展战略决策有着重要的参考价值。

二、积极拓展周边国家的关系，拉美地区的工作获得突破

发展同周边国家的睦邻友好关系是我国的基本国策。一年来，我部积极拓展同周边国家广播电视机构的友好合作关系，并有计划、有针对性地加强对拉美地区的工作，取得突出成绩，其中最主要的有：

田聪明副部长率团访问印度尼西亚，会见了新任新闻部长哈尔托诺，同印度尼西亚新闻部秘书长草签了在两国新闻合作协议的基础上进一步加强在广播影视方面合作的会议纪要。

同向荣副部长率团访问马来西亚，参加同马来西亚新闻部第二次合作会议，确认 1992 年双方签订的新闻合作协议继续有效，期间会见了马新闻部长，双方同意进一步加强在广播影视方面的合作。

赵实副部长访问朝鲜，向金正日总书记赠送了电视文献片《香港沧桑》，向朝鲜广播电视委员会赠送了电影《红河谷》、电视剧《人间重晚情》，与郑夏哲委员长会见，商谈了进一步合作的具体项目，朝鲜劳动党政治局委员、书记处书记金已南会见了代表团全体。

杨伟光副部长率中国影视代表团访问拉美三国取

得显著成绩。代表团同墨西哥特莱维萨电视台下属的天空卫星电视网(SKY)、巴西四月电视台(TVA)直播卫星签定了全天转播中央电视台国际频道的备忘录。根据备忘录,TVA和SKY已分别从1997年11月和12月15日开始转播中央电视台的节目。代表团与乌拉圭国家电视台签定了协议,自1998年开始,乌拉圭电视台每周播出一小时的中央电视台国际频道节目,并同意在乌举办"中国电视周"。代表团拉美之行,特别是解决了我电视节目的落地,填补了中央电视台对全球覆盖的最后一片空白。

我部还先后派出工作组访问了越南、缅甸、俄罗斯、乌克兰、白俄罗斯等国家,落实了有关合作项目,加强了与周边国家的业务交流,促进了合作。此外,一些国家广播电视机构的主要负责人纷纷来访,同我签订协议、商谈合作项目,希望加强双方的友好合作关系。

伊朗声像组织主席拉里贾尼率代表团访问中国,参观访问北京和上海的广播电视机构和设施,并同我部续签了《广播电视合作计划》,国务委员李铁映会见了代表团。

蒙古广播电视局局长蒙特赫日率团访华,同我部签订了《广播电视合作协议》,蒙方同意转播中央电视台第四套节目,我方同意向其免费提供一个卫星地面站。

叙利亚广播电视局局长阿迪尔·亚泽基率团访华,同我部就双方交换电视节目、互派代表团或摄影队等进行了业务会谈,并签定了《中叙广播电视合作协议书》。

印度新闻广播部秘书那瓦尼率代表团来华访问了北京、上海和西安。该访问是对杨伟光1996年访印的回访,国务委员李铁映在北京会见了代表团全体。中央电视台与印度代表团签定了交换节目和购买电视节目的协议。

日本朝日电视台社长伊藤邦男率日本朝日放送株式会社(ANN)系列台代表团来华访问了北京、上海、江苏、重庆等地,与广播电视部门进行了交流。在北京期间,国务委员李铁映会见了代表团全体。

我部还接待了韩国、日本、菲律宾、缅甸、越南等广播电视机构的代表团的来访,全年共接待亚非拉团组23个。中日、中韩、中马双边会议也商定了多项合作项目。积极协助天津电视台争取到五千万日圆的日本政府对华无偿援助。

三、密切配合广播电视业务,进一步扩大对外宣传

为加强对外宣传的实效和促进中国电视节目走向世界,我部分别于4月和12月派代表团参加了法国戛纳国际电视节目交易市场和在香港举办的亚洲电视节目交易市场(MIP ASIA),并成功举办了"中国电视剧日"等活动。通过参加这两个交易市场,加强了电视文化的交流,扩大了中国电视节目的影响,仅在亚洲电视节目交易市场期间,中央电视台与境外电视机构签订的销售节目金额就达90万美元。

加强了合拍节目工作,除与新加坡、韩国、马来西亚等合拍了多部电视连续剧外,中央电视台青少年部与澳大利亚合拍的52集人偶儿童电视剧《神奇的山谷》播出后引起强烈反响,成为悉尼、墨尔本、布里斯班等大城市儿童节目收视的第一名,该节目已经销售到60多个国家和地区的电视机构。

密切配合部领导提出的多出精品节目的要求,结合广播电视业务,有目的地组织代表团出访。首次组织中国少数民族广播电视代表团访问了奥地利等欧洲四国,与广播电视机构进行了较深入的业务交流,并商谈了合作项目,广西等地电视台已经选送了优秀电视节目参加欧洲的电视节,受到好评。组织了中国电视台台长"精品节目"考察团访问日本,通过与日方进行的业务交流,开阔了眼界,对改进和加强我外宣节目有了新的认识。

继续做好借助外力,更好地开展对外宣传,向世界介绍中国。1997年共接待来自日本、韩国、芬兰、英国、法国,以及德国、瑞典、比利时、意大利、新加坡、伊朗等119个摄影队来我国采访拍片。摄影队采访了钱其琛副总理等领导同志和有关单位,所拍摄节目的内容涉及中国的改革开放、香港回归、社会科技,以及经济建设、历史文化、民风民俗等内容。与此同时,继续与西方媒体进行防渗透、反"西化"斗争。婉拒了多批摄制组来华拍片,同BBC、美国三部反华电影、美国广播公司和澳大利亚SBS播出的反华节目进行了必要的交涉和斗争。

四、扩大科技交流的力度,促进广播电视的现代化

1997年我部科技外事活动频繁,交流与合作向深度和广度发展。何栋材副部长率广播电视技术代表团赴古巴和德国访问,同古巴签署了利用古巴的设备转播我对外广播节目的协议以及我部与古巴广播电视总局的"会议纪要"。访德期间,与德国电信签署了《京津DVB先导网》合作协议。之后,古巴邮电部副部长率团访华,同我部正式签订了《关于提供国际短波广播转播服务和更新发射机的合同》。我部有关部门还与马里续签了第三期租机合同,承担了马里卡地电台的改造工程,马里继续承担转播我国际广播电台的对外节目。

安排了如美国劳拉公司、英国大东电报局、法国阿尔卡特公司、澳大利亚电信等15批境外高科技代表团拜会部领导,就多媒体、数字压缩技术、直播卫星、有线电视网络等合作与交流进行了探讨。邀请了40批180人次的外国专家来华进行广播电视科研开发、设备调试和举办培训班。选派了42批约100人次赴境外参加国际会议、多边活动和各种类型的培训。我部有91批工程技术人员赴境外考察、访问和参观技术展览。

成功举办了'97北京国际广播电视设备展和交流会,约161家国内外厂商参展,期间举办了27场技术交流活动,近两万人参观了展览。还以"中华广播影视交流协会"的名义与总部设在香港的"亚洲卫星和有线电视协会”在北京共同举办新技术研讨会等。

五、积极参加和主办国际多边活动，扩大在国际组织中的影响

刘习良副部长率中国广播电视代表团参加了在汉城举行的第34届“亚广联”大会，并派人参加了大会前夕召开的亚广联技术、体育、节目及行政理事会等一系列有关会议。我中央电视台的节目《黄河的故事》获“文化放送——亚广联”电视娱乐节目大奖，中央电视台关于《香港回归》的新闻报道节目获亚广联新闻交换“丹尼斯纪念”奖。中央人民广播电台选送的新闻特写节目《东方神化》获亚广联信息节目推荐奖。刘习良还参加了中日韩三个广播电视机构的第二次高峰会议，商讨在新的形势下加强三国在广播电视领域合作的原则。

田聪明副部长参加了在马来西亚举行的亚太广播发展机构主办的公共服务广播（PSB）会议，在会上介绍了我国广播电视法规和现状，表明了我重视支持亚太地区广播电视的事业和发展。

1997年组织了部属各有关单位约14批33人次参加亚广联的其它各种会议，包括亚广联的理事会。派代表参加了AIBD的管理委员会会议和研究其未来发展方向的专家工作组会议。以上活动促进了我国与亚广联的合作并取得较好的效果。

为拓展国际合作空间，应联合国新闻部的要求，在孙家正部长访美期间与其签署了谅解备忘录。马元和司长还应邀参加了第二届联合国电视论坛会，介绍了我国广播电视的现状和发展趋势，加强了对外宣传，扩大了中国在世界的影响。

1997年，我广播电视系统还主办了各类国际多边活动，如国资联执委会会议、北京国际电视周、国际纪录片创作研讨会、国际广播音乐节，纪念世界唱片120周年、中国唱片90周年等一系列多边活动。同时，还与文化部共同举办了'97中国歌剧舞剧年活动，活跃了我广播电视的对外交流，扩大了对外交流并起到积极促进作用。

广播电视对外交流与合作

中央人民广播电台

1997年中央台共有113人次出国（出境）学习、访问、培训、交流。接待各类境外代表团或记者采访组共15批，63人次。

1997年中央台有关方面人员先后赴挪威、冰岛、日本、美国、马来西亚、印度尼西亚、澳大利亚等国商谈合作事宜。乌克兰、罗马尼亚、新加坡等国家同行来我台交流。接待了英国广播公司（BBC）、美国有线电视新闻网（CNN）、挪威电台等媒体记者来华采访。

1997年，先后有冰岛驻华大使、丹麦驻华大使、以色列使馆新闻官等到中央台参与文艺节目制作。中央台派人到加拿大采制节目。

一、重要出访

1997年2月 应加拿大国际广播电台邀请，国际部主任崔克智及记者周强赴加采制一批介绍加拿大经济、科技及中加友好等方面的节目在《环球信息》节目中播出。

4月 王燕春副台长随中国广播电视代表团赴日本NHK，参加“中日广播电视合作会议”。

5月 张熙裕同志率团赴冰岛、挪威，同两国国家广播电台商谈合作事宜。

7月 胡占凡副台长率团赴美同美国“中国新闻网”等广播媒体商讨合作事宜。

8月 张长明副台长随以同向荣副部长为团长的中国广播电视代表团赴马来西亚参加“中马广播电视合作会议”。

10月 王宴青副总编随农业部团组经巴黎访问几内亚。

12月 胡占凡副台长随以丁关根为团长的中国新闻代表团访问日本。

12月 王健儒副台长随以田聪明副部长为团长的广播电视代表团访问澳大利亚、印度尼西亚。

二、来访

1997年2月13日～23日 我台外事处接待了英国BBC《今日》节目助理编辑凯利·托马斯和主持人詹姆斯·诺蒂在中国的采访。晓蕾同志担任陪同翻译。

3月19日～26日 以乌克兰国家广播公司第一副主席维克多·纳布鲁斯科为团长的乌克兰国家广播公司代表团一行3人对中央台和国际台进行正式访问。20日上午，安景林台长会见了代表团，王健儒副台长同代表团进行了工作会谈。

4月15日下午 欧洲第一传播集团亚洲事务部经理雅克先生前来中央台拜访，寻求同我台合作的可能性。张长明副台长会见了雅克先生，王宴青副总编辑向法国客人介绍了中央台节目的布局情况，表示愿同该集团在节目制作、播出等方面进行合作。

4月底5月初 接待了以谢怀良为团长的新加坡广播机构代表团，并签署了中央台与新加坡广播机构广播合作协议。

接待了挪威国家电台音乐二台主任辛娜·斯科恩女士等二人音乐交流专家组。挪威专家同我台文艺部有关专家就节目版权、音乐制作、节目交流等方面广泛进行了研讨。专家组还同一些在京的中国年轻音乐家会面。

5月12日～20日 韩国广播公社（KBS）播音部崔平雄先生来台进行业务交流。朝语组的播音员和部分编辑、翻译参加了交流座谈。

6月3日晚 美国有线电视新闻网（CNN）现场采访了我台科教部《科技大世界》新推出的直播栏目《环保时间》。

9月4日上午 以色列驻华大使南月明女士在使馆二秘新闻官沙欧娜的陪同下，来中央台拜会安景林台长。

安台长首先介绍了我台七套节目的基本情况，之后，双方就两国的历史、文化及友好往来进行了亲切的会谈。

10月9日晚 丹麦大使白慕申先生、丹麦著名歌手汉娜·波尔女士以及丹麦ELD文化艺术交流公司伊托本先生应邀来我台文艺调频《今宵有约》直播节目作嘉宾主持。

10月15日下午 新西兰国家广播公司首席行政官珂若丝比女士来我台拜会安景林台长。

会谈中，安台长和珂若丝比女士分别介绍了各自国家广播事业的发展和状况，并就两台今后交换音乐节目、互派记者采访等方面交换了意见。

国际台副台长王国庆和中央台外事处副处长燕辉参加了座谈。

11月9日下午 安景林台长在民族饭店会见了以董事长格蒂尼亚努为团长的罗马尼亚广播公司代表团。

11月12日上午 美国使馆新闻文化处公使衔参赞百文保罗先生等一行4人前来我台拜会安景林台长。

中国国际广播电台

1997年，中国国际广播电台顺利搬入了崭新的对外广播业务大楼，各项工作也步入新的发展领域。在外事活动中，我台完成出访任务共计100项，137人次。其中，赴国外电台、记者站工作32项，32人次；参加会议3项，3人次；业务访问25项，25人次；培训8项，8人次；采访15次，52人次；随国家领导人出访15人次。

一、重要出访

1997年7月20日～8月2日 汪勤文副台长一行4人赴日本、韩国考察。

12月3日～19日 王汝峰副台长率5人代表团赴印度、孟加拉国、斯里兰卡进行工作访问。

12月8日～23日 丛英民副台长一行5人赴意大利、奥地利、瑞士进行工作访问。

12月8日～23日 王国庆副台长率4人代表团赴美国、法国、德国进行工作访问。

12月10日～23日 陈进先副总工率5人小组赴加拿大国际台进行培训并考察。

二、重要来访

1997年3月19日～23日 张振华台长会见来访的乌克兰广播公司代表团一行3人。

5月13日～15日 韩国KBS播音部主任应邀来我台进行业务交流。

5月23日～27日 接待日本国际台“听众之会”代表团一行11人。

5月29日～6月14日 接待伊朗声像组织来华摄制组一行2人。

6月1日 张振华台长会见来访的古巴广播电视总局局长及代表团一行3人。并向代表团赠送了我台的广播设备。

6月2日 王汝峰副台长会见来访的印度新闻广播部代表团。

6月5日～10日 我台接待了日本日中友好协会举办的“中国话辩论大会”获奖者代表3人。

6月16日 张振华台长会见韩国KBS代表团一行8人。

7月16日～20日 接待以蒙古电台台长率团的蒙古代表团一行2人。

9月11日～16日 接待日本国际台“听众之会”访华团一行12人。

9月19日 张振华台长会见德国巴伐利亚州广播电台总编弗里德尔先生。

10月13日～23日 接待应我台邀请来访的孟加拉听众代表团一行3人。

10月18日 王国庆副台长会见英国BBC亚太区主任伊丽莎白女士。

10月23日～11月2日 接待应我台邀请来访的尼泊尔听众代表团一行5人。

10月31日 张振华台长会见法国阿谢特集团董事长马丁先生一行2人。

10月31日～11月4日 接待日本国际台“听众之会”代表团一行11人。

11月10日 张振华台长会见罗马尼亚广播公司代表团一行4人。

11月15日 张振华台长会见来访的伊朗声像组织代表团一行7人。

中央电视台

一、台领导出访

1997年3月23日～26日 赵化勇出访日本，参加富士电视台迁址仪式。

4月5日～15日 邵昌友赴美国参加NAB展览会。

4月18日～29日 赵化勇随丁关根出访澳大利亚。

4月23日～29日 李丹赴日本，参加“中日合作委员会会议”。

4月 罗明赴法国，参加戛纳电视节。

5月28日～6月3日 李丹率团访问南非，与南非多选公司签订我台国际频道节目进入非洲和欧洲国家的协议。

8月2日～18日 邵昌友出访意大利、德国和英国，考察数字地面广播。

8月25日～29日 朱继峰随同向荣副部长出访马来西亚。

8月29日～9月1日 刘宝顺赴新加坡，参加“亚洲大专辩论会”。

9月9日～20日 刘宜勤赴荷兰参加电视设备展览会。

10 月 7 日～26 日 杨伟光台长率广播影视代表团赴乌拉圭、巴西、墨西哥进行工作访问。签署了我台国际频道（CCTV-4）节目进入上述三国电视网的合作备忘录。

11 月 5 日～21 日 赵化勇随孙家正部长出访美国、加拿大。

11 月 10 日～17 日 刘宜勤赴美国参加全球计算机展览会。

11 月 28 日～12 月 10 日 李东生访问墨西哥与特莱维萨公司签署中央电视台国际频道节目进入墨西哥直播卫星电视网协议。

12 月 6 日～20 日 刘宝顺随田聪明副部长出访澳大利亚和印度尼西亚。

二、来访

1997 年 1 月 14 日 杨伟光会见美国环球影视公司副总裁克莱曼。

1 月 17 日 杨伟光会见法国陈氏兄弟有限公司总裁陈克光。

1 月 20 日 李丹会见越南"越南之声"广播代表团团长潘文儒。

1 月 23 日 刘宜勤会见泰国斯纳瓦拉卫星公司海外销售经理房元、蔡泰华。

3 月 5 日 赵化勇会见墨西哥特莱维萨公司总裁方特。

3 月 7 日 杨伟光会见美国亚洲商业电视公司董事长兼总裁王恩良。

3 月 11 日 赵化勇会见日本旭通社社长稻垣正夫。

3 月 11 日 杨伟光、李丹会见南非多选公司总裁贝克。

3 月 14 日 杨伟光会见哥伦比亚全国电视委员会主席莫尼卡·格里菲。

3 月 28 日 杨伟光、刘宜勤会见美国 BAY 网络公司副总裁 David Shrigley。

4 月 1 日 杨伟光会见澳大利亚新闻集团董事、新闻有线公司总裁、香港卫视副总裁拉克兰·莫多克。

4 月 2 日 李丹会见泰国陆军第五台副台长斯尔瑞特将、第五台台长顾问兼节目主持人蔡亚、泰国正大集团董事长特别助理陈浪森、泰中电视企业有限公司董事王丽卿。

4 月 8 日 赵化勇会见美国 HBO 亚洲公司新任总裁马瑞安。

4 月 9 日 赵化勇会见美国音乐电视网总裁汤姆·弗雷斯通。

4 月 11 日 李丹会见南非多选公司亚太商业发展部副总裁伊安·巴纳德，签署合作备忘录。

4 月 15 日 杨伟光会见菲律宾 ABS-CBN 总裁洛佩兹，签署转播 CCTV-4 正式协议。

5 月 6 日 杨伟光会见日本富士电视台出马专务。

5 月 8 日 杨伟光、李丹会见美国有线电视新闻网 CNN 总裁汤姆·约翰逊、副总裁伊森·乔丹。

5 月 16 日 杨伟光会见波兰电视董事会主席理查德·米阿日克，签署合作协议。

5 月 27 日 杨伟光会见伊朗伊斯兰共和国驻华大使米尔法哈尔。

5 月 30 日 赵化勇会见牙买加影视制作培训中心首席执行官贝内特。

6 月 2 日 杨伟光会见印度新闻广播部副部长那瓦尼，签署合作协议。

6 月 3 日 杨伟光会见古巴广播电视总局局长恩里克·罗曼·艾尔·南德斯。

6 月 11 日 李丹会见非洲经济委员会成员、联合国第四次世界妇女大会秘书长蒙盖拉夫人为首的坦桑尼亚妇女代表团。

6 月 12 日 李丹会见韩国教科文委员会新任秘书长全太俊。

6 月 23 日 杨伟光会见瑞士中欧公司总裁凯恩斯。

7 月 8 日 杨伟光会见美国特纳广播有限公司副董事长雷因哈特。

7 月 21 日 杨伟光会见日本富士电视台日枝久社长，签署合作协议书及备忘录。

7 月 29 日 杨伟光会见南非多选公司执行总裁科伯斯·斯托夫伯格。

8 月 8 日 赵化勇会见韩国 KTV 电视台台长金景海。

8 月 21 日 罗明会见越南海外越南人委员会副主任范克览。

8 月 26 日 李丹会见阿尔巴尼亚广播电视总局局长阿尔伯特·明加。

9 月 2 日 杨伟光会见泰国正大综艺有限公司董事长翁炳荣。

9 月 5 日 李丹会见厄瓜多尔独立制作公司电视制片人、节目主持人弗雷迪·埃雷斯。

9 月 5 日 杨伟光会见美国伊利诺斯州参议院能源和环境委员会委员丹尼·雅各布斯。

9 月 9 日 杨伟光、赵化勇、刘宝顺会见罗马尼亚共和国总统康斯坦丁内斯库。

9 月 11 日 杨伟光、赵化勇会见蒙古广播电视局局长蒙赫特日。

9 月 12 日 李东生会见日本索尼公司常务董事大木充。

9 月 17 日 杨伟光会见美国泛美卫星公司亚洲高级副总裁乔恩柱。

9 月 21 日 杨伟光、赵化勇、李丹会见美国映佳国际集团及国际有线频道合伙公司董事长谢诚刚，签署四项意向书和备忘录。

9 月 25 日 赵化勇会见加拿大世界著名大提琴家马友友。

10 月 13 日 李丹会见叙利亚广播电视总局局长阿迪尔·亚泽基。

10 月 14 日 赵化勇会见法国穆立业家族集团董

事帕特里克·穆立业。

10月22日 李丹会见澳大利亚新闻集团主席兼总裁默多克。

11月5日 刘宝顺会见德国巴伐利亚州负责文化艺术的副州长齐特迈尔。

11月11日 李丹会见澳大利亚广播公司总经理布莱恩·约翰。

11月13日 李丹会见美国驻华大使馆新任公使衔参赞保罗·P·布莱克本。

11月14日 李丹会见伊朗声像组织主席阿里·拉里贾尼。

11月17日 李东生会见美国美联总经理兼首席执行官斯蒂文·克莱普,签署本年度与美联合作协议。

11月18日 杨伟光会见美国环球影视娱乐集团副总裁布来恩·麦克格拉斯。

11月20日 李丹会见韩国国立影像制作所所长金景海，签署合作协议书。

11月26日 杨伟光会见意大利报刊书画公司总裁莫第·瑞飞瑟·玛丽亚·露依萨女士。

11月26日 赵化勇会见斯洛伐克电视台台长伊哥尔·库比斯，签署合作协议。

12月5日 杨伟光会见澳大利亚新闻集团公司副总裁布鲁斯·多佛和卫星电视公司行政总裁戴格理。

广电部设计院

1997年4月5日～8日 由潘家任副院长带队，设计院一行5人赴美国拉斯维加斯参加“NAB展览”。

9月14日～18日 由党委书记兼副院长齐勇毅带队,设计院一行4人参加了在美国芝加哥举行的“国际壳体和空间结构第18次塔桅工作组年会”。

10月13日～24日 设计院天线所工程师余清香赴印度参加“IEC第61届年会”。

广电部广播科学研究院

一、出访

1997年2月22日～3月4日 广播科学研究院计量检测中心一行2人赴德国，就有线电视检测技术进行交流和考察。

4月2日～16日 陈晓宁院长一行5人赴英国、美国,考察有线电视、直播卫星、宽带综合业务网技术。

4月6日～21日 杜百川副院长一行5人赴美国参加“NAB展览”。

4月7日～11日 标准规划研究所1人赴瑞士参加国际电联卫星规划练习专家组第五次会议。

4月23日～29日 刘洪才书记随广电部代表团一行10人赴日本,参加第13届中日合作委员会会议。

5月12日～22日 杜百川副院长随何栋材副部长一行7人赴德国，与德国电信商讨“DAB”京津先导网建设事宜。

5月17日～24日 信息资料中心和有线电视研究所一行4人赴澳大利亚,考察综合业务数据网技术。

5月18日～22日 标准规划研究所1人赴马来西亚参加亚广联技术局“年中会议”。

5月31日～6月15日 信息资料中心等一行5人赴美国考察计算机网络和数据库技术。

8月3日～24日 电视研究所1人随中央电视台代表团一行7人赴英国、法国、德国、意大利,考察数字电视地面广播技术。

8月17日～9月1日 广播研究所1人赴马来西亚参加亚广联现代广播技术培训班。

8月22日～29日 广播研究所等一行4人赴韩国，就现代电子集团IRD系统的检测技术进行交流和考察。

9月4日～16日 刘洪才书记一行2人赴德国参加“IFA展览”。

9月8日～13日 标准规划研究所1人赴瑞士参加国际电联卫星规划练习专家组第六次会议。

10月5日～20日 高风吉副院长一行4人赴美国、荷兰考察卫星接收机检测实验室。

10月13日～24日 标准规划研究所1人赴印度参加“国际电联年会”。

10月27日～11月21日 标准规划研究所1人赴瑞士参加1997年世界无线电通信大会。

11月11日～15日 电视研究所1人、广播研究所1人与无线局等一行5人赴韩国，对KBS进行访问，并参加中韩第二届技术交流会议。

11月12日～19日 光电研究所和科技信息研究所一行3人赴日本参加“INTER BEE展览”。

12月9日～18日 郭炎生院长一行4人赴英国、荷兰考察DVB有条件接收系统技术。

二、来访

1997年1月8日～5月15日 在此期间,英国大东电报局先后多次共派遣20位专家来广科院,就信息网络技术的合作与交流进行研讨。

1月23日 美国精工通信公司Richartz先生来广科院作关于精工技术及应用的技术报告。

1月28日 美国C-Cube公司来华与广科院联合举办数字广播电视技术研讨会。

2月25日～3月13日 德国电信Kraft先生、Dambacher先生一行5人来广科院,对广东DAB先导网试验和DAB国际研讨会进行总结,讨论双方下一步的合作计划，并就DAB项目进行技术交流。

3月18日～19日 美国ATSC主席Graves先生率美国数字电视代表团访问广科院，就数字电视的发展策略等一系列有关问题，与我国数字电视界的专家进行探讨和交流。

6月30日～7月15日 德国电信Hemmer先生一行5人来广科院，就有线通信技术进行交流。

7月4日 美国普林斯顿大学Bizhi Liu教授来广科院作题为“误差恢复的视频传输”的学术报告。

8月16日～22日 法国Canal＋plus的Nathalie

女士一行3人来广科院，就多媒体、信息高速公路、付费电视、交互电视、视频加扰等进行技术交流。

8月25日～28日 美国ATSC主席Graves先生一行14人来广科院介绍美国数字电视的进展情况，并在我国首次进行地面开路数字电视演示。

8月27日 韩国KBS专家一行4人来我院，就HDTV、DAB项目成果进行技术交流。

8月28日～31日 广科院承办第五届国际广播电视技术研讨会（'97ISBT）。

10月14日～20日 法国TDF国际部副总裁Sandillon先生一行3人来广科院，就数字AM技术进行交流，并探讨有关合作事宜。

11月3日 德国GRUNDIG公司Dancher先生来广科院，就DAB项目进行技术交流。

11月18日 欧共体13总司Lebran先生一行2人来广科院，就多媒体广播技术合作事宜进行会谈。

中国教育电视台

1997年6月2日～10日 中国教育电视台2人赴澳大利亚采访该国私立学校状况。

7月 教育电视台3人赴荷兰拍摄以花卉、风光为主要内容的专题片。

8月23日～27日 教育电视台台长柴永广等4人赴日本参加日本数学奥林匹克研讨和竞赛活动，商讨联合制作“趣味数学”节目事宜。

9月1日～15日 教育电视台3人赴美国拍摄电视专题片《美国汽车文化》。

9月22日～26日 教育电视台台长柴永广等2人赴韩国考察韩国教育电视台（EBS），商讨双方今后节目合作事宜。

10月27日 德国西门子（中国）有限公司举行仪式，捐赠我台一辆电视转播车，以支持我国电视教育事业的发展。

11月1日～22日 教育电视台派人赴美参加国家工商行政管理局举办的广告人才培训班。

12月13日～17日 柴永广台长等2人赴俄罗斯参加亚洲卫星三号发射活动。

北京广播学院

1997年，北京广播学院的对外交流进一步扩大。总共接待了外宾近100人，除继续加强与日本、韩国、美国、加拿大等国的交流，还拓展了与周边国家，如越南、缅甸等国家以及欧洲国家的交流。

来访

1997年1月12日～16日 为拓展广播学院与东国大学的交流，赵玉明副院长会见了韩国东国大学代表团4人。

1月22日 赵玉明副院长会见了“越南之声”电台代表团4人。越方介绍了越南电台广播的情况，同时了解了我院人才培养及招收留学生的情况。

1月24日 赵玉明副院长会见了日本NHK代表团2人。对方从与广院学者的交谈中，了解了中国广播的现状，并邀请我院教授曹璐参加国际会议。

3月6日 刘继南院长会见了毕业于乔治亚大学的婷娜女士，商讨两校发展交流的可能性。

3月14日 周铜山副院长会见了英国赛尔福特大学的约翰教授，商讨两校合作拍片的可能性。

3月19日～4月10日 接待了来我院讲学的美国泰德沃特学院代表团2人。

4月19日～5月2日 刘继南院长、周铜山副院长等会见了美国加州大学洛杉矶分校的2人代表团，双方为加强交流探讨新的合作领域。

6月1日～9日 刘继南院长会见了法国巴黎二大新闻学院院长雷米教授，商讨开拓两校的交流与合作。

6月14日～27日 我院外办接待了美国桂尼比亚大学4人代表团，拓展了两校的交流。

7月8日 刘继南院长会见韩国东国大学5人代表团，探讨双方合作事宜。

7月11日 赵玉明副院长会见了新加坡专家2人。

9月17日 苏志武副院长会见了“越南之声”代表团12人。

9月26日 赵玉明副院长会见了新加坡电视机构驻京代表，双方探讨了交流合作的可能性。

10月8日～28日 接待了前来北京广播学院讲学的日本大学教授2人。

10月14日 赵玉明副院长会见了缅甸广播电视代表团6人。

11月7日 接待了日本财团赠书代表团4人，他们了解了我院藏书情况。

北京市

一、出访

1997年北京市广播电视局共出访197批次，611人次。其中重要的出访活动有：

1997年3月17日～24日 北京电视台台长刘迪一等一行4人赴日本、澳大利亚就节目交流及合作进行商谈。此行与日本电通公司商谈北京电视台与其合作的节目《东芝动物乐园》的发展问题及其他领域的合作；与澳大利亚电视七台就体育节目的交流和扩大北京电视台节目在国际市场的交流进行商谈。

4月18日～30日 副局长周溥雄一行3人赴法国洽谈局所属单位生产制作的广播电视节目在欧洲地区发行和电视台播出的具体事宜，并选购一些欧洲（主要是法国）生产的影视节目。

4月30日～5月7日 北京人民广播电台台长吕浩才随广电部团组赴德国商签津京地区数字音频广播先导网总体方案和设备配置的协议。

4月 北京中北电视艺术中心主任尤小刚赴美国、加拿大进行电视文化创作交流访问。

5月7日～18日 北京有线电视台台长金国钧一

行2人赴意大利、法国与当地电视台节目制作部门、卫星节目发射部门及广告运作部门进行广泛洽谈。

6月12日～17日 北京电视台副总编张晓爱一行3人赴韩国进行友好访问，并洽谈节目合作的有关事宜。

6月16日～23日 北京电视台总编于知峰一行29人赴加拿大参加并进行龙舟活动的鼓节演出。

7月 北京电视台副总编王惠一行5人赴美国参加美国纽约中文电视台、洛杉矶熊猫电视台举办的北京电视周活动。

8月6日～15日 北京人民广播电台副总编降巩民一行9人赴日本参加“日中友好25周年长崎和平音乐会”。

9月27日～10月10日 北京有线电视台台长金国钧一行4人赴美国、巴西联系买片事宜及为影视栏目的进一步合作奠定基础。

12月27日～1998年1月6日 北京电视台总编于知峰一行9人赴南非参加庆祝“中南建交文艺晚会”演出及电视节目制作。

二、来访

1997年，北京市广播电视局系统各单位接待国外电影人、记者、摄制组来京访问、采访及拍摄5批次，30人次。来京拍摄的题材以介绍北京的发展及文化历史、风景名胜为主。其主要活动有：

5月12日～24日 比利时电视台一摄制组来京拍摄一部介绍中国经济发展现状的新闻专题片。该片主旨为在香港回归中国临近之际向比利时观众介绍中国近期社会改革及经济发展状况。

5月13日～20日 挪威耐尔维克公司一摄制组来京拍摄电视专题片。该片主题是配合5月17日挪威国庆节，反映在京挪威人的生活及工作情况，向挪威观众介绍北京的发展及风景名胜。

天津市

一、出访

1997年2月5日 电视台皇甫英杰赴新加坡参加ABN虚拟演播系统演示会。

2月17日 电视台张军赴美国参加全美电视广播技术展览会。

3月12日 电视台刘焕赴伊朗参加亚洲女性电影电视制作专家培训研讨会。

3月12日 广电局机关胡文良、电视台刘则然赴法国参加戛纳电视节。

4月2日 局机关李汝勤随广电部出访德国，商签京津地区数字音频广播（DAB）先导网总体方案与设备配置。

4月2日 电视台柴感昆赴西班牙、南斯拉夫采访世界男排联赛。

4月9日 电视台张家安赴美国参加广告业务培训与考察。

5月16日 电视台朱天利、电台陈鹰赴哈萨克斯坦采访“'97中国·新疆天津出口商品展览会”。

5月19日 有线电视台白凤亭随国航集团赴意大利拍摄《中国机长》。

5月26日 电台高蕴章随中国体育记者代表团赴韩国采访。

5月29日 电视台刘金琪赴马来西亚采访第九届世界青年足球锦标赛。

6月27日 局机关刘淑贞、电视台高春丽、张静斌、关键、房师武、王大光赴日本拍摄电视剧《郭沫若与安娜》。

7月21日 广播电视塔王延梁、蔡中兴赴美国考察TTS公司产品。

7月23日 电视台王桂云、宋秀生、郝学术、石忠伟赴日本参加技术培训与考察。

8月25日 电视台刘向凯赴瑞士采访第38届世界体操锦标赛。

8月6日 电视台张振顺、刘焕、宋扬赴美国拍片。

8月12日 电台蔡晓江随广电部“五个一工程”获奖节目制作人员出访日本。

8月28日 广播电视塔李伦赴澳大利亚参加世界高塔年会。

11月10日 电视台姜申等一行16人赴俄罗斯拍摄《铁血英才刘伯坚》。

11月21日 电台张仑赴西班牙考察广播设备生产情况。

11月26日 电台刘玉峻、熊其新赴美国进行广播广告业务考察、交流。

二、采访

1997年1月30日 澳大利亚黄页——环太平洋商务指南有限公司赴津考察团来我局考察有关信息传播、传输方面情况，李汝勤副局长就有关问题与考察团成员进行了会谈。

3月22日 乌克兰国家广播公司第一副主席维克多·纳布鲁斯科第一行3人来我局电台、广播电视塔参观。并与宋银章副局长，电台台长刘玉峻就促进两国间文化交流，开展经贸领域方面合作进行了会谈。

3月23日～25日 日本朝日电视台《中国沿海城市》摄制组来津拍片。此片通过介绍具有代表性城市的经济、改革开放、外商投资、人文景观和边境贸易等内容，向日本观众报道香港回归前，我国改革开放各领域最新信息，并于7月1日在日本全国播放。

9月9日 贝宁共和国国防部长、国家经济发展委员会主席、国家党主席、国会前副会长阿乔维先生一行10人由电台副台长张仑接待，参观了杨柳青发射台和广播电视塔。

10月28日 越南越中友协主席黎文缘先生一行6人在市对外友好协会有关领导陪同下来我局广播电视塔参观。

12月21日 在喜来登大酒店，电台与日本东方通信社联合举办了第九届中日友好之声日语、汉语讲演比赛。

河北省

一、出访

1997年4月 省广电厅厅长于振华、总工程师秦魁祥赴美国进行广播电视设备考察。

4月 河北电视台广告部3人赴美国进行广告业务洽谈活动。

4月 河北电视台技术办公室5人赴美国参加“’97NBA展示会”。

4月 省广电厅总编室主任孙如宾随广电部组团赴美参加“NBA’97展览会”。

5月下旬 河北电视台5人赴泰国进行访问、拍摄活动。

6月 省广电厅副厅长韩丙寅、河北电视台副台长闫江一行5人组成的电视摄制组赴比利时进行访问、拍摄活动。

6月 河北电视台国际部1人随中央电视台摄制组赴日本执行采访、拍摄任务。

6～7月 河北电视台国际部1人随中央电视台摄制组赴瑞士、英国进行拍摄活动。

9月 河北电视台副台长何振虎一行2人赴美国进行访问。

9月 河北电视台新闻部一行5人赴美国依阿华州进行访问拍摄活动。

10月 应美国东方卫星电视台邀请，河北电视台副台长何振虎一行2人赴美国进行访问，并了解《中国·河北》在美国播出、收视情况。

11月 河北电视台体育部一行2人赴意大利采访第四届世界武术锦标赛9个项目11个级别的比赛情况。

11月 河北电视台副台长马来顺一行3人赴澳大利亚进行为期9天的广告洽谈交流活动。

11月 省广电厅厅长于振华应加拿大北方电讯公司的邀请赴加拿大进行访问并考察该公司设备生产情况。

12月 河北电视台科教部一行2人赴加拿大进行为期8天的拍摄活动。

二、来访

1997年5月 应河北电视台邀请，以泰国宋卡府电视台台长巴允·占他翁先生为团长的摄制组一行6人来河北进行采访、拍摄活动。

山西省

一、出访

1997年4月3日～20日 山西电视台总工程师师明，应美国贺川公司邀请，参加由北广电视设备厂组团赴美国进行技术考察。

4月12日～26日 省广电厅总工程师李振祥，应美国广告公司邀请，参加由中国广告公司组团赴美国、加拿大进行业务交流。

8月20日～9月6日 省广电厅副厅长马德等2人，应美国斯科拉电视网的邀请，随团赴美国参加由中共山西省委外宣办主办的“中国山西电视周展览会”。

10月10日～24日 应法国第八大学邀请，省广播电视学校原校长王明亮，参加由广电部组团赴法国进行学术交流。

11月13日～22日 应日本松下电器公司邀请，省广电厅荆忠松等一行3人，赴日本参加“东京国际广播电视设备展”。

11月21日～29日 省广电厅路金堂、贾斌等一行4人，应美国斯科拉电视网邀请，赴美国参加“斯科拉电视网世界年会”。

二、来访

1997年6月12日～16日 日本NHK广播剧制作组江泽俊彦、冈本等一行2人，应广电部邀请来山西为《现代中国连续剧系列》节目收录反映人们生产、生活和大自然的各种背景声音。

内蒙古自治区

一、出访

1997年4月初 内蒙古经济电视台一行5人赴蒙古国——乌兰巴托桑斯尔有限公司协助蒙方建设有线电视网工程。

5月8日～22日 内蒙古经济电视台台长路万海等一行2人随中国国际广告公司组团赴美参加“克里奥国际广告节”。

7月7日 内蒙古电视台摄制的反映内蒙古自治区50年变化的9集系列片《今日内蒙古》开始在美国斯科拉电视网进行展播。

9月28日～10月8日 内蒙古经济电视台台长路万海应蒙古国桑斯尔有限公司邀请赴蒙古国参加董事会。

10月27日～11月6日 由内蒙古广电厅厅长白朝蓉为团长的内蒙古蒙古族青年合唱团一行40人应西班牙第29届“特罗萨”合唱大赛组委会的邀请，赴西班牙特罗萨市参加第29届国际合唱大赛。

11月11日 内蒙古广电厅与挪威挪拉公司就内蒙古自治区广播电视微波网络数字化联网改造意向在呼和浩特市进行了探讨和磋商。

11月13日～22日 内蒙古电视台一行4人应日本日立公司邀请赴日本进行技术考察及培训。

11月21日～12月9日 内蒙古电视台1人随中国黄河电视台组织理事会赴美国参加“斯科拉电视网世界年会”，并对中国黄河电视台在美节目落地情况进行考察。

11月27日～12月12日 内蒙古广播电视厅总工程师戈德锐随广电部组团赴俄罗斯执行中俄边境地区广播电视频率协调任务。

12月1日 内蒙古电视台派出录音师1人赴日本电影电视协会进行研修。

12月8日～28日 内蒙古电视台台长助理王世

英随中华全国新闻工作者协会组团赴泰国、老挝进行考察、访问。

二、来访

1997年10月13日～17日 芬兰电视一台摄制组一行5人来我区拍摄《走遍中国》电视片，内蒙古广播电视厅接待了来宾。

辽 宁 省

1997年2月14日 应韩国KBS电视台的邀请，辽宁电视台副台长刘凤岐等3人，赴韩国KBS电视台访问考察，洽谈合作。

5月3日～4日 辽宁电视台国际部拍摄的纪录片《游牧》入选美国芝加哥“风城国际纪录片电影节”，并在芝加哥市文化中心剧场公开播出。

5月30日 应美国3C集团邀请，辽宁电视台台长高广志，电视剧制作中心副主任孙祺，赴美国芝加哥洽谈合作拍摄6集电视剧《尊严》，草签了协议。

6月17日 应瑞典航空公司、日内瓦旅游局的邀请，辽宁电视台国际部，组成由高国栋带队的4人摄影队，赴日内瓦采访、拍摄《我们眼中的日内瓦》，历时一周。

6月29日 辽宁电视台体育部通过越洋卫星，现场直播美国拳土霍利菲尔德与拳王泰森挑战赛。

吉 林 省

一、出访

1997年1月20日～2月5日 吉林电视台副台长詹铁坤应邀率4人报道组，赴韩国采访、报道第18届世界大学生运动会盛况，先后拍摄了10集专题片在本台和中央电视台播出。

2月18日～3月6日 张伯人总工程师应美国跨陆公司邀请赴美国参加广播电视网民间研讨会。

3月31日～4月11日 吉林电视台马世才应美国美洲电视台邀请，随同吉林省电视艺术家代表团赴美国参观、访问、交流。

3月 延边电视台副总编金东焕等3人，应韩国中小企业联合会的邀请前去韩国访问。

5月26日～6月10日 陈桂荣副厅长参加由广电部组织的应欧洲民族广播协会邀请的中国民族广播电视代表团赴瑞士、奥地利、意大利、斯洛文尼亚等国进行业务访问。

6月2日～8日 省厅1人赴韩国考察。

7月12日～25日 吉林电视台副台长刘宪宝随长春市文化新闻代表团，赴澳大利亚进行友好访问和文化交流活动。

7月15日～31日 延边广播电视局局长李钟烈等3人，应韩国教育映像社的邀请赴韩国考察音像市场。

7月24日 延边电视台播音员李国虎应韩国演讲人协会的邀请，赴韩参加演讲并荣获特等奖。

7月25日 延边人民广播电台副总编许龙锡应韩国新闻中心的邀请赴韩国访问。

9月5日～15日 以吉林电视台副台长刘卫民为团长的一行5人，应邀赴南斯拉夫进行友好访问，与南斯拉夫的诺维萨德电视台签订了友好台意向书，并参观访问了贝尔格莱德等城市。

9月15日～29日 吉林电视台台长赵锋佩、广告部副主任关东升，随国家外经贸部组织的由七家电视台人员组成的国际广告考察团赴奥地利、德国、法国进行参观、考察活动。

9月20日～30日 省厅宣传处及省电台一行3人随广电部组织的优秀广播电视节目交流团访问日本NHK。

10月2日 延边人民广播电台副总编许龙锡等4人，应韩国大田MBC会社的邀请前去韩国访问。

11月27日～12月10日 省厅无线处1人随广电部科技司赴俄罗斯进行中俄边境频率协调谈判。

二、来访

1997年2月 美国南贝尔公司驻中国办事处尼尔总裁与省广电厅洽谈数字微波电路开发利用事宜。

5月5日 日本朝日电视台上海支局吉田健司等4人来延边广播电视局访问。

5月22日～24日 韩国教育映像社黄善月社长来延边广播电视局访问。

5月 加拿大萨斯喀彻温省四方影视公司来吉林省拍摄电视片《日月同辉》前半部分。

6月3日～5日 朝鲜木兰音像社林延泽等2人来延边广播电视局访问。

6月24日 韩国大田MBC会社高成光等3人来延边电台访问。

7月26日～29日 韩国演讲人协会汉城本部金庚石会长等10人来延边电视台参加'97朝鲜语演讲大会。

7月29日、9月1日 日本NHK电视台盐田纯等3人来延边拍摄《离散家庭》。

8月2日 韩国MBC文化放送社放送委员崔昌燮等2人，访问延边电视台。

8月4日 新西兰韩人放送社社长宋钟铉访问延边电视台。

9月1日 韩国中俄离散家放送会李半勋先生来延边电台访问。

9月2日～4日 韩国MBC文化放送编成理事吕泰成、韩国KBS社会教育放送局金圭弘局长、美国WMBCTV朱善永社长等海外来宾为参加延边电视台建台20周年台庆先后到达延吉。

9月28日 日本NHK新泻放送局记者团由州外事办工作人员陪同来延边电视台访问。

11月6日 韩国MBC文化放送社影视事业团访问延边电视台。

11月7日 韩国环境经济新闻社社长李泽泳先生访问延边电视台。

11月13日 日本NHK北京分局黑柳文博等3

人访问延边电视台。

黑龙江省

一、出访

1997年5月8日～22日 黑龙江电视台龙视实业有限责任公司刘成钢随中国国际广告公司代表团，赴美国参加“克里奥国际广告节”。

5月13日～19日 黑龙江电视台副台长刘成学等6人代表团，赴俄罗斯阿穆尔州访问、采访。

5月25日～6月10日 应美国STI公司邀请，省广电厅总编辑徐景璋、总工程师汪洋和戴晔赴美国考察有线电视多路微波（MMDS）设备。

5月26日～31日 应韩国放送公社邀请，黑龙江人民广播电台朝鲜语台台长李胜权，赴韩国汉城参加朝鲜语标准化及“韩国语广播发展方案”学术研讨会。

6月12日～27日 应美国PNILIPS BTS公司邀请，黑龙江电视台副台长刘成学、技术部主任唐春晓等2人，赴瑞士参加“蒙特勒1997国际电视大会”，并顺访德国PNILIPS BTS工厂，参加BTS数字转播车展。

9月1日～10日 应日本北海道电视放送株式会社邀请，以黑龙江电视台副台长李占春为团长的5人代表团，赴日本札幌参加黑龙江电视台与日本北海道电视放送株式会社友好关系建立10周年庆典。

9月3日～6日 以省广电厅厅长、黑龙江电视台台长张克忠为团长的4人代表团，赴俄罗斯伊尔库茨克参加中日俄第七次国际电视协作会议。

9月10日～21日 省广电厅侯喜才随广电部代表团，赴荷兰参加“'97IBC展”，并进行技术交流和考察。

9月20日～30日 省广电厅张晓莲等5人参加广电部代表团赴日本进行业务交流。

11月5日～15日 以黑龙江电视台国际部主任韩礼文为团长的3人代表团，赴日本岩手等地进行采访活动。

11月9日～16日 以黑龙江电视台台长助理崔彬为团长的3人代表团，赴日本新潟市进行友好访问，并考察了日本现代电视产业的发展情况。

二、来访

1997年2月10日～13日 德是卡斯佩尔制片公司摄制组来黑龙江省拍片，黑龙江电视台协助拍摄了电视片《东北虎》。

5月17日～26日 日本岩手电视株式会社访问团伊势卓夫等6人，来黑龙江省访问。

6月13日～20日 俄罗斯阿穆尔广播电视公司代表团一行7人，来黑龙江电视台就双方合作、交换节目事宜进行洽谈。

6月17日～24日 俄罗斯符拉迪沃斯托克太平洋广播电视公司代表团一行3人来黑龙江省采访，拍摄了以介绍黑龙江省自然景观、风土人情为主的电视片。

6月18日～25日 应黑龙江电视台邀请，俄罗斯远东国立广播电视公司一行7人，来黑龙江省采访。

7月7日～14日 俄罗斯伊尔库茨克国立广播电视公司代表团一行3人来黑龙江省访问，与黑龙江电视台商谈互派记者团、交换节目、共同拍片等事宜。

10月14日～17日 英国BBC广播公司摄制组来黑龙江省拍片，黑龙江电视台协助拍摄了电视片《生物战》。

10月27日～11月1日 韩国大邱放送总局局长沈甲燮等一行4人代表团，来黑龙江省进行友好访问。

上海市

一、出访

1997年派出考察、采访、文化交流及技术、经贸等各类团组共273批、944人次，到达43个国家和地区。出访批数较去年（284批）略有减少，但出访人次较去年（790人次）增加近20%，主要是大型团组较多。其中，年出访人次过百的单位有两个：上海电视台79批、200人次；东方电视台44批、104人次。

重要的访问、考察团组有：赵凯书记于10月19日至11月1日参加以金炳华为团长的上海市友好代表团出访了波兰和土耳其，参加了上海友好城市革坦斯克为庆祝建城1000周年而举办的“上海广播电影电视周”活动；叶志康局长率团于4月28日至5月9日访问马来西亚和埃及，于11月10日至16日访问日本，先后拜会了亚广联主席、马来西亚新闻部长、埃及电影家协会主席，日本NHK新任会长等主要负责人，就加强业务交流、上星节目落地及“'98亚广联大会”的筹备工作等进行了调研和洽谈，发展了高层友好关系。

东方电视台白李等4人摄制组于4月20日至5月10日赴英国曼城成功地报道了第44届世乒赛，为配合香港回归庆典活动，东方电视台派出10人电视摄制组赴美国洛杉矶摄制、转播了于7月2日在好莱坞碗型剧场举办的“为中国喝彩——'97中国之夜大型焰火音乐歌舞晚会”，受到好评。

赴境外交流演出的大型文艺团组人数之多创历年之最，并获得很大成功：上海电视台小荧星艺术团一行20人，应旅比华侨上海联谊会邀请于6月24日至7月6日赴比利时访问演出，与当地侨界人士共庆香港回归，受到热烈欢迎；由广电局党委副书记张元民率领的上海广播交响乐团一行92人，应法国国际古典作品公司邀请，于11月28日至12月19日赴欧洲巡演，在法国、瑞士和意大利3个国家的8个城市演出9场交响音乐会，场场爆满，直接听众逾万人，我国驻法国大使蔡方柏、驻瑞士大使周子忠、驻意大利大使吴明廉及驻日内瓦联合国首席代表吴建民等先后出席音乐会并给予高度评价；在此之前，上海广播交响乐团一行85人还于10月31日至11月10日应邀赴韩国的汉城、三星等7个城市成功举办了8场交响音乐会。东方明珠国际交流公司继续组织上海杂技团一行44人，于4月24日至7月8日赴日本长崎森林之家进行交流演出，获得好评。

1997年有19批55人次的广播电视技术骨干和技术管理干部参加各类技术培训，进行技术考察和参加专业会议，并在市外经公司牵头和指导下，与ZAK SONS公司签约，承建了印度洋上著名旅游岛国塞舌尔的有线电视线路架设工程，这是我局技术中心首次组队劳务输出。

二、来访

1997年接待外国来宾和港澳台同胞共132批、1306人次，同比略有增加。重要的来访团组有：4月17日至20日，以总裁劳波三世（LOPER III）为团长的菲律宾ABS—CBN广播公司代表团一行4人访问了上海电视台和上海电影制片厂，进行了业务交流；5月18日至22日，以总裁理查德·米阿日克为团长的波兰电视股份公司代表团一行6人来访，与上海电视台和上海电影制片厂建立了业务联系，波兰驻华大使齐唤武和驻沪总领事白维之全程陪同在沪活动；6月5日至7日，以副部长那瓦尼（NAWANI）为团长的印度新闻广播部代表团一行3人来访，参观了上海电视台、上海电台，有意向与我进行广播、电视节目交流；10月13日至15日，以社长伊藤邦男为团长的日本朝日电视系列台长代表团一行12人，在广电部外事司安利副司长陪同下来访，参观了上海电视台、东视大楼和东方明珠电视塔，表示要进一步加强双方的业务交流与合作；11月15日至17日，以拉里贾尼主席（LARIJANI）为团长的伊朗声像组织代表团一行7人来访，参观了上海电视台和东方明珠塔。上述来访团组分别与赵凯总编辑和叶志康局长进行了友好会谈。此外，全年有境外来宾12万人次登上东方明珠电视塔观光，登塔人数是去年的2.5倍。其中，包括33位外国元首和政府首脑，95位副部级以上贵宾。

1997年有64批海外广播电视记者团组来沪采访拍片，其采访拍摄的主题除继续围绕上海的经济文化发展和改革开放的变化外，有关上海各界迎接和庆祝香港回归的内容占了突出地位。韩国汉城电视台摄制组于6月底来沪拍摄了上海市民喜迎香港回归的盛况，并采访了徐匡迪市长。

三、业务合作

卫星传送。1997年协助外国广播电视记者卫星传送节目131次、3175分钟，同比略有增加。其中，以日本广播协会（NHK）大阪放送局最为活跃，先后几次来沪进行电视及广播节目的采制和卫星传送。为纪念与上海电视台友好合作10周年，NHK大阪电视台于9月24日至26日，连续三天，每天早晨一小时分别在浦东新证券大厦、樱花苑和豫园湖心亭茶楼进行了卫星实况传送新闻报道；9月26日晚，上海电视台与大阪NHK联合举办“上海交响—上海电视台、NHK大阪友好合作十周年演唱会”，并作卫星转播，现场气氛热烈欢畅。龚学平副市长欣然为两台合作十周年题词“沧海架彩虹，电视传友谊”，并出席了欢迎酒会；11月3日，NHK大阪广播台在上海电台的通力协助下，在沪进行了题为“全亚洲—发展的中国，腾飞的上海”长达12个半小时的直播节目，节目内容涉及上海的经济、交通、旧城改造，环境保护等诸多方面，十分贴近市民生活。此节目在日本全国播出后，受到日本各界的关注，并获上级特别嘉奖。年底，上海电视台举办了《我们共同的亚细亚—’98亚洲风》大型贺岁特别节目，邀请了14个亚洲国家的166名演员来沪与中国演员同台演出，还分别向日本、新加坡、印度和以色列四国派出采访转播组，将其迎新年的文艺节目用卫星传送回来，综合编辑后于除夕之夜和1998年元旦连续播出，并由中央电视台通过卫星向全世界转播，影响之大，前无先例。

合作拍片。1997年内，永乐影视集团公司与新加坡电视机构（STC）合作拍摄了20集电视连续剧《铁血男儿》和《真命小得尚续集》，与法国电视五台合拍的电视剧《走出凯旋门》已完成后期制作并通过审查。东方明珠国际交流公司协助日本电视网拍摄了故事片《金田一少年的事件簿》的部分外景。

技术交流。1997年成功举办了5次广播电视技术讲座及设备演示交流会，参加人数达265人次。参加演示的公司和项目有：加拿大国家广播公司的“硬盘录音新动向”、“日本YAMAHA公司的“数码音频设备在电视节目制作与编辑上的应用技术”，日本池上公司最新设备数字摄录一体摄像机的操作、日本SONY公司“最新Betacam SX系列设备”演示等，通过这些技术讲座和设备演示，向我局乃至全市的广播电视技术人员介绍了世界广电最新技术和最新设备，开阔了眼界。

四、大型活动

第六届上海国际广播音乐节于11月15日至19日举办，35个国家（地区）的175家电台和机构送来了125套具有本民族和地区风格的优秀广播节目参展、参赛，上海东方广播电台制作的《琵琶与吉它—丝绸路上的姐妹花》荣获“金编钟”奖；参加音乐节的境外来宾包括日本ASKA演唱组、韩国ENUE演唱组、挪威“神秘园”演唱组、英国（陈美）演唱组等共136人；开幕式演出《新世纪序曲》大型激光音乐晚会在新落成的上海体育场举行，观众达4万人，盛况空前。

江苏省

出访

1997年2月4日～17日 连云港广播电视局局长张树扬等一行4人赴德国考察、访问。

2月19日～3月8日 江苏人民广播电台纪小宁和江苏电视台赵东进随中国工艺品进出口公司组团赴美国，参加“国际多媒体广告大会”。

3月1日～15日 江苏人民广播电台副台长熊崇悌一行7人赴美国技术培训。

3月8日～22日 江苏广播电视代表团陈文善一行10人赴美国考察和业务交流。

4月13日～24日 江苏电视节目主持人代表团一行10人赴日本进行业务交流和考察。

4月14日～26日 南京市广播电视局赵光德一

行6人赴澳大利亚进行业务交流。

4月18日～5月3日 周世康厅长等2人随江苏省对外文化交流协会组团赴新加坡、泰国等地考察、访问。

4月26日～5月12日 南京有线电视台肖梅等2人赴美国考察、交流。

5月28日～6月6日 徐州广播电视局崔慕俭等一行10人随中广公司组团赴日本参加"NHK新科研成果展"。

7月6日～20日 江苏广播电视发射传输总台常务副台长章近儒等一行5人赴美国技术培训。

7月9日～7月26日 常州有线电视台台长张兵等一行3人，赴意大利、比利时、瑞士考察和验收设备。

7月20日～26日 江苏电视台徐震洲等一行2人赴英国伦敦瓦多萨松学院访问。

7月24日～8月6日 厅科技处许如钢等一行4人赴美国技术培训。

7月28日～8月3日 苏州人民广播电台台长叶正亭等一行5人赴日本进行考察和业务交流。

7月28日～8月4日 江苏有线电视台文俊林等一行2人赴日本考察，并进行技术培训。

8月1日～14日 江苏人民广播电台黄后余赴澳大利亚，参加"澳中传媒公关广告业务研讨会"。

8月10日～21日，江苏电视台徐国生同志随中国国际航空公司《中国机长》摄制组赴法国拍片。

8月22日～29日 苏州电视台朱志春台长一行5人赴日本考察和业务交流。

9月1日～8日 江苏人民广播电台台长李绍成等一行5人，赴日本友好访问，并进行业务交流。

9月13日～26日 江苏电视台侍洪勋等一行9人随中广公司组团赴荷兰、法国参加"'97IBC展"。

9月25日～10月10日 扬州电视台仓爱民等2人随扬州友好代表团赴澳大利亚采访。

9月28日～10月12日 镇江市广播电视局副局长邬建国等一行6人赴德国考察访问。

10月8日～17日 江苏教育电视台副台长赵甫赟等2人赴法国验收设备和技术培训。

10月8日～29日 江苏电视台马家益等一行4人摄制组，赴美国采访、拍摄电视专题片《拉贝日记》。

10月12日～27日 盐城电视台台长吴春松等6人赴美国考察。

11月11日～19日 常州有线电视台浦松源等2人赴日本，参加广播设备展览会。

11月12日～12月11日 徐州有线电视台台长曹洪千等一行6人，随中广公司组团赴日本进行技术交流活动。

11月20日～12月3日 江苏电视台曹勇随广电部组团赴美国考察电视广告经营业务。

11月28日～12月12日 镇江广播电视局局长朱邦治等一行5人，赴加拿大、美国考察。

12月7日～16日 厅外办秦玉梅等一行10人随中广公司组团赴日本，进行新闻采访与业务交流。

12月10日～25日 江苏有线电视台钱明随广电部组团赴美国进行业务交流。

12月16日～26日 苏州有线电视台孙志年等一行3人赴美国进行业务交流。

浙 江 省

一、出访

1997年1月5日～20日 钱江电视台综合部主任计伟强应美国(索尼)哥伦比亚电视公司邀请赴美参观交流。

2月16日～27日 浙江省广播电视微波总站工程师徐剑波等2人赴美国验收设备。

4月3日～12日 浙江电视台制作部设备维修管理组姚民随对外贸易经济合作部组团赴美国考察电视技术业务。

4月3日～16日 由省广电厅副厅长骆燮洪率10人代表团赴美国参加"NBA'97国际广播电视年会"。

4月5日～14日 浙江有线电视台技术部主任潘善伟，随中国仪器进出口公司赴美验收设备。

5月21日～31日 浙江电视台制片杜宪生、编导胡正明、编辑刘婷、摄像王永显、灯光章时光等5人赴日本，与福井放送社共同采拍制作一部题为《传统工艺》的电视专题片。

5月26日～6月4日 浙江电视台广告部王映波、庄临强赴日本考察"康滕电视购物节"和电视直销节目的制作和播出。

5月 省广电厅厅长方文等4人，赴英国、意大利、瑞士3国对省有线广播电视主干传输网所需的传输设备进行考察和选购。在外停留14天。

5月 浙江教育电视台与温州经济、教育电视台巨龙影视开发有限公司联合组团一行26人，赴法国、匈牙利、奥地利、意大利等4国拍摄20集电视连续剧《走入欧洲》。为期75天。

6月13日～7月10日 浙江电视台社教部金宝成、邵建华等2人赴马来西亚参加6月15日～27日在马来西亚举行的"'97世界青年足球锦标赛"的电视现场直播。

6月16日～29日 浙江电视台周伟成、周福元，浙江有线电视台王红南、浙江省广播电视广告中心曹文华等4人随对外贸易经济合作部组织的考察团赴法国参加"戛纳国际广告节"。

6月17日～7月3日 浙江人民广播电台副台长李明月、文艺部副主任蔡国栋等2人，赴日本与日本枥木放送社、日本中央教育研究所合作制作一套适合中国听众学习的日语广播教材《大家说日语》。

7月15日～28日 浙江电视台台长马雨农、国际部主任吴一清等3人赴美国与洛杉矶双语广播电台签订合办《今日浙江》专题节目，并商谈在洛杉矶双语广播电台开设固定窗口。

7月31日～8月6日 浙江省广电厅音像管理处处长王军才、浙江电视台社教部编辑黄齐光随浙江省少年足球队赴日本静冈县制作第六届浙江省、静冈县友好少年杯少年足球赛电视专题片。少年足球赛是浙江省广播电视厅与日本静冈县第一电视台固定的交流项目之一。

8月1日～14日 浙江省电视节目交流中心副主任陈志康、诸暨电视台台长周增辉、乐清电视台台长胡光辉、建德电视台台长周宏、瑞安电视台台长欧阳根旺等6人赴美参加在洛杉矶举行的"'97SIGGRAPH 国际电视节"。

8月19日～26日 浙江人民广播电台副台长王成军等6人赴日本，与日本静冈放送社于8月24日中午联合举办一档题为"无线电波传友谊"的双向传送特别节目。纪念浙江省和日本静冈县缔结友好关系15周年。同期，日本静冈放送社专务取缔役深泽涉等7人来杭与浙江人民广播电台联合举办这次双向传送特别节目。

9月中旬 浙江电视剧制作中心一行17人赴美国纽约拍摄电视连续剧《纽约奇遇记》。在外停留90天。

9月20日～30日 省广电厅办公室江正新，省电视剧制作中心胡琼玲随广电部外事司组团赴日本广播协会（NHK）进行业务交流。

6月10日～21日 省广电科研所所长助理蔡星耀、省广电厅副处长赵五一、省广播电视学校校长董国权、平阳县广电局局长李信速、磐安县广电局局长张文华、丽水有线电视台台长梁承飞、萧山市广电局局长孙焕林、永康市广电局局长陈兴远等8人赴美国参加"'97SCTE 年会"并进行技术考察。

10月8日～22日 浙江电视台副台长许胤飞等4人应西澳洲工商贸易部国际贸易关系部主任帕罗·阿曼兰特先生的邀请赴澳大利亚拍片。

10月26日～11月6日 浙江有线电视台副总编冯瑛如等8人参加国家对外贸易经济合作部组团赴美进行电视技术交流考察，主要了解、学习先进的数字制作、数字传输、数字发射和接收技术。

11月 浙江电视台副台长高克明等3人参加浙江省新闻办公室赴美国中文电视台举办的《浙江潮》播出五周年庆贺活动。

11月1日～10日 浙江教育电视台副总编夏陈安等4人赴法国进行技术考察。

11月4日～13日 钱江电视台与北京电视台协议约定共同制作播出1997～1998年度美国J&M国际有限公司拥有版权的十一场世界鼎尖拳击赛，钱江电视台派记者张徽赴美国拉斯维加斯进行11月8日的现场电视节目制作。

11月4日～18日 浙江省广播电视厅副厅长张桂芝等5人赴新西兰、澳大利亚考察访问。

11月5日～14日 浙江省广播电视厅副厅长、浙江电视台台长梁雄等5人赴韩国与光州文化放送社正式签订缔结两台社友好交流关系协议书，并对该社进行访问。

11月9日～10日 浙江有线电视台办公室主任周昆元等3人赴日本JVC公司进行技术培训。

11月15日～30日 浙江电视台国际部副主任朱进萱、总编室编导潘樟根、文艺部摄像刘德林、节目主持人郑淑英等4人赴西班牙采拍《闯荡世界的浙江人》西班牙篇。

11月 浙江电视台副总编辑周羽强、钱江电视台总编刘和平、新闻中心英语翻译顾中等3人随浙江省人民政府新闻办公室参加在英国举办"浙江电视周"活动。在外停留14天。

11月 浙江省广播电视厅技术处长，省有线广播电视网建设工程指挥部成员应昌伟、厅技术处副处长祝银成等5人赴荷兰、美国，对"SDH90"广播电视编解码设备进行验收，此设备用于全省有线广播电视主干传输网。

二、来访

1997年3月18日～4月7日 奥地利国家电视台制片人吉奥格·哈格保尔等2人，来浙江拍摄电视专题片《用中医治病》。

4月1日～3日 日本朝日电视台一行6人来杭州、东阳横店拍摄电视专题片《香港的故事》部分场景。

4月8日～11日 日本广播协会（NHK）摄制组一行7人，来我省拍摄良渚文化遗迹和良渚博物馆。

5月10日～15日 日本静冈放送社高原明夫、原尚弘、小林孝则3人，来浙江人民广播电台商谈合办节目事宜。最后落实了节目方案及播出程序。

9月18日～27日 日本福井放送社派制作部长横井和彦等4人，来浙江拍摄题为《传统工艺》电视专题片。此节目是与浙江电视台共同制作。

福建省

出访

1997年4月 省广电厅副厅长张锦才和福建电视台一行6人赴美国参加"NAB'97广播电视展览会"。

4月 福建电视台1人赴日本参加JVC维修管理工作会议。

4月 应日本三井物产株式会社邀请，福建电视台2人赴日本考察。

6月 福建电视台广告部1人赴巴西参加第十一届世界广告节。

6月 广电厅副厅长舒展等2人随中国广播电视代表团出访韩国。

8月 福建电视台2人赴澳大利亚松巴公司访问。

8月 福建电视台3人赴荷兰IRT电子公司考察。

8月 福建电视台1人赴比利时访问交流。

9月 广电厅副厅长陈贵钦一行4人赴澳大利亚

和日本考察、访问。

9月 福建一〇六台1人赴柬埔寨执行广播电视发射维修任务。

10月15日～21日 福建东南电视台台长傅祖桂等2人赴日本DAIKO广告公司考察。

10月 福建电视台广告部1人赴美国进行广告经营考察。

江西省

一、出访：

1997年3月 江西电视台副台长殷侠威赴美国、日本参加广播电视设备展览及技术交流会。

4月5日～15日 江西电视台制作部主任刘革军、技术部主任睦玉龙前往美国，考察美国广播电视技术。

6月2日～17日 江西电视台政治部主任吴达铱、广告部副主任徐杰前往丹麦、芬兰，考察当地广告业务和广告制作技术。

7月中旬 江西电视台台长助理刘宁前往美国参加“中国电视周”。

8月1日～25日 江西电视台新闻部彭江红前往俄罗斯、意大利参加世界语会议。

10月6日～21日 省广电厅社会管理处周复民赴美国访问。在美期间访问ABC广播公司等机构，考察美国有线电视网收费工作。

10月10日～24日 江西广播电视学校校长万家傲随广电部教育考察团赴法国、德国、比利时、荷兰等西欧4国考察。在法国先后访问了巴黎4所高等学校和国际影视制作培训中心，在德国、比利时、荷兰考察了当地的职业教育情况。

10月22日～26日 江西电视台李建国前往美国参加“’97斯科拉世界电视年会”。

11月 江西电视台副台长曹登松、总编室副主任蔡长宁赴法国参加“法国电视节目研讨会。”

11月20日～12月2日 江西电视台广告部主任张晓健前往美国考察中国广播电视经营状况。

二、来访：

1997年4月4日～8日 日本NHK摄制组一行8人前往江西景德镇拍摄景瓷制作工艺及生产。

4月13日～26日 新加坡星光公司1人前来江西拍片，拍摄南昌、九江、庐山、景德镇、鹰潭等地的人文景观和自然风光。

8月12日～14日 韩国KBS电视台摄制组一行3人前往九江拍摄风光片。

山东省

一、出访

1997年1月10日～22日 山东人民广播电台主任记者吴海亭、齐鲁电视台记者郭立平随省政府团组，赴新加坡采访。

1月29日～2月12日 山东电视台国际部记者刘志兰，应邀赴澳大利亚就国际教育和教育体制市场研究进行考察访问活动。

4月1日～22日 厅纪检组长王晓英、副总工程师徐渭元随中国电子信息产业集团公司团组，赴美国参加“国际广播电视设备展览会和业务交流”活动。

4月6日～17日 厅长张海涛、山东电视台台长曾昭明随部组团，赴美国参加’97NAB广播电视技术设备展览活动。

4月8日～18日 山东电视台国际部王伟随部组团，赴法国参加“戛纳电视节”活动。

4月10日～30日 山东电视台副台长魏民，应邀赴法国参加国际电视节和业务考察活动。

5月12日～20日 山东电视台主任记者王玉峰等2人，赴德国执行采访我省与巴伐利亚州结好10周年纪念活动任务。

5月30日～6月16日 山东电视台宋世忠随中国国际航空公司《中国机长》摄制组，赴国外执行拍摄任务。

6月3日～18日 山东电视台新闻部马黎明应邀赴韩国，就中韩建交5周年活动执行采访任务。

6月6日～22日 山东电视台广告信息部蔡国防等2人，随对外贸易经济合作部组团赴美国执行电视广告业务考察和交流任务。

6月10日～20日 山东电视台体育部贾伟随山东泰山将军足球队，赴澳大利亚执行采访任务。

6月21日～7月3日 山东电影电视剧制作中心李鲁轲随对外贸易经济合作部组团赴法国参加国际广告节活动。

7月8日～20日 山东人民广播电台高级记者王溪畔、山东电视台记者张海鹰、夏瑜随省委外宣办组团，赴美国、加拿大执行新闻采访和交流任务。

7月10日～23日 厅机关服务中心副主任王广法等3人，应邀赴美国执行设备验收和技术培训任务。

7月30日～8月12日 山东电视台国际部副主任于拓等2人，应邀赴澳大利亚执行考察访问任务，同时为《海外山东人》栏目制作节目。

8月12日 山东电视台国际部记者刘志兰应国务院新闻办公室批准委派，前往美国“中国黄河电视台”驻美工作站工作一年。

8月15日～27日 山东电视台主任编辑韩茹萍随省委宣传部组团，赴美国执行考察访问任务。

8月28日～9月12日 山东电视台广告信息部钱仑，随对外贸易经济合作部组团赴法国执行电视广告技术考察任务。

9月1日～13日 山东电视台发射台韩明滋等4人，应邀赴法国进行设备验收和技术培训活动。

9月10日～24日 山东电视台高级编辑武传明等2人，应邀赴德国执行电视节目制作考察交流任务。

9月11日～23日 厅科研所所长李秀君、有线电视工程技术中心经理徐成禹，随部组团赴荷兰执行电视技术考察和交流任务。

9月12日～24日 山东电视台副台长李志毅，应邀赴法国参加国际数字电视研讨会活动。

9月15日～31日 山东电影电视剧制作中心副主任靖树海等6人，应邀赴美国、加拿大针对电影电视剧制作技术和节目交换进行考察交流活动。

9月20日～30日 山东人民广播电台孙柏、山东电影电视剧制作中心赵冬苓、唐敬睿随部组团，赴日本进行业务考察和交流活动。

9月20日～10月2日 山东电视台副台长朱开发等3人，应邀赴法国进行设备验收和技术培训活动。

10月3日～23日 山东电视台国际部张欣欣等2人，应邀赴美国参加日用纺织品展览会活动，同时为《海外山东人》栏目制作节目。

10月10日～11月1日 厅计财处处长苏淑清等4人，随中国电子信息产业集团公司组团，赴法国参加广播电视通讯技术培训和业务洽谈活动。

10月25日～11月13日 山东电视台国际部主任黄俊山随中国黄河电视台组团，赴美国参加电视网国际年会活动。

10月27日 山东电视台技术部邓晓燕随共青团中央委员会组织的工农青年技术和管理人员，赴日本进行一年的技术研修活动。

10月30日～11月14日 厅审计处处长宋宝礼等11人，随部组团赴新加坡参加审计、财会业务培训活动。

11月10日～19日 副厅长宋德福、山东人民广播电台副台长姜崇英应邀赴英国考察广播录音系列活动。

11月20日～30日 山东电视台总编室孙玉平随文化部组团，赴澳大利亚进行电视艺术学术交流活动。

11月20日～12月3日 山东电视台副台长魏民随部组团，赴美国执行电视广告经营考察活动。

11月30日～12月12日 山东电视台体育部吴文峰同志随部组团，赴美国执行业务考察和交流任务。

12月10日～27日 厅机关服务中心主任刘泮文等8人，应邀赴日本、美国进行设备验收和技术培训活动。

二、来访

1997年4月 德国《德国之声》广播公司亚洲部主任京特·克纳伯先生应济南市局邀请来济南进行友好访问活动。

4月 日本林氏影视创作公司总经理林云云女士应山东电影电视剧制作中心（东奇影视艺术开发中心）邀请，来我省进行考察和业务洽谈活动。

6月 德国《德国之声》广播公司应济南人民广播电台邀请，派员来济南联合采制名为《黄河》广播专题节目。

9月 日本林氏影视创作公司一行6人应山东电影电视剧制作中心（东奇影视艺术开发中心）邀请，来我省拍摄《中国杂技》电视专题片。

10月 德国巴伐利亚州广播电视台一行9人，应我厅邀请来我省进行考察访问，同时与山东电视台签署友好合作关系协议。

湖北省

出访

1997年2月25日～3月20日 湖北人民广播电台陆正容等3人到美国哈里斯国际有线公司定购2台数字激励器全固态发射机。

4月1日～15日 省广电厅总工程师罗其伟等5人，赴美国哈里斯广播公司（美国昆西）参加DX100的设备验收。

4月5日～15日 湖北电视台宛金炉随广电部组团赴美国参加NAB展览会。

6月1日～8日 湖北电视台廖冰赴日本参加JVC产品售后服务会议。

6月5日～25日 湖北电视剧制作中心柳小满等2人，经巴黎前往马里、坦桑尼亚、马达加斯加执行电视剧《非洲之恋》拍摄的前期外景考察任务。

8月12日 湖北电视台尹春荆赴美国参加中国黄河电视台驻美国工作站工作一年。

10月24日～26日 湖北电视台穆洪斌赴美国参加“斯科拉电视网年会”。

12月3日～8日 湖北电视台体育部李欣随湖北省武汉雅琪足球队，作为随队记者到新加坡采访。

12月5日～17日 省广电厅袁国专等赴美国考察。

12月20日～26日 湖北经济电视台屈黎辉等2人赴澳大利亚大网络公司的总部大网络电视台进行考察，商讨有关节目合作项目细则。

湖南省

一、出访

1997年2月15日 湖南广播电视广告总公司孙建平、易干良、张健，应美国海德国际公司邀请，赴美国参加“国际多媒体广告大会”，洽谈广告业务。

5月1日～10日 湖南经济电视台副台长吕焕斌、节目部唐伟民、记者刘葵赴美国参加在拉斯维加斯举行的霍利菲尔德与泰森拳王赛的转播工作。

6月16日～30日 湖南广播电视广告总公司副总经理熊云开、策划部陈罗坤等4人，应邀赴法国参加“戛纳国际广告节”。

6月16日～7月2日 湖南电视台总编室副主任刘惠东、节目制作科李保红，应邀赴法国参加“戛纳国际广告节”。

9月 省广电厅台站管理处王国庆，应美国华盛顿国际培训中心邀请，随中央卫星电视转播中心赴美进行技术管理培训考察，为时15天。

10月3日～15日 有线广播电视台新闻部主任李浩，应美国特纳国际公司中国业务主管谭亚东的邀请，随广电部组团赴美访问。

10月14日～24日 湖南电视台副台长张栋才，

应日本富士公司邀请，随中广总公司组团，赴日本考察录像带生产。

10月 湖南广播电视国际有限公司副总经理熊铁世赴美国考察普善公司网络建设产品，为时10天。

11月8日～18日 湖南经济电视台节目部体育组制片人王艳忠，赴美国参加在拉斯维加斯举行的霍利菲尔德对穆尔拳王赛的转播制作工作。

11月20日～12月10日 湖南广播电视广告总公司臧德华，应美国盛世长城国际广告公司邀请，参加广电部组织的中国广播电视广告经营考察团赴美考察。

12月16日～1998年1月5日 湖南经济电视台副台长刘向群、广告部主任樊旭文，随中国广告协会组织的广告培训团赴美培训学习。

12月 湖南电视生活频道总监刘沙白、副总监吴澧波、周俊，赴美国对电视行业中的广告市场宣传、节目音像策划、制作设备等领域进行考察，为时7天。

二、来访

1997年5月3日～12日 新加坡星光公司摄制组来湖南拍摄风光录像片，拍摄张家界索溪峪、天子山景点风光，和长沙岳麓山、桔子洲、湘江。

广西壮族自治区

一、出访

1997年4月18日～5月1日 广西广电厅副厅长苏新生，应邀参加中华全国新闻工作者协会组织的新闻代表团，前往芬兰、瑞士等国家访问。

5月26日～6月10日 厅长郑久粲，参加广电部组织的中国民族广播电视6人代表团，前往奥地利、瑞士、意大利、斯洛文尼亚等国进行业务访问。

9月9日～19日 广西电视台台长黄著诚前往荷兰，出席在阿姆斯特丹举行的“世界广播电视IBC展览会”，并参观了国际广播电视设备展览。

10月8日～20日 广西电视台副台长彭琦等2人，应波科拉克夫首届国际民族电视节组委会邀请，参加10月9日在波兰举行的国际民族电视节，并考察波兰电视机构。

10月14日～25日 广西电视台器材科陆生流参加由广电部组团，赴日本考察访问，执行录像带及商务谈判任务。在小田原市参观富山公司胶带厂和磁带厂，在足柄市考察录像带生产，并与日方进行商务谈判。

10月14日～25日 广西电视台办公室副主任范娟娟一行5人，应日本放送社社长小堀富夫的邀请，赴日本熊本放送社进行业务研修。

10月17日～30日 副厅长苏新生，随同广西区党委副书记杨基常为团长的广西代表团，赴奥地利克恩顿州访问。

11月11日～19日 广西电视台副台长罗国解一行4人，组成摄制采访组，赴德国慕尼黑、法兰克福、法国巴黎、卢森堡等地进行采访和考察。并与我驻外使馆联系对外宣传事宜。

11月20日～12月3日 广西电视台广告部于宗明参加广电部组团赴美国，考察广告经营业务，并与宝洁公司进行业务洽谈。

12月16日～20日 桂林市广电局副局长黄克一行5人，随同桂林市政府代表团，参加桂林至日本福冈的首航及新闻报道。

二、来访

1997年6月19日～21日 以编成营运部长安国正为首席代表的韩国广播公司（KBS）一行8人，在广电部2人陪同下，对广西桂林市广电局进行访问，参观广播电视采编播设施，进行节目交流和座谈。

贵 州 省

1997年11月1日～24日 应埃及国家《金字塔报》社的邀请，贵州电视台钟明等3人电视摄制小组赴埃及采访，录制了专题节目《埃及见闻》。

陕 西 省

1997年是陕西省广播电影电视事业迈大步，宣传上台阶的一年。厅外事办公室接待来自德国、法国、日本、美国、印度、尼泊尔、芬兰等国家的代表团、摄制组共15批，计85人次，其中副部级代表团2批。参加部、省组团的出访任务共计34批，99人次。其中省电视台与韩国春川电视台在建立了友好交流合作的基础上，开展了更深层的交流与合作，签署了文化交流合作意向书和交流项目。

一、出访

1997年9月10日～20日 我厅组织系统内广播电视人员参加荷兰阿姆斯特丹’97荷兰国际广播电视设备展，同时与欧洲有关同行进行广播电视管理、节目制作等项目的业务交流。

9月28日～10月5日 应韩国KBS春川电视台的邀请，陕西电视台台长王超一行4人赴韩，与韩国KBS春川台缔结友好关系，签署两台间友好合作协议。

10月5日～15日 应英国NBS公司邀请，王晋副厅长带队考察英国、法国微波干线设备技术。

二、来访

1997年5月26日～29日 德国利普影视公司一行6人来陕进行采访拍摄，采访了铜川矿务局的白石坪矿区，并同矿工一起下矿工作、生活了一天，成为陕西煤矿开采行业的第一个国外采访摄制组。

6月3日～6日 以印度新闻广播部副部长那瓦尼为团长的代表团一行3人，来陕西省进行友好访问。与省、市电视台、电台、有线台就节目交流与业务合作进行了友好会谈，并参观了省电视台、电台节目制作机房与演播室。

9月8日～11日 以厄瓜多尔著名电视制片人费雷迪·琰雷斯为首的摄制组一行4人来陕访问并拍摄了中国改革开放成果的电视专题片。费雷迪系著名电视制片人，曾接任美能源组织公共关系主任及联合国科教文组织顾问等职。

9月21日～28日 以菲律宾广播电视协会领导成员、劳动之声广播电台台长卡吉·M·瑞曼得为团长的菲律宾广播电视代表团一行15人来陕进行友好访问。同时参观了陕西电视台和陕西人民广播电台，并就合作项目进行了友好会谈。

10月16日～18日 应广电部邀请，叙利亚广播电视总局局长阿迪尔·亚泽基率团来陕访问。为加强我省广播电视在中东和阿拉伯的影响，我厅对叙利亚代表团进行了热情友好的接待。

甘肃省

一、出访

1997年4月4日～24日 省广电厅副厅长兼甘肃人民广播电台台长张家昌随甘肃省对外文化交流代表团出访美国。

4月5日～15日 甘肃电视台副台长马思义前往美国参加广播电视技术设备博览会。

4月6日～16日 甘肃电视台副台长丁见尧前往美国参加广播电视技术设备博览会。

5月26日～6月4日 甘肃电视台编辑、记者杨德灵、孟子为等随中国电视制片人代表团出访日本。

6月5日～20日 省广电厅厅长、省法学会副会长杨德儒率省法学会法制市场经济考察团出访德国、法国、意大利。厅外事办公室副主任杨晓飞随团前往。

8月2日～12日 省广电厅外办石斌及定西地区广电处处长何丙德、张掖地区广电处处长陈义、庆阳地区广电处书记王同春、敦煌市广电局局长张宏泰、嘉峪关市电视台台长曹善忠随中国广播电视代表团前往日本考察学习。

9月16日～25日 甘肃电视台以副台长乔保平为团长、闵有德为副团长的代表团，前往日本参加"友好城市电视台。日本秋田电视周"活动。

11月6日～11日 甘肃电视台副台长马思义、厅计财处刘向成、省有线台财务部任铁民、无线处财务科冯雅琴赴东南亚参加财会学习班。

12月7日～16日 甘肃人民广播电台调研员贾淑珍、新闻部主任裴立华、平凉地区广播电视处处长杨文涛、庆阳地区有线电视台台长王俊林、张掖市电台台长康建军随中国地方广播电视新闻代表团前往日本考察学习。

二、来访

1997年6月27日～30日 日本NHK《铁道纪行》摄制组一行4人前来甘肃省玉门市拍片。

8月29日～10月9日 芬兰国家电视台一行5人前来甘肃省兰州、武威、张掖、酒泉、嘉峪关、敦煌拍摄题为《走遍中国》电视专题片。

9月6日～8日 日本"中国映像"公司《不可思议的发现》摄制组一行5人前来甘肃省敦煌拍片。

9月27日～10月7日 日本"关联"公司摄制组一行5人前来甘肃省天水、兰州、张掖、酒泉、嘉峪关、敦煌拍摄题为《路浪漫》的专题片。

新疆维吾尔自治区

一、出访

1997年4月5日～15日 新疆有线电视台台长李聚祥随团赴美国参加"'97NAB国际展览会"。

4月28日～5月3日 新疆电视台文艺部主任呼尔西丹等4人赴匈牙利，参加"梅地维国际艺术节"。

5月20日～30日 新疆经济电视台台长施生田随广电部来经国等7人赴日本电视台考察访问。

5月26日～6月10日 新疆广电厅厅长沙明随广电部外事司组织的少数民族广播电视考察团赴奥地利、瑞士、意大利、斯洛文尼亚等4国考察访问。

6月10日～25日 厅副总工程师孙惠卿、计财处处长岳邦宁赴荷兰、法国验收数字视频通讯系统技术设备。

7月22日～31日 新疆电视台党委书记曹瑞德随广电部组团赴日本考察。

9月8日～23日 新疆有线电视台总编辑张福欣、副台长顾贵宝应邀赴日本SONY公司考察学习，并洽谈技术交流和技术培训事宜。

10月30日～11月13日 841台台长丁宝泰随北广器材厂组团赴法国进行技术培训。

11月27日～12月12日 厅技术部主任李香明随广电部组团赴俄罗斯参加中俄边境地区广播电视频率协调谈判会。

12月8日～28日 新疆电视台高级记者訾万春随中宣部组团赴泰国、老挝进行访问。

大连市

一、出访

1997年7月 大连电视台副台长王忠玲等4人组成的摄制组，随环保考察团到北九州、长崎等城市拍摄系列纪录片《走进日本看环保》。

11月 大连电视台国际部2人赴日本长崎，参加与长崎电视台合作拍摄关于"吐鲁番"的系列纪录片的后期工作及其新闻发布会。

二、来访

1997年5月 日本长崎国际电视台来大连拍摄关于大连"赏愧会"的节目。

6月 日本宫崎电视台摄制组随同一位战后长期在大连居住，中国籍丈夫去世后回日本的老妪再次来大连，拍摄她为夫扫墓的纪实片。

9月 日本NHK北九州局摄制组来大连拍摄关于大连国际服装节的节目。

10月 日本NHK总部摄制组一行4人来大连，拍摄以大连国际马拉松比赛为背景，反映中日经济合作题材的纪实片。

青岛市

一、出访

1997年2月 青岛广播电视公司官富和，随青岛海尔集团赴德国参加为期10天的贸易展览。

3月 青岛电视台记者崔海，随青岛市政府经贸考察团赴韩国进行为期12天的新闻采访。

4月 青岛市广播电视局副局长刘衍生，青岛电视台副台长邹伟赴美国参加为期14天的NAB广播电视器材展览会。

4月 青岛广播电视科研所曲向东、王宁赴美国参加为期15天的NAB广播电视器材展览会。

5月 青岛市广播电视局纪委书记尹立功，随青岛市委宣传部新闻考察团赴法国进行为期16天的考察。

6月26日 青岛人民广播电台专题片中心邹晖、王忠勇赴新加坡参加青岛至新加坡空中首航式。

7月 青岛人民广播电台记者付滨，随青岛颐中海牛足球队赴澳大利亚访问采访。

8月 青岛市广播电视局副局长杨震，青岛广播电视塔指挥部吕万民、田东升赴比利时进行为期10天的电视塔技术考察。

9月 青岛市广播电视局党委副书记陈南林，青岛人民广播电台文艺中心主任孙厚存，青岛经济广播电台何敬君，赴德国进行为期12天的广播技术考察。

10月 青岛有线电视台副台长杨宾华等5人，赴日本参加为期7天的国际广播电视技术展览会。

11月 青岛电视台广告部王宁，赴美国参加为期16天的电视广告业务考察。

11月 青岛电视台国际部主任李永新等3人，随青岛至韩国货轮赴韩国进行为期9天的采访、拍片。

11月 青岛市广播电视局赵善亭、青岛电视台广告部刘志鸣随青岛市体委团组赴韩国进行为期7天的访问。

11月 青岛市广播电视局程宪忠，计财处戴美丽赴新加坡进行为期15天的财务审计业务培训。

11月 青岛电视台副台长王德艳等一行3人赴日本参加为期11天的少儿电视节目大奖赛。

二、来访

1997年3月26日～3月30日 日本朝日电视台一行3人来青岛拍摄《中国沿海城市》电视片。

7月25日 德国曼海姆市莱茵耐特电视台台长西格曼先生率领40余人组成的考察团访问了青岛电视二台。

10月29日 德国曼海姆市第一副市长艾格博士及夫人到青岛市广播电视局参观访问。

厦门市

一、出访

1997年3月 市广电局副局长周脉望率厦门电视台记者组一行3人赴澳大利亚进行为期14天的采访考察。

5月5日 厦门电视台一行4人赴美国参加“克里奥国际广告节”。

6月16日 厦门有线电视台广告部主任随团赴法国参加“戛纳国际广告节”。

8月中下旬 厦门电视台一行6人赴菲律宾进行业务考察和交流。

8、9月间 厦门人民广播电台台长易修竹应邀赴德国参加柏林国际无线电广播展，并进行学习、考察。

8、9月间 市广电局总工程师率3名工程技术人员前往英国、荷兰等国参观考察专业灯光设备。

10月 经广电部批准，由厦门电视台和厦门东方国际文化影视有限公司组织拍摄的电视连续剧《追逐墨尔本》在澳大利亚实地开拍，厦门电视台台长吴龙海出席开拍仪式。

11月 厦门电视台派记者1人赴新加坡培训、考察、采访，为期20天。

二、来访

1997年4月 日本朝日电视台“中国沿海城市”摄制组一行12人来厦门进行采访和拍摄，由市广电局负责接待。这是日方第五次来华采访。该片向日本观众报道香港回归前，我国改革开放各领域的最新信息。

纪念周恩来同志
100 周年诞辰

周恩来同志与广播电视

赵玉明　哈艳秋　袁　军

周恩来同志是我党广播事业的创建者。大革命失败后，他最早在白区领导建立起人民的无线电事业，为人民广播事业的创办奠定了重要的基础；抗日战争时期，他积极利用国民党广播为抗日大声疾呼，同时领导筹建了中国共产党的第一座广播电台；解放战争时期，他重视运用广播，用来揭露国民党的内战阴谋、传播解放战争的胜利消息和开国大典的喜讯。新中国成立之后，他作为大国的总理在日理万机中，把广播电视事业的发展和建设时刻牵挂在心，他对广播电视宣传的关怀和指导，可以说是全面、具体，无微不至，在成千上万的广播电视工作者心目中留下了令人难忘的印象。

1998 年 3 月 5 日是周恩来同志诞生 100 周年纪念日。在周恩来同志百年诞辰之际，我们根据老同志的回忆和有关书刊的记载，汇编成此文，献给敬仰周恩来同志的广大广播电视工作者。

重视电信主权　筹建秘密电台

在中国共产党的老一辈无产阶级革命家中，周恩来早在青年时代就认识到了无线电通信事业是国家主权的一个重要组成部分，是革命事业的重要工具之一，并着手领导筹建了我党在国民党统治区的第一座秘密电台。

现代化的无线电通信技术早在清朝末年就传入中国。在半殖民地半封建的旧中国，无线电通信大权一直掌握在帝国主义列强和历代反动统治者(清朝政府、北洋军阀和国民党反动派)手中。第一次世界大战之后，帝国主义列强加紧了对中国的侵略活动，其中日本、英国、美国相继染指中国的无线电通信领域，它们既互相勾结，又你争我夺，时而欲独霸中国的无线电利益，时而又企图“国际共管”中国的无线电事业。20 年代中期，中国共产党人和进步的爱国人士一起为反对帝国主义列强企图“国际共管”中国无线电事业的阴谋进行了坚决的斗争。当时远在法国的周恩来作为中国共产主义青年团旅欧总支部的负责人与广大旅法华人一起，开展了一场反“共管”、保主权的爱国活动。1924 年，他先后在《赤光》杂志上发表了《列强共管中国的步骤》、《无线电台果将实现共管了》两篇文章揭露了日、美、英帝国主义列强的阴谋。①

1927 年，蒋介石发动了“四·一二”反革命政变，轰轰烈烈的大革命遭到失败。中国共产党被迫转入地下斗争。这时候，党的中央领导机关设在上海，由于无线电通信机关完全控制在国民党反动派手里，党中央同其他城市的秘密机关以及一些革命根据地的联系十分困难。党迫切需要建立起人民的无线电通信网。

1928 年，党的六大在莫斯科召开。会后，作为党中央组织部长和负责军事部工作的周恩来就开始注意无线电技术队伍的培训工作。他在莫斯科期间，看望了当时在苏联学习无线电技术的毛齐华等人，嘱咐他们抓紧学习，国内急需无线电通信。回到上海以后，他又立即分别约请李强、张沈川谈话，要求他们一个负责秘密安装无线电收发报机；一个化名报考国民党的无线电学校，学习无线电报收发技术。

在周恩来的领导和关怀下，一个个难以想象的奇迹在敌人严密统治下的上海出现了：1929年10月，我党建立起第一座秘密电台，开始抄收国内外通讯社播发的新闻。它使用的密码是周恩来编制的，被称为“豪密”②；1930年1月，上海党中央与设在香港的南方局建立起无线电信联系；同年秋天，党办起了地下无线电训练班，培训了一批从各地选派来的年轻的无线电技术人员；1931年9月，上海党中央与江西中央革命根据地也实现了无线电通信……仅仅三、四年的时间，被敌人分割包围的党的领导机关和各个主要革命根据地，通过红色电波紧紧地联系在一起了。

1931年冬，周恩来从上海辗转到达江西中央革命根据地以后，同毛泽东、朱德一起继续领导着党和红军的无线电通信事业。1932年12月，周恩来和朱德发布关于加强无线电通讯工作的密令，指出：无线电已成为中央根据地红军主要通讯工具，在粉碎敌人大举进攻的目前，必须使无线电队之组织与工作更加健全起来，切勿以其为技术人员而加以丝毫的忽略。在他们的领导下，中央军委设立了负责领导包括无线电通信在内的全部通信工作的三局，由王诤任局长。红军长征以前，随着反“围剿”斗争的不断胜利，一个以中央革命根据地为中心，联系其他根据地的无线电通信网已经初具规模。

重建地下电台　补充电信器材

在长征途中，红色通信战士为确保联络畅通，不辞劳苦，不怕牺牲，为长征的胜利作出了重大的贡献。但是，由于斗争形势的残酷，红军的无线电器材和设备大约损失了三分之一。

红军到达陕北以后，党中央政治局在瓦窑堡举行会议，决定建立抗日民族统一战线。周恩来为了实现这一战略转变，日夜操劳，筹划重建党中央同天津、上海地下党的秘密电台，恢复无线电通信网，以便把中央的方针及时传达到国民党统治区去。1936年4月，党派冯雪峰赴上海到鲁迅身边工作。临行之前，周恩来把重建上海地下电台的重任交给了冯雪峰，并且把经费和无线电密码交给了他。在周恩来的精心部署下，冯雪峰顺利地到达上海，并且在鲁迅的协助下，很快地建立起上海地下党和陕北党中央之间的无线电通信联络。③斯诺在《西行漫记》中写道，当时陕北的红军同中国所有的重要城市，包括上海、汉口、南京和天津，都有无线电联系。尽管红军在国民党统治区的电台常常被破坏，但是国民党却无法长期切断红军同这些城市的无线电联系。周恩来还告诉斯诺说，自从红军设立了无线电通信部门以来，国民党就从来没有破译过红军的密码。

国民党反动派对陕甘宁边区实行严密封锁，特别禁止无线电器材、药品和工业产品出界。当年，党和红军需要的无线电器材，一个重要的来源是依靠前线我军缴获的敌方设备。据统计，在1937年至1940年间，八路军缴获日军的无线电机有81架、收音机56台，④另一个来源则是靠友军的支援。西安事变前，红军就和驻守西北的张学良、杨虎城将军的部队有了秘密接触。1936年4月间，周恩来与张学良将军在延安会晤。在会谈中，他请张将军帮助采购无线电器材。张学良表示，已有大批无线电物资库存西安，可供双方共用。后来，杨虎城将军密令在鄜县开办一个军用合作社，作为其部下与红军的交通站和运输站，包括无线电器材在内的大批急需物资，都从这里源源不断地转运到红军所在地的安塞、保安、瓦窑堡等地。抗日战争时期，周恩来长期在国民党统治区工作。他多次派有关同志去香港采购无线电器材，其中包括不同型号的电子管、手摇发电机、无线电元件，以及铜料、铝板、矽钢片、胶木板等等，然后经由武汉、重庆等地运回延安。周恩来每次返回延安，总要尽可能地把一批又一批的无线电器材带回延安。

周恩来呕心沥血地筹划发展陕北的无线电事业，不仅使党和红军的无线电联络畅通无阻，而且也为后来创建人民广播电台准备了必要的物质基础。

发表广播讲演　激励抗日斗志

周恩来不仅领导创办了人民的无线电事业，而且还比较早地注意到如何发挥广播电台这个现代化工具的作用。当我党还没有足够的力量建立人民广播电台的时候，他就充分利用国共合作共同抗日的有利形势，不失时机地利用国民党的广播电台，宣传我党抗日民族统一战线的政策和主张。

1936年12月，震惊中外的西安事变爆发，周恩来作为我党的代表到达西安以后，为了和平解决西安事变，夜以继日地做了大量工作。同时，他很关心广播电台的宣传工作，亲自审阅每周宣传纲要，指示地下党员搞好广播宣传工作⑤。为了向国外的听众进行宣传，西安广播电台准备开办英语节目，但是一时又难以找到合适的人选。他了解到这种情况以后，就找当时正在西安的著名美国进步记者史沫特莱女士谈话，请她协助。史沫特莱毅然应允。她和当年担任英国报纸记者的新西兰人贝特兰合作，出色地完成了英语广播的任务，为西安事变的顺利解决作出了贡献⑥。

抗日战争全面爆发以后，国民党当局实行片面抗战，大片国土沦丧敌手。南京沦陷以后，国民党中枢机关被迫迁移武汉。1937年底，周恩来率领中共代表团也到达武汉。当时的武汉是中国抗日的领导中心。武汉的广播电台成为抗日宣传的中枢喉舌。各党派和各界代表人物先后发表广播演说，激励民众的抗日斗志。周恩来在《新华日报》上就如何进行抗战宣传发表专论强调指出，宣传周要扩大到前线，首先利用每天的广播讲演鼓舞前线浴血奋战的将士⑦。4 月 11 日，周恩来应邀在汉口广播电台发表了题为《争取更大的新的胜利》的广播讲演。他在讲演中肯定了鲁南台儿庄胜利的意义，分析了日军新的侵略动向，并且提出了争取更大的新的胜利的几项条件，号召巩固全民族的团结，不断夺取前线斗争的新胜利，打败日本帝国主义强盗。

武汉失守后，周恩来在辗转赴重庆途中，11 月 7 日在长沙广播电台向湖南全省发表了一次广播讲话，宣传持久抗日的思想，号召青年到敌后去、到基层去。到达重庆以后，1939 年 5 月 31 日，他应邀到国民党中央广播电台发表了题为《二期抗战的重心》的广播讲演。⑨当时，抗日战争已由防御阶段转入相持阶段，周恩来在讲演中告诫人们要提高警惕，努力发展生产，号召抗日民众深入敌后建立根据地，广泛开展游击战争，争取反攻阶段的早日到来。他的讲演充满远见卓识，直言时弊，痛斥已经公开投敌的汪精卫之流，指出这只能加速他们与侵略者一起灭亡。周恩来的广播讲演，使大后方的人民从黑暗中看到胜利的曙光。在周恩来三次广播讲演的前后，我党的其他一些负责同志，如彭德怀、邓颖超、吴玉章等也陆续在武汉、重庆、成都等地的国民党广播电台发表过广播讲演。这些广播讲演，扩大了抗日民族统一战线的影响，对于团结各界人士共御外侮起了积极作用。

在抗日战争时期，周恩来很重视收听国内外的广播，从中了解国际形势和国内战局的发展。在中国人民革命军事博物馆的展品中，就有一台他在抗战初期用来收听广播的全波段收讯机。1939 年 1 月 30 日，周恩来在《新华日报》上专门刊登启事，针对日寇广播中的谣言予以痛斥。同年 3 月，他到皖南视察新四军，向军部干部讲话时，特别指出："我们政治部以后应该听敌人的广播，好来研究对策。"⑩在重庆期间，他注意收听美国新闻处的广播。1944 年 11 月，他和董必武等一起宴请美新处驻重庆广播记者福尔曼。1945 年，他返回延安出席党的七大后不久，复函美国战时情报处(美国新闻处)重庆分处处长费思，同意该处抗战期间在边区及华北、华中根据地设立无线电收音机，并愿意收听美方的无线电广播，同时也请该处转告有关各方收听延安新华社的英文广播。

肩负新的重任　筹建人民广播

1937 年抗日战争全面爆发前后，党中央为了打破敌人的新闻封锁，使全国人民有可能从广播中直接听到中国共产党的声音，曾经多次提出要在延安建立人民的广播电台。但是，由于日本侵略者和国民党顽固派对陕甘宁边区的严密封锁，广播电台的主要设备——广播发射机等难以运进，致使广播电台一直无法建立起来。

1939 年冬天，周恩来因右臂受伤到苏联治疗。在莫斯科期间，他和任弼时一起以我党驻共产国际代表的身份，同当时共产国际的领导人季米特洛夫商谈了关于在延安办广播电台的问题。共产国际决定援助我党一部苏联制造的广播发射机。这部发射机于 1940 年从新疆入境，辗转运到延安。其间曾遭到国民党当局的刁难，经过周恩来的严正交涉，才得以通过。

1940 年春天，中共中央决定成立广播委员会，领导筹建广播电台。周恩来担任广播委员会主任，中央军委三局局长王诤、新华社社长向仲华等有关部门的负责人都是广播委员会的成员。军委三局成立的九分队担负了具体筹建广播电台的任务。根据周恩来的意见，从重庆红岩中共代表团办事处调派了一位既受过无线电技术教育，又有实践经验的机务员傅英豪担任九分队队长，负责改装、调试广播发射机。九分队的通信战士在王诤的直接指挥下，经过半年多的艰苦奋斗，终于在延安西北的王皮湾村建立起了人民的第一座广播电台，定名为延安新华广播电台，并于 1940 年 12 月 30 日开始播音，呼号 XNCR。当时，由于设备简陋，机器不时发生故障，广播时断时续。1943 年春天，发射机的主要部件供应困难，延安台暂时停止了播音。

在抗日战争胜利声中，1945 年 8 月中旬，延安台恢复播音。这时候，周恩来正在延安。针对国民党反动派妄图阻止八路军、新四军和其他人民武装部队接受日本投降的阴谋，他连续起草了七道向解放区所有部队发布的命令。要求我军各部向一切敌占交通要道展开积极进攻，迫使日伪军投降。其中第七道命令特别提出要控制无线电机关。上述命令是经毛泽东修改后，朱德用"延安总部命令"的名义发布的。延安台在恢复播音之初，反复播送了上述七道命令以及延安《解放日报》上刊登的我军坚决执行命令、连续进军、取得重大胜利的消息。从此，人民广播声音响彻中国大地，再也没有中断过。

运用广播武器　揭露内战阴谋

抗日战争胜利后，根据国共两党达成的协议，1946 年 1 月在重庆召开政治协商会议。当时，国民党利用一党执政的地位，继续以种种手段垄断着中国的新闻事业。国民党的中央社独占了新闻发布大权。针对这种情况，周恩来、董必武等代表中国共产党在政治协商会议上提出的《和平建国纲领草案》，要求"改组国家宣传机关，使一切国营之报纸、通讯社、广播及戏剧电影事业，为全国人民服务，不为少数人所垄断统制。"⑪后来，政协会议通过的《和平建国纲领》中虽然也有类似的条文，但时隔不久，却被国民党反动派点燃的内战战火烧毁了。

1946 年 5 月，周恩来率领中共代表团从重庆到达南京。这时候，中国天空战云密布，代表团所在的梅园新村处境险恶。面对敌特的监视，他大义凛然，指挥代表团全体同志机智勇敢地同敌人展开了针锋相对的斗争。代表团靠一架大型收音机，每天按时收听延安广播，同代表团在一起的新华社南京分社，每天及时抄收新华总社的文字广播，经过和延安台的语言广播核对后，编印出版了一期又一期《新华社电讯稿》，把国内时局的真相和我党的正确主张告诉国内外的记者和进步群众。每当代表团开会时，同志们就放下窗帘，把收音机放在窗外播放延安台的节目，以扰乱敌人的视听。⑫半年以后，蒋介石不顾全国人民的谴责，在一片反对声中召开了一党包办的伪国大。11月19日，周恩来毅然离开南京回延安。临行之前，他在南京举行的中外记者招待会上，愤怒揭露了国民党反动派破坏政协决议，妄图以召开伪国大，使独裁、内战、卖国合法化的罪恶行径。最后，周恩来以肯定的语气宣布：南京，我们是一定要回来的。延安新华广播电台把他在招待会上义正词严的谈话，传遍了全中国。

周恩来回到延安不久，适逢西安事变十周年。党中央决定在延安召开纪念大会，再次揭露和声讨国民党反动派破坏和平、挑动内战的罪行。他在大会上发表了重要讲演。杨虎城将军之子、二十四岁的杨拯民当时在陕北工作，也应邀在会上讲话。事前，周恩来对他说："你今天要好好地骂他一顿（指反动派）。"会后，又对他说：你下午好好休息一下，晚上到广播电台再骂他一顿。周恩来指示他要把讲稿压缩到二十分钟以内，并请西北局宣传部长李卓然帮他修改一下广播讲话稿。⑬当天晚上，杨拯民到广播电台发表了广播讲话，同时作广播讲话的还有亲身经历了西安事变的申伯纯先生。

部署战斗转移　视察广播电台

1947年3月，蒋介石派遣胡宗南军队向延安进犯。早在1946年11月，党中央就预见到国民党反动派有可能采取进攻延安的反革命步骤，毛泽东并就此发出了党内指示。据老同志回忆，也就在这个月的下旬，周恩来亲自主持了有中央军委三局、新华社等部门负责同志参加的会议，研究、讨论了新华社和广播电台的转移问题。他在会上提出：在战争的情况下，要确保不中断广播，使党中央的声音及时地传播出去。会议决定，由三局负责在陕北勘查适当地点，筹建第一线战备广播电台，同时分别通知晋绥、晋察冀、晋冀鲁豫解放区为延安台在当地选择台址，准备建立第二线战备广播电台。周恩来的英明部署，为以后延安（陕北）台的顺利转移、坚持正常广播创造了有利的条件。

1947年3月中旬，胡宗南军队以十六个旅的兵力进犯延安。党中央决定暂时放弃延安，实行诱敌深入、各个击破的战略方针。在撤出延安前后，周恩来分别和毛泽东、朱德、任弼时一起，多次向新华社社长廖承志、三局局长王诤交代任务，为保障撤出延安后我党我军通信联络和无线电广播不中断必须做出妥善的安排。他特别强调，要多考虑问题，要准备有意料不到的情况出现，做到有备无患⑭。3月14日中午，在敌人飞机盘旋轰炸声中，延安台的女播音员以坚定有力的语气播出了在延安的最后一次节目。当天晚上，延安台即转移到陕北瓦窑堡继续播音。3月19日，胡宗南侵占了延安，四处搜索延安台，甚至造谣说延安台已被"焚毁"。可是，愚蠢的敌人哪里料得到延安台早已按照预定的部署转移到他处播音了。

3月20日，夜幕降临之际，已转移到子长县好坪沟的延安台的女播音员以充满胜利的信心，播出了人民解放军在给予胡宗南军队重大杀伤后主动撤离延安的重要新闻，最后庄严宣布：中共中央机关完好无损，并且仍然留在陕北，指导全国的爱国自卫战争。在这之后，延安台改名为陕北新华广播电台继续播音。

3月25日下午，陕北台所在地附近，炮声隐约可闻，充满了紧张的战斗气氛。就在此时此刻，周恩来来到陕北台视察。随后朱德也到这里视察。他们鼓励坚持在第一线工作的播音员、技术员，要坚守岗位，保证不中断广播。三天以后，陕北台播出了我军在西北战场上的首次胜利消息——青化砭大捷，歼敌四千余人。随后，根据上级的指示，陕北台开始再次转移。设在晋冀鲁豫解放区太行山麓的新的广播电台，即时顺利地接替了陕北的广播。在和敌人争夺发言权的斗争中，我们的广播战士又打了一个胜仗。

审阅广播稿件　培育优良作风

当陕北台开始在太行播音之际，周恩来正同毛泽东、任弼时率领一支队伍转战陕北，指挥着西北战场和全国的解放战争。他在戎马倥偬中仍然关心着陕北台，经常和毛泽东等一起收听来自太行的声音。据当年跟随党中央转战陕北的警卫员伍银苓回忆，1947年4月，在王家湾，周恩来听到陕北台女播音员以充沛的感情播出我军在西北战场上的第二个胜利消息——羊马河大捷的喜讯后，高兴地说："这个播音员讲得很好，应该通令嘉奖。"⑮淮海战役中，解放军指战员把缴获的一台美制铁壳无线电收讯机送到了党中央所在地——平山县西柏坡村，后来这台收讯机就成了周恩来不可缺少的收听新闻的工具。进城的时候，周恩来还把它带到北京，使用了很长一段时间。1977年，经过邓颖超批准，这台收讯机成为西柏坡周恩来旧居的陈列品，供人们瞻仰。

在解放战争激烈进行的年代，无论是在转战陕北途中，还是在西柏坡的山庄里，周恩来不但经常收听陕北台的广播，而且时常审阅、修改新华社和陕北台的重要稿件。流传在老同志中间的"周副主席说稿"的佳话，就是一个生动的事例。1947年5月，陕北台播出的新华社记者述评《志大才疏阴险虚伪的胡宗南》，语言犀利，文风泼辣，是一篇不可多得的新闻佳作。这篇述评，就是周恩来在审阅原稿时，口述修改意见，由一位记者记录成篇的。1948年6月间，为配合华东野战军围攻开封，陕北台于20日起反复播出《人民解放军开封前线司令部告开封国民党军政人员和市民书》。周恩来为中共中央军委起草致粟裕等电，要求他们收录电台广播后，印成传单，用炮打入城内。1949年1月，逐日刊登陕北台广播稿件的《新华广播稿》开始编印。当时正是三大战役激烈进行的时候，周恩来在日理万机之余，仍然经常翻阅《新华广播稿》。一天，邓颖超对一位陕北台的编辑说，你们的广播稿编得很好，我和周恩来每天都看，你们有读者了。在谈话中，邓大姐表扬了他们看到的好稿《屈大嫂做军鞋》，并且批评了某些稿件中存在的不够通俗、生动的毛病。过了几天，记载着周恩来和邓颖超关怀广播工作的一封短信，在陕北台编播部门传阅着。同志们从中汲取力量，决心把广播稿编写得更好，以适合广大群众收听的需要。在党中央和老一辈无产阶级革命家的关怀、培育下，陕北台逐步形成了自己的优良作风。

1949年3月25日，经党中央批准，陕北台随党中央从平山迁到北平，改名为北平新华广播电台。在迎接新中国诞生的日子里，北平新华台承担起新的光荣任务。1949年6月20日，北平新华台播出了周恩来在新政治协商会议筹备会上致开幕词的录音，以及毛泽东、朱德等的讲话录音。7月6日晚，周恩来以新政协筹备会常务委员会副主任的身份亲临北平新华台，宣读了新政协筹备会各党派、各团体和各界民主人士发表的为纪念“七七”抗日战争十二周年宣言。第二天，北平新华台又重播了他宣读宣言的录音。9月21日晚7点，中国人民政治协商会议第一届全体会议在北京隆重开幕。周恩来在担负着主持会议的繁重任务的同时，他仍然时刻关怀着广播宣传工作。他明确要求开幕消息一定要在当天晚间新闻中播出。担任会议采访工作的一位广播记者深情地回忆说，为了在广播中尽快地报道会议的进程，我们采写的稿件，需要请周恩来及时审阅。他在百忙中总是很快地把审定稿退给我们，有的时候还嘱咐说，报社的稿子可以参考广播稿来定，不必再送审了。根据周恩来的指示，北平新华台争分夺秒、全力以赴在当晚8点半的第三次新闻节目中播出了会议开幕的消息，9点15分播出了毛泽东致开幕词的讲话录音。周恩来明快果断的作风，保证了广播迅速地把筹备开国大典的喜讯传遍五洲四海。

审建广播大楼　支持筹办电视

1949年10月1日，中华人民共和国中央人民政府成立典礼，在北京隆重举行。当天下午，北京新华广播电台在天安门城楼上转播了开国大典的实况。刚刚被任命为政务院总理兼外交部长的周恩来同毛泽东等其他党和国家领导人一起检阅了陆海空三军部队和群众游行队伍。同年12月5日，北京新华台改名为中央人民广播电台。当时的中央广播事业局、中央台仍然在西长安街三号原国民党北平广播电台的旧址办公，条件简陋，不敷使用。1953年，中央广播局提出建设广播大楼，并建议列入国家第一个五年计划项目。当时国家计委因中央规定不准建立楼堂馆所，准备把这个项目砍掉。局长梅益向周总理汇报时强调广播大楼不是一般的楼堂馆所，而是一座对国内外广播的技术性建筑。周总理同意列入国家计划，但提出要尽量减少非技术性建筑面积，并提出要亲自审查大楼的设计模型。事后，周总理和陈毅一起在中南海西华厅审查了大楼模型。根据周总理的决定削去了大楼入口处的门厅，把大理石面料改为水磨石，并嘱咐陈毅进一步了解工程情况，能省的尽量节省。陈毅两次到中央广播局调查研究，最后对梅益说：“就这样定了。全国只有这么一个大楼，如果有人贴你的大字报，你就说这是陈毅定的。”在周总理的关心支持下，大楼项目列入苏联援建的大型项目之一，于1955年冬天开始动工兴建。

1958年底，矗立在复兴门外的广播大楼胜利完工，不久，中央广播局和中央三台陆续迁入。1959年2月，周总理与陈毅等一起第一次视察了广播大楼，参观了各项广播电视设施，并听取了广播局负责人的工作汇报。此后，他又曾多次到广播大楼出席会议，视察并指导工作。在1959年9月的一次视察中，他来到中央台播音室。当时齐越与潘捷正在播出当天的《全国各地人民广播电台联播节目》。周总理站在播音室的玻璃窗外，一直听完了全部节目。然后他与两位播音员亲切握手并语重心长地叮嘱他们说：“广播大楼建成了，比起延安窑洞来条件好多了，你们一定要用延安精神做好工作。”

50年代初期，世界上一些经济发达国家先后恢复或开办了电视广播。1954年，毛泽东第一次提出中国要办电视的意见。1955年2月12日，周恩来在中央广播局上报的关于在北京建立中等电视台的报告上批示：“将此事一并列入文教五年计划中讨论”。在党中央、国务院的关怀下，筹建电视台的工作于1957年开始。1958年5月1日，北京电视台（今中央电视台）开始试播，同年9月2日起正式开播。50年代末、60年代初，周总理多次到广播大楼视察时，均亲临电视台检查、指导工作。1961年5月9日，他还在电视台观看了正在试验的彩色电视。经过多年的反复试验和筹备，1972年，国务院批准的《电视专业会议纪要》中提出我国将开办彩色电视。1973年4月14日，北京电视台第一次试播彩色电视节目。第二天，周总理在观看试播时发现图像中间有一块黑斑点，立即让秘书询问电视台原因。后来得知是由于电视摄影机用的黑白扫描管有一块荧光粉被烧坏造成的。当时这种扫描管很少，在试播时没有更换，所以在图像上出现了黑斑点。周总理了解情况后指出：“新的（扫描管）不多，可以买；试播也应该认真搞好。”根据总理的指示，电视台努力改进了试播工作，并于1973年5月1日起开始正式试播，同年10月1日起转入正式播出，直播了当天首都人民国庆游园的实况。⑯

情系亿万农民　办好农村节目

我国幅员辽阔，人口众多，农民占了全国人口的百分之八十以上。根据我国的这一基本国情，全国解放以后，为了让广播传到我国农村的每一个角落，周恩来做了大量的工作。1955年3月，在周恩来的关怀下，国务院作出了在农业、畜牧业和渔业生产合作社重点建立1万个收音站的决定，建站所需的收音机，由中央广播局免费供给。1956年初，毛泽东主持制定的《全国农业发展纲要》规划了普及农村广播网的蓝图。周恩来坚决贯彻《纲要》的精神，对亿万农民收听广播的问题，一直抓得很紧。他指出：农村广播网是重要的宣传工具，对它应该采取积极的态度。1965年8月27日，周总理专门向中央广播局的负责同志询问了地方广播电台的设备情况、县广播站和公社放大站的建设情况以及广播喇叭的分布情况。1966年春天，周总理再次提出，要积极发展农村广播网，要有线广播和无线广播相结合，15年建成全国的广播网。在党中央、国务院的关怀和广大群众的努力下，周总理的愿望在我国已成为现实。

除了农村广播的事业建设以外，周恩来还特别重视对农村广播的宣传内容。1964年2月，根据周总理关于加强对农村知识青年进行科技广播宣传的指示，中央人民广播电台与农业部、全国科协组成农业科学技术广播小组，负责研究并提出农业科技广播宣传方案，审定有关选题计划，约请有关单位和人士撰写广播稿并负责检查宣传计划的执行情况。此后，中央台和地方台都普遍加强了农业科技宣传。周总理多次强调：我国有广大农村，几亿农民，广播电台不办对农村广播，不面向农村是不对的。中央人民广播电台1966年1月开办的《对农村广播》节目和以农民为对象的文艺节目《农村俱乐部》，就是根据周总理的意见办起来的。此后，地方广播电台也相继办起和改进了对农村广播节目。周恩来还说过，对农村广播的内容要真正适合农村。中央台供农村转播的节目，包括新闻、科学知识、文艺节目，内容要研究，要真正适合农村听。地方台面向农村，作用更大。向农村发行的唱片以及电视宣传，内容也要适合农村。在1966年的第九次全国广播工作会议上，周恩来同志再次强调广播宣传要面向农村。他说，人生下来，第一件事是要吃饭，要穿衣服。这些都是农村来的。对六亿农民，要教育他们，支持他们，鼓舞他们。周恩来对有关农村广播问题，从节目设置到方针，从宣传内容到方法，都提出了具体意见，为办好对农村节目指明了方向。

强调“友谊第一” 搞好体育转播

中央人民广播电台和北京电视台（今中央电视台）的体育比赛实况转播，通过现场的镜头和解说，生动活泼地宣传国内外的体育交往，吸引了大批听众和观众，深受人民群众的欢迎。这个节目一开办就受到周恩来的重视与关怀。“文化大革命”初期，由于受到极“左”思潮的干扰，体育实况转播曾一度被取消。1970年8月，在周恩来的亲自过问下，中央台和北京电视台转播了中朝乒乓球友谊比赛的实况，恢复了传统的体育比赛实况转播节目。1970～1971年，继朝鲜之后，越南、罗马尼亚、哥伦比亚和加拿大等国的乒乓球队相继来华访问，与中国乒乓球队进行友谊比赛。周总理多次出席观看比赛，针对每次实况转播的情况，经常给予重要的指示，总的精神是要求实况转播中正确处理友谊与比赛、主队与客队、政治与业务的关系，他明确提出了“友谊第一，比赛第二”的方针，多次反复告诉广播电台、电视台，注意不要只讲我们，把人家放在一边；通过转播要出友谊的镜头、友谊的声音、友谊的画面；强调友谊的气氛要浓一些。他还对转播中有时流露出来的大国沙文主义、锦标主义和形式主义给予了严肃的批评。1971年，毛泽东决定邀请美国乒乓球队来华访问，为打开中美关系的新局面创造了有利条件。在这期间，周恩来审阅、修改了中美乒乓球赛实况转播的部分广播草稿，先后对当时其他场次的转播提出了一系列重要的意见，甚至连出什么具体镜头都考虑到了。中央台和北京电视台根据周恩来的意见，迅速改进了转播工作。周恩来看到后表示满意，给予表扬。

体育运动是我国人民同世界各国人民进行友好交往的一条纽带，是为我国的外交路线服务的一个重要手段。1972年第一届亚洲乒乓球锦标赛时，周恩来热情支持这次亚乒赛的宣传工作，指出：亚乒联盟的成立是一个创举，广播、电视要充分宣传规模盛大的亚乒赛，以显示亚乒联盟的强大生命力。1973年，中央台、北京电视台在转播第一届亚非拉乒乓球友好邀请赛闭幕式实况时，只转播一部分就结束了，周总理当即指示立刻恢复对闭幕式的转播。通过多次乒乓球的友谊比赛和转播，加深了中国和其他第三世界国家运动员友情和团结。

开办英语讲座 培养外语人材

1972年的夏天，北京市忽然掀起了一股学习英语的热潮。成千上万的人们涌向新华书店，购买业余英语广播教材。收听北京人民广播电台播出的英语广播讲座一时成为京城的一大盛事。但是，普通的群众谁能想到这个讲座竟是在周总理的积极支持下才开办起来的呢？

1966年“文革”风暴骤起，在极“左”思潮的影响下，大中学校停课闹革命，广播电视中的外语教学节目也一律停办。偌大的中国，竟然找不到一个可以公开学习外语的途径。1971年，林彪反革命集团被粉碎后，国内形势略有好转。1972年春天，上海人民广播电台举办的业余英语讲座开始播出的消息传到了北京以后，首都的教师、学生、科技人员等纷纷写信给广播电台等有关部门要求在北京也开办类似的讲座，以满足人们学习外语的需求。为此，当时中央广播局军管小组于1972年7月14日向中央领导同志呈送了《关于北京市台拟举办“业余外语广播讲座”英语班的请示报告》。周总理于四天后即审阅同意了这份报告，并在批示中预言：“北京广播外语讲座，一经出现，影响极大”。同时批示要把第一个月的教材讲稿录音，送外交部由浦寿昌、章含之、唐闻生三位同志组织审听，肯定可用后再行播出。后来，他还特地请邓颖超抽时间了解北京市台外语讲座的播出情况和有关反映。

周总理这么迅速地批转开办外语讲座的报告，不是偶然的。他一贯重视和积极提倡学习外语。他曾说过：毛主席领导的中华人民共和国，国际威望日益提高，外事活动一天天增加。外语是个工具，翻译是个桥梁，任务十分光荣，十分艰巨。他对外语教学很重视，曾经做过大量的调查研究，视察过外语学院，审阅过不少种版本的外语教材。

根据周总理批示的精神，北京市台与北京市教育局联合举办的《英语广播讲座》，于当年10月2日开播，后来又陆续办起了《日语》、《法语》以及《英语(科普)》、《英语(自学辅导)》、《英语(会话)》、《幼儿英语》等一系列外语节目。外语讲座节目的开办对于帮助广大青年、在职人员学习外语，培养四化建设人才起了积极的作用。广大群众把电台的外语讲座节目称作"空中大课堂"。

发展民族广播　增强民族团结

我们的国家是个多民族的国家，但由于历史原因，我国少数民族大都居住在边疆地区，许多少数民族聚居在山区或高寒地区。这些地区经济落后，交通不便，消息闭塞，群众的文化水平较低。全国解放后为了发展民族地区的经济，搞好民族团结，提高少数民族群众的科学文化知识水平，办好少数民族语言广播就显得尤为重要。解放初期，周恩来积极支持举办少数民族语言广播。中央人民广播电台从1950年起先后开办了藏、蒙古、朝鲜、维吾尔、壮语五种少数民族语言广播节目。这些节目对发展少数民族地区的经济和文化都起了很好的作用。1960年12月，由于国家处在经济困难时期，根据精简机构、压缩节目的方针，中央台五种少数民族语言广播节目也停办了。1962年，周恩来出席一次民族工作会议，在会上了解到这个情况后严肃地指出："不能只考虑精简几十个人，要考虑党和国家的需要。"他还说：我们国家这么大，地区这么辽阔，又是一个多民族的国家，中央台没有民族广播怎么行?周恩来果断地责成国家民委和中央广播事业局，立即共同研究恢复少数民族语言广播。1965年5月，周恩来、邓小平等批准了中宣部就恢复民族广播的请示报告，并将基建工作列入第三个五年计划。在周总理的关心和多次过问下，1971年中央台的民族广播得以恢复，开始用蒙古、藏、维吾尔、哈萨克、朝鲜五种语言向广大少数民族地区播音。

周恩来不仅关心中央台少数民族语言广播，也重视地方台办好同类节目。1962年6月22日，周恩来风尘仆仆地来到吉林省延边朝鲜族自治州。周恩来在这里只停留37个小时，有许多问题要考虑解决，尽管这样，他仍然惦记着这里的广播工作。为了让朝鲜族人民听好广播，他嘱咐延边的同志：要加大电台功率，办好朝鲜语节目。延边台按照周恩来的这个指示先后开办了《朝鲜语新闻》、《少儿节目》和文艺节目。同年，当周恩来得知四川人民广播电台在困难时期仍坚持办藏语广播时，给予肯定和表彰。消息传到四川台，四川台的编播人员高兴无比。

关注海峡彼岸　改进对台广播

周恩来心系祖国大家庭中的各民族兄弟，也时刻挂念着海峡彼岸的台湾省同胞。大陆、台湾，唇齿相依，骨肉情深。自从1949年台湾同祖国大陆被人为地隔绝以来，海峡两岸同胞音信不通。在毛泽东和周恩来的关怀下，1954年8月15日中央台开办了对台湾广播。周恩来审批过这个节目的方针，亲自批转过听众来信。节目开办之初，中央统战部组织的各民主党派、人民团体中央领导人及重要社会知名人士的广播讲话稿，许多是周总理审定的，有的稿件还是他亲自出面组织的。1954年9月，他在审阅对台广播讲话稿时，认为邵力子先生的讲话稿是最好的一篇。对台广播编辑部的同志，将邵先生的讲话稿与其他讲话稿对比分析，找出了它的独到之处，为以后组织广播讲话稿件找到了可资参考的样板。

大约在1956年下半年，中央台对台广播部的编辑们听到了一个口头传达，说是周总理指示今后组织对台湾国民党军政人员广播稿时，要掌握一个基本态度，即"晓以大义，明以利害，动以感情，待以诚意。"这16个字言简意赅，使编辑人员很是开窍，成为了后来组织这方面广播稿件的指导方针。在周总理的亲切关怀和具体指导下，对台湾广播逐步走向正轨，听众逐渐增多，影响逐步扩大。

"文革"风暴，使对台湾广播一度陷入极"左"的泥坑，把当时对内广播中的许多错误宣传方式和方法照搬到了对台广播中，结果把台湾听众都吓跑了。1968年4月，毛泽东关于对外宣传"要注意，不要强加于人"、"国家不同，效果也不一样"等一系列指示下达后，使对台广播中的"左"的做法起到了一定遏制作用。此后中央台对台编辑部经过多次调查后起草了改进对台广播的报告，重新明确了对台宣传的一系列政策和策略思想，以及对台宣传的对象、内容和方式等。1971年1月18日，这个报告经当时中央广播局军管组审定呈送周总理。周总理逐字逐句审阅了报告，于1月21日批示同意，退回了广播局。此后中央台的对台广播从极"左"的泥坑中迈出了第一步，有了初步的改进，1971年9月，林彪反革命集团被粉碎后，周总理重新主持中央日常工作。他更多地过问台湾问题。中央台对台编辑部从此也更多地听到周总理的声音，使得对台湾广播的改进又迈出了新的步伐。

此后不久，在对台湾广播中出现了一件使编辑部同志难以忘怀的事情。1972年8月14日，周恩来在审阅中央气象台呈送的预报强台风消息时，在消息中的"台湾"两字后边加了一个"省"字，并在预告后面加了一句话："祝同胞们晚安!"同时批示："要对台湾同胞广播""告以预防台风袭击和表达祖国的关心"。第二天，8月15日，适逢对台湾广播开办18周年，中央台第一次向台湾广播了预报台风的消息⑰。从此，不只是台风消息，包括每天的海峡地区的天气预报都成为对台广播不可缺少的内容。这件事情既充分表达了党中央、大陆同胞对台湾同胞的亲切关怀之情，对编辑部同志的纠正极"左"思潮影响，改进对台广播也给予了重要启示。

周总理不仅关怀中央台的对台湾广播，对福建前线广播电台(今海峡之声广播电台)和福建人民广播电台的台湾广播也给予了关怀和指示。1970 年 9 月，他在审阅前线台为主起草的福建前线《国庆宣传的请示报告》时，在“报告”上加上了“宣传我国政府 9 月 21 日的声明”；并对一些不适当的提法作了修改。1972 年夏天，前线台根据周总理的指示，对台湾广播中的造谣攻击给予了有力的反击。1973 年，前线台和福建台根据周总理的指示及国务院、中央军委文件的精神，从 10 月 1 日起恢复了“文革”初期停办的《台湾海峡地区天气预报》节目，为台湾渔民更好地进行海上捕捞提供了方便。此外，为了加强对台湾广播的发射力量，周总理在世时批准兴建的福建清源山对台调频广播发射台于 1981 年投入了使用。

虚心听取意见　改进对日广播

我国的对外广播全国解放后有了迅速的发展。目前使用 43 种语言和汉语方言向世界各地广播。从语言种数、播出时间来看，居世界各国际广播电台的第三位，是世界上有较大的影响的对外广播电台之一。周恩来生前极其关注北京广播电台（即现在的中国国际广播电台）的工作，从考虑开办新的语种、同意建设大功率对外发射台到关怀制定宣传计划他都经常过问。他还多次要求从事对外广播的同志认真研究节目方针，努力提高节目质量，使国外听众愿意收听我们的广播。会见外宾的时候，周恩来经常向他们问起我们对外广播的有关情况，听取他们提出的意见、建议和要求。并且把这些材料批转给中央广播局，以改进对外宣传。其中，周总理过问较多的是我国的对外日语广播。

1971 年元旦刚过，周恩来在北京会见日本的一个友好代表团。他了解到代表团里有一位日本朋友，曾作为北京广播听众代表团的成员访问过我国，于是，谈话就以广播为题开始了。周恩来首先询问日本听众收听北京电台广播的情况，然后反复问：广播的内容怎么样？恰当不恰当？日本广大人民能不能接受？有没有把我们的主张强加给日本人民？在文风上适合不适合日本人民现在的语文程度？他特意请那位朋友离开中国之前，先在代表团的十几个成员中作一次初步调查，并且希望代表团中的其他朋友回国后都能调查日本听众对中国广播的意见。周恩来和日本朋友侃侃而谈，会见从晚上九点持续到翌日凌晨一点。宾主告别时，总理再次提起先作个初步调查的事情。

这次亲切友好的会见，给日本朋友留下了深刻的印象，不少人激动得彻夜难眠。特别是那位热心收听我国广播的日本朋友，更是被周总理那种坦率真诚的态度所感动。他利用回国前的短暂时间，在代表团成员中作了调查，写出了几千字的材料，对我国的日语广播在宣传内容、节目安排以及播音方面存在的问题，提出了许多意见和建议。周恩来对这份材料十分重视，阅后批转给了广播局。后来，他还嘱咐廖承志多听听我国的对日广播，帮助北京广播电台改进工作，增强宣传效果。

“文革”中，曾在我国从事过多年日语广播的专家高野广海回到日本后了解到日本听众对当时的日语广播中的极“左”的宣传“不加理睬”的情况后，心情十分焦急，于是给北京电台的日语组写了一封长信，提出要“大刀阔斧”地改进日语广播的尖锐意见。出乎他意外的是，半年之后，有人受周总理的委托，专门找他征求对日语广播的意见。对此高野广海十分感动。“四人帮”被打倒后，他又率领全家来到北京，重新回到他热爱的日语广播的工作岗位上。

关怀文艺团体　发展唱片事业

全国解放之后，为适应中央人民广播电台文艺节目播出量不断增加的需要，1953 年，中央广播局组建了专门的文艺表演团体——中央广播文工团（1980 年 5 月改称中国广播艺术团）。该团主要担负着为中央三台创作、排练和录制广播电视文艺节目的任务，同时也直接为观众演出，参加国际文化交流活动。“文革”前广播文工团总团下设五个分团，有广播电视剧团、广播说唱团、广播民族乐团、广播管弦乐团和广播合唱团，总人数三四百人，拥有一批全国著名的表演艺术家，不但在全国乃至在国际上也享有很大的声誉。广播文工团的成长和发展，也离不开周总理的关怀和指导。

1956 年，广播电视剧团的前身中央台文艺部所属的广播剧团，决定排练演出曹禺的名著《北京人》，目的在于通过在舞台上排演名著，对业务人员进行多方面的锻炼，提高他们的艺术水平。1957 年春天起，《北京人》相继在北京、天津和东北的几个城市巡回演出。这是广播剧团首次在舞台上公开演出，很受社会上的注目和欢迎。当时，大家都有一个迫切的愿望：希望一贯关心广播和话剧事业的周总理能够来看演出。4 月 21 日，剧团领导接到上级通知：周总理今晚来看演出，但因有外事活动，可能晚到，现在必须保密。剧团几个领导既兴奋，又紧张，悄悄地做了必要的安排，演出照常进行，……。直到晚上 9 点 45 分，周总理才来到剧场，一进门就说：“我是来看你们闭幕来的。”边说边从门口进入剧场，他惟恐影响观众看戏，微弯着腰，轻轻地在前边空留的座位落座，此时已是最后一幕。直到演出结束，大多数观众并没有发现总理的到来。观众散去后，周总理在有关领导陪同下，走到后台来看演员，这时大家才知道总理来看演出了，人人兴奋不已。周总理同大家一一握手，亲切交谈，询问有关广播剧团的情况：剧团是什么时候建立的、有多少人、导演和演员都是从哪里调来的、演过一些什么戏等等，总理说：“《北京人》，我在重庆时看过一遍，是张瑞芳主演的。……当时给我留下的印象很深。我记得有一段，女主角愫芳的台词中用了七个‘嗯’！你们能把这段再演一遍给我看看吗？”李晓兰和赵丽平两位演员立即把这场重头戏重新演了一遍，周总理聚精会神地看完了她们的表演以后说：“演得不错，你们剧团人数不多，能演出这样一个大戏，很不容易。可见办剧团不在靠人多。”这时已经是夜里 11 点左右了，总理在告别时说：“这下，我可得再来看一遍。”五年以后，1962 年，剧团再次演出《北京人》。有一天，周总理得知电视台正在进行现场直播《北京人》的演出。马上电话约李先念副总理，两人一起来到剧场观看演出。事后，他对剧团同志说："你们演得很好，我很喜欢《北京人》"。再次提起在重庆看过演出，还介绍了当时演出的一些具体情况。周总理两次观看广播剧团演出的《北京人》，给剧团同志们留下了难忘的身影。

五六十年代，周总理曾多次观看广播文工团的演出，有时为出访的演员送行，有时又为归来的演员庆功。1965年，在我国当时与东欧国家关系比较紧张的情况下，民族乐团赴东欧捷克斯洛伐克、罗马尼亚和保加利亚三国巡回演出两三个月后于11月回到北京。不久，周总理举行招待会，宴请出访的代表团全体人员，会前他与大家一一握手问候。在听取了汇报后，周总理说："你们的访问演出，坚持了协定条款，坚持了有理有利有节的斗争原则，坚持了友好第一的原则，宣传了我国社会主义的民族文化艺术，扩大了我们中国社会主义的影响，增强了我国人民和对象国家人民的友谊，使他们的人民了解了我们中国人民是爱好和平的。可以说，你们胜利地完成了党和国家交给你们的任务。"周总理的表扬，使大家深受鼓舞，大厅内掌声如雷。随着欢乐乐曲奏起，周总理与大家分别跳起舞来。大厅内充满着热情、欢乐的气氛。

中国的唱片事业，全国解放以后，一直由中央广播局领导。中国唱片社（今中国唱片总公司）长期以来一直是中国大陆唯一的唱片编辑、出版机构。生产唱片的厂家也只有两处，一处在上海、另一处在广州。"文革"前，我国的唱片事业有了较大的发展。"文革"开始后，唱片出版受到冲击，业务萎缩。1968年，为了迅速发展我国的唱片事业，中央广播局提出了增建两个唱片厂的报告。2月25日，周总理批示：送请（国务院）业务小组考虑列入今年计划。同月，正式批准建立北京唱片厂。同年10月，成都唱片厂开始筹建。"文革"后期，唱片出版得到一定的恢复，发行工作有了改善。

中央广播局担负着为党和国家领导人讲话录音的重大任务。中央人民广播电台也经常邀请社会名人播出录音讲话。为了长期地珍存这批宝贵的录音资料，1972年7月3日中央广播局军管小组专门向中央写了请示。中央办公厅秘书处随后派人到广播局了解胶带、唱片清理情况，保存条件，并提出了有关意见。周总理批示：建议还是全部暂由广播事业局负责保存并改进条件。待中央档案馆后方建设起科学保存条件后，再将应长期保存的接收过来。在十年动乱中，正是由于周总理的关怀、过问，使得一批珍贵的历史录音资料得以完整地保存下来。

重视保卫工作　确保安全播出

广播电视节目能否正常顺利地传播到亿万人民群众中去，主要取决于广播电视的技术设备正常运转和相应的安全保障工作。在革命战争的艰苦年代，为了不中断人民的广播，周恩来精心部署了延安（陕北）台的转移工作。在和平建设时期，为了保障广播电视的安全播出，他同样尽心竭力，关怀备至。60年代在国内外政治斗争形势比较复杂的时候，周恩来更是时刻把广播电视的安全保卫工作放在心上。

1962年国庆节，毛泽东、周恩来在天安门城楼检阅游行队伍，中央台的播音员正在进行现场转播。毛泽东用手指着正在对游行实况解说的播音员对周恩来说，我们在城楼上讲话，别处听不到，他们说话全世界都能听到。广播就是重要。广播要掌握在可靠人手里，要重视广播电台的安全保卫工作。此后两三年间，周总理指示采取加强政治工作队伍，从部队调派专职人员，组建专门小组和制定应急方案等多种措施，加强中央广播局和地方广播电台的安全保卫工作，并且逐项听取汇报，一一加以落实。1966年4月9日，他在第九次全国广播工作会议上讲话时特别强调要努力办好广播，确保电台安全，为全中国人民和全世界人民服务。会议前后周恩来连续视察了中央广播局在京的几个发射台和北京人民广播电台的发射台，每到一处都向台领导和值班人员仔细询问台里的安全保卫、技术设备保障情况。他还认真地察看机房设备、天线区工作情况，有一次竟不顾危险，爬上机房楼顶的了望台（有七层楼高）去检查。在场的同志被周恩来的这种认真负责精神深为感动。在视察北京市台时，在短短的几十分钟时间里，周恩来视察了技术区的机房、播音室，询问了电台的组织机构、人员编制、机器设备直到安全保卫工作，几乎每个细节都问到了。最后，他强调指出："广播电台是宣传马列主义、毛泽东思想的重要阵地，一定要加强安全保卫工作。"这时已是"文化大革命"的前夕。

"文革"风暴骤起之后，林彪、江青一伙到处煽动不明真相的群众造反、夺权。他们的重要目标之一就是煽动夺取广播电视台，搞乱广播电视台的正常工作秩序，进而利用广播电视制造"天下大乱"的舆论，借以达到篡党夺权的阴险目的。为了稳定全国局势，确保广播电视的安全播出，周恩来针锋相对地进行了坚决的斗争。仅据《周恩来年谱》的记载，从1966年6月起到年底的半年多的时间里，周恩来十多次强调了这个问题的重要性，并指示采取有力的措施，确保广播电视台的安全。他把广播大楼与中南海、人民大会堂等11个单位列为警卫重点，指示加强警卫，在任何情况下都不能让外面的人冲进去。他反复告诫红卫兵，广播电台、电视台是要害、机密单位，"绝对不能冲击"。有的省台一度被红卫兵接管，周恩来立即指出，广播是专政的宣传工具，不容许任何一个团体去占领，只能掌握在党的手里。对于有的地方出现的私设无线电广播的事件，他明确指出是犯法行为，如警告后仍不取消，要受到法律制裁。与此同时，他还要求广播部门的工作人员必须坚守岗位，认真执行任务。

浇灌文艺花朵　丰富声屏节目

周恩来一生为革命日以继夜，辛勤操劳。他的日常生活却内容丰富，爱好广泛，情趣高雅，特别是他的文艺爱好，更是多种多样。电影、戏剧、诗歌、音乐、舞蹈、文学中的优秀作品，他都十分喜爱，欣赏备至。由此引发他十分关心广播电视中的文艺节目，多次强调通过办好文艺节目更好地为人民服务、为社会主义服务。周恩来非常喜欢广播电视里播送的优秀文艺节目，爱听，也爱唱，爱朗诵。一天，有位工作人员路过周恩来住处，看到总理对着收音机一边唱歌，一边打拍子。周恩来看见这位工作人员，立刻说：快进来，你听，这首歌唱得多好！唱得多好！原来，收音机里正播送一首雄壮、庄严的歌曲——《歌唱祖国》。他跟着广播，满怀激情地唱着“我们的领袖毛泽东，指引着前进的方向……”

周恩来坚定地执行党的文艺路线，要求文艺广播坚持为工农兵服务的方向。周恩来喜欢歌颂党和毛泽东的优秀歌曲，多次推荐并且指挥群众放声高唱，使这些歌曲在群众中迅速地流传开来。他要求中央台对农村广播文艺节目时，要多播送一些大众化的、容易学的革命歌曲，使农村群众都能学着歌唱。

60年代初，我国的电视业刚刚起步时，电视中的戏曲节目都是直播。由于缺少经验，直播时画面有时处理的不好。例如演员出场前在后台演唱时，屏幕上常常空着。1961年5月的一天夜晚，周恩来和邓颖超来到北京电视台（今中央电视台）的演播室观看演出。那天晚上电视台正在直播河北梆子《挡马》和《杜十娘》。直播结束后，周恩来对当晚的直播提出意见。他说，演员唱导板时往往台上没人，你们宁可让屏幕空着，这时不正好出乐队（镜头）吗？他们是幕后英雄，可以让电视观众看看他们。听了周恩来的意见，电视台的同志感触很深，认识到做好电视工作还要多动脑子。电视台的同志接受了总理的意见，在以后的戏曲直播中，注意在屏幕上出乐队的镜头，这样使电视观众不仅看到了前台，也看到了后台的情况，使电视与观众贴的更近了。1963年，周总理在听取即将赴香港演出的北京京剧团准备工作汇报时，指出：京剧非改革不可，要体现推陈出新方针；并说，一定要保护京剧人才，要尊重他们，给他们一定的地位。再次强调要告诉电视台，凡播送戏曲表演，一定要介绍鼓师、琴师的名字。“文革”中林彪、江青一伙在广播电视文艺中推行封建法西斯文化专制主义，把一大批优秀的文艺节目污蔑为“封、资、修”、“大、洋、古”一古脑打入冷宫。针对林彪、“四人帮”造成的文艺节目百花凋残的局面，周恩来在“文革”中万事缠身的情况下，还抽出时间过问文艺节目的情况。1970年“五一”节晚上，他就北京电视台必须加强群众文艺宣传的问题作了批示，并且严正指出：广播电视的文艺节目不能太贫乏了。1970年8月，他在一份关于播送某友好国家音乐作品的请示报告上批示：电告（国务院）文化组审听，如健康有民族特点，可编入广播节目。同年11月在关于播送另一个友好国家音乐节目的请示报告中批示：歌词已阅，可用。请文化组将歌曲十二首录音带一套（如未收到，可向广播事业局要）即予审查。如好，即退广播局照报告计划执行。

1975年秋天，周总理在病重住院治疗期间，听听广播、看看电视中的文艺节目成为减轻病魔折磨的一个不得已的办法，即使在这样的时候，他还不忘指示把文艺节目办好，更好地为人民服务。10月间，一天他从电视中观看了纪念人民音乐家聂耳、冼星海的音乐会，马上建议让他俩的作品多同人民群众见面，多为人民演出。一次，他从电视中看到西藏歌舞团赴京演出后，托人打电话给藏族女歌唱家才旦卓玛：总理听你唱的歌曲和过去一样好，很高兴。你要好好为人民歌唱，要好好工作，注意身体。60年代初期，周总理曾多次亲临剧场观看萧华作词的长征组歌《红军不怕远征难》的演出，“文革”开始后，林彪、江青一伙把《长征组歌》打入另册。1975年，为纪念长征40周年，在邓小平等的支持下，冲破江青等人的阻挠，才得以重新演出。当时，周总理很想最后看一次《长征组歌》，可惜无法前往，只能提出希望再听听剧场演出录音、再看看电视实况转播的要求。

改进宣传报道　恢复优良文风

全国解放以后，广播电视继承和发扬我党在新闻宣传中形成的优良文风，力求做到真实、准确、鲜明、生动，成为教育人民、打击敌人、推动工作的有力武器。曾多次受到毛泽东和周恩来的赞扬。

“文化大革命”初期，林彪、“四人帮”肆意践踏革命文风，假话、大话、空话、废话、套话、绝话等一度大肆泛滥，使广播电视宣传工作遭到极大破坏。针对这种情况，周恩来在各种场合，再三强调改进文风的问题。1969年4月，周恩来在审看中共九大电视新闻片时说，“你们的电视节目粗糙，（电视节目）要严肃、要活泼、要扎实”，“编辑要动脑筋编好，质量要高一些”。1971年2月底，他指出了广播宣传中存在的某些问题，说：不要吹嘘，不要搞形式主义。4月13日凌晨，周恩来审阅了中央台一份体育实况转播的备用稿件后，要求把那些空话、大话和不着边际的废话统统删去。他说：解说词太长了，我已经都给他们改了，不要那么多形容词。不要讲那么多，怎么打就怎么说。

林彪自我爆炸之后，在1972全国开展的批林整风中，周恩来积极推动开展对极左思潮的批判。8月初，他连续两天向回国述职大使和外事、宣传单位负责人作长篇报告。报告的主题是：“要批透极左思潮”。他说：“实际上各单位的极左思潮都是林彪放纵起来的”，极左思潮，就是空洞，极端，形式主义，空喊无产阶级政治挂帅，很抽象，这是违反毛泽东思想的。”又说：“运动就是要落实在政策和业务上。无产阶级政治挂帅‘挂’在什么地方呢？就是要挂在业务上。”⑱10月间，根据周总理的意见，《人民日报》组织了一整版的理论文章，揭露和批判极左思潮。周恩来还明确指出：新闻战线的批林整风，要抓住路线和文风两个重点，从整顿文风开始。但是，这场批判极左思潮的斗争，既受到了“四人帮”的严重干扰，又得不到毛泽东的支持。在这种情况下，他只能言传身教满腔热情地倡导毛泽东培育的无产阶级优良文风，为提高广播电视宣传的质量作力所能及的努力。

北京广播电台(今中国国际广播电台)的对外宣传报道，在“文革”中同样受极左思潮的影响甚深，主要表现在广播的内容和形式上内外不分，强加于人，把对内广播的一套做法照搬到对外广播，几遍、十几遍地用外语播出关于“文化大革命”的文件、文章和报道，企图叫外国听众也跟中国人一样“学语录”、“喊万岁”。这样做的结果是把国外的听众都吓跑了。据统计，“文革”前的1965年，中国的对外广播收到133个国家和地区的听众来信28万多封。“文革”期间，听众来信大幅度下降，最少的一年，1970年只收到来信2万多封，尚不足1965年的十分之一。

六十年代末，毛泽东在发现了对外宣传中的不恰当的做法以后，多次批示对外宣传“不要强加于人”。1968年3月他在一次批示中说：“此事我已说了多次，对外(对内也如此)宣传，应当坚决地有步骤地予以改革”。在另一次指示中又强调“我们应注意自己的宣传，不应吹得太多，不应说得不适当，使人看起来好像强加于人的印象。”七十年代初期，周总理根据毛泽东批示的精神，多次指出必须改变对外宣传中的极左做法。1971年1月，他在会见一个日本代表团时，听团长说到日本听众不理解“文化大革命”的意义时，周总理说：“不是你们的认识跟不上，是我们的认识跟不上”。中国、日本“两方面的情况不同，把我们国内的‘文化大革命’原封不动地播出去，而不是一段一段地解释清楚，人家就不懂。”1973年6月，周总理在关于开办普什图语的请示报告上批示，在“宣传我国人民……”前面加上“实事求是”几个字，在另一处加批：“此项要考虑到阿(富汗)方、巴(基斯坦)方风俗习惯等因素，注意效果”。在周总理的具体指导和关怀下，对外广播的文风有了一定程度的改进。

1976年1月周总理逝世的消息对国外播出后，国际台先后收到海外听众(包括港澳地区)的唁函、唁电1000多封。许多听众要求在对外节目中介绍周总理的生平，希望得到周总理的照片。

维护国家主权　确保双方权益

在广播电视国际交往中，周恩来多次强调要维护国家的主权，并且注意确保签约双方的权益，正是在这个原则的基础上，我国广播电视的国际交流活动得以顺利开展，取得了良好的效果。

1952，我国广播机构——中央广播事业局加入了以苏联、东欧等社会主义国家广播机构为主体的国际性广播组织即“国际广播组织”(OIR)。不久，该组织提出要在我国建立第三区(亚太地区)广播电台监测台。从当时形势来看，尽管基本上是社会主义国家范围内的事情，但这也是一个涉及国家主权的问题。对此，周总理明确批示：“原则上可同意，唯该站应由我国管理。”根据这一原则立场，经多次谈判，终于在1955年按我方方案达成协议。

1953年，苏联广播机构代表在出席“国际广播组织”在北京举行的会议期间，向我方代表提出，为了加强苏中两国之间的广播合作，为了在中国广播电台能够播出莫斯科广播电台的节目，让中国更多听众听到莫斯科的声音；同时也为了在莫斯科广播电台能够播出中国广播电台的节目，让苏联更多听众听到北京的声音，建议签订一个广播合作协定。事后，我国有关主管部门就此事请示了周总理。周总理再次指示，我国广播电台和莫斯科广播电台交换播出节目是可以的，但是他们播出什么内容，必须事先得到我方同意，不能由对方单方面确定。他还特别指出，必须注意，这是一个涉及国家主权的问题。第二年6月，当中苏双方代表就上述问题举行会谈时，虽然是以苏方所拟草案为基础进行的，但在如何交换和播出广播节目的关键问题上，我方代表却遵循周总理的指示，多次阐明我方所持的原则立场。最后经友好协商确定：苏联电台向中国提供的华语广播节目录音，不要求中国电台采取直接转播的方式，可由中方重录后播出，如中方认为有不合适的地方，有权不用或予以剪接，也可以经过双方商量后，予以修改，但在播出时应说明是莫斯科广播电台向中国听众广播的节目。中方向苏联听众提供的俄语节目，也按同样的办法处理。这样既维护了我国的广播主权，同时也照顾到了对方的权益。中苏间的第一个广播合作协定终于在当年8月间顺利达成协议。

1972年1月，为了转播美国总统尼克松首次访问中国的盛大实况，美方按照惯例，提出由美国三大广播公司共同租用一架装有全套广播电视设备的波音747型飞机，并以之作为“联合制作和播送中心”，进行广播电视转播和播出。当时亲自主持接待工作的周总理明确指示，不能允许美国按他们的惯例，这项工作要体现国家的主权，具体做法就是，我们广播电视部门要把美国飞机上的全套设备租用过来，在首都机场西南侧突击修建一个临时的“中心”，然后美方的三大广播公司再向我方租用这个“中心”及其设备。外交部门经办此事的熊向晖在回忆往事时写道：

我向总理汇报时说，既然美国政府已作了准备，我们就不必花上百万的美元为美国记者租用通讯卫星。总理当时批评我说，让你商谈租用通讯卫星，你一听100万元美元就想缩头。这不是花多少钱的问题，这是涉及主权的问题。在主权问题上绝不能有丝毫含糊。周总理叫我转告为尼克松访华作技术准备的美国白宫发言人齐格勒：第一，请他负责为中国政府租用一颗通讯卫星，租用期是北京时间1972年2月21日上午1时至2月28日24时；第二，在租用期间，这颗卫星的所有权属于中国政府。美国方面事先向中国政府申请使用权，中国政府将予同意。中国政府向使用者收取使用费；第三，租用费和使用费都要合理，要齐格勒提出具体数目。我们通过其他途径了解国际上的一般价格，不做“冤大头”。

我按总理的三点指示向齐格勒讲了。他很惊讶，想了一会儿说，我第一次遇到这样的谈判对手。我完全接受中国政府提出的前两点办法。请放心，租用费一定很合理。我知道，租用费和使用费是互相关联的。我现在提不出具体数目，但我可以设想，这两项费用之间将会划个“等号”。我很佩服你们的精明，更佩服你们处处注意维护中华人民共和国的尊严。我将把这一深刻印象报告尼克松总统，并告诉我的同事和亲友。我还要坦率地说，现在我完全同意基辛格博士的看法：周恩来总理是世界上罕见的、令人衷心敬佩的、伟大的政治家和外交家。⑲

2月，尼克松访华期间，美国三大广播公司的近百名广播电视编导和工程技术人员与记者，通过上述“中心”向美国转播了共计100个小时左右的广播电视节目，其中有9次电视实况转播。据估计美国观众达1亿，全世界收看的观众达几亿乃至十亿之众。

在这之后，当年秋天日本首相田中角荣访华、1975年美国总统福特访华的电视转播都按上述办法进行，均获得圆满成功。

奉行国际主义　增进中外友谊

五六十年代，根据周总理的指示，我国发扬无产阶级国际主义精神，先后援助19个友好国家兴建广播电台、电视台和有关设施共计45个项目。

我国广播事业援外的第一个项目是为柬埔寨建立一个广播电台。这是1956年2月周总理接待西哈努克亲王访华时，亲自同意的。⑳他要求中央广播局选派得力人员前往，圆满完成任务，取得经验以便有利于今后的援外工作。这个项目的第一期工程主要包括20千瓦中波发射机和15千瓦短波发射机各一部及相关设备等，第二期工程为50千瓦短波电台和播音馆。第一期工程于1959年交付柬方使用，第二期工程于1962年2月完工移交柬方。1960年5月，周总理第二次访柬时，在西哈努克陪同下出席了柬埔寨皇家广播电台的开幕仪式。在视察发射台时，周总理反复对我援柬项目负责人说，广播设备是我国赠送的，建设费用也由我国承担，援建任务虽然完成了，但重要的是要训练他们的人会用、会修理、会管理整个广播电台。这方面的工作你们也做了，关键是还要继续做，多同他们联系，多交朋友……。

1964年，经周总理批准，根据中朝双方签订的《关于中国向朝鲜提供广播电视设备和给予技术援助的协议》，我国广播电视部门与有关部门一起派出专家组帮助朝鲜兴建了广播发射台及电视台。朝鲜方面对我方顺利完成任务十分满意。金日成主席还向我方援建总负责人赠送了礼品。

从60年代中期到70年代初，在我国援越抗美斗争中，应越方要求，在越南广播电台遭受轰炸不能播音的情况下，我国邻近中越边境的无线电发射台代为转播越南电台的节目。对此，周总理曾作过多次指示。我国广播部门在我方力所能及的范围内尽可能地满足了越南方面的要求，有力地支援了越南人民的抗美救国斗争。后来，越南之声电台台长率领越南艺术团访问我国，慰问了我国有关部门的领导和工程技术人员。

周总理长期主管我国的外事工作，建国初期还一度兼任过外交部长。广播电视的对外交往也是他经常关心、过问的一个重要方面。20多年来，他曾多次会见外国广播电视界的代表团、接受外国广播电视记者的采访。五六十年代，周总理出访亚非国家的时候，先后在印度、印度尼西亚、尼泊尔、几内亚、巴基斯坦等国的广播电台发表广播讲演。通过上述一系列活动，阐明了我国的对外主张、促进了外国对新中国的情况和政策的了解，改善了中国与周边国家和其他国家间的关系，增进了中外人民的友谊。1960年9月5日，周总理在北京接受英国记者格林的电视采访的时候，义正词严地表明了我国在处理中美、中英关系时坚持的原则立场。事后，中国的电视台和英国广播公司电视台播出访问的电视片，中央人民广播电台、西方的通讯社都先后播发了周总理的谈话录音，在世界上引起了很大的反响。美国总统尼克松访华以后，在美国人急切想更多地了解中国的情况下，1972年秋天，美国全国广播公司申请来华拍摄电视专题片《故宫》，并以之为背景反映几十年来中国的变化。为此，中央广播局和外交部联名上报国务院，周总理对请示报告作了非常具体的批示，并特意批准该摄制组登上天安门城楼拍摄天安门广场。在周总理的具体指导安排下，电视片《故宫》比较客观地反映了中国的情况和悠久的历史古迹，获得了中外观众的好评。

“文革”开始后，我国与外国的广播电视交流中断了六七年，70年代初期，我国恢复了在联合国合法席位以后，广播电视的中外交流也开始松动。1972年，阿尔巴尼亚邀请我国记者组赴阿采访。周总理批示选派专业干部前往，否定了选派军管小组负责人前往的方案。1972年亚洲太平洋广播联盟在伊朗德黑兰召开的第九届全会，决定按照联合国恢复我国合法席位决议的精神，欢迎中华人民共和国国家广播电视机构行使在亚广联的正式会员权利。1973年，经周总理批示同意我国以“中华人民共和国广播电台和电视台”（英文简称RTPRC）的名义参加亚广联活动，并通知了在印度尼西亚雅加达召开的亚广联第十届年会。1974年我国首次派遣代表团出席了在日本东京召开的第十一届亚广联全会，并开始参加亚广联举办的一切活动。随着双边、多边交流活动的开展，我国的广播电视逐渐成为了外国了解中国、中国了解世界的重要窗口。

关怀无微不至　教诲情深意长

周恩来生前多次来到广播电视工作者中间，他和广播电视工作者心连心。担任过中央广播局局长十多年的梅益说过，在中央领导同志中，周总理和广播电视系统的职工接触最多，至少有上千人有幸和他握手，亲聆他的教诲。

1963年春天，周恩来在人民大会堂宴请中央对内对外广播的播音员、编辑、翻译和技术人员代表共200

多人，对他们的辛勤劳动表示亲切的慰问。席间，周恩来发现老播音员齐越没有来，一问，知道他因病住院了，就关照其他播音员前去探望，看看治疗情况怎样，身体恢复得怎样。第二天，当同志们把总理的关怀问候带给齐越的时候，齐越激动得热泪盈眶。更让齐越感动的事情还有很多。“文革”期间，齐越等著名播音员都被下放到农场劳动改造。1969 年 10 月，周恩来在一次战备工作会议上，问道：“延安时期那几位播音员的声音现在想起来还很亲切，不知道他们现在都到哪里去了？孟启予、齐越现在哪里？”周恩来还深情地说：“我们不能忘记他们。”正是由于周总理的关心，过问，齐越才于 1971 年回京恢复了播音工作。每当夜深人静，齐越想起周总理的关怀总是泪湿枕上，彻夜难眠。

六十年代，有一次周恩来到北京电视台视察。在北京电视台的演播室，周恩来发现桌子旁边的一把椅子太高，就让身边的一位播音员坐上去，当他看到播音员的双脚不能着地时，就对在场的广播局负责同志说：你们要他们工作，又不注意他们的劳动条件，这怎么行呢？要注意改善他们的工作环境。

广播电台的许多同志说：在周恩来身边工作是幸福的，你有了困难，他帮助你解决；你提出建议，他仔细倾听，认真对待，使你心情舒畅，浑身是劲。1967 年 10 月的一天，毛泽东接见外国的儿个艺术团体。当时的气氛非常热烈，掌声、欢呼声此起彼伏，响彻大厅。中央台记者看到此情此景很感动，便打开录音机把这种盛况录了下来。毛泽东接见外宾的消息，过去从未采用录音报道的形式播出过，这次是不是可以破例呢？这时，记者想到了周总理。他连忙把自己的想法写在一张纸条上，连同新闻稿一起呈送周总理。不一会儿，总理审完了新闻稿，并在那张纸条上批示：“同意”。就在当天晚上，中央台播出了这条不寻常的录音报道。

周恩来和蔼可亲的面容，温厚慈祥的笑貌，平易近人的作风，谦虚中兼幽默，谈笑风声，常常让在现场进行采访报道的广播电视记者消除紧张情绪。六七十年代，广播电台和电视台的时政记者都曾经直接聆听过周恩来的教诲以及做好广播电视工作的一些建议和想法。1972 年春天，法国一家电视台请周恩来发表电视讲话。为了做好这次工作，北京电视台的摄制组提前一小时到达采访现场，没想到周总理也提前一小时到达。正当记者们纳闷时，周总理说：“拍好一部片子需要群策群力，我提前来同你们一起准备工作。一是向你们学习；二是帮你们出出点子。”当摄制组的同志请总理作指示时，总理笑着说：“今天你是导演，我是演员，如果谈指示的话，我要听你的指示。”一席话说得在场的人都笑了。周恩来整天为国家大事操劳，为了做好这次电视报道，他却抽出一个小时的时间来指导摄制组的工作，这件事使在场的电视工作者深受感动感慨万千。

周恩来的足迹遍布祖国大地，在各地视察时，他也不忘到地方广播电台和广播站去看看。1958 年，周恩来同志视察北京郊区怀柔水库建设工地，亲临工地广播站，表扬工地广播办得好。他说：你们要大力表扬先进人物，先进事迹，鼓舞大家的干劲，尽快修好水库。1960 年 5 月初，周恩来从国外访问归来，不顾旅途疲劳，抽时间视察了贵阳市花溪区。他来到区广播站，一边看广播设备，一边说：办广播，宣传毛泽东思想，很好！

1966 年 3 月 28 日下午，北京人民广播电台的同志永远不会忘记周恩来视察的情景。在播音室前，在传音机房里，总理和大家亲切交谈。他特别关切电台的安全保卫工作，在听取有关汇报以后，又专门作了指示。当夜幕降临，周恩来快要走时，大家都有点恋恋不舍。这时候，有个同志表达了大家的共同心愿：请总理和我们一起照张相吧！总理十分理解大家的心情，欣然同意。照完相，他高兴地同大家话别，再次勉励北京市台的同志们：要好好工作。周总理走了，但他亲切的话语，还萦绕在广播工作者的耳边。

1965 年 9 月 5 日，是中国人民广播事业创建二十周年（当时以 1945 年 9 月 5 日为人民广播诞生日），毛泽东、周恩来、刘少奇、朱德、邓小平、陈毅等老一辈无产阶级革命家都先后题词勉励广播电视工作者。周恩来接到中央广播事业局请他题词的要求后，专门召见中央广播局的负责同志，听取了工作汇报，并对广播电视工作作了重要指示。11 月 15 日他又亲笔写下：“高举毛泽东思想伟大红旗，发扬艰苦奋斗、自力更生的革命精神，为发展人民广播事业而努力”的题词。周总理与其他中央领导人的题词，对于广大的广播电视工作人员来说是莫大的鼓舞和鞭策。

周总理对广播电视工作人员的无限关怀还表现在他对培养广播电视接班人事业的关注。他生前多次对如何办好北京广播学院提出意见。

1965 年 8 月，周恩来召见中央广播局的负责同志谈了四个问题，其中第四个问题就是关于广播学院的培训方针。周恩来指出：有的培训时间长些，有的就可以短些。要根据工作的需要，要结合业务。他还说，外语系快毕业的学生，可以多派些给外宾当翻译，熟悉政治活动，见世面。提倡学外语的人平时要多说外语，多作练习。

1966 年 4 月，周恩来在第九次全国广播工作会议上，再一次谈到了广播学院的建设问题。他说：广播事业是要发展的，现在力量不够，要培养新的。他听说广播学院的一部分从城里搬到了东郊，条件比较差，就号召师生员工向大庆学习，用大庆精神办好学校。

在党的教育方针的指引下，北京广播学院的同志按照周恩来的要求，努力工作，给广播电视系统输送了一大批新生力量，为发展广播电视事业作出了积极的贡献。“文化大革命”中，林彪、“四人帮”一伙炮制“两个估计”，全盘否定十七年教育工作的成绩，诬蔑广播学院是修正主义的“基地之一”。江青还叫嚷“我看广播学院没有必要办”。林彪、“四人帮”滥施淫威，迫使广播学院停办。直到 1973 年，在党中央、国务院关怀下，这所学校才得以恢复。

临终倾听广播 声屏悼念伟人

1974年6月，周总理最后一次离开他工作和居住了20多年的中南海西花厅，住进了北海公园西侧的解放军三〇五医院。在这以后的一年半的时间，周总理既要接受多方面的治疗，又要操劳国家大事，还要和“四人帮”一伙作机智顽强的斗争，只是在病痛、工作之余，才偶而听听广播、看看电视。1976年元旦，周总理已处于生命垂危之际。据他身边的医生回忆：周总理在似睡非睡中隐约地听到了中央人民广播电台正在播出当天《人民日报》发表的毛泽东的《重上井冈山》和《鸟儿问答》两首诗词……。他叫身边人员找来《人民日报》，把诗词念给他听㉑。1月8日上午9点，经多方抢救无效，敬爱的周总理离开了人世。次日凌晨4点12分，中央台提前开机，播音员含着悲痛的心情最早播出了周总理逝世的消息。对国外各种语言节目和北京电视台随后也多次播出了有关消息。

敬爱的周总理不幸逝世的消息随着电波传向了五湖四海，引起了全国亿万人民群众的万分悲痛。人们都迫切希望通过广播电视缅怀周总理的丰功伟绩、表达大家无比悲痛的心情。广大的广播电视工作者也同全国人民一样，化悲痛为力量，决心做好悼念周总理的宣传报道工作。周总理逝世的当天，1月8日，中央广播局为使世界各国人民与我国人民共同怀念世界伟人——周恩来，提议通过卫星转发悼念活动的电视片。第二天，主持国务院工作的邓小平副总理立即予以批准。从事广播电视对外交流的有关人员立即投入紧张的工作，使得周总理逝世和丧事活动的电视片通过卫星传遍了全世界。与此形成鲜明对照的是，“四人帮”中的姚文元利用手中窃取的广播电视宣传大权，多次给中央广播局下达“指示”，极力限制广播电视中的有关宣传报道，妄图贬低周总理在亿万群众中的崇高威望和巨大影响。他们一伙，不顾中央台的再三请求，不准在第二天（10日）重播周总理逝世的讣告，也不让播出吊唁活动和悼念文章，除了可以摘播外国领导人的唁电以外，国内党政机关、群众团体和人民群众的悼念活动一概不允许报道，直到12日凌晨才允许播出向周总理遗体告别的消息。他们一伙还多方限制甚至一度禁止北京电视台拍摄、播出反映首都百万群众悼念周总理的活动。在周总理治丧期间，中央三台的广播电视工作者在一种极不正常的情况下顶着种种压力，含悲忍痛，在力所能及的范围内，尽可能地利用广播电视先后反复播出了党和国家领导人、首都群众代表向周总理遗体告别的消息，邓小平致悼词以及其他有关报道，在一定程度上缓解了广大群众对广播电视的指责和批评，表达了全国亿万群众的万分怀念总理的悲痛心情。

“四人帮”一伙压制和阻挠广播电视宣传周总理的光辉业绩，不准通过广播电视表达亿万群众哀悼周总理的悲痛心情，恰好说明他们一伙已经到了人心丧尽的地步，离灭亡的日子不远了。几个月后，1976年10月6日，党中央代表全国人民的意志一举粉碎了“四人帮”，广播电视的宣传大权重新回到人民手里。1977年1月，周总理逝世一周年之际，中央三台隆重地、大规模地播出有关新闻报道和文艺节目，歌颂周总理的丰功伟绩，表达了亿万群众怀念总理的心情。中央台在一次晚间的《联播》节目中有史以来播出了长达1小时的《首都人民纪念敬爱的周总理逝世一周年文艺晚会》的录音报道，北京电视台也连续组织播出了《文艺演唱会》和《诗歌朗诵音乐会》等节目。从此，每逢周总理忌日和诞辰，广播电视都有相应的、规模不等的纪念性宣传报道活动。使亿万群众世世代代能够从广播中听到周总理那亲切的声音、从电视中看到周总理那光辉的形象，已经成为了广大广播电视工作者表达对敬爱的周总理无比怀念心情的最好的形式和义不容辞的责任。

注释：为节省篇幅，文中凡引自《周恩来传》(1898～1949)、《周恩来年谱》(1898～1949)(1949～1976)上、中、下三卷和《当代中国广播电视回忆录—周恩来与广播电视》六本书的史实，均不再一一注明出处。

① 《列强共管中国的步骤》和《无线电台果将实现共管了》两篇文章，现收入《周恩来早期集》下卷，中央文献出版社、南开大学出版社1998年版。

② “豪密”，豪，即伍豪，周恩来青年时代在天津从事革命活动时的代号，后来一直用为化名。“豪密”，意为周恩来编制的密码。

③ 见刘大为、王朝桂《鲁迅，不在编的伟大红军战士》，载《时代的报告》1981年第3期。

④ 见彭德怀《三年抗战与八路军》，载《解放》周刊第118期第18页，1940年11月1日出版。

⑤ 见罗瑞卿、吕正操、王炳南《西安事变与周恩来同志》第50页，人民出版社1979年版。

⑥ 见郑定于、王吉呈《在风云突变的年月——周副主席和平解决西安事变的故事》第28页，陕西人民出版社1980年版。

⑦ 见《怎样进行二期抗战宣传周工作?》载《新华日报》1938年4月8日。

⑧ 见《新华日报》1938年4月17日。

⑨ 见《群众》周刊，第3卷第5期，1939年6月出版。

⑩ 见《目前形势和新四军的任务》，载《周恩来选集》上册第108页，人民出版社1980年版。

⑪ 见延安《解放日报》1946年1月24日。

⑫ 见南京市博物馆、南京市文管会《敬爱的周总理在梅园新村》，载《人民日报》1976年12月12日。

⑬ 见杨拯民《怀念敬爱的周恩来总理》，载《周恩来同志八十诞辰纪念诗文选》第46页，人民出版社1978年版。

⑭ 见王诤《殷切的期望，难忘的教诲》，载《人民日报》1978年8月27日。

⑮ 见伍银苓《我给毛主席当警卫员的时候》，吉林人民出版社1960年版。

⑯ 有关筹建电视广播的史实，均引自于广华主编

的《中央电视台大事记》(1955.2～1993.3)一书,人民出版社1993年7月出版。

⑰ 此处时间据《当代中国广播电视回忆录第三辑》载罗弘道《周恩来与对台湾广播》一文,中国广播电视出版社1994年12月版第98～99页。另据《周恩来年谱》(1949～1976)下卷第318页,1969年8月记载:"鉴于太平洋第三号台风将袭击大陆东南沿海,(周恩来)指示将台风的强度、移动速度、可能登陆的时间和地点等,详细电告广东及其他有关省、市、自治区,密切注意台风动向,采取有效措施,做好预防工作。同时指出,今后遇有台风等重大灾害性天气可能袭击台湾省时,要及时发布预报、警报,告诉台湾同胞以防袭击。并亲自修改审定了首次对台湾省同胞发布的台风警报的广播稿。"

⑱ 中共中央文献研究室编《周恩来传》(1949～1976)下册第1062页,中央文献出版社1998年2月出版。

⑲ 熊向晖《于细微处见精神——记周总理对我的几次批评》,载《不尽的思念》第398～400页,中央文献出版社1987年12月出版。

⑳此处据《当代中国广播电视回忆录》第三辑载蒋建忠、钟期志《回忆周恩来总理对广播事业援外工作的关心和指导》一文,见该书第86页。另据《周恩来年谱》(1949～1976)中卷第316页,1960年5月6日记载注称:"这个电台是周恩来上次访问柬埔寨时(1956年11月)赠送给西哈努克的礼物"。

㉑ 张佐良《周恩来的最后十年——一位保健医生的回忆》第370页,上海人民出版社1997年12月出版。

(原载《中国广播电视学刊》1998年第3～5期,收入本刊时略有增改)

中国广播电视学会第三届理事会议

中国广播电视学会第三届理事会议纪要

(一)

1997年4月8日至10日,中国广播电视学会在北京召开第三届理事会议,来自全国广播电视系统的194名理事和38名特邀理事出席了会议。

这次理事会议的主要议题是:总结学会5年的工作,确定今后的工作任务;修改学会章程;选举新的领导机构。

学会新的一届理事会是经各省、自治区、直辖市广播电视厅(局)和广播电影电视部直属单位推荐理事组成的,共有理事239人,特邀理事48人。其中,各省、自治区、直辖市的理事171人,各专业研究委员会的理事24人,广播电影电视部直属单位、中央三台及有关方面的理事92人;少数民族理事33人,女理事24人。

这次理事会议由预备会选举产生的大会主席团主持。大会主席团由第二届会长、副会长、秘书长和第三届会长、副会长、秘书长的候选人共31人组成。刘习良为主席团常务主席。

大会由吴冷西同志致开幕词,艾知生同志致闭幕词。

广播电影电视部部长孙家正,副部长田聪明、刘习良、何栋材、同向荣、杨伟光、赵实,部党组成员王德新、安景林、张振华、王甘文,中国广播电视学会的领导同志徐崇华、马庆雄、杨正泉、杨世芳、吴少琦、何光、沙明、郝平南、珠兰其其柯、黄惠群、崔玉陵和顾问温济泽、周新武等先后出席了大会开幕式和闭幕式。国务院新闻办、新闻出版署、民政部、全国记协、新华社、人民日报等单位的代表李冰、郑梦雄、南振中、于永湛、丁振海、陆颖出席了开幕式。

(二)

广播电影电视部部长孙家正同志在开幕式上发表重要讲话。他在讲话中指出,要充分认识学会工作在广播电视事业中的重要作用,对学会的工作要给予大力的支持。广播电视事业的发展要迎接新世纪的挑战,第一就是要加强思想理论建设。他希望广播电视理论研究工作要进一步加强针对性,注重联系广播电视工作实际,重视决策研究和理论成果的运用,为广播电视多出精品、多出人才,实现广播电视事业跨世纪的奋斗目标服务。他还希望加强广播电视学会的自身建设,特别强调要把思想政治建设放在突出位置,把坚定正确的政治方向放在学会工作的首位,努力提高广播电视队伍的理论水平和业务素质,建设一支政治强、业务精、纪律严、作风正的可以信赖的广播电视理论研究骨干队伍。

(三)

理事会议上,徐崇华同志代表吴冷西同志作第二届常务理事会工作报告,马庆雄同志作修改学会章程的报告。到会理事分组对第二届常务理事会工作报告和章程修改草案进行审议,并对如何做好学会工作进行了认真的讨论。

理事们普遍认为,第二届常务理事会的工作报告是实事求是的,对学会5年来的工作作了客观的陈述和分析,所总结的经验对今后的工作是有益的。

理事们认为,5年来,学会按照章程规定的宗旨和任务,贯彻"解放思想,积极开拓,突出重点,量力而行"的指导思想,注意发挥桥梁和纽带作用,以促进建设具有中国特色的社会主义广播电视事业为目标,团结、组织广大会员和广播电视工作者,积极开展工作,在重点抓学术研究，改进学刊，提高优秀广播电视节目评奖质量，协助业务部门培训专业人才，开展视听评议和加强学会组织建设等方面做了大量工作，取得了新的成效，在促进提高宣传节目质量和管理水平，加强广播电视理论建设和队伍建设方面发挥了积极的作用。同时，学会举办的各种活动，吸引了许多广播电视工作者，引起了他们积累资料、总结经验、探讨问题、钻研理论的兴趣，激发了他们锐意改革创新，提高广播电视工作质量的热情。5年的实践进一步表明，学会在调动广播电视界各方面的积极性、增强系统凝聚力和发挥系统整体优势方面也产生了相当大的影响。

理事们认为，学会成立已经10年了，已经由始创阶段逐步进入了发展阶段。对如何做好学会工作，大家的认识进一步深化，实践上也更为自觉。新的一届理事会承担着学会工作跨世纪的历史重任，只要紧紧依靠党的领导，争取广播电视系统和社会各方面的支持，充分发挥广大会员和学会工作干部的积极性，一定能够开创学会工作的新局面。

理事们认为，学会工作应当始终坚持以学术研究为中心，努力为广播电视理论建设和队伍建设服务。学术研究必须毫不动摇地坚持以马克思列宁主义、毛泽东思想和邓小平建设有中国特色的社会主义理论为指导思想，坚持四项基本原则和改革开放，并在这个前提下贯彻“百花齐放，百家争鸣”的方针。学术研究应当重视宏观问题，重视方向性和带有倾向性的问题，密切联系实际，研究改革实践中迫切需要回答的问题。要加强基础理论研究，深化应用理论研究，重视决策研究，推动建立具有中国特色的社会主义广播电视理论。学会要积极发挥群众组织的桥梁和纽带作用，加强服务功能，拓宽服务领域，以各种行之有效的方式，推动广播电视队伍的思想、作风和业务建设，帮助培养和造就跨世纪的高素质的广播电视工作者，促进广播电视宣传质量的全面提高。

关于章程修改草案，理事们认为，根据客观形势的变化和广播电影电视部党组对学会工作的要求以及学会自己的工作实践，对学会章程的一些内容有必要作适当的修改，章程修改草案的内容基本上是从实际出发的。在审议中，理事们对章程修改草案进一步提出了很好的修改意见。

经过审议，到会的全体理事原则通过了《中国广播电视学会第二届常务理事会工作报告》和《中国广播电视学会章程（修改草案）》。

（四）

理事会议推举了常务理事。第三届常务理事会由58人组成。

在理事会议期间举行的三届一次常务理事会议，推举吴冷西同志为名誉会长；选举艾知生同志为会长，刘习良同志为常务副会长，马庆雄、方文、同向荣、安景林、许光辉、李廷芝、杨伟光、何栋材、沙明（回族）、张克忠、张振华、胡兴华、郭宝新、黄世维、龚学平15位同志为副会长；聘请丁一岚（女）、王枫、杨世芳、吴少琦（满族）、何光、何大中、邹凡扬、金照、周新武、郑体仁、郝平南、珠兰其其柯（女，蒙古族）、徐崇华、黄惠群（女）、梅益、崔玉陵（女）、温济泽17位同志为顾问；确定郭宝新副会长兼任秘书长。

（五）

在大会闭幕式上，新当选的常务副会长刘习良同志就学会今后的工作谈了几点意见。他在讲话中提出，要以学术研究为中心全面推进学会工作。学会要加强广播电视理论研究，为广播电视事业的发展提供有力的智力支持。学会要根据自身的力量和现实的条件，量力而行，努力承担起份内的任务，制定切合实际的选题规划，组织重点课题攻关，造成浓厚的学术空气，普遍提高理论研究的兴趣，尽快改变广播电视工作者“长于实践，疏于研究”的现状。在此基础上，还要在办好学刊、规范广播电视节目和学术评奖、开展对外交流等方面，进一步改进工作。

刘习良同志在讲话中要求，按照民主集中制原则做好学会的组织建设工作。他还希望各方面大力支持学会的工作，并特别提出，要尽快解决经费短缺这一困扰学会的难题，希望广播电视系统各单位根据各自的财力情况为增加研究资金多做贡献，帮助完成“广播电视研究基金”预定的资金筹集目标。

中国广播电视学会第三届理事会议开幕词

（1997年4月8日）

吴冷西

各位来宾、各位理事、同志们：

中国广播电视学会第三届理事会议今天开幕了。出席这次理事会议的有来自全国各地的理事，是广播电视战线各个方面工作的优秀代表。这次会议是中国广播电视学会历史上一次规模空前的盛会，也是我国广播电视界今年的一次非常重要的会议。我代表大会主席团热烈欢迎到会的各位理事，并对今天前来参加开幕式的各位来宾表示衷心的感谢！

中国广播电视学会自1986年成立以来，在各级广播电视领导的支持下，由于全国广播电视工作者的热心参与，我们的研究队伍不断壮大，我们的研究成果对广播电视宣传与事业建设产生了积极的影响。如果说第一届理事会的5年是中国广播电视学会的初创时期，那么第二届理事会的5年，就是中国广播电视学会的成长时期，学会的各项工作正逐步走上正规化、制度化的轨道。我们这次会议，将认真总结以往5年学会工作的成绩、经验和存在的问题，使我们今后的工作做得更好。

新的一届理事会任期的5年，正处在我国实施跨世纪的2010年远景纲要和新的五年计划的关键时期，是我国改革开放进一步高涨、建设社会主义现代化强国的时期。这5年，也是我国广播电视发展史上具有重要历史意义的5年，我们将面临世界性的社会信息化竞争的严峻挑战，我们将进一步实现中国广播电视事业的现代化。新的形势、新的任务、新的课题、新的要求，需要我们以马列主义、毛泽东思想和邓小平同志有中国特色社会主义理论为指针，加强广播电视的应用理论和基础理论的研究，做出新的成果，为社会主义的物质文明和精神文明建设服务。我们要在江泽民同志为核心的党中央领导下，紧跟改革开放形势，紧跟科技进步，开拓眼界，更新思路，百花齐放，百家争鸣，探索解决我国广播电视事业发展中提出的一系列的课题。新一届理事会的工作，光荣而艰巨。

我们新一届的理事会，要认真研究今后5年的主要任务和努力方向。希望各位理事在会议期间，按照党的十四届六中全会关于加强社会主义精神文明建设的决定，认真学习、领会中央1996年37号文件和全国广播电视“九五”计划，结合当前广播电视实际，畅所欲言，献计献策，把我们这次会议开成一个将广播电视研究工作和中国广播电视学会工作推向新阶段的鼓劲会议、动员会议。

衷心地祝愿第三届理事会议圆满成功！

谢谢大家！

在中国广播电视学会第三届理事会议开幕式上的讲话

（1997年4月8日）

孙家正

各位来宾、各位理事、同志们：

今天我和部党组的同志们都来参加中国广播电视学会第三届理事会议的开幕式，首先我代表部党组向中国广播电视学会第三届理事会议的召开表示热烈的祝贺，向各位理事表示亲切的问候！

中国广播电视学会第二届理事会在吴冷西会长的领导下，坚持以邓小平同志有中国特色社会主义理论为指导，在积极开展广播电视理论研究、组织优秀广播电视节目的评选、编辑出版学术理论刊物和著作、开展广播电视专业人才培训等方面，都做了大量的工作，不断取得新的成绩。可以说广播电视学会的工作是紧紧围绕广播电视的中心工作展开的，又有力地支持了广播电视实际工作。部党组对广播电视学会的工作是给予高度评价的，是充分肯定的。在这几年当中，学会的自身建设也不断地得到加强，建章立制，走上了正轨。

这次中国广播电视学会第三届理事会议是广播电视系统的一次盛大的聚会，我们各个省的厅长大部分都来了，有一小部分是刚刚离开厅长位置的同志，还有一部分新上来的同志。可以说广播电视界的骨干都在这里了。参加这次理事会的，除了台湾省以外的各省、自治区、直辖市广播电视部门的领导同志、业务骨干外，还有相当数量退居二线的老领导、老专家以及在学术研究上有成就的中青年同志，这说明我们广播电视系统的各级领导对广播电视学会工作是非常重视的，也说明我们学会是相当有吸引力，有凝聚力的。今天有这么多的广播电视界的领导、骨干、专家和各方面的来宾聚集一堂，机会是非常难得的。希望大家努力学习、深刻领会党的十四届六中全会的精神，按照广播电影电视部党组《认真贯彻党的十四届六中全会精神，加强和改进广播电影电视工作的意见》的要求，认真总结和广泛交流做好学会工作的经验，集思广益，群策群力，更好地发挥学会在加强广播电视理论研究、推进广播电视事业发展方面的重要作用。

借此机会，我想就学会今后的工作简单地讲几点意见。

一、充分认识学会的工作在我国广播电视事业中的重要作用

改革开放以来，广播电视事业有了很大发展，工作取得了很大进步。1996年初广播电影电视部党组向中央政治局常委集体汇报广播电影电视工作时，政治局常委认为，这些年广播电影电视事业有了很大发展，工作有了很大进步。同时事业的发展也带来了许多新的矛盾和问题。在研究新情况、解决新问题的过程中，实际工作迫切需要理论研究的支持。中国广播电视学会作为全国性的广播电视学术团体，是联系广播电视工作者的桥梁和纽带，在加强广播电视理论研究方面发挥着不可替代的作用。部党组对学会工作是寄予很大希望的。应当说，几年来，学会在加强我国广播电视历史、现状、问题、对策的研究方面，是做了很多工作的，一大批决策研究和政策研究成果，直接为各级广播电视领导决策提供了依据。希望学会的同志们继续努力，使我国广播电视研究工作更上一层楼。

关于加强广播电视理论建设的问题，部党组在《认真贯彻党的十四届六中全会精神，加强和改进广播电视工作的意见》和《1997年工作要点》中已经作了安排。过去在1994年、1995年厅局长会议的工作报告中，也都强调了学会的工作，1997年的厅局长会议把这个问题更加突出了。部党组提出来，要加强几个大的方面的建设来迎接新世纪的挑战。加强几大方面的建设，第一大建设就是加强思想理论建设。加强思想理论建设，就是说要在邓小平同志建设有中国特色社会主义理论的指导下，紧密结合新时期我国广播电影电视工作的实际，对广播电影电视事业如何发展，工作如何开展，各种关系如何处理等等这些问题，要从理论上把

它说清楚。要建设有中国特色的广播电视理论体系，需要在原来的理论研究的基础上把它更加系统化。所以我们说要加强几大方面的建设迎接新世纪的挑战，第一项工作就是加强理论建设。部党组是把这项任务委托给学会来做的。学会的同志不在第一线，可以冷静地思考一些问题，而且学会的很多同志都有丰富的实际工作经验，可以做好这方面的工作。还有其他方面的建设，包括精品节目和栏目的建设，事业基础设施的建设，人才的建设，法规的建设，作风的建设等等。我们要加强这几大建设，来迎接新的世纪。加强理论建设这项工作希望学会很好地把它抓起来，使理论研究更加系统化，把初步的理论体系进一步健全完善。这个不是白手起家，不是从头开始，是在过去的基础上进一步整理，进一步研究深化，把它形成有中国特色社会主义的广播电视理论体系。理论研究希望进一步加强针对性，要紧密联系广播电视工作实际，重视和着重加强决策研究和理论成果的运用。要注意组织全系统的力量对一些重大课题进行攻关，争取每年都拿出一批有价值的研究成果，为广播电视多出精品、多出人才，实现广播电视事业跨世纪的奋斗目标服务。

二、努力加强学会自身的建设

部党组在研究这次第三届理事会议的有关问题时指出，学会要把章程的修改作为专门问题来研究。修改后的章程要对加强学会自身建设起重要的指导作用和规范作用。随着广播电视事业的迅猛发展，对广播电视的理论研究提出了新的要求，也对学会自身的建设提出了更高的要求。学会自身的建设当然有很多方面，我这里想主要强调两个方面。一是要把思想政治建设放在突出的位置。学会的同志要自觉以邓小平同志有中国特色社会主义理论来武装头脑，把坚定正确的政治方向放在广播电视学会工作的首位。在事关政治方向、事关重大原则问题上，要做到旗帜鲜明，分清是非，保证广播电视理论研究工作沿着正确的方向发展。第二是要加强业务建设，要通过广泛开展理论研究活动、办好学术理论刊物、组织广播电视节目评奖和评论工作、开展人才培训等，努力提高广播电视学会会员的理论水平和业务素质，努力建设一支政治强、业务精、纪律严、作风正的可以信赖的广播电视理论研究骨干队伍。自身建设主要是这两方面。学会的工作应以开展学术研究，促进中国广播电视繁荣发展为中心，坚持为人民服务、为社会主义服务的方向，遵循“百花齐放，百家争鸣”的方针。在学术问题上坚持“百家争鸣”的方针，这有利于学术事业的繁荣。可以说，“两为”和“双百”是学术研究工作的两个基本点。这两个基本的东西都是不能放弃的。

三、要进一步重视和支持学会的工作

广播电视学会作为广播电视系统的学术团体，不仅要在各级党组织的领导下开展工作，也需要各级领导和有关部门的重视、支持和帮助才能做好工作。最近根据党章的规定和中央办公厅、国务院办公厅1996年22号文件的精神，广播电影电视部党组决定在中国广播电视学会设立分党组，以加强学会的工作和学会领导班子的建设，保证学会更好地贯彻执行党的各项方针政策。希望各地广播电视部门的领导和有关部门，要把学会的工作看作是广播电视事业的一个重要组成部分，对学会的工作要给予大力的支持。特别是许多老同志从领导和宣传的第一线退下来后，投身于学会的工作，继续为广播电视事业的发展贡献自己的力量，他们的精神是非常令人感动的。各级领导和有关部门要努力为他们创造比较好的工作条件，关心他们的身体健康，充分发挥他们的作用。各级广播电视领导在实际工作中要注意听取学会的研究、咨询意见。这只有好处没有坏处。

同志们，这次理事会将产生新一届中国广播电视学会的领导机构，这将是中国广播电视学会的跨世纪的领导机构。任重而道远，我预祝同志们在今后的工作中再接再厉，取得新的成绩，为我国广播电视事业的发展做出新的贡献！

谢谢大家。

关于学会工作的几点意见

——在中国广播电视学会第三届理事会议闭幕式上的讲话

（1997年4月10日）

刘习良

各位领导、各位理事、同志们：

中国广播电视学会第三届理事会议已经顺利完成了议程中规定的各项任务，今天就要闭幕了。在学会新当选的会长艾知生同志致闭幕词前，我想就学会今后的工作谈几点个人的想法。

一、学会安排今年以及今后工作的依据

在本届理事会议开幕式上，冷西同志、家正同志对学会今后的工作提出了明确要求；学会第二届理事会对本届理事会工作提出了四点建议；会议原则通过的经过修订的《中国广播电视学会章程》为学会规定了七项任务；与会的理事们以认真负责的态度谈了许多很好的意见和建议。这些要求、建议、规定和意见是安排今年以及今后学会工作的主要依据。

我们将在中国广播电视学会第一届和第二届理事会奠定的良好的工作基础上，团结全体会员，把学会的工作继续推向前进。

二、以学术研究为中心全面推进学会工作

“中国广播电视学会是全国性的广播电视学术团体”，它的中心任务是开展广播电视学术研究，这一点是与会全体理事的共识。大家一致要求学会在已经取得的研究成果的基础上进一步加强学术研究。

我国广播电视事业在80年代经历了突飞猛进的发展，出现了日新月异的变化。进入90年代，国际形势发生了根本性变化，我国的改革开放和社会主义现代化建设事业进入了新的发展阶段，世界高科技正在迅猛发展，我国广播电视事业在客观形势大变化造成的机遇和挑战并存的局势中继续保持着飞速发展的势头。在广播电视事业大发展的进程中，新情况、新矛盾、新问题层出不穷。为了适应新情况，处理新矛盾，解决新问题，广播电影电视部党组和广播影视系统的各级领导倾注了大量心血，同时也要求学会加强广播电视理论研究，为广播电视事业的发展提供有力的智力支持。

学会的学术研究工作的基本任务是以马克思列宁主义、毛泽东思想和邓小平建设有中国特色的社会主义理论为指导，积极探索在社会主义市场经济体制下发展我国广播电视的正确道路，建设有中国特色的广播电视理论体系。学会的学术研究领域应该包括广播电视事业管理、新闻报道、艺术创作、对外宣传、科技发展、队伍建设等各个方面。就纵向而言，涉及我国和国外广播电视的历史、现状以及未来的发展趋势；从横向来说，涉及各个工作领域中的各种专业。因此，这是一项庞大的系统工程。推进这项工程的建设，必须在部党组的统一指挥下，全系统一起发动，才有可能取得成功。中广学会要根据自身的力量和现实的条件，量力而行，努力承担起份内的任务。例如，制订切合实际的选题规划，组织重点课题攻关，造成浓厚的学术空气，普遍提高理论研究的兴趣，尽快改变广播电视工作者“长于实践，疏于研究”的现状。

我们一定要牢牢记住，学会的学术研究工作要为广播电视事业服务，无论是基础性研究，还是应用性研究，都要为广播电视决策服务，为广播电视事业健康有序的发展服务。

在学术研究中必须在坚持党的基本理论、基本路线和基本方针的前提下，大力提倡“百家争鸣”。因为这是繁荣学术研究的正确方针，是集思广益的正确方法，是探求真理的正确途径。

学术研究贵在实事求是、开拓创新、扎扎实实、科学严谨，忌在虚饰浮夸、因循守旧、心浮气躁、虚妄轻率。对待学术研究，我们一定要采取科学的态度，运用科学的方法。

学刊是发表学术研究成果的园地；评奖为理论与实践相结合进行学术探讨提供机会；对外交流是开阔学术视野、搜集研究信息、磨砺理论思维的好办法。搞好这几项工作肯定会对学会的学术研究起到推动作用。理事们对办好学刊、规范评奖、开展对外交流提出了很多很好的建议，其中也包括一些批评性意见。我们一定充分考虑、研究大家提出的意见，进一步改进这三方面的工作。

三、按照民主集中制原则抓紧做好组织工作

广播电影电视部党组决定成立中国广播电视学会分党组，这是加强党组对学会领导的重大组织措施。本次理事会议以后，要抓紧进行学会分党组的组建工作。学会一定要自觉地在部党组的统一领导下开展各项工作，大事要及时向党组请示汇报，对党组的决定要积极宣传，主动配合，一定要做到“帮忙而不添乱”。

在学会内部，要正确实行民主集中制原则，按照学会《章程》办事。学会《章程》是第三届理事会议审议通过的，是我们一切行为的依据。重大问题一定要按照《章程》规定的民主决策程序办事，情况要及时通报。希望全体理事对学会领导机构加强监督。

学会办事机构的中心任务是为大家提供服务。此次换届以后，还要对办事机构的人员进行调整、充实。办事机构的工作交接也需要一定时间，我们准备在两三个月内完成这项工作。在办事机构内部，我们要努力创造一种和谐共事的气氛，人人积极主动，勤奋敬业，心情舒畅，为大家做好各项服务工作。

学会的领导机构和办事机构要和部属各职能司局、直属单位以及系统内各部门加强联系，加强协作，努力征得他们的支持和帮助。

四、希望大家大力支持学会的工作

冷西同志讲过多次，中国广播电视学会和作为中广学会团体会员的省级学会之间不存在领导关系。但是，搞好中广学会的工作，十分重要的一条就是依靠所有团体会员、单位会员的支持。这种支持的形式是多种多样的。积极参加中广学会组织的活动是一种支持；对中广学会的工作提出批评和建议是一种支持；协助中广学会完成优秀节目评奖工作也是一种支持。正是依靠这种支持，前两届理事会才以有限的人力完成了大量任务，新一届理事会同样要这样做。

这里我专门谈谈学会的经费问题。经费短缺是困扰学会的一大问题。《章程》上规定了筹集经费的几种办法，政府部门的资助、会员交纳的会费、专业委员会交纳的管理费都是比较固定的经费来源。第二届理事会做出设立“广播电视研究基金”的决定，已收到12个单位提供的428.6万元。近几年，各地广播电视事业发展都很快，实力较前更加雄厚。我们希望系统内各单位根据各自财力情况为增加研究资金多做一些贡献，尽快完成原来提出的筹集2000万元的目标。这笔基金的利息将全部用于开展研究工作，直接为广播电视事业的发展提供智力服务。

同志们，家正同志指出本届理事会选举产生的学会领导机构是学会的跨世纪领导机构，有部党组的坚强领导，有全体理事的大力支持，有全体会员的积极参与，我们一定能在中广学会会长艾知生同志的领导下全面推进学会的工作，以新的成绩迎接新世纪的到来！

中国广播电视学会第三届理事会议闭幕词

（1997年4月10日）

艾知生

各位理事、同志们：

中国广播电视学会第三届理事会议，圆满完成了预定的各项议程，今天就要闭幕了。

在这次会议开幕式上，孙家正部长对学会今后的工作作了重要讲话。我们这次会议听取了第二届常务理事会的工作报告，修改了《中国广播电视学会章程》，组成了新的一届即第三届理事会，选举了新的领导机构。会上交流了情况，总结了经验，明确了任务。刚才常务副会长刘习良同志的讲话，实际上是总结了各位理事在讨论中对今后工作提出的各种问题和意见。所以通过这次会议，我们进一步明确了今后学会工作的方向。这次会议结束以后，请各位代表回到本地、本单位，及时地组织学习这次会议的精神，贯彻落实部党组提出的工作要求，把这次会议的精神传达到学会全体会员和广播电视工作者中去。在座的各位代表，有各级广播电视部门的领导，有退居二线的老同志，有专家学者，也有学会的工作人员。希望大家在今后的工作中，携起手来，同心同德，相互支持，共同开创广播电视学会工作的新局面。让我们借这次会议的东风，在全系统内掀起一个广播电视理论学习研究的热潮，作为我们学会向党的十五大的献礼。

在这里，我再说几句题外的话。同志们选举我担任这一届即第三届学会的会长，我衷心感谢同志们的信任和支持。同时我个人又有一种“盛名之下，其实难副”的感觉。之所以这样讲，有两个原因。第一个原因是，我到广播电视战线上来工作，本来就是一些偶然的因素决定的。这次我送给到会的同志们一本新出的小书，叫《广播影视工作谈》。在这本书的序言里，我讲了一下我到广播电视部来的经过。我本来是一个长期在学校工作的教育工作者，由于各种原因，“半路出家”，到了广播电视这个战线上来。我在广播电视学这个专业方面，根底是很浅的。第二个原因就是我的身体有些力不从心。好在常务理事会选举的我们学会的新一届领导班子非常强，有各位副会长，特别是有常务副会长刘习良同志来主抓这个工作，我相信在部党组的领导下，我们这个理事会，常务理事和副会长们，特别是常务副会长，大家一起努力工作，我们一定能够开创广播电视学会工作的新局面。我在这里表一个态，保证对学会工作全力支持，希望全体副会长、常务副会长放手工作，我尽全力支持。

现在我宣布，中国广播电视学会第三届理事会议胜利闭幕。

广播电影电视部设计院创建45周年

回顾展望　开拓前进

袁文博

广电部设计院从创建至今已整整45年了。回顾过去45年走过的路，充满曲折和坎坷、成绩和胜利，总结其中的经验和教训，这对继续开拓前进是有益的，也是很值得的。

广电部设计院院长：袁文博

1952年我院初创时名为中央广播事业局基本建设处，当时抽调了一批接触过通讯、广播的干部和刚毕业的大学生，特别是从上海专程到京的一批大学生，一共60多人组成了专业队伍，负责广播工程设计和筹备工作，这些人就是我院的开创者，从此也就开始了我国广播电视工程设计的事业。

五十年代建国初期，我们学习的榜样是“苏联老大哥”，当时以请进来或派出去的不同方式“引进先进技术”，搞好我们的广播基础设施建设。请原苏联或东欧专家来华指导，像良乡、五七二等至今还有早期洋专家的“作品”，至于我们部的办公大楼更是原苏联专家全面“支援”完成的“作品”。

五十年代末，特别是1958年建国十年大庆，可以说是广播电视工程五十年代的高潮，除了原苏联专家主持设计的广播大楼之外，其他如广播剧场、天安门、人民大会堂的转播设施，特别是1958年开播的北京电视台（中央电视台的前身）。

六十年代初，每年都有一批大学生毕业生分配来院，这批大学生政治素质高、专业技术知识牢靠，在以后的工作中不断地锻炼成为各专业的中坚力量，成为设计院七十年代以后的设计队伍主体骨干。

六十年代广播电视工程在“备战、备荒、为人民”方针指导下，为战备服务成为重要的内容。当时能参加战备工程设计的人员，技术能力是一方面，“政治标准”更是绝对重要，工作方式几乎是单线联系的，技术方案也很难集思广义，但设计人员下现场、钻山洞，在艰苦的条件下，倒是大大地磨练了年轻设计人员的意志，参加过战备工程的人可以说没有什么吃不了的苦，没有什么克服不了的困难。

在这个时期还承担了一批援外工程的设计任务，多数是亚、非国家的一部分发射台、天线和国家级会堂、体育场馆的扩声工程等，援阿尔巴尼亚电视台算是特有的大型工程。

这种以战备、援外工程项目占了相当力量的局面持续到“文革”后期，因此不少六十年代初大学毕业的同志，工作了十几年几乎还没赶上搞什么像样的大工程。这也是当时的时代背景造成的必然情况。

彩色电视事业的发展在六十年代已经起步，但真正付诸实施已经到了七十年代。当时集中了部内电视台、科研所、设计室的工艺专业人员组成工艺设计组，还特别从山西临汾请来了原北京工业建设设计院的一批土建专家，组成中央电视台筹建处，集中进行中央彩电中心的设计。

可以这样说，中央彩电中心的设计开始了我院的一个新阶段，因为如此大型工程，不仅在我国就是世界上也是少有的。不仅如此，更重要的是这样大规模、高难度的工程，我们自己的工程技术人员，可以承担和完成的本身，就足以证明我们自己的实力与水平。正是由于中央电视台工程的完成，我们开始陆续承接了云南、内蒙、山东、江西等一批省级电视中心的工程设计。

1986年湖北广播电视塔的设计和建成，不仅在我院钢筋混凝土塔的设计是第一座，而且在广播电视系统，在全国也是第一个，有着开创的意义，填补了我国钢筋混凝土结构高塔设计的空白。由此开始，我院就陆续承接了中央、辽宁、天津、江苏等高塔的设计。

由于彩电中心、广播电视高塔的设计，不断使我院在广播电视系统，在设计行业逐渐占据了一定地位，产生了一定的影响。正是在这种形势下，1981年底，由原中央广播事业局党组决定，彩电中心筹建处与设计室合并，成立中央广播事业局设计院。从此，正式挂起了设计院的牌子。随着改革开放的进展，从1981年部分工程开始，收取设计费，1982年地方工程收费，1983年下半年院内部实行技术经济责任制、生产人员联产计奖，1984年四季度广电部党组批准设计院实行企业化管理、实行院长负责制，并且部里不再拨付事业费，实行独立核算、自负盈亏。这一系列的措施大大调动了生产人员的积极性，随着广播电视事业的发展，特别是彩色电视的普及，新建省级的电视台成为各地的普遍要求，为此设计院在八十年代迎来了前所未有的好形势。可以这样说，八十年代的大好形势，一方面是由于在内部实行技术经济责任制的管理，另一方面也是由于各地广播电视工程的大批上马形成的。这个时期我院所做的工程设计，有六项获得国家金银铜质奖，二十多项获部优秀设计奖，还有十二项获国家和部科技进步奖，通过大量的工程设计不仅提高了我们的水平，同时也极大地锻炼了我院这支设计队伍，造就了一大批业务骨干。

几年的努力，使我们逐渐明确了进一步的奋斗目标，这就是“保持广播电影电视专业设计院的特色和优势，加强科研工作，积极采用新技术，使广播电影电视工程设计在国内处于领先地位，并力争在国际上有所影响，特别是天线和声学专业。立足国内，积极创造条件，开拓国际市场。以设计业务为主，开展多种经营，积极进行工程总承包，不断提高社会效益和经济效益。在发展生产的基础上，努力改善我院的工作条件和职工生活条件”。正是按照这样的目标动员组织全院职工为之努力奋斗，几年来在这些方面主要做的工作是：

在设计收费、自负盈亏，实行企业化管理的基础上，进一步深化改革，内部实行生产单位联产计奖的技术经济责任制管理办法，开展建设部提出的“转机制、练内功、抓管理、上水平”的活动。管理人员、生产人员逐步转变观念，开始走入市场。

按照国家计委统一部署要求，认真开展全面质量管理活动，用“全面、全员、全过程”的“三全”概念要求和规范我们的工作。认真贯彻全面质量管理(TQC)，经过两年多的努力，终于通过了验收以及一年后的复查，从而也就提高了全员的质量观念和现代管理意识。

计算机应用的加强和普及不仅是建设部对设计单位的要求，也是我们设计单位自身提高水平，提高效益的必由之路。近十年来，我院计算机室装备的工作站，完成了大量重要的计算和图纸，特别是建筑方案的彩色渲染图。各设计所普遍装备微机，不少单位已达到人均一台，可以说设计人员使用微机绘图设计已是基本要求了，从而也提高了设计水平、质量和工作效率。

1988年院还与外商合办了中发（合资）工程设计公司，这是我院扩大业务、积极进入民用市场的主要渠道之一。几年来，中发公司员工不断努力，进行了诸如万通、京瑞等有影响的大型民用工程设计，在建筑市场上开始产生了一定的影响。

由设计院设计并工程承包的厦门市广播电视中心

开展以工程承包为主的多种经营也是我院发展的

方向之一。从1989年开始筹备工程承包，到1990年正式组建工程部，并且经过多方努力，拿下3.7万平方米的厦门广播电视中心这样大规模的工程总承包任务，说明工程承包业务的进展和我院工程承包业务的实力。

按照我们的目标，为了进入国际市场，我们积极向有关部门申报，1992年我院终于获得了国家经贸部批准的对外经营权，为此还召开了新闻发布会。这实际上是我院进入国际市场的一个开始，一个标志，因为我们已经完成了我国多项国家级的大型工程设计，当然在广播电视工程设计上也就有实力进入国际市场，为此我们曾组建了国际工程咨询部，多方面联系开展这方面的工作。

随着改革开放的推进，随着全国经济体制由计划经济向市场经济的转变，随着设计单位全行业的以收费制开展业务活动，因而走向市场、转为企业已是我院既定的不可逆转的方向。

我们所确定的全院“生产是中心，技术是基础，队伍是根本，管理是关键”的方针中，生产这个中心也要围绕着市场来开展工作，就反映了这一指导思想。

设计人员积极为用户着想，认真研究业主的要求和建议。逐渐地树立起建设单位就是我们努力做好工作的服务对象，应尽可能地为用户做好服务，在国家规定的标准范围内尽可能地满足用户的要求等，也反映了这一思想。

院内的职能部门要围绕着“生产”这个中心开展工作，技术管理、职工教育是这样，人员管理、行政后勤服务也是这样，都要围绕生产业务做好自身的工作。

回顾我们设计院走过的几十年，我们深深地感到：

一种行业、一项事业、一个部门的发展和前进，必然是依附于国家、民族的发展和前进。国家经济发展、社会稳定必然促进文化事业发展，广播电视这种现代传媒就更要发展。正是由于广播电视事业前所未有的发展，才给我们设计院带来了难得的历史性的发展机遇。1974年全国彩电试播，全国仅北京、上海、广州、成都四个台，总共也就是几万台接收机，现在已发展到全国3亿多台电视接收机。中央、各省建设广播电视中心工程的高潮，曾经使我们这支二百多人的队伍实实在在地大干了一番，仅十几年时间我们完成了一百多万平米的建设任务，完成的投资至少也在七十亿人民币以上，于是在我院大多数设计人员的业绩栏上，都能写出一大串工程项目。

改革开放的大潮，体制、观念的改变，要促进我们有可能做更多的工作，完成更多的任务。我们从1983年开始收费，1984年实行事业单位企业管理，财务上的自收自支，自付盈亏，已经使我们走上了市场经济的轨道，已经没有了我们返回计划经济体制下吃事业费的可能，现实本身就要求我们完全置身于市场经济的海洋中，不管是全院的工作方针、目标、计划，或者是技术、科研、人员、机构等，都要围绕着市场这个中心，都要以优良的产品质量和服务质量，满足业主要求，作为工作的宗旨来开展各项工作。

设计行业是以高科技为基础、以智力为“主要资本”的行业，我院拥有近二十个专业的各类专家和技术人员，其中像天线、声学等在国内还都是名列前茅的。但并不是每个专业都在同行业处于领先地位，我们的优势正在于多专业的综合实力，可以毫不客气地说，就国内广播电视专业工程综合实力来说，我院是最强的设计单位。然而科技在不断的进步，有些专业基础可以说日新月异地发展，所以专业的领先地位也是相对的。以技术为基础，加强技术装备，提高技术实力，肯定应成为占据市场的基本条件和要求，并且随着我们技术实力的提高，将不断扩大我们在市场中生存和活动的空间。

展望未来，改革开放的形势不断向纵深发展，在市场经济的大潮中，既有激烈的竞争、严峻的考验，也有用武的广阔天地、难得的机遇，必然是勇者胜、强者胜、优者胜。我们走过的四十五年，其中相当一段是在市场经济的海洋中游过的，我们已经见识到了海洋的辽阔，经历了风浪的冲击，也尝到了海水的滋味。同时我们又不断地调整、加油增强游向胜利彼岸的信心和实力。随着科学技术日新月异地发展，也给依赖于现代科技的广播电视事业，带来了新的机遇和美好的前景。计算机的广泛应用、数字化的飞速发展、广播卫星的不断增多、综合信息网络的积极建设等等，都将使广播电视事业的发展进入一个新的更高的阶段。这种发展的势头，都会使我们有更多的施展才能的机会，只要我们有雄厚的技术实力做后盾，发挥好我们综合实力的优势，把握好发展的机遇，协调好各方形成的统一力量，我们就一定能走向新的胜利，取得新的辉煌。

广播电影电视部设计院概述

广电部设计院创建于1952年10月25日，是部直属的专业设计单位。在中央和部的亲切关怀与支持下，随着我国国民经济不断发展，特别是改革开放以来，本院各项设计事业得到了蓬勃的发展，设计队伍相应壮大，现在全院有职工300多人。45年来，经过了几代人辛勤耕耘和奋斗，本院拥有一批新、老专家和技术骨干，有教授级高工14人（另有退休18名），高级工程师104人，工程师75人，有五位全国著名的国家级工程设计大师，成为广播电视行业中一支专业性强、专业齐全、技术水平高、实力雄厚的设计队伍，是国家广播电视行业甲级和跨行业建筑甲级设计院。

随着改革开放的深入，本院主动进入了市场领域，开展了以广播电视技术为指导、以企业经营机制为模式、以市场竞争为导向和以专业设计为主体的多种服务业务。创办了（含与外商合营在内的）一批公司和海南分院，并扩大了欧、美、亚各国家的国际技术交流、互访与合作活动。经国家批准：1984年4月获工程建设总承包资格；1992年6月获首批拥有对外经营权。使设计院具有在国内外市场上进行工程设计、咨询、承包和监理的能力和水平。院的声誉和影响不断扩大。

广播电影电视部设计院建院45周年

为中国广播电视事业设计更加美好的明天

广播电影电视部设计院建院四十五周年

一九九七年六月二十日 孙家正

▲ 建设部副部长叶如棠题词

◀ 广播电影电视部部长孙家正题词

③ 设计院现任领导合影。从左到右：副院长许家奇、总工程师林葆禹、党委书记齐勇毅、院长袁文博、副院长潘家任、张一信、孟宪礼。

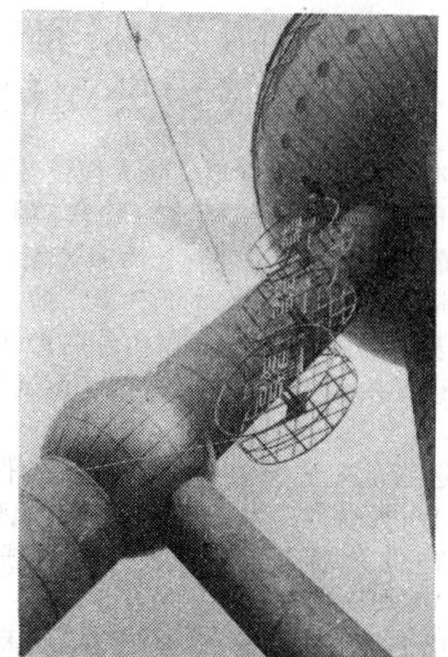

正在吊装上海东方明珠电视塔的调频背腔天线

石家庄广播电视塔

45年来，本院完成了上千项大、中、小型广播电视工程设计，遍及中央、全国各省、市、自治区和亚、非、拉、欧许多国家和地区。完成的国内工程有：国内规模最大的中短波发射中心、传送台、发射台、收测中心等150多座；分布在全国各地的大、中型电视、调频发射台30多座；我国第一座自己设计、多功能综合利用的湖北广播电视发射塔（高为221.2米，钢筋混凝土塔）、412.5米高的天津电视塔、405高的中央电视塔、305米高的辽宁电视塔、318.5米高的江苏电视塔、313米高的四川电视塔以及高度为465米高的上海东方明珠电视塔（联合设计）等十几座，其中湖北广播电视发射塔的设计和建成，在当时填补了我国综合利用的钢筋混凝土结构高塔建设的空白，是我国高塔建设的里程碑。还有国家级的中央彩色电视中心、中国国际广播电台、中央人民广播电台业务大楼和天津、内蒙古、云南、山东、河南、河北、安徽、江西、湖北、福建、浙江、海南、深圳、哈尔滨、广州、沈阳、无锡、厦门、武汉等省、自治区、市、县级广播电视中心近100多座，为国家广播电视事业发展打下坚实的基础。

另外，还完成了人民大会堂、毛主席纪念堂、天安门广场、首都体育馆、北京工人体育场（馆）、首都国际机场、中国人民政治协商会议礼堂、中央广播电视大学演播楼、京西宾馆礼堂、最高人民法院会议厅、亚运村北京国际会议中心等公共设施的建声、电声扩声系统70多项；天线、钢塔桅、建声等单项工程400多项；有播音馆、教学楼和影剧院等其他工程300多项。完成设计的国外工程有越南、朝鲜、蒙古、柬埔寨、赞比亚、坦桑尼亚、赤道几内亚、马里、中非、索马里、桑给巴尔、几内亚、阿尔巴尼亚等国家的广播电台、电视台、发射台、转播台以及斯里兰卡、埃及、巴基斯坦、扎依尔、苏丹、叙利亚、尼泊尔、毛里求斯、贝宁、缅甸、也门共和国、刚果共和国、尼日尔、吉布提、佛得角等国家的会议大厦、国际会议中心、体育场馆的扩声、同声传译、即席发言、闭路电视等系统工程。为发展我国同世界各国人民的友谊做出贡献。

本院还积极组织力量进行科学技术研究和国家行业标准规范的制订。特别是天线、声学和高塔结构专业水平在国内处于领先地位。

精心设计，辛勤劳动结出了丰硕的果实。本院有多项设计项目获国家级优秀工程设计金、银、铜质奖和部级优秀工程设计一、二等奖；有多项科研、标准编制项目获国家级、部级科学技术进步奖。

改革开放政策给本院带来了生气勃勃的新局面，全院职工更加振奋精神，坚持“严谨、创新、团结、奉献”的院风，积极进取，努力开拓，再创辉煌。

本院以用户第一，质量第一为宗旨，竭诚为用户服务，愿与国内外同仁友好合作。

中发工程设计有限公司简介

中发工程设计（合资）有限公司系广电部设计院与台湾同胞投资的永碧有限公司合资经营，在国内持有国家建设部颁发的（编号为：0109121）甲级设计院资格证书及（编号为：建承甲字5202甲号级）工程总承包资格证书，全面承揽建筑工程设计、施工和建材及设备安装业务的合资企业，董事长：袁文博（中方），副董事长兼总经理：藤奕国（外方）。公司于1989年1月1日正式开业，规模日渐扩大，设计已全部微机化。

本公司编制有设计部和管理部，并且与台湾及美国各建筑师事务所均有合作关系。本公司除聘请台湾建筑师和管理专家外，还拥有一批民用建筑、结构、电气、设备及广播电视、电影、声学等具有丰富实践经验的中、高级建筑师和工程师，对各类工程精心设计，业绩卓然，得到业主及社会各界的佳评。

由公司同仁参与设计、承包的各类工程有：11万平方米地下三层、地上23层的北京万通新世界广场；7.3万平方米地下三层、地上10层的北京广源大厦；3.6万平方米的厦门市广播电视中心；2万平方米的山西晋城九重天大酒店；1.5万平方米北京蒲黄榆五间楼住宅楼以及福建蒲田影剧院等20多项大中型项目，还与美国许树诚建筑事务所、台北曹康建筑事务所联合设计了地下二层、地上六层、4.5万平方米的北京城市广场购物中心及地下二层、地上34层，4.5万平方米的酒店、写字楼工程。公司所承揽的设计工程均以其不流习俗的特色，脱颖而出，造型优雅，功能齐全，驰名各界，备受青睐。

“视信誉为生命，信守合同，讲究质量，客户第一”为本公司的一贯宗旨。

地址：中国北京西城区北礼士路133号

邮编：100037

电话：(010) 68339921　68345059　68345061　68339923

传真：(010) 68345060　68330014

北京市广天广播电视通讯技术公司简介

本公司是广电部设计院天线设计研究所的附属公司，下设开发、设计、生产、经营、财务、办公室等部门，董事长由设计院副院长潘家任兼任，总经理：周卫华。本公司专门开发、生产各类广播、电视、通讯发射天线及馈电系统，并承接国内外广播、电视发射台工程及通讯天线工程的设计、安装、调试及技术咨询等业务。

公司的短波天线主要有：同相水平天线，最大功率500KW，天线型式为：HR2/2、HR2/4、HR4/2、HR4/4；无方向性角形天线，对数周期天线，均可适用于150KW以下功率的无方向服务要求。

中波天线主要有：中波多塔定向天线，中波单频单塔天线，中波双频或三频共塔天线，并可提供相应的调配网络及主馈线。

电视、调频及通信天线主要有：VHF 单偶极、双偶极、四偶极和蝙蝠翼天线；UHF 四偶极板天线；无线寻呼及 GSM 基站天线；MMDS 发射天线及卫星接收天线。

另外，公司可提供各种功率等级，各种阻抗变换比的功率分配器；VHF、FM、UHF 及多工器；各种接头、转接器及标准负载；各种型号的进口及国产电缆。公司生产的天馈线及配套设备，电气性能优越，工艺水平先进，外形美观大方，重量轻，使用安全可靠，维护简单方便，各项指标已达到 90 年代国际先进水平。其中 VHF、FM、UHF 偶极板天线均获国家专利，大功率 UHF 天馈系统获广电部科技进步一等奖，Ⅲ波段四偶极板天线获广电部科技进步三等奖，FM 双偶极天线被评为 1990 年国家级新产品。目前，本公司的天馈产品已占据国内市场的大部分并已进入国际市场。中央电视塔、天津电视塔和上海东方明珠电视塔等均使用了本公司的电视、调频和寻呼发射天线。

随着广播电视通信事业的迅猛发展，国内外对天馈线设备的需求日益扩大。广电部副部长何栋材多次指示：要将广天公司建成亚洲最大的天线公司。本公司将以先进的技术，高质量的产品，完善的售后服务和灵活的经营手段相结合，努力实现这一目标。

地址：北京市海淀区学院路丙 39 号
邮编：100039
电话：（010）62022809　62059031　66092013
传真：（010）62022809　（010）66092117

中国教育电视台

中国教育电视台建台十周年

十年前，党中央、国务院决定利用先进的卫星传输技术开展电视教育，同时组建中国教育电视台。这一决定，适应了我国“穷国办大教育”的国情和两个文明建设的需要。十年来，我国卫星电视教育事业取得了长足的发展，建成了世界上最大的卫星电视教育网络，开展了多种形式和层次的教学，形成了一支电视教育专业队伍，中国教育电视台也初具规模。

党中央确立的“科教兴国”的战略思想，制定的“九五”计划和 2010 年远景规划，对教育提出了更高的要求，使每一个从事教育工作的同志既受到鼓舞，又感到有压力，特别是教育电视工作者面临日新月异的电视技术的发展和社会对教育的需求，深感肩头责任重大。中国教育电视台为了更好地落实“全面贯彻教育方针，为教育和改革发展服务，为两个文明建设服务”的宗旨，促进教育电视事业在“九五”期间有一个较大的发展，决定在 1996 年国庆节前后，开展一系列庆祝“卫星电视教育十周年暨中国教育电视台建台十周年”活动，主要对十年来的工作进行回顾和总结，从理论和实践上探讨卫星电视教育的规律，明确“九五”期间的发展思路和目标任务，以期达到“总结经验，振奋精神，承上启下，开拓发展”的目的。

具体开展的活动如下：

1. 在总结十年经验的基础上，根据国民经济“九五”计划和 2010 年远景目标纲要以及国家教委“全国教育事业九五计划和 2010 年发展规划”，制定中国教育电视台“九五”发展计划。

2. 在北京人民大会堂举办“面向 21 世纪卫星电视教育发展战略研讨会”，邀请有关领导、专家和教育电视工作者代表，就“教育电视如何面对二十一世纪挑战”这一主题进行了研讨。李岚清副总理出席会议并发表重要讲话。

3. 江泽民、李鹏、李岚清、李铁映等党和国家领导同志分别为中国教育电视台建台十周年题了词。

4. 编辑出版《面向 21 世纪的中国卫星电视教育》文集，主要收入有关领导对教育电视工作的指导性文章，教育电视工作者理论研究成果、实践经验总结及十年成就的有关材料，全书约 30 万字左右。

5. 拍摄电视专题片《十年历程》，用电视手段反映十年成就，包括地方教育电视台、站的有关资料，安排在十周年庆祝活动期间播放。

中国教育电视台
1996 年 12 月

江泽民等党和国家领导人题词祝贺中国教育电视台建台十周年

1996 年 10 月，中国教育电视台建立十周年暨中国卫星电视教育开办十周年之际，党和国家领导人江泽民、李鹏、李岚清先后题词祝贺。江泽民主席的题词是“发展卫星电视教育，为提高全民族的文化素质服务”；李鹏总理的题词是：“大力发展卫星电视教育，培养更多的建国人才”；李岚清副总理的题词是：“积极采用先进技术，促进我国教育的改革和发展”。

我国卫星电视教育始创于 1986 年。当时为解决“普九”义务教育师资问题，扩大广播电视大学办学规模，中央决定在卫星上专门开通教育频道。十年来，中国教育电视台共播出广播电视大学课程与各类教育节目共 9 万多小时。全国中小学教师的学历达标率由 62.8%提高到 89.9%，其中 70%是通过卫星电视手段实现的；广播电视大学共培养毕业生 137 万多人；农业部中央广播电视学校也通过卫星电视使近百万农民达到中专毕业或单科结业水平。随着卫星教育节目越来越多的进入家庭，中国教育电视台陆续推出一批融知识性、思想性和可视性为一体的社会教育节目，收视率明显提高。

目前，我国已基本形成了具有中国特色的世界上最大的卫星电视教学网络。中国卫星电视教育开通了综合教育、电视大学教学、中小学教育等三个卫星电视频道，还在北京通过35频道播出一套综合教育节目，每天共播出59小时，并通过全国省、地（台）、县级教育电视台（收转台）、卫星地面接收站和广播电视有线网，覆盖全国大多数地区的近2亿人。一些地方教育电视台还根据当地社会经济发展需要自办部分节目，深受人民群众的欢迎。

纵观十年，卫星教育电视的开通和中国教育电视台的建立，开创了中国远距离教育的新局面，推动了“普九”和扫盲工作，也促进了继续教育的发展和“燎原计划”的实施，缩小了因教育投入不足和地区发展不平衡造成的地区之间的教育差距，优化了资源配置。中国卫星电视教育所取得的成就为世界所瞩目。

国家教委召开面向21世纪卫星电视教育发展战略研讨会 李岚清接见与会代表并发表重要讲话

1996年是“九五”计划实施的第一年，卫星电视教育在即将到来的二十一世纪如何发挥自己的优势，为我国教育改革和发展，为提高全民族的文化素质提供更好的服务，如何在两个文明建设中发挥更大的作用？作为中国教育电视台建立十周年暨中国卫星电视教育开办十周年系列活动之一，1996年12月9日，由国家教委主办，中国教育电视台承办的“面向二十一世纪卫星电视教育发展战略研讨会”在北京人民大会堂隆重召开。来自全国的部分专家学者和有关领导人齐聚一堂，就面向二十一世纪卫星电视教育的发展战略问题进行了研讨。中共中央政治局委员、国务院副总理李岚清在研讨会前接见了会议代表并发表重要讲话。国家教委主任朱开轩、副主任韦钰、北京市副市长胡昭广、航天工业总公司副总经理夏国洪、国家无委办公室主任何福祺等有关领导出席了研讨会。

李岚清在充分肯定了卫星电视开办10年取得的成绩后说，面向二十一世纪，教育肩负着重要的历史使命。卫星电视教育作为一种教育形式，要继续发挥覆盖范围广、信息量大、形象生动、传输速度快等优势，为教育发展和国家社会经济发展做出更大贡献。

韦钰在讲话中说，我国人口众多且地域辽阔，九年义务教育尚未完全普及，教育投入不足，地区差异明显，教育改革和教育发展的任务很重。教育也要认真研究如何实现“两个转变”，研究如何为中国的社会主义建设发展而培养各级各类人才，怎样全面提高教育的质量和效益。在这方面，卫星电教应该大有作为。

韦钰对未来卫星电教的发展提出了具体的要求。她指出，卫星电教要紧紧抓住为教育服务这个中心主题，首先要和广播电视大学系统紧密配合，发挥好这个远距离教育系统的作用；同时要扩大视野，通过改革和发展为各级各类教育服务，例如自考、函授、岗培、科普，还可以直接为提高全民素质服务，如开展国民教育、思想道德教育等，在两个文明建设中发挥更大作用。韦钰指出，卫星教育电视的质量是卫星电教的生命线，因此，要从教师、教材和编播制作人员入手，全面提高电教节目的质量。她希望卫星电教要走开放的道路，以不拘一格的形式，办出特色。不能走自成系统、小而全的道路。韦钰希望从事卫星电教的同志要注意国内外新技术的发展，使现在的通讯网络、计算机网络、广播电视网络更好地统筹安排，共同发挥作用。她还要求有关方面加快进度，建立有关广播电视教育的法规，以保证远距离教育的健康发展。

会议由国家教委电教办主任宋成栋主持。中宣部、广电部、北京市教委以及部分有线台和地方教育电视台的有关领导参加了研讨会。中国教育电视台台长柴永广、中央广播电视大学副校长陈志龙、中央农业广播电视学校校长吴明钟等10余位同志分别结合各自领域，对卫星电教未来的发展发表了意见。

寄语中国教育电视台

——为中国卫星电视教育频道开播十周年而作

原国家教委副主任
原中国教育电视台台长 邹时炎

在李鹏总理的亲切倡导下，在国家教委党组和有关部门的支持下，在从事卫星电视教育工作新、老同志的辛勤耕耘下，中国卫星电视教育频道的开播已有十年的历史，相继筹建的中国教育电视台也将走完近十年的历程。回顾过去，成绩显著。展望未来，前程似锦。值此举行庆祝与纪念活动之际，我谨向中国教育电视台和地方教育电视台的同志们表示衷心的祝贺。

全国教育电视台、站的诞生与开播以来所取得的成绩，是具有开创意义的事业，历程曲折，来之不易。我们要十分珍惜它，继往开来，发扬光大。不断地把教育电视台的工作推向前进，为中国教育事业做出贡献。

我曾很荣幸地兼任中国教育电视台台长与名誉台长，并力所能及地做了一些工作，但很有限。据回忆，我在1990年11月20日的讲话中，提出“创办具有一流水平的中国教育电视台”。为实现此目标，“首先，要维护教育电视台的安定团结，特别是领导班子的团结”；“第二，要坚持社会主义的办台方向”；“第三，要坚持质量第一的观点"；"第四，要树立一个优良的台风"。"要求在思想、作风，技术、管理四个方面都过得硬"。讲话的时间已过去六年，电视台的条件有所改善，并取得了新的成绩。我愿把这次讲话的要点赠给在教育电视台工作的同志们，作为我对大家的诚挚希望与良好的祝愿。

最后，我对《中国教育电视》报创办以来所做的工作表示由衷的高兴。该报自创刊以来，尤其是最近一个时期，为宣传卫星电视教育，服务学校的师生员工，起到了喉舌与益友的作用。望"百尺竿头，更进一步"。

风物长宜放眼望

——祝贺我国卫星电视教育开展十周年和中国教育电视台建台十周年

国家教委电化教育办公室主任
原中国教育电视台台长　　宋成栋

金秋十月，我们迎来了中国卫星电视教育开展十周年和中国教育电视台建台十周年的大喜日子。李鹏总理和李岚清副总理日前分别题辞祝贺，这是对我们卫星电视教育事业的很大的鼓励和支持。

10年前，在小平同志的亲切关怀下，中国卫星电视教育的讯息开始在华夏大地传播。10年来，通过卫星电视教育手段，我国累计培养了广播电视大学毕业生137万多人，使近130万未受过正规师范教育的中小学教师系统地学习了中等或高等师范课程，培训了数十万中小学校长，同时还有更多的人观看中国教育电视台的节目并从中受益。今天，我们已经建成了世界上最大的教育电视传输网络，为我国教育、教学的改革和发展，为提高全民族的素质做出了突出的贡献。实践证明，卫星电视教育是适合我国国情发展教育的一条有效途径。

这期间，我有幸担任了中国教育电视台的第二任台长，并在任职时与全台职工艰苦奋斗，为我国卫星电视教育的发展壮大出了一份力，但也还有一些工作未能如愿。

10月7日北京35频道的正式开播，在我国卫星电视教育的历史上有着重要的意义。对中国教育电视台的发展也是一个特殊的机遇，要努力办好这个频道。

追昔抚今，我们已取得了令人瞩目的成绩，然而，我们的未来还存在着许多亟待解决的问题，面临着种种困难和曲折。但是，有党中央、国务院的关心、支持，有国家教委的直接领导，有广大热爱卫星电视教育事业的同志们的辛勤努力，我坚信，我国的卫星电视教育和中国教育电视台一定会在二十一世纪创造新的辉煌。

在此，我也希望，作为中国教育电视台节目导视和交流的重要中介——《中国教育电视》报，能够更好地为观众和读者服务，当好全国电教战线工作的助手。

机 遇 难 得

中国教育电视台台长　柴永广

当中国教育电视台迎来第二个十年时，面临着个什么样的环境呢？一是挑战。电视频道大量增加，对观众的竞争激烈；计算机技术的发展，使人们在采用新的教育技术方面有了多种选择。二是机遇。国内外的最近信息表明，教育电视仍是被广泛采用的开放性教育形式。影响中国卫星教育电视发展的三个主要因素是节目、经费、覆盖。前十年我们一直陷在节目不足、经费匮乏、受益面小的怪圈之中，巨大的潜力难以发挥，而随着北京35频道的开通和卫星节目通过近几年飞速发展起来的有线电视网大量进入家庭，卫星教育电视的影响由教育界迅速扩展到整个社会。随着覆盖问题的突破，节目、经费、覆盖三者形成良性循环的条件已经具备。

对于挑战与机遇，我们都要正视和重视，但是我认为更应看重后者。因为这种机遇十年来我们一直孜孜以求，而今终于到来了，非常难得。我们应抓机遇，迎挑战。只要真正形成节目、经费、覆盖三者的良性循环，中国教育电视台在未来的十年中将有可能有很大的发展。

中国教育电视台北京35频道正式开播

1996年10月7日，中国教育电视台洋溢着喜庆与欢乐的气氛。电教大楼前，花团锦簇，彩旗飞扬，四个巨大的彩球在蓝天下飘舞，镶嵌在楼体上的"中国教育电视台"金色标牌在灿烂的秋日下熠熠生辉。一个新的电视频道——中国教育电视台北京35频道今天将与北京的观众正式见面了。中国教育电视台举行隆重的开播剪彩仪式。

开播仪式由国家教委电教委副主任宋成栋主持，国务院副秘书长徐志坚、中共中央组织部部务委员刘是龙、国家教委副主任周远清、国家人事部副部长张柏林、北京市副市长胡昭广、中国教育电视台顾问陈欣以及中共中央宣传部、国家计委、广电部、国家无委、国家工商局、铁道部、国家科委等有关部门的领导和中央电视台、北京电视台、北京市、区有线电视台、人民日报、新华社、光明日报、中国教育报等新闻单位的记者出席了开播仪式。此外，有关方面的专家、学者、企业界人士和部分外国驻京机构代表等百余人也前来祝贺。

国务院副秘书长徐志坚在接受本台记者采访时说："中国教育电视台北京35频道的开播是一件好事，她对提高人民的素质，促进两个文明的建设会起到积极的作用。我希望北京35频道能把节目内容办得很丰富，为不同年龄和不同层次的观众服务。"

在开播仪式上，中国教育电视台台长柴永广向来宾介绍了中国教育电视台的情况，国家教委副主任周远清、北京市副市长胡昭广在开播仪式上讲话。胡昭广说："35频道的开播，首先受益的是北京市的人民，对落实科教兴国的战略，对加快教师队伍的培养，对学生进行更好的素质教育，都会产生深远的影响，对北京是个极大的贡献。"中宣部新闻局调研员张晓虎对北京35频道的开播表示热烈祝贺，他祝愿"中国教育电视台按照江泽民总书记的讲话精神，在国家教委的领导下，坚持正确舆论导向，建设队伍，办出特色，为广大群众、为教育战线提供更多更好的节目。"广电部社会管理司副司长尹廉钊也在开播仪式上致辞，他说："办好教育是国家的一件大事，我们部孙家正部长多次强调，要大力支持教育，要充分利用广播电视网络，积极开办和转播好教学节目，据我们所知，各地的有线电视台对转播中国教育电视台的节目非常重视。国家教委和广电部历来有着良好的合作关系，随着教育和广播电视事业的发展，这个友好合作关系会得到进一步的加强和发展。"

中国教育电视台北京35频道是在中央领导同志的亲切关怀和国家各有关部委的大力支持下，于1996年3月1日开始面向北京地区试验播出的。在半年多的试播期间，北京35频道在主要播出中国教育电视台卫星节目的同时，立足大教育，努力为观众服务，制作、播出了大量以"科技、教育、文化、服务"为主要内容的优秀综合教育电视节目，其中《万婴跟踪》、《科技之光》、《动画影院》、《CETV家庭与教育》等一批电视栏目，因节目选题独到性和知识性而受到了广大观众的欢迎。

正式开播后的中国教育电视台北京35频道每天将从12：00到24：00连续播出。节目内容在对试播节目进行改版的基础上，新开设了一批有益于青少年思想品德教育、促进精神文明建设的电视栏目；新推出了一系列适合于不同年龄段、不同文化水平的观众学习的语言教学节目和电脑教学节目。同时还将播出大量由中国教育电视台最新引进、译制的国外科技、教育类电视节目。

12时整，在中国教育电视台播出机房，国家教委副主任周远清亲手启动了播出按钮，伴随着庄严悦耳的乐曲声，"中国教育电视台北京35频道"字幕缓缓推出。从此，北京居民的电视屏幕上又增加了一个多彩的窗口。

中国广播电视学会史学研究委员会第三届理事会第一次会议暨第四次中国广播电视史志研讨会

关于转发第四次中国广播电视史志研讨会议纪要的通知

广办发办字［1997］94号

各省、自治区、直辖市广播影视厅（局）：

根据部领导批示，现将《第四次中国广播电视史志研讨会议纪要》转发给你们，请根据各自的实际认真做好工作。已完成编修广播电视志的厅（局），应进一步总结修志工作的经验，并注意做好下届修志的准备工作。尚未完成此项工作的厅（局），要采取得力措施，力争按时编修出高质量的广播电视志。

广播电影电视部办公厅

1997年8月7日

第四次中国广播电视史志研讨会议纪要

第四次中国广播电视史志研讨会于1997年7月9日～12日在安徽省黄山市举行。这次会议是经广播电影电视部批准，由部办公厅、中国广播电视学会史学研究委员会（以下简称史学会）、北京广播学院广播电视学会和安徽省广播电视学会联合召开的。

广播电影电视部党组副书记、副部长田聪明，安徽省委宣传部副部长、安徽省广播电视厅厅长杨波，省厅巡视员、副厅长王季平，省人大常委会常委、省广播电视学会会长朱兆瑾，黄山市委副书记程齐鸣等出席开幕式。来自全国26个省、自治区、直辖市广播影视厅（局）及部属有关单位的编史修志人员近60人参加了会议。田聪明副部长在听取了与会代表的汇报后讲了话。

研讨会期间，与会代表介绍了本地编修广播电视志的进展情况，交流了修志的经验和体会，并结合学习国办（96）47号文件的精神，就编修广播电视志普遍存在的问题各抒己见，展开了热烈、认真的讨论。经过研讨，对一些重要问题取得共识。

根据党中央、国务院的部署，自80年代初开始的新编地方志活动，是中国几千年来最大规模的修志活动。广播电视志是新时期地方志中出现的专业志之一，就广播电视系统来说，则是有史以来的第一次修志活动。据了解，在各省、自治区、直辖市党委和政府的领导下，绝大多数省级广播电视厅（局）已成立了广播电视志编委会和写作班子，并将编修、出版广播电视志列入工作日程。截至1997年7月，正式出版的省级广播电视志有吉林、湖北、陕西、山东、河南、河北、新疆、云南、青海、黑龙江、四川和安徽等12个省、自治区。正在审校中的有山西、辽宁、上海、江苏、湖南、贵州等省市，另外一些省、自治区、直辖市有的正在编纂之中，有的尚未起步。现在距离本世纪末只剩下两年多的时间了，仅就广播电视系统的省级广播电视志的编修进度来看，任务还是相当艰巨的。为力争在本世纪末完成首届广播电视志的编修、出版任务，会议认为应强调以下几点：

一、编修地方广播电视志是省级广播电视行政领导机构的职责之一。

李铁映同志在全国地方志第二次工作会议上指出："修志工作绝不是可有可无的事，而是各级政府的职责，主要是省、市、县三级政府主要领导同志的职责，是两个文明建设的重要组成部分。"广播电视志作为专业志之一，是省级通志中不可缺少的组成部分，各省级广播电视行政领导机构要象重视广播电视宣传和事业建设那样，把编修广播电视志的工作列入议事日程，采取得力有效的措施，抓紧时间完成首届省级广播电视志的编修、出版任务。

省级广播电视行政领导机构要充分认识修志工作的长期性和连续性，按照《全国地方志第二次工作会议纪要》的要求，努力做到"一纳入"、"五到位"，稳定广播电视修志机构和队伍。为了做好下一届修志的准备工作，可以把修志工作与为地方年鉴、广播电视年鉴供稿的工作结合起来。

二、质量第一，是编修地方广播电视志的一个大原则。

现已出版的10多种省级广播电视志，总的来说质量较好，主要表现在：第一，坚持了以马列主义、毛泽东思想、邓小平建设有中国特色的社会主义理论为指导方针；第二，体例结构基本符合专业志书的要求，资料比较丰富准确，基本上反映了本地区广播电视事业的全貌和发展演变的轨迹，特别注意总结了实行改革开放以来的新鲜经验；第三、有着鲜明的专业特色、时代特色和地区特色。

与会同志对业已出版的广播电视志中存在的共同性问题和不足之处进行了分析讨论。

广播电视志是新时期的专业志之一，既要保持原有专业志的基本体例，同时也要力求反映广播电视的专业特色。与会同志认为广播电视志的基本框架一般可由概述、大事记、专业分述、附录、图片五个部分组成为宜，另应有凡例、序言或后记对成书始末等有关问题作必要的说明。在体现专业特色方面，根据我国广播电视事业的根本性质和任务以及事业的内部结构关系，与会大多数同志认为一部成功的广播电视志反映的要项至少应包括宣传工作、事业建设、技术设施、管理和队伍建设等五个方面，此外也要注意反映内外交流、科研教育以及延伸事业等方面的情况。上述各方面的情况可按照志书的框架设计和编写原则在"横排纵写"的基础上，力争达到"横不缺（要）项"，"纵不断（主）线"的要求。为了比较完整地反映广播电视事业的全貌，会议认为广播电视应单独成卷，不宜与报刊合为新闻志。各省级厅（局）要注意尽早与地方政府的史志办公室沟通情况、交换意见，以求取得支持。

为了使各地编修的广播电视志能达到一个比较高的水平，会议建议，广播电影电视部应加强对地方广播电视编修工作的指导，发挥史学会的作用，及时了解情况、掌握进度，组织经验交流和开展研讨活动。

三、注意发挥广播电视志的"资治、教化、存史"作用，为广播电视事业的深入发展服务。

与会同志建议，地方广播电视志问世以后，要做好宣传和发行工作，发挥它的"资治、教化、存史"的作用。一部成功的广播电视志，既认真总结了本地区广播电视事业取得的成就特别是改革开放以来的新鲜经验，也对广播电视事业发展中走过的曲折道路包括一些严重的失误给予了认真的分析。它记载的正反两个方面的经验，对于后人同样有着重要的启迪和教育意义。广播电视系统的各级领导干部要把本地的广播电视志作为案头必备的重要读物之一，并作为对本系统职工进行革命传统教育、爱国主义教育和社会主义教育的教材。

广播电视系统的大专院校、中专学校及科研机构和编史修志的部门，也要结合各自工作的特点需要，充分利用广播电视志书提供的大量信息，为提高教学、科研和编纂工作的水平服务。

四、开展广播电视志的评奖工作，表彰先进，推动修志工作持续不断地进行下去。

与会同志一致赞同田聪明副部长在讲话中提出的在本世纪末进行一次地方广播电视志评奖工作的建议，希望能尽早部署，做好准备工作。

与会同志一致认为，这次研讨会对编修广播电视志来说是一次承前启后的会议。大家决心在广播电影电视部的指导下，在地方党委和政府的领导下，以高度的历史责任感，高质量地完成首届编修广播电视志的任务，为广播电视事业的改革开放做出更大的贡献。

附件：正式出版的省级广播电视志一览表

附：正式出版的省级广播电视志一览表

序号	书　名	上下年限	字数（万字）	出版年月	出版单位
1	吉林省志·新闻事业志·广播电视	1932～1985	32	1991年10月	吉林人民出版社
2	湖北省志·新闻出版·广播电视部分	1935～1985	约9.6	1993年4月	湖北人民出版社
3	陕西省志·广播电视志	1935～1989	76.7	1993年5月	中国广播电视出版社
4	山东省志·广播电视志	1933～1985	24	1993年12月	山东人民出版社
5	河南省志·广播电视志	1934～1987	约5.6	1994年8月	河南人民出版社
6	新疆通志·广播电视志	1935～1985	45.7	1995年1月	新疆人民出版社
7	河北省志·新闻志第二篇广播电视事业	1934～1991	约14	1995年8月	中华书局
8	云南省志·广播电视志	1932～1990	78.7	1996年1月	云南人民出版社
9	青海省志·广播电视志	1949～1985	22.4	1996年1月	黄山书社
10	黑龙江省志·广播电视志	1926～1985	41	1996年6月	黑龙江人民出版社
11	四川省志·广播电视志	1932～1985	43	1996年7月	四川科技出版社
12	安徽省志·广播电视志	1932～1988	51	1997年6月	方志出版社

中国广播电视学会史学研究委员会第三届理事会第一次会议纪要

中国广播电视学会史学研究委员会（以下简称史学会）第三届理事会第一次会议于史学会成立十周年之际，1997年7月9日在安徽省黄山市举行。这次会议是在第四次中国广播电视史志研讨会（会议纪要另发）期间举行的。田聪明副部长出席会议并讲话，来自广播电影电视部有关直属单位及20个省、自治区、直辖市及计划单列市广播电视厅、局的理事近40人出席会议。会议主要议程为：(一）听取第二届理事会常务副会长林青同志的工作汇报；(二）讨论、修改史学会《章程》；(三）协商、推选第三届理事会常务理事，并由常务理事会协商、推选会长、副会长，聘任秘书长、副秘书长；(四）聘请史学会顾问；(五）讨论“九五”期间史学会工作规划（草案)。会议由第二届理事会会长杨兆麟同志主持。

会议经过讨论，同意林青同志所作的工作汇报，通过了新修改的《章程》，推选赵玉明、胡耀亭、徐双奎、孙泉砀、万林、宋银章、李晓庚、李国桢、于云先、王允渊、杨志宣、李国猷、田景瑞、罗德成、强西京等15人为第三届理事会常务理事。

在随后举行 的第一次常务理事会议，经协商，推选赵玉明为会长；胡耀亭、徐双奎、孙泉砀、万林（女）为副会长；聘任强西京为秘书长，袁军为副秘书长。继续聘请温济泽、周新武、丁一岚同志为顾问，增聘杨兆麟、林青同志为顾问。会议对杨兆麟、林青、李义等同志在主持第二届理事会工作期间，为推动史学会的建设和开展广播电视史志研究工作作出努力和贡献，表示敬意和感谢。

会议商定史学会在“九五”期间的主要工作为：(一）继续做好史学会的组织发展、巩固工作；(二）完成《中国广播电视通史》、《中国少数民族广播电视史》的编写、出版工作；(三）继续推进编修地方广播电视志工作的开展；(四）组织评选优秀地方广播电视志的工作；(五）完成总会委托的其他工作。

会议希望尚未参加史学会工作的部属有关单位及部分省、自治区、计划单列市的广播电视厅、局等单位继续推荐理事人选，并及早来函告知，以便全国推进广播电视史志工作的开展。会议讨论了收取会费问题，并调整了收费标准，要求各理事单位按期交纳会费。

本届理事会是跨世纪的理事会。世纪之交，是首届编修广播电视志完成之时，也是第二届编修地方广播电视志开始之时，1998年是中央电视台开播40周年，2000年是中央人民广播电台开播60周年，也是中国人民广播事业创建60周年，2001年又是中国国际广播电台开播60周年。这是开展广播电视史志研究工作难得的“黄金时期”。第三届理事会将抓住机遇，积极推动广播电视史志工作的进一步开展，努力提高史志工作学术水平，为建立和发展有中国特色社会主义广播电视学作出更大的贡献。

田聪明同志在中国广播电视学会史学研究委员会第三届理事会暨第四次中国广播电视史志研讨会上的讲话

（摘要）

（1997 年 7 月 9 日）

为了准备即将召开的广播影视厅局长座谈会，我到安徽来调查研究，同时到你们的会议上看看大家。刚才听了几位同志的发言，了解到一些原来不了解的情况，感到非常高兴。史志工作很重要，我在地方工作的时候，对党史资料的征集研究和地方志等方面的工作接触比较多，但到广电部工作以来还是头一次接触。我去过延安的王皮湾人民广播诞生纪念地和清凉山新闻出版革命纪念馆，感触很深，很受教育。不知道过去的艰难就不会珍惜今天。

国办（96）47 号文件提出要进一步加强地方志编纂工作，文件也发给了各部委。今年 1 月，部办公厅转发了国办文件并要求各省、自治区、直辖市广播影视厅局及部直属有关单位切实遵照执行，按照中央精神及各地党政领导机关的部署，按期保质完成广播电视志的编纂、出版工作。同时决定召开这次研讨会。这次会议后，要写个有指导性的纪要，以部办公厅的名义发下去，请各级广播影视领导机构进一步加强对广播电视志编纂工作的领导，争取在本世纪完成首届编修广播电视志的任务，并做好第二届修志的准备工作，保持修志机构和修志队伍的稳定；要组织一次地方广播电视志的评奖工作；对本系统各地方、各有关部门修志工作的进展情况要认真检查一下。要我说点意见，我还是想先听听大家的意见。

[在听取了出席会议的北京、重庆、广东、广西、湖南、江苏、唐山和镇江等广播影视厅、局史志办同志关于本地修志情况和存在的问题后]

听了同志们的意见，又了解了一些情况，我也讲点意见，和大家共同讨论。

第一，编修广播电视志的工作一定要搞好。这是我们这一代人肩负的历史责任。我们不论做什么工作都要注意研究国情，其中就包括史志。然后同党的路线、方针、政策结合起来认识客观实际，总结内在规律作出判断，来指导工作。我在当记者的时候，每到一地总要到档案馆去看看资料。比如到伊克昭盟报道种树种草，治理沙漠的情况。首先从档案中我了解到，几百年前那里曾是水草丰美的地方，只是后来因为长期战乱破坏和掠夺性的乱垦滥伐，才造成今天“沙进人退”的局面。所以，后来写了一篇“补前人之过，立千秋之业”的报道。要真正写好一篇文章，反映客观世界，不了解背景情况和历史资料是不行的。当记者，头脑“贫穷”不行，做其他工作也一样。那么要想做到头脑“富”一些，不仅要学习理论和方针政策，还要了解和研究现实和历史的经验教训。所以，每个地方都应当重视统计资料和史志工作。从一定意义上说，对志书重视不重视，反映了一个地方的文化水平和文明程度。中国的史志资料最丰富，在有文字记载的五千多年的历史进程中，涉及社会生活、天文地理、经济政治发展等各个方面。广播电视系统责无旁贷要写好自己的历史，记录好自己的历程，这是我国情况、国史的一部分。目前，我们已经出版了省级广播电视志十几种，这是许多同志克服了许多困难、下了很大功夫、花费了许多心血取得的成绩，我感谢大家。地方志的重要性正如江泽民同志所讲的“是承上启下，继往开来，服务当代，有益后世的千秋大业。”刚才提到的国办（96）47 号文件，从内容上看，没有对中央各部门提出具体要求，但部办公厅还是转发了，并且和学会联合召开了这次研讨会，目的就在于推动广播电视志编修工作的开展。我认为，编修广播电视志，主要职责在地方政府，但是部里对这项工作应该起到积极促进和协调的作用。现在，广播电视已走进了千家万户，成为人们日常生活中的一个重要组成部分。广播电视下一步如何发展呢？首先需要邓小平同志建设有中国特色社会主义理论的指导，在继承和发扬我们优良传统的基础上，大胆学习国外的先进技术和管理经验，但最重要的是要用小平理论指导我们从实际出发来工作，包括从广播电视的历史发展中汲取经验、接受教训。古人云，“以史为鉴，可以知兴替”。历史经验和教训不仅可以使我们避免前人所走的弯路，还可以取得事半功倍的效果。我们讲广播电视事业的发展、繁荣离不开全系统、全行业的共同努力。从一定意义上讲，各地编修的广播电视志的集合和归纳，就是我们全国广播电视事业历程的完整记载，就是我国广播电视的行业志，就是广播电视的系统志。所以，由衷地希望大家一定要继续做好编修广播电视志的工作。

第二，我们已经有了十年编修广播电视志的历史，时间虽然不长，经验也不是很多，但是毕竟有了这段实践，有了进一步搞好这项工作的“发言权”。所以要通过这次研讨会很好地总结一下，形成一个纪要，发下去指导全国的广播电视志的编修工作。根据大家刚才讲的一些意见，我想要注意做好以下几件事：

第一件，要十分注意收集广播电视史料，特别是对带有抢救性的史料，尽可能做到全而不漏。要将有价值的文字、口述、实物、图片等各种史料，利用各种条件和手段收集起来保存好。我企盼将来能有一个广播电视博物馆把它们陈列起来。

第二件，要加强对广播电视史料的整理、归纳、分类、保护工作，尽可能做到精炼而科学。要对史料进行由此及彼、由表及里、去粗取精、去伪存真的整理加工工作。

第三件，要加强对广播电视历史的研究工作，通过研究总结出规律性的东西，指导当前和今后的工作。我国的人民广播事业已有57年的历史，电视也有39年的历史了。但总的来说，广播电视还是个新兴的事业，还是个发展中的事业，要通过总结历史经验，使我们的决策更具科学性，减少盲目性。

第四件，要充分利用已出版的广播电视志，搞好宣传教育和指导工作，包括对内对外，让更多的人了解我国广播电视的性质和特点，了解几代广播电视工作者的辛勤劳动和业绩。

第三，要继续发挥学会的作用，加强研讨，集思广益，力求精益求精，提高志书质量。对于普遍的规范性要求，要通过研讨、总结确定下来。同时，各地要注意发挥创造性，体现出地方特色。广播影视行政部门对学会的工作要给予积极的支持。编修广播电视志是省、市、县三级广播影视行政部门的职责之一，要象李铁映同志要求的那样做到“一纳入”、“五到位”，即把修志工作纳入各地经济社会发展计划和各级政府的任务之中，坚持领导到位、机构到位、经费到位、队伍（特别是职称）到位、条件到位。编修广播电视志是社会主义精神文明建设的重要内容，也是一项基础建设。首届编修广播电视志的任务，就省级广播电视志来说，完成的省份已超过1/3，已有了初稿或评审稿的也有1/3，还有近1/3的地方正在编纂之中，只有个别地方刚刚起步或尚未开始。这次研讨会，要对编修广播电视志的工作再推动和促进一下。事在人为，关键是领导重视。各省、自治区、直辖市广播影视厅局的条件差不多，为什么有的就能做出比较显著的成绩，有的就没有呢？要了解一下为什么还没有动？要通报一下。同时，建议在本世纪末，对已出版的广播电视志搞一次评比，对先进的单位、个人，优秀的志书给予表彰奖励，要早发通知。这也是个激励的机制。

最后，我代表部党组、代表孙家正部长对这次会议的召开表示祝贺，对十年来默默无闻地在广播电视史志工作中无私奉献，做出成绩的同志们表示慰问。

首届编修广播电视志进展评述

赵玉明

（一）

编修地方志在我国已有上千年的悠久历史。“盛世修志”是中华民族的优良文化传统。中国共产党和人民政府历来重视新编地方志的工作。50年代，毛泽东同志倡议编修地方志。60年代，中央有关部门曾提出了关于编修地方志的意见。80年代以来，邓小平同志特别强调要“摸清、摸准我们的国情”，为改革开放新时期的地方志工作指明了方向。1985年，党中央、国务院同意发出《新编地方志工作暂行规定》。1987年，江泽民同志在上海地方志编委会成立大会上全面阐述了新编地方志工作的意义和要求，明确指出：“编纂社会主义新方志是两个文明建设的组成部分，是社会主义文化建设的系统工程，是承上启下，继往开来，服务当代，有益后世的千秋大业。”“修志工作是一项不容易引起重视的重要工作。各级领导要把修志工作当作一项重要事业来抓，并切实抓好。”江泽民同志的讲话是指导我国地方志工作继续前进的重要依据。

自80年代以来兴起的新编地方志活动，是中国几千年来最大规模的修志活动。广播电视志是新编地方志中出现的新时期的专业志之一，就广播电视系统来讲则是有史以来的第一次修志活动。据了解，目前在地方党委和政府的领导下，绝大多数省、自治区、直辖市广播电视厅、局已成立了广播电视志编委会和写作班子，并将编纂出版本地的广播电视志列入工作日程。据不完全统计，近十年来已正式出版或内部编印的省、地（市）、县级广播电视志已有200种左右，其中已正式出版省级广播电视志的有吉林、湖北、陕西、山东、河南、河北、新疆、云南、青海、黑龙江、四川和安徽等12个省、自治区。

上述10多种地方广播电视志绝大多数为单独成书，也有少数与报刊合编为新闻志，共印一册。

中国广播电视学会史学研究委员会自1987年成立以来已召开过三次全国性广播电视史志研讨会，每次会议都对广播电视志的编纂工作作了研讨，并先后编印专辑三册。去年全国地方志第二次会议后，国务院办公厅于11月9日发出了《关于进一步加强地方志编纂工作的通知》，今年1月27日，广播电影电视部办公厅转发了上述通知，并决定召开本次研讨会。

通过本次研讨会，我们将根据国务院办公厅文件的精神，总结80年代以来编修广播电视志的经验，评述已出版的广播电视志书，探讨广播电视志编写工作中的有关问题，从而为迎接即将到来的21世纪的广播电视志编纂工作奠定一个良好的基础。

（二）

改革开放以来，适应总结历史经验和开创广播电视工作新局面的需要，中国广播电视史志的研究工作自80年代初期起逐步发展起来，除了北京广播学院的中国广播电视史的教学和研究工作外，在广播电视系统还先后开展了四项大的史学工程：第一，80年代初期开始对解放区广播史的调研工作，通过实地考察、筹办展览、征集回忆录，编选史料和编写专史等活动，已先后出版了解放区广播史系列书刊8种。第二，80年代初期开始的《当代中国的广播电视》一书的编写工作，除出版《当代中国的广播电视》（1949～1984）上下册外，还编选出版了《中国广播电视史料选编》一套8本和《当代中国广播电视回忆录》（1949～1995）。第三，80年代中期开始的每年一卷的《中国广播电视年鉴》，迄今已出1986～1996年版十卷。第十一卷1997

年版将于今年十月问世。第四，从80年代中期兴起的编修地方广播电视志工作，经过十年努力，已初见成效。

广播电视志是改革开放新时期我国新编地方志中的新品种之一。一批省、市、县级广播电视志的相继问世，一方面，丰富了地方志特别是专志的品种和内容，犹如枝繁叶茂的千年老枝又绽开了新的花朵；另一方面，为广播电视史的研究提供了大批珍贵的广播电视基础史料，特别是记录了改革开放以来的新鲜经验，充实了广播电视史的内容，纠正了过去广播电视史记载中的某些讹传、谬误。广播电视志的历史价值和社会意义显而易见。

关于史与志的关系，可谓同源异体，各有特色。两者之间既有共性，又有个性。就广播电视史志而言也是如此。相同之处在于都要以马列主义、毛泽东思想、邓小平建设有中国特色的社会主义理论为指导方针；都要以忠于事实、求真存实、实事求是作为编纂工作的基本原则；都要以服务当代资治育人、垂鉴后世为最终目的。不同之处在于史志对事实记述的方法、内容和时间以及利用资料的手段，《中国地方志辞典》称之为“志横史纵”、“志详史略”、“志近史远”和“志繁史简”。若以广播电视史志记述的内容和编纂形式来看，第一，内容上，广播电视史不如地方广播电视志内容广泛、全面，史书侧重于历史的纵向叙述，志书则侧重于在横断面上的展开；第二，编纂形式上，广播电视史侧重于论述历史发展的规律，强调对历史事件及人物进行分析，是学术性较强的著作，而广播电视志则是以地域为中心，将涉及本地广播电视发展的诸多方面内容分类叙述的地方文献，故有人称志为“空间史学”。从一定意义上说，志是史的基础。

广播电视志的编纂不同于广播电视史学的研究之处，还在于它不是少数专家学者的行为，而是一种政府行为。省、市、县三级政府的广播电视部门都负有编纂广播电视志的任务。新中国成立以来的第一届修志工作，经过十多年的实践，自上而下的修志机构普遍建立，“党委领导、政府主持”的修志格局已经形成。仅以广播电视志一个专志来说，本届省、市、县三级直接参与的人员总在千人以上。这对于各级广播电视部门总结自己的历史经验和新鲜经验，推进广播电视的改革来说是一支不可忽视的重要力量。四川省广播电视厅主持编纂的《四川志·广播电视志》历时十年成书。去年，该厅史志办公室被评为省级地方志工作先进集体，《四川省志·广播电视志》获省级地方志一等奖，省厅及陈杰、陆原等5位同志均受奖励，并获荣誉证书。四川省广播电视志取得的优秀成绩，为广播电视系统争得了荣誉，同时也为广播电视志的编修工作树立了学习的榜样。

(三)

现已出版的20多部省、市级广播电视志总的来说基本上符合专业志的体例，有着鲜明的专业特色、时代特色和地区特色，是十年来也是在我国出现广播电视以来广播电视部门修志的初步成果，但也存在着一些不足之处和若干需要探讨的问题。

专志，这里指的是专业（行业）志，是相对通志、总志而言的一种志书体例，是指专记某一专业（行业）内容的志书，通常由概述、专业分述和附录三个部分组成，专志的人物、大事一般由总志编纂。“专志贵专”，要充分记述本专业（行业）的情况、反映本专业（行业）的“个性”，同时要注意与相关或相近专业（行业）的协调，尽量做到不重复、不缺项、不交叉。专志历史悠久，早在宋代已构成为方志的主体。现代社会由于社会经济、文化、科技的发展，新兴的专业（行业）不断出现，因此，新编地方志中专志的门类和设置比之旧志大为增加。一般省、市志，少则有三四十个专志或门类，多则设七八十个。广播电视志即为其中之一。

现已出版的12部省级广播电视志中均有概述、专业分述两个部分，但却有7个省级志中缺少附录部分。另有4个省级志设有大事记。另一个值得注意的特点是11个省级志均有相当多的图片。12个省级志中有7种志书分别有序或凡例（编纂说明）或后记。

根据新修广播电视志不同于以往专志的特点，建议广播电视志的基本内容可由概述、大事记、专业分述、附录，图片五个部分组成为宜，此外凡例、序、编纂说明、后记四项至少应有一两项。各部分组成的顺序如下：序、凡例（编纂说明）、概述、大事记、专业分述、附录、图片、后记。

序、凡例、后记等可分别着重介绍本志的指导思想、叙事范围、起止年限、著述情况、出版意义、编纂体例、作者情况等，也可包括对本书的评价或有关问题的研讨等。上述内容有助于读者对志书的了解，不是可有可无的。12部省级广播电视志中有近半数缺少这一部分，无疑是欠妥的。

概述是一部专业志的提纲挈领之作，必须下功夫写好。就广播电视志的概述而言，应将本地区广播电视从出现到目前的主要发展阶段，有个清楚明白的交代，对建国以来取得的成绩和积累的经验教训等有个史论结合式的叙述。在写作上要力求做到源于全书，高于全书，成为全书的精华所在。已出版的省级广播电视志的概述大体上符合上述要求，但也有的过于简略，只有一两千字。有的则超出概述的范围，把应写入专业分述部分的一些内容写入概述之中。

专业分述是专业志的主要部分。

大事记，旧志的专志中将大事列入总志中统写。这是因为旧时代的专志，如都邑志、工程志、山水志、名胜志等，不象如今的专业（行业）志那样专业（行业）特色突出、自成系统，故以列入总志为宜。但今天的几十种专业（行业）的大事，若皆列入总志中统写，一则不胜其繁，二则容易将有专业（行业）特色的内容淹没在各项大事之中不便查找，故在专业志中应有大事记项。以年系事，简要记载本专业（行业）的大事。

关于图片旧志中的专志由于时代的局限不可能有

今天的摄影图片，作为新修的广播电视志若能图文并茂，更能体现本专业志的特色，显然是不可缺的。

附录，收入在正文中不便全文引用的有历史价值的文献资料以及有代表性文件、法规、重要统计资料、名录等，有助于增加志书的权威性、资料性，同时也便于读者查找。上述12部省级广播电视志书中竟有半数以上缺少附录，不能不说是件遗憾的事情。

关于广播电视志的专业特色问题

什么是广播电视志的专业特色？作为广播电视志如何在篇目结构上体现专业特色？可以说是关系到一部广播电视志书的优劣成败的根本问题，容不得半点马虎。现已出版的20多种广播电视志在框架结构、谋篇布局上是下了大功夫的，一般都是反复修订多次，有的甚至达十多次。通览20多部省市级广播电视志书，我认为成功之处在于：

第一、牢牢把握住了广播电视专业（行业）的特点，这个特点的体现首先就是中共中央1983年37号文件中强调指出的广播电视的根本性质和任务，即“广播电视是教育、鼓舞全党、全军、全国各族人民建设社会主义物质文明、精神文明最强大的现代化工具，也是党和政府联系群众最有效的工具之一。”其次，就广播电视专业（行业）内部来讲，要明确通过几十年来特别是改革开放以来的实践概括出来广播电视内部结构关系的几点基本认识，即宣传工作是中心、事业建设是基础、技术设施是保障、加强管理是关键、队伍建设是根本。

第二、把上述广播电视内部结构关系诸方面按照志书框架设计和编写原则在“横排纵写”基础上，力争达到“横不缺（要）项”，“纵不断（主）线”的要求。

构成广播电视事业的内部要项至少应包括宣传工作、事业建设、科技教育、技术设施、管理、队伍建设、政策、理论研究等项。现已出版的12部省级广播电视志从框架设计和篇目结构上看，除个别一两部外基本上涵盖了上述几个方面，多数志书按4～6篇（章）来安排，也有多至11章，但少的却只有2章。各书中涉及事业建设、宣传工作和管理的内容比较充实，技术设施特别是队伍建设内容比较单薄，有的甚至缺少这方面的记载。根据改革开放以来广播电视系统的新发展的实际情况，大部分省志中都增加了附属企事业的内容，有的省志中还有内外交往或外事往来的内容。

关于广播电视志的时代特色问题

中国的广播事业始于20世纪20年代初期，电视事业创办于50年代末期。一部中国广播电视发展史的历史跨度为70余年，其间经历了半封建半殖民地的旧中国（20多年）和社会主义的新中国（40多年）两个历史时期。所谓时代特色，就是要在广播电视志中比较充分地体现上述两个历史时期内的广播电视事业发展的特点。例如，民国时期有5种不同类型的广播电台，即官办广播电台（北洋政府、国民党政府）、民办广播电台、外国办的广播电台（约有七八个国家）、日伪广播电台和解放区广播电台。不同类型、不同性质的广播电台对中国社会的发展有着不同的作用和影响。各省、自治区、直辖市的广播电视志在涉及旧中国的广播电台时应注意全面调查，不要遗漏属于本地区范围内的上述任何一种类型的广播电台。已出版的省级广播电视志结合本地情况大都注意到这个问题，但也有遗漏的。这里仅举一例说明。抗日战争后期，美军进入中国战区，参加对日作战，当时曾在云南、四川境内设置美军广播电台。《云南省志·广播电视志》在第一章无线广播（上）专设“第三节驻云南美军广播电台”记述其事。解放战争时期，美军为支持国民党反动派打内战，在一些驻地如北平、天津、青岛等地也曾办有军用广播电台，已出版的《山东省志·广播电视志》并未记载青岛美军广播电台一事。另，解放战争时期，我党曾在老解放区和后来的新解放区先后办起近40座人民广播电台，陕西、河北、黑龙江、吉林、山东、湖北等省都在本省内的解放区广播电台设置专章、节节予以记述，云南省境内虽然在1950年以前我党未设立广播电台，但却有一节专门记述云南省各地“收听新华广播电台纪实”，很有特色。1949年2月我党曾在河南郑州建立中原新华广播电台，这是中南解放区的第一座广播电台，但《河南省志·广播电视志》中却未见记载。

关于新中国时期广播电视志的时代特色，可根据建国以来的四个历史阶段即社会主义改造基本完成时期、全面开始社会主义建设时期、“文化大革命”时期、改革开放新时期，在不同的篇章内结合有关内容加以体现，这里不再赘述。

关于广播电视志的地区特色问题

不同地区的广播电视事业的发展受当地政治、经济、文化等社会因素的制约和限制，有着不同的历程，形成了各自的地区特色。写好一部地方广播电视志，特别应注意体现地区特色。地区特色因地而异，很难有一个共同的标准。例如陕西省广播电视志的地区特色应包括：国民党在西安设立西北地区第一台——西安广播电台，中国共产党在延安创办中国人民的第一座广播电台——延安新华广播电台。重庆在抗战时期曾是国民党政府陪都所在地，国民党的中央广播电台由南京迁来播音历时8年之久，同时又是国民党国际广播电台的创办地。这些在四川省广播电视志中都有专门记述。吉林、黑龙江两省在1931年“九一八”事变后被日本侵略军占领，伪满政权建立后，曾在吉林、黑龙江两省地域内建起十多座伪满广播电台，其中吉林的长春（当时称新京）是伪满广播的中心。抗战胜利后，我军挺进东北，很快接收了一批日伪广播电台，利用原有设备建立起人民广播电台，其中哈尔滨广播电台是解放区的第一座地方广播电台。这里还应提及的是哈尔滨还是中国人办的第一座广播电台的诞生地。这些在吉林、黑龙江广播电视志中均有重点记述。新疆的地区特色即是少数民族聚居的地方，同时又是旧中国唯一一个办有省级有线广播电台的省份。凡是有少数民族聚居的地区要注意反映少数民族语言广播电视的特色。

（四）

在通览出版的地方广播电视志的过程中，感到有几个带有共同性的问题，需要在总结经验的基础上作进一步的探讨，以便有助于提高广播电视志的水平。

第一、关于广播电视志单独成卷的问题。现已出版的12部省级广播电视志有两种模式，一种是绝大多数省为广播电视单独成卷，另一种是少数省为广播电视与报刊合为一卷，例如河北、湖北、吉林三省，但其中吉林的广播电视虽作为新闻事业志的组成部分，但仍单独成卷出版，故仍属第一种模式。各省究竟采取何种模式，一般来说是由当地省志编委会决定的。今天，对比两种模式，似以广播电视应单独成卷为宜。众所周知，新闻宣传只是广播电视宣传的一个组成部分，我们可以一般地将广播电视台列为新闻宣传单位，但它们宣传的内容和所管辖的事业却不仅限于新闻，如把广播电视与报刊并列，纳入新闻志的范围，势必将广播电视的许多内容舍弃，这与志书“横排纵写”，“横不缺（主）项”的要求，显然是不符合的。例如作为《河北省新闻志》的第二编广播电视事业只设两章即广播事业、电视事业，实际上只是主要对解放前后的50座广播电视台作了简介，没有反映出河北省广播电视事业的全貌，湖北省广播电视志也存在类似的问题。

作为广播电视单独成卷的省级广播电视志，从内容和字数来看也很不平衡。10部单独成卷的广播电视志，字数最多的为云南、陕西，在70万字以上，最少的为河南，尚不足7万字，其他省在20～40万字左右。字数多寡不是衡量一部志书水平高低的标准，但字数过少，必然内容单薄，反映不出本地区广播电视的全貌和取得的成就，河南省厅可能是为了弥补广播电视志的不足，另外于1994年出版了20多万字的《当代河南的广播电视》一书。

第二，关于民国时期广播事业的入志问题

民国时期的广播事业写入地方广播志，并无不同意见，问题是如何入志？目前已出版的省级志中有三种写法，一种如四川、黑龙江、云南等省的写法，将民国时期的几种类型的广播事业单列章节来写，此后其他章节再不涉及解放前的广播事业（包括宣传）；第二种是如陕西省广播电视志的写法，在“概述”中记述解放前的国民党办的广播电台、解放区办的广播电台的一般情况，尔后在节目设置、新闻广播、专题广播、文艺广播、编播与协同、广播技术、管理等篇、章、节中仍相应介绍民国时期广播电台的相应情况；第三种如湖北省，国民党广播电台、日伪广播电台的一般情况只在“概述”中略加介绍，广播电视志的“专业分述”则从解放区广播事业写起。上述三种写法，就志书体例来讲应是“横排纵写”，第二种写法符合这一体例，但鉴于广播事业是一项政治性比较鲜明的事业，民国时期的广播电台，除解放区广播电台与新中国时期的广播事业有联系外，其余均属旧中国广播事业的范围，其性质、任务、宣传、管理等与人民的广播事业截然不同，故以单列章节来写，较为适当。这样，在一定章节范围内即可使读者对该地区的旧中国广播事业获得一个较为完整的印象。另，对民国时期几种不同类型的广播电台的叙述顺序，大多数省志的写法为按照几种不同类型的广播电台在本地区出现的历史顺序来写；也有的如河北省是按解放区的人民广播电台（1945年8月开始）、国民党广播电台（1934年10月开始）、民间广播电台（1936年秋开始）、日伪广播电台（1937年8月开始）的顺序来写的。个人意见，应以大多数省志的写法较为适宜。

第三，关于“宜粗不宜细”的问题

广播电视志为求达到“资治、教化、存史”的目的，就有个总结历史经验教训的问题。总结建国以来广播电视事业的历史经验，要以党的《关于建国以来党的若干历史问题的决议》为指导，既要认真总结广播电视事业取得的成就，也要深刻研究和总结那些严重的失误。邓小平同志在谈到对起草《决议》的意见时讲过“总起来说，对历史问题，还是要粗一点、概括一点，不要搞得太细。”这也就是通常所说的“宜粗不宜细”的问题。在编修广播电视志的过程中，大家都感到总结成绩比较起来好讲也好写，谈到总结失误的教训有的同志就觉得难办，于是来个“宜粗不宜细”，就一笔带过去。这种简单地淡化失误的做法是不可取的，也不利于后人以史为鉴，引以为戒。例如1957年的反右派斗争，《决议》中的评介是两句话，既是完全必要的，但又犯了严重扩大化的错误。从广播系统来讲，这个原则也是适用的。就广播系统来讲关于反右派斗争方面的问题，大概不外两个方面，一是宣传了反右派斗争扩大化的错误，助长了扩大化；二是在本系统内部开展的反右派斗争中错划了一批“右派分子”。这就当时的历史条件来讲是很难避免的，但这件事如何入志呢？云南、吉林等志书的记载比较实事求是，既对反右派斗争必要性的宣传给予肯定，又指出了存在的扩大问题。符合《决议》精神，如有的广播电视志中提及“1957年，为配合整风、反右运动，电台新闻节目曾一度宣传了大鸣、大放、大辩论，把一些人民内部矛盾当作‘右派’进攻，予以揭露，助了反右扩大化。”新疆志中写道：“1957年10月，新疆台在整风反右中，有17人被划为右派分子，1983年落实政策时全部平反。”但有的志书中记载：“从1957年6月起，新闻报道转向以反右派斗争为中心的宣传，设立了《反右派斗争节目》和《反右斗争特别节目》。”读了以后，人们从中看不出宣传了反右派斗争扩大化的错误，甚至可能还会误认为反右派斗争的宣传是“正确”的。还有的广播电视志中对反右派斗争略而不提，给人们的印象是该地区既没有宣传过反右派斗争，也没有开展过反右派斗争。这似乎是“太粗”了。总的来说，广播电视志要充分反映建国40多年以来广播电视事业发展取得的成就，但也不要回避诸如反右派斗争、“大跃进”宣传和“文革”灾难，对广播电视系统带来的消极影响，而应做恰如其分的记述。只讲成绩，不讲失误、错误和挫折，就不是一部实事求是的广播电视志书。

（五）

本世纪还有两年多的时间，在此期间，从全国来讲应该基本完成建国以来的第一届修志任务，并为21世纪的修志做好准备工作。摆在广播电视系统面前的修志任务仍然是十分繁重的：

第一、未完成省级广播电视志书编纂任务的广播电视厅、局，要在确保质量的前提下，努力争取在本世纪末使本地区的广播电视志问世；

第二、在完成或继续完成广播电视志编纂、出版任务的同时，要做好广播电视志的宣传、发行工作，努力做到众手成志，众人用志，充分发挥广播电视志对广播电视改革开放的借鉴、参考作用；

第三：已完成广播电视志任务的省级厅、局，要总结第一届修志的经验，注意今后逐年积累资料，尽可能使志书写作班子稳定，也可把续修工作与为地方年鉴、广播电视年鉴、新闻年鉴供稿的工作结合起来，为20年左右开展下一届编修广播电视志的工作做好充分准备。

当前正处于世纪之交，广播电视志史志工作者要抓住这一难得的历史机遇，把“承上启下，继往开来，服务当代，有益后世的千秋大业”，长期地不断地进行下去，写出无愧于前人、有益于后人的广播电视佳志来。

（本文系作者据1997年7月9日在安徽省黄山市召开的第四次中国广播电视史志研讨会上的发言改写而成）

中国广播电视学会史学研究委员会第三届理事会顾问、会长、副会长、秘书长、副秘书长名单

顾问：温济泽、周新武、丁一岚、杨兆麟、林青

会长：赵玉明

副会长：胡耀亭、徐双奎、孙泉砀、万林

秘书长：强西京

副秘书长：袁军

北京广播电视

深化新闻改革的尝试

——北京人民广播电台828千赫晚间新闻板块节目《新闻，1997》

从1996年1月1日起，北京地区听众在每天晚上18：00～19：00这个时段里，收听到了北京人民广播电台828千赫由主持人主持直播的晚间新闻大板块节目——《新闻，1996》。伴随着1997年的降临，节目名称顺应过渡为《新闻，1997》。这一节目创办以来，以其全新的节目创意与策划，宽视野、快节奏、有深度的报道特色、受到北京地区广大听众的喜爱和首都新闻传播界的肯定。《新闻，1997》被评为北京市广播、电视“优秀栏目”。

《新闻1997》的编辑、主持人在研究业务

《新闻，1997》作为北京人民广播电台828千赫在强化新闻的思想指导下推出的晚间新闻大板块，其基本思路是：坚持深化新闻改革，遵循新闻自身规律，展现广播独特优势，积极参与媒体竞争。由此确定的节目宗旨是：以多种方式，迅速、及时地报道发生在北京、全国，乃至世界的重大新闻。这个节目不仅注重拓展报道的广度和深度，而且，更加注重报道的时效性、社会性及思考性。综合性、新闻性、快节奏、有深度是它的基本特色。

《新闻，1997》主要开设3个栏目：

1.“要闻快报”：每日播出18～20分钟。主要以简明的方式报道当日发生的重大新闻，条目根据新闻价值进行组合排列。此栏目的最后是新华社提供的当日海外主要报刊版面介绍。

2.“时事对白”：每日播出20分钟。采用访谈这种最具广播特色、便捷有效的方式，对一些重大新闻事件、事实进行深度报道。“对白”既可在主持人与记者之间进行，也可以在主持人与新闻事件、事实的亲历者之间进行。与主持人“对白”的记者，既有本台记者，也有全国各新闻单位的驻外记者。

3.“传媒热点”：每日播出15～20分钟。主要摘编全国各种报纸刊物上所刊登的有关社会热点问题的报道。在追求题材重大的同时，力求有内涵、有深度。

《新闻，1997》作为晚间黄金时段播出的一小时新闻板块，是北京电台深化新闻改革，遵循新闻与广播的自身规律，办好广播新闻节目的一个新的实践，新的探索。《新闻，1997》的推出和运作，展示了下列五个特点：

第一、在节目设置、节目布局上，突破了传统模式

广播历来把重点新闻节目安排在早晨6点半至8点这个黄金时段。晚间18点至19点，虽然是仅次于早间的第二黄金时段，但传统的看法是，此为下班后的休闲时段，因此，广播多着眼于安排休闲、服务、娱乐类节目，北京人民广播电台828千赫在“新闻立台”的思想指导下，强化新闻信息传播，大胆突破传统框架，正确地把握了每天18点至19点是当天新闻活动基本结束，新闻采编基本到位，传播当天新闻具有最新最快的时效优势，并加以开发，在这个时段推出了一小时的晚间新闻大板块节目，并采用由主持人主持直播的新闻播出方式。由于这个时段早于中央电台《新闻联播》、《新闻纵横》，北京电视台《北京新闻》、《今日话题》和中央电视台《新闻联播》、《焦点访谈》的播出时间，因此，《新闻，1997》在北京地区新闻信息传播上，占了时效领先的优势。《新闻，1997》的开办，也改变了广播晚间无重点新闻节目的节目布局，拓展了广播新闻，乃至整个广播的新的黄金时段，强化了北京电台的新闻传播优势。

第二、在新闻信息资源上，全方位、多元化的吸纳和选萃

《新闻，1997》的新闻信息，来源于新华社、中国国际广播电台电脑联网提供的国内外最新的新闻电讯，全国性、地方性50多种报纸和众多刊物，北京电台和各地电台、北京电视台和中央电视台等各种媒体所提供的大量报道和言论，从中选萃精编，辑成“要闻快报”和“传媒热点”两个栏目稿。

第三、在新闻信息的传播上，有广度、有深度、时效性强、内涵深刻

《新闻，1997》三个栏目的有机组合，使这一特点得以完整体现。来自全国各种媒体的信息荟萃，并按新闻价值之大小作前后编排，构成了“要闻快报”。以1997年5月份统计，全月“要闻快报”播出量共1381条，平均一次节目播出新闻为45条，其中北京新闻3条（占7%），国内新闻18条（占40%），国际新闻21条（占46%），海外报摘3条（占7%）。全年各月一次节目“要闻快报”信息量大致与此相同。密集的信息容量，快捷播出的时段优势，使“报道今天、报道现在”的时效追求，在《新闻，1997》得以实现。凡在19点之前收到的当天国内外重大新闻，如《江泽民今天下午结束访美返京》、《中纪委开除陈希同党籍》、《北京今天处决7名罪犯》、《英国王妃戴安娜遇车祸身亡》等等，都在《新闻，1997》播出，在北京地区媒体中为传播时效之先。

充分展现广播独家优势的“时事对白”，则是一个深度报道栏目。《新闻，1997》的主持人得益于具备政治、新闻敏感的良好素质，往往能够抓住最新的新闻或萌芽的现象，去发现、开掘其重大的新闻价值和深层的主题意蕴。并通过热线或直播，推出独家访谈。1997年2月19日晨，新华社播发了邓小平逝世的消息。当天，《新闻，1997》主持人通过国际直拨电话，采访了美国、日本、韩国等国以及香港地区的反应。当晚在“要闻快报”中播出了新华社有关邓小平逝世的消息，并在紧随其后的“时事对白”中播出了主持人通过电话采访的录音访谈：《伟人长逝举世哀悼》，成为北京地区最先播出有关这一重大新闻在国际及香港反应的独家报道。“时事对白”的重要特色是，报道视点都落在人们关注的新闻热点上。1997年，“时事对白”播出国内选题共256个，占全年播出量的70%，热线采访了天津、上海、河北、黑龙江、江苏、广东、海南、云南、新疆、等28个省、市、自治区和香港特别行政区。播出国际选题共40个，占全年播出量的11%，热线采访了联合国、北约、以及日本、韩国、泰国、英国、法国、俄罗斯、刚果、南非、以色列、伊拉克、加拿大、阿根廷等21个国家、地区和国际组织。播出北京选题共68个，占全年播出量的19%。

独家报道，是扩大新闻传播强势的有力手段。1997年，《新闻，1997》还两次派出主持人、记者，赴外地采访，从现场发回自己采制的重大新闻事件的独家报道。第一次是赴山西壶口现场报道“亚洲飞人”柯受良驾车飞越黄河，发回口述新闻、现场报道共10篇。第二次是赴南昌、井冈山现场报道南昌起义、井冈山革命根据地创建70周年，发回口述新闻、人物专访、现场报道共12篇。这些报道，除口述新闻在“要闻快报”播出外，其他都在“时事对白”播发，这些独家报道，因“出新制胜”而产生独特的传播效应。

“传媒热点”是全国报刊热点报道的荟萃。以1997年5月份统计，全月共播出256篇。平均一次节目播出8篇。最多的一次节目播出量多达12篇。是长短搭配，对社会热点有背景、有分析、有思考的报道。

上述三个栏目的组合，使《新闻，1997》为听众提供的是信息密集、视野广大（广度）、背景深入（深度）、传播快捷（时效）、评析精当（内涵）的报道，新闻传播呈现出强化态势。

第四、具有较好整体素质主持人的选用和组合，为《新闻，1997》推出主持人主持直播的新闻传播方式，提供了人员素质的保证

《新闻，1997》有在编主持人4人，2男2女，是从全台范围选用的。这个主持人群体平均年龄30出头，其优势是均为科班出身，积有十年以上采、编实践和话筒前的训练。这一组记者型的、具有政治、新闻敏感和包括策划、创意能力在内的良好整体素质的主持人群体，胜任了《新闻，1997》节目的选题策划、节目创意、采访制作和播出衔接。

《新闻，1997》是北京人民广播电台828千赫第一个主持人直播的新闻节目，它将为培养真正意义上的新闻节目主持人，并为北京人民广播电台828千赫所有新闻节目走向直播做出有益尝试。北京人民广播电台828千赫以这个晚间新闻大板块节目为契机，探索建立和发展适应广播特性的新闻节目生产管理体制。

第五、注重个性，发展个性，使节目的独特优势获得展现。《新闻，1997》的个性优势涵盖下列三点：

一是地域优势。北京作为我国首都和国际大都市，区位独特，传媒众多，资讯丰富，采集便捷。“时事对白”报道题材的广泛性，报道地域的全球化，正是这一优势的表现。

二是广播优势。《新闻，1997》在1997年开通了与全国28个省、市、自治区、香港特别行政区以及欧、亚、非、美等世界21个国家和国际组织的电话访谈。广播与电话连通而演进成的热线采访、同步传播，充分发挥了广播的优势。

三是新闻优势。《新闻，1997》的开办，使北京人民广播电台828千赫（新闻台）的重点新闻节目，有了延伸和发展。由原来早上一档，增加为早、晚两档。早上一档侧重地域特色，晚上一档突出大视野，互为补充，相得益彰，有利于完善新闻台新闻节目的整体布局。

河北广播电视

河北有线广播电视台概述

河北有线广播电视台于1997年10月28日正式开播。作为全省有线电视龙头台的建成，它把省内各市县有线台联结成一个庞大的系统，是全省人民精神文化生活中的一件大事，为宣传河北，光大河北形象，又增添了一个现代化的舆论阵地，这标志着河北省广播电视事业的发展进入了一个新阶段。

开播典礼

省、厅领导观看首播节目

河北有线广播电视台的建设在全国起步晚，但步子快。1996年9月，省委负责同志指出：我们现在还没有省有线台，与京畿大省的地位极不相称，要加快有线台网建设。省委、省政府对建台联网工作极为重视，将这一重点工程先后列入省委“九五”社会主义精神文明建设实施纲要、省小康文化建设实施意见和1997年省政府工作报告等重要文件。经过近一年的艰苦创业，终于实现了省委、省政府提出的建台目标。10月28日上午九时，开播典礼仪式在河北电视中心广场隆重举行。省委副书记卢展工、副省长刘作田出席并剪彩。省广播电视厅副厅长杨兴盛主持仪式，厅长于振华致辞。上午10时正，卢展工、刘作田同志揿动播出按钮，宣告河北有线广播电视台正式建成开播。河北有线广播电视台为副厅级事业单位，首任台长由河北省广播电视厅副厅长杨兴盛兼任，张铭心、孙如宾、余民任副台长，戚太世任党总支书记。开播初期下设办公室、总编室、社会部、文体部、技术部、网络部、广告信息部、财务部等八个部（室）。全台实行台长负责制，各部、室主任、副主任及科组长、制片人实行聘任制，职工实行聘用制，引进了全新的运行机制，出台了一系列改革措施，新台新制展现了新的生机和活力。

一、显著特点：建设步子快、质量高、资金省

(1) 步子快。河北有线台是全国建成的第29家省级有线台，起步晚但速度快。从1997年7月11日，省委、省政府、省编办同意“建立河北有线广播电视台”的文件正式下发，7月13日，面向社会公开招聘的40名编采人员正式报到，8月21日，省委宣传部批准了《关于河北有线广播电视台开播的请示》，到10月28日顺利实现开播，不到一年时间同时开通综合频道和体育频道两套节目，每天播出量达32小时。而且台网同时建设，全长达1300多公里的高质量光纤干线网9月30日举行开工典礼，进展很快。整个筹建工作最大程度地利用了时间、人力和物力，进行立体交叉作业，在不到一年时间里走过了无线台十几年的历程。台网建设速度在全国居前列。

(2)质量高。筹建伊始，河北有线台确定了高起点、高标准、高质量建台的指导思想，以系统应具有的先进性、安全性、高容错性、可发展性和高性能价格比为原则，反复论证，精心选择。1997年初，河北有线网络方案通过了部级专家论证，9月5日通过了由广电部、省电子厅、电子部54所专家组成的论证委员会对《河北有线广播电视专用信息网可行性研究报告》的论证。确定河北有线台技术系统格式采用视频为全数字分量SDI（串行数字）和CSDI（压缩型串行数字分量），音频为模拟立体声。按照广电部全国联网的要求，采用SDH技术体制和2.5Gbps的传输速率，并采用当今世界最先进的MPEG-2数字压缩编码。河北有线台实现了从采编、制作、播出乃至光纤网络传输全部数字化，这在全国省级有线台中尚属首家。

(3)资金省。全台上下发扬艰苦创业的精神，用最少的投入获取最大的效益。河北有线台积极争取领导河北有线电视台开播，省委、省人大、省政府、省政协的领导同志程维高、叶连松、卢展工、吕传赞、李文珊、韩立成、丛福奎、刘作田等题词和来信祝贺

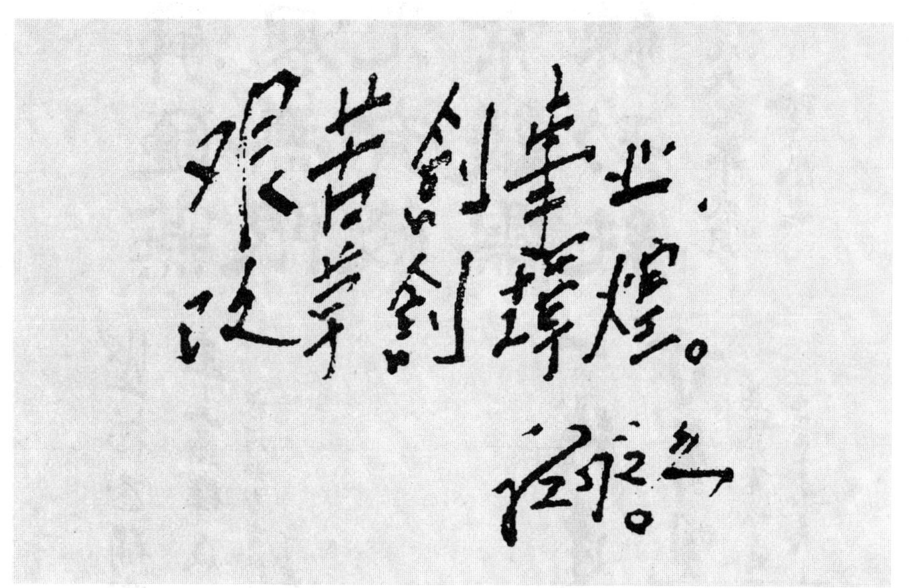

程维高题词

河北有线广播电視台
要成为党和政府联结
人民群众的纽带

叶连松 一九九七年
十月一日

叶连松题词

銀屏匯燕趙 展無限風光 有綫傳京畿 需百練功純

一九九七年九月 展工

卢展工题词

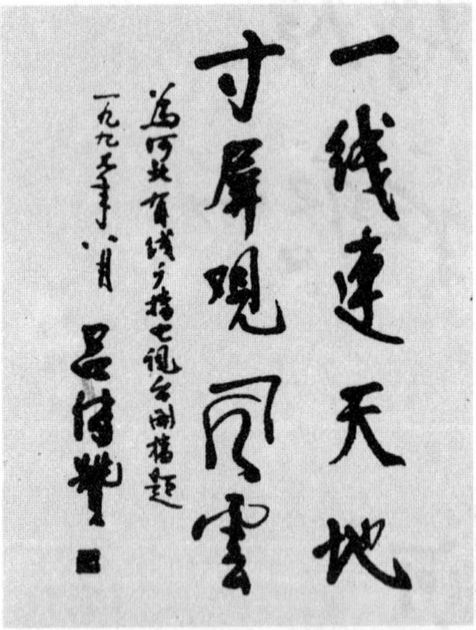

一线连天地 寸屏观风云

为河北省有线广播电视台开播题

一九九七年八月 吕传赞

吕传赞题词

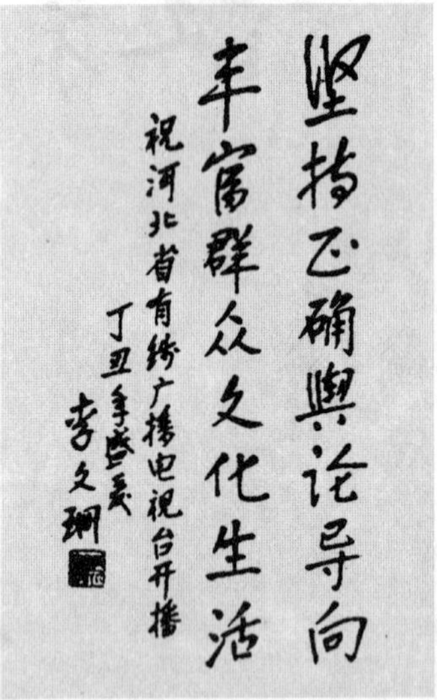

坚持正确舆论导向 丰富群众文化生活

祝河北省有线广播电视台开播

丁丑年盛夏 李文珊

李文珊题词

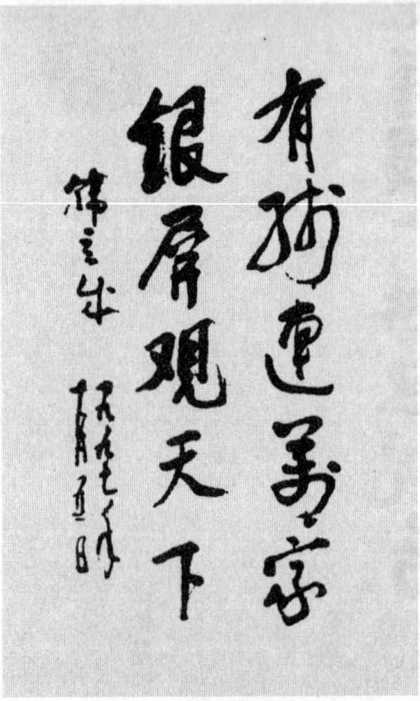

有线连万家 银屏观天下

韩立成

一九九七年十月 日

韩立成题词

把最好的精神食粮 贡献给人民

贺省有线广播电视台开播

刘作田

九七年十月廿八日

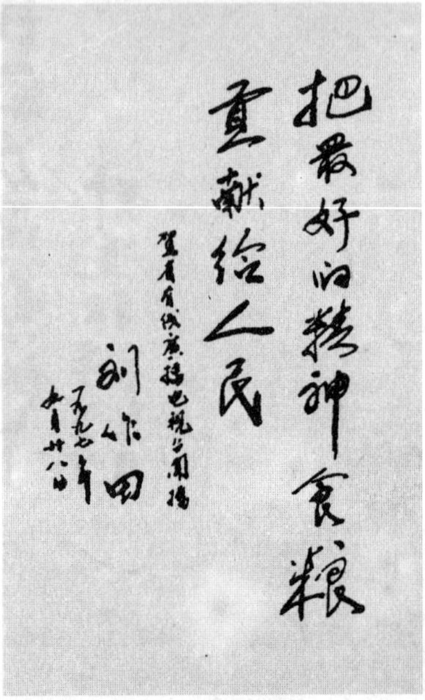

刘作田题词

和方方面面的支持，省成立了由省委常委、宣传部长和主管省长为组长、省直有关厅局负责同志为成员的全省有线网络建设领导小组，以省政府名义召开了有线电视网络建设电话会议，省委、省政府办公厅联合下发了有关文件，使工程进展顺利，而且高速公路租用费、土地占用费、青苗赔偿费等支出费用大幅降低。同时采取了公开竞标方式，成功地组织了光缆、主设备、敷设施工等三次较大规模的招议标活动，不仅确保了工程质量，也大大降低了价格，仅施工费一项即可节约资金2000多万元。光缆连接及终端、中间光设备竞标吸引了国内外有实力的38家大公司积极参加。预计连接11个省辖市的省干线网一期工程总预算节约资金可达5000万元。

二、群策群力：注重节目质量，塑造大台形象

节目质量是立台之本。河北有线电视台在发挥好党和政府喉舌功能的同时，坚持贴近实际、贴近生活、贴近群众，增强节目的服务性、娱乐性、可视性，采取长时间、大板块、滚动播出的方式，注重提高宣传工作的社会效益和经济效益，最大限度地满足不同层面观众的欣赏需求，各部门通力配合，通过办好节目提高收视率，扩大有线台的社会影响，塑造起省级台形象。

河北有线台现在办有综合频道和体育频道。两个频道全天播出32个小时以上。体育频道每天12小时覆盖石家庄市。综合频道每天20小时传输到全省各市县，终端用户200多万，目前开设的主要自办栏目有：

综合频道：《今晨视点》、《股海观潮》、《看世界》、《精彩剧场》、《有线影院》、《环球体坛快讯》、《一周体坛要闻》、《有线卫星赛场》、《体育博览》、《笑口常开》等。

体育频道：河北有线台独家买断美国ESPN体育频道在河北全省的播映权。通过卫星同步传送在世界各地当日重大体育新闻和重大体育赛事。如：美国NBA篮球赛、世界各地的足球大赛、赛车、网球、橄榄球、羽毛球等。体育频道深受广大体育受好者的喜爱。

三、社会效果：观众反映良好，收视率稳步上升

河北有线电视台顺利开播，在社会上产生强烈反响，省委、省人大、省政府、省政协的领导同志程维高、叶连松、卢展工、吕传赞、李文珊、韩立成、丛福奎、刘作田等都题词和来信祝贺，全国各省市及省内的电视台、有线台纷纷发来贺电、贺信和送来祝贺节目。开播五个月来，收到了上千封观众来信和众多的观众电话，对省有线台这么短时间即实现两套节目同时开播表示祝贺，对播出的节目给予了充分肯定和好评。如邯郸、邢台观众来信、来电反映：省有线台《今晨视点》办得好，内容编排新颖、信息量大，真正起到了“寸屏观天下”的作用。唐山观众李翠华在信中说：说句心里话，我感觉贵台《股海观潮》是我们家能收到的25个电视频道中最好的一个，确实是广大股民朋友的良师益友。省城建局魏新宇等观众十分欣赏体育频道，认为其时效性强，内容丰富、精彩，扣人心弦，令人耳目一新，“看得过瘾”。沧州建行观众反映：《看世界》层次高，既赏心悦目，又增长知识。保定广播电视报反映省有线台播出的电视剧，艺术品位高，符合多数观众的审美情趣，有较高的收视率。观众普遍反映省有线台每晚安排一部电影非常好，希望今后多看到一些精彩的新影片。

央视——索福瑞收视调查公司近期对河北省内几家电视台在石家庄地区的收视率作了连续几周的跟踪调查统计，从收视调查的数据看，河北有线台开播以来各栏目都拥有相对固定的收视群体。尤其是中央台新闻联播之后的19：40～22：30的收视黄金时段，各台竞争激烈，而河北有线台这个时段的收视率高达8.27%，平均也在6.00%左右，在监测的省内几家电视台八个频道中位居前列。几个自办栏目的收视率均超过预期，得到观众认可。

河北有线广播电视台刚刚诞生，今后的路还很长。全台上下决心以党的十五大精神为指导，解放思想，深化改革，强化管理，加快发展，把河北有线广播电视台办出水平、办出特色、办出效益，为丰富河北人民群众的精神文化生活、促进全省的改革开放和现代化建设、繁荣我国广播电视事业做出积极的贡献。

（戚太世、沈泽宁）

辽宁广播电视

在经济宣传领域寻找自我发展的空间

——辽宁经济广播电台建台10周年回顾

吕玉忠

辽宁经济广播电台已整整走过了十个年头。十年风雨、十度春秋。辽宁经济广播电台的发展与祖国的改革开放相呼应，与亿万人民走富路、奔小康同行。十年历程，我们深深感到：“立足经济领域，侧重经济生活，搞好具体服务，办出辽宁特色”的办台宗旨，使辽宁经济广播电台在激烈的竞争中生存、发展、提高。实践证明：把握好定位，确定专业特色，全面提高节目质量，创名牌，出精品，是经济台发展的方向。

回首辽宁经济广播电台走过的十年，多少往事，历历在目。

一、辽宁经济广播电台在省委、省政府领导直接关怀下诞生

80年代后半期，正值我省开放辽东半岛，构成了创办辽宁经济广播电台的基础，这时，广东省珠江经济广播电台的开播又形成了有利气候。1986年12月16日，原省长李长春看了当天《人民日报》上刊登的“珠江经济广播电台开播”的消息之后，当即在报纸上批示：“计经委：能否在电台或电视台再增一个频率或频道，叫商业台或经济台，主要为经济建设服务。”这一批示迅速转到省计经委和广播电视厅。1987年1月26日，李长春省长和林声副省长又指出：“建立经济台很有必要，对经济工作的推动会很大。要从各种渠道了解信息，但目前主要是办好经济台。”1987年5月初，辽宁人民广播电台经济台筹备小组正式成立。6月16日，省委、省政府正式行文批准开办经济电台，省编委和财政部门批给了编制和必要的经费。10月20日，辽宁人民广播电台经济台的声音终于传向辽宁大地。辽宁经济广播电台是继广东珠江经济广播电台、上海经济广播电台之后，开办的全国第三家经济电台。在我省广播史上建立专业电台则是第一家。

开播初期，辽宁经济广播电台的技术设备和传输手段都比较简陋，本着艰苦奋斗，勤俭办台的精神，利用人民台原计划开办二套节目的设备开播。当时的发射功率为500瓦，仅能覆盖沈阳市中心。随着广播事业的发展，发射功率逐渐递增到1千瓦、10千瓦、50千瓦，到1996年12月26日又增加到200千瓦。频率也由开始的调频改为中波发射。在发射功率不断递增的同时，1988年3月15日，省政府决定，归属各市县（县级市）管理的全省22座广播实验台转播经济台的节目。从1989年开始，先后在抚顺的205台（FM89.5兆赫）、北宁的201台（FM107.6兆赫）、盖州的203台（FM93.3兆赫）、凤城的204台（FM99.2兆赫）、建昌的206台（FM105.5兆赫）陆续转播经济台的节目。从而，辽宁经济广播电台的节目可覆盖全省人口的70%以上。并辐射到吉林、内蒙古、河北、天津、山东等周边的省、市、自治区，以及朝鲜、韩国、日本、芬兰等国家；播音时间由开始的6小时15分，逐步增加到15小时20分、17小时35分；人员由开播初期的18人发展到50多人；机构也由开始只设一个编辑部，发展到现在实行的由总监领导下的部主任负责制：即设第一编辑部（负责上午节目）第二编辑部（负责下午节目）第三编辑部（负责晚上节目）和广告信息部。十年来，随着广播事业的发展，辽宁经济广播电台也曾几易其名。建台初期称“辽宁人民广播电台经济台”。即由辽宁人民广播电台统一领导，单独开展编采业务的宣传部门，是省委、省政府指导全省经济工作的工具之一。这种隶属关系一直至今。1989年12月27日经广电部同意，辽宁人民广播电台经济台更名为“渤海经济广播电台”；1990年5月5日，又经广电部同意，渤海经济广播电台更名为“辽宁渤海经济广播电台”；1991年3月4日，经广电部再次同意，将辽宁渤海经济广播电台更名为现在的“辽宁经济广播电台”。

二、适应听众需要和市场变化，及时调整节目

十年来，我们先后对节目进行了三次全方位、大幅度调整，使节目的整体布局日趋完善合理。

第一次节目调整，从建台到1992年，调整的重点与布局是以发布新闻和信息为主干，并辅以新闻性专题节目，服务性节目和文艺节目，重点节目有《新闻》、《经济信息》、《广播技术市场》、《辽河浪花》、《半岛望》、《经济纵横》、《生活立交桥》和《祝您快乐》等节目。

第二次节目调整，从1992年到1995年，这次节目调整，在辽宁广播史上具有划时代的意义，辽宁经济广播电台在辽宁率先实现了直播。1992年1月20日，辽宁经济广播电台首次推出了主持人直播板块节目《今日大观园》。这是一个以新闻性为主的主持人直播大型综合性板块节目。节目主持人参与采、编、播、控。栏目有《神侃五分钟》、《空中会嘉宾》、《各显神通》、《与您同行》、《社会长镜头》、《记者热线》、《一分钟评论员》、《一分钟法官》、《看世界》、《文体大看台》、《快乐电话》、《台长电话》、《编辑记者一席谈》。当年的8月1日，辽宁经济广播电台又推出三个直播板块节目。一是早晨直播板块节目《早安，辽宁》，根据人们早晨生活节奏快的特点，设有《空中日历》、《证券窗口》、《平安快乐行》、《热点传真》、《社会扫描》、《警钟常鸣》、《空中门诊》、《消费之友》、《经济博览》、《旅游热线》、《有求必应》等栏目，并6次插播国内外新闻和信息。二是晚间直播板块节目《悠悠辽河半岛情》则以教育性、服务性、娱乐性为主，《主妇时间》、《千家妙方》、《家长里短》、《新闻透视》、《热点追踪》、《业余情趣谈》、《公关ABC》、《庄户人家》、《甜蜜小屋》、《生活风彩录》、《人生百叶窗》、《事业五味瓶》、《金手杖》、《五彩夜市》、《流行色》、《点歌台》、《以案说法》、《晚间乐园》等众多栏目构成了一个五彩斑斓的家庭生活万花筒，听众可从中陶冶情操、增长知识、开阔眼界，并获得一个娱乐消遣的美好空间。三是心理咨询直播节目——《轻风夜话》，听众可以倾吐人生之路的坎坷不平，也可诉说生活中的酸甜苦辣，主持人如知心大姐，和听众朋友一起谈人生、谈事业、谈家庭、谈婚姻、谈情操、谈道德，交流健康的性知识，帮助听众树立科学的世界观和革命的人生观。

至此，辽宁经济广播电台每天播出的节目形成了大板块，多栏目，全天直播的格局，其独特的播出风格，灵活的编排形式和丰富多采的节目内容，受到听众的欢迎。

第三次节目调整从1995年至今，这次节目调整在节目定位上下功夫，更突出经济特色，以贴近经济领域，侧重经济生活为重点，搞好具体服务为目的，推出了《信息快车》、《经济30′》、《商海金桥》、《天天服务台》、《股市点评》、《生活采风》、《美容教室》、《甜甜家园》、《医疗热线》、《多彩假日》、《今晚好心情》、《红帆船》等一批经济、服务类节目。这些节目几乎包容了听众的衣食住行，大大拓宽了广播的服务功能。我们在开辟广播的服务功能的同时，在这次节目调整中加大了对新闻节目和新闻类板块节目的调整力度，集中优势力量办好新闻节目和新闻类板块节目。早晨的《新闻传真》栏目，由全台编辑、记者供稿。《经广新闻网》汇天下之精华，已成为全省听众以最短的时间，最快的速

度获取新闻的渠道之一。1996年全省抽样调查，《早安，辽宁》成为最受听众欢迎的节目之一。上午的《空中门诊》、《生活采风》、中午推出的综合新闻板块、老年节目《夕阳情》、法律节目《法律时空》和证券节目《经济30′》，都以高含量的新闻信息和具体的服务内容受到听众的欢迎。《法律时空》节目主持人李军被评为全国“法制宣传优秀新闻工作者”。为了改变晚间节目的构成框架，这次节目调整在晚上增加了两次新闻，一次文体新闻，一次经济新闻。这样，全台以新闻为骨架，以经济板块为重点，以服务为宗旨的节目互相衔接，形成网络，滚动播出，整体效益日趋完善。

三、树立精品意识，创优秀作品，创名牌节目

十年来，强烈的创优意识激励着一批编辑、记者，向国家级大奖冲刺。以1991年何晓明采录的《可怜天下父母心》获全国优秀广播节目二等奖为起点，至今，辽宁经济广播电台共有16篇作品获国家级大奖——中国广播奖。特别值得一提的是，从1992年正式设中国广播奖起至1996年，辽宁经济广播电台连续五年（六篇作品）夺得中国广播奖一等奖。这些作品是：1992年马瑞峰采制的录音新闻《典型引路，万人奔富》；1993年李玉杰采制的录音新闻《政府大院25分钟》，杜士德等人采制的录音述评《烈士陵园被冷落引发的思考》；1994年马瑞峰采制的新闻专稿《五朵金花闯辽宁》；1995年马瑞峰等人采制的板块节目《让‘九·一八’告诉我们》；1996吴萍等人采制的板块节目《含泪笑唱“鲁冰花”》。马瑞峰一人三次夺取中国广播奖一等奖，被辽宁电台多次授予创优标兵称号。这些获奖作用，其中录音述评《烈士陵园被冷落引发的思考》，被北京广播学院列为教材范文。该院1995年招考研究生试卷中也以这篇作品出了试题。

一花引来万花开。近六年，在创优骨干带动下，辽宁经济广播电台每年进行两次创优竞赛，一大批编辑、记者受锻炼、获益。初步统计，全台获辽宁新闻奖的共有21篇；获辽宁广播奖的共有25篇。

在创优秀作品的同时，创名牌栏目，也成为编辑、主持人角逐的目标。辽宁经济广播电台的《轻风夜话》节目，推出四年，经久不衰，主持人沈霞摘取第二届全国广播电视“双十佳”金话筒银奖。1997年辽宁首届评选广播电视“双十佳”优秀栏目，《轻风夜话》荣登榜首。沈霞以辛勤的付出和听众的认可荣获1997年全国五一劳动奖章，先后被评为省劳动模范和优秀共产党员。《夕阳情》节目主持人李珂摘取第三届广播电视“双十佳”金话筒金奖。

四、“宣传型”、“经营型”人才并重，抓好队伍建设

广播电台为了完成党交给的宣传任务，同时为了自身的生存和发展，必须学会两条腿走路。所谓两条腿走路就是：一要抓好宣传；二要抓好创收。这两个方面反映在队伍建设上就是要注重和培养多方面的人才。电台作为党的宣传和舆论阵地，责无旁贷地要发挥其“喉舌”作用，配合各个时期党的中心工作，把党的路线、方针和政策深入浅出，形象生动地传达到最广大的人民群众中去。为此，广播电台要培养素质高、能力强、作风正的编采队伍和主持人队伍，使他们能适应时代潮流和社会需要，采编出具有强烈时代感的优秀作品，创办出个性突出、内容生动、雅俗共赏的主持人节目。另外，由于电台的生存受到市场的挑战，必须在保持以宣传为中心，宣传质量只能提高不能降低的前提下，挖掘广播潜力，开发广播功能，拓展广播空间，为自身的生存和发展创造物质基础和经济实力。为此，电台除了培养传统型的采编播队伍，还要转变观念，慧眼识才，善于发现和使用经营型人才。在培养造就“宣传型”、“经营型”人才方面，我们的主要作法是：

1. 领导带头，率先垂范。辽宁经济广播电台的主要领导，大都注意以自身的言行带领大家工作。比如1995年辽宁中部地区遭受百年来最大洪灾，总监带队深入到最危险的地段采访，使全体编采人员深受鼓舞和鞭策，纷纷深入一线采访。获当年中国广播奖的作品，就有三篇是反映抗洪抢险的。

2. 集团作战，众志成城。几年来，辽宁经济广播电台发挥集体智慧和团队精神制作出了一批好节目。1992年，辽宁经济广播电台在一年之中组织了六个大型特别节目，如“三·一五”特别节目《上帝在呼唤》；“五·一”特别节目《五月，奏响辉煌的乐章》；“五·一七”助残特别节目《只要你过得比我好》；“五·二三”纪念毛主席《在延安文艺座谈会上的讲话》特别节目《峥嵘岁月话今昔》；中秋特别节目《月到中秋分外明》；“八·一”特别节目《战士牺牲岂止在疆场》。所有这些特别节目都是抽调精兵强将集体策划，联手协作而成。这些作品都以宏大的气势，丰富的内容，精美的制作轰动社会，在听众中影响巨大。如获中国广播奖一等奖的《含泪笑唱“鲁冰花”》、《让“九·一八”告诉我们》，都是联合作战所取得的丰硕成果。另外，辽宁经济台自1993年和企业联办《点播大世界》节目开始，几年来已和企业联办节目达600多期，户外直播达200多场。每一次户外直播都运用众多编采人员参与，产生了轰动效应，既为企业服务，又扩大了经济台在社会上的知名度，同时也锻炼了主持人队伍。

3. 完善制度，奖优罚劣。几年来，辽宁经济台形成、建立了一些优良的传统和良好的制度：节目听评制度、编辑记者主持人培训制度、奖优罚劣制度等。听评制度，就是定期抽查任何一位编辑、记者或主持人的作品和节目在全台大会上请大家评议，有时评得一些人脸红心跳，坐不住，但心服口服，促进了整体节目的提高；培训制度就是请电台有经验，有水平的同志系统地讲解新闻的基本理论和业务知识，具体分析作品和节目的成败得失，遇有机会则请更高级的专家上课，如我们邀请中央台高级编辑李向明同志和广播电影电视部评奖办副主任张君昌同志为编采人员和主持人讲评节目，使大家获益匪浅；奖优罚劣制度，就是对获奖人员进行嘉奖，对节目出现差错的人员进行处罚，每年我们都对获国家级大奖人员进行重奖。同时，对获辽宁广播奖、辽宁新闻奖、全国经济台奖、主持人作品奖、优秀论文奖等都逐一进行表奖。每年用于表奖的费用大约三、四万元。

五、拓宽广播自身优势，开辟广播新天地

广播主要是诉诸于听觉，有一定的局限性。如何拓宽广播的自身优势和功能？辽宁经济广播电台从开播以来，就开始思考这个问题，1993年我们终于找到了户外“广场直播”这一新的形式。

“广场直播”就是把播出设备搬到户外，主持人从室内直播到室外直播。直播地点选设在流动人口多的露天广场。“广场直播”节目形式新颖，较室内直播增加了可观性，扩大了广播的功能，弥补了广播可听不可视的缺陷。“广场直播”有点有面，无线电话广阔的覆盖面和强烈的现场聚集性，使“广场直播”具有一种综合的效应，能产生强烈的影响力。比如在鞍山天河大厦、中兴——沈阳商业城、沈阳联营公司、沈阳工业展览馆、大连虎滩乐园、沈阳北陵公园和中山公园等地举办“广场直播”的时候，每次都是人头躜动，水泄不通，在当地一时造成很大影响。

“广场直播”节目不同于日常播出的一般性节目。对它的要求应该是一次节目有一个主题，一次节目出一次特色。在各种媒体激烈竞争下，每精心策划一次都意义重大，非比寻常。策划者的目的必须是使听众和企业领导人都满意，换言之，广播的宣传按企业方面的期望来讲必须具有促销的效果。为了达到这个目的，策划者在对宣传者进行深入调查分析之后，首先确定和听众情感需求和实际需求相匹配的节目的主题、风格和形式，然后就是如何落实了。去年年初，我台一位广告人和营口防撬门厂达成协议，拟为其做十期“广场直播”宣传。在策划中，编辑部和这位策划者共同研究，在已经做过的五期节目中，为“盼盼”防撬门做了如下定位：

	主题词	地点	时间
第一期：	情系三一五“盼盼”进万家	（沈阳）	96-03-15
第二期：	人生多风雨，“盼盼”保平安	（鞍山）	96-04-20
第三期：	献给劳动者的歌	（大连）	96-05-01
第四期：	“盼盼”祝你生日快乐	（本溪）	96-06-01
第五期：	“盼盼”人，雷锋城下献爱心	（抚顺）	96-07-08

根据不同的时间、地点，选择与这相匹配的主题词，节目形式分别围绕这个主题展开，这样，本来同一个厂家，同一种产品，很容易单调乏味的宣传内容变得立体和丰富起来。

一次成功的“广场直播”必须有新鲜的点子，新颖的内容，这样才能赢得企业的信赖和好评进而追加投资。通过近两三年的实践，辽宁经济台的许多广告策划人员探索出了许多有益的经验，发明了许多深受听众和企业欢迎的点子。从以往的成功经验看，有许多点子颇具创意性，如请著名演员献歌，请听众为企业策划广告词，为企业创作一段小品，请画家即兴为企业和观众作画，另外，还可请记者分几路在各销售点为企业作现场报道。由于大多数负责这类节目策划人员注意了这些问题，所以节目播出效果显著。我们与营口盼盼防撬门厂不定期的举办户外直播节目，使他们的“盼盼牌”防撬门一直供不应求。由于我们注重了节目策划，及时和企业沟通情况，宣传效果好，许多企业都成了电台做联办节目的老客户。

广播户外直播不仅缩短了广播工作者与听众的距离，更重要的是将企业与广播紧紧地联系在一起，形成了优势互补，广播搭台，企业唱戏，借我台之声，扬企业美名，企业资助广播这样一个良性循环圈。同时，对产品的竞争，经济的繁荣具有不可估量的辅助作用。

十年来，辽宁经济广播电台不仅在节目宣传上取得了可喜的成绩，而且在经营管理、创收上也迈出了较大的步子。

回顾辽宁经济台走过的十年，我们深深的感到经济台发展，离不开改革开放的大环境，离不开全体同仁的努力拼搏，离不开台班子的有力领导。纪念经济台生日的最好办法，就是总结过去，展望未来，不断进取，不断开拓，用最好精神食粮奉献给听众的实际行动，努力办好经济台。

黑龙江广播电视

异军突起的同江广播电视事业

——黑龙江省同江市广播电视事业概况

同江市位于黑龙江省东北部松花江与黑龙江汇合处的三角地带，是国际口岸城市。全市面积为6164平方公里，总人口15万人。同江的广播电视事业自1953年建立广播站开始，已走过40多年的光辉历程，经历了从无到有，从小到大，从弱到强的发展过程，到90年代得到了迅猛发展，现已形成集有线、无线、中波、调频、微波、卫星于一体的现代化广播电视传输体系，步入了省级文明单位标兵和全国广播电视先进市行列，为丰富人民群众文化生活和振兴地方经济做出了积极贡献。

一、紧密围绕市委、市政府中心工作，全力抓好两个文明的宣传。

90年代以前，同江的编播设备处于老化、落后、不配套状态，人才、资金严重缺乏，致使每周只能播出2～3次新闻节目。90年代，同江局加大了资金投入，更新了编播设备，引进了专业人才，在全省县级台第一个将新闻节目改为每天一次，并固定每次节目10分钟，使节目的信息量和时效性得到明显增强。同时，紧密围绕市委市政府中心工作坚持“三贴近”的原则，不断提高自办节目质量，形成了以《同江新闻》为主体，以《新闻视点》、《社会经纬》、《江城之声》等为延伸的名牌栏目，自办节目时间每天达25分钟。1997年还对节目进行了改版，节目质量大幅度提高，得到了领导和群众的好评。

广播电视是同江唯一的舆论宣传部门。为推动同江经济发展，提高同江知名度，同江局自觉担负起了全市对外宣传任务，并采取措施，使供稿数量和质量逐年提高，1997年突破了千条大关。8年来共在地市级以上新联媒体发稿6000余条，其中在中央台发稿100余条，在省台发稿1000余条，连续5年获对省台供稿先进集体。

同江局十分重视新闻评优工作和局长、编辑、记者三级审片制度，逐步提高新闻作品和论文质量，使新闻作品、论文的获奖数量和质量始终保持在全省县级台前列。自1990年以来，已累计有100余篇作品、论文获省级以上奖。

二、引进先进技术，加快事业发展步伐。

1991年以来，同江的广播电视事业建设，得到了迅猛发展。建起了系统内有线电视网和156米高的广播电视塔，兴建了3200平方米的广播电视发射中心楼，建成了标准化机房，实现了自动化播出，编采设备达到了数字化，开通了加密频道，实现了全市广播电视微波联网，开通了农村有线电视。与此同时，对中波台、调频台发送设备进行技术改造，12个乡镇全部安装了有线电视，广播电视覆盖率达98%。

三、向管理要效益，求发展。

在管理上，同江局以目标管理统揽全局，以制度建设为突破口，为全局各项工作开展提供了有力保障。

1. 在宣传管理方面，成立了总编办，负责宣传工作的规划，组织协调、检查指导全局广播电视宣传工作，并建立了《编播管理制度》、《新闻记者十不准》、《新闻记者管理规定》等10余项管理制度，推动了宣传工作的开展。

2. 在技术管理方面，成立了总工办，负责制订全市广播电视技术发展规划，审查申报广播电视台站建设技术方案，指导全局广播电视工作，制定了《仪器使用管理制度》、《安全播出制度》等10余项管理制度，制定了“同江市‘九五’—2010年广播电视发展远景规划”，组织实施了全市广播电视微波联网，广播电视人口覆盖率逐年提高。

3. 在人事管理方面，由局办公室不断推行人事制度改革，先后推行了聘任制和效益工资等竞争激励机制，真正做到能者上、平者让、庸者下，为人才脱颖而出创造了良好的外部环境，每年都有3～5名政绩平平的中层干部被综合素质好、工作能力强的年轻干部所取代。

4. 在行业管理方面，成立了管理股，配备了专人、专车，不定期到辖区6个农场、12个乡镇开展工作，得到了农场、乡镇领导的支持理解，均按要求开展工作，规范了同江的广播电视行业管理。

四、狠抓队伍建设，不断提高整体素质。

几年来，同江局始终注重文明单位建设，以此促进全局整体素质提高，先后获得省级文明单位和省级文明单位标兵荣誉称号。几年来，始终坚持定期开展业务培训、机关作风、职业道德、普法讲座，采取请进来、送出去、传帮带等多种方式，对职工进行“二次充电”。与此同时，组建了学习室、资料室，每年订购2万余元的学习资料，为职工提供了良好的学习环境。通过上述举措，同江局的整体素质不断提高，全局现有职工200多人，其中中级职称7人，初级职称32人，60%的职工获得了大专以上文凭，每年均有60余篇新闻作品、技术论文在地市级以上评比中获奖。

通过全局职工的不懈努力，几年来，同江局获得了全国广播电视先进市、全国“八五”期间发展边境广播电视事业先进集体和省级文明单位标兵、全省广播电视系统建功立业活动第一名等200多项集体荣誉，个人荣誉达700多人次。

求精　创新　促发展

同江市广播电视事业局
局长　周　宏　副局长　李福喜　朱默屿

黑龙江省同江市地处我国东北部，集老、少、边、穷于一身，经济基础十分薄弱。在这种条件下，同江广播电视工作者自觉担负起为当地经济发展传递信息和丰富边城人民业余文化生活的重任。几年来，同江市广播电视局全体干部职工发扬“艰苦创业、无私奉献、求实进取、敢争第一”的精神，先后建起了广播电视发射中心楼，广播电视综合自立塔，增加了有线电视、加密卫星频道，使广播电视事业建设得到了超常规、跨越式的发展。广播电视工作不但适应了地方经济发展的需要，而且在农村有线电视建设、新闻宣传、广播电视管理等方面跻身于全省同行业的前列。1997年，面对全国广播电视飞速发展的形势，我局在原有工作基础上又提出了“抢抓机遇、求精、创新、促发展”的总体构想。

一、用“求精思维”思考和布局广播电视工作

在市场经济条件下，广播电视面临着与计划经济时期迥然不同的工作氛围，加之，科学技术的飞速发展又为广播电视创造了千载难逢的机遇。在这种条件下，如果用惯性思维思考和布局工作，“胡子眉毛一把抓”，肯定收不到好效果。就此，我局倡导用“求精思维”去思考和布局广播电视的每一项工作，使我局的每一项工作都在“求精”的前提下得到长足发展。。

1. 抓宣传导向出精品

县级广播电视部门担负着传递当地党委、政府声音的重要使命。1997年，我局始终贯彻坚持正确的舆论导向这一基本原则，在新闻宣传方面提出了“两个坚持，一个追求”的目标，即坚持新闻立台、专题树台，

追求对上报道的效果。在具体运作中，除坚持办好每天一次的《同江新闻》外，还下大力气开办了一批以《新闻视点》、《田野之光》、《社会经纬》为代表的新闻性专题节目，并努力使这些节目成为当地名牌节目。为丰富荧屏，提高节目质量，多出精品，1997 年，我局克服资金紧张，设备不配套等困难，重新调整了演播室灯光，购置了一批编采播设备，并于 1997 年 5 月份对《同江新闻》、《一周要闻》等节目进行改版，使节目风格与中央台、省台保持了同步，加大了节目的信息量，提高了节目质量。此外，在对外宣传上，我局还树立了敢与大台争高低的思想，一年来，给地市级以上新闻媒体发稿 1000 余条，给省电台、电视台发稿 200 多条，连续五年保持了对省电视台供稿先进集体的荣誉。

2. 抓事业建设加快发展

1997 年我局不断加大事业建设力度，为 5 个乡的 1600 余户农民安装了有线电视，实现了全市城乡广播电视微波联网。全市广播电视覆盖率达到了 98%。与此同时，我们还多渠道筹集资金，使编采设备实现了数字化，从而使我局的新闻宣传从前期采访到后期制作进入了数字化时代。此外，我们还积极争取同江市委、市政府的支持，投资 50 多万元，对 300 平方米演播大厅重新进行了装修，为广播电视的宣传工作奠定了良好的物质基础。

3. 抓队伍建设，提高整体素质

1997 年我局以文明建设为核心，狠抓了职工队伍建设。投资购置图书及相关设施，并与市职教中心联合开办了“广播电视中专班”。此外，我局还采取走出去，请进来等办法培训广播电视职工。这一年，我局不但有 64 篇论文、新闻作品在省、市评比中获奖，技术上有三项革新得到上级认可，而且还步入了省级文明单位标兵的行列。

4. 抓创收增加后劲

广播电视是重装备、高消耗的事业，发展广播电视事业需要资金保障。在这种情况下，我局提出了“以广告网络养台”方针，不断加快广播电视相关产业开发，组建了以广告公司为龙头，以广播电视维修中心、摄像服务部为两翼的经济创收网络，不断完善服务手段，提高服务质量，局属企业全部盈利。

二、用创新意识指导广播电视工作

广播电视要想获得大的发展，必须勇于冲破旧的观念和模式，开拓视野，以创新意识指导广播电视工作。我们具体采取了以下四项措施：

1. 实行综合管理，实行挂牌上岗，使职工面貌焕然一新。

2. 在有线台实行效益工资制，提高了服务质量和工作效率。

3. 在编采人员中实行完不成岗位目标的淘汰制，增强了记者的责任心、事业心和使命感。

4. 对局属企业实行自主经营，自负盈亏，消除了企业的依赖思想，增强了自主经营意识。

用“求精思维”和创新意识指导广播电视工作，促进了广播电视事业的飞速发展，1997 年我局广播电视事业取得了四个第一。一是获得全国广播电视先进市荣誉称号；二是在全省县级局第一个跨入省级文明单位标兵的行列；三是获得全省广播电视系统第二届建功立业活动县级局第一名；四是获奖论文和新闻作品数量在全省县级局排名第一。此外，还获得 24 项集体荣誉，并有 180 人次获得各级各类奖励。在全社会树立了广播电视的良好形象，同时也使广播电视工作步入了新的发展阶段。

上海广播电视

回顾五年发展史
立志再创新辉煌

——上海东方广播电台举办开播五周年系列庆祝活动

1997 年 10 月 28 日，是上海东方广播电台以下(简称“东广”)开播五周年纪念日，东广举办了“回顾五年发展史，立志再创新辉煌”为主题的系列庆祝活动。在迎接台庆的日子里，东广先后举办了评选“最受欢迎的十位节目主持人”和“最受欢迎的十个栏目”的听众投票评选活动，“我与东广”的征文活动、《当代中国广播电视台百卷丛书——东方电台卷》签名售书活动，著名书画家为东广开播五周年作画题词活动，彩色故事片《790 热线》献映活动，为江西革命老区于都县援建电台开播活动，10 月 28 日还举行了开播五周年庆祝晚会。中共中央政治局委员、上海市委书记黄菊专门发来了贺信衷心祝愿东方电台坚持正确的舆论导向，弘扬时代的主旋律，努力为上海的两个文明建设服务，争取获得更大的进步！中共中央委员、上海市长徐匡迪为此题词：传递时事信息，倡导文明新风，鼓励东广人再接再厉，再创新的辉煌。

在举国同庆十五大、展示新成就的日子里，东广为检阅建台五年来宣传工作上取得的成绩，进一步促进节目建设、队伍建设，强化精品意识，推进创优工程，东广和《每周广播电视》报社联合主办了“最受欢迎的十佳节目主持人”和“最受欢迎的十个栏目”听众投票选举活动。12 月份在《每周广播电视》报上刊出后，受到了广大听众的热烈响应，来信投票达八千多张，评选结果揭晓，方舟、梦晓、蔚兰、林海、渠成、阿彦、欧楠、张培、尚红、秋琳等荣获东广十佳主持人称号。《东广早新闻》、《相伴到黎明》、《三至五流行世界》、《潇洒六十分》、《上海潮》、《东方大世界》……荣获东广十佳栏目称号。

东广为了更加贴近群众，与听众建立起水乳交融的联系，特在五周年台庆前举办了“我与东广征文活动”。这一活动得到了听众的热情支持，收到了来稿近三百篇。听众通过回忆自己五年来与东广的情缘、情真意切地敞开胸怀、畅谈与东广节目主持人的深情厚意，收听东广节目的深切感受。有的听众还为东广开播五周年绘画作诗，充分表达了对东广的挚爱之心。一些来信在东广节目中播出，部分作者还接受邀请参加了台庆晚会。

东广开播五周年，正逢中国广播电视出版社组织各台编纂、出版《当代中国广播电视台百卷丛书》，东广结合回顾五年发展史，撰写了《上海东方广播电台卷》。广电部部长孙家正和上海市副市长龚学平为该书作序，全书五十万字，共分序、创业篇、业绩篇、人物篇、心语篇、佳作篇、文论篇、博览篇、展望篇和附录等十一个篇章，绝大部分是由东广人写东广史，真实记录了东广五年发展的轨迹，充分反映东广五年来两个文明建设的成果。10月25日该书的签名售书活动在市中心南京东路新华书店举行。东广主持人尚红、章茜、晓林、渠成、阿彦、金亚、梦晓、林海、梦溪、秋琳上柜为读者签名。消息传开后，下午2点开始签名售书，上午10点就有人开始排队等候。一位81岁的老人特意从江苏海门赶到上海，读者的队伍从新华书店二楼一直延伸到南京东路山西路口，出现了今年以来签名售书中最为热烈的场面。有的读者手里还拿着东广开播初期编辑的《东广旋风》一书或东广历年来发行的其他纪念品，耐心等候与主持人见面。一位小女孩还特意买了一件新衬衫，一定要主持人把名字签在新衣服上。听众们对刚刚获得“金话筒”的主持人章茜表示了由衷的祝贺。一位古稀老人特意将一把宝剑赠送给“热线急诊室”的主持人渠成，感谢他为保护消费者合法权益仗义执言。原计划签名售书300本，很快一抢而空，还有不少读者围着主持人久久不愿离去，反映了广大听众对东广的关切和支持，此情此意也更坚定了东广员工更好为人民服务的决心。

为祝贺东广开播五周年，著名书画家程十发、吴青霞、徐昌铭、曹简楼、乔木、钱行健等兴致勃勃来到广播大厦当场挥毫作画。“开口珠玑”、“鹰击长空”、“鲤鱼跃龙门”、“繁花似锦”等一幅幅作品表达了书画家们对东广的良好祝愿，众画家联手共作“春光无限”图展示了东广灿烂前景，这些精美画卷已编印成册专赠来东广作客的嘉宾，受到了来宾交口赞誉。

为了使东广五年的发展历程更生动艺术地反映出来、东广与上海永乐股份有限公司、湖南潇湘电影制片厂联合拍摄了国内首部反映广播战线宣传工作者敬业爱岗、为民解忧、无私奉献的崇高精神风貌的彩色故事片《790热线》。影片以东广及国内广播战线的采、编、播人员的先进事迹为原型，经过提炼升华，塑造了女主角（由著名电影演员于慧饰演）这位全国广播“金话筒”奖主持人，热情帮助一群下岗工人走上自强自立新的人生道路，并以自己廉洁从业的行为感化教育听众，甚至以自己失去孩子的代价抢救了一个女孩生命的故事。台庆晚会初映时，台下观众深受感动，不少人为此流下了眼泪。看过此片的领导和观众盛赞这是一部社会主义精神文明教育的好影片。

按照东广的传统，每年的台庆日要为人民排忧解难做一件好事。这次五周年台庆，东广决定为革命老区江西贫困地区于都县援建一个新的广播发射站，让革命老区的人民都能听到广播，组织发起了“同心架彩虹”活动，主动出资20余万元购置了广播发射设备赠送给于都县电台，并为于都电台培训工作人员，提供一部分节目，为于都的文化、政治、经济发展创造条件。11月1日于都新广播电台正式开播，东广组织民乐团及演员赴于都参加开播仪式。革命老区人民扶老携幼有二万多人来到了开播现场，使于都老区呈现了一派前所未有的热烈场面。东广与于都电台同时转播了开播仪式，慰问团的同志参观了当年红军长征出发的“红军桥”、访问了当地的长征老红军，进行了一次生动的革命传统教育，东广党委还决定将于都作为革命传统教育基地，决心将红军长征的革命精神代代相传，发扬光大。

（张德祥）

“雏凤清于老凤声”

上海东方电视台开播五周年回顾

上海东方电视台（以下简称“东视”）是经广播电影电视部批准，注册浦东新区，具有独立法人资格的省级电视台。东视从开播到1998年1月18日，已经走过了整整五年的创业发展历程。在台长穆端正“创业创新，团结奉献，勇于改革，敢为人先”的办台方略指导下，东视按照“新体制、新人员、新节目、新技术”的要求，在探索有中国特色的电视发展道路上，留下了一串串深深的脚印。

在小平同志南巡讲话精神的鼓舞下，1993年1月18日东视正式开播。东视的开播，突破了在中国同一个省或直辖市内只有一家同类型电视台的先例。东视的开播。也为电视行业引进竞争机制，开展友好竞争打开了新局面，强有力地推动了上海电视事业的发展。1996年3月30日以前，东视使用20频道对外播出、共有新闻、体育、专题（纪录片）、社教、综艺、影视剧等各类栏目20多个，每天连续播出16小时以上，节目覆盖上海及长江三角洲的广大地区，受众人口超过1亿人。1995年12月，原东视与上海科学教育电影制片厂实行影视合流，影视合流为东方电视台的发展带来了新的契机，实力大大增强，员工人数超过600人。除电视节目制作，还可以从事科教电影和动画片的拍摄制作，成为我国重要的科教电影和动画片的生产基地之一。1996年3月30日，东视开设了以科技和青少节目为主要特色的33频道。至此，东视已拥有两个频道、各类栏目50多个、每天连续播出超过35小时、自制节目近6小时的综合性电视台。

东视是第一家在社会主义市场经济体制下，按照市场经济规律运行的新兴电视台。东视建台初始，就全方位引进竞争机制，全体员工打破“铁饭碗”，实行劳动合同制、聘用上岗制。台长在全局范围内公开招标，经过考核择优聘用。员工实行双向选择、竞争上岗。东视自负盈亏，不拿国家一分钱，靠荧屏的社会效益实现收入。为形成人才使用上的激励机制，每年建立3～5%的淘汰制度；个人分配与工作实绩密切挂钩并拉开档次，优秀员工、优秀节目可获得台长签发的嘉奖。全新的竞争机制，使新生的东视充满活力，开播第一年，就以不足100人的编制创造了人均100多万元的效益，年创收单频道突破1亿元大关。“人少多办事、台小办大事”变成了现实，在中国电视界引起了广泛的瞩目。

电视竞争的最终实现形式是电视节目对观众的占有。五年来，东视不断突破传统的节目样式，以“人无我有，人有我新，人新我改”的荧屏行动，赢得了观众。

东视开播伊始，就确立新闻在电视节目中的主干地位。在20频道的自办节目中，新闻节目占17%。首倡新闻的滚动播出，并纯洁新闻版面，杜绝“马夹袋”新闻，禁止“有偿”新闻。每天晚上准点直播《东视新闻》、《东视夜新闻》和《东视深夜新闻》、每次直播都不断增加最新消息，形成新闻的滚动效应，遇到重大新闻突发事件还随时进行插播。《东视新闻》凭借自己“信息多、容量大，迅速快捷以及平民化的叙事风格”，形成了以知识阶层和年轻人为主要收视对象的观众群，赢得较高的收视率。《东视新闻》坚持把正确的舆论导向放在第一位，充分运用国外先进的传播手段，强调新闻的独家和第一时间的现场报道。1993年4月，东视独立租用国际通讯卫星，率先在国内电视台中报道了在新加坡举行的海峡两岸首次“汪辜会谈”，被海内外媒体评价为“与国际电视传播从内容到方式的接轨”。此外，《东视新闻》对上海长征轮火灾现场报道、赴浙江对“千岛湖船难事件”的独家公允报道、运用卫星传送对日本阪神大地震的报道，都体现了东视记者较高职业素质，也一次又一次在观众心目中树立起《东视新闻》的权威形象，使《东视新闻》在海内外电视界同行面前声誉鹊起。1994年1月，东视顺应上海建立国际金融中心的需要，创建了国内第一家财经新闻节目《东视财经》。该节目采用卫星传送手段，及时报道全球金融、期货、财税、房地产等动态。1995年7月，东视根据观众的需求，进行大胆的新闻改革，推出国内第一家60分钟直播新闻节目《东视新闻60′》。观众在60分钟内，可一览国内新闻、国际新闻、体育新闻、财经新闻、娱乐新闻、港台专讯以及透视性新闻等，赢得社会各界的好评。《东视新闻》开播时提出的“今天大事，先看东视”的响亮口号，正逐步变成有目共睹的事实。在重大新闻事件不断的1997年，《东视新闻》以自已独特的形式，较好地组织了对邓小平同志逝世的报道。在十五大胜利召开、庆祝香港回归祖国、宣传八运会等一系列重大的新闻战役中，《东视新闻》尽显风骚，为广大观众所瞩目。在堪称世纪新闻大战的香港回归的报道中，东视首次特派记者出去，前往香港和世界各地华人聚集地进行采访，发回了当地华人、华侨喜迎香港回归的新闻。几年来，东视的新闻节目频频在各种类型、各种级别的新闻评奖中获得大奖。

五年来，深得海派文化滋养的东视综艺节目，已经形成独特的风格。不少大型综艺晚会和名牌综艺栏目，一直是广大观众朋友和国内外电视界同行津津乐道的话题。

1993年3月，东视购买大陆独家版权，卫星现场直播美国第65届奥斯卡电影颁奖典礼，一时传为佳话；1995年4月，东视与日本国家电视台联合会办“亚洲歌坛双向传送”，实现了上海外滩和日本东京NHK演播厅，利用国际通讯卫星和海底电缆首次跨国界双向传送“亚洲歌星演唱会”，令日本同行叹服；1995年8月，与中央台合作在上海外滩和中央台演播厅双向传送《中国人的脊梁》晚会，在全国激起巨大反响；1995年8月，东视与北京电视台等合作，在长城八达岭上举办《永恒的长城》演唱会，并通过地面卫星车向上海现场直播，轰动京沪两地；1997年9月16日，东视与台湾电视公司等合作，首次用电波将海峡两岸连成一体，卫星双向传送《千里共婵娟——中秋夜两岸情》晚会，在两岸交流史上写下新的篇章。类似这样的大型的综艺节目，每年都要举办近百台，东视荧屏形成了“月月有活动，季季掀高潮”的局面。东视综艺晚会的组织能力、表现形式、传播手段及编导主持人的素质，受到海内外电视同仁和观众的好评。

在迎接和庆祝香港回归祖国的日子里，东视综艺节目的策划、组织、制作实力再次得到张扬。在7月1日前后的短短几天时间里，东视连续推出《迎香港回归，颂伟大祖国——浦江两岸百支歌队万人唱》、《上海人民庆祝香港回归文艺晚会》、《祝福你，香港——‘97全球华人庆回归》以及《为中国喝彩——好莱坞“中国之夜”大型焰火歌舞音乐晚会》（后两台节目与中央台合作），有声有色地反映了上海人民迎接和庆祝香港回归的精神风貌和喜庆气氛，是上海庆祝香港回归祖国的高潮。其中“浦江两岸百支歌队万人唱”晚会的规模最大，晚会的主舞台搭建在黄浦江江心的一艘大型登陆舰上，副舞台是浦江两岸的外滩和滨江大道，共有100多支歌队一万多人参加演出，东视动用十几个机位，从海、陆、空多方位进行了高质量的现场直播。1997年10月，东视作为地方电视台，首次独立承担全国性大型运动会——八运会闭幕式暨文艺晚会的组织、策划和现场直播工作。整场晚会气势恢宏，激动人心，感人肺腑。出席晚会的党和国家领导人高度评价了这台晚会，也博得了荧屏前观众朋友的一致好评，为八运会画上了一个圆满的句号。

五年来，东视还先后创办了《东视经典》、《快乐大转盘》、《飞越太平洋》、《流金岁月》、《共度好时光》、《东方戏剧》等一批深受观众好评，收视率长期居高不下的名牌综艺栏目。《快乐大转盘》作为国内第一档竞技游戏栏目，从开播时创办至今，已经转了近300期，收视率长时间位居上海电视收视率排名表的前茅。受该节目的样式启发，游戏节目作为一个独立的节目样式，火爆全国电视荧屏。1994年3月创办的《飞越太平洋》栏目、1996年节目改版推出的《共度好时光》和《流金岁月》，均以其独特的节目定位、较高的文化品位以及精彩的节目包装，受到沪上观众的厚爱。

红红火火的播种，赢来了红红火火的收获。在1996年的第十届全国电视文艺"星光奖"的评选中，东视首次参加评选，就一举获得8个奖项，其中三个一等奖、一个特别奖、一个优秀栏目奖，成为本届"星光奖"评选中获奖数量最多、等级最高、涵盖面最广的地方电视台。在其他各类国内、国际的节目评奖中，东视综艺节目的获奖势头，也令同行惊诧。

东视综艺节目的实力为东视介入上海的大型文化活动提供了良机。五年来，东视在狠抓节目质量、努力推出精品栏目的同时，还积极参与上海都市文化的建构，将自己的生命状态和都市文化的发展紧密联系在一起，先后主办、承办以及现场直播出数百场大型文化活动，形成东视发展中一道独特的风景线。贯穿东视发展历程的"东方之韵"系列演出，阶段性地为京剧、越剧、沪剧、滑稽戏以及评弹艺术举行了大规模的展演或汇演，为弘扬民族文化、振兴戏曲事业作出了贡献。其中"东方雅韵——南北京剧名家荣誉汇演"在海内外引起轰动效应，成为京剧发展史上的一座里程碑，受到文化部、广电部以及社会舆论的高度赞扬。东视主办的首届上海国际哑剧节、首届国际魔术节、首届上海国际芭蕾舞比赛，以及东视曾经承办的上海国际电视节、上海国际电影节、国际服装文化节的开、闭幕式等大型文化活动，为推动上海的国际文化交流起到积极作用。东视的积极参与和成功合作，从某种意义上讲为东视创响自己的品牌，树立自己的形象，扩大在国内外的影响，也立下汗马功劳。

五年来，体育节目作为东视的强项，也一直受到广大观众的欢迎。从东视开播时设立的《国际体育新闻》，到1996年推出的《东视体育30′》，从《足球杂志》、《网球杂志》到东视与几家省级电视台合作的《中国体育报道》，都是沪上体育迷的热门体育节目，收视率直逼黄金挡。东视体育节目的特色还在于按照国际惯例构思和运作，充分运用先进的传播手段，最大限度地第一时间为观众传递世界各地的最新体育新闻和各种比赛的实况。至今东视体育部门参与组织或转播了包括首届东亚运动会、美国超霸杯橄榄球赛、世界球王争霸赛、万宝路足球赛、世界杯足球赛——三大歌王音乐会等数百场国内、国际大型体育活动和精彩赛事。

东视在新闻、综艺节目和举办重大文化活动受到欢迎的同时，专题、纪录片和社教节目也在观众中产生较大影响。五年来，东视先后设立《都市回响》、《东方采风》、《东视纪录片》等播出纪录片、专题片的专栏，《母亲》、《最后的证言者》、《黄土高坡一校长》、《费达生》等纪录片曾不同程度引起轰动并获得大奖。大型专题片《血肉长城》、《世纪长征》和《话说苏北大平原》等在国内外产生了影响。1997年与有关单位联合拍摄的20集大型系列专题片《将军世纪行》，还受到观众和中央军委领导的高度评价。回眸东视社教节目，自然要提起曾创造辉煌的名牌专栏《东方直播室》，这是一档国内首创的直播型谈话节目。"热门话题大家谈，电话参与连万家"以及每周五次的大播出量，使该节目在上海轰动一时，在全国影响深远，受到中宣部长丁关根同志的好评。尽管后来《东方直播室》被其它栏目所代替，但在东视节目的创新史上永远有不可磨灭的地位。

在东视影视合流后推出的科技和少儿节目，已经成为东视节目的另一道亮丽的风景。科技栏目《科学欢乐城》、《科技英才》，少儿栏目《欢乐蹦蹦跳》、《青树林》等为宣传科教兴国，为少年儿童提供精神食粮起到了积极的作用，在观众中产生了广泛影响。与此同时，由于影视合流后真正做到了优势互补、优化组合，东视的动画片和科教片生产有了长足的发展。动画片从影视合流前一年的81分钟到1997年一举突破800分钟，动画片《大头儿子和小头爸爸》、《知识老人》等受到小朋友们的喜爱。科教片从精抓选题入手，实施精品战略，也取得了丰硕成果。《都江堰》、《造手大师》、《毒品的危害》、《东北虎的野化训练》等先后荣获中国电影华表奖。

五年来，东视除以实际行动参与都市精神文明的建设外，还直接实施了一系列精神文明建设的实事工程。东视先后为延安宝塔和遵义会议会址投资建造泛光工程，受到老区人民的热烈欢迎。1996年，东视与邓小平同志家乡四川广安地区广播电视局建立了"手拉手"合作关系，还捐款百万多元在广安兴建了一所设施先进的东方小学。东视还与有关方面，组织上海艺术家赴大别山革命老区慰问演出；免费为上海20家爱国主义教育基地摄制广告片并在荧屏免费滚动播出。东视的种种举措，赢得社会各界的好评。1997年4月，东视荣获上海市人民政府颁发的"上海市文明单位"光荣称号。

在社会影响的日益扩大的同时，东视的经济效益也稳步上升。东视的广告创收每年有较大幅度的增长，1997年东视的广告创收突破5亿元大关。经济效益的显著，为东视事业的发展的壮大奠定了基础。座落于上海浦东东方路标2000号的东方电视大厦，在东视五周年时已经正式投入使用。该大厦建筑面积4万多平方米，高124米，拥有演播室8套，能容纳1000多观众、使用面积超过2000平方米的多功能剧场式演播厅1座，还拥有国内首创的400平方米开放式新闻直播室1座。东视大厦具有每天自制15小时以上各类节目，满足3个自办频道播出的能力，是一幢集新闻采、编、播和其它节目制作播出以及各类信息数据处理于一体的智能化大厦。

1994年8月，广播电影电视部部长孙家正来东视视察时说："东方电视台的开播，不仅仅是成立了一家新台，更重要的是引进了竞争机制，其产生的效益远远超过了台的本身。你们培养了一种可供后人借鉴的作风，开拓了一条电视事业改革的新路"。孙部长的话与其说这是对东视的赞扬，还不如说是对全体东视人的激励和鞭策。荧屏清风东方来，雏凤清于老凤声。展望世纪之交的另一个五年，东视将继续高举邓小平理论的伟大旗帜，不断深化改革，"以科学理论武装人，以正确舆论引导人，以高尚的精神塑造人，以优秀作品鼓舞人"，为上海的两个文明建设作出更大的贡献，为中国的电视事业作出更大的贡献！

（刘卫华）

第六届上海国际广播音乐节

自从八十年代以来，上海国际广播音乐节已经有五届成功的历史。它坚持"和平、友谊、交流、合作"的宗旨，以独创的形式为繁荣广播音乐，促进国际友谊，推动国际广播音乐界的合作交流提供了广阔的天地。作为上海对外文化交流的一项重要活动，第六届上海国际广播音乐节在原有基础上改革创新，扩大规模，充分体现了国际风尚和民族特色，成为上海历年来规模最大的一次国际音乐盛会。

一、第六届上海国际广播音乐节概况

第六届上海国际广播音乐节于1997年11月15日至19日在上海举行，本届音乐节由上海市广播电影电视局主办，东方广播电台承办，上海电台、上海电视台、东方电视台、有线电视台协办，国家广播电影电视部副部长同向荣、中共上海市委副书记陈至立（现为国家教育部部长）担任音乐节组委会名誉主任，上海市副市长龚学平（现为上海市委副书记）任组委会主任。

本届音乐节规模盛大，内容丰富多彩，形式新颖独到，刷新了历届音乐节的纪录。参加本届音乐节的中外来宾、参展广播音乐节目、参与电台机构的数目均为历届之最。参加本届音乐节的有来自五大洲的35个国家和地区。它们是亚洲的日本、香港特区、朝鲜、韩国、新加坡、印尼、蒙古、以色列、印度、斯里兰卡；欧洲的西班牙、意大利、比利时、葡萄牙、爱尔兰、丹麦、荷兰、捷克、匈牙利、波兰、俄国、瑞士、德国、法国、英国；美洲的美国、古巴、墨西哥、加拿大、智利；大洋洲的澳大利亚、新西兰；非洲的埃及以及中国台北。有175家来自世界各地的广播电台、传播机构，7个演出团体参加本届音乐节。近400多名中外嘉宾云集申城。其中，国内电台72家，包括省级电台27家，地区级电台45家，国外来宾90多名，国际评委9名，分别来自澳大利亚、美国、日本、法国、埃及、墨西哥、德国、中国等八个国家。来自五大洲的125套各具民族风格的广播音乐节目参加展播。经过初评，30套节目入围，其中，中国9套，外国21套，经过专家的二轮评选和市民投票，选出10套节目角逐金、银、铜编钟奖。此外，本届音乐节首创"中国优秀广播音乐节目主持人评选大赛"，37位来自十多个省市的音乐主持人经过二轮角逐及现场演示，8位主持人脱颖而出，分获金、银、铜奖。同时，本届音乐节还召开了"世纪之交的广播音乐学术研讨会"，16位中外专家、学者发布了论文，对广播音乐面临的挑战和机遇；发展趋向和可能性，提出很有价值的前瞻性意见。音乐节期间，音乐歌舞演出达8台11场，精彩纷呈，如百花吐艳，使申城的金秋洋溢着醉人的音乐文化氛围。尤其是开幕晚会《新世纪序曲——激光音乐晚会》，堪称本年度上海规模最大，最具吸引力的融高科技激光、音响、焰火、歌舞表演为一体的现代大型广场音乐会。此外，本届音乐节还与中国图书进出口公司上海分公司联合主办了"97年国际音像制品、音响器材、音乐博览会"，展示了上海改革开放以来的音乐图书、音响器材及音像制品的新产品。展馆场地面积近2000平方米，设80个展台，三万多人争相参观购买，销售金额达246万元。为了增强大众参与力度，本届音乐节还首创举办民间音乐藏品博览会，让珍藏在群众中的宝贵音乐资料、乐器再显风彩，整个展出共收到展品800余件，吸引了两千多名观众踊跃参观。

第六届上海国际广播音乐节内容丰富，形式新颖而富于创意，赢得了中外来宾的交口称赞。关于音乐节的跟踪报道，频频出现在各大电视、电台、报纸等新闻媒体头条，形成一般强烈的音乐节冲击波。据不完全统计，国内各大新闻单位对音乐节的采访报道已超过150篇，整个宣传报道的数量规模和广度深度在历届音乐节中也是首屈一指。

二、本届音乐节的五大特色

（一）规模盛大，充分展现国际水准和上海特色。

本届音乐节活动规模宏大，不仅国外参展电台、机构及代表人数超过以往五届，而且参评节目的数目和水准也显示了一定的国际水准。1997年适逢举国上下欢庆香港回归祖国，党的十五大隆重召开。八运会圆满成功，加上上海旅游节、电影节、科技节的相继举办。上海的文化活动丰富多彩。而第六届上海国际广播音乐节的闪亮揭幕，更为辉煌九七增添了精彩的一笔。作为上海九七年度最后一项重要的对外文化交流活动，上海市委、市府和广电局各级领导，对此给予了高度重视，多次召开组委会工作会议，精心策划，进行了详细周密的安排，1997年4月19日音乐节组委会召开第一次会议，组委会主任龚学平亲自到会与组委会一起审定了总体方案，承办单位东方广播电台立即召开工作会议，成立了展播、演出、接待、安保等10个工作机构，明确了各项工作的主要责任人，整个筹备工作循序渐进有条不紊地展开。10月30日上午，第六届上海国际广播音乐节在广播大厦前举行了简

短而隆重的升旗仪式，整个音乐节工作也进入了倒计时的紧张阶段。市府秘书长周慕尧、广电局局长叶志康等领导作了重要发言。他们要求，本届音乐节要体现上海改革开放的新水平，要展示大气魄，大手笔，要有不鸣则已，一鸣惊人的决心。坚持高标准，博采各国音乐文化之精华。在11月中旬音乐节开幕演出排练的紧要关头，局党政领导又亲临上海体育场第一线，顶风冒雨连夜关心排练情况。正是在各级领导的大力重视和关怀下，台领导精心策划，周密布署，领导全体员工团结协作，齐心合力，克服重重困难，保证了音乐节筹备工作有条不紊，有声有色地展开。

（二）内容丰富，充分体现广播特点。

本届音乐节定位高，立意新，充分体现广播特点。作为音乐节主体活动的展播与评奖活动的规模在历届音乐节中也是首屈一指。来自五大洲的35个国家和地区的175家电台和机构参加本届音乐节，近400名中外来宾汇集申城，总计收到参展广播音乐节目125套，首次突破百套大关，这些节目从10月起每天在东方电台的101.7、97.7兆赫和上海电台连续播出，将千百万听众吸引到收音机旁，并让听众参与投票，选出"我最喜爱的音乐节目"。让千百万听众得到一次高雅的音乐享受。同时，举办"世纪之交的广播音乐"国际学术研讨会。来自英国、德国、加拿大、新加坡、澳大利亚、匈牙利、波兰、格里斯克等8个国家以及上海、北京、广东、台北等12个省市和地区的16位代表参加了本次研讨会，收到了25篇具有一定学术价值的论文。本次研讨会既是一次国内外广播音乐同行的理论交流总结的盛会，对未来广播音乐和发展前景作出了深入思考和探讨。除此之外，本届音乐节首创"中国优秀广播音乐节目主持人评选活动"，为扶持广播音乐新人，繁荣和推动广播音乐的发展，作出了开创性的功绩，意义重大，影响深远。来自上海、北京、广州、厦门、吉林五个城市的8名决赛选手现场演示，开创了音乐主持人走向前台表演的先例。本次比赛不仅为广播主持人提供了交流切磋的极好机遇，也使广大听众通过实况转播听到了不同地域不同风格的主持人的表演，对提高广播收听率起到了良好的促进作用，具有较好的社会效应和广播效应。

（三）文艺演出独创一格，令人耳目一新。

本届音乐节的文艺演出活动，不仅在艺术质量和艺术品位上体现了艺术水平，而且在形式上大胆创新，出奇制胜，充分展示了海纳百川的民族特色。本届音乐节共组织8台11场文艺演出，均各具特色，富于创意。首先，在开幕式上大胆改革，使开幕式与晚会分开举行，各司其职，既突出了开幕仪式的庄严和隆重，又使整个整会一气呵成，烘托了浓厚的节目气氛。11月15日晚在上海体育场举行的"新世纪序曲"大型激光音乐晚会，气势恢宏，场面壮观，开创了音乐晚会的多项第一，谱写了本届音乐节的华彩乐章，被人们称之为"音乐之吉尼斯"。整个晚会演出阵容强大，构思精巧，融汇中国民族音乐、西方经典交响乐以及流行音乐精品。参演人数达1800名之多，包括200人的大乐队，480人的合唱团以及600多人舞蹈队，以及国外许多享有声誉的歌手。在新落成的八万人体育场举行如此规模盛大的露天广播音乐晚会在国内尚属首次；近四万名观众冒雨观看，亦堪称国内之最。在整个舞台制作上也是世界第一：长达120米，深度为150多米，总面积5000多平方米，首次启用140×38米的超大布制屏幕。在音响灯光的设计方面也可称雄国内：演出所用音响器材达八十吨，包括70多台大音箱，200多只话筒，引进世界顶尖级的"凯亚"兄弟音响器材，同时用了100多只电脑灯，6支激光发射枪，8台大型投影灯，共同编织了绚丽壮观的艺术天地，赢得了"人民日报"、"新民晚报"等各大媒体的一致赞誉。此外，其他各专场音乐也以高品位的艺术质量，多样化的风格为音乐节增光添彩。各场演出的总体安排和艺术宣传既体现了国际性、民族性和时代性，又兼顾不同年龄层次的观众的接受趣味。例如"掀起你的盖头来——新疆民族歌舞晚会"，以亮丽多彩的民族服饰和热情奔放的歌舞，展示民族风味；宝丽金"群星演唱会"以清新明快的风格体现了都市流行歌坛的风格；"高山流水"东方民乐专场也体现了中国民族音乐的独特意境；"根"——海外华人当代作品音乐会融汇东西方音乐之精华，意韵悠远；而特邀的德国慕尼黑室内音乐专场和挪威神秘园乐队音乐会则分别展示了西方古典音乐的高雅风格和世界乐坛的浪漫风格。

（四）增强大众参与力度，让音乐走向民众。

音乐节是大众的节目，而不仅是一个音乐圈子里的事。本届音乐节最大限度地调动广大市民的参与性和积极性。除了在"每周广播电视报"上刊登选票，让听众参与选举最喜爱的音乐节目以及最佳音乐主持人活动外，还别出心裁，创办了上海民间藏品博览会，广泛征集散佚在民间的珍贵乐器、音乐器材、资料，共收集到800余件展品。直到开幕以后，还陆续有人远道而来要求参展。展出品种繁多，包括铜器、邮票、唱片、唱机、曲谱书籍，中西乐器，字画等。博览会融观展、视听、表演为一体，富于艺术性和趣味性。两千多名市民兴致勃勃地参观了本次展览，多种珍贵的音乐乐器藏品引起了国内外音乐同仁的极大关注。而同时举办的"'97国际音像制品、音响器材、音乐图书博览会"则汇集国内外四十余家参展商提供的最新商品。整个参展规模超过以往历届，进口音像制品荟萃，包括宝丽金、EMI、BMC、华纳等来自英国、德国等21家海外著名唱片公司的唱片品牌，各类商品共达四千种。本届展览是香港回归之后上海举办的首次音像制品展销会，因而吸引了大批观众，香港特别行政区还特别组成一个规模庞大的参展团来沪。国内20多家参展商也集中了各大音像公司的最新CD、VCD及各种发烧音响器材。3万多名观众竞相参观购买，短短五天里，销售金额达246万元，成效十分可观。本届博览会不仅调动了广大市民的热情，丰富了市民的生活，而且积极推进音乐走向民众，音乐产品走向市场，扩大了音乐节的影响。此外，本次音乐节还专门制作了音乐节多媒体资讯系统，同时在“上海热线”和“中国之窗”的网页上首次登陆，让更多的人了解音乐节的最新信息。那精细的制作，清晰的图案，令外国音乐人也大为赞叹。据统计，音乐节期间有4000多人次在网上光顾本届音乐节，现代高科技的加盟使本届音乐节更具时代气息和多维色彩。

（五）新闻宣传声势强大，社会效应进一步提高。

本届音乐节强化了宣传攻势，扩大了宣传的力度和广度，为音乐节的圆满成功提供了强有力的舆论保证。据不完全统计，本届音乐节总体宣传报道已超过150篇，覆盖了电视、广播、报纸等各大媒体，整体规模上超过了前期举办的电影节和旅游节和以往历届音乐节，在单场音乐会报道方面也超过了近年上海任何一场演出。本届音乐节共举行三次新闻发布会，九次记者见面会，直接联络的记者就有60多位。对“新世纪序曲”大型激光音乐晚会的跟踪报道，从排练到演出，达数十篇之多，三四天内就有多篇，形成了媒介的一大热点，而对各专场演出的赞赏更是在媒体上遍地开花。《人民日报》用“音乐节市场的竞争”；《文汇报》用“新世纪序曲在天空回荡”；《新民晚报》用“雨中的辉煌之夜”来作为报道音乐节的主标题。新华社也向全国、全球播发了音乐节开幕的消息，所有稿件不仅数量多，而且在宣传的深度和广度上超过了以往五届。“东广早新闻”特设“音乐节专题报道”，有线音乐频道开辟“音乐节专递”栏目及时传递最新消息，采撷筹备工作花絮。音乐节的广告在广播和电视里滚动播出，造成了强大的宣传声势。此外，五十多条巨幅横幅悬挂在市区主要街道，各种彩色宣传海报张贴在街头巷尾，使申城的金秋洋溢着欢乐的节日气氛。同时，广告集资、演出票务等工作均进行得有条不紊，富于成效。据不完全统计，本次音乐节售票地点就有三百多处，遍及本市各大超市、影院、体育场所、文化场所，每一个售票点兼具宣传窗口，如此大规模的售票经营方式在国内堪称首创。除此之外，广告部的同志还集思广益，精心设计制作了音乐节磁卡、节目单、集邮册、挂历等各式各样的礼品，并举办“舒尔米”杯卡拉OK大奖赛，为音乐节增加了几十万元的创收。

（第六届上海国际广播音乐节办公室）

湖南广播电视

建好一个网　走活全盘棋

——全国广播电视先进县平江县经验简介

平江县地处湘鄂赣革命根据地的中心地带，是一个有着96万人口和4200平方公里的山区大县，被国务院列为国家级贫困县，广播电视事业的基础过去也比较薄弱，全县原有三分之二的山村听不到广播，看不到电视。近五年来，在平江县委、县政府的正确领导和大力支持下，县广播电视局从该县大山区的实际情况出发，建成了一个以县1000瓦电视转播台、300瓦调频广播电台为中心，全县5个直属转播站为骨干，向周围乡村传递节目信号的“全县一网，三级传递”的广播电视覆盖网络，使全县的广播覆盖率由30%提高到95%，电视覆盖率由35%提高到85%。1997年9月，湖南省广播电视厅魏文彬厅长来平江县考察后，认为该县建立的广播电视覆盖网，符合山区广播电视发展的实际，很有特色，以《因地制宜闯新路，艰苦奋斗创大业》为题，总结了平江县发展山区广播电视事业的经验，向全省作了推介。1997年11月上旬，广播电影电视部人事司副司长赵铁骑一行3人在湖南省广播电视厅领导的陪同下，来到平江县考察，称赞平江县建好了一个网，走活了全盘棋。

1993年，新任平江县广播电视局局长冷望华，在充分调查研究的基础上，分析当时全县农村广播电视建设基础薄弱的原因，组织局党组一班人，认真学习广播电影电视部关于“事业发展的重点是覆盖，覆盖的重点在农村，特别要重视老、少、边、穷地区的覆盖问题”等一系列指示精神，并提出路往哪里去、钱从哪里来、人往哪里走三句话进行讨论，使大家认识到，建立、完善农村广播电视网，扩大覆盖面，不但是顺应广播电视“星网结合”整体格局变化，建设有中国特色广播电视事业的必由之路，而且对于占领农村文化阵地，促进农村社会稳定，巩固农村基层政权，具有深远的战略意义。在统一认识的基础上，作出了用五年时间，筹资600万元，建设“全县一网，三级传递”的广播电视覆盖网络。他们的这个发展规划，得到了县里领导的重视，称赞局领导班子是在想大事、图大计、创大业，扭住了建立完善农村广播电视覆盖网这个“牛鼻子”。县委、县政府果断作出了加快农村广播电视事业发展步伐的决定，做到了给位置、给政策、给资金，支持他们有计划有步骤地把“网”建起来。

为了筹集建网资金，平江县政府专题召开办公会议，决定县财政解决资金30万元，并将平江县广播电视局上交县财政统管统筹的40万元返回作为投资。中共岳阳市委书记阳宝华亲自赴平江县梧桐山电视转播台视察后，为了支持该县建“网”，他批示市财政局拨专款6万元。县广播电视局争取上级广播电视部门、民政部门和扶贫办等单位资助了100多万元；发动县广播电视局干部职工集资和银行贷款共120万元；县广播电视局通过拓宽创收领域，五年共筹资300多万元。他们将这些钱全部用于扩大广播电视覆盖网建设，投资170万元改建了梧桐山千瓦电视转播台，投资18万元新建了300瓦调频立体声广播电台，投资106万元改造县有线电视台前端，实现广播电视光缆传输，开通了中央电视台加密频道，投资近百万元兴建了新闻宣传中心，建设了符合部颁要求的技术用房、播控室、语播室，添置了4套广播级设备；投资200万元在长寿、南江、向家、安定、伍市5个较大的集镇，建立县局直属的电视转播台和有线电视站。再加上全县27个乡镇一齐行动，发展有线广播线达3589.8杆程公里，发展小调频站15个，新增各类喇叭84352只，经过五年的艰苦奋斗，县里建有1000瓦电视转播台、300瓦调频广播电台，县与乡之间新增了5个直属转播台，由直属转播站向周围乡村传递节目信号，形成了“全县一网，三级传递”的广播电视覆盖网新格局。他们采用加强管理，确保覆盖网络的巩固发展，具体作法是：

一是实行局台合一。广播电台、电视转播台、有线电视台三台合一，局设广播电视总台。

二是对乡（镇）台站实行统一建设管理。农村新建广播电视站全面实行许可证制度，由局统一规划、统一设计、统一设备选型、统一安排建设。

三是宣传上坚持正确导向，搞好舆论引导工作。平江县广播电台、有线电视台在转播好上级台站节目的同时，精办《平江新闻》、《方寸天地》、《企业风采》、《人间素描》、《创建之窗》、《党建先锋工程》等栏目和节目，广播电视宣传有了质的飞跃和突破。现在广播电视年来稿达1.2万多篇，采用稿达7000多篇。11篇稿件被中央人民广播电台《祖国各地》等节目采用播出。县电台参加向湖南人民广播电台投稿竞赛，连续三年进入全省县市台中的前五名，县有线广播电视台连续两年评为省广播电视宣传管理先进单位。

（冷望华　许排云）

新闻专题文艺　四喜临门

——记岳阳电视台

1997年，湖南省岳阳市电视台，在新闻、社教专题和电视文艺方面，四喜临门。

一是电视剧《回家》获全国“五个一工程奖”。岳阳电视台拍摄的上下集电视剧《回家》，荣获全国精神文明建设“五个一工程奖”，全国优秀电视剧“飞天奖”三等奖，团中央精神文明建设“五个一工程奖”，湖南省精神文明建设“五个一工程奖”一等奖。该剧由吴傲君、段华编剧，吴楚东导演，全国人大副委员长程思远题写片名，剧中讲述的是香港女中学生关华金来岳阳旅游，在火车站遗失所有的证件和钱物，岳阳市区女环卫工人黄新建热情为她四处寻找，并将她带回自己的贫寒之家。在关小姐等待香港的父母接其回家的一段日子里，黄建新带她游览了岳阳楼、汨罗江，使香港少女受到祖国光辉灿烂历史文化的熏陶，她深深地爱上了岳阳的山水、岳阳的人。关小姐的母亲原先对内地怀有一些偏见，对女儿极不放心，当她千里迢迢赶来岳阳，看到女儿和黄建新如母女的情景时，不禁感慨万端：“大陆好人多，祖国就是温暖的家。”此剧在1997年2月香港即将回归祖国的前夕推出，具有十分重大的意义，因而在中央电视台1、2、8套节目中相继播出。

二是电视理论教育片《先导》得到湖南省委高度重视。1997年，12集电视理论教育片《先导》，撰稿吴顺发、刘光明、周石山等，编导许美雄、段华，采摄汤拓、杨虹。获湖南省电视宣传优秀节目特别奖，“湖南电视奖”一等奖。被誉为全省第一部学习宣传十五大精神的电视理论教育片，推动了全省十五大精神学习、宣传、贯彻活动的深入开展。该片由中共岳阳市委宣传部与岳阳电视台联合摄制，于1997年9月10日举行首播式。

三是电视新闻《华容县团洲垸溃决，两万余名灾民紧急转移》获双奖。由岳阳电视台唐镇洲、任建军等拍摄的电视新闻《华容县团洲垸溃决，两万余灾民紧急转移》，1997年3月在“湖南电视奖”评选中荣获一等奖。接着在湖南省第六届“湖南新闻奖”评选中，荣获一等奖。该片是记者冒着生命危险，深入溃垸现场抓拍的新闻，选择了军民配合在危难之时大显身手，抢救两万余灾民的角度，因而现场感特别强，新闻价值大，这是湖南省地州市新闻单位中唯一的一个新闻一等奖。

四是电视剧《路花》拍摄成功。由岳阳电视台台长段华、副台长吴楚东编剧，吴楚东导演的上下集电视剧《路花》，于1997年底由岳阳电视台摄制完毕，在长沙市举行首播仪式，省委宣传部、省广播电视厅、省文联领导及专家出席并予高度评价，中央电视1台在黄金时段播出，该剧获“湖南电视奖”二等奖。

（王经文　蔡勋平）

向“精品”的高峰攀登

——岳阳人民广播电台广播剧《征母》获奖记

1997年，湖南省岳阳人民广播电台编导的广播剧《征母》，荣获“湖南广播奖”一等奖，湖南省精神文明建设“五个一工程奖”一等奖，全国精神文明建设“五个一工程奖”，全国广播剧评选三等奖。这是该台建台13年来获奖档次最高的作品，也是该台的领导和文艺人员向“精品”的高峰攀登的一次有益的尝试。

岳阳人民广播电台创建于1984年10月，从1986年起，该台就开始自己编导广播剧。先后有《论土豆过冬》、《梨花雨》、《人怕出名鸡怕壮》、《镇长吃的农村粮》、《不幸的幸运儿》、《忏悔二重奏》等广播剧，分别获省广播文艺二、三等奖。台长吕国兴回顾以往走过的路程，觉得生产高质量的广播剧，向“精品”的高峰攀登，这是落实江泽民总书记提出的“在优秀的作品鼓舞人”的需要，是时代对我们的召唤，他多次在台务会上提出，在广播剧生产上，要舍得花人力、舍得投入、舍得花时间来研究讨论。在他的重视下，台里拿出两万多元资金，投入广播剧《征母》的生产。

广播剧《征母》取材于湖南《文萃周报》上刊登的一则《征母》报道，由岳阳人民广播电台副台长吴湘成和岳阳电视台副台长张国文合作编剧。剧中叙述了这样一个动人故事。小伙子李强八年前失去了母亲，当农艺师的父亲李方成又当爹又当妈把他拉扯成人。李强不忍心看着父亲里外忙碌，寂寞孤单，想找一个身体健康、心地善良的人做母亲，陪伴他父亲度过幸福的晚年。无奈李方成不愿再婚，李强只好与女友吴月商量，到电台作了个《征母》广告。广告一经播出，应征者络绎不绝。李方成本可以“百里挑一”，可他偏偏看上了心地善良、孤身侍奉公公婆婆的乡村民办教师刘玉芳，由此演绎出一系列的矛盾冲突。几经周折，两家“合二为一”，有情人终成眷属。该剧生动地反映了我们社会主义大家庭人与人之间的真情挚爱。在大力倡导社会主义精神文明建设的今天，这种挚爱真情是何等的宝贵。剧中人物个性鲜明，生活气息浓厚，具有很强的艺术感染力和情感冲击力。

广播剧《征母》的导演，由岳阳人民广播电台文艺编辑刘康担任，演员由台里的新闻播音员和节目主持人扮演。剧中确立了八处音乐配乐，刘康都精心设计，以造成强烈的抒情氛围，从而去打动、感染听众。他还恰到好处地使用音响，起到了强化艺术形象、充分表现人物心灵的作用。刘康撰写的《音乐、音响的妙用——广播剧〈征母〉导演札记》一文，发表在《中国广播电视学刊》上。

（王经文）

把电视文艺宣传工作抓好管好

——记岳阳市有线电视台

1997年底，岳阳有线电视台被湖南省广播电视厅评为全省有线电视文艺宣传管理先进单位，这是该台1991年成立以来，第5次评为全省的先进单位。

精心组织片源，严格管理电视文艺节目，是岳阳有线电视台领导经常抓的一件事。他们按照中宣部关于突出主旋律和省委宣传部关于加强电视文艺宣传宏观管理的有关规定精神，根据各个时期国家发生的一些大事的需要，精心组织片源。1997年，我国经历了历史上极不平常的三件大事，小平同志逝世、香港回归、十五大召开。岳阳有线电视台围绕这三件大事精心组织节目，较好地配合了党的中心工作。邓小平同志逝世期间，该台除转播中央台的一系列报道外，还安排播出了小平同志一生光辉业绩的影片，进一步激发了广大观众对小平同志的缅怀和爱戴之情。香港回归期间，该台精心组织了《飞越沧桑》、《香港百年》等一系列反映香港情况的电视剧展播。通过展播，使广大观众对香港过去的屈辱史到今天的辉煌，有了进一步的了解，更加增进了对祖国的热爱之情和对改革开放的盛赞之慨。党的十五大召开期间，该台作了精心安排和部署，开辟了《展示新成就，迎接十五大》的栏目，通过展播一系列反映党的十四大以来的建设成就的电视剧，激励人们为迎接十五大召开，创造更加优异的成绩。

该台建立了一整套严格的进片、审片和储片制度。首先是严把进片渠道关，主要渠道为省节目中心，因而质量放心，观众反映好。二是严把审片制度关。凡文艺节目都必须经审片员初审合格（含思想内容和技术质量），并填单后才能入库待播。如有把握不准时，报部主任、主管副台长审查，否则出了差错，按台纪台规处理。三是严格调配制度。黄金时间的文艺节目，坚持弘扬主旋律，黄金时段境外片的播出比例控制在15%以内，境外片播出总量控制在25%以内。四是严把储片制度关。台里的片库设制了节目档案，所有磁带按音序分年分类、编号造册登记入库，专人专管，并进入微机化管理系统。节目带按规范填好登记卡，分架存放。台里对节目部的管理人员都经过严格的考核后才允许上岗。并明确审片员、保管员岗位职责，奖惩严明，使大家时刻绷紧节目质量这根“弦”，杜绝任何政治事故的发生。

（刘赞存）

高山盛开文明花

——记岳阳电视转播台

1997年，湖南省岳阳电视转播台被评为岳阳市“文明标兵”单位，这是市政府精神文明建设方面的最高奖，也是市直宣传战线唯一获此殊荣的单位。该台连续两年被评为“三创一争”先进单位，安全优质播出先进单位，台党支部被评为市直机关先进党支部，台长苏文峰连续两年被评为全市“五好干部”和全国广播电视技术维护先进个人，党支部副书记邓爱梅被评为全市模范共产党员。市委宣传部、市委组织部、市直机关工委、岳阳电视台联合以《架设彩桥的人们》为题，将岳阳电视转播台党支部一班人的先进事迹录制成专题党教片，在全市基层党组织中进行推介。

这个台之所以能获得众多荣誉，一个重要原因，就是该台有一个坚强团结的领导班子，有一股“辛苦一人乐万家”的无私奉献的精神。台长苏文峰以务实作风著称，处处率先垂范。他十分重视思想教育和精神文明建设，制定了精神文明建设的规划，大力弘扬敬业作风、艰苦奋斗作风。他们围绕中心，大胆进行改革，实行岗位责任制；部主任聘任制，人员双向选择，工作目标量化管理。制定了十几项规章制度，做到人手一册，实行挂牌。各部室定任务、定指标、定消耗，坚持每月讲评有关规章制度的执行情况，做到奖罚分明，落到实处。

台领导还十分关心职工的生活，为他们解决具体问题。全台人员齐心协力，拧成一股绳，力往一处使，出色完成了上级交给的各项播出任务。1997年，该台在遭受特大自然灾害，在大雪封山、雷击的情况下，克服了常人难以想象的困难，确保了广播电视的正常播出。他们“安全、优质、高效、低耗”地完成了转播、发射、回传任务，电视发射7个频道，2套调频广播及微波收发信机，均进入甲级指标。省、市领导对岳阳电视转播台的工作和他们先忧后乐的奉献精神给予了高度评价，称赞他们是雷锋群体。

（李资林）

蓬勃发展的汨罗广播电视事业

1997年，汨罗市广播电视局在前几年进行体制改革取得良好成绩的基础上，又有新的发展，被评为湖南省电视文艺宣传管理先进单位，汨罗市双文明建设先进单位，岳阳市安全优质播出先进单位。

汨罗市广播电视局对局机关内部进行体制改革，推行“局台合一”、“三台合一”的新体制，即将广播电视局与广播电台、电视台、有线广播电视台合为一体，由局长兼任“三台”台长。局台下设8个单位。全局工作分成新闻宣传、事业建设、机关内务三条线，并全面实行目标管理责任制，明确了局下属机构的岗位职责和目标管理负责人。

汨罗市城乡有线电视发展迅速，添置进口前端设备18套，架设主支干线40公里，城乡有线电视用户发展到上万户。1996年在城区开通了加密电视，1997年投资50万元，对城区有线电视主干线进行了全面改造，城区主干线全面启用光缆，电视节目由1993年的8套增加到19套。

该市耗资220万元兴建岳峰尖广播电视转播台。主要建设项目有广播电视发射机房和生活用房一栋，420平方米；修通了从黄柏镇武昌庙至岳峰尖的公路7公里；架通电力专用线1.5公里；架设一座高66米的直立式钢塔；安装了1000瓦分米波14频道电视发射机一台、300瓦米波电视发射机一台和300瓦调频广播发射机一台。广播电视可覆盖汨罗市境内95%以上的人口和地域，还可覆盖汨罗市周边部分地区。为了保证广播电视正常播出，在岳尖峰装配了20千瓦发电机组一台。

1997年，汨罗市广播电视局还挤出资金发展农村广播电视事业，全市有16个乡镇重建了高标准广播电视站，10个乡镇建起有线电视站。

在新闻宣传上，他们始终围绕五个方面做文章：一是认真宣传党的路线、方针、政策和国家的法律、法规知识；二是及时报道市委、市政府的各项指示精神和重大活动；三是紧密配合市委、市政府的中心工作开展宣传报道；四是宣传在改革开放和经济建设中的建设成就和先进人物；五是精心制作专题片，搞好宣传创优工作。《我市对干部进行“政绩”打假》、《素质教育汨罗行系列报道》均获省广播电视新闻二等奖。同时在资金困难、技术力量不足的情况下，成功地组织了“市庆三十周年”、“岳峰尖发射台开播庆典”、“迎七一庆回归”3次现场直播，受到了观众的好评。

（湛磊英　周江佑）

为群众办实事　让微波入农户

——岳阳市云溪区开通多路微波记实

1997年底，湖南省岳阳市云溪区投资240多万元的多路微波电视工程建成开通，全区7个乡镇实现了联网，农户在家中可以收到8套图像十分清晰的电视节目和一套广播节目，全区广大干部群众都称赞广播电视部门为他们办了一件大好事。

1997年年初，云溪区文化体育广播电视局的领导，乘党的十四届六中全会的强劲东风，从加强全区的精神文明建设入手，把发展多路微波电视工程当作局里的一件大事来抓。通过到湘潭、岳阳、华容、洪湖等县实地考察后，绘制了图纸，请专家论证，作出了发展多路微波电视工程的方案，向区委、区政府领导作了汇报，区领导批准了局里的方案，并成立了以区委副书记蔡绍忠、区委常委、宣传部长沈六生为正副组长的10人领导小组。区政府在财政十分困难的情况下，拨出了140万元的专项经费，用于多路微波电视工程建设，并要求区文体广播电视局自筹资金100万元，高标准高质量地把多路微波电视工程建设好。从1997年4月开始，整个工程的各项准备工作紧锣密鼓地进行着：一是架设铁塔。4月8日铁塔基脚破土动工，挖土石方490m^2，倒水泥钢混结构290多m^2，6月3日投资40多万元的120米高的多路微波铁塔动工架设，7月20日验收合格。二是搞好了频率申报工作。为了解决与岳阳县多路微波电视同频干扰问题，我们得到了湖南省广播电视厅领导的支持，通过与省无委联系，较好地解决了频率。三是搞好了设备的选型工作。我们根据年初方案中提出的“四级图像、八套节目、85%覆盖、互不干扰”的十六字方针，进口美国赛特公司的微波机产品，得到了区里领导的赞同，并形成了会议纪要。四是开通了中央四套加密电视。五是购置了一套采、编、播设备。我们利用外援，用最优惠的价格，从河南新乡电视台购置了一套八成新的设备，有摄像机、播出机各一台，编辑机和监视器各二台。六是建好了广播电视技术用房，搞好了搬迁工作，各项设备基本配套。七是以区政府的名义下发了《关于加强全区多路微波电视建设和管理的通知》文件，召开了乡、镇、场主管意识形态的党委副书记、党委宣传委员和乡镇广播电视站长会议，印发了《欢迎您加入微波电视网》宣传资料3000份，广泛宣传发动，作好入户动员工作。明确规定，多路微波电视经费分级负责，区政府负责前端发射部分的经费，乡镇负责乡镇联网费用和给予村、组建点适当扶持，按“谁受益，谁出资”的原则，入户费原则上是由农户负担。由于区里领导的高度重视，全局广播电视工作者的共同努力，从筹备到开通，只用了9个月的时间，就把这项多路微波电视工程建成了。

（颜跃飞 陈 焰）

充分发挥企业广播电视宣传的舆论导向作用

——记长岭炼油化工总厂有线广播电视台

1997年，湖南长岭炼油化工总厂有线广播电视台的广播电视宣传工作，紧紧围绕生产建设和各项中心工作，较好地发挥了企业广播电视宣传的舆论导向作用，实现了年初台里制定的目标。全年共播出广播稿3201篇，电视稿1102篇，制作播出专题节目72个，在省、市电视台播出了32篇广播电视新闻和专题节目，为提高总厂的知名度，树立良好的企业形象起到了积极作用。

台领导坚持对职工进行“敬业、爱岗”的思想教育，台里制订并实施了《电视台管理制度》、《新闻管理制度》、《广告管理制度》，重申和修订了其它一些规章制度，并按制度严格考核，做到了以制度管事、管人，使全台干部职工的思想作风有很大转变。他们抓住重点宣传，确保舆论导向正确。邓小平同志逝世后，为了表达全厂职工和家属对邓小平同志的深切悼念，当晚停播了文艺节目，播出了大型文献纪录片《邓小平》。在宣传报道方面，台里重点报道了全厂干部职工化悲痛为力量，干好本职工作的典型事例以及各单位组织收看追悼大会情况，并采访了总厂党委书记贾永华、厂长蒋信成和曾受到邓小平接见过的厂里老劳模蔡林福。在党的十五大召开前夕，台里组织力量，用大篇幅播发了厂里的“九五”工程建设，生产经营新气象，以实际行动迎接十五大的召开。这些重要新闻，均在岳阳电视台和湖南卫视播出。

为了适应新形势发展的需要，台里增开了新的栏目《信息潮》，该栏目及时向广大观众介绍国内重大政策、石化总公司及兄弟单位的最新动态和厂里的生产经营情况。台里还敢于面对一些热点问题，进行正确的舆论引导和舆论监督，如《桥西下水道为何一再堵塞》、《要狠刹集群上访风》、《公费电话炒股非刹不可》、《精神文明建设大家谈》等，这些报道都带有一定的深度和广度，对厂里的两个文明建设起到了促进作用。

由于厂里闭路电视系统老化，影响收视效果，一方面加强对维修人员的教育，让他们树立用户至上，优质服务的思想，另一方面积极组织人员上门维修，力争做到服务及时，方便用户，使发生的故障能较快解决，特别是在中央电视台一些重大新闻报道前或节假日前夕，台里都组织人员对主干线和每栋用户放大器进行一次调试，保证了重大新闻转播万无一失。

（段国强 吴大兴）

重庆广播电视

发挥广播优势，为经济建设和社会发展服务

——重庆人民广播电台1997年工作概况

1997年，重庆电台坚持以邓小平理论为指针，认真学习贯彻党的十四届六中全会和十五大精神，努力发挥广播宣传优势、积极为重庆的经济建设和社会发展服务。在宣传报道、事业建设和行政管理等方面都取得了较好的成绩。

1997年是极不平凡的一年，邓小平同志逝世、重庆直辖、香港回归、党的十五大胜利召开，重庆市第一次党代会、人代会、政协会相继召开，举世瞩目的三峡工程大江截流等一系列重大活动一个接一个，面对这些战役性的重大宣传活动，电台组织大量人力和物力，及时、准确、全面宣传报道了各项重大活动，共采制、播出各类录音、文字稿件共29800多组。

为悼念小平同志，电台及时录制了长诗《邓小平》，播出了有关反映小平同志丰功伟绩的散文和广播剧。

在重庆直辖市挂牌前夕，电台还组织了京、津、沪电台来渝采访报道，推出了京、津、沪、渝热线大联播“话说新重庆”特别节目，重庆市委书记张德邻，副市长甘宇平，北京市长贾庆林，上海市副市长蒋以任，天津市常务副市长李盛霖，都参与节目，发表讲话，并将此节目通过重庆电台、北京电台、天津电台、上海电台四台联机直播，让京、津、沪、渝人民及时了解三千万重庆人民庆祝中国第四个直辖市诞生的盛况。

为配合香港回归的宣传，电台、经济台在香港回归之日全天转播了中央人民广播电台关于香港回归特别节目，电台新闻部和节目部还分别推出了两组重庆迎香港回归的专题节目。

为了更好地宣传十五大精神，电台制定了详细的宣传报道计划，并结合全市国有大中型企业改革的实际情况，突出地宣传了“抓大放小”，发展区域经济，国有企业改组、改制以及公有制和非公有制经济的发展

情况。电台、经济台还组成联合报道组参与了电视系列报道《突破与发展》的采制及播出工作。

举世瞩目的三峡工程大江截流是我国水利史上的一件大事。电台除直接参与中央台现场直播外，还与经济台联合举办了“大江截流”特别节目。并组织记者分别赴宜昌、巫山、云阳、秭归、三峡大坝等地，对三峡工程建设，库区移民开发等大江截流前期工作进行了系列报道，发回40多条现场报道稿件。

为加强对宣传的管理，年初台里从组织上对宣传机构进行了调整，将原来的宣传领导小组改组为台编委会、增加了编委会成员、强化了编委会的机构管理职能，并结合本台宣传工作的实际，制定了《重庆人民广播电视宣传管理条例》，从而使宣传管理工作有法可依，为提高节目质量创造了条件。同时，还对原重庆21个区（市）县的21名特约记者进行了调整，在万县市、涪陵市、黔江地区新增加特约记者37名，使特约记者队伍达到了58名。1997年，台总编室编写重庆广播简报和《宣传通报》共80多期，搜集整理了广播大事记，编发了特约听评员对广播节目的听评意见和建议，交流了阶段性经验，提供了广播宣传信息，为改进广播宣传，提高节目质量起到了积极的促进作用。

为了提高节目质量，电台在办好政治性宣传报道节目的同时，还十分注重办好、办活服务、娱乐性节目。节目部以联系政府与市民的桥梁为宗旨的《市政热线》在众多节目中有较突出的影响，该节目在内容选材上，想群众所想，什么是广大市民关心的事和话题，什么就是《市政热线》的内容，如《嘉化厂改制》、《人民广场工程》、《为重庆争光奖》等节目播出后，听众反映强烈，参与积极涌跃，并引起了有关新闻媒体的关注。1997年电台广播剧《围墙》、《血泪的嘱托》和歌曲《礼花、泪花、紫荆花》获重庆市“五个一工程”奖。从6月1日起向中央人民广播电台发、送稿件400多篇，用稿量从6月份的全国31家省级电台中的第11位跃居9月份的第2名。10月30日，在中央台举行的全国首届“双星杯”广播好新闻颁奖会上，电台的消息《重庆国有企业改革突破禁区——重庆嘉化厂职工出资买断企业产权》荣获中央台1996～1997年地方省级台好新闻一等奖。

一年来，由于加强了对广播宣传的管理，从而使电台的节目质量有显著的提高，涌现了一批获奖优秀作品和优秀节目。1997年，全台送评的各类节目，在省级以上评比中获奖的103件，其中全国奖11件。

坚持改革　强化管理
向直辖市台目标迈进

——重庆电视台1997年工作概况

1997年，重庆电视台积极适应新形势，抓住机遇，把握大局，按照“总体规划，分步推进，全面启动，突出重点”的思路，全面完成了各项宣传任务，成功地实施了两步改版和推行了以质量为中心的全面管理，各项工作都创造了历史的最好水平，向直辖市台的目标大大迈进了一步，为节目上星奠定了坚实的基础。

一、主要措施

按照高速度起步、高标准要求、高质量发展的思路和系统论原理，在制订《重庆电视台四年发展计划》。各项工作全方位启动的基础上，紧紧抓住主要矛盾，实施重点突破，主要抓了以下四方面工作：

1. 抓队伍、夯实工作基础。

把思想政治工作放在队伍建设的首位。有计划地对带倾向性的思想问题，理直气壮地加强引导；对有思想情绪的个人，采取个别谈心、循循善诱的办法解惑释疑；坚持了“团结、稳定、鼓励”的原则，把广大员工的思想集中到发展的大目标上来，有效地保持了思想稳定。同时，提出“忠诚敬业，团结创新，负重进取，勇争一流”的建台精神作为队伍建设的目标，正面鼓劲，不懈追求，产生了强大的鼓动力和凝聚力。

为了解决员工队伍管理曾一度存在的“乱、散、软”现象，重庆电视台按照“摸清情况、充实力量、健全机构、调整班子，改革管理，改善福利”的工作思路。首先摸清了家底，反复调查和核实了员工人数和人员结构；接着分两批招聘员工113名，调整、充实力量，初步改善了人员结构配置，向年轻化、知识化、专业化迈进了一步；同时，向局党组汇报，争取支持，实事求是处理了大量的人事遗留问题，一些长达四、五年的悬而未决的问题已经或正在得到妥善解决，激发了员工队伍中潜在的活力。其次，结合市编委要求和电视台自身发展需求，制订了重庆电视台机构编制方案，即“三定”方案。在合理配置内设机构的同时，对各部门严格实行定编、定岗、定责，加强了纪律，规范了管理。在此基础上抓了处级、科级班子和制片人队伍的调整，健全了组织机构，充实了领导管理力量。第三，从实际出发，建立了系统的人事管理制度，形成了人事管理的全套规范性文件，开始形成了以制度管人而不是以人管人的良好局面，克服了人员管理的主观随意性。同时，我们把以人为本，理解人、关心人、尊重人作为工作要旨，建立同志间平等、友爱、信任、支持的人际关系；关心群众生活，注意工作方法，努力改善员工福利，使员工的住房、劳保、收入状况有所好转。

2. 抓质量，把握工作中心。

重庆电视台把1997年作为电视台的质量与管理年，旗帜鲜明地提出了“电视节目的质量是全台工作的中心，是电视台的生命线，要象爱护自己的眼睛一样去爱护它”的口号。

一方面，狠抓节目全面质量的提高和荧屏总体形象的改善，拟定了二步改版达到上星质量标准的计划。一步改版通过更新包装、改进版式、新闻突破，获得了较大成功，受到了观众的好评。二步改版以建立上星节目框架、整体达到省级台标准、部分达到直辖市台标准为目标，进一步改进包装，增加播时，开设英语，栏目突破，新闻扩容，培植精品，更好地改善荧屏形象。

另一方面，针对质量管理的突出问题，如无质量评价标准、节目制作不准时、技术质量差等，及时制订了从“政治导向，艺术水平，技术水平，受众反映”四方面、近二十个指标考核的质量标准系统，制订了节目制作时间正、负零秒的管理及奖惩规定，制订了技术质量检验、考核办法；同时逐步建立和健全了从选题审批、样片审查、播出审看、特约监看到播后评分、阶段奖惩、年终评优和优胜劣汰、竞争上栏的全套规范管理制度。更重要的是，从十月份开始，实现了以质量为中心的系数分配体制，全台各类人员收入一律和节目质量挂钩，运用经济分配的杠杆，大大加强了质量管理的力度，全台上下牢固树立了质量意识。

3. 抓管理，突出工作重点。

正视电视台管理中的薄弱环节，分析建设直辖市台的艰巨任务、社会政治经济发展的新特点、电视节目的属性定位和电视产业的发展趋势，明确提出了“由计划单列市台向直辖市台转变，由计划经济体制向市场经济体制转变，由粗放型向集约化转变”的指导思想，建立了新的管理模式。

以质量为中心的管理模式包含七个子系统，30多个规范性文件。其中：以发展为主题的目标管理，量化了从1997年至2000年的30多个重要发展指标，并实行了目标分解、目标考核和目标奖惩。以宣传为中心的质量管理，确立了坚持改革、不断创新的指导思想，提出了分类定位、丰富栏目的计划，对节目实行了规范管理、强化考评、引导竞争、优胜劣汰的机制。以装备为基础的技术管理，建立了设备资金的投入机制，规定了技术建设目标，形成了严格、科学的技术保障、技术操作、技术质量和技术动作规范。以成本核算为基础的经济管理，建立了严格、科学的财经预算约束机制，保证基本收入、放活劳务收入的按劳分配机制，设备实行有偿使用的成本回收机制；实行了固定栏目的成本核算，及长线节目的初步企业管理、商业运作。以“四定”为基础的人事管理，理顺了内部管理关系，开始了转变职能和分工合作、职责明晰的高效运作，并实行全员聘任制，制订了员工考核、奖惩和培训办法。以产业化为方向的经营管理，规范了广告及三产管理，把创收经营活动纳入了市场机制。以员工为主体的形象管理，提出了社会公众形象、职业道德形象、传统美德形象和表体形象、标识形象的建设目标和管理办法。

这套管理模式，明显体现了系统化、规范化、市场化的特征，探索了电视在社会主义市场经济条件下生存发展的方向，极大地激发了电视台的潜在活力，调动了员工的积极性，收到了出人意料的管理成效。

4. 抓宣传，紧扣工作主题。

重庆电视台以管理为基础，以质量为根本，以改版为手段，以新闻为突破，坚持文艺、专题并举，内宣、外宣并重，突出了宣传工作这个主题，获得了较好成效。

首先，充分利用电视这个宣传阵地，加大信息容量，提高自制节目比例，扩大对外宣传。新闻类节目（含二台）由原来的每天四档、48分钟增加到六档、85分钟，新闻条数由11113条增加到19418条，栏目数增加50%，时间增加77%，条数增加75%；文艺、专题类栏目28个、共播出2654期（其中二台文艺、专题类栏目由以前的3个增加到9个）；制作电视剧75部（集），比上年增加近3倍；转播大型体育赛事实现零的突破，全面转播36场；自办、合办大型文艺演出和知识竞赛13场。同时，努力扩大对外宣传力度，向中央电视台发送新闻313条、采用106条，向中国黄河电视台、中央台及其他省市台制送《中国重庆》节目11期，专题片27部，并承办了《今日重庆》异地采访活动，提高了重庆的知名度。

其次，在宣传工作的组织方式上，探索和总结出了一些成功的经验。一是集团式、战役性时政报道，围绕十五大精神的宣传报道，推出20集《十五大与发展》、18集《探索与实践》、23集大型政论片《突破》、以及香港回归、三会召开、直辖挂牌等大型报道。二是系列式、及时性典型宣传，向国内外介绍新重庆的全国23家电视台异地采访，弘扬“红岩精神”的《红岩魂》以及宣传青年、妇女、工会、党员、科技人才的《团旗飘飘》、《巾帼风采》、《渝州先锋》、《工会楷模》和《科技英才》等。三是追踪式、深度性热点引导，围绕新重庆建立的热点，组织长达132集的《渝疆万里行》，引导改革和社会热点的下岗职工再就业系列报道《路总会走出来的》，引导群众了解重庆直辖市建设成就的30集系列报道《百姓眼中的1997》、20集系列报道《重庆经济1997》等。四是化解式、疏导性舆论监督。在舆论监督上，我们坚持党和政府准备解决的和正在解决的、群众迫切要求解决的问题才予报道的原则，对乱收费、乱罚款、乱推派，对交通堵塞及一些不文明、不卫生习俗进行了揭露和鞭笞。

由于全台上下团结齐心，持续不懈地努力，重庆电视事业获得了较大的发展，实现了跳跃升位的目标。概括起来，在发展上实现了六个历史性的起步。

一是管理实现了历史性起步。计划经济条件下的粗放管理状态基本得到克服，集约化的科学、规范的管理机制开始形成，各项工作有规可依、有章可循，且正向适应社会主义市场经济机制的方向靠近。

二是质量实现了历史性起步。节目制作的随意性已经纠正，基本达到正负零秒。技术质量、艺术质量都大大提高，收视率呈上升态势。杜绝了政治性、原则性责任事故。开展节目质量评分的三个月中，甲等栏目由2个增加到13个，占当时参评栏目的80%以上。

三是收入实现了历史性起步。全台（含二台）总收入突破了亿元大关，达到了一亿零三百万，比上年翻了一番，净增5000万。

四是装备实现了历史性起步。1997年硬件投入重庆电视台达到1778万元，电视二台1100万元，技术设备基本填平补齐，并开始向数字化过渡。特别是6.16

彩电中心播控机房、编辑机房和演播厅投入使用后，节目生产制作能力整体水平大大提高。

五是职能发挥实现了历史性起步。在重庆直辖的重要历史关键时刻，重庆电视台迅速调整发展方向和发展目标，增大覆盖面，增大信息量，提高管理水平，提高节目质量，实现了跳跃式发展，基本上适应了全市经济社会发展的需要，充分发挥了党的机关台的喉舌功能、传播功能、监督功能、娱乐功能和产业功能，起到了典型宣传、热点引导和舆论监督的作用。特别是在小平逝世、三会召开、直辖挂牌、香港回归、十五大召开、大江截流等重大历史事件发生密度最大、宣传任务最重、宣传规模最大、政治性最强的重要时期，我们与其他直辖市台一样，出色地完成了各项宣传任务。在职能发挥上实现了从计划单列市台到直辖市台的跨越。

六是总体形象实现了历史性起步。重庆电视台的总体形象应该不仅表现在荧屏给人的视听形象上，也不仅表现在员工的精神状态上，更重要的是在社会公德形象、职业道德形象上有了崭新的开端。我们坚决禁绝有偿新闻，将服务行为和商业行为分离，服务行为决不以任何形式收取任何报酬，并设置了公开监督电话，领导同志拒收和带头上缴红包数十万元。并从今年开始积极参与社会扶困济贫活动，集体出资和个人捐资近100万元，支持贫困山区教育事业和广播电视事业发展，扶助失学儿童，慰问烈士遗孀，资助公益事业，并动用电视手段为希望工程呐喊，为公益事业疾呼，产生了强烈的社会反响。

二、主要经验

第一是致力改革的推动力。我们不墨守成规，不因袭旧制，勇于改革，善于创新，敢为天下先，提出“别人能办到的事，重庆电视台能办到，别人办不到的事，重庆电视台也能办到。”既大胆设想，又小心求证；即总体规划，又分步实施。借他山之石以攻玉，破传统之陈以出新，实事求是，从实际出发，形成了自己独有的管理模式和运行机制、甚至节目编排方式，推动了事业的跳跃性发展。

第二是严格管理的约束力。“凡事预则立，不预则废”。建立规章制度，坚持用制度管人，对散漫的作风和不利于质量提高的行为进行了约束和处理，对有利于电视事业发展的行为予以保护和奖励，集体意识、竞争意识、质量意识开始树立，每个员工都感到了压力，争先恐后抓质量的局面已经形成，长期不上班的职工也主动找工作。严格的管理逐渐给电视台带来了活力和生机。

第三是增强团结，形成合力。新的两任领导班子一直把团结放在首位，以自身的团结作出了良好的示范。并旗帜鲜明地提出了“三讲、三不”，即讲团结、讲发展、讲改革、不计较、不纠缠、不争论。一切以是否有利于节目质量提高、是否有利于电视事业发展作为衡量是非得失的唯一标准，克服了惰性和分散，增强了配合与协调，一个“既有统一意志，又有个人心情舒畅的生动活泼的政治局面”开始出现。

第四是艰苦奋斗的超越力。在基础差、起步晚的条件下实现跳跃式发展，最宝贵的经验之一在于勤能补拙，以全体员工的艰苦奋斗弥补时间和物质条件的不足。在一般情况下，维持电视台正常运转已属不易，何况还有七大战役性宣传任务、两步节目全面改版、两次大规模社会招聘、全新管理模式的建立、办公场地的搬迁、职工住房问题的解决……工作一件接一件。靠的是全体员工艰苦奋斗、无私奉献的精神，靠的是全体员工的主人翁意识和不甘人后的决心。不少同志深有体会地说：“回顾九七年，只有一个字：忙！”忙掉了吃饭，忙掉了睡觉，忙掉了节假日，忙掉了与家人的团聚，忙掉了给生病的亲人的安慰，有的甚至忙掉了婚期。正是这种勤奋，这种对事业的忠诚与执着，我们才超越了可能的局限，赢得了宝贵的时间，实现了事业的大发展。

青海广播电视

敢为大漠群众添声屏

——青海乌兰县广播电视简况

乌兰县位于青海柴达木盆地的东北部，属海西蒙古族藏族自治州，面积1.286万平方公里，平均海拔3800米左右，境内有祁连山、柯柯山、茶卡山、牦牛山交织纵横，主要为荒漠景观，只有在希赛盆地、茶卡盆地和卜浪沟盆地中分布片片绿洲，闻名于世的茶卡盐湖居于其间，是青海省自然条件差，经济相对滞后的一个半农半牧县。全县有汉族、蒙古族、回族、藏族等10个民族3.2万人，在党的领导下，和睦相处，勤奋耕耘，辛劳放牧，在改革开放的大潮涌动中，逐步前进。

乌兰县的广播事业，开始于50年代中期，先是收音站，再是有线广播，其后是无线广播和电视，近年，随着经济和科技水平的发展与提高，有线电视也迅速发展，调频广播开始建立，全县广播电视的人口覆盖率大为提高，广大农牧民收听观看广播电视节目的质量明显改观。特别是自1996年以来，乌兰县广播电视转播台，始终坚持正确的舆论导向，深化内部改革，加强队伍建设和事业建设，充分发挥了广播电视团结、教育动员、激励人的作用，为乌兰县改革开放，经济建设，社会稳定创造了良好的舆论氛围。

一、事业发展，覆盖面扩大

乌兰县电视转播台始建于1984年，由于设备条件的限制，覆盖面局限在县城所在地希里沟镇地区，全县只有58%的群众能收看到中央电视台一、二套节目，地处边远地区的农牧群众无法收看电视节目，能看到电视的地方，也是由于信号不稳，收视节目的质量较差。随着有线电视的普及发展，从1994年起，该台开始有线电视建网工作，当年入网800户。根据当地牧民分散游动，农民比较集中聚居的特点，采用财政帮扶，群众集资相结合的办法，从1996年始，扩大电视入网户，并先后在铜普乡、柯柯镇、巴音乡、赛什克乡建立有线电视转播站，吸收专业人员负责。特别是在1997年6月，建起的茶卡镇广播电视综合转播站，迅速扩大了覆盖网，到1997年底，全县有线电视入网户达到2400余户，现在广大群众除收视中央1至8套节目和省台一套节目外，还可收视山东、四川、云南、贵州、河南、新疆、浙江、广东等省区及中央台加密频道与内蒙古蒙语电视节目，使乌兰这一边远艰苦地区的各族群众，可以清晰地收看全国17套节目。电视人口覆盖率达到87%。

乌兰县的有线广播到1984年已经所剩无几，多数农牧民群众与广大职工家都有了收音机和收录机。为此，1997年3月，在省广播电视厅支持下，建成全省以牧为主地区第一个县级调频立体声广播站，覆盖面30公里，6月在茶卡镇又建一座调频台，至此，85%以上的群众可以收听到清浙悦耳的广播节目。

二、健全管理制度

乌兰县在原广播电视转播台的基础上，于1996年8月建立县广播电视局，设新闻广告部、技术服务部、办公室等部门，现有职工23人，其中采编技术人员12人，现任局长宋鲁滨。

该局从建立广播电视转播台开始，遵照广播电影电视部的各项规定，制定了人事、管理、广播电视技术检查、维护、播出及有关宣传制度。并在省厅有关部门的监督下，逐年健全完善。该局组织干部职工，加强对邓小平理论的学习，经常派人参加州和省厅干部管理、宣传、技术培训班，还通过两年的岗位练兵，发挥骨干作用，普遍提高了职工的政治业务素质。准时定点转播中央和省台一套广播电视节目。多年来坚持"不间断，高质量，既经济，又安全"的方针，认真做好安全播出工作，连续五年未发生过重大技术事故。经省有关部门检查，电视卫星接收站、有线电视网和高频广播的建设，技术规划、年检制度等，都符合全国技术规划和有关规定。

三、把握正确导向，宣传水平有了提高

乌兰县广播宣传工作早在60年代初开始，当时广播站的编采力量较强，自办节目的有些作品常常在全省广播电视节目评比中获奖。目前，自办《乌兰新闻》节目，每次30分钟，还办有专题《科技节目》、歌曲、戏曲文艺节目。据统计，1997年全年转播中央及省台各类节目1206小时，其中自办节目241组，播出稿件276篇，集中宣传了邓小平的丰功伟绩、香港回归、党的十五大等重大题材，开办全国农业普查广播讲座等专题。

电视宣传根据现有的力量和设备，全年采编新闻185条，向海西州电视台提供110条，其中有95%被采用。有关农业普查、精神文明宣传和严打惩恶等内容的专题、新闻片，受到州委州政府的表扬。由于广播电视宣传节目贴近生活、贴近实际，反映了各条战线上的新人、新事、新典型，起到了"以科学的理论武装人，以正确的舆论引导人，以高尚的精神塑造人，以优秀的作品鼓舞人"的作用。正确的舆论导向，增进了民族团结，激发了广大群众的积极性，对乌兰县的改革开放，经济发展起到一定的促进作用。

由于全局领导干部团结协作，全体职工奋力工作，各项工作成绩突出，1996年被海西州委宣传部、海西州广播电视局授予文明单位称号，1997年被评为全国广播电视工作先进县，受到了广播电影电视部的表彰和奖励。

局长：宋鲁滨

地址：青海省海西蒙古族藏族自治州乌兰县西里沟镇

邮编：817100

电话：(09831) 21372

(辛光武)

彩虹飘舞的地方

——青海互助县广播电视简况

一、概况与机构

互助土族自治县位于青海省东部，总面积3600平方公里，平均海拔2700米，境内沟壑纵横，梯田叠起，彩虹飘舞，青稞溢香，是青海东部重要产粮区之一，全县人口36万，是土族聚居的地方。

互助县在1956年建立了广播站，60年代有线广播普及全县，80年代初电视事业兴起，广播电视同步发展，从1996年起，有线电视也有了长足的进步。在广播电视工作者的努力下，广播电视宣传为互助县的改革开放和经济发展、民族团结等做出了一定的贡献。

互助土族自治县广播电视局成立于1983年，到1997年底，经过机构改革，与原下属广播站、电视转播台、有线电视台（筹）实行局台合一体制，重新设置了办公室、总编室、新闻部、专题广告部、制作播出中心、工程技术部、广播电视中心、农村广播电视管理站等8个部门及21个乡镇广播电视站。现有职工120人，其中各乡镇广播电视站都配备有1至2名正式职工。职工中有编辑、记者22人，技术人员96人。

二、协调发展促进事业进步

在农村有线广播不断滑坡，而各个阶层的人们普遍看重电视的现实面前，互助县广播电视局从90年代初，努力探索"协调发展，共同振兴"的道路。首先在农村有线广播70年代大发展的基础上，虽有大幅度的滑坡，但从80年代起，采取措施，进行了一次次的巩固和提高。到目前，全县先后建起调频转播台9座，广播线路巩固在1010杆公里，广播喇叭仍然有2.16万只，收录机3.5万台，农村有线广播村通率巩固在92%，广播入户收听率达75%，音响率巩固在90%，村广播室发展到236个，占总村数的80%。到1997年底，全县无线有线广播综合覆盖率达91%，其中中央人民广播电台第一套节目覆盖率为100%，青海人民广播电台第一套节目达88.3%，本县节目覆盖率达85%。综合覆盖率水平进入全国县级广播的先进行列。

随着互助县经济的发展和科学技术水平的提高，特别是省电视台卫星节目的开播，使边远落后的互助农村电视，得以高速发展。从90年代初开始，在全县各乡镇，已建成电视转播台14座，卫星地面站155个，乡级广播电视转播台6个。1989年1月开始，互助县开始筹建有线电视台，并于第二年1月互助县有线电视系统通过了青海省广播电视厅的验收。现在有线电视在县城及邻近乡镇全面联网，发展城乡有线电视用户4000余户，有些农村由村民自筹资金，建起了有线电视转播站。1995年，在离县城较远的林区加定乡桥头村，建成全省第一家农村有线电视和有线广播共缆传输系统，并在全县各乡镇推广。目前，全县电视综合覆盖率达80%，其中中央台一套节目为78%，省台一套节目为90%，县台节目为72%，从此，地处偏远的土族群众可以收看到清晰的中央电视台和省电视台的节目，还可以收看到山东、浙江、四川、云南、贵州、新疆、广东、西藏、河南、陕西等省区的18套电视节目，不但能及时了解全国、全省和世界上的重大事情，还拓宽了眼界，活跃了群众文化生活。

三、坚持正确的舆论导向，努力提高节目质量

互助县广播电视宣传，原来主要是广播站的节目宣传，从50年代始，已有一定的基础和力量，除汉语节目外，还自办口译直播土语节目，深受广大土族听众的欢迎，有些节目自80年代后，常常在全省优秀节目评选中获奖。

近年来，由于坚持正确的舆论导向，全面树立精品意识，自办节目水平逐年提高。现在广播自办节目有《互助新闻》、《土族节目》、《专题节目》、《科学与生活》、《金融动态》、《企业天地》、《信息服务》、《地方文艺》等，每天平均播出6小时。从1993年起，试办电视节目《互助新闻》、《专题节目》和不定期播放的《广告信息》。

在完整转播中央电视台1至8套和青海电视台两套节目及中央教育电视节目的前提下，编采人员加强邓小平理论及党的有关政策的学习，提高了政治思想水平。通过深入采访，采编播出了《改革春风满山乡》百集系列报道、《来自贫困山乡的报道》、《奔小康》、《奉献在土乡》等节目，比较全面、真实地反映了互助县在改革开放和经济建设的新面貌、新经验、新的典型人物。有些干部群众反映出的新思路，曾引起省、县领导的重视，有些问题也让关心互助发展前景的人们深思。这些节目都在全省新闻和广播电视节目评比中获奖，其中广播录音通讯《大山里的冬花》获'97全国农村广播好新闻二等奖、青海省好新闻一等奖。电视宣传在精办《互助新闻》的同时，录制一些专题片，如电视新闻《九峡扫瞄》、《辉煌四十年》、《乡镇企业透视与思考》等在群众中引起一定反响。电视台与县计划生育局联办的专题栏目《人口纵横》荣获全国"普仁杯"文化优秀奖。近5年来，互助广播站和电视转播台，每年向省台提供广播电视稿件近160篇（条），对宣传互助起到了积极作用。1998年5月，互助县广播电视局与中央电视台第七套节目《大地红蓝绿60'》签约联网，定期提供信息和节目，将进一步增大互助县在全国宣传的力度。

四、加强管理和技术维护，保证了事业的发展和宣传的进步

行业管理纳入正规。根据中央发布的有关广播电视管理规定，互助县政府批准成立了农村广播电视保安队和音像市场稽查队。保安队从1992年起，配合乡镇派出所依法查处偷盗广播电视线路案件89起，追回损失3万余元，检查标准化网络4万余户。音像市场稽查队于1995年成立后，对系统内外78个卫星地面站实行监督、检查、登记、发证、年检工作，保证了中央台电视节目收视率在90%以上，杜绝了收转境外电视节目、擅自插播自办文艺节目和录像节目，以及侵权违规等行为。

技术维护和管理步入法规制度化。1993年以来，县上从大专毕业生和复转军人中先后分配35名青年职工充实广播电视队伍。该局每年举办一期机线员培训班，进行岗前业务培训，并争取选送人员到省上和外地学习，提高了业务素质，并建立播出、录制、检修、审稿等制度，逐年健全，完善了自查和年检制，使技术、宣传管理步入了法规化制度化的轨道，增强了干部职工的责任性，保证了安全播出。

互助县广播电视局，由于领导团结，队伍稳定成绩突出，从1986年起连续10年获得县级文明单位称号，连年受到县委、县政府的表彰奖励。1996年被评为海东地区文明单位，1995年荣获"全国广播电影电视系统先进集体"称号。1997年经青海省广播电视厅推荐，荣获"全国广播电视先进县"称号。并得到奖励。

互助县广播电视局现任局长：解统恩、副局长：张发兴

地址：青海省互助县威远镇
邮编：810500
电话：（0972）322216

（辛光武）

22.  

责任编辑 罗建平
审 稿 人 赵玉明
马元和

旧中国广播电台名录（五）

解放前江苏境内广播电台名录

序号	台名	呼号	频率		发射电力	主办单位负责人	开办年月	停办时间及原因	地址	历史沿革	备注
			波长	千周							
1	中央广播电台	XG-OA	550 454	545 680 660	500瓦 1932年增至75千瓦	国民党中央执行委员会、中央广播事业管理处 徐恩曾 吴保丰 吴道一	1928年8月1日	1949年4月23日南京解放，电台被南京市军管会接管	抗战前在南京丁家桥国民党中央党部院内。1946年5月在南京中山东路祠堂巷25号	1937年抗战全面爆发，11月，国民政府西迁重庆，该台于11月24日，在南京停止播音，迁往重庆。12月23日，南京沦陷。1938年3月10日，该台在重庆恢复播音。1945年8月15日，抗战胜利。1946年5月	1928年开播时该台定名为“中国国民党中央执行委员会广播无线电台”，简称“中央广播电台”。呼号XKM。1932年11月12日，在南京西郊江东门的北河口新建的发射台竣工，投入使用，电力增大为75千瓦，两座发射铁塔高125米，这是当时亚洲发射功率最大的广播电台。1946

续表

序号	台名	呼号	频率		发射电力	主办单位负责人	开办年月	停办时间及原因	地址	历史沿革	备注
			波长	千周							
1	中央广播电台	XG-OA	550 454	545 680 660	500瓦 1932年增至754瓦	国民党中央执行委员会、中央广播事业管理处 徐恩曾 吴保丰 吴道一	1928年8月1日	1949年4月23日南京解放，电台被南京市军管会接管	抗战前在南京丁家桥国民党中央党部院内。1946年5月在南京中山东路祠堂巷25号	5日，该台随国民政府重返南京恢复播音。1949年4月23日，南京解放，该台取消了中央台呼号，改以南京广播电台名称，全部转北平新华广播电台节目。5月6日，南京市军管会接管了这座电台。	年5月5日，在南京恢复播音，功率10千瓦。1948年收购美国战时剩余物资100千瓦中波发射机一部，1948年秋开始试播。1949年1月，在南京解放前，被拆运台湾，同时被拆走的还有两部20千瓦短波发射机。
2	江苏省广播无线电台（简称江苏广播电台）	XG-OZ XO-PA	260.8 225.6	1110 1150 1330	100瓦 1936年4月增为1000瓦	江苏省政府 中央广播事业管理处	1935年7月1日	1937年8月，日本侵略军占领镇江，电台停播。1946年春，该台恢复播音，1948年12月16日，电台停播，不久镇江解放。	镇江市西郊省句路(今中山西路火车站西侧)	1937年8月，日军逼近镇江，该台随江苏省政府撤离，电台停播，机器散失。1946年春，该台恢复播音。1948年12月16日，在镇江即将解放前电台停播，人员就地遣散。	1945年8月，抗日战争胜利。国民党江苏省党部和江苏省政府接收设在苏州的伪苏州广播电台，利用所接收的机器设备，在镇江筹建江苏省广播电台。1946年春，电台恢复播音。
3	江苏省政府特设无锡广播电台			1110	100瓦	江苏省政府江苏省立教育学院 陈汀声	1947年10月	1949年4月23日无锡解放，该台以无锡广播电台名称	无锡社桥江苏省立教育学院内	该台的前身是抗战前成立的江苏省立教育学院广播电台。1947年10	1932年7月3日，江苏省立教育学院广播电台开播，交通部曾发给播音执照，属民营性

续表

序号	台　名	呼号	频　率		发射电力	主办单位负责人	开办年月	停办时间及原因	地址	历史沿革	备注
			波长	千周							
3	江苏省政府特设无锡广播电台			1110	100瓦	江苏省政府江苏省立教育学院陈汀声	1947年10月	维持播音。8月6日被无锡市军管会接管。	无锡社桥江苏省立教育学院内	月，改以江苏省政府特设无锡广播电台名称恢复播音。1949年8月被接管。	质。抗战胜利后，该台申请恢复播音，交通部以无锡只能成立一座民营电台并已批准锡音电台成立为由，未获批准。后由江苏省政府出面申请，改以省政府特设无锡电台名称播音，电台由民营改为公营性质。
4	徐州广播电台	XO-PC		1010	50瓦	中央广播事业管理处孔园人	1945年10月	1948年12月1日，徐州解放，12月28日被中共山东分局接管。	徐州市户部山三义庙	该台是在接收的日军徐州广播电台（放送局）的基础上建立的。1945年8月15日日本投降，中央广播管理处京沪区接收专员委托第十战区临泉指挥所派人接收。	
5	江苏省立教育学院广播电台	XLIJ	270	1310	50瓦	江苏省立教育学院汪畏之陈汀声	1932年7月3日	1937年10月，日本侵略军逼近无锡，教育学院迁移，电台停播，机器散失。	无锡市社桥	1932年7月开始播音，交通部发给民营电台执照。1937年10月，电台停播。1947年，教育学	该台的前身是无锡国难委员会筹建的无线广播电台。1932年，“一·二八”事变激发了全国人民抗日救国热

续表

序号	台名	呼号	频率 波长	频率 千周	发射电力	主办单位负责人	开办年月	停办时间及原因	地址	历史沿革	备注
5	江苏省立教育学院广播电台	XLIJ	270	1310	50瓦	江苏省立教育学院 汪畏之 陈汀声	1932年7月3日	1937年10月,日本侵略军逼近无锡,教育学院迁移,电台停播,机器散失。	无锡市社桥	院要求恢复播音,交通部以无锡只能成立一座民营台为由,未予批准,后改由江苏省政府出面申请,以江苏省政府特设无锡电台名义播音。	潮,当年2月,无锡国难委员会成立,并集4000元,建立无锡无线广播电台。同年3月25日开播。同年5月5日,国民政府与日本签订《淞沪停战协定》,群众抗日浪潮低落。6月下旬,国难委员会将电台转让给江苏省立教育学院,作为电化教育之用。
6	南京短波广播电台	1936年2月XG-OX 1947年8月XG-OA		9460 15105 11880	500瓦 40千瓦	中央广播事业管理处	1936年2月23日	1948年11月27日	南京江东门北河口	1936年2月23日,中央广播电台自装500瓦短波发射机开播。1937年8月,500瓦发射机临时装设于南京东郊灵谷寺,躲避日机轰炸。24日夜被日机炸毁。抗战胜利后,该台用4.5、7.5千瓦及两部20千瓦发射机播音。1948年11月,两部20千瓦发射机被拆卸运到台湾。	

续表

序号	台名	呼号	频率		发射电力	主办单位负责人	开办年月	停办时间及原因	地址	历史沿革	备注
			波长	千周							
7	行政院专务广播电台	XG-IO		8430		国民政府行政院	1947年10月	1948年8月			
8	资源广播电台			1350		资源委员会			南京珠江路274号		
9	南京广播电台	XG-ON		900 930	200瓦	中央广播事业管理处	1935年8月	1936年3月因人力不足停播	南京丁家桥		该台主要播送南京新闻及宣传金陵文物。
10	南京军中广播电台（军中之声）	XM-AP		720 11220		国防部新闻局徐复华	1946年10月10日	1949年5月6日，被南京军管会接管	南京汉中门蛇山10号	该台原系1942年6月1日在重庆成立的播音总队，以“军中之声”名称播音。1946年5月迁来南京，改名南京军中广播电台	
11	空军广播电台	XG-AF		1000 7100 11680		空军总司令部陈建元范昱梁道明	1946年12月15日	1948年11月1日迁往台湾	南京珠江路小营		
12	徐州民众教育馆广播电台					徐州民众教育馆赵光涛	1934年11月	1938年5月，徐州被日军占领，电台停播。	徐州民众草堂（现徐州市第三人民医院附近）		
13	国民党武进县党部广播电台	XG-WT XL-IK	240 225.6	1250 1330	15瓦1934年1月增为50瓦1935年2月增为75瓦1945年100瓦1946年10月增为200瓦	国民党武进县党部	1932年9月	1949年4月23日，被新华社第三野战军前线分社接管	常州市大庙弄中30号中山纪念堂二楼	1937年11月29日常州沦陷，电台停播。1945年8月，电台恢复播音。1949年4月23日常州解放，电台由新华社第三野战军前线分社接管，并在此基础上建立常州人民广播电台	

续表

序号	台名	呼号	频率		发射电力	主办单位负责人	开办年月	停办时间及原因	地址	历史沿革	备注
			波长	千周							
14	国立社会教育学院实验广播电台			1480	100瓦	国立社会教育学院 汪畏之	1947年4月	1949年4月29日，苏州解放，由苏州市军管会接管	苏州东北街拙政园	1941年8月，该台成立于四川璧山。1946年，国立社会教育学院迁至苏州，该台在苏州恢复播音。	
15	无锡锡青广播电台	XW-TI		1400	50瓦	三民主义青年团无锡分部 华耀麟 张道生 傅国昌	1946年下半年	1947年秋停播。经济入不敷出。	无锡沈果巷四弄2号		
16	无锡青年广播电台	XQ-YM		870	100瓦	三民主义青年团无锡青年馆 薛斌钊	1946年11月	1947年底，因经济亏损，停止播音。	无锡小娄巷23号	1946年4月，无锡中华电器行老板薛斌钊筹建中华广播电台，5月开始试播，因未经批准，试播后，被查封。薛斌钊与三民主义青年团无锡青年馆挂钩，由该馆出面申请，成立青年电台。	
17	南京青年文化广播电台	XY-MC		1200		三青团南京支团部	1946年10月30日	1949年1月，南京解放前，该台撤往杭州。杭州解放后，被杭州市军管会接管。	南京厅后街10号		

续表

序号	台名	呼号	频率		发射电力	主办单位负责人	开办年月	停办时间及原因	地址	历史沿革	备注
			波长	千周							
18	常州常青广播电台	XL-YC		760	200瓦	三青团常州分团 尹祖烈 朱国华	1947年4月27日	1949年4月23日停播，由新华社第三野战军前线分社接管	常州公园三青团分部团楼上		
19	苏州青年广播电台	XY-FA	297	1010	200瓦	国民党吴县党部与青年军202师政工处合办 周雅谷	1945年秋	1949年4月，青年军202师撤离苏州，电台停播	苏州国货公司三楼青年俱乐部内(现苏州人民商场)		
20	第一绥靖区无锡军政广播电台	XG-AC		930	50瓦	第一绥靖区司令部 李 范	1946年春	1947年，第三方面军撤离无锡，电台停播。	无锡市大成巷8号		
21	第一绥靖区司令部南通正声广播电台	XQ-NT	272.6	1100	100瓦	第一绥靖区司令部 冯衍宾	1948年3月3日	1949年2月2日，南通解放，被南通市军管会接管。	南通市水仓巷1号	1948年初，第一绥靖区司令部征用民营正声电台机器设备，建立该台。	1947年初，南通正声无线电器材股份有限公司，购买一台100瓦旧广播发射机，筹建正声广播电台，因没有领到执照，未能开播。1948年，被第一绥靖区司令部征用。

续表

序号	台 名	呼号	频 率		发射电力	主办单位负责人	开办年月	停办时间及原因	地址	历史沿革	备注
			波长	千周							
22	汪伪中央广播电台	XG-OA	445	660	3000瓦	汪伪“中国广播事业建设协会”王荫康黄燧	1941年3月26日	1945年8月15日日本投降该台被国民党中央广播事业管理处接收	南京市祠堂巷25号	1938年9月，日军建立南京放送局（即南京广播电台）。1941年3月26日，日军把南京广播电台“交还”给汪伪“中国广播事业建设协会”，改名“中央广播电台”。电台仍为日军所控制，成为日伪的宣传工具。1945年8月被中央广播事业管理处接收，10月1日起改以南京广播电台播音，呼号XGOB。	伪“中央广播电台”的名称、呼号、频率，与迁往重庆的国民党中央广播电台完全一样。1941年4月，国民党中央广播事业指导委员会为此发表声明，揭露伪“中央台”“冀图鱼目混珠，淆乱听闻”，要“全国听众勿为所弄”。
23	伪苏州广播电台	XO-JH HC-OJ		1330	75瓦后增为200瓦	伪江苏省政府及日军联合经办，汪伪方面担任台长的先后为周卓人张广生蒋伯藩	1942年2月	1945年9月，被国民党江苏省党部和江苏省政府接收	苏州市	1941年2月，伪中国广播事业建设协会以2万元的价格收购由陈正立所建的民营电台（苏州广播无线电台），成立伪苏州广播电台。由日军和伪江苏省政府联合经办，但全部为日军严密控制。1945年9月21日，被国民党江苏省政府接收，后在此基础上，筹建江苏广播电台。	伪苏州广播电台，由日军和汪伪双方共同担任台长。日军方面担任台长的先后有：岩井隆一、八重三四次、喜四川四郎、滨田等。

续表

序号	台　名	呼号	频　率		发射电力	主办单位负责人	开办年月	停办时间及原因	地址	历史沿革	备注
			波长	千周							
24	日军南京放送局	XO-JC		660	500瓦	日军报道部	1938年9月10日	1941年3月26日，日军将电台“交还”伪“中国广播事业建设协会”。	南京廖家巷2号(现南京第15中学所在地)	1940年3月30日，汪精卫叛国，在南京成立伪国民政府。1941年2月22日，伪“中国广播事业建设协会”成立，日军将南京放送局交给该会，改名为“中央广播电台。”	
25	日军徐州放送局（徐州广播电台）	XG-OI		1003 1300 1010	15瓦后增为30瓦继而增为50瓦	由日军建立，1938年1月由日伪“华北广播事业建设协会”管辖，台长由日本人担任，先后为和田景治　粟源原一郎　野村	1938年5月	1945年8月15日，日本投降。10月9日被中央广播事业管理处接收	徐州户部山三义庙	1938年5日，日军占领徐州，即成立徐州放送局。同年12月，将放送局划归日伪“华北广播协会”管辖，改名为徐州广播电台，1945年又转属伪“华中行政区广播协会”并计划将电力扩大为500瓦，后因日本投降，未能实现。	
26	美军广播电台	XM-AC		1450 4275	250瓦 500瓦		1946年		南京黄埔路	该台原在重庆，1946年由重庆迁来南京。全部英语播音，主要对象为驻华美军。	

解放前江苏境内民营广播电台名录

序号	台 名	呼 号	频率（千周）	波长（公尺）	功率（瓦）	主办单位负责人	开办年月	停办时间及原因	地 址	历史沿革
1	陆辛生娱乐性电台					陆辛生	1930	试播几个月后即停播	苏州天官坊	
2	陈景学娱乐性广播电台				7.5	陈景学	1931 2.7	试播后几个月即停播	苏州娄门外	
3	国华广播无线电台					国华电器行 陈景学 张赓绶	1932.8	1932年被查封	苏州察院场	
4	婆罗花馆广播电台				15	吴似兰	1932 9.22	开播后几个月即停播	苏州观前街邵磨针巷	
5	久大广播电台	XLIB	1410 后改为 1450	212.8 后为 206.8	15	李宝麟（李汉洪）	1932	1937年苏州沦陷停播。1946年恢复播音，1946年9月11日被吴县电信局封闭。	苏州胥门外万年桥	抗战前经交通部批准，并发给执照。1946年未经批准，恢复播音，被查封。
6	百灵广播电台	XLIL 后改为 XHIC	880 后改为 870	340 后改为 345	20	杨景春	1932	1937年，苏州沦陷，电台被日军强占，机器被劫掠一空	苏州护龙街大井巷南720号（现人民路386号）	
7	苏州广播电台	XLIP	1310	229	50	吴克明（吴霆宫）	1935.9	1937.11日军占领苏州电台停播	苏州临顿路600号（现临顿路19号）	苏州沦陷，机器被日军掠劫。创办人吴克明被日军杀害。
8	苏州广播无线电台	XOJH	1330	226	75	陈正章 陈焕章	1939 5.1	1942.2	苏州北局国货公司楼上（现人民商场）	这是日伪时江苏地区唯一的一座民营台。1942年陈正章将电台出售给日伪。
9	江南广播电台	XVOK	1030	291	50	吴洵（吴欣）	1946.3	1946年9月11日被吴县电信局查封	苏州北局青年会楼上	

续表

序号	台 名	呼 号	频率（千周）	波长（公尺）	功率（瓦）	主办单位负责人	开办年月	停办时间及原因	地 址	历史沿革
10	《明报》广播电台	XDNS	1340	224		张叔良	1946.5	1946年9月11日被吴县电信局查封	苏州西中市德馨里7号	
11	利康广播电台		1000	300	50	宋湛清	1946.3	1946年9月11日被吴县电信局会同地方军警部门查封	苏州北局新市场	
12	力行广播电台	XQSL	1250	240	100	张振翼 沈学源	1946 5.1	1946年9月11日被吴县电信局查封	苏州察院场中央饭店	
13	黎明广播电台					张寿鹏 郑师勤	1946.5	1946年9月11日被查封		
14	新中国广播电台		1050	290	150	张辛成（张步增） 方正峰	1946.4开始筹办	1946年9月21日被吴县电信局查封	苏州观前街296号及北显子巷26号	该台是抗战后苏州经批准成立的一座民营电台。因违章，尚未开播即被查封。
15	华美广播电台				15	华美电料行	1932年下半年	1932年开播不久即停播	无锡汉昌路	
16	无锡国难委员会无线广播电台				50	无锡国难委员会 钱苏卿 高践四等	1932. 3.25	1932.6	无锡公园	1932年6月，国难委员会将电台转给江苏教育学院。
17	振祥广播电台					无锡振祥五金店	1933年上半年	1934.5	无锡汉昌路	
18	时和广播电台	XLCH	970		75	时和绸布庄 胡棣华	1933年上半年	1937年10月无锡沦陷，电台停播	无锡北大街	
19	富新广播电台		920			富新电器公司	1933年上半年	试播几个月即停播		
20	世富广播电台（又称世泰盛、富新合组电台）	XLIN	1390		50	世泰盛绸布庄与富新电料行合办 王炳生	1932.9	1937年10月无锡沦陷，电台停播	无锡大桥世泰盛绸布庄顶楼	

续表

序号	台 名	呼 号	频率（千周）	波长（公尺）	功率（瓦）	主办单位负责人	开办年月	停办时间及原因	地 址	历史沿革
21	日新广播电台				15	日新绸布庄	1933.8	试播不久，因未经批准被电信局取缔	无锡北大街日新绸布庄	
22	兴业广播电台	XLWU	1250		50	蒋瑾怀	1934年夏	1937年10月无锡沦陷，电台停播	无锡北大街日新绸布庄二楼	
23	国泰广播电台	XLIF	1170 抗战后1946年改为1050		50 1946年增为75	国泰电器公司 华重光 许毓生 黄培俊	1934年1月28日	1937年10月无锡沦陷电台停播。1946年下半年恢复播音，1949年4月停播	抗战前台址无锡汉昌路6号。1946年台址无锡光复路66号	
24	吉士广播电台	XQTS	850		50	吉士照相馆 张德馨	1946.4	1949 4.23	无锡中山路277号	
25	凯声广播电台		1130		100	无锡九纶绸布庄 陈企峰	1946.12	1949.4	无锡北大街23号	
26	锡音广播电台	XLAV	970		100 1947年6月增为200	方天炜	1946.5	1949.4	无锡北大街。发射机设在周三浜三支路8号	
27	大润广播电台	XGDZ	1174		10	大润电料行，金融钱庄合办	1933	1935	常州南大街	
28	马氏广播电台						1934年前后		武进县新丰街	
29	沙允仁广播电台	XGSA	1335		5	沙允仁	1934.8	1936	江阴澄江镇南街	
30	杨氏广播电台	XKYY	1150		15	杨谨之	1936	1937	高邮县城北门十恢阁（现高邮城北小学内）	

续表

序号	台 名	呼 号	频率(千周)	波长(公尺)	功率(瓦)	主办单位负责人	开办年月	停办时间及原因	地 址	历史沿革
31	益世广播电台	XPBK	940		200 1948年秋增为500	于斌(董事长) 杨慕时(台长)	1946.5.8	1949年3月迁往台湾	南京铁管巷78号	
32	建业广播电台	XLAX	1170		200	瑞记无线电行 吴瑞鸿 吴 政	1946年冬	1949.4	南京中正路572号(现建康路)	
33	青年广播电台	XLAZ	1090		100	兰绪人 卢崇烈	1946年底	1949.4	南京延龄巷79号	
34	金陵广播电台	XLAW	1030		200	陆振华	1946年底	1949.4	南京建康路318号	
35	首都广播电台	XLAY	850		100	朱品三 郑达善 杨子韶	1947.1.1	1949.4	南京延龄巷40号	
36	正声广播电台	XQNT	1100	272.6	100	团国兴 罗恺荣 余仪式	1947.3试播	1948年初	南通水仓巷1号	1948年初被第一绥靖司令部征用
37	大声广播电台				50	团国兴等	1948.4	试播不久即停播	南通西大街90号	
38	久福广播电台		1010		200	陆宇飞 陆天加 俞仲久 时永福	1947.4	1949年初	常熟城内老县场道南街9号	
39	昆山县广播电台		1350	222.2	100	昆山县商会 卫树喜 沈夫强	1948.2.1	1949.4	昆山县玉山镇中山堂	

(江苏省广播电视厅史志办公室赵明德提供)

解放前浙江境内广播电台名录

序号	台名	呼号	频率		发射电力	主办单位负责人	开办年月	停办时间及原因	地址	历史沿革	备注
			波长	千周							
1	浙江省广播无线电台(无线电话广播电台)	XGY XGOD	420米		250瓦 2000瓦	浙江省政府 李熙谋 赵曾珏	1928.10.10.	1937年抗战爆发前	杭州牛羊司巷旧抚署内。	1932年8月12日,省府将此台并于浙江省电话局。1937年底,浙江省政府在丽水曾重建"浙江省广播无线电台"播出。	官办
2	敬亭广播电台	XLIQ	353米	850千赫	50瓦		1935.10		杭州英士街84号		民营
3	宏声广播电台	XLIR	243.9米	1230千赫	50瓦		1935.12		杭州众安桥直街10号		民营
4	亚洲广播电台	XLID	219.8米	1370千赫	50瓦		1931.		杭州近紫路		民营
5	大华广播电台		483.9米	620千赫	75瓦				杭州青年会楼上		民营
6	浙江广播电台	XOPB (XGOB)		990千赫 7400千赫	380瓦	陈泽风	1945年9月		杭州平海路,后迁国货街	该台为接受日伪"杭州放送局"改建。1945年底的"第三战区"流动电台亦并入此台。	官办
7	四明广播电台	XHID	389.6米	770千赫	75瓦	林肯堂	1936.6	1937年抗战爆发,1940年日军迫近宁波,电台停播。	宁波冷静街65号		民营
8	黄金广播电台	XLIA	227米	1320千赫	15瓦	"上海电料行"袁士川	1932	两三年后停播。	宁波江井巷4号		民营
9	宁声广播电台(宁波广播电台)		200米	1500千赫	15瓦	全平	1946.4.1	1951年自行停办	宁波树巷14号,后迁公园路29号		民营

续表

序号	台　名	呼号	频　率		发射电力	主办单位负责人	开办年月	停办时间及原因	地址	历史沿革	备注
			波长	千周							
10	宁钟广播电台	XLAS	337米	890千赫	50瓦 200瓦	赵宁钟	1946.5	1952年9月被人民政府接管	宁波县学街仁和巷1号		民营
11	宁波广播电台	XLNP	492米	610千赫	25瓦	徐正大 王之祥	1940年春	1956年自动停播解散	宁波费家巷9号	1940年筹建，因抗战未能正式播音。1946年恢复。	民营
12	泰山广播电台				200瓦	江北泰山报关行老板邱××	1947年底	试播不久被勤县电信局查封	宁波江北岸泰山报关行		民营
13	利闻广播电台	XGKA	337米	890千赫	15瓦	国民党嘉兴县党部	1933.10		嘉兴建国路利闻电料行		
14	容德堂广播电台	XLKS	201.3米	1490千赫	20瓦		1935.7		嘉兴北大街		民营
15	越声广播电台	XLIO	275.2米	1090千赫	25瓦		1935.1		绍兴北海桥77号		民营
16	日军"杭州放送局"				100瓦	日军	1938年杭州沦陷后	1945年秋日本投降	杭州平海路52号	此台抗战胜利后被国民党中央广播事业管理处接收。改称"浙江广播电台。"	日伪

（据赵玉明《旧中国的浙江广播》、葛广俊《旧中国的宁波广播》、吴保丰《十年来的中国广播事业》、浙江省广播电视厅编《旧中国的浙江广播》整理）

解放前福建境内广播电台名录

序号	台　名	呼号	频　率		发射电力	主办单位负责人	开办年月	停办时间及原因	地址	历史沿革	备注
			波长	千周							
1	福建广播电台（福州广播电台）	XGOF XGOL XUPA	172米	1030千赫	250瓦 1000瓦	福建省政府、福州无线电局 钟震之 薛敦平	1933.10.16	1949年8月福州解放。电台被解放军军管会接收。	福州东大路汤井巷内	1938年，抗战期间迁至永安继续播音，胜利后迁回福州	官办
2	福建教育广播电台						1948	1949年	福州	1949年4月迁厦门。原拟与厦门广播电台合并，未果，停播。	官办

续表

序号	台　名	呼号	频　率		发射电力	主办单位负责人	开办年月	停办时间及原因	地址	历史沿革	备注
			波长	千周							
3	厦门广播电台	XUPB	35.95米 357米	8348千赫 800千赫	500瓦 200瓦	黄缘 翁礼维	1946.2.1	1949年厦门解放前夕停播.	厦门	1945年在接受日伪电台的基础上筹办。	官办
4	同文中学实验电台	XLIM	329.6米	910千赫	15瓦	同文中学	1935.2		厦门		公营
5	日伪"厦门广播电台"	XOJK	920米		10瓦	"兴亚院"厦门联络部	1938.8.15	1945年9月30日移交给国民党中央广播事业管理处	厦门白鹤路2号		日伪

[据《福建广播电视史料汇编》、《旧中国福建省的广播电台》，吴保丰著《十年来的中国广播事业》整理]

解放前安徽境内广播电台名录

序号	台　名	呼号	频　率		发射电力	主办单位负责人	开办年月	停办时间及原因	地址	历史沿革	备注
			波长	千周							
1	大有丰广播电台	XLIH	236.2米	1270千赫	10瓦	大有丰五金电料行	1932	1937年11月5日，日军轰炸，电台停播。	芜湖中山路口		民营
2	亨大利广播电台	XLII	361.4米	830千赫	7.5瓦	亨大利钟表无线电行	1935.7	1937年11月5日，日军轰炸，电台停播。	芜湖		民营

（据《安徽省志·广播电视志》、吴保丰著《十年来的中国广播事业》整理）

解放前江西境内广播电台名录

序号	台　名	呼号	频　率		发射电力	主办单位	开播日期	停播日期及原因	地址	历史沿革
			波长	千周						
1	江西广播电台	XGOC	315米	1132千赫	250瓦	国民政府军事委员会，后改为江西省政府、中央广播事业处	1933.10.10	1949.5.21南昌解放	南昌市	前身为国民政府军事委员会委员长南昌行营广播电台，1935年2月改名为南昌广播电台，1935的11月改名为江西省广播电台，1938年1月迁吉安县播音，1939年1月6日，分为江西省广播第一台、第二台，1939年3月第一台与第二台合并，改称江西广播电台，发射机功率由250瓦改造扩大为500瓦，3000瓦

续表

序号	台　名	呼号	频　率		发射电力	主办单位	开播日期	停播日期及原因	地址	历史沿革
			波长	千周						
2	江西省立民众教育馆大众广播电台	JSITA			20瓦	江西省民众教育馆	1936.10.12	1948年因经费困难停播	南昌市	开播时名为“江西省立民众教育馆广播电台”，1937年因日军进犯而中止播音，1947年1月恢复播音并改名。
3	江西省教育厅广播电台	XGKE		1200千赫	25瓦	江西省教育厅	1937.3.10	1938年因经费困难停播	南昌市	
4	南昌防空广播电台	XDBT		1300千赫	30瓦		1938.9.1	1939.3	南昌市	
5	江西省广播第一台	JSZTA			20瓦	江西省政府	1939.1.6	1939年3月与设在吉安县的江西省广播第二台合并	南昌市	
6	新赣南广播电台	XZDA			50瓦	江西省教育厅电化教育服务处	1940	1945年3月因日军进犯，停播	赣州市	原名赣县广播电台，1943年改名。
7	上饶广播电台（第三战区战地流动广播电台）	XLMA	32.6米	9200千赫		中央广播事业处和第三战区司令部	1941.8.1	1945年抗日胜利后并入浙江广播电台	上饶市	因日军侵犯迁移到福建建阳、邵武，江西铅山等地
8	江西业余广播电台			1100千赫	100瓦	南昌市政府	1946.3.10	1949年5月南昌解放	南昌市	
9	南昌市基督教青年会业余广播电台				250瓦		1946年初	1946年10月10日撤销	南昌市	
10	南昌短波广播电台	XKCA		6250千赫	250瓦	江西省电务局	1947.1.24	1949年4月因省政府解体停播	南昌市	

（上官辉）

解放前山东境内广播电台名录

序号	台　名	呼号	频　率		发射电力	主办单位负责人	开办年月	停办时间及原因	地址	历史沿革	备注
			波长	千周							
1	山东省会广播电台	XOST		857千赫	500瓦	国民党山东省政府 马仲考 金丽舟	1933.5.1	1937年抗战爆发后，该台撤离停播	济南市经四路小纬六路		官办
2	第三路军军部广播电台	XOAD	92米	3260.8千赫	50瓦	国民党第三路军无线电管理处			济南		军队
3	齐鲁大学试验广播电台	XOCL	200米	1500千赫	75瓦	齐鲁大学无线电专修科	1933年底	1937年底，日军占济南后停播	济南		公营
4	长兴源广播电台				7.5瓦	长兴电料行			济南估衣市街		民营
5	福令克广播电台				7.5瓦				济南经七路小纬		
6	青岛民众教育馆广播电台	XTGM	340米 333米	930千赫 900千赫	100瓦	青岛市政府市民众教育馆	1933.6	1938年2月，日军侵占青岛后停播	青岛朝城路7号		公营
7	青岛宏波广播电台	XGGW XHKB	260.8米 508.4米	1150千赫 590千赫	50瓦 100瓦	宏波电器公司	1933.7		青岛中山路60号亚当姆斯大厦（现青岛一百店）		民营
8	山东无线兴业行广播电台	XIMD		910千赫	100瓦		1946.4.1	1949年6月青岛解放停播	青岛观海路68号		民营
9	济南广播电台（山东广播电台）	XGOP	348.8米	860千赫	100瓦 1000瓦	国民党中央广播事业管理处 山东省政府 汪圣农 毕庶琦 张维河	1946.4	1948年9月济南解放后停播	济南中山公园东侧	接收日伪电台改建	官办

续表

序号	台名	呼号	频率		发射电力	主办单位负责人	开办年月	停办时间及原因	地址	历史沿革	备注
			波长	千周							
10	青岛广播电台	XRPC	260.8米 428.5米	1150千赫 700千赫	500瓦 100瓦 30瓦	国民党中央广播事业管理处	1945.10.13		青岛朝城路7号	接收日伪电台改建	官办
11	日伪"济南广播电台"	XGOP	348.8米	860千赫 1100千赫	1000瓦 50瓦	伪"华北政务委员会"的"华北广播协会"。	1939.12.26	1945年8月日本投降，电台移交国民党政府	济南中山公园东侧		日伪
12	日伪"青岛放送局"("青岛广播电台")	XCDP		1150千赫 700千赫	500瓦 50瓦	伪"华北广播协会"	1938年秋	1945年8月日本投降，电台移交国民党政府	青岛贮水山路7号。		日伪
13	日伪"烟台广播电台"				400瓦	日军	1944.6	1945年8月日本投降停播	烟台益文路7号		日伪

（据《山东省志·广播电视志》整理）

1928——1949年香港广播电台名录

序号	台名	呼号	频率		发射电力	主办单位负责人	开办年月	停办时间及原因	地址	历史沿革	备注
			波长	千周							
1	香港无线电广播社(香港电台)	GOW ZBW ZEK				先为市民所办，后当局宣布为政府所办	1928.6.30	1941年12月8日日军占港，中断广播，1945年9月15日恢复	香港	1941年12月，日军占港后，曾利用该台设备播音，直至日本投降。	中文、英文两个台
2	丽的呼声广播电台						1949.3.22		香港		英国人开设的有线广播电台

注：上列两台均为1949年10月前香港原有的广播电台

［据《香港广播电视发展史》(张振东、李春武主编）整理］

1925——1949 年台湾广播电台名录

序号	台　名	呼号	频　率		发射电力	主办单位负责人	开办年月	停办时间及原因	地址	历史沿革	备注
			波长	千周							
1	台湾广播电台			750千赫 1020千赫	10000瓦		1945.11		台北	接收日伪“台湾广播电台”改建	
2	台湾广播电台台南分台				1500瓦		1945.8.10		台南	接收日伪台改建	
3	台湾广播电台嘉义分台						1945.11		嘉义	接收日伪台改建	
4	台湾广播电台高雄分台						1948.11.25		高雄	原为渔业台改建后只转播台北、台湾两台节目	
5	台湾广播电台花莲分台				50瓦		1945.11		花莲	接收日伪台改建	
6	台湾广播电台台东分台				100瓦		1946.11.12		台东		
7	台湾广播电台台北分台			1190千赫	200瓦		1948.3		台北		
8	日伪“总督府”播音室					日伪台湾“总督府” 日本人中山侑	1925.6.17		日伪“总督府”院内		日伪不久停播
9	日伪台南台						1932.4.1	日本投降后被接收	台南		日伪
10	日伪台中台				1000瓦			日本投降后被接收	台中		日伪
11	日伪嘉义台				500瓦		1941		嘉义		日伪
12	日伪花莲台				50瓦				花莲		日伪
13	日伪台湾广播电台				100瓦				台北市公园路		日伪

注：上列各台均为 1949 年 10 月前所建

（据台湾出版的温世光著《中国广播电视发展史》整理）

编者按：

旧中国广播电台名录（1949 年 10 月以前，不包括解放区广播电台）至此已全部刊登完毕，这是全国各地广播史志研究者共同努力的结果，它基本上反映了旧中国广播事业的总体面貌。但由于年代较久，史料缺乏，本刊登录的旧电台情况不准确之处在所难免。望请读者和广播史志研究者补充、指正，以期编制出一份趋于完整的旧中国广播电台名录。

外国（地区）接收工具统计年表

(1997/1998)

凡例：

1. 本表将世界绝大多数国家和地区分亚洲、非洲、欧洲、大洋洲、南北美洲等5个地区按顺序排列。

由于资料不详，未收进的国家有阿塞拜疆、吉尔吉斯斯坦、塔吉克斯坦、马绍尔群岛共和国和帕劳。

2. 人口除日本采用日本自治省调查的数字外，均使用日本外务省大臣官房编《世界各国一览表1997年版》的数字。

3. 电视机和收音机的台数统计方法各国有所不同，有的采用推算数(或以上市台数为准)，有的采用收音机、电视机的接收许可证数。收取接收费的国家，一般都是采用接收许可证数。所以，实际的接收工具台数可能要比表上显示的数量多。

4. 人口和接收工具的台数的出处及调查年月附在表外。

5. 年费用额使用的省略符号：

R：广播费用

T：黑白电视费用

CT：彩色电视费用

T/CT：黑白和彩色电视并用费用

RCT：广播和彩色电视并用费用

RT/RCT：广播和电视（黑白及彩色）并用费用

6. 主要资料来源为《联合国教科文组织（UNESCO）1996年统计年鉴》(表中缩写为UN)，其他资料的出处在各项或栏外标明。

各洲广播电视一览

地区	国数	开办广播的国家数	开办电视的国家数	开办彩色电视的国家数	各彩色制式的使用国家数		
					NTSC	PAL	SECAM
世界	196	196	184	183	44	95	50
亚洲	44	44	43	43	7	31	9
非洲	53	53	49	49	1	26	23
欧洲	45	45	43	43	0	28	16
大洋洲	16	16	11	10	3	5	2
南北美洲	38	38	38	38	33	5	0

注：1) 未开办电视的国家有12个，按地区分布如下：欧洲2个，亚洲1个，大洋洲5个，非洲4个。

2) 在彩色电视制式上同时使用PAL和SECAM制式的国家有卢森堡、沙特阿拉伯、越南和突尼斯；同时使用PAL和NTSC制式的国家有也门和朝鲜等国，两种制式重复计算。瓦努阿图由于电视开办状况不详，未收入彩色电视的国家内。

亚 洲

UN：UNESCO 统计年鉴（时间截止 1994.12）
EBU：欧广联统计（时间截止 1994.12.31）
TBI：《国际电视业年鉴》

国 名（人口单位 1000 人）	收音机		电视机			年费用额及其他
	台 数	资料	台 数	资料	标准制式 彩色制式	
阿富汗（20140）	2230000	UN	185000	UN	B/PAL	
阿拉伯联合酋长国（2310）	580000	UN	200000	UN	B/PAL G/PAL	
也门共和国（14500）	450000	UN	390000	UN	B/PAL B/NTSC	
以色列（5550）	2610000	UN	770000	EBU	B/PAL G/PAL	CT383 以色列镑
伊拉克（20450）	4335000	UN	1500000	UN	B/SECAM	
伊 朗（67280）	15550000	UN	4076000	UN	B/SECAM	
印 度（935740）	74000000	UN	37000000	UN	B/PAL	
印度尼西亚（193750）	28800000	UN	12000000	UN	B/PAL	
乌兹别克斯坦（22840）	1800000	UN	4250000	UN	D/SECAM K/SECAM	
阿 曼（2160）	1210000	UN	1375000	UN	B/PAL G/PAL	
哈萨克斯坦（16590）	6400000	UN	4250000	UN	D/SECAM K/SECAM	
卡塔尔（550）	231000	UN	215000	UN	B/PAL	
韩国（44850）	45300000	UN	14408000	UN	M/NTSC	T/CT2500 圆
柬埔寨（9840）	1080000	UN	80000	UN	D/PAL	
朝鲜（23920）	2950000	UN	1000000	UN	D/PAL K/PAL M/NTSC	
塞浦路斯（740）	220000	UN	235000	UN	B/PAL G/PAL	
科威特（1690）	726000	UN	620000	UN	B/PAL G/PAL	

续表

国 名 （人口单位 1000人）	收音机		电视机			年费用额及其他
	台 数	资料	台 数	资料	标准制式 彩色制式	
沙特阿拉伯 （17880）	5125000	UN	4455000	UN	B/SECAM B/PAL	
叙利亚 （14190）	3640000	UN	880000	UN	B/PAL G/PAL	
新加坡 （2990）	1820000	UN	1100000	UN	B/PAL	
斯里兰卡 （18350）	3650000	UN	900000	UN	B/PAL	
泰国 （59400）	11050000	UN	6800000	UN	B/PAL	
土库曼斯坦 （4100）	不详		720000	UN	B/SECAM K/SECAM	
土耳其 （61640）	9850000	UN	11000000	UN	B/PAL G/PAL	
日 本 （125260）*	126423310	97民力 （1996， 9）	36125796 其中卫星件数 8517703	NHK 调查 1997， 10	M/NTSC	
尼泊尔 （21920）	745000	UN	100000	UN	B/PAL	
巴 林 （590）	305000	UN	236000	UN	B/PAL G/PAL	
巴基斯坦 （129810）	12000000	UN	2600000	UN	B/PAL	
孟加拉国 （120430）	5500000	UN	685000	UN	B/PAL	
菲律宾 （70470）	9500000	UN	3200000	UN	M/NTSC	
不 丹 （1640）	28000	UN	不详		—	
文 莱 （290）	76000	UN	68000	UN	B/PAL	

续表

国　名 （人口单位 1000人）	收音机		电视机			年费用额及其他
	台　数	资料	台　数	资料	标准制式 彩色制式	
越　南 （74550）	7600000	UN	3100000	UN	PAL SECAM	标准制式不详
马来西亚 （20100）	8500000	UN	3100000	UN	B/PAL	
缅　甸 （46530）	3750000	UN	226000	UN	M/NTSC	
马尔代夫 （250）	29000	UN	6000	UN	B/PAL	
蒙　古 （2410）	322000	UN	100000	UN	D/SECAM	
约　旦 （5440）	1265000	UN	395000	UN	B/PAL G/PAL	
老　挝 （4880）	600000	UN	40000	UN	M/PAL	
黎巴嫩 （3010）	2590000	UN	1050000	UN	B/SECAM G/SECAM	

非　洲

UN：UNESCO统计年鉴（时间截止1994.12）
TBI：《国际电视业》年鉴

国　名 （人口单位 1000人）	收音机		电视机			年费用额及其他
	台　数	资料	台　数	资料	标准制式 彩色制式	
阿尔及利亚 （28550）	6450000	UN	2150000	UN	B/PAL	
安哥拉 （11070）	320000	UN	70000	UN	I/PAL	
乌干达 （19850）	2210000	UN	230000	UN	B/PAL	
埃　及 （59230）	18950000	UN	6700000	UN	B/SECAM G/SECAM	
埃塞俄比亚 （56680）	10550000	UN	230000	UN	B/PAL	
厄立特里亚 （3530）	300000	UN	1000	UN	PAL	标准制式不详
佛得角 （390）	67000	UN	1000	UN	PAL	标准制式不详
喀麦隆 （13280）	1900000	UN	309000	UN	B/PAL	

续表

国名（人口单位1000人）	收音机		电视机			年费用额及其他
	台数	资料	台数	资料	标准制式彩色制式	
加纳（17450）	3880000	UN	1500000	UN	B/PAL	
加蓬（1320）	189000	UN	49000	UN	K'/SECAM	
冈比亚（1120）	176000	UN	3000	UN	—	
几内亚（6700）	280000	UN	50000	UN	K'/SECAM	
几内亚比绍（1070）	42000	UN	不明		NTSC	标准制式不详
肯尼亚（30520）	2400000	UN	295000	UN	B/PAL	
科特迪瓦（14230）	1975000	UN	822000	UN	K/SECAM	
科摩罗（650）	81000	UN	200	UN	—	
刚果（2590）	290000	UN	18000	UN	K/SECAM	
刚果民主共和国（43900）	4150000	UN	63000	UN	K/SECAM	
圣多美和普林西比（130）	35000	UN	21000	UN	PAL	标准制式不详
赞比亚（9370）	760000	UN	245000	UN	B/PAL	
塞拉利昂（4510）	1025000	UN	48000	UN	B/PAL	
吉布提（580）	46000	UN	25000	UN	K'/SECAM	
津巴布韦（11530）	945000	UN	297000	UN	B/PAL	
苏丹（28100）	7050000	UN	2180000	UN	B/PAL	
斯威士兰（910）	136000	UN	17000	UN	B/PAL G/PAL	
塞舌尔（80）	35000	UN	6000	UN	B/PAL	
赤道几内亚（400）	165000	UN	4000	UN	B/SECAM	

续表

国名（人口单位1000人）	收音机		电视机			年费用额及其他
	台数	资料	台数	资料	标准制式 彩色制式	
塞内加尔（8350）	945000	UN	297000	UN	K'/SECAM	
索马里（9250）	375000	UN	120000	UN	B/PAL	
坦桑尼亚（30340）	740000	UN	60000	UN	PAL	标准制式不详
乍得（6360）	1520000	UN	9000	UN	D/SECAM	
中非共和国（3320）	235000	UN	16000	UN	K/SECAM	
突尼斯（8900）	1740000	UN	710000	UN	PAL SECAM	标准制式不详
多哥（4140）	850000	UN	30000	UN	K/SECAM	
尼日利亚（111720）	21300000	UN	4150000	UN	B/PAL G/PAL	
纳米比亚（1540）	208000	UN	34000	UN	I/PAL	
尼日尔（9150）	540000	UN	44000	UN	K'/SECAM	
布基纳法索（10200）	280000	UN	55000	UN	K'/SECAM	
布隆迪（5980）	400000	UN	9000	UN	K'/SECAM	
贝宁（5560）	480000	UN	29000	UN	K'/SECAM	
博茨瓦纳（1460）	180000	UN	24000	UN	SECAM	标准制式不详
马达加斯加（14760）	2740000	UN	280000	UN	K'/SECAM	
马拉维（9790）	2450000	UN			—	
马里（10800）	465000	UN	14000	UN	K'/SECAM	
南非共和国（41240）	12750000	UN	4100000	UN	I/PAL	T/CT189 兰特
毛里求斯（1120）	405000	UN	245000	UN	B/SECAM	
毛里塔尼亚（2280）	327000	UN	55000	UN	B/SECAM	

续表

国　　名 （人口单位 1000人）	收　音　机		电　视　机			年费用额及其他
	台　数	资料	台　数	资料	标准制式 彩色制式	
莫桑比克 (17420)	580000	UN	55000	UN	B/PAL	
摩洛哥 (27110)	5800000	UN	2100000	UN	B/SECAM	
利比亚 (5410)	1180000	UN	525000	UN	B/PAL	
利比里亚 (2760)	670000	UN	55000	UN	B/PAL	
卢旺达 (7950)	520000	UN			—	
莱索托 (2050)	65000	UN	20000	UN	I/PAL	

欧　洲

UN：UNESCO 统计年鉴（时间截止 1994.12）
C&SE：《欧洲有线电视与卫星电视》1997.1，

国　　名 （人口单位 1000人）	收　音　机		电　视　机			年费用额及其他
	台　数	资料	台　数	资料	标准制式 彩色制式	
冰　岛 (270)	211000	UN	93595	C&SE	B/PAL G/PAL	R7200 冰岛克朗 CT 24000 冰岛克朗
爱尔兰 (3580)	2250000	UN	1040000	C&SE	I/PAL	CT 62 爱尔兰镑
阿尔巴尼亚 (3650)	650000	UN	310000	UN	B/PAL G/PAL	
亚美尼亚 (3600)	不详		800000	UN	D/SECAM K/SECAM	
安道尔 (70)	14000	UN	24000	UN	PAL	标准制式不详
英　国 (58260)	83000000	UN	25500000	UN	I/PAL	T32.50 英镑 CT97.50 英镑（自1998年4月）
意大利 (57190)	45850000	UN	20200000	C&SE	B/PAL G/PAL	R3540 里拉/台 RCT161450 里拉/台
乌克兰 (51640)	41800000	UN	17520000	UN	D/SECAM K/SECAM	
爱沙尼亚 (1530)	720000	UN	565000	UN	D/SECAM K/SECAM	R 804 先令
奥地利 (8050)	4900000	UN	2991000	C&SE	B/PAL G/PAL	CT2695 先令 RCT 2801.76 先令（ORF）*

续表

国 名（人口单位1000人）	收音机		电视机			年费用额及其他
	台 数	资料	台 数	资料	标准制式 彩色制式	
荷 兰 (15450)	14000000	UN	6280000	C&SE	B/PAL G/PAL	R55 盾 RCT188 盾
希 腊 (10460)	4350000	UN	3161000	C&SE	B/SECAM G/SECAM	
格鲁吉亚 (5460)	3000000	UN	2500000	UN	D/SECAM K/SECAM	
克罗地亚 (4500)	1174000	UN	870000	C&SE	B/PAL G/PAL	R270 第纳尔 RCT360 第纳尔
圣马力诺 (30)	15000	UN	9000	UN	B/PAL G/PAL	
瑞 士 (7040)	6000000	UN	2880000	C&SE	B/PAL G/PAL	R160.80 瑞士法郎 CT248.40 瑞士法郎 (SRG)*
瑞 典 (8830)	7680000	UN	3980000	C&SE	B/PAL G/PAL	CT1440 瑞典克郎
西班牙 (39210)	12350000	UN	11710000	C&SE	B/PAL G/PAL	
斯洛伐克 (5360)	3030000	UN	1900000	C&SE	D/SECAM K/SECAM	R240 斯洛伐克克郎 CT600 斯洛伐克克郎
斯洛文尼亚 (1980)	735000	UN	650000	C&SE	B/PAL G/PAL	R5215 特拉尔 RCT17570 特拉尔
捷 克 (10330)	6500000	UN	3600000	C&SE	D/SECAM K/SECAM	CT600 捷克克郎
丹 麦 (5230)	5360000	UN	2380000	DR *1996	B/PAL G/PAL	R192 丹麦克郎 RCT1299.20 丹麦克朗
德 国 (81640)	37311551	ARD *1997.6	33387365	ARD *1997.6	B/PAL G/PAL	R113.40 马克 RT/RCT339 马克
挪 威 (4360)	345000	UN	1760000	C&SE	B/PAL G/PAL	1420 挪威克郎
梵蒂冈 (1)	不详		不详		—	广播主要进行国际广播电视，收看意大利的节目
匈牙利 (10230)	6350000	UN	3802000	C&SE	D/PAL K/PAL	CT5520 福林
芬 兰 (5110)	5100000	UN	2057000	C&SE	B/PAL G/PAL	CT862 芬兰马克
法 国 (58140)	51450000	UN	20897000	C&SE	L'/SECAM L/SECAM	T471 法郎 CT735 法郎（自 1998 年 1 月）

续表

国　名（人口单位 1000 人）	收音机		电视机			年费用额及其他
	台　数	资料	台　数	资料	标准制式 彩色制式	
保加利亚 (8400)	4000000	UN	2876000	C&SE	D/SECAM K/SECAM	
白俄罗斯 (10140)	2900000	UN	2300000	UN	D/SECAM K/SECAM	
比利时 (10110)	7800000	UN	4088000	C&SE	B/PAL G/PAL H/PAL	R1032 比利时法郎/台（车用收音机） T4968 比利时法郎 CT7152 比利时法郎
波　兰 (38590)	16900000	UN	11000000	C&SE	D/PAL K/PAL	R24 兹罗提 RCT69.60 兹罗提
波斯尼亚·黑塞哥维那 (4480)	800000	UN	不详		B/PAL G/PAL	
葡萄牙 (10800)	2290000	UN	3100000	C&SE	B/PAL G/PAL	
马其顿 (2160)	390000	UN	355000	UN	B/PAL G/PAL	R1320 马其顿第纳尔 RCT3960 马其顿第纳尔
马耳他 (370)	193000	UN	272000	UN	B/PAL	
摩纳哥 (30)	33000	UN	24000	UN	L'/SECAM L/SECAM	
摩尔多瓦 (4430)	3000000	UN	1200000	UN	D/SECAM K/SECAM	
南斯拉夫联邦共和国 (10540)	不详		2200000	C&SE	B/PAL G/PAL	
拉脱维亚 (2520)	1710000	UN	826000	C&SE	D/SECAM K/SECAM	
立陶宛 (3720)	1435000	UN	1300000	C&SE	D/SECAM K/SECAM	
列支敦士登 (30)	21000	UN	10000	UN	—	电视收看瑞士广播公司的德语电视节目
罗马尼亚 (22680)	4680000	UN	7400000	C&SE	D/PAL G/PAL	CT3360 列伊
卢森堡 (410)	255000	UN	160000	C&SE	B/PAL L/SECAM	
俄罗斯联邦 (148140)	50000000	UN	55500000	UN	D/SECAM K/SECAM	

* 各国的广播机构公布的数字

大洋洲

UN：UNESCO 统计年鉴（时间截止 1994.12）
TBI：《国际电视业》年鉴

国　名（人口单位 1000 人）	收音机		电视机			年费用额及其他
	台　数	资料	台　数	资料	标准制式 彩色制式	
澳大利亚（18050）	23050000	UN	8730000	UN	B/PAL	
基里巴斯（80）	16000	UN			—	
萨摩亚（170）	78000	UN	7000	UN	—	
所罗门群岛（380）	45000	UN	2000	UN	—	
图瓦卢（10）	3000	UN			—	
汤　加（100）	55000	UN	2000	UN	—	
瑙　鲁（10）	6000	UN	620	TBI	PAL	标准制式不详
新西兰（3540）	3500000	UN	1800000	UN	B/PAL	
瓦努阿图（170）	49000	UN	2000	UN	不详	
巴布亚新几内亚（4070）	320000	UN	12000	UN	B/PAL G/PAL	
斐　济（780）	468000	UN	13000	UN	B/PAL	
密克罗尼西亚联邦（110）	135000	UN *	10000	UN *	M/NTSC	
关　岛（149）	206000	UN	97000	UN	M/NTSC	
新喀里多尼亚（186）	100000	UN	48000	UN	K'/SECAM	
法属玻利尼西亚（220）	119000	UN	37000	UN	K'/SECAM	
美属萨摩亚（56）	53000	UN	12000	UN	M/NTSC	

* UNESCO 统计年鉴（时间截止 1993.12）

南北美洲

B&C Ybk：广播电视年鉴，1996（美国出版时间截至 1995.1）
TVC Fbk：无线与有线电视资料手册 1997（时间截至 1996.11）
UN：UNESCO 统计年鉴（时间截止 1994.12）

国 名（人口单位1000人）	收音机		电视机			年费用额及其他
	台 数	资料	台 数	资料	标准制式 彩色制式	
美国（263030）	588000000	B&C Ybk	297602600	TVC Fbk	M/NTSC	
阿根廷（34770）	23000000	UN	7500000	UN	N/PAL	
安提瓜·巴布达（70）	28000	UN	24000	UN	M/NTSC	
乌拉圭（3190）	1920000	UN	735000	UN	N/PAL	
厄瓜多尔（11460）	3670000	UN	990000	UN	M/NTSC	
萨尔瓦多（5770）	2500000	UN	2500000	UN	M/NTSC	
圭亚那（840）	405000	UN	33000	UN	M/NTSC	
加拿大（29610）	30640000	UN	19973000	UN	M/NTSC	
古 巴（11040）	3800000	UN	1870000	UN	M/NTSC	
危地马拉（10620）	700000	UN	545000	UN	M/NTSC	
格林纳达（90）	55000	UN	31000	UN	M/NTSC	
哥斯达黎加（3330）	870000	UN	475000	UN	M/NTSC	
哥伦比亚（35100）	6150000	UN	4070000	UN	M/NTSC	
牙买加（2530）	1060000	UN	345000	UN	M/NTSC	
苏里南（420）	285000	UN	59000	UN	M/NTSC	
圣克里斯托弗·尼维斯（40）	27000	UN	9000	UN	M/NTSC	
圣之森特·格林纳丁斯（110）	74000	UN	16000	UN	M/NTSC	
圣卢西亚（150）	107000	UN	27000	UN	M/NTSC	
智 利（14210）	4850000	UN	2960000	UN	M/NTSC	

续表

国　名 (人口单位 1000人)	收　音　机		电　视　机			年费用额及其他
	台　数	资料	台　数	资料	标准制式 彩色制式	
多米尼加共和国 (7920)	1330000	UN	695000	UN	M/NTSC	
多米尼加联邦 (70)	43000	UN	5000	UN	M/NTSC	
特立尼达和多巴哥 (1310)	635000	UN	410000	UN	M/NTSC	
尼加拉瓜 (4540)	1120000	UN	285000	UN	M/NTSC	
海　地 (7180)	350000	UN	34000	UN	M/NTSC	
巴拿马 (2630)	586000	UN	440000	UN	M/NTSC	
巴哈马 (280)	200000	UN	61000	UN	M/NTSC	
巴拉圭 (4830)	830000	UN	400000	UN	M/PAL	
巴巴多斯 (260)	229000	UN	73000	UN	M/NTSC	
巴　西 (155820)	62500000	UN	33200000	UN	M/PAL	
委内瑞拉 (21640)	9480000	UN	3500000	UN	M/NTSC	
伯利兹 (220)	122000	UN	35000	UN	M/NTSC	
秘　鲁 (23560)	5950000	UN	2310000	UN	M/NTSC	
玻利维亚 (7410)	4850000	UN	820000	UN	M/NTSC N/NTSC	
洪都拉斯 (5950)	2240000	UN	428000	UN	M/NTSC	
墨西哥 (90490)	23500000	UN	15000000	UN	M/NTSC	
格陵兰 (58)	24000	UN	12000	UN	B/PAL	
百慕大 (63)	80000	UN	58000	UN	M/NTSC	
波多黎各 (3674)	2600000	UN	973000	UN	M/NTSC	

(王玉华译)

北京广播学院1997年硕士学位研究生入学考试试题选

新闻广播电视理论和历史试题*

一、名词解释：（共5题，每题4分，共20分）

多媒体

新闻道德

舆论

新闻真实性

拒检运动

二、论述题：（每题20分，五题任答其中四题，共80分，不得全答）

（一）1996年9月26日，江泽民同志视察人民日报社时的讲话主要内容是什么？

（二）社会主义同资本主义两种新闻广播事业的根本区别是什么？

（三）"五四"时期我国新闻业务的重大改革表现在哪些方面？

（四）谈谈邵飘萍的新闻活动及贡献。

（五）谈谈斯诺《红星照耀中国》的采写和影响。

（广告学方向选答以下问题，不记入总分，作为录取参考）

1. 简述受众调查的基本功能。（10分）

2. 什么叫传播中的经验？对广告活动的意义是什么？（10分）

3. 简述1979年中国重建广告市场的主要动力。（10分）

新闻广播电视业务试题

（第一部分　各方向必答）

一、名词解释　（每题4分，共20分）

1. 新闻导语
2. 有线广播电视
3. 细节材料
4. 编后
5. 间奏乐

二、问答题　（每题15分，共30分）

1. 广播现场报道的优势和难点。
2. 广播电视评论选题有哪些要求。

（第二部分　新闻广播理论、新闻广播业务、中国广播电视史方向必答）

一、论述题（每题15分，共30分）

1. 为什么说消息是新闻报道的主角？分析当前广播消息主要存在的问题及改进思路。

2. 谈谈穆青采写的人物专稿的主要特点，有哪些方面值得我们学习借鉴？

二、作品分析（20分）

分析《一位母亲的呼吁　摘自一封震撼人心、发人深省的举报信》主题的针对性及其特色。（正文略）

第二部分（英语新闻采编、英语节目主持艺术方向必答）

A. Translate the following passage into Chinese.（20points）（正文略）

B. Write a news report in English in about 500 words according to the following news report（30 points).（正文略）

（第二部分　主持人节目方向必答）

一、填空（每题5分，共20分）

1. 电视节目主持人的人体语言（又称体态语言）主要指________、________、________、________等，运用人体语言应掌握的基本原则是________________。________________。2. 主持人直播与录播相比，其优势是________。____。

3. 板块节目的含义是________________。构成板块节目的基本要素是________________。从内容和性质划分，板块节目的类型有________。

4. 综艺节目一般可分为两大类型，它们是________、________，综艺节目的基本特点是________。

二、问答题（每题15分，共30分）

1. 请结合实例，论述广播电视新闻评论类主持人节目的地位作用和新闻评论类节目主持人的素质构成。

2. 联系广播电视系列台发展现状，论述系列专业台出现的意义、优势及其存在问题。

（第二部分　广播电视经济方向必答）

一、解释概念（每题5分，共15分）

1. 企业制度
2. 市场机制
3. 信息经济

二、选择题（有几个正确答案就选择几个，并将备选答案前边的字母填写在题目后面的括号中。多选错选漏选，全题不计分。每题3分，共9分）

1. 社会主义初级阶段的主要矛盾是（　　）

A. 生产力与生产关系的矛盾

B. 上层建筑与经济基础的矛盾

C. 无产阶级与资产阶级的矛盾

D. 人民日益增长的物质文化需要同落后的社会生产之间的矛盾

2. 我国流通体制改革的方向应该是（　　）

A. 多种流通渠道

B. 单一化，多环节

C. 开放式、多形式、多渠道、少环节

D. 城乡畅通、地区交流、四通八达的流通网络

3. 商品市场主要是指（　　）

A. 生产资料市场

B. 劳动力市场

C. 技术市场

D. 消费品市场

三、问答题（每题13分，共26分）

1. 如何科学地理解我国现阶段的所有制结构？

2. 何谓产业？简述我国的产业结构及发展趋势。

（第二部分　新闻心理学方向必答）

一、填空（每空1分，共20分）

1. 人的个性心理包括个性心理特征和个性意识倾向性。个性心理特征又包括________、________、________，个性意识倾向性又包括________、________、________、________、________。

2. 工作记忆又可称为________或________记忆。

3. 有心理学家认为创造性思维的心理成分是________思维和________思维。

4. 通常人们把向性分为________型，________型和________型。

5.〔美〕马斯洛（Abraham. H. Maslow）曾将人的需要分为五类：________、________、________、________、________。

二、名词解释（每题2分，共10分）

1. 意志

2. 新闻敏感

3. 光环效应

4. 角色期望

5. 受众逆反心理

三、问答题：

1. 具有良好的性格特征对新闻工作者有什么意义？（10分）

2. 试析思维定势对新闻采访活动的影响。（10分）

新闻广播电视业务（广告学方向）试题

一、名词解释（每题5分，共35分）

1. 精确报道　2. 受众调查　3. 报业集团　4. 服务性新闻　5. 广告性新闻　6. 有偿新闻　7. 新闻由头

二、简答题（共15分）

世界性通讯社的共性和特色有哪些？

三、判断下列说法或陈述是否正确。在你认为正确的说法后面打"√"；在你认为错误的说法后面打"×"。（每题1分，共5分）

1. 在任何条件和场合下，目标市场和广告对象都是一致的。（　　）

2. 中国早在宋朝就已经开始使用今天意义上的"广告"一词。（　　）

3. 广告只是对企业的商品进行宣传。（　　）

4. 在现代企业活动中，广告费用成为构成商品成本的一部分。（　　）

5. USP学说的基本前提是：视消费者为理性消费者。（　　）

四、扼要说明下列概念的区别与联系。（每题3分，共15分）

1. 广告计划与广告策划

2. 广告作品与广告活动

3. 广告诉求点与消费者关心点

4. 讯息与信息

5. 受众与消费者

五、简答题（每题10分，共30分）

1. 简述促使现代广告产生与发展的主要因素。

2. 简述你对名人广告的看法。

3. 述评1996年中国广告业的现状与发展。

新闻广播电视业务（电视新闻方向）试题

一、名词：（每题5分，共20分）

1. 新闻价值

2. 新闻时效性

3. 新闻线索

4. 新闻五要素

二、问答题

1. 什么是新闻采访，简述新闻采访与报道的关系。（10分）

2. 什么是新闻评论，结合实例谈谈新闻评论的特点与要求。（20分）

三、名词解释（每题2分）

电视专栏节目

运动镜头

节目主持人

现场采访

蒙太奇思维

四、问答题（每题10分）

1. 电视新闻深度报道的特点是什么？

2. 电视报道取材中获取现场声音为什么很重要？

五、论述题（20分）

分析电视新闻中画面和说明词各自承担什么样的表意功能，它们之间的关系是怎样的。

综合考试（新闻）试题

一、词语解释（选作4题，每题4分，共16分。注意：前3题至少选2题）

1.《春秋》和"春秋三传"

2. 话本

3. “左联”
4. 语言规范化、通俗化、口语化
5. 租庸调
6. 洋务运动

二、填空（每空 0.5 分，共 8 分）

1. 中国文学史上的第一部诗歌总集为（《　　》），第一部文章总集是（《　　》），第一篇文学批评专论为曹丕的（《　　》），而第一部有严密体系的文学理论专著则是刘勰的（《　　》）。

2. 中国现代文学的伟大旗手鲁迅，除创作了大量小说和杂文外，还写了收集在（《　　》）中的历史小说和收集在（《　　》）中的散文。

3. 史学界一般认为，中国封建社会始于公元前 221 年秦始皇统一全国，迄于 1911 年辛亥革命推翻清王朝。在漫长的 2000 多年中，除历时近 400 年的（　　）、（　　）、（　　）和近 60 年的（　　）的分裂混战外，统一始终是历史发展的主流。即使在分裂时期，中华民族也从来没有动摇统一的信心，放弃统一的努力。

4. 中国近代第一个系统介绍西方资产阶级社会政治学说的启蒙思想家是（　　），他翻译了（《　　》），最早介绍了达尔文的（　　）学说。

5. 美国《独立宣言》是（　　）年（　　）月在大陆会议上通过的。是由（　　）本着资产阶级民主精神写成的。

三、选择（每选 0.5 分，共 8 分。除要求划线的以外，请把所选项的序号填在本题末的括号内）

1. 中国古典文学源远流长，几乎每个朝代都有新的文体出现，都有相应的代表性作家。请用连线的方法指出下列文体繁荣时期及其代表性作家（本题共 4 分。注意：每项都可能出现两属的情况，即一个时代可能有两种文体，一种文体有两位代表性作家，一位作家擅长两种文体；连对其一即给分。）：

时代	文体	代表性作家
战国	变文	关汉卿
西汉	话本	屈　原
唐	杂剧	无名氏
宋	小品文	袁宏道
元	策论	晁　错
明	赋	宋　玉
	骚	张　岱
		贾　谊
		马致远

2. 李大钊在 1918 年发表的一篇文章中，首次对俄国十月革命的性质作了较深刻的阐述，这篇文章是 A.《法俄革命之比较观》；B.《庶民的胜利》；C.《布尔什维主义的胜利》（　　）。

3. 欧洲文学史上第一部标准的古典主义悲剧是 A. 埃斯库罗斯的《被缚着的普罗米修斯》；B. 拉辛的《安得洛玛克》；C. 伏尔泰的《俄狄浦斯》（　　）。

4. 南京是我国的古都之一，在封建社会曾有八个政权以这里为都城，它们是：A. 三国时的吴，东晋，南北朝时的宋、齐、梁、陈，五代的南唐和明代初期；B. 春秋时期的吴，东汉，南北朝的宋、齐、梁、陈，南宋和明代初期；C. 三国时的吴，东汉，东晋，南北朝的陈，南梁，南唐，越，明太祖（　　）。

5. 我国很早就有农业方面的科学著作，现在完整保存下来的最古的农书是：A.《汜胜之书》；B.《农政全书》；C.《齐民要术》（　　）。

四、问答题（选作 3 题，共 28 分。前 3 题选 2 题，每题 8 分；第 4 题必答，12 分。）

1. “诗无达诂”论这种鉴赏观念的积极意义在哪里，有什么局限性？

题解：我国古代诗论中有所谓“诗无达诂”论，（“达诂”的意思是确切的解释或理解）认为不同的读者对于同一作品往往有不同的理解。《左传》曾记载一种说法：“赋《诗》断章，余取所求焉”，说我引用或理解《诗经》，本着自己的所需。这种情况在先秦和秦汉时期非常普遍，但正式概括为“诗无达诂”的却是董仲舒。后人接受并发展了这种看法，如“《诗》无定形，读《诗》者亦无定解”，“观诗各随所得，或与此语本无交涉”，遂成为对于文艺作品的一种鉴赏观念。西方也有所谓“一千个读者，就有一千个哈姆雷特”的说法，因此在接受心理学和阅读现象学中都强调读者参与。这些说法都在于说明在文艺鉴赏中存在着理解和审美的差异性，即不同的鉴赏者对同一作品可以仁者见仁、智者见智。

2. 略述毛泽东的《在延安文艺座谈会上的讲话》的意义。

3. 我国近代史上的维新变法失败的原因是什么？

4. 下面是李贽《童心说》的片断，请：

（1）标点未标点的段落（3 分；标错 1 处扣 0.2 分）：

……夫童心者，绝假纯真，最初一念之本心也。若失却童心，便失却真心；失却真心，便失却真人。人而非真，全不复有初矣。

……

夫既以闻见道理为心矣则所言者皆闻见道理之言非童心自出之言也言虽工于我何与岂非以假人言假言而事假事文假文乎盖其人既假则无所不假矣由是以假言与假人言则假人喜以假事与假人道则假人喜以假文与假人谈则假人喜无所不假则无所不喜满场是假矮人何辩也然则虽有天下之至文其湮灭于假人而不尽见于后世者又岂少哉何也天下之至文未有不出于童心焉者也苟童心常存则道理不行闻见不立无时不文无人不文无一样创制体格文字而非文也诗何必古选文何必先秦降而为六朝变而为近体又变而为传奇变而为院本为杂剧

为西厢曲为水浒传为今之举子业皆古今至文不可得而时势先后论也故吾因是而有感于童心者之自文也更说什么六经更说什么语孟乎

夫《六经》、《语》、《孟》，非其史官过为褒崇之词，则其臣子极为赞美之语。又不然，则其迂阔门徒，懵懂弟子，记忆师说，有头无尾，得后遗前，随其所见，笔之于书。后学不察，便谓出自圣人之口也，决定目之为经矣，孰知其大半非圣人之言乎？纵出自圣人，要亦有为而发，不过因病发药，随时处方，以救此一等懵懂弟子，迂阔门徒云耳。药医假病，方难定执，是岂可遽以为万世之至论乎？然则《六经》、《语》、《孟》，乃道学之口实，假人之渊薮也，断断乎其不可以语于童心之言明矣。呜呼！吾又安得真正大圣人童心未曾失者而与之一言文哉！（《焚书》卷三）

（2）解释词语（3分）

既以闻见道理为心（1分）

不可得而时势先后论也（1分）

于我何与（1分）

(3)扼要阐述李贽提倡是什么、反对什么及其主张的意义和局限性。(6分)

五、政论写作（40分）

题目：以正确的舆论引导人

（说明：1. 紧密联系实际，切忌泛泛而论；2. 精心提炼论点，力求集中而中肯；3.1200字以内，超过酌情扣分；4. 按格书写，字迹清楚。）

北京广播学院九七届新闻学硕士研究生毕业论文篇目

姓 名	题 目
王蓟阳	刍论电视对外节目走向国际化
高雄杰	纪实性电视剧的纪实美学特征
刘 浚	保持“中间地带”——论《60分钟》的叙述模式
罗振宇	从“娱乐工具”到“理性媒介”：中国电视文化的本体回归
郭艳民	当前中外纪录片创作手法及观念比较研究
周 越	电视评论研究
董惠池	电视时代的美国总统竞选
姚长盛	电视新闻评论的发展走向
刘 坚	电视新闻评论性节目的栏目定位
李金慧	电视与儿童——特殊的媒介与特殊的受众
丛 笑	关于电视纪录片的女性批评
王健平	关于广播系列台发展的透析
孙湘源	纪实创作的主客关系
张 溶	论电视述评的传播策略
许 迅	论电视体育转播
王学锋	论节目主持人的文化模式
黄楚新	论美国电视新闻发展的特色
杜丽华	论舆论导向中的辩证法
范晓晶	民国时期广播报刊研究
徐立军	试论节目主持艺术的特性及美学内涵
何志新	新闻媒介联合论
游 亮	中国对外电视节目主持艺术初探
张绍刚	再造“俗”文化的创作氛围

1997年中国国际广播电台驻外及驻香港、澳门记者名单

日 本：
夏文达

法 国：
高发明 陈海泉

墨西哥：
胡 敏

泰 国：
田义云、陆永江

埃 及：
刘广聚 涂龙德

联合国：
钱雨润

澳大利亚：
史春永

比利时：
姜德山 高世军

土耳其：
徐 玫

瑞 士：
钱慰曾 黄良德

卡塔尔：
吴茴董 贾灵坚

英 国：
许华珍 吴 佳

以色列：
伊怀杰 刘 玲

南斯拉夫：
郭志家

巴基斯坦：
孙莲梅 石 新

美 国：
董振邦 董 军

德 国：
眭 卫

俄罗斯：
苏敬斌 范娟娟

津巴布韦：

程汉琛　殷立青

阿根廷：

唐万欣　古健兴

肯尼亚：

黄延龄　徐　军

印　度：

胡唯敏　蒋生元

尼日利亚：

李守明　张　哲　田宗宗　吴敬全

韩　国：

刘经哲　张元天

意大利：

赵泮仲　金　力

香　港：

张葭萍　张惠玲　范韩生

澳　门：

归祖勤

1997年中央电视台驻外及驻香港、澳门记者名单

美　国：

高　军　刘正铸

比利时：

顾玉龙　王晓琨

香　港：

高丽萍　董石才　孙　迅

马百山　吴晟伟　吴玉兰

马维军　孟凡鲁　刘开平

澳　门：

张玉山　韩　卫

汉语拼音索引

阿拉宁波人节目 254
艾知生逝世 508
艾知生中国广电学会理事会闭幕词 568
爱晚亭节目 254
爱我县城聚焦节目 244
安徽广电概况 97
安徽广电评奖 452
安徽旧电台名录 625
安徽人节目 255
安居乐业节目 245
安利 482
澳门广电概况 523

霸陵夜话节目 265
百花戏苑节目 252
百姓 60 分节目 249
百姓百事节目 279
百姓话题节目 239 276
百姓生活节目 272
百姓物品交换站节目 238
百姓与法节目 263
百业商情节目 249
百叶窗节目 261
宝音巴达拉呼 493
保龄大家乐节目 273
爆棚二人组节目 251
北京电视技术研讨会 219
北京电视台 471
北京电台听众调查 307
北京电台晚间新闻专辑 584
北京广播学院对外交流 536
北京广播学院新闻硕士研究生毕业论文篇目 645
北京广播学院研究生入学试题选 642
北京广电概况 77
北京广电评奖 444
北京广电局十五大报道 39
北京广电局香港回归宣传 31
北京广电局对外交流 536
北京广电局与港澳台交流 527
北京人民广播电台 470
北京市广播电视局 468
北京有线电视台 472
北京有线电视台收视调查 308
奔向 21 世纪的内蒙古节目 244
碧海风帆节目 262
编辑线节目 256
标准化工作 342
缤纷娱乐圈节目 253
播音节目主持艺术文章篇目 391
播音语言规范 198
播音员持证上岗规定 165
播音主持人语言书籍简目 351
播音主持作品奖获奖目录 410
不夜星空不夜人节目 270

财经视角节目 245
财经总汇节目 252
蔡文美 488
藏语广播 60
藏语文艺广播会 207
曹璐 190
草原列车节目 245
茶余饭后节目 257
柴永广 491
柴永广中国教育电视台十年纪念文章 575
长岭炼化有线广播电视台专辑 604
常青树节目 244
超越 80 分节目 241
朝语广播 60
陈兵 502
陈贵民 479
陈培爱 192
陈佩斯 490
陈圣来 495
陈双全 503
陈颂英 501
陈宜 503
陈逸男 495
陈志 490
陈忠善 492
城管天地节目 268
城市碰撞节目 257
城市扫描节目 244
城市特快节目 261

城乡交响曲节目　245
程茂德　478
程蔚东　198
创建精美电视文化　187
唇枪舌剑节目　257
崔洪　480

大富洋体育世界节目　273
大家谈节目　276
大连广电局对外交流　547
大陆桥节目　279
大事记　130
大视野节目　279
大写实节目　250
大众传播的误导　200
大众健康节目　261
戴崇礼　503
当代工人节目　236
党彩兰　502
党风廉政节目　273
刀承锦　501
地方电台民族语言广播　59
地方电台新闻研讨会　218
地区性广电会议　214
地区性广电研讨会　221
电脑音乐节目　238
电视大众文化与主体文化　197
电视多媒体应用计算机技术研讨会　220
电视购物节目　259　263
电视广播每周自办节目构成比重统计　513
电视广播事业发展统计　511
电视广播业务建设统计　513
电视广告效益对策　192
电视广告印象奖颁奖会　216
电视基础及应用书籍简目　350
电视纪录片视角变化　197
电视纪录片研讨会　218
电视教育节目评奖会　209
电视节目技术质量奖　328
电视节目市场　189
电视节目外销联合体会　212
电视节目主持人语言感情交流　199
电视经济宣传工作会议　214
电视剧概况　57
电视剧精品战略　176
电视剧生产单位清理整顿通知　170
电视剧市场运作　198
电视剧数量统计　517
电视剧题材规划会　203
电视军事节目委员会理事会　210
电视社会学　197
电视社教奖获奖名单　420
电视生活服务研讨会　218
电视外宣片创作长春电视台体会　285
电视外宣选题会　204
电视文化向导　188
电视文艺概况　57
电视文艺晚会电视化　198
电视新闻奖获奖名单　417
电视新闻年会　208
电视新闻真与美　196
电视新闻制片人制　196
电视形象树立　196
电视艺术家协会全国秘书长会　208
电视游戏节目探索　198
电视制片人研讨会　217
电台电视台有线台教育台审核登记通知　173
电影红茶馆节目　269
电子部广电设备产销统计　347
电子系统消费电子产品产销统计　348
丁百之　198
丁邦英　484
丁宝庭　480
丁关根台长研讨班讲话　4
东三省广播广告研讨会　221
董甫南　485
董建华　481
董庭玉　493
董育中　196
侗语广播节目　272
洞庭风节目　267
都市报道节目　264
都市生活节目　253
队伍构成统计　515
对国内广播使用语言统计　514
对台广播概况　61
对台广电交流概况　526
对外交流　530
对外宣传思考　178
多彩的星期天节目　256
多彩人生节目　275
多点直播报道　186

儿童剧场节目　237

法庭内外节目　254
法庭直播节目　267
法在身边节目　264
法之声节目　279
法制大视野节目　242
法制经纬节目　249　257
法制纵横节目　239　240
樊洁　197
范光第　482
范昀　186
方圆与规矩节目　278
方源　483
飞天奖电视剧评选及获奖名单　398
非常音乐节目　257
风采家庭节目　275
风景这边独好播出联席会　214
风景这边独好节目　275　278
风雅书情节目　271
冯建平　186
奉献节目　253
扶贫之窗节目　276
福建广电概况　99
福建广电评奖　452
福建广电厅音像管理　361
福建旧电台名录　624
福建省广播电视厅艺术委员会　468
福建广电厅对外交流　543
福建广电厅与港澳台交流　528
附录　610
傅荣贤　478
傅友山　504

改制务实节目　250
概况　45
干部培训经验交流会　211
甘肃广电概况　122
甘肃广电厅对外交流　547
甘肃音像出版社　362
赣中扫描节目　260
港澳台广播电视　518
港澳台与内地交流合作　527
港澳与内地广电交流概况　526
高福安　489
高剑夫　502
高连富　494
高清晰度电视研究　341
高鑫　487
工业生产　347
谷林　479
股海观潮节目　241
固定职工和合同制职工年末构成统计　515
顾琴芳　498
关东大地节目　247
观念之友节目　279
观众大广场节目　269
观众中来节目　252
光纤光缆数字传输技术研讨会　219
广播播音对象感　199
广播电视报运作原则　201
广播电视管理条例　148
广播电视管理条例学习贯彻通知　151
广播电视节目传送统计　510
广播电视条例答记者问　152
广播电视条例宣传提纲　154
广播电视史志研讨会纪要　576
广播电视志编修进展情况　580
广播电视作品及评介书籍简目　351
广播电台办公室管理会　209
广播电台经济信息网协作会　208
广播电影电视部　464
广播改革　183
广播基础及应用书籍简目　350
广播精品创作乌鲁木齐电台经验谈　289
广播剧创作笔会　218
广播剧奖获奖节目　406
广播剧冷落原因　195
广播剧数量统计　516

广播剧音乐境界 195
广播科研院概况 68
广播名牌战略 194
广播受众研究会 218
广播谈话节目思考 191
广播文艺获奖节目 407
广播文艺杂志节目 265
广播新闻暨技术年会 216
广播新闻奖获奖名单 411
广播新闻评选会 205
广播影视工作要点 21
广播影视五年成就 41 43
广播影视系统评奖 435
广播影视信息网络中心 467
广播再上台阶 194
广电报刊简介 356
广电报刊新闻专稿奖获奖名单 423
广电部高校科研教学成果奖获奖名单 438
广电部机关十五大代表 477
广电部设计院创建40周年 568
广电部设计院对外交流 535
广电部设计院概述 570
广电部社管司音像管理 357
广电部十五大报道 34
广电部无管会工作 345
广电部香港回归宣传 26
广电部因特网接入系统 340
广电对外交流概况 530
广电多功能高塔研讨会 216
广电法规目录 174
广电高中等教育概况 65
广电工程设计概况 69
广电管理文章篇目 397
广电广告概况 71
广电广告管理通知 162
广电广告文章篇目 396
广电获奖期刊简介 356
广电基础及应用书籍简目 349
广电技术文章篇目 394
广电界九届全国人大代表 477
广电界九届全国政协委员 477
广电科技工作概况 327
广电科技书籍简目 353
广电理论文章篇目 382
广电史文章篇目 397
广电史志年鉴简目 352
广电书籍简目 349
广电书籍简目补遗 353
广电书籍选介 354
广电网上业务设想 192
广电文艺文章篇目 389
广电系统经营座谈会 205
广电系统十五省区党建研讨会 217
广电系统享受政府特殊津贴人员名单 507
广电系统正高职称人员名单 505
广电信息网络技术标准 336
广电信息网络中心概况 70
广电行业形象 193
广电宣传理论含量 194
广电学会概况 72
广电学会史学研究会理事会纪要 578
广电学术论文评选获奖篇目 435
广电业务文章篇目 386
广电艺术团体概况 63
广电影视内审规定 158
广电影视厅局长座谈会 202
广电影视行政执法通知 172
广东电视台香港回归宣传 34
广东电台香港回归宣传 33
广东广播听众调查 319
广东广电概况 107
广东广电科技发展 343
广东广电评奖 455
广东省广播电影电视厅 469
广东有线FM883频道节目 269
广东有线广电网建成 342
广告文化乐园节目 277
广告消费节目 245
广科院对外交流 535
广科院与港澳台交流 527
广天广电通讯技术公司简介 572
广西电视台 471
广西电视艺术家协会 476
广西电台听众调查 320
广西电台听众来信综述 321
广西对外广播电台 470
广西广播电视科研所 474
广西广播电视学会 475
广西广电概况 109
广西广电评奖 456
广西广电厅对外交流 546
广西广电厅与港澳台交流 529
广西人民广播电台 470
广西音像出版社 474
广西有线广播电视台 472
广西广播电视厅 469
贵州报道节目 272
贵州电视台 472
贵州电台收听率调查 322
贵州东方音像出版社出版物 374
贵州广电概况 115
贵州广电评奖 457
贵州人民广播电台 470
贵州省广播电视厅 469
贵州广电科技活动 346
贵州广电厅对外交流 546
郭启儒 490
郭炎生 486
郭志恒 480
国货大视窗节目 251
国际电台播出时间表 225
国际电台对外交流 533
国际电台概况 49
国际电台十件大事 50
国际电台十五大报道 36
国际电台香港回归宣传 29
国际电台优秀节目评选获奖名单 441
国际电台驻外驻港澳记者名单 645
国际电台国际报道研讨会 219
国际电台两会报道研讨会 216
国际广播目标 195
国际广电技术讨论会 222
国际时事评论节目中央电视台经验 281
国际新闻奖获奖名单 425
国际性广电研讨会 221
国家广播电影电视总局 25
国家技术发明奖项目 328
国家科技进步奖项目 328
国家社会发展综合实验区广电事业 345
国家重点科技项目情况 341

海南广电概况 110
海青 493
海日漫步节目 259
海峡经济潮节目 258
海峡时空节目 257
海峡之声对台广播 62
邯郸有线新闻节目 242
韩辉 502
韩志晨 494
何成富 478
何光 479
何群茂 496
何裕畅 500
河北广电概况 81
河北广电评奖 445
河北广电厅对外交流 538
河北广电厅与港澳台交流 527
河北有线广播电视台 472 586
河湟芳草地节目 278
河南电视观众调查 316
河南广电概况 103
河南广电评奖 454
河南广角节目 244
鹤乡文艺节目 249
黑龙江电视台 471
黑龙江广电概况 90
黑龙江人民广播电台 470
黑龙江广电厅对外交流 540
黑龙江广电厅与港澳台交流 528
黑龙江同江市广电事业概况 592
黑土地节目 246
黑土方圆节目 250
红河四十年巨变节目 274
红绿灯下节目 259
侯喜才 494
胡恩 485
胡尔西丹吾甫尔 505
胡礼伦 496
胡立平 486
胡连翠作品看片会 215
胡妙德 197
胡培奋 484
胡荣泉 490
胡瑞庭 189
胡正荣 200
湖北电视双休版节目 266
湖北广电概况 104
湖北广电厅对外交流 545
湖北广电厅与港澳台交流 529
湖南电视台 471

湖南广播电视乐团 473
湖南广电概况 106
湖南广电评奖 454
湖南金蜂音像出版发行总公司 474
湖南金蜂音像出版公司出版物 373
湖南经济电视台 471
湖南人民广播电台 470
湖南省广播电视厅 468
湖南广电厅对外交流 545
湖南卫视收视率分析 318
湖南有线广播电视台 472
互助县广电先进简况 608
华东广播技术年会 215
华东七省市广播电台新闻研讨会 221
华广快车节目 258
华广文化时空节目 258
华广午间潮节目 258
华广音乐特区节目 258
华夏风景线节目 247
华夏校园节目 238
华艺广播公司对台广播 62
华语广播概况 62
淮海阳光节目 256
欢歌笑语三刻钟节目 262
欢乐有约节目 269
欢腾的红河节目 274
环球视点节目 236
黄海大交通节目 262
黄河小浪底工程报道中央电视台经验 283
黄金假日节目 250
黄金列车节目 249
黄添元 499
黄新根 498
黄秀根 201
黄震白 501
黄志耕 185
黄著诚 500
会议 202

机构与社团 464
吉林电视台 471
吉林广电概况 88
吉林广电评奖 449
吉林民族音像出版社 474
吉林人民广播电台 470
吉林广播电视学会 475
吉林省广播电影电视厅 468
吉林广电厅对外交流 539
吉林广电厅与港澳台交流 528
计财管理概况 72
记者观察节目 242
记者视线节目 248
纪录片之窗节目 264
济南经济电视台经济类节目问卷调查 314
加快广电网建设推动信息化 175
家常话节目 259
家庭百事节目 253
贾德安 480
贾章印 479
假日风景节目 278
假日麦克风节目 252
建设中国特色电视理论 177
建设中国特色广播电视 180
健康百事通节目 243
健康顾问节目 259
健康门诊节目 251
健康你我他节目 237
健康之声节目 240
江汉 478
江苏广电概况 92
江苏旧电台名录 610
江苏民营旧电台名录 619
江苏广电厅对外交流 541
江西广电厅对外交流 544
江西广电概况 101
江西大学生听众探析 313
江西旧电台名录 625
江西音像出版社出版物 372
江泽民等领导人祝贺教育电视台建台十年题词 573
江泽民新年讲话 1
江泽民宣传部长会议讲话 2
姜依文 197
蒋克强 197
蒋振江 481
交广时空节目 240
交广信息网节目 243
交通大市场节目 241
交通广播电台台长会 211
交通快讯节目 264
交通与社会节目 264
交通之声节目 248
娇广礼 486
教唱歌节目 262
教育电视节目评奖获奖名单 439
教育电视台地位 201
教育电视台概况 74
教育新闻联播节目 237
教育专项补助金管理会 213
节目栏目 223
今晨视点节目 241
今日广东节目 268
今日鹤乡节目 246
今日焦点节目 274
今日平湖农村节目 253
今日杂志节目 247
今晚六点半节目 250
今宵戏台节目 249
金海岸直播室节目 243
金亨直 484
金剑之光节目 261
金胶州节目 263
金闽珠 495
金桥奖获奖名单 433
金融 60 分节目 262
金色海湾电视剧研讨会 216
金重建 199
禁止有偿新闻规定 163
京剧的魅力节目 272
经济瞭望节目 253
经济 600 秒节目 258
经济报道的文化力视角 197
经济博览节目 250
经济大观节目 276
经济大视野节目 266
经济电视台协作年会 206
经济观察节目 241
经济广角节目 239 274
经济环线节目 267
经济生活点评说节目 275
经济生活节目 244 263 266 275
经济时空节目 248 254
经济万象节目 279
经济纵横节目 273
经验 280
经营有道节目 237
警方纪实节目 271
敬一丹 199
静夜知音节目 270
镜头聚焦节目 265
九七迎回归节目 260
旧中国广播电台名录 610
就业与再就业空中服务台节目 260

开心调频节目 247
开心擂台节目 249
看厦门节目 258
柯惠新 489
科海漫游节目 273
科技博览节目 236
科技大视野节目 251
科技和事业建设成果 336
科技活动 344
科技奖励 328
科技十分钟节目 257
科技时代节目 241
科技天地节目 263
科技委传输专业委年会 210
科技向导节目 260
科技新时代节目 246
科技与工业 327
科技之声节目 262
科技纵横节目 246
科教时空节目 260
科教兴博节目 262
科普广播研讨会 218
可爱的内蒙古节目 245
空中电脑教室节目 238
空中立交桥节目 260 268
空中你我他节目 278
空中晚报节目 270
空中宣传栏节目 260
孔迈 478
跨世纪的对话节目 251
快乐大本营节目 267
昆明有线新闻节目 273

赖能甫 500

兰花艺苑节目 253
蓝盾之光节目 263
浪漫今宵节目 256
老百姓节目 246
老年大学节目 240
雷歌选粹节目 270
梨树生活节目 248
黎杰材 504
黎瑞祥 194
李春武 483
李丹 485
李栋 488
李凤池 479
李国友 481
李洪泉 494
李焕生 480
李家诚 484
李鉴增 488
李克寒 483
李兰田 483
李岚清卫星电视教育发展研讨会讲话 574
李明 497
李乃廉 497
李佩纲 480
李鹏先进县市贺信 3
李勤 484
李铁映与香港回归人员座谈 205
李新民 501
李英杰 186
李勇 186
李志荣 481
理论广播再造辉煌 195
历史上的今天节目 272
栗发让 479
辽宁广电概况 86
辽宁广电厅对外交流 539
辽宁广电厅与港澳台交流 528
辽宁经济电台10周年回顾 589
林永光 485
刘宝瑞 490
刘宝顺 485
刘洪玉 478
刘怀强 497
刘剑 483
刘景山 494
刘奇葆 182
刘习良 176
刘习良中国广电学会理事会闭幕式讲话 566
刘学德 497
刘雪弘 199
刘永欣 493
刘镇岳 504
刘忠 479
刘宗辉 503
流行风景线节目 265
流行风云榜节目 246
流行商情节目 251
龙江各地节目 250
卢长振 490
卢祥佘 195
卢云伍 501
鲁心云 498
路英 499
鹭岛人家节目 257
旅顺晨曲节目 247
旅行指南车节目 275
旅游天地节目 239
伦珠朗杰 501
论点摘编 193
罗春雷 184
罗佳陵 183
罗其伟 498
罗盛明 482
罗一鸣 487
骆地 498

M

马德 192
马明 487
马全安 504
马仕存 491
马映泉 478
马增龄 480
毛志伋 487
每周报道节目 274
美术星空节目 237
蒙语广播 59
孟宪贵 504
孟新茹 492
汨罗潮节目 267
汨罗市广电事业 603
面对面节目 270
闽南话节目 258
名牌节目保持生命力上海电视台经验 284
幕阜风云录节目 268
穆端正 495

N

内蒙古广播电视艺术团 473
内蒙古广电评奖 448
内蒙古广电厅对外交流 538
内蒙古广电厅与港澳台交流 528
内蒙古音像出版社 474
内蒙古音像出版社出版物 369
内蒙古广播电视科研所 473
内蒙古自治区成立50周年外宣节目创作回顾 291
内蒙古自治区广播电视厅 468
内蒙广电概况 85
南玉敏 485
南粤大地节目 269
尼罗塔 504
尼玛顿珠 501
你好出租车节目 240
你好湖南节目 267
你我同行节目 270
聂丽兰 479
宁夏广电概况 126
牛秀英 105
农村俱乐部节目 248
农村天地节目 269
农村新天地节目 263
农村有线广电概况 55
农家节目 244
农家之友节目 244
女性节拍节目 266

P

彭国元 201
彭铁森 499
平度纵横节目 263
平江县广电先进经验 600
评奖 398
评头论足节目 252

Q

七彩虹节目 272
七彩桥节目 256 276
七彩生活节目 254
齐鲁音像出版社出版物 372
企事业有线台改站意见 171
企业界节目 273
骞国政 187
黔中之窗节目 272
黔中纵横节目 272
强化管理深化改革吉林电视台经验 291
乔明远 502
沁水人谈沁水节目 243
青城您早节目 245
青春岁月节目 267
青春校园节目 240
青岛电视台 472
青岛广播电视科研所 474
青岛广播电视艺术团 473
青岛广电评奖 462
青岛人民广播电台 471
青岛广电局对外交流 547
青岛有线电视台 473
青岛市广播电视局 469
青海广播电视志编纂体会 295
青海广电概况 124
青海广电评奖 462
青海昆仑音像出版社出版物 376
青海有线广播电视台 472
青海有线新闻节目 278
青青园中葵节目 270
清晨时光节目 246
情暖人间节目 260
曲贵年 501
曲桂兰 482
曲艺精品屋节目 249
曲艺与杂技节目 237
全国百佳新闻工作者获奖名单 431
全国广播电视概况 45
全国性广电会议 202
全国性广电研讨会 215
全军电视宣传会 209

泉城周报办报经验 294
阙子民 185

热土一方节目 270
人间真情节目 259
人口与健康节目 277
人生AB剧节目 252
人生留言簿节目 259
人生旅途节目 271
人物写真节目 262
人物志 477
人与法节目 245
任金州 489
阮谷森 483

三北纵横节目 255
三峡截流报道中央电视台经验 283
色拉哈扎布 493
山城之花节目 246
山东电视台 471
山东广电概况 102
山东广电评奖 453
山东广电厅对外交流 544
山东广电厅与港澳台交流 529
山东旧电台名录 627
山东人民广播电台 470
山东省广播电视厅 468
山西电视台 471
山西广电概况 83
山西广电评奖 445
山西广电厅音像管理 359
山西广电厅对外交流 538
山西广电厅与港澳台交流 528
山西人民广播电台 470
山西省广播电视厅 468
山西音像出版社出版物 369
陕西广电概况 119
陕西广电评奖 460
陕西广电厅对外交流 546
陕西有线电视台观众调查 324
单运民 193
商海观潮节目 242
商业之声节目 272
上海电视节目收视调查 311
上海电视台艺术团 473
上海东方电视台五周年回顾 595
上海东方电台五周年庆祝活动 594
上海东方广播民族乐团 473
上海广播交响乐团 473
上海广电概况 91
上海广电局音像管理 360
上海广电评奖 450
上海广电局对外交流 540
上海广电局与港澳台交流 528
上海广电科技活动 346
上海广播科学研究所 473
上海国际广播音乐节 598
上海国际广播音乐节金编钟奖获奖名单 435
上海国际纪录片研讨会 221
上海局十五大报道 40
上海局香港回归宣传 32
上海录像公司出版物 370
上海少儿出版社音像出版物 370
尚华 498
少儿频率节目 251
少数民族广电问题 181
少数民族语言广播概况 59
社会大视野节目 255
社会广角节目 264
社会经纬节目 259 279
社会视点节目 261 279
社会纵横节目 247 268
社教科普出版物创作经验 292
涉外广电影视合作管理通知 165
沈汉明 499
沈竹音 494
生存空间节目 271
生活百事节目 255
生活百事题节目 265
生活帮助热线节目 239
生活潮节目 243
生活风景线节目 242
生活话题节目 274
生活空间节目 262
生活立交桥节目 276
生活七色板节目 271
生活七色光节目 263
生活时空节目 258
生活之友节目 250
生活知音节目 267
省会城市广电事业建设研讨会 216
省级城市电视台台长年会 205
省级电视台广告年会 208
省级电视台农村栏目交流会 218
省级电台电视台台长研讨班 203
省级广电报专委会年会 207
省级有线台台长经验交流会 208
盛重庆 495
时代法制节目 275
时空访谈节目 243
世纪风节目 271
世纪归航香港回归特别节目经验总结 289
世纪之声节目 239
世界电脑之窗节目 238
世界经济报道节目 237
世界拳王争霸赛节目 240 273
世界无线电通信大会1997 344
世界之窗节目 238
市长之声节目 268
市场博览节目 277
市民热线节目 248
市民专线节目 256
事事关心节目 256
事业发展情况统计 510
视野节目 268
受众研究文章篇目 393
书报刊 349
书苑飘香节目 279
舒展 496
数字音频技术中日交流会 221
说古道今话德宏节目 274
说小康奔小康节目 277
司机快餐节目 264
司机您好节目 245
四川广电概况 113
四川广电评奖 457
宋成栋 491
宋成栋中国教育电视台十年纪念文章 575
宋淑兰 492
宋述君 480
宋卫民 484
宋宜纯 489
搜索12频道节目 278
苏简亚 194
孙保怡 491
孙昌生 480
孙福第 492
孙家才讲故事节目 240
孙家正 41 175
孙家正厅局长会报告 6
孙家正先进县市表彰会讲话 16
孙家正中国广电学会理事会开幕式讲话 565
孙强 498
孙雪光 502
孙以森 480

台胞在大陆节目 257
台湾1949年前电台名录 629
台湾广电概况 524
太视记者访谈节目 243
太阳风节目 241
太阳雨节目 272
唐弦 188
唐自强 499
陶亚东 487
特辑 26
特区新闻广场节目 258
特载 1
体坛EMS节目 259
体坛风景线节目 266
体育97节目 275
体育大世界节目 240
体育新闻周刊节目 252
天地好时光节目 254
天津电视台观众来信综述 310
天津电台千户居民问卷调查 308
天津广电概况 79
天津广电局对外交流 537
天津广电局与港澳台交流 527
天天向上节目 238
田聪明广电学会史学研究会理事会讲话 579
田聪明厅局长会总结 17
听众观众调查 297
听众与广播节目 254 265
庭审纪实节目 239

同在蓝天下节目　271
童心姐姐节目　240
统计　510
图文电视技术发展研讨会　220
土地之声节目　260

W

外国广电文章篇目　397
外国接收工具统计年表　630
万家灯火节目　247　265　276
万婴跟踪节目　238
汪宣亮　501
王保智　482
王成玉　484
王春莉　495
王德新　481
王殿举　478
王甘文　482
王汉平　497
王继承　504
王京玲　485
王珏　181
王珏逝世　509
王清峰　481
王世彦　502
王锁成　492
王泰兴　499
王伟国　482
王希科　505
王溪畔　497
王小夫　183
王筱然　491
王永华　480
王玉军　483
王玉龙　499
王云鹏　484
王振堂　500
王镇　479
网络施工研讨会　220
微机控制的可校准频率标准器中国专利优秀奖　336
为党旗增辉节目　276
卫风节目　265
卫生与健康节目　275　279
卫星传输节目管理办法　171
卫星大市场节目　243
卫星地球站统计　511
卫星电视　189
卫星电视概况　341
温治中　481
文化长廊节目　242
文化调频节目　262
文化广角节目　260
文化圈节目　243
文化市场节目　250
文化四季节目　261
文化之夜节目　253
文靖　486
文明之春节目　242
文献与法规　148
文僧修　500
文艺百花园节目　275
文艺广播概况　55
文艺广场节目　271
文艺世纪风节目　255
文苑节目　261
文章篇目辑览　382
我想知道节目　238
我眼睛中的黑龙江节目　249
乌兰县广电先进简况　607
无线电台管理局概况　67
无线广播每日自办节目构成比重统计　512
无线广播事业发展统计　510
无线广播业务建设统计　512
吴高全　500
吴冷西中国广电学会理事会开幕词　564
吴寿坤　503
吴学明　495
五个一工程奖获奖名单　432
五花八门节目　257
午间风景线节目　273
午间工作室节目　254
午间经济报道节目　271
午间驿站节目　259
武俊礼　480
武志荣　491

X

夕阳情节目　246
西安电台听众调查　325
西安新闻联播节目　275
西部地区电视技术协会年会　215
西部地区广播技术协作会　215
西部地区广电设备技术展示会　214
西藏广电概况　118
西海之声节目　277
希望的田野节目　249
息国玲　492
锡都广角节目　274
戏剧天地节目　237
戏曲广播戏研年会　209
戏曲广场节目　264
下周荧屏节目　277
夏凡　200
夏吉宣　485
夏伟荣　196
夏一强　483
厦门广电评奖　463
厦门广电局对外交流　548
厦门广电中心建成　342
厦门音像出版社出版物　376
先进县市表彰会　4
先进县市表彰决定　20
先进县市名单　20
县市广播电视播出机构合并意见　169
现场存真节目　276
乡村采风节目　268
乡村季风节目　261
相城瞭望节目　256
相会千万家节目　266
香港1949年前电台名录　628
香港广电概况　518
香港回归报道国际电台经验　280
香港回归直播报道中央电视台收视调查　304
香港回归转播设调度监看中心　343
消费时空节目　270
消费者天地节目　244
小辰　198
小乖乖节目　273
小脚丫走天下节目　267
校园生活节目　269
谢俊臣　200
谢文芬　484
新疆兵团广电概况　128
新疆电视台　472
新疆广电概况　127
新疆广电评奖　462
新疆广电厅对外交流　547
新疆民族语言广播　61
新疆人民广播电台　471
新疆生产建设兵团广播电视局　469
新疆维吾尔自治区广播电影电视厅　469
新疆音像出版社出版物　376
新乐时间节目　271
新时代节目　272
新时空节目　271
新闻瞭望节目　255
新闻报道节目　266
新闻传播教育与广电发展　200
新闻大视野办社教节目　184
新闻大视野节目　246
新闻工作者道德准则　164
新闻观察节目　251
新闻广角节目　271
新闻节目主持人主编型　199
新闻快讯节目　246
新闻全景节目　247
新闻热线节目　278
新闻视点节目　248　269
新闻速写节目　252
新闻天地节目　264
新闻一小时节目　247
新闻追踪节目　261
新闻纵横节目　256
信息立交桥节目　262
信息桥节目　263　274
星光灿烂节目　261
星光传情节目　268
星光奖电视文艺评选及获奖名单　401
星光快车节目　277
星期天文艺大篷车节目研讨会　217
星期天一刻钟节目　250
星期五广角镜节目　277
星星园节目　266
星月沙龙节目　249
行风热线节目　242
幸运1997节目创作谈　287
兄弟情纪录片创作谈　286
雄关热线直播节目　277
熊易农　500
休闲时光节目　261

休闲新干线节目　266
徐际琮　503
徐秀芳　480
许昌新闻节目　265
许鸿业　486
许孙兴　496
宣传规律性认识　179
薛元恺　478
薛韵琴　486
学术报告厅节目　237
雪域地平线节目　274
寻常百姓节目　243

Y

延边广播电视艺术团　473
闫玉　478
严发祥　480
阎惠朝　195
阎晓明　484
颜国华　482
演播室数字电视编码参数规范中国专利优秀奖　336
雁语蒸湘节目　268
阳光直播室节目　246
杨从理　487
杨国钧　492
杨洪志　478
杨连松　501
杨名甲　490
杨淑琴　492
杨淑英　486
杨望金　498
杨伟光　177
杨旭才　492
业务建设情况统计　512
一路顺风节目　272
以案说法节目　246
艺海拾贝节目　256
音乐城堡节目　272
音乐频道节目　264
音乐时空节目　275　277
音乐无限节目　265
音乐新空气节目　242
音乐与文学节目　249
音像出版管理概况　357
音像出版与管理　357
音像电子出版物简目　362
音像电子出版物选介　377
音像文化市场管理经验　294
殷雪妮　491
银河之星大擂台节目　257
尹明华　496
尹祥吉　497
应中迪　189
迎接挑战节目　260
荧屏导视节目　259
荧屏社会节目　239
营销金桥节目　245
影视传真节目　255
影视一体化潮流　182
甬江早新闻节目　254
有视红蓝绿节目　255
有线电视概况　54
有线电视台节目评选会　212
有线电视网络升级与光纤　200
有线广播电视文章篇目　394
有线广播统计　511
有线广电设备入网规定　161
有线时空节目　248
有线新闻节目　276
有线演播室节目　263
有线周末快餐节目　278
有线电视台台长会　204
于光　494
于钦彦　498
于振华　180
娱乐频道节目　256
舆论引导中的情感传导　183
喻权捷　195
月光话廊节目　241
岳克　481
岳阳电视台新闻专题文艺　601
岳阳电视转播台专辑　602
岳阳电台征母广播剧获奖记　601
岳阳市云溪区微波线路开通记实　603
岳阳有线电视台电视文艺宣传情况　602
乐迷茶座节目　268
粤韵风华节目　269
云都瞭望节目　255
云南电视台　472
云南广电概况　116
云南广电评奖　460
云南民族语言广播　60
云南人民广播电台　470
云南音像出版社出版物　375
云南有线电视台　472
云中绿岛节目　245

Z

在井冈山的天空画出彩虹节目　260
早安煤城节目　279
早餐前后节目　249
早间新闻节目　236
曾春生　497
曾广星　499
詹铁坤　196
湛江新闻节目　269
张佳昌　194
张立群　482
张庆余　479
张绍季　479
张书玷　191
张颂　198
张伟中　481
张文胜　478
张小平　181
张学权　200
张振东　179　482
张振华　178
章剑华　496
赵成鸿　484
赵芳　494
赵福生　504
赵立凡　483
赵声鸿　483
赵誉泳　195
浙广早新闻节目　252
浙江第一线节目　252
浙江电台听众问卷调查　312
浙江广电概况　95
浙江旧电台名录　623
浙江广电科技活动　346
浙江广电厅对外交流　542
浙江广电厅与港澳台交流　528
浙江卫视新闻节目　252
浙江音像出版社出版物　371
正确舆论导向来自正确理论导向　181
证券广播网节目　236
证券黄金台节目　244
证券节目　249
郑广发　498
郑集强　481
职工人数统计　515
职业金桥节目　261
中唱上海公司音像出版物　365
中唱总公司　358
中唱总公司音像出版物　363
中俄边境广电频率协调　346
中发工程设计公司简介　572
中国安徽节目　255
中国电视艺术家协会　475
中国广播电视年鉴年会　209
中国广播电视学会　474
中国广播电视学会顾问名单　474
中国广播电视学会领导机构名单　474
中国广播电视学刊座谈会　212
中国广播艺术团　473
中国广电学会常务理事座谈会　206
中国广电学会理事会纪要　563
中国广电学会史学研究会领导机构名单　584
中国广电学会团体会员秘书长工作会　212
中国国际广播电台　466
中国国际广播音像出版社　359
中国吉林节目　248
中国教育电视台　467
中国教育电视台北京 35 频道开播　575
中国教育电视台对外交流　536
中国教育电视台建台十年　573
中国教育电视台与港澳台交流　527
中国教育电视协会　476
中国乐器博览节目　236
中国特色文化与电视文艺　186
中国体育报道节目　251
中国戏曲集锦电视片研讨会　217
中国新闻奖获奖篇目　426
中国新闻论文奖获奖篇目　430
中国新闻早间报道节目　236
中华成语趣谈节目　251
中南六省广电协会年会　215
中央电大概况　75

中央电视台 466
中央电视台第一套节目时间表 233
中央电视台对外交流 533
中央电视台概况 51
中央电视台观众反映 305
中央电视台获国际奖名录 444
中央电视台经济宣传顾委会成立 205
中央电视台录制技术优秀工程安全播出奖 443
中央电视台十件大事 53
中央电视台十五大报道 38
中央电视台收视率年度报告 300
中央电视台特邀制片人联席会成立 208
中央电视台香港回归宣传 30
中央电视台音像出版物 362
中央电视台优秀节目评选获奖名单 442
中央电视台与港澳台交流 527
中央电视台驻外驻港澳记者名单 646
中央电台第一套节目时间表 223
中央电台对外交流 532
中央电台概况 47
中央电台国际电台短波广播技术规划实现 342
中央电台民族语言广播 59
中央电台十件大事 48
中央电台十五大报道 36
中央电台听众调查 297
中央电台香港回归宣传 28
中央电台优秀节目评选获奖名单 439
中央电台与港澳台交流 527
中央人民广播电台 465
中原焦点节目 264
中专教育工作会 211
仲呈祥 186
重大革命历史题材影视创作座谈会 207
重庆电视台工作概况 605
重庆电台工作概况 604
重庆广电概况 111
周恩来与广播电视 549
周鸿铎 488
周华斌 488
周末采风节目 243
周末传真节目 277
周末节目 268 276
周末聚焦节目 253
周末沙龙节目 264
周末视点节目 274
周末文艺时间节目 278
周末五分钟节目 239
周末新影院节目 239
周末音乐厅节目 239
周日半小时节目 255
周日话题节目 245
周晓瑾 499
朱时茂 490
朱砚 191
朱燕之 496
珠江三角洲广播媒体 185
主持人定位 191
主持人节目优化 190
专辑 549
专论 175
专业技术职务评聘规定 166
综艺 50 分节目 248
综艺大篷车节目 241
纵横 118 节目 244
邹时炎中国教育电视台十年纪念文章 574
邹士明 481
走进千万家节目 249
走进人家节目 264
走进乡村节目 273
走四方节目 261
走向大市场节目 276
走向明天节目 237

数字索引

101 播音室节目 275
1038 帮你办节目 247
1125 音乐时间节目 241
1323 信息广场节目 254
2075666 热线点播节目 279
315 广角节目 267
603 经广曝光台节目 271
603 求职热线节目 248
693 早新闻节目 274
738 质量监督台节目 247
774 服务台节目 265
792 交通网节目 251
801 新闻时段节目 242
846 伴你同行节目 243
895 服务台节目 267
908 与你同行节目 247
917 人生驿站节目 276
927 交通热线节目 238
936 直播室节目 255
950 缤纷地带节目 270
954 观察节目 242
97 大教育节目 238
97 全国足球甲 A 赛场节目 240
990 生活新观察节目 250

英文字母索引

CETV 家庭与教育节目 238

THE YEARBOOK OF CHINESE RADIO & TV

1998

CONTENTS

1. Important Thesis
2. Compilation of Special Events
3. Survey of Radio & TV in China
4. Memorabilia
5. Documents & Statutes
6. Academic Thesis
7. Conferences
8. Headings of Programs
9. Experiences
10. Audience Survey
11. Science, Technology & Industry
12. Books, Newspapers & Magazines
13. Audio-Video Publishing & Management
14. List of Articles
15. Rewards
16. Institutions & Associations
17. Figures
18. Statistics
19. Radio & TV in Hong Kong, Macao and Taiwan
20. External Exchanges
21. Compilation of Other Issues
22. Appendixes
23. Index
24. Pictures

Editorial Department,
The Yearbook of Chinese Radio & TV
Add: Beijing Broadcasting Institute
Beijing, P. R. CHINA
Tel: **010—65766415**　　Postal Code: **100024**